# Kompakt-Lexikon
# Internationale Wirtschaft

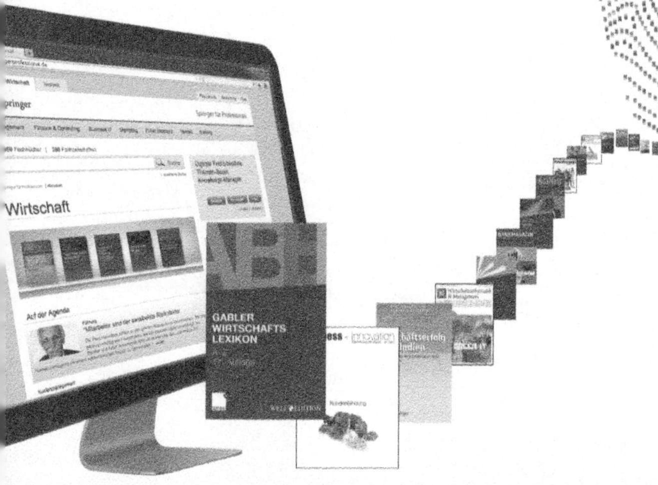

Springer Fachmedien Wiesbaden (Hrsg.)

# Kompakt-Lexikon Internationale Wirtschaft

2.000 Begriffe nachschlagen, verstehen, anwenden

ISBN 978-3-658-03038-4

Die Deutsche Nationalbibliothek verzeichnet diese Publikation in der Deutschen Nationalbibliografie; detaillierte bibliografische Daten sind im Internet über http://dnb.d-nb.de abrufbar.

Springer Gabler
© Springer Fachmedien Wiesbaden 2013

*Redaktion:* Stefanie Brich, Claudia Hasenbalg
*Layout und Satz:* workformedia | Frankfurt am Main | München

Gedruckt auf säurefreiem und chlorfrei gebleichtem Papier

Springer Gabler ist eine Marke von Springer DE.
Springer DE ist Teil der Fachverlagsgruppe Springer Science+Business Media
www.springer-gabler.de

# Autorenverzeichnis

Professor Dr. **Norbert Dautzenberg**, Hochschule Rhein-Waal, Kleve
Sachgebiet: internationales Steuerrecht

Professor Dr. **Martin Klein**, Martin-Luther-Universität Halle-Wittenberg, Halle (Saale)
Sachgebiete: Entwicklungspolitik, Internationale Organisationen

Professor Dr. **Bernhard Pellens**, Ruhr-Universität, Bochum
Sachgebiet: Internationale Rechnungslegung

**Torben Rüthers**, Ruhr-Universität, Bochum
Sachgebiet: Internationale Rechnungslegung

Dr. **Carsten Weerth**, Hauptzollamt, Bremen
Sachgebiete: Außenwirtschaftstheorie, Europa

Dr. **Eggert Winter,** Rechtsanwalt, Oberursel
Sachgebiete: Europarecht, Völkerrecht

Professor Dr. **Peter Witte**, Fachhochschule des Bundes für öffentliche Verwaltung, Münster
Sachgebiet: Zollrecht

# Abkürzungsverzeichnis

| | |
|---|---|
| a. | anno (Jahr) |
| Abb. | Abbildung |
| Abk. | Abkürzung |
| ABl | Amtsblatt |
| ABl EG | Amtsblatt der Europäischen Gemeinschaften |
| ABl EU | Amtsblatt der Europäischen Union |
| Abschn. | Abschnitt |
| Abt. | Abteilung |
| a.F. | alte Fassung |
| AG | Aktiengesellschaft; Amtsgericht; Ausführungsgesetz |
| AGB | Allgemeine Geschäftsbedingungen |
| AktG | Aktiengesetz |
| allg. | allgemein |
| amerik. | amerikanisch |
| AO | Abgabenordnung |
| ArbGG | Arbeitsgerichtsgesetz |
| Art. | Artikel |
| AStG | Außensteuergesetz |
| Aufl. | Auflage |
| AWG | Außenwirtschaftsgesetz |
| AWV | Außenwirtschaftsverordnung |
| AZ | Aktenzeichen |
| AZO | Allgemeine Zollordnung |
| | |
| b.a.w. | bis auf weiteres |
| bes. | besonders(-e, -es, -er) |
| BetrAVG | Gesetz zur Verbesserung der betrieblichen Altersvorsorge |
| BewG | Bewertungsgesetz |
| bez. | bezüglich |
| BFH | Bundesfinanzhof |
| BGB | Bürgerliches Gesetzbuch |
| BGBl | Bundesgesetzblatt (I = Teil I, II = Teil II, III = Teil III) |
| BGH | Bundesgerichtshof |
| BiRiLiG | Bilanzrichtlinien-Gesetz |
| BM | Bundesminister(ium) |
| BNatSchG | Bundesnaturschutzgesetz |

| | |
|---|---|
| BörsG | Börsengesetz |
| bspw. | beispielsweise |
| BStBl | Bundessteuerblatt |
| BVerfG | Bundesverfassungsgericht |
| bzw. | beziehungsweise |
| | |
| ca. | circa |
| | |
| d.h. | das heißt |
| DVO | Durchführungsverordnung |
| | |
| EAG | Europäische Atomgemeinschaft |
| EAGV | Vertrag über die Europäische Atomgemeinschaft |
| EGBGB | Einführungsgesetz zum Bürgerlichen Gesetzbuch |
| EGKS | Europäische Gemeinschaft für Kohle und Stahl |
| EGKSV | Vertrag über die Europäische Gemeinschaft für Kohle und Stahl |
| EGStGB | Einführungsgesetz zum Strafgesetzbuch |
| EGV | Vertrag zur Gründung der Europäischen Gemeinschaft |
| EJG | Eurojust-Gesetz |
| engl. | englisch |
| ErbStG | Erbschaftssteuer- und Schenkungsgesetz |
| EStDV | Einkommensteuer-Durchführungsverordnung |
| EStG | Einkommensteuer-Gesetz |
| EStR | Einkommensteuer-Richtlinien |
| etc. | et cetera |
| EU | Europäische Union |
| EuGH | Europäischer Gerichtshof |
| EUV | Vertrag über die Europäische Union |
| e.V. | eingetragener Verein |
| evtl. | eventuell |
| EWGV | Vertrag über die Europäische Wirtschaftsgemeinschaft |
| | |
| f. | folgende(-r/-s) |
| ff. | folgende |
| franz. | französisch |
| FVG | Finanzverwaltungsgesetz |

| | |
|---|---|
| GenG | Genossenschaftsgesetz |
| ggf. | gegebenenfalls |
| GmbH | Gesellschaft mit beschränkter Haftung |
| GmbHG | Gesetz betreffend die Gesellschaften mit beschränkter Haftung |
| GrEStG | Grunderwerbsteuergesetz |
| GVG | Gerichtsverfassungsgesetz |
| GWB | Gesetz gegen Wettbewerbsbeschränkungen (Kartellgesetz) |
| | |
| HGB | Handelsgesetzbuch |
| Hrsg. | Herausgeber |
| | |
| i.Allg. | im Allgemeinen |
| i.d.F. | in der Fassung |
| i.d.R. | in der Regel |
| i.e.S. | im engeren Sinn |
| inkl. | inklusive |
| InsO | Insolvenzordnung |
| i.V. | in Verbindung |
| i.w.S. | im weiteren Sinn |
| | |
| Jh. | Jahrhundert |
| | |
| KG | Kommanditgesellschaft |
| KGaA | Kommanditgesellschaft auf Aktien |
| KMU | klein- und mittelständische Unternehmen |
| KonTraG | Gesetz zur Kontrolle und Transparenz im Unternehmensbereich |
| KStG | Körperschaftsteuergesetz |
| KStR | Körperschaftsteuer-Richtlinien |
| KWG | Gesetz über das Kreditwesen |
| | |
| mind. | mindestens |
| Mio. | Millionen |
| MOG | Marktordnungsgesetz |
| Mrd. | Milliarden |
| m.spät.Änd. | mit späteren Änderungen |

| | |
|---|---|
| n.F. | neue Fassung |
| Nr. | Nummer |
| | |
| o.Ä. | oder Ähnliches |
| OHG | offene Handelsgesellschaft |
| | |
| PublG | Publizitätsgesetz |
| PVÜ | Pariser Verbandsübereinkommen |
| | |
| s. | siehe |
| S. | Seite |
| SGB | Sozialgesetzbuch |
| sog. | sogenannte(-r, -s) |
| Std. | Stunde(-n) |
| StGB | Strafgesetzbuch |
| StPO | Strafprozessordnung |
| | |
| u.a. | und andere; unter anderem |
| u.Ä. | und Ähnliche(-s) |
| UmwG | Umwandlungsgesetz |
| UmwStG | Umwandlungssteuergesetz |
| UStDV | Umsatzsteuer-Durchführungsverordnung |
| UStG | Umsatzsteuergesetz |
| UStR | Umsatzsteuer-Richtlinien |
| usw. | und so weiter |
| u.U. | unter Umständen |
| UWG | Gesetz gegen den unlauteren Wettbewerb |
| | |
| v.a. | vor allem |
| VAG | Versicherungsaufsichtsgesetz |
| VG | Verwaltungsgericht |
| vgl. | vergleiche |
| VO | Verordnung |
| vs. | versus |
| VSF | Vorschriftensammlung der Bundesfinanzverwaltung |
| VStG | Vermögenssteuergesetz |

| | |
|---|---|
| VVG | Versicherungsvertragsgesetz |
| VwVfG | Verwaltungsverfahrensgesetz |
| | |
| WpHG | Wertpapierhandelsgesetz |
| | |
| ZollVG | Zollverwaltungsgesetz |

**AAA** – Abk. für → American Accounting Association.

**AASM** – Abk. für *Assoziierte afrikanische Staaten und Madagaskar;* Gruppe von frankophonen Staaten. Vor Erlangung der staatlichen Souveränität waren die jeweiligen Territorien nach Maßgabe der Art. 198 ff. AEUV der Gemeinschaft (→ EWG) assoziiert. Nach ihrer Unabhängigkeit schlossen die AASM dann (erstmals am 20.7.1963) → Assoziierungsabkommen i.S.d. Art. 217 AEUV mit der → EWG (später der EG, nunmehr der EU) ab (sog. → Jaunde-Abkommen).

**Abgangsstelle** → Zollstelle, die die → Zollanmeldung zur Überführung in ein Versandverfahren (→ gemeinschaftliches Versandverfahren; → gemeinsames Versandverfahren) angenommen hat. Bei der Abgangsstelle, auch Abgangszollstelle genannt, startet mithin das Zollverfahren.

**abgeleitete Bilanz** – eine aus der → Handelsbilanz meist durch Veränderung der Bewertungsgrundsätze gewonnene Bilanz, die bestimmten Spezialanforderungen dienen soll. I.d.R. wird unter der abgeleiteten Bilanz die Steuerbilanz verstanden. – Vgl. auch Mehr- und Wenigerrechnung, → Handelsbilanz II.

**Abschöpfung** – 1. *Begriff:* FrühereAbgabe im Rahmen der EU-Agrarpolitik. – 2. *Rechtliche Regelungen:* a) Europarechtlich war sie geregelt durch den Vertrag zur Gründung der Europäischen Wirtschaftsgemeinschaft und das Gesetz zu den Verträgen vom 25.3.1957 zur Gründung der Europäischen Wirtschaftsgemeinschaft und der Europäischen Atomgemeinschaft (BGBl. 1957 II 753) – jeweils geändert und ergänzt durch die weiteren Beitritte zur Europäischen Gemeinschaft. b) In zahlreichen Verordnungen wurden seinerzeit verschiedene Arten der Abschöpfung für u.a. folgende Produkte geregelt: Getreide, Rindfleisch, Schweinefleisch, Zucker sowie bestimmte, aus landwirtschaftlichen Erzeugnissen hergestellte Waren. c) Die nationale Durchführung war v.a. geregelt im Gesetz zur Durchführung der gemeinsamen Marktordnung (MOG) vom 31.8.1972 (BGBl. I 1617) m.spät.Änd. – 3. *Ziele:* a) Bei der *Einfuhr* von Marktordnungswaren in die EG zum Ausgleich des Unterschieds zwischen den (niedrigen) Preisen der Erzeugnisse auf dem Weltmarkt und den (höheren) Preisen der EG, um die innergemeinschaftlichen (höheren) Preise auf dem Agrarmarkt zu halten und sie vor Schwankungen der Weltmarktpreise zu schützen. b) Bei der *Ausfuhr* für solche Agrarwaren, deren Weltmarktpreis über dem EG-Preisniveau lag, um Unterversorgung infolge attraktiver Exportverhältnisse zu verhindern. – 4. *Höhe* der Abschöpfung wurde von der EG-Kommission für eine bestimmte Gültigkeitsperiode festgesetzt. – 5. *Agrarzölle:* Heute werden stattdessen Einfuhrzölle und/ oder zumeist nur saisonale Ausfuhrzölle erhoben.

**absolute Armut** – 1. *Begriff:* durch die Nairobi-Rede des damaligen Weltbankpräsidenten R. McNamara (1973) in die entwicklungspolitische Diskussion eingeführte Bezeichnung für die entwürdigenden Lebensbedingungen der Armen in der Dritten Welt. In absoluter Armut leben alle Personen mit einem Tageseinkommen unterhalb eines bestimmten US-Dollar-Betrages, gerechnet in Kaufkraftparität. Die absolute Armutsgrenze wird von der Weltbank bei 1,25 PPP US-Dollar pro Tag angesetzt (Preisniveau von 2005). – 2. *Messung:* ausgewählte Indikatoren der absoluten Armut (Armutsindikatoren) nach der International Development Association (→ IDA) sind a) *Pro-Kopf-Einkommen,* b) *Kalorienaufnahme,* c) *durchschnittliche Lebenserwartung,* d) *Kindersterblichkeit* sowie e) *Geburtenrate.* – Vgl. auch Armut, → relative Armut.

**Absorption** → Absorptionsansatz; im → Inland verbrauchte Gütermenge. – *Gegenteil:* Hortung.

**Absorptionsansatz** – 1. Begriff der *monetären Außenwirtschaftstheorie,* wonach die → Leistungsbilanz der → Zahlungsbilanz der Differenz zwischen dem Bruttoinlandsprodukt und der im Inland verbrauchten Gütermengen (→ Absorption) entspricht. Eine Verbesserung des Saldos der Leistungsbilanz ergibt sich langfristig bei einer Abwertung nur dann, wenn die Produktion um mehr steigt als die Absorption. – 2. Begriff der *Entwicklungspolitik und -theorie,* wonach in einem Entwicklungsland seine interne Faktorausstattung (i.w.S.: Arbeitskräfte, Know-how, Kapital, Natur, Infrastruktur etc.) bestimmt, welche Arten und Mengen von außen eingebrachter Faktoren (v.a. Kapital und Know-how) sinnvoll eingesetzt (absorbiert) werden können. Z.B. begrenzt das Fehlen qualifizierter Arbeitskräfte die sinnvolle Verwendung hoch entwickelter Technologien. – *Gegenteil:* Hortung.

**Abwehrzoll** – tarifäre Belastung von Importen zum Schutz der inländischen Anbieter als Reaktion auf → Dumping ausländischer Konkurrenten und/oder auf Versuche eines anderen Landes, durch Zollerhebung die eigene Position einseitig zulasten seiner Handelspartner zu verbessern (sog. Strafzoll). Anti-Dumping-Zölle werden zusätzlich zu den normalen vertragsmäßigen Zöllen erhoben. – Vgl. auch → Antidumpingzoll, → Ausgleichszoll, → Vergeltungszoll.

**Abwertung** – Wertverlust einer Währung (z.B. Euro) im Vergleich zu einer anderen Währung (z.B. US-Dollar). Die Euro-Abwertung wird im sog. Mengen-Wechselkurs (Kehrwert des Preiswechselkurses) deutlich: 1 Euro = 0,9639 US-Dollar sinkt auf 1 Euro = 0,9574 US-Dollar. Diese Notierung ist am → Devisenmarkt üblich. Eine Euro-Abwertung wird im sog. Preiswechselkurs, wie er i.d.R. „am Bankschalter" notiert wird, nur indirekt deutlich: Z.B. 1 US-Dollar = 1,0374 Euro verändert sich auf 1 US-Dollar = 1,0445

Euro. Der Preiswechselkurs zeigt hier vielmehr die spiegelbildliche → Aufwertung des US-Dollar (Dollarpreis in Euro steigt). – Vgl. auch → Wechselkurs, → Aufwertung, → Wechselkursbildung.

**Abzugsmethode** – 1. *Begriff:* eine Methode zur Milderung der Wirkungen der → Doppelbesteuerung bei grenzüberschreitenden Geschäften, die dadurch gekennzeichnet ist, dass die im Ausland bezahlten Steuern bei der inländischen Gewinnermittlung als Betriebsausgaben (bzw. Werbungskosten) geltend gemacht werden können. – 2. *Betroffene Steuerarten:* in Deutschland Einkommensteuer und Körperschaftsteuer; bei der Erbschaftsteuer wird nur die – günstigere – Anrechnungsmethode praktiziert (§ 21 ErbStG). – 3. *Rechtsgrundlagen:* Dass die Abzugsmethode bei der dt. Einkommensbesteuerung erlaubt ist, ergibt sich aus § 34c II und § 34c III EStG, bei körperschaftsteuerpflichtigen Personen aus einem entsprechenden Verweis auf das EStG in § 26 KStG. Den Abzug ausländischer Steuern von der dt. Steuerbemessungsgrundlage ausdrücklich zu erlauben, ist rechtlich deswegen erforderlich, weil § 12 EStG alle Steuern vom Einkommen im Grundsatz zu nicht abzugsfähigen Kosten der persönlichen Lebensführung erklärt und auch ausländische Steuern vom Einkommen somit nicht abziehbar wären, gäbe es nicht die entsprechende gesetzliche Sonderregelung. – 4. *Funktionsweise:* Gemäß der Abzugsmethode würde jemand, der im Ausland 100 Euro verdient und dort bereits Einkommensteuern von 60 Euro bezahlt hat, im Inland seine Einkommensteuer auf den verbliebenen Restbetrag von 40 Euro (= 100-60) bezahlen müssen. Beträge der inländische Steuersatz also z.B. nochmals 50 Prozent, wären noch 20 Euro an inländischer Einkommensteuer zu zahlen. – 5. *Wirtschaftliche Wirkung:* Die Abzugsmethode verhindert nicht, dass bei einem grenzüberschreitenden Geschäft die Gesamtbelastung mit Steuern infolge der zweifachen Besteuerung im Ausland und im Inland zu einem wesentlich geringeren Nettogewinn führt, als wenn jemand sich nur im eigenen Land betätigt (und damit nur einer einmaligen Besteuerung unterlegen) hätte; dies zeigt das gerade genannte Beispiel deutlich. Indem sie die inländischen Steueransprüche nur auf den nach der ausländischen Steuer verbliebenen Restbetrag bezieht, verhindert sie aber immerhin, dass die Summe der in- und ausländischen Steueransprüche sich auf mehr als 100 Prozent beläuft. Somit stellt die Abzugsmethode nur einen Minimalstandard zur Milderung der Doppelbesteuerung dar, beseitigt ihre schädlichen Effekte aber keinesfalls ganz. – 6. *Anwendungsfälle*: Voraussetzung für die Anwendung der Abzugsmethode bei der ESt/KSt ist in allen Fällen, dass es sich bei der im Ausland erhobenen Steuer um eine „Steuer vom Einkommen" handelt, d.h. kein Abzug von ausländischen Vermögensteuern oder Erbschaftsteuern. Im Einzelnen gilt: a) *Wahlrecht in Fällen der Anrechnungsmethode*: Grundsätzlich kann die Abzugsmethode immer dann gewählt werden, wenn auch die Anrechnungsmethode möglich wäre (§ 34c II EStG); dieses Wahlrecht gilt sogar auch dann, wenn die Anrechnungsmethode aufgrund eines Doppelbesteuerungsabkommens vorgesehen ist (§ 34c VI Satz 2, außer für Fälle der fiktiven Anrechnung). Trotz der generellen Nachteiligkeit der Abzugsmethode gegenüber der Anrechnungsmethode ist die Entscheidung für die Abzugsmethode z.B. dann sinnvoll, wenn die inländische Steuer ohnehin Null beträgt; da sich die heutige Steuer dann ohnehin nicht weiter senken lässt, macht es dann nämlich Sinn, durch den Abzug als Betriebsausgabe/Werbungskosten z.B. einen Verlustvortrag zu schaffen, der sich im nächsten Jahr noch steuermindernd verwerten lässt. – b) *Auffangregelung in allen anderen Fällen*: Außerdem ist immer dann, wenn im Ausland eine „Steuer vom Einkommen" erhoben worden ist, für die die Anrechnungsmethode nicht möglich wäre, automatisch die Abzugsmethode anzuwenden (§ 34c III EStG). Voraussetzung ist aber in jedem Fall, dass die Steuer festgesetzt wurde, gezahlt ist und nicht

ermäßigt werden konnte. – 7. *Rechtstechnische Besonderheiten*: Aus reiner Vorsicht formuliert der Gesetzgeber die Abzugsmethode so, dass die ausländischen Steuern nicht „als" Betriebsausgaben/Werbungskosten abgezogen werden können (das wäre das Eingeständnis, dass es keine Lebensführungskosten sind), sondern besteht darauf, dass sie nur „wie" Betriebsausgaben/Werbungskosten abziehbar sind; durch eine solche Fomulierung wird jedenfalls verhindert, dass aus einer Anerkennung ausländischer Steuern als abziehbare Kosten noch anderweitige, vom Gesetzgeber unerwünschte Schlussfolgerungen gezogen werden könnten.

**Accounting Principles Board (APB)** – 1959 mit dem Zweck der Erarbeitung von Rechnungslegungsgrundsätzen für börsennotierte Unternehmen vom → American Institute of Certified Public Accountants (AICPA) gegründet. Zentrale Verlautbarungsart des Accounting Principles Board (APB) war die APB-Opinion. Ab 1973 übernimmt das → Financial Accounting Standards Board (FASB) die Aufgaben des APB.

**Accounting Research Bulletin (ARB)** – Verlautbarungen des → Accounting Principles Boards (APB) und damit Teil der → US-GAAP. Die bis zum Jahre 1959 veröffentlichten Accounting Reaserch Bulletin bezogen sich auf Einzelprobleme der Rechnungslegung und hatten zunächst Empfehlungscharakter, bis die → SEC diese für die Erstellung der Jahresabschlüsse anerkannte. Die Accounting Reaserch Bulletin besitzen bis heute Gültigkeit, sofern sie nicht durch andere Verlautbarungen ersetzt bzw. modifiziert wurden.

**Accrual Principle** – 1. *Finanzpolitik*: Der Zeitraum zwischen Steuerfälligkeit und -zahlung soll verkürzt werden, um die Wirkungsweise des konjunkturpolitischen Instrumentariums zu verbessern. Ist der zeitliche Abstand zwischen beiden zu groß, könnten z.B. Steuererhöhungen, die zur Dämpfung der Konjunktur vorgenommen werden, erst in der Phase des konjunkturellen Abschwungs und somit prozyklisch wirksam werden, wodurch der gegenteilige konjunkturpolitische Effekt erzielt würde (Lag). – 2. *Öffentliche Haushaltsrechnung:* Verbuchungsmethode, bei der eine laufende Verbuchung der jeweiligen Einnahme- und Ausgabepositionen und ein zusammengefasster Ausweis erfolgt. In Deutschland sind – von einigen Ausnahmen abgesehen – Einnahmen und Ausgaben unsaldiert nach dem Bruttoprinzip zu buchen (Haushaltsgrundsätze). – 3. *Internationale Rechnungslegung:* Prinzip der periodengerechten Aufwands- und Ertragsabgrenzung (→ Framework des → International Accounting Standards Board (IASB)).

**Achte EG-Richtlinie** – *Prüferrichtlinie.* 1. *Rechtslage:* Verabschiedet am 10.4.1984. Umgesetzt in deutsches Recht durch das Bilanzrichtlinien-Gesetz vom 19.12.1985. – 2. *Bedeutung:* Harmonisierung der Zulassungsbestimmungen zur Vornahme von Pflichtprüfungen gemäß § 316 HGB innerhalb der Mitgliedsstaaten der EU. – 3. *Inhalt:* Anpassungen der Wirtschaftsprüferordnung hinsichtlich der Zulassung zum Wirtschaftsprüferexamen bzw. zur Anerkennung von Wirtschaftsprüfungsgesellschaften, vgl. auch → Bilanzrichtlinien-Gesetz (BiRiLiG). – Die Richtlinie (RL) wurde aufgehoben durch Richtlinie 2006/43/EG des Europäischen Parlaments und des Rates vom 17.5.2006 über Abschlussprüfungen von Jahresabschlüssen und konsolidierten Abschlüssen.

**ACI** – Abk. für *Association Cambiste Internationale (Financial Markets Association).* 1955 in Frankreich gegründet. Anstoß war ein entsprechendes Abkommen zwischen Devisenhändlern in Frankreich und England. Seither hat sich ACI zur führenden Organisation für professionelle Händler an Finanzmärkten entwickelt. Ziel der Organisation ist die Interessenvertretung ihrer Mitglieder, die Wahrung und Weiterentwicklung von Verhaltensstandards an den Finanzmärkten sowie die Aus- und Weiterbildung von Händlern an Finanzmärkten.

**Acquis Communautaire** → Europarecht, → EU-Erweiterung.

**Acquisition Accounting** → Purchase-Methode.

**administrativer Protektionismus** → Verwaltungsprotektionismus.

**Ad-Valorem-Zoll** → Wertzoll.

**AEUV** – Abk. für *Vertrag über die Arbeitsweise der Europäischen Union;* durch den → Vertrag von Lissabon erfolgte Umbenennung des *Vertrags über die Europäische Gemeinschaft* (→ EGV). Alle Art. des EGV werden mit dem AEUV neu nummeriert und ggf. neu gefasst. Die → Europäische Gemeinschaft hat mit Wirkung vom 1.12.2009 ihre Rechtspersönlichkeit verloren und ist endgültig in der → EU aufgegangen, die gleichzeitig Rechtspersönlichkeit gewonnen hat.

**AfDB** – 1. *Begriff:* Abk. für *African Development Bank (AfDB);* gegründet 1964 in Khartum; Geschäftsaufnahme 1966. Die anfangs durch afrikanische Staaten gegründete AfDB öffnete sich später auch für nicht regionale Mitglieder (europäische Staaten, Kanada, USA, Japan, China, Südkorea, Indien, Brasilien, Argentinien, Saudi-Arabien und Kuwait). Mitglieder der AfDB sind 53 afrikanische und 24 nicht afrikanische Staaten. – 2. *Ziele:* nachhaltige Armutsbekämpfung, wirtschaftliche Entwicklung und sozialer Fortschritt der Mitgliedsländer durch Unterstützung bei Entwicklungshilfeprojekten, Harmonisierung nationaler Entwicklungsstrategien. – *Schwerpunkte* der Kreditvergabe: Agrar-, Transport-, Energie- und Exportsektoren. – 3. *Abteilungen der ADB:* Afrikanischer Entwicklungsfonds (African Development Fund, AfDF), 1973/74 zur Gewährung von finanziellen Hilfen in Form von Zuschüssen und günstigen Krediten an bes. arme afrikanische Länder gegründet; der Nigerianische Treuhandfonds (Nigeria Trust Fund,

NTF), 1976 als spezieller Fonds mit Mitteln der Republik Nigeria gegründet.

**African Development Bank** → AfDB.

**African Union (AU)** – 1. *Begriff und Merkmale: Afrikanische Union;* Organisation der regionalen Integration in Afrika mit Sitz in Addis Abeba; seit 2001/2 Nachfolgeorganisation der Organisation für Afrikanische Einheit. – 2. *Zielsetzung:* Politische und wirtschaftliche Integration. Gemeinsamer Gerichtshof und gemeinsame Währung. – 3. *Organe:* Höchstes Organ der AU ist die Generalversammlung, in der die Staats- und Regierungschefs der Mitgliedsländer vertreten sind. Der Exekutivrat der AU setzt sich aus den Fachministern der Länder zusammen. Er ist der Generalversammlung verantwortlich. Die Kommission der AU umfasst neben einem Vorsitzenden und einem stellvertretenden Vorsitzenden acht Kommissare, die für unterschiedliche Aufgabenbereiche zuständig sind. Die AU umfasst auch das Panafrikanische Parlament, das eine gewisse Kontrollfunktion ausüben soll, einen Gerichtshof und weitere Institutionen.

**Afrikanische Entwicklungsbank** → AfDB.

**Afrikanische Union** → African Union (AU).

**Agenda 21** – ein umfassendes Aktionsprogramm zur Umsetzung des Prinzips der → nachhaltigen Entwicklung, das auf der Konferenz der → UN für Umwelt und Entwicklung, Juni 1992 in Rio de Janeiro von 178 Regierungen verabschiedet wurde. Aktionsbereiche sind u.a. die Armutsbekämpfung, die Veränderung der Konsumgewohnheiten, der Zusammenhang zwischen Bevölkerungsdynamik und nachhaltige Entwicklung, der Schutz und die Förderung der menschlichen Gesundheit, die Förderung einer nachhaltigen Siedlungsentwicklung, die Integration von Umwelt- und Entwicklungszielen und bes. die Erhaltung und Bewirtschaftung der natürlichen Ressourcen. Die Ziele sollen u.a. durch Stärkung der Rolle wichtiger gesellschaftlicher Gruppen (z.B. Frauen, Kinder und Jugendliche) und

Nichtregierungsorganisationen (NROs) erreicht werden.

**Agrarstaat** – Land, in dem der überwiegende Teil der Erwerbstätigen in der Landwirtschaft tätig ist. – *Gegensatz:* → Industriestaat.

**Agrarzoll** – Die EU hat zur Durchführung der gemeinsamen Agrarpolitik für Waren vieler landwirtschaftlicher Bereiche eigene rechtliche Regelungen, sog. → Marktordnungen (MO), geschaffen; diese sollen mithilfe ihrer vorrangig marktlenkenden Agrarzollsysteme den EU-Agrarmarkt in der EU regulieren. Wesentliches Merkmal ist die gemeinsame Preispolitik. Bei Einfuhr der betreffenden Waren aus einem Drittstaat gleichen die Agrarzölle den Unterschied zwischen hohem EU-Preisniveau und niedrigem Weltmarktniveau aus. In seltenen Fällen werden bei umgekehrter Konstellation → Ausfuhrzölle erhoben.

**AIA** – Abk. für → American Institute of Accountants.

**AICPA** – Abk. für → American Institute of Certified Public Accountants.

**AISAM** – 1. *Begriff und Merkmale:* Abk. für *Association Internationale des Sociétés d'Assurance Mutuelle, International Association of Mutual Insurance Companies, Internationale Vereinigung der Versicherungsgesellschaften auf Gegenseitigkeit; internationaler Zusammenschluss von Versicherungsvereinen auf Gegenseitigkeit aus* mehr als 30 Ländern, gegründet 1964 auf die Initiative eines Holländers und einer Gruppe von Gegenseitigkeitsversicherern, Sitz in Brüssel. Die AISAM hat beratenden Status beim Wirtschafts- und Sozialrat der Vereinten Nationen (ECOSOC, vgl. → UN) sowie bei der Welthandels- und Entwicklungskonferenz der Vereinten Nationen in Genf (→ UNCTAD). – *Veröffentlichungen:* Mutualité (zweimal jährlich); AISAM Dictionary, 1982. – 2. *Ziele:* Information und der Repräsentation gegenüber nationalen und internationalen Organisationen und sonstigen Regierungs- oder anderen Instanzen und Austauschforum für die

Mitglieder. – 3. *Organe*: a) Generalversammlung als oberstes Organ. Sie tritt jedes Jahr zusammen. Sie setzt sich aus der Gesamtheit der AISAM-Mitglieder zusammen und bestimmt die großen Linien der Vereinigung. – b) Der Ausschuss setzt sich aus mind. sieben gewählten Mitglieder zusammen und hält zwei- bis dreimal im Jahr eine Sitzung ab. Er ist mit der Leitung und Verwaltung der Vereinigung beauftragt. – c) Das Generalsekretariat führt die täglichen Geschäfte der Vereinigung. – 4. *Mitglieder*: Vollmitglieder und assoziierte Mitglieder: – *Vollmitglieder* (zugelassene privatrechtliche Gegenseitigkeitsversicherungsgesellschaften, privatrechtliche und gesetzlich anerkannte Gegenseitigkeitsversicherungsgruppen und alle Versicherungsgesellschaften im Besitz oder unter der Aufsicht von privatrechtlichen Gegenseitigkeitsgesellschaften oder Gegenseitigkeitsversicherungen; Versicherungsgesellschaften auf Gegenseitigkeit nach privatem Recht, die gemäß den nationalen Aufsichtsbestimmungen ohne Zulassung arbeiten; nationale privatrechtliche Fachorganisationen; multinationale Fachorganisationen von Gegenseitigkeitsversicherungen nach privatem Recht). – *Assoziierte Mitglieder* Versicherungsunternehmen, die nicht den Rechtsstatus eines Gegenseitigkeitsvereins haben, jedoch nach den Grundsätzen der Gegenseitigkeit arbeiten; Gesellschaften, die eine enge Beziehung zu einem oder mehreren Vollmitgliedern der Vereinigung pflegen und die dem Versicherungssektor Dienstleistungen anbieten, außerhalb der Versicherungsbranche tätige Gegenseitigkeitsgesellschaften, die Verbindungen zur Versicherungsbranche oder zum Risikofinanzierungsgeschäft aufweisen). – Jede weitere an den Aktivitäten der Vereinigung interessierte Partei kann den Beobachterstatus beantragen. Ende 2006 zählt die Vereinigung 121 direkte Mitglieder, darunter 7 nationale Verbände (der amerikanisch/kanadische, belgische, dänische, deutsche, französische, niederländische und spanische), die weltweit 21 Länder vertreten. Durch diese nationalen Verbände zählt die AISAM ungefähr 2.000 indirekte Mitglieder weltweit. Die Verteilung der Mitglieder pro Land ist folgende:

| | |
|---|---|
| - Belgien | 8 |
| - Dänemark | 8 |
| - Deutschland | 24 |
| - Finnland | 5 |
| - Frankreich | 32 |
| - Großbritannien | 1 |
| - Italien | 2 |
| - Japan | 1 |
| - Marokko | 1 |
| - Niederlande | 9 |
| - Norwegen | 1 |
| - Österreich | 3 |
| - Portugal | 1 |
| - Schweden | 1 |
| - Schweiz | 5 |
| - Senegal | 1 |
| - Spanien | 13 |
| - Tunesien | 2 |
| - Ungarn | 1 |
| - Vereinigte Staaten/Kanada | 1 |

5. *Kongresse*: Die AISAM veranstaltet jedes zweite Jahr einen Kongress. Er bietet die Gelegenheit, den Umfang der laufenden Arbeiten zu beurteilen und die Meinungen über Entwicklung und Ergebnisse der in den beiden zurückliegenden Jahren durchgeführten Projekte auszutauschen.

**Akkulturation** – Kulturwandel in Entwicklungsländern, der beim Aufeinandertreffen mit Industrieländerkulturen auftritt. Der Kontakt mit einer fremdartigen Kultur vollzieht sich durch Nachahmung und Übernahme ursprünglich fremder Kulturelemente in die eigene Kultur, die evtl. tief greifende Wandlungen durchmacht. Im Kolonialismus erfolgte sie gewaltsam. – Freiwillige Verarbeitung der Kultureinflüsse und Anpassung an die eigenen Bedürfnisse fördert die

Entwicklungsmöglichkeiten durch größere Offenheit gegenüber neuen Technologien, Werthaltungen oder Organisationsformen.

**AKP-Staaten** – 1. *Begriff:* Unter der Bezeichung AKP-Staaten wird eine Internationale Organisation von 79 Ländern in Afrika, Karibik und dem Pazifik – davon viele ehemalige Kolonien Frankreichs und Großbritanniens – verstanden. Gründung in der Georgetown-Vereinbarung, zuerst mit dem Ziel der wirtschaftlichen Kooperation. – 2. *Bedeutung:* Die EU unterhält seit 1975 im Rahmen der Gemeinsamen Handelspolitik mit den AKP-Staaten Vertragsbeziehungen (Assoziierungsabkommen nach Art. 217 → AEUV) über Handel, wirtschaftliche Kooperation und Entwicklung sowie Finanzhilfen (→ Lomé-Abkommen; seit 2000: → Cotonou-Abkommen). Während zunächst → Zollpräferenzen im Umgang mit den AKP-Staaten wichtig waren, und mit → STABEX und → SYSMIN zwei Verfahren zur Stabilisierung der Exporterlöse der AKP-Staaten etabliert wurden, haben sich die AKP-Staaten inzwischen zu ausbaufähigen Beziehungen zur Welthandelsorganisation – → World Trade Organization (WTO) – entschlossen.

**aktive Tätigkeit** – 1. *Begriff:* im Außensteuerrecht übliche Bezeichnung für bestimmte Tätigkeiten → ausländischer Tochtergesellschaften und → ausländischer Betriebsstätten. Im Gegensatz zu Tätigkeiten, bei denen eine Verlagerung ins Ausland aus rein steuerlichen Gründen erfolgen könnte (passive Tätigkeiten), erfolgen bei aktiver Tätigkeit am Standort auch echte wirtschaftliche Aktivitäten (d.h. es liegen reale Tätigkeiten, nicht nur die Ausübung von Rechten oder Überlassung von Vermögenswerten zugrunde). – 2. *Bedeutung:* Wird von einem inländischen Steuerpflichtigen im Ausland eine aktive Tätigkeit ausgeübt, so kann zur Vermeidung der Doppelbesteuerung grundsätzlich die Freistellungsmethode für Gewinne aus der ausländischen Betriebsstätte angewendet werden. Dies gilt auch, wenn es sich um ein

→ Niedrigsteuerland handelt. Voraussetzung ist allerdings, dass die Freistellungsmethode dann von der Bundesrepublik auch mit dem entsprechenden Land in einem Doppelbesteuerungsabkommen tatsächlich vereinbart wurde. Auch bei der Gründung einer ausländischen Tochterkapitalgesellschaft durch einen Steuerinländer ist auf eine → Hinzurechnungsbesteuerung zu verzichten, wenn diese Gesellschaft fast nur aktive Tätigkeit ausführt. – Für Fälle der passiven Vornahme der passiven Tätigkeit im Ausland wird vorzugsweise – bei direkter Betätigung über eine Betriebsstätte – die Anrechnungsmethode oder – bei indirekter Tätigkeit über eine ausländische Tochtergesellschaft – die Hinzurechnungsbesteuerung vorgesehen. – 3. *Die Abgrenzung zwischen aktiver Tätigkeit und passiver Tätigkeiten* ist in verschiedenen Rechtsnormen von Bedeutung, in den Details jedoch nicht einheitlich geregelt. Strengste und z.T. in Doppelbesteuerungsabkommen (DBA) am häufigsten übernommene Abgrenzung in § 8 I AStG: a) Danach sind alle Tätigkeiten passiv, die nicht ausdrücklich als aktiv anerkannt werden. Als aktive Tätigkeit anerkannt sind grundsätzlich uneingeschränkt anerkannt Land- und Forstwirtschaft, Produktion, Bearbeitung oder Verarbeitung von Sachen, Erzeugung von Energie, Aufsuchen und Gewinnung von Bodenschätzen sowie der Betrieb von Kreditinstituten und Versicherungsunternehmen, die für ihre Geschäfte einen in kaufmännischer Weise eingerichteten Betrieb unterhalten. – b) Nur unter erheblichen Einschränkungen als aktive Tätigkeit eingestuft sind dagegen Handelstätigkeit, Erbringung von Dienstleistung, Vermietung und Verpachtung, Aufnahme und darlehensweise Vergabe von Kapital, Gewinnausschüttungen von Kapitalgesellschaften, Veräußerung eines Anteils an einer anderen Gesellschaft sowie aus deren Auflösung oder der Herabsetzung ihres Kapitals, Umwandlungen. – 4. *Problematik:* Im Zeitalter der Globalisierung lassen sich auch die einzelne Teilschritte der Produktion oder Dienstleistung

so zergliedern und auf einzelne Länder aufteilen, dass es denkbar erscheint, dass zumindest
einzelne Produktionsschritte letztlich doch
nur aus steuerlichen Gründen einem bestimmten Standort zugewiesen werden. Das
zeigt, dass die ursprüngliche Idee, dass ein
Staat bei aktiven Tätigkeiten keine steuerlich
motivierten Gestaltungen fürchten muss und
daher seine Gesetzgebung großzügiger gestalten kann, nicht mehr durchgängig zutrifft.

**aktive Veredelung** – 1. *Begriff:* Die aktive Veredelung gehört zu den bedeutendsten wirtschaftlichen Zollverfahren in der Gemeinschaft und dient der internationalen
Arbeitsteilung. Im Kern handelt es sich nach
Art. 114 ZK (Zollkodex) um Nichtgemeinschaftswaren, die in das → Zollgebiet der
EU eingeführt, einer Behandlung (→ Veredelung) unterzogen und anschließend wieder ausgeführt werden (Art. 114–129 ZK).
Das geschieht abgabenneutral. – 2. *Merkmale:*
Nach Art. 114 IIc ZK gelten als Veredelungsvorgänge: (1) die Bearbeitung von Waren einschließlich ihrer Montage, Zusammensetzung
und Anpassung an andere Waren; (2) die Verarbeitung von Waren; (3) die Ausbesserung
von Waren, einschließlich ihrer Instandsetzung und Regulierung; (4) die Verwendung
bestimmter nach dem Ausschussverfahren
festgelegter Waren (sog. Produktionshilfsmit-
tel), die nicht in die → Veredelungserzeugnisse eingehen, sondern die Herstellung von
Veredelungserzeugnissen ermöglichen oder
erleichtern, selbst wenn sie hierbei vollständig verbraucht werden. – 3. *Unterscheidung:*
Zur Wahrung der Konkurrenzfähigkeit im
internationalen Handel sind für diese Veredelungsverkehre zwei Verfahren vorgesehen:
(1) das → Nichterhebungsverfahren nach
Art. 114 Ia und IIa ZK, das zur Abgabenfreiheit der zu veredelnden eingeführten Waren
führt. (2) Das Verfahren der Zollrückvergütung (auch Drawback-Verfahren genannt)
lässt eine Erstattung oder einen Erlass der zunächst erhobenen Einfuhrabgaben für die zu
veredelnden Einfuhrwaren zu, wenn die Veredelungserzeugnisse nachweislich wieder

ausgeführt werden (Art. 114 Ib und IIb ZK).
Diese Variante wird zukünftig (wohl zum
1.1.2015) mit dem UZK (→ Unionszollkodex) wegfallen. – 4. *Ersatzwaren:* Art. 115 ZK
erlaubt den Einsatz von Ersatzwaren, die den
zollrechtlichen Status von → Gemeinschaftswaren haben und die gleiche Qualität und Beschaffenheit wie die zur Veredelung bestimmten Einfuhrwaren aufweisen müssen. Die aus
Ersatzwaren hergestellten Veredelungserzeugnisse können sogar vor der Einfuhr von
Einfuhrwaren aus der EU ausgeführt werden
(→ vorzeitige Ausfuhr). In solchen Fällen befinden sich die Einfuhrwaren in der zollrechtlichen Stellung der Ersatzwaren und diese in
der zollrechtlichen Stellung der Einfuhrwaren. – 5. *Ziele:* Die Bewilligung der aktiven
Veredelung (Art. 116 und 117 ZK) wird an-
tragsgemäß (Anhang 67 ZK-DVO) natürlichen oder juristischen Personen und ähnlichen (Art. 4 Nr. 1 und 2 ZK) erteilt, die im
Zollgebiet der EU ansässig sind und die Veredelungsverkehre durchführen oder durchführen lassen. Bei nicht kommerziellen Einfuhren kann die Bewilligung auch nicht in
der EU ansässigen Personen erteilt werden.
Dies kann für Reparaturen und Instandset-
zungen von Waren von Bedeutung sein. Sachlich muss die beantragte aktive Veredelung
dazu beitragen, die günstigsten Voraussetzungen für die Ausfuhr der Veredelungserzeugnisse zu schaffen, ohne dass wesentliche
Interessen von Herstellern in der EU beeinträchtigt werden (wirtschaftliche Voraussetzungen: Art. 117c ZK). Davon ist regelmäßig
auszugehen. Zur Durchführung des Verfahrens setzen die → Zollbehörden nach Art.
118 ZK bestimmte Fristen fest, in denen die
→ Veredelungserzeugnisse eine neue zulässige zollrechtliche Bestimmung erhalten haben müssen. Die Frist beginnt im Zeitpunkt
der Überführung der Nichtgemeinschaftswaren in das Verfahren der aktiven Veredelung (Abgabe der → Zollanmeldung). Aus
Vereinfachungsgründen kann bestimmt werden, dass alle während eines Monats oder eines Vierteljahres beginnenden Fristen jeweils

am letzten Tag eines darauf folgenden Monats oder Vierteljahres ablaufen. Bei der vorzeitigen Ausfuhr von aus Ersatzwaren hergestellten Veredelungserzeugnissen setzen die Zollbehörden die Frist fest, bis wann die Nichtgemeinschaftswaren zur Überführung in die aktive Veredelung angemeldet sein müssen. Gleichfalls setzen die Zollbehörden nach Art. 119 ZK die Ausbeute für die aus den Einfuhrwaren gewonnenen Veredelungserzeugnisse fest. Unter bestimmten Voraussetzungen (z.B. Einfuhrwaren mit gleichbleibender Eigenschaft) ist eine Pauschalierung der Ausbeutesätze möglich. – Die Bestimmungen über den Veredelungsverkehr folgen dem Grundgedanken, wonach die unveredelten Waren oder Veredelungserzeugnisse wieder ausgeführt werden müssen. Jedoch kann das Verfahren auch anderweitig beendet werden. So können am Ende des Nichterhebungsverfahrens die Waren etwa in ein Zolllagerverfahren übergeführt und im Zollgebiet der Gemeinschaft gelagert werden. Ferner kann nach Art. 120 ZK als Vereinfachung bewilligt werden, in welchen Fällen und unter welchen Voraussetzungen die unveränderten Waren oder die Veredelungserzeugnisse als in den zollrechtlich freien Verkehr überführt gelten. – Verfahrensrechtlich sind nach beendeter aktiver Veredelung die Waren der zuständigen Zollstelle für die Beendigung des Verfahrens zu gestellen und zu einem neuen Zollverfahren anzumelden oder eine anderweitige zollrechtliche Bestimmung zu veranlassen. Dabei hat der Veredeler nachzuweisen, dass die Veredelungserzeugnisse die entsprechenden Einfuhrwaren enthalten oder Ersatzwaren zu ihrer Herstellung verwendet wurden. – Für die Entstehung einer → Zollschuld gelten die Art. 121 und 122 ZK. Für die Veredelungserzeugnisse berechnet sich die Höhe der Zollschuld nach den Bemessungsgrundlagen, die für die verwendeten Einfuhrwaren maßgebend sind. Abweichungen enthält Art. 122 ZK. – Zur Feststellung, ob und in welcher Höhe eine Zollschuld entstanden ist, ist für den im Nichterhebungsverfahren

bewilligten Veredelungsverkehr mit Ablauf der Frist für die Beendigung des Verfahrens regelmäßig vom Bewilligungsinhaber eine Abrechnung vorzulegen. Dabei werden auf die Einfuhrwaren die fristgerecht veredelten Waren angerechnet. Nach der Fifo-Regel (First-in-first-out) wird der jeweils älteste noch nicht erledigte Zugang bei der Abrechnung für die gesamte oder anteilige Zugangsmenge erledigt. – Wegen der Verschiebung des Zeitpunktes für die Entstehung der Zollschuld für die im Zollgebiet verbleibenden Veredelungserzeugnisse oder unveredelten Waren sind regelmäßig sog. Ausgleichszinsen nach einem von der Kommission festgelegten Zinssatz zu entrichten. – Die bes. Vorschriften über das Verfahren der Zollrückvergütung sind in den Art. 124 bis 128 ZK zusammengefasst, die die Anwendbarkeit gegenüber dem Nichterhebungsverfahren erheblich einschränken. So sind nach Art. 124 ZK Waren vom Verfahren ausgeschlossen, die im Zeitpunkt der Annahme der Anmeldung zum zollrechtlich freien Verkehr: (1) mengenmäßigen Einfuhrbeschränkungen unterliegen; (2) einer Präferenzbehandlung oder einer autonomen Aussetzungsmaßnahme im Sinn des Art. 20 IIId–f ZK im Rahmen von Kontingenten unterliegen; (3) bei der Einfuhr erhobenen Abgaben unterliegen, die im Rahmen der gemeinsamen Agrarpolitik oder aufgrund der für bestimmte landwirtschaftliche Verarbeitungserzeugnisse geltenden Sonderregelungen vorgesehen sind. – Ferner dürfen für die Veredelungserzeugnisse im Zeitpunkt der Annahme der Anmeldung der Einfuhrwaren keine Ausfuhrerstattungen festgesetzt sein. Die Möglichkeit der vorzeitigen Ausfuhr ist nicht gegeben; ebenso entfällt eine im Nichterhebungsverfahren mögliche zwischengeschaltete passive Veredelung. Bei diesem Vergütungsverfahren entfällt jedoch die Abrechnung im Veredelungsverkehr. Der Bewilligungsinhaber kann nach Art. 128 ZK die Erstattung oder den Erlass von Abgaben beantragen, wenn er nachweist, dass die aus den Einfuhrwaren gewonnenen oder hergestellten Veredelungserzeugnisse entweder unter zollamtlicher Überwachung aus dem Zollgebiet der Gemeinschaft ausgeführt oder im Hinblick auf ihre spätere Ausfuhr in das → Versandverfahren, in das → Zolllagerverfahren, in die vorübergehende Verwendung oder in die aktive Veredelung (Nichterhebungsverfahren) übergeführt oder in eine → Freizone oder ein Freilager verbracht worden sind.

**AKV** – Abk. für → Allgemeine Kreditvereinbarungen.

**ALADI** – 1. *Begriff und Merkmale:* Abk. für *Asociación Latino-Americana de Integración, Latin American Integration Association (LAIA), Lateinamerikanische Integrationsvereinigung;* Nachfolgeorganisation der → LAFTA auf Basis des Vertrags von Montevideo am 12.8.1980 gegründet, in Kraft getreten am 18.3.1981. – 2. *Ziele:* a) Förderung des Handels zur Schaffung eines gemeinsamen Marktes; b) regionale → Zollpräferenzen; c) Markteröffnung für Mitgliedsstaaten ohne Gegenseitigkeitsprinzip sowie d) multilaterale Assoziationsmodelle.

**ALALC** – Abk. für *Asociación Latino-Americano de Libre Comercio;* → LAFTA.

**Allgemeine Kreditvereinbarungen (AKV)** – *General Agreements to Borrow (GAB);* 1962 zwischen dem → IWF und den im Zehner-Klub (→ G 10) vertretenen Ländern geschlossenes Abkommen, nach dem sich diese bereit erklärten, dem IWF bei Bedarf Kredite in ihren Währungen zur Verfügung zu stellen für den Fall, dass sich die normalen, aus den Subskriptionsbeiträgen der IWF-Mitglieder stammenden Devisenbestände des IWF bei größeren Währungskrisen als zu gering erweisen. – 1984 wurde das Abkommen um die Schweiz erweitert. Hinsichtlich der Mittelvergabe wurde den Zehnerklub-Mitgliedern ein weitgehendes *Mitspracherecht* eingeräumt, die dadurch erheblichen Einfluss auf die Politik des IWF nehmen können. Die AKV wurden mehrfach modifiziert und verlängert (zuletzt mit Wirkung vom Dezember 2003 um

eine weitere Fünfjahresperiode). Das Kreditvolumen wurde von anfänglich 6,4 Mrd. → Sonderziehungsrechten (SZR) auf 17 Mrd. SZR sowie zusätzlich 1,5 Mrd. SZR gemäß dem seit 1983 bestehenden Assoziierungsabkommen mit Saudi-Arabien erhöht. Im Rahmen der seit 1997 bestehenden Neuen Kreditveeinbarungen (NKV) Im Rahmen der seit 1997 bestehenden Neuen Kreditvereinbarungen (NKV) stehen bei Bedarf 26 Teilnehmerländer und Institutionen bereit, dem IWF bis zu 34 Mrd. SZR zu leihen. Die NKV ersetzen die AKV nicht, sondern ergänzen sie.

**Allgemeiner Ausschuss des ländlichen Genossenschaftswesens** → COGECA.

**allgemeines Beschränkungsverbot** → Beschränkungsverbot.

**allgemeines Präferenzsystem** → APS.

**Allgemeines Zoll- und Handelsabkommen** → GATT.

**American Accounting Association (AAA)** – 1916 gegründete Vereinigung von etwa 12.000 US-amerikanischen Hochschullehrern auf dem Gebiet des Rechnungswesens (Accounting). Sie gibt eine der auf dem Gebiet des Rechnungswesens international führenden Zeitschriften, die „Accounting Review", heraus.

**American Institute of Accountants (AIA)** – Bezeichnung des → American Institute of Certified Public Accountants (AICPA) bis 1957.

**American Institute of Certified Public Accountants (AICPA)** – bis 1957: American Institute of Accountants (AIA), ist – dem Institut der Wirtschaftsprüfer in Deutschland e. V. (IDW) vergleichbar – der Dachverband der US-amerikanischen Wirtschaftsprüfer. Vor der Gründung des → Financial Accounting Standards Board (FASB) waren vom AICPA eingesetzte Gremien bis 1973 für die Entwicklung von Rechnungslegungsregeln für börsennotierte Unternehmen zuständig. Heute hat das American Institute of Certified Public Accountants (AICPA) nur noch begrenzte

Kompetenzen bei der Erarbeitung materieller Rechnungslegungsvorschriften, übt aber über die Mitwirkung im FASB weiterhin Einfluss auf die Ausgestaltung der → US-GAAP aus. Die Hauptaufgaben des American Institute of Certified Public Accountants (AICPA) sind heute die Erarbeitung der Richtlinien für Jahresabschlussprüfungen, der → Generally Accepted Auditing Standards (GAAS), die Entwicklung von Berufsgrundsätzen für Wirtschaftsprüfer, die Abwicklung der Wirtschaftsprüferexamen sowie die Interessenvertretung des Berufsstandes.

**AMF** – Abk. für → *Arab Monetary Fund.*

**Amsterdamer Vertrag** – 1. *Charakterisierung:* Der → Europäische Rat einigte sich am 16./17.6.1997 in Amsterdam über die Novellierung des EU-Vertrages (→ Maastrichter Vertrag); dieser erlangte zum 1.5.1999 Rechtskraft. Die Neuerungen betrafen alle drei sog. EU-Säulen (→ EU); anders als bei den früheren Vertragsreformen überwogen die nicht ökonomischen Integrationsfelder. Die sog. erste Säule (EU) wurde im Wesentlichen in Gestalt der Neuaufnahme eines Beschäftigungskapitels sowie durch Einfügung des „Maastrichter" Sozialprotokolls und durch die Einbeziehung des Schengener Abkommens (Freizügigkeit des innergemeinschaftlichen Personenverkehrs) weiterentwickelt. Mit dem Ziel, die weltpolitische Rolle der EU zu stärken, wurden im Rahmen der → GASP (sog. zweite Säule) einige begrenzte Verbesserungen der außenpolitischen Aktionsfähigkeit der EU erreicht. Zur Verbesserung des rechtlichen Schutzes der (Unions-)Bürger wurde die Zusammenarbeit in den Bereichen Justiz und Inneres (sog. dritte Säule) durch eine Reihe von Neuerungen ausgebaut. – 2. Eine prozedurale Neuerung stellte die Einführung des *Prinzips der Flexibilität* (nur erste und dritte Säule) dar: Unter Wahrung bestimmter Voraussetzungen wurde es auf der Basis eines einstimmigen Ratsbeschlusses möglich, dass eine Gruppe von EU-Staaten, welche die Mehrheit der Mitgliedsländer umfasst, den restlichen Mitgliedsstaaten integrationspolitisch (Vertiefung des Integrationsprozesses) voranschreiten kann. Außerdem wurde eine Sanktionsmöglichkeit gegen Mitgliedsstaaten eingeführt, die eine schwerwiegende und anhaltende Verletzung der Prinzipien und Grundrechte begehen (Art. 7 EUV, durch den → Vertrag von Nizza präzisiert). – 3. Die bedeutendste in Amsterdam erzielte *institutionelle Neuerung* war die beträchtliche Aufwertung, welche das → Europäische Parlament als Mitentscheidungsorgan erfuhr. Insgesamt blieb jedoch speziell die Reform der EU-Organe sowie die Reform der gemeinschaftlichen Entscheidungsverfahren weit hinter jenen Erfordernissen zurück, welche eine unerlässliche Voraussetzung dafür sind, dass die EU auch mit 25 bis 30 Mitgliedsstaaten funktions- und handlungsfähig ist. Um diesen und anderen vor der Ost-Erweiterung der EU zu überwindenden Mängeln abzuhelfen, wurden vom → Europäischen Rat begrenzte Änderungen hinsichtlich der Stimmgewichtung im Europäischen Parlament und der Sitzverteilung im → Rat der Europäischen Union vorgenommen. Ferner wurden die Regeln für sog. qualifizierte Mehrheitsentscheidungen modifiziert und die Möglichkeiten ihrer Anwendung auf zusätzliche Politikfelder ausgeweitet. – Vgl. auch → Vertrag von Lissabon.

**Amtsplatz** – Begriff des Zollrechts für die Räume und Flächen, die für die zollamtliche Tätigkeit bestimmt sind. Die eingeführten Waren sind vor ihrer → Gestellung regelmäßig auf den Amtsplatz der zuständigen Zollstelle zu verbringen, § 4 ZollVG. Auch beim Export sind die Waren zumindest am Amtsplatz der Grenzzollstelle, Ausgangszollstelle, zu gestellen.

**ANDEN-Pakt** – 1. *Begriff und Merkmale:* Der Andenpakt wurde gegründet mit der Unterzeichnung des Abkommens von Cartagena (1969). Die Gründungsländer: Bolivien, Chile, Ecuador, Kolumbien und Peru. – 2. *Ziele:* Wirtschaftsgemeinschaft: (a)

Abbau der Handelsschranken; (b) gemeinsamer Außenzoll; (c), gemeinsame Industrialisierungsprogramme; (d) Verbesserung der Wettbewerbsfähigkeit; (e) Harmonisierung der Wirtschafts- und Sozialpolitik. – 3. *Organe*: Die Kommission mit Repräsentanten aller Mitgliedsstaaten und die sog. Junta, die sich aus drei Mitgliedern zusammensetzt, sowie das Parlament und der Gerichtshof. – 4. *Ergebnis*: Anstieg des subregionalen Handels. – 5. *Probleme*: Die Integrationsbemühungen sind auch aufgrund des unterschiedlichen Entwicklungstandes unbefriedigend und die gemeinsamen Industrialisierungsprogramme blieben ohne Erfolg. – 6.*Veröffentlichungen*: Leyes Económicas de los Países Miembros sowie technische Publikationen.

**Änderung der EU-Verträge** → Vertragsänderung EU.

**Anhang** – Bestandteil des Jahresabschlusses bei Kapitalgesellschaften (§ 264 I HGB) bzw. des Konzernabschlusses (§ 297 I HGB). Der Anhang enthält Erklärungen und Ergänzungen zu einzelnen Positionen der → Bilanz und der Gewinn- und Verlustrechnung (GuV). – 1. *Aufstellungpflicht*: Bei Kapitalgesellschaften bilden Bilanz, Gewinn- und Verlustrechnung und Anhang den Jahresabschluss, der zusammen mit dem Lagebericht von den gesetzlichen Vertretern in den ersten drei Monaten des Geschäftsjahres für das vergangene Geschäftsjahr aufzustellen ist. Für kleine Kapitalgesellschaften (→ Größenklassen) beträgt die Frist sechs Monate, wenn dies einem ordnungsgemäßen Geschäftsgang entspricht. – 2. *Inhalt*: Geregelt in allg. Vorschriften über den Jahresabschluss von Kapitalgesellschaften (§§ 264, 265 HGB), den Vorschriften zu einzelnen Posten der Bilanz (§ 268 HGB), den Vorschriften zu einzelnen Posten der Gewinn- und Verlustrechnung (§ 277 HGB) sowie in den §§ 274a, 284–288 HGB; für Kreditinstitute die §§ 340–340o HGB; für Versicherungen § 55 VAG und Abschn. 2 der VO über die Rechnungslegung von Versicherungsunternehmen (Externe

VUReV). Der Anhang enthält u.a. allg. Erläuterungen zum Einblick in die Vermögens-, Finanz- und Ertragslage sowie zur Vergleichbarkeit der Jahresabschlüsse, Angaben der in der Bilanz und der Gewinn- und Verlustrechnung angewandten Bilanzierungs- und Bewertungsmethoden; Einzelangaben wie den Gesamtbetrag der Verbindlichkeiten mit einer Restlaufzeit von mehr als fünf Jahren; Erläuterungen von Rückstellungen, die in der Bilanz unter dem Posten „sonstige Rückstellungen" nicht gesondert ausgewiesen werden, wenn sie einen nicht unerheblichen Umfang haben, Zusammensetzung und Gesamtbezüge des Geschäftsführungsorgans und eines Aufsichtsrates, Informationen zu Finanzinstrumenten und zur Honorierung des Abschlussprüfers. – 3. *Prüfung*: Der Anhang von mittelgroßen und großen Kapitalgesellschaften ist durch Abschlussprüfer zu prüfen (Jahresabschlussprüfung). – 4. *Offenlegung*: Seit 1.1.2007 müssen offenlegungspflichtige Unternehmen ihren Anhang zusammen mit den übrigen Jahresabschlussunterlagen elektronisch (und nicht mehr wie bisher auf Papier) beim Betreiber des elektronischen Bundesanzeigers (Bundesanzeiger Verlagsgesellschaft mbH, Köln) einreichen, von wo sie an das elektronisch geführte Unternehmensregister weitergeleitet werden und kostenlos abrufbar sind.

**Anmelder** – Person, die eine → Zollanmeldung im eigenen Namen abgibt oder in deren Namen eine Zollanmeldung (direkte Stellvertretung) abgegeben wird, Art. 4 Nr. 18 ZK. Der Anmelder muss gem. Art. 64 II ZK regelmäßig im → Zollgebiet der EU ansässig sein. Ausnahmen sind allein das → Versandverfahren und die vorübergehende Verwendung sowie teilweise die Überführung in den zollrechtlich freien Verkehr. In Art. 4 Nr. 11 MZK wird auch die Person als Anmelder bezeichnet, die eine → summarische Anmeldung oder eine Wiederausfuhrmitteilung einreicht.

**Anrechnungsmethode** – *tax credit method*; 1. *Begriff*: eine Methode zur Vermeidung der

→ Doppelbesteuerung, bei der die im Ausland bezahlte Steuer auf die im Inland zu zahlende Steuer angerechnet wird. – 2. *Funktionsweise*: Die im Inland zu zahlende Steuer darf um den Betrag gekürzt werden, der wegen des betreffenden Vorgangs schon im Ausland an Steuer gezahlt werden musste, allerdings wird höchstens auf den Betrag an dt. Steuer verzichtet, den Deutschland für diesen Vorfall selbst fordern würde (keine Erstattung „überschießender" ausländischer Steuern und auch keine Verrechnung mit dt. Steuern auf andere Vorfälle). – 3. *Betroffene Steuerarten*: Nach dt. Recht ist die Anrechnungsmethode bei der Einkommensteuer, Körperschaftsteuer und Erbschaftsteuer (sowie früher auch bei der Vermögensteuer) anzutreffen. Rechtsgrundlage für ihre Anwendung sind teils Bestimmungen in den betreffenden nationalen Steuergesetzen (§§ 34 c, 34 d EStG, § 26 KStG, § 21 ErbStG), teils weiter reichende Regelungen in bilateralen → Doppelbesteuerungsabkommen (DBA). – 4. *Anwendungsvoraussetzungen*: a) Die Anrechnungsmethode findet *nur bei grenzüberschreitenden Sachverhalten* Anwendung; die „Gewerbesteueranrechnung" und das frühere körperschaftsteuerliche „Anrechnungsverfahren" sind etwas Anderes. – b) *Betroffene Sachverhalte*: Im dt. Recht gibt es kein allg. Prinzip, wonach man automatisch immer dann, wenn ein Sachverhalt mit ausländischen Steuern belegt wird, auch die Anrechnungsmethode nutzen könnte; ein solches Prinzip muss auch nach dem Recht der Europäischen Union gegenwärtig noch nicht geschaffen werden. Daher muss der betroffene Steuerpflichtige für jeden einzelnen Vorgang mit Auslandsberührung im dt. Recht eine Anspruchsgrundlage finden, die ihm eine Anrechnung der im Ausland schon bezahlten Steuer auf die dt. Steuer erlaubt. Solche Regelungen können einerseits im „nationalen" dt. Recht enthalten sein (EStG, KStG, ErbStG), andererseits in zwischenstaatlichen Doppelbesteuerungsabkommen. Grundsätzlich sehen die Regelungen im „nationalen" dt. Steuerrecht (EStG, KStG, ErbStG) eine

Anrechnung ausländischer Steuern nicht in allen Fällen vor, in denen ausländische Steuern erhoben werden könnten; vielmehr definiert der dt. Gesetzgeber jeweils ausdrücklich, welche Vorfälle aus seiner Sicht einen so starken Auslandsbezug haben, dass er ausländische Steueransprüche als so legitim ansieht, dass er seinerseits zu einer Einschränkung der dt. Steueransprüche durch die Anrechnungsmethode bereit ist (das erklärt sich daraus, dass der deutsche Gesetzgeber solche Einkünfte deutscher Steuerpflichtiger, die in Deutschland erwirtschaftet worden sind, für seinen eigenen Steuerzugriff reservieren möchte). Diese Festlegungen richten sich bei Einkommensteuer und Körperschaftsteuer nach einer Liste „ausländischer" Einkünfte in § 34 d EStG, bei der Erbschaftsteuer nach dem Begriff des „Auslandsvermögens" in § 21 ErbStG. Ist ein Vorgang in den entsprechenden Auflistungen nicht erwähnt, ist die Anrechnungsmethode nach dt. Recht nicht nutzbar (z.B. keine Anrechnung ausländischer Steuern bei einer nur 3 Monate unterhalten Baustelle im Ausland oder keine Anrechnung ausländischer Erbschaftsteuern bei einem lediglich bei einer ausländischen Bank unterhaltenen Konto), es kommt dann insoweit zu einer Doppelbesteuerung. Soweit Doppelbesteuerungsabkommen mit dem ausländischen Staat existieren, richtet sich die Frage, wann die Anrechnungsmethode genutzt werden kann, jedoch nicht mehr nach den §§ 34 c EStG, 26 KStG oder 21 ErbStG, sondern nach den Bestimmungen des jeweiligen Vertrages; diese sorgen dann dafür, dass keine Lücken im Schutz vor Doppelbesteuerung verbleiben. – c) *Betroffene ausländische Steuerarten*: Die Anrechnung der ausländischen Steuer auf die dt. Steuer setzt voraus, dass es sich bei der ausländischen Steuer um eine Steuer von derselben Art wie die dt. Steuer handelt. Die Anrechnungsmethode will nämlich nur eine zusätzliche wirtschaftliche Belastung im grenzüberschreitenden Rahmen verhindern, wie sie entstehen würde, wenn ein und dieselbe Steuerart in zwei Staaten in vollem Umfang erhoben werden würde. Eine solche Zusatzbelastung, die den Einsatz der Anrechnungsmethode erfordern würde, gibt es dagegen nicht, wenn es sich um verschiedene Steuerarten handelt (z.B. keine Anrechnung ausländischer Grundsteuer auf ein Mietgrundstück auf die dt. Einkommensteuer auf die daraus bezogenen Mieten, weil auch in Deutschland das Nebeneinander dieser zwei Steuerarten normal wäre, also keiner Abhilfe bedarf). Wo es ein Doppelbesteuerungsabkommen gibt, wird die Frage, welche Steuern des ausländischen Staates einer dt. Einkommen- bzw. Körperschaftsteuer entsprechen und daher angerechnet werden können, im betreffenden Doppelbesteuerungsabkommen selbst geregelt (vgl. Art. 2 OECD-MA), fehlt ein solches DBA, klären die dt. Behörden die Frage eigenständig (vgl. Liste ausländischer Steuerarten aus Nicht-DBA-Ländern in Anlage 6 zu den EStR. – d) Die Berechnung *der dt. Steuer*, die anteilig auf die fraglichen ausländischen Einkünfte/das ausländische Vermögen entfällt (d.h. des Betrages, auf den Deutschland max. durch Anrechnung der schon im Ausland bezahlten Steuern verzichten wird), ist bei abgeltend besteuerten Kapitaleinkünften besonders einfach: dort beträgt sie 25 Prozent (§ 32d V EStG), bei allen anderen Einkünften geschieht die Ermittlung der auf sie entfallenden deutschen Steuer in der Weise, dass man einfach die fraglichen Einkünfte (Vermögenswerte) aus dem betreffenden Land zu allen vorhandenen Einkünften (Vermögenswerten) ins Verhältnis setzt; wenn z.B. die fraglichen Einkünfte ein Drittel aller in diesem Jahr bezogenen Einkünfte darstellen, wird auch ein Drittel der in diesem Jahr zu zahlenden Einkommensteuer als die dt. Steuer angesehen, die mit diesen ausländischen Einkünften zu tun hat und auf die angerechnet werden kann. Diese Vorgehensweise ist zwar einleuchtend, kann aber in Einzelfällen Effekte haben, die mit den europäischen Grundfreiheiten nicht vereinbar sind (EuGH-Urt. *de Groot*), ob sich daraus Änderungsbedarf für die deutsche Ausgestaltung

der Anrechnungsmethode ergibt, wird vermutlich demnächst durch die Rechtsprechung des EuGH geklärt werden.

**Anrechnungsprinzip** → Internationales Steuerrecht (IStR).

**Anschreibeverfahren** → vereinfachte Verfahren bei der Zollanmeldung.

**Anteile anderer Gesellschafter** – *Fremdanteile, Minderheitenanteile*; → Vollkonsolidierung.

**Antidumping-Verordnung** – Bei → Einfuhr von gedumpten Waren in das → Gemeinschaftsgebiet kann ein → Antidumpingzoll erhoben werden, wenn die Überführung der Ware in den zollrechtlich freien Verkehr der EU eine Schädigung verursacht. Dumping liegt nach der Antidumping-Verordnung vor, wenn der Preis bei der Ausfuhr in die EU niedriger ist als der vergleichbare Preis der zum Verbrauch im Ausfuhrland bestimmten gleichartigen Ware im normalen Handelsverkehr. Das Ausfuhrland ist normalerweise das → Ursprungsland. Liegt ein solcher Verkaufspreis für Vergleichszwecke nicht vor, so kann der Normalwert der Ware anhand der Herstellungskosten zzgl. der Vertriebs-, Verwaltungs- und Gemeinkosten und eines Gewinnaufschlages bestimmt werden.

**Antidumpingzoll** → Einfuhrzoll, der den im Importland eintretenden negativen Wirkungen von → Dumping eines Exportlands begegnen soll. Der Antidumpingzoll verteuert den Import und soll somit die → Einfuhr von Dumpingwaren vermindern. Nach dem internationalen Handelsrecht der WTO – vgl. → World Trade Organization (WTO) und → GATT – setzt die Einführung eines Antidumpingzolls durch das Importland die Erfüllung einiger Bedingungen voraus: (1) der Tatbestand des Antidumpingzolls im Sinn einer regionalen Preisdifferenzierung muss nachgewiesen sein; (2) im Importland muss eine signifikante Schädigung eines Wirtschaftszweiges (nicht nur eines Unternehmens) nachgewiesen werden; (3) der Zusammenhang zwischen dieser Schädigung und dem Antidumpingzoll muss nachgewiesen sein; (4) es muss auch ein volkswirtschaftliches Interesse an der Erhebung eines Antidumpingzolls bestehen. Der Nachweis dieser Kriterien bedeutet i.d.R. einen erheblichen Zeitbedarf und Kostenaufwand für den klagenden Wirtschaftssektor. Ein Antidumpingzoll kann daher von der → Europäischen Kommission auch vorläufig festgesetzt werden. Möglich ist auch die Erhebung von Sicherheiten, bis das Prüfverfahren abgeschlossen ist. Ein Antidumpingzoll darf den entstandenen Schaden nicht überkompensieren, d.h. es muss das Prinzip der Verhältnismäßigkeit zwischen Schaden und Maßnahme gewahrt bleiben. Üblicherweise wird als *Dumpingspanne* die Differenz zwischen Exportpreis und Inlandspreis im Exportland durch den Antidumpingzoll abgeschöpft. – Analog zum Antidumpingzoll kann unter ähnlichen Voraussetzungen ein sog. → Ausgleichszoll erhoben werden, wenn Güter aufgrund staatlicher → Exportsubventionen vergleichsweise zu billig exportiert werden. Während Dumping eine private Aktivität ist, sind Exportsubventionen staatliche Maßnahmen (→ tarifäre Handelshemmnisse). Antidumpingzölle zählen dagegen zu den → nicht tarifären Handelshemmnissen.

**Anwendungsvorrang** – Grundsatz, dass EU-rechtliche Normen bei einem Konflikt mit anders lautendem nationalem Recht vorrangig anzuwenden sind und dieses dann nur insoweit angewandt werden darf, als es die volle Wirkung der gemeinschaftsrechtlichen Vorschrift nicht beeinträchtigt. Gilt nach der Rechtsprechung des Europäischen Gerichtshofs auch gegenüber nationalem Verfassungsrecht.

**APB** – Abk. für → Accounting Principles Board.

**APB-Opinion** – zentrale Verlautbarungsart des → Accounting Principles Board (APB) und damit Teil der → US-GAAP.

**APQLI** – Abk. für *Augmented Physical Quality of Life Index;* → Physical Quality of Life Index (PQLI).

**APS** → Generalized System of Preferences (GSP); Handelspräferenzen der Europäischen Union zugunsten zahlreicher solcher → Entwicklungsländer, die nicht in eines der → Assoziierungsabkommen der EU eingebunden sind (spezifische Form von „Aid by Trade"). Dem von der EU (→ EWG) seit 1971 gewährten APS liegt eine entsprechende Empfehlung der → UNCTAD zugrunde. Andere → Industrieländer sind diesem Beispiel inzwischen gefolgt. – Das *Hauptmerkmal des APS-Konzepts* besteht darin, dass gewerbliche Erzeugnisse aus den Entwicklungsländern bei der Einfuhr in die EU ein pro Jahr mengenmäßig begrenzter Zollvorteil gewährt wird. Die Zollpräferenz wird ohne Reziprozität gewährt, d.h. Exporte aus der EU in die betreffenden Entwicklungsländer erhalten keine entsprechende Vergünstigung. Das APS stellt eine nach Art. XXIV → GATT heute unzulässige Ausnahme vom Prinzip der → Meistbegünstigung dar. Voraussetzung für die praktische Gewährung des *Präferenzzollsatzes* ist die Vorlage des *Präferenznachweises Form A* sowie der Nachweis der Beförderung aus dem betreffenden → *Ursprungsland.* Nachweis der *Direktbeförderung* ist nicht mehr erforderlich.

**Äquivalenz zwischen tarifären und nicht tarifären Handelshemmnissen** – Bei vollständiger Konkurrenz im In- und Ausland und vollständigem Wettbewerb um die Importlizenzen (z.B. Versteigerung) führen eine → Importquote und ein → Zoll zu derselben Preis-Mengen-Konstellation, vorausgesetzt die → Quote wird auf jener Importmenge festgelegt, zu der auch der Zollsatz führt.

**Arabische Liga** – 1. *Begriff und Merkmale:* League of Arab States (LAS); aus der panarabischen Bewegung entstandener Konsultativ- und Nichtangriffspakt. – *Sitz und Gründung:* 22.3.1945 in Kairo durch sieben arabische Staaten; aktuell 22 Mitgliedsstaaten. – 2. *Ziele:* Engere wirtschaftliche, militärische, politische und kulturelle Zusammenarbeit sowie Wahrung der Unabhängigkeit und Souveränität der Mitgliedsstaaten sowie der arabischen Außeninteressen. Vermeidung und Schlichtung von Streitfällen zwischen Mitgliedsländern. Anerkennung Palästinas als unabhängiger Staat. *Fernziel*: Bildung eines arabischen Staates. – 3. *Organe*: Rat der Arabischen Liga (Ligarat), sich konstituierend aus den Repräsentanten der Mitgliedsstaaten (i.d.R. Außenminister), der permanenten Kommission und dem Generalsekretariat, konferiert halbjährlich. Bei Bedarf können Gipfeltreffen der Staats- und Regierungschefs einberufen werden (zuletzt 2001). Seit 27.9.2005 existiert in Damaskus ein provisorisches Parlament, welches nur beratende Funktion ausübt. Es besteht aus 88 Mitgliedern – je vier aus jedem Mitgliedsstaat.

**Arab Monetary Fund (AMF)** – Eine regionale arabische Organisation mit dem Ziel der Korrektur von Zahlungsbilanzungleichgewichten und der monetären Zusammenarbeit. Langfristiges Ziel ist die Schaffung einer gemeinsamen arabischen Währung. *Gegründet*: 1976, die Arbeit wurde 1977 aufgenommen. – *Sitz*: Abu Dhabi. – *Mitglieder*: 22 Länder.

**arbeitsintensives Gut** – Gut, zu dessen Erzeugung im Vergleich zu einem anderen Gut stets weniger Kapital pro Arbeit benötigt wird, wird als *relativ* arbeitsintensiv bezeichnet. Das andere Gut ist dann *relativ* kapitalintensiv. – Vgl. auch → Heckscher-Ohlin-Handel, → Heckscher-Ohlin-Theorem.

**Arbitrage-Klausel** – *Schiedsgerichtsklausel*; im Außenhandel übliche Klausel zur Vereinbarung eines bestimmten Schiedsgerichts (engl. *Arbitration* = Arbitrage) zur Vermeidung des langwierigen und kostspieligen Klageweges vor einem ordentlichen Gericht. Beide Partner unterwerfen sich bei evtl. auftretenden Streitigkeiten einer gemeinsam ausgewählten Schiedsgerichtsordnung und einem Schiedsverfahren aber auch dem daraus resultierenden Schiedsspruch. – Vgl.

auch → internationale Schiedsklauseln, → Schiedsklausel.

**Armutsfazilität** – alternative Bezeichnung für die Poverty Reduction and Growth Facility (→ PRGF) von → IWF und Weltbank (→ IBRD).

**Arusha-Abkommen** – 1. → Regionale Integration: 1969 von den Ländern Kenia, Tansania und Uganda mit der → EWG auf der Basis von Art. 238 EWGV (1958) für die Dauer von fünf Jahren geschlossenes → Assoziierungsabkommen. Dieses entsprach (mit Ausnahme der Bestimmungen über die Gewährung von finanzieller Hilfe) inhaltlich weitgehend dem zweiten → Jaunde-Abkommen. – 2. *Politik und Zeitgeschichte*: Verhandlungen über Friedensabkommen nach einem etwa zweieinhalb Jahre andauernden Bürgerkrieg in Ruanda unter Federführung der Afrikanischen Union (→ OAU).

**ASEAN** – 1. *Begriff und Merkmale*: *Association of South East Asian Nations*, *Wirtschaftsgemeinschaft südostasiatischer Länder*; am 8.8.1967 in Bangkok durchgeführter Zusammenschluss. – 2. *Ziele*: Förderung der wirtschaftlichen Entwicklung der Mitgliedsstaaten und Stärkung der politischen Stabilität innerhalb der Südost-Asien-Region. – 3. *Organe*: Gipfelkonferenz (alle drei Jahre), Ministerkonferenz (jährlich), ständiger Ausschuss. – *Tätigkeiten*: Die Aktivitäten umfassen den Ausbau der Außenbeziehungen und die Formulierungen einer gemeinsamen Industrie-, Handels-, Landwirtschafts-, Bergbau-, Energie-, Verkehrs-, Forschungs-, Sozial-, Tourismus- und Kulturpolitik. – Vgl. auch → ASEAN Plus Drei.

**ASEAN Plus Drei** – *ASEAN plus three*, Bezeichnung für gemeinsame Konferenzen der 10 → ASEAN-Staaten sowie Japan, Südkorea und die Volksrepublik China.

**Asienkrise** – Bezeichnung für die Währungs-, Finanz- und Wirtschaftskrise mehrerer ost- und südostasiatischer Staaten, welche im März 1997 in Thailand begann. Sie führte zu einem scharfen Konjunktureinbruch - ein

Zusammenbruch des Bankensektors konnte nur mit Unterstützung des → IWF verhindert werden, jedoch war die Rolle des IWF umstritten. Die Ursachen der Asienkrise beruhten u.a. auf einem schwach entwickelten Finanzsektor, exzessiver Kreditaufnahme, v.a. in Fremdwährung, und starken Handelsbilanzdefiziten.

**Asset** – Vermögenswert, bspw. Aktien, Devisen, Immobilien. – Vgl. auch → Conceptual Framework.

**Association of European Transmission System Operaters** → ETSO.

**Association of South East Asian Nations** → ASEAN.

**Assoziierte afrikanische Staaten und Madagaskar** → AASM.

**assoziiertes Unternehmen** → Konzernabschluss, → Equity-Methode.

**Assoziierungsabkommen** – 1. *Allgemein:* Völkerrechtliche Verträge, die bes. Beziehungen zwischen einer internationalen (oder supranationalen) Organisation und einem Nichtmitgliedsstaat begründen. – 2. *Assoziierungsabkommen der EU:* Die EU-Verträge sehen *zwei verschiedene Formen* der Assoziierung Dritter vor. Hierbei handelt es sich um die nach Maßgabe von Art. 198 ff. AEUV vorgeschriebene Assoziierung sog. → Überseeischer Länder und Gebiete *(konstitutionelle Assoziierung)* sowie um die Möglichkeit einer *vertraglichen Assoziierung* nach Art. 217 → AEUV bzw. Art. 206 EAGV im Fall sonstiger Staaten oder internationaler Organisationen. a) *Inhalt:* Die Regelungsgegenstände, die gegenseitigen Rechte und Pflichten (die nicht „symmetrisch" sein müssen) sowie die Intensität der Beziehungen können sehr unterschiedlich ausgestaltet sein. b) Die *Zielsetzungen,* welchen den von der EU abgeschlossenen Assoziierungsabkommen dienen sollen, differieren beträchtlich: (1) Vorbereitung des Partners auf einen etwaigen späteren Beitritt (z.B. Türkei); (2) intensive Förderung der wirtschaftlichen Entwicklung

der Abkommenspartner (→ AKP-Staaten); (3) Förderung des gegenseitigen → Freihandels bei gleichzeitiger Anpassung der Rechtsordnung der Partner an das Gemeinschaftsrecht (EWR-Abkommen (→ EWR) mit den EFTA-Staaten, → EFTA); (4) Förderung der Systemtransformation und der Beitrittsfähigkeit (Europaabkommen mit ostmitteleuropäischen Reformstaaten); (5) Stabilisierung einer Konfliktregion (Balkanstaaten). c) *Voraussetzungen:* Auf Seiten der Gemeinschaft erfordert der Abschluss eines Assoziierungsabkommens Einstimmigkeit im → Rat der Europäischen Union (vormals Ministerrat) sowie ein Mehrheitsvotum im → Europäischen Parlament. Soweit das Abkommen Gegenstände betrifft, welche in der Zuständigkeit der Mitgliedsstaaten liegen, bedarf es zum Inkrafttreten der Ratifizierung durch die Parlamente aller Mitgliedsstaaten der EU. – Vgl. auch → regionale Integration, → Regionalismus.

**Asunción-Abkommen** – am 26.3.1991 von Argentinien, Brasilien, Paraguay und Uruguay unterzeichnetes Abkommen; Rechtsgrundlage für die Errichtung des Gemeinsamen Marktes Südamerikas – *Mercado Cumún del Sur,* → MERCOSUR.

**ATLAS** – Abk. für *Automatisiertes Tarif- und Lokales Zoll-Abwicklungs-System.*Internes Informatikverfahren der dt. Zollverwaltung auf der Grundlage von Art. 4a I ZK-DVO. Mit ATLAS werden schriftliche Zollanmeldungen und Verwaltungsakte (z.B. Einfuhrabgabenbescheide) durch elektronische Nachrichten ersetzt. Dadurch wird die Zollabfertigung und Zollsachbearbeitung automatisiert, vereinfacht und beschleunigt. Sämtliche Dienststellen der dt. Zollverwaltung sind mit den für ihre Aufgabenbereiche erforderlichen ATLAS-Fachverfahren ausgestattet. Die Anmeldedaten werden an zentraler Stelle archiviert und der Zentralstelle für Risikoanalyse (Zoll), den Prüfungsdiensten, Zollfahndungsämtern und Landesfinanzverwaltungen zur Verfügung gestellt.

**Aufenthaltsrecht** – Grundfreiheit des EG-Vertrages, neu eingeführt zunächst 1990 durch drei EG-Richtlinien und 1993 durch den → Maastrichter Vertrag als Primärrecht des EG-Vertrages verankert (Art. 18 EGV). Umfasst das Recht der Unionsbürger, sich auch aus rein privaten Gründen in den anderen Mitgliedsstaaten der EU aufhalten zu dürfen, sofern ihr Unterhalt während des Aufenthalts dort gesichert erscheint. Die Vorschriften zum Aufenthaltsrecht kommen nur zum Zuge, soweit nicht die (teilweise großzügigeren) Vorschriften über die anderen Grundfreiheiten und andere Vertragsvorschriften einschlägig sind. Aufenthaltsrecht ist zu unterscheiden von der Grundfreiheit der Freizügigkeit der Arbeitnehmer (Art. 45 AEUV) und der Niederlassungsfreiheit (Art. 49 AEUV). Die Einführung des Aufenthaltsrechts hat potenzielle Auswirkungen auf viele Bereiche der Wirtschaftsgesetzgebung; sie lässt bes. steuerliche Vorschriften, die an den Wegzug aus einem Staat oft erhebliche steuerliche Lasten knüpfen, fragwürdig erscheinen. Das Aufenthaltsrecht gilt im Unterschied zu den anderen → Grundfreiheiten des EU-Rechts nicht auch im Gebiet des → EWR.

**Aufgabe zugunsten der Staatskasse** – zollrechtliche Bestimmung, die für eingeführte → Nichtgemeinschaftswaren gewählt werden kann zur Vermeidung des Entstehens von Einfuhrabgaben, soweit das nationale Recht der EU-Mitgliedsstaaten diese Möglichkeit vorsieht. In Deutschland ist das momentan nicht der Fall. Mit dem → Unionszollkodex wird wohl ab dem 1.1.2015 diese Möglichkeit im gesamten → Zollgebiet der EU bestehen.

**Aufsichtsratsteuer** – 1. *Begriff:* eine Erhebungsform der Einkommensteuer in Form einer → Quellensteuer (Steuerabzug) auf Aufsichtsratsvergütungen an beschränkt steuerpflichtige Aufsichtsratsmitglieder oder beschränkt steuerpflichtige Mitglieder gleichartiger Überwachungsgremien inländischer Kapitalgesellschaften (§ 50a I Nr.4

EStG). – 2. *Bedeutung in der Praxis:* Die praktische Bedeutung steigt an, weil mit zunehmender internationaler Verflechtung auch häufiger im Ausland wohnende Vertreter ausländischer Muttergesellschaften in den Aufsichtsrat inländischer Unternehmen entsandt werden. – 3. *Betroffene Gremien, betroffene Unternehmen:* Da der Anfall der Steuer nicht von der bloßen Bezeichnung des betroffenen Gremiums abhängen kann, fällt die Steuer auch an, wenn es sich um einen Beirat oder eine ähnliche Einrichtung handelt; Voraussetzung ist jedoch in allen Fällen, dass es sich um ein Gremium handelt, dass nicht selbst die Geschäftsführung innehat, sondern die Geschäftsführung überwacht (also nicht lediglich unverbindlich berät). Weitere Voraussetzung ist, dass das Gremium für eine unbeschränkt steuerpflichtige Körperschaft (also keine Personengesellschaft) tätig ist. – 4. *Steuerschuldner:* Die Aufsichtsratsteuer ist formal eine Steuer, die das einzelne Aufsichtsratmitglied zu tragen hat. Die Verpflichtung, die Steuer anzumelden und an die Finanzverwaltung abzuführen, trifft jedoch das inländische Unternehmen, für das das Aufsichtsratmitglied tätig ist; die Unternehmen müssen also bei der Auszahlung einer Aufsichtsratsvergütung an ein beschränkt steuerpflichtiges Aufsichtsratmitglied die zivilrechtlich geschuldete Zahlung aufteilen in einen Steueranteil, der an die Finanzverwaltung zu überweisen ist (Modalitäten geregelt in EStDV zu § 50a EStG), und einen Restnettobetrag, der dem Aufsichtsrat auszuzahlen ist. Sofern der Steueranteil vom Unternehmen ordnungsgemäß einbehalten worden ist, kann der Aufsichtsrat selbst nicht mehr in Anspruch genommen werden (Gegenschluss aus § 50a V Satz 5 EStG); ist der Einbehalt der Aufsichtsratsteuer dagegen unterblieben, haftet das Unternehmen der Finanzverwaltung für den Betrag der Steuer. – 5. *Berechnung der Steuer: a) Steuersatz:* Der Steuersatz der Aufsichtsratsteuer beläuft sich auf 30 Prozent (§ 50 a II Satz 1 EStG 2009). – b) *Berechnungsgrundlage: aa) Regelfall:* Berechnet wird die Steuer, anders als sonst im System der ESt üblich, nicht von einer Nettogröße „Einkünfte" (das wäre Einnahmen minus zugehörige Ausgaben), sondern von dem auszuzahlenden Betrag (das sind also lediglich die Einnahmen). Insoweit ist die Berechnungsgrundlage für die Aufsichtsratsteuer ungünstiger ausgestaltet als sonst im System der ESt üblich; das erklärt zugleich auch, warum der Steuersatz erheblich unter dem sonst für Spitzenverdiener üblichen Satz der ESt (2009: 45 Prozent) liegt. Die Berechnung der Steuer nach der Höhe des auszuzahlenden Betrages ist jedoch aus praktischen Gründen sinnvoll, da sonst nicht nur die Aufsichtsratsmitglieder dem Unternehmen ihre persönlichen Betriebsausgaben offenlegen müssten, sondern das Unternehmen gegenüber dem Aufsichtsratsmitglied auch Stellung dazu nehmen müsste, inwieweit ein Abzug der betreffenden Ausgabenposition steuerlich tatsächlich möglich ist. – bb) *Kostenübernahme:* Übernimmt das Unternehmen Ausgaben für das Aufsichtsratsmitglied, sind diese Ausgaben grundsätzlich ebenfalls als Einnahmen des Aufsichtsratsmitgliedes anzusehen (weil geldwerte Vorteile, § 8 I EStG), sodass hierfür dann ebenfalls die Aufsichtsratsteuer abzuführen ist. Eine Ausnahme ist lediglich gegeben, wenn Reisekosten übernommen oder ersetzt worden sind: In diesem Fall darf der Einbehalt der Aufsichtsratsteuer unterbleiben. Dies gilt jedoch nur für tatsächlich nachweisbar angefallene Kosten, Pauschalbeträge dürfen also nicht nach dieser Regelung behandelt werden. Ab dem Veranlagungszeitraum 2009 dürfen Reisekosten in Höhe der für Verpflegungsmehraufwand üblichen Pauschbeträge ausgezahlt werden, ohne dass dies eine Steuer auslöst (§ 50a II Satz 2 EStG 2009). – cc) *Sonderregelung für Personen aus der EU:* Staatsangehörige eines Staates der EU oder des übrigen EWR dürfen wegen einer Sonderregelung ihre Betriebsausgaben dem Unternehmen mitteilen. Die Differenz von Auszahlungsbetrag und nachweisbaren Kosten des Aufsichtsrates dient

der Berechnungsgrundlage für die Steuer (§ 50a III Satz 1, 2 EStG). – 6. *Abgeltungswirkung der Steuer:* a) *Regelfall:* Mit der Einbehaltung und Abführung der Aufsichtsratsteuer sind die einkommensteuerlichen Verpflichtungen des betroffenen Aufsichtsrates aus diesem Geschäftsvorfall gegenüber dem dt. Staat in pauschaler Form erledigt; eine Steuererklärung ist also hierfür nicht mehr zu erstellen (§ 50 II Satz 1 EStG 2009). – b) *Sonderregelung:* Lediglich Staatsangehörige von EU und übrigem EWR, die auch dort wohnen, haben die Möglichkeit, die Aufsichtsratsbezüge trotz der Abgeltungswirkung der Aufsichtsratsteuer in die Einkommensteuerveranlagung in Deutschland mieinzubeziehen (Wahlrecht, § 50 II Nr. 5 EStG). In diesem Fall gilt die Aufsichtsratsteuer als Vorauszahlung auf die Jahressteuerschuld. Ein Überschuss hieraus wird erstattet. – 7. *Ansprüche auf Senkung der Steuer nach Doppelbesteuerungsabkommen:* Weist das Doppelbesteuerungsabkommen Deutschland ein Recht auf Besteuerung bezogen auf die Aufsichtsratsvergütungen zu, erfolgt dies in der Regel ohne betragsmäßige Obergrenze (vgl. Art. 16 OECD-Musterabkommen). Damit wird ausgeschlossen, dass ein ausländischer Aufsichtsrat sich unter Berufung auf ein solches DBA Teile der Steuer erstatten lassen könnte. – 8. *Verhältnis zu anderen Steuerarten:* a) *Solidaritätszuschlag:* Auf die Aufsichtsratsteuer wird zusätzlich der Solidaritätszuschlag erhoben (5,5 Prozent der Einkommensteuer, also 1,65 Prozent der Vergütung). – b) *Umsatzsteuer:* Die Umsatzsteuer auf eine Aufsichtsratsvergütung einer Person, die nicht im Inland ansässig ist, ist nach § 13b UStG im Regelfall von dem inländischen Unternehmen (Leistungsempfänger) geschuldet. Da es für den ausländischen Aufsichtsrat keinen geldwerten Vorteil bedeuten kann, wenn das inländische Unternehmen USt-Schulden begleicht, die gar nicht Schulden dieses Aufsichtsrats darstellen, stellt die USt also in diesen Fällen keine Einnahme des Aufsichtsratsmitglieds dar und erhöht folglich die Berechnungsgrundlage der Aufsichtsratsteuer nicht. – c) *Körperschaftsteuer:* Die Behandlung von 50 Prozent der Aufsichtsratsvergütungen als nicht-abziehbare Betriebsausgabe (§ 10 Nr. 4 KStG) ist etwas Anderes als die Aufsichtsratsteuer; jedoch liegt beiden Regelung dasselbe Verständnis des Begriffs „Aufsichtsratsvergütung" zugrunde, sodass die Erläuterungen des BMF in den KStR zu § 10 KStG als Auslegungshilfe auch für die Regelungen über die Aufsichtsratsteuer benutzt werden können.

**Aufwands- und Ertragskonsolidierung** → Konzern-Gewinn- und Verlustrechnung (Konzern-GuV).

**Aufwertung** – Wertgewinn einer Währung (z.B. Euro) im Vergleich zu einer anderen Währung (z.B. US-Dollar). – Vgl. auch → Abwertung, → Wechselkurs, → Wechselkursbildung.

**Aufzeichnungen** – Sammlung von Daten, die alle notwendigen Angaben und Einzelheiten enthält, die den Zollbehörden die Überwachung und Kontrolle der → Zollverfahren oder der Vorgänge in → Freizonen ermöglichen.

**Augmented Physical Quality of Life Index (APQLI)** → Physical Quality of Life Index (PQLI).

**Ausbesserungsverkehr** – 1. *Begriff* des Zollrechts: überholte Bezeichnung für Ausbesserungen vorübergehend eingeführter drittländischer Waren im Zollgebiet der Gemeinschaft *(aktive Veredelung)* oder vorübergehend ausgeführter Gemeinschaftswaren im Drittland *(passiver Veredelung)* bei Gewährung von Zollvergünstigungen. Zum Ausbessern gehört das Wiederherstellen (z.B. Reparieren, Instandsetzen) abgenutzter oder schadhaft gewordener und das Nachbessern fehlerhaft hergestellter Waren (auch durch Auswechseln einzelner Teile), das Regulieren von Waren sowie das Reinigen verschmutzter Waren. – 2. *Voraussetzung* der Vergünstigung ist Bewilligung einer Zollstelle: a) Beim der Ausbesserung im Rahmen der → aktiven Veredelung stets vor der Einfuhr der Waren,

bei einmaligem aktivem Ausbesserungsverkehr zugleich mit der Einfuhrabfertigung. – b) Bei der Ausbesserung im Rahmen der *passiven Veredelung* ist die Bewilligung regelmäßig vor der vorübergehenden Ausfuhr zu erteilen, vereinzelt, etwa bei nicht gewerblichem Warenverkehr spätestens bei Einfuhrabfertigung. Bei kostenloser Ausbesserung in Garantiefällen kommt es regelmäßig zur Einfuhrabgabenfreiheit. Im Übrigen wird auf Basis der Veredelungskosten verzollt.

**Ausbeutung** – I. Wirtschaftstheorie: 1. *Wirtschaftstheorie des Marxismus:* Aus Arbeitswertlehre und Mehrwerttheorie wird abgeleitet, dass die Arbeiter nicht den vollen Gegenwert der von ihnen erstellten Güter als Lohn erhalten, sondern nur das ausbezahlt bekommen, was sie zur Deckung des eigenen „Reproduktionsaufwands" (Miete, Ernährung, Kleidung u.a.) benötigen. Die Differenz zwischen dem Wert der produzierten Güter und Lohn (Mehrwert) würde sich der Unternehmer aneignen, d.h. er beute die Arbeiter aus. In welchem *Ausmaß* dies geschehe, soll anhand der sog. Mehrwertrate messbar sein. Die Ausbeutung führe zur fortschreitenden Verelendung der Arbeiter. – *Kritik:* Die Ausbeutungslehre lässt allerdings die produktiven Leistungen der beiden anderen Faktoren (Kapitalgüter und Boden) unberücksichtigt, wie auch der Beitrag des dispositiven Faktors durch sie nicht erklärt wird. – 2. *Pigou* spricht von Ausbeutung, wenn der Lohnsatz unter dem Wertgrenzprodukt der Arbeit liegt. Sind die Faktormärkte durch Konkurrenz gekennzeichnet, kann es keine Ausbeutung geben. Der Faktorpreis kann niedriger als das Wertgrenzprodukt sein, wenn es sich bei dem Faktormarkt um ein Nachfragemonopol oder ein bilaterales Monopol handelt. – 3. *Theorie der Unterentwicklung der Entwicklungsländer:* → Dependencia-Theorien.

**II. Wettbewerbsrecht:** Fallgruppe unlauteren Wettbewerbs (unlauterer Wettbewerb), die wettbewerblich eigenartigen Gegenständen ergänzenden wettbewerbsrechtlichen

Leistungsschutz gegen unlautere Nachahmung gewährt und den Ruf einer Ware oder Leistung gegen Ausbeutung schützt. – 1. *Unlautere Nachahmung (§ 4 Nr. 9 a UWG)*: Leistungen, Produkte und Werbemittel, die nicht unter Sonderrechtsschutz stehen (gewerbliche Schutzrechte, Urheberrechte), dürfen nachgeahmt werden, es sei denn, ihnen kommt wettbewerbliche Eigenart zu und bes. wettbewerbliche Umstände lassen die Verwertung des fremden Leistungsergebnisses als wettbewerbswidrig erscheinen, z.B. eine vermeidbare betriebliche Herkunftstäuschung. Die wettbewerbliche Eigenart folgt nicht aus der schöpferischen (erfinderischen) Qualität des Originals im Sinn der gewerblichen Schutzrechte und des Urheberrechts, sondern aus der Eignung ihrer konkreten Gestaltung, im Verkehr auf die betriebliche Herkunft hinzuweisen oder Vorstellungen von ihrer Besonderheit (Wert-, Güte-, Luxus- oder Modevorstellungen) hervorzurufen. Eignung genügt für die wettbewerbliche Eigenart, für eine vermeidbare Herkunftstäuschung ist eine gewisse Bekanntheit des Produkts Voraussetzung. Alltäglichen Gestaltungen fehlt schon die Eignung. Nichttechnische Merkmale eröffnen eine Vielzahl von Gestaltungsmöglichkeiten und wirken eher wettbewerblich eigenartig als technisch-funktionale Merkmale. – 2. *Bes. Fallgestaltungen*: Identische Übernahme einer auf Fortsetzungsbedarf angelegten Ware ist wettbewerbswidrig, Nachbau und Vertrieb von Ersatzteil-, Instandsetzungs- und Zubehörbedarf grundsätzlich wettbewerbskonform, der detailgenaue Nachbau technischer Elemente z.T. notwendig, um Kompatibilität zwischen Original und Ersatzteil sicherzustellen. – 3. *Anlehnende Rufausbeutung, § 4 Nr. 9 b UWG*: Der Schutz aus § 4 Nr. 9 UWG ist nicht auf die gegenständliche Nachahmung beschränkt, sondern erfasst auch Fälle, in denen fremde Produkte oder Leistungen zum Vorspann des Absatzes (gleichartiger oder ungleichartiger) Ware gemacht werden. Offene Anlehnung zur Empfehlung der eigenen Ware („Ersatz

für ..."; „genauso gut wie ...") ist regelmäßig wettbewerbswidrig und kann zugleich unlauterer Behinderungswettbewerb gemäß § 4 Nr. 10 UWG sein. – 4. *Rechtsschutz*: Ansprüche wegen Ausbeutung stehen dem Hersteller der ausgebeuteten Leistung und seinem ausschließlich Vertriebsberechtigten zu, nicht dagegen Mitbewerbern, Verbänden oder Händlern, die nicht alleinvertriebsberechtigt oder sonst unmittelbar verletzt sind.

III. Strafrecht: 1. Missbräuchliches Ausnutzten der Zwangslage oder Schwächesituation des Opfers zur Erlangung übermäßiger Vorteile. – 2. Das Strafrecht kennt den Begriff der Ausbeutung in einer Reihe von Straftatbeständen: a) wenn jemand die Zwangslage, die Unerfahrenheit, den Mangel an Urteilsvermögen oder die erhebliche Willensschwäche eines anderen dadurch ausbeutet, dass er sich oder einem Dritten für die Vermietung von Wohnraum oder damit verbundene Nebenleistungen, für die Gewährung eines Kredits, für eine sonstige Leistung oder für die Vermittlung der vorgenannten Leistungen von diesem einen Vermögensvorteil versprechen oder gewähren lässt, der in einem auffälligen Missverhältnis zu der Leistung oder deren Vermittlung steht, ist dies als Wucher strafbar (§ 291 StGB). – b) Der Begriff der Ausbeutung findet sich ferner in den Straftatbeständen der Zuhälterei (§§ 180a II Nr.2, 181a I Nr.1 StGB), des Menschenhandels zum Zwecke der sexuellen Ausbeutung (§ 232 StGB) und zum Zwecke der Ausbeutung der Arbeitskraft (§ 233 StGB).

**Ausfuhr** – Export.

I. Begriff: 1. *Allgemein*: entgeltliche oder unentgeltliche Abgabe der in einem Wirtschaftsgebiet produzierten Sachgüter *(Sachgüter- bzw. Warenausfuhr)* und/oder von → Dienstleistungen *(Dienstleistungsausfuhr)* in fremde Wirtschaftsgebiete. Teil des → Außenhandels. – *Gegensatz*: → Einfuhr. – 2. *Deutsches Außenwirtschaftsrecht*: Verbringen von Sachen und Elektrizität aus dem dt. → Wirtschaftsgebiet nach fremden

Wirtschaftsgebieten (§ 4 II Nr. 4 AWG). – 3. *Zollrecht:* Verbringen von → Gemeinschaftswaren aus dem (EU-) → Zollgebiet (Art. 3 ZK) im Rahmen des Ausfuhrverfahrens (Art. 161 ZK). Beim Verbringen von → Nichtgemeinschaftswaren spricht der → Zollkodex (ZK) von → Wiederausfuhr (Art. 182 ZK).

**II. Arten: 1.** *Direkte Ausfuhr:* Direktausfuhr; *indirekte Ausfuhr:* Ausfuhrhandel. – 2. *Sichtbare Ausfuhr:* Ausfuhr von Waren (Sachgütern der Ernährungswirtschaft, Rohstoffen, Halb- und Fertigwaren); *unsichtbare Ausfuhr:* Erbringung von Dienstleistungen für ausländische Auftraggeber (z.B. Vermittlungsleistungen inländischer Banken für Ausländer, Dienstleistungen für im Inland reisende Ausländer, Vertretertätigkeit für Ausländer, Vergabe von Lizenzen an Ausländer, Versicherungsleistungen, Transportleistungen). – Vgl. auch Auslandsgeschäft.

**III.** Regelungen im Außenwirtschaftsgesetz: Nach den Bestimmungen des → Außenwirtschaftsgesetzes (AWG) ist die Ausfuhr grundsätzlich genehmigungsfrei (§ 1 AWG). Allerdings sieht das Gesetz Möglichkeiten vor, dieses Prinzip einzuschränken. Nach § 5 AWG dürfen außenwirtschaftliche Aktivitäten einer Beschränkung unterworfen werden, um die Erfüllung zwischenstaatlicher Vereinbarungen zu erfüllen, denen das Parlament zugestimmt hat. Darüber hinaus darf die Warenausfuhr beschränkt werden, um die Bedarfsdeckung an lebenswichtigen Gütern im eigenen Lande sicherzustellen (§ 8 I AWG). – Vgl. auch → Ausfuhrverfahren, Boykott, → Ausfuhrverbot, → Embargo, → Exportkontrolle.

**IV.** Steuerrecht: Gewinne aus der Ausfuhr von Waren werden üblicherweise nur im Land des Exporteurs den direkten Steuern unterworfen (→ Betriebsstättenprinzip), dagegen fallen indirekte Steuern für die ausgeführten Waren oder Dienstleistungen typischerweise im Land des Importeurs an (→ Bestimmungslandprinzip; → Ausfuhrlieferung).

Ausfuhrlieferungen sind in Deutschland von der Umsatzsteuer befreit.

**V. Zollrecht:** Bei der Ausfuhr von → Gemeinschaftswaren bzw. der → Wiederausfuhr von → Nichtgemeinschaftswaren geht es nur in zweiter Linie um die Erhebung von Abgaben. Denn Ausfuhrzölle würden den allseits gewünschten Export behindern. An erster Stelle steht die Frage, ob exportiert werden darf. Vielfältige → Verbote und Beschränkungen sowie handelspolitische Regelungen auf EU-Ebene und im nationalen Recht schränken die Ausfuhr ein. Im → Ausfuhrverfahren werden auch die Nachweise für die Umsatzsteuer erstellt.

**VI. Bedeutung/Besonderheiten: 1.** *Bedeutung:* Ausprägung der Internationalisierungsstrategie grenzüberschreitend tätiger Unternehmungen auf der Basis unterschiedlicher Internationalisierungsmotive. – 2. *Vorteile/Nachteile:* Eine reine Ausfuhrorientierung grenzüberschreitend tätiger Unternehmungen ist weniger ressourcenaufwändig und damit risikoärmer als die Produktion im Ausland. Dem stehen jedoch die Risiken von Handelshemmnissen sowie die ausländischen Marktrisiken (z.B. Zahlungsrisiken) gegenüber. Außerdem besteht keine Möglichkeit, Faktorkostenunterschiede zwischen In- und Ausland zu nutzen. Häufig wird deshalb die Form der Ausfuhr lediglich als (frühe) Phase im Rahmen des Internationalisierungsprozesses und des internationalen Wachstums gesehen. – 3. Bei der Vorbereitung und Abwicklung von Ausfuhr kommt der *Ausfuhrfinanzierung* bes. Bedeutung zu. Im Handel mit Geschäftspartnern weniger hoch industrialisierter Länder sind nach wie vor sog. Counter-Trades (→ Kompensationsgeschäfte) verbreitet.

**VI.** Gesamtwirtschaftliche Bedeutung: → Außenhandel.

**Ausfuhrabfertigung** – zollamtliche Behandlung einer zur Ausfuhr angemeldeten Warensendung. Diese findet regelmäßig bei der → Ausfuhrzollstelle im Binnenland am

Firmensitz des Ausführers oder dem Ort, an dem sich die Ware befindet, statt. In einem zweiten Schritt erfolgt die Überwachung des tatsächlichen Verlassens des Zollgebietes der Gemeinschaft bei der Ausgangszollstelle an der Grenze. Diese Zollstelle kann ebenfalls für die Anmeldung von Waren zuständig sein, die keinen → Verboten und Beschränkungen unterliegen und deren Wert 3.000 Euro nicht überschreitet.

**Ausfuhrabgaben** – Abgaben, insbesondere Zölle, die bei der Ausfuhr bestimmter Waren – zumeist Marktordnungswaren in Drittländer – aufgrund von Rechtsakten des Rates der Europäischen Union oder der Europäischen Kommission erhoben werden. Ausfuhrabgaben sind für Fälle vorgesehen, in denen das Preisniveau auf dem Weltmarkt höher ist als in der EU und ein Abfließen von Waren, die für die Versorgung der Mitgliedsstaaten benötigt werden, verhindert werden soll. – Vgl. auch → Abschöpfung.

**Ausfuhrabschöpfung** → Abschöpfung.

**Ausfuhranmeldung** → Zollanmeldung, mittels derer → Gemeinschaftswaren zum → Ausfuhrverfahren anzumelden sind. Seit dem 1.7.2009 muss grundsätzlich eine elektronische Ausfuhranmeldung bei jeder → Ausfuhr in ein sog. → Drittland, also nicht bei innergemeinschaftlichem EU-Handel, ab einem Warenwert von 1.000 Euro erstellt werden. Zur Abgabe der Ausfuhranmeldung ist grundsätzlich der Ausführer berechtigt. Das ist der Eigentümer der Waren oder eine Person, die zu dem Zeitpunkt der Annahme der Ausfuhranmeldung eine ähnliche Verfügungsberechtigung besitzt. Stellvertretung ist zulässig, bei indirekter Stellvertretung ist der Vertreter der Anmelder. Er muss in der Lage sein, die Ware bei der zuständigen Zollstelle zu gestellen oder gestellen zu lassen und alle erforderlichen Unterlagen vorzulegen. Örtlich zuständig für die Annahme der Ausfuhranmeldung ist grundsätzlich die Zollstelle, die für den Ort zuständig ist, an dem der Ausführer ansässig ist oder die Waren zur

Ausfuhr verpackt oder verladen werden. Für die letztgenannte Fallgruppe ist dies regelmäßig die Zollstelle, in deren Bezirk die Beförderung ins Ausland beginnt.

**Ausfuhrbeschränkung** – 1. Rechtsgeschäfte und Handlungen im → Außenwirtschaftsverkehr können beschränkt werden, um (1) die Sicherheit der Bundesrepublik Deutschland zu gewährleisten, (2) eine Störung des friedlichen Zusammenlebens der Völker zu verhüten, oder (3) zu verhüten, dass die auswärtigen Beziehungen der Bundesrepublik Deutschland erheblich gestört werden. – 2. Nach § 7 II → Außenwirtschaftsgesetz (AWG) können bes. beschränkt werden: a) die → Ausfuhr oder → Durchfuhr von (1) Waffen, Munition und Kriegsgerät, (2) Gegenständen, die bei der Entwicklung, Erzeugung oder dem Einsatz von Waffen, Munition und Kriegsgerät nützlich sind, oder (3) Konstruktionszeichnungen und sonstige Fertigungsunterlagen für die unter (1) und (2) bezeichneten Gegenstände; v.a., wenn die Beschränkung der Durchführung einer internationaler Zusammenarbeit vereinbarten Ausfuhrkontrolle dient. b) Die Ausfuhr von Gegenständen, die zur Durchführung militärischer Aktionen bestimmt sind. c) Rechtsgeschäfte über gewerbliche Schutzrechte, Erfindungen, Herstellungsverfahren und Erfahrungen in Bezug auf die in a) bezeichneten Waren und sonstigen Gegenstände. – 3. Zu den in § 7 I AWG genannten Zwecken können auch Rechtsgeschäfte und Handlungen Deutscher in fremden Wirtschaftsgebieten beschränkt werden, die sich auf Waren und sonstige Gegenstände nach § 7 II Nr. 1 einschließlich ihrer Entwicklung und Herstellung beziehen, wenn der Deutsche (1) Inhaber eines Personaldokumentes der Bundesrepublik Deutschland ist oder (2) verpflichtet wäre, einen Personalausweis zu besitzen, falls er eine Wohnung im Geltungsbereich dieses Gesetzes hätte. – Dies gilt v.a., wenn die Beschränkung der in internationaler Zusammenarbeit vereinbarten Verhinderung der Verbreitung von Waren und sonstigen

Gegenständen nach § 7 II Nr. 1 dient. – 4. Die Rechtsgrundlagen für Ausfuhrbeschränkungen sind vielfältig. Neben dem AWG und der → Außenwirtschaftsverordnung (AWV) kommen wegen des einheitlichen Zollgebietes der EU v.a. EU-Verordnungen in Betracht. – *Klassische Beispiele* sind die Sanktionen gegen den Irak, Iran, Liberia, Myanmar, Nordkorea, Simbabwe sowie die EU-Dual Use-VO (→ Dual-Use-Güter).

**Ausführer** – Der Begriff des Ausführer wird uneinheitlich verwendet. Entscheidend ist der jeweilige Kontext. Ausführer ist im Außenwirtschaftsrecht grundsätzlich, wer Waren nach fremden Wirtschaftsgebieten verbringt oder verbringen lässt. Liegt der Ausfuhr ein Ausfuhrvertrag mit einem Gebietsfremden zugrunde, so ist nur der gebietsansässige Vertragspartner Ausführer. Wer lediglich als Spediteur oder Frachtführer oder in einer ähnlichen Stellung beim Verbringen von Waren tätig wird, ist nicht Ausführer. Ausführer ist die Person, die die Ausfuhrförmlichkeiten zu erfüllen hat, die Inhaber der festgesetzten Ausfuhrbewilligung/-lizenz ist oder sein muss oder andere bes. Anforderungen etwa Mitteilungs-oder Kennzeichnungspflichten erfüllen muss. Bei → Ausfuhrerstattungen gilt als Ausführer die Person, die Anspruch auf die Erstattung hat. – Vgl. auch Ausfuhrhändler.

**Ausfuhrerklärung** – überholter Begriff für → Ausfuhranmeldung.

**Ausfuhrerstattung** – 1. *Begriff:* Im Marktordnungsrecht der → EU (→ Marktordnung) werden dem Erzeuger für viele Agrarwaren Mindestpreise garantiert, zu denen staatliche Stellen (meist begrenzte) Mengen aufkaufen. Diese Preise liegen i.d.R. über den → Weltmarktpreisen. Zudem werden in den Mitgliedsstaaten vielfach mehr Agrarwaren erzeugt, als in der Gemeinschaft selbst verbraucht werden können. Sofern der Erzeuger stattdessen seine Ware zum Weltmarktpreis exportiert, wird ihm die Differenz zwischen garantiertem Mindestpreis und Weltmarktpreis erstattet. – 2. *Abwicklung der Ausführerstattung:* Der konkrete Warenkreis für die Ausfuhrerstattung ergibt sich aus der jeweiligen Marktorganisation, bzw. aus der Gemeinsamen Marktorganisation. Darin wird ein festgelegter EU-Binnenmarktpreis festgelegt, der höher ist als der Weltmarktpreis. Diesen Preis schützt die Marktorganisation durch die Erstattung der Differenz bei der Ausfuhr in Drittländer – die sog. *Ausfuhrerstattung.* Die Überwachung der Ausfuhr erfolgt durch die Zollverwaltung mithilfe von bes. EU-Dokumenten, den Ausfuhr-Lizenzen (AGREX), die in Deutschland auf Antrag des → Ausführers von der → Bundesanstalt für Landwirtschaft und Ernährung (BLE) erteilt werden. Erst nach dem Nachweis der tatsächlichen Ausfuhr aus dem → Zollgebiet der EU wird die Ausfuhrerstattung von der EU ausgezahlt, in Deutschland durch das Hauptzollamt Hamburg-Jonas.

**Ausfuhrförderung** → Exportförderung.

**Ausfuhrgenehmigung** – Vor jedem Export prüfen die Zollstellen, ob nach nationalen oder gemeinschaftsrechtlichen Vorschriften die → Ausfuhr/ → Wiederausfuhr von Waren zulässig oder verboten ist. Die Verbote sind zumeist nicht absolut. Vielmehr wird mit Genehmigungen gearbeitet. Hauptsächlich aus außen- und sicherheitspolitischen Gründen bedarf es in vielen Fällen der vorherigen Genehmigung. Kontrolliert wird der Außenwirtschaftsverkehr mit strategisch wichtigen Gütern, v.a. Waffen, Rüstungsgütern und Gütern mit doppeltem Verwendungszweck (sog. → Dual-Use-Güter). Dies sind Waren, Software und Technologie, die für zivile und militärische Zwecke verwendet werden können. Die Exportkontrollpolitik der Bundesregierung orientiert sich im Rahmen gesetzlicher und internationaler Verpflichtungen am Sicherheitsbedürfnis und außenpolitischen Interesse der Bundesrepublik Deutschland. V.a. soll ihre Sicherheit nicht durch konventionelle Waffen oder Massenvernichtungswaffen bedroht werden. Deutsche Exporte sollen in Krisengebieten weder konfliktverstärkend wirken noch dort zu internen Repressionen oder anderen schwerwiegenden Menschenrechtsverletzungen beitragen. Die internationale Einbindung verpflichtet die Bundesrepublik Deutschland, die auswärtigen Beziehungen nicht durch kritische Exporte zu belasten. Die Ausfuhrgenehmigung kann nur vom → Ausführer beantragt werden. Zuständig für die Erteilung der Ausfuhrgenehmigung ist regelmäßig das Bundesamt für Wirtschaft und Ausfuhrkontrolle (BAFA), bei Erzeugnissen der Land- und Forstwirtschaft die → Bundesanstalt für Landwirtschaft und Ernährung (BLE).

**Ausfuhrkontrolle** → Exportkontrolle.

**Ausfuhrlieferung** – 1. *Begriff im* → *Außenwirtschaftsrecht:* Sachlich zusammengehörende Warenmenge, die über eine bestimmte → Ausfuhrzollstelle aus dem → Zollgebiet der Gemeinschaft ausgeführt und an einen bestimmten Empfänger (Importeur) in → Drittland geleitet wird. – 2. *Umsatzsteuerrecht:* a) Eine Ausfuhrlieferung im Sinn des Umsatzsteuerrechts liegt nur noch vor, wenn der Gegenstand einer Lieferung in das → Drittlandsgebiet gelangt; bei Lieferungen in die übrigen Mitgliedsstaaten der → EU gelten andere, speziellere Regelungen. Bei entsprechendem Nachweis sind Ausfuhrlieferungen umsatzsteuerfrei (§ 4 Nr. 1a UStG); der Vorsteuerabzug für Vorleistungen, die der Unternehmer im Zusammenhang mit der ausgeführten Ware bezogen hat, bleibt erhalten, da die Ware im → Ausland komplett ohne inländische umsatzsteuerliche Vorbelastung ankommen soll. Auf diese Art und Weise wird das → Bestimmungslandprinzip realisiert (Entlastung von der Umsatzsteuer im Inland, im Regelfall dann im Bestimmungsland Herstellung der dortigen Umsatzsteuerbelastung z.B. durch Erhebung einer Einfuhrumsatzsteuer). – b) *Arten und Voraussetzungen der Steuerbefreiung* (§§ 4 ff. UStG i.V. mit §§ 6, 6a UStG): (1) Der Unternehmer befördert oder versendet selbst in

das Drittlandsgebiet (ausgenommen Zollfreigebiete): Nur *Ausfuhrnachweis* erforderlich; (2) der Abnehmer befördert oder versendet in das Drittlandsgebiet: Ausfuhrnachweis sowie Nachweis, dass der Abnehmer ein *ausländischer Abnehmer* ist; (3) der Unternehmer oder der Abnehmer befördert oder versendet in ein Zollfreigebiet: Ausfuhrnachweis sowie Nachweis, dass der Empfänger ein ausländischer Abnehmer oder ein im → Inland ansässiger Unternehmer ist, der den gelieferten Gegenstand für Zwecke seines Unternehmens verwendet; (4) Für Ausfuhrlieferungen muss zusätzlich ein *Buchnachweis* geführt werden, d.h. die Ausfuhr muss in den Büchern des Unternehmens nachzuvollziehen sein. – c) *Bes. Vorschriften* für Ausfuhrlieferungen im → Reiseverkehr (§ 17 UStDV). – d) *Lage in anderen EU-Mitgliedsstaaten:* Die Regeln für Ausfuhrlieferungen sind innerhalb der EU praktisch vollständig harmonisiert, größere Unterschiede kann es lediglich noch bei der Art der Nachweise geben, die die einzelnen Staaten für das Vorliegen einer Ausfuhrlieferung verlangen können (vgl. Art. 145, 146 der Mehrwertsteuersystemrichtlinie).

**Ausfuhrliste** – Anlage AL zur → Außenwirtschaftsverordnung (AWV). Die AWV bedient sich zur Regelung der Genehmigungspflichten der Technik der Verweisung auf eine Ausfuhrliste, die als Anlage Teil der Verordnung ist. Abweichend zur → Einfuhrliste (Anlage zum AWG) beschränkt sich die Ausfuhrliste auf die Güter, für die einer der Vorschriften der AWV oder der Verordnung (EG) Nr. 428/2009 des Rates vom 5.5.2009 über eine Gemeinschaftsregelung der Ausfuhrkontrolle von Gütern mit doppeltem Verwendungszweck (ABl. EU Nr. L 134 Seite 1 EG-VO) einen Genehmigungsvorbehalt enthält. – Teil I der Ausfuhrliste besteht aus drei Abschnitten: Abschn. A: Liste für Waffen, Munition und Rüstungsmaterial; ein Teil der von Abschn. A erfassten Waren unterliegt zusätzlich der Genehmigungspflicht durch das → Kriegswaffenkontrollgesetz (KWKG). Die Dual-Use-VO wird durch die

Anti-Folter-Verordnung (EG) Nr. 1236/2005 für bestimmte Güter ergänzt. Abschn. C: Gemeinsame Warenliste der EU für Güter mit doppeltem Verwendungszweck ergänzt um nationale Sonderpositionen. Mit der 88. Änderungsverordnung zur AWV wurde die gemeinsame Warenliste der Eurpäischen Union in die dt. Ausfuhrliste Teil I, Abschn. C inkorporiert. Rechtlich gesehen sind dies zwei unterschiedliche Listen. – Die *Bedeutung* der gemeinsamen Warenliste besteht darin, dass sie zusammen mit der EG-VO eine grundlegende Harmonisierung der Exportkontrollen für → Dual-Use-Güter in allen EU-Mitgliedstaaten herbeiführt. Die in der Liste genannten Güter werden von allen EU-Mitgliedsstaaten nach einheitlichen Verfahren kontrolliert. – Teil II der Ausfuhrliste führt Waren pflanzlichen Ursprungs auf, deren Ausfuhr gemäß § 6a AWV i.V. mit § 5 AWG einer Ausfuhrgenehmigungspflicht unterliegen.

**Ausfuhrlizenz** – *Exportlizenz*; nach EU-Recht für landwirtschaftliche Erzeugnisse erforderlich, die der Gemeinsamen Marktorganisation (GMO) unterliegen und in Länder außerhalb der EU ausgeführt werden sollen. Ausfuhrlizenzen sollen es den zuständigen Stellen ermöglichen, eine Vorausschau über die zu erwartende Ausfuhr zu erhalten, um ggf. gebotene Maßnahmen (vom → Ausfuhrzoll bis hin zur → Ausfuhrbeschränkung nach § 8 I AWV zum Zwecke der Eigenversorgung in Krisenzeiten) anzuwenden. Erteilung durch die → Bundesanstalt für Landwirtschaft und Ernährung (BLE) i.d.R. nach Stellung einer Kaution. Ausfuhrlizenzen berechtigen und verpflichten den Ausführer zur Ausfuhr der in der Lizenz genannten Waren innerhalb der Gültigkeitsdauer der Lizenz; bei nicht oder nicht fristgemäß durchgeführter Ausfuhr (außer in Fällen höherer Gewalt) verfällt die Kaution. – Teil II der → Ausfuhrliste nennt die Waren, auf die sich die in § 6a AWV angeordneten Beschränkungen beziehen.

**Ausfuhrprämie** – *Exportprämie*; Vergütung bei der Ausfuhr bestimmter Waren; kann vom Staat oder von privaten Vereinigungen (Syndikaten) gewährt werden. – 1. *Offene Ausfuhrprämien* sind relativ selten, da sie Dumping-Charakter haben und das Ausland leicht zu Gegenmaßnahmen anreizen. – 2. Häufiger sind *versteckte Ausfuhrprämien* in Form von Zollrückvergütungen, Vorzugstarifen auf den Verkehrsmitteln, Steuerherabsetzungen etc. Auch der Devisenbonus stellt eine Art Ausfuhrprämie dar. – Vgl. auch → Ausfuhrerstattung.

**Ausfuhrpreisbestimmung** – entsprechend der im Rahmen der → OECD empfohlenen Regelung (§ 9 II AWG), dass im Ausfuhrgeschäft der → Ausführer unter Berücksichtigung der außenwirtschaftlichen Belange der Allgemeinheit die Preise so gestalten soll, dass schädliche Auswirkungen, v.a. Abwehrmaßnahmen des Käufer- oder Verbrauchslandes vermieden werden. – Vgl. auch → Ausfuhrverträge, → Exportpreisprüfung.

**Ausfuhrrestriktion** → Ausfuhrbeschränkung, → Ausfuhrverbot, Embargo, → Exportkontrolle, → → Exportrestriktion, → Verbote und Beschränkungen.

**Ausfuhrsendung** – Warenmenge, die ein → Ausführer gleichzeitig über dieselbe → Ausfuhrzollstelle nach demselben Bestimmungsland ausführt.

**Ausfuhrüberschuss** – *Exportüberschuss*. 1. *Begriff:* Überschuss des Wertes der Warenausfuhr über den Wert der Wareneinfuhr (*aktive* → Handelsbilanz) bzw. Überschuss der Einnahmen aus dem Export von Sachgütern und Dienstleistungen des Auslands über die Ausgaben für Importe von Waren und Dienstleistungen an das Ausland (positiver, aggregierter Saldo der Handels- und Dienstleistungsbilanz). – Vgl. auch → Außenbeitrag zum BIP, → Zahlungsbilanz. – 2. *Wirkungen:* Länder mit umfangreichen internationalen Zahlungsverpflichtungen (z.B. Bundesrepublik Deutschland: Entwicklungshilfe, Stationierungsabkommen) benötigen geplanten

Ausfuhrüberschuss, um den Zahlungsverpflichtungen ohne ständigen Devisenabfluss nachkommen zu können. Ungeplanter Ausfuhrüberschuss führt zur einseitigen Exportorientierung einer Volkswirtschaft und zur Verzerrung der Produktionsstruktur. – *Gegensatz:* → Importüberschuss.

**Ausfuhrüberwachung** → Exportkontrolle.

**Ausfuhrverbindlichkeit** → Forderungen Gebietsansässiger an Gebietsfremde.

**Ausfuhrverbot** – staatliches Verbot, gewisse Güter oder nach gewissen Ländern zu exportieren. Ausfuhrverbot besteht häufig für Rüstungsgüter, so z.B. i.d.R. für Waffenlieferungen deutscher Unternehmen in militärische Spannungsgebiete. Denkbar auch im Sinn eines → Embargos. – Nach dem dt. Außenwirtschaftsgesetz ist die Ausfuhr von Waren grundsätzlich nicht genehmigungspflichtig (§ 1 AWG), sie kann jedoch beschränkt werden, auch durch weitere Vorschriften des → Außenwirtschaftsgesetzes (AWG), der Außenwirtschaftsverordnung (→ Ausfuhrverfahren), z.B. für Waffen und Munition, Nukleartechnologie und sonstige Waren von strategischer Bedeutung [sensible Technologien, → Kriegswaffenkontrollgesetz (KWKG)] in bestimmte, als „sensibel" eingestufte Länder. – Ausfuhrverbote können sich jedoch auch aus anderen gemeinschaftsrechtlichen Regelungen (z.B. der Verordnung EG Nr. 428/2009 über Güter mit doppelten Verwendungszweck, sog. Dual-use-VO oder dem europäischen Artenschutzrecht, der Verordnung EG Nr. 338/97), oder anderen nationalen Regelungen (z.B. dem Abfallverbringungsgesetz oder dem Kulturgüterschutzgesetz) ergeben. So soll etwa Abfall grundsätzlich vor Ort entsorgt werden, um *Mülltourismus* in Entwicklungsländer zu unterbinden. – Der Anteil genehmigungspflichtiger Güter an den gesamten Ausfuhren ist gering; Ausfuhrverbote sind sehr selten. Verstöße werden äußerst streng – als Straftaten – geahndet. Zu unterscheiden ist das vollständige Ausfuhrverbot (eine Ausfuhr ist nicht

möglich) von einer Ausfuhrbeschränkung mit Genehmigungsvorbehalt (eine Ausfuhr ist nach Beantragung und Erteilung der Ausfuhrgenehmigung von der zuständigen Behörde möglich, z.b. Ausfuhrgenehmigung des Bundesamts für Wirtschaft und Ausfuhrkontrolle (BAFA).

**Ausfuhrverfahren** – 1. *Begriff:* Für die → Ausfuhr gelten grundsätzlich Vorschriften des Zoll- und Außenwirtschaftsrechts, der Statistik, des Umsatz- und Verbrauchsteuerrechts sowie der Verbote und Beschränkungen im Warenverkehr über die Grenze. Nach dem dt. Zollrecht galt als Ausfuhr das Verbringen von Waren aus dem dt. Zollgebiet in das Ausland (§ 1 ZG). Seit der Vollendung des Gemeinsamen Binnenmarktes muss unterschieden werden zwischen der Ausfuhr aus dem EU-Zollgebiet in → Drittländer (Extra-Handel) und der Versendung von Waren (also nicht Ausfuhr) innerhalb der Gemeinschaft (Intra-Handel). – 2. *Merkmale:* Aus zollrechtlichen und sicherheitspolitischen Gründen ist eine Überwachung der Ausfuhr/Wiederausfuhr aus dem EU-Zollgebiet grundsätzlich durch Gestellung und Anmeldung der Ware bei der Ausfuhrstelle im Inland und dem anschließenden tatsächlichen Verbringen über die Ausgangszollstelle an der EU-Außengrenze erforderlich. – 3. *Ziele:* Außer den außenwirtschaftsrechtlichen Ausfuhrregelungen bestehen Verbote und Beschränkungen für den Warenverkehr über die Grenze, die dem Schutz der öffentlichen Ordnung, der Umwelt, der menschlichen Gesundheit sowie der Tier- und Pflanzenwelt, dem gewerblichen Rechtsschutz, dem Schutz des Kulturguts sowie der Durchführung des Branntweinmonopols dienen; sie entsprechen i.Allg. den diesbezüglichen Einfuhrregelungen im entgegengesetzten Sinn. Wegen der Ausfuhrüberwachung aufgrund der Vorschriften der Außenhandelsstatistik, der EU-Agrarmarktorganisationen und der umsatzsteuerfreien Ausfuhrlieferung wird auf die diesbezüglichen Ausführungen verwiesen.

**Ausfuhrverträge** – Begriff des Außenwirtschaftsrechts: Rechtsgeschäfte, durch die sich ein → Gebietsansässiger (§ 4 I Nr. 5 AWG) zur Lieferung einer Ware nach fremden → Wirtschaftsgebieten (§ 4 I Nr. 2 AWG) verpflichtet (§ 9 AWG).

**Ausfuhr von Arbeitslosigkeit** → Beggar-my-Neighbour-Politik.

**Ausfuhrzoll** – der auf ausgeführte Waren (→ Ausfuhr) aufgrund von zollschuldrechtlichen Vorschriften zu erhebende → Zoll. Ausfuhrzoll dient u.a. der Erhöhung der Staatseinnahmen (→ Finanzzoll), dem Abbau eines Ausfuhrüberschusses oder der Drosselung der Exporte nicht regenerierbarer Rohstoffe bzw. der Begünstigung ihrer Verarbeitung im Inland (→ Schutzzoll). Bei Exporten aus der EU werden zumeist nur zeitweilig Ausfuhrzölle erhoben. – Vgl. auch → Einfuhrzoll.

**Ausfuhrzollstelle** → Zollstelle im Binnenland (meist am Sitz des → Ausführers, am Ort einer Zweigniederlassung bzw. einer Betriebsstätte oder am Ort des werksmäßigen Verpackens bzw. Verladens der Ware), bei der das zweistufige → Ausfuhrverfahren nach dem → Zollkodex (ZK) beginnt und bei der die → Ausfuhranmeldung abzugeben ist (erste Stufe des zweistufigen Ausfuhrverfahrens). Zu unterscheiden ist die *Ausgangszollstelle* an der Grenze der EU (zweite Stufe des zweistufigen Ausfuhrverfahrens). Das Ausfuhrverfahren gilt für → Gemeinschaftswaren und sinngemäß bei der → Wiederausfuhr von unverzollten Waren (→ Nichtgemeinschaftswaren).

**Ausgangszollstelle** – Zollstelle an der Grenze, bei der das zweistufige Ausfuhrverfahren nach dem Zollkodex (ZK) endet und die Ware aus dem Zollgebiet der EU ausgeht. Das elektronisch erstellte Ausfuhrbegleitdokument (ABD) ist vorzulegen (zweite Stufe des zweistufigen Ausfuhrverfahrens). Der Export wird von der Ausgangszollstelle der → Ausfuhrzollstelle im Binnenland (erste Stufe des zweistufigen Ausfuhrverfahrens) elektronisch bestätigt. Das Ausfuhrverfahren

gilt für Gemeinschaftswaren und sinngemäß bei der Wiederausfuhr von unverzollten Waren (Nichtgemeinschaftswaren).

**ausgeglichener Handel** – Situation, in der der Saldo der → Handelsbilanz gleich Null ist. – Vgl. auch → Zahlungsbilanz.

**ausgewogenes Wachstum** – *Balanced Growth*; Strategie zur Förderung der Entwicklung der Dritten Welt. Sie geht von dem Grundgedanken aus, dass fehlendes Kapital den Entwicklungsrückstand verursacht. Wegen unzureichender Güternachfrage (Marktenge) fehlt es an Investitionsbereitschaft der Unternehmen. Wenn in allen Sektoren die Nachfrage gleichzeitig gefördert würde, ließe sich das Phänomen der Marktenge überwinden. – Eine Politik des ausgewogenen Wachstums erfordert eine zentrale Planung des gesamten Industriesektors analog einer Planwirtschaft. Zur Festlegung der horizontalen Produktionsstruktur müssen die Wachstumsraten aller Sektoren über die mit den Einkommenselastizitäten gewichtete volkswirtschaftliche Wachstumsrate ermittelt werden. Die vertikale Produktionsstruktur muss auch vertikale externe Effekte erfassen, sodass zu den Einkommenselastizitäten auch die Substitutionseffekte berücksichtigt werden müssen. Das wirtschaftspolitische Ziel des ausgewogenen Wachstums wird in der Maximierung der sozialen Grenzproduktivität gesehen. – Vgl. auch → Entwicklungspolitik.

**Ausgleichsabgabe** – I. Außenhandel: In der → EU früher, da die Agrarmarktordnung verändert worden ist, im Rahmen der Gemeinsamen Marktorganisation (GMO) neben dem → Zoll als zusätzlicher Schutz gegenüber störenden Weltmarkteinflüssen auf eingeführte drittländische Agrarerzeugnisse erhoben (z.B. auf Obst, Gemüse, Getreide, Zucker, Fleisch und Wein). – Als Ausgleichsabgaben werden auch Abgaben bezeichnet, die in einem oder mehreren Mitgliedsstaaten der EU erhoben werden zur Beseitigung oder Verhinderung von Wettbewerbsbeeinträchtigungen, Verkehrsverlagerungen oder sonstiger

ernster Störungen einzelner Wirtschaftszweige, die durch die Errichtung von gemeinsamen Marktorganisationen oder andere
Maßnahmen der Gemeinschaft bedingt sind.

II. Sozialrecht: monatliche Leistung der Arbeitgeber für jeden Arbeitsplatz, der mit einem schwerbehinderten Menschen oder einem Gleichgestellten hätte besetzt werden
müssen, § 77 SGB IX vom 19.6.2001 (BGBl.
I 1046) m.spät.Änd. Sie ist vom Arbeitgeber
jährlich an das für seinen Sitz zuständige In-
tegrationsamtabzuführen.

III. Sozialökonomik: Lastenausgleich.

IV. Energiepolitik: Durch das Dritte Verstro-
mungsgesetz vom 13.12.1974 eingeführte,
zweckgebunde Abgabe(sog. *Kohlepfennig*),
die durch Urteil des Bundesverfassungsgerichts vom 7.12.1994 als Finanzierungsinstrument zum Einsatz deutscher Steinkohle für
nicht verfassungskonform befunden wurde
und deshalb Ende 1995, mit dem Ende des
Jahrhundertvertrages, auslief. – Vgl. auch
→ Kohlepolitik.

V. Naturschutz: Nach dem Bundesnatur-
schutzgesetz sind Eingriffe in Natur und
Landschaft zu vermeiden. Unvermeidbare
Beeinträchtigungen sind auszugleichen. Nach
§ 15 VII BNatSchG kann das Bundesumwelt-
ministerium oder, solange und soweit es von
seiner Ermächtigung keinen Gebrauch gemacht hat, können die Länder vorsehen, dass
für nicht ausgleichbare Beeinträchtigungen
Ersatz in Geld zu leisten ist (früherer Begriff:
Ausgleichsabgabe, jetzt: Ersatzzahlung).

**Ausgleichslager** → Buffer Stock.

**Ausgleichsposten** – I. Buchführung: 1. *Begriff:* alle zum Kontenausgleich auf der kleineren Seite der Konten oder einer Bilanz
eingestellten Beträge, vgl. Saldo, Fehlbe-
trag. – 2. Ein steuerlicher Ausgleichsposten
ersetzt in der Betriebsprüferbilanz das Kapi-
talkonto. Spezielle steuerliche Ausgleichsposten entstehen nach der Rücklagendotierung
im Rahmen der körperschaftsteuerlichen

Organschaft sowie nach Einbringungen nach
dem Umwandlungssteuergesetz.
II. Außenwirtschaft: 1. *Ausgleichsposten zur
Auslandsposition der Bundesbank:* Ergänzung
der Devisenbeschaffung zur Erfassung von
Bewertungsveränderungen der Auslandsaktiva und -verbindlichkeiten der Bundesbank
durch Änderungen der Devisenkurse sowie
Zuweisung von internationalen Forderungen
durch den Internationalen Währungsfonds
(→ IWF). – 2. *Saldo der statistisch nicht aufgliederbaren Transaktionen:* → Restposten
der Zahlungsbilanz für aufgrund unvollständiger Erfassung nicht aufgliederbarer Transaktionen. – Vgl. auch → Zahlungsbilanz.

**Ausgleichszinsen** – Bei Waren in der → aktiven Veredelung (Nichterhebungsverfahren)
oder in der → vorübergehenden Verwendung
sind beim Entstehen einer Zollschuld grundsätzlich sog. Ausgleichszinsen zu zahlen, um
den finanziellen Vorteil auszugleichen, der
durch die spätere Fälligkeit der Abgaben entstanden ist. Mit dem → Unionszollkodex
(wohl ab dem 1.1.2015) fallen sie weg.

**Ausgleichszoll** → Zoll als Abwehrmaßnahme im Importland, durch den die → Einfuhr verteuert wird, deren Preis aufgrund
staatlicher → Exportsubventionen im Ausland verbilligt wird. – Vgl. auch → Ausgleichsabgabe, → Antidumpingzoll.

**Auskunft** – Mitteilung über Rechtsverhält-
nisse eines Dritten, im Handelsverkehr üblicherweise über Kreditwürdigkeit, allg. Verhalten, Geschäftsmoral etc. Mitteilung einer
Behörde über die Rechtslage.

I. Behörde: Pflicht zur Auskunftserteilung seitens einer Behörde im Rahmen der Diens-
tobliegenheiten. Auskunft, auch freiwillig erteilte, muss erschöpfend und richtig sein. Bei
fehlerhafter Auskunft kann die Amtshaftung
eingreifen. Für das Verwaltungsverfahren vgl.
§ 25 VwVfG; erweiterte Auskunftspflichten
gegenüber der Presse nach den Landespresse-
gesetzen. – *Sondervorschriften:* (1) Auskunftspflicht des *Finanzamtes* in Lohnsteuerfragen
gemäß § 42e EStG: Lohnsteuerauskunft, unter

bestimmten Voraussetzungen Auskunft des Finanzamtes zu Rechtsfragen auch in anderen Fällen möglich (verbindliche Auskunft, § 89 II AO); gebührenpflichtig. (2) Auskunft der *Zollbehörde*: → verbindliche Ursprungsauskunft und → verbindliche Zolltarifauskunft sowie unverbindliche Auskünfte über sonstige zollrechtliche Fragen nach Art. 11 ZK.

**II. Kaufleute:** 1. *Pflicht* zur Auskunftserteilung besteht u.a. nach § 242 BGB bei solchen Rechtsverhältnissen, bei denen der Berechtigte in entschuldbarer Weise über bestimmte Umstände im ungewissen, der Verpflichtete aber unschwer in der Lage ist, hierüber Auskunft zu erteilen. – 2. Haftung für eine *falsche* Auskunft vor allem dann, wenn zwischen dem die Auskunft erteilenden und dem Empfänger eine dauernde oder auf die Dauer angelegte Geschäftsverbindung besteht und die Auskunftserteilung in einer inneren Beziehung zu der Geschäftsverbindung steht. – Vgl. auch → Auskunftspflicht, Auskunftsrecht, Selbstauskunft.

**Auskunftsaustausch** – 1. *Begriff* aus dem Gebiet des Internationalen Steuerrechts und bezeichnet den Austausch von Informationen über steuerlich relevante Sachverhalte zwischen den Finanzbehörden verschiedener Staaten. – 2. *Rechtsgrundlagen*: Die dt. Finanzbehörden dürfen mit den Finanzbehörden anderer Staaten zusammen arbeiten, wenn (1) ein Doppelbesteuerungsabkommen oder ein anderweitiger völkerrechtlicher Vertrag dies vorsieht (die meisten Verträge über zwischenstaatliche Rechts- und Amtshilfe klammern steuerliche Fragen allerdings aus, kommen hier also nur in Ausnahmefällen in Frage). – (2) Das Recht der EU, z.B. die Amtshilferichtlinie, dies verlangt oder erlaubt oder (3) auch in allen anderen Fällen, in denen sie eine Zusammenarbeit nach ihrem eigenen Ermessen für geboten halten; sie dürfen selbst andere Staaten zwar stets um Hilfe ersuchen, ihrerseits ausländischen Behörden aber nur Hilfe leisten, wenn Gegenseitigkeit verbürgt

ist und der ausländische Staat gewährleistet, dass die übermittelten Informationen nur für steuerliche Zwecke verwendet werden (§ 117 I, 117 III AO). – 3. *Umfang der erteilten Auskünfte*: Denkbar ist sowohl, dass konkrete Anfragen zu einzelnen Steuerbürgern gestellt und beantwortet werden, als auch, dass ein Staat einem anderen ohne vorige Anfrage von sich (Spontanauskunft) aus solche Informationen übermittelt, die dieser Staat für Zwecke der Besteuerung möglicherweise benötigen könnte, z.B. wenn er von bestimmten Einkünften eines Ausländers erfährt und es ihm möglich erscheint, dass dieser diese Vorgänge in seinem Heimatstaat möglicherweise nicht den Behörden mitteilen könnte. In den Doppelbesteuerungsabkommen (DBA) sind die Vereinbarungen über den Auskunftsaustausch unterschiedlich umfangreich: es findet sich sowohl die Variante, dass die Behörden der beteiligten Staaten Informationen untereinander austauschen sollen, die für die im Abkommen geregelten Steuern von Bedeutung sind, als auch die weitergehende Variante, die den Behörden den Informationsaustausch für jegliche steuerliche Zwecke erlaubt (also auch für Steuern, die im Abkommen selbst sonst nicht angesprochen werden). – 4. Die *Bedeutung für die Besteuerung* liegt darin, dass die Finanzbehörden eines Staates selbst regelmäßig nicht im Hoheitsgebiet eines anderen Staates Ermittlungen anstellen dürfen; dies würde die Souveränität dieses anderen Landes verletzen. Sie sind also, sofern sie Gegebenheiten auf dem Gebiet eines anderen Staates nachprüfen wollen, auf die Hilfe der Behörden dieses Staates angewiesen. Gibt es Vereinbarungen über einen Auskunftsaustausch nicht, lassen sich Vorgänge im Ausland nur extrem erschwert oder gar nicht herausfinden; das erleichtert es naturgemäß denjenigen, die Steuern hinterziehen wollen, unentdeckt zu bleiben und senkt die Hemmschwelle für entsprechende Versuche erheblich. Insbesondere Steueroasen beziehen einen Großteil ihrer Attraktivität als Kapitalanlageort für Bürger der Industriestaaten bis heute daraus, dass sie traditionell mit den Finanzbehörden anderer Länder nur wenig oder gar nicht zusammen arbeiten. – 5. *Bedeutung im Hinblick auf die Auseinandersetzung mit Steueroasen:* Die Klauseln über den Auskunftsaustausch in den Doppelbesteuerungsabkommen (DBA) gehen auf Vorschläge der OECD im OECD-Musterabkommen zurück und sind daher international mittlerweile fast zwischen allen Staaten ein üblicher Standard geworden. Vor diesem Hintergrund ergibt sich naturgemäß heute der Eindruck, dass die Steueroasen mit ihrer mangelnden Bereitschaft zum Auskunftsaustausch nicht mehr lediglich etwas tun, was ihrem Charakter als souveräner Staat entspricht (nämlich: nichts tun zu müssen, wozu sie sich nicht verpflichtet haben), sondern von einem allg. üblichen Standard des Umgangs zwischen Staaten abgehen, um die Steuerhinterziehung in anderen Ländern gezielt zu fördern und davon zu profitieren. Vor diesem Hintergrund erklärt sich die Forderung, dass auch die Steueroasen gezwungen werden sollten, am internationalen Auskunftsaustausch in Steuersachen im allg. üblichen Umfang teilzunehmen – oder aber Wirtschaftssanktionen ausgesetzt zu werden.

**Auskunftspflicht** – bes. gesetzliche Verpflichtung zur Erteilung von → Auskunft.

I. **Arbeitsrecht:** im Rahmen der nachwirkenden Fürsorgepflicht des Arbeitgebers; vgl. Zeugnis. Zur Anwartschaft auf betriebliche Altersversorgung (bAV) vgl. § 2 VI Betriebsrentengesetz (BetrAVG).

II. **Steuerrecht:** Auskunftspflicht gemäß § 93 AO für alle Beteiligten am Besteuerungsverfahren und andere Personen über die für die Besteuerung erheblichen Sachverhalte, sofern keine Auskunftsverweigerungsrechte nach §§ 101–103 AO bestehen. Andere Personen trifft die Auskunftspflicht nur subsidiär, wenn die Sachverhaltsaufklärung durch die Beteiligten nicht zum Ziel führt oder keinen Erfolg verspricht.

III. **Amtliche Statistik:** Auskunftspflicht obliegt allen natürlichen und juristischen Personen des privaten und öffentlichen Rechts, Personenvereinigungen, Behörden des Bundes und der Länder sowie Gemeinden und Gemeindeverbänden zur Beantwortung ordnungsgemäß angeordneter Fragen gemäß dem Gesetz über die Statistik für Bundeszwecke vom 22.1.1987 (BGBl. I 462). Ob und in welchem Umfang eine Erhebung mit Auskunftspflicht erfolgen soll, wird durch die eine Statistik anordnende Rechtsvorschrift festgelegt.

IV. **Versicherungswesen:** 1. *Begriff:* Obliegenheit des Versicherungsnehmers, auf Anfrage Informationen an das Versicherungsunternehmen zu geben. – 2. *Merkmale:* Die Auskunftspflicht dient zur ordentlichen Regulierung von Schäden. Es muss jede Auskunft erteilt werden, die zur Regulierung durch das Versicherungsunternehmen als notwendig erachtet wird (vgl. § 31 VVG). – 3. *Umgekehrt:* Informationspflichten des Versicherungsunternehmens.

V. **Außenwirtschaftsrecht:** → Außenwirtschaftsgesetz (AWG).

VI. **Zollrecht:** → verbindliche Zolltarifauskunft, → Auskunft, → verbindliche Ursprungsauskunft.

VII. **Sozialrecht:** Auskunfts- und Beratungspflicht.

**Auskunft zur Güterliste** – wird vom Bundesamt für Wirtschaft und Ausfuhrkontrolle (BAFA) in Eschborn erteilt. In bestimmten Fällen kann dort auch eine *Auskunft zur Güterliste* (*AzG*) gegeben werden. Es handelt sich um die Bestätigung, die von der deutschen Zollverwaltung nach § 10 I AWV gefordert werden kann und bestätigt, dass die Ware gemäß → Ausfuhrliste nicht genehmigungspflichtig ist. Es handelt sich um ein güterbezogenes Gutachten und um eine Einzelfallentscheidung.

**Ausland** – Gebiet jenseits der Staatsgrenzen.

I. **Außenwirtschaftsrecht:** alle Gebiete, die nicht zum Inland gehören. Davon zu unterscheiden ist das → Zollgebiet der EU. Dadurch wird der Anwendungsbereich des EU-Zollkodexes festgelegt. Es ist nicht identisch mit dem Staatsgebiet. Gebiete außerhalb des Zollgebietes sind Drittland.

II. **Steuerrecht:** alle Gebiete, die nach den Maßstäben des jeweiligen Steuergesetzes nicht zum → Inland gehören. Bei den Ertragsteuern, der Erbschaftsteuer und der Umsatzsteuer ein wichtiges Abgrenzungskriterium zur Bestimmung von Art und/oder Umfang der Steuerpflicht von Personen bzw. der Steuerbarkeit von Sachverhalten.

III. **Zollrecht:** → Zollgebiet der EU.

**Ausländerkonvertibilität** → Konvertibilität. – *Gegenteil*: Inländerkonvertibilität.

**ausländische Betriebsstätte** – im Ausland errichtete Betriebsstätte. Abgrenzung der ausländischen Betriebsstätte für Zwecke der Besteuerung nach den gleichen Merkmalen wie inländische Betriebsstätten. Die ausländische Betriebsstätte einer Personengesellschaft wird den Gesellschaftern (Mitunternehmern) anteilig als eigene zugerechnet. Dies gilt auch bei einer Personengesellschaft ausländischen Rechts, wenn die ausländische Personengesellschaft in ihrem im ausländischen Handelsrecht verankerten rechtlichen Aufbau und ihrer wirtschaftlichen Funktion einer dt. Personengesellschaft entspricht. Die → Doppelbesteuerungsabkommen (DBA) enthalten i.d.R. eigenständige Definitionen für ausländische Betriebsstätte, die den Begriff gegenüber der Definition in § 12 AO einengen (in diesen Fällen gilt dann: Was der Begriff „Betriebsstätte" im DBA bedeuten soll, richtet sich nach der Definition im DBA, was er in einem „nationalen" dt. Steuertext bedeuten soll, dagegen nach der AO, sofern der Kontext nicht etwas anderes erfordert). – Die ausländische Betriebsstätte hat im Außensteuerrecht eine zweifache *Bedeutung*: (1) als Steueranknüpfungspunkt für die beschränkte Steuerpflicht im Ausland. Es gilt, dass die

Gewinne aus ausländischen Betriebsstätten auch bei Bestehen eines Doppelbesteuerungsabkommens regelmäßig im Ausland (also im Land der Betriebsstätte) versteuert werden müssen; (2) als Anknüpfungspunkt für dt. Maßnahmen zur Vermeidung der Doppelbesteuerung oder für Steuervergünstigungen im Zusammenhang mit Auslandsinvestitionen (meist → Freistellungsmethode, sodass der dt. Eigentümer der ausländischen Betriebsstätte nur mit den ausländischen Steuern belastet ist, selbst wenn diese niedriger sind als die dt., dadurch wird eine Gleichstellung des deutschen Betriebsstätteninhabers mit seinen Mitbewerbern vor Ort erreicht; existiert keine ausländische Betriebsstätte, sondern werden Geschäftskontakte mit dem Ausland von deutschem Boden aus abgewickelt, ist eine solche günstige Behandlung dagegen nicht möglich). – *Ausländische Betriebsstättenverluste*: vgl. → Auslandsverluste.

**ausländische Einkünfte** – I. **Begriff:** 1. *Allgemein*: Einkünfte, die im Ausland verdient worden sind. – 2. *Fachbegriff aus dem Einkommen- und Körperschaftsteuerrecht*: Einkünfte, die unbeschränkt steuerpflichtige natürliche und juristische Personen (unbeschränkte Steuerpflicht) aus einem ausländischen Staat beziehen; jedoch werden nicht sämtliche Einkünfte, die in irgendeiner Verbindung mit dem Ausland stehen, vom dt. Recht auch als „ausländische" Einkünfte anerkannt. Das Vorhandensein (anerkannter) „ausländischer" Einkünfte ist Voraussetzung dafür, dass von dt. Seite einseitig Maßnahmen zur Vermeidung einer Doppelbesteuerung ergriffen werden. So sind ausländische Einkünfte Voraussetzung für die Anrechnung ausländischer Steuern in Deutschland (→ Anrechnungsmethode) sowie die Pauschalierung dt. Steuern (Pauschalierungsmethode; → Doppelbesteuerung). Günstigere Regelungen sind jedoch zu erwarten, wenn mit einem anderen Staat ein Doppelbesteuerungsabkommen abgeschlossen worden ist; dann richten sich die Maßnahmen zur Beseitigung einer Doppelbesteuerung regelmäßig nicht mehr danach, was nach nationalem Recht einseitig als „ausländische Einkünfte" anerkannt ist, sondern nach den regelmäßig günstigeren Bestimmungen des jeweiligen Abkommens. – Ein Fehlschluss wäre übrigens die Vorstellung, Einkünfte, die nicht als „ausländische Einkünfte" anerkannt seien, gehörten dann auch nicht zu den in Deutschland steuerpflichtigen Einkünften; die unbeschränkte Steuerpflicht umfasst vielmehr automatisch alle Einkünfte aus der gesamten Welt aus den in den 7 Einkunftsarten des EStG aufgezählten Aktivitäten (Welteinkommensprinzip), unabhängig von ihrer geografischen Herkunft.

II. Einkommensteuerrecht: 1. *Grundlagen:* Als ausländische Einkünfte werden nur die Einkünfte aus dem (umfangreichen) Katalog des § 34d EStG betrachtet. – 2. Zu den ausländischen Einkünften zählen *Einkünfte:* (1) Aus einer im Ausland betriebenen Land- und Forstwirtschaft; (2) aus Gewerbebetrieb, erzielt durch Betriebsstätte oder ständigen Vertreter im Ausland, den Betrieb von Handelsschiffen im internationalen Verkehr, durch Bürgschafts- und Avalprovisionen, wenn der Schuldner Wohnsitz, Geschäftsleitung oder Sitz in einem ausländischen Staat hat; dabei richtet sich der Inhalt der Begriffe „Betriebsstätte" und „ständiger Vertreter" nach dt. Recht (§ 12, 13 AO); (3) aus selbstständiger Arbeit, die im Ausland ausgeübt oder verwertet wird oder worden ist; (4) aus Kapitalvermögen, wenn der Schuldner Wohnsitz, Geschäftsleitung oder Sitz im Ausland hat oder das Kapitalvermögen durch ausländischen Grundbesitz gesichert ist; (5) aus Vermietung und Verpachtung, soweit unbewegliches Vermögen oder Sachinbegriffe im Ausland belegen oder Nutzungsrechte im Ausland überlassen worden sind; (6) aus der Veräußerung von Wirtschaftsgütern, die zum Anlagevermögen eines Betriebs gehören, wenn die Wirtschaftsgüter in einem ausländischen Staat zu belegen sind, sowie aus der Veräußerung von Anteilen an ausländischen Kapitalgesellschaften; (7) sonstige Einkünfte, wenn der zur Leistung der wiederkehrenden

Bezüge Verpflichtete Wohnsitz, Geschäftsleitung oder Sitz in einem ausländischen Staat hat, bei privaten Veräußerungsgeschäften die veräußerten Wirtschaftsgüter in einem ausländischen Staat belegen sind, oder bei Einkünften aus Leistungen der zur Vergütung der Leistung Verpflichtete Wohnsitz, Geschäftsleitung oder Sitz in einem ausländischen Staat hat; (8) Einkünfte aus nichtselbständiger Arbeit, die in einem ausländischen Staat ausgeübt wird oder verwertet wird, Einkünfte, die von inländischen öffentlichen Kassen mit Rücksicht auf ein gegenwärtiges oder früheres Dienstverhältnis gewährt werden, auch wenn sie im Ausland ausgeübt werden.

III. Körperschaftsteuerrecht: 1. *Grundlagen:* § 26 KStG. – 2. *Steuerermäßigung:* a) Die Darstellungen zur Einkommensteuer gelten entsprechend, zur Frage, was als „ausländische Einkünfte" bei der KSt anerkannt wird, verweist die Körperschaftsteuer auf das Einkommensteuerrecht. – b) Auch bei der KSt ist die Existenz „ausländischer" Einkünfte Voraussetzung für eine Anrechnung ausländischer Steuern auf die dt. KSt-Schuld, soweit kein Doppelbesteuerungsabkommen besteht.

IV. Gewerbesteuerrecht: 1. *Gesetzliche Grundlagen:* § 2 I, § 9 Nr. 2, 3, 7 und 8 GewStG. – 2. *Grundsatz:* Bei der Gewerbesteuer ist der einkommen- und körperschaftsteuerliche Begriff der „ausländische Einkünfte" ohne entscheidende Bedeutung. Da die Gewerbesteuer nur die *Erträge inländischer Gewerbebetriebe* belasten soll, werden hier vielmehr die Gewinne und Verluste aus ausländischen Betriebsstätten und Anteilen an ausländischen Betrieben ausländischer Personengesellschaften aus der Bemessungsgrundlage der Gewerbesteuer eliminiert. – 3. *Sonderfall Dividenden:* Soweit ein Unternehmen Dividenden aus dem Ausland bezieht, werden diese ebenso wie inländische Dividenden behandelt. d.h. ab einer Beteiligungsquote von aktuell 15 Prozent (ab Erhebungszeitraum 2008) von der Gewerbesteuer freigestellt, unterhalb dieser

Beteiligungsquote aber erfasst. Weitere Voraussetzung ist, dass die Dividenden nach dem Doppelbesteuerungsabkommen steuerfrei sind oder dass die ausländische Gesellschaft ihre Erträge ausschließlich oder fast ausschließlich aus aktiver Tätigkeit erzielt. Hat die ausländische Tochtergesellschaft ihren Sitz in der EU, wird auf die Aktivitätsvoraussetzung verzichtet (Mutter-Tochter-Richtlinie); dann sind Dividendenerträge ab aktuell 15-prozentiger Beteiligung gewerbesteuerfrei, auch wenn die Gesellschaft passiven Tätigkeiten nachgeht.

V. Besonderheiten: Für den Betrieb von Handelsschiffen im internationalen Verkehr sind die früheren Steuersatzbegünstigungen seit 1999 durch eine auf Antrag mögliche bes. Form der Gewinnermittlung (→ Tonnagesteuer) ersetzt worden.

**ausländische Kapitalgesellschaft – 1.** *Begriff:* Eine Kapitalgesellschaft ist aus steuerlicher Sicht ausländisch, wenn sie weder Sitz noch Geschäftsleitung in Deutschland hat (beschränkte Steuerpflicht). – **2.** Die *Qualifikation* als Kapitalgesellschaft hängt aus der Sicht des dt. Steuerrechts davon ab, ob das ausländische Gebilde nach seinem Aufbau und den für sie geltenden Regelungen des ausländischen Gesellschaftsrechts im Inland eher einer Personengesellschaft oder einer Kapitalgesellschaft gleicht (Typenvergleich zwischen der ausländischen Rechtsform und ihren inländischen Parallelen). Gesellschaften eines anderen EU- oder EWR-Staates, denen ihr Gründungsstaat die Rechte einer juristischen Personen zuerkannt hat, müssen in Deutschland als steuerrechtlich selbstständige Gebilde (d.h. als Kapitalgesellschaft oder eigenes körperschaftsteuerpflichtiges Gebilde) anerkannt werden, wenn dies nach dem Typenvergleich nicht zwingend wäre. – **3.** *Steuerpflicht der ausländischen Kapitalgesellschaft in Deutschland:* Eine ausländische Kapitalgesellschaft selbst ist in Deutschland nur mit Einkünften aus dt. Quellen steuerpflichtig (§ 49 EStG, § 8 I

KStG) im Rahmen der beschränkten Steuerpflicht (§ 2 Nr. 1 KStG). Dieselben Einkünfte der ausländischen Kapitalgesellschaft werden i.d.R. auch im Heimatstaat der ausländischen Kapitalgesellschaft einem Steueranspruch unterliegen (→ Welteinkommensprinzip); zur Vermeidung einer Doppelbesteuerung gelten entsprechende → Doppelbesteuerungsabkommen (DBA). – **4.** *Steuerpflicht der Gesellschafter einer ausländischen Kapitalgesellschaft in Deutschland:* Ist ein Deutscher (Steuerinländer) an einer ausländischen Kapitalgesellschaft beteiligt, so unterliegt er mit den Dividenden dieser ausländischen Kapitalgesellschaft der dt. Einkommensteuer. Eine eventuelle ausländische Quellensteuer auf die Dividende der ausländischen Kapitalgesellschaft wird auf die dt. Einkommensteuer des Gesellschafters angerechnet (§ 34c EStG), maximal in der Höhe, in der die dt. Einkommensteuer anteilig auf diese Dividende entfällt. – **5.** *Bekämpfung von Steuersparmodellen* durch die Hinzurechnungsbesteuerung für Einkünfte von ausländischen Kapitalgesellschaften. – Vgl. auch → ausländische Tochtergesellschaft.

**ausländische Tochtergesellschaft – 1.** *Begriff:* Beteiligung an einer ausländischen Kapitalgesellschaft, die vom Ausmaß über eine reine Kapitalanlage hinausgeht, sodass von einem unternehmerischen Engagement des Investors ausgegangen werden kann. Im Steuerrecht wird für ausländische Tochtergesellschaften bei verschiedenen Regelungen explizit eine Beteiligungsquote festgelegt, ab der eine ausländische Gesellschaft als ausländische Tochtergesellschaft angesehen wird; dies führt dann meist zu einer steuerlichen Behandlung, die günstiger ist als bei einer reinen Kapitalanlage. Diese Beteiligungsquote ist je nach Regelung und historischem Entstehungszeitpunkt oft unterschiedlich hoch (häufig 25 Prozent oder 10 Prozent). – **2.** *Behandlung von ausländischen Tochtergesellschaften im Teileinkünfteverfahren:* In- und ausländische Dividenden und Veräußerungsgewinne aus Anteilen an Kapitalgesellschaften werden nach heutigem dt. Recht gleichbehandelt; es gelten also dieselben Regeln für Dividenden wie im Inlandsfall. Nur das Gewerbesteuerrecht sieht eine Befreiung für Dividenden aus ausländischen Tochtergesellschaften nur unter leicht abweichenden Voraussetzungen vor (aktive Tätigkeit). – 3. *Regelungen für ausländische Tochtergesellschaften in Doppelbesteuerungsabkommen* (Regelfall):Dividendeneinnahmen sind freigestellt oder es erfolgt eine indirekte Anrechnung der ausländischen Körperschaftsteuer (Beteiligungsquoten vertraglich meist 25 Prozent oder 10 Prozent). In Deutschland sind Sonderregelungen zur Verwirklichung dieser Vorgaben aufgrund des Teileinkünfteverfahrens (Gleichbehandlung aller Dividenden) nicht erforderlich. Nur das Gewerbesteuerrecht sieht eine Sondervorschrift vor: Dividendeneinnahmen eines inländischen Gewerbebetriebs aus ausländischen Tochtergesellschaften sind von der Gewerbesteuer ausgenommen, wenn ein Doppelbesteuerungsabkommen die Freistellung vorsieht oder die ausländische Tochtergesellschaft eine aktive Tätigkeit ausübt. – 4. Die *Veräußerung einer ausländischen Tochtergesellschaft* ist i.d.R. nur in Deutschland steuerpflichtig; der Veräußerungsgewinn ist nach dem Teileinkünfteverfahren bei einer natürlichen Person nur zu einer bestimmten Quote (60 Prozent, § 3 Nr. 40 EStG; vor 2009 waren es 50 Prozent), bei einer juristischen Person gar nicht steuerpflichtig (§ 8b KStG). Nach einigen wenigen Doppelbesteuerungsabkommen ist jedoch auch für Anteile an ausländischen Tochtergesellschaften eine Steuerpflicht im Land der ausländischen Tochtergesellschaft möglich. – 5. *Sonderregelungen*: a) *Relevanz der Abgeltungsteuer für Einkünfte aus ausländischen Tochtergesellschaften*: Die seit 2009 eingeführte Abgeltungsteuer auf Dividendeinkünfte bezieht sich nur auf Dividendeneinkünfte aus Anteilen, die in einem Privatvermögen gehalten werden. Der Begriff der „Tochtergesellschaft" beinhaltet im Gegensatz dazu, dass ein ausländisches

Unternehmen einem inländischen Mutterunternehmen untergeordnet ist. Deshalb ist davon auszugehen, dass die Dividenden und die Veräußerungsgewinne aus Anteilen an ausländischen Tochtergesellschaften i.d.R. im Betriebsvermögen anfallen und daher die Abgeltungsteuer für diesen Bereich nur höchstens theoretisch von Interesse ist. – b) *Sonderregelungen* gelten auch, wenn die Einkünfte aus der ausländischen Tochtergesellschaft beim inländischen Gesellschafter zu einem früheren Zeitpunkt schon der Hinzurechnungsbesteuerung unterlegen haben (§ 3 Nr. 41 EStG). – 6. Im Rahmen der *Erbschaftsteuer* werden Anteile an ausländischen Tochtergesellschaften mit dem gemeinen Wert bewertet. Allerdings gibt es für den Besitz von Anteilen an Gesellschaften in anderen Staaten der EU Begünstigungen (Verschonungsabschlag, § 13a, § 13b ErbStG 2009).

**ausländische Unternehmungen im Inland** – Unternehmungen im → Wirtschaftsgebiet, an denen → Gebietsfremde beteiligt sind. – 1. *Meldepflichten nach der AWV*: Ausländische Unternehmungen sind nach dem → Außenwirtschaftsrecht im Wirtschaftsgebiet uneingeschränkt zulässig, es bestehen lediglich gewisse Meldepflichten gegenüber der Deutschen Bundesbank (§ 58 AWV). – 2. *Besteuerung*: Die Besteuerung ist abhängig davon, in welcher Form ausländische Unternehmungen sich im Inland betätigen. – a) Bloße Importlieferungen unterliegen keiner Ertragsbesteuerung, können aber als Einfuhr oder als innergemeinschaftlicher Erwerb von der Umsatzsteuer erfasst werden. – b) Inländische Betriebsstätten, z.B. Zweigstellen oder Zweigniederlassungen, führen zur beschränkten Steuerpflicht in Bezug auf die Betriebsstätteneinkünfte und das Betriebsstättenvermögen. – c) Bei Beteiligung an einer inländischen Kapitalgesellschaft (Tochtergesellschaft) unterliegt diese der unbeschränkten Körperschaftsteuerpflicht. Gewinnausschüttungen an das ausländische Mutterunternehmen unterliegen grundsätzlich der Kapitalertragsteuer, ggf.

kommt jedoch eine Ermäßigung aufgrund eines Doppelbesteuerungsabkommens oder nach der Mutter-Tochter-Richtlinie in Betracht. – d) Die Beteiligung an einer inländischen Personengesellschaft wird wie eine Betriebsstätte behandelt, soweit die Personengesellschaft im Inland tätig ist.

**Auslandsinvestition** – *Kapitalexport;* Übertragung inländischen Kapitals ins → Ausland. Zu unterscheiden sind → Direktinvestition und → Portfolio-Investition. – Vgl. auch → internationale Kapitalbewegungen; zur Besteuerung: → Ausländische Betriebsstätte, → ausländische Einkünfte, → ausländische Tochtergesellschaft, → Auslandsniederlassung.

**Auslandsniederlassung** – I. Allgemein: Grundeinheit eines grenzüberschreitend tätigen Unternehmens im Ausland, die keine eigenständige juristische Person verkörpert (internationale Mutter-Tochter-Beziehungen). Vorteile sind die geringeren formaljuristischen und steuerrechtlichen Auflagen, Nachteile u.a. der eingeschränkte Zugang zu den Kapitalmärkten und geringere Akzeptanz im Gastland im Vergleich zur rechtlich selbstständigen Auslandstochtergesellschaft. Auslandsniederlassungen können sich auf einzelne betriebliche Funktionen (z.B. Vertrieb) beschränken oder auch die gesamte betriebliche Funktionspalette (einschließlich Produktion) abdecken. – *Gegensatz:* Auslandstochtergesellschaft.

II. Außensteuerrecht: 1. *Qualifizierung:* Auslandsniederlassungen sind nach Außensteuergesetz steuerlich als → ausländische Betriebsstätten zu qualifizieren. – 2. *Meldepflicht:* Die Gründung und der Erwerb von Auslandsniederlassungen muss den Finanzbehörden mitgeteilt werden (§ 138 AO). – 3. *Einkünfte* aus Auslandsniederlassungen sowie das darin eingesetzte *Vermögen* bzw. die daran gehaltene *Beteiligung* unterliegen bei dem inländischen Stammhaus bzw. den inländischen Anteilseignern der unbeschränkten Steuerpflicht. Für die steuerliche

Berücksichtigung von → Auslandsverlusten können dabei u.U. verschärfte Anforderungen gelten. – 4. Zur *Vermeidung oder Milderung* der im Zusammenhang mit der Besteuerung im Ausland auftretenden → Doppelbesteuerung greifen verschiedene Methoden zur Vermeidung der Doppelbesteuerung ein.

**Auslandsrente** – I. Gesetzliche Rentenversicherung: Leistung aus der gesetzlichen Rentenversicherung an Berechtigte, die sich nicht nur vorübergehend im Ausland, d.h. außerhalb des Gebietes der Bundesrepublik Deutschland aufhalten, aufgrund bes. Vorschriften der §§ 110 ff. SGB VI, wobei diese Vorschriften nur gelten, soweit nicht nach über- oder zwischenstaatlichem Recht etwas anderes bestimmt ist. Leistungen zur Rehabilitation und Krankenversicherungszuschuss und Zuschuss zur Pflegeversicherung sowie Renten wegen verminderter Erwerbsfähigkeit werden an Berechtigte im Ausland eingeschränkt bzw. gar nicht gezahlt (§§ 111, 112, 270b SGB VI). Die Rentenhöhe ist nach den §§ 113, 114, 271, 272 SGB VI festzustellen.

II. Gesetzliche Unfallversicherung: In der gesetzlichen Unfallversicherung gewährt § 97 SGB VII Geldleistungen und für alle sonstigen zu erbringenden Leistungen eine angemessene Erstattung entstandener Kosten an Berechtigte (Deutsche und Ausländer), die ihren gewöhnlichen Aufenthalt im Ausland haben, in gleicher Höhe wie im Inland. Über- und zwischenstaatliches Recht geht der Vorschrift des § 97 SGB VII vor.

III. Steuerrecht: Ob eine Auslandsrente vom Empfänger in seinem ausländischen Ansässigkeitsstaat (Regelfall) oder in Deutschland nach dt. Steuerrecht zu versteuern ist, bestimmt sich nach dem jeweiligen → Doppelbesteuerungsabkommen (DBA) zwischen dem ausländischen Wohnsitzstaat des Rentenempfängers und der Bundesrepublik Deutschland. Sofern keine bes. Regelungen vereinbart sind, wird das Besteuerungsrecht dem Wohnsitzstaat zustehen (Art. 21 OECD-Musterabkommen).

**Auslandsschulden** – Summe der Verbindlichkeiten eines Landes gegenüber allen anderen. Aussagefähiger ist der Saldo aus → Auslandsschulden und → Auslandsvermögen, weil durchaus alle Länder der Welt gleichzeitig Auslandsschulden haben können, da sie auch Forderungen gegenüber dem Ausland besitzen. Die Bundesrepublik Deutschland ist Netto-Auslandsgläubiger, während viele → Entwicklungsländer Nettoschuldner sind. – Vgl. auch → Auslandsverschuldung, → Auslandsverschuldung der Entwicklungsländer.

**Auslandstätigkeitserlass** – 1. *Begriff aus dem Einkommensteuerrecht*: Erlass, wonach bestimmte Tätigkeiten von Arbeitnehmern, die in Deutschland unbeschränkt steuerpflichtig sind und von ihrem Arbeitgeber für längere Zeit in ein ausländisches Land zur Arbeit entsandt werden, in Deutschland mit den für diese Auslandstätigkeit bezogenen Vergütungen steuerfrei gestellt werden können. – 2. *Steuersystematisch* stellt der Auslandstätigkeitserlass einen Anwendungsfall für die Pauschalierungsmethode, eine recht ausgefallene Methode zur Vermeidung der Doppelbesteuerung, dar. – 3. *Rechtsgrundlage* für den Erlass ist eine Ermächtigungsregelung in § 34c V EStG. – 4. *Begünstigte Branchen*: nur ausgewählte Tätigkeiten, hauptsächlich Montage, Anlagenbau, Bodenschatzsuche, Entwicklungshilfe. – 5. *Begünstige Einsatzorte*: nur solche Länder, mit denen kein → Doppelbesteuerungsabkommen (DBA) besteht. Denn sobald ein solches Abkommen besteht, setzt es gesetzestechnisch als Spezialregelung sämtliche Regelungen außer Kraft, die sonst nach dem EStG zur Lösung der Doppelbesteuerungsproblematik bestehen würden, also auch § 34c EStG und den darauf fußenden Auslandstätigkeitserlass. Da mit den meisten wichtigen Wirtschaftspartnerländern Deutschlands solche Doppelbesteuerungsabkommen abgeschlossen worden sind,

ist die praktische Bedeutung des Auslandstätigkeitserlasses auf Randfälle begrenzt. – 6. *Steuerberechnung*: Gesetzestechnisch sind die Auslandsbezüge nicht steuerfrei, sondern der auf sie anteilig entfallende Teil der dt. Steuerforderung wird lediglich erlassen (§ 34c V EStG). Somit richtet sich die Höhe des Steuersatzes (Progression) trotz der Befreiung automatisch nach der Höhe des vorhandenen Gesamteinkommens inkl. der steuerfreien Beträge (gleicher Effekt wie → Progressionsvorbehalt). – 7. *Praktische Anwendungsprobleme*: Da der Auslandstätigkeitserlass von den Behörden und Gerichten sehr restriktiv ausgelegt wird, kann die Verletzung geringster im Erlass genannter Voraussetzungen den Verlust der Begünstigung zur Folge haben; eine sorgfältige steuerliche Beratung im Vorfeld ist daher für Betroffene unerlässlich.

**Auslandsverluste** – 1. *Einkommensteuer/ Körperschaftsteuer*: a) *Verluste aus Nicht-EU-Ausland*: (Sämtliche) Einkünfte aus dem Ausland gehören zum zu versteuernden Einkommen (→ Welteinkommensprinzip), jedoch werden Auslandsverluste in zahlreichen Fällen durch eine Sondervorschrift (§ 2a EStG) bei der Berechnung des Welteinkommens außer Acht gelassen. Solche Auslandsverluste dürfen dann lediglich mit späteren Gewinnen aus demselben Staat und meistens derselben Art von Einkommensquelle verrechnet werden, aber nicht mit inländischen Einkünften. Wirtschaftlich hat dies den Effekt, dass Auslandsverluste aus dem bereits versteuerten Nettoeinkommen getragen werden müssen, während Inlandsverluste über die steuerliche Verrechenbarkeit mit den steuerpflichtigen Gewinnen anteilig auch vom Fiskus mitgetragen werden. Das Abzugsverbot für Auslandsverluste macht die Investition im Ausland also weniger attraktiv als die Investition im Inland. – b) *Verluste aus der EU*: Ab 2009 erkennt der Gesetzgeber ausdrücklich an, dass Auslandsverluste aus Betätigungen aus dem Gebiet der EU nicht ungünstiger behandelt werden dürfen als Inlandsverluste; daher werden die vorgenannten Bestimmungen über Auslandsverluste für Verluste aus der EU nicht mehr angewandt, sondern diese wie inländische Verluste beurteilt. – c) *Verluste aus dem EWR*: Da nach dem EWR-Vertrag sämtliche Bestimmungen des Wirtschaftsrechts der EU auch für die übrigen Staaten des EWR (Island, Liechtenstein und Norwegen) gelten, dürfen Auslandsverluste auch bei Engagements in diesen Staaten grundsätzlich nicht schlechter behandelt werden als bei inländischen Betätigungen. Jedoch verweigert der dt. Gesetzgeber diese Gleichstellung mit dem EU-Gebiet für Betätigungen in Liechtenstein, mit der Begründung, dass Liechtenstein keinen Auskunftsaustausch mit der dt. Finanzverwaltung unterhält. – 2. *Modifikationen durch DBA*: Diejenigen Auslandsverluste, die nach dem Vorgesagten gemäß den *Vorschriften des EStG* noch abzugsfähig wären, werden oft durch → Doppelbesteuerungsabkommen (DBA) von der dt. Besteuerung befreit und sind in Deutschland dann nicht mehr steuerlich abzugsfähig. – 3. *Europarechtliche Bedeutung*: Die steuerlichen Regelungen Deutschlands (und teilweise auch anderer Staaten), nach denen Auslandsverluste ungünstiger behandelt werden als Verluste aus inländischen Quellen, sind mehrmals Gegenstand einer Prüfung durch den Europäischen Gerichtshof (EuGH) gewesen. Nach der Rechtsprechung des EuGH sind Regelungen, die Auslandsverluste aus der EU bei der bloßen Berechnung des Welteinkommens bereits ignorieren wollen, nicht gerechtfertigt, Regelungen, die Auslandsverluste nur deswegen aus dem steuerpflichtigen Einkommen ausklammern, weil auch die zugehörigen Gewinne aufgrund eines Doppelbesteuerungsabkommens später steuerfrei wären, dagegen europarechtlich vertretbar. Die gegenwärtigen dt. Regelungen tragen diesen Vorgaben Rechnung; lediglich hinsichtlich der Behandlung Liechtensteins könnte man noch Zweifel bez. der Rechtmäßigkeit haben. – 4. *Andere Staaten*: Die bes., ungünstigere Behandlung von Auslandsverlusten ist keine bloß dt. Besonderheit; ähnliche Regelungen finden sich auch in anderen

Ländern. Hinter den Bestimmungen steht in den allermeisten Fällen das Motiv, Steuersparkonstruktionen für Investments im Ausland zu verhindern (so verhindert die gegenwärtige dt. Regelungen z.b. relativ effektiv das Angebot von Immobilienanlagekonstruktionen mit Auslandsimmobilien auf dem dt. Markt, weil anfängliche Werbungskostenüberschüsse nicht steuersparend genutzt werden könnten).

**Auslandsvermögen** – 1. *Begriff*: Summe der Forderungen eines Landes gegenüber allen anderen Ländern. Durch *Saldierung* von Auslandsvermögen und → Auslandsschulden wird ersichtlich, ob das betreffende Land Nettogläubiger oder -schuldner ist. – Die *Bundesrepublik Deutschland* z.b. ist Nettogläubiger: Die Nettoauslandsposition der Deutschen Bundesbank (→ Währungsreserven, → Reserveposition im IWF, Sonderziehungsrechte, Forderungen an die → Europäische Zentralbank (EZB), Kredite und sonstige Forderungen an das Ausland abzüglich Auslandsverbindlichkeiten) sowie die Nettoforderungen inländischer Unternehmen (einschließlich Kreditinstitute) weisen einen hohen Plus-Saldo auf. – Viele *Entwicklungsländer* sind in erheblichem Maße Nettoschuldner (→ Auslandsverschuldung der Entwicklungsländer). – 2. *Steuerliche Behandlung*: ausländisches Vermögen.

**Auslandsverschuldung** – Nettobestand an Verbindlichkeiten des → Inlandes gegenüber dem → Ausland. Erhöht sich durch → Kapitalimporte, verringert sich durch → Kapitalexporte. Schuldner sind Private und der Staat. – Vgl. auch → Nettoauslandsaktiva, → Zahlungsbilanz.

**Auslandsverschuldung der Entwicklungsländer** – 1. *Ursachen*: V.a. die drastischen Ölpreissteigerungen der Jahre 1973/1974 und 1979/1980 machten Kreditaufnahmen im Ausland notwendig. Die expansive Haushaltspolitik und restriktive Geldpolitik der USA nach dem zweiten Ölpreisanstieg führten zu einem Anstieg des Dollarkurses und des internationalen Zinsniveaus. Die monetaristisch geprägte Stabilitätspolitik der USA verursachte eine weltweite Rezession, die zu einem Verfall der Rohstoffpreise und damit zu sinkenden Exporterlösen der Entwicklungsländer führte. Banken vergaben großzügige Kredite an Entwicklungsländer, wobei das Zinsrisiko aufgrund von Zinsgleitklauseln bei den Entwicklungsländern lag; der später einsetzende extreme Zinsanstieg hatte entsprechende Folgen. Zudem waren die Forderungen in Dollar nominiert, sodass die Verschuldung stark vom Wechselkurs abhängig ist. – Die aufgenommenen Kredite wurden vielfach nicht entwicklungskonform verwendet, sodass das genannte Liquiditätskriterium nicht erfüllt war. Überhöhte Staatsausgaben (Rüstungsausgaben) und eine expansive Geldpolitik führten zu einem Vertrauensverlust der Bürger der Entwicklungsländer in die eigene Währung (Kapitalflucht). – Die hohe Auslandsverschuldung der Entwicklungsländer bewirkte eine abnehmende Kreditwürdigkeit vieler Entwicklungsländer, sodass Banken sich mit weiteren Krediten zurückhielten. Der Wachstumsprozess vieler Entwicklungsländer wurde dadurch unterbrochen, sodass unternommene Investitionen sich nicht mehr amortisierten. Entwicklungsländer benötigen neue Mittel, um aus der Krise „herauszuwachsen". – 2. *Lösungsansätze:* a) *Sanierungsmaßnahmen:* Schuldnerländer müssen u.a. ihre leistungsbilanzbelastende Interventions- und → Wechselkurspolitik revidieren, für verbesserte Rahmenbedingungen bei → Direktinvestitionen sorgen, durch geldpolitische Maßnahmen die einheimische Ersparnisbildung steigern sowie die Defizite des Staatshaushaltes absenken. Auf Seiten der Industrieländer müssen andererseits verstärkt technische und finanzielle Hilfe leisten, v.a. ihre Märkte für Exporte der Entwicklungsländer öffnen (→ Baker-Plan, → Brady-Initiative, → HIPC-Initiative). – b) → Schuldenerlass. – c) *Schuldenübernahme durch eine internationale Schuldenagentur:* → Debt-Conversion-Programm. – d)

*Verweigerung der Rückzahlung seitens der Schuldnerländer:* Vereinzelt wird ein sog. Schuldnerkartell gefordert, um die Rückzahlung gemeinsam zu verweigern. – e) *Ordnungspolitischer Lösungsansatz:* Zur Forcierung ihrer wirtschaftlichen Entwicklung brauchen Entwicklungsländer neue Kredite, v.a. für sozialpolitische Maßnahmen, zum Aufbau der Industriekapazität (verstärkt auch → Direktinvestitionen) und für Infrastrukturinvestitionen.

**Auslandszahlungsverkehr** – *Grenzüberschreitender Zahlungsverkehr.* 1. *Merkmale:* Im Auslandszahlungsverkehr werden grenzüberschreitende Zahlungen aus dem Kapital-, Dienstleistungs- und Güterverkehr mit dem Ausland von Kreditinstituten abgewickelt. Bei Ländern, mit denen *freier Devisenverkehr* besteht, werden die Zahlungen in konvertierbaren Währungen abgewickelt. Die Bezahlung erfolgt also in Devisen, deren Kurs im Devisenhandel festgestellt wird. Bei *Devisenbewirtschaftung (gebundenem Zahlungsverkehr)* erfolgen die Zahlungen auf der Basis von Devisenzuteilungen oder über ein Zahlungsabkommen im Verrechnungsweg. – 2. *Bestimmungen* in Deutschland für den Auslandszahlungsverkehr: Für den Auslandszahlungsverkehr bestehen nach dem dt. → Außenwirtschaftsrecht grundsätzlich keine Beschränkungen, aber gewisse Meldepflichten gegenüber der Deutschen Bundesbank: a) → Gebietsansässige haben Zahlungen über 12.500 Euro, die sie von → Gebietsfremden oder für deren Rechnung von Gebietsansässigen entgegennehmen oder die sie an Gebietsfremde oder für deren Rechnung an Gebietsansässige leisten, zu melden. Die Meldepflicht besteht nicht bei Ausfuhrerlösen und bei Zahlungen im Zusammenhang mit Krediten mit einer Laufzeit von bis zu zwölf Monaten (§ 59 ff. AWV). b) Gebietsansässige mit Ausnahme der Geldinstitute haben monatlich ihre Forderungen und Verbindlichkeiten gegenüber Gebietsfremden zu melden, wenn diese zusammengerechnet mehr als 5 Mio. Euro betragen (§ 62 AWV). c) Die Meldungen sind der Deutschen Bundesbank bzw. deren zuständiger Hauptverwaltung zu erstatten (§ 63 AWV). Mit Wirkung vom 31.12.2007 wurden die Meldevorschriften im Zahlungsverkehr im Hinblick auf die Realisierung von SEPA angepasst. Die neuen SEPA-Zahlungsinstrumente sehen keinen statistischen Meldeteil mehr vor, daher sind meldepflichtige ausgehende Zahlungen in den Euro-Zahlungsverkehrsraum grundsätzlich der Bundesbank einmal monatlich direkt vom Meldepflichtigen anzuzeigen. – Die Angaben über den Auslandszahlungsverkehr bilden eine wesentliche Grundlage der Zahlungsbilanzstatistik. Vielfach werden diese Zahlungen heute noch über Korrespondenzbankbeziehungen abgewickelt. Dabei führen inländische Korrespondenzbanken für ausländische Kreditinstitute Konten (Lorokonto) i.d.R. in Inlandswährung und/oder Korrespondenzbanken im Ausland führen für inländische Banken Konten (Nostrokonto), i.d.R. in der ausländischen Währung. Im europäischen Zahlungsverkehr werden durch die zunehmende Integration im Zuge der Währungsunion und der Errichtung des einheitlichen europäischen Zahlungsverkehrsraums (Single Euro Payments Area (SEPA)) vermehrt Auslandszahlungen in Euro über Zahlungssysteme geleitet (TARGET2 des Europäischen Systems der Zentralbanken (ESZB), Euro1 und STEP2 der EBA). Der Nachrichtenverkehr zwischen den Korrespondenzbanken und innerhalb der Zahlungssysteme erfolgt heute überlicherweise über SWIFT. – Bei der Abwicklung von Euro-Zahlungen (national und grenzüberschreitend) wird vielfach bewusst auf eine Unterscheidung zwischen Inlands- und Auslandszahlungen verzichtet. Zumal ab dem 1.1.2003 Zahlungen innerhalb der → EU zu Inlandskonditionen vorgenommen werden müssen. Voraussetzungen hierfür sind die Angabe des Betrages in Euro, die Benutzung der EU-Standardüberweisung, die korrekte Angabe der IBAN und des → BICs.

**Ausschuss der berufsständischen landwirtschaftlichen Organisationen** → COPA.

**Ausschuss der Regionen (AdR)** – 1. *Charakterisierung:* Ausschuss der → EU, mit der Aufgabe, die Tätigkeit des → Rats der Europäischen Union (vormals Ministerrat) und der → Europäischen Kommission beratend zu unterstützen (Art. 13 IV EUV und Art. 305-307 AEUV). Der Sitz des AdR ist in Brüssel. Dem AdR gehören nach Art. 305 AEUV eine maximale Anzahl von 350 Mitgliedern an Vertretern der regionalen und lokalen Gebietskörperschaften der EU-Staaten an (z.B. Länder, Provinzen, Departements, Kreise oder Gemeinden). Die Ausschussmitglieder sind an keine Weisungen gebunden, werden von den EU-Regierungen vorgeschlagen und vom Rat auf fünf Jahre ernannt. Seit dem Vertrag von Nizza müssen die AdR-Vertreter ein Wahlmandat ihrer Gebietskörperschaft innehaben oder einer gewählten Versammlung gegenüber verantwortlich sein. Die nationale Zusammensetzung ist in Art. 305 AEUV festgelegt und spiegelt in loser Form die unterschiedliche Größe der Mitgliedsländer wieder. – 2. *Bedeutung:* Die Schaffung des AdR eröffnet den regionalen und lokalen Gebietskörperschaften erstmals die Möglichkeit einer gewissen Beteiligung am Willensbildungsprozess der EU. Seine Errichtung ist im Zusammenhang mit dem Subsidiaritätsprinzip (Art. 5 EUV) zu sehen und verfolgt das Ziel, eine größere Bürgernähe der Gemeinschaftsentwicklung zu gewährleisten. Die Anhörung des AdR ist bes. bei Vorhaben der Regional- und Strukturpolitik sowie vor der Entscheidung anderer Fragen zwingend vorgeschrieben, die Zuständigkeiten bzw. zentrale Interessen der Regionen betreffen (z.B. Bildung, Umwelt und Verkehr).

**Ausschuss der ständigen Vertreter (AStV)** → COREPER.

**Außenbeitrag** – in der Volkswirtschaftlichen Gesamtrechnung (VGR) und in der → Zahlungsbilanz Saldo aus Exporten (→ Ausfuhr) und Importen (→ Einfuhr) im Waren- und Dienstleistungsverkehr.

**Außenhandel** – I. Charakterisierung: Der Außenhandel umfasst die staatlichen

Grenzen überschreitenden Handelsbeziehungen. Er bildet die Grundlage der → internationalen Arbeitsteilung. Der Unterschied zwischen Außenhandel und Binnenhandel ist graduell zu sehen und wird bestimmt durch die Verschiedenartigkeit der Rahmenbedingungen zwischen nationalem und internationalem Geschäft. Diese kommen zum Ausdruck durch unterschiedliche politische, wirtschaftliche, rechtliche und kulturelle Rahmenbedingungen zwischen den beteiligten Ländern. Je fremdartiger die Rahmenbedingungen sind, desto höher sind in der Regel auch die Anforderungen an die Geschäftsanbahnung sowie die Gestaltung und Abwicklung der Außenhandelsbeziehungen. Je gleichartiger diese sind, desto mehr verlieren die internationalen Handelsbeziehungen ihren Außenhandelscharakter und nähern sich dem Binnenhandel. Konstitutiv für den Außenhandel sind letztlich immer staatliche Grenzen überschreitende Handelsbeziehungen. Binnenhandel liegt demgegenüber dann vor, wenn es sich um innerstaatliche Handelsbeziehungen handelt. Die Gesamtheit aller die nationalen Grenzen überschreitenden Handelsbeziehungen wird als Welthandel bezeichnet. Im Welthandel wird unterschieden zwischen dem intraregionalen Handel und dem interregionalen Handel. Der intraregionale Handel betrifft die Außenhandelsbeziehungen zwischen den Mitgliedsstaaten eines wirtschaftlichen Integrationsraumes (z.B. Europäische Union), wohingegen der interregionale Handel die Handelsbeziehungen zwischen wirtschaftlichen Integrationsräumen erfasst. Aus Sicht der Europäischen Union betrifft der interregionale Handel den Handel der Mitgliedsstaaten der Europäischen Union mit Nichtmitgliedsstaaten. Der Welthandel ist stark konzentriert auf die drei stärksten Wirtschaftsregionen der Welt, die sog. Triade des Welthandels (Europa, Nordamerika und Süd-Ostasien).

II. Formen des Außenhandels: Zu den Grundformen des Außenhandels zählen der Export, der Import sowie der Transithandel.

Unter Export (→ Ausfuhr) wird die grenzüberschreitende Bereitstellung von Wirtschaftsleistungen an ausländische Abnehmer (Gebietsfremde) verstanden. Demgegenüber bezieht sich der → Import auf den grenzüberschreitenden Bezug von Wirtschaftsleistungen von Gebietsfremden. Der Transithandel ist eine Kombination aus Export und Import zwischen drei Ländern. Beim Transithandel importiert ein Transithändler mit Sitz in einem Transitland Waren aus einem Ursprungsland und exportiert diese an einen Kunden in einem Bestimmungsland. Außenhandel kann direkt oder indirekt erfolgen. Maßgeblich für die Abgrenzung zwischen direktem und indirektem Außenhandel ist die Mittelbarkeit der vertraglichen Handelsbeziehungen zwischen inländischem und ausländischem Unternehmen. Beim direkten Außenhandel erfolgt der vertragliche Geschäftsabschluss unmittelbar zwischen dem inländischen und ausländischen Unternehmen. Beim indirekten Außenhandel ist ein rechtlich selbständiger Zwischenhändler mit Sitz im Inland zwischen inländischem und ausländischem Unternehmen eingeschaltet. Im → Außenwirtschaftsgesetz (AWG) wird anstelle der Begriffe Export und Import von Ausfuhr (Ausfuhrhandel) und → Einfuhr (Einfuhrhandel) gesprochen. Der Geltungsbereich des deutschen Außenwirtschaftsgesetzes ist das → Wirtschaftsgebiet, welches definiert ist als das Hoheitsgebiet der Bundesrepublik Deutschland. Neben diesen Grundformen des Außenhandels bestehen verschiedene Sonderformen und kombinierte Geschäftssysteme des Außenwirtschaftsverkehrs, welche in Verbindung stehen mit Außenhandelstransaktionen. Hierzu zählen der → Kompensationshandel, die internationalen Kooperationen, der internationale Lizenzhandel, der → Veredelungsverkehr sowie im weiteren Sinne die → Direktinvestition.

III. Außenhandel aus volkswirtschaftlicher Sicht: Wird der Begriff Außenhandel in der Volkswirtschaftslehre verwandt, so bezieht er sich auf grenzüberschreitende

Handelsbeziehungen aus gesamtwirtschaftlicher Sicht. Gesamtwirtschaftlich werden die Außenhandelsaktivitäten zusammengefasst zum Außenbeitrag. Der → Außenbeitrag ist ein Teil der gesamtwirtschaftlichen Nachfrage. Er erfasst den Saldo aller Exporte und Importe von Gütern und Dienstleistungen zwischen Gebietsansässigen und Gebietsfremden innerhalb einer Abrechnungsperiode. Der Außenbeitrag ergibt sich aus dem Saldo der Handels- und Dienstleistungsbilanz. Die Handels- und Dienstleistungsbilanz sind ihrerseits Teil der nationalen → Zahlungsbilanz. Gegenstand der → Außenhandelstheorie ist es, Erklärungen für das Zustandekommen und für die Auswirkungen von Außenhandelsbeziehungen aus gesamtwirtschaftlicher Sicht zu liefern (Ursache-Wirkungsbeziehungen). Als wesentliche Bestimmungsgründe für das Zustandekommen von Außenhandel gelten: (1) die Nichtverfügbarkeit von Waren im Importland, wobei zwischen absoluter und relativer Nichtverfügbarkeit zu unterscheiden ist, (2) Kostenvorteile zwischen dem In- und Ausland, welche in Form absoluter als auch komparativer Kostenvorteile (→ komparative Vorteile) bestehen können sowie (3) die Erweiterung der Warenauswahlmöglichkeiten durch Außenhandel. Die Außenhandelspolitik (auch → Handelspolitik genannt) beschäftigt sich mit den unterschiedlichen Leitbildern, Zielsetzungen und Instrumenten zur Beeinflussung der Außenhandelsbeziehungen. Aufgabe der Außenhandelspolitik ist die Gestaltung der internationalen Handelsbeziehungen. Als Leitbilder der Handelspolitik für die Ableitung konkreter handelspolitischer Ziele und Maßnahmen kann dabei entweder der → Freihandel oder der Protektionismus dienen. Eine Politik des Freihandels ist gekennzeichnet durch einen Abbau von Handelshemmnissen. → Protektionismus bedeutet demgegenüber staatliche Beeinflussung des Außenhandels mit dem Ziel, Importe zum Schutz der heimischen Wirtschaft zu beschränken oder die eigene Exportwirtschaft durch gezielte staatliche Maßnahmen zu fördern. Importbeschränkungen können in Form von tarifären und nichttarifären Handelshemmnissen bestehen. Tarifäre Handelshemmnisse sind Handelshemmnisse in Form von Zöllen. Nichttarifäre Handelshemmnisse sind alle nicht auf → Zöllen beruhenden Handelshemmnisse, die eine Einschränkung oder Behinderung des Außenhandels bewirken. Hierzu gehören vor allem: (1) Handelskontingente, (2) Handelsverbote, (3) Selbstbeschränkungen und (4) administrative Handelshemmnisse. → Exportförderung kann in Form staatlicher Subventionen für die Exportwirtschaft oder in Form des → Dumpings bestehen. In der Realität ist vollständiger Freihandel ebenso wenig möglich wie eine vollständige handelspolitische → Autarkie. Meist findet sich daher eine Mischform aus beiden Leitbildern, bei denen entweder der Freihandel als das Grundprinzip der Marktwirtschaft im Vordergrund steht oder der Protektionismus in Form staatlicher Beschränkungen und Interventionen. Quelle: Statistisches Bundesamt Außenhandelsstatistik

IV. Außenhandel aus betriebswirtschaftlicher Sicht: Wird der Begriff Außenhandel in der Betriebswirtschaftslehre verwandt für jene Unternehmen, deren Wertschöpfungsschwerpunkt die Außenhandelsabwicklung ist, so spricht man von institutionellem Außenhandel. Die institutionelle Außenhandelslehre ist eine Wirtschaftszweiglehre, die sich mit den Besonderheiten der Außenhandelsbetriebe beschäftigt. Für den Außenhandel besteht ein eigenständiges Berufsbild, nämlich jenes der Kauffrau bzw. des Kaufmanns im Groß- und Außenhandel. Die Ausübung von Außenhandelsaktivitäten ist jedoch nicht beschränkt auf Unternehmen, welche als Export-, Import- oder Transithandelsunternehmen tätig sind, sondern bezieht sich auf alle Unternehmen, welche Außenhandelsbeziehungen unterhalten. In dieser Hinsicht ist der Außenhandel eine betriebswirtschaftliche Funktion, welche sich auf das Tätigkeitsgebiet des

Außenhandel Deutschlands

| Jahr | Warenausfuhr | Wareneinfuhr in Milliarden Euro | Saldo |
|------|--------------|--------------------------------|-------|
| 2000 | 597,4 | 538,3 | 59,1 |
| 2001 | 638,3 | 542,8 | 95,5 |
| 2002 | 651,3 | 518,5 | 132,8 |
| 2003 | 664,5 | 534,5 | 129,9 |
| 2004 | 731,5 | 575,4 | 156,1 |
| 2005 | 786,3 | 628,1 | 158,2 |
| 2006 | 893,0 | 734,0 | 159,0 |
| 2007 | 965,2 | 769,9 | 195,3 |
| 2008 | 984,1 | 805,8 | 178,3 |
| 2009 | 803,3 | 664,6 | 138,7 |
| 2010 | 952,0 | 797,1 | 154,9 |
| 2011 | 1.060,2 | 902,0 | 158,2 |

Quelle: Statistisches Bundesamt Außenhandelsstatistik

grenzüberschreitenden Handels von Unternehmen bezieht. Charakteristisch für das Außenhandelsgeschäft sind Umsatzvolumen und Kundenstruktur. Das **typische** Außenhandelsgeschäft ist im Durchschnitt in Bezug auf die einzelne Handelstransaktion im Vergleich zum Einzelhandelsgeschäft in der Regel nach Menge und Wert der Ware ein großvolumiges Handelsgeschäft. Im Hinblick auf die Kundenstruktur ist das Außenhandelsgeschäft überwiegend nicht direkt an den Endkonsumenten gerichtet, sondern bezieht sich primär auf Handelsbeziehungen zwischen inländischen und ausländischen Unternehmen. Bei der Abwicklung von Außenhandelsgeschäften spielen Außenhandelsdokumente eine wichtige Rolle. Außenhandelsdokumente werden benötigt für die Ausfuhr- bzw. Einfuhrabwicklung, den grenzüberschreitenden Transport sowie für den internationalen Zahlungsverkehr und die Zahlungssicherung bei Dokumentenakkreditiven (Akkreditiv) und Dokumenteninkassogeschäften. Im

Unterschied zum Binnenhandel gibt es im Außenhandel zusätzliche Risiken. Zu den Außenhandelsrisiken zählen vor allem: politische Risiken, Länderrisiken, Wechselkursrisiken, Konvertierungs- und Transferrisiken, Zahlungsverbot- und Moratoriumsrisiken sowie interkulturelle Verständigungsrisiken. In Abhängigkeit von der rechtlichen Stellung der Handelspartner zueinander wird unterschieden zwischen interorganisatorischem und intraorganisatorischem Außenhandel. Der interorganisatorische Außenhandel betrifft grenzüberschreitende Handelsbeziehungen zwischen voneinander unabhängigen Parteien. Intraorganisatorischer Außenhandel liegt demgegenüber vor beim grenzüberschreitenden Handel zwischen verbundenen Unternehmen. Intraorganisatorischer Außenhandel wird auch als internationaler Intra-Firmenhandel bezeichnet. Er betrifft den Außenhandel im **internationalen Unternehmensverbund**. Nach der Richtung der intraorganisatorischen

Rangfolge der wichtigsten Handelspartner Deutschlands

| Einfuhr<br>Herkunftsland | Werte für 2012<br>in Mrd. EUR | Ausfuhr<br>Bestimmungsland | Werte für 2012<br>in Mrd. EUR |
|---|---|---|---|
| Niederlande | 86,6 | Frankreich | 104,5 |
| China | 77,3 | USA | 86,8 |
| Frankreich | 64,8 | Großbritannien | 72,2 |
| USA | 50,6 | Niederlande | 71,0 |
| Italien | 49,2 | China | 66,6 |
| Großbritannien | 43,5 | Österreich | 57,9 |
| Russland | 42,5 | Italien | 56,0 |
| Belgien | 38,4 | Schweiz | 48,8 |
| Schweiz | 37,7 | Belgien | 44,6 |
| Österreich | 37,2 | Polen | 42,2 |
| Polen | 33,5 | Russland | 38,1 |
| Tschechien | 33,2 | Tschechien | 31,5 |
| Norwegen | 26,2 | Spanien | 31,2 |
| Spanien | 22,3 | Schweden | 21,2 |
| Japan | 21,8 | Türkei | 20,1 |

Quelle: Statistisches Bundesamt Außenhandelsstatistik

Außenhandelsbeziehungen wird unterschieden zwischen dem internationalen Intra-Firmenexport und dem internationalen Intra-Firmenimport.

V. Außenhandelsstatistik: Außenhandelsgeschäfte sind in Deutschland aufgrund gesetzlicher Bestimmungen meldepflichtig. Die Verpflichtung zur Meldung von Außenhandelsgeschäften dient vor allem statistischen Zwecken, wie zum Beispiel der Erstellung der Zahlungsbilanz und der Außenhandelsstatistik. Die Außenhandelsstatistik wird in Deutschland vom Statistischen Bundesamt erstellt. Aufgrund der Mitgliedschaft Deutschlands in der Europäischen Union werden für den Außenhandel zwei statistische Erhebungsformen unterschieden. Extrastat, d.h. die Extrahandelsstatistik, betrifft den grenzüberschreitenden Warenverkehr zwischen den Mitgliedsstaaten der Europäischen Union und den Nichtmitgliedsstaaten. Die Daten über die Außenhandelsbeziehungen mit Drittstaaten werden von den Zollbehörden erfasst. Intrastat, d.h. die Intrahandelsstatistik, betrifft den Warenverkehr zwischen den Mitgliedsstaaten der Europäischen Union. Innergemeinschaftliche Lieferungen (Versendungen) sowie innergemeinschaftliche Erwerbe (Eingänge) müssen in Deutschland von den Unternehmen direkt an das Statistische Bundesamt gemeldet werden. Die direkte Meldung des innergemeinschaftlichen Warenverkehrs ist erforderlich, da innerhalb der Europäischen Union keine zollamtliche Erfassung des Warenverkehrs stattfindet. In der Außenhandelstatistik wird darüber hinaus differenziert zwischen dem

Dokumente in der Außenhandelsabwicklung

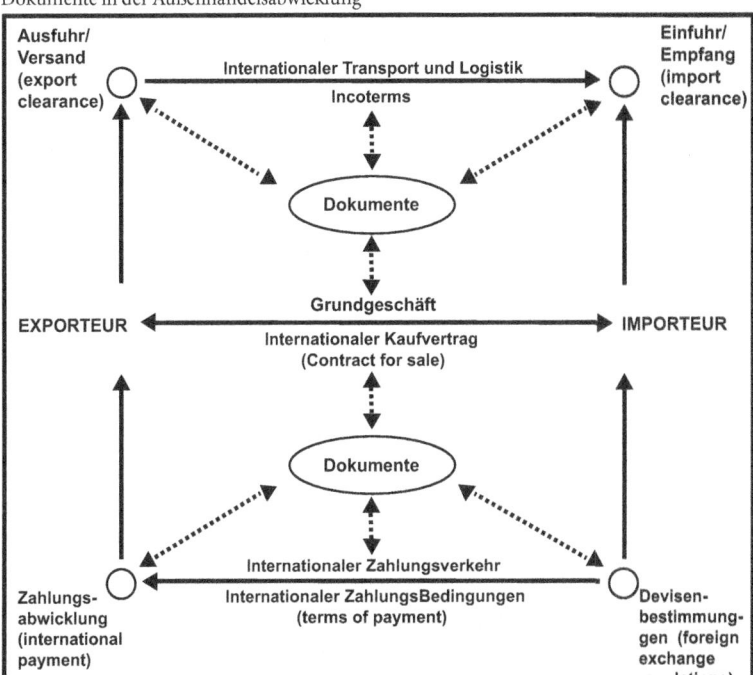

Quelle: Büter C (2013) Außenhandel – Grundlagen internationaler Handelsbeziehungen, Springer Gabler, Wiesbaden.

Generalhandel und dem Spezialhandel. Der Generalhandel umfasst die Wareneinfuhr und die Warenausfuhr mit Ausnahme der Waren der Durchfuhr, welche in der Außenhandelsstatistik nicht berücksichtigt werden. Dagegen erfasst der Spezialhandel nur jene Waren, die zum Gebrauch, Verbrauch, zur Be- oder Verarbeitung in Deutschland eingehen und die Waren, die aus der Erzeugung sowie der Be- und Verarbeitung in Deutschland stammen und ausgehen. Nicht erfasst sind im Spezialhandel damit im Wesentlichen die Wareneinfuhr auf Lager sowie die Warenausfuhr aus Lager. Um statistische Aussagen darüber zu gewinnen, in welchem Verhältnis Güter im Außenhandel getauscht werden, errechnet

man das reale Austauschverhältnis, die so genannten → Terms of Trade (ToT). Die Terms of Trade werden berechnet als Quotient des Exportgüterpreisindex und Importgüterpreisindex in heimischer Währung.

**Außenhandelsgewinn** → Handelsgewinn.

**Außenhandelsgleichgewicht** – *Tauschgleichgewicht*. 1. *Außenhandelspraxis:* Bezeichnung für eine ausgeglichene → Handelsbilanz (Außenhandelsgleichgewicht i.e.S.) bzw. ausgeglichenen → Außenbeitrag (Außenhandelsgleichgewicht i.w.S., Handelsbilanz plus Dienstleistungsbilanz). – Vgl. auch → außenwirtschaftliches Gleichgewicht, → Zahlungsbilanz. – 2. In der realen → Außenwirtschaftstheorie für den Zwei-Länder-/

Zwei-Güter-Fall abgeleitete Konstellation im Außenhandel, in der es keine Möglichkeit mehr gibt, durch weiteren Güteraustausch die Wohlfahrtsposition beider Länder zu erhöhen. Das Modell definiert aus Basissicht unrealistische Voraussetzungen. – Vgl. → Tauschkurve, → Außenhandelstheorie, → Optimalzoll.

**Außenhandelsmonopol** – staatliche Zentralstelle, die allein den → Außenhandel abwickelt bzw. die unmittelbare Kontrolle über die außenwirtschaftlichen Beziehungen ausübt. Instrument der → Außenwirtschaftspolitik; früher im Ostblock und → Entwicklungsländern weit verbreitet, heute sehr selten.

**Außenhandelspolitik** → Handelspolitik.

**Außenhandelstheorie** – 1. *Begriff/Bedeutung:* Teilbereich der → realen Außenwirtschaftstheorie (→ Außenwirtschaftstheorie). Die Außenhandelstheorie analysiert die Bestimmungsgründe für die Existenz und Struktur des internationalen Handels und der → internationalen Faktorwanderungen sowie deren Implikationen für die heimische Wohlfahrt und die heimische Einkommensverteilung. Die staatlichen Eingriffe in den internationalen Handel werden in der → Handelspolitik und der → politischen Ökonomik der Protektion untersucht. Die Außenhandelstheorie weist eine beträchtliche Distanz zu den Rahmenbedingungen des Außenhandels in der Realität auf. Sie kann die tatsächlichen Strukturen und Entwicklungen nur partiell erklären. Damit verdeutlicht sie aber in handelspolitischer Hinsicht, welchen Prämissen bes. Beachtung geschenkt werden sollte, wenn die theoretischen Erkenntnisse für die Praxis als relevant angesehen werden. – 2. *Internationale Spezialisierung und Erklärung der Handelsstruktur:* a) *Komparative Vorteile:* Eine der grundlegendsten Erkenntnisse der realen Theorie besagt, dass internationaler Handel u.a. auf → komparativen Vorteilen beruht. Komparative Vorteile kann man auf Technologieunterschiede zurückführen (→ Ricardianisches Modell),

sie können aber auch bei international identischen Produktionstechnologien zustandekommen, etwa aufgrund internationaler Faktorausstattungsunterschiede (→ Heckscher-Ohlin-Handel). Sind einzelne Güter in einem Land aufgrund von natürlichen Gegebenheiten oder aufgrund mangelnden technischen Wissens gar nicht verfügbar, so kann man dies als extreme Form komparativer Nachteile (bzw. Vorteile bei den anderen Ländern) auffassen. – Wenn die Erfahrung mit der Erzeugung technologieintensiver Güter dazu führt, dass man in Zukunft leichter weitere technologische Neuerungen erzielen kann (→ dynamische Größenvorteile), dann kann ein ausstattungsbedingter Anfangsvorteil eines Landes im Verlaufe der Zeit noch stärker ausgeprägt werden (→ dynamische komparative Vorteile). – b) *Produktdifferenzierung und Größenvorteile:* Verschiedene empirische Untersuchungen haben ergeben, dass komparative Vorteile den tatsächlichen Handel nur z.T. erklären können. Es wurde beobachtet, dass einerseits die bestehenden Unterschiede zwischen verschiedenen Ländern sich nicht durchweg auf erwartete Art und Weise in der *Struktur* des internationalen Handels niederschlagen (z.B. → Leontief-Paradoxon) und dass andererseits Handel zwischen solchen Ländern sehr intensiv ist, die einander in jeder Hinsicht sehr ähnlich sind. Je ähnlicher zwei Länder in ihren Nachfragerpräferenzen, ihrem Einkommensniveau und in ihrer Faktorausstattung sind, umso mehr wird zwischen ihnen → intra-industrieller Handel zu erwarten sein. – Vgl. auch → Gains-from-Trade-Theorem, → Größenvorteile, → Linder-Hypothese, → Ricardo-Viner-Modell, → Stolper-Samuelson-Theorem, → tarifäre Handelshemmnisse. – c) *Handel ohne komparative Vorteile:* Auch internationaler Handel, der nicht auf der Grundlage komparativer Vorteile erfolgt, bringt Vorteile. Er kann die für den Nachfrager verfügbare Produktvielfalt erhöhen und eine stärkere Realisierung von → Größenvorteilen ermöglichen

(*Heckscher-Ohlin-Chamberlin-Modell*). Ferner kann internationaler Handel die Marktmacht heimischer Anbieter reduzieren. Internationaler Handel verringert die Bedeutung von Ländergrenzen für dieMarktabgrenzung und macht so die Märkte insgesamt wettbewerblicher. – d) *Dynamische Vorteile des internationalen Handels:* Die erwähnten Produktions- und Konsumgewinne aus internationalem Handel sind rein statischer Natur. Wenn das höhere Einkommen zu höheren Ersparnissen und höheren Investitionen führt, dann kommen dynamische Effekte dazu. Es erhöht sich dadurch die Wachstumsrate, und die Einkommenszunahme ist dann langfristig größer als der statische Produktionsgewinn. – Die *neoklassische Wachstumstheorie* besagt allerdings, dass die Wachstumsrate langfristig durch Handel nicht beeinflusst werden kann, sodass der dynamische Effekt sich auf eine Erhöhung des langfristig realisiertenEinkommensniveaus beschränkt. – Die *Ergebnisse der theoretischen Forschung* sind nicht ganz einheitlich, aber es existiert unter den Ökonomen ein breiter Konsens, dass die Wachstumsraten in Ländern mit intensiven wechselseitigen Handelsbeziehungen *ceteris paribus* größer sind als in geschlossenen Ökonomien. Dies kann analog auch auf die Intensivierung dieser Handelsbeziehungen durch Handelsliberalisierung angewandt werden (→ dynamische komparative Vorteile). – Vgl. auch → Autarkie, → Faktorpreisausgleichstheorem, → Heckscher-Ohlin-Theorem, → internationale Faktorwanderungen, → kleines Land, → großes Land, → Mundell-Theorem, → Terms of Trade, → Zoll.

**Außenhandelsverlust** → Handelsverlust.

**Außenhandelsvolumen** – I. Amtliche Statistik: Im Rahmen der Außenhandelsstatistik werden neben der nominalen Entwicklung (tatsächliche Werte der Ein- und Ausfuhr) auch das Außenhandelsvolumen und Indizes berechnet. Das Volumen wird ermittelt, indem die Menge des Berichtsmonats mit dem Durchschnittswert des Basisjahres - momentan 2005 – multipliziert wird. Es gibt an, wie groß die Einfuhren bzw. Ausfuhren im Berichtszeitraum gewesen wären, wenn die Durchschnittswerte des Basisjahres konstant geblieben wären. Das Außenhandelsvolumen ist eine wichtige Grundlage für vergleichende internationale Analysen der Marktanteilsentwicklung und wird bspw. von der Deutschen Bundesbank oder verschiedenen Wirtschaftsforschungsinstituten für außenwirtschaftliche Analysen verwendet. Die Veröffentlichung der Ergebnisse der Außenhandelsstatistik erfolgt in Fachserie 7 des Statistischen Bundesamtes.

II. **Außenwirtschaft:** In den → Handelsabkommen festgelegter Wert des geplanten Warenaustausches zwischen den jeweiligen Vertragsländern, auch als *Handelsvolumen* bezeichnet.

**Außenmarkt** – Gesamtheit fremder Volkswirtschaften, auf die sich die Außenhandelsaktivitäten der eigenen Volkswirtschaft beziehen können. Der Außenmarkt ist somit gedachter Treffpunkt von Kauf- bzw. Verkaufswünschen zwischen In- und Ausländern.

**Außensteuergesetz (AStG)** – 1. *Begriff:* Gesetz über die Besteuerung bei Auslandsbeziehungen (Außensteuergesetz) vom 8.9.1972 m.spät.Änd. dazu Schreiben des Bundesministers der Finanzen betreffend Grundsätze zur Anwendung des Außensteuergesetzes (sog. Außensteuererlass) vom 2.12.1994 (BStBl. I 1995, Sondernummer 1. Wichtige Gesetzesnorm des dt. Außensteuerrechts). – 2. *Zweck:*Verhinderung unangemessener Steuervorteile aus der Nutzung des internationalen Steuergefälles mit dem Ziel, die Gleichmäßigkeit der Besteuerung wieder herzustellen und steuerliche Wettbewerbsverzerrungen zu verhindern. – 3. *Inhalt:* a) *Berichtigung von Einkünften* bei Verrechnungspreisen zwischen international verflochtenen Unternehmen, die in einem gegenseitigen Leistungsverkehr miteinander stehen und diesen zu unangemessenen Bedingungen abwickeln. Unbeschadet der bereits bestehenden Gewinnkorrekturvorschriften können die Einkünfte eines Steuerpflichtigen aus Geschäftsbeziehungen zu nahe stehenden Personen im Ausland dann berichtigt werden, wenn die vereinbarten Bedingungen von denen abweichen, die unter unabhängigen Dritten üblich sind, und dadurch der Gewinn im Inland gemindert wurde (§ 1 AStG). Zusätzlich Dokumentationspflichten dafür, dass die Geschäftsbeziehungen zwischen verbundenen Unternehmen zu marktgerechten Konditionen abgewickelt werden. – b) *Wohnsitzwechsel in niedrigbesteuernde Gebiete:* Durch die → erweiterte beschränkte Steuerpflicht (§§ 2–5 AStG) erstreckt sich die beschränkte Steuerpflicht bei der Einkommensteuer und der Erbschaftsteuer für die Dauer von zehn Jahren auf sämtliche Einkünfte, Schenkungen und Erbschaften, soweit diese nicht ausdrücklich als ausländische Einkünfte (Katalog im § 34d EStG) oder Vermögensteile anzusehen sind. Voraussetzung ist, dass der Steuerpflichtige als deutscher Staatsangehöriger mind. fünf Jahre unbeschränkt steuerpflichtig war, seinen Wohnsitz in ein niedrigbesteuerndes Land verlegt und gleichzeitig wesentliche wirtschaftliche Interessen in Deutschland behält. – c) *Besteuerung wesentlicher Beteiligungen* an Kapitalgesellschaften im Privatvermögen des Steuerpflichtigen, wenn dieser seinen Wohnsitz ins Ausland verlegt. Die in dieser Beteiligung ruhenden stillen Reserven werden bei Wegzug in das Ausland (niedrigbesteuerndes Ausland ist nicht erforderlich) auch ohne Veräußerung besteuert (§ 6 AStG), wenn die natürliche Person mind. zehn Jahre unbeschränkt einkommensteuerpflichtig war und die unbeschränkte Steuerpflicht durch Verlegung des Wohnsitzes oder gewöhnlichen Aufenthaltes ins Ausland endet. Bei Wegzug innerhalb der EU bzw. des EWR erfolgt die Versteuerung der stillen Reserven zwar bei Wegzug, aber für den Steuerbetrag gibt es von Amts wegen eine zinslose

Stundung der anfallenden Steuer, bis es im Ausland zur tatsächlichen Veräußerung der Beteiligung kommt oder der Betroffene seinen Wohnsitz in ein Land außerhalb der EU bzw. des EWR verlegt. Hintergrund ist, dass die Bestimmungen des EG-Vertrages eine sofortige Steuerzahlungsverpflichtung für einen EU-internen Umzug verbieten, da es sich um eine ungerechtfertigte Beeinträchtigung des freien Personenverkehrs innerhalb der EU handeln würde. – d) Besteuerung der Einkünfte aus ausländischen → Zwischengesellschaften: Komplizierte und in ihrer Anwendung nur schwer praktikable Vorschriften (§§ 7–14 AStG). Danach gelten die von ausländischen Zwischengesellschaften erzielten Einkünfte auch ohne Ausschüttung bei dem inländischen Gesellschafter als zugeflossen und unterliegen im Inland der Besteuerung. Dadurch wird die sog. Abschirmwirkung ausländischer Kapitalgesellschaften, wonach nur ausgeschüttete Gewinne dieser Gesellschaften der dt. Besteuerung unterliegen, aufgehoben. Der Anreiz zur Gründung von Basisgesellschaften soll damit unter steuerlichen Aspekten weitgehend entfallen. Soweit sich die Hinzurechnungsbesteuerung auf Anteile an Kapitalgesellschaften bezieht, die in der EU oder im EWR ansässig sind, kollidieren die Bestimmungen zumindest teilweise mit den europarechtlichen Vorgaben der Niederlassungsfreiheit und der übrigen Grundfreiheiten; daher nimmt § 8 II AStG einige EU-Kapitalgesellschaften von der Hinzurechnungsbesteuerung aus. Allerdings sind die dafür aufgestellten Voraussetzungen so eng, dass weiterhin von einem fortbestehenden Konflikt zwischen der dt. Hinzurechnungsbesteuerung und den europarechtlichen Vorgaben auszugehen ist. – e) Besteuerung ausländischer *Familienstiftungen:* Eine ähnliche Zurechnungsvorschrift wie für Zwischengesellschaften enthält § 15 AStG für Stiftungen, bei denen der Stifter, seine Angehörigen und dessen Abkömmlinge zu mehr als der Hälfte bezugsberechtigt sind. Domiziliert eine solche Familienstiftung im Ausland, so wird deren Vermögen und Einkommen unabhängig von der Ausschüttung dem unbeschränkt steuerpflichtigen Stifter oder den sonst unbeschränkt steuerpflichtigen bezugsberechtigten Personen entsprechend ihrem Anteil zugerechnet. Auch hierin liegt ein Verstoß gegen die europarechtlichen Grundfreiheiten, weil ein unbeschränkt Steuerpflichtiger dann Einkommen einer solchen Stiftung als eigenes versteuern muss, obwohl ihm diese Einkünfte weder zivilrechtlich noch wirtschaftlich tatsächlich selbst gehören; es liegt auf der Hand, dass solche Regelungen die Gründung einer solchen Stiftung – und damit z.B. die Freiheit des Kapitalverkehrs – effektiv einschränken. Die EU-Kommission hat die Bundesregierung aufgefordert, den durch § 15 AStG verursachten Verstoß gegen EU-Recht zu beseitigen. Das BMF nimmt mit Schreiben vom 14.5.2008 (AZ IV B 4 – S 1361/07/0001) Stellung, wie bis zur gesetzlichen Neuregelung des § 15 AStG zu verfahren ist. Es nennt die Voraussetzungen, wann von der anteiligen Zurechnung des Einkommens einer Familienstiftung an den unbeschränkt steuerpflichtigen Stifter bzw. die unbeschränkt steuerpflichtigen Personen, die bezugs- oder anfallsberechtigt sind, abzusehen ist. – 4. *Entwicklungsperspektiven:* Im Zuge des internationalen Steuerwettbewerbs ist ein Trend zur Verschärfung des Außensteuergesetzes in der Bundesrepublik ebenso wie in anderen Staaten feststellbar. Andererseits ist bei zahlreichen Einzelbestimmungen des Außensteuergesetzes immer noch fraglich, ob sie EU-rechtlich auf Dauer zu halten sein werden. Da zugleich aber auch die Rechtsprechung des EuGH gegenüber den Mitgliedsstaaten auf dem Gebiet des Steuerrechts toleranter geworden ist als früher, ist die weitere Entwicklung offen.

**Außensteuerrecht (AStR) – I.** Begriff: Summe der nationalen Rechtsnormen eines Staates, die die Abgrenzung der Steuergewalt im Verhältnis zum Ausland zum Inhalt haben. – 1. Im Hinblick auf ihre *Wirkung* unterscheidet man zwei Kategorien von Normen

des innerstaatlichen Steuerrechts: (1) Normen, die Steueransprüche gegenüber Steuerinländern bez. der im Ausland realisierten Sachverhalte oder gegenüber Steuerausländern bez. der im Inland realisierten Sachverhalte begründen *(belastende Normen)*; (2) Normen, die in erster Linie zwecks Vermeidung bzw. Milderung der → Doppelbesteuerung oder aus sonstigen Gründen die aus der internationalen Wirtschaftstätigkeit resultierenden Steueransprüche selbst oder deren Wirkungen abbauen bzw. mildern *(entlastende Normen).* – 2. Im Hinblick auf ihre *Entstehung* unterscheidet man ebenfalls zwei Kategorien von Normen des innerstaatlichen Steuerrechts: (1) Normen, die bereits ihrer *Quelle nach innerstaatliches Recht* sind; (2) Normen, die ihrer *Quelle nach zum Völkerrecht* gehören, aber durch Transformation unmittelbar anzuwendendes innerstaatliches Recht werden. Vorrangstellung dieser Normen, indem sie als Spezialregelungen i.d.R. dem sonstigen nationalen Recht vorgehen. In erster Linie gehören dazu die Doppelbesteuerungsabkommen sowie sonstige bilaterale oder multilaterale Abkommen steuerlichen Inhalts (z.B. Amts- und Rechtshilfeabkommen).

**II. Abgrenzung zum internationalen Steuerrecht:** Unabhängig davon, ob die Normen des AStR der Quelle nach zum Völkerrecht gehören oder nicht, sind sie ihrem Gegenstand nach stets → Internationales Steuerrecht (IStR). Auf dieser Tatsache beruht auch der Begriff des internationalen Steuerrechts i.w.S., der im Gegensatz zum internationalen Steuerrecht i.e.S. nicht nur Normen des Völkerrechts erfasst, sondern auch rein nationales Recht, das aber der Abgrenzung der Steuergewalt zum Ausland hin dient.

**III. Gesetzliche Grundlagen:** Das dt. AStR ist nicht in einem einheitlichen Gesetzeswerk, sondern in zahlreichen Einzelgesetzen enthalten, bes.: (1) die Vorschriften über die *unbeschränkte Steuerpflicht* und die *beschränkte Steuerpflicht* im EStG, KStG, VStG, ErbStG;

(2) die Vorschriften über die *Anrechnung, Pauschalierung* oder *Freistellung* ausländischer Einkünfte bzw. ausländischen Vermögens im EStG, KStG, ErbStG, BewG, GewStG; (3) die Vorschriften über die *Begrenzung* der Steuerpflicht auf *inländische Verkehrs-* und *Verbrauchsvorgänge* in den verschiedenen Verkehrsteuergesetzen, bes. im UStG und in den Verbrauchsteuergesetzen; (4) dem → *Außensteuergesetz* (AStG); (5) den von der Bundesrepublik Deutschland mit anderen Staaten abgeschlossenen bilateralen *Doppelbesteuerungsabkommen* (→ Doppelbesteuerungsabkommen (DBA); (6) den von der Bundesrepublik Deutschland abgeschlossenen bilateralen Abkommen über *Amts-* und *Rechtshilfe* auf dem Gebiet der Steuern. Zunehmende Bedeutung als Rechtsquelle für das AStR erlangt durch die Rechtsprechung des Europäischen Gerichtshofes auch der EG-Vertrag.

**IV. Ziele:** 1. *Steuern vom Einkommen und Vermögen:* a) *Steuerpflicht:* (1) für *Steuerinländer* (natürliche oder juristische Personen mit Wohnsitz, gewöhnlichem Aufenthalt, Sitz oder Geschäftsleitung im Inland) nach dem *Universalitätsprinzip* (bzw. *Totalitätsprinzip*): Die aus dem weltweiten Einkommen bzw. Vermögen resultierende Leistungsfähigkeit eines Steuerpflichtigen ist bei der inländischen Besteuerung zu berücksichtigen; (2) für *Steuerausländer* (natürliche oder juristische Personen, die nicht die Voraussetzungen eines Steuerinländers erfüllen) nach dem *Territorialitätsprinzip:* Erfassung der im Inland erwirtschafteten oder im Inland belegenen Steuergüter (Besteuerungssubstanz inländischen Ursprungs) durch die inländische Besteuerung. – Da diese Grundkonzeption der Besteuerung in den meisten Staaten zugrunde liegt, wird der Steuerpflichtige bei internationaler Betätigung sowohl in seinem Wohnsitzstaat als auch in dem Staat der wirtschaftlichen Betätigung hinsichtlich derselben Einkünfte und desselben Vermögens einer mehrfachen Besteuerung unterworfen (→ Doppelbesteuerung). Durch eine nicht

übereinstimmende Abgrenzung der Anknüpfungskriterien für die unbeschränkte und die beschränkte Steuerpflicht kommen ferner Fälle vor, in denen ein Steuerpflichtiger in zwei Staaten unbeschränkt oder in zwei Staaten beschränkt steuerpflichtig ist. Um die nachteiligen Folgen der Doppelbesteuerung auf die internationale Wirtschaftstätigkeit zu reduzieren, ist die *Vermeidung oder Milderung der Doppelbesteuerung* eines der wichtigsten Ziele des dt. AStR. Zur Realisierung vgl. → Doppelbesteuerung. – b) Vermeidung *steuersparender Gestaltungsmöglichkeiten,* die durch den unkoordinierten Aufbau und unterschiedliche Belastungswirkungen der einzelnen Steuersysteme entstehen: Soweit derartige Gestaltungsvorteile, bes. unter dem Aspekt der Gleichmäßigkeit der Besteuerung und der Vermeidung von Wettbewerbsverzerrungen, gesamtwirtschaftlich unerwünscht sind, ist es Ziel des AStR, diese durch kompensierende innerstaatliche Normen in ihrer Wirkung *abzuschwächen* oder *aufzuheben.* Verwirklichung v.a. durch das Außensteuergesetz. – c) Da die Vermeidung der Doppelbesteuerung häufig noch nicht ausreicht, die der internationalen Wirtschaftstätigkeit entgegenstehenden Hemmnisse zu beseitigen und/oder gesamtwirtschaftlich erwünschte Investitionsströme zu induzieren, stellen der *Abbau der verbleibenden Hemmnisse* sowie die *Förderung bestimmter Auslandsinvestitionen* eine weitere Zielsetzung des dt. AStR dar. – 2. *Verkehr- und Verbrauchsteuern:* Begrenzung des Steueranspruchs entsprechend dem *Territorialitätsprinzip* (→ Internationales Steuerrecht (IStR); → Bestimmungslandprinzip). Da die territoriale Begrenzung der Steueransprüche bei diesen Steuerarten internationale Praxis ist, kommen Doppelbesteuerungskonflikte so gut wie nicht vor. Das Grundproblem dieser Steuerarten besteht vielmehr in der *Behandlung der grenzüberschreitenden Vorgänge,* bes. beim Warenverkehr. Dabei besteht die Zielsetzung sowohl des dt. AStR wie der meisten ausländischen Rechtsordnungen darin, eine Verbrauchsteuerbelastung nach dem Niveau des *Bestimmungslandes* herzustellen. Im Rahmen der Realisierung des Europäischen Binnenmarktes soll allerdings bei der Umsatzsteuer in ferner Zukunft einmal auf das *Ursprungslandprinzip* (IStR) übergegangen werden.

V. Prinzipien: 1. *Steuern vom Einkommen und Vermögen:* a) Die Unterscheidung in Steuerinländer und Steuerausländer regelt sich nach dem Wohnsitzstaatprinzip, in einigen Staaten (z.B. USA) zusätzlich nach dem Staatsangehörigkeitsprinzip. – b) *Steuerinländer* unterliegen entsprechend dem *Universalitätsprinzip* der unbeschränkten Steuerpflicht. (1) Existiert mit dem ausländischen Staat, aus dem Einkommen bezogen wird bzw. in dem Vermögen belegen ist, *kein Doppelbesteuerungsabkommen,* so erfolgt die Vermeidung bzw. Milderung der Doppelbesteuerung i.d.R. nach dem *Anrechnungsprinzip* mit seinen Unterformen *Pauschalierungsprinzip* und *Abzugsprinzip.* Ausnahmsweise kommt im Bereich der Gewerbesteuer für bestimmte Schachtelbeteiligungen das *Freistellungsprinzip* zur Anwendung. Zu den Prinzipien vgl. → Doppelbesteuerung. (2) Ist mit dem ausländischen Staat, aus dem Einkommen bezogen wird bzw. in dem Vermögen belegen ist, ein *Doppelbesteuerungsabkommen* abgeschlossen, so wird die Doppelbesteuerung für nicht schachtelbegünstigte Dividenden, Zins- und Lizenzeinkünfte, Einkünfte und Vermögen aus dem Betrieb von Seeschiffen und Luftfahrzeugen und für private Pensionen i.d.R. durch Anrechnung vermieden. Dagegen werden unbewegliches Vermögen, Betriebsstättenvermögen, Schachtelbeteiligungen und Vermögen einer festen Einrichtung zur Ausübung einer selbstständigen Arbeit sowie die daran erzielten Einkünfte regelmäßig unter → Progressionsvorbehalt von der Besteuerung freigestellt. – c) *Steuerausländer* unterliegen nach dem Territorialitätsprinzip der beschränkten Steuerpflicht. (1) Existiert mit dem Wohnsitzstaat des Steuerausländers

*kein Doppelbesteuerungsabkommen,* so erfolgt in Deutschland *keine Begrenzung* der beschränkten Steuerpflicht. (2) Besteht mit dem Wohnsitzstaat des Steuerausländers dagegen *ein Doppelbesteuerungsabkommen,* so wird das Besteuerungsrecht i.d.R. für folgende Steuergüter aufgegeben: nicht schachtelbegünstigte Dividenden, Zinsen und Lizenzeinkünfte sowie Einkünfte und Vermögen aus dem Betrieb von Seeschiffen und Luftfahrzeugen. – 2. *Verkehr- und Verbrauchsteuern:* Das Besteuerungsrecht regelt sich nach dem Bestimmungslandprinzip, sodass Doppelbesteuerungskonflikte i.d.R. nicht auftreten.

**außenwirtschaftliches Gleichgewicht** – *externes Gleichgewicht;* 1. *Begriff:* neben der Preisniveaustabilität, dem hohen Beschäftigungsstand und dem wirtschaftlichen Wachstum eines der vier gesamtwirtschaftlichen Ziele des Stabilitäts- und Wachstumsgesetzes (StWG). Zu unterscheiden vom definitionsgemäß immer gegebenen Ausgleich der → Zahlungsbilanz. *Zahlungsbilanzgleichgewicht* kann mit Defiziten (Überschüssen) im Außenhandel bzw. in der → Leistungsbilanz bei gleichzeitigen Überschüssen (Defiziten) in der Kapitalverkehrsbilanz einhergehen. – 2. *Merkmale:* Außenwirtschaftliches Gleichgewicht hingegen bezieht sich auf den Ausgleich des → Außenbeitrags bzw. der Leistungsbilanz. In der → monetären → Außenwirtschaftstheorie wird unterschieden zwischen dem *kurzfristigen* außenwirtschaftlichen Gleichgewicht im Sinn eines Gleichgewichts auf dem → Devisenmarkt und dem *langfristigen* außenwirtschaftlichen Gleichgewicht, bei dem keine Veränderung der Nettoauslandsverschuldung mehr erfolgt (Leistungsbilanzausgleich). – Vgl. auch → Devisenmarkt, → Zahlungsbilanzausgleich.

**Außenwirtschaftsbestimmungen** – die im EU-Recht und dt. → Außenwirtschaftsgesetz (AWG) und in der → Außenwirtschaftsverordnung (AWV) enthaltenen Vorschriften über den Waren-, Dienstleistungs-, Kapital-,

Zahlungs- und sonstigen Wirtschaftsverkehr mit fremden Wirtschaftsgebieten sowie den Verkehr mit Auslandswerten und Gold zwischen → Gebietsansässigen. In Ergänzung hierzu erfolgen Bekanntmachungen des Bundesministers für Wirtschaft und Technologie sowie der Deutschen Bundesbank, die bei der Durchführung von Geschäften im Außenwirtschaftsverkehr ebenfalls zu beachten sind. Kontrolliert wird der → Außenwirtschaftsverkehr mit strategisch wichtigen Gütern, v.a. Waffen, Rüstungsgütern und Gütern mit doppeltem Verwendungszweck (sog. → Dual-Use-Güter) durch das Bundesamt für Wirtschaft und Ausfuhrkontrolle (BAFA) und die → Zollverwaltung. Dabei handelt es sich um Waren, Software und Technologie, die für zivile und militärische Zwecke verwendet werden können.

**Außenwirtschaftsgesetz (AWG)** – Gesetz vom 28.4.1961 (BGBl. I 481) m.spät.Änd., ergänzt durch den Einigungsvertrag vom 31.8.1990 und die → Außenwirtschaftsverordnung (AWV). Neugefasst durch Bek. v. 26.6.2006 (BGBl. I 1386). Wichtigste nationale Gesetzesnorm des → Außenwirtschaftsrechts. Das nationale Außenwirtschaftsrecht wird teilweise überlagert vom EU-Recht, insbesondere dem *Zollkodex*, Verordnung (EWG) Nr. 2913/92 [ersetzt durch den Modernisierten Zollkodex (MZK) Verordnung EG Nr. 450/2008, ab 24.6.2010 gültig, vollst. anwendbar ab 24.6.2013; der MZK wird voraussichtl. erneut geändert und bis Mitte 2013 durch den neuen Unionszollkodex (UZK) ersetzt], der *Dual-Use-Verordnung* (EG) Nr. 428/2009, sowie den Einfuhr- und Ausfuhrregelungen der EU.

**I. Inhalt:** Das Außenwirtschaftsgesetz regelt für Deutschland nationalstaatlich den → Außenwirtschaftsverkehr und den Wirtschaftsverkehr zwischen → Gebietsansässigen und *Gebietsfremden*, ausgehend vom Prinzip des → Wirtschaftsgebiets (Hoheitsgebiet der Bundesrepublik Deutschland). Durch die Schaffung des → Einheitlichen Binnenmarktes der EG wurde das AWG um den Begriff des *Gemeinschaftsansässigen* erweitert, da das AWG nicht den Verkehr innerhalb des Binnenmarktes beschränken darf. Meldevorschriften (z.b. über den → Kapitalverkehr und Zahlungsverkehr) sind jedoch innerhalb des EU-Binnenmarktes erlaubt.

**II. Grundsatz:** Das Außenwirtschaftsgesetz beruht auf dem Grundsatz, dass alle *Geschäfte mit dem Ausland uneingeschränkt zulässig sind*, soweit sie nicht ausdrücklich Beschränkungen unterworfen worden sind (§ 1 I AWG): *Der Waren-, Dienstleistungs-, Kapital-, Zahlungs- und sonstige Wirtschaftsverkehr mit fremden Wirtschaftsgebieten sowie der Verkehr mit Auslandswerten und Gold zwischen gebietsansässigen (Außenwirtschaftsverkehr) ist grundsätzlich frei.* – *Beschränkungen* können sich aus dem Außenwirtschaftsgesetz selbst ergeben, aber auch aus anderen Gesetzen oder Rechtsvorschriften (z.b. über → Zoll und Verbrauchsteuern, Marktordnungsgesetze für die Landwirtschaft, gesundheitspolizeiliche Vorschriften, Kriegswaffen-Kontrolle, Vorschriften zum Schutz dt. Kulturgutes wegen Auswanderung, Gewerberecht etc.) sowie zwischenstaatlichen Vereinbarungen (§ 1 II AWG). – Vgl. auch → Verbote und Beschränkungen.

**III. Unmittelbare gesetzliche Beschränkungen:** Diese enthält das Außenwirtschaftsgesetz für die Wareneinfuhr (§ 10 AWG), während für die übrigen Außenwirtschaftsverkehr Beschränkungen durch Verbot oder das Erfordernis einer Genehmigung angeordnet werden können (durch Verordnung der Bundesregierung; § 27 AWG). Beschränkungen sind nach Art und Umfang auf das Maß zu begrenzen, das notwendig ist, um den in der Ermächtigung angegebenen Zweck zu erreichen; in die Freiheit der wirtschaftlichen Betätigung ist so wenig wie möglich einzugreifen; abgeschlossene Verträge dürfen nur berührt werden, wenn der angestrebte Zweck erheblich gefährdet wird. Beschränkungen sind aufzuheben, sobald und soweit die

Gründe, die ihre Anordnung rechtfertigen, nicht mehr vorliegen.

**IV. Genehmigung:** Bedürfen Rechtsgeschäfte oder -handlungen einer Genehmigung, so ist diese zu erteilen, wenn zu erwarten ist, dass die Vornahme den Zweck, dem die Vorschrift dient, nicht oder nur unwesentlich gefährdet; andernfalls kann die Genehmigung erteilt werden, wenn das volkswirtschaftliche Interesse an der Vornahme des Rechtsgeschäfts oder der Handlung die damit verbundene Beeinträchtigung des bezeichneten Zwecks überwiegt. Für die Erteilung von Genehmigungen sind grundsätzlich die von den Landesregierungen bestimmten Behörden zuständig, ferner die Deutsche Bundesbank oder die Bundesministerien für Verbraucherschutz, Ernährung und Landwirtschaft, für Wirtschaft und Arbeit, für Verkehr, Bau- und Wohnungswesen sowie das *Bundesamt für Wirtschaft und Ausfuhrkontrolle* (BAFA) und die → *Bundesanstalt für Landwirtschaft und Ernährung* (BLE) (§ 28 AWG). Die Erteilung der Genehmigung kann von sachlichen und persönlichen Voraussetzungen abhängig gemacht werden; sind nach dem Zweck einer Vorschrift nur in beschränktem Umfang Genehmigungen möglich, sind die Genehmigungen in der Weise zu erteilen, dass die gegebenen Möglichkeiten volkswirtschaftlich zweckmäßig ausgenutzt werden können. → Gebietsansässige, die durch eine Beschränkung in der Ausübung ihres Gewerbes bes. betroffen werden, können bevorzugt berücksichtigt werden. – Genehmigungen können mit Befristungen, Bedingungen, Auflagen und Widerrufsvorbehalten (Widerruf) verbunden werden; Genehmigungen sind nicht übertragbar und können widerrufen werden, wenn ein Widerrufsvorbehalt bestand oder die persönlichen oder sachlichen Voraussetzungen für die Genehmigung nicht vorlagen oder weggefallen sind, wenn der Inhaber der Genehmigung einer Auflage nicht nachkommt oder die Genehmigung erschlichen wurde. Für die Genehmigung und ihre Ablehnung ist Schriftform vorgesehen;

die Versagung oder nur beschränkte Erteilung einer Genehmigung kann nach den allg. Vorschriften im Verwaltungsrechtsweg angegriffen werden; Widerspruch und Anfechtungsklage haben keine aufschiebende Wirkung (§ 30 AWG).

**V. Wirksamkeit eines Rechtsgeschäfts:** Ein Rechtsgeschäft, das ohne die erforderliche Genehmigung vorgenommen wird, ist unwirksam, es wird durch nachträgliche Genehmigung vom Zeitpunkt seiner Vornahme an wirksam (§ 31 AWG). Ist zur Leistung des Schuldners eine Genehmigung erforderlich, so kann ein Urteil gegen ihn schon vor Erteilung der Genehmigung ergehen; in die Urteilsformel muss ein Vorbehalt aufgenommen werden, dass die Leistung oder Zwangsvollstreckung erst nach Erteilung der Genehmigung erfolgen darf (§ 32 AWG); Entsprechendes gilt für andere Vollstreckungstitel. – Zwangsvollstreckung nur, wenn und soweit Genehmigung erteilt ist.

**VI. Verfahren:** Durch Rechtsverordnung können Vorschriften über das Verfahren bei der Vornahme von Rechtsgeschäften oder Handlungen im Außenwirtschaftsverkehr erlassen werden, soweit solche Vorschriften zur Durchführung des Gesetzes oder zur Überprüfung der Rechtsgeschäfte oder Handlungen auf ihre Rechtmäßigkeit nach dem Außenwirtschaftsgesetz erforderlich sind. Es kann weiter angeordnet werden, dass Rechtsgeschäfte und Handlungen, bes. aus ihnen erwachsene Forderungen und Verbindlichkeiten sowie Vermögensanlagen und die Leistung und Entgegennahme von Zahlungen unter Angabe des Rechtsgrundes zu melden sind (§ 26 AWG). – Vgl. auch → Kapitalverkehr, → Auslandsniederlassungen, → ausländische Unternehmungen im Inland.

**VII. Verstöße:** Verstöße gegen das Außenwirtschaftsgesetz werden als Ordnungswidrigkeiten (§ 33 AWG) oder Straftaten (§ 34 AWG) geahndet (§§ 33 – 38 AWG). Verwaltungsbehörde für das Straf-und Ordungswidrigkeitenverfahren ist das Hauptzollamt (38 III

AWG). Strafverfolgungs- und Ermittlungsbehörden neben der Staatsanwaltschaft sind die Hauptzollämter und Zollfahndungsämter (§ 37 AWG).

VIII. Auskunftspflicht: Im Rahmen des Außenwirtschaftsgesetzes besteht gegenüber Verwaltungsbehörden, der Bundesbank, dem Bundesamt für Wirtschaft und Ausfuhrkontrolle (BAFA) und der → Bundesanstalt für Landwirtschaft und Ernährung (BLE) eine Auskunftspflicht (§ 44 AWG). Sachen, die ausgeführt, eingeführt oder durchgeführt werden, sind auf Verlangen darzulegen und können einer Beschauung oder einer Untersuchung unterworfen werden; Beförderungsmittel und Gepäckstücke können von den *Zollbehörden* darauf geprüft werden, ob sie Sachen enthalten, deren → Ausfuhr, → Einfuhr oder → Durchfuhr beschränkt ist. Wer nach einem fremden Wirtschaftsgebiet ausreist oder von dort einreist, hat auf Verlangen zu erklären, ob er Sachen mit sich führt, deren Verbringen nach dem Außenwirtschaftsgesetz oder den dazu erlassenen Rechtsvorschriften beschränkt ist (§ 46 AWG).

IX. Außenprüfung: Im Rahmen des Außenwirtschaftsgesetzes haben die Verwaltungsbehörden, insbesondere das Hauptzollamt und die Deutsche Bundesbank, nach § 44 I AWG die Möglichkeit Prüfungen bei den Auskunftspflichtigen vornehmen. Das BAFA und die BLE können zu den Prüfungen Beauftragte entsenden.

**Außenwirtschaftspolitik** – I. Begriff: Gesamtheit aller staatlichen Maßnahmen im Bereich der außenwirtschaftlichen Beziehungen eines Landes. Außenwirtschaftspolitik umfasst v.a. Außenhandels-, Währungs- und Integrationspolitik, kann aber auch in anderen Politikbereichen enthalten sein (z.B. Bildungs-, Forschungspolitik).

II. Ziele: 1. *Liberale Außenwirtschaftspolitik:* (1) Förderung des Wirtschaftswachstums bzw. der gesamtgesellschaftlichen Wohlfahrt durch Realisierung von → Handelsgewinnen; (2) Gewährleistung individueller Freiheitsrechte (Freizügigkeit); (3) Beitrag zum Abbau politischer und militärischer Spannungen bzw. zur Verwirklichung internationaler politischer → Integration; u.a. – 2. *Interventionistische Außenwirtschaftspolitik* (→ Protektionismus): (1) Schutz der einheimischen Wirtschaft vor ausländischer Konkurrenz (Förderung der Exportwirtschaft); (2) Verbesserung der → Terms of Trade; (3) Sanierung der → Zahlungsbilanz; (4) Konsumsteuerung und Einkommensnivellierung; (5) Erschließung von Einnahmequellen für den Staat durch Erhebung von → Zöllen u.Ä.; (6) im Fall von → Entwicklungsländern Vermeidung von „Abhängigkeiten", „Ausbeutung" und „Strukturdefekten", die aus den Wirtschaftsbeziehungen mit den → Industrieländern resultieren sollen (→ Dependencia-Theorie), u.a.

III. Instrumente: 1. *Liberale Außenwirtschaftspolitik:* Sie vermeidet direkte staatliche Eingriffe in den Außenwirtschaftsverkehr weitgehend; beschränkt sich im Wesentlichen auf die Gestaltung und Verbesserung der Rahmenbedingungen. Ausnahmen hiervon sind eng begrenzt (z.B. Verbot von Waffen- und Rauschgifthandel) bzw. sollten (nach der Vorstellung ihrer Vertreter) lediglich temporären Charakter haben (z.B. → Schutzzölle für bestimmte Produktionsrichtungen, die längerfristig international wettbewerbsfähig werden können; → Protektionismus) oder Kapitalexportrestriktionen in Entwicklungsländern in der Anfangsphase außenwirtschaftlicher Liberalisierung. – 2. *Interventionistische Außenwirtschaftspolitik:* (1) → Zölle; (2) Mengenbeschränkungen (→ Kontingente); (3) Im- und Exportverbote; (4) → nicht tarifäre Handelshemmnisse; (5) → Devisenbewirtschaftung; (6) → gespaltene Wechselkurse; (7) Kontrolle internationaler Faktorbewegungen; (8) Maßnahmen der → Importsubstitution und → Exportförderung, soweit es sich um direkte staatliche Eingriffe handelt; (9) → Exportkontrolle u.a.

IV. **Praxis:** Ein Großteil der politischen und rechtlichen Außenhandelskompetenz ist von den Mitgliedsstaaten an die EU übergeben worden, so die → Zollpolitik, die Außenhandelspolitik und die Entschlussfähigkeit über Maßnahmen von Ausfuhrverboten (→ Verbote und Beschränkungen der Ausfuhr). Einzelne Mitgliedsstaaten könnten jedoch weiterhin nationale Maßnahmen der → Exportförderung beschließen und durchführen (in Deutschland z.B. die Gewährung von Außenhandels-Bürgschaften).

**Außenwirtschaftsrecht** – *Begriff:* zusammenfassende Bezeichnung für die Rechtsvorschriften, welche die Wirtschaftsvorgänge, die über die Grenzen einer Volkswirtschaft hinausgreifen, betreffen. – *Grundlagen* des dt. Außenwirtschaftsrechts sind das → Außenwirtschaftsgesetz (AWG) und die → Außenwirtschaftsverordnung (AWV). Das 1961 in Kraft getretene dt. Außenwirtschaftsrecht beruht auf dem *Grundsatz*, dass alle Geschäfte mit dem Ausland zulässig sind, soweit nicht ausdrücklich Beschränkungen angeordnet sind (§ 1 S. 1 AWG, *Außenwirtschaftsfreiheit*).

**Außenwirtschaftstheorie** – 1. *Begriff:* Teilbereich der Volkswirtschaftstheorie, der die internationalen Wirtschaftsbeziehungen zwischen Ländern oder Regionen zum Gegenstand hat. Die Außenwirtschaftstheorie sieht als wesentlichen Unterschied zwischen binnen- und außenwirtschaftlichen Beziehungen den Grad der Beweglichkeit von Gütern und/oder der Faktoren und die Existenz unterschiedlicher Währungen an. – 2. *Untergliederung der Außenwirtschaftstheorie:* Die verschiedenen Modelle der Außenwirtschaftstheorie lassen sich, wenngleich nicht trennscharf, in zwei große Gruppen teilen: Modelle der realen und Modelle der monetären Außenwirtschaftstheorie. Die → reale Außenwirtschaftstheorie abstrahiert von der Existenz des Geldes und demgemäß auch von der Existenz unterschiedlicher Währungen, während die → monetäre Außenwirtschaftstheorie die Rolle des Geldes ins Zentrum der Betrachtung rückt. Vereinfachend lässt sich sagen, dass die reale Theorie sich auf Fragen der Allokation, der Effizienz und der Verteilung konzentriert, während die monetäre Theorie sich vorwiegend dem Stabilitätsproblem widmet. Fragen des Wachstums werden in beiden Theorieteilen behandelt. – Vgl. auch → Außenhandelstheorie.

**Außenwirtschaftsverkehr** – Nach § 1 → Außenwirtschaftsgesetz (AWG) der Waren-, Dienstleistungs-, Kapital-, Zahlungs- und sonstige Wirtschaftsverkehr mit fremden Wirtschaftsgebieten sowie der Verkehr mit Auslandswerten und Gold zwischen → Gebietsansässigen. Der Außenwirtschaftsverkehr ist grundsätzlich frei und unterliegt aber den Beschränkungen, die das AWG, oder darauf beruhende Rechtsverordnungen (die → Außenwirtschaftsverordnung (AWV)) sowie das EU-Recht (z.B. Dual-Use-VO) vorschreiben.

**Außenwirtschaftsverordnung (AWV)** – VO zur Durchführung des → Außenwirtschaftsgesetz (AWG).

**Ausstellungsgut** – im zollrechtlichen Sinn ein- oder ausgeführte Gegenstände, die bei Ausstellungen, Messen, Kongressen oder ähnlichen Veranstaltungen vorübergehend ausgestellt oder verwendet werden. In Ländern, die dem internationalen Zollübereinkommen über die vorübergehende Einfuhr derartiger Waren vom 8.6.1961 (BGBl. I 1967 II 745) beigetreten sind, bleibt Ausstellungsgut zollfrei, wenn es innerhalb von 24 Monaten wieder ausgeführt wird. – Vgl. auch → vorübergehende Verwendung.

**Austauschvolumen** – 1. *Mengenmäßige Ein- und Ausfuhr,* die neben den Bewegungen der Preise die Entwicklung des → Außenhandels bestimmt. Das Austauschvolumen gibt die von Preiseinflüssen bereinigte Entwicklung des Außenhandels wieder. – 2. *Wertmäßige Ein- und Ausfuhr* in einem bestimmten Zeitraum. – Vgl. auch → Terms of Trade.

**Ausweichklausel** → Schutzklausel.

**Autarkie** – hypothetische Situation eines Landes ohne jegliche internationale Wirtschaftsbeziehungen (ein geschlossenes System, eine Volkswirtschaft, die sich vollständig selbst mit Rohstoffen versorgen kann). Bei der theoretischen Analyse internationaler Wirtschaftsbeziehungen hilfreiche Referenzsituation. In der realen Wirtschaft findet Außenhandel statt, die Volkswirtschaften sind durch internationale Wirtschaftsbeziehungen in Kontakt und tauschen Güter, Kapital und Dienstleistungen aus (ein offenes System).

**Autarkiepolitik** – Gesamtheit außen- und binnenwirtschaftlicher Maßnahmen, die auf Herstellung der oder zumindest auf Annäherung an die → Autarkie abzielen, z.B. Prohibitivzölle, Verwendungszwang inländischer Güter, Förderung der → Importsubstitution, Verhinderung grenzüberschreitender Faktorbewegungen. – Das Ziel der Autarkie ist nur unter *Wohlstandsverlusten* erreichbar, da viele Güter im Inland nicht oder nur mit höheren Kosten produziert werden können. Der Wohlstandsverlust des autarken Landes wirkt sich wegen der Reduzierung der → internationalen Arbeitsteilung auch auf andere Länder ungünstig aus. – Viele Länder streben trotzdem eine *Selbstversorgung* an, z.B. mit landwirtschaftlichen Erzeugnissen (partielle Autarkie), um etwa im Kriegs- oder Krisenfalle von Importen unabhängig zu sein.

**autozentrierte Entwicklung** – Gedanken der → Dependencia-Theorien aufgreifend sollte zur Überwindung unvollständiger Wirtschaftskreisläufe in der Dritten Welt die Entstehung lebensfähiger, auf lokal verfügbare Ressourcen gründender Ökonomien gefördert werden. Der Aufbau eigener Industriesektoren, die Entwicklung angepasster Technologien, Produktivitätssteigerung der Landwirtschaft und die inländische Produktion von Massenkonsumgütern zur Befriedigung der Grundbedürfnisse waren das wirtschaftspolitische Ziel. Der Entwicklungserfolg der → Schwellenländer führte zur Umorientierung und zur Ablehnung der autozentrierten Entwicklung

**AWV** – Abk. für *Außenwirtschaftsverordnung;* → Außenwirtschaftsgesetz (AWG).

# B

**Backward Linkages** → Verkettungseffekte.

**Backwash-Effekt** – zentrengerichteter Vorgang, bei dem periphere oder ländliche Räume zugunsten der Zentren Ressourcen abgeben. Backwash-Effekte können sich im Rahmen einer globalen, wie einer staatlichen oder regionalen Betrachtung einstellen. – Vgl. auch → Kontereffekt, Entzugseffekt.

**Badwill** – 1. *Begriff: negativer Geschäfts- oder Firmenwert;* entsteht im Rahmen der → Kapitalkonsolidierung, wenn bei einem Unternehmenszusammenschluss der Kaufpreis für die Beteiligung unter dem Wert des anteiligen Eigenkapitals liegt. Ein Badwill ist entweder mit negativen künftigen Ertragsaussichten zu erklären oder als „Lucky Buy", also günstiger Kauf, zu interpretieren. – 2. *Regelungen nach HGB:* Gemäß § 301 III HGB ist er auf der Passivseite als „Unterschiedsbetrag aus der Kapitalkonsolidierung" nach dem Eigenkapital auszuweisen. Er darf nach § 309 II HGB nur in zwei Fällen ergebniswirksam aufgelöst werden, nämlich wenn (1) die beim Kauf erwartete ungünstige Ertragsentwicklung eingetreten ist oder (2) am Abschlussstichtag feststeht, dass er einem realisierten Gewinn entspricht. – 3. *Regelungen nach IFRS:* Gemäß IFRS 3.34-36 ist ein nach einer vorgeschriebenen Überprüfung der durchgeführten Kaufpreisverteilung hervorgehender negativer Geschäfts- oder Firmenwert als Ertrag zu realisieren.

**BAFA** – Abk. für *Bundesamt für Wirtschaft und Ausfuhrkontrolle.*

**Baker-Plan** – vom Finanzminister der USA J. Baker auf der Weltwährungskonferenz im Oktober 1985 in Seoul vorgeschlagenes Lösungsmodell für die internationale Schuldenkrise (→ Auslandsverschuldung der Entwicklungsländer). Durch Strukturreformen nach marktwirtschaftlichen Prinzipien sollten die Entwicklungsländer aus der Schuldenkrise herauswachsen, wozu zusätzliche öffentliche und private Kredite geplant waren. Nachfolge des Baker-Plans war die → Brady-Initiative.

**Balanced Growth** → ausgewogenes Wachstum.

**Balance Sheet** – engl. für *Bilanz.*

I. Aufbau: 1. Die *Aktivseite* wird mit *Assets* (Anlage- und Umlaufvermögen) bezeichnet, die *Passivseite* mit *Liabilities and Shareholders Equity* (Verbindlichkeiten und Eigenkapital). Im Gegensatz zur englischen Bilanz (Passiva links, Aktiva rechts) ist die amerikanische Bilanz wie die deutsche aufgebaut. – 2. *Gliederung:* a) *Assets* (Aktiva): *Current Assets* (Umlaufvermögen), *Long-term Investments* (Wertpapiere des Anlagevermögens), *Tangible Fixed Assets* (materielle Werte des Anlagevermögens), *Intangible Fixed Assets* (immaterielle Werte des Anlagevermögens), *Deferred Charges* (aktive Rechnungsabgrenzungs-Posten, soweit sie nicht Forderungscharakter besitzen). – b) *Liabilities and Shareholders' Equity* (Passiva): *Current Liabilities* (kurzfristige Verbindlichkeiten), *Long-term Debt* (langfristige Verbindlichkeiten), *Shareholders' Equity* (Eigenkapital), *Earnings Retained in the Business* (Gewinnvortrag).

II. Bilanz-Vorschriften: → US-GAAP.

III. Bilanztheorien: Bilanztheorien wie in der Bundesrepublik Deutschland gibt es in den USA nicht. Die in den dt. Bilanztheorien behandelten Probleme werden nicht in systematischer Weise, sondern fallbezogen gelöst. Die investitionsorientierte Information und damit die periodengerechte Erfolgsermittlung stehen im Vordergrund der Bilanzierung (dynamische Auffassung). Daneben sollen aus der Bilanz *finanzwirtschaftliche* Schlüsse zu ziehen sein (→ Working Capital); die Aussagefähigkeit der Bilanz über die Liquidität soll v.a. durch Aufstellung und Veröffentlichung von → Kapitalflussrechnungen verbessert werden.

**Bamako-Initiative** – 1987 erfolgte Initiative der → WHO und der UNICEF für eine Beteiligung der Bevölkerung an der Finanzierung von Gesundheitsleistungen in der Dritten Welt. – Vgl. auch → Basis-Gesundheitsdienst.

**Bandbreite** – 1. *Devisengeschäft:* i.d.R. im Zusammenhang mit flexiblen (managed floating; begrenzt flexiblen) → Wechselkursen verwendeter Begriff, z.B. im früheren *Europäischen Währungssystem* – dem heutigen → EWS II, an dem alle Länder mit Ausnahmegenehmigung mind. zwei Jahre vor der Prüfung teilzunehmen haben (vgl. Stabilitäts- und Konvergenzkriterien von Maastricht). Die Bandbreite bezeichnet die zulässige Abweichung der Devisenkassakurse (Marktkurse) von einem vertraglich vereinbarten Leitkurs. Bei drohender Überschreitung der Bandbreite sind die beteiligten Notenbanken zu Interventionen verpflichtet (→ Interventionspflicht). – Vgl. auch → Zielzonen-System. – 2. *Informatik:* max. Datenübermittlungsrate zwischen Teilen eines Computernetzwerkes gemessen in „Bits per Second" (bps).

**Bandenschmuggel** – Es handelt sich um ein Zoll- und Steuerdelikt (§ 373 II Nr. 3 AO). Bandenschmuggel begeht, wer als Mitglied einer Bande (mind. zwei Personen), die sich zur fortgesetzten Begehung der Hinterziehung von → Einfuhrabgaben oder → Ausfuhrabgaben oder des Bannbruchs verbunden hat, zusammen mit einem anderen Bandenmitglied die Tat ausführt. – *Strafe:* Freiheitsstrafe von drei Monaten bis zu fünf Jahren.

**Bank for International Settlement (BIS)** → BIZ.

**Bank für Internationalen Zahlungsausgleich** → BIZ.

**Bank Identifier Code** → BIC.

**Bartergeschäft** → Kompensationshandel.

**Basis-Gesundheitsdienst** – *Primary Health Care;* grundbedürfnisorientierter Ansatz nach den Prinzipien der Ursachen- und Zielgruppenorientierung, Partizipation, Eigenverantwortung und Dezentralisierung im Gesundheitssystem, der 1978 in Alma Ata initiiert wurde. Vorgesehen ist die Vorbeugung und Bekämpfung örtlich anzutreffender Gesundheitsprobleme durch die Sicherstellung von Ernährung und Trinkwasserversorgung, sanitäre Anlagen, Impfstoffe, essenzielle Arzneimittel. Anfänglich wurden die Gesundheitsleistungen (z.B. Medikamente) kostenlos verteilt. Mit der → Bamako-Initiative wurde zur Verbesserung der finanziellen Ausstattung der Gesundheitssysteme eine finanzielle Beteiligung der Bevölkerung an ihrer Finanzierung gefordert.

**BCF** – Abk. für *Brutto-Cashflow.* – Vgl. auch → Cashflow Return on Investment.

**Befreiungsklausel** → Schutzklausel.

**Beggar-my-Neighbour-Politik** – Begriff für *„den Nachbarn ausplündern"* oder *„den Nachbarn anbetteln";* Versuch eines Landes, Exportüberschüsse zu erzielen, um auf diese Weise im Inland Einkommen und Beschäftigung zu erhöhen (Exportmultiplikator). Da die Zunahme der Exporte eines Landes eine Zunahme der Importe für das Ausland darstellt, können sich durch diese Politik kontraktive Wirkungen für das Ausland (z.B. Arbeitslosigkeit) ergeben. – Vgl. auch → Importmultiplikator. – *Instrumente* der Beggar-my-Neighbour-Politik sind z.B. → Abwertung der heimischen Währung sowie sonstige Maßnahmen der → Einfuhrbeschränkung und der → Exportförderung.

**Beistellung** – I. Zollrecht: Zurverfügungstellen bestimmter Waren durch ausländische Auftraggeber beim Zollverfahren der → aktiven Veredelung, damit diese in die in Auftrag gegebene Ware eingebaut oder bei ihrer Herstellung mitverwendet werden (z.B. Lieferung von Reifen für Kraftfahrzeuge). – Beigestellte Waren werden als Einfuhrwaren in das Verfahren der aktiven Veredelung übergeführt und bleiben *zollfrei,* wenn sie nach Einbau in die Veredelungserzeugnisse oder auch unbearbeitet wiederausgeführt werden. Bei umgekehrter Lieferung, etwa im Rahmen einer passiven Veredelung, kann beim Einbau von aus dem Zollgebiet der EU stammenden → Gemeinschaftswaren das Veredelungserzeugnis zollbegünstigt eingeführt werden. Stammen die Beistellungen dagegen aus Drittländern und sind als → Nichtgemeinschaftswaren dem Veredeler kostenlos zur Verfügung gestellt, müssen sie mit dem Veredelungserzeugnis verzollt werden.

II. Umsatzsteuer: 1. *Begriff:* Auch im UStG bezeichnet Beistellung die Zurverfügungstellung bestimmter Güter oder Dienstleistungen an denjenigen, der eine Leistung erbringt, durch den Auftraggeber. – 2. *Umsatzsteuerliche Behandlung:* Die Beistellung dieser Güter oder Dienstleistungen stellt keine Lieferung oder Leistung des Auftraggebers an den Unternehmer dar, der den Auftrag ausführt, weil dieser an den beigestellten Waren oder Dienstleistungen keine Verfügungsmacht erlangt; ebenso stellt die Rückgabe der beigestellten Waren durch den Auftraggeber später keine Leistung des Unternehmers dar, weil diese ja schon immer dem Auftraggeber gehört hatten. Der Umfang des Leistungsaustauschs, d.h. der Leistung, die der Unternehmer an seinen Auftraggeber erbringt, beschränkt sich also nur auf die Güter oder Arbeitsleistungen, die dieser den beigestellten Waren oder Dienstleistungen hinzugefügt hat. – 3. *Umsatzsteuerliche Problematik:* Sobald ein Auftraggeber seinem Geschäftspartner Waren oder Dienstleistungen zur Verfügung stellt, die dieser nach eigenem Belieben einsetzen kann (also nicht nur zur Erledigung des Auftrages, sondern auch anderweitig), verschafft er dem Unternehmer daran Verfügungsmacht; dann liegt sehr wohl eine Lieferung oder Dienstleistung an den Unternehmer vor, und das gesamte Geschehen ist als tauschähnlicher Vorgang einzustufen (Erledigung eines umfangreichen Auftrages des Unternehmers; Zahlung durch den Auftraggeber teils durch Barzahlung, teils durch Verschaffung von Gütern oder Dienstleistungen). Insoweit ist bei Vorgängen mit Beistellung in der Praxis darauf zu achten, dass die Bedingungen für eine bloße Beistellung (= kein Übergang von Verfügungsmacht) eingehalten werden. – 4. *Formen:* Leistungsbeistellung, Materialbeistellung, Personalbeistellung.

**Bereitschaftskreditabkommen** – *Stand-by Arrangement;* Übereinkunft, in dem der → IWF einem seiner Mitglieder innerhalb eines festgelegten Zeitraums (meistens ein Jahr) in limitiertem Ausmaß → Ziehungsrechte zur Finanzierung von Zahlungsbilanzdefiziten einräumt. Voraussetzung ist, dass das Mitglied in einer Absichtserklärung (Letter of Intent) die beabsichtigten wirtschafts- und währungspolitischen Maßnahmen zur Wiederherstellung des Zahlungsbilanzausgleichs darlegt (→ Konditionalität). Der Zahlungsbilanzbedarf braucht bei Abschluss des Bereitschaftskreditabkommens noch nicht vorzuliegen; sobald er eintritt, kann der Kredit abgerufen werden.

**Bertrand-Oligopol** – bes. Modell nicht kooperativen oligopolistischen Verhaltens. Jeder Anbieter wählt unter der *Annahme* konstanter Preise für die Produkte aller Konkurrenten den für ihn optimalen Preis. Je höher die Preise der Konkurrenten, umso höher auch sein eigener Preis *(Reaktionsfunktion).* Bieten alle Konkurrenten ein homogenes Gut an, dann entsteht de facto vollständige Konkurrenz *(Preisnehmerschaft).* Die steigenden Reaktionsfunktionen widersprechen der seitens eines jeden Anbieters unterstellten Konstanz der Preise aller Konkurrenten. Es entsteht eine Art strategischen Irrtums, der bei einem internationalen Oligopol die Grundlage für *strategische Handelspolitik* (→ Handelspolitik) sein kann.

**Berufsausrüstung** – bestimmte Gegenstände, die in einer erläuternden Liste von der EU-Kommission zusammengestellt sind, können, wenn sie Personen außerhalb des EU-Zollgebietes gehören, abgabenfrei von außerhalb der → EU ansässigen Personen zur vorübergehenden Verwendung abgefertigt und innerhalb von 24 Monaten wieder ausgeführt werden. Dazu gehören Ausrüstungsgegenstände für Presse, Funk und Fernsehen, kinematografische Ausrüstung, Werkzeuge und Ausrüstungsgegenstände von Ärzten, Archäologen, Artisten, Geschäftsleuten usw. Darüber hinaus können sowohl in der EU als auch in einer Reihe von Ländern, die dem Carnet-ATA-Abkommen beigetreten sind, Berufsausrüstungsgegenstände ohne weitere Sicherheitsleistungen nach Vorlage eines → Carnets ATA, ausgestellt im Verwendungsland, vorübergehend eingeführt werden. Beförderungsmittel fallen nicht unter den Begriff der Berufsausrüstung, sind aber als solche unter vergleichbaren Bedingungen im grenzüberschreitenden Verkehr ebenfalls abgabenfrei.

**Beschau** → Zollbeschau.

**Beschleunigungsklausel** – Beschleunigungsklauseln ermöglichen in bestimmten Bereichen der justiziellen Zusammenarbeit in Strafsachen eine sog. Verstärkte Zusammenarbeit von mindestens neun EU-Mitgliedstaaten. Dies betrifft Fälle, in denen ein Gesetzgebungsakt wegen fehlender Mehrheiten oder wegen der Notbremse-Klausel scheitert. Dann können mindestens neun Mitgliedstaaten gleichwohl das Gesetzgebungsverfahren im Rahmen der Verstärkten Zusammenarbeit fortsetzen und abschließen. Beschleunigungsklauseln sind vorgesehen für 1. die justizielle Zusammenarbeit in Strafsachen nach Art. 82 AEUV, 2. die Festlegung gemeinsamer Strafvorschriften nach Art. 83 AEUV, 3. die Einsetzung einer Europäischen Staatsanwaltschaft nach Art. 86 AEUV und 4. die polizeiliche Zusammenarbeit nach Art. 87 AEUV.

**Beschränkungsverbot** – EU-rechtliches Verbot, die Ausübung eines bestimmten Gemeinschaftsrechts (→ Grundfreiheiten) durch nationale Vorschriften unangemessen zu behindern. Seine Einhaltung unterliegt der Kontrolle durch den Europäischen Gerichtshof, der ungerechtfertigte Beeinträchtigungen durch nationale Vorschriften ggf. für unanwendbar erklären kann. Ein Beschränkungsverbot engt den nationalen Gesetzgebungsspielraum ein, hebt ihn – im Gegensatz zur Harmonisierung durch EG-Richtlinien – nicht völlig auf. Wirkt grundsätzlich als Grundrecht gegenüber allen Gebieten des nationalen Rechts (daher auch Begriff „allgemeines Beschränkungsverbot").

**Besichtigung** – 1. Maßnahme im Rahmen der *Öffentlichkeitsarbeit* eines Unternehmens: Betriebsbesichtigung. – 2. *Zollrechtliche Maßnahme*: Durchsuchung, Überholung, → Zollbeschau.

**besonderes Gesetzgebungsverfahren** – Bezeichnung für ein bestimmtes Verfahren der → EU-Gesetzgebung.

**Bestimmungslandprinzip** – 1. *Begriff*: Besteuerungsprinzip i.S.d. Umsatzsteuerrechts ist die Besteuerung einer Ware oder Lieferung mit der Umsatzsteuer des Bestimmungslandes. In Deutschland kommt das Bestimmungslandprinzip zur Anwendung, wenn die Lieferungen zwischen den Unternehmen der EU erfolgen. Es soll erreicht werden, dass im internationalen Wettbewerb die Steuern ihre Bedeutung als Kosten- und Preisbestandteile verlieren. – *Gegensatz*: → Ursprungslandprinzip, Herkunftslandprinzip. – 2. Bei der *Umsatzsteuer* wird in den EU-Mitgliedstaaten bisher weitgehend am Bestimmungslandprinzip festgehalten – → Ausfuhrlieferungen, Einfuhrumsatzsteuer (EUSt).

**Beteiligung** – I. Charakterisierung: 1. *Begriff*: Mitgliedschaftsrecht, das durch Kapitaleinlage (Geld- oder Sacheinlage) bei einer Gesellschaft erworben wird. – Vgl. auch Beteiligungsfinanzierung. – 2. *Formen*: a) *Beteiligung eines Einzelnen*: (1) Beteiligung ohne Gesellschaftscharakter, juristisch nach allg. Rechtsnormen zu beurteilen: partiarische Darlehen. (2) Beteiligung mit Gesellschaftscharakter aufgrund von bes. Gesetzesnormen (insbesondere BGB, HGB, AktG, GmbHG, GenG, PartnerschG):

Personengesellschaften, Kapitalgesellschaften. – b) *Beteiligung einer Unternehmung*: Ganze Unternehmungen sind zu einem über der einzelnen Unternehmung stehenden Organismus vereinigt: (1) Beteiligung mit dem Ziel gegenseitiger wirtschaftlicher Förderung (Interessengemeinschaften). (2) Beteiligung zwecks Beherrschung: (a) einfache *Beteiligung* einer Unternehmung an einer anderen (z.B. Tochtergesellschaften); (b) Verflechtung mehrerer Unternehmungen (→ Konzerne). – Beherrschung bei der AG in drei *Stufen*: (1) Sperrminorität: über 25 Prozent der Stimmen (Verhindern von Hauptversammlungs-Beschlüssen, die eine 3/4-Mehrheit erfordern); (2) Majorität: über 50 Prozent (absolute Mehrheit); (3) völlige Beherrschung: 75 Prozent (Durchsetzung praktisch aller Beschlüsse der Hauptversammlung).

**II. Handelsrecht:** 1. *Partiarische Darlehen* werden unter Darlehen aufgeführt, die Einlage des *Stillen Gesellschafters* geht in das Vermögen des Geschäftsinhabers ein (§ 230 HGB). – 2. Beteiligung als Gesellschafter einer *Personen- oder Kapitalgesellschaft* wird als Eigen-, Stamm- oder Grundkapital ausgewiesen. – 3. *Handelsrechtlich* sind bei Kapitalgesellschaften Beteiligungen nur solche Anteile an anderen Unternehmen, die dem eigenen Geschäftsbetrieb durch Herstellung einer dauernden Verbindung zu dienen bestimmt sind; Einzelheiten in § 271 I HGB.

**III. Steuerrecht:** Als Beteiligung gilt der Besitz von Gesellschafts-, Bohr- und Genossenschaftsanteilen, Aktien, Einlagen etc. Als *wesentliche Beteiligung* gilt ein Anteil von mehr als 1 Prozent am Kapital einer Kapitalgesellschaft (§ 17 I EStG; ursprünglich nur 25 Prozent, dann ab 1999 10 Prozent). – 1. a) *Beteiligung an Kapitalgesellschaften* haben allg. das Problem der → Doppelbesteuerung, was dazu führt, dass in zahlreichen Staaten für Beteiligungen bes. Bestimmungen gelten, die eine vom Rest des Kapitals und der Kapitalerträge abweichende Behandlung vorsehen. – Vgl. auch → Schachtelprivileg. – b)

*Beteiligungen an Personengesellschaften* werden nach dt. Steuerrecht nicht als selbstständige Wirtschaftsgüter betrachtet, sodass es hier i.d.r. keine doppelte Erfassung auf zwei Ebenen geben kann. – 2. *Einkommen- und Körperschaftsteuer:* a) Erträge aus Beteiligung an einer Kapitalgesellschaft unterlagen bisher zur Vermeidung der Doppelbelastung dem Halbeinkünfteverfahren. Ab dem Veranlagungszeitraum 2009 kommt jedoch bei Ausschüttungen und bei Veräußerungen von Beteiligungen im Betriebsvermögen sowie bei wesentlichen Beteiligungen im Privatvermögen anstelle des Halbeinkünfteverfahrens das Teileinkünfteverfahren zur Anwendung. Damit wird der steuerfreie Teil von 50 Prozent auf 40 Prozent abgesenkt. Analog hierzu sind Verluste in Höhe von 60 Prozent statt bisher in Höhe von 50 Prozent zu berücksichtigen. Dividenden aus Beteiligungen im Privatvermögen unterliegen als Einkünfte aus Kapitalvermögen ab 2009 grundsätzlich der Abgeltungsteuer (25 Prozent). Sonderregelungen sind im Rahmen der privaten Veräußerungsgeschäfte zu berücksichtigen. – b) Erträge aus Beteiligung an einer Personengesellschaft werden bei dieser gesondert festgestellt und anschließend bei der Einkommen- bzw. Körperschaftsteuer den Einkünften der betreffenden Gesellschafter zugerechnet. – 3. *Gewerbesteuer:* Objekt der Gewerbesteuer ist idealtypisch der Ertrag des Betriebes: a) Für Erträge des Gewerbebetriebs aus *Beteiligungen an Kapitalgesellschaften* ist eine traditionelle Mindestbeteiligungsquote von 10 Prozent (ab dem Erhebungszeitraum 2008: 15 Prozent) nötig. Beträgt die Beteiligung 10 Prozent (ab dem Erhebungszeitraum 2008: 15 Prozent) und mehr, so werden die Gewinnanteile im Betrieb des Eigentümers der Beteiligung vollständig steuerbefreit; beträgt sie dagegen weniger als 10 Prozent (bzw. 15 Prozent), so wird der Ertrag aus der Beteiligung vollständig steuerpflichtig. – b) *Gewinnanteile eines stillen Gesellschafters aus seiner Beteiligung* können einkommensteuerlich unter bestimmten Umständen Betriebsausgabe des

Betriebsinhabers sein, gehören aber zur Ertragskraft des gewerblichen Betriebs. Ab dem Erhebungszeitraum 2008 wird der Gewinnanteil in Höhe von 25 Prozent hinzugerechnet. – 4. *Grunderwerbsteuer:* Wer eine Beteiligung an einer Kapitalgesellschaft direkt oder indirekt auf eine Quote von 95 Prozent oder mehr aufstockt, hat für sämtliche Grundstücke dieser Gesellschaft Grunderwerbsteuer zu entrichten (§ 1 III GrEStG). – 5. *Sonstiges:* Wer eine Beteiligung an einer ausländischen Personengesellschaft erwirbt, aufgibt oder (z.B. in Hinblick auf seine Beteiligungsquote) verändert, hat dies den Finanzbehörden anzuzeigen (§ 138 II Nr.2 AO). Ebenso ist der Erwerb einer Beteiligung an einer beschränkt steuerpflichtigen juristischen Person ab einer Beteiligungsquote meldepflichtig, wenn die erreichte Beteiligung insgesamt Anschaffungskosten von mehr als 150.000 Euro hat oder die Beteiligungsquote unmittelbar 10 Prozent oder mittelbar 25 Prozent erreicht (§ 138 II Nr. 3 AO).

**Betriebsstättenprinzip** – 1. *Begriff:* Der Grundsatz, dass Gewinne eines international Unternehmens aus Tätigkeiten, die mit einer Betriebsstätte in einem bestimmten Land zu tun haben, in dem Land dieser Betriebsstätte zu versteuern sind. Der Grundsatz betrifft nur die direkten Steuern. Das Betriebsstättenprinzip impliziert zwei wesentliche Punkte: (1) dass ein Staat die Gewinne, die ein ausländisches Unternehmen in dem Gebiet dieses Staates erwirtschaftet, normalerweise *nur* besteuert, wenn das Unternehmen hier eine Betriebsstätte unterhält; (2) dass ein Staat, wenn ein ausländisches Unternehmen eine Betriebsstätte in seinem Gebiet Land unterhält, für die Gewinne aus dieser Betriebsstätte aber auch regelmäßig einen Steueranspruch erheben wird. – 2. *Rechtsgrundlagen und Hintergründe:* Da die Staaten bei ihrer Steuergesetzgebung im Grundsatz souverän sind, ist kein Staat rechtlich zwingend an das Betriebsstättenprinzip gebunden. Es hat sich jedoch als zweckmäßig herausgestellt, da es den Sachzwängen

im internationalen Wirtschaftsverkehr optimal Rechnung trägt: a) Es wäre unpraktisch, von ausländischen Unternehmen zu verlangen, für den Gewinn aus einzelnen geschäftlichen Aktivitäten im Verkehr mit dem Inland die Erfüllung ertragsteuerlicher Verpflichtungen zu verlangen (z.B. für die Lieferung einzelner Waren vom Ausland aus ins Inland die Ermittlung eines steuerlichen Gewinns zu verlangen). – b) Andererseits kann sich aus wirtschaftspolitischen Gründen kein Staat leisten, feste Niederlassungen ausländischer Unternehmen in seinem Gebiet, die vor Ort in direkter Konkurrenz zu seinen heimatlichen Unternehmen stehen, unbesteuert zu lassen, da die Unternehmen in ausländischer Hand sonst möglicherweise gravierende Wettbewerbsvorteile haben könnten. Das Betriebsstättenprinzip ist der gebotene Kompromiss zwischen diesen beiden Sachzwängen. Daher wird das Betriebsstättenprinzip auch regelmäßig in den → Doppelbesteuerungsabkommen (DBA) als Grundsatz für die Behandlung der Unternehmensgewinne vereinbart (vgl. Art. 7 → OECD-Musterabkommen → zur Vermeidung der Doppelbesteuerung). – 3. *Einzelheiten:* a) *Umfang des Steueranspruchs:* Der Steueranspruch des Landes, in dem eine Betriebsstätte liegt, erstreckt sich regelmäßig nur auf die Gewinne, die mit der Tätigkeit dieser Betriebsstätte zu tun haben; liefert also z.B. zusätzlich auch das Stammhaus des Unternehmens vom Ausland aus Waren oder Dienstleistungen in das betreffende Land, so werden die Gewinne hieraus nach dem Betriebsstättenprinzip nicht im Land der Betriebsstätte besteuert, weil sie nichts mit der örtlichen Betriebsstätte zu tun haben. – b) *Relevanter Betriebsstättenbegriff:* Was als Betriebsstätte gilt, kann jedes Land in seiner eigenen Gesetzgebung typischerweise selbst festlegen (in Deutschland: § 12 AO). Lediglich in internationalen Verträgen, in denen es auf eine einheitliche Sichtweise zweier Vertragspartner ankommt (Doppelbesteuerungsabkommen), müssen sich die betroffenen Vertragspartner für die Anwendung

des betreffenden Vertrages dann auf eine gemeinsame Sichtweise verständigen (vgl. Art.
5 OECD-MA); diese gilt dann aber auch
nur für die Lektüre des jeweiligen Abkom-
menstextes. In der Praxis vertreten die meisten Länder jedoch einen weitgehend ähnlichen Betriebsstättenbegriff. – c) *Ausnahmen*:
Wo es wirtschaftlich nötig erscheint, machen
sowohl die einzelnen Staaten als auch die
Doppelbesteuerungsabkommen Ausnahmen
vom Betriebsstättenprinzip. So werden bspw.
im dt. EStG auch einzelne Auftritte ausländischer Künstler und die zugehörigen Gewinne
der Veranstalter der Steuer unterworfen, obwohl bei einem solchen Auftritt gerade keine
Betriebsstätte im Inland existiert.

**Bevölkerungsexplosion** – in Medien und
Öffentlichkeit verwendeter Begriff für die
mitunter starke Wachstumsphase einer Bevölkerung im demografischen Übergang.

**Bevölkerungsfalle** – *Population Trap;* bei
Gültigkeit der Annahmen der neoklassischen Produktionsfunktion und der keynesianischen Sparfunktionen einerseits und
eines neomalthusianischen Bevölkerungswachstums andererseits ergeben sich folgende Funktionalbeziehungen zwischen
dem Pro-Kopf-Einkommen (PKE) und den
Wachstumsraten der Bevölkerung ($w_B$) bzw.
des Volkseinkommens ($w_Y$) eines Entwicklungslandes: Von den drei möglichen *Gleichgewichten* sind nur E und B stabil. Gelingt es
Entwicklungsländern, Wachstumsraten zwischen E und A zu erzielen, dann wird das höhere Bevölkerungswachstum das PKE zum
Existenzminimum E zurückzwingen. Ein-
zig ein Wachstum, das den kritischen Wert A
überschreitet, bringt Entwicklungsländer auf
das höhere Gleichgewicht B. Entwicklungsländer sind in einem sog. Low Level Equili-
brium gefangen. Nur durch gewaltige Entwicklungsanstrengungen (Critical Minimum
Effort) lässt sich die Bevölkerungsfalle über-
springen. Dies führt zur Forderung nach
deutlich höherer Entwicklungshilfe (→ Big
Push). – Allerdings ist die Hypothese der

**Bevölkerungsfalle**

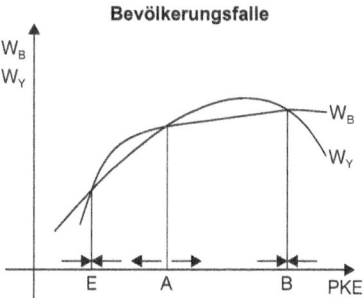

Bevölkerungsfalle *empirisch* nicht nachweisbar, der technische Fortschritt kann die $w_Y$-
Kurve so verlagern, dass sie kontinuierlich
über der $w_B$-Kurve liegt; Falleneffekte sind
dann nicht möglich.

**Bevölkerungsfonds der Vereinten Natio-
nen** → UNFPA.

**Bewirtschaftung** – *staatliche Maßnahme;*
Zuteilung von verbrauchseinschränkenden
Teilmengen bestimmter Güter, bes. in Man-
gelzeiten (Kriegswirtschaft) oder auch im
Zusammenhang mit staatlicher Preispolitik,
i.d.R. durchgeführt als „Rationierung" mithilfe vielfältiger Bezugsschein- oder Kontin-
gentierungsverfahren. – *Anders:* Kontingentierung (→ Kontingent).

**Bfai** – Abk. für → Bundesagentur für Außenwirtschaft, seit 1.1.2009 verschmolzen mit der
*Invest in Germany GmbH* zur *Germany Trade
and Invest – Gesellschaft für Außenhandel und
Standortmarketing mbH* (Gtai).

**BIC** – Abk. für *Bank Identifier Code;* International standardisierter Bankcode (ISO 9362),
mit dem weltweit jeder SWIFT-Nutzer identifiziert werden kann (z.B. MARKDEFF für die
Deutsche Bundesbank). Der BIC findet weltweit insbesondere Verwendung bei Kreditinstituten. Er hat eine Länge von 8 oder 11 alpha-
numerischen Zeichen und folgenden Aufbau:
BBBBCCLLbbb; BBBB = 4-stelliger Bankcode, vom Finanzinstitut frei wählbar, CC =
2-stelliger Ländercode (nur Alphazeichen),
LL = 2-stellige Codierung des Ortes (alphanumerische Zeichen), wenn das 2. Zeichen

eine „1" ist, handelt es sich um einen passiven SWIFT-Teilnehmer, wenn das 2. Zeichen eine „0" ist, handelt es sich um einen Test-BIC, bbb = optionale 3-stellige Kennzeichnung („Branch-Code") der Filiale oder Abteilung; Standard „XXX" (alphanumerische Zeichen).

**Big Push** – Schlüsselbegriff der Strategie des → ausgewogenen Wachstums. Zur Erreichung eines selbsttragenden Wachstums ist ein kräftiger Investitionsimpuls notwendig, wobei gleichzeitig ein massiver Kapitaleinsatz in allen Sektoren erforderlich ist.

**Bilanz** – **I.** Kennzeichnung: im Grundsatz der Abschluss des Rechnungswesens einer Unternehmung für einen bestimmten Zeitpunkt (Bilanzstichtag) in Form einer Gegenüberstellung von Vermögen und Kapital. Das Vermögen (Aktiva) zeigt die konkrete Verwendung der eingesetzten finanziellen Mittel, das Kapital (Passiva) die Ansprüche der Gläubiger (Fremdkapital) und der Unternehmer (Eigenkapital als Saldo zwischen Vermögen und Fremdkapital, also als Restanspruch) an das Vermögen. Vermögen und Kapital stellen dieselbe Wertgesamtheit dar; dies kommt in der sog. Bilanzgleichung (Aktiva = Passiva) zum Ausdruck. I.d.R. ist nur eine rein rechnerische, also keine materielle Zuordnung zwischen einzelnen Vermögens- und Kapitalteilen möglich (goldene Bilanzregel). Bei der Erstellung von Bilanzen sind in Abhängigkeit vom Bilanzzweck (Bilanzierungsanlass) immer drei Aufgaben zu lösen: (1) inhaltliche Bestimmung von Vermögen und Kapital (Bilanzierung dem Grunde nach; Aktivierung, Passivierung); (2) Bewertung von Vermögen und Fremdkapital (Bilanzierung der Höhe nach); (3) Gliederung (Ausweis) von Vermögen und Kapital (Bilanz wird üblicherweise in der Form eines Kontos aufgestellt; Soll = Aktiva, Haben = Passiva); Bilanzgliederung.

**II.** Bilanzarten: wesentliche Merkmale zur Unterscheidung von Bilanzen: 1. *Bilanzierungsanlässe:* a) *Regelbilanzen* (regelmäßig auftretend): z.B. handelsrechtliche *Jahresbilanz* (Jahresabschluss), *Steuerbilanz.* – b)

*Sonderbilanzen* (unregelmäßig, meist nur einmalig auftretend): z.B. Gründungsbilanz, Umwandlungsbilanz, Sanierungsbilanz, Auseinandersetzungsbilanz, Abwicklungsbilanz, Insolvenzstatus, Überschuldungsbilanz, Unterbilanz, Kreditstatus (Status). – 2. *Bilanzierungszeitraum:* a) *Totalbilanzen* (Stichtag = Ende des Lebensdauer): Aus der Gegenüberstellung mit der Gründungsbilanz lässt sich grundsätzlich das Totalergebnis einer Unternehmung ermitteln. – b) *Partialbilanzen* (Stichtag = Zeitpunkt während der Lebensdauer): Aus der Gegenüberstellung von aufeinander folgenden Partialbilanzen ergeben sich Periodenerfolge. – *Beispiel:* Jahresbilanz (Stichtag = letzter Tag des Geschäftsjahres) oder Zwischenbilanz, die täglich, wöchentlich (z.B. Bankausweise der Deutschen Bundesbank), monatlich oder quartalsweise aufgestellt wird und i.d.R. der kurzfristigen Erfolgsrechnung dient. – 3. *Zeitliche Bilanzdimension:* a) *Istbilanzen* (vergangener, gegenwärtiger Stichtag): Bilanzen sind aufgrund der Bilanzanlässe ganz überwiegend Istbilanzen. – b) *Planbilanzen* (zukünftiger Stichtag): z.B. Jahres- oder Zwischenbilanzen, wenn diese als Planungs- und Entscheidungsinstrument benutzt werden. – 4. *Umfang des bilanzierten Vermögens:* a) *Gesamtvermögensbilanzen:* Einschluss des Firmenwertes z.B. bei Auseinandersetzungsbilanzen möglich. – b) *Teilvermögensbilanzen:* ohne Firmenwert, z.B. Umwandlungsbilanz bei Buchwertverknüpfung. – 5. *Empfängerkreis:* a) *Interne Bilanzen:* für den Bilanzierenden z.B. als Planungs- oder Kontrollinstrument. – b) *Externe Bilanz:* für Außenstehende (z.B. Finanzamt, Aktionäre, Gläubiger), z.B. als Informations- oder Rechenschaftsinstrument, ferner als Basis für Abrechnungen (z.B. Gewinnausschüttung, Einkommensbesteuerung). – 6. *Rechtsgrund:* a) *Gesetzlich vorgeschriebene Bilanzen:* z.B. handels- und steuerrechtliche Jahresbilanzen, aktienrechtliche Sonderbilanzen (z.B. Abwicklungs- und Gründungsbilanz). – b) *Vertragliche Bilanzen:* z.B. Kreditstatus aufgrund eines Kreditvertrages. – c) *Freiwillig erstellte*

*Bilanzen:* z.b. interne Planbilanzen. – 7. *Rechnungsgrundlagen:* a) *Inventurbilanz:* Die zu erstellende Bilanz baut auf einer körperlichen Bestandsaufnahme auf, z.b. grundsätzlich bei der handelsrechtlichen Jahresbilanz. – b) *Buchbilanz:* Die Bilanz wird aus dem Abschluss der Geschäftsbücher entwickelt, z.b. bei täglichen Zwischenbilanzen. – 8. *Zahl der erfassten Unternehmen:* a) *Einzelbilanz:* z.b. handelsrechtliche Jahresbilanz. – b) *Summenbilanz:* additive Zusammenfassung von Einzelbilanzen (Betriebsvergleich). – c) *Konzernbilanz:* Zusammenfassung der Einzelbilanzen grundsätzlich aller zu einem → Konzern gehörenden Unternehmen zum → Konzernabschluss. – Die dargestellten Bilanzarten überschneiden sich vielfach.

III. **Geschichtlicher Überblick:** 1. Während Handelsbücher bereits im Altertum geführt wurden, hat sich eine *einfache moderne Buchführung* wahrscheinlich erst im 14./15. Jh. entwickelt. Bilanzen wurden aber auch zu dieser Zeit nur vereinzelt aufgestellt, und zwar zunächst nur, um die Salden vollgeschriebener Bücher auf die nächsten übertragen zu können, ohne dass eine Inventur stattfand. – 2. Mit der *doppelten Buchführung*, die Ende des 15. Jh. von Italien kommend in Deutschland bekannt wurde, finden sich auch die ersten Abschlüsse, allerdings nicht in regelmäßiger Zeitfolge und ohne dass einheitliche Abschlussregeln bekannt waren. – 3. Die ersten *gesetzlichen Abschlussvorschriften* enthalten einige städtische Partikularrechte (Nürnberg, Frankfurt a.M., Lüneburg im 16. Jh.) und die ordonnance de commerce (1673), die eine alle zwei Jahre durchzuführende Inventur vorschrieb, die alle Vermögensteile einschließlich der Forderungen und Schulden enthalten sollte. In Deutschland wurde aber noch bis zu Anfang des 19. Jh. ein Abschluss lediglich aus den Geschäftsbüchern entwickelt. – 4. Das zu dieser Zeit geltende allg. Landrecht für die preußischen Staaten stellte das Unterlassen der jährlichen „Balanceziehung" unter Strafandrohung (fahrlässiger Bankrott). Erst mit der Entwicklung des Handelsrechts in der Mitte des 19. Jh. wurden *Vorschriften über die Inventur und Bilanz* erlassen.

**Bilanzanalyse** – *Bilanzkritik.*

I. **Begriff/Zweck:** 1. *Begriff:* das Zerlegen und Aufgliedern des Jahresabschlusses bzw. Konzernabschlusses einschließlich des darauf aufbauenden Beurteilungsvorgangs der Lage und Entwicklung einer Unternehmung. Gegenstand der Bilanzanalyse ist nicht nur die Bilanz, sondern der (Konzern-)Jahresabschluss, bestehend aus → Bilanz, Gewinn- und Verlustrechnung (GuV) und → Anhang, bei Kapitalgesellschaften auch dem Lagebericht. Der Konzernabschluss besteht zusätzlich aus einer Kapitalflussrechnung und einem Eigenkapitalspiegel. Er kann um eine Segmentberichterstattung erweitert werden. Kapitalmarktorientierte Mutterunternehmen haben einen Konzerabschluss nach den in der EU anerkannten IFRS aufzustellen (§ 315 a HGB). – 2. *Aufgaben:* bes. die Beurteilung der finanziellen und ertragsmäßigen Lage und Entwicklung in der Vergangenheit und für die Zukunft, da die → Liquidität und die Rentabilität bei auf Gewinnerzielung ausgerichteten Unternehmen Existenzvoraussetzungen sind (Zahlungsunfähigkeit ist bei allen Unternehmensformen Insolvenzgrund, die durch Verluste entstehende Überschuldung bei den Rechtsformen, bei denen die Haftung auf das eingelegte Kapital beschränkt ist). – 3. *Interessenten:* v.a. die bisherigen und potenziellen Eigen- und Fremdkapitalgeber, um Informationen über die Zweckmäßigkeit und Sicherheit ihrer Kapitalanlagen zu erlangen; die Arbeitnehmer wegen der Sicherheit ihrer Arbeitsplätze und der Möglichkeiten ihrer Einkommensentwicklung; der Staat zwecks Vorausschau über Steuereinnahmen und gesamtwirtschaftliche Entwicklungen.

II. **Arten:** 1. *Nach den Quellen* der zur Verfügung stehenden Daten: a) *Externe Bilanzanalyse:* Bilanzanalyse durch außen stehende Dritte; muss sich auf das veröffentlichte oder sonst zugängliche Material beschränken. Bei

Unternehmen, die bewusst öffentliche Meinungspflege (Public Relations (PR)) betreiben und deshalb ihre Jahresabschlüsse entsprechend gestalten und z.b. durch Presseinformationen ergänzen, bieten sich dem Bilanzkritiker gute Grundlagen, doch kann auch hier das Ausmaß der Legung bzw. Auflösung stiller Reserven (stille Rücklagen) nur in sehr beschränktem Maße erkannt werden. Dasselbe gilt für stille Verluste, die nach den Grundsätzen ordnungsmäßiger Buchführung (GoB) wegen des Imparitätsprinzips zwar weitgehend ausgeschlossen sein sollten, erfahrungsgemäß jedoch das größte Problem einer Insolvenzprognose darstellen (Bilanzpolitik). – b) *Interne Bilanzanalyse:* Bilanzanalyse durch damit beauftragte Unternehmensangehörige oder betriebsfremde Vertrauenspersonen [Wirtschaftsprüfer (WP)]; ihnen stehen prinzipiell alle Unterlagen zur Verfügung, die für die Beurteilung der Jahresabschlussdaten von Bedeutung sein könnten. Dadurch gewinnt die interne Bilanzanalyse gegenüber der externen erheblich an Bedeutung für das rechtzeitige Erkennen positiver oder negativer Entwicklungen und damit für die Unternehmenssteuerung und -kontrolle. – 2. *Nach dem Objekt* der Bilanzanalyse: a) *formelle Bilanzanalyse:* bezieht sich auf die Gliederung der Bilanz und der Gewinn- und Verlustrechnung. – b) *Materielle Bilanzanalyse:* bezieht sich auf die Bilanzierung dem Grunde (Aktivierungspflicht, Aktivierungswahlrecht, Passivierungspflicht, Passivierungswahlrecht) und der Höhe nach (Bewertung) sowie auf die Beurteilung der Zahlungsströme und ihrer Auswirkungen auf die Lage der Unternehmung. – 3. Nach dem *zeitlichen Umfang:* a) *einperiodige Bilanzanalyse:* beschränkt sich auf einen Jahresabschluss. – b) *Mehrperiodige Bilanzanalyse:* Die Entwicklung im Zeitablauf steht im Vordergrund. – 4. Nach dem *sachlichen Umfang:* a) *einbetriebliche Bilanzanalyse,* b) *zwischenbetriebliche Bilanzanalyse:* Beurteilung der Lage und Entwicklung der Unternehmung mithilfe

branchenspezifischer Vergleichsdaten (Betriebsvergleich).

III. **Methoden und Aussagewert:** Nach zweckentsprechender Bilanzaufbereitung: 1. *Analyse der Finanzlage:* a) Aus den Bilanzdaten werden *Kennzahlen* entwickelt: (1) *Horizontale Kennzahlen* stellen eine Beziehung zwischen Vermögens- und Kapitalpositionen her (z.B. Anlagendeckung durch langfristige Finanzierungsmittel, Liquiditätsgrade); damit kann beurteilt werden, wie weit der Grundsatz der Fristenentsprechung (goldene Bilanzregel) eingehalten wurde. (2) *Vertikale Kennzahlen* sollen Einblicke in die Vermögensstruktur (z.B. Anlagenintensität) und die Kapitalstruktur (z.B. Verschuldungskoeffizient, Eigenkapitalquote) sowie ihre Entwicklung bes. auch im Vergleich mit branchentypischen Relationen eröffnen. – *Beurteilung von Kennzahlen:* Feste Relationen als Normgrößen lassen sich nicht ableiten, da die Möglichkeiten der Finanzdisposition zu vielfältig und der Vermögensaufbau der Unternehmen selbst innerhalb einer Branche zu verschieden sind. Außerdem sind Kennzahlen überwiegend stark bewertungsabhängig (stille Rücklagen), von den Zufälligkeiten des Bilanzstichtags geprägt oder gestaltet (Window Dressing), sodass sie nur vergangenheitsorientierte Aussagen zulassen. Wichtige Veränderungen der Vermögens- und Kapitalstruktur können vertraglich bereits eingeleitet sein, ohne dass sie sich in den Bilanzen und damit den Kennzahlen schon niederschlagen. Die verbreitete Verwendung in der Praxis ist v.a. darin begründet, dass mithilfe der Kennzahlen schlaglichtartig wichtige Beziehungen verdichtet wiedergegeben werden und ihnen eine Signalfunktion zugesprochen wird: Krasse Abweichungen im Zeit- und zwischenbetrieblichen Vergleich gelten als Indikator für die Notwendigkeit weitergehender Analysen. Versuche, durch Ordnung und Auswahl der Kennzahlensysteme unter Einsatz der EDV und mathematisch-statistischer Verfahren deren Aussagewert zu steigern, können die Mängel des Ausgangsmaterials kaum überwinden. – b) Bei *finanzwirtschaftlichen Bewegungsbilanzen* werden die Vermögens- und Kapitalveränderungen aus den Anfangs- und Schlussbilanzdaten einer Periode als Mittelverwendung und Mittelherkunft dargestellt. – *Beurteilung:* Die Einwendungen gegen Kennzahlen treffen auch hier zu. Darüber hinaus kann zu Fehlinterpretationen Anlass geben, dass rein buchmäßige Bewertungsänderungen fälschlicherweise als Mittelfluss erscheinen. – c) Die *Gewinn- und Verlustrechnung* ist als Gegenüberstellung von Aufwendungen und Erträgen nicht unmittelbar für die Liquiditätsanalyse, die mit Einnahmen und Ausgaben rechnet, geeignet. Es ist daher eine Trennung der einnahme- und ausgabewirksamen Erträge und Aufwendungen vorzunehmen. Der *Cashflow,* eine positive Differenz zwischen Einzahlungen und Auszahlungen, ist der Zahlungsmittelzufluss der Periode, den die Unternehmung erwirtschaftet hat und der ihr für Investitionen, Tilgungen und Entnahmen zur Verfügung stand. – *Beurteilung:* Der Cashflow ist zwar im Prinzip eine bewertungsunabhängige und damit bes. geeignete Kennzahl, doch bei externen Analysen nur in beschränktem Maße zu ermitteln. Durch geltendes Handelsrecht sind die Analysemöglichkeiten eingeschränkt, da in den Gewinn- und Verlustrechnungen von Kapitalgesellschaften wichtige ausgabe- und einnahmeunwirksame Beträge (wie z.B. die Erträge aus der Auflösung von Rückstellungen) und für die Beurteilung bedeutsame einmalige, d.h. nicht wiederholbare Einnahmen (z.B. Erträge aus dem Abgang von Gegenständen des Anlagevermögens) nicht gesondert auszuweisen sind. Dieses Informationsdefizit wird dadurch gemildert, dass der Konzernabschluss um eine Kapitalflussrechnung zu erweitern ist. – d) Bei der *externen* → Kapitalflussrechnung wird eine Rekonstruktion der Zahlungsströme aus den Daten der Anfangs- und Schlussbilanz sowie der Gewinn- und Verlustrechnung vorgenommen, soweit dies die Aufgliederung des Jahresabschlusses zulässt. – *Beurteilung:* Da sie grundsätzlich

alle zur Verfügung stehenden Daten verwendet, ist dieses Instrument für eine Beurteilung der Finanzlage am ehesten geeignet. Jedoch gelten auch hier die für den Cashflow genannten Einschränkungen. – Vgl. auch Finanzanalyse. – 2. *Analyse der Ertragslage:* a) Benutzt wird v.a. die *Gewinn- und Verlustrechnung,* sofern nicht bei der internen Unternehmensanalyse auf die Daten der Kostenrechnung (Betriebsergebnis) zurückgegriffen werden kann. Zunächst muss versucht werden, das Unternehmensergebnis in seine Quellen aufzuspalten, v.a. alle einmaligen, nicht wiederholbaren, außerordentlichen und periodenfremden Aufwendungen und Erträge auszusondern, da für Beurteilung und Prognose der Ertragslage in erster Linie das betriebliche, ordentliche, periodeneigene Ergebnis von Bedeutung ist. Wie weit dies gelingen kann, ist abhängig von der Gliederung der Gewinn- und Verlustrechnung. Die nach dem § 275 HGB für Kapitalgesellschaften vorgesehene Gliederung lässt zwar eine Aufspaltung des Unternehmungsergebnisses in ein außerordentliches, ein Finanz- und betriebliches Ergebnis zu, doch enthält v.a. Letzteres im betriebswirtschaftlichen Sinn betriebsfremde, außerordentliche und periodenfremde Elemente, von denen nur wenige eliminiert werden können (z.B. Erträge aus Zuschreibungen aufgrund des Anlagegitters). V.a. das Ausmaß der Legung und Auflösung stiller Reserven, das nur in einigen Fällen durch Angabepflichten im Anhang erkennbar wird, erschwert eine Beurteilung der Ertragslage. – b) *Kennzahlen:* Neben der Untersuchung der Aufwands- und Ertragsstruktur zum Zweck der Analyse von Ursachen für Ertragsverschiebungen dienen als Maßstab im Zeit- und zwischenbetrieblichen Vergleich bes. die Kennzahlen der Rentabilität, indem das jeweilige Ergebnis zu den (ebenfalls bewertungsabhängigen) Größen Gesamt- und Eigenkapital oder als Umsatzrentabilität zu den Umsatzerlösen in Beziehung gesetzt wird.

## Bilanz der laufenden Übertragungen

→Zahlungsbilanz. Teil der →Leistungsbilanz,

in dem die regelmäßig wiederkehrenden einseitigen Übertragungen zwischen Inländern und Ausländern erfasst werden.

**Bilanzrichtlinien-Gesetz (BiRiLiG)** – Gesetz vom 19.12.1985 (BGBl. I 2355), mit dem in der Bundesrepublik Deutschland die Vierte EG-Richtlinie (Einzelabschluss-Richtlinie), die → Siebte EG-Richtlinie (Konzern-Richtlinie) und die → Achte EG-Richtlinie (Prüfer-Richtlinie) in innerstaatliches Recht umgesetzt wurden. Das Bilanzrichtlinien-Gesetz (BiRiLiG) ist ein 13 Artikel umfassendes Änderungsgesetz, dessen wesentlicher Inhalt v.a. in das HGB eingegangen ist. – *Erstmalige Anwendung* der Vorschriften über die Aufstellung und Offenlegung des Einzelabschlusses auf das nach dem 31.12.1986 und der Vorschriften über den Konzernabschluss auf das nach dem 31.12.1989 beginnende Geschäftsjahr.

**Bilanzschema** – Vorschrift (teils gesetzlich, teils durch freiwillige Übernahme) für inhaltliche Abgrenzung und Gliederung einzelner Postengruppen und Positionen in der → Bilanz. Für Kapitalgesellschaften ausführliches Bilanzschema in § 266 HGB, aufgrund dessen die Aufstellung der Handelsbilanzen erfolgt (Bilanzgliederung). Dieses Bilanzschema hat Bedeutung auch für andere Gesellschaftsformen (zumindest für größere Unternehmungen, vgl. → Rechnungslegung nach dem Publizitätsgesetz) als Vorbild für eine ordnungsgemäße Bilanzierung. – Auch die Kontenrahmen der einzelnen Wirtschaftszweige enthalten vielfach Musterbeispiele für Bilanzschemata.–*Spezielle* Bilanzschemata gelten für Unternehmen bestimmter Branchen (vgl. Bilanzgliederung). – *Im Ausland* sind z.T. ähnliche Bilanzschemata entwickelt worden, so z.B. in der Schweiz, Österreich, EU-Ländern (Vierte EG-Richtlinie).

**bilaterale Hilfe** → Entwicklungshilfe, die ein Geberland einem Empfängerland gewährt.

**bilateraler Handel** – Handel zwischen zwei Volkswirtschaften; → Bilateralismus.

**bilateraler Vertrag** – Vertrag zwischen zwei Staaten zur Regelung bestimmter Rechtsfragen des Außenhandels, z.b. Abschluss eines → Präferenzabkommens oder eines regionalen Handelsabkommens (→ Bilateralismus).

**Bilateralismus** – System zweiseitiger (bilateraler) → Handelsabkommen und → Zahlungsabkommen im internationalen Wirtschaftsverkehr. Nach Ende des Zweiten Weltkriegs Abbau des Bilateralismus, vorwiegend in der westlichen Welt (→ GATT bzw. → World Trade Organization (WTO), → IWF) zugunsten von → Multilateralismus. Eine neue Tendenz der internationalen Wirtschaftsbeziehungen ist die Stärkung des → Regionalismus, also die regionale Integration, die auch von der WTO unterstützt wird (Art. XXIV GATT). Aufgrund der Stagnation der WTO (Doha-Runde) kommt dem Bilateralismus (v.a. in Asien und Ozeanien) eine weiterhin große Bedeutung zu, es kommt daher zu einer *Renaissance des Bilateralismus.*

**Binnenmarkt** – 1. *Allgemein:* Bezeichnung für einen internen Markt mit freiem Waren- und Dienstleistungsverkehr, mit freiem → Kapitalverkehr sowie → Freizügigkeit der Arbeitnehmer und Niederlassungsfreiheit der Selbstständigen (→ Wirtschaftsgebiet). – 2. *Außenwirtschaft:* Von der → EU verwendeter Begriff zur Kennzeichnung des gemeinsamen Marktes der EU (Integrationstheorie).

**Binnenwanderung** – I. Entwicklungspolitik: Form der → Migration. – *Kennzeichen:* Im Sinn der Landflucht die rasche Abwanderung von Teilen der ländlichen Bevölkerung in Städte, was eine übersteigerte Urbanisierung bewirkt. Die Migranten versprechen sich selbst in der urbanen Marginalität Verbesserungen gegenüber den Verhältnissen auf dem Lande: Fehlender Besitz an Boden und Wasser, niedrige Produktivität, Arbeitslosigkeit, Vernachlässigung des Agrarsektors. Agrarreformen und → integrierte ländliche Entwicklung versuchen eine ursachenadäquate Bekämpfung. Analytisch wurde die Binnenwanderung durch das → Todaro-Modell modelliert.

II. Amtliche Statistik: Wanderungsbewegungen (Zu- und Fortzüge) über die Grenzen der Bundesländer innerhalb Deutschlands. Zu beachten ist die Unterscheidung der Binnenwanderung von zeitlich begrenzter Verlegung des Wohnsitzes bei Saisonwanderung und von Errichtung eines zweiten Wohnsitzes bei vorübergehender am fremden Ort ausgeübter Berufstätigkeit sowie von Pendelwanderung.

**Binnenzoll** – 1. Von Städten, Herzogtümern und anderen Kleinstaaten bis Mitte des 19. Jh. bei Übergang von Waren über innerdeutsche Grenzen erhobener → Finanzzoll; hemmte den natürlichen Güteraustausch. In vielen Teilen Deutschlands beseitigt durch den Deutschen Zollverein ab 1834, dem bis 1888 insgesamt 39 Staaten beitraten. – 2. Innerhalb der → EWG wurden die zwischen den Mitgliedsstaaten geltenden Zölle zwischen 1958 und 1968 schrittweise abgeschafft, wodurch 1968 der → Gemeinsame Zolltarif der Europäischen Gemeinschaften (GZT) geschaffen wurde. – 3. → Zoll, der während der Übergangsphase bei der Errichtung einer → Zollunion oder → Freihandelszone auf Erzeugnisse der Partnerländer erhoben wird.

**BIS** – Abk. für *Bank for International Settlement*. – Vgl. auch → BIZ.

**BIZ** – 1. *Begriff und Merkmale: Bank für Internationalen Zahlungsausgleich (BIZ), Bank for International Settlement (BIS);* am 17.5.1930 zur Abwicklung deutscher Reparationszahlungen im Rahmen des Young-Planes gegründetes zwischenstaatliches Institut mit Sitz in Basel mit der *Rechtsform der AG.* – 2. *Ziele und Aufgaben:* Förderung der Zusammenarbeit der Notenbanken, Erleichterung internationaler Finanzoperationen, Übernahme von Treuhandschaften oder Bevollmächtigungen bei internationalen Finanzabkommen, Zentrum für Währungs- und Wirtschaftsforschung. Als Agentin der → OEEC führte sie die Verrechnungen der Forderungen und Verpflichtungen und

den Ausgleich der Salden in Gold oder Dollar innerhalb der Europäischen Zahlungsunion (EZU; OEEC) durch. In letzter Zeit hat die BIZ als Forum für den Erfahrungsaustausch nationaler Zentralbanken einen wichtigen Beitrag zur Reform des internationalen Finanzsystems geleistet. Als Teil der → Neuen Weltfinanzarchitektur wurde an der BIZ das → Forum für Finanzmarktstabilität (FSF) eingerichtet. Der Baseler Ausschuss dient insbesondere der Weiterentwicklung der Bankenaufsicht. – 3. Die *Geschäftsführung* obliegt dem Verwaltungsrat, der aus den Zentralbankpräsidenten verschiedener Staaten besteht. – 4. *Bedeutung:* Die BIZ gilt als Zentralbank der Zentralbanken. Sie bietet Zentralbanken ein breites Spektrum an speziellen Finanzdienstleistungen zur Verwaltung ihrer Devisenreserven. Aufgrund zunehmender Interdependenz der internationalen Finanzmärkte wird die BIZ als informelles Kooperations- und Koordinationsgremium von den beteiligten Zentralbanken genutzt. Zur Stabilisierung internationaler Finanzmärkte wurden vom Committee on Banking Supervision and Regulatory Practices mit dem Baseler Konkordat und dem Baseler Akkord Abkommen ausgearbeitet. Entsprechend dem Baseler Konkordat überwachen die Zentralbanken die Geschäftstätigkeit der Banken ihres Zuständigkeitsbereichs, wobei eine gegenseitige Informationspflicht besteht. Der Baseler Akkord standardisiert die Mindestkapitalausstattung international tätiger Banken der G 10. Ende 2010 veröffentlichte der Baseler Ausschuss für Bankenaufsicht neue Regelungen zur Eigenkapitalunterlegung von Bankgeschäften, die unter dem Begriff „Basel III" Gegenstand zahlreicher Diskussion sind und insbesondere unter den Eindrücken der Finanzmarktkrise 2007 bis 2009 entstanden sind. – *Veröffentlichungen:* Annual Reports (dt., engl., franz., ital.), wissenschaftliche Working Paper und Fachaufsätze sowie allg. Wirtschaftsanalysen.

**Black List Certificate** – Bei Exporten nach Nahost ist teilweise ein Black List Certificate erforderlich, das oft vom Konsulat des Importlandes im Exportland beglaubigt werden muss und z.b. bescheinigt, dass das benutzte Schiff ein bestimmtes Alter nicht überschreitet (Sicherheitsaspekt) und die kontrahierte Reederei oder Versicherung nicht zu den Firmen zählen, die wegen ihrer Beziehungen zu Israel auf der „schwarzen Boykottliste" (Black List) der Arabischen Liga stehen.

**Blockade** – militärische Maßnahme, die z.b. ein (prinzipiell ziviles) → Embargo durchsetzen oder unterstützen soll.

**Bo'ao-Asien-Forum** – Boao Forum for Asia, Abk. *BFA*; nicht staatliche, nicht gewinnorientierte, offene internationale Jahreskonferenz für Regierungschefs, Wirtschaftsvertreter und Wissenschaftler zur Verbesserung der innerasiatischen aber auch globalen Wirtschaftsbeziehungen. Gründung des BFA war am 21.2.2001. Seit 2002 findet das Forum in Bo'ao (China) statt.

**Botschaft** – Auslandsvertretung.

**Brady-Initiative** – Vorschlag des US-Finanzministers N. Brady vom April 1989 zur Lösung der internationalen Verschuldungskrise nach dem Scheitern des → Baker-Plans. – Die Brady-Initiative sah einen substanziellen Abbau der Altschulden bzw. des Schuldendienstes vor. Die Beteiligten konnten aus *drei Alternativen* wählen: Rückkauf von Schuldtiteln (→ Debt-Conversion-Programm), Tausch von Schuldtiteln gegen Beteiligungskapital (Debt Equity Swap) oder Tausch gegen Schuldtitel mit niedrigeren Zinsen oder längeren Laufzeiten (Debt Bond Swap). – *Bedingung für Umschuldungen* nach der Brady-Initiative war ein → Strukturanpassungsprogramm (SAP) des Schuldnerlandes. In den 1980er-Jahren wurde die Brady-Initiative durch die umfassendere → HIPC-Initiative abgelöst.

**Braindrain** – 1. *Begriff*: Emigration von Arbeitskräften, die dem Abwanderungsland Kenntnisse und Fertigkeiten, d.h. in den Menschen inkorporiertes Humankapital, entzieht. Bes. in Ländern der Dritten Welt wird der Braindrain als entwicklungsbeeinträchtigender Faktor angesehen (→ Kontereffekt). – 2. *Ursachen* sind exogene Faktoren (z.b. bessere Arbeitsbedingungen und Entlohnung in den Industrieländern) und endogene Faktoren (z.b. den Opportunitätskosten nicht entsprechende Entlohnung, politische Instabilität, Diskriminierung und Unterdrückung bis hin zur Verfolgung Intellektueller). – 3. *Wirkungen* für das Abwanderungsland: a) mögliche *negative Wirkungen* u.a.: (1) Rückgang der Produktivität der verbliebenen Arbeitskräfte und sonstigen Produktionsfaktoren aufgrund gestärkter komplementärer Beziehungen; (2) Entfallen externer Erträge, die von den Emigranten erzeugt und mit der Entlohnung nicht abgegolten wurden; (3) Entfallen eventueller bisher von den Emigranten geleisteter Transferzahlungen zugunsten von Inländern; (4) nicht abgegoltene, vom Abwanderungsland getragene Ausbildungskosten, deren Erträge dem Zuwanderungsland zufallen. – b) Mögliche *positive Wirkungen* u.a.: (1) Teilhabe des Heimatlandes an von dem Abgewanderten im Ausland erzielten Forschungsergebnissen (Tropenmedizin, Agrarforschung u.a.); (2) bei temporärer Abwanderung unentgeltlicher Zustrom von Humankapital bei der Rückkehr ins Heimatland durch zusätzliche Qualifikation im Ausland; (3) im Fall der „Produktion" von Akademikerüberschüssen (wie in einigen Entwicklungsländern) Entlastung des Arbeitsmarktes, politische Stabilisierung und u.U. auch Entlastung des Staatshaushalts (z.b. wenn durch die Abwanderung überschüssige Arbeitskräfte aus dem öffentlichen Sektor abgezogen werden).

**Brandt-Kommission** – nach ihrem Vorsitzenden W. Brandt benannte *Unabhängige Kommission für internationale Entwicklungsfragen*, die 1977 auf Vorschlag des damaligen Weltbankpräsidenten R. McNamara ins Leben gerufen wurde. Sie bestand aus sieben Mitgliedern der Industrie- und zehn Mitgliedern der Entwicklungsländer. – Ihr *Auftrag* lag in der Ausarbeitung von Vorschlägen zur beschleunigten Entwicklung der Dritten Welt. Der erste Bericht (Das Überleben sichern; 1980) gab Anregungen zur Umgestaltung der internationalen Wirtschaftsbeziehungen. Der zweite Bericht (Hilfe in der Weltkrise; 1982) beschäftigte sich mit der → Auslandsverschuldung der Entwicklungsländer.

**Bretton-Woods-Abkommen** – am 23.7.1944 in Bretton Woods (New Hampshire, USA) von 44 Ländern geschlossene Verträge über die Errichtung des Weltwährungsfonds (Internationaler Währungsfonds, → IWF) und der Weltbank (International Bank for Reconstruction und Development, → IBRD), 1946 in Kraft getreten. Die UdSSR hatte die Verträge unterzeichnet, aber nicht ratifiziert; die Bundesrepublik Deutschland trat ihnen am 14.8.1952 bei. – *Ziele:* Umfassende Neuordnung der → Weltwirtschaft nach dem aus der Weltwirtschaftskrise und dem Zweiten Weltkrieg folgenden handelspolitischen Chaos durch Ordnung und Stabilisierung des internationalen Zahlungsverkehrs und Aufbau eines neuen Weltwährungssystems zusammen mit der Havanna-Charta und in enger Zusammenarbeit mit den Sonderorganisationen der UN. – *Hauptelemente* dieses Weltwährungssystems: → feste Wechselkurse, autonome Wirtschaftspolitik der Mitgliedsländer sowie das Bestreben um Verwirklichung der vollen → Konvertibilität. – *Entwicklung:* Bis etwa 1973 (Übergang zu → flexiblen Wechselkursen durch wichtige Welthandelsländer) konnten die internationalen monetären Beziehungen nach dem Bretton-Woods-Abkommen abgewickelt werden. Danach weit gehende Modifizierung dieses Abkommens in Novellierungen (amendments). Die Aufgabe wesentlicher Elemente des Bretton-Woods-Abkommens, v.a. des Systems fester Wechselkurse, wird zurückgeführt auf die damalige Schwäche des Dollars als Leitwährung, die Aufkündigung der Bereitschaft der USA, den Dollar jederzeit in Gold umzutauschen, sowie fundamentale Zahlungsbilanzungleichgewichte wichtiger Handelsnationen.

**Bretton-Woods-System** → Gold-Devisen-Standard. 1. *Begriff:* → Internationales Währungssystem nach dem Zweiten Weltkrieg bis Anfang der 1970er-Jahre. Benannt nach einem am 27.7.1944 in der Stadt Bretton Woods im US-Bundesstaat New Hampshire unterzeichneten internationalen Abkommen, welches eine *umfassende Neuordnung der Weltwirtschaft* nach dem Zweiten Weltkrieg anstrebte. Zu verstehen als Reaktion auf die durch Abwertungswettläufe und → Protektionismus gekennzeichnete Periode zwischen dem ersten und dem Zweiten Weltkrieg. – *Ziel* war eine reibungslose und von Handelsbarrieren befreite Abwicklung des Welthandels unter engen Schwankungsbändern der Wechselkurse (→ Zielzonen-System). Konzipiert nach dem → Gold-Devisen Standard mit dem US-Dollar als → Leitwährung. – *Kernbestandteile* des in Bretton Woods vereinbarten Währungssystems waren: (1) Festlegung einer Parität von (damals) 35 US-Dollar pro Unze Gold und (2) Verpflichtung der USA zum An- und Verkauf von Dollar zu diesem Preis, (3) Festlegung der → Wechselkurse (Paritäten) der übrigen Währungen gegenüber dem US-Dollar, (4) Verpflichtungen der Notenbanken dieser übrigen Währungen, die Wechselkurse innerhalb einer Bandbreite von ein Prozent um diese Paritäten zu stabilisieren, (5) die Möglichkeit der Veränderung der Paritäten im Fall von fundamentalen Zahlungsbilanzproblemen einzelner Länder (→ Realignments) und schließlich (6) die Errichtung des internationalen Währungsfonds (→ IWF) zur internationalen Kreditgewährung bei vorübergehenden Zahlungsbilanzproblemen. Neben der Installation dieses Währungssystems wurde in Bretton Woods auch die *Errichtung der Weltbank* (→ IBRD) zum Zwecke der Entwicklungsländerfinanzierung beschlossen. Ergänzt wurde das Bretton-Woods-Abkommen durch die 1948 unterzeichnete *Havanna-Charta*, die die multilaterale → Handelsliberalisierung anstrebte und aus der das → GATT hervorging. – 2. *Probleme:* Das Bretton-Woods-*Währungssystem* brach in den 1970er-Jahren zusammen, und zwar im Wesentlichen aufgrund zweier Konstruktionsfehler. *Erstens* aufgrund des *Redundanzproblems*, manchmal auch das *Problem des n-ten Landes* genannt. Damit ist gemeint, dass es bei n Währungen nur n–1 voneinander unabhängige Wechselkurse, und auch nur n–1 voneinander unabhängige → Zahlungsbilanzen gibt. Wenn n–1 Länder die vorgesehenen Paritäten verteidigen und auf diese Weise ihre geldpolitische Souveränität aufgeben, so ist das n-te Land (das Leitwährungsland, in diesem Fall die USA) bei der Wahl seiner Geldpolitik von außenwirtschaftlichen Restriktionen befreit. Seine Politik hat aber gravierende Rückwirkungen auf alle anderen Länder, es beeinflusst dadurch nämlich die Entwicklung der nominelle Preise (die Inflationsraten) aller anderen Länder. Die nominelle Verankerung des Gesamtsystems durch die Gold-Dollar Parität funktionierte nur sehr begrenzt. Die USA verfolgten gegen Ende der 1960er-Jahre - u.a. bedingt durch den Vietnam Krieg - eine inflationäre Politik (Grund: öffentliche Haushaltsdefizite, expansive Geldpolitik) und waren nur sehr beschränkt zur Goldkonvertibilität des US-Dollar bereit. Die anderen Länder aber waren umgekehrt nicht mehr bereit, die so entstandene Inflationsrate der USA zu akzeptieren, wozu das Festkurssystem sie gezwungen hätte. *Das zweite Problem* war die zögerliche *Anpassung der Paritäten* auf Veränderungen fundamentaler wirtschaftlicher Einflussfaktoren in den einzelnen Ländern (u.a. Goldunter- bzw. Dollarüberdeckung), die dem System keine Glaubwürdigkeit verleihen konnten. Als Resultat entstanden *destabilisierende Spekulationen*, und nach einigen Versuchen, das System mit Veränderungen der Paritäten (→ Realignment) und/ oder erweiterten Bandbreiten zu retten, kam Anfang der 1970er-Jahre der Zusammenbruch des Bretton-Woods-Systems. – Vgl. auch → Wechselkurspolitik.

**BRIC-Staaten** – eine 2003 vom Goldman-Sachs-Chefvolkswirt O'Neill geschaffene und heute übliche Bezeichnung von vier wichtigen → Schwellenländern. BRIC steht hierbei für die Anfangsbuchstaben der Länder Brasilien, Russland, Indien und China.

**Briefkastengesellschaft** – Basisgesellschaft.

**Brückenklausel** – 1. Brückenklauseln, auch Passerelle-Klauseln genannt, sind Regelungen, die es erlauben, dass in Fällen, in denen eine Vorschrift Einstimmigkeit verlangt, durch eine in der Vorschrift vorgesehene Ausnahmeregelung in der Weise abgewichen werden kann, dass ein niedrigeres Quorum (z.B. 2/3-Mehrheit) für die Beschlussfassung ausreichen soll. – 2. a) So sieht etwa Art. 48 Abs. 7 EUV als allgemeine Brückenklausel für alle europäischen Politikbereiche vor, dass in Fällen, in denen der Rat nach Maßgabe des AEUV oder des Titels V des EUV in einem bestimmten Bereich oder in einem bestimmten Fall einstimmig beschließt, der Europäische Rat einen Beschluss erlassen kann, wonach der Rat (Ministerrat) in diesem Bereich oder Fall mit qualifizierter Mehrheit beschließen kann. Einem solchen Beschlussvorschlag darf der deutsche Vertreter im Europäischen Rat nur zustimmen oder sich enthalten, nachdem hierzu ein Gesetz gemäß Art. 23 Abs. 1 GG in Kraft getreten ist. Ohne ein solches Gesetz muss er ablehnen (§ 4 des Integrationsverantwortungsgesetzes (IntVG) vom 22.9.2009 (BGBl.I S. 3022). Diese Regelung gewährleistet, dass Vertragsänderungen, die durch Brückenklauseln erreicht werden könnten, dem Entscheidungsbereich des deutschen Parlaments nicht entzogen werden können, sondern seinem Zustimmungsvorbehalt unterliegen. Dies gilt auch im Falle des Art. 81 Abs. 3 AEUV. – b) Neben der allgemeinen Brückenklausel und Art. 81 AEUV gibt es fünf weitere besondere Brückenklauseln, die keinen Gesetzesbeschluss der Deutschen Bundestages verlangen, wohl aber einen einen einfachen Parlamentsbeschluss nach den §§ 5 und 6 IntVG, ggf. mit einem

Beschluss des Bundesrates, wenn Rechte der Länder betroffen sind (§ 5 Abs. 2 und § 6 Abs. 2 IntVG). Dies betrifft die besonderen Brückenklauseln in Art.153, 192, 312,333 AEUV und Art. 31 EUV.

**Brundtland-Bericht** – 1. *Begriff und Merkmale*: Im Herbst 1983 wurde von der UNO-Vollversammlung die World Commission on Environment and Development unter Vorsitz der Norwegerin G.H. Brundtland gebildet. Im April 1987 wurde ihr Bericht „Our Common Future" vorgelegt. – 2. *Ziele*: Der Bericht zielt auf einen globalen Bewusstseinswandel ab und legte den Schwerpunkt auf die Beziehung zwischen Wirtschaftswachstum und Umweltschutz, wobei „sustainable development" als möglicher Kompromiss der Interessen von Entwicklungsländern und Industrieländern dargestellt wurde.

**Brutto-Cashflow** → Cashflow Return on Investment (CFROI).

**Bruttoinvestitionsbasis (BIB)** → Cashflow Return on Investment (CFROI).

**Buchwertmethode** → Purchase-Methode.

**Buffer Stock** – Marktausgleichslager für Rohstoffe, die dazu dienen sollen, Rohstoffpreise zu stabilisieren, indem Angebots- und Nachfragemengen von der Buffer Stock-Verwaltung durch Käufe oder Verkäufe entsprechend dem Stabilisierungsziel beeinflusst werden. Entwicklungsländer haben ihre Einrichtung im Rahmen der Verhandlungen über eine → Neue Weltwirtschaftsordnung gefordert, wobei die Industrieländer die Finanzierung zu sichern hätten. – Industrieländer haben Buffer Stocks weitgehend abgelehnt. Die *bisherigen Erfahrungen* mit Buffer Stocks sind nicht ermutigend. Buffer Stocks wirken strukturkonservierend, verursachen Fehlallokationen und können u.U. Exporterlösschwankungen verstärken. – *Alternative*: Exporterlöse könnten auch durch eine kompensierende Finanzierung stabilisiert werden.

**Bundesagentur für Außenwirtschaft (bfai)** – *Zweck*: informierte als Servicestelle

des Bundesministeriums für Wirtschaft und Arbeit über die aktuelle Situation auf ausländischen Märkten. Sie war entstanden aus der Bundesstelle für Außenhandelsinformation und unterstützte in deren Nachfolge seit 1951 dt. Unternehmen auf dem Weg ins Auslandsgeschäft. Die Zentrale war in Köln. – Wurde zum 1.1.2009 mit der Invest in Germany GmbH fusioniert zur Germany Trade and Invest.

**Bundesanstalt für Landwirtschaft und Ernährung (BLE)** – Bundesoberbehörde im Geschäftsbereich des Bundesministeriums für Ernährung, Landwirtschaft und Verbraucherschutz (BMELV); bundesunmittelbare rechtsfähige Anstalt des öffentlichen Rechts; Sitz in Bonn. Zum 1.1.1995 errichtet durch das Gesetz vom 2.8.1994 (BGBl. I 2018) durch Zusammenlegung der ehemaligen Bundesanstalt für Landwirtschaftliche Marktordnung (BALM) und des ehemaligen Bundesamtes für Ernährung und Forstwirtschaft (BEF). – 1. *Aufgaben*: Die Bundesanstalt für Landwirtschaft und Ernährung ist → Marktordnungsstelle für die in der EU bestehenden seit 2007 gemeinsamen Organisationen für die Agrarmärkte (Getreide, Reis, Zucker, Trockenfutter, Saatgut, Hopfen, Olivenöl und Tafeloliven, Flachs und Hanf, Obst und Gemüse, verarbeitetes Obst und Gemüse, Bananen, Wein, lebende Pflanzen und Waren des Blumenhandels, Rind-, Schweine- Schaf- und Ziegenfleisch, Milch und Milcherzeugnisse, Eier, Geflügelfleisch sowie sonstige Erzeugnisse). Als Marktordnungsstelle ist sie bes. bei der Intervention von Waren, bei der privaten Lagerhaltung und bei Beihilfemaßnahmen tätig. Zur Finanzierung der gemeinsamen Agrarpolitik nimmt die Bundesanstalt für Landwirtschaft und Ernährung Kassenkredite auf, auch soweit sie für die Durchführung der Maßnahmen selbst nicht zuständig ist. Aufgrund des Ernährungssicherstellungsgesetzes und des Ernährungsvorsorgegesetzes wird die Bundesanstalt für Landwirtschaft und Ernährung bei der zentralen Planung und Feststellung von Erzeugung, Beständen und Verbrauch tätig. Im Rahmen einer allg. Vorratshaltung sowie der Zivilen Notfallreserve werden Vorräte an Ernährungsgütern und Futtermitteln beschafft, verwaltet und verwertet. – 2. *Lizenzen:* Als Genehmigungsstelle für den grenzüberschreitenden Waren- und Dienstleistungsverkehr mit Erzeugnissen der Ernährungs-, Land- und Forstwirtschaft erteilt die Bundesanstalt für Landwirtschaft und Ernährung Einfuhr- und Ausfuhrlizenzen sowie -genehmigungen. – 3. *Sonstiges:* Die Bundesanstalt für Landwirtschaft und Ernährung überwacht Embargomaßnahmen und die Einhaltung von Kontingentregelungen. Die Bundesanstalt für Landwirtschaft und Ernährung erhebt Abgaben nach dem Holzabsatzfondsgesetz. Darüber hinaus wird der Klärschlamm-Entschädigungsfonds verwaltet. Sie überwacht die Seefischerei außerhalb der Küstengewässer und die Einhaltung der von ihr verwalteten Fischfangquoten; nach § 3 des Seefischereigesetzes erteilt sie Fangerlaubnisse an die dt. Fischereiflotte. Die Fischereischutzboote und Fischereiforschungsschiffe des Bundes werden durch die Bundesanstalt für Landwirtschaft und Ernährung bereedert.

**Bundesstelle für Außenhandelsinformation** → Bundesagentur für Außenwirtschaft (bfai); fusionierte 2009 mit der der Gesellschaft für Außenhandelsinformationen (GfAI) und Invest in Germany zur Germany Trade and Invest – Gesellschaft für Außenwirtschaft und Standortmarketing mbH (GTAI).

**Buy-Back-Geschäft** → Kompensationshandel.

# C

**CACEU** – 1. *Begriff und Merkmale:* Abk. für *Central African Customs and Economic Union, Union Douanière et Economique de l'Afrique Centrale (UDEAC), Zentralafrikanische Zoll- und Wirtschaftsunion*; am 8.12.1964 durch den Vertrag von Brazzaville gegründet. – 2. *Ziele:* Förderung der wirtschaftlichen Integration durch Zollunion und schrittweise Entwicklung eines gemeinsamen Marktes; Harmonisierung auf dem Gebiet der Entwicklungsplanung, industriellen Zusammenarbeit, Verkehrswesens, der Investitionsgesetzgebung und des Steuerwesens. Mit Frankreich bildet die UDEAC die Zentralafrikanische Währungsunion (Union Monétaire de l'Afrique Centrale).

**CACM** – *Central American Common Market, Zentralamerikanischer Gemeinsamer Markt;* 1960 gegründeter wirtschaftlicher Zusammenschluss von Costa Rica, El Salvador, Guatemala, Honduras und Nicaragua mit dem Ziel der Errichtung eines gemeinsamen Marktes in diesen Staaten.

**CARICOM** – 1. *Begriff und Merkmale: Caribbean Community and Common Market, Karibische Gemeinschaft;* am 4.7.1973 mit dem Vertrag von Chaguaramas (Trinidad) gegründet. Die CARICOM ersetzte die Karibische Freihandelszone (CARISTA), deren Zielsetzung der Handelsliberalisierung um die ökonomische Integration erweitert wurde. – 2. *Ziele:* Gemeinsame Außenhandelspolitik und gemeinsamer Außenhandelstarif sowie eine Koordinierung der nationalen Entwicklungspläne sind vorgesehen.

**Carl Duisberg Gesellschaft (CDG)** – 1949 von Bund, Ländern und der dt. Wirtschaft gegründete gemeinnützige Organisation für die internationale berufliche Weiterbildung und Personalentwicklung. 2002 fusionierte die CDG mit der dt. Stiftung für internationale Entwicklung (DSE) zur InWEnt – → Internationale Weiterbildung und Entwicklung gemeinnützige GmbH (InWEnt). Unter diesem Namen werden die Programme der Vorgänger-Organisationen weitergeführt. Die Programme werden meist im Auftrag des Bundesministeriums für wirtschaftliche Zusammenarbeit und Entwicklung (BMZ) im Rahmen der personellen Zusammenarbeit durchgeführt.

**Carnet ATA** – 1. *Begriff:* Abk. für *Admission Temporaire und Temporary Admission.* Das Carnet ATA ist ein Vordruck, der dem internationalen Zollübereinkommen von Brüssel über das Carnet ATA für die vorübergehende Einfuhr vom 6.12.1961 (BGBl. 1965 II 948) als Anlage beigefügt ist. Mittels seiner werden verschiedene Zollverfahren rund um die Verwendung abgewickelt. Dem Abkommen gehören neben den Mitgliedsstaaten der EU mehere Länder an, so u.a. Algerien, Andorra, Australien, Chile, VR China, Elfenbeinküste, Gibraltar, Herzegowina, Hongkong, Indien, Iran, Island, Israel, Japan, Kanada, Korea, Kroatien, Libanon, Macoa, Malaysia, Marokko, Mauritius, Mazedonien, Mexiko, Moldavien, Mongolei, Montenegro, Neuseeland, Norwegen, Pakistan, Russland, Schweiz, Senegal, Serbien, Singapur, Sri Lanka, Südafrika, Thailand, Türkei, Tunesien, Ukraine, USA, Vereinigte Arabische Emirate und Weißrussland an. – 2. *Anwendung:* Das Carnet ATA kann für vorübergehend eingeführte eingangsabgabenpflichtige Waren verwendet werden. Zulässig ist weiterhin die Verwendung als Versandpapier, nicht jedoch für zur Ausbesserung und Veredelung bestimmte Waren. Schließlich kann es zur Wiederausfuhr verwendet werden. Der Inhaber eines Carnet ATA ist verpflichtet, die eingeführten Waren bis zum Ablauf der Gültigkeitsdauer des Carnet ATA wieder auszuführen. In der Bundesrepublik Deutschland wird das Carnet ATA von den Industrie- und

Handelskammern (IHK) ausgegeben. Bürgender Verband ist der Deutsche Industrie- und Handelskammertag (DIHK).

**Carnet TIR** – 1. *Allgemein:* Das TIR-Verfahren (Transport International des Marchandises par la Route) ermöglicht den grenzüberschreitenden Warentransport mit Straßenfahrzeugen in vier Kontinenten. Mit einem Zollpapier, einer Nämlichkeitssicherung und einer gemeinsamen Sicherheitsleistung können Waren durch mehrere Staaten befördert werden, ohne dass sie an den Grenzzollstellen beschaut werden. Das verkürzt die Abfertigungszeiten enorm. – 2. *Rechtsgrundlage* ist das Übereinkommen über den internationalen Warentransport mit Carnet TIR („TIR-Übereinkommen 1975") vom 14.11.1975 (BGBl. 1979 II 446). 68 Vertragsparteien einschließlich der 27 Mitgliedsstaaten der Gemeinschaft sind inzwischen dem Übereinkommen beigetreten. Angewendet werden die Regelungen jedoch nur in 56 Ländern, die über national zugelassene, bürgende Verbände verfügen. Das Carnet TIR findet keine Anwendung, wenn die Warentransporte ausschließlich innerhalb des → Zollgebiets der EU stattfinden. Dann sind → Nichtgemeinschaftswaren im → gemeinschaftlichen Versandverfahren zu befördern. – 3. *Ausstellung und Ausgabe:* Ausgestellt werden Carnet TIR nicht von den Zollstellen, sondern von der in Genf ansässigen internationalen Straßentransportunion (IRU-International Road Transport Union/ Union Internationale des Transports Routiers). Die Wirtschaftsbeteiligten erhalten das Papier von den ihnen angeschlossenen nationalen Verbänden, die hierzu von den Zollbehörden der jeweiligen Vertragspartei ermächtigt werden. In Deutschland erfolgt die Abgabe der Carnets über die Landesorganisationen des Bundesverbandes Güterkraftverkehr, Logistik und Entsorgung (BGL) e.V. in Frankfurt a.M. und die Arbeitsgemeinschaft zur Förderung und Entwicklung des internationalen Straßenverkehrs (AIST) e.V. in Berlin. – 4. *Ablauf:* Das TIR-Verfahren wird bei der sog. Abgangszollstelle eröffnet. Hier werden auch die Verschlüsse angelegt. Den Durchgangszollstellen an den Grenzen ist das Beförderungsmittel mit der Warenladung und dem dazugehörigen Carnet TIR vorzuführen. Bei der Bestimmungszollstelle wird das Verfahren beendet. Ein Carnet TIR gilt jeweils nur für eine Beförderung. – 5. *Aktuelle Entwicklung:* Seit dem 1.1.2009 wird das Verfahren innerhalb der EU, des → Zollgebietes der EU, zusätzlich nach den Regeln des NCTS-Versandverfahrens zwingend elektronisch abgewickelt. – Vgl. auch → Versandverfahren.

**Cashflow Return on Investment (CF-ROI)** – Kennzahl, die im Rahmen eines umfassenden Performancemessungs- und Wertsteigerungskonzepts zur Anwendung kommt. Der Cashflow Return on Investment (CF-ROI) ist eine Renditegröße, die als interner Zinsfuß eines Unternehmens oder Geschäftsbereichs berechnet wird. In die Berechnung des Cashflow Return on Investment (CFROI) gehen vier Größen ein: Bruttoinvestitionsbasis (BIB; inflationierte Anschaffungs- und Herstellungskosten), Brutto-Cashflow (BCF; Einzahlungsüberschuss der Periode aus dem operativen Geschäft vor Investitionen), die Nutzungsdauer und der Restwert am Ende der Nutzungsdauer. Unter der vereinfachenden Annahme einer unendlichen Nutzungsdauer berechnet sich der Cashflow Return on Investment (CFROI) als

$$CFROI = \frac{\text{Brutto-Cashflow}}{\text{Bruttoinvestitionsbasis}}.$$

Zur Beurteilung der Performance eines Unternehmens oder Geschäftsbereichs wird der Cashflow Return on Investment (CFROI) dem entsprechenden Gesamtkapitalkostensatz – Weighted Average Cost of Capital, → WACC – der Einheit gegenübergestellt. Ist der Cashflow Return on Investment (CFROI) größer als der Gesamtkapitalkostensatz, so ist im betrachteten Zeitraum Wert geschaffen, andernfalls ist Wert vernichtet worden. Kritik am Cashflow Return on Investment (CFROI) entfacht sich am Konzept des internen Zinsfusses und den Annahmen bei der Berechnung des Cashflow Return on Investment (CFROI).

**Cashflow Statement** → Kapitalflussrechnung.

**Cash Pool** – Zielkonto der im Rahmen des Cash Management täglich zusammengefassten Zahlungsverkehrskonten eines Unternehmens. Ziel der Bildung eines Cash Pools ist es, die Sollzinsen auf den Unternehmenskonten durch Saldierung aller Kontenstände auf dem Zielkonto zu reduzieren.

**CCC** – Abk. für *Customs Cooperation Council,* → Rat für die Zusammenarbeit auf dem Gebiet des Zollwesens (RZZ).

**CCI** – Abk. für *Chambre de Commerce International,* → ICC.

**CDG** – Abk. für → *Carl Duisberg Gesellschaft.*

**CEA** – 1. *Begriff und Merkmale: Confédération Européenne de l'Agriculture, European Confederation of Agriculture, Verband der Europäischen Landwirtschaft;* gegründet 1948 mit Sitz in Brüssel. Spitzenverband von mehreren Hundert Landwirtschafts- und Genossenschaftsverbänden in Europa und die Nachfolgeorganisation der *International Commission of Agriculture* sowie der *International Confederation of Agriculture.* – 2. *Ziele:* Vertretung und Schutz der Interessen der europäischen Landwirtschaft in wirtschaftlichen, sozialen und kulturellen Angelegenheiten; Fortentwicklung der Grundlagen der Landwirtschaft; Schutz und Unterstützung des unabhängigen landwirtschaftlichen Familienbetriebs.

**CEAO** – *Communauté Economique de l'Afrique de l'Ouest, Westafrikanische Wirtschaftsgemeinschaft;* am 9.6.1959 gebildet aus sieben westafrikanischen frankophonen Staaten; zz. untätig. – *Probleme:* Überschneidungen mit → ECOWAS.

**CEDEAO** – *Communauté Economique des Etats de l'Afrique de l'Ouest, Wirtschafts-*gemeinschaft westafrikanischer Staaten; → ECOWAS.

**CEEAC** – Abk. für *Communauté Economique des Etats de l'Afrique Centrale;* → ECCAS.

**CEMAC** – 1. *Begriff und Merkmale:* Abk. für *Central African Money Union;* wirtschaftliche und monetäre Gemeinschaft von Zentralafrika; Geschäftsaufnahme 1966. – 2. *Mitgliedsstaaten* sind Äquatorialguinea, Gabun, Kamerun, Kongo, Tschad und Zentralafrikanische Republik. – 3. *Ziele:* Schaffung einer immer engeren Vereinigung zwischen Völkern und Mitgliedsländern, Förderung der nationalen Märkte durch Abschaffung von Hindernissen für internationalen Handel, Entwicklung der Solidarität der Mitgliedsstaaten zugunsten der benachteiligten Länder und Regionen, Schaffung eines gemeinsamen afrikanischen Marktes.

**CEN** – 1. *Begriff und Merkmale:* Abk. für Comité Européen de Normalisation, European Comittee for Standardization, Europäisches Komitee für Normung; privatrechtliche, gemeinnützige Vereinigung. – 2. *Tätigkeit und Ziele:* Die Europäische Normung (europäische Normen) auf Basis einer freiwilligen technischen Harmonisierung in Europa.

**CENELEC** – 1. *Begriff und Merkmale: Comité Européen de Normalisation Electrotechnique, Europäisches Komitee für elektrotechnische Normung;* privatrechtliche, gemeinnützige Vereinigung. – 2. *Tätigkeit:* europäische Normung (europäische Normen).

**Central African Customs and Economic Union** → CACEU.

**Central African Money Union** → CEMAC.

**CERN** – *Conseil Européene pour la Recherche Nucléaire, European Organization for Nuclear Research, Europäische Organisation für Kernforschung;* gegründet am 29.9.1954 aufgrund eines Beschlusses der Generalversammlung der UNESCO (1950) und einer von ihr angeregten Regierungskonferenz (1951). – *Organe:* (1) Rat aus je zwei Vertretern der Mitgliedsstaaten; (2) Ausschüsse für Finanzen und Wissenschaftspolitik. – *Aktivitäten:* Zusammenarbeit der Mitgliedsstaaten bei der wissenschaftlichen Grundlagenforschung der Kernenergie. Sehr leistungsfähige internationale Forschungslaboratorien auf dem Gebiet der Teilchen hoher Energie. Die Forschungsergebnisse dürfen nicht militärischen Zwecken dienen und sollen veröffentlicht werden. – *Veröffentlichungen:* CERN Courrier (monatlich); Scientific Reports; Annual Reports.

**Certificate of Origin** → Ursprungszeugnis.

**CFA-Franc-Zone** – 1. *Begriff:* Wechselkursunion zwischen der EU (früher Frankreich) und 14 west- und zentralafrikanischen Staaten. Genau genommen gibt es drei Franc-Zonen: zwei afrikanische, die zentralafrikanische BEAC (Banque des états de l'Afrique centrale) und die westafrikanische Franczone BCEAO (Banque des états de l'Afrique de l'Ouest), und eine pazifische. Dennoch spricht man meist von *der* Franc-Zone (auch nach Einführung des Euros). – 2. *Währungen:* Die offizielle Währung der Zentralafrikanischen Wirtschafts- und Währungsgemeinschaft ist der CFA-Franc BEAC (CFA steht für Communauté Financière Africaine). – Der CFA-Franc BEAC ist verbunden mit einem festen Wechselkurs von 655,957 CFA-Franc BEAC pro Euro und mit einer 1:1-Relation zum CFA Franc BCEAO. Die → Europäische Zentralbank (EZB) und damit auch die Banque de France üben Einfluss auf die Geldpolitik der beiden Zentralbanken der Franc-Zonen aus. Der Nachteil der Kursbildung an Euro bzw. Franc sind schlechte (hohe) Exportpreise, der Vorteil eine sehr niedrige Inflation, weil die Geldpolitik der Europäischen Zentralbank stabilitätsbewusst ist. Daher, und weil die Wirtschaftskraft in Afrika relativ gering ist, stellt die CFA-Zone keine Gefahr für den Euro dar. Es ist aber anzunehmen, dass mittelfristig diese international einmalige Konstruktion zugunsten flexibler Wechselkurse aufgegeben werden wird, was den Exportbemühungen der afrikanischen Staaten

sicherlich Auftrieb verleiht, aber ebenso sicher zu massiver interner Inflation führen wird.

**Charta der Grundrechte** – Am 7.12.2000 unterzeichneten in Nizza die Präsidenten des → Europäischen Parlaments, des → Rates der Europäischen Union und der → Europäischen Kommission die Charta der Grundrechte. Sie wurde von einem Konvent ausgearbeitet und beruht auf den gemeinsamen Verfassungstraditionen, den einschlägigen internationalen Verträgen und der Rechtssprechung des → EuGH und des Europäischen Gerichtshofs für Menschenrechte. Ihre Integration in die (nicht zustande gekommene) Verfassung der EU (→ Verfassung für Europa) wurde vom → Europäischen Konvent vorgeschlagen. In Art. 6 EUV – Lissabon erkennt die Union die Rechte, Freiheiten und Grundsätze an, die in der Charta der Grundrechte der Europäischen Union vom 7.12.2000 in der am 12.12.2007 angepassten Fassung (ABl. Nr. C 303 S. 1) niedergelegt sind. Die Charta und die Verträge sind rechtlich gleichrangig. Durch die Charta werden die in den Verträgen festgelegten Zuständigkeiten nicht erweitert (Art. 6 S. 2 EUV).

**Chiang-Mai-Initiative** – Eine am 6.5.2000 im thailändischen Chiang Mai verabschiedete Initiative, welche die Währungsswapregelungen der ASEAN-Staaten (→ ASEAN) auf die Staaten der → ASEAN Plus Drei ausweitet. Ziel ist die Schaffung eines regionalen finanziellen Reservemechanismus in Ergänzung zu den Notfallkreditregelungen des IWF zur Verhinderung bzw. Ausbreitung von Finanzkrisen wie der → Asienkrise.

**CIIA** – Abk. für → Commission Internationale des Industries Agricoles et Alimentaires.

**COCOM** – Abk. für *Coordinating Committee for Multilateral Export Control, Coordinating Committee for East-West Trade Policy;* 1949 in Paris gegründet, hat es ab Anfang der 1980er-Jahre aufgrund der technologischen und politischen Entwicklung bes. in den USA an Bedeutung gewonnen und seit Anfang der

1990er-Jahre Änderung erfahren (New Forum). Die beteiligten Staaten waren nicht an internationale Beschlüsse gebunden; es bestanden keine Regierungsabkommen in Bezug auf Organisation, Aufgabenregelung und Kompetenzen. Ziele waren die Kontrolle des Handels mit bestimmten Staaten sowie des Handels von „sensiblen"/„sensitiven" Gütern. – Das COCOM-Gremium wurde einvernehmlich am 31.3.1994 aufgelöst. Embargolisten und Genehmigungserteilung hatten keine Relevanz mehr. – *Nachfolger:* → Wassenaar Arrangement.

**COGECA** – *Allgemeiner Verband des ländlichen Genossenschaftswesens;* europäische Dachorganisation der landwirtschaftlichen Genossenschaften in der EU; gegründet am 24.9.1959. – *Mitglieder:* 36 Vollmitglieder, 4 angeschlossene Mitglieder – *Sitz:* Brüssel (gemeinsames Generalsekretariat von → COPA und COGECA).

**Coherence** – Bezeichnung für die Zusammenarbeit und Koordination zwischen den führenden internationalen Organisation → IWF, → IBRD (Weltbank) und → World Trade Organization (WTO). Der Begriff entstand in der zweiten Hälfte der 1990er-Jahre, nachdem mit der WTO eine neue und starke internationale Organisation im Bereich des Welthandels entstanden war. Dementsprechend erfasst der Begriff in erster Linie die Problematik, wie die WTO und die Probleme des Welthandels in die seit 50 Jahren praktizierte Zusammenarbeit zwischen IWF und Weltbank integriert werden kann. Formale Grundlage für die Coherence sind Kooperationsabkommen, die die WTO mit dem IWF (1996) und der Weltbank (1997) vereinbart hat. – Vgl. auch → Cross Conditionality.

**Collective Self-Reliance** – Begriff aus der Nord-Süd-Diskussion (→ Nord-Süd-Konflikt). Entwicklungsländer begannen durch eine interne Abstimmung ihre Verhandlungspositionen gegenüber den Industrieländern und den transnationalen Konzernen zu verbessern, um in Verhandlungen eine Neue Weltwirtschaftsordnung durchzusetzen. Die Intensivierung der Süd-Süd-Beziehungen soll zu regionalen → Integrationen führen, um die Abhängigkeit von den Industrieländern zu vermindern. – Vgl. auch → G 77, → UNCTAD, → Neue Weltwirtschaftsordnung.

**COLOMBO-Plan** – *Colombo-Plan for Cooperative Economic and Social Development in Asia and the Pacific;* im Mai 1950 von einigen Staaten des Commonwealth zur Förderung der technischen und wirtschaftlichen Entwicklung und zur Steigerung des Lebensstandards geschaffenes Instrument mit Sitz in Colombo. – *Ziel:* Förderung der wirtschaftlichen und sozialen Entwicklung in den Empfängerländern über → Kapitalhilfe durch nicht rückzahlungspflichtige Unterstützungen, Anleihen für nationale Entwicklungsvorhaben, Warenlieferungen (z.B. Getreide, Düngemittel, Verbrauchsgüter), Lieferungen von Investitionsgütern, technische Hilfeleistungen durch Experten, die Bereitstellung von Studienplätzen und den Transfer von Hochtechnologie.

**COMECON** – *Council für Mutual Economic Assistance, Rat für gegenseitige Wirtschaftshilfe (RGW).* 1. *Merkmale:* 1948 gegründete, 1991 aufgelöste Wirtschaftsgemeinschaft osteuropäischer Staaten mit Sitz in Moskau. Nach der Ablehnung der Teilnahme der UdSSR und ihrer Satelliten am Marshall-Plan galt er als Gegenstück zur → OECD. – 2. *Ziele:* Vernetzung der Volkswirtschaften des Ostblocks, bes. zur Rationalisierung und Optimierung der industriellen Produktion. Vorgesehen war eine interregionale Arbeitsteilung, die durch eine gemeinsame Planung der Investitionspolitik seiner Mitglieder erreicht werden sollte. Angestrebt wurde auch ein Austausch wirtschaftlicher und technischer Erfahrungen und Zusammenarbeit für spezielle Bereiche (z.B. Computertechnologie). – 3. *Organisation:* Der Rat fungierte als Oberstes Ständiges Organ unter wechselndem Vorsitz. Als nicht-ständiges Organ fungierten Gipfelkonferenzen. Neben dem Ständigen Sekretariat in Moskau gab es Ständige Kommissionen für zahlreiche Sachgebiete (Außenhandel, Energie, Finanz- und Währungsfragen). Instrumente der wirtschaftlichen Zusammenarbeit waren koordinierte Fünf-Jahres-Pläne der Mitglieder und ein Verrechnungssystem auf Basis des Transferrubels zur effektiveren Ausgestaltung des multilateralen Zahlungsverkehrs innerhalb des COMECON.

**COMESA** – 1. *Begriff und Merkmale: Common Market for Eastern and Southern Africa; gemeinsamer Markt im östlichen und südlichen Afrika*, gegründet 1994. – 2. *Organe:* U.a. der Ministerrat, der die politischen Entscheidungen über die Aktionsprogramme und die allg. Aktivitäten der COMESA trifft, sowie das Komitee der Zentralbankpräsidenten, welches das COMESA Clearing House betreibt und die Umsetzung der monetären und finanziellen Kooperation überwacht. Das Generalsekretariat ist die zentrale Verwaltungsinstanz der COMESA. – 3. *Mitglieder:* Ägypten, Äthiopien, Burundi, Dschibuti, Eritrea, Kenia, Komoren, Demokratische Republik Kongo, Libyen, Madagaskar, Malawi, Mauritius, Ruanda, Sambia, Seychellen, Simbabwe, Sudan, Swasiland und Uganda.

**Comité des Organisations Professionelles Agricoles de la CEE** → COPA.

**Comité des Représentants Permanents** → COREPER.

**Comité Européen de Normalisation** → CEN.

**Comité Européen de Normalisation Electrotechnique** → CENELEC.

**Commission Internationale des Industries Agricoles et Alimentaires (CIIA)** – *International Commission for Food Industries, Internationale Kommission der Lebensmittelindustrie*; 1936 gegründete Nachfolgeorganisation der 1905 eingesetzten internationalen Kommission auf diesem Gebiet sowie des Ständigen internationalen Büros für analytische Chemie der menschlichen und tierischen Ernährung (PIBAC). – *Sitz:* Paris. – *Tätigkeiten:* Führung eines Dokumentationszentrums der landwirtschaftliche Erzeugnisse verarbeitenden Industrien (CDIUPA), Veranstaltung von Kongressen und Symposien. – *Veröffentlichungen:* Food and Agricultures Industries; Liaison Bulletins; Proceedings of Congresses and Symposia.

**Commission on European Contract Law (Lando-Kommission)** → Europäisches Privatrecht.

**Committee on Accounting Procedure (CAP)** – Nachdem die → SEC ihre Kompetenz zur Entwicklung von Rechnungslegungsvorschriften für börsennotierte Unternehmen an das → American Institute of Certified Public Accountants (AICPA) übertragen hatte, gründete dieses zu diesem Zweck im Jahre 1938 das Committee on Accounting Procedure (CAP). Mitglieder des Committee on Accounting Procedure waren ausschließlich ehrenamtlich tätige Wirtschaftsprüfer (WP). Zentrale Verlautbarungsart des Committee on Accounting Procedure waren die 51 → Accounting Research Bulletins (ARB), die das Committee on Accounting Procedure bis zu seiner Auflösung im Jahre 1959 veröffentlichte. In Teilen sind diese Vorschriften, sofern sie nicht durch nachfolgende Verlautbarungen abgelöst oder verändert wurden, bis heute gültig. Aufgrund starker Kritik an seiner Arbeit wurde das Committee on Accounting Procedure 1959 vom → Accounting Principles Board (APB) abgelöst.

**Commodity Terms of Trade** – 1. *Begriff:* Eines der Konzepte der → Terms of Trade, definiert als die Relation des Export- zum Importgüterpreisindex (als Indexveränderung ausgedrückt). Wenn ohne nähere Erläuterung von Terms of Trade die Rede ist, sind Commodity Terms of Trade gemeint (z.B. im Zusammenhang mit Verelendungswachstum). – *Kehrwert:* Net Barter Terms of Trade. – 2. *Beurteilung:* Die Aussagefähigkeit bez. der Entwicklung der Vorteilhaftigkeit des Handels sind beschränkt, da Veränderungen der Güterqualität und der Export- und

Importgütermengen und -strukturen nicht berücksichtigt werden. Ein Rückgang der Commodity Terms of Trade führt selbst im Zwei-Güter-Modell nicht unbedingt zu einer Verschlechterung der Wohlfahrtsposition. Sinkt aufgrund des technischen Fortschritts (Anstieg der Faktorproduktivität) der Preis des Exportgutes, verschlechtern sich die Commodity Terms of Trade; die Wohlfahrt des Landes kann sich verbessern, wenn die Preissenkung unterhalb der Produktivitätszunahme liegt. – *Anders:* → Income Terms of Trade.

**Common Market for Eastern and Southern Africa** → COMESA.

**Community Development** – Entwicklungsstrategie, die Eigeninitiativen im Wege einer Entwicklung von unten anstrebt. Entscheidend ist die Teilnahme der Bevölkerung an der Ausgestaltung der Maßnahmen zur Verbesserung der Lebensbedingungen (Selbst- und Nachbarschaftshilfe). Der Schwerpunkt liegt in der Förderung von Motivation und Fertigkeiten der armen Bevölkerung in der Dritten Welt, die entscheidender sei als alleinige materielle Hilfe.

**Comparability** – *Vergleichbarkeit;* qualitative Anforderung an Rechnungslegungsinformationen nach den → US-GAAP sowie nach den → International Financial Reporting Standards (IFRS). – Vgl. auch → Conceptual Framework und → Framework.

**Completed Contract Method** – Bilanzierungsmethode im Bereich der langfristigen Produktion. Bei der Bewertung des Vorratsvermögens entsteht bei Fertigungsaufträgen, die zum Bilanzstichtag noch nicht abgeschlossen sind, das Problem der Teilgewinnrealisation. Da das dt. Handelsrecht i.d.R. keine vorzeitige Gewinnrealisation gestattet, dürfen nach HGB die Erlöse aus langfristigen Fertigungsprojekten erst mit Abschluss des jeweiligen Vorhabens realisiert werden. Diese Bilanzierungsweise wird als Completed Contract Method bezeichnet, ihr Gegenstück bildet die → Percentage of Completion Method.

**Comprehensive Income** – Eigenkapitalveränderungen, die nicht durch Kapitaltransaktionen mit den Anteilseignern verursacht sind. – Vgl. auch → Conceptual Framework.

**Conceptual Framework** – 1. *Begriff:* Das Conceptual Framework des → Financial Accounting Standards Board (FASB) bildet das allg., übergeordnete Rechnungslegungssystem der United States Generally Accepted Accounting Principles (→ US-GAAP). Nachdem die Versuche der Vorgängerorganisationen des FASB, ein solches konzeptionelles Grundgerüst zu entwickeln, in der Praxis nicht auf allg. Akzeptanz gestoßen waren, widmete sich das FASB ab 1973 der Erarbeitung eines allg. Rechnungslegungssystems. Das Conceptual Framework stellt einen theoretisch fundierten Bezugsrahmen als Grundlage für die Ausgestaltung noch ungeregelter Rechnungslegungsfragen und für die Ausübung von Ermessensspielräumen bereits geregelter Regelungsbereiche dar. – Das Conceptual Framework besteht aus den sieben im Folgenden aufgelisteten → Statements of Financial Accounting Concepts (SFAC), die zwischen 1978 und 2000 sukzessive herausgegeben worden waren: SFAC 1 „Objectives of Financial Reporting by Business Enterprises" (November 1978); SFAC 2 „Quantitative Characteristics of Accounting Information" (Mai 1980); SFAC 3 „Elements of Financial Statements of Business Enterprises" (Dezember 1980); SFAC 4 „Objectives of Financial Reporting by Non-Business Organizations" (Dezember 1980); SFAC 5 „Recognition and Measurement in Financial Statements of Business Enterprises" (Dezember 1984); SFAC 6 „Elements of Financial Statements" (Dezember 1985); SFAC 7 „Using Cash Flow Information and Present Value in Accounting Measurements" (Februar 2000). – SFAC 4 behandelt die Rechnungslegung von Organisationen ohne Erwerbszweck und wird daher hier nicht betrachtet. SFAC 3 wurde durch SFAC 6 ersetzt. Die einzelnen SFAC stehen nicht getrennt nebeneinander, sondern bilden in ihrer Gesamtheit das Conceptual Framework

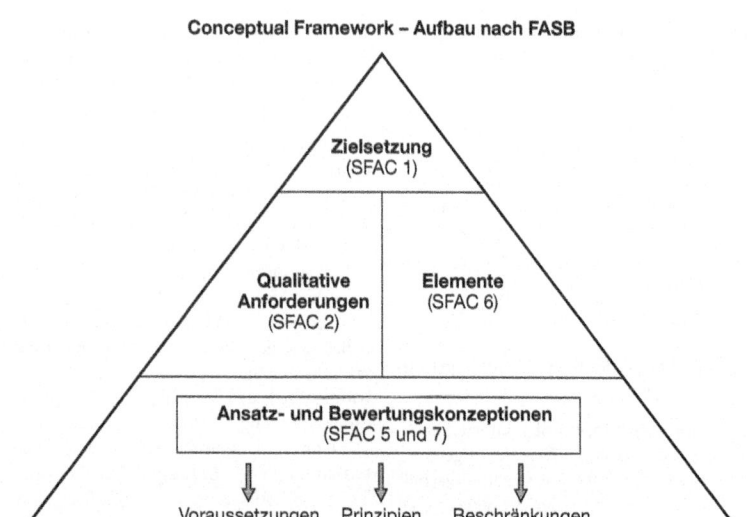

Conceptual Framework – Aufbau nach FASB

Quelle: In Anlehnung an Pellens, Internationale Rechnungslegung, 4. Aufl. 2001, S. 132.

Conceptual Framework – Qualitative Anforderungen an die Rechnungslegung

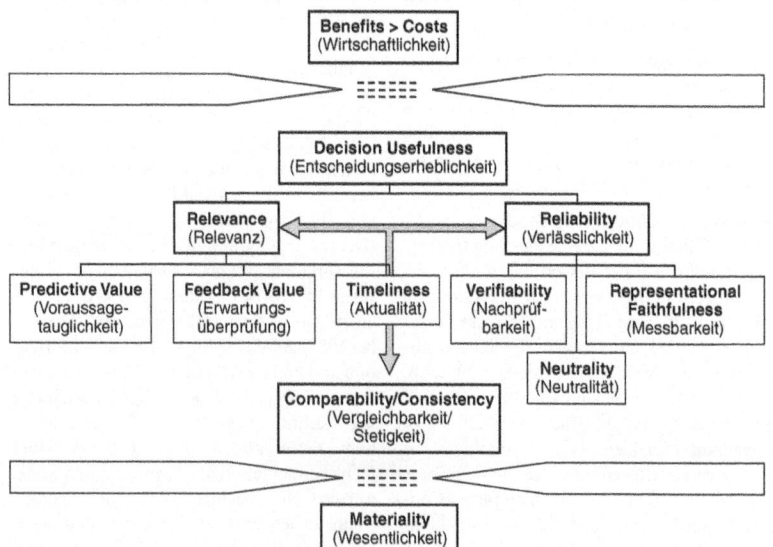

und bauen auf die in der Abbildung „Conceptual Framework – Aufbau nach FASB" dargestellte Weise aufeinander auf. Nach der in SFAC 1 geregelten übergeordneten Zielsetzung des Conceptual Framework soll die Rechnungslegung erwerbswirtschaftlicher Unternehmen der Informationsvermittlung dienen und damit unternehmensspezifische Informationen für diejenigen Personengruppen bereitstellen, die wirtschaftliche Entscheidungen hinsichtlich ihrer Zusammenarbeit mit dem Unternehmen zu treffen haben. Abgeleitet aus dieser Zielsetzung werden in der Abbildung „Conceptual Framework – Qualitative Anforderungen an die Rechnungslegung" die notwendigen Anforderungen aufgezeigt. – Hinsichtlich der Elemente des Jahresabschlusses definiert SFAC 6 insgesamt zehn Rechnungslegungsgrößen: Assets (Vermögenswerte), Liabilities (Schulden), Net Assets (Eigenkapital), Investment by Owners (Einlagen, Kapitalerhöhungen), Distributions to Owners (Entnahmen, Dividendenzahlungen, Kapitalherabsetzungen), Comprehensive Income (Eigenkapitalveränderungen, die nicht durch Kapitaltransaktionen mit den Anteilseignern verursacht sind), Revenues (betriebliche Erträge), Expenses (betriebliche Aufwendungen), Gains (außerbetriebliche Erträge), Losses (außerbetriebliche Aufwendungen). – SFAC 5 behandelt neben der Abgrenzung und Erläuterung des Begriffs Financial Statement (Jahresabschluss) und der Abgrenzung der Gewinnbegriffe Earnings und → Comprehensive Income die Ansatz- und Bewertungskriterien für den Jahresabschluss. Um in eines der Rechenwerke des Jahresabschlusses aufgenommen zu werden, hat ein Sachverhalt folgende vier Kriterien zu erfüllen: Er muss unter eine der o.g. zehn Definitionen fallen sowie quantifizierbar, für den Jahresabschlussadressaten relevant und verlässlich feststellbar sein. – Im Rahmen der Bewertung der Jahresabschlusspositionen sind folgende Wertmaßstäbe relevant: Historical Cost (historische Anschaffungs- oder Herstellungskosten), Current

Replacement Cost (Wiederbeschaffungskosten), Current Market Value (Marktwert), Net Realizable Value (zu erwartender realisierbarer Verkaufserlös) und Present Value of Future Cashflows (diskontierte Nettozahlungsüberschüsse). Zur Konkretisierung des letztgenannten Wertmaßstabs finden sich ausführliche Bestimmungen in SFAC 7.

**Conditionality** → Konditionalität.

**Conseil Européen pour la Recherche Nucléaire** → CERN.

**Consistency** – *Stetigkeit*; qualitative Anforderung an Rechnungslegungsinformationen nach den → US-GAAP sowie nach den → International Financial Reporting Standards (IFRS). – Vgl. auch → Conceptual Framework, → Framework.

**Contingent Credit Lines (CCL)** → Neue Weltfinanzarchitektur.

**Control-Konzept** – konstituierendes Merkmal eines → Konzerns und somit Auslöser für die Verpflichtung zur Aufstellung eines → Konzernabschlusses. Nach dem Control-Konzept liegt ein Konzern dann vor, wenn die Muttergesellschaft die *Möglichkeiten* zur Ausübung von beherrschendem Einfluss hat, z.B. durch Mehrheitsbeteiligung. – *Anders:* → einheitliche Leitung.

**Coordinating Committee for East-West Trade Policy** → COCOM.

**Coordinating Committee for Multilateral Export Control** → COCOM.

**COPA** – 1. *Begriff und Merkmale:* Abk. für *Comité des Organisations Professionelles Agricoles de la CEE; Ausschuss der berufsständischen landwirtschaftlichen Organisationen;* Interessenvertretung der Landwirte der EU-Mitgliedsstaaten; gegründet am 6.9.1958. – 2. *Ziele:* Sicherung der Lebens- und Arbeitsbedingungen der Landwirte in der → EU und Verbesserung von deren Einkommenssituation. – 3. *Aufgaben:* Prüfung von den in Verbindung mit der Entwicklung der gemeinsamen Agrarpolitik stehenden Fragen; Vertretung von Interessen des Agrarsektors insgesamt; Kontaktpflege mit EU-Behörden und Sozialpartnern auf Unionsebene. Enge Zusammenarbeit – auch der Organe und Gremien.

**COREPER** – *Ausschuss der ständigen Vertreter (AStV)*; Abk. für *Comité des Représentants Permanents;* Hilfsorgan des → Rats der Europäischen Union (vormals Ministerrat). Ausschussmitglieder sind bei der EU akkreditierte ständige Vertreter der Mitgliedsstaaten (im Botschafterrang). – *Aufgaben:* Vorbereitung der Sitzungen des Rats (mit Ausnahme des Rats der Landwirtschaftsminister) sowie Ausführung von Aufgaben, die ihm vom Rat übertragen wurden (Art. 240 AEUV). Zur Erfüllung seiner Aufgaben kann der COREPER Unterausschüsse oder Arbeitsgruppen einsetzen.

**Cotonou-Abkommen** – Nachfolgeabkommen des → Lomé-Abkommens. – 1. *Begriff:* Das Cotonou-Abkommen ist ein Assoziierungsabkommen auf Basis des Art. 198 AEUV, das die EU am 23.6.2000 in Cotonou (Benin) mit 77 Staaten in Afrika, dem karibischen Raum und im Pazifischen Ozean (→ AKP-Staaten) geschlossen hat. Es ist im Jahre 2003 in Kraft getreten, hat eine Laufzeit von 20 Jahren und kann alle fünf Jahre überprüft werden. – 2. *Historischer Abriss:* Das Cotonou-Abkommen löste das Lomé-Abkommen ab, das am 29.2.2000 nach 25 Jahren abgelaufen ist. Das Lomé-Abkommen war zum vierten und letzten Mal 1989/1990 erneuert worden und hatte folgende Ziele: Handelsregelungen und handelspolitische Zusammenarbeit, industrielle Zusammenarbeit, Zusammenarbeit in der Landwirtschaft, Zusammenarbeit im kulturellen und sozialen Bereich, Menschenrechte. Im Bereich Handel hatten fast alle Ursprungswaren der AKP-Staaten freien Zugang zur Gemeinschaft. Das STABEX-System (Stabilisierung der Exporterlöse (→ STABEX)) machte die AKP-Staaten unabhängig von den Schwankungen des freien Marktes, indem es ihnen ein bestimmtes Niveau der Erlöse garantierte.

Das System für Erze (→ SYSMIN) stellte Subventionen zur Verfügung, um vorübergehende Probleme bei der Produktion oder dem Export von Bergbauprodukten zu verringern. Das letzte Lomé-Abkommen enthielt außerdem erstmals die Möglichkeit, dass die Hilfe für einen AKP-Staat teilweise oder vollständig ausgesetzt werden konnte, wenn er gegen Menschenrechte und Prinzipien von Demokratie und Rechtsstaat verstieß (politische Konditionalität). Das Lomé-Abkommen war ursprünglich im Jahre 1975 unterzeichnet worden und folgte auf die Abkommen von Arusha und Jaundé. – 3. *Merkmale:* Das Cotonou-Abkommen zielt in erster Linie auf die Armutsbekämpfung ab. Insgesamt ist es weit reichender als seine Vorgänger-Abkommen, da es auch folgende Aspekte umfasst: Stärkung des politischen Dialogs (zur regionalen Zusammenarbeit, Konfliktverhütung etc.), verantwortungsvolle Regierungsführung und Einhaltung der Menschenrechte (im Sinn politischer Konditionalität), bevorzugte Handelsregelungen, die bis 2008 mit den Regeln der → World Trade Organization (WTO) in Einklang gebracht werden (bes. Ablösung der einseitigen Handelspräferenzen durch regionale Wirtschaftspartnerschaftsabkommen bis 2008), Einführung eines bilateralen freien Handels mit Waren und Dienstleistungen zwischen 2008 und 2020 sowie Rückführung von Personen, die sich illegal in der EU aufhalten. Außerdem wird die komplementäre Rolle der Zivilgesellschaft bei der Ausgestaltung der Partnerschaft anerkannt. Mit den ärmsten AKP-Staaten wurde ein zoll- und quotenfreier Zugang all ihrer Exportgüter zum europäischen Binnenmarkt eröffnet (für bestimmte Produkte gibt es Übergangsfristen). STABEX und SYSMIN werden unter dem Cotonou-Abkommen nicht fortgeführt, sondern durch ein System der Unterstützung bei kurzfristigen Schwankungen der Ausfuhrerlöse ersetzt. – 4. *Geltungsbereich:* Das Cotonou-Abkommen umfasst im Jahre 2004 77 AKP-Staaten. Verhandlungen mit Kuba sind aufgrund politischer Divergenzen zunächst eingefroren worden. – 5. *Organe:* Das Cotonou-Abkommen errichtete einen gemeinsamen Ministerrat, den Botschafterausschuss und die Paritätische Parlamentarische Versammlung. – 6. *Finanzierung/Programmierung:* Das Cotonou-Abkommen wird in erster Linie aus dem Europäischen Entwicklungsfonds (→ EEF) finanziert, der bis 2005 13,5 Mrd. Euro zur Verfügung gestellt hat. Der EEF ist nicht Teil des → EU-Haushalts, sondern setzt sich aus Beiträgen der Mitgliedsstaaten zusammen. Hinzu kommen im gleichen Zeitraum 1,7 Mrd. Euro in Form von Krediten der Europäischen Investitionsbank (→ EIB). Die Programmierungsverfahren wurden optimiert und stärker partizipatorisch gestaltet. Die Zuweisung der Mittel beruht auf dem Bedarf der AKP-Staaten und erstmals auch auf deren Leistung bei Programmierung und Verwendung der Mittel.

**Counter Trade** – *Tauschhandel;* Ware gegen Ware ohne monetäre Zahlungsströme. Es gibt zahlreiche verschiedene Varianten, die u.a. als Bartergeschäft, Gegengeschäft, Gegenkauf, Kompensationsgeschäft, Parallelgeschäft etc. (→ Kompensationshandel) bezeichnet werden, wobei die Begriffsverwendung oft unscharf ist.

**Cournot-Oligopol** – bes. Modell nicht kooperativen oligopolistischen Verhaltens. Jeder Anbieter wählt unter der Annahme konstanter Angebotsmengen aller Konkurrenten die für ihn optimale Angebotsmenge. Je mehr die Konkurrenten anbieten, umso weniger bietet der einzelne Anbieter an *(Reaktionsfunktion).* Die Unterstellung konstanter Angebotsmengen für alle Konkurrenten widerspricht der fallenden Reaktionsfunktion, es entsteht eine Art strategischen Irrtums, der bei einem internationalen Oligopol die Grundlage für *strategische Handelspolitik* (→ Handelspolitik).

**Cross Conditionality** – liegt vor, wenn sich die Bedingungen und Auflagen, die → IWF und Weltbank (→ IBRD) bei ihrer Kreditgewährung machen, widersprechen und damit faktisch unerfüllbar werden. In der Praxis führt die Vermeidung von Cross Conditionality zu einer engen Koordination der Arbeit von IWF und Weltbank bei ihrer Länderarbeit. – Vgl. auch → Konditionalität.

**Current Market Value** – *Marktwert;* → Conceptual Framework.

**Current Replacement Cost** – Wiederbeschaffungskosten; → Conceptual Framework.

**Customs Co-Operation Council (CCC)** → Rat für die Zusammenarbeit auf dem Gebiet des Zollwesens (RZZ).

**DAC** – Abk. für → Development Assistance Committee.

**DBA** – Abk. für → Doppelbesteuerungsabkommen.

**DC** – Abk. für → Developing Country.

**Dealing-at-Arm's-Length-Grundsatz** – *Fremdvergleichsgrundsatz;* Grundsatz des Steuerrechts, nach dem miteinander verbundene Unternehmen Geschäfte miteinander zu solchen Konditionen eingehen müssen, wie sie auch untereinander fremden Dritten gewählt werden würden (→ Verrechnungspreis; → Fremdvergleichsgrundsatz). Die Bezeichnung beruht auf der Vorstellung, die betroffenen Unternehmen sollten bei Preisvereinbarungen trotz ihrer Verbundenheit noch den gewissen Mindestabstand zueinander einhalten, den auch einander sympathische, aber fremde Personen üblicherweise bei Gesprächen einhalten („Armeslänge", Arm's Length); daher die Bezeichnung Dealing-at-Arm's-Length-Grundsatz.

**Debt Bond Swap** → Debt-Conversion-Programm.

**Debt Buy Back** → Debt-Conversion-Programm.

**Debt-Conversion-Programm** – Umschuldungsmaßnahmen zur Lösung der Schuldenkrise: (1) Der Rückkauf von Auslandsschulden mit Abschlag gegen Devisen wird als *Debt Buy Back* bezeichnet. (2) Ein Schuldentausch mit Abschlägen gegenüber dem Nennwert der ursprünglichen Schuld wird als *Debt Bond Swap* bezeichnet. (3) Eine Umwandlung in Inlandsbeteiligungen der Entwicklungsländer wird *Debt Equity Swap* genannt, wofür es schon einen funktionierenden Sekundärmarkt gibt. Z.T. werden die Entwicklungsländer-Schuldtitel mit 90 Prozent abdiskontiert. Der Erwerber kann damit einheimische Beteiligungen erwerben;

die Gläubiger senken ihre Auslandsverschuldung. (4) Werden Schuldtitel erlassen und im Gegenzug umweltpolitische Zugeständnisse gemacht, spricht man vom *Debt for Nature Swap.*

**Debt Equity Swap** → Debt-Conversion-Programm.

**Decision Usefulness** – *Entscheidungserheblichkeit;* qualitative Anforderung an Rechnungslegungsinformationen nach den → US-GAAP sowie nach den → International Financial Reporting Standards (IFRS). – Vgl. auch → Conceptual Framework und → Framework.

**DED** → Deutscher Entwicklungsdienst.

**Demand-Reversal** – Verletzung des → Heckscher-Ohlin-Theorems, die dadurch zustande kommt, dass z.B. ein relativ kapitalreiches Land eine bes. Präferenz für das → kapitalintensive Gut aufweist. Die angebotsseitige Grundlage für einen → komparativen Vorteil beim kapitalintensiven Gut wird durch die starke Nachfrage nach diesem Gut überkompensiert, sodass dieses Land dann nicht das kapitalintensive, sondern das → arbeitsintensive Gut exportiert.

**Dependencia-Theorien** – 1. *Begriff und Hintergrund:* a) Dependencia-Theorien sehen die Unterentwicklung der Dritten Welt in erster Linie als Folge ihrer unausgewogenen *Einbindung in die Weltwirtschaft.* Ihre Eingliederung in den kapitalistischen Weltmarkt, erzwungen durch Kolonialismus, Imperialismus und → Neokolonialismus war verbunden mit Ausbeutung, der Entstehung von Strukturdefekten und strukturellen Abhängigkeiten. Dependencia-Theorien entstanden Mitte der 1960er-Jahre in Lateinamerika, beherrschten in kürzester Zeit die sozialwissenschaftliche Diskussion und nahmen dort erheblichen Einfluss auf die praktische entwicklungspolitische Diskussion. Die Enttäuschung über die Ergebnisse der von den Vereinten Nationen proklamierten Entwicklungsdekade brachte die bis dahin verfolgte Modernisierungsstrategie in Misskredit. – b) Als alternatives Erklärungsmuster wird Unterentwicklung nicht als ein Zurückbleiben hinter dem Entwicklungsstand der Industrieländer gesehen, sondern als Konsequenz effizienter Weltmarktintegration. – 2. *Einordnung und methodisches Vorgehen:* Dependencia-Theorien greifen auf Ergebnisse der Imperialismustheorie, der → Prebisch-Singer-These, des Verelendungswachstums und der entwicklungspolitischen → Kontereffekte zurück. Im Gegensatz zur Modernisierungstheorie wird Unterentwicklung nicht als endogen, sondern als exogen verursacht dargestellt (→ Entwicklungstheorie). Unterentwicklung ist damit kein geschichtlicher Naturzustand, sondern das Ergebnis eines historischen Prozesses, dessen Determinanten zu untersuchen sind. – Die Dependencia-Theorien entwickelten sich in *verschiedenen Ausprägungen:* Sozialistische Autoren betonen den Gedanken der Ausbeutung und Mehrwertaneignung seitens der Industrieländer. Andere Autoren streben eine → Neue Weltwirtschaftsordnung an. Strukturelle Heterogenität galt als wichtiges Merkmal peripherer Entwicklungsgesellschaften (→ Strukturalismus). Die rasche Verschlechterung der → Terms of Trade führe zur Verschuldungskrise. Gefordert wird eine Abkopplung aus der Weltwirtschaft (→ autozentrierte Entwicklung) und eine Politik der Importsubstitution. – 3. *Hauptkomponenten einer „abhängigen" Entwicklung:* Nach der direkten Ausbeutung während der Kolonialzeit wurden die Entwicklungsländer der klassischen internationalen Arbeitsteilung unterworfen, die nur einer kleinen metropolitanen Schicht Wohlfahrt brachte. Die Masse der Bevölkerung wurde von der Entwicklung ausgeschlossen. Entwicklungsländer wurden in zunehmendem Maße von Industrieländern abhängig: Von den importierten Investitionsgütern, von der Exportnachfrage nach ihren Rohstoffen und in ihrer Produktionsstruktur. Abhängigkeit, Strukturdefekte und Ausbeutung sind damit nicht nur Ausdruck der Unterentwicklung, sondern sie haben auch negative Entwicklungswirkungen. – *Merkmale:* Charakterisiert wird die Abhängigkeit durch Phänomene wie hoher Anteil ausländischer Investitionen im modernen Sektor, Stützung der Industrialisierung auf ausländische Technologien, Angewiesenheit des Absatzes auf einseitig vermachtete Exportmärkte, finanzielle Abhängigkeit durch z.T. hohe Auslandsverschuldung. In Entwicklungsländern bildet sich eine *strukturelle Heterogenität* heraus, deren Interpretation theoretisch kaum fundiert werden kann. Der Ausdruck Heterogenität steht oft für soziale Ungerechtigkeit, mangelnde Integration *(Partizipation)* der Masse der Bevölkerung in den Entwicklungsprozess und unzulängliche Ausschöpfung des verfügbaren Entwicklungspotenzials. *Ausbeutung* wird entweder im Marxschen Sinn als Aneignung des Mehrwerts oder im Sinn der Imperialismustheorie durch ungleichen Tausch dargestellt. Für vergleichbare Leistungen erhalten Arbeiter der Entwicklungsländer ein geringeres Entgelt als die der Industrieländer. Die Verschlechterung der Terms of Trade führt zu einem Einkommenstransfer von armen Entwicklungsländern in wohlhabende Industrieländer. Als Vehikel dazu dient der Transfer hoher Gewinne ins Ausland durch ausländische Investoren, wodurch es ggf. zu einer Dekapitalisierung der Peripherie kommt. – 4. *Beurteilung:* Bis in die 1970er-Jahre beherrschten Dependencia-Theorien die sozialwissenschaftliche Diskussion Lateinamerikas und auch die entwicklungstheoretische Debatte in Deutschland. Die Übertragung des Ansatzes auf die Afrika-Forschung blieb fast aus, obgleich der Begriff des → Neokolonialismus dort aufgegriffen wurde. Die Auswirkungen auf die asiatische Diskussion blieb unbedeutend. Die Wachstumserfolge ostasiatischer Schwellenländer mit weltmarktorientierter

Industrialisierungsstrategie und unbestreitbaren Wachstumserfolgen unter Beachtung einer autozentrierten Entwicklung widersprachen den dependenztheoretischen Annahmen. Die heterogene Entwicklung der Entwicklungsländer ließ sich mithilfe der einfachen Zweiteilung der Welt in Zentrum und Peripherie nicht mehr erklären. Die starke Fixierung auf die exogene Ursache der Weltmarktintegration zeigte bei unterschiedlichen Reaktionen der Entwicklungsländer auf die Weltmarktintegrierung, dass die endogenen Ursachen der Unterentwicklung stark unterschätzt wurden. – *Modifikation:* Einige Dependencia-Theorien korrigierten ihre Konzeption (exemplarisch: D. Senghaas), sodass unterschiedliche Transformations- und Innovationsfähigkeiten der einzelnen Gesellschaften analysiert wurden. Damit wurden Gedanken der Modernisierungstheorien aufgegriffen. – *Kritik* wird an der einseitigen Analyse und unklaren *Begriffsabgrenzungen* geübt. Abhängigkeit und Unterentwicklung werden gleich definiert, obgleich Abhängigkeit für Unterentwicklung ursächlich sein soll. Auch der Begriff der Ausbeutung trifft auf die internationalen Wirtschaftsbeziehungen nicht unbedingt zu, da nicht jeder Gewinn als Ausbeutung bezeichnet werden kann. Teilweise wurde Ausbeutung auch durch die Wirtschaftspolitik der Entwicklungsländer hervorgerufen. Ebenfalls bereitet der Begriff strukturelle Heterogenität Schwierigkeiten, da sie im Grunde genommen bei jedem Wachstum auftritt, eine strukturelle Homogenität wäre bei unterschiedlicher Produktivität von Produktionsfaktoren und unterschiedlicher Verteilung von Ressourcen kaum möglich. Während die Beschreibungen der Dependencia-Theorien als Situationsanalyse für Teile der Dritten Welt nicht an Aktualität verloren hat, sind ihre *wirtschaftspolitischen Rezepte* als gescheitert anzusehen. Entwicklung wurde nicht durch Abkoppelung, sondern durch die Herausforderung des internationalen Wettbewerbs ermöglicht. Übrigens leiden Dependencia-Theorien an

verschwommenen wirtschaftspolitischen Vorstellungen, die konkrete wirtschaftspolitische Maßnahmen zur Verbesserung der ökonomischen Entwicklung vermeiden und kaum auf die zu verfolgende Industrialisierungsstrategie, Außenhandels-, Währungs-, Steuerpolitik etc. eingehen.

**Deutsche Gesellschaft für Technische Zusammenarbeit** → GTZ.

**Deutscher Entwicklungsdienst (DED)** – Entwicklungshilfeorganisation, v.a. zur Entsendung von Entwicklungshelfern; 1963 gegründet; Sitz in Bonn. Der DED ist einer der international größten Freiwilligendienste auf dem Gebiet der → Entwicklungshilfe. Finanzierung aus dem Bundeshaushalt. Der DED ist seit 2005 Mitglied im → Global Compact der Vereinten Nationen (→ UN).

**Deutscher Gebrauchs-Zolltarif (DGebrZT)** → Elektronischer Zolltarif (EZT).

**Deutscher Rechnungslegungs Standard (DRS)** – zentrale Verlautbarungsart des → Deutschen Rechnungslegungs Standards Committee (DRSC).

**Deutscher Standardisierungsrat (DRS)** → Deutsches Rechnungslegungs Standards Committee.

**Deutsches Rechnungslegungs Standards Committee (DRSC)** – *German Accounting Standards Committee;* ein 1998 gegründetes privates Rechnungslegungsgremium. Mit dem im April 1998 durch das Gesetz zur Kontrolle und Transparenz im Unternehmensbereich (KonTraG) eingefügten § 342 HGB wurde die Voraussetzung für die Etablierung eines privatrechtlich organisierten Rechnungslegungs-Standard-Setters nach den Vorbildern Financial Accounting Standards Board und International Accounting Standards Board geschaffen. – Die *Aufgaben* des Deutschen Rechnungslegungs Standards Committees (DRSC) sind in § 342 I HGB niedergelegt. Sie umfassen die Entwicklung von Empfehlungen zur Anwendung der Grundsätze über die Konzernrechnungslegung (sog. Deutsche Rechnungslegungs Standards (DRS)), die Beratung des Bundesministeriums der Justiz (BMJ) bei Gesetzgebungsvorhaben zu Rechnungslegungsvorschriften, die Vertretung der Bundesrepublik Deutschland in internationalen Standardisierungsgremien und die Erarbeitung von Interpretationen der internationalen Rechnungslegungsstandards. Diesen Aufgaben widmeten sich innerhalb des Deutschen Rechnungslegungs Standards Committees insbesondere der Deutsche Standardisierungsrat (DSR) sowie zahlreiche Arbeitsgruppen. Bei der Entscheidungsfindung des Deutschen Rechnungslegungs Standards Committees ist zudem die interessierte Öffentlichkeit einzubinden. Die Autorisierung der Empfehlungen des Deutschen Rechnungslegungs Standards Committees erfolgt über die Bekanntmachung durch das BMJ. In diesem Fall existiert eine gesetzliche Ordnungsmäßigkeitsvermutung, nach der die betreffenden Regelungen mit den die Konzernrechnungslegung betreffenden Grundsätzen ordnungsmäßiger Buchführung (GoB) übereinstimmen. Im Rahmen der Neuorganisation im Jahre 2011 hat das Deutsche Rechnungslegungs Standards Committee das Präsidium neu besetzt sowie die neu eingerichteten HGB- und IFRS-Fachausschüsse gewählt. Diese ersetzen den DSR und das Rechnungslegungs Interpretations Committee (RIC). Als Abschluss der Neuorganisation wurde zudem die Neufassung des Standardisierungsvertrags zwischen dem BMJ und dem DRSC unterzeichnet.

**Deutsche Stiftung für internationale Entwicklung (DSE)** – Entwicklungshilfeorganisation; 1959 gegründet. 2002 fusionierte die DSE mit der Carl-Duisberg-Gesellschaft (CDG) zur → Internationalen Weiterbildung und Entwicklung gemeinnützige GmbH (InWEnt); Sitz in Bonn.

**Deutschlandvertrag** – wirkungslos gewordener Generalvertrag vom 26.5.1952 über die Beziehungen zwischen der Bundesrepublik Deutschland und den Mächten USA, Großbritannien und Frankreich.

**Developing Country (DC)** – „normales" → Entwicklungsland, teilweise auch als LDC (Less Developed Country) bezeichnet, in Abgrenzung zu den → Least Developed Countries (LDC), den ärmsten Entwicklungsländern.

**Development Assistance Committee (DAC)** – Ausschuss für → Entwicklungshilfe, seit 1961 ein Sonderorgan der → OECD. – *Ziel* ist die Koordinierung und Intensivierung der Entwicklungshilfe der westlichen Industrieländer. Die DAC-Mitgliedsstaaten bringen den Großteil der Entwicklungshilfegelder (→ ODA) für die Dritte Welt auf.

**Devisenablieferungspflicht** – bei → Devisenbewirtschaftung Verpflichtung von Deviseninländern zur Devisenanmeldung und -ablieferung.

**Devisenbewirtschaftung** – *Devisenkontrolle*; eine auf partielle oder totale Regelung des Zahlungsverkehrs mit dem Ausland gerichtete Währungspolitik des Staates (Devisenmonopol). Devisenbewirtschaftung impliziert stets eine mehr oder weniger ausgeprägte zentrale staatliche Lenkung des Außenhandels und ist i.d.R. in einem chronischen Devisenmangel begründet. – Die Devisenbewirtschaftung erfasst alle Bereiche der → Zahlungsbilanz, bes. auch den Kapitalverkehr, mit dem Ziel, eine Abstimmung der Einnahmen und Ausgaben von Devisen zu erreichen. – *Gegensatz:* → Konvertibilität.

**Devisenbilanz** → Zahlungsbilanz.

**Deviseninland** → Wirtschaftsgebiet.

**Devisenkontrolle** → Devisenbewirtschaftung.

**Devisenkurs** – Preis einer z.B. inländischen Währung, der für eine bestimmte Einheit einer anderen, z.B. ausländischen Währung, zu zahlen ist. Dieser Devisenkurs beinhaltet die sog. *Preisnotierung* einer Währung, während die reziproke Betrachtung (d.h.

die Feststellung, welche Menge an ausländischer Währung für den Erhalt der inländischen Währung hingegeben werden muss) als → *Mengennotierung* bezeichnet wird. Mit der Einführung des Euros dominiert im Devisenhandel in Deutschland die Mengennotierung, d.h. es werden die Kurse der wesentlichen gehandelten Währungen auf einen Euro bezogen. Mit Einführung des Euros wurden die amtlichen Devisenkurse abgeschafft. Private und genossenschaftliche Banken veröffentlichen jeweils ihre eigenen Referenzpreise. Amtlichen Charakter hat der Referenzpreis der → Europäischen Zentralbank (EZB).

**Devisenmarkt** – Markt, auf dem verschiedene Währungen gegeneinander getauscht werden. Aus der Sicht des Inlandes sind *Devisen* die ausländischen Währungen bzw. auf ausländische Währung lautende Finanzaktiva. – 1. *Devisenmarktgleichgewicht:* Hier wird unterschieden zwischen zwei verschiedenen Betrachtungsweisen. a) *Stromgrößenorientierte Betrachtung:* identifiziert Leistungsbilanzüberschüsse (-defizite) abzüglich der Nettokapitalexporte (-importe; → Zahlungsbilanz) als Überschussnachfrage (-angebot) nach heimischer Währung. Devisenmarktgleichgewicht erfordert eine Überschussnachfrage von null. b) *Bestandsgrößenorientierte Betrachtung:* Danach ist der Devisenmarkt dann im Gleichgewicht, wenn die → Leistungsbilanz ausgeglichen ist (→ außenwirtschaftliches Gleichgewicht) und die internationalen Kapitalanleger die zu einem bestimmten Zeitpunkt existierenden Bestände der in verschiedenen Währungen notierten Finanzaktiva im Sinn optimaler Portfoliozusammensetzungen auch zu halten bereit sind *(Bestandsgleichgewicht* oder *Portfoliogleichgewicht)*. – Vgl. auch → Portfolio-Ansatz zur Wechselkursbestimmung. Das Devisenmarktgleichgewicht wird bei → flexiblem Wechselkurs u.a. durch die Anpassung des Wechselkurses erreicht. – 2. *Devisenmarktinterventionen:* Devisenmarktgleichgewicht kann im Fall eines → fixen Wechselkurses auch durch Devisenmarktinterventionen

erreicht werden. Dies sind Verkäufe oder Käufe von Devisen, welche die Zentralbank eines Landes mit der Absicht unternimmt, auf den Wechselkurs Einfluss zu nehmen. Interventionen dieser Art haben auch Auswirkungen auf die Geldmenge, sofern die Zentralbank keine → Sterilisierung betreiben will oder bei perfekter → internationaler Kapitalmobilität nicht betreiben kann. Seit die Hauptwährungen völlig flexibel sind, hat die Bedeutung von Devisenmärkten abgenommen. – Vgl. auch → außenwirtschaftliches Gleichgewicht, → monetärer Ansatz zur Zahlungsbilanztheorie, → Wechselkurstheorie, → Zahlungsbilanzausgleich.

**Devisenmarkteffizienz** – soll andeuten, dass die nominellen → Wechselkurse bei vollständiger Markttransparenz, rationalen Erwartungen der Wirtschafssubjekte und Abwesenheit → spekulativer Blasen alle gegenwärtig verfügbaren Informationen bez. erwarteter künftiger Veränderungen von Fundamentaldaten bereits voll inkorporieren. Überraschende Wechselkursveränderungen können demnach nur dann eintreten, wenn neue Informationen verfügbar werden. – Vgl. auch → Vermögenspreisansatz zur Wechselkursbestimmung, → Wechselkurstheorie.

**Devisenmarktgleichgewicht** → Devisenmarkt.

**Devisenmarktintervention** → Devisenmarkt.

**Devisenmonopol** → Devisenbewirtschaftung. Ein Devisenmonopol ist eine Marktform mit einem staatlichen Monopol der Devisenvergabe.

**Devisenreserven** – Im Besitz der Zentralbank befindliche, auf ausländische Währung lautende Guthaben bzw. Finanzaktiva. Der Teil der → Währungsreserven, der für Devisenmarktinterventionen verwendet wird. – Vgl. auch → Devisenmarkt.

**Devisenrestriktionen** – alle staatlichen Maßnahmen, die auf eine teilweise oder völlige Regelung des Zahlungsverkehrs mit

Devisen als liquide Guthaben in ausländischer Währung ausgerichtet sind und die → Konvertibilität berühren. – *Beispiele:* Bewilligungspflicht von Auslandsanleihen und Kapitalexporten; Beschränkung des Erwerbs inländischer Wertpapiere durch Ausländer; Zuteilung von Reisedevisen. – Vgl. auch → Devisenbewirtschaftung.

**Devisenterminmarkt** – Markt, auf dem Devisentermingeschäfte abgeschlossen werden, bei denen der Geschäftsabschluss und die Durchführung des Geschäftes zeitlich auseinander fallen. Zwei Wirtschaftssubjekte vereinbaren jetzt, zu einem bestimmten *künftigen* Zeitpunkt bestimmte Mengen zweier Währungen gegeneinander zu tauschen. Der dabei zugrunde gelegte nominelle → Wechselkurs wird *Terminkurs* genannt. Aufschläge *(Reports, wenn der Terminkurs höher ist als der Kassakurs)* und Abschläge *(Deports, wenn der Terminkurs geringer ist als der Kassakurs)* leiten sich aus Zinsunterschieden in den beteiligten Ländern ab. – Vgl. auch → Zinsparität.

**DGebrZT** – Abk. für *Deutscher Gebrauchs-Zolltarif,* jetzt: → Elektronischer Zolltarif (EZT).

**Dienstleistungen** – I. Allgemein: In Abgrenzung zur Warenproduktion (materielle Güter) spricht man bei den Dienstleistungen von *immateriellen Gütern.* – Als ein typisches *Merkmal von Dienstleistungen* wird die Gleichzeitigkeit von Produktion und Verbrauch angesehen (z.B. Taxifahrt, Haarpflege in einem Frisiersalon, Theateraufführung). Da die unmittelbare, überwiegend auch personengebundene *Arbeitsleistung* des Produzenten hier den wesentlichen Inhalt der Dienstleistungen ausmacht, werden nur geringe Möglichkeiten zur Produktivitätssteigerung gesehen. Daraus wurde die These eines generellen *Produktivitätsrückstands* der Dienstleistungen gegenüber der Warenproduktion abgeleitet (Drei-Sektoren-Hypothese). In modernen Volkswirtschaften haben derartige *gebundene Dienstleistungen* aber

nur noch eine relativ geringe Bedeutung, vielmehr wird die Dynamik des Dienstleistungssektors insgesamt von der Entwicklung *ungebundener Dienstleistungen* bestimmt, für die eine zeitliche und räumliche Entkoppelung von Produktion und Verbrauch durchaus charakteristisch ist. Bei diesen ungebundenen Dienstleistungen, zu denen bes. die *produktions-* oder *unternehmensbezogenen Dienstleistungen* gehören (Finanzdienstleistungen, technische Dienstleistungen), erlaubt der Einsatz technischer Hilfsmittel (EDV, Kommunikationstechniken) Produktivitätssteigerungen, die weit über denen der industriellen Produktion liegen können.

II. Marketing: Dienstleistungsmarketing.

III. Außenhandel: Dienstleistungsexporte liegen vor, wenn Inländer Dienstleistungen für Ausländer erbringen. Von Dienstleistungsimporten spricht man, wenn die Ausländer im Inland oder im Ausland Dienstleistungen für Inländer erbringen. – Vgl. auch → Zahlungsbilanz, → Dienstleistungsbilanz.

IV. Amtliche Statistik: Statistische Informationen über Dienstleistungen werden im Rahmen der Dienstleistungsstatistik erhoben. Dabei werden Dienstleistungsunternehmen befragt, deren Schwerpunkt der wirtschaftlichen Tätigkeit in den Wirtschaftsabschnitten Verkehr und Lagerei, Information und Kommunikation, Grundstücks- und Wohnungswesen, Erbringung von freiberuflichen, wissenschaftlichen und technischen Dienstleistungen, Erbringung von sonstigen wirtschaftlichen Dienstleistungen sowie in der Abteilung Reparatur von Datenverarbeitungsgeräten und Gebrauchsgütern nach der Wirtschaftszweigsystematik (WZ 08) liegt.

**Dienstleistungsbilanz** – Bestandteil der → Zahlungsbilanz.

**Dienstleistungsexport** → Ausfuhr, → Dienstleistungen.

**Dienstleistungsfreiheit** → Grundfreiheit des EU-Rechts mit unmittelbarer Wirkung, besitzt den Charakter eines allg.

→ Beschränkungsverbotes (Art. 56 AEUV), gilt auch im Gebiet des → EWR. – 1. *Aktive Dienstleistungsfreiheit:* Das Recht, sich zur Einbringung einer Dienstleistung in einen anderen Mitgliedsstaat der EU (bzw. des EWR) zu begeben und dort unter den dort für die entsprechende Branche geltenden Vorschriften tätig zu werden. – 2. *Passive Dienstleistungsfreiheit:* Das Recht, sich zur Entgegennahme einer Dienstleistung in einen anderen Mitgliedsstaat (EWR-Staat) zu begeben (z.B. Tourismus). – 3. *Verwirklichung der Dienstleistungsfreiheit:* Nationale Vorschriften, die der Verwirklichung entgegenstehen, können gerichtlich auf ihre Notwendigkeit überprüft werden.

**Dienstleistungsrichtlinie** – 1. *Überblick:* Die am 28.12.2006 in Kraft getretene Richtlinie 2006/123/EG des Europäischen Parlaments und des Rates vom 12.12.2006 über Dienstleistungen im Binnenmarkt (sog. Dienstleistungsrichtlinie – ABl. L 376/36) war spätestens bis zum 28.12.2009 von den Mitgliedsstaaten umzusetzen. Die Umsetzung umfasst die Etablierung eines „Einheitlichen Ansprechpartners" für alle Verwaltungsverfahren, die für die Aufnahme von Dienstleistungstätigkeiten erforderlich sind; die Ermöglichung der elektronischen Kommunikation mit dem Einheitlichen Ansprechpartner sowie die Normenprüfung und Normenanpassung. – 2. *Normenprüfung und -anpassung:* Als Grundlage der Normenanpassung wurde 2008 die Normenprüfung durchgeführt. Davon sind nicht nur die Gesetze und Verordnungen von Bund und Ländern erfasst, sondern auch die Satzungen der Kommunen und anderer öffentlichrechtlicher Körperschaften. Damit sind auch die Satzungen der Hochschulen und der Kammern von der Prüfungspflicht betroffen. Diskriminierende Vorschriften, also solche, die einen Dienstleistungserbringer aus einem anderen Mitgliedsstaat gegenüber einem dt. direkt oder indirekt benachteiligen, sind grundsätzlich verboten. Nicht diskriminierende Vorschriften sind daraufhin zu prüfen, ob sie wirklich

notwendig sind. Für Genehmigungsverfahren sind Fristen vorzusehen, innerhalb derer die Genehmigung erteilt wird. Grundsätzlich ist eine Genehmigungsfiktion zu schaffen, wenn die Frist ohne Grund überschritten wird. Schließlich ist für eine Genehmigung grundsätzlich die bundesweite Geltung vorzusehen. – Auf Bundesebene wurden die verwaltungsverfahrensrechtlichen Bestimmungen der Dienstleistungsrichtlinie umgesetzt durch das Vierte Gesetz zur Änderung verwaltungsverfahrensrechtlicher Vorschriften vom 11.12.2008 (BGBl. I 2418). Weitere bereichsspezifische Regelungen: Gesetze zur Umsetzung der Dienstleistungsrichtlinie im Gewerberecht vom 17. 7.2009 (BGBl.I S. 2091), auf dem Gebiet des Umweltrechts vom 11.8.2010 (BGBl. I S. 1163, in der Justiz und zu Änderung weiterer Vorschriften vom 22.12.2010 (BGBl: I S. 2248). – 3. *Einheitlicher Ansprechpartner:* Wird in den Bundesländern unterschiedlich organisiert, kann z.B. in Form einer rechtsfähigen Anstalt des öffentlichen Rechts geschaffen werden. Als Träger der Anstalt kommen das Land, die Kommunen und die Kammern in Betracht. Die Zusammenarbeit der Einheitlichen Ansprechpartner der Bundesländer ist unproblematisch; dagegen erschwert das Verbot der Mischverwaltung die Einbeziehung der Bundesebene. – 4. *IT-Umsetzung:* Die Ermöglichung der elektronischen Kommunikation mit dem Einheitlichen Ansprechpartner wird in einigen Bundesländern verbunden mit den überlappenden Projekten Zuständigkeits-Finder und einheitliche Rufnummer 115.

**Dienstleistungsverkehr**    →    Außenwirtschaftsverkehr.

**Directly Unproductive Activity** – Oberbegriff für Ressourcenaufwand, der nicht zum Zweck der Güterproduktion erfolgt, sondern mit dem Ziel der Beeinflussung der → Handelspolitik zugunsten einzelner Interessengruppen. Der Ausdruck „Directly Unproductive" soll andeuten, dass solche Aktivitäten zwar nicht direkt produktiv sind, aber indirekt produktiv wirken können, wenn sie Ressourcen verwenden, die einen negativen Schattenpreis haben.

**direkte Anrechnung** – Normalform der → Anrechnungsmethode zur Vermeidung der → Doppelbesteuerung: Angerechnet werden die Steuern, die rechtlich der Steuerpflichtige selbst (= direkt) gezahlt hat. – *Anders*: 1. Anrechnung von Steuern, die der Steuerpflichtige rechtlich nicht gezahlt hat, die ihn aber indirekt (wirtschaftlich) belastet haben, weil sie z.B. von einer Tochtergesellschaft gezahlt wurden (→ indirekte Anrechnung) oder 2. Anrechnung von Steuern, die in dieser Höhe gar nicht bezahlt werden müssen, sondern vom Gesetz fingiert wurden (→ fiktive Anrechnung).

**direkte Methode** – im Steuerrecht eine Methode, wie der Gewinn eines rechtlich einheitlichen Gesamtunternehmens steuerlich auf seine verschiedenen Niederlassungen (Betriebsstätten) in verschiedenen Ländern aufzuteilen ist, um festzustellen, welches Land welche Gewinne besteuern darf. Die direkte Methode besteht darin, dass jeder Unternehmensteil seinen Gewinn so ermitteln muss, als ob er eine selbstständige Einheit gewesen wäre; der Gewinn soll durch genaue Berechnungen verursachungsgerecht auf die Orte seiner Entstehung verteilt werden. Für deutsches Einkommen- und Körperschaftsteuerrecht bedeutet die direkte Methode, dass ausländische Unternehmen für ihre dt. Betriebsstätten eine Bilanz aufzustellen haben, in der sie durch Aktivierung und Passivierung der zur Betriebsstätte gehörenden aktiven und passiven Wirtschaftsgüter und Rechnungsabgrenzungsposten sowie durch Verbuchung der durch die dt. Betriebsstätten verursachten Betriebseinnahmen und Betriebsausgaben den „Gewinn aus Gewerbebetrieb" unter Beachtung der normalen Vorschriften des EStG (§ 4 I EStG, §§ 5 ff. EStG) zu ermitteln haben (Betriebsstättenbilanz). – *Gegensatz:* → indirekte Methode. – Nach dem OECD-Musterabkommen

ist die direkte Methode der indirekten Methode vorzuziehen.

**Direktinvestition** – I. Begriff: Form der → Auslandsinvestition. – 1. *Kennzeichen:* → Kapitalexport durch Wirtschaftssubjekte eines Landes in ein anderes Land mit dem Ziel, dort Immobilien zu erwerben, Betriebsstätten oder Tochterunternehmen zu errichten, ausländische Unternehmen zu erwerben oder sich an ihnen mit einem Anteil zu beteiligen, der einen entscheidenden Einfluss auf die Unternehmenspolitik gewährleistet. – *Gegensatz:* → Portfolio-Investition, die vorrangig der Geldanlage dient. – 2. *Entscheidungskriterien:* Steuervorteile im Ausland, Abweichungen in den Faktorpreisen und den wettbewerbsrechtlichen Vorschriften, Umgehung von Handelsschranken, Sicherung der Lieferung von Rohstoffen oder Vorprodukten, Erschließung oder Erhaltung von Absatzmärkten (→ Kapitalflucht). Absicherung der politischen Risiken durch Garantien für Kapitalanlagen im Ausland (→ Investitionsschutzabkommen). Entgegen weitverbreiteter Meinung gibt es für das Unterlaufen von Umweltvorschriften als Motiv für Direktinvestition *keine* empirischen Beweise. Eine zusammenfassende Erklärung bietet das → eklektische Paradigma. – Vgl. auch → internationale Direktinvestitionen, Joint Venture, Zwischenstaatliches Gemeinschaftsprogramm.

II. Wirkungen: 1. Mögliche positive Wirkungen für das Empfängerland (v.a. in Entwicklungsländern): (1) Milderung der Kapitalknappheit und dadurch Steigerung der Produktivität bzw. Beschäftigung sonstiger Produktionsfaktoren; (2) Wachstumsbeschleunigung durch Zunahme der gesamtwirtschaftlichen Investition (externe Investitionsfinanzierung); (3) Entlastung der → Zahlungsbilanz; (4) Beitrag zur Diversifizierung der Produktionsstruktur; (5) positive Beschäftigungseffekte; (6) Technologietransfer; (7) Induzierung von Investitions- bzw. Produktionsaktivitäten in vor- und nachgelagerten Produktionsstufen. – 2. Mögliche negative Wirkungen für das Empfängerland (bes. in Entwicklungsländern): (1) Verdrängung einheimischer Produzenten; (2) Wohlfahrtsverluste bzw. Einkommenstransfer zugunsten der Investoren durch staatliche Vergünstigungen (z.b. unentgeltliche Gewährung von Infrastrukturleistungen, „Schutzrente" im Weg einer Abschirmung des Marktes durch Importzölle oder subventionierte Inputs und verbilligte Kredite).

**III. Meldepflicht:** Die Statistik über dt. Direktinvestitionen wird von der Deutschen Bundesbank geführt. (Kontrolle der Ausgaben des Statistischen Bundesamtes, Wiesbaden, sowie des → EUROSTAT). Sie stützt sich dabei auf Bestandsmeldungen inländischer Unternehmen und Privatpersonen über das „Vermögen Gebietsansässiger in fremden Wirtschaftsgebieten" (dt. Direktinvestitionen im Ausland) sowie über das „Vermögen Gebietsfremder im Wirtschaftsgebiet" (ausländische Direktinvestitionen in Deutschland). Der Umfang der Meldepflicht von Kapitalausfuhren außerhalb des dt. Wirtschaftsgebietes ergeben sich aus den Vorschriften der → Außenwirtschaftsverordnung (AWV) (§§ 56-58c AWV). Zuwiderhandlungen gegen diese Meldevorschriften stellen Ordnungswidrigkeiten nach § 70 AWV dar.

**Direktinvestitionsförderung** – Maßnahme der Hilfe für → Entwicklungsländer; Förderung von → Direktinvestitionen in diesen Ländern. In Deutschland wurde dafür ein differenziertes Förderinstrumentarium entwickelt. Allen Maßnahmen ist gemeinsam, dass durch sie das wirtschaftliche oder politische Risiko einer → Kooperation gemindert werden soll: Durch verlässliche Informationen, durch günstige Kredite, durch Übernahme von Garantien und Bürgschaften oder durch die Gewährung von Steuervorteilen. Im Einzelnen gehören zum Instrumentarium, u.a. Bundesgarantien für Kapitalanlagen im Ausland, mit denen das politische Risiko von Kapitalanlagen gedeckt werden kann, Bundesgarantien und -bürgschaften für ungebundene Finanzkredite, Kredite aus Bundeshaushaltsmitteln oder die Förderung durch die Deutsche Investitions- und Entwicklungsgesellschaft mbH (DEG). Weitere Informationen erteilen u.a die Bundesagentur für Außenwirtschaft (bfai), Kreditanstalt für Wiederaufbau (KfW), Deutsche Investitions- und Entwicklungsgesellschaft (DEG), → UNIDO, Industrie- und Handelskammern und das Bundesministerium für wirtschaftliche Zusammenarbeit und Entwicklung (BMZ).

**Diskriminierung** – I. Außenwirtschaft: unterschiedliche Behandlung der einzelnen Partnerstaaten hinsichtlich des Waren-, Dienstleistungs- oder Kapitalverkehrs. Diskriminierung liegt z.b. vor bei Abweichung von der → Meistbegünstigung, bei nach Währungsräumen oder Ländern unterschiedlichen Devisenbestimmungen, bei administrativen Differenzierungen, bei differenzierenden Verkehrstarifen und zahlreichen weiteren → nicht tarifären Handelshemmnissen. Der Abbau von Diskriminierungen zählt zu den Zielen verschiedener internationaler Wirtschaftsorganisationen [ → World Trade Organization (WTO), → OECD, → IWF].

**II. Wettbewerbsrecht:** Behinderungswettbewerb, Deutsches Kartellrecht, Europäisches Kartellrecht.

**Distributions to Owners** – *Entnahme, Dividendenzahlung, Kapitalherabsetzung;* → Conceptual Framework.

**Divergenz-Indikator** → EWS, Indikator bzw. Messzahl, von dem bzw. von der die Abweichungen der → Wechselkurse einer Währung gegenüber anderen Währungen um einen bestimmten Prozentsatz angezeigt werden und somit die betreffende Zentralbank zu Interventionen verpflichtet wird.

**Doha-Runde** – Welthandelsrunde bei der → World Trade Organization (WTO). Zentrales Ziel der Doha-Runde ist die

Verbesserung der Lage der Entwicklungsländer im Welthandel, weswegen sie auch unter der Bezeichnung *Doha Development Round* und *Doha Development Agenda* firmiert. Die in der Doha-Erklärung vereinbarten Verhandlungsziele umfassen u.a. eine weitere Marktöffnung im Bereich der Landwirtschaft und die sog. Singapur-Themen (Investitionen, Wettbewerb, öffentliches Beschaffungswesen und Handelserleichterungen).

**Dollarraum** – alle Länder, deren Währungen direkt (als Zahlungsmittel, sog. *Fremdwährung*) oder indirekt (als → Leitwährung oder als Verrechnungsbasis) mit dem US-Dollar (US$) verbunden sind: dies sind gegenwärtig eine Anzahl mittel- und südamerikanischer Länder (z.B. Ecuador, El Salvador, Panama), aber auch einige asiatische und afrikanische Staaten (z.B. Liberia, Osttimor, Mikronesien, Palau).

**Donaukommission** – internationaler Zusammenschluss der Donauanliegerstaaten, errichtet 1949. – *Ziele:* Durchführung von Großprojekten zur Verbesserung der Donauschifffahrtsbedingungen, Entwicklung einheitlicher Navigationssysteme, Zollregelungen, gesundheitlicher Bestimmungen, Bereitstellung eines hydrometeorologischen Dienstes, Aufbau einer Donaustatistik.

**Doppelbelastung** → Doppelbesteuerung, wirtschaftliche Doppelbelastung.

**Doppelbesteuerung** – 1. *Begriff:* Doppelbesteuerung ist gegeben, wenn mehrere selbstständige Steuerhoheitsträger (Staaten) aufgrund desselben Steuertatbestandes dieselben Steuerpflichtigen für den gleichen Zeitraum zu einer gleichartigen Steuer heranziehen. Definitionsmerkmale sind somit: (1) Erhebung von Steuer durch verschiedene Staaten sowie die vier Identitätsmerkmale: (2) Steuerobjektidentität, (3) Steuersubjektidentität im juristischen oder wirtschaftlichen Sinn, (4) Zeitraumidentität und (5) Steuerartenidentität. – *Anders:* wirtschaftliche Doppelbelastung. – 2. *Arten:* a) *Reale oder virtuelle Doppelbesteuerung:* (1) Reale Doppelbesteuerung

ist eine tatsächlich eintretende Doppelbesteuerung. (2) Virtuelle Doppelbesteuerung ist eine theoretisch mögliche, aber aufgrund der vorhandenen Steuergesetze und/oder ihrer Auslegung nicht real eintretende Doppelbesteuerung. – b) *Juristische* oder *wirtschaftliche Doppelbesteuerung:* (1) Juristische Doppelbesteuerung liegt vor, wenn neben den unter I angeführten übrigen Merkmalen die Steuersubjektidentität im juristischen Sinn gegeben ist. (2) Wirtschaftliche Doppelbesteuerung tritt ein, wenn zwar keine Steuersubjektidentität im juristischen, wohl aber im wirtschaftlichen Sinn vorliegt (z.B. bilden die verschiedenen rechtlich selbstständigen Gesellschaften eines Konzerns ein Steuersubjekt im wirtschaftlichen Sinn). – c) *Formelle* oder *materielle Doppelbesteuerung:* (1) Bei der formellen Doppelbesteuerung erstreckt sich die Doppelbesteuerung auf formelle Steuerpflichten, (2) bei der materiellen Doppelbesteuerung dagegen auf die Erfüllung materieller Steuerpflichten. – 3. *Ursachen:* a) Die *Steueransprüche* der beteiligten Staaten *überschneiden* sich *objektiv,* da der juristisch oder wirtschaftlich identische Steuerpflichtige für den gleichen Zeitraum einer gleichartigen Besteuerung bez. des gleichen Steuerobjekts (z.B. Einkommen, Vermögen) unterliegt. Folgende *Kombinationen* von Steuerpflichten kommen vor: (1) Staat X: unbeschränkte Steuerpflicht, Staat Y: beschränkte Steuerpflicht; (2) Staat X: unbeschränkte Steuerpflicht, Staat Y: unbeschränkte Steuerpflicht; (3) Staat X: beschränkte Steuerpflicht, Staat Y: beschränkte Steuerpflicht. Die Kombination (1) tritt am häufigsten auf. – b) Die Steueransprüche der beteiligten Staaten sind zwar bei Vorhandensein eines → Doppelbesteuerungsabkommens (DBA) so gegeneinander abgegrenzt, dass *Überschneidungen nicht mehr* vorkommen sollten; dennoch kommt es in einzelnen Fällen zur Doppelbesteuerung, nämlich bei: (1) Überschneidungen bei der Ermittlung der jedem Staat zustehenden Bemessungsgrundlagen (z.B. Einkommen, Vermögen) oder (2) positiven

Qualifikationskonflikten (Fälle, in denen Regeln zur Vermeidung der Doppelbesteuerung bestehen, aber beide Staaten sich aus ihrer Sicht nach diesen Regeln für qualifiziert halten, eine Besteuerung vorzunehmen). – 4. *Relevante Steuerarten:* Doppelbesteuerungen können prinzipiell bei allen Steuerarten vorkommen. Die Staatenpraxis zeigt aber, dass Doppelbesteuerungen bei der Gruppe der Verkehrsteuern selten sind, da sich hier eine Begrenzung des Steueranspruchs auf das eigene Staatsgebiet von vornherein anbietet. Dagegen sind Doppelbesteuerungen bei den Steuern vom Einkommen und Vermögen der Regelfall. – 5. *Ökonomische Wirkungen:* a) *Betriebswirtschaftlich* verringert Doppelbesteuerung die Rentabilität einer Investition. Auslandsinvestitionen müssen daher i.d.R. eine wesentlich höhere Rentabilität vor Steuern aufweisen als vergleichbare Inlandsinvestitionen. – b) *Volkswirtschaftlich* wirkt die Doppelbesteuerung wettbewerbsverzerrend und hemmt die Mobilität der Produktionsfaktoren sowie die internationale Arbeitsteilung. Da die betriebswirtschaftlich notwendigen erhöhten Ausgangsrentabilitäten häufig nicht gegeben sind, unterbleiben dann volkswirtschaftlich wünschenswerte Direktinvestitionen im Ausland. – c) *Finanzwirtschaftlich* führt die Doppelbesteuerung bei kurzfristiger Betrachtung zu einer Erhaltung inländischer Besteuerungssubstanz. Langfristig überwiegen jedoch die negativen Aspekte in Form eines geringeren gesamtwirtschaftlichen Wachstums und damit geringerer besteuerungsfähiger Erträge. Die Finanzwissenschaft unterscheidet von der Doppelbesteuerung die Doppelbelastung (besser: Mehrfachbelastung), d.h. die mehrfache steuerliche Belastung desselben Besteuerungsgutes durch verschiedene Steuerarten desselben Hoheitsträgers. – 6. *Konsequenzen:* Die Doppelbesteuerung gehört zu den wichtigsten Hemmnissen einer internationalen wirtschaftlichen Betätigung. Da dies aus betriebswirtschaftlicher, volkswirtschaftlicher und finanzwirtschaftlicher Sicht gleichermaßen

negativ zu beurteilen ist, haben nicht nur die Steuerpflichtigen, sondern auch die beteiligten Staaten ein elementares Interesse an der Vermeidung der Doppelbesteuerung durch geeignete Maßnahmen. – 7. *Vermeidung der Doppelbesteuerung:* a) *Unilaterale Maßnahmen:* autonome Maßnahmen des → Wohnsitzstaates eines Steuersubjektes, die durch einseitigen Steuerverzicht dieses Staates eine Doppelbesteuerung in juristischen und/oder wirtschaftlichen Sinn vermeiden oder mildern. In der Bundesrepublik Deutschland existieren unilaterale Maßnahmen bei allen relevanten Steuerarten. – *Methoden:* (1) *Freistellungsmethoden (Exemption Systems):* (a) *Volle Freistellung:* Das Besteuerungsrecht liegt ausschließlich beim → Quellenstaat. Im Wohnsitzstaat bleiben die ausländischen Einkünfte bzw. Vermögensteile bei der Ermittlung der Steuerbemessungsgrundlage und des Steuersatzes außer Betracht. (b) *Freistellung mit* → *Progressionsvorbehalt:* Die ausländischen Einkünfte bzw. Vermögensteile bleiben im Wohnsitzstaat nur bei der Ermittlung der Bemessungsgrundlage außer Ansatz, werden aber bei der Ermittlung des Steuersatzes berücksichtigt. (2) *Anrechnungsmethoden (Tax Credit Systems):* Die ausländischen Einkünfte bzw. Vermögensteile werden bei der Ermittlung der inländischen Steuerbemessungsgrundlage und des Steuersatzes berücksichtigt. Auf die inländische Steuer werden allerdings die im Ausland gezahlten Steuern angerechnet. (a) *Direkte Anrechnung:* Angerechnet werden die von demselben juristischen Steuersubjekt im Ausland gezahlten Steuern: (aa) *Volle Anrechnung:* in voller Höhe, also auch über die inländische Steuer hinaus, sodass es theoretisch zu einer Erstattung ausländischer Steuer durch den inländischen Fiskus kommen kann. (ab) *Begrenzte Anrechnung:* Wie (aa), der Wohnsitzstaat rechnet jedoch nicht in unbegrenzter Höhe an, sondern begrenzt die Anrechnung auf den Steuerbetrag, der im Inland auf die ausländischen Einkünfte bzw. Vermögensteile entfällt. Die Begrenzung kann für alle ausländischen

Einkünfte bzw. Vermögensteile gemeinsam gelten (Over-All-Limitation) oder pro Land, aus dem ausländische Einkünfte bezogen werden, erfolgen (Per-Country-Limitation). (ac) *Fiktive Anrechnung*: Wie (aa), jedoch wird im Wohnsitzstaat nicht die tatsächlich im Ausland entrichtete Steuer angerechnet, sondern eine fiktive Steuer. Diese Methode wird vorzugsweise zur Erhöhung des Anrechnungspotenzials bei niedrig besteuernden Quellenstaaten, bes. Entwicklungsländern, angewandt. (b) *Indirekte Anrechnung*: Angerechnet werden die von dem wirtschaftlich identischen Steuersubjekt im Ausland entrichteten Steuern (z.B. die von der ausländischen Tochtergesellschaft im Ausland entrichtete Körperschaftsteuer). Die Ausgestaltung der indirekten Anrechnung kann in der gleichen Weise erfolgen wie die Ausgestaltung der direkten Anrechnung. (3) *Pauschalierungsmethode*: Die ausländischen Einkünfte bzw. Vermögensteile werden im Quellenstaat und Wohnsitzstaat voll besteuert. Der Wohnsitzstaat wendet auf die ausländischen Einkünfte bzw. Vermögensteile jedoch nicht den normalen Steuersatz an, sondern einen i.d.R. niedrigeren Pauschalsteuersatz. (4) *Abzugsmethode*: Die ausländischen Einkünfte bzw. Vermögensteile werden im Wohnsitzstaat und Quellenstaat voll besteuert. Der Wohnsitzstaat erlaubt lediglich den Abzug der im Ausland gezahlten Steuern von der inländischen Bemessungsgrundlage. – b) *Bilaterale Maßnahmen* sind Abkommen zur Vermeidung der Doppelbesteuerung, die zwischen zwei selbstständigen Staaten zur Vermeidung oder Milderung der Doppelbesteuerung abgeschlossen werden (→ Doppelbesteuerungsabkommen (DBA)). In den DBA werden je nach Einkunftsart und Vermögensart die Freistellung mit Progressionsvorbehalt oder die direkte Anrechnung, mit einer Begrenzung pro Land, angewandt. Im Verhältnis zu Entwicklungsländern kommt auch die direkte fiktive Anrechnung vor. – c) *Multilaterale Maßnahmen*: DBA, die nicht nur von zwei, sondern von einer

Vielzahl von Staaten unterzeichnet werden. Multilaterale Abkommen sind bis heute wegen des schwierigen Interessenausgleichs und der unterschiedlichen Steuersysteme weitgehend ungebräuchlich. In Deutschland werden folgende Methoden je nach Steuerart und der Erfüllung sonstiger Bedingungen angewandt: (1) volle Freistellung (selten); (2) direkte Anrechnung mit einer Begrenzung der Anrechnung pro Land (Regelfall); (3) bei Dividendeneinkünften von Kapitalgesellschaften, die an ausländischen Tochtergesellschaften beteiligt sind, Freistellung, wenn keine Hinzurechnungsbesteuerung erfolgt; (4) unter bestimmten Voraussetzungen die Pauschalierungsmethode; (5) soweit die anderen Methoden unter (1) bis (4) nicht anwendbar sind: die Abzugsmethode.

**Doppelbesteuerungsabkommen (DBA)** – Kurzbezeichnung für Abkommen zur Vermeidung der Doppelbesteuerung. – 1. *Begriff*: Völkerrechtliche Verträge, die als *bilaterale* DBA zwischen zwei Staaten (→ Wohnsitzstaat und → Quellenstaat) oder als *multilaterale* Verträge zwischen mehr als zwei Staaten in der Absicht ausgehandelt werden, in einem gegenseitig geregelten System von Steuerverzichten die Steuerobjekte so gegeneinander abzugrenzen, dass eine → Doppelbesteuerung im juristischen und/oder wirtschaftlichen Sinn weitgehend oder vollständig vermieden wird. – Vgl. auch → Schachtelprivileg. – 2. *DBA als nationales Recht*: Doppelbesteuerungsabkommen werden als völkerrechtliche Verträge gemäß Art. 59 II GG in nationales Recht transformiert. Sie sind dem einfachen nationalen (Bundes-) Recht gleichrangig, gehen ihm als Spezialnormen jedoch regelmäßig vor (vgl. § 2 AO). Nach herrschender Ansicht kann dieser Vorrang durch eine ausdrücklich speziellere gesetzliche Vorschrift vom Gesetzgeber ganz oder teilweise wieder eingeschränkt werden. – 3. *Geltungsbereich*: a) *Allgemeine DBA* der Bundesrepublik Deutschland erstrecken sich i.d.R. auf die Einkommen-, Körperschaft- und Gewerbesteuer. – b) Daneben gelten *Teilabkommen*, die sich bez. der oben genannten Steuern auf die Vermeidung der Doppelbesteuerung bei Einkünften/Vermögen der Seeschifffahrt und/oder Luftfahrt erstrecken. – c) Ferner existieren *Spezialabkommen*, die sich auf die Erbschaft- und Schenkungsteuer erstrecken. – 4. *Aufbau und Inhalt* der von der Bundesrepublik Deutschland unterzeichneten DBA sind i.d.R. sehr eng an die → OECD-Musterabkommen zur Vermeidung der Doppelbesteuerung angelehnt. – 5. *Verpflichtung zum Abschluss von Doppelbesteuerungsabkommen: a) weltweit:* Ein Völkergewohnheitsrecht, wonach Staaten zur Vermeidung einer Doppelbesteuerung untereinander Verträge abschließen müssten, gibt es nicht. – b) *EU-intern:* Für die Staaten der EU sieht der EG-Vertrag (Art. 293 EG) eine Verpflichtung vor, untereinander Verhandlungen über einen Abschluss von Doppelbesteuerungsabkommen aufzunehmen; ein erfolgreicher Abschluss solcher Verhandlungen ist aber nicht Verpflichtung und es wird vom EuGH auch nicht sanktioniert, wenn die Mitgliedsstaaten zwar seit mehreren Jahrzehnten der EU angehören, trotzdem aber nachweislich noch nicht einmal Verhandlungen aufgenommen haben. Versuchen, eine Verpflichtung zur Vermeidung einer Doppelbesteuerung zusätzlich auch direkt aus den Grundfreiheiten des EG-Vertrages herzuleiten, hat der EuGH in mittlerweile gefestigter Rechtsprechung eine Absage erteilt. – c) *Situation in der Bundesrepublik:* Bez. der Ertragsteuern hat die Bundesrepublik ihre EG-vertragliche Verpflichtung, DBA abzuschließen, umfassend erfüllt, da mit sämtlichen EU-Staaten solche Abkommen bestehen; darüber hinaus bestehen auch mit nahezu allen übrigen wichtigen Handelspartnerländern DBA über die Ertragsbesteuerung. Hinsichtlich der Erbschaftsteuer ist das Abkommensnetz der Bundesrepublik jedoch extrem spärlich, hier ist insbesondere auch EU-intern das Ideal, dass mit allen EU-Staaten wenigstens Verhandlungen über ein Erbschaftsteuer-DBA geführt werden müssten,

noch bei weitem verfehlt. – 6. *Bestehende Abkommen:* Zum 1. Januar eines jeden Jahres wird eine Liste der für dieses Jahr anzuwendenden DBA amtlich veröffentlicht.

**Doppeltarif** → Mischzoll.

**Dornbusch-Modell** – von R. Dornbusch entwickeltes, mittlerweile klassisches Modell zur Erklärung für das → Überschießen des nominellen Wechselkurses im Anschluss an monetäre Schocks. – *Annahmen:* Unterstellt permanentes → Gleichgewicht in Geld- und Assetmärkten, lässt aber mit träger Preisanpassung verbundene temporäre Ungleichgewichte auf dem Gütermarkt zu. Langfristig erfolgt Gütermarkträumung bei → Kaufkraftparität. – *Störung:* Steigt die heimische Geldmenge, so erfordert Geldmarktgleichgewicht die sofortige Anpassung der nominellen Geldnachfrage. Bei kurzfristig trägen Güterpreisen kann diese Anpassung nur über ein sinkendes Inlandszinsniveau erfolgen. Bei *perfekter* → internationaler Kapitalmobilität kann sich der Inlandszins aber nur vom Auslandszins lösen, wenn die Zinsdifferenz durch *Wechselkursänderungserwartungen* kompensiert wird. Der Wechselkurs wird daher sein neues langfristiges Gleichgewicht überschießen *(Overshooting)*, und die daraus resultierende Aufwertungserwartung bringt den Geldmarkt kurzfristig ins Gleichgewicht. Durch das Überschießen des Wechselkurses entsteht auf dem Gütermarkt eine Überschussnachfrage nach heimischen Gütern, die Güterpreise beginnen zu steigen. Dies erhöht seinerseits wiederum die Geldnachfrage, der Inlandszins steigt, und der nominelle Wechselkurs sinkt allmählich auf sein gegenüber der Ausgangssituation abgewertetes neues langfristiges Gleichgewichtsniveau. – Vgl. auch → Wechselkurstheorie.

**Draft Common Frame of Reference (DCFR)** → Europäisches Privatrecht.

**Dreimeilenzone** – Dreiseemeilengebiet vor der Küste eines Staates, das als dessen Hoheitsgewässer beansprucht wird. An der Dreimeilenzone wird gegenwärtig nur noch von wenigen Staaten (z.B. USA) festgehalten. Nach Art. 3 des Seerechtsübereinkommens der Vereinten Nationen vom 10.12.1982, dem die Bundesrepublik Deutschland mit Vertragsgesetz vom 2.9.1994 (BGBl. II 1798) beigetreten ist, wird die Küstenmeerbreite auf zwölf Seemeilen begrenzt; vgl. das Ausführungsgesetz Seerechtsübereinkommen 1982/1994 vom 6.6.1995 (BGBl. I 778).

**Drittland** – Begriff des Integrations- und Zollrechts. Als Drittländer werden alle Nicht-Mitglieder eines Integrationsraums bezeichnet (z.B. alle Nichtmitgliedsstaaten aus der Sicht der → EU, hier: USA, China, Japan). – Vgl. auch → regionale Integration.

**Drittlandsgebiet** – 1. *Begriff:* Gebietsbezeichnung aus dem Umsatzsteuerrecht, für alle Territorien, die umsatzsteuerlich nicht zum Inland eines Mitgliedstaates gezählt werden. – 2. *Umfang des Drittlandsgebiets gemäß EU-Recht:* (1) diejenigen Gebiete, die zu keinem EU-Staat gehören (mit Ausnahme von Monaco und der Insel Man); (2) die Gebiete, die zwar zum Hoheitsgebiet eines EU-Staates gehören, aber nicht Teil des Zollgebiets der Gemeinschaft sind (z.B. Helgoland, Niederländische Antillen, Färöer); (3) Gebiete, die für umsatzsteuerliche Zwecke bes. aus dem Gemeinschaftsgebiet ausgenommen sind (z.B. Kanarische Inseln, Berg Athos, überseeische franz. Departements). – 3. *Allein aus deutscher Sicht gehören zusätzlich zum Drittlandsgebiet:* die dt. → Freihäfen des Kontrolltyps I.

**Drittlandszollsatz** – Zollsätze, die auf Einfuhren von Drittlandswaren in einen Integrationsraum (z.B. Freihandelszone, → Zollunion) erhoben werden (→ regionale Integration). Drittlandszollsätze sind die „normalen", höchsten Zollsätze, in Abgrenzung zu den „besonderen", geringeren → Präferenzzöllen. Drittlandszollsätze werden etwas missverständlich auch als *MFN-Zollsätze* bezeichnet (Most Favoured Nations [MFN]), d.h. die nach dem GATT-Prinzip der → Meistbegünstigung auf Einfuhren aus Drittländern angewendet werden. Faktisch sind Drittlandszollsätze ungünstiger, weil höher als Präferenzzölle.

**DRS** – Abk. für *Deutscher Rechnungslegungs Standard,* → Deutsches Rechnungslegungs Standard Committee.

**DRSC** – Abk. für → Deutsches Rechnungslegungs Standards Committee.

**DSE** – Abk. für → Deutsche Stiftung für internationale Entwicklung.

**DSR** – Abk. für *Deutscher Standardisierungsrat,* → Deutsches Rechnungslegungs Standards Committee.

**DTC** – engl. für *Double Taxation Convention,* also → Doppelbesteuerungsabkommen (DBA).

**DTT** – engl. Abk. für *Double Taxation Treaty,* also → Doppelbesteuerungsabkommen (DBA).

**Dualismus-Theorien** – Erklärungsansätze der → Entwicklungstheorie, die von Ungleichheiten in der Sozial- und Wirtschaftsstruktur (Dualismus) von Entwicklungsländern ausgehen. Die Gesellschaft ist in zwei Sektoren gespalten, in einen modernen, dynamischen, in die Weltwirtschaft integrierten und in einen traditionellen, stagnierenden, oft isolierten Sektor, wobei sich beide Sektoren unabhängig voneinander nach eigenen Gesetzmäßigkeiten entwickeln. Je nach Fragestellung werden verschiedene Dualismen unterschieden: (1) sozialer Dualismus (entsteht durch das Aufeinandertreffen eines fremden, meist westlich importierten Sozialsystems auf das traditionale Sozialsystem von Entwicklungsländern; (2) technologischer Dualismus (unterschiedliche Produktionstechniken); (3) regionaler Dualismus (entwickelte und zurückgebliebene Regionen mit geringen wirtschaftlichen Austauschbeziehungen).

**Dual-Use-Güter** – *Güter mit doppeltem Verwendungszweck;* Gegenstände, Technologien und Kenntnisse, die i.d.R. zivilen Zwecken dienen, die aber auch für militärische Zwecke verwendet werden können. Frühere Regelung war u.a. die VO (EG) Nr. 1334/2000 des Rates vom 22.6.2000 über eine Gemeinschaftsregelung der Kontrolle der → Ausfuhr von Gütern und Technologien mit doppeltem Verwendungszweck (ABl. EG 2000 Nr. L 159, S. 1) ist die Ausfuhr von Dual-Use-Gütern, die in Anhang I aufgeführt sind, genehmigungspflichtig. Die Europäische Union (→ EU) hat im Zuge ihrer gemeinsamen Handelspolitik die EG-Dual-use-VO erlassen. Die Aktuelle Fassung ist die Verordnung (EG) Nr. 428/2009 vom 5.5.2009 (ABl. EU Nr. L 134/1). Die Dual-Use-VO besteht aus 28 Artikeln und sechs römisch bezifferten Anhängen. Im Anhang I sind alle Güter nach Art. 3 aufgeführt, welche als Dual-Use-Güter gelten. Für sie gelten bes. Exportbestimmungen. Dual-Use-Güter, die in diesem Anhang aufgeführt sind, sind genehmigungspflichtig, wenn diese Güter ganz oder teilweise für militärische Zwecke bestimmt sind oder bestimmt sein können. Die → Ausfuhrgenehmigungen werden durch das Bundesamt für Wirtschaft und Ausfuhrkontrolle (BAFA) erteilt, sofern nicht bereits Allgemeine (Ausfuhr-)Genehmigungen bestehen. Ausfuhrgenehmigungen gelten in der gesamten EU, so gelten in Deutschland auch Ausfuhrgenehmigungen der belgischen oder bulgarischen Ausfuhrkontrollbehörde. Den Mitgliedsstaaten der Europäischen Union bleibt es unbenommen, für Dual-Use-Güter, die nicht im Anhang I aufgenommen sind, gleichwohl eine Genehmigung vorzusehen oder die Ausfuhr ganz zu untersagen. Das ist in Deutschland in der → Außenwirtschaftsverordnung (AWV) geschehen, die auch die nationale Straf- und Bußgeldbewehrung für die EU-Regelung enthält. Anhang II enthält eine *Allgemeine Ausfuhrgenehmigung EU001* nach Art. 9 der Dual-Use-VO. Anhang IIIA enthält das Musterformblatt für Einzel- oder Globalgenehmigungen für die Ausfuhr nach Art. 14 I Dual-Use-VO. Mit der Dual-Use-VO setzt die EU verschiedene völkervertragsrechtliche Verpflichtung zur Überwachung der Warenausfuhr um, u.a. des

Wassenaar Arrangement. – „Anhang I: *Liste der Güter mit doppeltem Verwendungszweck*: Mit dieser Liste werden die international vereinbarten Kontrollen für Dual-Use-Güter – einschließlich des → Wassenaar Arrangement, des Missile Technology Control Regime (MTCR), der Nuclear Suppliers' Group (NSG), der Australischen Gruppe und des Chemiewaffen-Übereinkommens (CWÜ) – umgesetzt."Die Gliederung des Anhangs ist komplex. Hier ein kleiner Eindruck der zehn Kategorien: -Kategorie 0: Kerntechnische Materialien, Anlagen und Ausrüstung, Kategorie 1: Besondere Werkstoffe und Materialien und zugehörige Ausrüstung, Kategorie 2: Werkstoffbearbeitung, Kategorie 3: Allgemeine Elektronik, Kategorie 4: Rechner, Kategorie 5: Telekommunikation und Informationssicherheit, Kategorie 6: Sensoren und Laser, Kategorie 7: Luftfahrtelektronik und Navigation, Kategorie 8: Meeres- und Schiffstechnik, Kategorie 9: Raumfahrzeuge und Antriebssysteme.

**Dublin Docks** → Finanzierungsgesellschaft.

**Due Process** → Financial Accounting Standards Board (FASB), → International Accounting Standards Board (IASB).

**Dumping** – 1. *Allgemeine Bedeutung:* Verkauf von Waren „unter Preis", d.h. unter einem Referenzpreis. Dieser Referenzpreis kann aus dem Preis für Inlandsverkäufe desselben Gutes (oder vergleichbarer Güter), korrigiert um Transportkosten, oder auch aus den Grenzkosten bzw. den Durchschnittskosten abgeleitet werden. – 2. *Spezielle Bedeutungen:* a) Verkauf zu nicht kostendeckenden Preisen, wobei die tatsächliche Kostenstruktur und der damit richtige Preis kaum zu ermitteln sind. b) Verkauf von Waren im Export zu niedrigeren Preisen als im Inlandsmarkt (regionale Preisdifferenzierung) (Definition nach EG-Recht). Dadurch entsteht im Importland unerwünschter Konkurrenzdruck, dem ggf. durch einen → Antidumpingzoll begegnet werden kann. Zu Differenzen zwischen den Inlands- und Exportpreisen kann es immer dann kommen, wenn die Anbieter im Inland oder Ausland Marktmacht haben, wenn die Inlands- und Exportmärkte segmentiert sind und wenn die von den Anbietern wahrgenommenen Preiselastizitäten der Nachfrage von Markt zu Markt variieren. c) Beim Wechselkursdumping werden durch eine bewusst unterbewertete Währung Exporthilfen gewährt. d) Als *Umweltdumping* wird oft der Umstand bezeichnet, dass wegen mangelnder Umweltschutzauflagen Unternehmen aus bestimmten Ländern kostengünstiger anbieten können als andere. e) Als → Sozial-Dumping wird der Umstand bezeichnet, dass in bestimmten Ländern die Arbeitskosten niedriger sind aufgrund des Fehlens sozialer Absicherung (Kranken- und Arbeitslosenversicherung, Unfallschutz) oder gar wegen erlaubter Kinderarbeit. – Vgl. auch → Antidumpingzoll.

**Dumpingspanne** → Antidumpingzoll.

**Durchfuhr** – Beförderung von Waren aus Drittländern oder fremden Wirtschaftsgebieten durch das → Zollgebiet oder → Wirtschaftsgebiet, ohne dass die Waren in den zollrechtlich freien Verkehr übergeführt werden; als Durchfuhr gilt auch die Beförderung von Waren des zollrechtlich freien Verkehrs aus einem anderen EU-Mitgliedsstaat durch das Wirtschaftsgebiet (§ 4 II AWG). – Vgl. auch Transithandel.

**Durchsickereffekte** → Trickle-down-Effekte.

**DVFA/SG-Ergebnis** – Indikator für die Ertragslage des Gesamtunternehmens, der auf dem → Konzernabschluss basiert. – 1. *Begriff:* Die Deutsche Vereinigung für Finanzanalyse und Anlageberatung e. V. (DVFA) und der Arbeitskreis Externe Unternehmensrechnung der Schmalenbach-Gesellschaft – Deutsche Gesellschaft für Betriebswirtschaft (SG) haben eine gemeinsame Empfehlung zur Ermittlung eines Ergebnisses nach DVFA/SG erarbeitet, die die bilanziellen Ermessensspielräume durch die Fiktion einer Normalbilanzierung einschränken will.

Die Verlautbarungen der DVFA/SG haben ausschließlich Empfehlungscharakter und sind nicht direkter Bestandteil der handelsrechtlichen Rechnungslegungspflicht. Indes kommt es aufgrund des zunehmenden Kapitalmarktdrucks zu einer faktischen Angabepflicht innerhalb des → Geschäftsberichts. Die Verlautbarung ist primär auf Industrie- und Handelsunternehmen zugeschnitten. Für Banken und Versicherungen wurden abgewandelte Schemata entwickelt, um deren Besonderheiten berücksichtigen zu können. – 2. *Zweck:* Bei der Ermittlung des Bilanzgewinns und des aus ihm abgeleiteten Ergebnisses je Aktie bestehen vielfältige Wahlrechte und Ermessensspielräume. Diese in der Rechnungslegungspraxis unterschiedlich genutzten Bilanzierungsmöglichkeiten (Wahlrechte) sollen durch das DVFA/SG-Ergebnis in Richtung auf eine größtmögliche Gemeinsamkeit zwischen den Vorschriften des dt. Handelsrechts, den → International Financial Reporting Standards (IFRS) und den United States-General Accepted Accounting Principles (→ US-GAAP) eingeengt werden. Die Kennziffer des Ergebnisses je Aktie ermöglicht es, den Ergebnistrend eines Unternehmens im Zeitablauf aufzuzeigen, und schafft eine zuverlässige Ausgangsposition für die Schätzung der zukünftigen Ergebnisentwicklung. Anhand des DVFA/SG-Ergebnisses ist der wirtschaftliche Erfolg zwischen verschiedenen Unternehmen vergleichbar.

**dynamische Größenvorteile** – bes. Form von → Größenvorteilen, die bei der Bestimmung → dynamischer komparativer Vorteile eine wichtige Rolle spielen. Wenn eine ökonomische Aktivität unter dynamischen Größenvorteilen steht, dann hängt deren Effizienz nicht vom Niveau dieser Aktivität zu jedem Zeitpunkt ab, sondern davon, in welchem Ausmaß diese Aktivität in der Vergangenheit bis zu diesem Zeitpunkt durchgeführt wurde. – *Bekanntestes Beispiel:* Learning by Doing. Mit jeder Einheit, die zu einem bestimmten Zeitpunkt erzeugt wird, wird der Erfahrungsschatz vergrößert und damit die

Effizienz künftiger Produktion gesteigert. Die Gesamtheit der vergangenen Produktion bestimmt dann zu jedem Zeitpunkt den verfügbaren Bestand an Erfahrungen und Kenntnissen, und je größer dieser Bestand ist, desto geringer sind unter sonst gleichen Bedingungen die Stückkosten der Produktion.

**dynamische komparative Vorteile** – Verallgemeinerung des Konzepts → komparativer Vorteile auf Situationen, in denen die Produktionstechnologie nicht exogen gegeben, sondern durch endogene Innovationen im Zeitablauf veränderbar ist. Endogene Innovation wird hier als Entwicklung neuer Produktvarianten oder als Verbesserung bestehender Prozesse bzw. Produkte aufgefasst, die einem ökonomischen Anreiz unterliegt. In Übereinstimmung mit der neueren Wachstumstheorie unterstellt die moderne → Außenwirtschaftstheorie eine Art → dynamischer Größenvorteile in der Innovations- oder F&E-Aktivität.

**dynamische Wohlfahrtswirkungen des internationalen Handels** – Wohlfahrtswirkungen des internationalen Handels

(→ Gains-from-Trade-Theorem), die dadurch entstehen, dass das Wachstum (des Nationaleinkommens pro Kopf) eines Landes bedingt durch internationalen Handel entweder vorübergehend oder nachhaltig erhöht wird. Hängt von den Spar- und Investitionsentscheidungen ab. Im *neoklassischen Wachstumsmodell* mit konstanter Spar- und Investitionsquote entsteht im Anschluss an einen statischen Effizienzeffekt (→ Produktionsgewinn aus internationalem Handel) ein Prozess der vorübergehenden Erhöhung der Wachstumsrate des Nationaleinkommens, weil ein Teil des zusätzlichen Einkommens gespart und investiert wird. Langfristig sinkt diese Wachstumsrate jedoch wieder auf die als exogen betrachtete Rate des Bevölkerungswachstums, abgesehen von ebenfalls exogenen technologischen Verbesserungen. Bei optimalem Wachstum beinhaltet diese langfristige Erhöhung des Einkommensniveaus keine zusätzlichen Wohlfahrtseffekte, es sei denn, es liegen Distorsionen vor. Bei *endogenem Wachstum* ist jedoch vorstellbar, dass Handel auch die Wachstumsrate des Pro-Kopf-Einkommens nachhaltig erhöht.

# E

**EAG** – *EURATOM*; Abk. für *Europäische Atomgemeinschaft*. 1. *Begriff*: Von einigen europäischen Staaten durch Vertrag vom 25.3.1957 gegründet, der gleichzeitig mit dem EWG-Vertrag am 1.1.1958 in Kraft trat. Mit dem → Maastrichter Vertrag durch die Gründung der → EU in die erste Säule der EU gerückt (sog. Drei-Säulen-Modell). Seit dem → Vertrag von Lissabon wurden die drei Säulen aufgelöst und in das Gemeinsame Haus der Europäischen Union überführt (sog. Gemeinsames-Haus-Modell). Die EAG besteht neben dem → EUV und dem → AEUV weiter. – 2. *Ziele*: Förderung von Kernforschung und Nutzung der Kernenergie. – 3. *Organe*: Aufgrund der Fusionsverträge vom 8.4.1965 hat die EAG – bei Fortbestand des EURATOM-Vertrages (→ EAGV) – seit 1.7.1967 gemeinsame Organe (Versammlung, Ministerrat, Kommission, Gerichtshof) mit der → EWG und → EGKS. – 4. *Aufgaben*: Durch Förderung der Forschung, Verbreitung technischer Kenntnisse, Entwicklung von Sicherheitsnormen für den Gesundheitsschutz der Bevölkerung und der Arbeitskräfte, Erleichterung der Investitionen, Zusammenarbeit mit anderen Ländern und zwischenstaatlichen Einrichtungen soll zugleich zur Hebung des Lebensstandards in den Mitgliedsstaaten und zur Entwicklung der Beziehungen mit anderen Ländern beigetragen werden. Durch eine Diversifikation der Versorgungsgebiete und die Kontrolle von Verträgen (Importe müssen gemeldet werden) soll die Versorgungssicherheit erhöht werden. – 5. *Ein gemeinsamer Markt für Kernbrennstoffe und Ausrüstung* bereits am 1.1.1959 verwirklicht. – 6. Enge *Zusammenarbeit* mit der internationalen Energie-Agentur (IEA), der Kernenergieagentur (NEA), der OECD und der Internationalen Atomenergie-Organisation (→ IAEA).

**EAGFL** – Abk. für *Europäischer Ausrichtungs- und Garantiefonds für die Landwirtschaft*,

GAP, → Strukturpolitik der Europäischen Union.

**EAGV** – Abk. für *Vertrag über die Europäische Atomgemeinschaft*; der Gründungsvertrag der → EAG (EURATOM-Vertrag) wurde am 25.3.1957 in Rom unterzeichnet (einer der sog. Römischen Verträge) und ist am 1.1.1958 zusammen mit dem → EWGV in Kraft getreten. Nach dem → Vertrag von Lissabon die letzte noch bestehende Gründungsgemeinschaft der Europäischen Gemeinschaften. Der EAGV besteht neben dem → EUV und dem → AEUV.

**Earnings per Share (EPS)** – 1. *Begriff*: Gewinn je Aktie. Quotient aus dem (Konzern-) Jahresergebnis der Gewinn- und Verlustrechnung und der Anzahl der residualanspruchsberechtigten ausstehenden Aktien eines Unternehmens. – 2. *Merkmale*: Die Earnings per shareist eine Kernkennzahl der externen Finanzanalyse und ermöglicht den unmittelbaren Unternehmensvergleich. Durch Multiplikation zukünftig erwarteter Earnings per share mit einem prognostizierten branchendurchschnittlichen Kurs-Gewinn-Verhältnis lassen sich Aussagen zur Aktienkursprognose treffen und entsprechende Kauf- bzw. Verkaufempfehlungen geben. Die Ermittlung der Earnings per share ist in der IAS/IFRS-Rechnungslegung in IAS 33 „Ergebnis je Aktie" standardisiert.

**EBRD** – Abk. für *European Bank for Reconstruction and Development*, Europäische Bank für Wiederaufbau und Entwicklung, sog. *Osteuropabank*. – 1. *Charakterisierung*: Die EBRD ist eine internationale Organisation mit Sitz in London; wurde am 15.4.1991 errichtet. Mitglieder dieser regionalen Entwicklungsbank sind 61 Staaten und zwei zwischenstaatliche Institutionen (→ EU und → EIB). – 2. *Aufgaben*: Förderung des Übergangs zur offenen Marktwirtschaft in jenen

Ländern Mittel- und Osteuropas sowie Zentralasiens, welche den Prinzipien der Mehrparteiendemokratie, des Pluralismus und der Marktwirtschaft verpflichtet sind und sich von diesen Prinzipien leiten lassen. Im Gegensatz zur Weltbank → IBRD und zum → IWF hat die EBRD also ein politisches Mandat: Unterstützungen erhalten nur solche Länder, die den Demokratisierungsprozess (Mehrparteiensystem) vorantreiben. Zu ihrer Rolle als Katalysator des Wandels arbeitet die EBRD eng mit internationalen Finanzinstitutionen und anderen internationalen und nationalen Organisationen zusammen. Die Hauptformen der EBRD-Finanzhilfen sind Darlehen, Kapitalanlagen und Garantien. Außerdem leistet die EBRD Regierungsberatung bei Programmen zur Re-Strukturierung der Wirtschaft. Höchstens 40 Prozent ihrer Mittel dürfen in öffentliche Projekte fließen, angestrebt werden Kofinanzierungen. Bei Kofinanzierungen im privaten Sektor übernimmt die EBRD bis zu mehr als einem Drittel der Projektkosten bei einer maximalen Laufzeit von zehn Jahren zu Marktkonditionen. Die EBRD refinanziert sich über den freien Kapitalmarkt. – 3. *Organisation und Finanzierung:* Oberstes Organ der EBRD ist der Gouverneursrat, in den jedes Mitglied einen Minister (i.d.R. Finanzminister) und einen Vertreter entsendet. Ihm unterliegen die Grundlagenentscheidungen, z.B. Aufnahme neuer Mitglieder, Kapitalmaßnahmen, Wahl des Direktoriums und des Präsidenten. Die Gouverneure wählen ein Exekutivdirektorium, das aus „hoch qualifizierten Wirtschafts- und Finanzleuten" besteht, die nicht Mitglied des Gouverneursrats sein dürfen. Das Direktorium entscheidet mit einfacher Stimmenmehrheit. Die laufenden Geschäfte obliegen dem Exekutivkommittee, dem Präsidenten, Vizepräsidenten, Chefökonomen, Justiziar und Generalsekretär.

**ECA** → UN.

**ECCAS** – 1. *Begriff und Merkmale:* Abk. für *Economic Community of Central African*

*States, Communauté Economique des Etats de l'Afrique Centrale (CEEAC), Zentralafrikanische Wirtschaftsgemeinschaft;* 1983 gegründet. – 2. *Ziele:* Förderung der ökonomischen, sozialen, kulturellen, technischen und wissenschaftlichen Entwicklung der Mitgliedsstaaten und des afrikanischen Kontinents durch → Zollunion. Des Weiteren wird eine gemeinsame Handelspolitik mit dem Ziel des Abbaus aller Beschränkungen des Verkehrs von Personen, Gütern, Dienstleistungen und des Kapitals. – 3. *Mitglieder:* Angola, Äquatorialguinea, Burundi, Gabun, Kamerun, Demokratische Republik Kongo, Republik Kongo, Sao Tome und Proncipe, Tschad und Zentralafrikansiche Republik.

**ECOFIN** – Kurzbezeichnung für den → Rat der Europäischen Union (vormals Ministerrat), wenn dieser in Gestalt der Wirtschafts- und Finanzminister der Mitgliedsstaaten zusammentritt.

**Economic Community of Central African States** → ECCAS.

**Economic Diversification Index (EDI)** – Indikator der ökonomischen Strukturschwäche eines Landes (kleinere Werte zeigen zunehmende Strukturprobleme an). Er wird aus folgenden Teilindizes zusammengesetzt: (1) Anteil der verarbeitenden Industrie am Bruttoinlandsprodukt (BIP), (2) Beschäftigtenanteil in der Industrie, (3) Elektrizitätsverbrauch pro Kopf und (4) Exportkonzentrationsindex (ein Maß für die Abhängigkeit eines Landes vom Export eines Gutes bzw. eines Rohstoffs).

**Economic Exposure** → Exposure.

**Economic Value Added (EVA)** – Kennzahl, die im Rahmen eines umfassenden Performancemessungs- und Wertsteigerungskonzepts zur Anwendung kommt. Der Economic Value Added-Ansatz errechnet ein wertorientiertes Residualeinkommen der zu bewertenden Investition. Eine Investition ist nach diesem Ansatz dann wertschaffend, wenn sie einen positiven „Spread" (Differenz) zwischen tatsächlicher Rendite und den geforderten Kapitalkosten erwirtschaftet. Das Residualeinkommen errechnet sich als: Residualeinkommen (EVA) = (realisierte Rendite – Kapitalkosten) x eingesetzes Kapital. Die realisierte Rendite wird errechnet als das Verhältnis von operativem Ergebnis zu eingesetztem Kapital. Die geforderten Kapitalkosten errechnen sich unter Rekurs auf das Capital Asset Pricing Model (CAPM) aus den gewogenen Gesamtkapitalkosten. Bei der Bestimmung des eingesetzten Kapitals wird auf die Aktivagrößen abzüglich nichtverzinsbarer Fremdkapitalgrößen zurückgegriffen.

**ECOSOC** – Abk. für *Economic and Social Council* (Wirtschafts- und Sozialrat), → UN.

**ECOWAS** – 1. *Begriff und Merkmale:* Abk. für *Economic Community of West African States, Communauté Economique des Etats de l'Afrique de l'Ouest (CEDEAO),* Wirtschaftsgemeinschaft westafrikanischer Staaten, gegründet: 28.5.1975, Lagos. – 2. *Ziele:* Stufenweise Integration (→ Zollunion, → Wirtschaftsunion, → Währungsunion) und wirtschaftliche Zusammenarbeit mit der langfristigen Perspektive einer politischen Vereinigung; Vorreiter der afrikanischen Einheit → OAU. – 3. *Organe:* Als höchstes Entscheidungsorgan Konferenz der Staatschefs, Ministerrat, 4 Fachkommissionen. – 4. *Mitglieder:* setzen sich zusammen aus Staaten der Westafrikanischen Wirtschafts- und Währungsunion sowie der Westafrikanischen Währungsunion. Benin, Burkina Faso, Gambia, Ghana, Guinea, Guinea-Bissau, Elfenbeinküste, Kap Verde, Liberia, Mali, Niger, Senegal, Sierra Leone und Togo. – Vgl. auch Westafrikanische Wirtschaftsgemeinschaft (→ CEAO).

**ECU** – Abk. für *European Currency Unit, Europäische Währungseinheit. – Begriff:* Währungskorb vor Einführung des Euros, der die Währungen aller Mitgliedsländer der → EU enthielt (seit Einführung des Euro weggefallen); die anteilmäßige *Zusammensetzung* wurde wiederholt angepasst. Die Schaffung von ECU erfolgte im → EWS dadurch, dass die Mitgliedsländer einen bestimmten Prozentsatz ihrer Währungsreserven beim Europäischen Fonds für Währungspolitische Zusammenarbeit (→ EFWZ) zu hinterlegen hatten und im Gegenzug dafür ein entsprechend großes Guthaben in ECU eingeräumt bekamen.

**EDI** – 1. Abk. für *Electronic Data Interchange.* – 2. Abk. für → Economic Diversification Index.

**E-DRS** – Abk. für → Entwurf eines Deutschen Rechnungslegungs Standards.

**EEA** – Abk. für *Einheitliche Europäische Akte.* 1. *Charakterisierung:* Die Vollendung der Zollunion (1.7.1968) zwischen den Mitgliedsstaaten der → EWG machte es erforderlich, weitergehende Ziele im Sinn einer Vertiefung des Integrationsprozesses vertraglich zu vereinbaren. Die in den 1970er- und frühen 1980er-Jahren unternommenen Initiativen für eine Reform der drei Gemeinschaften (EWG, → EGKS, → EAG) führten jedoch nicht zu dem gewünschten Ergebnis. Die Gesamtheit der zwischen den seinerzeit zwölf EG-Mitgliedstaaten (→ EG) vereinbarten Änderungen der drei Gemeinschaftsverträge (→ EGKSV, → EWGV, → EAGV) wird als EEA bezeichnet. Nach Ratifizierung durch alle Mitgliedsstaaten trat die EEA am 1.7.1987 in Kraft. – 2. *Inhalt:* a) *Kernelement der EEA* war die vertragliche Festlegung, die bestehende → Zollunion bis zum 31.12.1992 durch eine schrittweise Reduzierung der wichtigsten innergemeinschaftlichen → nicht tarifären Handelshemmnisse zum sog. → Einheitlichen Binnenmarkt (*Gemeinsamer Binnenmarkt*) auszubauen. – b) Die *Mitwirkungsmöglichkeiten des* → Europäischen Parlamentes (EP) im Rahmen der gemeinschaftlichen Entscheidungsprozesse wurden durch die Schaffung des sog. *Kooperationsverfahrens* (Art. 294 AEUV) verstärkt. – c) Die EEA hat ferner eine explizite Vertragsgrundlage für eine Reihe sog. *flankierender Gemeinschaftspolitiken* geschaffen. Hierbei handelt es sich v.a. um Möglichkeiten zur Ergänzung der nationalen Sozialpolitik (Art. 151–161 AEUV), der Umweltpolitik (Art. 191–193 AEUV) sowie der Forschungs- und Technologiepolitik (Art. 179–190 AEUV). Die Erweiterung der Integrationsziele spiegelte sich ferner in der Einfügung eines neuen Titels in den → EGV; (Art. 174–178 AEUV), welcher der EG und den Mitgliedsländern die Aufgabe der Förderung des „wirtschaftlichen und sozialen Zusammenhalts" der Gemeinschaft (→ Kohäsion) zuweist. Außerdem verpflichteten sich die Mitgliedsstaaten in der EEA (Art. 120 AEUV), auf ein hohes Maß an Konvergenz in der Wirtschafts- und Währungspolitik hinzuwirken. – d) Die EEA beinhaltete weiterhin eine grundlegende *Reform der Arbeitsweise der Strukturfonds der EU* (→ Strukturpolitik der Europäischen Union). – e) Außerdem wurde durch die EEA zur Arbeitsentlastung des Europäischen Gerichtshofs (→ EuGH) und zur Beschleunigung der Rechtssprechung wurde ein für bestimmte Arten von Klagen zuständiges sog. → Europäisches Gericht Erster Instanz (EuG) dem EuGH vorgeschaltet (Art. 256 AEUV). – f) Schließlich wurde durch die EEA ein vertraglicher Rahmen für die (bis dahin ohne Rechtsgrundlage im EWGV praktizierte) Kooperation der Mitgliedsländer auf dem Gebiet der *Außenpolitik* geschaffen (sog. *Europäische Politische Zusammenarbeit (EPZ)*). – 4. *Fazit:* Insgesamt gesehen hat die EEA durch die Schaffung des Einheitlichen Binnenmarkts, die Ausweitung der Anwendungsmöglichkeiten des Mehrheitsprinzips und durch den Ausbau der außenpolitischen Zusammenarbeit dem europäischen Einigungsprozess in nachhaltiger Weise neue wirtschaftliche und politische Dynamik verliehen.

**EEF** – Abk. für *Europäischer Entwicklungsfonds*. 1. *Gegenstand:* Ein EEF umfasst die Finanzmittel, welche die Europäische Union (→ EU) während der jeweiligen Laufzeit eines solchen Fonds für die wirtschaftliche und soziale Entwicklung der mit der Gemeinschaft nach Art. 198 AEUV assoziierten außereuropäischen Staaten

(→ Assoziierungsabkommen) zur Verfügung stellen kann. – 2. *Finanzierung:* Die Mittel des EEF werden von den Mitgliedsstaaten der EU nach einem jeweils vereinbarten Schlüssel außerhalb des Gemeinschaftshaushalts aufgebracht und von der → Europäischen Kommission verwaltet. Zur Ergänzung des EEF stellt die Europäische Investitionsbank (→ EIB) zinsverbilligte Kredite zur Verfügung.

**Effekten** – 1. *Begriff:* vertretbare, d.h. fungible Wertpapiere (zur Kapitalanlage geeignet). Die häufigsten Arten sind: Aktien und Obligationen (Anleihen), Pfandbriefe, Investmentzertifikate, Optionsscheine. – 2. *Buchung und Bilanzierung:* Aktivierung unter Finanzanlagen, wenn die Effekten dauernd oder langfristig dem Geschäftsbetrieb dienen (ggf. unter → Beteiligungen, Wertpapiere des Anlagevermögens, Anteile an verbundenen Unternehmen), andernfalls im Umlaufvermögen. Buchung von Gewinnen vor Realisierung, also lediglich nach der Kursnotierung, verstößt gegen das Anschaffungswertprinzip nach HGB und ist daher unzulässig (ordnungsmäßige Bilanzierung). Mit Inkrafttreten des Bilanzrechtsmodernisierungsgesetzes (BilMoG) wurde für Kredit-und Finanzdienstleistungsinstitute allerdings eine branchenspezifische Bewertungsvorschrift für Finanzinstrumente des Handelsbestands eingeführt: Finanzinstrumente des Handelsbestands sind zum beizulegenden Zeitwert abzüglich eines Risikoabschlags zu bewerten (§ 340 3 III HGB). Für Unternehmen, die einen Konzernabschluss nach international anerkannten Rechnungslegungsgrundsätzen aufstellen, erfolgt die Bilanzierung in Abhängigkeit der Kategorisierung nach IAS 39 u.a. auch zum Fair Value, d.h. zum aktuellen Marktwert der Effekten.

**effektive Protektion** – Konzept zur Berücksichtigung der importierten Zwischenprodukte bei der Ermittlung der sektoralen Schutzeffekte eines gegebenen Systems von Zollsätzen. Sofern die Zollsätze (→ Zolltarife mit zunehmendem Verarbeitungsgrad steigen (Tarif-Eskalation; z.b.: Rohstoff = zollfrei, Halbfertigprodukt 5 Prozent, Fertigprodukt 10 Prozent), ist der tatsächliche Zollschutz für die inländischen Wertschöpfungsprozesse (effektive Protektion) höher als der „angebliche" nominale Zollschutz von 10 Prozent. Schreibt man $t_i$ für den → Zoll auf das Gut i, und $a_{ij}$ für den Anteil des importierten Zwischenprodukts j an den Stückkosten des Gutes i, dann ergibt sich die Rate der effektiven Protektion als

$$\frac{t_i - \sum_{j=1}^{n} a_{ij} t_j}{1 - \sum_{j=1}^{n} a_{ij}}.$$

Man nennt dies auch den *Effektivzoll* im Unterschied zum *Nominalzoll* $t_i$. Unter bestimmten Voraussetzungen kann dieser Effektivzoll ganz analog zu den Nominalzollsätzen im Fall ohne Zwischenprodukte interpretiert werden, und zwar als die durch das Zollsystem ermöglichte relative Veränderung der Wertschöpfung im Sektor i. – Vgl. auch → Handelspolitik.

**Effektivzoll** → effektive Protektion.

**EFRE** – Abk. für *Europäischer Fonds für Regionale Entwicklung*. 1. *Gegenstand*: Der EFRE ist das zentrale Element der Regionalpolitik bzw. → Strukturpolitik der Europäischen Union (→ EU). Der EFRE ist 1975 errichtet worden und hat seine Rechtsgrundlage in Art. 176 AEUV. Die Verwaltung des Fonds obliegt der → Europäischen Kommission. Die Fondsmittel sind i.Allg. im Haushaltsplan der Europäischen Union ausgewiesen. – 2. Die *Zielsetzung des EFRE* besteht gemäß Art. 176 AEUV darin, durch die Verringerung des wirtschaftlichen Rückstands der am stärksten zurückgebliebenen Gebiete sowie durch Förderung des Strukturwandels der „Industriegebiete mit rückläufiger Entwicklung" zu einem Abbau der „wichtigsten regionalen Ungleichgewichte in der Gemeinschaft [Union] beizutragen". Dadurch soll der „wirtschaftliche

und soziale Zusammenhalt" der Union (→ Kohäsion) gestärkt und einer harmonischen weiteren Vertiefung der Integration der Weg geebnet werden. – 3. *Mittelverwendung*: Alle Strukturfonds sind in der Förderperiode 2007-2013 an die Prioritäten der EU im Bereich der Förderung von Wachstum und Beschäftigung (→ Lissabon-Strategie) gebunden, indem 60 Prozent der Ausgaben dem Ziel „Konvergenz" und 75 Prozent der Ausgaben dem Ziel „Regionale Wettbewerbsfähigkeit und Beschäftigung" zugute kommen sollen. Zuschüsse aus den Mitteln des EFRE können v.a. für direkte Hilfen bei Unternehmensinvestitionen (bes. von KMU) und für Maßnahmen zur Verbesserung der Infrastruktur (Forschung, Innovation, Telekommunikation, Umwelt, Energie, Transport) gewährt werden. – 4. *Merkmale*: Die Gewährung von Finanzhilfen durch den EFRE erfolgt stets als ergänzende Unterstützung im Rahmen der mitgliedstaatlichen Regionalförderung (Prinzip der sog. *Additionalität*). Die Zuteilung der Mittel erfolgt nach quantifizierbaren Kriterien, die Ausmaß und Stärke der regionalen Disparitäten zwischen den Teilräumen der Gemeinschaft widerspiegeln. – 5. *Mittelvolumen*: Wegen des Bestehens intraregionaler Pro-Kopf-Einkommensunterschiede von bis zu 1:4 ist die mit der Einheitlichen Europäischen Akte (→ EEA) verfolgte Zielsetzung der Schaffung eines → Einheitlichen Binnenmarkts von einer beträchtlichen Aufwertung der gemeinschaftlichen Regionalpolitik flankiert worden. Der Anteil der Strukturfonds (EFRE, ESF und → Kohäsionsfonds) am → EU-Haushalt im Finanzierungszeitraum 2007-2013 liegt bei 35,7 Prozent (347,41 Mrd. Euro). Für Deutschland sind hiervon 26,34 Mrd. Euro vorgesehen.

**EFTA** – Abk. für *European Free Trade Association, Europäische Freihandelsassoziation*. 1. *Charakterisierung*: → Freihandelszone. Das am 4.1.1960 unterzeichnete „Übereinkommen zur Errichtung der Europäischen Freihandels-Assoziation" (sog. → Stockholmer Konvention) ist am 3.5.1960 formal in Kraft getreten. Amtssitz der EFTA ist Genf. – 2. *Organe und Arbeitsweise:* In Genf residiert ein sog. *Sekretariat* zur Verwaltung der EFTA, soweit es sich um EWR-Angelegenheiten handelt in Brüssel; die Regierungen der Mitgliedsländer unterhalten in Genf *ständige Delegationen.* Die EFTA-Konvention beinhaltet keine supranationalen Instanzen oder Befugnisse. Oberstes formelles Organ ist der sog. *Rat.* In diesem Lenkungsgremium sind alle Mitgliedsländer gleichberechtigt vertreten. Der Ratsvorsitz wechselt alle sechs Monate. Auf Ministerebene kommt der Rat jährlich zweimal zusammen. Der Rat besitzt in allen von der Konvention bestimmten Fragen umfassende Entscheidungsvollmachten. Beschlüsse des Rats sind für die Mitgliedsländer bindend. Daneben gibt es die Überwachungsbehörde ESA (→ EWR) den und EFTA-Gerichtshof. – 3. *Ziele und spezifische Merkmale:* a) *Überblick:* Die EFTA verfolgt explizit nur *wirtschaftspolitische Ziele.* Diese sind weniger weitreichend als diejenigen der Europäischen Union (EU). Neben dem Ziel der Verwirklichung des *Freihandels* bei industriellen Produkten enthält der EFTA-Vertrag *Wettbewerbsregeln* sowie Vorschriften zum Abbau technischer Handelshemmnisse. Die meisten Agrar- und Fischerei-Erzeugnisse bleiben vom innergemeinschaftlichen Freihandel und den gemeinsamen Wettbewerbsregeln weitgehend ausgenommen. Zum Zweck der Förderung des Austauschs solcher Waren bestehen mehrere *bilaterale Abmachungen* zwischen einzelnen EFTA-Staaten. – b) Seit Ende 1966 ist der *Handel zwischen den EFTA-Staaten mit gewerblichen Produkten* (mit „Ursprung" aus einem Mitgliedsland) von allen Zöllen und auch von den meisten mengenmäßigen Importbeschränkungen befreit. Gegenüber der restlichen Welt unterhalten die EFTA-Länder jedoch uneinheitliche Handelsschranken. Dies verhindert nicht nur den Abbau der innergemeinschaftlichen Grenzkontrollen, sondern hat außerdem noch zeit- und kostenaufwändige Abfertigungsprozeduren zur

Folge (z.B. komplizierte zu handhabende Ursprungsregeln; kompensatorische Nacherhebung von Zöllen auf Drittlandsgüter oder deren Anteil an weiterverarbeiteten Produkten, um Zollumgehungen zu vermeiden). – c) Anders als bei der EU sind die *Wettbewerbsregeln* der EFTA-Konvention nicht auf eine *Harmonisierung des Wettbewerbsrecht* gerichtet. Die gemeinsamen Wettbewerbsbestimmungen betreffen ein Verbot bestimmter Arten von Subventionen, ein Verbot von wettbewerbsbeschränkenden Unternehmensabsprachen, Antidumping-Bestimmungen, Vorschriften hinsichtlich des öffentlichen Auftragswesens sowie Einschränkungen der Diskriminierungsmöglichkeiten im Zusammenhang mit dem Niederlassungsrecht. – 4. *Beziehungen zur EU:* Drei der vier verbliebenen EFTA-Mitgliedsstaaten bilden gemeinsam mit der → EU den → EWR (→ EFTA-EU-Beziehungen). – 5. *Geschichte der EFTA:* Gründungsmitglieder der EFTA (1960) waren Dänemark, Norwegen, Österreich, Portugal, Schweden, die Schweiz und das Vereinigte Königreich. Es folgten Finnland (assoziiertes Mitglied 1961, Vollmitglied 1986), Island (1970) und Liechtenstein (1991). Zunächst standen → EWG und EFTA in großer Konkurrenz. Nach dem Beitritt von Dänemark und dem Vereinigten Königreich (1973), Portugal (1986) sowie Finnland, Österreich und Schweden (1995) zur → EG und dem damit einhergehenden Austritt aus der EFTA umfasst diese *Rest-EFTA* nur noch vier Staaten: Island, Norwegen, die Schweiz und Liechtenstein. Island hat im Jahr 2010 Beitrittsverhandlungen mit der EU aufgenommen.

**EFTA-EU-Beziehungen** – 1. Weil die → EU mit großem Abstand der größte Handelspartner der EFTA-Staaten (→ EFTA) ist bzw. die → EG war, haben diese stets eine *enge Kooperation mit der EG bzw. EU* angestrebt. – 2. In den vergangenen Jahrzehnten fanden parallel zur *Entwicklung des Konzepts für die Errichtung eines* → Einheitlichen Binnenmarkts der EG verschiedene Zusammenkünfte der EFTA- und der EG-Staaten auf

Regierungsebene statt, um die *Zusammenarbeit von EG und EFTA* über die bestehenden Freihandelsverträge hinaus zu intensivieren. Im Mai 1992 erfolgte *die Unterzeichnung des Vertrags über den* → EWR (Europäischer Wirtschaftsraum). Der EWR ist am 1.1.1994 im Verhältnis zwischen der EU und – mit Ausnahme der Schweiz – den EFTA-Staaten rechtswirksam geworden.

**EFWZ** – Abk. für *Europäischer Fonds für Währungspolitische Zusammenarbeit;* von den Mitgliedsstaaten der → EG nach dem Zusammenbruch des globalen Festkurssystems (→ Bretton-Woods-System) im Zuge der Errichtung des Europäischen Währungsverbunds im April 1973 geschaffener Fonds. Aufgabe des EFWZ war es, den vereinbarten Stützungskreditmechanismus zu handhaben. Als Folge des im EU-Vertrag bestimmten Wegs zur Errichtung einer Europäischen Währungsunion (→ EWWU) wurde der EFWZ zum 1.1.1994 (Beginn der zweiten Stufe der Währungsunion) aufgelöst; seine Aufgaben wurden dem gleichzeitig neu errichteten → EWI (Europäisches Währungsinstitut) übertragen.

**EG** – Abk. für *Europäische Gemeinschaften oder Europäische Gemeinschaft.* 1. *Begriff:* Der EG lagen zwei rechtlich selbstständige Gemeinschaften zugrunde: Die → EWG (Europäische Wirtschaftsgemeinschaft, seit 1.11.1993: Europäische Gemeinschaft) und die → EAG (bzw. EURATOM, Europäische Atomgemeinschaft). Während sowohl die fühere (seit dem 24.7.2002 außer Kraft getretene) Montanunion als auch EURATOM jeweils nur die Integration eng abgegrenzter Wirtschaftszweige bezweckten, zielt die EWG (EG) auf eine allumfassende wirtschaftliche Integration der Mitgliedsstaaten ab (Schaffung eines → gemeinsamen Marktes und schrittweise Harmonisierung aller für das Funktionieren des gemeinsamen Marktes wichtigen Wirtschaftspolitikbereiche). Ungeachtet ihrer rechtlichen Eigenständigkeit sind die zwei Gemeinschaften durch vielfältige gemeinsame vertragliche Bestimmungen, allg. Rechtsgrundsätze, einen gemeinsamen Haushalt sowie durch gemeinsame Organe eng verbunden. – 2. Neben dem (bes. im politischen Bereich) üblich gewordenen Sprachgebrauch „Europäische Gemeinschaften" zur Kennzeichnung der Gesamtheit der zwei Gemeinschaften ist durch ex-Art. 8 EUV die bis dahin als „Europäische Wirtschaftsgemeinschaft" benannte Teilgemeinschaft mit Wirkung vom 1.11.1993 in *„Europäische Gemeinschaft"* umbenannt worden; der reformierte (ehemalige) EWG-Vertrag (→ EWGV) wurde unter der (neuen) Bezeichnung EG-Vertrag (Vertrag zur Gründung der Europäischen Gemeinschaft, → EGV) Bestandteil des Vertrags über die Europäische Union. Mit dem Mantelvertrag über die Europäische Union (→ Maastrichter Vertrag) wurden die damals noch drei, jetzt zwei Gemeinschaften zur sog. Ersten Säule der → EU. Die völkerrechtliche Selbstständigkeit der Gemeinschaften wurde dadurch zu diesem Zeitpunkt jedoch nicht aufgehoben. Die EG hat ihre Rechtspersönlichkeit am 30.11.2009 verloren und ist in der EU aufgegangen. Der bisherige EGV wurde mit dem → Vertrag von Lissabon am 1.12.2009 umbenannt in den „Vertrag über die Arbeitsweise der Europäischen Union" (→ AEUV). Die → EAG bleibt weiter mit eigener Rechtspersönlichkeit neben der EU bestehen.

**EGKS** – Abk. für *Europäische Gemeinschaft für Kohle und Stahl, Montanunion.* 1. *Überblick:* EGKS war die älteste der drei (Teil)-Gemeinschaften im Rahmen der Europäischen Gemeinschaften (EG). Der EGKS-Vertrag (EGKSV) trat am 23.7.1952 in Kraft; nach Ablauf der vereinbarten 50-jährigen Vertragsdauer trat er am 23.7.2002 außer Kraft. Seitdem galten für den Kohle- und Stahlsektor die allg. Bestimmungen des EG-Vertrages. Die EGKS besaß – wie → E(W)G und → EAG – eine eigene völkerrechtliche Rechtspersönlichkeit. – *Mitglieder* waren alle EU-Mitgliedsstaaten. – 2. *Ziele:* Mit der Errichtung der EGKS wurde u.a. das Ziel der

Errichtung eines Gemeinsamen Marktes im Montanbereich verfolgt. Außerdem beinhaltete der EGKSV Vorschriften zur Förderung des Wettbewerbs, der Einführung durchgehender Transporttarife, Finanzhilfen für Rationalisierungsinvestitionen sowie die Freizügigkeit der Arbeitnehmer. Das strikte Subventionierungsverbot für den Kohle- und Stahlbereich (Art. 4c EGKSV) wurde Anfang der 1980er-Jahre durch die Inkraftsetzung eines sog. Subventionskodex für den Stahlbereich erheblich relativiert worden. – 3. Die EGKS verfügte bis zur Fusion der *Organe* der Gemeinschaften (1.7.1967) über eine eigenständige Exekutive (sog. Hohe Behörde) und ein spezielles Entscheidungsorgan (sog. Besonderer Ministerrat). Mit der Fusion gingen diese beiden Organe der EGKS in der EG-Kommission (heute: → Europäische Kommission) bzw. im EG-Ministerrat (heute: → Rat der Europäischen Union) auf. Im Unterschied zu den Bestimmungen des EWG- und des EAG-Vertrags war die Hohe Behörde/Europäische Kommission ermächtigt, durch Stellungnahmen zu Investitionsplänen einzelner Unternehmen unmittelbar auf die Investitionstätigkeit der Montanunternehmen in der Gemeinschaft Einfluss zu nehmen (Art. 54 EGKSV).

**EGKSV** – *Vertrag über die Gründung der Europäischen Gemeinschaft für Kohle und Stahl* (auch *Montanunion* genannt), erster Gründungsvertrag der später drei Europäischen Gemeinschaften → EGKS, → EAG und → EWG. Der EGKSV galt für eine Laufzeit von 50 Jahren und endete am 23.06.2002.

**EGV** – *Abk.* für *Vertrag über die Europäische Gemeinschaft*; durch den → Maastrichter Vertrag erfolgte Umbenennung des Vertrag über die Europäische Wirtschaftsgemeinschaft (→ EWGV). Alle Artikel des → EWGV wurden mit dem EGV neu nummeriert und ggf. neu gefasst. Mit dem → Vertrag von Lissabon ist der EGV umbenannt worden in *Vertrag über die Arbeitsweise der Europäischen Union* (→ AEUV), die EG hat

am 1.12.2009 ihre Rechtspersönlichkeit verloren und die EU hat zu diesem Zeitpunkt eigenständige Rechtspersönlichkeit gewonnen, vgl. → EUV.

**EG-Verordnungen** → EU-Gesetzgebung.

**EIB** – *Abk.* für *Europäische Investitionsbank.* 1. *Überblick:* Die EIB ist die „Hausbank" der Europäischen Union und 1958 als öffentlich-rechtliches Finanzinstitut mit eigener Rechtspersönlichkeit und Sitz in Luxemburg gegründet worden. Die Satzung der Bank ist dem E(W)G-Vertrag (inzwischen umbenannt in → AEUV) in Form eines Protokolls beigefügt. Sie ist eine der Institutionen der EU. Die EIB verfolgt keinen Erwerbszweck. – 2. *Mitglieder und Anteilseigner:* Alle EU-Mitgliedsstaaten (→ EU) sind Mitglied und Anteilseigner. Die Anteile der Mitgliedsstaaten am Kapital der EIB werden entsprechend des wirtschaftlichen Gewichts des jeweiligen Landes innerhalb der EU (gemessen am BIP) zum Beitrittszeitpunkt ermittelt. Ende 2011 belief sich das gezeichnete Kapital der EIB auf mehr als 232 Mrd. Euro. Nach Satzung der Bank darf der Betrag aller ausstehenden Darlehen 250 Prozent des gezeichneten Kapitals nicht überschreiten. Zur Erfüllung ihrer politischen Aufgaben soll die EIB dadurch auf eine bes. solide wirtschaftliche Basis gestellt sein. – 3. *Aufgaben:* a) Art. 309 AEUV weist der EIB die generelle Aufgaben zu, im Wege der Gewährung von Darlehen und Garantien für Infrastruktur- und Unternehmensinvestitionen zu einer ausgewogenen Entwicklung und zum wirtschaftlichen und sozialen Zusammenhalt der EU-Mitgliedsstaaten beizutragen und dadurch dem Integrationsfortschritt zu dienen. Innerhalb der EU werden mit Vorrang Vorhaben in solchen Regionen finanziert, die den Förderungskriterien der Strukturfonds der Europäischen Union genügen. – b) Als EU-Institution passt die EIB ihre Aktivitäten den Entwicklungen der Gemeinschaftspolitiken an. Die Prioritäten der Darlehensgewährung innerhalb der EU betreffen die Förderung der Entwicklung wirtschaftlich schwacher EU-Regionen, die Stärkung der internationalen Wettbewerbsfähigkeit von Industrie, Landwirtschaft und Dienstleistungssektor, den Auf- und Ausbau transeuropäischer Verkehrs- und Kommunikationsnetze, die Sicherung der Energieversorgung sowie Maßnahmen zur Erhaltung oder Verbesserung der Umwelt und des architektonischen Erbes. – Neben den Förderungsaktivitäten innerhalb der Gemeinschaft gewährt die EIB aber auch Kredite für Projekte in solchen Drittländern, mit denen die EU Abkommen über wirtschaftliche und finanzielle Kooperation geschlossen hat. – 4. *Vergabekriterien*: Das jeweilige Projekt muss zur europäischen Integration beitragen, volkswirtschaftlich vernünftig und technisch sinnvoll konzipiert sein, den Vorschriften über den Umweltschutz und über die Vergabe öffentlicher Aufträge entsprechen und sich – im Fall von Unternehmensinvestitionen – selbst tragen. Der Beschlussfassung liegen sowohl die Ergebnisse der Projektprüfung zugrunde, als auch die Stellungnahmen der Europäischen Kommission sowie des Mitgliedsstaats, in welchem die Investition erfolgen soll. – 5. *Refinanzierung*: Die EIB finanziert ihre Kreditvergabetätigkeit hauptsächlich durch Anleiheemissionen auf den internationalen Kapitalmärkten. Ihre Anleiheprodukte werden international sowohl von institutionellen als auch privaten Anlegern erworben. Da sämtliche EU-Mitgliedsstaaten Anteilseigner der EIB sind, erhalten ihre Anleihen entsprechend sehr gute Ratings auf Staatsanleihenniveau. Dieser Refinanzierungsvorteil ermöglicht die günstigen Finanzierungsprodukte und Dienstleistungen der EIB. – 6. *Reaktionen der EIB auf die Finanzkrise*: Die EIB leistete in der jüngsten Finanzkrise schnelle und zusätzliche Unterstützung für die europäische Wirtschaft. Die gesamten Darlehensauszahlungen stiegen auch 2011 auf 59 Mrd. Euro (zum Vergleich 2008: 48,6 Mrd. Euro). Der Betrag der unterzeichneten Darlehen betrug 2011 60 Mrd. Euro. Zudem wurden Bemühungen angestellt, den Darlehensvergabeprozess

einfacher und flexibler zu gestalten. Zur Krisenbewältigung wurde zusätzlich ein Maßnahmenpaket der Bank bestimmt, das zusätzliche Finanzierungen in der EU im Umfang von 50 Mrd. Euro vorsieht. Hierunter fallen insbesondere Unterstützungen für KMU, Mitgliedsstaaten und Regionen, die bes. hart von der Krise getroffen wurden, sowie Operationen in den Bereichen Energie, Klimaschutz und Infrastruktur (einschließlich spezifischer Unterstützung zur Emissionsreduzierung).

**Eigenveredelung** → aktive Veredelung.

**Einfuhr** – *Import*.

I. Allgemein: 1. *Begriff*: entgeltlicher und unentgeltlicher Bezug von → Waren und/oder → Dienstleistungen aus dem Ausland. – 2. *Arten*: a) *direkte Einfuhr (unmittelbare Einfuhr)*: Einfuhr der Selbstverbraucher, z.B. der weiterverarbeitenden Industrie, die (teils durch Vermittlung von Agenten) mit den ausländischen Lieferanten direkt abschließen.*Indirekte Einfuhr (mittelbare Einfuhr)*: Einfuhr durch Einfuhrhändler, die ihrerseits die nachgeordneten Handelsstufen und die weiterverarbeitenden Betriebe beliefern (Einfuhrhandel). – b) *Sichtbare Einfuhr*: Warenimporte, also Güter der Ernährungswirtschaft, → Rohstoffe, Halb- u. Fertigwaren. *Unsichtbare Einfuhr*: Einfuhr von entgeltlichen Dienstleistungen, also z.B. Leistungen ausländischer Schiffe beim Transport FOB (Free on Board) gekaufter oder CIF (Costs, Insurance, Freight; ausschreiben besser, vgl. INCOTERMS) verkaufter Waren, Vermittlungsleistungen ausländischer Banken, Dienstleistungen im Ausland für inländische Reisende etc.

II. Außenwirtschaftsgesetz: Verbringen von Waren aus fremden Wirtschaftsgebieten in das → Wirtschaftsgebiet. Wenn sie aus → Drittländern in eine → Freizone oder ein → Nichterhebungsverfahren übergeführt werden, liegt eine Einfuhr erst vor, wenn sie in der Freizone des Kontrolltyps I verbraucht, gebraucht, bearbeitet oder verarbeitet oder wenn sie in den zollrechtlich freien Verkehr übergeführt werden (§ 4 II Nr. 6 AWG).

III. **Zollrecht:** Verbringen von Waren, d.h. von allen beweglichen Sachen, sowie die Lieferung von elektrischer Energie in das → Zollgebiet der EU. Es ist ein *Realakt*, kein → Zollverfahren. Bes. bedeutet Einfuhr nicht die Überführung in ein Zollverfahren, etwa in den freien Verkehr. Das Entstehen der → Zollschuld ist bei ordnungsgemäßem Verhalten (kein Einfuhrschmuggel) nicht an den Zeitpunkt der Einfuhr geknüpft, sondern hängt von der Überführung der Ware in den zollrechtlich freien Verkehrs ab, der sich je nach dem vom *Zollbeteiligten* gewählten Zollverfahren ergibt. Das Gleiche gilt für Einfuhrumsatzsteuer (EUSt) und die anderen nach Steuergesetzen für eingeführte Waren zu erhebenden Verbrauchsteuern, für die i.Allg. die Bestimmungen des Zollrechts sinngemäß anzuwenden sind.

IV. **Umfang:** → Außenhandel.

**Einfuhrabfertigung** → Einfuhrverfahren.

**Einfuhrabgaben** – Sammelbegriff für alle bei der → Einfuhr von Waren in das → Zollgebiet ggf. zu entrichtenden Abgaben. Einfuhrabgaben sind der → Zoll, die Einfuhrumsatzsteuer (EUSt) und andere für eingeführte Waren zu erhebende Verbrauchsteuern (§ 1 III ZollVG).

**Einfuhranmeldung** – Zollanmeldung zur Überführung in den zollrechtlich freien Verkehr oder ein anders Verfahren nach dem Import. – *Gegensatz:* → Ausfuhranmeldung.

**Einfuhrausschreibungen** – Hinweise auf Einfuhrmöglichkeiten und -kriterien gemäß § 12 II → Außenwirtschaftsgesetz (AWG) durch die zuständigen Genehmigungsbehörden hinsichtlich Waren, deren Einfuhr genehmigungspflichtig ist (→ Einfuhrliste) oder mengenmäßigen Beschränkungen unterliegt; wird im *Bundesanzeiger* veröffentlicht. Sobald das Einfuhrkontingent feststeht, kann die Einfuhrausschreibung erfolgen, u.a. mit der Publikation von: Höhe des Kontingents, Verfahren der Kontingentverteilung (→ Verteilungsverfahren), Antragshöchstgrenze, Voraussetzungen für die Antragsstellung,

Antragsunterlagen, Art und Weise, mit der die Antragstellung erfolgen kann oder muss (EG-DAT), Ausschreibungsfrist.

**Einfuhrbeschränkung** – *Einfuhrrestriktion, Importbeschränkung, Importrestriktion;* Beschränkung (1) der → Einfuhr i.Allg., (2) der Einfuhr bestimmter Waren und → Dienstleistungen, (3) der Einfuhr aus bestimmten *Drittländern.* Beschränkungen innerhalb des EU-Binnenmarktes sind seit 1.1.1993 nicht mehr möglich. Nicht zur eigentlichen Einfuhrbeschränkung rechnen allg. Maßnahmen zur Wiederherstellung des Gleichgewichts der → Zahlungsbilanz. (4) Beschränkungen unterliegen normalerweise den *Genehmigungsvorbehalt* (bei Erteilung der → Einfuhrgenehmigung ist die Einfuhr möglich). Zu unterscheiden sind Verbote, bei denen die Einfuhr immer untersagt bleibt; Verbot, Verbringungsverbot, → Einfuhrverbot. – Vgl. auch → tarifäre Handelshemmnisse, → nicht tarifäre Handelshemmnisse, → Importkontingentierung, → Einfuhrverbot, Einfuhrzoll, → Protektion, → Binnenmarkt.

**Einführer** – 1. *Außenwirtschaftsrecht:* Einführer ist, wer Waren in das dt. → Wirtschaftsgebiet verbringt oder verbringen lässt. Liegt der Einfuhr ein → Einfuhrvertrag zugrunde, so ist nur der → Gebietsansässige Einführer. Wer lediglich als Spediteur oder Frachtführer oder in einer ähnlichen Stellung mit dem Verbringen der Ware tätig wird, ist nicht Einführer (§ 23 AWV). Für diesen Titel gilt der Begriff „Einführer" nach § 21b I AWV mit der Maßgabe, dass nur Einfuhren aus Drittländern erfasst werden und Gemeinschaftsansässige Gebietsansässige gleichstehen. – Vgl. auch Einfuhrhändler. – 2. *EU-Zollrecht:* → Verbringer.

**Einfuhrgenehmigung** – nach Außenwirtschaftsrecht, dem Recht der Verbote und Beschränkungen im grenzüberschreitenden Warenverkehr oder sonstigen Normen erforderliche Genehmigung für die Einfuhr von Waren. Dabei kann es einmal um eine Genehmigung gehen, die Voraussetzung für jedes Verbringen ist. Vereinzelt sind Genehmigungen erst bei Überführung in den zollrechtlich freien Verkehr erforderlich. Bezugsgebiet ist zumeist das → Zollgebiet der EU. Zuständig für die Erteilung sind das Bundesamt für Wirtschaft und Ausfuhrkontrolle (BAFA) oder die → Bundesanstalt für Landwirtschaft und Ernährung (BLE). Einfuhrgenehmigungen müssen der → Zollverwaltung mit der → Zollabfertigung vorgelegt werden (heute nicht mehr als Papier sondern als elektronischer Datensatz über → ATLAS).

**Einfuhrkontingent** → Importkontingentierung.

**Einfuhrkontrollmeldung** – *Abk. EKM*; mit der → Zollanmeldung bei Beantragung der Einfuhrabfertigung bestimmter Waren ist die EKM vorzulegen, v.a. für lizenzfreie Marktordnungswaren. Die rechtlichen Regelungen sind in § 27 II Nr. 3 → Außenwirtschaftsverordnung (AWV) und § 27 a AWV enthalten. Bei der elektronischen Zollanmeldung mit dem IT-Verfahren → ATLAS ist die papiermäßige EKM durch eine elektronische Weitergabe der Daten an die zuständigen Behörden ersetzt worden (§ 27 II UA 2 S. 1 AWV). – Vgl. auch → Einfuhrverfahren.

**Einfuhrliste** – 1. *Bedeutung*: Anlage zum → Außenwirtschaftsgesetz (AWG), aus der entnommen werden kann, ob die → Einfuhr einer Ware genehmigungsfrei oder -bedürftig ist. Die Genehmigungsfreiheit oder -bedürftigkeit ergibt sich aus der Warenliste in Verbindung mit den Länderlisten und den Anwendungsvorschriften zur Einfuhrliste. – Obwohl die Einfuhrliste als Anhang des AWG deren Bestandteil ist, kann sie kraft der Ermächtigung in § 10 II AWG durch Rechtsverordnung ohne Zustimmung des Bundesrates (§ 27 I AWG) geändert werden. Änderungen werden im Bundesanzeiger veröffentlicht. – 2. *Aufbau*: Teil I: Allgemeine Vorschriften und Hinweise zur Anwendung der Einfuhrliste; Teil II: Warenliste. – 3. *Aktuelle Entwicklung*: Seit dem Jahr 2006 ist die Warenliste dahingehend geändert worden,

dass nicht mehr alle Waren aufgelistet werden, sondern nur noch Waren für die eine Beschränkung (Einfuhrgenehmigung, Überwachungsdokument, Ursprungszeugnis, Ursprungserklärung, Marktordnungsrechtliche Beschränkungen) besteht, wodurch der Umfang stark reduziert wurde. – 4. *Elektronischer Weg*: Einführer nutzen meist elektronische Ausgaben, da hier die Änderungen jeweils zentral eingepflegt werden und diese stets auf dem aktuellen Stand sind. Die Vorschriften der Einfuhrliste sind Teil des → elektronischen Zolltarifs (EZT), welcher von der Homepage der deutschen Zollverwaltung kostenlos abgerufen werden kann.

**Einfuhrlizenz** – *Importlizenz*; nach EU-Recht zur Gewährleistung einer ordnungsgemäßen Verwaltung der gemeinsamen Marktorganisation für Marktordnungswaren erforderlich, die in den zollrechtlich freien Verkehr übergeführt werden. Einfuhrlizenzen berechtigen und verpflichten zugleich den Inhaber zur → Einfuhr innerhalb der Gültigkeitsdauer der Einfuhrlizenz. Bei nicht durchgeführter Einfuhr – außer in Fällen höherer Gewalt – verfällt die Kaution. – *Ziele*: Marktbeobachtung; erforderlichenfalls Ermöglichung der Anwendung von Schutzmaßnahmen gegenüber Drittländern. – *Zuständigkeit*: Zur Erteilung von Einfuhrlizenzen in der Bundesrepublik Deutschland ist das Bundesamt für Wirtschaft und Ausfuhrkontrolle (BAFA) oder die → Bundesanstalt für Landwirtschaft und Ernährung (BLE) zuständig. – Vgl. auch → Importquote.

**Einfuhrquote** → Verteilungsverfahren.

**Einfuhrrestriktion** → Einfuhrverbot, → Einfuhrbeschränkung.

**Einfuhrsendung** – Warenmenge, die an demselben Tag von demselben Lieferer an denselben → Einführer (§ 21b I 1 AWV) abgesandt werden und von demselben → Zollstelle abgefertigt wird (§ 23 III AWV).

**Einfuhrverbot** – *Importverbot*; Verbot, das jeglichem Verbringen von Waren in das Zollgebiet der Gemeinschaft entgegensteht

(→ Embargo) oder der Überführung von Waren in den zollrechtrechtlich freien Verkehr. Das Einfuhrverbot kann *absolut* sein oder *relativ* und damit *Ausnahmen* zulassen (Verbot mit Genehmigungs- oder Befreiungsvorbehalt, sog. → Einfuhrbeschränkung). Die Gründe sind vielfältig. Grundsätzlich kann sich ein Einfuhrverbot aus dem EU-Recht oder aus § 2 → Außenwirtschaftsgesetz (AWG) des → Außenwirtschaftsrechts ergeben. Darüber hinaus sind wichtige Bereiche der Schutz der öffentlichen Sittlichkeit, Ordnung und Sicherheit, der Schutz der Gesundheit und des Lebens von Menschen, Tieren und Pflanzen, der Schutz des nationalen Kulturguts von künstlerischem, geschichtlichen oder archäologischem Wert, sowie der Schutz des gewerblichen und kommerziellen Eigentums sog. → Verbote und Beschränkungen. – Zur *volkswirtschaftlichen Wirkung*: → Zoll, → Einfuhrbeschränkung, → tarifäre Handelshemmnisse, → nicht tarifäre Handelshemmnisse.

**Einfuhrverfahren** – Das Einfuhrverfahren beginnt schon vor dem Verbringen der Waren ins Zollgebiet der Gemeinschaft. Seit dem 1.1.2011 ist grundsätzlich vor jeder Einfuhr vom → Verbringer der Waren eine summarische Eingangsanmeldung (ESumA) bei der geplanten Einfuhrzollstelle abzugeben, Art. 36a ZK, Art. 181b ZK-DVO. Der Betreiber des aktiven Beförderungsmittels muss alsdann kurz vor dem Erreichen dieser Zollstelle die Ankunft melden, Arrt. 184g ZK-DVO. Grundsätzlich unterliegen sämtliche in das EU-Zollgebiet verbrachten Waren der zollamtlichen Überwachung, Art. 37 ZK. Sie sind vom → Verbringer unverzüglich zu den vorgeschriebenen Zollstellen zu befördern bzw. zu gestellen. Dabei ist auf eine zweite summarische Anmeldung zur vorübergehenden Verwahrung (VVSumA) Bezug zu nehmen. Diese muss die tatsächlich gestellten Waren auflisten. Für den See- und Luftverkehr bedeutet das, dass in dieser Anmeldung nur die entladenen Waren aufzulisten sind. Die VVSumA kann durch Erweiterung

der ESumA erstellt werden. Regelmäßig wird jedoch eine neue VVSumA erstellt, die allein auf die Registrierungsnummer der ESumA Bezug nimmt. – Innerhalb von 20 Tagen (Seeverkehr 45 Tage) müssen die gestellten → Nichtgemeinschaftswaren dann eine der für Nichtgemeinschaftswaren zulässigen zollrechtlichen Bestimmung (z.B. Überführung in den zollrechtlich freien Verkehr, Zolllagerverfahren, aktive Veredelung, Versandverfahren, Umwandlungsverfaren usw.) erhalten. Dazu bedarf es zumeist einer → Zollanmeldung. Nach Abschluss der Prüfung und ggf. Entrichtung der Eingangsabgaben werden die Waren dem Anmelder überlassen. Damit endet das Einfuhrverfahren. Die zollamtliche Überwachung dauert in vielen Fällen jedoch weiter an. Nur beim Statuswechsel durch Überführung in den zollrechtlich freien Verkehr bedarf es zumeist keiner weiteren Überachung mehr.

**Einfuhrvertrag** – Begriff des Außenwirtschaftsrechts für den Vertrag eines → Gebietsansässigen (§ 4 I Nr. 5 AWG) mit einem → Gebietsfremden (§ 4 I Nr. 7 AWG) über den Erwerb von Waren (§ 4 II Nr. 2 AWG) zum Zwecke der Einfuhr (§ 4 II Nr. 6 AWG). Für den Abschluss von Einfuhrverträgen bestehen grundsätzlich keine Beschränkungen.

**Einfuhrzertifikat** → internationale Einfuhrbescheinigung.

**Einfuhrzoll** – der für eingeführte Waren (→ Einfuhr) aufgrund von zollrechtlichen Vorschriften auf Grundlage des → Zolltarifs zu erhebende → Zoll, Art. 4 Nr. 10 ZK. Dieser fällt einmal an bei Überführung in das *Zollverfahren* des *zollrechtlich freien Verkehrs*. Durch Überführung in ein → Nichterhebungsverfahren (z.B. → *aktive Veredelung*, → *Umwandlungsverfahren*, → *vorübergehende Verwendung*, → *Versandverfahren*, → *Zolllagerverfahren*) kann die *Zollschuldentstehung* vermieden oder herausgezögert werden. Ein Einfuhrzoll entsteht aber auch, wenn es für → Nichtgemeinschaftswaren bei oder nach der Einfuhr zu Pflichtverletzungen kommt, etwa Einfuhrschmuggel, Verstöße in Zollverfahren oder die Ware der zollamtlichen Überwachung entzogen wird. – Vgl. auch → Ausfuhrzoll.

**Einfuhrzollschuld** – Verpflichtung zur Entrichtung der im geltenden Gemeinschaftsrecht vorgesehenen → Einfuhrabgaben. Einfuhrzollschuld entsteht, wenn einfuhrabgabepflichtige Waren ordnungsgemäß in den zollrechtlichen freien Verkehr überführt werden bzw. wenn eine solche Ware in das Verfahren der vorübergehenden Verwendung unter teilweiser Befreiung von der Einfuhrabgabe überführt wird (Art. 201 ZK). Daneben kann es bei Unregelmäßigkeiten zur Zollschuldenstehung kommen, etwa bei Einfuhrschmuggel (Art. 202 ZK), Entziehen von Waren aus der zollamtlichen Überwachung (Art. 203 ZK) oder sonstigen Verfehlungen (Art. 204 ZK).

**Einheitliche Europäische Akte** → EEA.

**einheitliche Leitung** – Gemäß § 18 AktG konstituierendes Merkmal eines aktienrechtlichen → Konzerns; einheitliche Leitung liegt dann vor, wenn ein Beherrschungsvertrag oder eine Eingliederung (Vertragskonzern) vorliegt, oder wenn die Konzernleitung aufgrund einer Mehrheitsbeteiligung kontinuierlich oberste Führungsaufgaben in der Beteiligungsgesellschaft tatsächlich wahrnimmt (faktischer Konzern). – *Anders:* → Control-Konzept.

**Einheitlicher Binnenmarkt** – Der mit der → EEA (Einheitliche Europäische Akte) geschaffene Art. 26 II AEUV definiert den Einheitlichen Binnenmarkt als einen „Raum ohne Binnengrenzen", in welchem die vier sog. → Grundfreiheiten (freier Verkehr von „Waren, Personen, Dienstleistungen und Kapital") gewährleistet sind. Der Binnenmarkt wurde mit Wirkung vom 1.1.1993 verwirklicht. Der Binnenmarkt ist das Herzstück der europäischen Integration und hat dank seiner Freiheiten und offenen Grenzen zu wichtigen Wachstums- und Beschäftigungsschüben geführt. Die → Kommission (Generaldirektion

→ Binnenmarkt) ist bemüht den Binnenmarkt immer weiter zu vereinheitlichen, denn trotz stetiger Bemühungen ist der Binnenmarkt noch unvollständig.

**Einheitliches Gesetz über den internationalen Kauf beweglicher Sachen (EKG)** – *Haager Einheitliches Kaufgesetz;* Gesetz zur Regelung sowohl des Zustandekommens von Kaufverträgen als auch der Rechte und Pflichten von Käufer und Verkäufer sowie der Rechtsfolgen, die eintreten, wenn der Käufer bzw. Verkäufer die ihm obliegenden Pflichten nicht ordnungsgemäß erfüllt. Es ist durch das → Übereinkommen der Vereinten Nationen über Verträge über den internationalen Warenkauf (CISG, UN-Kaufrecht, Wiener Kaufrechtsübereinkommen) ersetzt worden.

**Einheitsfiktion** → Konzernabschluss.

**Einheitspapier** – 1. *Begriff:* ein für die schriftliche Zollanmeldung bei der Überführung in ein → Zollverfahren zu verwendendes Papier. Der achtfache Vordrucksatz (Anhang 11), der je nach Verfahren nur teilweise benötigt wird, weist insgesamt 54 Nummernfelder auf, die zumeist unter Benutzung eines Codeschlüssels vom Anmelder auszufüllen sind. Bes. Bedeutung kommt dabei den Feldern 1 und 37 zu. Darin wählt der Anmelder das gewünschte Zollverfahren und macht so aus einem Blankovordruck ein Versandpapier, eine Ausfuhranmeldung usw. – 2. *Internetzollanmeldung:* In Deutschland kann das Papier auch mittels einer sog. Internetzollanmeldung erstellt werden. Dabei werden die Daten vorab der Zollstelle elektronisch übermittelt, alsdann aber schriftlich vorgelegt. – 3. *Elektronische Anmeldung:* Künftig wird die elektronische Vorlage der Zollanmeldung und des Begleitpapiers zur Regel werden. Damit soll den Veränderungen im Umfeld von Zollbehörden und Wirtschaft inbesondere mit der Einführung des elektronischen Datenaustauschs Rechnung getragen werden. Bereits seit 2004 müssen Versandzollanmeldungen und ab dem 1.7.2009

Ausfuhrzollanmeldungen elektronisch abgeben werden. Das Einheitspapier ist nur noch im Rahmen des Ausfallkonzepts zu verwenden. Mit dem → Unionszollkodex wird die elektronische Anmeldung der Regelfall, voraussichtlich ab 2015.

**Einkaufsland** – Begriff des Außenwirtschaftsrechts (Legaldefinition in § 21 b II AWV). Land, in dem der → Gebietsfremde ansässig ist, von dem der → Gebietsansässige die Waren erwirbt. Dieses Land gilt auch dann als Einkaufsland, wenn die Waren an einen anderen Gebietsansässigen weiterveräußert werden. Liegt kein Rechtsgeschäft über den Erwerb von Waren zwischen einem Gebietsansässigen und einem Gebietsfremden vor, so gilt als Einkaufsland das Land, in dem die verfügungsberechtigte Person, die die Waren in das → Wirtschaftsgebiet verbringt oder verbringen lässt, ansässig ist oder ihren gewöhnlichen Aufenthalt hat. Das Versendungsland gilt dann als Einkaufsland, wenn die verfügungsberechtigte Person im Wirtschaftsgebiet ansässig ist, sowie bei Waren, die nach vorheriger Ausfuhr zurückgesandt werden oder deren Einkaufsland nicht bekannt ist.

**Einkommensmechanismus** → Zahlungsbilanzausgleich.

**Einreihung in den Zolltarif** – im Sinn des Zollrechts die Zuordnung der angemeldeten Ware zu einer Codenummer des Zolltarifs. Die Einreihung ist als Bestandteil der → Zollanmeldung zunächst vom Anmelder vorzunehmen, kann alsdann als ein Teil der Zollabfertigung von der Zollbehörden überprüft und ggf. neu vorgenommen werden. Um Rechtssicherheit zu erhalten, kann jeder Wirtschaftsbeteiligte im Vorfeld eine → verbindliche Zolltarifauskunft einholen. Sie gilt EU-weit.

**einseitige Handelsliberalisierung** – *Asymmetrisches* Handelsabkommen, das die Vergünstigungen nur von einer Vertragspartei beinhaltet; → Handelsliberalisierung. Im Gegensatz dazu beinhalten *symmetrische*

bilaterale Handelsabkommen Handelsvergünstigungen für beide Vertragsparteien (→ Bilateralismus). Das → Präferenzabkommen der → EU mit den → AKP-Staaten ist ein Beispiel für die einseitige Handelsliberalisierung.

**einseitige Übertragung** – *unentgeltliche Übertragung;* ohne unmittelbare ökonomische Gegenleistung erbrachte bzw. empfangene Güter- und/oder Geldleistungen an das Ausland bzw. aus dem Ausland. Zu den einseitigen Übertragungen zählen v.a. die in Form von verlorenen Zuschüssen geleistete Entwicklungshilfe, Gastarbeiterüberweisungen und Beiträge zu internationalen Organisationen. Die Gegenüberstellung der einseitigen Übertragungen einer Periode erfolgt in der Übertragungs- bzw. Transferbilanz (→ Zahlungsbilanz).

**eklektisches Paradigma** – Ansatz von J.H. Dunning zur Erklärung der Bestimmungsgründe von → Direktinvestitionen. Dunning unterscheidet drei potenzielle Determinanten unternehmerischer Standortwahl: (1) Standortvorteile (Location Advantages), (2) Eigentumsvorteile (Ownership Advantages) und (3) Internalisierungsvorteilen (Internalization Advantages). Standortvorteile ergeben sich aus den Eigenschaften des anvisierten Standorts (z.B. günstige Löhne, Nähe zum Absatzmarkt). Eigentumsvorteile ergeben sich aus den Eigenschaften der Unternehmens selbst (z.B. unternehmensinternes Know-how). Internalisierungsvorteile schließlich ergeben sich dann, wenn die unternehmensspezifischen Vorteile am anvisierten Standort nicht durch Lizensierung oder ähnliche Kooperationsformen direkt vermarktet werden können. Dann bleibt nur die Gründung einer Tochtergesellschaft vor Ort oder die Übernahme eines vor Ort ansässigen Unternehmens. Für das Zustandekommen von Direktinvestitionen müssen also alle drei Vorteile in hinreichendem Ausmaß vorliegen. Ist dies nicht der Fall, so wird das Unternehmen für seine Internalisierung andere

Strategien wählen, z.b. Exporte, Lizensierung oder Kooperation im Rahmen internationaler Unternehmensnetzwerke.

**Elastizitätsansatz** – theoretischer Ansatz zur Erklärung der Veränderungen der Leistungsbilanz als Folge von Veränderungen des realen Wechselkurses. Am einfachsten darstellbar im Zwei-Güter-Fall. Die ausländische Nachfrage nach dem im Inland erzeugten Gut (Exportnachfrage) hängt ab vom relativen Preis dieses Gutes X = X(R), wobei R = w · P' / P der reale → Wechselkurs, und W der nominelle Wechselkurs in Preisnotierung ist. Die Ableitung dieser Exportnachfragefunktion nach dem realen Wechselkurs ist: X' > 0. Analog dazu sei die Importnachfrage (ausgedrückt in Einheiten des Importgutes): M = M(R), wobei M' < 0. In Einheiten des heimischen Gutes ausgedrückt ergibt sich dann die Leistungsbilanz als: B = X(1 / R)- RM(R). Nun verändert sich die Leistungsbilanz gemäß: $\partial$ B/ $\partial$ R = X'- RM'- M. Die Reaktion der Leistungsbilanz ist also bestimmt durch die Ableitungen X' bzw. M', die ihrerseits die Mengenreaktionen der Handelsströme auf die Preisveränderung determinieren. Die Marshall-Lerner-Bedingung gibt nun an, wie die Preiselastizitäten der Export- bzw. Importnachfrage beschaffen sein müssen, damit $\partial$ B/ $\partial$ R > 0. Wenn man unterstellt, dass die Leistungsbilanz ursprünglich ausgeglichen war (X = RM), dann erhält man diese Bedingung als: X' R / X- M' R / M > 1. Dies lässt sich schreiben als: $| \eta_{X} | + | \eta_{M} | > 1$, wobei $\eta_{X}$ bzw. $\eta_{M}$ die Elastizitäten der Export- bzw. Importnachfragefunktionen darstellen. Diese Preiselastizitäten müssen sich dem Betrag nach auf mehr als eins addieren *(Marshall-Lerner-Bedingung)*. Bei der Ableitung dieser Bedingungen wird allerdings eine perfekt preiselastische Güterangebotsproduktion und somit unendlich große Angebotselastizitäten der Produktion des Ex- und Importgutes unterstellt. Wird die Vorstellung des perfekt preiselastischen Güterangebots aufgehoben, so gilt es, die Angebotselastizitäten bei der Ableitung der Bedingung einer

normalen Reaktion der Leistungsbilanz zu berücksichtigen *(Robinson-Bedingung)*. Sind die Elastizitätsbedingungen hingegen nicht erfüllt, so verschlechtert sich die Leistungsbilanz als Resultat einer Abwertung der heimischen Währung. Für den Fall, dass das Devisenmarktgeschehen von den Handelsströme dominiert wird, würde Instabilität des Devisenmarktes resultieren. – Vgl. auch → Elastizitätspessimismus, → J-Kurven-Effekt.

**Elastizitätsoptimismus** – Begriff der monetären → Außenwirtschaftstheorie. Erwartung einer Konstellation aus Nachfrage- und Angebotselastizitäten (→ Elastizitätsansatz), die bei → Abwertung der Inlandswährung zu einer Aktivierung (bei → Aufwertung zu einer Passivierung) der → Leistungsbilanz führt *(normale Reaktion)*. – *Gegensatz:* → Elastizitätspessimismus.

**Elastizitätspessimismus** – auf empirische Untersuchungen der 1950er- und 1960er-Jahre gegründete Skepsis bez. der Erfüllung der Elastizitätsbedingungen (→ Elastizitätsansatz) für die normale Reaktion der → Leistungsbilanz auf relative Güterpreisveränderungen. Mündete v.a. auch in Skepsis bez. der Erreichung des → außenwirtschaftlichen Gleichgewichts über flexible Wechselkurse. Aufgrund jüngerer empirischer Untersuchungen scheint jedoch eher ein → Elastizitätsoptimismus als ein Elastizitätspessimismus gerechtfertigt zu sein. Danach variieren „typische" Nachfrageelastizitäten zwischen –0,5 und –1,5 für Importgüter und zwischen 0,5 und 2 für Exportgüter. – *Gegensatz:* → Elastizitätsoptimismus.

**Elektronischer Zolltarif (EZT)** – Die Druckausgabe des Deutschen Gebrauchs-Zolltarifs (DGebrZT) wurde eingestellt und zum 1.1.1999 durch den Elektronischen Zolltarif ersetzt. Der Elektronische Zolltarif ist eine nationale Zusammenstellung vielfältiger Rechtsquellen. Ausgangspunkt ist der gemeinsame Zolltarif der EU (s. hierzu → Einreihung in den Zolltarif). Eingearbeitet sind die vielfältigen durch Präferenzen ermäßigten

Abgabensätze, Hinweise auf Verbote und Beschränkungen, Genehmigungen, Steuersätze usw. Die deutsche Zollverwaltung bietet den EZT online an.

**Embargo** – 1. *Begriff:* Eine staatlich angeordnete Zwangsmaßnahme, mit der der Güterhandel mit einem bestimmten Staat unterbunden wird, i.d.R. als Repressalie gegen Völkerrechtsverletzungen oder um das betreffende Land zu bestimmten Handlungen zu zwingen bzw. es davon abzuhalten. – 2. *Bedeutung/Begriffsdifferenzierung:* Im Sprachgebrauch wird die Abgrenzung zwischen Boykott und Embargo oft verwischt: Ein Boykott ist privatwirtschaftlich und eher passiv (freiwilliger Verzicht), ein Embargo staatlich und auch aktiv organisiert (Verbot und Durchsetzung). Je nach Ausmaß unterscheidet man *Total-, Partial-* oder *Selektivembargo.* Wirken dabei mehrere Staaten zusammen, spricht man auch von *Kollektivembargo.* Das Embargo ist inhaltlich eng verwandt mit drei anderen völkerrechtlichen Begriffen. Bei einer *Sanktion* handelt es sich um eine Reaktion eines Staates auf völkerrechtswidriges Verhalten eines anderen Staates. Der Begriff *Retorsion* (Vergeltung) wird meist im Zusammenhang mit handelspolitischen Sanktionen verwendet; dies kann also auch ein Embargo sein oder ein Retorsionszoll (→ Zoll). Eine → Blockade ist eine militärische Maßnahme, die z.B. ein (prinzipiell ziviles) Embargo durchsetzen oder unterstützen soll. – 3. *Handelsembargos* wurden in der jüngeren Vergangenheit vom UN-Sicherheitsrat verhängt (u.a. gegen Irak, Iran, Elfenbeinküste). In der EU werden diese Beschlüsse umgehend im Rahmen der Gemeinsamen Außen- und Sicherheitspolitik (→ GASP) mithilfe von Verordnungen in Gemeinschaftsrecht, parallel dazu und zumeist überflüssig in nationales Recht – in den §§ 69a ff. der → Außenwirtschaftsverordnung (AWV) umgesetzt, um ggf. auch strafrechtliche nationale Sanktionen zu ermöglichen. – 4. *Eigenständige Embargos:* werden von der EU im Rahmen der GASP verhängt (z.B. gegenüber Birma/Myanmar,

Demokrat. Republik Kongo, Libanon, Liberia, Nordkorea, Sierra Leone, Simbabwe, Somalia, Sudan, Usbekistan, Weißrussland). Die Überwachung solcher Restriktionen obliegt im Rahmen der Zollabfertigung bei Ein- und Ausfuhr den Zollstellen. Nachteile, die bspw. Exporteuren durch Handelsembargos entstehen (Lieferverbot, Zahlungsverbot) gehen zulasten des Betroffenen, da → Außenwirtschaftsgesetz (AWG) und AWV keine Entschädigungen vorsehen. Man kann sich gegen solche politischen Risiken (weitgehend) bei der Euler Hermes Kreditversicherungs-AG versichern.

**Embargowaren** – Güter, deren → Ausfuhr aufgrund eines → Embargos beschränkt oder verboten sind; → Exportkontrolle.

**Emerging Markets** – Als Emerging Markets werden oftmals die Aktienmärkte in → Schwellenländer bezeichnet. Ein wichtiges Merkmal stellen der Anstieg von sowohl inländischen als auch ausländischen Investitionen (Portfolio- und Direkt-) dar. – *Beispiele* für Emerging Markets sind die Länder Osteuropas, China oder Indien.

**Empfehlung** – I. Handels- und Gesellschaftsrecht/Zivilrecht: → Auskunft, Preisempfehlung, Rat, Referenz.

II. Europäisches Gemeinschaftsrecht: Handlungsform der Europäischen Union. Eine Empfehlung auf Grundlage des AEUV ist ein → Rechtsakt, mit welchem dem Adressaten ein bestimmtes Verhalten nahe gelegt wird, der aber nicht verbindlich ist. Gesetzlich geregelt in Art. 288 AEUV.

**EMRK** – Abk. für *Europäische Menschenrechtskonvention.*

**Endanwender-Kontrolle** → End User Control (EUC).

**endogene Handelsvorteile** – Vorteile, die sich die Unternehmen selbst schaffen, z.B. durch Forschungs- und Entwicklungsaktivitäten oder auch eine erfolgreiche Vermarktungsstrategie. – *Anders:* → exogene Handelsvorteile.

**End User Control (EUC)** – *Endanwender-Kontrolle, Endverbleibs-Kontrolle, Re-Export-Kontrolle, Wiederausfuhrkontrolle;* Kontrollpflicht, bestehend bez. Waren einschließlich Fertigungsunterlagen, deren → Ausfuhr aufgrund von COCOM-Beschlüssen, UN-Embargobeschlüssen und des Vertrages über die Nichtverbreitung von Kernwaffen oder sonstiger Regelungen in bestimmte Länder genehmigungspflichtig ist. Der Endverbleib der mit einer → Ausfuhrgenehmigung exportierten Waren in dem in Aussicht genommenen Empfängerland ist sicherzustellen. Das für die Beantragung einer Ausfuhrgenehmigung für Embargowaren maßgebliche Verfahren richtet sich nach Bestimmungsort/-land und ggf. dem Empfänger der auszuführenden Waren. Mit festgelegten Formularen ist der Endverbleib der Genehmigungsbehörde nachzuweisen, in Deutschland nach Beteiligung der Zollbehörden dem Bundesamt für Wirtschaft und Ausfuhrkontrolle (BAFA).

**Endverbleibs-Kontrolle** → End User Control (EUC).

**Entscheidung** – I. Entscheidungstheorie: 1. *Begriff:* Auswahl einer Aktion aus einer Menge verfügbarer Maßnahmen unter Berücksichtigung möglicher Umweltzustände mit Willensakzent: Entscheidung = Willenbildung + Entschluss (unverbindliche gedankliche Alternativen-Wahlen ohne Realisierungsabsicht aus der Menge der Entscheidungen sind ausgeschlossen). – *Anders:* Entschluss. – 2. *Voraussetzung:* Zielkriterien zur Bewertung der möglichen Aktionen. – 3. *Arten:* (1) Nach der *Häufigkeit:* Einmalige und wiederkehrende Entscheidungen; (2) nach der *Fristigkeit:* Kurz-, mittel- und langfristige Entscheidungen; (3) nach der *Tragweite:* Konstitutive (z.B. Gründungsentscheidung) und laufende Entscheidungen; (4) nach dem *Geltungsbereich:* Gesamtbetriebs- und Funktions-Entscheidung bzw. Total- und Partial-Entscheidung; (5) nach dem *Sicherheitsgrad der Informationen:* Entscheidung unter Sicherheit, unter Risiko und unter Unsicherheit; (6) nach der *Zahl der zu berücksichtigenden Ziele:* Entscheidung bei Einfach- und Mehrfachzielsetzung; (7) nach der *personalen Dimension (Zahl der Entscheidungsträger):* Individualentscheidung und Kollektiventscheidung; (8) nach getrennter oder vereinter *Entscheidungs- und Ausführungsaufgabe:* Selbstentscheidung und Fremdentscheidung; (9) nach dem *Verlauf des Entscheidungsprozesses:* Simultane und sukzessive Entscheidung; (10) nach der *Struktur des Entscheidungsproblems:* Entscheidung für wohlstrukturierte und schlecht strukturierte Entscheidungsprobleme. – Die Differenzierung basiert jeweils auf einem Kriterium und ist daher nicht überschneidungsfrei. – 4. Eine *allg. gültigere Typologie* knüpft an die übergreifenden Merkmale Komplexität und Determiniertheit an: (1) Komplexität: Art und Anzahl von Variablen und ihren Beziehungen; (2) Determiniertheit: Möglichkeit bzw. Ausmaß der Festlegbarkeit des Entscheidungsablaufs. Extrempunkte sind nicht programmierbare Entscheidung und programmierbare Entscheidung.

II. Europäisches Gemeinschaftsrecht: frühere Bezeichnung für einen → Rechtsakt der EU zur Regelung eines Einzelfalles, der jetzt „Beschluss" heißt (§ 288 Abs. 1 und 3 AEUV). Beschüsse sind in allen ihren Teilen für diejenigen verbindlich, die in der Entscheidung bezeichnet sind (Art. 288 Abs. 3 AEUV). Wegen ihrer individuellen Geltung dem Verwaltungsakt des dt. Rechts vergleichbar.

**Entsendung von Arbeitnehmern** – I. Begriff: 1. *EG-Richtlinie über die Entsendung von Arbeitnehmern* (Richtlinie 96/71/EG vom 16.12.1996 (ABl. L 18 S. 1ff vom 21.1.1997): Bezweckt, im Fall grenzüberschreitender Erbringung von Dienstleistungen den Arbeitnehmern die in wichtige Teilbereichen gebräuchlichen Arbeitsbedingungen des Arbeitsorts als Mindestnorm zu gewährleisten und dadurch Wettbewerbsbedingungen für Unternehmen, die Dienstleistungen

am gleichen Ort erbringen, teilweise anzun-
ähern (Produktionsort-Prinzip). – 2. *Gesetz*
*über zwingende Arbeitsbedingungen für gren-*
*züberschreitend entsandte und für regelmä-*
*ßig im Inland beschäftigte Arbeitnehmer und*
*Arbeitnehmerinnen* (Arbeitnehmer-Entsen-
degesetz – AEntG) vom 20.4.2009 (BGBl. I
799). a) Das Gesetz gilt für enumerativ auf-
gezählte Wirtschaftszweige mit mehr als 50
Prozent Tarifbindung. Dies sind folgende
ausdrücklich genannte acht Branchen: Baugewerbe, Gebäudereinigung, Briefdienstleis-
tung, Sicherheitsdienstleistungen, Bergbau,
Wäschereibranche, Abfallwirtschaft sowie die
Aus- und Weiterbildungsbranche. In diesen
Branchen können Mindestlöhne eingeführt
werden (zum Verfahren s. unten unter c). Die
Zeitarbeitsbranche wurde nach umfangreichen Diskussionen vorerst nicht in das Gesetz aufgenommen. Dabei regelt das Gesetz
nicht mehr nur Arbeitsbedingungen für ent-
sendete, sondern für alle Arbeitnehmer. Für
Wirtschaftszweige unter 50 Prozent Tarifbindung gilt das Mindestarbeitsbedingungenge-
setz (Mindestarbeitsbedingungen). – b) Ziel
des Gesetzes ist es, angemessene Mindestarbeitsbedingungen zu schaffen und durchzusetzen, faire und funktionierende Wettbewerbsbedingungen zu gewährleisten und
sozialversicherungspflichtige Beschäftigung
zu erhalten und die Ordnungs- und Befrie-
dungsfunktion der Tarifautonomie zu wah-
ren. – c) Das Bundesministerium für Arbeit
und Soziales (BMAS) kann in den im Gesetz
aufgeführten 8 Branchen auf Antrag durch
Rechtsverordnung folgendes bestimmen:
dass die Rechtsnormen eines bundesweiten
Tarifvertrags allgemeinverbindlich, also auf
alle unter den Geltungsbereich fallenden Arbeitgeber und Arbeitnehmer anzuwenden ist.
Dabei geht der für allgemeinverbindliche erklärte Tarifvertrag anderen Tarifverträgen
vor. – Vgl. auch Allgemeinverbindlichkeitser-
klärung von Tarifverträgen.

II. Steuerrecht: 1. Beim *Arbeitnehmer* ist
das empfangene Gehalt i.d.R. im Tätigkeitsstaat zu versteuern, wenn der Aufenthalt

im anderen Land eine bestimmte zeitliche
Schwelle (meist 183 Tage innerhalb eines Jahres) überschreitet; wird der Arbeitnehmer für
ein verbundenes Unternehmen im Tätigkeitsstaat oder für eine dortige Betriebsstätte seines Arbeitgebers tätig, dann ist sein Gehalt
auch bei kürzeren Aufenthalten dort zu versteuern. – 2. Auf der *Unternehmensseite* ist
das Gehalt des Arbeitnehmers Betriebsausgabe. Ist der Arbeitnehmer von einem Konzernunternehmen zu einem anderen entsandt worden und sein Gehaltsniveau höher
als das, das vergleichbare Arbeitnehmer im
Tätigkeitsstaat beziehen, kann bei dem begründeten Verdacht einer Übervorteilung des
verbundenen Unternehmens (durch das entsendende Unternehmen) die Finanzverwaltung in diesem Land in der Zahlung des hohen Gehalts an den Arbeitnehmer teilweise
eine verdeckte Gewinnausschüttung sehen.

**Entwicklungsbanken** – *Development Banks,*
*Development Finance Companies*. 1. *Charak-*
*terisierung*: Bezeichnung für unterschiedliche Spezialinstitute für die Finanzierung von
langfristigen Investitionsvorhaben mit entwicklungspolitischer Bedeutung (z.B. industrielle Großprojekte, Infrastrukturmaßnah-
men) bzw. nationalen wirtschaftspolitischen
Maßnahmen in Entwicklungsländern. Für
Entwicklungsländer sind sie von bes. Bedeutung, da ihnen ein leistungsfähiger Kapitalmarkt fehlt und dadurch Kapitalbildung
wegen geringer interner Ersparnismobilisie-
rung ungenügend ist (→ Ersparnislücke). – 2.
*Funktionen*: Neben reinen Finanzierungsleistungen erbringen sie auch Beratungsdienst-
leistungen bei der Durchführung von Projekten. – 3. *Refinanzierung*: Die Refinanzierung
der Entwicklungsbanken erfolgt meist durch
staatliche Beteiligungen, Beteiligungen anderer Entwicklungsbanken und durch Emission
von Schuldverschreibungen, die aufgrund des
guten Standings der Entwicklungsbanken zu
günstigen Konditionen am Kapitalmarkt un-
tergebracht werden können. – 4. *Internati-*
*onal tätige Entwicklungsbanken*: Zur Welt-
bank-Gruppe gehören folgende miteinander

verbundene Organisationen: International Bank for Reconstruction and Development (→ IBRD), International Finance Corporation (→ IFC), International Development Association (→ IDA), International Centre for Settlement of Investment Disputes (→ ICSID) und Multilateral Investment Guarantee Agency (→ MIGA). – 5. *National tätige Entwicklungsbanken:* In vielen Entwicklungsländern wurden Entwicklungsbanken gegründet, deren Tätigkeit sich auf die gesamte Wirtschaft des Landes oder bestimmte Sektoren erstreckt (z.b. Entwicklungsbanken zur Förderung des Exports, des Mittelstands oder der Landwirtschaft). Sie sind mit den Wirtschaftsverhältnissen ihrer Klientel vertraut und können bei der Projektplanung Risiken besser beurteilen. Auch in Industrieländern gibt es Entwicklungsbanken wie z.b. die Kreditanstalt für Wiederaufbau (KfW), die in der Bundesrepublik Deutschland u.a. für die → finanzielle Zusammenarbeit mit den Entwicklungsländern zuständig ist. – 6. *Wichtige Instrumente:* Gewährung von zinsgünstigen, projektgebundenen Krediten mit längerfristigen Laufzeiten. In neuerer Zeit werden auch nicht-projektgebundene Darlehen zur strukturellen Anpassung von international tätigen Entwicklungsbanken vergeben.

**Entwicklungshelfer** – 1. *Begriff:* Entwicklungshelfer ist, wer in → Entwicklungsländern ohne Erwerbsabsicht Dienst leistet, um zum Fortschritt der Länder beizutragen, sich auf zwei Jahre beim Träger des Entwicklungsdienstes vertraglich verpflichtet und dafür nur bes. Leistungen erhält. – 2. *Rechtsgrundlage:* Entwicklungshelfergesetz vom 18.6.1969 (BGBl. I 549) m.spät.Änd. – 3. *Rechtsstellung:* Der Träger schließt mit Entwicklungshelfern den *Entwicklungshelfer-Dienstvertrag* (kein Arbeitsvertrag) ab; indes gelten eine Reihe arbeitsrechtlicher Grundsätze entsprechend. Der Entwicklungshelfer enthält kein eigentliches Arbeitsentgelt, sondern Unterhaltsgeld und Sachleistungen zur Sicherung des Lebensbedarfs, Wiedereingliederungsbeihilfe, Erstattung der Reisekosten und Urlaubsgewährung. – Der Träger hat eine *Haftpflicht- und Krankenversicherung* abzuschließen. – Bei *Arbeitsunfähigkeit* ist Unterhalt, Tagegeld und Versorgung zu zahlen. – Für die *Rechtsstreitigkeiten* der Entwicklungshelfer mit dem Träger sind die Arbeitsgerichte zuständig (§ 2 I Nr. 7 ArbGG). – 4. *Träger des Entwicklungsdienstes* sind vom Bundesminister für wirtschaftliche Zusammenarbeit anerkannte juristische Personen, die ausschließlich oder überwiegend Entwicklungshelfer vorbereiten, entsenden und betreuen und diese zu solchen Vorhaben entsenden, die mit den Förderungsmaßnahmen der Bundesrepublik für → Entwicklungsländer in Einklang stehen, wie z.b. der → Deutsche Entwicklungsdienst (DED) oder die Deutsche Arbeitsgemeinschaft für Entwicklungshilfe e. V. (AGEH).

**Entwicklungshilfe** – 1. *Begriff:* Alle Leistungen materieller und nicht materieller Art von Industrieländern an → Entwicklungsländer zu Vorzugskonditionen mit dem Ziel der Förderung des sozio-ökonomischen Entwicklung bzw. Verbesserung der Lebensbedingungen über Know-how-, Technologie- und Ressourcentransfer. Nach der Definition des → Development Assistance Committee (DAC) ist ein Zuschusselement von einem bestimmten Prozentsatz bei dem betreffenden Transfer im Vergleich zu kommerziellen Transaktionen notwendig, um in voller Höhe als Entwicklungshilfe zu gelten. Nicht zur Entwicklungshilfe i.e.S. zählen private und öffentliche Leistungen zu marktüblichen Bedingungen, → Direktinvestitionen, Kapitalanlagen in Entwicklungsländern, internationale Bankkredite oder staatliche Exportkredite. I.e.S. zählen auch private Entwicklungsleistungen (Wirtschaft, Kirchen u.a.) zur Entwicklungshilfe. – Im *neueren Sprachgebrauch* werden die Begriffe → finanzielle Zusammenarbeit und → technische Zusammenarbeit verwendet. – 2. *Hauptformen:* (1) Maßnahmen, die unmittelbar an Güterströmen ansetzen und eine Verbesserung der Handelsposition der Entwicklungsländer

bewirken sollen (→ Handelshilfe); (2) Maßnahmen, die an Finanzströmen ansetzen und
einen direkten Ressourcentransfer in Entwicklungsländer zum Gegenstand haben. – 3.
*Formen:* a) *bilaterale/multilaterale Entwicklungshilfe:* Entwicklungshilfe wird als → bilaterale Hilfe (ein Geber-, ein Empfängerland)
und als multilaterale Hilfe (mehrere Geber-,
ein oder mehrere Empfängerländer) gewährt.
Während die Vergabe bilateraler Hilfe oft politischer Logik folgt, ist die multilaterale Hilfe
weniger von der Politik abhängig, dafür aber
bei der Durchführung aufgrund zusätzlicher
Koordinationskosten teurer. – b) *Gebundene/
freie Entwicklungshilfe:* Bei der gebundenen
Hilfe (→ Lieferbindung) ist das Empfängerland an Lieferungen von Firmen des Geberlandes gebunden. Oft ist die gebundene Hilfe
teurer, weil der internationale Bietervergleich
entfällt. Bei der freien Entwicklungshilfe kann
das Empfängerland die Art der Lieferung und
den Lieferanten frei wählen. – c) *Programm-/
Projekthilfe:* Entwicklungshilfe kann bestimmte (isolierte) Projekte im Rahmen der
→ Kapitalhilfe finanzieren, während → Projekthilfe im Rahmen der → finanziellen Zusammenarbeit mehrere Projekte sektoral
oder regional zusammenfasst. Programmhil-
femittel ermöglichen eine Mittelumschich-
tung im Programmablauf und erlauben einen
koordinierten Einsatz von Förderungsmit-
teln. – d) *Katastrophenhilfe:* Im akuten Kata-
strophenfall wird Entwicklungshilfe als So-
forthilfe gewährt; meist als → Warenhilfe
geschenkweise über die Vermittlung internationaler (oft Nichtregierungs-) Organisationen. – 4. *Träger:* a) *Internationale Träger:*
(1) Weltbankgruppe und Regionalbanken,
v.a. Internationalen Bank für Wiederaufbau
und Entwicklung (→ IBRD); Internationale
Entwicklungsorganisation (→ IDA); International Finance Corporation (→ IFC; Förderung des privaten Sektors über die Mobilisierung von Inlands- und Auslandskapital);
Multilaterale Investitions-Garantie-Agentur
(→ MIGA; Übernahme von Garantien privatwirtschaftlicher Direktinvestitionen). (2)

Vereinte Nationen: Entwicklungsprogramm
der Vereinten Nationen (→ UNDP); Organisation für industrielle Entwicklung (→ UN-
IDO); Bevölkerungsfonds der Vereinten Nationen (→ UNFPA); Internationaler Fonds
für landwirtschaftliche Entwicklung (IFAD);
Welternährungsprogramm (WEP). (3) EU:
→ Lomé-Abkommen. (4) Sonstige internationale Träger: z.B. Internationaler Währungsfonds (→ IWF) (Zurverfügungstellung
bes. Kreditfazilitäten für Entwicklungsländer). – b) *Nationale Träger:* Kreditanstalt
für Wiederaufbau (KfW); Deutsche Gesellschaft für Technische Zusammenarbeit
(→ GTZ). – c) *Private Träger:* V.a. entwicklungspolitische Organisationen der Kirchen
und politische Stiftungen.

**Entwicklungsländer** – Staaten, die im Vergleich zu Industrieländern einen Entwicklungsrückstand aufweisen, indem einerseits
das erzielte Wohlfahrtsniveau niedrig ist und
andererseits die Funktionsfähigkeit des Wirtschaftssystems im Hinblick auf die Erzeugung
wohlfahrtsrelevanter Leistungen mangelhaft
ist. Indikatoren zur Verdeutlichung des niedrigen Entwicklungsstandes sind: Niedriges
Pro-Kopf-Einkommen und das Leben breiter Bevölkerungsschichten in der Nähe des
Existenzminimums; geringe Arbeitsproduk-
tivität; hohe Arbeitslosigkeit; geringer Bildungsstand; Dominanz des primären Sektors
in gesamtwirtschaftlicher Produktion und im
Export; unzulängliche Infrastruktur. – *Ver-
schuldungsprobleme von Entwicklungsländern:*
→ Auslandsverschuldung der Entwicklungsländer. – *Gegensatz:* → Industrieländer. – Vgl.
auch → Entwicklungstheorie, → Länderklassifizierung, Wachstumstheorie.

**Entwicklungsländer-Steuergesetz** – Gesetz i.d.F. vom 21.5.1979 (BGBl. I 564) zur
Förderung von Kapitalanlagen in Entwicklungsländern, galt allerdings nur, wenn
diese vor dem 1.1.1982 vorgenommen wurden. Die Begünstigung lag in der Bildung einer steuerfreien Rücklage bis zur Höhe von
100 Prozent der Anschaffungskosten oder

Herstellungskosten der Kapitalanlagen der Gruppe 1 und 40 Prozent (bzw. 60 Prozent im Rohstoff- und Energiebereich) der Anschaffungs- oder Herstellungskosten der Kapitalanlagen der Gruppe 2 (Gruppierung gemäß § 6 Entwicklungsländer-Steuergesetz). Die Rücklage war grundsätzlich vom sechsten auf ihre Bildung folgenden Wirtschaftsjahr an bei Kapitalanlagen in Ländern der Gruppe 1 und bei Kapitalanlagen der Gruppe 2, die in bes. beschäftigungswirksamen Unternehmen vorgenommen werden, mind. mit einem Zwölftel, im Übrigen mit mind. einem Sechstel gewinnerhöhend aufzulösen.

**Entwicklungspolitik** – 1. *Begriff:* Gesamtheit aller staatlichen Maßnahmen zur Förderung der sozioökonomischen Entwicklung in → Entwicklungsländern. Zielt die Verbesserung der Lebensbedingungen in Entwicklungsländern, wobei eine erfolgreiche Entwicklungspolitik ursachenadäquat betrieben werden und auf Erkenntnisse der → Entwicklungstheorie zurückgreifen muss. – Die Entwicklungspolitik der Industrieländer wird häufig als *Entwicklungshilfepolitik* bezeichnet. – 2. Wichtige Argumente für die *Erklärung von Unterentwicklung* sind: (1) verfehlte Außenwirtschaftspolitik, wobei die fehlende Konkurrenzfähigkeit der Volkswirtschaften auch auf eine fehlgeleitete Wirtschaftspolitik der Entwicklungsländer zurückgeführt wird; (2) → Protektionismus der Industrieländer; (3) Ursachen gemäß Dependencia-Schule (vgl. → Dependencia-Theorien); (4) Faktorausstattung. – 3. *Strategien:* In den 1950er- und 1960er-Jahren wurde Entwicklung mit Wachstum gleichgesetzt, demzufolge wurden wachstumsorientierte Entwicklungsstrategien formuliert. Als entscheidendes Entwicklungshemmnis wurde der Kapitalmangel angesehen. Mit steigendem Wachstum hofft man die Armut beseitigen zu können. Die Strategie des ausgewogenen Wachstums und die des unausgewogenen Wachstums sind typische Entwicklungsstrategien dieser Periode, wobei im ersteren Fall ein Gesamtkonzept aufeinander abgestimmter Investitionen, im zweiten eine selektive Förderung von Schlüsselindustrien im Mittelpunkt standen. Da ein Durchsickereffekt wachstumsorientierter Entwicklungsstrategien ausblieb, wurden von der Weltbank Strategien mit bes. Berücksichtigung der Umverteilung (Redistribution with Growth) propagiert um die Armen besser zu erreichen. Das endgültige Scheitern der Wachstumsstrategien führte zur Konzentration auf Grundbedürfnisse, mit dem Ziel der direkten Beseitigung der absoluten Armut innerhalb einer Generation. Hierbei sollte eine Mindestausstattung der Armen mit Konsumgütern gewährleistet werden; ein bes. Schwergewicht wurde auf die Partizipation der Beteiligten gelegt. Entscheidend ist zudem die Frage der Binnen- bzw. Außenorientierung der Handelspolitik. Entwicklungsländer, die eine Strategie der Exportdiversifizierung ergriffen haben, haben im Vergleich zu Ländern mit einer Import-Substitutions-Politik wirtschaftlich besser abgeschnitten und oftmals das Stadium der Unterentwicklung verlassen (asiatische „Tiger"). Eine Strategie der Exportförderung ist v.a. dann erfolgreich, wenn hohe Verkettungseffekte im Inland vorliegen, dann kann der Außenhandel Wachstumsmotor sein. Die Entwicklungspolitik eines Landes muss auch die Frage beantworten, inwieweit Landwirtschaft oder Industrie stärker gefördert werden sollte. Als erfolgreich hat sich eine Politik erwiesen, die die Landwirtschaft nicht vernachlässigt, denn die Entwicklung der Landwirtschaft ist für den Beginn der wirtschaftlichen Entwicklung von zentraler Bedeutung. Auf der einen Seite wird durch sie das Nahrungsmittelangebot gesichert (Vermeidung von Hungersnöten), Arbeitskräfte für den sekundären und tertiären Sektor freigesetzt, und Kaufkraft für Industrie- und Dienstleistungsangebote gebildet, heimische Ersparnisse angeregt und Devisen gesichert. In der Frühphase der wirtschaftlichen Entwicklung gilt es jedoch ein ausgewogenes sektorales Wachstum zwischen Landwirtschaft und Industrie anzustreben. Eine Vernachlässigung der Landwirtschaft führt zu Landflucht, erhöht den Anteil der Subsistenzwirtschaft und schafft eine hohe Abhängigkeit von Nahrungsmittelimporten. – Seit dem → Brundtland-Bericht wird die Nachhaltigkeit der Entwicklung betont. Entwicklungsländer benötigen ein aufholendes Wachstum und auch die Folgen der Entwicklung für die Umwelt müssen einbezogen werden. Weitere Prioritäten liegen bei der Überwindung des Problems der explosiven Bevölkerungsentwicklung und der stärkeren Berücksichtigung von Globalisierung und Dezentralisierung von Institutionen und Finanzmitteln.

**Entwicklungsprogramm der Vereinten Nationen** → UNDP.

**Entwicklungsstrategien** → Entwicklungspolitik.

**Entwicklungstheorie** – *Ökonomik der Entwicklungsländer*. 1. *Begriff*: Entwicklungstheorie beschäftigt sich mit der systematischen Analyse der Probleme von Volkswirtschaften der Entwicklungsländer. Obgleich das allg. gültige wirtschaftswissenschaftliche Instrumentarium angewandt wird, müssen die Spezifika der Entwicklungsländer dabei bes. berücksichtigt werden. Im Gegensatz zur → Entwicklungspolitik geht es der Entwicklungstheorie um grundsätzliche Erklärungsmuster der wirtschaftlichen Entwicklung. – 2. *Erklärungsansätze*: a) *Außenwirtschaftliche Erklärungsansätze*: (1) *Fehlende Konkurrenzfähigkeit*: Auf List geht die Beobachtung zurück, dass junge einheimische Industrien der ausländischen Konkurrenz unterlegen sein können. Trotz potenzieller → komparativer Vorteile können junge Industrien wegen ihrer „Kinderkrankheiten" (Mangel an Erfahrungen, technischem Wissen und qualifizierten Arbeitern) ihre Wettbewerbsreife nicht hinreichend schnell erlangen. Ohne die Einführung eines → Erziehungszolls haben aufholende Industrien gegenüber reifen Wettbewerbern keine Chance. (2) *Sinkende* → Terms of Trade: Für die typischen Exportgüter der Entwicklungsländer (Rohstoffe) werden langfristig relativ niedrigere Preise gezahlt. Daraus ergibt sich ein Einkommenstransfer an Industrieländer (→ Prebisch-Singer-These). (3) → Kontereffekte: Myrdal bezeichnet negative Folgewirkungen der weniger entwickelten Länder bei ihrer → Integration in den Weltmarkt als Backwash-Effekte. Folgen sind → Braindrain und die Verdrängung entwicklungsfördernder Industrieproduktion. (4) *Protektionismus der Industrieländer*: Aus unterschiedlichen Gründen schützen Industrieländer ihre Wirtschaft vor ausländischer Konkurrenz, bes. aus Entwicklungsländern (→ Protektionismus). Gerade im Primärsektor bestehen noch beträchtliche Handelsschranken. Fehlende Sanktionen einer internationalen Wettbewerbsordnung verwehren Entwicklungsländern damit Entwicklungschancen. (5) *Dominante Wirtschaft* (Économie Dominante): Die ungleiche Machtverteilung begründet nach → Perroux negative Folgen der Integration der Entwicklungsländer bei den internationalen Austauschbeziehungen. Die internationale Arbeitsteilung wirkt sich nur für die Industrieländer vorteilhaft aus. (6) Damit verwandt ist das *Argument der peripheren Wirtschaft*: Die hoch industrialisierten Länder bilden das Zentrum, die Entwicklungsländer die Peripherie. In Weiterentwicklung der Imperialismustheorien kommt es zu unterschiedlichen Diffusionen von Produktivitätsfortschritten. (7) *Verelendungswachstum* (Immiserizing Growth) zeigt, dass eine forcierte Expansion des Exportsektors in Entwicklungsländern bei unelastischer Nachfrage auf dem Weltmarkt zu Realeinkommensverlusten wegen erhöhten Terms-of-Trade-Verlusten führt. Das erhöhte Angebot wird durch sinkende Preise überkompensiert. (8) → Dependencia-Theorien. – b) *Sonstige Ansätze*: (1) *Bevölkerungswachstum*: Hohe Bevölkerungswachstumsraten (→ Bevölkerungsexplosion, → Bevölkerungsfalle) führen zu niedrigem PKE und machen dadurch Wachstumserfolge zunichte. Allerdings ist eine Mindestbevölkerungsdichte notwendig, um die

Wohlfahrtseffekte und Produktivitätssteigerungen vertiefter Arbeitsteilung zu nutzen. Ein hohes Bevölkerungswachstum kann entwicklungsfördernd sein, wenn für die damit verbundenen Schwierigkeiten geeignete Problemlösungen gefunden werden. (2) *Unzureichende Faktorausstattung*: Viele Entwicklungsländer leiden unter fehlenden pflanzlichen und mineralischen Rohstoffen bzw. unter einem Mangel an landwirtschaftlich nutzbarem Boden. Auch geografische Beschaffenheiten können Entwicklung behindern wie z.B. Insellage, fehlender Zugang zum Meer, großer Anteil an gebirgigen, unfruchtbaren Regionen. Dazu kann auch fehlendes Realkapital, fehlende Infrastruktur oder fehlendes Humankapital gehören. Das Argument unzureichender Faktorausstattung führte zur Entwicklung wachstumstheoretischer Ansätze und zur Forderung von Kapitaltransfers im Rahmen der → Entwicklungshilfe der Industrieländer (→ Two-Gap-Modelle). Die unzureichende Kapitalausstattung kann auch Folge unzulänglicher Wirtschaftspolitik sein. (3) *Wirtschaftsstufentheorien/Stadienlehre*: → Rostowsche Stadientheorie. (4) *Kolonialismus*: Kolonialmächte zwangen aufgrund ihrer militärischen Überlegenheit und ihres Transportmonopols in der Seeschifffahrt die Entwicklungsländer zu entwicklungsfeindlichen Wirtschaftsstrukturen: Monokulturen, Unterdrückung heimischen Handwerks. Nach der Dekolonisation blieb eine ökonomische, politische und kulturelle Anbindung an das einstige Mutterland bestehen. Die von den Entwicklungsländern „unfair" genannten weltwirtschaftlichen Rahmenbedingungen werden als → Neokolonialismus bezeichnet. – c) → Dualismus-Theorien. – d) *Zirkuläre Verursachungsketten (Teufelskreise)*: Manche Ursachen wirken zirkulär verstärkend negativ auf den Entwicklungsprozess, z.B. mangelnde Ersparnisse, fehlende Kapitalgüternachfrage, mangelnde Gesundheit, geringe Bildung, fehlende gesamtwirtschaftliche Nachfrage. – e) *Unzulängliche nationale Wirtschaftspolitik*, v.a.

wettbewerbsfeindliche Wirtschaftsordnung, nationale Faktorpreisverzerrungen, überbewertete Währung, Importsubstitutionspolitik, staatliche Lenkung, verfehlte Geld- und Fiskalpolitik. – f) *Sonstige interne Faktoren*: politische Instabilität; schwach ausgebildete Infrastruktur; fehlende Finanzintermediation.

**Entwurf eines Deutschen Rechnungslegungs Standards (E-DRS)** – Vorstufe des → Deutschen Rechnungslegungs Standards (DRS), der zentralen Verlautbarungsart des → Deutschen Rechnungslegungs Standards Committee (DRSC).

**EP** → Europäisches Parlament, Organ der EU.

**EPA** – 1. Abk. für → Europäisches Patentamt. – 2. Abk. für *Europäisches Amt für Personalauswahl*, → EPSO.

**EPO** – Abk. für *European Patent Office*, → Europäisches Patentamt (EPA).

**EPS** – Abk. für → Earnings per Share.

**EPSO** – *Europäisches Amt für Personalauswahl (EPA)*. EPSO wurde 2002 gegründet und ist für die Rekrutierung von Personal für alle EU-Institutionen zuständig.

**Equity-Methode** – 1. *Begriff*: Eine Methode zur Bilanzierung bestimmter langfristiger Beteiligungen im → Konzernabschluss einer Gesellschaft, die am stimmberechtigten Kapital einer anderen Gesellschaft beteiligt ist. Ausgehend von den *Anschaffungskosten* der Beteiligung im Erwerbszeitpunkt wird der *Beteiligungsbuchwert* laufend an die Entwicklung des Eigenkapitals des Unternehmens, an dem die Beteiligung besteht, angepasst, sodass sich das folgende Grundschema aufstellen lässt: Vgl. Abbildung „Equity-Methode". Im Gegensatz zu der Bewertung von Beteiligungen nach dem *Anschaffungskostenprinzip* (Cost Value Method), bei der Zuschreibungen über die Anschaffungskosten der ausgewiesenen Beteiligung hinaus nicht möglich sind, kann sich nach der Equity-Methode der Buchwert der Beteiligung in jeder Periode ändern und die Bildung stiller Rücklagen bei der

**Equity-Methode**

| | |
|---|---|
| (1) | Anschaffungskosten der Beteiligung |
| (2) | ± anteilige, noch nicht ausgeschüttete Gewinne/Verluste des Beteiligungsunternehmens |
| (3) | − vereinnahmte Gewinnausschüttung des Beteiligungsunternehmens |
| (4) | fortgeschriebener Beteiligungs-Buchwert (Equity-Wert) |

Bewertung vermieden werden. Vereinnahmte Gewinnausschüttungen des Beteiligungsunternehmens mindern den Buchwert der Beteiligung. Allerdings stimmt der Buchwert der Beteiligung zumindest in der Anfangsphase i.d.R. nicht mit dem anteiligen bilanziellen Eigenkapital des Beteiligungsunternehmens überein. Vielmehr erfolgt eine anteilige Aufdeckung der stillen Reserven und stillen Lasten des Beteiligungsunternehmens, was bei der Folgekonsolidierung zu einem Mehr- bzw. Minderaufwand gegenüber dem Jahresabschluss des Beteiligungsunternehmens führt, bes. durch Mehrabschreibungen. Außerdem wird ggf. ein anteiliger Firmenwert des Beteiligungsunternehmens im Buchwert der Beteiligung berücksichtigt und entsprechend der einschlägigen Regelungen folgebewertet. – 2. *Anwendung im HGB:* Im Einzelabschluss (Jahresabschluss) ist die Bewertung von Beteiligungen nach der Equity-Methode unzulässig. Im Konzernabschluss ist die Equity-Methode für die Bewertung von Beteiligungen an sog. assoziierten Unternehmen (§ 312 HGB; vgl. → Konzernabschluss) vorgeschrieben. Des Weiteren können Gemeinschaftsunternehmen im Sinne von § 310 HGB als assoziierte Unternehmen nach § 311 ff. HGB einbezogen und somit *at-equity* bewertet werden. Die Konsolidierung ist verpflichtend nach der Buchwertmethode vorzunehmen (§ 312 HGB). Der Unterschiedsbetrag zwischen dem Anschaffungswert und dem anteiligen bilanziellen Eigenkapital des assoziierten Unternehmens sowie ein darin enthaltener Geschäfts- oder Firmenwert oder passiver Unterschiedsbetrag sind demnach im Konzernanhang anzugeben. Nach der

Buchwertmethode wird ein ggf. bestehender Firmenwert nicht getrennt vom Beteiligungsbuchwert ausgewiesen. Die Aufdeckung und Fortschreibung der stillen Reserven und des Firmenwerts erfolgt in Nebenrechnungen. Zur Folgebewertung eines verbleibenden Firmenwerts oder passiven Unterschiedbetrags ist § 309 HGB anzuwenden (vgl. → Purchase-Methode). – 3. *Regelungen nach IFRS:* Nach IFRS sind Beteiligungen an assoziierten Unternehmen im Konzernabschluss nach der Equity-Methode zu bilanzieren. Die Regelungen des IAS 28 „Anteile an assoziierten Unternehmen" stimmen konzeptionell weitestgehend mit denen des HGB überein. Zudem besteht für die Bilanzierung von Gemeinschaftsunternehmen im Konzernabschluss ein Wahlrecht, wonach gemäß IAS 31.30 entweder die Quotenkonsolidierung oder die Equity-Methode angewendet werden soll.

**ergänzende Zollanmeldung** – Der Zollanmelder kann anstelle von vollständigen → Zollanmeldungen in Normalverfahren unter bestimmten Voraussetzungen unvollständige Zollanmeldungen im → vereinfachten Verfahren für Einzelsendungen abgeben. Die fehlenden Angaben oder/und Unterlagen sind danach mit einer ergänzenden Zollanmeldung nachzuliefern. Aus Vereinfachungsgründen kann einem Anmelder unter bestimmten Voraussetzungen bewilligt werden, für sämtliche Ein- oder/und Ausfuhren eines bestimmten Zeitraums, meist Kalendermonats, vereinfachte Anmeldungen abzugeben. Die dabei erforderlichen ergänzenden Angaben können periodisch in zusammenfassender Form nachgeliefert werden. Diese früher Sammelzollanmeldung genannten ergänzenden Zollanmeldungen sind regelmäßig am dritten Werktag eines Monats für den vorausgegangenen Kalendermonat vorzulegen. Der Anmelder kann verpflichtet werden, die Einfuhrabgaben selbst zu berechnen. Dann reicht die Vorlage am zehnten Werktag aus.

**Ernährungs- und Landwirtschaftsorganisation der Vereinten Nationen** → FAO.

**ERP** – I. Software: Abk. für *Enterprise Resource Planning;* bereichsübergreifende Softwarelösungen, die die betriebswirtschaftlichen Prozesse, z.B. in Produktion, Vertrieb, Logistik, Finanzen und Personal, steuern und auswerten. Ein ERP-System zeichnet sich durch die einheitliche Steuerung der verschiedenen Unternehmensbereiche aus. Dadurch wird es zu einem sinnvollen Controlling- und Steuerungsinstrument. Neuere ERP-Systeme können auch zur Steuerung und Auswertung unternehmensexterner Geschäftsprozesse genutzt werden. – Vgl. Enterprise Resource Planning-System.

II. Wirtschaftsgeschichte: Abk. für *European Recovery Program, Europäisches Wiederaufbauprogramm;* aufgrund der Vorschläge des amerik. Außenministers Marshall am 3.4.1948 erlassenes einheitliches Hilfsprogramm *(Marshall-Plan)* für die durch den Krieg zerstörten Länder Europas; infolge der Weigerung der Ostblockländer zur Mitarbeit auf *Westeuropa* beschränkt. Die Verwaltung lag bei der ECA (Economic Cooperation Administration), die bei der Verteilung der Geschenke und Kredite die Vorschläge der → OEEC, die im Zusammenhang mit der ERP-Hilfe gegründet wurden, berücksichtigte. Für die ECA-Mittel konnten v.a. Lebensmittel und Rohstoffe, vornehmlich aus den USA, bezogen werden. Die Beträge hierfür hatten die Importeure in heimischer Währung auf Gegenwertfonds *(Counterpart Funds)* einzuzahlen, bei deren Verwendung im Inland die ECA ein Mitspracherecht hatte. – Die Gegenwerte in nationaler Währung führten zum *ERP-Sondervermögen,* das heute die Grundlage für die Bereitstellung von ERP-Krediten bildet.

**Ersatzware** – 1. *Begriff:* Waren, die nach bes. Bewilligung als Ersatz für unveredelt eingeführte und zur → aktiven Veredelung zollfrei abgefertigte Einfuhrwaren bei der Herstellung der → Veredelungserzeugnisse eingesetzt werden. Im Einzelfall kann die Verwendung von Ersatzware auch im Rahmen der → passiven Veredelung bewilligt werden. Wichtig ist, dass die Ersatzwaren die gleiche Qualität und Beschaffenheit wie die Einfuhrwaren bzw. Waren der übergehenden Ausfuhr haben.

**Ersparnislücke** – 1. *Begriff und Merkmale:* Begriff aus der → Entwicklungspolitik. → Entwicklungsländer sind nicht in der Lage, die erforderlichen Ersparnisse zur Finanzierung notwendiger Investitionen zu generieren. – 2. *Ökonomische Bedeutung:* Gerade Gunnar Myrdal hat mit seiner Theorie der Teufelskreise darauf hingewiesen, dass eine zu geringe Kapitalintensität und ein zu hohes Wachstum der Bevölkerung zu dem niedrigen Pro-Kopf-Einkommen der Entwicklungsländer führen. Unzureichendes Einkommen wiederum führt zu einer zu geringen (wenn nicht negativen) Ersparnis, sodass ohne ausländische Direktinvestitionen oder Entwicklungshilfe kein Entwicklungsprozess möglich ist. – Vgl. auch Stufentheorien.

**Erstattung** – I. Verwaltungsrecht: Schadensersatzanspruch der Behörde gegen einen Bediensteten der öffentlichen Verwaltung, z.B. bei Fehlbeträgen in öffentlichen Kassen oder Fehlbeständen in öffentlichen Lagern oder Depots gegen die verantwortlichen Personen.

II. Steuerrecht: Steuererstattungsanspruch, Steuervergütungsanspruch.

III. Außenwirtschaftsrecht: → Ausfuhrerstattung.

IV. Zollrecht: Erstattung = Rückzahlung der Gesamtheit oder eines Teils von entrichteten Eingangs- oder Ausfuhrabgaben, Art. 235 ZK.

V. Sozialrecht: Erstattung von Beiträgen in der Sozialversicherung (Beitragserstattung).

**Erstattungsverfahren** – Verfahren, mit dem Steuerausländer eine in Deutschland einbehaltene Steuer zurückerhalten können, wenn ein → Doppelbesteuerungsabkommen (DBA) (oder eine andere Rechtsgrundlage) für ihren Fall eine geringere Belastung vorsieht: (1) *Allg. Erstattungsverfahren:* Generell ist vorgesehen, dass → Quellensteuern für Zahlungen an einen Steuerausländer trotz eines Doppelbesteuerungsabkommens in voller Höhe einzubehalten sind; die einbehaltene Steuer wird dann auf Antrag des betroffenen Steuerausländers vom Bundesamt für Finanzen erstattet (§ 50d EStG), wenn dieser aufgrund eines Doppelbesteuerungsabkommens, der Mutter-Tochter-Richtlinie, der EG-Richtlinie über Zinsen und Lizenzgebühren im Konzern oder einer anderen gesetzlichen Anspruchsgrundlage nur mit einer geringeren Quellensteuer belastet werden dürfte (§ 50d I EStG). Das Erstattungsverfahren kann (nur) vermieden werden, wenn der betreffende Steuerausländer seinem Geschäftspartner vor der Zahlung eine amtliche Freistellungsbescheinigung des Bundesamts für Finanzen vorlegt, die diesen ermächtigt, von der Quellensteuererhebung ganz oder teilweise abzusehen. Diese Regelung hat den Hintergrund, dass die Betroffenen selbst angesichts der Kompliziertheit des internationalen Steuerrechts, gerade auch in Hinblick auf die Prüfung missbräuchlicher Gestaltungen, das Bestehen eines Erstattungsanspruchs nicht hinreichend sicher beurteilen könnten. – (2) Ein *spezielles Erstattungsverfahren für beschränkt steuerpflichtige Künstler,* das auch ohne Bestehen eines Doppelbesteuerungsabkommens galt und eine Absenkung der Quellensteuer auf maximal 50 Prozent des Gewinns aus dem Auftritt/der Tournee vorsah, ist mit der Reform der beschränkten Steuerpflicht ab 2009 wieder entfallen. – (3) *Missbrauchsbekämpfung:* Das Erstattungsverfahren ist v.a. deshalb verfahrensrechtlich vorgeschrieben, weil die Finanzverwaltung sich vorbehalten will, zu prüfen, ob der Steuerpflichtige sich möglicherweise die Erstattungsberechtigung nach einem Doppelbesteuerungsabkommen nur durch einen Gestaltungsmissbrauch oder ähnliche, aus fiskalischer Sicht nicht anzuerkennende Vorgehensweisen erschlichen hat. Daher finden sich sowohl in § 50d EStG selbst (v.a. in § 50d

III EStG) als auch gelegentlich in Doppelbesteuerungsabkommen Regelungen, wonach die Erstattung in bestimmten Fällen verweigert werden soll. – (4) *Andere Fälle:* Sind einem beschränkt Steuerpflichtigen im Abzugswege Steuern einbehalten worden, auf deren Erstattung er einen Anspruch hat, die aber ausnahmsweise nicht zu den in § 50d EStG aufgezählten Fällen gehören, ist der Erstattungsanspruch gemäß § 37 AO an die Finanzbehörde zu richten.

**erweiterte beschränkte Steuerpflicht** – 1. *Begriff:* Im Außensteuergesetz eine Steuerpflicht, der natürliche Personen unterliegen, die in den letzten zehn Jahren vor Beendigung ihrer unbeschränkten Steuerpflicht als dt. Staatsangehöriger mind. fünf Jahre unbeschränkt steuerpflichtig waren und (1) in einem ausländischen Gebiet ansässig sind, in dem sie mit ihrem Einkommen einer niedrigen Besteuerung (§ 2 II Nr. 1 und 2 AStG) unterliegen oder in keinem ausländischen Gebiet ansässig sind und (2) wesentliche wirtschaftliche Interessen im Inland haben (§ 2 III Nr. 1–3 AStG). – 2. *Anwendungsbereich:* a) *Einkommensteuer:* (1) Der erweiterten beschränkten Steuerpflicht unterliegt der Steuerpflichtige bis zum Ablauf von zehn Jahren nach Beendigung der unbeschränkten Steuerpflicht. (2) Die erweiterte beschränkte Steuerpflicht erweitert die beschränkte Steuerpflicht auf alle Einkünfte, die bei unbeschränkter Steuerpflicht nicht → ausländische Einkünfte im Sinn des § 34d EStG sind. Die erweiterte beschränkte Steuerpflicht findet innerhalb des Zehn-Jahres-Zeitraumes jedoch nur für solche Veranlagungszeiträume Anwendung, in denen die erweitert beschränkt steuerpflichtigen Einkünfte mehr als 16.500 Euro betragen. (3) Auf die erweitert beschränkt steuerpflichtigen Einkünfte wird der *Steuersatz* angewandt, der sich für sämtliche (in- und ausländischen) Einkünfte des Steuerpflichtigen ergibt. (4) Ist die Steuer bei erweiterter beschränkter Steuerpflicht höher, als sie bei unbeschränkter Steuerpflicht gewesen wäre, so wird der Differenzbetrag insoweit nicht erhoben, als er die Steuer bei unbeschränkter Steuerpflicht überschreitet. – b) *Erbschaftsteuer:* (1) War bei einem Erblasser oder Schenker zz. der Entstehung der Steuerschuld die erweiterte beschränkte Einkommensteuerpflicht gegeben, so tritt die Erbschaftsteuerpflicht über das Inlandsvermögen im Sinn des § 121 II BewG hinaus für alle Teile des Erwerbs ein, deren Erträge bei unbeschränkter Einkommensteuerpflicht keine ausländischen Einkünfte im Sinn des § 34d EStG wären. (2) Dies gilt nicht, wenn auf die zusätzlich in die beschränkte Steuerpflicht einbezogenen Teile des Erwerbs im Ausland eine der dt. Erbschaftsteuer vergleichbare Steuer erhoben wird, die mind. 30 Prozent der auf diesen Teil des Erwerbs entfallenden dt. Erbschaftsteuer beträgt. – c) Zur Vermeidung von *Umgehungstatbeständen* greift die erweiterte beschränkte Steuerpflicht mit Wirkung für die Einkommensteuer und Erbschaftsteuer auch bei der Einschaltung von → Zwischengesellschaften ein (§ 5 AStG). – 3. *Praktische Bedeutung:* Dem Vernehmen nach unterliegen in der Praxis nur außerordentlich wenige Personen tatsächlich dieser Form der Besteuerung; der Zweck der Norm liegt somit an der Lebenswirklichkeit offenbar hauptsächlich darin, dt. Steuerpflichtige vom Umzug in ein Niedrigsteuergebiet abzuschrecken, indem der Großteil den denkbaren Steuervorteile aus einem solchen Wegzug durch die Sonderregelung über die erweitert beschränkte Steuerpflicht faktisch zerstört werden.

**erweiterte Fondsfazilität** – Kreditfazilität des → IWF, aus der die Mitglieder ihre normalen → Ziehungsrechte überschreitende Kredite erhalten können. Schaffung der erweiterten Fondsfazilität im September 1974, als sich infolge der ersten Erdölpreisexplosion in vielen Ländern bes. hartnäckige außen- und binnenwirtschaftliche Strukturverzerrungen ergaben. Kredite aus der erweiterten Fondsfazilität haben eine Laufzeit von viereinhalb bis zehn Jahren und betragen

maximal 140 Prozent der IWF-Quote des betreffenden Landes.

**Erwerbsmethode** → Purchase-Methode.

**Erziehungs-, Wissenschafts- und Kulturorganisation der Vereinten Nationen** → UNESCO.

**Erziehungszoll** → Zoll, der einen Zollschutz für solche Wirtschaftszweige gewähren soll, die bei → Freihandel der ausländischen Konkurrenz unterliegen würden, bei einem temporären Schutz aber in angemessener Zeit internationale Wettbewerbsfähigkeit erlangen können (*Infant-Industry-Argument*, das von Hamilton und List entwickelt wurde). Vertreter einer liberalen Außenwirtschaftspolitik akzeptieren im Kern das Erziehungszollargument. – *Probleme* ergeben sich bei seiner Operationalisierung: Wie sollen schutzwürdige Industrien identifiziert werden und wie soll gegen den Widerstand der betroffenen Industrie der Zollschutz später zurückgenommen werden?

**ESCAP** → UN.

**Escapeklausel** – I. Außenwirtschaft / Europarecht: → Schutzklausel.

II. Ertragsteuern: 1. *Begriff:* Ausnahmeregelung von der Beschränkung des Zinsabzugs im Rahmen der Zinsschranke (vgl. Regelungen zur Zinsschranke); Zinsaufwendungen sind grundsätzlich einkommensteuerlich unbegrenzt abzugsfähig, wenn der Betrieb zwar zu einem Konzern gehört, dessen Eigenkapitalquote jedoch am Ende des vorangegangenen Abschlussstichtages mind. so hoch ist wie die Eigenkapitalquote des Konzerns („Escapeklausel"). Ein Unterschreiten der Konzerneigenkapitalquote bis zu einem Prozentpunkt (2% bei Wirtschaftsjahren, die nach dem 31.12.2009 beginnen) führt zu keinen Beschränkungen (§ 4h II S. 1c EStG). Die Eigenkapitalquote ermittelt sich dabei aus dem Verhältnis des bilanziellen Eigenkapitals zur Bilanzsumme. – 2. *Ermittlung der Eigenkapitalquote:* Für den Vergleich der Eigenkapitalquoten ist grundsätzlich ein bestehender Konzernabschluss zugrunde zu legen. Dies jedoch nur, wenn dieser befreiende Wirkung gemäß der §§ 291 ff. HGB hat. Für den Eigenkapitalvergleich ist i.d.R. die Eigenkapitalquote nach dem für die Zinsschranke maßgebenden Rechnungslegungsstandard (grundsätzlich IFRS, nachrangig HGB und US-GAAP) heranzuziehen. Für die Ermittlung der Eigenkapitalquote sind jedoch noch Modifikationen bez. des Eigenkapitals und ggf. der Bilanzsumme vorzunehmen. Bspw. sind dazu die Anteile an anderen Konzerngesellschaften in Höhe deren Buchwerte (§ 4h II S. 1c S. 5 ff EStG) zu kürzen. Bei der Ermittlung der Eigenkapitalquote ist außerdem zu beachten, dass nur die Einlagen zu berücksichtigen sind, sofern diesen keine Ausschüttungen bzw. Entnahmen innerhalb der ersten sechs Monate nach dem maßgeblichen Abschlussstichtag gegenüberstehen (§ 4h II S. 1c S. 5 EStG). Außerdem müssen Bilanzierungs- und Bewertungswahlrechte in den zugrunde liegenden Bilanzen einheitlich ausgeübt sein. – 3. *Gesellschafterfremdfinanzierung i.S.d. § 8a KStG*: Bei Konzernen gilt die Besonderheit, dass Kapitalgesellschaften nur dann von der Zinsschranke durch die Escapeklausel befreit sind, wenn keine schädliche Gesellschafterfremdfinanzierung nach § 8a III KStG vorliegt. Die Gesellschafterfremdfinanzierung ist schädlich, wenn mehr als 10 Prozent des negativen Zinssaldos an zu mehr als 25 Prozent unmittelbar oder mittelbar beteiligte Anteilseigner einer Konzern-Gesellschaft, diesen nahe stehende Personen und an rückgriffsberechtigte Dritten gezahlt werden. Die Körperschaft hat die Nachweispflicht, dass eine schädliche Gesellschafterfremdfinanzierung nicht vorliegt. Konzernunternehmen, die einen Eigenkapitalquotenvergleich durchführen, müssen in analoger Weise den Nachweis erbringen, dass innerhalb des gesamten steuerlichen Konzerns keine schädliche Gesellschafterfremdfinanzierung vorliegt. Dabei sind jedoch konzerninterne Finanzierungen nicht zu berücksichtigen. Diese Regelung greift analog

für gewerblich tätige Personengesellschaften, die einer Kapitalgesellschaft nachgeordnet sind. Die übergeordnete Kapitalgesellschaft muss hingegen nicht zum Konzern gehören. Voraussetzung hierfür ist, dass die Mitunternehmerschaft zu einem Konzern gehört.

**ESFS** – European System of Financial Supervisors, dt. = Europäisches Finanzaufsichtssystem.

**ESV** – Abk. für *Europäische Sicherheits- und Verteidigungspolitik*, → GASP.

**ETSO** – Abk. für *Association of European Transmission System Operators*; Dachverband der Betreiber von elektrischen Übertragungsnetzen in Europa, gegründet am 1.7.1999 in Frankfurt a.M. – *Aufgabe* ist der Abbau von Handelsschranken im internationalen Stromaustausch und die Schaffung einer gemeinsamen Basis für den Strombinnenmarkt in Europa.

**EU** – Abk. für *Europäische Union*. 1. *Begriff*: Nach Vollendung von → Zollunion und → Einheitlichem Binnenmarkt im Rahmen der → EWG stellte die EU eine neue Integrationsstufe auf dem Weg zu „einer immer engeren Union der Völker Europas" (Art. 1 EUV) dar. Mit der EU wird das langfristige Ziel des europäischen Einigungsprozesses stärker sichtbar, über die wirtschaftliche Integration hinaus schrittweise auch eine politische Union anzustreben; der *Vertrag über eine Europäische Union* (→ EUV) lässt offen, wie eine umfassende Union der Völker Europas gestaltet werden soll. – 2. *Vertrag über die Europäische Union (EUV)*: Der von den Staats- und Regierungschefs der EG-Staaten am 9./10.12.1991 in Maastricht vereinbarte und am 7.2.1992 unterzeichnete Vertrag über die Europäische Union (EUV; → Maastrichter Vertrag), geändert durch den Amsterdamer Vertrag vom 2.10.1997 (BGBl. 1998 II 387), geändert durch den Vertrag von Nizza vom 26.2.2001 (BGBl. 2001 II S. 1667), geändert durch die Akten zum Beitrittsvertrag vom 16.4.2003 (BGBl. 2003 II 1410), die Akten zum Beitrittsvertrag für Bulgarien und

Rumänien und den → Vertrag von Lissabon vom 13.12.2007 (BGBl. 2008 II S. 1038) dehnt die Integrationsziele aus und verbessert die supranationalen Handlungsmöglichkeiten. – Er etablierte eine *Drei-Säulen-Struktur der EU (Drei-Säulen-Modell)*: Die sog. erste Säule umfasst die novellierten Gründungsverträge (→ EGKS-Vertrag (seit dem 24.7.2002 außer Kraft), → EWGV – unbenannt in → EGV – und → EAGV) und als neues Integrationsziel den stufenweisen Ausbau des Einheitlichen Binnenmarkts zur Europäischen Wirtschafts- und Währungsunion (→ EWWU). Dazu kommen zwei weitere, durch den EUV neu geschaffene Integrationssäulen: Die Gemeinsame Außen- und Sicherheitspolitik (→ GASP; zweite Säule) sowie die Zusammenarbeit in den Bereichen Justiz und Inneres (dritte Säule). – Die EU verfügte seit Inkrafttreten des Maastrichter Vertragswerkes über einen *einheitlichen institutionellen Rahmen* (Art. 3 EUV); darüber hinaus besitzt sie (völkerrechtliche) Rechtspersönlichkeit; seit dem 1.12.2009 ist die → EG endgültig in der EU aufgegangen, die EAG bleibt mit eigener (völkerrechtlicher) Rechtspersönlichkeit. Seit Gründung der EU ist ein Beitritt von neuen Mitgliedsstaaten nur noch zur EU in ihrer Gesamtheit möglich. – 3. *Institutionelle Neuerungen:* (1) → Europäische Kommission: Die EG-Kommission wurde angesichts ihrer erweiterten Aufgaben entsprechend umbenannt. (2) → Rat der Europäischen Union: Der vormalige *Ministerrat* wurde entsprechend umbenannt. (3) → Europäisches Parlament: Die Einflussnahmemöglichkeiten des Europäischen Parlaments auf die Gesetzgebung der Gemeinschaft/Union wurden v.a. in Fragen des Binnenmarkts vergrößert (Einführung des sog. Mitentscheidungsverfahrens). (4) Ferner wurde als weiteres Hilfsorgan der sog. → Ausschuss der Regionen (AdR) etabliert, der vor Entscheidungen mit bestimmten regionalen Bezügen zu hören ist. (5) Zur besseren Überwindung des wirtschaftlichen Leistungsgefälles innerhalb der Union wurde in Ergänzung der bestehenden Strukturpolitik (→ Strukturpolitik der Europäischen Union) der sog. → Kohäsionsfonds errichtet. – 4. Durch den → Vertrag von Lissabon wurde eine grundlegende Änderung des bestehenden Vertragssystems vorgenommen. Das Drei-Säulen-Modell wird aufgelöst, und die EU erhält formell Rechtspersönlichkeit. Der EG-Vertrag (EGV) wird in „Vertrag über die Arbeitsweise der Europäischen Union" (→ AEUV) umbenannt. Die beiden EU-Verträge stehen gleichberechtigt nebeneinander. Als letzte Gründungsgemeinschaft bleibt darüber hinaus die EAG neben den EU-Verträgen (EUV/AEUV) bestehen, insofern besteht ein *„Gemeinsames-Haus-Modell"*.

**EU-Agenturen** – Die → EU verfügt über eine Vielzahl von Einrichtungen des europäischen öffentlichen Rechts mit eigener Rechtspersönlichkeit, die unabhängig von den EU-Institutionen arbeiten. Sie haben bestimmte technische, wissenschaftliche und administrative Aufgaben in bestimmten Bereichen. Dazu zählen etwa das Europäische Zentrum für die Förderung der Berufsbildung, die Europäische Stiftung für Berufsbildung (Cedefop), das Harmonisierungsamt für den Binnenmarkt (OHIM), die Europäische Agentur für Wiederaufbau (EAR) und die Europäische Behörde für Lebensmittelsicherheit (EFSA). Ferner sind zu nennen: Das EU-Satellitenzentrum in Torrejón (Spanien), das Europäische Verteidigungsagentur (EDA) in Brüssel und das EU-Institut für Sicherheitsstudien in Paris. Europol (Europäisches Polizeiamt), Eurojust (Europäisches Organ zur Stärkung der justiziellen Zusammenarbeit) und die Europäische Polizeiakademie (CEPOL) sind die drei Einrichtungen, die seinerzeit innerhalb der „Dritten Säule" gegründet wurden. Hinzu kommen sog. „Exekutivagenturen", die für die Verwaltung bestimmter EU-Förderprogramme zuständig sind, z.B. im Bildungs- und Forschungsbereich.

**EU-Binnenmarkt** → Einheitlicher Binnenmarkt der Europäischen Gemeinschaft (EG)/ Europäischen Union (EU).

**EUC** – Abk. für → End User Control; *siehe* → Exportkontrolle.

**EU-Erweiterung** – 1. *Begriff:* Die Erweiterung der EG bzw. → EU von anfänglich sechs Gründungsmitgliedern (Belgien, Frankreich, Deutschland, Italien, Luxemburg, Niederlande) auf 15 Mitgliedsstaaten vollzog sich in mehreren Etappen: 1975 (Großbritannien, Irland, Dänemark), 1981 (Griechenland), 1986 (Portugal und Spanien), 1995 (Finnland, Österreich, Schweden). Am 1.5.2004 traten der EU bei: Die Tschechische Republik, Estland, Zypern, Lettland, Litauen, Ungarn, Malta, Polen, Slowenien und die Slowakei. Bulgarien und Rumänien sind 2007 beigetreten, sind allerdings aufgrund weiter bestehender Probleme in den Bereichen Justiz, Korruptionsbekämpfung und organisierte Kriminalität einem bes. Mechanismus zur Zusammenarbeit und Überprüfung der Fortschritte in diesen Bereichen unterworfen. Die Türkei, Kroatien und die Ehemalige Jugoslawische Republik Mazedonien sind Beitrittskandidaten. – 2. *Merkmale der Erweiterung:* a) *Beitrittskriterien:* Um der EU beitreten zu können, muss ein Staat nach Art. 49 EUV dem europäischen Kontinent angehören sowie die folgenden Grundsätze beachten: Demokratie, Achtung der Menschenrechte und der Grundfreiheiten, Rechtsstaatlichkeit. Zusätzlich wurden für den aktuellen Beitrittsprozess vom → Europäischen Rat bestimmte politische und wirtschaftliche Bedingungen festgelegt. Diese sog. Kopenhagen-Kriterien verlangen von einem zukünftigen Mitgliedsstaat: (1) Stabilität der Institutionen, Demokratie, Rechtsstaatlichkeit, Achtung der Menschenrechte und Achtung und Schutz von Minderheiten, (2) eine funktionierende Marktwirtschaft, (3) die Übernahme der gemeinschaftlichen Regeln, Standards, und Politiken, die die Gesamtheit des EU-Rechts darstellen (Acquis Communautaire) sowie die Akzeptanz der grundlegenden Ziele der EU (inkl. der politischen, wirtschaftlichen und währungspolitischen Integration). – b) *Vorbeitrittsprozess:* Die EU strukturiert, beobachtet und

unterstützt den Vorbeitrittsprozess. Sie stellt verschiedene Finanzierungsinstrumente bereit. Die Anfang der 1990er-Jahre abgeschlossenen → Europa-Abkommen bildeten die Grundlage eines umfassenden Anpassungsprozesses der Beitrittskandidaten. Diese wurden ergänzt durch eine „Vorbeitrittsstrategie", die sich aus drei Instrumenten zusammensetzten: *Beitrittspartnerschaften:* Auf ihrer Basis legte jeder Beitrittskandidat nationale Programme zur Beitrittsvorbereitung fest, die kurz- und mittelfristige Prioritäten enthielten und deren Erreichung mit finanzieller Hilfe aus dem EU-Budget unterstützt wurden (bis 2006 durch die Programme PHARE, ISPA und SAPARD, danach durch das neue Instrument IPA.

**EuG** – Abk. für → Europäisches Gericht Erster Instanz.

**EU-Gerichtsstands- und Vollstreckungsverordnung** → EU-GVV.

**EU-Gesetzgebung** – 1. *Begriff:* Der Rat (früher: Rat der Europäischen Union oder Ministerrat) und das Europäische Parlament beschließen die Gesetze bzw. Rechtsakte in zwei Gesetzgebungsverfahren (Art. 289 AEUV), dem ordentlichen und dem besonderen. Man unterscheidet dabei drei Arten von verbindlichen Gesetzen/Rechtsakten: Richtlinien, Verordnungen und Beschlüsse. Daneben gibt es unverbindliche Empfehlungen und Stellungnahmen (Art. 288 AEUV). – 2. *Merkmale der* → Rechtsakte: a) Unter *Richtlinien* sind Rechtsakte zu verstehen, die innerhalb einer bestimmten Frist in nationales Recht umgesetzt werden müssen. Sie sind verbindlich für jeden Mitgliedsstaat, an den sie gerichtet werden, überlassen jedoch den innerstaatlichen Stellen die Wahl der Form und der Mittel. – b) *Verordnungen* haben allgemeine Geltung, sie sind in allen ihren Teilen verbindlich und gelten unmittelbar in allen Mitgliedstaaten. Sog. *Durchführungsverordnungen* sind von den EU-Gesetzen insofern zu unterscheiden, als sie durch Rat oder Kommission unter Kontrolle des Rats beschlossen werden, um

bereits beschlossene EU-Gesetze durchzuführen (Art 291 AEUV, → Komitologie). – c)
Ein *Beschluss* ist in allen seinen Teilen verbindlich, ist er nur an bestimmte Adressaten
gerichtet, gilt er nur für sie. – 3. *Verfahren:* Im
ordentlichen Gesetzgebungsverfahren, das
in Art. 294 AEUV genau beschrieben ist, besteht die Annahme einer Verordnung, Richtlinie oder eines Beschlusses in der Annahme
durch den Rat und das Europäische Parlament auf Vorschlag der Kommission. Im besonderen Gesetzgebungsverfahren, das in
den in den Verträgen besonders bezeichneten Fällen stattfindet, besteht die Annahme
entweder in der Annahme durch den Rat unter Beteiligung des Europäischen Parlaments
oder in der Annahme durch das Parlament
unter Beteiligung des Rats (Art. 289 Abs. 2
AEUV). In Gesetzgebungsakten kann der
Kommission die Befugnis übertragen werden,
Rechtsakte ohne Gesetzescharakter mit allgemeiner Geltung zur Ergänzung oder Änderung bestimmter unwesentlicher Vorschriften des Gesetzgebungsakts zu erlassen (Art.
290 AEUV).

**EuGH** – Abk. für *Europäischer Gerichtshof.* 1.
*Überblick:* Judikative der → EU (Art. 251 –
281 AEUV, Art. 136 EAGV), Sitz in Luxemburg. – 2. *Mitglieder:* Die Richter und Generalanwälte werden von den Regierungen der
Mitgliedstaaten im gegenseitigen Einvernehmen für eine sechsjährige Amtszeit ernannt.
Die Richter wählen aus ihrer Mitte den Ge-
richtspräsidenten für eine Dauer von drei Jahren. Aufgabe der Generalanwälte, die richter-
liche Unabhängigkeit genießen, ist es, durch
die Stellung von Schlussanträgen der Rechts-
findung des EuGH zu dienen. – 3. Der EuGH
hat die generelle Aufgabe, bei der Anwendung und Auslegung des EU-Rechts und der
von der EU abgeschlossenen völkerrechtlichen Verträge die *Wahrung des Gemeinschaftsrechts* zu gewährleisten. Dabei besteht
Zuständigkeit sowohl für die EU als auch Euratom (→ EAG). – Der EuGH ist in erster Linie *Verfassungsgericht* (Auslegung und Anwendung des Primärrechts; Überprüfung

der Vereinbarkeit des sekundären EU-Rechts
mit dem Primärrecht). Der Gerichtshof hat
ferner *verwaltungsgerichtliche Zuständigkeiten* (Klagen von natürlichen und juristischen
Personen gegen Maßnahmen der EU: Nich-
tigkeitsklagen, Untätigkeitsklagen). – *Weitere Aufgabenbereiche:* Rechtsmittelinstanz
für Entscheidungen des → Europäischen Gerichts Erster Instanz (EuG); Erstellung von
Gutachten für den → Rat der Europäischen
Union (ehem. Ministerrat) und die → Europäische Kommission (vgl. Art. 218 Abs. 11
AEUV, Art. 107 Verfahrensordnung des Gerichtshofs). Neben der Kontrolle der Vereinbarkeit der Rechtsakte der EU mit dem EU-
Recht ist der EuGH (nach der Zahl der zu
behandelnden Verfahren) überwiegend damit befasst, den Ersuchen mitgliedsstaatli-
cher Gerichte nach sog. Vorabentscheidun-
gen nach Art. 267 AEUV (d.h. der Klärung
bestimmter, für die Entscheidung eines nationalen Gerichts relevanter Fragen des EU-
Rechts) nachzukommen.

**EU-GVV** – Abk. für *Verordnung der Europäischen Union über die gerichtliche Zuständigkeit und die Anerkennung und Vollstreckung
von Entscheidungen in Zivil- und Handelssachen;* Verordnung des Europäischen Rates Nr. 44/2001. Die EU-GVV gilt für den gesamten Bereich der EU und löste 2001 das bis
dahin geltende „Europäische Übereinkommen über die gerichtliche Zuständigkeit und
die Anerkennung und Vollstreckung von Entscheidungen in Zivil- und Handelssachen"
(EU-GVÜ) ab. Die Verordnung regelt, welche nationalen Gerichte für Klagen gegen ein
europäisches Unternehmen oder eine natürliche Person, die in der EU ansässig ist, zuständig sind. Zudem bestimmt die EU-GVV wie
Entscheidungen aus einem der EU-Mitgliedsstaaten in einem anderen EU-Mitgliedsstaat
vollstreckt werden können. Im Ergebnis garantiert diese Verordnung, dass Urteile von
Gerichten eines EU-Mitgliedsstaates in allen
anderen EU-Mitgliedsstaaten anerkannt und
im Wege der Zwangsvollstreckung durchgesetzt werden können.

**EU-Haushalt** – 1. *Merkmale:* Seit 1971 existiert im Wesentlichen ein Gesamthaushaltsplan der Europäischen Gemeinschaften (→ EG, → EAG, → EGKS), seit 1.1.1993 der Europäischen Union (→ EU). Der Europäische Entwicklungsfonds (→ EEF) ist nicht in den EU-Haushalt eingebunden. – 2. *Haushaltsverfahren:* Der Ablauf ist in Art. 313 ff. AEUV) festgelegt. Die → Europäische Kommission erarbeitet einen Haushaltsvorentwurf; dieser wird dem → Rat der Europäischen Union zugeleitet, welcher dann den Haushaltsentwurf aufstellt. Die erste Lesung erfolgt im → Europäischen Parlament (EP), die Zweite im Rat. Die Feststellung des Haushaltsplans obliegt dem Präsidenten des Europäischen Parlaments. Die Obergrenzen der jährlichen Haushaltspläne sowie der Anteil der wichtigsten Ausgabenkategorien am Gesamtvolumen des Budgets ergeben sich aus der sog. → Finanziellen Vorschau der Europäischen Union. Die Haushaltsführung der Gemeinschaftsorgane wird vom Europäischen Rechnungshof überwacht (→ EuRH). – 3. *Einnahmen (z.T. weg gefallen):* die ersten beiden Einnahmen werden sog. *traditionelle Eigenmittel* genannt und machen zwischen 10 und 15 Prozent der Eigenmittel (Einnahmen) aus. (1) → Zoll, der auf Grundlage des Gemeinsamen → Zolltarifs der EU durch die Zollbehörden der Mitgliedsstaaten erhoben wird; (2) → Agrarzoll (früher → Abschöpfungen) an der gemeinschaftlichen Außengrenze, die von den Zollbehörden der Mitgliedsstaaten erhoben wird; (3) Mehrwertsteueranteil an der in den Mitgliedsstaaten erhobenen Mehrwertsteuer nach einer seit 1988 harmonisierten MWSt-Bemessungsgrundlage; (4) Beiträge der Mitgliedsstaaten zum Gemeinschaftshaushalt (sog. BNE-Eigenmittel); (5) etwaige Haushaltsdefizite dürfen nicht im Wege der Kreditaufnahme finanziert werden; ein etwaiger Etatüberschuss wird den Einnahmen des nachfolgenden Haushaltsjahres zugeschlagen oder an die Mitgliedsstaaten retransferiert. Da der EU-Haushalt durch die traditionellen Eigenmittel alleine nicht mehr zu finanzieren ist und auch die MwSt-Beiträge nicht mehr ausreichen, bekommen die Beiträge der EU-Mitgliedsstaaten auf Grundlage der BNE-Eigenmittel eine immer größere Bedeutung, alleine in den Jahren 2005 und 2006 machte deren Anteil mehr als 70 Prozent der Einnahmen des EU-Haushalts aus. – 4. *Ausgaben:* a) *Arten: „Obligatorische Ausgaben"* sind solche Aufwendungen, die erforderlich sind, damit die EU ihren im Primär- oder Sekundärrecht verankerten Verpflichtungen genügt. Die Haushaltsbefugnis für sie liegt beim Rat. *„Nicht obligatorische Ausgaben"* bedürfen der Zustimmung des → Europäischen Parlaments. – b) *Struktur:* Der Anteil der Ausgaben für die → GAP ist fast 50 Prozent der Gesamtausgaben, während die Aufwendungen für Strukturmaßnahmen (→ Strukturpolitik der Europäischen Union) nur etwas mehr als ein Viertel des Haushaltsvolumen entsprechen.

**EU-Kommission** → Europäische Kommission.

**EURATOM** – Abk. für *Europäische Atomgemeinschaft,* → EAG. Internationale Organisation mit eigener Rechtspersönlichkeit, die in der neuen → EU nach dem → Vertrag von Lissabon als einzige der drei Gründungsgemeinschaften weiter besteht. Aufgabe und Ziel ist die friedliche Nutzung der Kernspaltung zur Energiegewinnung, Forschung und zu medizinischen Zwecken.

**EU-Raum der Freiheit, der Sicherheit und des Rechts** – 1. *Begriff/ Merkmale:* Die Zusammenarbeit in den Bereichen *Justiz und Inneres* wurde erstmals als sog. „Dritte Säule" im → Maastrichter Vertrag als ein Bereich verankert, in dem auf EU-Ebene die zwischenstaatliche Zusammenarbeit koordiniert werden konnte. Anders als in der vergemeinschafteten „Ersten Säule" war der Integrationsgrad also sehr gering. Dies änderte sich mit dem → Amsterdamer Vertrag, als wichtige Teile der „Dritten Säule" in die „Erste Säule" überführt wurden. Art. 67 ff. AEUV umfassen seitdem z.B. Visum-, Asyl-, Einwanderungs- und Ausländerpolitik. Im Bereich Asylpolitik ist es das Ziel, ein gemeinsames Asylsystem zu schaffen, das auf der Grundlage der Genfer Flüchtlingskonvention gemeinsame Standards und Prozeduren vorsieht. Wichtige Rechtsinstrumente hierbei sind das Dubliner Übereinkommen, das regelt welcher Staat für die Prüfung eines Asylgesuchs zuständig ist, sowie die in der Folge geschaffene Datenbank Eurodac zur Erfassung von Fingerabdrücken von Asylsuchenden und illegalen Einwanderern. Art. 81 AEUV enthält seit dem Vertrag von Amsterdam die *Zusammenarbeit in Zivilsachen*. Außerdem wurde der Schengen-Besitzstand in den → EUV und → EGV integriert. Eine Ausdehnung von Mehrheitsentscheidungen auf diese Bereiche ist jedoch bislang nicht gelungen. In der „Dritten Säule" verblieb die polizeiliche und justizielle Zusammenarbeit in Strafsachen (PJZS). Letztere hat das Ziel eine effektivere und koordiniertere Verbrechensbekämpfung, z.B. des Terrorismus, organisierte Kriminalität Menschenhandel, Kinderpornographie, Betrug, Korruption und Drogenhandel. Sie stützt sich z.B. auf Zusammenarbeit, Informationsaustausch und gemeinsame Fortbildung der nationalen Polizei- und Zollbehörden, auch unter Einbeziehung von Europol und dem mit dem → Vertrag von Nizza geschaffenen Amt → Eurojust. Basierend auf einem Rahmenbeschluss aus dem Jahr 2002, ersetzt seit Januar 2004 ein europäischer Haftbefehl die bisherigen Auslieferungsverfahren. Durch den → Vertrag von Lissabon wird das Drei-Säulen-Modell abgeschafft und durch das „Gemeinsames-Haus-Modell" ersetzt. Die zweite und dritte Säule werden in die EU integriert, die Inhalte werden durch den → AEUV näher bestimmt. – 2. *Umsetzung*: Der Raum der Sicherheit, der Freiheit und des Rechts wird operationell mithilfe von Mehrjahresprogrammen umgesetzt, momentan durch das sog. „*Haager Programm*" (2005 – 2010). Ein Großteil der legislativen Vorschläge der Kommission bezieht sich mittlerweile auf diesen Bereich, z.B. die Vorschläge für Sanktionen für Arbeitnehmer, die illegale Einwanderer beschäftigen, die sog. „*Blue Card*" zur Vereinfachung hochqualifizierter Einwanderung, einheitliche Aufnahmebedingungen für Forscher, Studenten, Saisonarbeiter etc. aus Drittstaaten, die Schaffung eines europäischen Asylbüros etc. Im Herbst 2008 hat der Europäische Rat einen Europäischen Pakt für Migration und Asyl beschlossen, der auf dem bisher Erreichten aufbaut und ein erneuertes Engagement der Mitgliedsstaaten darstellt, ihre Migrations- und Asylpolitiken verstärkt zu integrieren. – 3. *Ausblick*: Das Mehrjahresprogramm „*Haager Programm*" lief im Jahre 2010 aus. Bis 2014 wird das „*Stockholmer Programm*" weitere konkrete Integrationsschritte auf dem Weg zum Raum der Freiheit, der Sicherheit und des Rechts behandeln.

**EU-Reformvertrag** → Vertrag von Lissabon.

**EuRH** – Abk. für *Europäischer Rechnungshof*; 1977 errichtete, mit Inkrafttreten des Vertrags über die Europäische Union (→ Maastrichter Vertrag) in den Rang eines Hauptorgans der Europäischen Union (→ EU) erhobene Institution (Art. 13 I → EUV-Lissabon, Art. 285 bis 287 AEUV) mit Sitz in Luxemburg. Die *Mitglieder* des EuRH (eins pro Mitgliedsland) werden vom → Rat der Europäischen Union (Ministerrat) nach Anhörung des → Europäischen Parlaments einstimmig für eine Dauer von sechs Jahren ernannt. Sie genießen den Status richterlicher Unabhängigkeit und dürfen in Wahrnehmung ihrer Aufgaben „Anweisungen von einer Regierung oder anderen Stelle weder anfordern noch entgegennehmen" (Art. 247 III EGV, Art. 286 III AEUV). – *Aufgabe des EuRH* ist es, die Rechtmäßigkeit und Ordnungsmäßigkeit der Ausgaben und Einnahmen der Union und aller von ihr geschaffenen Institutionen (soweit nichts anderes bestimmt ist) sowie die Wirtschaftlichkeit der Haushaltsführung zu überprüfen. Der Rechnungshof erstellt nach jedem Haushaltsjahr einen Bericht sowie aus bes. Anlässen Sonderberichte, die im

Amtsblatt der EU veröffentlicht werden. Auf dessen Grundlage sowie der Stellungnahmen der Gemeinschaftsorgane zum Bericht befindet das Europäische Parlament über eine Entlastung der → Europäischen Kommission.

**Eur-Lex** – computergestütztes Rechtsinformationssystem der → Europäischen Kommission in Zusammenarbeit mit den übrigen EU-Institutionen über das Gemeinschaftsrecht, das weitgehend vollständig dokumentiert ist und von jedermann genutzt werden kann.

**Eurobetriebsrat** → europäischer Betriebsrat.

**EUROCONTROL** – *European Organisation for the Safety of Air Navigation;* 1960 errichtete internationale Flugsicherungsbehörde. – *Mitglieder:* 38 europäische Staaten – *Sitz:* Brüssel. – *Aufgaben:* (1) EUROCONTROL soll die bisher von nationalen Flugsicherungsdiensten durchgeführten Kontrollaufgaben im oberen Luftraum übernehmen und eine automatisierte Flugsicherung vorbereiten. Ziele sind die optimale Nutzung des europäischen Luftraums und die Vermeidung von Überfüllung, die Entwicklung und Implementierung eines globalen Satelliten-Navigationssystems sowie die Verbesserung der Zusammenarbeit zwischen zivilen und militärischen Einrichtungen. (2) Ausgehend von den Richtlinien und Empfehlungen der → ICAO und unter Berücksichtigung der Erfordernisse der Landesverteidigung Untersuchung der Möglichkeiten einer Vereinheitlichung der innerstaatlichen Dienste und Vorschriften, die für die Sicherheit des Luftverkehrs notwendig sind. (3) Förderung von gemeinsamem Vorgehen auf dem Gebiet der funktechnischen Hilfsmittel, Fernmeldeeinrichtungen und entsprechenden Bordausrüstungen, die die Sicherheit der Luftfahrzeuge gewährleisten sollen. (4) Einleitung von zusätzlichen Maßnahmen zur Entlastung und Verbesserung der Ausgangsposition der Flugsicherung außerhalb ihrer Einflusssphäre auf mehreren Gebieten des Luftverkehrs, um so die Verkehrssicherheit insgesamt zu erhöhen. Als

*EUROCONTROL-Forschungsinstitutionen* fungieren das EUROCONTROL Experimental Centre, das EUROCONTROL Institute of Air Navigation Services, das Central Route Charges Office sowie das Upper Area Control Centre.

**Eurojust** – selbstständige Einrichtung der Europäischen Union (→ EU); mit eigener Rechtspersönlichkeit und eigenständigen Befugnissen ausgestattete Stelle zur Verbesserung der justitiellen Zusammenarbeit im Bereich der Bekämpfung der schweren organisierten Kriminalität in der EU. Geschaffen durch Beschluss des Rats der Europäischen Union vom 28.2.2002 (2002/187/JI, ABl. EG vom 6.3.2002, L 63/1), der mit dem Eurojust-Gesetz (EJG) vom 12.5.2004 (BGBl. I 902), umfangreich geändert durch Gesetz vom 7.6.2012 (BGBl. I S. 1270), in nationales Recht umgesetzt. Sitz in Den Haag. Im Rahmen von Ermittlungen und Strafverfolgungsmaßnahmen, die zwei oder mehr Mitgliedstaaten betreffen, wird Eurojust tätig, im Bereich von Straftaten u.a. der Computerkriminalität, des Betrugs und der Korruption, der Geldwäsche (vgl. Art. 4 des Eurojust-Beschlusses). Eurojust nimmt seine Aufgaben entweder durch ein betroffenes nationales Mitglied oder mehrere betroffene nationale Mitglieder oder durch das Kollegium, je nach der in den Art. 5 ff. bestimmten Sachlage, wahr. Die Aufgabe besteht darin, mit den nationalen Ermittlungsbehörden Kontakt aufzunehmen, um die Strafverfolgung effektiv voranzubringen. – Das EJG legt u.a. fest, wer das nationale Mitglied beruft und abberuft (Bundesministerium der Justiz), dessen Amtszeit etc. Ferner werden Regelungen über die Informationsübermittlung zwischen den nationalen Behörden und Gerichten und dem Kollegium bzw. den nationalen Mitgliedern getroffen.

**Europa-Abkommen** – 1. *Begriff:* bes. Form von → Assoziierungsabkommen der → EU nach Maßgabe von Art. 217 AEUV geschlossen mit der Türkei (ABl. 1964, 3687), zehn mittel- und osteuropäischen Staaten (bis zum EU-Beitritt am 1.5.2004) sowie Bulgarien und Rumänien (bis zum EU-Beitritt am 1.1.2007). – 2. *Ratifizierung:* Weil die Europa-Abkommen sich auch auf Regelungsbereiche erstreckten, die nicht in den Kompetenzrahmen der EU-Organe fielen, mussten die Abkommen zur Erlangung der Gültigkeit auch von jedem Mitgliedsstaat der EU ratifiziert werden. Wegen der Alleinzuständigkeit der EU in Handelsfragen wurde der handelspolitische Teil der Europa-Abkommen stets schon vor der mitgliedstaatlichen Ratifikation durch ein sog. → Interimsabkommen in Kraft gesetzt, welches dann später durch die Europa-Abkommen abgelöst wurde. – 3. *Zweck der Europa-Abkommen* war und ist es, den marktwirtschaftlichen Transformationsprozess in den betreffenden Staaten zu fördern und ihre Volkswirtschaften schrittweise an die EU heranzuführen und den Beitrittsprozess zu begleiten. Sie werden inhaltlich durch die neuen Stabilisierungs- und Assoziierungsabkommen (SAA) ersetzt, die derzeit mit den Balkan-Ländern geschlossen worden sind.

**Europäische Atomgemeinschaft (EURATOM)** → EAG.

**Europäische Bank für Wiederaufbau und Entwicklung** → EBRD.

**Europäische Freihandelsassoziation** – *European Free Trade Association,* → EFTA.

**Europäische Gemeinschaft** – Gegründet am 1.1.1958 als *Europäische Wirtschaftsgemeinschaft* (→ EWG), die mit dem → Maastrichter Vertrag 1992 umbenannt wurde in → EG. Die EG hatte bis 30.11.2009 eigene Rechtspersönlichkeit. Durch den Vertrag von Lissabon geht die EU endgültig in die Europäische Union (→ EU) auf, welche eigene Rechtspersönlichkeit erhält. Der EG-Vertrag wird umbenannt in „Vertrag über die Arbeitsweise der Europäischen Union (AEUV)". EU-Vertrag und AEUV stehen gleichberechtigt nebeneinander, das alte „Drei-Säulen-Modell" der EU gilt seit Dezember 2009 nicht mehr.

**Europäische Gemeinschaften** – Nach Auslaufen des EGKS-Vertrags (→ EGKSV) und Umbenennung des EG-Vertrags (→ EGV) in „Vertrag über die Arbeitsweise der Europäischen Union (→ AEUV)" durch den Vertrag von Lissabon mit Wirkung vom 1.12.2009 verbleibt mit eigener Rechtspersönlichkeit neben der → EU nur die Europäische Atom-Gemeinschaft (→ EAG). Die → EGKS war die erste Europäische Gemeinschaft, die jedoch nur eine vertragsmäßige Laufzeit von 50 Jahren hatte (23.7.1952 – 23.7.2002). Die → EG hatte eigene Rechtspersönlichkeit und ist seit 1.12.2009 vollständig in die EU aufgegangen.

**Europäische Gemeinschaft für Kohle und Stahl** → EGKS.

**Europäische Handelspolitik** – die gemeinsame Handelspolitik der Mitgliedsstaaten der → EU, in Art. 206-207 AEUV niedergelegt. – 1. *Ziele* (Art. 206 AEUV): Durch die Schaffung einer Zollunion beabsichtigen alle Mitgliedsstaaten, im gemeinsamen Interesse zur harmonischen Entwicklung des Welthandels, zur schrittweisen Beseitigung der Beschränkungen im internationalen Handelsverkehr und zum Abbau der Zollschranken beizutragen. – 2. *Grundsätze* (Art. 207 AEUV): Die gemeinsame Handelspolitik wird nach einheitlichen Grundsätzen gestaltet; dies gilt v.a. für die Änderung von Zollsätzen, den Abschluss von Zoll- und Handelsabkommen, die Vereinheitlichung der Liberalisierungsmaßnahmen, die Ausfuhrpolitik und die handelspolitischen Schutzmaßnahmen. – 3. *Handelspolitisches Instrumentarium:* Das Inkrafttreten des gemeinsamen → Binnenmarktes zum 1.1.1993 erlaubte keine bis dahin immer noch existierenden nationalen Restriktionen bzw. Alleingänge (nationale Einfuhrquoten bzw. -kontingente) mehr. Es wurde deshalb eine Reihe von Verordnungen erlassen, die als „handelspolitisches Instrumentarium" der EU bezeichnet werden können und gleichzeitig eine Anpassung der bis dahin existierenden handelspolitischen Instrumente der EU an das neue → GATT bzw. die Ergebnisse der → Uruguay-Runde darstellen. – Vgl. auch → tarifäre Handelshemmnisse, → nicht tarifäre Handelshemmnisse.

**Europäische Investitionsbank** → EIB.

**Europäische Kommission** – 1. *Begriff:* Organ der Europäischen Union (→ EU) mit *Sitz* in Brüssel. – 2. *Merkmale:* Die → Europäische Kommission hat ein Mitglied pro EU-Mitgliedsstaat (zzt.: 27); mit dem EU-Reformvertrag (→ Vertrag von Lissabon) sollte die Anzahl der Kommissare ab 2014 auf nur noch zwei Drittel der Anzahl der Mitgliedstaaten beschränkt werden, was jedoch durch einstimmigen Beschluss der Staats- und Regierungschefs von Dezember 2008 b.a.w. aufgehoben wurde, nicht zuletzt um die Ratifizierung des Vertrags von Lissabon durch Irland zu erleichtern. Die Europäische Kommission fasst Beschlüsse als Kollegium mit einfacher Mehrheit, jedoch werden in der Praxis die meisten Beschlüsse im Konsens gefasst. Die Europäische Kommission tritt wöchentlich einmal zur Sitzung zusammen (mittwochs oder im Falle von Plenartagungen des Europäischen Parlaments dienstags). Der Kommissionspräsident und die übrigen Kommissionsmitglieder werden von den Regierungen der Mitgliedstaaten im gegenseitigen Einvernehmen, nach Prüfung und Zustimmung des → Europäischen Parlaments, für eine Amtszeit von fünf Jahren ernannt. Der Kommissionspräsident hat Richtlinien- und organisatorische Kompetenz. Die Kommissionsmitglieder üben ihre Tätigkeit in voller Unabhängigkeit (Art.17 EUV). Ihnen sind unterschiedliche Fachbereiche zugewiesen. Der Verwaltungsunterbau der Europäischen Kommission gliedert sich in Generaldirektionen und Dienste. Die Europäische Kommission wird von Ausschüssen von Vertretern der Mitgliedstaaten unterstützt und kontrolliert (→ Komitologie). Als Kollegium kann sie durch ein Misstrauensvotum des Europäischen Parlaments zum

Rücktritt gezwungen werden. Amtsenthebung einzelner Kommissare, etwa bei schweren Verfehlungen, ist ebenfalls möglich. – 3. *Aufgaben:* Die Europäische Kommission hat das Initiativmonopol in den meisten Politikbereichen. Nach der Annahme eines legislativen Vorschlags begleitet die Europäische Kommission diesen durch den gesamten Gesetzgebungsprozess und ist bestrebt, in enger Zusammenarbeit mit der Ratspräsidentschaft, die endgültige Annahme des Vorschlags durch den Rat und das Europäische Parlament zu erleichtern. Die Europäische Kommission hat außerdem exekutive Befugnisse, indem sie Gemeinschaftsprogramme (Forschungsrahmenprogramm, Media, Lebenslanges Lernen etc.) verwaltet und Fördermittel vergibt. Im Haushaltsverfahren ist die Europäische Kommission verantwortlich für Aufstellung und Verwaltung des → EU-Haushaltes. Als „Hüterin der Verträge" überwacht sie die Einhaltung der Verträge und des Sekundärrechts durch die Mitgliedstaaten. Dies schließt die Möglichkeit ein, ein mehrstufiges Vertragsverletzungsverfahren einzuleiten und notfalls vor dem *Europäischen Gerichtshof* (→ EuGH) gegen Mitgliedstaaten Klage zu erheben. Im Rahmen der Wirtschafts- und Währungsunion kann sie ein Defizitverfahren einleiten, als Kartellbehörde ein Bußgeld für Unternehmen verhängen oder als Wettbewerbshüterin Unternehmensfusionen genehmigen oder unterbinden. In den Außenbeziehungen verhandelt die Europäische Kommission im Auftrag des → Rats der Europäischen Union (vormals Ministerrat) internationale Abkommen und verwaltet Hilfs- und Entwicklungsprogramme. Beitritte von neuen EU-Mitgliedstaaten werden von der Europäischen Kommission vorbereitet und überwacht.

**Europäische Methode der Offenen Koordinierung** – Politisches Instrument zur Koordinierung von Politikbereichen, in denen die EU nur ergänzende oder unterstützende Kompetenzen hat, z.B. im Bereich

Beschäftigung/Soziales oder Jugend. Die Europäische Methode der Offenen Koordinierung zielt in erster Linie auf „Politiklernen" zwischen den Mitgliedsstaaten durch den systematischen Austausch von Informationen und bewährter Praktiken ab. Europäische Zielsetzungen können in der Folge vereinbart werden, ohne dass diese einen verbindlichen EU-Rechtsakt (z.B. Richtlinie oder Verordnungen) nach sich ziehen würden. Die → Europäische Kommission hat auch hier das Initiativmonopol und versteht sich als Motor der Europäischen Methode der Offenen Koordinierung.

**Europäischer Ausgleichs- und Garantiefonds für die Landwirtschaft (EAGFL)** → GAP.

**europäischer Betriebsrat** – *Euro-Betriebsrat;* Informations- und Konsultationsgremium EU-weit operierender Unternehmen und Unternehmensgruppen, d.h. mit Betrieben oder Unternehmen in mehreren Mitgliedsstaaten. – 1. *Grundlage:* EG-Richtlinie über die Einsetzung eines Europäischen Betriebsrats oder die Schaffung eines Verfahrens zur Unterrichtung und Anhörung der Arbeitnehmer in gemeinschaftsweit operierenden Unternehmen und Unternehmensgruppen – Richtlinie 94/45/EG vom 22.9.1994 (ABl. EG Nr. L 254, S. 64), abgelöst durch die Richtlinie 2009/38 EG vom 6.5.2009 über die Einsetzung des Europäischen Betriebesrats oder die Schaffung eines Verfahrens zur Unterrichtung und Anhörung der Arbeitnehmer in gemeinschaftsweit operierenden Unternehmen und Unternehemensgruppen (ABl. Nr. L 122 S. 8). – 2. *Geltungsbereich:* Die Richtlinie gilt in allen EU-Mitgliedsstaaten (inklusive Großbritannien) sowie Norwegen, Island und Liechtenstein. Sie gilt in Unternehmen/Unternehmensgruppen ab tausend Arbeitnehmern in den Mitgliedsstaaten, davon mind. 150 in einem anderen Mitgliedsstaat unabhängig vom Gesellschaftssitz. Im Jahre 2008 gab es nach europäischen Schätzungen europäische Betriebsräte in

820 großen Unternehmen in der gesamten → EU; sie involvieren ca. 19.000 Arbeitnehmervertreter, die wiederum die Interessen von 14,5 Mio. Beschäftigten vertreten. – 3. Das *Ziel* ist die Stärkung des Rechts auf Unterrichtung und Anhörung der Arbeitnehmer in gemeinschaftsweit operierenden Unternehmen – 4. *Einsetzung/Verfahren:* Die Modalitäten der Unterrichtung und Anhörung sowie Verfahrensfragen können zwischen einem in den Richtlinien vorgesehenen Verhandlungsgremium der Arbeitnehmer und der zentralen Unternehmensleitung geregelt werden. Diese können auch gemeinsam den Beschluss fassen, dass anstelle eines Europäischen Betriebsrats ein oder mehrere Unterrichtungs- und Anhörungsverfahren geschaffen werden. Das bes. Verhandlungsgremium kann auch mit Zweidrittelmehrheit beschließen, dass kein europäischer Betriebsrat eingerichtet wird. – 5. Das *Standardmodell* des Anhangs zur Richtlinie gilt, wenn zentrale Leitung und das bes. Verhandlungsgremium dies beschließt, die zentrale Leitung die Aufnahmen von Verhandlungen binnen sechs Monaten verweigert oder wenn binnen drei Jahren nach entsprechendem Antrag keine Vereinbarung zustande kommt. Nach dem Standardmodell des Anhangs ist der Europäische Betriebsrat zuständig für die Unterrichtung und Anhörung über Angelegenheiten die das gemeinschaftsweit operierende Unternehmen insgesamt oder mind. zwei Betriebe in verschiedenen Mitgliedsstaaten betreffen. Der Europäische Betriebsrat besteht aus mind. drei und höchstens 30 Mitgliedern, wobei die Repräsentanz der Mitgliedstaaten Vorrang vor der Belegschaftsgrößenrepräsentanz hat. Die Amtszeit beträgt vier Jahre, Sitzungen sind einmal jährlich mit der zentralen Leitung mit dem Recht zu Sondersitzungen in Ausnahmefällen. Es gibt einen Katalog von Unterrichtungs- und Anhörungsgegenständen. Der Europäische Betriebsrat kann Sachverständige hinzuziehen. Die Kosten des europäischen Betriebsrats trägt die zentrale Unternehmensleitung. – 6. *Schutz* der

Arbeitnehmervertreter ist gewährleistet in gleicher Art wie nach den Vorschriften des Landes, in dem sie beschäftigt sind. Entsprechendes gilt für die Entgeltfortzahlung. – 7. *Umsetzung:* Die Umsetzung der Richtlinie 2009/38 EG im dt. Recht ist durch das Gesetz über Europäische Betriebsräte (EBRG) in der Fassung der Neubekanntmachung vom 7.12.2011 (BGBl.I S. 2650) erfolgt. Danach werden in größeren gemeinschaftsweit tätigen Unternehmen und Unternehmensgruppen mit Sitz in Deutschland Europäische Betriebsräte oder dezentrale Verfahren zur Unterrichtung und Anhörung von Arbeitnehmern eingerichtet. Kommt es nicht zu einer Vereinbarung über die Unterrichtung und Anhörung der Mitarbeiter, ist kraft Gesetzes ein Europäischer Betriebsrat zu errichten. Das Gesetz betrifft ca. 270 gemeinschaftsweit tätige Unternehmen mit Sitz in der Bundesrepublik Deutschland.

**Europäischer Bürgerbeauftragter** – *Ombudsmann.* Der Europäische Bürgerbeauftragte wurde mit dem Vertrag von Maastricht (→ Maastrichter Vertrag) geschaffen, um Beschwerden von Bürgern oder jeder natürlichen oder juristischen Person über Missstände in den Organen und anderen Institutionen der EU entgegenzunehmen und wenn möglich die Beseitigung dieser Missstände zu erreichen.

**Europäischer Entwicklungsfonds** → EEF.

**Europäischer Fonds für Regionale Entwicklung** → EFRE.

**Europäischer Fonds für Währungspolitische Zusammenarbeit** → EFWZ.

**Europäischer Gerichtshof** → EuGH.

**Europäischer Konvent** – *Konvent.* 1. *Begriff/ Hintergrund:* Als Folge der Erklärung über die Zukunft der Union des → Vertrags von Nizza stellte der → Europäische Rat in der Erklärung von Laeken im Jahre 2001 die Methode und den Zeitplan der angestrebten breiten Diskussion über die Zukunft und Reform der Union vor: In Anlehnung an das Gremium,

das die → Charta der Grundrechte der EU erarbeitet hatte, wurde ein Konvent vorgeschlagen. Dieser Konvent trat am 28.2.2002 zusammen und schloss seine Arbeit im Juli 2003 nach 18 Monaten mit der Vorlage eines Entwurfs für eine → Verfassung für Europa ab. – 2. *Zusammensetzung:* Der Europäische Konvent setzte sich aus 105 Vertretern der nationalen Regierungen und Parlamente der Mitgliedsstaaten und Beitrittsländer sowie der → Europäischen Kommission und des → Europäischen Parlaments zusammen. 13 Vertreter des → Wirtschafts- und Sozialausschusses der EU (WSA) und des → Ausschusses der Regionen (AdR) sowie der Sozialpartner und des → Europäischen Bürgerbeauftragten hatten Beobachterstatus. Präsident des Europäischen Konvents war Valérie Giscard d'Estaing. Vize-Präsidenten waren Giuliano Amato und Jean-Luc Dehaene. Die Zivilgesellschaft konnte sich insbesondere über das interaktive Forum über die Zukunft der Union („Futurum") an den Diskussionen beteiligen. Auch fanden Kontaktgruppen und nationale Debatten statt. Auf Vorschlag des Präsidenten wurde ein eigener Jugendkonvent eingerichtet, dessen Mitglieder nach Vorbild des Europäischen Konvents arbeiteten und ihre Vorschläge unterbreiteten.

**Europäischer Rat** – 1. *Begriff/Merkmale:* Der Europäische Rat ist das Dachorgan und die höchste politische Instanz der → EU. In ihm kommen die Staats- und Regierungschefs der EU und der Präsident des Europäischen Rats und der Präsident des Europäischen Parlaments sowie Präsident der → Europäischen Kommission bis zu zweimal pro Halbjahr zusammen (sog. *Gipfeltreffen*). Er wurde 1974 institutionalisiert und hat seit der Einheitlichen Europäischen Akte (→ EEA) eine primärrechtliche Verankerung. An den mind. zwei jährlichen *Gipfeltreffen* des Europäischen Rates nehmen auch die Außenminister und ein weiteres Mitglied der Kommission teil. Die Wirtschafts- und Finanzminister können in Fragen der

Wirtschafts- und Währungsunion hinzu gerufen werden. Der Europäische Rat erstattet dem → Europäischen Parlament Bericht. Er ist nicht zu verwechseln mit dem → Rat der Europäischen Union (vormals Ministerrat) oder dem → Europarat in Straßburg, der bereits 1949 als eigenständige internationale Organisation gegründet wurde. Mit dem → Vertrag von Lissabon wird der Europäische Rat nun auch vertraglich zu einem Organ der EU erhoben (Art. 13 EUV und Art. 15 EUV). – 2. *Aufgaben:* Der Europäische Rat gibt der Union die für ihre Entwicklung erforderlichen Impulse und legt die allgemeinen politischen Zielvorstellungen und Prioritäten hierfür fest( Art. 15 I EUV). Dies ist auch relevant für die Bereiche Wirtschafts- und Beschäftigungspolitik. Der Europäische Rat kann im Rahmen der → GASP nicht nur Grundsätze und allg. Leitlinien, sondern auch Gemeinsame Strategien beschließen ( Art. 26 EUV).

**Europäischer Rechnungshof** → EuRH → , Organ der Europäischen Union (→ EU).

**Europäischer Regionalfonds** → EFRE.

**Europäischer Sozialfonds (ESF)** – 1. *Gegenstand:* Einer der Strukturfonds der Europäischen Union; zentrales Instrument der Strukturpolitik der → EU und der EU-Strategie von Lissabon für Wachstum und Beschäftigung (→ Sozialpolitik der Europäischen Union, → Strukturpolitik der Europäischen Union). Von Beginn an im Vertrag über die Gründung der Europäischen Wirtschaftsgemeinschaft (→ EWG) verankert. Die Operationen des ESF begannen 1960. – 2. *Ziele:* Mithilfe des ESF wird die Beschäftigung in der EU gefördert. Die grundlegende Bestimmung des ESF ergibt sich aus dem Motiv, die im Zuge der Herausbildung eines gemeinsamen Marktes ausgelösten Anpassungsprozesse in Ergänzung zu den mitgliedstaatlichen Maßnahmen arbeitsmarktpolitisch zu flankieren. Dadurch soll zu einer harmonischen Entwicklung der Gemeinschaft als Ganzes sowie zur Stärkung des „wirtschaftlichen und sozialen Zusammenhalts" der

EU (→ Kohäsion*)* beigetragen werden. – 3. Gemäß den Art. 162 ff. AEUV verfolgt der Fonds die *Aufgabe,* vorrangig die Beschäftigungsmöglichkeiten in den wirtschaftlich zurückgebliebenen Regionen der Gemeinschaft zu verbessern. Zu diesem Zweck unterstützt der Fonds v.a. Anpassungsmaßnahmen von Arbeitnehmern und Unternehmen, den Zugang von Arbeitssuchenden, Nichterwerbstätigen, Frauen und Zuwanderern zum Arbeitsmarkt, soziale Eingliederung benachteiligter Personen und Kampf gegen Diskriminierung auf dem Arbeitsmarkt, Stärkung des Humankapitals durch die Reform von Bildungssystemen und die Vernetzung von Bildungseinrichtungen. – 4. *Mittelausstattung:* Von 2007-2013 stehen insgesamt ca. 75 Mrd. Euro aus ESF-Mitteln zur Verfügung. Für Deutschland sind es im gleichen Förderzeitraum 9,38 Mrd. Euro. – 5. Angesichts der *Wirtschafts- und Finanzkrise* und ihren negativen Auswirkungen auf die Beschäftigungssituation kann der ESF – komplementär zu den nationalen sozialen Sicherheitssystemen – eine unterstützende Rolle spielen, um Arbeitnehmer und Unternehmen durch die Krise zu bringen und ihre sozialen Folgen abzumildern. Die Kommission hat den Zugang zu ESF-Mitteln in der Krise erleichtert und flexibler gestaltet sowie die Mittelauszahlungen vorgezogen.

**Europäischer Wirtschaftsrat** → OEEC.

**Europäischer Wirtschaftsraum** → EWR.

**Europäisches Amt für Personalauswahl (EPA)** → EPSO.

**Europäisches Amt für Zusammenarbeit** → EuropeAid.

**europäisches Arbeitsrecht** – 1. *Arbeitsrechtliche Vorschriften* ergeben sich z.T. unmittelbar aus dem Unionsrecht. Dies gilt z.B. für die Gleichberechtigung von Mann und Frau (Art. 3 Abs. 3 EUV, Art. 8 und 10 AEUV), den Lohngleichheitssatz (Art. 157 AEUV) sowie die Freizügigkeit (Art. 21, 45 AEUV). Auf der Grundlage des EAUV und von EG-Richtlinien sind z.T. arbeitsrechtliche Gesetze dem europäischen Recht angepasst worden (z.B.

Regelungen über die Betriebsnachfolge, den Massenentlassungsschutz und die Durchführung des Lohngleichheitssatzes von Mann und Frau. – 2. Nach 153 Abs. 1 AEUV können im ordentlichen Gesetzgebungsverfahren (EU-Gesetzgebung) Rechtsakte ergehen, die den Arbeitsschutz verbessern. Wichtig ist die Richtlinie 89/391/EWG des Rates vom 12.6.1989 über die Durchführung von Maßnahmen zur Verbesserung der Sicherheit und des Gesundheitsschutzes der Arbeitnehmer bei der Arbeit (ABl. L 183 vom 26.9.1989) m.spät. Änd. Die Mitgliedsstaaten haben die Richtlinie durch eine Vielzahl von Vorschriften zum Arbeitsschutz umgesetzt. – 3. *Der Vertrag über die Europäische Union* (→ Maastrichter Vertrag) hat die Aufgaben der Gemeinschaft auf den sozialen Schutz erstreckt (im → Vertrag von Lissabon in Art. 3 Abs. Unterabs. 2 EUV weitergeführt) und dem Rat der Europäischen Union eine Regelungskompetenz für das Arbeits- und Sozialrecht gegeben, bei dem das Subsidiaritätsprinzip zu beachten ist. – 4. Für die *Gesetzesanwendung* ist bedeutsam, dass die Gerichte auch nationales Recht richtlinienkonform zu interpretieren haben, also die Rechtsprechung des Europäischen Gerichtshofs (→ EuGH) zu beachten haben.

**Europäisches Finanzaufsichtssystem** – *European System of Financial Supervision*, ESFS.

**europäisches Gemeinschaftsrecht** → Europarecht; → Europäisches Privatrecht.

**Europäisches Gericht Erster Instanz (EuG)** – *Gericht Erster Instanz der Europäischen Union*; dem Europäischen Gerichtshof (→ EuGH) im Zuge der Umsetzung der Einheitlichen Europäischen Akte (→ EEA) beigeordnetes Gericht mit Sitz in Luxemburg. Es wurde durch den Beschluss 88/591/EGKS/EWG/Euratom des Rates vom 24.10.1988 zur Entlastung des Europäischen Gerichtshofes geschaffen, besteht aus siebenundzwanzig Richtern (ein Richter je Mitgliedsstaat). Jeder Mitgliedstaat muss durch mind. einen Richter vertreten sein. Das EuG nahm

im September 1998 seine Tätigkeit auf und hat Richter, die von den Regierungen der Mitgliedstaaten im gegenseitigen Einvernehmen für eine Amtszeit von sechs Jahren ernannt werden. Das Gericht tagt in Kammern mit drei oder fünf Richtern ( vgl. Art. 50 des Protokolls über die Satzung des Gerichtshofs der Europäischen Union vom 26.2.2001 (ABl. Nr. C 80, S. 53) m.spät Änd.). Das EuG ist für bestimmte Arten von Verfahren zuständig (z.B. Klagen im Zusammenhang mit der Anwendung der gemeinschaftsrechtlichen Wettbewerbsbestimmungen, Streitsachen hinsichtlich handelspolitischer Schutzmaßnahmen), vgl. Art. 256 AEUV, Art. 140a EAG. – Gegen Entscheidungen des EuG können unter bestimmten Voraussetzungen Rechtsmittel beim EuGH eingelegt werden, art. 56 des Protokolls der Satzung, a.a.O.) -- Ferner ist 2005 aufgrund des Beschlusses des Rates vom 2.11.2004 (ABl. Nr. L 333 S. 7) das Gericht für den öffentlichen Dienst der Europäischen Union erreichtet worden, der für Streitsachen im Bereich des öffentlichen Dienstes der EU zuständig ist.

**europäisches Gesellschaftsrecht** – Regelungen zur Angleichung der nationalen Gesellschaftsrechtsordnungen mit dem Ziel des Abbaus der Beschränkungen des freien Niederlassungsrechts (Niederlassungsfreiheit) auf der Grundlage der Art. 49 ff. AEUV. Eine Reihe von Richtlinien haben die Harmonisierung der Gesellschaftsrechtsordnungen der EU-Mitgliedstaaten in wichtigen Bereichen herbeigeführt. Erste Ergebnisse dieser Harmonisierungsbemühungen zeigen sich Form von eigenen europarechtlichen Gesellschaftsformen wie der Europäischen Wirtschaftlichen Interessenvereinigung (EWIV), der Societas Europaea (SE) und der Societas Cooperativa Europaea (SCE). Diese Gesellschaftsformen sind in der Bundesrepublik Deutschland durch nationale Ausführungsgesetze eingeführt und können daher auch von dt. Unternehmen als Rechtsform gewählt werden. Ausgestaltet sind sie in Deutschland als Pendants zur OHG (EWIV), zur

Aktiengesellschaft (SE) und der Genossenschaft (SCE). Des weiteren ist ab 1.7.2010 die Schaffung einer Societas Privata Europaea (SPE) in der Planung. Sie soll das Feld der kleineren und mittleren Unternehmen (in Deutschland vergleichbar mit der GmbH) abdecken. Mit ihr befasst sich ein EU-Kommissionsentwurf vom 25.6.2008, der als Bestandteil einer EU-Initiative zur Förderung kleiner und mittlerer Unternehmen unter dem Stichwort „small business act" erörtert wird, bislang aber auch wegen deutscher Vorbehalte bislang nicht beschlossen werden konnte (2012).

**Europäisches Hochschulinstitut** – Post Graduate-Lehr- und Forschungsinstitut. – *Sitz:* Florenz. 1972 von den sechs EG-Gründungsmitgliedern gegründet; 1976 eröffnet. – *Ziel:* Förderung des Gedankens der europäischen Einigung in Lehre und Forschung. – *Forschungsgebiete/-schwerpunkte:* Geschichte und Kulturgeschichte, Wirtschaftswissenschaften, Rechtswissenschaften, Politik- und Sozialwissenschaften; vergleichende interdisziplinäre europäische Studien. – *Zulassungsvoraussetzung:* Nationaler Hochschulabschluss; Zulassung erfolgt nach einem Auswahlverfahren. – *European Policy Unit:* 1985 am Europäischen Hochschulinstitut gegründet; dient der Politikberatung, Europäisches Forum seit 1992. Zusammenarbeit mit SOCRATES-Programm.

**Europäische Sicherheits- und Verteidigungspolitik (ESV)** → GASP.

**Europäisches Komitee für elektrotechnische Normung** → CENELEC.

**Europäisches Komitee für Normung** → CEN.

**Europäisches Parlament** – 1. *Begriff/Charakterisierung:* Das gemeinsame parlamentarische Organ der EU. Es setzt sich aus Vertretern der unionsbürgerinnen und Unionsbürger( zusammen (Art. 13, 14 Abs. 1 EUV). Es hat seinen Sitz in Straßburg; Ausschüsse und Fraktionen tagen in Brüssel. Die Abgeordneten des Europäischen Parlaments

werden für die Dauer von fünf Jahren von den Bürgern der Mitgliedstaaten direkt gewählt. Im Europäischen Parlament existieren keine nationalen Gruppierungen, sondern politische Fraktionen auf Unionsebene. Der Anzahl der Mandate eines Mitgliedslandes liegt ein vertraglicher Schlüssel zugrunde, der an der Bevölkerungszahl orientiert ist. – 2. *Kompetenzen:* Seit der ersten Direktwahl im Jahr 1979 hat sich das Europäische Parlament schrittweise zu einem Mitgestalter der Gemeinschaftspolitik entwickelt. Bes. seine Gesetzgebungsbefugnisse wurden ständig erweitert. Mit dem Vertrag von Lissabon wird das Mitentscheidungsverfahren zum Regelverfahren erhoben. a) *Haushaltsbefugnisse:* Aufgrund seiner Position im Haushaltsverfahren kann das Europäische Parlament Einfluss auf die finanziellen Spielräume für die verschiedenen Politikbereiche nehmen. Das Europäische Parlament hat das Recht, den Gesamt-Haushaltsplan der EU (→ EU-Haushalt) abzulehnen; bei den sog. nicht-obligatorischen Ausgaben (z.B. Strukturfonds, Forschungsprogramme, Umweltpolitik, Verkehr) kann das Parlament die Höhe der Etansätze beschließen. – b) *Gesetzgebungsbefugnisse:* Der Vertrag von Rom sah ursprünglich vor, dass die Kommission Rechtsakte vorschlug und der Rat sie – seit 1979 nach Anhörung des Parlaments – verabschiedete. Der Unionsvertrag gibt ihm das Recht, Gesetzgebungsvorhaben zu initiieren, verpflichtet die Kommission aber nicht ausdrücklich, auf Aufforderung des Europäischen Parlaments einen Vorschlag für einen zu erlassenden Rechtsakt auszuarbeiten. Die Überprüfung des jährlichen Arbeitsprogramms der Kommission gibt dem Parlament Gelegenheit, seine Prioritäten anzumelden. Bei der Beteiligung des Europäischen Parlaments an der → EU-Gesetzgebung in kann man abgestufte Mitbestimmungs- bzw. Mitwirkungsrechte im ordentlichen und besonderen Gesetzgebungsverfahren unterscheiden (Art. 289,294 AEUV). – c) *Ernennung und Kontrolle:* Die → Europäische Kommission ist dem Europäischen Parlament verantwortlich. Nach Ende eines Haushaltsjahrs entscheidet das Europäische Parlament auf der Basis des Berichts des → EuRH über die Entlastung der Kommission. Das Europäische Parlament hat das Recht, die → Europäische Kommission zu einer *Rechtsetzungsinitiative* aufzufordern. Das Europäische Parlament muss der Ernennung der Kommissare zustimmen, kann einem amtierenden Kommissar das Vertrauen entziehen und die Kommission über ein Misstrauensvotum zum Rücktritt zwingen (Art. 247 AEUV). Darüber hinaus wählt das Parlament den Präsidenten der Kommission (Art. 14 I EUV-Lissabon). – 3. *Zusammensetzung*: Das Europäische Parlament setzt sich aus 750 Vertretern der Unionsbürgerinnen und Unionsbürger zusammen Art. 14 EUV). Die Bürgerinnen und Bürger sind im Europäischen Parlament degressiv proportional, mind. jedoch mit sechs Mitgliedern je Mitgliedsstaat vertreten. Kein Mitgliedsstaat erhält mehr als 96 Sitze. Den größten Anteil mit 96 Sitzen hat die Bundesrepublik Deutschland gefolgt von Frankreich, Großbritannien und Italien mit jeweils 78 Sitze. Das Europäische Parlament verfügt über 20 parlamentarische Ausschüsse, die in öffentlicher Sitzung ein- bis zweimal monatlich zusammentreten und die Abstimmungen im Plenum vorbereiten. – *Live-Debatten*: alle Ausschuss- und Plenarsitzungen können über Internet live verfolgt werden.

**Europäisches Patentamt (EPA)** – *European Patent Office (EPO)*; Organ der Europäischen Patentorganisation mit Sitz in München, Zweigstelle in Den Haag und Dienststellen in Berlin und Wien; gegliedert in fünf Generaldirektionen (Recherche, Prüfung/Einspruch, Beschwerde, Verwaltung und Recht/internationale Angelegenheiten). 1977 gegründet auf der Grundlage des Europäischen Patentübereinkommens (EPÜ). – *Organe* des Amts sind die Eingangsstelle, zuständig für die Eingangs- und Formalprüfung (Art. 15, 90, 91 EPÜ), die Recherchenabteilung, zuständig für die Erstellung europäischer Recherchen (Art. 17, 92 EPÜ), Prüfungsabteilungen, zuständig

für die sachliche Prüfung der Anmeldung, die Zurückweisung der Anmeldung oder die Erteilung des europäischen Patents (Art. 18, 94–97 EPÜ), die Einspruchsabteilungen, zuständig für die Entscheidung über Einsprüche gegen erteilte Patente, mit denen mangelnde Patentfähigkeit, Offenbarung oder Hinausgehen des Patents über den Inhalt der Anmeldung in ihrer ursprünglich eingereichten Fassung geltend gemacht wird (Art. 100–105 EPÜ), und Beschwerdekammern, zuständig für Beschwerden gegen Entscheidungen der Eingangsstelle, der Prüfungsabteilungen, Einspruchsabteilungen und der Rechtsabteilung (Art. 21, 106–112 EPÜ). Das Amt veröffentlicht die europäische Anmeldung (Art. 93 EPÜ), die europäische Patentschrift (Art. 98, 103 EPA) und führt das europäische Patentregister (Art. 127). Daneben ist es Anmelde- und Bestimmungsamt, Recherchenbehörde und mit der vorläufigen Prüfung beauftragte Behörde nach dem Patent Cooperation Treaty (PCT), Art. 151–158 EPÜ. Neben dem Amtsblatt des EPA gibt es das Europäische Patentblatt heraus, das die Eintragungen in das Patentregister wiedergibt sowie die nach dem EPÜ vorgeschriebenen Veröffentlichungen enthält (Art. 129 EPÜ). – *Einsicht in Unterlagen*: Akteneinsicht; – *Gebühren*: Gebührenordnung des Europäischen Patentorganisation vom 1.7.1999 (Beilage zum ABl. EPA 5/1999), zuletzt geändert durch Beschluss des Verwaltungsrats vom 9.12.2008, mit dem die Gebühren erheblich gesenkt wurden.

**Europäisches Privatrecht** – Das Europäische Privatrecht ist das gemeinsame Privatrecht der Mitgliedsstaaten der Europäischen Union. Das → Europarecht hat dieses Rechtsgebiet nur teilweise geregelt. In den auf europäischer Ebene ungeregelten Bereichen gilt weiterhin das nationale Privatrecht. – Es ist eine rechtspolitisch umstrittene Frage, ob über das existierende Europarecht hinaus ein Europäisches Zivilgesetzbuch wünschenswert ist. Wichtige Schritte auf dem Weg zu einem solchen Gesetzbuch sind bereits getan.

Zunächst gab die 1982 gegründete *Commission on European Contract Law* (Lando-Kommission) seit 1995 die *Principles of European Contract Law* (PECL) heraus, welche ein gemeineuropäisches Vertragsrecht zu ermitteln versuchten. Die darauf aufbauende *Study Group on a European Civil Code* (SGECC) stellt für 2009 in Verbindung mit weiteren Institutionen einen *Draft Common Frame of Reference* (DCFR) vor. Es handelt sich um den Entwurf für die Kodifikation des europäischen Vertragsrechts und angrenzender Rechtsgebiete.

**Europäisches Währungsabkommen (EWA)** – von den OECD-Ländern (→ OECD) als Nachfolgeinstitution für die Europäische Zahlungsunion (EZU; → OEEC) errichtet und später aufgehoben. Ihre Hauptaufgabe bestand darin, den multilateralen → Zahlungsbilanzausgleich zwischen den Vertragsparteien zu organisieren.

**Europäisches Währungsinstitut** → EWI.

**Europäisches Währungssystem** → EWS.

**Europäisches Wiederaufbauprogramm** → ERP.

**Europäische Union** → EU.

**Europäische Union des Handwerks und der Klein- und Mittelbetriebe** → UEAPME.

**Europäische Verfassung** → Verfassung für Europa.

**Europäische Wirtschaftsgemeinschaft (EWG)** → EWG.

**Europäische Wirtschafts- und Währungsunion (EWWU)** → EWWU.

**Europäische Zahlungsunion (EZU)** → OEEC.

**Europäische Zentralbank (EZB)** – 1. *Begriff/Merkmale:* Die Europäische Zentralbank (EZB) ist mit Blick auf die dritte und letzte Stufe der Europäischen Wirtschafts- und Währungsunion (→ EWWU), die am 1.1.1999 begann, geschaffen worden. Sie ist Teil des Europäischen Systems der Zentralbanken (ESZB), das außer ihr aus allen nationalen Zentralbanken der EU-Mitgliedstaaten besteht (Art. 105 ff. EGV). Die EZB ist eine in Frankfurt a.m. ansässige Gemeinschaftseinrichtung (kein Organ) und ist mit eigener Rechtspersönlichkeit ausgestattet. Die EZB ist durch die nationalen Zentralbanken mit einem Grundkapital von gut fünf Mrd. Euro ausgestattet. Darüber hinaus ist die EZB mit Währungsreserven (ausschließlich Währungsbereiche außerhalb der EWWU) im Gegenwert von 50 Mrd. Euro ausgestattet. – 2. *Aufgabe* der EZB und des ESZB ist die Festlegung und Ausführung der Geldpolitik der EU, wobei das (im EGV und im EZB-Statut festgehaltene) Ziel der Preisstabilität gewahrt werden muss. Die EZB hat das ausschließliche Recht, die Ausgabe von Euro-Banknoten zu genehmigen. Die EZB soll die allg. Wirtschaftspolitik der EU unterstützen, ohne jedoch die Preisstabilität zu beeinträchtigen, wobei versucht wird, die Inflationsrate bei unter 2 Prozent im Vergleich zum Vorjahr zu halten. Dieses Ziel wird durch die Kontrolle der Geldmenge, u.a. durch Festlegung von Leitzinssätzen, und Beobachtung der Preisentwicklung verfolgt. Die EZB ist in der Wahrnehmung ihrer Aufgaben völlig unabhängig. – 3. Seit dem 1.1.2002 haben 17 EU-Mitgliedsstaaten den Euro als Gemeinschaftswährung eingeführt und bilden gemeinsam die sog. *Euro-Zone.* 2007 wurde der Euro in Slowenien, 2008 in Malta und Zypern, 2009 in der Slowakei und 2011 auch in Estland als Währung eingeführt. – 4. *Organe:* (1) *Direktorium* (EZB-Präsident, EZB-Vizepräsident und vier weitere Mitglieder); (2) *EZB-Rat* (Mitglieder des Direktoriums sowie die Präsidenten der NZBs der teilnehmenden Mitgliedstaaten); (3) *Erweiterter Rat* (EZB-Präsident, EZB-Vizepräsident und die NZB-Präsidenten aller Mitgliedstaaten). – 5. *EU-Erweiterung:* Die Erweiterungen der EU bedeuten nicht, dass die neuen Mitgliedsstaaten automatisch an der Wirtschafts- und Währungsunion teilnehmen. Hierfür müssen sie die sog. → Konvergenzkriterien erfüllen. Schon vor ihrem Beitritt können diese Länder am → EWS teilnehmen, d.h. ihre Währung an den Euro koppeln.

**Europarat** – *Council of Europe;* Zusammenschluss von 47 europäischen Länder zur allg. Zusammenarbeit in politischen, kulturellen, sozialen und wirtschaftlichen Fragen, gegründet am 5.5.1949 in London aufgrund einer Entschließung des Kongresses der Europäischen Unionsbewegung in Den Haag 1948 und der Initiative der Signaturstaaten des Paktes zur kollektiven Verteidigung und zur wirtschaftlichen, sozialen und kulturellen Zusammenarbeit (Brüsseler Pakt), dem Vorläufer der Westeuropäischen Union (→ WEU). – *Sitz:* Straßburg. – *Organe:* (1) Ministerkomitee aus je einem Vertreter (Außenminister) der Mitgliedsstaaten; (2) Parlamentarische Versammlung aus von den nationalen Parlamenten gewählten Vertretern aller Mitgliedsstaaten mit verschiedenen Ausschüssen; (3) Generalsekretariat; seit 1994 Kongress für Lokale und Regionale Behörden in Europa. – *Wichtigste Tätigkeitsgebiete:* Wahrung der Menschenrechte (u.a. Europäische Konvention zum Schutz der Menschenrechte und Grundfreiheiten mit Errichtung einer Europäischen Kommission sowie eines Europäischen Gerichtshofs für Menschenrechte), Sozialpolitik, Wirtschafts- und Bevölkerungspolitik, Rechts- und Strafwesen, kulturelle Zusammenarbeit, Sport und Jugendfragen, Umweltprobleme, Fragen der Kommunalverwaltung und Regionalplanung sowie Fragen der Denkmal- und Landschaftspflege. – Wichtige *Veröffentlichungen:* Forum Europarat; Legal Co-operation in Europe; The Council of Europe; Annual Report of the Secretary General; Information Bulletin and Newsletter of the Documentation Centre for Education in Europe.

**Europarecht** – 1. *I.e.S.:* Bestand (sog. Acquis Communautaire) an Rechtsnormen (Primär- und Sekundärrecht) der → EU sowie die im Zuge der Rechtsprechung des → EuGH herausgebildeten allg. Rechtsgrundsätze. Die EU verfolgt ihre Ziele im Rahmen einer eigenen

Rechtsordnung; sie besitzt Rechtspersönlichkeit (Art. 47 EUV) mit eigenen Rechtssetzungsbefugnissen. – 2. *I.w.S.:* Recht der europäischen internationalen Organisationen, d.h. neben der EU: → Europarat, → EFTA, Europäischer Wirtschaftsraum (→ EWR), KSZE, → OECD und → WEU.

**EuropeAid** – *Europäisches Amt für Zusammenarbeit.* EuropeAid ist zuständig für die Verwaltung eines Großteils der EU-Außenhilfe. Auf der Webseite findet man Hinweise über öffentliche Programme, Ausschreibungen, Auftragsvergabe und Expertenrekrutierung.

**European Association of Craft, Small and Medium-sized Enterprises** → UEAPME.

**European Bank for Reconstruction and Development** → EBRD.

**European Currency Unit** → ECU; abgelöst durch die gemeinsame EU-Währung Euro.

**European Free Trade Association** → EFTA.

**European Patent Office (EPO)** → Europäisches Patentamt (EPA).

**European Recovery Program** → ERP.

**EUROSTAT** – *Statistisches Amt der Europäischen Union* mit Sitz in Luxemburg. Verantwortlich für die Erhebung und Veröffentlichung von Statistiken der → EU (insbesondere Handel), die nationalen Statistikämter der Mitgliedsstaaten arbeiten EUROSTAT zu und melden regelmäßig nationale Daten; siehe auch Statistisches Bundesamt (DESTATIS).

**EU-Sozialcharta** – 1957 wurden in der Präambel des EWG-Vertrags (→ EWGV) unter den angestrebten Zielen der „wirtschaftliche und soziale Fortschritt" der Mitgliedsstaaten und „die stetige Besserung der Lebens- und Beschäftigungsbedingungen ihrer Völker" aufgeführt. 1989 wurde vom → Europäischen Rat (seinerzeit zunächst gegen die Stimme Großbritanniens) die EWG-Gemeinschaftscharta der Sozialen Grundrechte der Arbeitnehmer beschlossen. In diesem Dokument wurde die bisherige sozialpolitische Rolle der Gemeinschaft festgeschrieben und die Absicht zum Ausdruck gebracht, dass der wirtschaftliche Integrationsprozess auch von einer Weiterentwicklung der gemeinschaftlichen Sozialpolitik begleitet sein soll. – Die EU-Sozialcharta hatte bis zur Übernahme in den → Vertrag von Nizza keine rechtlichen Bindungswirkungen und stellte primär eine *politische Absichtserklärung* dar. Die *Charta der Grundrechte*, die am 7.12.2000 in Nizza verkündet wurde, greift u.a. die in der Sozialcharta erklärten Rechte auf.

**EUV** – Abk. für *Vertrag über die Europäische Union*; mit dem → Maastrichter Vertrag wurde der EUV unterzeichnet und neben den damals noch drei Europäischen Gemeinschaften (→ EGKS, → EAG, → EWG) eingeführt (jetzt besteht neben der → EU nur noch die EAG). Das Drei-Säulen-Modell erklärte die Dachstruktur des EUV über den drei Gemeinschaften (die gemeinsam die sog. Erste Säule der EU bilden) und die Ergänzung des Ordnungsrahmens um zwei weitere Säulen: die → GASP und die *Zusammenarbeit in den Bereichen Justiz und Inneres*. Mit dem → Vertrag von Lissabon ist der EUV erneut geändert worden. Die EG hat ihre Rechtspersönlichkeit verloren und die EU hat *Rechtspersönlichkeit* gewonnen. Zahlreiche Vorschriften sind aus dem EGV – geändert – in den EUV übernommen worden. Das Drei-Säulen-Modell ist nicht mehr gültig und ersetzt worden in das „Gemeinsame-Haus-Modell".

**EU-Vertrag** – Der *Vertrag über die Europäische Union* (→ EUV) wurde am 7.2.1992 mit dem → Maastrichter Vertrag von den Mitgliedsstaaten der EWG-12 unterzeichnet und galt seit dem 1.11.1993. Der EUV bestand zunächst aus den Art. A bis S. Mit dem → Amsterdamer Vertrag, der am 1.5.1999 in Kraft getreten ist, wurden die Art. J.1 bis J.17 und K.1 bis K.17 eingefügt. Durch den → Vertrag von Nizza, der am 1.2.2003 in Kraft getreten ist, wurden die Art. A bis S

EUV umbenannt in Art. 1 bis 53 EUV. Mit dem → Vertrag von Lissabon ist der EUV erneut geändert worden. Zahlreiche Inhalte wurden aus dem → EGV übernommen und der EGV enthält seitdem 55 Artikel. Die EU hat damit Rechtspersönlichkeit erhalten, die EG ist vollständig in der EU aufgegangen und hat ihre eigenständige Rechtspersönlichkeit verloren. – Vgl. auch → Maastrichter Vertrag, → Vertrag von Lissabon, → Europäische Gemeinschaft (EG), Europäische Wirtschaftsgemeinschaft (→ EWG), Europäische Atomgemeinschaft (→ EAG, Euratom).

**EVA** – Abk. für → Economic Value Added.

**EVI** – Abk. für *Economic Vulnerability Index*; basiert auf den Indikatoren (1) Unbeständigkeit in der landwirtschaftlichen Produktion, (2) Unbeständigkeit bei Export von Gütern und Dienstleistungen, (3) die wirtschaftliche Bedeutung der nichtklassischen Wirtschaftszweige an der Gesamtwirtschaft, (4) Exportdichte und (5) internationale wirtschaftliche Bedeutung.

**EWA** – Abk. für → Europäisches Währungsabkommen.

**EWG** – Abk. für *Europäische Wirtschaftsgemeinschaft*.

I. Überblick: Die Europäische Wirtschaftsgemeinschaft (EWG) war eine der drei Europäischen Gemeinschaften (die EWG wurde mit dem → Maastrichter Vertrag in → EG umbenannt; mit dem → Vertrag von Lissabon hat sie ihre Rechtspersönlichkeit verloren und ist in der → EU aufgegangen; daneben besteht noch immer die → EAG; seit 23.7.2002 ist der → EGKS-Vertrag nicht mehr gültig, die zunächst drei Gemeinschaften haben sich auf eine – die EAG – reduziert), auf denen die Europäische Union (EU) basiert. – Seit der in Maastricht beschlossenen Reform der Gründungsverträge (in Kraft seit 1.11.1993) heißt die EWG „Europäische Gemeinschaft". Die Abkürzung „EG" („Europäische Gemeinschaften") wurde zugleich für die drei bzw. zwei Gemeinschaften als Ganzes verwendet, ist jedoch unpräzise. – Die EWG war eine supranationale Körperschaft des Völkerrechts. Der Gründungsvertrag (EWG-Vertrag, → EWGV) wurde am 25.3.1957 in Rom unterzeichnet (einer der sog. Römischen Verträge) und trat am 1.1.1958 zusammen mit dem EURATOM-Vertrag (→ EAGV) in Kraft. Sowohl die Fusion der Organe (1967) der drei Gemeinschaften (EWG, EAG, EGKS) als auch die Einbettung des E(W)G-Vertrags in den Vertrag über die Europäische Union (EUV) bedeuten 1993 keine Verschmelzung der drei Gemeinschaften. Mit dem → Vertrag von Lissabon ist der EGV umbenannt in den „Vertrag über die Arbeitsweise der Europäischen Union" (→ AEUV). Gleichzeitig verliert die EG ihre Rechtspersönlichkeit und geht vollständig in der EU auf, die Rechtspersönlichkeit gewinnt. Daneben bleibt von den Gründungsgemeinschaften nur die EAG (EURATOM) bestehen. Die Geltungsdauer des E(W)G-Vertrags war zeitlich unbegrenzt nach Art. 312 EGV; gleiches gilt nun für den EUV und den AEUV, Art. 356 AEUV. Die EWG bestand vom 1.1.1958 bis 31.12.1992, die EG von 1.1.1993 bis 30.11.2009. Seitdem ist die EG in der EU aufgegangen.

II. Gründung und Mitgliedsstaaten: Die sechs Mitgliedstaaten der → EGKS (Belgien, Bundesrepublik Deutschland, Frankreich, Italien, Luxemburg und die Niederlande) beschlossen auf der Konferenz von Messina (1./2.6.1955), eine gemeinsame → Zollunion zu errichten, die sämtliche Sektoren ihrer jeweiligen Volkswirtschaften umfasst. Neben den wirtschaftspolitischen Absichten, die mit der Errichtung der EWG verbunden waren, bestanden stets auch allgemeinpolitische Ziele (z.B. Wohlstandsmehrung als Grundlage einer gedeihlichen innenpolitischen Entwicklung der Mitgliedstaaten, Friedenssicherung, soziale Entwicklung).

III. Novellierungen des EWGV, Entstehung der EG und AEUV: Nach der Verwirklichung der ersten Integrationsstufe (Vollendung der → Zollunion zum 1.7.1968) wurden die wirtschaftspolitischen Ziele im Zuge

von bisher vier Vertragsreformen fortentwickelt und erweitert: a) Die erste grundlegende Neufassung des EWG-Vertrags erfolgte erst 1986/87 in Gestalt der sog. → EEA *(Einheitliche Europäische Akte)*; gleichzeitig wurden der EGKS-Vertrag und der EURATOM-Vertrag(EAG) an den durch die EEA reformierten EWGV angepasst. – b) Die zweite grundlegende Reform der Gründungsverträge durch den am 1.11.1993 in Kraft getretenen sog. Vertrag über die Europäische Union; → Maastrichter Vertrag) betrifft ebenfalls ganz überwiegend den EWG-Vertrag, der gleichzeitig in EG-Vertrag (→ EGV) umbenannt wurde. Insbesondere wurde hier die Ergänzung des → Binnenmarkts um eine Wirtschafts- und Währungsunion beschlossen. – c) Die dritte, in Amsterdam im Juni 1997 beschlossene Novellierung des sog. gemeinschaftlichen Primärrechts trat am 1.5.1999 in Kraft (sog. → Amsterdamer Vertrag). – d) Der vierte, in Nizza im Februar 2001 unterzeichnete Vertrag (→ Vertrag von Nizza) trat am 1.2.2003 in Kraft. – e) Der fünfte, in Lissabon im Dezember 2007 unterzeichnete Vertrag (→ Vertrag von Lissabon) ist am 1.12.2009 in Kraft getreten. Dadurch hat die EG ihre Rechtspersönlichkeit verloren, sie geht endgültig in der EU auf, die eigene Rechtspersönlichkeit gewonnen hat. Mit dieser Reform wird der EGV in → AEUV umbenannt und wesentliche Elemente des gescheiterten Vertrags über eine Europäische Verfassung werden übernommen. Durch diese Reform soll die Handlungsfähigkeit der EU auch mit 27 Mitgliedstaaten erhalten bleiben, z.B. durch vereinfachte Abstimmungsverfahren bei Entscheidungen.

IV. Aufgaben: 1. *Ziele und Aufgabenzuweisungen gemäß Gründungsvertrag:* Im Unterschied zur EGKS und der EAG war die EWG von Anfang an auf die Integration *aller* Wirtschaftssektoren der beteiligten Länder ausgerichtet. Dem lag die Absicht zugrunde, über eine verbesserte Ressourcenallokation zur besseren Erreichung der wirtschaftspolitischen Oberziele beizutragen und zugleich ganz allg. „engere Beziehungen zwischen den Staaten zu fördern, die in der Gemeinschaft zusammengeschlossen sind" (Art. 2 EWGV von 1957). Integrationspolitisches Ziel des EWGV von 1957 war die Erreichung einer Zollunion bis zum 1.1.1970 (bereits zum 1.7.1968 verwirklicht). Als eine Konsequenz der Option für das Konzept der Zollunion besitzt die EWG seit dem 1.1.1973 die alleinige handelspolitische Kompetenz gegenüber Drittstaaten (gemeinsame → Handelspolitik, ex-Art. 131 ff. EGV, Art. 206 ff. AEUV). Für den Agrarsektor gelten unter Beachtung der spezifischen Bestimmungen der Art. 45-48 AEUV (ex-Art. 39–42 EGV) ebenfalls die allg. Vorschriften über den Gemeinsamen Markt, analog für die Verkehrspolitik (Art. 90-100 AEUV, ex-Art. 70–80 EGV). Außerdem beinhaltete der E(W)GV seit Anfang an umfangreiche gemeinsame Wettbewerbsregeln und das Postulat, die mitgliedsstaatlichen Rechtsvorschriften aneinander anzugleichen, soweit dies „für das ordnungsgemäße Funktionieren des gemeinsamen Marktes erforderlich ist". Im Übrigen enthielt der Gründungsvertrag gewisse Ansätze für eine gemeinsame Sozialpolitik. – 2. *Ausweitung der Gemeinschaftskompetenzen:* a) Durch die EEA wurde die bestehende Zollunion im Wege der Harmonisierung einer großen Zahl nicht tarifärer Handelshemmnisse bis Ende 1992 zum → Einheitlichen Binnenmarkt (Raum ohne Binnengrenzen) weiterentwickelt; außerdem wurde der Europäische Fonds für regionale Entwicklung (→ EFRE) durch die EEA im EWGV verankert und die Arbeitsweise der Strukturfonds reformiert. Im Zusammenhang mit der EEA sind ferner die Umwelt-, Forschungs- und Technologiepolitik sowie das Ziel des wirtschafts- und sozialpolitischen Zusammenhalts (Kohäsion) in den EWGV einbezogen worden. – b) Der am 1.11.1993 in Kraft getretene *Vertrag über die Europäische Union* (Maastricher Vertrag) hat die (zugleich fortentwickelten) Bestimmungen des EWGV unter der Neubezeichnung EG-Vertrag (EGV) übernommen. Im Zuge

dieser zweiten grundlegenden Novellierung des (ehemaligen) EWGV wurden bestehende Gemeinschaftskompetenzen ausgeweitet und auch mehrere neue Zuständigkeiten der Gemeinschaft geschaffen. Die seit Anbeginn bestehenden allg. Zielsetzungen des EWGV wurden in Form eines umfangreichen Katalogs expliziter Einzelziele in Art. 3 EGV präzisiert. – c) Die 1999 in Kraft getretene *Reform des EU-Vertrages* (→ Amsterdamer Vertrag) brachte im Hinblick auf den EGV v.a. eine beträchtliche Straffung der Entscheidungsverfahren.

V. Organe: Die Durchführung der im EWGV festgelegten gemeinschaftlichen Aufgaben oblag im Wesentlichen fünf Organen sowie einer Reihe von Hilfsorganen. Zwei der fünf EG-Organe, das → Europäische Parlament (bis 1979: Gemeinsame Versammlung) sowie der → EuGH (Europäischer Gerichtshof), fungierten bereits seit der Errichtung der EWG am 1.1.1958 als gemeinsame Organe aller drei Europäischen Gemeinschaften. Bis zum 1.7.1967 besaß die EWG ein eigenes Exekutiv- und Überwachungsorgan (die sog. EWG-Kommission) sowie den sog. EWG-Ministerrat (als zentrales Entscheidungs- und Rechtsetzungsorgan). Seitdem sind diese beiden EWG-Organe in der EU/EG-Kommission (→ Europäische Kommission) bzw. im → Rat der Europäischen Union (vormals EG-Ministerrat) aufgegangen. Zur Unterstützung der laufenden Tätigkeit der Organe sah der EWGV von Anfang an noch gewisse Hilfsinstitutionen vor (z.B. den Wirtschafts- und Sozialausschuss oder den EWG-Währungsausschuss). Der Europäische Rechnungshof (→ EuRH) ist ebenfalls Organ der EU (Art. 13 EUV-Lissabon) und auch die → EIB hat ihre Rechtsgrundlage im alten EWGV. Seit dem 1.1.1999 ist für den Bereich der Geldpolitik die → Europäische Zentralbank (EZB) das allein zuständige (d.h. unabhängige) Gemeinschaftsorgan (ex-Art. 105 EGV). Mit dem Vertrag von Lissabon wird die Europäische Zentralbank (EZB) aufgewertet zum einem Organ der EU (Art. 13 EUV-Lissabon).

**VI. Außenbeziehungen auf der Basis des EWGV:** Wesentliche Grundlage der wirtschaftlichen Außenbeziehungen der EG bzw. EU ist die seit dem 1.1.1973 bestehende ausschließliche Zuständigkeit der E(W)G für die handelspolitischen Beziehungen zu Drittstaaten und zu internationalen Organisationen. Eine weitere Grundlage bilden die Bestimmungen über die Assoziierung (→ Assoziierungsabkommen) fremder Staaten (ex-Art. 182 ff. EGV, Art. 198 ff. AEUV sowie ex-Art. 310 EGV, Art. 217 AEUV). Als Folge der exklusiven handelspolitischen Kompetenz der Gemeinschaft gegenüber der restlichen Welt (u.a. Gemeinsamer → Zolltarif) sind seit der Gründung der EWG zahlreiche multi- und bilaterale Abkommen mit Drittländern über verschiedene Formen wirtschaftlicher und finanzieller Zusammenarbeit abgeschlossen worden. Dazu kommen die von der E(W)G im Rahmen internationaler Organisationen mit Bindungswirkung für die Mitgliedstaaten abgeschlossenen völkerrechtlichen Vereinbarungen, z.B. im Rahmen der verschiedenen Handelsliberalisierungsrunden des → GATT bzw. der → World Trade Organization (WTO). Schon frühzeitig wurden bes. Beziehungen zu 18 frankophonen afrikanischen Staaten (→ AASM) in Gestalt des → EEF sowie der beiden sog. → Jaunde-Abkommen (1964–1969 bzw. 1970–1974) aufgenommen. Während des Zeitraums 1975–2000 stellten die → Lomé-Abkommen und nunmehr das → Cotonou-Abkommen ein zentrales Element der E(W)G-Außenbeziehungen dar; diese werden in modifizierter Form durch das → Cotonou-Abkommen (2000–2020) fortgesetzt. Weitere Hauptkomponenten der wirtschaftlichen Außenbeziehungen sind: sog. Europa-Mittelmeer-Assoziationsabkommen mit zwölf Mittelmeerstaaten (mit dem Fernziel der Errichtung einer Euro-mediterranen Freihandelszone); Allgemeines Präferenzsystem (→ APS); das am 1.1.1994 in Kraft getretene Abkommen über den Europäischen

Wirtschaftsraum (→ EWR). Schließlich werden auf der Basis der Bestimmungen des EGV mit zahlreichen Drittländern (bes. in Südost-Asien, Afrika und in Lateinamerika) sog. nicht präferenzielle Handelsabkommen (→ Präferenzabkommen) unterhalten.

**EWGV** – Abk. für *Vertrag über die Europäische Wirtschaftsgemeinschaft*; der Gründungsvertrag der → EWG (EWG-Vertrag, EWGV) wurde am 25.3.1957 in Rom unterzeichnet (einer der sog. → Römischen Verträge) und ist am 1.1.1958 zusammen mit dem → EURATOM-Vertrag (→ EAGV) in Kraft getreten.

**EWI** – Abk. für *Europäisches Währungsinstitut*. 1. *Gegenstand:* Das EWI wurde mit Beginn der zweiten Stufe (1.1.1994) der Europäischen Wirtschafts- und Währungsunion (→ EWWU, Europäische Währungsunion (EWU)) in Frankfurt a.M. errichtet. Mit der Errichtung der → Europäischen Zentralbank (EZB) am 1.6.1998 wurde das EWI aufgelöst. Das EWI besaß eigene Rechtspersönlichkeit; seine Mitglieder waren die Zentralbanken der EU-Mitgliedsstaaten. – 2. *Aufgaben und Befugnisse:* Das EWI besaß keine geldpolitischen Steuerungsfunktionen. Nach seiner Errichtung hatte das EWI die operationellen Aufgaben des → EFWZ (Europäischer Fonds für Währungspolitische Zusammenarbeit), insbesondere im Zusammenhang der Finanzierung und der Organisation von Devisenmarktinterventionen, sowie die Funktionen des Ausschusses der Gouverneure der EU-Zentralbanken übernommen. – Hauptaufgaben: Überwachung des Funktionierens des → EWS (Europäisches Währungssystem), Vorbereitung der → Währungsunion.

**EWR** – Abk. für *Europäischer Wirtschaftsraum*. 1. *Gegenstand:* → Freihandelszone zwischen der → EU und der Europäischen Freihandelsassoziation (→ EFTA), jedoch ohne Teilnahme der Schweiz (damit nehmen nur Island, Liechtenstein und Norwegen teil). Das EWR-Abkommen sieht neben weit reichenden wechselseitigen Handelspräferenzen bei gewerblichen Produkten auch gewisse Anpassungen der EFTA-Staaten an das EU-Recht vor. – 2. Am 2.5.1992 erfolgte die *Unterzeichnung* des „Abkommens über den Europäischen Wirtschaftsraum". Am 1.1.1994 ist das → EWR-Abkommen in Kraft getreten (für Liechtenstein erst am 1.5.1995). Aus Sicht des EU-Rechts handelt es sich beim EWR-Vertrag um ein → Assoziierungsabkommen nach Maßgabe von Art. Art. 217 AEUV. – 3. *Ziele und spezifische Merkmale:* Zweck des EWR ist die Verwirklichung eines gemeinsamen Wirtschaftsraums, welcher grundsätzlich dem → Einheitlichen Binnenmarkt ähneln soll, ohne dass die teilnehmenden EFTA-Staaten der EU beitreten müssen. Die beteiligten EFTA-Staaten haben sich verpflichtet, die vier Grundfreiheiten des Einheitlichen Binnenmarkts (freier Waren-, Personen-, Dienstleistungs- und Kapitalverkehr) sowie die Wettbewerbsregeln des E(W)G-Vertrags in ihr innerstaatliches Recht zu übernehmen. Durch das EWR-Abkommen wurden zahlreiche Bestimmungen des Gemeinschaftsrechts auf die beteiligten EFTA-Staaten ausgeweitet, um einen einheitlichen Wirtschaftsraum zu schaffen. Ausgeklammert wurden die Zollunion sowie eine Vereinheitlichung der Währung. Im Zweifel haben für die EFTA-Staaten die EWR-Vorgaben Vorrang gegenüber den entsprechenden Bestimmungen der → Stockholmer Konvention. Die Grenzkontrollen zwischen der EU und den am EWR beteiligten EFTA-Staaten bleiben jedoch bestehen. Denn in der Handelspolitik gegenüber dritten Ländern bleiben die Vertragspartner autonom. Dem Wesen einer Freihandelszone folgend, wurden alle Zölle zwischen den Mitgliedern des EWR aufgehoben. Eine Harmonisierung der Zölle gegenüber der restlichen Welt sowie der indirekten Steuern ist nicht beabsichtigt. Außerdem beinhaltet das EWR-Abkommen (im Unterschied zum Einheitlichen Binnenmarkt) keine gemeinsame Agrarpolitik. Ausgeklammert aus dem EWR-Vertrag bleiben weiterhin das Ziel einer gemeinsamen

Wirtschafts- und Währungspolitik sowie der Bereich der Gemeinsamen Außen- und Sicherheitspolitik (→ GASP). Neben einer Vertiefung der Zusammenarbeit in der Umweltpolitik, in Ausbildungs- und Verbraucherschutzangelegenheiten sowie in Fragen der Sozial- und der Forschungspolitik leisten am EWR beteiligten die EFTA-Staaten außerdem Beiträge zur Finanzierung der Entwicklung wirtschaftlich rückständiger EU-Regionen (→ Kohäsionsfonds). – 4. *Organe:* Die Durchführung des EWR-Vertrags sowie die Überwachung seiner Bestimmungen obliegt dem EWR-Rat (gemeinsames Entscheidungsgremium); dem gemeinsamer Ausschuss (Joint Committee; geschäftsführendes Organ); dem Parlamentarischen EWR-Ausschuss (setzt sich paritätisch aus Mitgliedern des → Europäischen Parlaments sowie der Parlamente der teilnehmenden EFTA-Staaten zusammen) und dem EWR-Schiedsgericht. – 5. *Heranführung an die EU:* Die Gesamtheit der im Abkommen enthaltenen Regelungen macht deutlich, dass der EWR auch der Vorbereitung der EFTA-Staaten auf einen etwaigen späteren Beitritt zur EU dienen soll. Ein formelles Mitentscheidungsrecht der EFTA-Staaten hinsichtlich der Weiterentwicklung des EU-Rechts besteht weiterhin nicht. Nach Art. 128 EWR-Abkommen muss jedes Land, welches der EU beitreten möchte, gleichzeitig Mitglied des EWR werden.

**EWS** – Abk. für *Europäisches Währungssystem.* Nach zwei früheren, in den 1970er-Jahren fehlgeschlagenen Anläufen zur Schaffung einer → Währungsunion am 13.3.1979 in Kraft getreten (sog. *Wechselkursmechanismus I*). Seit dem 1.1.1999 regelt der → WechselkursmechanismusII (EWS II) die währungspolitischen Beziehungen zwischen der → *Europäischen Zentralbank* (EZB) und den EU-Mitgliedsstaaten, die vorerst noch nicht an der dritten Stufe der Europäischen Währungsunion (EWU) und der Gemeinschaftswährung Euro teilnehmen.

**EWWU** – Abk. für *Europäische Wirtschafts- und Währungsunion;* Kernziel der Europäischen Union (→ EU). Nach Art. 3 IV EUV errichtet die EU eine WWU, deren Währung der Euro ist. Laut ex-Art. 2 EGV hat die EWWU die Zielsetzung, innerhalb der Gemeinschaft ein beständiges, nicht-inflationäres und umweltverträgliches Wachstum, einen hohen Grad an Konvergenz der Wirtschaftsleistungen, ein hohes Beschäftigungsniveau, ein hohes Maß an sozialem Schutz, die Hebung der Lebenshaltung und der Lebensqualität, den wirtschaftlichen und sozialen Zusammenhalt sowie die Solidarität zwischen den Mitgliedsstaaten zu fördern. Zweck der EWWU ist es gemäß Art. 120 AEUV, den Einheitlichen Binnenmarkt in ein Wirtschaftsgebiet mittels einer einheitlicher Wirtschaftspolitik zu transformieren, sodass Mitgliedsstaaten, ihre Wirtschaftspolitik als „eine Angelegenheit von gemeinsamem Interesse" ansehen und im Rahmen des → Rats der Europäischen Union koordinieren. Dies geschieht nach Maßgabe von Art. 119 AEUV auf der Basis marktwirtschaftlicher Ordnungsprinzipien, wobei die jeweiligen Politiken vorrangig am Ziel der Preisniveaustabilität sowie an den Grundsätzen einer offenen Marktwirtschaft mit freiem Wettbewerb, der Wahrung gesunder öffentlicher Finanzen und des langfristigen → außenwirtschaftlichen Gleichgewichts auszurichten sind. – Durchsetzung der → Wirtschaftsunion: Die Wirtschaftspolitik der Mitgliedsländer wird vom Rat überwacht und bewertet. Entspricht das Verhalten eines Mitgliedsstaates nicht den genannten Grundsätzen, so kann der Rat konkrete Empfehlungen an den jeweiligen Staat richten. Dies ist bes. für die Fiskal- und die Lohnpolitik der Mitgliedsstaaten von Bedeutung, weil diesbezügliche Zuständigkeiten im Gegensatz zur Geldpolitik [Europäische Währungsunion (EWU)] nicht auf die Gemeinschaft übertragen wurden. Im Hinblick auf ihre Fiskalpolitik sind die Mitgliedsstaaten verpflichtet, „übermäßige Defizite" zu vermeiden (Art. 126 I AEUV). Im Hinblick

auf die (nationalen) Haushaltspolitiken ist bestimmt worden, dass öffentliche Defizite weder vom Europäischen System der Zentralbanken (ESZB); bestehend aus der Europäischen Zentralbank und den nationalen Zentralbanken) noch durch bevorrechtigten Zugang zu Kreditinstituten finanziert werden dürfen (Art. 123 und 124 AEUV). Hinzu kommt, dass weder die EU noch die Mitgliedsstaaten für die Verbindlichkeiten der öffentlichen Haushalte anderer Mitgliedsstaaten haften (Art. 125 AEUV).

**exogene Handelsvorteile** – Vorteile eines einzelnen Unternehmens aus Charakteristika seines Landes, wie etwa Faktorausstattung und sonstige Produktionsbedingungen. – *Anders:* → endogene Handelsvorteile.

**Expenses** – *betriebliche Aufwendungen,* → Conceptual Framework.

**Export** → Ausfuhr, → passive Veredelung und → Wiederausfuhr.

**Exportbeschränkung** → freiwillige Exportbeschränkung, → Exportrestriktion, → Exportkontrolle, → Ausfuhrverbot, → Embargo, → Verbote und Beschränkungen.

**Exportdiversifizierung** – Strategie der Entwicklungspolitik; durch Öffnung (Freihandelspolitik) und eine breite Streuung der Exportindustrien, zu einer nachhaltigen Wirtschaftswachstum zu gelangen (→ Entwicklungspolitik). – *Gegenteil:* → Importsubstitution.

**Exporterlösstabilisierung** – In den meisten Entwicklungsländern bestehen die Hauptexporte noch zu über 50 Prozent aus Rohstoffen, wobei bei den meisten Entwicklungsländern 50 Prozent des Exportwertes auf zwei oder weniger Rohstoffe entfällt. Da Rohstoffpreise stärkeren Preisschwankungen als Industriegüter unterliegen, können dabei massive Exporterlösschwankungen auftreten. Sind die Preisschwankungen nachfragebedingt, führen sie zu Exporterlösschwankungen; sind sie angebotsorientiert, ergeben sich kompensierende Mengeneffekte. – Zur *Lösung* werden

Maßnahmen der → kompensatorischen Finanzierung, wie z.B. STABEX-System der EU (→ STABEX) und → Rohstoffabkommen wie z.b. das integrierte Rohstoffprogramm der UNCTAD vorgeschlagen.

**Exportförderung** – *Ausfuhrförderung*. 1. *Begriff und Ziele*: a) *Begriff*: staatliche Förderung der Exporte, darunter (1) private Maßnahmen wie Gemeinschaftswerbung, gemeinschaftliche Exportkreditfinanzierung der Exporteure, Tätigkeit von Auslandshandelskammern etc.; (2) mittelbare und unmittelbare staatliche Maßnahmen (Exportförderung i.e.S.). – b) *Ziele*: i.d.R. Erzielung eines Handelsbilanzüberschusses bzw. Verminderung eines Handelsbilanzdefizits, wenn die Einfuhr nicht gedrosselt werden soll, auch Aufrechterhaltung bzw. Erzielung eines hohen Beschäftigungsgrades, bei staatlichen → Außenhandelsmonopolen häufig politische Motive. – 2. *Instrumente der staatlichen Exportförderung*: a) *unmittelbare fiskalische Maßnahmen*: → Exportsubventionen, → Ausfuhrprämien, Ausfuhrgarantien und -bürgschaften (z.B. in Deutschland durch die Exportkreditgarantien des Bundes, sog. *Euler-Hermes-Deckungen*), → Ausfuhrerstattungen bei landwirtschaftlichen Marktordnungsprodukten, Zinszuschüsse bei Exportkrediten, Investitionshilfen (auch für Auslandsniederlassungen), Ausnahmetarife der Verkehrsmittel für Exportgüter (z.B. Seehafenausnahmetarife). – b) *Kreditpolitische Maßnahmen*: Schaffung bes. günstiger Kreditbedingungen für Ausfuhrgeschäfte, bes. Finanzierungsmittel, differenzierter Zinssätze. – c) *währungspolitische Maßnahmen*: → Abwertung, Schaffung → gespaltener Wechselkurse, Managed Floating. – d) *steuerliche Maßnahmen*: Befreiung oder Ermäßigung von Steuern (z.B. Umsatzsteuer), Erlaubnis zur Bildung steuerfreier Rücklagen, Sonderabschreibungen auf Exportforderungen etc. – e) Förderung der *Bildung internationaler Exportpreiskartelle* (z.B. → OPEC). – f) *staatliche Auslandswerbung*, finanzielle Unterstützung von Messen und Ausstellungen, Beratung und Information

der Exportwirtschaft durch staatliche Stellen (Bundesagentur für Außenwirtschaft, diplomatische Vertretungen im Ausland). – 3. *Beschränkung der Exportförderung durch internationale Abkommen*: a) Der → IWF verbietet eine Manipulation des → Wechselkurses. – b) Die → World Trade Organization (WTO) verbietet direkte Ausfuhrsubventionen; es bestehen jedoch zahlreiche Ausnahmen, u.a. im Agrarbereich. – c) Die → OECD fordert die Abschaffung verschiedener „künstlicher Exportbeihilfen", wie Prämien, direkte Subventionen, über der inländischen Steuerlast liegende Steuervergütungen oder staatlich ermäßigte Versicherungsprämien und Rohstoffpreise. – d) Die *EU* verbietet im innergemeinschaftlichen Handel grundsätzlich alle staatlichen Beihilfen (Art. 107 AEUV) und macht Vorschriften über die zulässigen Steuerrückvergütungen (Art. 111 AEUV). – Von internationalen Vereinbarungen *nicht* betroffen sind nicht diskriminierende Förderungsmaßnahmen (außer Abwertung), wie angemessene Werbung, Information, angemessene Kreditgarantien und Bürgschaften und u.U. die angemessene Vergütung indirekter Steuern. – 4. *Wirkungen*: a) Staatliche Exportförderung in Form von *Subventionen* und sonstigen Maßnahmen, die eine „künstliche" Verbilligung der Exporte darstellen, wirkt auf eine Abweichung des Außenhandels von den komparativen Vorteilen hin und ist insofern i.d.R. eine Ursache von Fehlallokation. Solche Maßnahmen können bestenfalls sinnvoll sein, wenn sie zeitlich begrenzt sind und jungen entwicklungsfähigen Industrien in → Entwicklungsländern zugute kommen (→ Erziehungszoll). – b) Relativ unbedenklich sind staatliche Exportförderungsmaßnahmen, die allg. der *Verbesserung der Marktübersicht* und der Information dienen. – c) Hinsichtlich der Wirkung von *internationalen Exportpreiskartellen* ist neben den Nachteilen für die Weltwirtschaft insgesamt deren beschränkte Funktionsfähigkeit (→ Rohstoffkartelle) zu beachten. – Vgl. auch

→ Handelspolitik, Kreditanstalt für Wiederaufbau (KfW).

**Exportkontrolle** – *Ausfuhrkontrolle, Ausfuhrüberwachung.* 1. *Zweck:* Exportkontrollen dienen der Verhinderung unerwünschter Exportentwicklungen, aus wirtschaftspolitischen oder sonstigen Überlegungen geboten oder der Verbesserung der Transparenz hinsichtlich der Zusammenarbeit auf dem Gebiet des internationalen Handels, die es ermöglicht, dass ggf. notwendig werdende Steuerungsmaßnahmen auf staatlicher Ebene eingeleitet werden können. Politische Gründe für Exportkontrolle und → Exportrestriktion können v.a. dann von Bedeutung sein, wenn durch Ein- oder Ausfuhrgeschäfte das Ansehen des exportierenden Staates, die Sicherheit einer Nation, mögliche Beeinträchtigungen des Weltfriedens oder unerlaubte Handlungen (z.B. Verstöße gegen Staatsverträge, Vorschriften für Schutz- oder Förderungsabkommen, Regelungen über den Handel mit hoch qualifizierter Technologie, über die Zusammenarbeit in Rüstungsprogrammen sowie der Export von Waffen und internationale Absprachen/Kontrollregime) einer einheitlichen und strengen Regelung bedürfen. – 2. *Bestimmungen/Zuständigkeit:* a) In den *nationalen Vorschriften* ist die Regelung über die gesetzlichen Bestimmungen für die Abwicklung des Waren-, Dienstleistungs- und Kapitalverkehrs über die Grenzen maßgebend (in der Bundesrepublik Deutschland das Außenwirtschaftsgesetz, die Außenwirtschaftsverordnung, Zollgesetze und das Kriegswaffenkontrollgesetz (KWKG)). Immer größeren Raum nehmen mittlerweile die Vorschriften des EU-Rechts ein, allen voran die Regelungen zu den → Dual-Use-Gütern. – Exportverbote können sich auch aus sonstigen Verboten ergeben, etwa im Abfallbereich. – b) Die Zuständigkeit für die Genehmigungsverfahren liegt zumeist beim Bundesamt für Wirtschaft und Ausfuhrkontrolle (BAFA) oder bei der → Bundesanstalt für Landwirtschaft und Ernährung (BLE). – 3. *Internationale Bestimmungen* (dargestellt am Beispiel der US-Exportkontrollbestimmungen): Die Regelung der Exportkontrolle bzw. der Re-Exportkontrolle der USA greift bei Ausfuhren (auch in das europäische Ausland) so weit, dass der Endverbleib der ausgeführten Waren unter Kontrolle gehalten wird, wobei der Empfänger der Waren auch außerhalb des amerik. Hoheitsgebietes die volle Verantwortung hinsichtlich der an ihn gelieferten, von ihm erworbenen Waren trägt. D.h. der Empfänger muss seinerseits prüfen, ob er mit seinem Geschäft unter die US-Exportkontroll- bzw. -Exportregeln fällt. Bereits bei der Erteilung von Ausfuhrgenehmigungen, Exportlizenzen aus den USA sind entsprechende Verfahren so zu gestalten, dass die Verfügungsberechtigung über die Waren und deren schließlicher Endverbleib unter ständiger Kontrolle bleibt. Mit einer laufenden Überprüfung durch die Überwachungsbehörden oder deren beauftragte Organe beim Lizenzhalter sowie bei Empfänger und Endverbraucher der Waren ist zu rechnen.

**Exportlizenz** → Ausfuhrlizenz.

**Exportprämie** → Ausfuhrprämie.

**Exportpreisprüfung** – Durchführung von Preisprüfungen für Importwaren und -dienstleistungen; inzwischen aufgehoben (§ 44a AWV).

**Exportquote** – 1. *Außenhandelstheorie:* Anteil des Werts des Exports am Bruttoinlandsprodukt zu Marktpreisen. Die Exportquote wird als Indikator für die Außenhandelsverflechtung einer Volkswirtschaft angesehen. – 2. *Außenhandelspolitik:* Die zum Export freigegebenen → Kontingente bestimmter Warenmengen je Zeitraum (sog. *Exportquoten-Verfahren*). Die jeweils festgelegte Exportquote bezieht sich auf Waren allg., Markenartikel, → Rohstoffe, Edelmetalle oder Devisen; Einhaltung der Exportquote wird im Wege der Ausfuhrüberwachung erstrebt. – *Anders:* Auslandsgeschäftsquote (Außenhandelsquote).

**Exportrestriktion** – Begriff für alle staatlichen Maßnahmen, die die Ausfuhr/

Wiederausfuhr einschränken oder gar unterbinden, wie → Embargo, Verbote, → Ausfuhrzoll, → Exportkontrolle, → Ausfuhrbeschränkung und → Ausfuhrverbot.

**Exportstruktur** – Güterzusammensetzung der Exporte (→ Ausfuhr) eines Landes. – Vgl. auch → Handelsstruktur.

**Exportsubvention** – seitens des Staates gewährte finanzielle Unterstützung der Exporte (→ Ausfuhr), um sonst nicht konkurrenzfähige Waren auf dem → Weltmarkt wettbewerbsfähig zu machen. Es handelt sich um ein Instrument der Außenhandelspolitik. – Vgl. auch → tarifäre Handelshemmnisse, → Handelspolitik.

**Exportüberschuss** → Ausfuhrüberschuss.

**Export von Arbeitslosigkeit** → Beggar-my-Neighbour-Politik. Durch Handels- und Währungspolitik gestarteter Versuch, das Ausland zugunsten des Inlandes mit steigender Arbeitslosigkeit zu belasten.

**Exposure** – Exposure bezeichnet grundsätzlich die Tatsache, einem Risiko ausgesetzt zu sein. In der Praxis wird Exposure meist bezogen auf das Wechselkursrisiko (Währungsrisiko). 1. Man *unterscheidet* a) das *transaction exposure*, welches sich auf Wechselkursrisiken bei einzelnen Geschäften bezieht, bspw. das Risiko der Abwertung einer auf USD lautenden Exportforderung bzw. der Aufwertung einer Dollarverbindlichkeit. Das transaction exposure kann sicher und einfach abgesichert werden, z.B. durch ein Devisentermingeschäft. – b) Das *translation exposure* (*book exposure*) beschreibt das Risiko, dass in ausländischer Währung denominierte Aktiva oder Passiva, die über den Wechselkurs in die in Inlandswährung ausgewiesene Unternehmensbilanz umgerechnet („übersetzt") werden, sich ungünstig entwickeln. Das translation exposure kann nicht abgesichert werden. – c) Als *strategic exposure* bezeichnet man Risiken, dass sich Wechselkursänderungen auf die Export- oder Importchancen

eines Unternehmens auswirken. Bspw. erschwert die Aufwertung der Inlandswährung die Exportchancen des betreffenden Unternehmens bzw. Landes. Befürchtete oder tatsächliche Exportnachteile bspw. aus der Dollarkursentwicklung können zumindest teilweise kompensiert werden durch Produktionsverlagerungen in den Dollarraum oder den Einkauf von Inputs aus dem Dollarraum. – 2. Als *Bruttoexposure* bezeichnet man die Gesamtheit bestimmter Exposure-Elemente, bspw. sowohl auf der Aktivseite (z.B. Exportforderungen) als auch der Passivseite (z.B. Importverbindlichkeiten) der Bilanz. Das *Nettoexposure* ergibt sich durch Saldierung z.B. von Aktiv- und Passiv-Exposure, jeweils auf eine Währung zu einem bestimmten Zeitpunkt bezogen. – Zur Absicherung des Exposure vgl. auch → Matching, Hedging.

**externe Größenvorteile** – bes. Form der → Größenvorteile, bei der die Stückkosten eines Gutes bei ansonsten gleichbleibenden Bedingungen (v.a. konstanten Inputpreisen) mit der Gesamtproduktion einer Industrie abnehmen (Economies of Scale, Economies of Scope). – Größenvorteile stellen neben komparativen Vorteilen eine wichtige *Grundlage des internationalen Handels* dar. Unter sonst gleichen Bedingungen ist eine → Spezialisierung auf Güter mit externen Größenvorteilen vorteilhafter als eine Spezialisierung auf Güter mit konstanten → Skalenerträgen.

**externes Gleichgewicht** → außenwirtschaftliches Gleichgewicht.

**externes Rechnungswesen** – *externe Rechnungslegung*; Teil des Rechnungswesens, dessen Adressaten primär unternehmensexterne Personen oder Institutionen (Banken, Analysten, Kunden und Lieferanten, Staat etc.) sind. Zum externen Rechnungswesen wird zumeist der Jahresabschluss bzw. → Konzernabschluss gezählt.

**EZB** – Abk. für → Europäische Zentralbank.

**EZT** – Abk. für → Elektronischer Zolltarif.

# F

**Fachteil in der Vorschriftensammlung Bundesfinanzverwaltung (VSF)** – Dienstvorschriften des Bundesministeriums der Finanzen (BMF) an die Zolldienststellen zu den Rechtsgrundlagen im Aufgabenbereich der dt. Zollverwaltung. Sie betreffen nicht nur das Zollrecht, sondern sämtliche Rechtsgebiete, bes. auch die vom Bund verwalteten Verbrauchsteuern. Der VSF hat administrativen Charakter, begründet daher grundsätzlich keine Rechte und Pflichten Dritter und bindet nicht die Gerichte. Über Art. 3 GG kann im Rahmen der Selbstbindung der Verwaltung bei der Ausübung von Ermessen ein Anspruch des Wirtschaftsbeteiligten erwachsen, Gleiches gleich und damit wie in den Dienstvorschriften vorgesehen zu behandeln. Die Kenntnis kann darüber hinaus auch deshalb von Bedeutung sein, weil so das Verhalten der Verwaltung vorhersehbar und transparenter wird. Die VSF wird praktisch nur noch in elektronischer Form erstellt als sog. eVSF.

**FAF** – Abk. für → Financial Accounting Foundation.

**Fair Value** – 1. *Allgemein:* Der an einem Stichtag einem Vermögenswert oder einer Schuld tatsächlich beizulegende Wert. – 2. *Wertpapierhandel:* Preis, zu dem ein Finanzinstrument zwischen zwei unabhängigen Parteien frei gehandelt werden würde. Der Fair Value ist die Bewertungsgrundlage für Finanzinstrumente in der Rechnungslegung. Bei einem Optionsschein kennzeichnet der Fair Value den theoretisch richtigen Preis der Option unter Einbeziehung aller preisbeeinflussenden Faktoren. – 3. *Unternehmenszusammenschlüsse:* Der Wertansatz in der → Kapitalkonsolidierung, der eine vollständige Neubewertung beider beteiligter Unternehmen, ggf. mit Aufdeckung des Goodwills, vorausgeht. – 4. *Rechnungslegung:* Konstituierendes Merkmal der Internationalen

Rechnungslegung, wonach für diverse Bilanzpositionen die Möglichkeit der Bewertung zum beizulegenden Zeitwert besteht.

**Fair Value Accounting** → Fresh-Start-Methode.

**Faktorintensität** – I. Produktion: Das bei einer bestimmten Produktionsmenge realisierte Einsatzverhältnis der Produktionsfaktoren. – 1. Bei *limitationalen Produktionsfunktionen* ist die Faktorintensität für eine gegebene Ausbringungsmenge konstant, kann aber für alternative Ausbringungsmengen variieren. – 2. Bei *linear-limitationalen Produktionsfunktionen* ist die Faktorintensität unabhängig von der Höhe der Ausbringungsmenge konstant. Bei beiden Funktionstypen wird die Faktorintensität ausschließlich durch technische Faktoren determiniert. – 3. Bei *substitutionalen Produktionsfunktionen* wird die Faktorintensität durch das Faktorpreisverhältnis festgelegt (Minimalkostenkombination) und kann daher auch bei konstanter Ausbringungsmenge variieren.

II. Außenwirtschaft: Faktorintensität dient zur Klassifizierung von Gütern. Unterschieden wird z.B. zwischen arbeits- und kapitalintensiven Gütern. Ein Gut ist arbeitsintensiv (kapitalintensiv), wenn bei seiner Produktion relativ mehr Arbeit (Kapital) eingesetzt wird als bei der Produktion eines anderen Gutes.

**Faktorintensitätsumkehrung** – Umkehrung in der Reihung der Güter bez. ihrer Kapitalintensität (→ kapitalintensives Gut, → arbeitsintensives Gut). Kommt immer dann zustande, wenn die Substituierbarkeit zwischen den Faktoren Kapital und Arbeit in der Produktion des einen Gutes viel leichter gegeben ist als in der Produktion des anderen Gutes. Dann kann z.B. ein Gut sich als kapitalintensiv erweisen, wenn Kapital im Vergleich zu Arbeit sehr billig ist, wohingegen es arbeitsintensiv wird, wenn Kapital über ein bestimmtes Ausmaß hinaus relativ teuer wird. Kann zur Verletzung des → Heckscher-Ohlin-Theorems führen.

**Faktorintensitätsunterschiede** → arbeitsintensives Gut, → kapitalintensives Gut. – Vgl. auch → Heckscher-Ohlin-Handel, → Heckscher-Ohlin-Theorem.

**Faktorpreisausgleichstheorem** → Lerner-Samuelson-Theorem; Aussage über die Bedingungen, unter denen internationaler Güterhandel zu internationalem Faktorpreisausgleich zwischen Ländern mit unterschiedlicher Faktorausstattung führt. Diese Bedingungen sind: (1) *Vollständige Konkurrenz*, (2) international ausgeglichene Güterpreise (→ Freihandel ohne Transportkosten), (3) international identische Produktionstechnologien mit konstanten Skalenerträgen und ohne → Faktorintensitätsumkehrungen sowie (4) in den betrachteten Ländern gleichzeitig erfolgende Produktion positiver Mengen von mind. ebenso vielen technologisch verschiedenen Gütern, wie es Faktoren gibt. Ist eine dieser Bedingungen für zwei beliebige Länder nicht erfüllt, so entsteht zwischen diesen kein vollständiger Faktorpreisausgleich. Diese Bedingungen sind unter sonst gleichen Umständen umso eher erfüllt, je geringer die Faktorausstattungsunterschiede zwischen den betrachteten Ländern, und je ausgeprägter die Faktorintensitätsunterschiede zwischen den verschiedenen Gütern sind.

**Faktorproportionen** – Verhältnis des mengenmäßigen Einsatzes der verschiedenen Einsatzgüter (Faktoreinsatzmengen) eines Produktionsprozesses. – Vgl. auch → Heckscher-Ohlin-Handel, → Faktorintensität, Arbeitsintensität, Kapitalintensität.

**Faktorproportionen-Theorem** → Heckscher-Ohlin-Theorem.

**Faktorproportionen-Theorie** → Heckscher-Ohlin-Handel.

**FAO** – Abk. für *Food and Agricultural Organization, Ernährungs- und Landwirtschaftsorganisation der Vereinten Nationen;* am

16.10.1945 in Quebec gegründete UN-Organisation mit Sitz in Rom (seit 1951); zahlreiche (Sub-) Regionalbüros, Ländervertretungen und Verbindungsbüros; 191 Mitgliedsstaaten (2007) und EU und das assoziierte Mitglied Faröer Inseln. – *Ziele:* Hebung des Ernährungs- und Lebensstandards in der Welt; Verbesserung der Produktion und Verteilung von Erzeugnissen der Land- und Forstwirtschaft sowie Fischerei; Verbesserung der Lebensbedingungen der ländlichen Bevölkerung. – *Organe:* Generalversammlung (Konferenz) der Delegierten, die im zweijährigen Rhythmus als oberstes Organ die Politik festlegt und im 6-jährigen Rhythmus einen vorsitzenden Generaldirektor wählt; *Welternährungsrat* (Council; 49 gewählte Mitgliedsstaaten als ständiges Exekutivorgan der Konferenz, der von verschiedenen bereichsspezifischen Ausschüssen bei der Programmierung und Koordinierung der Aktivitäten beraten wird; der organisatorische Unterbau des FAO ist aufgeteilt in 8 Departments. – *Aktivitäten:* FAO sammelt, analysiert und verbreitet weltweit landwirtschaftliche und ernährungspolitische Informationen und erarbeitet Vorschläge zur Überwindung ernährungspolitischer Probleme und leistet technische Hilfe. Bei Hungerkatastrophen informiert sie über ein globales Frühwarnsystem und organisiert Notstandshilfe (→ Nahrungsmittelhilfe). Enge Zusammenarbeit mit → UNICEF, → IBRD, → WHO, → ILO und → WFP. – *Finanzierung* über Umlagen der Mitgliedsstaaten, zusätzliche Mittel aus Treuhandfonds der Mitgliedsstaaten und des → UNDP. – Publikation von unentgeltlichem Informationsmaterial.

**FASAC** – Abk. für → Financial Accounting Standards Advisory Council.

**FASB** – Abk. für → Financial Accounting Standards Board.

**Feedback Value** – *Tauglichkeit zur Erwartungsüberprüfung;* qualitative Anforderung an Rechnungslegungsinformationen nach den → US-GAAP sowie nach den

→ International Financial Reporting Standards (IFRS). – Vgl. auch → Conceptual Framework, → Framework.

**fester Wechselkurs** – von Regierung oder Zentralbank festgesetzter → Wechselkurs. Man unterscheidet entsprechend feste Wechselkurse durch Interventionen der Zentralbanken bei freien Finanz- und Kapitalmärkten einerseits sowie feste Wechselkurse durch administrative Maßnahmen des Staates ohne Freiheit auf Finanz-, Devisen- und Kapitalmärkten andererseits. Zwischen reinen flexiblen bzw. floatenden Wechselkursen und festen Wechselkursen gibt es verschiedene Stufen, die auf eine begrenzte Flexibilität (*managed floating*) oder auf eine Leitkursanpassung im Falle grundlegender fundamentaler Zahlungsbilanzungleichgewichte (→ *Realignment*) hinweisen.

**fiktive Anrechnung** – 1. *Begriff* aus dem internationalen Steuerrecht für Anrechnung ausländischer Steuern auf die inländische Steuerschuld im Rahmen der Anrechnungsmethode, obwohl die entsprechenden ausländischen Steuern gar nicht bezahlt werden mussten (→ Doppelbesteuerung). Die fiktive Anrechnung wurde zeitweilig gegenüber einigen Entwicklungsländern als steuerlicher Anreiz gegenüber ausländischen Investoren vorgesehen; die ausländische Steuer wurde nicht in der wirklichen Höhe angerechnet, sondern unabhängig von der wirklichen Steuer mit einem festgelegten Betrag. – 2. *Bedeutung*: Die fiktive Anrechnung ist nach dt. Recht nur noch aufgrund einiger alter Doppelbesteuerungsabkommen möglich. Eine fiktive Anrechnung im Rahmen der indirekten Anrechnung bei Dividendenbezügen einer Kapitalgesellschaft aus Entwicklungsländern ist aufgrund des Halbeinkünfteverfahrens obsolet (§ 26 III EStG a.F.). Für die fiktive Anrechnung ist außerdem das Recht, statt der Anrechnung den Abzug der fraglichen Steuerbeträge als Betriebsausgabe zu wählen (und so Verlustvorträge zu vergrößern), abgeschafft worden (§ 34c VI Satz 2 EStG).

**Financial Accounting Foundation (FAF)** – unabhängige private Stiftung, die von den wichtigsten US-amerikanischen Berufsorganisationen aus dem Bereich des Rechnungswesens, etwa dem → American Institute of Certified Public Accountants, getragen und finanziert wird. Die Financial Accounting Foundation (FAF) finanziert, ernennt und überwacht das → Financial Accounting Standards Board.

**Financial Accounting Standards Advisory Council (FASAC)** – Ein etwa 30 Personen umfassender US-amerikanischer Ausschuss, der für jeweils ein Jahr ernannt wird und das → Financial Accounting Standards Board (FASB) in Rechnungslegungsfragen wie etwa der Themenauswahl und der Abgabe vorläufiger Statements berät. Der FASAC besteht aus Rechnungslegungsexperten der Industrie, der Wirtschaftsprüfung und der Finanzanalyse und trifft sich vierteljährlich.

**Financial Accounting Standards Board (FASB)** – 1. *Charakterisierung*: Als Reaktion auf die Weltwirtschaftskrise in den frühen 1930er-Jahren wurde in den USA durch den Securities Act von 1933 die Börsenaufsichtsbehörde → SEC gegründet. Diese hat u.a. die Aufgabe, Rechnungslegungsvorschriften für börsennotierte Unternehmen zu erlassen. Im Rahmen ihrer Zuständigkeit hat die SEC die Entwicklung eines materiellen Rechnungslegungssystems in die Kompetenz privater Organisationen übertragen. Heute widmet sich das 1972 gegründete Financial Accounting Standards Board (FASB) dieser Aufgabe, nachdem dessen Vorgängerorganisationen → Committee on Accounting Procedure (CAP) (1938–1959) und → Accounting Principles Board (APB) (1959–1973) aufgrund ihrer hohen Affinität zum Wirtschaftsprüferberuf stark in die Kritik geraten waren. Seit 1973 geht das Financial Accounting Standards Board der Aufgabe nach, Rechnungslegungsnormen für private Unternehmen zu entwickeln. Es hat hierbei die Interessen aller von der Rechnungslegung betroffenen Gruppen zu berücksichtigen. Weiterhin müssen die verabschiedeten Vorschriften auch den Vorstellungen der SEC und damit des Kapitalmarkts genügen, denn die SEC kann seine an das Financial Accounting Standards Board delegierte Kompetenz jederzeit widerrufen und eigene Rechnungslegungsregeln erlassen. – 2. *Aufbau und Struktur* des Financial Accounting Standards Board sind von dem Zusammenwirken zahlreicher Gremien und Organisationen geprägt. Hauptorgan des Financial Accounting Standards Board ist das Board, dessen sieben hauptberufliche Mitarbeiter eine hohe fachliche Qualifikation aufweisen und für jeweils fünf Jahre bestellt werden. Aus Gründen der Unabhängigkeit ist es den Board-Mitgliedern untersagt, während ihrer Amtszeit sonstige berufliche Tätigkeiten auszuüben. Finanziert und überwacht wird das Financial Accounting Standards Board durch die → Financial Accounting Foundation (FAF), die auch die Board-Mitglieder sowie dessen Chairman ernennt. Fachliche Unterstützung erfährt das Financial Accounting Standards Board von verschiedenen Gremien und Arbeitsgruppen, die mit Rechnungslegungsexperten aus den Bereichen Industrie, Wirtschaftsprüfung, Finanzanalyse und Wissenschaft besetzt sind. Zu nennen sind hier ehrenamtlich tätige Gruppen wie das → Financial Accounting Standards Advisory Council (FASAC) und die Emerging Issues Task Force sowie der aus etwa 60 fest angestellten Mitarbeitern bestehende Research and Technical Activities Staff. – 3. *Arbeitsweise:* Die stark kasuistischen Rechnungslegungsvorschriften des Financial Accounting Standards Board sind Ausfluss eines standardisierten Standard-Setting-Prozesses. Dieses auch als Due Process bezeichnete Verfahren soll allen interessierten Personen und Gruppen die Möglichkeit geben, ihre Anschauungen in die inhaltliche Ausgestaltung der Standards einzubringen. Hierdurch gewinnt das Financial Accounting Standards Board die Flexibilität, rasch auf aktuelle Probleme zu reagieren und die Akzeptanz ihrer Vorschriften

zu verbessern. Auf der anderen Seite besteht die Gefahr, dass einzelne Regeln aufgrund der vielfältigen in ihnen zum Ausdruck kommenden Interessen nicht als Ausfluss eines einheitlichen Konzepts zu erkennen sind. – 4. Das Financial Accounting Standards Board veröffentlicht unterschiedliche *Verlautbarungen* mit differenziertem Verbindlichkeitsgrad. Zentrale Verlautbarungsart sind die → Statements of Financial Accounting Standards (SFAS), die vor ihrer Verabschiedung den kompletten Standard-Setting Process durchlaufen. Das Conceptual Framework des Financial Accounting Standards Board bilden die bisher acht → Statements of Financial Accounting Concepts (SFAC), die ebenfalls den Due Process durchlaufen haben und übergeordnete Ziele und Definitionen enthalten. In den Interpretations, die nicht dem Due Process unterliegen, werden v.a. Einzelfragen der Rechnungslegung behandelt sowie einzelne Standards ausgelegt. Ebenfalls außerhalb des Due Process entstehen die Technical Bulletins, die der Research and Technical Activities Staff zu Rechnungslegungsproblemen einzelner Unternehmen oder spezieller Branchen herausgibt. Schließlich veröffentlicht die EITF im Rahmen ihrer Aufgabe als „Frühwarnsystem" für neue Entwicklungen die sog. EITF Abstracts zu Einzelfragen der Rechnungslegung. Neben den hier dargestellten Verlautbarungen des Financial Accounting Standards Board und seines Umfeldes gelten weiterhin einzelne Rechnungslegungsvorschriften, die von den Vorgängerorganisationen erlassen worden waren. Hierzu zählen etwa die → Accounting Research Bulletins (ARB) des CAP sowie die → APB-Opinions. Die Verlautbarungen des Financial Accounting Standards Board sowie die fortgeltenden Vorschriften seiner Vorgängerorganisationen besitzen aufgrund der Kompetenzübertragung durch die SEC und dessen „Substantial Authoritative Support" einen quasi-gesetzlichen Charakter und sind von sämtlichen börsennotierten Unternehmen zwingend einzuhalten. Darüber hinaus verpflichtet das

→ American Institute of Certified Public Accountants (AICPA) mit seiner Rule 203 des Code of Professional Ethics den Wirtschaftsprüferstand, nur solche Jahresabschlüsse uneingeschränkt zu testieren, die den Verlautbarungen des Financial Accounting Standards Board entsprechen. Damit gewinnen die Financial-Accounting-Standards-Board-Verlautbarungen über den Kreis der börsennotierten Unternehmen hinaus Bedeutung, denn auch Abschlüsse, die nur aufgrund vertraglicher Verpflichtungen geprüft werden, müssen somit den Financial-Accounting-Standards-Board-Vorschriften genügen.

**Financial Instruments** – zusammenfassender Ausdruck für Wertpapiere und Finanzinnovationen.

**Financial Markets Association** → ACI.

**Financial Statements** – *Jahresabschluss;* → Conceptual Framework.

**finanzielle Repression** – Behinderungen des Finanzwesens in der Dritten Welt durch staatliche Interventionen und Vorschriften, die zur Entwicklung dualer Finanzmärkte führten. – Vgl. auch → Entwicklungspolitik.

**Finanzielle Vorschau der Europäischen Union** – Mehrjähriger, von → Rat der Europäischen Union und → Europäischem Parlament anzunehmender Finanzplanungsrahmen der → EU. Die aktuelle finanzielle Vorschau läuft von 2007-2013. Im Rahmen der vom Europäischen Rat geforderten Budget-Überprüfung organisierte die Kommission im Jahre 2008 eine breite öffentliche Konsultation über Prioritäten und Optionen auf der Einnahmen- und Ausgabenseite des zukünftigen EU-Haushalts ab 2014.

**finanzielle Zusammenarbeit** – bilateral gewährte Kapitalhilfe, durch die Entwicklungsländern Finanzierungsmittel zu günstigen Bedingungen zur Förderung ihrer wirtschaftlichen und sozialen Entwicklung zur Verfügung gestellt werden. Die finanzielle Zusammenarbeit ist dem Volumen nach das bedeutendste Instrument der

entwicklungspolitischen Zusammenarbeit. Der größte Teil der bundesdeutschen, finanziellen Zusammenarbeit wird im Auftrag des BMZ von der KFW Entwicklungsbank der Kreditanstalt für Wiederaufbau (KfW) durchgeführt.

**Finanzierungsgesellschaft – I. Allgemein:** 1. *Wesen:* Unternehmung, deren Betriebszweck die Beschaffung von Finanzierungsmitteln, v.a. Kapitalbeschaffung, für nahe stehende Unternehmungen ist. – 2. *Abgrenzung:* Grenzen zum *Kreditinstitut* fließend; Finanzierungsgesellschaften leisten keinen Dienst im Zahlungsverkehr, sondern kaufen zwecks dauernder Übernahme (i.d.R.) oder zum Weiterverkauf Aktien oder Obligationen auf mit Kapital, das sie durch eigene Emission von Aktien oder Obligationen erwerben. Finanzierungsgesellschaften vereinfachen und beschleunigen die Kapitalbeschaffung und vermindern das Risiko für Kapitalgeber. – 3. *Arten:* Investment-Trust, Effektenhandelsgesellschaft (kauft Effekten meist nur zu Spekulationszwecken auf), Voting-Trust, Holdinggesellschaft oder Übernahmegesellschaft (kauft Effekten von am Kapitalmarkt unbekannten Unternehmungen auf, sog. nichtmarktfreie Effekten), Finance Company.

**II. Irische Finanzierungsgesellschaft:** Irland hatte früher durch eine Sondergesetzgebung einen geringeren Körperschaftsteuersatz (nur 10 Prozent statt früher regulärer 40 Prozent) für Finanzierungsgesellschaften vorgesehen, die in den früheren Hafen-Docks der Hauptstadt Dublin beheimatet sind und bestimmte zusätzliche Bedingungen erfüllen. Ziel war es, ausländische Konzerne zur Gründung einer Tochtergesellschaft in Dublin zu veranlassen. – Die Regelung war als Beihilfe für das Gebiet von Dublin EU-rechtlich zeitlich befristet genehmigt worden und ist heute ausgelaufen; statt dessen gilt nunmehr allg. ein Steuersatz für gewerbliches Einkommen von 12,5 Prozent und für passive Einkünfte von 25 Prozent

**Finanzzoll** – *Fiskalzoll;* → Zoll auf Waren, bei dem die Erzielung von steuerlichen Einnahmen für den Staatshaushalt im Vordergrund steht. Finanzzoll belastet die Waren wie eine Steuer (Zölle – sog. Einfuhr- und Ausfuhrabgaben – sind in Deutschland Steuern nach § 3 III Abgabenordnung, AO). Finanzzoll ist mit der Politik der Nichteinmischung des Staates in den → Außenhandel vereinbar. – Vgl. auch → Erziehungszoll, → Schutzzoll, → Zollzwecke.

**Fiskalzoll** → Einfuhrzoll, → Finanzzoll, → Zoll, → Zollzwecke.

**fixer Wechselkurs** – fester Wechselkurs; nomineller → Wechselkurs, der entweder im Rahmen eines → internationalen Währungssystems, oder auch über einseitige → Wechselkurspolitik auf einem bestimmten Niveau fixiert ist. Die Aufrechterhaltung eines fixen Wechselkurses erfordert entsprechende Devisenmarktinterventionen. – Vgl. auch → fester Wechselkurs, → flexibler Wechselkurs, → internationales Währungssystem, → Zahlungsbilanzausgleich, → Wechselkurspolitik.

**flexibler Wechselkurs** – nomineller → Wechselkurs, der sich ohne wirtschaftspolitisch motivierte Devisenmarktinterventionen frei nach Angebot und Nachfrage bildet. – Vgl. auch → fixer Wechselkurs, → Floating → internationales Währungssystem, → Zahlungsbilanzausgleich, → Wechselkurspolitik.

**Floating** – Ausdruck für die freie Beweglichkeit der nominellen → Wechselkurse. Bei Beeinflussung der Wechselkursbewegung durch Devisenmarktinterventionen spricht man auch vom *schmutzigen Floating.* – Vgl. auch → flexibler Wechselkurs, → Devisenmarkt, → internationales Währungssystem, → Wechselkurspolitik.

**Food and Agricultural Organization** → FAO.

**Forderungen Gebietsansässiger an Gebietsfremde** – analog *Verbindlichkeiten Gebietsansässiger bei Gebietsfremden.* 1. Forderungen (Verbindlichkeiten) durch alle → Gebietsansässige (ausgenommen Kreditinstitute) gegenüber → Gebietsfremden sind bei der Deutschen Bundesbank zu melden, wenn diese innerhalb eines Monats mehr als 5 Mio. Euro übersteigen (§ 62 I AWV). – 2. Meldefrist für Forderungen und Verbindlichkeiten aus dem *Dienstleistungs- und Warenverkehr (Ausfuhrforderungen bzw. -verbindlichkeiten)* einschließlich der geleisteten und entgegengenommenen Anzahlungen gemäß § 62 III AWV: monatliche Meldung bis zum 20. Tag des Folgemonats nach dem Stand des letzten Werktages des Vormonats. – 3. Meldefrist für Forderungen und Verbindlichkeiten aus *Finanzbeziehungen mit Gebietsfremden* gemäß § 62 II AWV: monatliche Meldung bis zum 10. des Folgemonats nach dem Stand des letzten Werktages des Vormonats.

**Formblätter** – Verordnungen über die Gliederung des Jahresabschlusses oder → Konzernabschlusses bzw. über den Inhalt des (Konzern-)Anhangs oder (Konzern-)Lageberichts. Das Bundesministerium der Justiz (BMJ) kann für Kapitalgesellschaften Formblätter vorschreiben, wenn der Geschäftszweig eine von den §§ 266 und 275 HGB abweichende Gliederung erfordert (§ 330 HGB). V.a. Kreditinstitute und Versicherungsunternehmen haben die durch die jeweilige Rechnungslegungsverordnung vorgeschriebenen Formblätter anzuwenden. Die Rechnungslegungsverordnung enthält drei Formblätter, und zwar für die → Bilanz das Formblatt 1 und für die Gewinn- und Verlustrechnung (GuV) die Formblätter 2 (Kontoform) und 3 (Staffelform). Die Posten der Formblätter werden weitgehend in der Rechnungslegungsverordnung erläutert.

**formeller Sektor** – im Gegensatz zum → informellen Sektor Bezeichnung für den modernen, geschützten Sektor oft (transnationaler) Großunternehmen mit kapitalintensiver Technologie in Entwicklungsländern. Formale Sektoren zeichnen sich aus durch hohe Markteintrittsbarrieren, erheblichen Anteil ausländischer Ressourcennutzung, Produktion hoher Losgrößen, formale Bildungsabschlüsse als Beschäftigungsvoraussetzung sowie durch Zölle, Kontingente und Handelslizenzen in geschützten Märkten – Vgl. auch → Entwicklungstheorie.

**Forum für Finanzmarktstabilität (FSF)** – *Financial Stability Forum*; Forum zur Förderung der Stabilität des internationalen Finanzsystems; integraler Teil der → Neuen Weltfinanzarchitektur. Das Forum wurde im April 1999 auf der Grundlage eines Berichts des ehemaligen Präsidenten der Deutschen Bundesbank, H. Tietmeyer, zur Stabilität der internationalen Finanzmärkte (→ Tietmeyer Report) eingerichtet, Sitz in Basel. Den Vorsitz hat anfänglich der General Manager der → BIZ, Andrew Crockett. Außerdem wird das Forum durch ein kleines ständiges Sekretariat an der BIZ unterstützt. Das FSF ist effektiv eine ständige Arbeitsgruppe von Vertretern nationaler Zentralbanken, Regulierungs- und Aufsichtsbehörden sowie der wichtigsten internationalen Wirtschaftsorganisationen.

**Framework** – Das Framework des → International Accounting Standards Board (IASB) bildet das Grundkonzept des Rechnungslegungssystems der → International Financial Reporting Standards (IFRS). Es ist geregelt im 1989 vom damaligen IASC herausgegebenen „Framework for the Preparation and Presentation of Financial Statements". Das Framework soll dem IASB selbst sowie anderen von Rechnungslegungsfragen betroffenen Gruppen eine konzeptionelle Grundlage für die Erarbeitung und Anwendung von Rechnungslegungsvorschriften liefern. Es stellt selbst keinen IFRS dar und geht auch den IFRS nicht unmittelbar als übergeordnetes Prinzip vor, hat also bloßen Empfehlungscharakter. Über IAS 1 „Presentation of Financial Statements" sind indes wesentliche Teile des Framework in den Status eines IAS erhoben und damit materiell verpflichtend gemacht worden. – *Aufbau und Inhalt* des Framework

ähneln weitgehend denen des → Conceptual Framework des → Financial Accounting Standards Board (FASB). Ziel der Rechnungslegung ist die Vermittlung eines True and Fair View, also eines den tatsächlichen Verhältnissen entsprechenden Bildes von der Vermögens-, Finanz- und Ertragslage des Unternehmens. Sie gründet sich auf die beiden Annahmen des → Accrual Principle (periodengerechte Aufwands- und Ertragsabgrenzung) sowie des Going Concern Principle (Unternehmensfortführung).

**Free Trade Area of the Americas** → FTAA.

**freie Produktionszone** → Sonderwirtschaftszone.

**freier Verkehr** → Freiverkehr, → Zollverfahren.

**Freigabe** – I. Insolvenzrecht: Erklärung des Insolvenzverwalters gegenüber dem Gemeinschuldner über die Aufhebung der Zugehörigkeit eines Gegenstandes zur Insolvenzmasse. Der Gegenstand wird freies Vermögen des Gemeinschuldners. Die Freigabe steht im pflichtmäßigen Ermessen des Insolvenzverwalters (z.B. bei Gegenständen, die sich als unverwertbar erwiesen haben oder infolge ihrer Belastung für die Masse einen Gewinn nicht erwarten lassen; Absonderung). Schmälert der Insolvenzverwalter schuldhaft die Insolvenzmasse, ist er schadensersatzpflichtig (§ 60 InsO).

II. Zollrecht: Überholter Begriff aus der Zeit des dt. Zollgesetzes. Heute spricht das EU-Zollrecht von → Überlassung der Ware durch die Zollstelle (Art. 73 ZK).

**Freigutveredelung** – überholter Begriff für die Überführung in den zollrechtlich freien Verkehr zur bes. Verwendung.

**Freihafen** – Hafengebiete, die zollrechtlich und soweit sie als Freizonen des Kontrolltyps I ausgestaltet sind, umsatzsteuerlich nicht als → Inland behandelt werden, um die Ein- und Durchfuhr von Waren nicht mit administrativen Pflichten zu belasten. Die Einrichtung von Freihäfen ist umsatzsteuerlich lediglich eine Maßnahme zur Vereinfachung der Steuererhebung im Sinn von Art. 156 der Mehrwertsteuersystemrichtlinie; materielle Steuervorteile, die wettbewerbsverzerrend wirken könnten, werden über Sondervorschriften (§ 1 III UStG) verhindert. – Vgl. auch → Freizone.

**Freihafen-Veredelung** – bes. historisch bedingte Form der → aktiven Veredelung von Waren in einer → Freizone des Kontrolltyps I (Freihafen) ohne Überführung der Waren in die aktive Veredelung. – Vgl. auch → Veredelungsverkehr.

**Freihandel** – internationaler Güterhandel (→ Außenhandel), der frei von jeglicher handelspolitischer Beeinflussung ist. In der → Außenhandelstheorie theoretisch angestrebtes Ziel. Die Welthandelsorganisation – → World Trade Organization (WTO) und das → GATT gehen ebenfalls vom Ziel des Freihandels aus, weswegen keine neuen *tarifären Maßnahmen* (→ Einfuhrzoll) erhoben werden dürfen. Neben den Einfuhrzöllen können mengenmäßige Beschränkungen (→ Kontingente) den freien Handel behindern. In der realen Wirtschaft behindern weltweit zahlreiche *tarifäre* und *nicht tarifäre Maßnahmen* den freien Handel.

**Freihandelszone** – *Free Trade Association (FTA)*.

I. Außenhandelspolitik: Spezifisches Konzept zur regionalen → Handelsliberalisierung (→ regionale Integration, → Regionalismus). Bei einer Freihandelszone werden zwischen den Partnerländern schrittweise alle Zölle und Kontingente, d.h. alle tarifären und nicht tarifären Handelshemmnisse, abgebaut – innerhalb der Freihandelszone werden keine Zölle erhoben; im Unterschied zur → Zollunion behält jedes Mitgliedsland einer Freihandelszone weiterhin die volle Autonomie bei der Gestaltung seiner Handelspolitik (→ Drittlandszollsatz, → Einfuhrzoll, → Kontingent, etc.) gegenüber Drittstaaten. – Damit verhindert wird, dass Importe aus Drittstaaten den Umweg über dasjenige Mitgliedsland nehmen, das den geringsten Zoll für das jeweilige Gut erhebt, bedarf es im Binnenhandel einer Freihandelszone der Vorlage von → Ursprungsnachweisen (administrativ aufwendig bei Produkten, die in einem Mitgliedsland weiterverarbeitet wurden) und der Anwendung kompensatorischer Binnenzölle. – Eine Freihandelszone (z.B. die → EFTA, → NAFTA) verstößt prinzipiell gegen das Meistbegünstigungsgebot (→ Meistbegünstigung) des → GATT; Art. XXIV GATT definiert die Voraussetzungen, unter denen eine Freihandelszone zwischen Mitgliedern der Wolrd Trade Organization (WTO) zulässig ist. – Vgl. auch → Integration, → Regionalismus.

II. Entwicklungspolitik: Aus dem nationalen → Binnenmarkt von Entwicklungs- und Transformationsländern formal-juristisch ausgegliederte, weltmarktorientierte Standorte von Produktion und Handel, mit denen sich das betreffende Land in die → internationale Arbeitsteilung einzugliedern versucht. – Vgl. auch → Sonderwirtschaftszonen.

**Freilager** → Freizone.

**Freimengen** – 1. *Allgemein:* Menge von Waren, die ein Reisender ohne Abgabenverpflichtung in ein Land einführen kann. – 2. *Zollrecht:* In das → Zollgebiet der EU können Waren im persönlichen Gepäck von Reisenden bis zu bestimmten Wert- oder Mengengrenzen zoll- und steuerfrei eingeführt werden, wenn die Einfuhr nicht zu kommerziellen Zwecken erfolgt. Mengenmäßige Obergrenzen bestehen etwa bei Tabakwaren (200 Zigaretten oder 100 Zigarillos oder 50 Zigarren oder 250 g Rauchtabak), Alkohol (je nach Art 1–2 l), Schaumwein (4 l), Bier (16 l) und Arzneimitteln (persönlicher Bedarf). Ansonsten gibt es Wertgrenzen. Sie betragen bei Flug- und Seereisen 430 Euro, ansonsten 300 Euro. Für Personen unter 15 J. sind sie in einigen Mitgliedsstaaten auf 150 Euro beschränkt. Geringere Mengen für Einfuhren im grenznahen Raum, Grenzgänger und

Personal von Verkehrsmitteln im grenzüberschreitenden Verkehr sind möglich. – 3. *Binnenmarkt:* Bei Reisen in der EU fallen zwar keine Zölle an und grundsätzlich wird jeder Privatreisende wie eine Bürger des Landes angesehen, in dem er Waren einkauft. Wenn aber bestimmte Richtmengen überschritten sind, besteht der Verdacht, dass die Waren gewerblich gehandelt werden. Diesen Verdacht muss der Reisende widerlegen.

**Freistellungsmethode** – 1. *Begriff:* eine der vier gängigen Methoden zur Vermeidung/ Milderung der → Doppelbesteuerung bei internationaler Geschäftstätigkeit: Die Methode stellt Einkünfte, die im Ausland besteuert werden (bzw. werden können), von der inländischen Besteuerung frei, um eine doppelte Besteuerung zu verhindern. – 2. *Wirtschaftspolitische Hintergründe:* a) Die Freistellungsmethode sorgt dafür, dass dt. Unternehmen in ausländischen Märkten, in denen das Steuerniveau niedriger ist als in Deutschland, gleiche Wettbewerbschancen wie ihre ausländischen Konkurrenten haben, da sie von den erzielten Gewinnen nicht höhere Steuern zahlen müssen als die örtlichen Mitbewerber; auf diese Art und Weise wird ihre Fähigkeit, durch Thesaurierung erzielter Gewinne Rücklagen zu bilden und ihr weiteres Wachstum zu sichern, nicht durch zusätzliche dt. Steuerforderungen beeinträchtigt. – b) Andererseits birgt die Freistellung von in ausländischen Ländern erzielten Gewinnen von der dt. Besteuerung in sich einen gewissen Anreiz, im Ausland zu investieren und sich das niedrigere ausländische Steuerniveau anstelle eines hohen dt. Steuerniveaus zu sichern. Daher muss die Freistellungsmethode durch zahlreiche flankierende Maßnahmen und Zusatzregelungen gegen missbräuchliche Ausnutzung geschützt und ihr Anwendungsbereich auf solche Tätigkeiten eingegrenzt werden, in denen im Ausland eine tatsächliche, schützenswerte Tätigkeit vor Ort stattfindet („aktive" Tätigkeiten). Solche Einschränkungen der Freistellungsmethode finden sich sowohl in einzelnen

Doppelbesteuerungsabkommen als auch in nationalen dt. Gesetzen (§ 50d EStG, § 20 AStG). – c) *Wirtschaftlich ungünstig* ist die Freistellungsmethode im Übrigen bei → Auslandsverlusten, da hier nach dt. Rechtsansicht nicht nur Gewinne aus dem Ausland unter die Freistellungsmethode fallen, sondern ggf. auch Verluste; das bedeutet für die betroffenen Unternehmen, dass sie die unter die Freistellung fallenden Verluste steuerlich nicht geltend machen können (da sie als „steuerfrei" gelten!) und diese Verluste somit aus versteuerten Nettoeinkünften tragen müssen. – 3. *Rechtsquellen:* Deutschland verwirklicht die Freistellungsmethode im Grundsatz nur in Doppelbesteuerungsabkommen; gegenüber Ländern, mit denen kein → Doppelbesteuerungsabkommen (DBA) besteht, ist günstigstenfalls die → Anrechnungsmethode nutzbar.

**Freistellungsprinzip** → Internationales Steuerrecht (IStR).

**Freiverkehr** – *freier Verkehr.*

I. **Börsenwesen:** Marktsegment der Börse, welches nicht wie der regulierte Markt (früher: amtlicher Markt und geregelter Markt) an strenge Zulassungsvoraussetzungen gebunden ist (§ 48 BörsG). Die Börsenträger dürfen seit dem Jahre 2003 im Freiverkehr spezielle Börsensegmente einrichten, die sowohl den Anforderungen von Unternehmen als auch Investoren entgegenkommen sollen, indem sie zum einen die Visibilität der im Freiverkehr gehandelten Wertpapiere meist kleinerer und mittlerer Gesellschaften steigern sollen, ohne diese mit allen Zulassungsfolgepflichten des Wertpapierhandelsgesetzes (WpHG) zu belasten. Gegenüber dem einfachen Freiverkehr schreiben die Börsenträger hier zusätzliche Veröffentlichungspflichten vor, die zum anderen den Anlegern zu Gute kommen sollen. Nicht nur die Frankfurter Wertpapierbörse (FWB), sondern auch andere Börsen haben von dieser Möglichkeit Gebrauch gemacht. So wurden bspw. in Frankfurt der „Entry Standard", in

Stuttgart der „Gate-M" und in München der „M:Access" geschaffen. – Voraussetzung für die Aufnahme des Handels im Freiverkehr ist, dass die von der Geschäftsführung gebilligten Geschäftsbedingungen eine ordnungsmäßige Durchführung des Handels und der Geschäftsabwicklung gewährleisten. Die im Freiverkehr ermittelten Preise gelten als Börsenpreise. Auch der einfache Freiverkehr ist nicht gänzlich unreguliert; er ist in die Regelungen des WpHG zur Insiderüberwachung einbezogen.

**II. Zollrecht:** Verkehr von Waren, die sich im Gegensatz zu den im → Zollverfahren gebundenen Waren im zollrechtlich ungebundenen, also im zollrechtlich freien Verkehr befinden (→ Gemeinschaftswaren). → Nichtgemeinschaftsware wechselt durch Überführung in den freien Verkehr den Status und wird zur Gemeinschaftsware (Art. 79 ZK). Dasbei entsteht zumeist eine → Einfuhrzollschuld. Regelmäßig findet alsdann keine zollamtliche Überwachung mehr statt. Nur vereinzelt wird auch Ware des freien Verkehr weiter zollamtlich überwacht, etwa wenn die Zollbegünstigung von einer bes. Verwendung wie der industriellen Produktion abhängig ist. Im Unionszollkodex (wohl ab 2015) lautet das Zollverfahren alsdann: Überlassung zum zollrechtlich freien Verkehr.

**freiwillige Exportbeschränkung** – *Voluntary Export Restriction (VER)*; bes. Form eines → nicht tarifären Handelshemmnisses. Das exportierende Land beschränkt die Exportmenge für ein bestimmtes Partnerland auf ein bestimmtes Niveau. Der Umstand, dass das Ausland auf diese Weise durch eine protektionistische Maßnahme profitiert, macht die freiwillige Exportbeschränkung gelegentlich politisch attraktiv. Mengenbeschränkungen führen aber mitunter nicht nur zu heimischen Preiserhöhungen. Es kann seitens der Anbieter der betroffenen Güter ein Anreiz bestehen, die zugestandenen Mengen mit höherwertigen Gütern auszunutzen (*quality upgrading*). – Vgl. auch → Handelspolitik.

**Freizone** – I. Zollrecht: 1. *Begriff:* Der frühere zollrechtliche Begriff Freihafen ist durch den Begriff Freizone abgelöst und um den Begriff Freilager ergänzt worden. Derartige Einrichtungen dienen generell dem Umschlag und der zeitlich unbegrenzten Lagerung von Waren aller Art. Nach der Legaldefinition (Art. 166 ZK) sind Freizonen oder Freilager Teile des → Zollgebietes der Gemeinschaft oder in diesem Zollgebiet gelegene Räumlichkeiten, die vom übrigen Zollgebiet getrennt sind und in denen: (1) → Nichtgemeinschaftswaren für die Erhebung der Einfuhrabgaben und Anwendung der handelspolitischen Maßnahmen bei der Einfuhr als nicht im Zollgebiet der Gemeinschaft befindlich angesehen werden, sofern sie nicht in den zollrechtlich freien Verkehr oder ein anderes Zollverfahren übergeführt oder unter anderen als den im Zollrecht vorgesehenen Voraussetzungen verwendet oder verbraucht werden; (2) für bestimmte Gemeinschaftswaren aufgrund des Verbringens in die Freizone oder das Freilager die Maßnahmen anwendbar werden, die grundsätzlich an die Ausfuhr der betreffenden Waren anknüpfen, sofern dies in einer bes. Gemeinschaftsregelung vorgesehen ist. Danach werden Nichtgemeinschaftswaren für die Erhebung der Eingangsabgaben und auch bei der Anwendung von handelspolitischen Maßnahmen bei ihrer Einfuhr als nicht im Zollgebiet der Gemeinschaft befindlich angesehen. – 2. *Merkmale:* Die Mitgliedsstaaten erklären unter Festlegung der geografischen Abgrenzung Teile des Zollgebietes der Gemeinschaft als Freizone und bewilligen die hierfür geeigneten Räumlichkeiten als Freilager (Art. 167 ZK). In der Bundesrepublik Deutschland sind nur die Freihäfen durch Gesetz als Freizonen eingerichtet worden. Diese Einrichtungen unterliegen der zollamtlichen Überwachung sowie der möglichen Zollkontrolle von Personen und Beförderungsmitteln an den Ein- und Ausgängen der Freizonen und Freilager (Art. 168 ZK). In diese Einrichtungen können sowohl Nichtgemeinschaftswaren als auch Gemeinschaftswaren verbracht werden (Art. 169 ZK). – 3. *Kontrolltypen:* Die Kontrolle erfolgt typenabhängig. Beim traditionellen Freihafen liegt der Kontrolltyp I vor. Er ist mittels Umzäunung abgegrenzt. An den Zu- und Ausgängen liegen Zollstellen. Das Verbringen in die Freizone und das Entfernen daraus werden dort überwacht. Beim Kontrolltyp II in Duisburg und Deggendorf knüpft die Kontrolle nicht an der Begrenzung an. Vielmehr wird dieser Typ wie ein Zolllager abgewickelt. Unter den im Zollkodex (ZK) vorgesehenen Voraussetzungen sind alle industriellen und gewerblichen Tätigkeiten sowie alle Dienstleistungen zugelassen (Art. 172 ZK); sie müssen zuvor den Zollbehörden mitgeteilt werden. → Nichtgemeinschaftswaren können während ihres Verbleibs in der Freizone oder dem Freilager den auch für Waren in Zolllagern üblichen Behandlungen unterzogen, in den zollrechtlich freien Verkehr überführt, in aktive Veredelungsverkehre verbracht werden. Eine Sonderstellung für Veredelungsvorgänge nimmt der alte Freihafen Hamburg ein, der nicht an die sonst üblichen wirtschaftlichen Voraussetzungen gebunden ist; allerdings dürfen hierdurch keine Wettbewerbsbeeinträchtigungen in der Gemeinschaft eintreten. Unter den vorgesehenen Voraussetzungen sind ebenfalls → Umwandlungsverfahren, → vorübergehende Verwendung, → Vernichtung von Waren oder Zerstörung von Waren und Wiederausfuhr zulässig (Art. 173 ZK). – 4. *Abgrenzung:* Wer in einer Freizone oder einem Freilager eine Tätigkeit im Bereich der Lagerung, der Be- oder Verarbeitung oder des Kaufs oder Verkaufs von Waren ausübt, muss die von der Zollbehörde verlangten Bestandsaufzeichnungen führen, die die Warenbewegungen im Zu- und Abgang erkennen lassen (Art. 176 ZK). Waren können aus Freizonen oder Freilagern: (1) aus dem Zollgebiet der Gemeinschaft ausgeführt oder wiederausgeführt oder (2) in das übrige Zollgebiet der Gemeinschaft verbracht werden. Im letzteren Fall sind die Waren zu gestellen, anzumelden

und dem jeweiligen Zollverfahren zuzuführen. Im Fall der Ausfuhr achten die Zollbehörden auf die Einhaltung ausfuhrrechtlicher Bestimmungen. – Gegenüber der früheren Regelung in Freihäfen entsteht in Freizonen des Kontrolltyps I nach Art. 205 ZK eine *Zollschuld* (→ Einfuhrzollschuld*)*, wenn eine einfuhrabgabenpflichtige Ware in einer Freizone oder einem Freilager unter anderen als den nach der geltenden Regelung vorgesehenen Voraussetzungen verbraucht oder verwendet wird. → Zollschuldner sind Personen, die die Ware verbraucht oder verwendet haben, sowie die Personen, die an diesem Verbrauch oder bei dieser Verwendung beteiligt waren, obwohl sie wussten oder billigerweise hätten wissen müssen, dass die Ware unter anderen als den nach der geltenden Regelung vorgesehenen Voraussetzungen verbraucht oder verwendet wird. Für Agrarwaren gelten Besonderheiten, die sich aus den speziellen Bestimmungen des Marktordnungsrechts ergeben (z.B. Ausfuhrerstattungen). – 5. → Unionszollkodex: Ab 2015 werden die Freizonen Unterfall der Lagerung und gehen in den bes. Zollverfahren auf. Damit verlieren sie weiter an Bedeutung.

II. Entwicklungspolitik: → Sonderwirtschaftszone, → Freihandelszone.

**Freizonenfiktion** – Bezeichnung dafür, dass sich Waren in → Freizonen den räumlich durch Zollzäune abgetrennten *Kontrolltyps I* und Freilagern zwar geografisch im → Zollgebiet der EU befinden, aber zollrechtlich als außerhalb des Zollgebiets der Gemeinschaft befindlich anzusehen sind. Die Waren in Freizonen *gelten* als nicht im Zollgebiet befindlich. Es handelt sich nach dieser rechtlichen *Fiktion* um → Nichtgemeinschaftswaren, die an der Zollgrenze beim Verlassen der Freizone zollrechtlich behandelt werden müssen. Sofern ein *Statusnachweis* über den zollrechtlichen Status einer → *Gemeinschaftsware* erbracht werden kann, ist das Verlassen ohne weitere Zollbehandlung möglich.

**Freizügigkeit – I.** Grundgesetz und EU-Recht: Recht (Grundrecht), Aufenthalt und Wohnsitz frei zu bestimmen und jederzeit zu ändern. Nach Art. 11 GG genießen alle Deutschen im Bundesgebiet Freizügigkeit, die nur durch Gesetz und nur für bes. Fälle beschränkt werden darf. – Bes. Regelung für Staatsangehörige eines Mitgliedsstaates der EU: Freizügigkeitsgesetz/EU vom 30.7.2004 m.spät.Änd.

**II.** Freizügigkeit der Arbeitnehmer: → Grundfreiheit des Unionsrechts (Art. 45 AEUV), unmittelbare Wirkung,konkretisiert durch die VO (EWG) Nr. 1612/68 des Rates vom 15.10.1968 über die Freizügigkeit der Arbeitnehmer innerhalb der Gemeinschaft (ABl.Nr. L 257 S. 2) m.spät. Änd.. Sie besitzt den Charakter eines allg. Beschränkungsverbotes. Das Recht der Arbeitnehmer aus EU-Mitgliedstaaten, sich in jedem Mitgliedsstaat um Stellen zu bewerben und dort unter den für Inländer geltenden Bestimmungen als Arbeitnehmer tätig zu werden. Die Einhaltung der Regeln über die Freizügigkeit der Arbeitnehmer ist gerichtlich überprüfbar (am Europäischen Gerichtshof, → EuGH) und besitzt als Grundrecht Auswirkungen auf zahlreiche wirtschaftlich relevante Rechtsgebiete, z.B. das Steuerrecht (Grenzgänger). – Nach den EU-Erweiterungen 2004 und 2007 gibt es eine optionale maximal siebenjährige Übergangsfrist für die „alten" Mitgliedstaaten, bis Arbeitnehmer aus den neuen Mitgliedstaaten die volle Freizügigkeit erhalten. In der dritten und letzten Phase müssen diejenigen Staaten, die die Übergangsfrist bis zur Maximaldauer beibehalten wollen, eine ernsthafte Störung des Arbeitsmarktes oder die Gefahr einer solchen durch die Aufhebung der Beschränkungen nachweisen.

**III.** Versicherungswesen: mögliche Vereinbarung zum Versicherungsort in der Feuer-Sachversicherung und in verwandten Sachversicherungen. Bei Deklaration mehrerer Versicherungsorte mit je bes. Versicherungssumme bedeutet Freizügigkeit zwischen diesen Orten, dass die Frage nach Voll- oder Unterversicherung nach dem Verhältnis der Gesamt-Versicherungssumme für diese Orte zum Gesamt-Versicherungswert der Sachen an diesen Orten zu entscheiden ist. Die Freizügigkeit kann mit bes. Entschädigungsgrenzen für jeden Ort ausgestattet werden, z.B. mit 120 Prozent der ortsindividuellen Versicherungssummen.

**Fremdanteile** → Vollkonsolidierung.

**Fremdvergleichsgrundsatz – 1.** *Allgemein:* Grundsatz, dass einander – familiär oder durch gesellschaftsrechtliche Beziehungen – nahe stehende Personen sich bei der Gestaltung ihrer Geschäfte miteinander so zu verhalten haben, wie es Personen täten, die einander fremd sind („fremde Dritte"), und dass dann, wenn die vereinbarten Konditionen für ein Geschäft zwischen nahestehenden Personen diesem Maßstab nicht entsprechen, für steuerliche Zwecke eine Berichtigung der Vertragskonditionen stattfinden darf. Die Finanzverwaltung kann, wenn der Fremdvergleichsgrundsatz verletzt worden ist, das Geschäft so behandeln, als ob die Konditionen denen zwischen fremden Dritten entsprochen hätten. – 2. *Wichtige Anwendungsbereiche:* a) bei der Gestaltung der Verrechnungspreise bei grenzüberschreitenden Geschäften (→ Dealing-at-Arm's-Length-Grundsatz). – b) Bei der Überprüfung von geschäftlichen Beziehungen einer Kapitalgesellschaft mit ihren Anteilseignern und den diesen nahe stehenden Personen spielt der Fremdvergleichsgrundsatz ebenfalls eine Rolle, da sich z.B. das Vorliegen einer verdeckten Gewinnausschüttung danach richtet, ob ein ordentlicher Geschäftsführer der Kapitalgesellschaft einem Geschäft wie dem vorliegenden auch zugestimmt hätte, wenn der Vertragspartner nicht ein Gesellschafter (oder eine ihm nahe stehende Person), sondern ein fremder Dritter gewesen wäre. – c) Früher spielte der Fremdvergleichsgrundsatz außerdem auch eine Rolle im Rahmen der Regelungen zur Gesellschafter-Fremdfinanzierung;

dieser Aspekt ist jedoch durch die Einführung der Zinsschranke obsolet. – 3. *Folgen einer Verletzung des Fremdvergleichsgrundsatzes:* Ist der Fremdvergleichsgrundsatz verletzt und hat deswegen ein Unternehmen weniger Gewinn gemacht, als es dies bei einem Geschäftsabschluss unter normalen Bedingungen hätte tun können, sieht das Gesetz vor, dass die Gewinnermittlung des Unternehmens steuerlich so berichtigt wird, als hätte es das Geschäft zu fremdüblichen Konditionen abgeschlossen. Dabei werden mehrere Instrumente genutzt: a) Einordnung des Vorgangs, falls möglich, als verdeckte Gewinnausschüttung oder verdeckte Einlage, b) erst nachrangig: Nutzung der speziell für Auslandsfälle entwickelten Korrekturmöglichkeiten für → Verrechnungspreise nach § 1 Außensteuergesetz.

**Fresh-Start-Methode** – *Fair Value Pooling, Mutual Purchase, New Basis Accounting;* Methode der → Kapitalkonsolidierung zur bilanziellen Abbildung von Unternehmenszusammenschlüssen im → Konzernabschluss. Aufbauend auf einem Diskussionspapier der G4+1-Gruppe internationaler Standard-Setter wurde eine Zeit lang auf internationaler Ebene erwogen, sie anstelle der → Pooling-of-Interests-Methode als Alternative zur → Purchase-Methode einzuführen. Derzeit ist die Fresh-Start-Methode allerdings noch in keinem Rechtskreis anwendbar. – Sie basiert auf der Annahme, dass bestimmte Unternehmenszusammenschlüsse durch die Purchase-Methode unzutreffend bilanziell abgebildet werden, weil sie sich wirtschaftlich nicht als Erwerb des einen durch das andere Unternehmen darstellen, sondern vielmehr als das Entstehen einer neuen wirtschaftlichen Einheit zu interpretieren sind. Daher hat der Kapitalkonsolidierung nach der Fresh-Start-Methode eine vollständige Neubewertung beider beteiligten Unternehmen, ggf. mit Aufdeckung der Goodwills, vorauszugehen.

**Fristenverordnung** – Verordnung (EWG/EURATOM) Nr. 1182/71 des Rates zur Festlegung der Regeln für die Fristen, Daten und Termine vom 3.6.1971 (ABl. EG Nr. L 124, S. 1). Regelt für alle Rechtsakte des Rates und der Kommission, die sich auf den EG- oder den EURATOM-Vertrag stützen, einheitlich die Berechnung der Fristen.

**FSF** – Abk. für → Forum für Finanzmarktstabilität.

**FTA** – Abk. für *Free Trade Association,* → Freihandelszone.

**FTAA** – Abk. für *Free Trade Area of the Americas,* Gesamtamerikanische Freihandelszone; 1994 in Miami initiiert. – *Sitz:* San Francisco. – Sie besteht aus 34 amerik., demokratischen Staaten. Ihr Ziel ist sowohl der → Freihandel als auch die Förderung der Investition in Lateinamerika.

**Fundamentaldaten** – Langfristige, grundlegende Informationen über die realen Produktionsmöglichkeiten, über die Strukturen der Wirtschaft sowie über den Vermögensstatus der Wirtschaftseinheiten. – Vgl. auch → Vermögenspreisansatz zur Wechselkursbestimmung, → spekulative Blase.

**Funktionsholding** – im → Außensteuergesetz (AStG) früher eine Bezeichnung für eine Holdinggesellschaft in einem ausländischen Staat, die eine aktive Tätigkeit ausübt und im wirtschaftlichen Zusammenhang damit eine wesentliche Beteiligung an einer anderen ausländischen Gesellschaft hält, die selbst ebenfalls wieder aktiv tätig sein muss. War eine Gesellschaft Funktionsholding, so galten die Dividendeneinkünfte aus der Untergesellschaft bei ihr nicht als Einkünfte aus passiver Tätigkeit. Da nach der Reform der Hinzurechnungsbesteuerung im Zuge des Übergangs zum Halbeinkünfteverfahren alle ausländischen Gesellschaften mit Dividendeneinkünften so behandelt werden wie früher nur die Funktionsholding und die Landesholding, ist die Regelung über die Funktionsholding (§ 8 II AStG a.F.) als überflüssig aufgehoben worden.

**Funktionsverlagerung** – 1. *Begriff* aus dem Internationalen Steuerrecht: die Verlagerung von betrieblichen Funktionen, die bisher im Inland ausgeübt werden, auf nahe stehende Personen im Ausland. – 2. *Steuerliche Behandlung*: Ertragsteuerlich stellt sich der dt. Gesetzgeber auf den Standpunkt, dass ein Unternehmer Teile der betrieblichen Geschehensabläufe, die gewinnbringend sind, nur dann auf einen Fremden verlagern würde, wenn dieser ihn durch Zahlung einer angemessenen Vergütung für die Überlassung dieser Gewinnchancen entschädigen würde. Da nach dem international anerkannten Fremdvergleichsgrundsatz Geschäftsbeziehungen zwischen in- und ausländischen Unternehmen desselben Konzerns (bzw: verbundenen Unternehmen) dem Fremdvergleichsgrundsatz entsprechend ausgestaltet sein müssen, verlangt der dt. Gesetzgeber daher in § 1 Außensteuergesetz (AStG), dass bei der Verlagerung betrieblicher Funktionen nicht nur angemessene Preise für die einzelnen ins Ausland ausgelagerten Wirtschaftsgüter, sondern auch eine Vergütung für das übergehende Gewinnpotenzial (also quasi für einen Teil des Firmenwertes) gezahlt werden muss (→ Verrechnungspreis). Darüber, wie nach welchen Regeln ein solcher angemessener Verrechnungspreis für eine Funktionsverlagerung bestimmt werden muss und welche Nachweise für eine Überprüfung der vom Unternehmen gewählten Preisfindung bereitgehalten werden müssen, existieren detaillierte gesetzliche Vorgaben in § 1 AStG und der Funktionsverlagerungs-Verordnung. – 3. *Praktische Auswirkungen*: Die Behandlung der Funktionsverlagerung in dieser Weise wirft die Frage auf, inwieweit das ausländische Unternehmen, das die betreffende betriebliche Funktion übernimmt, den „Kaufpreis" hierfür bei seinem Fiskus steuerlich – sei es sofort, sei es durch Abschreibung – geltend machen kann; ob das immer gelingen wird, ist fraglich. Gelingt dies jedoch nicht, droht in Höhe der vertraglich vergüteten Preise für die Funktionsverlagerung für den betroffenen Konzern letztendlich eine Doppelbesteuerung, die den Zielen der Doppelbesteuerungsabkommen (DBA) zuwiderlaufen würde. Es wäre dann nötig, ein → Verständigungsverfahren nach den DBA oder ein Schiedsverfahren nach dem → Schiedsabkommen einzuleiten, um einer doppelten Besteuerung auszuweichen. Allein die Möglichkeit, dass es zu solchen Situationen kommen könnte, dürfte sich in der Praxis als Hindernis für die Attraktivität von Funktionsverlagerungen ins Ausland auswirken; damit wird der Globalisierung steuerlich also entgegengearbeitet. Dieser Effekt mag vom Gesetzgeber gewollt sein, verstieße aber jedenfalls innerhalb der EU und des EWR gegen die vom EG-Vertrag etablierte Rechtsordnung: Der Binnenmarkt besteht geradezu in der Idee, die Tätigkeiten eines Unternehmens frei und ungehemmt auf die einzelnen Staaten der EU verteilen zu können; daher ist die Regelung (die es erst seit 2007 gibt) gegenwärtig europarechtlich noch umstritten.

**Fusionsbilanz** – *Verschmelzungsbilanz;* Sonderbilanz (→ Bilanz) bei der Verschmelzung von Rechtsträgern durch Neugründung; die Fusionsbilanz übernimmt die Aktiva und Passiva aller verschmolzenen Rechtsträger. Die Fusionsbilanz ist von dem neugegründeten Rechtsträger aufzustellen, sie ist dessen Eröffnungsbilanz. – Vgl. auch Umwandlungsbilanzen.

# G

**G 10** – *Group of Ten, Zehner-Club, Zehner-Gruppe;* 1962 gebildetes informelles Kooperationsgremium der zehn westlichen Hauptindustrieländer (Kanada, USA, Japan, Belgien, Frankreich, Bundesrepublik Deutschland, Italien, Niederlande, Schweden, Schweiz, Großbritannien) zur Abstimmung und Wahrung der gemeinsamen Währungsinteressen und der gegenseitigen Unterstützung bei Zahlungsbilanzschwierigkeiten. Sitz in Paris. G 10 tagt zweimal jährlich unter Teilnahme von Repräsentanten des → IWF, der → OECD und des → BIZ. Die Schweiz ist seit 1984 elftes Vollmitglied (bei Gründung erst nur assoziiert); Belgien ist assoziiertes Mitglied. – G 10 und der → IWF trafen 1962 die → Allgemeinen Kreditvereinbarungen (AKV). Aufgrund der damals erreichten umfassenden → Konvertibilität der Währungen wurde ein *Sonderkreditfond* errichtet und die kurzfristigen Kapitalbewegungen freizügiger gestaltet, um durch diese Kredithilfen den Mitgliedsländern den Ausgleich der Zahlungsbilanzen zu erleichtern und die internationale Währungsordnung stabiler zu gestalten. Internationale Währungskrisen konnte G 10 nicht verhindern, deren Auswirkungen aber überwinden helfen. Der hohe Anteil ihrer Mitglieder an den Quoten des IWF ermöglicht es G 10, einen starken Einfluss auf die Politik des IWF zu nehmen. So initiierte G 10 u.a. die Schaffung der → Sonderziehungsrechte (SZR).

**G 24** – *Group of Twenty-Four, Intergovernmental Group of Twenty-Four on International Monetary Affairs;* 1971 gegründet. Hauptziel ist die Koordinierung der Position der → Entwicklungsländer bei Fragen der internationalen Finanz- und Währungspolitik. Die Gruppe umfasst 24 Mitgliedsländer aus Afrika, Lateinamerika und Asien (einschließlich Arabien). Mitgliedsländer der → G 77, die nicht Mitglieder der G 24 sind, können als Beobachter an ihren Treffen teilnehmen. Die Mitgliedsländer werden durch ihre Finanzminister bzw. Zentralbankpräsidenten vertreten. Sie treffen sich zweimal pro Jahr, jeweils vor den Halbjahrestreffen von → IWF und Weltbank (→ IBRD) im Frühling und im Herbst.

**G 4+1-Gruppe** – Ehemals Gruppe internationaler Standard-Setter aus Australien/Neuseeland, Kanada, den USA und Großbritannien. Das International Accounting Standards Committee (IASC) – heute → International Accounting Standards Board (IASB) – hatte einen Beobachterposten inne. Ziel der G 4+1-Gruppe war es, auf eine internationale Konvergenz bestimmter Bereiche der → Rechnungslegung hinzuwirken. Hierzu veröffentlichte sie Diskussionspapiere, die Empfehlungen für die Ausgestaltung von Rechnungslegungsvorschriften enthielten und sich an nationale Standard-Setter und Interessengruppen wendeten.

**G 5** – *Group of Five; Fünfer-Club;* 1. *Bedeutung:* 1973 erstmals erfolgtes Zusammentreffen der Finanzminister und Notenbankpräsidenten der USA, Japans, Deutschlands, Frankreichs und Großbritanniens. Ziel ist eine engere Kooperation der Industriestaaten auf dem Gebiet der Währungspolitik, → Weltwirtschaftsgipfel sowie ein stetiges Wirtschaftswachstum. Erweiterungen führten zu → G 7 (Group of Seven) und → G 8 (Group of Eight). – 2. *Alternative Bezeichnung* für den lockeren Zusammenschluss von 5 wichtigen Schwellenländern: China, Indien, Brasilien, Mexiko und Südafrika.

**G 7** – *Group of Seven, Siebener-Club, Siebener-Gruppe;* informelles Netzwerk, initiiert vom franz. Präsidenten d'Estaing und dem dt. Bundeskanzler Schmidt, die 1975 die Staats- und Regierungschefs Italiens, Japans, Großbritanniens und der USA (1976 auch

Kanadas) einluden, seit 1978 auch den Präsidenten der EU-Kommission mit Beobachterstatus. Ohne ital. und kanadische Finanzminister auch als → G 5 bezeichnet. – *Ziele:* Informationsaustausch, Planung der internationalen Agenda für das Folgejahr, Verfolgung stetigen Wachstums und größerer Währungsstabilität. Erfolgreich bei der informellen Währungskoordination, weniger erfolgreich bei der Koordinierung der Makropolitiken. – Vgl. auch → Weltwirtschaftsgipfel.

**G 77** – Sprachrohr der Länder der Entwicklungsländer innerhalb der Vereinten Nationen (→ UN), v.a. für entwicklungs- und wirtschaftspolitische Fragen. Gegründet 1964, 130 Mitglieder.

**G 8** – *Group of Eight,* entspricht der Siebenergruppe (→ G 7) zzgl. Russlands, das seit 1998 offizielles Mitglied ist. – Vgl. auch → Weltwirtschaftsgipfel.

**GAAP** → US-GAAP.

**GAB** – Abk. für *General Arrangements to Borrow;* Verträge zwischen dem → IWF und elf Mitgliedsländern bzw. deren Zentralbanken, gemäß denen der IWF sich bei Bedarf, zu marktbezogenen Zinssätzen erhebliche Währungsbeträge zur Verwendung im Rahmen seiner Kreditprogramme ausleihen kann. Die GAB sind seit Oktober 1962 in Kraft, die elf Gläubigerländer (USA, Deutschland, Japan, Großbritannien, Frankreich, Italien, Kanada, Niederlande, Belgien, Schweden, Schweiz) stellen insgesamt 17 Mrd. → Sonderziehungsrechte (SZR) zur Verfügung. Durch ein entsprechendes Arrangement mit Saudi-Arabien stehen für den IWF weitere 1,5 Mrd. SZR bereit. Seit 1998 wurden die GAB durch die → NAB (New Arrangements to Borrow) ergänzt, sodass nun insgesamt 34 Mrd. SZR zur Verfügung stehen. Die Beträge des GAB sind bisher zehnmal aktiviert worden; das letzte Mal 1998 mit 6,3 Mrd. SZR für Russland.

**Gains** – *außerbetriebliche Erträge,* → Conceptual Framework.

**Gains-from-Trade-Theorem** – theoretische Aussage über die Wohlfahrtswirkungen des → internationalen Handels im Vergleich zur → Autarkie (s. hierzu → dynamische Wohlfahrtswirkungen des internationalen → Handels). Danach bewirkt internationaler Handel eine Wohlfahrtsverbesserung gegenüber der hypothetischen Autarkiesituation. Diese Verbesserung gilt allerdings nicht von vornherein für jedes Individuum. Es ist vielmehr zu erwarten, dass einzelne Individuen besser, andere jedoch schlechter gestellt werden (z.B. → Stolper-Samuelson-Theorem). Dennoch kann insgesamt von einer Wohlfahrtsverbesserung gesprochen werden, und zwar in dem Sinn, dass die zunächst schlechter Gestellten durch ein geeignetes System von Pauschalsteuern und Pauschaltransfers *kompensiert* werden können (vgl. *Kaldor-Hicks-Scitovsky*), und dass danach immer noch einzelne Individuen bei Handel besser gestellt sind als bei Autarkie. – Der Unterschied zwischen beiden Situationen kann mithilfe eines sog. *Äquivalenzmaßes* zum Ausdruck gebracht werden. Das ist jenes Ausmaß an Einkommenskompensation, das die Konsumenten bei Autarkiepreisen in eine Lage brächte, die sie gleich bewerten würden wie → Freihandel *(equivalent variation),* bzw. jene Einkommenskompensation, die sie bei Freihandelspreisen erhalten müssten, um in eine Lage zu kommen, die sie gleich bewerten wie die Autarkie *(compensating variation).* Die *Gains-from-Trade-Theoreme* hängen auf entscheidende Weise von den → Terms of Trade ab. Sie setzen sich aus dem Konsumgewinn (→ Konsumgewinne aus internationalem Handel) und dem Produktionsgewinn (→ Produktionsgewinn aus internationalem Handel) zusammen. – Vgl. auch → Handelspolitik.

**GAP** – Abk. für *Gemeinsame Agrarpolitik (der Europäischen Union* (→ EU)). 1. Die GAP ist heute stark vereinfacht, modernisiert und kostengünstiger. Lebensmittelberge gibt es fast nicht mehr und die Exporthilfen sind stark gesunken. Insofern widerspricht sie den häufig noch bestehenden Klischees. Europa ist heute ein wichtiger Ausführer, aber auch der weltweit größte Einführer von Lebensmitteln, v.a. aus Entwicklungsländern. Die bisher von der EU getätigten Einfuhren aus den Entwicklungsländern und den am wenigsten entwickelten Ländern übertreffen die der USA, Japans, Kanadas, Australiens und Neuseelands zusammengenommen. Der europäische Agrarsektor wendet sichere, saubere und umweltverträgliche Methoden an und produziert Qualitätserzeugnisse. Auch steht der Sektor im Dienste seines ländlichen Raums und trägt dazu bei, diesen als Arbeitsplatz, Wohn- und Ferienort zu erhalten und für die Zukunft fit zu machen. Die Regeln über die GAP und ihre Organisation finden sich in den Art. 38 ff. AEUV. Die GAP wird im Kern von drei Grundsätzen bestimmt: Der erste, nämlich die Verwirklichung des gemeinsamen Marktes für sämtliche Erzeugnisse in der EU, bedeutet, dass landwirtschaftliche Erzeugnisse frei zwischen den Mitgliedsstaaten gehandelt werden können und Zölle nur an den Außengrenzen der EU erhoben werden dürfen. Der zweite Grundsatz ist die Gemeinschaftspräferenz, die EU-Erzeugnissen gegenüber den aus Drittländern eingeführten Erzeugnissen einen Preisvorteil einräumt. Der dritte Grundsatz schließlich (die finanzielle Solidarität) bedeutet, dass die Mitgliedsstaaten gemeinsam für die Finanzierung der GAP verantwortlich sind. 1979 kam ein vierter Grundsatz, die Mitverantwortung, hinzu. Dieser Grundsatz besagt, dass die Landwirte in bestimmten Sektoren an den durch die Überproduktion entstehenden Kosten beteiligt werden. Ein wichtiges Instrument der GAP sind die *Gemeinsamen Marktorganisationen* (*GMO*), die es für die meisten Agrarprodukte der EU gibt. Es handelt sich dabei um Regeln, durch die Handelshemmnisse in der EU für diese Agrarprodukte abgebaut werden. – 2. *Finanzierung:* Die Agrarausgaben wurden bis Ende 2006 vom *Europäischen Ausrichtungs- und Garantiefonds für die Landwirtschaft* (*EAGFL*) finanziert. An die Stelle des EAGFL sind der *Europäische*

*Garantiefonds für die Landwirtschaft* (*EGFL*) und der *Europäischen Landwirtschaftsfonds für die Entwicklung des ländlichen Raums* (*ELER*) getreten. Im Laufe der Jahre ist der Anteil der Gemeinsamen Agrarpolitik am EU-Budget kontinuierlich gesunken. Im Jahr 1988 betrug er noch knapp 70 Prozent, im Jahre 2008 nur mehr ca. 45 Prozent des EU-Haushalts. Laut der → Finanziellen Vorschau der Europäischen Union 2007–2013 wird eine weitere Reduzierung dieses Anteils bis 2013 angestrebt. Seit dem 30.4.2009 müssen die Angaben über Empfänger von GAP-Zahlungen öffentlich zugänglich sein. – 3. *GAP-Reform:* Die Landwirtschaft trägt mittlerweile weniger als 2 Prozent zum BIP der EU bei. Die GAP steht in mancher Hinsicht noch im Widerspruch mit Welthandelsregeln und führte in der Vergangenheit zu beträchtlicher Überproduktion. Besonders seit 1999 wird die GAP deshalb einer grundlegenden Reform unterzogen, die v.a. das Ziel hat, diesen Politikbereich in Einklang zu bringen mit den Erfordernissen der → EU-Erweiterung und der *Welthandelsorganisation* (*WTO*). Die europäische Landwirtschaft soll multifunktional, nachhaltig und wettbewerbsfähig werden und die Regionen mit bes. Schwierigkeiten einschließen. Themen wie Verbraucher-, Tier- und Umweltschutz, ländliche Entwicklung sowie Pflege der Kulturlandschaft sind heute Bestandteil der GAP. Beim Kopenhagener Gipfel von Dezember 2002 wurden Obergrenzen für die Agrarkosten nach der Erweiterung festgelegt: 9,8 Mrd. Euro, davon ca. die Hälfte für die Entwicklung des ländlichen Raums. Außerdem sollen die Landwirte in den neuen Mitgliedsstaaten unmittelbar nach dem Beitritt zunächst nur ein Viertel der in den alten Mitgliedsstaaten gezahlten Direktbeihilfen erhalten. Eine allmähliche Angleichung des Unterstützungsniveaus soll bis 2013 erfolgen. Der für 2006 festgelegte Betrag für die GAP in der aus 27 Mitgliedsstaaten bestehenden EU bildet die Obergrenze der GAP-Ausgaben bilden, deren weiterer Anstieg nur noch um ein

Prozent als Inflationsausgleich erlaubt würde. Faktisch heißt dies, dass die GAP-Ausgaben eingefroren worden sind. Am 26.6.2003 wurde schließlich vom → Rat der Europäischen Union (vormals Ministerrat) ein weiterer wichtiger Reformschritt beschlossen, der die Stützungsmechanismen der GAP vollkommen verändert. Die Hauptelemente sind: Fast vollständige Entkopplung von Produktion und Stützungszahlungen, Verknüpfung einzelbetrieblicher Zahlungen an Einhaltung von Standards in den Bereichen Umwelt, Lebensmittelsicherheit, Tier-/Pflanzengesundheit, Tierschutz und Arbeitssicherheit sowie die Verpflichtung zur „Cross Compliance" (Erhalt eines guten agronomischen Zustands der Betriebe), verstärkte Unterstützung der ländlichen Entwicklung, Kürzung der Direktzahlungen („Modulation") an Großbetriebe, Anpassung der Marktstützungspolitik in den einzelnen Produktbereichen. Die Reform ist in den Jahren 2004 und 2005 in Kraft getreten, in einigen Mitgliedsstaaten nach einer Übergangsfrist erst 2007. – 4. *GAP-Gesundheitscheck:* Der Ministerrat einigte sich im November 2008 über den GAP-Gesundheitscheck, ein Bündel von Maßnahmen, die die GAP weiter modernisieren. Zu den Maßnahmen gehören die Abschaffung der Flächenstilllegung, die schrittweise Anhebung der Milchquoten bis zu ihrem endgültigen Wegfall im April 2015 und die Umwandlung der Marktintervention in ein reines Sicherheitsnetz. Direktzahlungen werden gekürzt und die frei werdenden Mittel für die ländliche Entwicklung vorgesehen. Die Kürzungen belaufen sich derzeit auf 5 Prozent bei Beträgen von über 5000 Euro jährlich. Bis 2012 wurde dieser Satz auf 10 Prozent aufgestockt. Bei Zahlungen von über 300.000 Euro jährlich wird ein weitere Kürzung von 4 Prozent vorgenommen. Die EU kofinanziert die übertragenen Mittel zu 75 Prozent bzw. in Konvergenzregionen zu 90 Prozent. Die Mitgliedsstaaten können außerdem Milchbauern in schwierig zu bewirtschaftenden Regionen bei der Anpassung an die neue Marktlage

helfen. – 5. *Vereinfachung der GAP:* Die Vereinfachung der GAP, die seit 2005 erfolgt, hat bis Frühjahr 2009 beträchtliche Fortschritte gemacht: Ziel ist es, den sich aus der GAP ergebenden Verwaltungsaufwand um 25 Prozent bis 2012 zu reduzieren. So wurden bes. Vermarktungsnormen für 26 Obst- und Gemüsearten aufgehoben (u.a. für Gurken). Der Gesundheitscheck wird den landwirtschaftlichen Betrieben Einsparungen ermöglichen, etwa 146 Mio. Euro durch Abschaffung der Stilllegungsregelung. 300 überflüssige Rechtsakte wurden aufgehoben, und die einheitliche Gemeinsame Marktordnung ersetzt 22 einzelne gemeinsame Marktorganisationen. Die Anzahl der Artikel wird von ca. 920 auf 230 reduziert und ermöglicht die Aufhebung von 78 Rechtsakten des Rates. 400 Mio. Euro Einsparungen werden durch eine verbesserte Nutzung von Informationstechnologien erwartet. Im Bereich der Einfuhren sind nur noch 65 (vorher 500) Lizenzen erforderlich, im Exportbereich nur noch 43, wodurch insgesamt die Kosten um ca. ca. 7,4 Mio. Euro gesenkt wurden.

**Garantien für Kapitalanlagen im Ausland** – Absicherung von → Direktinvestitionen gegen politische Risiken im Anlageland. Auch die Erträge können einbezogen werden. Instrumente werden angeboten von nationalen und internationalen Institutionen; zu Letzteren gehört die Weltbanktochter Multilaterale Investitions-Garantie-Agentur (→ MIGA) für Direktinvestitionen in → Entwicklungsländern.

**GASP** – Abk. für *Gemeinsame Außen- und Sicherheitspolitik (der EU);* gemeinsam mit der Wirtschafts- und Währungsunion (WWU) und der Zusammenarbeit in den Bereichen Justiz und Inneres als bes. Tätigkeitsschwerpunkt der → EU errichtet. – 1. *Hintergrund:* Die Bemühungen der Gemeinschaft, der wirtschaftlichen Integration auch eine politische Dimension zu geben, reichen bis in die Gründerjahre zurück. Seit 1970 kam es zu einer wachsenden Abstimmung im Rahmen der sog. Europäischen Politischen Zusammenarbeit (EPZ), doch erst 1987 gelang es im Rahmen einer Reform der Gründungsverträge (in Art. 30 der Einheitlichen Europäischen Akte (→ EEA)), die EPZ zu verankern. Ein weiterer Schritt zu einer Vereinheitlichung der Außen- und Sicherheitspolitik wurde mit dem Vertrag über die EU von 1992 (Maastrichter Vertrag) sowie den Verträgen von Amsterdam (1997) und Nizza (2001) getan. – 2. Die *rechtliche Grundlage* der GASP findet sich in Art. 23-46 EUV. – 3. *Ziele* (Art. 21 Abs. 2 EUV) u.a.: (1) Wahrung der gemeinsamen Werte, der grundlegenden Interessen und der Unabhängigkeit der Union; (2) Stärkung ihrer Sicherheit und der ihrer Mitglieder in allen ihren Formen; (3) die Wahrung des Weltfriedens und die Stärkung der internationalen Sicherheit entsprechend den Grundsätzen der UN und der Schlussakte von Helsinki; (4) die Förderung der internationalen Zusammenarbeit; (5) die Förderung von Demokratie und Rechtsstaatlichkeit sowie die Achtung der Menschenrechte. – 4. *Instrumente:* Die GASP verfügt über folgende Handlungsformen: 1. allgemeine Leitlinien, 2.Beschlüsse zur Festlegung a) der von der Union durchzuführenden Aktionen, b) den von der Union einzunehmenden Standpunkten, c) der Einzelheiten der zur Durchführung in a) und b) genannten Beschlüsse, 3. die systematischen Zusammenarbeit (Art. 25 EUV). – 5. *Zuständigkeiten:* Beschlüsse werden im Rahmen der GASP vom Europäischen Rat und vom Rat einstimmig gefasst, sofern nichts anderes festgelegt ist. Der Erlass von Gesetzgebungsakten ist ausgeschlossen. Auf der Basis der vom Europäischen Rat festgelegten allgemeinen Leitlinien und strategischen Vorgaben fasst der Rat (Ministerrat) die für die Durchführung der Politik erforderlichen Beschlüsse. Letztere sind für alle Mitgliedstaaten bindend und stellen das wirkungsvollste und operationellste Instrument der GASP dar. Standpunkte und Aktionen werden i.d.R. einstimmig beschlossen. Eine Abstimmung mit qualifizierter Mehrheit ist nur in den Fällen

möglich, in denen der Europäische Rat zuvor einstimmig eine Gemeinsame Strategie beschlossen hat. Falls sich ein Mitgliedsstaat aus wichtigen Gründen nationaler Politik einen solchen Beschluss ablehnt, kann der Beschluss nicht mit qualifizierter Mehrheit gefasst werden, sondern wird zur einstimmigen Beschlussfassung an den Europäischen Rat zurückverwiesen. Bei der einstimmigen Beschlussfassung können sich Mitgliedstaaten enthalten, sodass ein Staat bspw. nicht an einer Aktion teilnehmen muss. Er darf sie allerdings auch nicht behindern („konstruktive Enthaltung"). Eine weitere Möglichkeit, die Beschlussfassung in der GASP zu beschleunigen (neben qualifizierter Mehrheit und konstruktiver Enthaltung) ist die Anwendung der Flexibilitätsklausel: Können die Ziele der Union und der Gemeinschaft nicht von allen Mitgliedstaaten erreicht werden, können diejenigen, die dazu in der Lage sind (mind. acht Mitgliedsstaaten) untereinander eine verstärkte Zusammenarbeit aufnehmen. In der GASP ist dies z.B. für die Durchführung einer Aktion oder eines Standpunkts oder bei Initiativen im Rüstungsbereich möglich. Gemeinsame Aktionen können in allen Bereichen der GASP (bei Fragen mit militärischen oder verteidigungspolitischem Bezug jedoch nur einstimmig) beschlossen werden und führen in der Praxis zur Entsendung von Wahlbeobachtern, Minenräumung, Terrorismusbekämpfung, Entsendung ziviler Fachkräfte, Benennung von EU-Sonderbeauftragten oder auch zum Einsatz von Militär z.B. für humanitäre Missionen, Friedenssicherung oder -erzwingung. – 6. Durch den → Amsterdamer Vertrag wurde der GASP mit dem „Hohen Vertreter für die GASP" ein Gesicht verliehen. Dieser Posten wurde vom Generalsekretär des Rates wahrgenommen. In dem vom → Europäischen Konvent ausgearbeiteten Entwurf einer Verfassung für Europa (→ Verfassung für Europa) war der Vorschlag enthalten, den Posten eines europäischen Außenministers zu schaffen. Der → Vertrag von Lissabon hat das Amt des Hohen Vertreters für Außen- und Sicherheitspolitik geschaffen (Art. 18 EUV). Er führt im Rat „Auswärtige Angelegenheiten" den Vorsitz und er vertritt die Union in den Bereichen der Gemeinsamen Außen- und Sicherheitspolitik (§ 27 EUV). – 7. *ESVP:* Seit 1998 arbeitet die EU am Aufbau einer Europäischen Sicherheits- und Verteidigungspolitik (ESVP, vgl. Art 42-46 EUV)), die nach dem EUV im Rahmen der GASP schrittweise auch zu einer gemeinsamen Verteidigung führen könnte. In diesem Zusammenhang wird auch über die Entwicklung kollektiver Fähigkeitsziele für die Streitkräfteführung, Aufklärung und Transport sowie die effiziente Umstrukturierung der europäischen Rüstungsindustrie und eine enge Zusammenarbeit mit der NATO diskutiert. Mit dem Politischen Komitee, dem Politischen und Sicherheitspolitischen Komitee, der Strategieplanungs- und Frühwarneinheit sowie dem Militärausschuss und dem Militärstab im Ratssekretariat wurden neue sicherheits- und verteidigungspolitische EU-Gremien geschaffen. Der Ministerrat tritt nun auch in der Zusammensetzung der Verteidigungsminister zusammen. Die nahezu vollständige Integration der → WEU in die EU ist im Rahmen dieses EVSP-Prozesses erfolgt. Parallel sind auch das zivile Krisenmanagement (mithilfe von Polizei, Verwaltungsexperten und Fachkräften im Zivil- und Katastrophenschutz) und die Bedeutung von Konfliktprävention mit sämtlichen zur Verfügung stehenden Mitteln der EU in ihrer Bedeutung gestiegen. Im Jahre 2003 übernahm die EU erstmals die Verantwortung für zwei europäische Polizeimissionen in Bosnien-Herzegowina und in Mazedonien. Im gleichen Jahr fanden auch europäische/EU-Militäroperationen im Rahmen der ESVP in der Demokratischen Republik Kongo und in Mazedonien statt. Für den Zeitraum 2008-2009 sind insbesondere die Operationen im Tschad (EUFOR) sowie die Anti-Piraten Operation ATALANTA vor der Küste Somalias zu nennen.

**GATS** – Abk. für *General Agreement on Trade in Services, Allgemeines Abkommen für den Dienstleistungshandel;* als Abschluss der → Uruguay-Runde am 15.4.1994 in Marrakesch (Marokko) geschlossen. Die jüngere Schwester des → GATT reguliert den internationalen Handel mit Dienstleistungen. Ursprünglich sollten sie schon im Rahmen der → ITO liberalisiert werden; auch eine Integration in das → GATT scheiterte, sodass die Dienstleistungen in der Uruguay-Runde einen Sonderstatus erhielten. Seit Anfang 2000 gibt es Neuverhandlungen im Rahmen des WTO zu den GATS, welche vorsehen dass alle WTO-Mitglieder Marktöffnungsangebote gegenüber Drittstaaten vorlegen. – GATS besteht aus drei unterschiedlichen Vertragsteilen, dem Rahmenabkommen, den Anhängen und den nationalen Zugeständnissen. Das Rahmenabkommen nennt die Grundprinzipien Meistbegünstigungsklausel (→ Meistbegünstigung), Transparenz, → Liberalisierung, Inländerbehandlung. Das letzte Prinzip deutet an, dass der Dienstleistungssektor nicht vollständig liberalisiert werden muss, aber ausländische Dienstleister dürfen gegenüber Einheimischen nicht benachteiligt werden. Die Anhänge legen die unterschiedlichen Liberalisierungsgrade einzelner Dienstleistungssektoren fest. Vier Anhänge regeln Finanzdienstleistungen, Telekommunikation, Luftverkehr und die Bewegungsfreiheit natürlicher Personen, sodass Individuen vorübergehend ein Dienstleistungstransfer gestattet werden soll. Bei den nationalen Zugeständnissen geben die Vertragsparteien an, welche Sektoren sie liberalisieren und welche vorerst von Liberalisierungsmaßnahmen ausgenommen werden. GATS ist einer der zentralen Pfeiler der → World Trade Organization (WTO).

**GATT** – Abk. für *General Agreement on Tariffs and Trade, Allgemeines Zoll- und Handelsabkommen;* Vorgängerabkommen, welches in der → World Trade Organization (WTO) gipfelte, die zum 1.1.1995 gegründet wurde. – 1. *Entstehung:* Das GATT geht auf Bemühungen der USA um eine Liberalisierung des Welthandels zurück. Sie schlugen die Gründung einer Internationalen Handelsorganisation (→ ITO) und die Kodifizierung einer Welthandels-Charta (Havanna-Charta) vor. Verhandlungen in London (1946) und Genf (1947) führten dazu, die handelspolitischen Abschnitte der Havanna-Charta vorläufig in Kraft zu setzen. Sie wurden am 30.10.1947 als GATT von 23 Staaten angenommen und traten am 1.1.1948 in Kraft. – Da die Havanna-Charta mangels Ratifizierung durch die USA nie in Kraft trat, blieb das GATT bis 1994 das einzige internationale Abkommen zur *Schaffung einer internationalen Welthandelsordnung*. – *Länder:* Im August 1994 gehörten zum GATT 123 Vertragsparteien, davon 99 Entwicklungsländer. Weitere Länder wenden de facto das GATT an. – Am 15.4.1994 wurden in Marrakesch nach mehr als 7-jährigen Verhandlungen die Ergebnisse der *Uruguay-Runde* des GATT von 111 Ländern unterzeichnet, die einen neuen Meilenstein für die Welthandelsordnung darstellen. Das bislang nur provisorisch angewandte GATT wird in die WTO überführt. Die letzte Ministerkonferenz im Dezember 2005 fand in Hongkong mit 149 Mitgliedern (→ Doha-Runde) statt. Neben neuen Themen wurde eine zunehmende Integration der Agrarwirtschaft mit Auslaufen von Exportsubventionen vereinbart. Weitere Verhandlungen über Investitionen, Marktzugang und des Art. XXIV GATT mit der Inkompatibilität. – 2. *Ziele:* Erhöhung des Lebensstandards, Förderung der Beschäftigung und des wirtschaftlichen Wachstums durch Intensivierung des internationalen Güteraustauschs. Zur Verwirklichung sind kollektive Zollsenkungen vorgesehen, die auf der Grundlage der → Meistbegünstigung, Liberalisierung und nach dem Prinzip der Reziprozität gestaltet werden. – 3. *Organisation und Verfahren:* Entscheidungsgremium ist die *Versammlung* der Vertragsparteien (der gleichberechtigten Mitgliedsstaaten), die i.d.R. jährlich stattfindet, wobei Beschlüsse i.d.R. mit einfacher Mehrheit gefasst werden (in Ausnahmefällen ist qualifizierte Mehrheit nötig). Meist erfolgen Beschlüsse im Konsensverfahren. *Sekretariat* mit Sitz in Genf, seit 1964 mit → UNCTAD Betreiber des → ITC. – 4. *Prinzipien und Wirkungsweise:* Im ersten Teil des GATT wird die → Meistbegünstigung festgelegt, eine Nicht-Diskriminierung ausländischer Produkte untereinander (Gleichbehandlung der Handelspartner an den Handelsgrenzen). Teil 2 schreibt die *Inländerbehandlung* fest, Nicht-Diskriminierung von ausländischen gegenüber inländischen Produkten (nach Überschreiten der Zollgrenze). *Geltungsbereich und organisatorische Fragen* werden in Teil 3 abgehandelt; 1965 wurden als Teil 4 *Sonderbestimmungen für Entwicklungsländer* hinzugefügt. So entstand das Allgemeine Präferenzsystem (→ APS), in welchem die Industrieländer den Entwicklungsländern Handelspräferenzen gewährten (Abweichung von der Meistbegünstigung zugunsten der Entwicklungsländer). – *Ausnahmeregelungen* sind möglich zum Schutz der Zahlungsbilanz, aus Gründen der öffentlichen Ordnung und Gesundheit sowie der nationalen Sicherheit. Das Prinzip der Meistbegünstigung gilt nicht für Zollunionen und Freihandelsabkommen. Außerdem ist der Weltagrarhandel aus dem GATT ausgeklammert. Quantitative Handelsbeschränkungen sind nach dem GATT unzulässig. Allerdings sind Globalkontingente für den Agrarsektor und zum Schutz der heimischen Industrie erlaubt. Zollsenkungen wurden durch Verhandlungen erreicht. – Bisher gab es acht abgeschlossene *Zollrunden:* 1947 in Genf, 1949 in Annecy, 1951 in Torquay, 1956 in Genf, 1960/1961 in Genf (Dillon-Runde), 1964–1967 in Genf (Kennedy-Runde), 1973–1979 in Genf (Tokio-Runde), 1986–1994 Uruguay (→ Uruguay-Runde). Neben Zollsenkungen wurde ein Abbau nicht-tarifärer Handelshemmnisse erreicht. – 5. *Wirksamkeit des GATT:* Das GATT trug zur weltwirtschaftlichen Prosperität der Nachkriegszeit bei, Importzölle auf industrielle Produkte wurden massiv abgebaut, Prinzipien der Nicht-Diskriminierung, Berechenbarkeit und Transparenz erlaubten eine relativ konfliktfreie Entwicklung des Welthandels. Auf dem Gebiet der *Zollsenkungen* sind die größten Erfolge zu verzeichnen. Jedoch werden Mitgliedsländer mit ständig neuen quantitativen Restriktionen konfrontiert. Die Konflikte zwischen USA, Japan und der EU (Strafimportzölle) zeigen die Gefährdungen des liberalen Außenhandels. Bes. schwierig gestalten sich der *Abbau der nicht-tarifären Handelshemmnisse* sowie die *Liberalisierung des Agrarhandels*. – *Probleme:* Dem GATT fehlen Sanktionsmechanismen gegenüber großen Handelsmächten, die Gefährdungen ergeben sich durch einen weltweiten Subventionswettlauf und gegenüber Grauzonenmaßnahmen. Weitere Schwierigkeiten folgten aus der Nichteinbeziehung des Dienstleistungshandels und geistigen Eigentumschutzes, die in der Uruguay-Runde angegangen wurden. Da die Tokio-Runde ein fragmentiertes und zersplittertes System unterschiedlicher Kodizes, die nicht von allen GATT-Vertragspartnern als verbindlich akzeptiert wurden, hinterließ, wurde der Ruf nach neuen Vertragsverhandlungen laut. Durch die → Uruguay-Runde wurde durch Verhandlungen mit 117 Staaten eine neue Welthandelsordnung geschaffen, die 1995 in Kraft trat (GATT 1994). – 6. *Das neue GATT:* WTO regelt im GATT den Warenverkehr. Zollsenkungen zwischen 33 und 100 Prozent sind in der → Uruguay-Runde vereinbart worden. Einbezogen sind nun auch die Sektoren Landwirtschaft und Textilien, angestrebt wird eine Stärkung der Welthandelsregeln. Außerdem müssen alle GATT-Vertragsparteien alle Abkommen der Uruguay-Runde übernehmen (Single-Package-Ansatz). Für den Dienstleistungsbereich gilt das GATS, das Nicht-Diskriminierung (Meistbegünstigung und Inländerprinzip) festschreibt. Kurzfristig bleibt es beim Status quo, langfristig ist eine progressive Liberalisierung vorgeschrieben. TRIPS behandelt das geistige Eigentum, wo ebenfalls

Nicht-Diskriminierung vereinbart sowie konkrete Schutzbestimmungen und wirksame Durchsetzungsmechanismen verabschiedet wurden. Das neue GATT-System bildet somit ein umfassendes Regelwerk für den gesamten Welthandel. – *Veröffentlichungen:* U.a. GATT Focus (monatlich), GATT Activities (jährlich), International Trade (jährlich), Basic Instruments and Selected Documents Series (jährlich). – Vgl. auch internationale Ordnungsökonomik.

**GATT-Zollwert-Kodex** – 1. *Begriff:* Im Rahmen der multilateralen Verhandlungen des → GATT (Tokio-Runde) haben die Verhandlungspartner im Frühjahr 1979 neben anderen Übereinkommen und Übereinkünften auch ein Übereinkommen zur Durchführung des Art. VII des Allgemeinen Zoll- und Handelsabkommens geschlossen. Dieses, auch als GATT-Zollwert-Kodex bezeichnete Übereinkommen, soll weltweit alle bestehenden Zollwert-Bewertungssysteme durch ein einheitliches System der Zollwertermittlung ersetzen und so für die Einheitlichkeit, die Neutralität und Überschaubarkeit bei der Zollwertermittlung sorgen. Der GATT-Zollwert-Kodex trat allg. am 1.1.1981 in Kraft; die USA und die EU hatten sich verpflichtet, ihn bereits am 1.7.1980 in Kraft zu setzen. – 2. *Merkmale:* Nach dem GATT-Zollwert-Kodex ist der → Zollwert kein theoretischer Wertbegriff mehr (wie bislang im Brüsseler Zollwert–Abkommen), sondern es gibt sechs verschiedene Bewertungsmethoden, die grundsätzlich in einer bestimmten Reihenfolge anzuwenden sind. Im Vordergrund steht der Transaktionswert gemäß Art. 29 ZK, d.h. der tatsächlich gezahlte oder zu zahlende Kaufpreis, ggf. nach einer Hinzurechnung bestimmter darin nicht enthaltener Kosten etwa für die Beförderung der Waren. Möglich sind in gleicher Weise Abzüge etwa von Zöllen und Steuern, die im Kaufpreis enthalten sind. – 3. *Abgrenzung:* Der GATT-Zollwert-Kodex ist nicht unmittelbar geltendes Recht, doch der Rat hat das Übereinkommen angenommen und in unmittelbar geltendes Gemeinschaftsrecht umgesetzt.

**GCC** – Abk. für *Gulf Cooperation Council*, → Golf-Kooperationsrat.

**Gebietsansässige** – 1. → Außenwirtschaftsrecht, → Außenwirtschaftsgesetz (AWG); Gebietsansässige sind natürliche Personen (ohne Rücksicht auf Staatsangehörigkeit) mit Wohnsitz oder gewöhnlichem Aufenthalt im → Wirtschaftsgebiet sowie juristische Personen und Personenhandelsgesellschaften mit Sitz oder Ort der Leitung im Wirtschaftsgebiet. Zweigniederlassungen → Gebietsfremder im → Wirtschaftsgebiet (§ 4 I Nr. 1 AWG) gelten als Gebietsansässige, wenn sie hier ihre Leitung und gesonderte Buchführung haben. Betriebsstätten Gebietsfremder im Wirtschaftsgebiet gelten als Gebietsansässige, wenn sie hier ihre Verwaltung haben (§ 4 I Nr. 5 AWG). – 2. *Zollrecht:* Das EU-Zollrecht stellt zur Bestimmung der Ansässigkeit auf das Zollgebiet der Gemeinschaft ab und orientiert sich am Wohnsitz natürlicher Personen oder dem satzungsgemäßen Sitz jur. Personen. Vielfach dürfen nur Ansässige Bewilligungen zu → Zollverfahren beantragen und Waren anmelden oder als Vertreter handeln. – *Gegensatz:* → Gebietsfremde.

**Gebietsfremde** – Begriff aus dem dt. → Außenwirtschaftsrecht, dem → Außenwirtschaftsgesetz (AWG) (§ 4 I Nr. 7 AWG). Gebietsfremde sind natürliche Personen mit Wohnsitz oder gewöhnlichem Aufenthalt in fremden Wirtschaftsgebieten sowie juristische Personen und Personenhandelsgesellschaften mit Sitz oder Ort der Leitung in fremden Wirtschaftsgebieten. Zweigniederlassungen Gebietsansässiger in fremden Wirtschaftsgebieten gelten als Gebietsfremde, wenn sie dort ihre Leitung haben und für sie eine gesonderte Buchführung besteht; Betriebsstätten Gebietsansässiger in fremden Wirtschaftsgebieten gelten als Gebietsfremde, wenn sie dort ihre Verwaltung haben. – *Gegensatz:* → Gebietsansässige.

**Gebrauchs-Zolltarif** → Elektronischer Zolltarif (EZT).

**gebundene Hilfe** → Lieferbindung.

**gebundener Zahlungsverkehr** – Zahlungsverkehr, dessen Abwicklung aufgrund des → Zahlungsabkommens zwischen zwei Ländern an die im bilateralen Abkommen vereinbarte(n) Währung(en) gebunden ist.

**Gegengeschäft** → Kompensationshandel, → Kompensationsgeschäft.

**Gegenseitigkeitsgeschäft** → Kompensationsgeschäft, → Kompensationshandel.

**Geldmengen-Preis-Mechanismus** → Zahlungsbilanzausgleich.

**Gemeinsame Agrarpolitik** → GAP.

**Gemeinsame Außen- und Sicherheitspolitik** → GASP.

**Gemeinsamer Markt** – 1. *Allgemein:* → Wirtschaftsunion; regionale → Freihandelszone (→ Zollunion, → Freihandelszone). – 2. *Gemeinsamer Markt im Rahmen der EU:* → EU, → EG, → EWG, → EEA, → Einheitlicher Binnenmarkt. – 3. *EU-Wirtschaftsrecht:* Der Gemeinsame Markt ist ein zu einem → Drittland oder mehreren Drittländern durch gemeinsame Außenhandelsgrenze abgegrenzter Raum des Wirtschaftens, der auf staatsgrenzenüberschreitenden Grundfreiheiten in einem Schutzsystem gegen Wettbewerbsverfälschungen beruht und von sektoralen und flankierenden Gemeinschaftspolitiken begleitet wird. – Vgl. auch → regionale Integration, → Regionalismus.

**Gemeinsamer Zolltarif der Europäischen Gemeinschaften (GZT)** – von den Mitgliedsstaaten der EU gemeinsam aufgestellter einheitlicher Außenzolltarif, in Kraft seit 1.7.1968. Der Gemeinsame Zolltarif der Europäischen Gemeinschaften gilt in allen Mitgliedsstaaten unmittelbar. Er ist notwendig für eine → Zollunion. Wenn jeder Mitgliedsstaat unterschiedliche Zollsätze anwenden würde, könnten Waren aus Drittländern über den Staat mit den niedrigsten Zollsätzen importiert werden und danach vom Grundsatz des freien Warenverkehrs innerhalb des Zollgebietes der EU Gebrauch machen. – Vgl. auch → Zolltarif.

**Gemeinschaft** – I. Soziologie: Formen des Zusammenlebens, die als bes. eng, vertraut, sich auf unterschiedliche Lebensbereiche (Rollen) beziehend, als ursprünglich und dem Menschen wesensgemäß angesehen werden, z.B. Familie, Nachbarschaft, kleine Gemeinde und Freundesgruppe. Im Prozess der Industrialisierung und Verstädterung werden die gemeinschaftlichen Sozialverhältnisse mehr und mehr in gesellschaftliche (anonyme und abstrakte) transformiert. Die Rückgewinnung gemeinschaftlicher Lebensverhältnisse und Arbeitsformen ist seither Ziel sozialer und politischer Bewegungen, u.a. gegenwärtig des Kommunitarismus.

II. Bürgerliches Recht: Im Sinn des BGB *Bruchteilsgemeinschaft* (§§ 741 ff. BGB). Anwendbar, wenn ein Recht mehreren gemeinsam zusteht, d.h. jeder einen bestimmten Anteil an den gemeinschaftlichen Gegenständen hat (z.B. Miteigentum). Die *Verwaltung* steht allen gemeinschaftlich zu (§ 744 BGB). Sie können ihre Anteile – anders als bei der Gesellschaft – *veräußern* und *belasten* (§ 747 BGB). Jeder Teilhaber kann i.d.R. jederzeit *Aufhebung* der Gemeinschaft verlangen (§§ 749, 752–754 BGB). *Abweichende Vorschriften* bei der Gemeinschaft zur gesamten Hand.

III. Internationale Wirtschaftsbeziehungen: Verkürzende Bezeichnung für Europäische Wirtschaftsgemeinschaft (→ EWG) bzw. Europäische Gemeinschaften (→ EG). Die EWG wurde zur EG, die EG ist in der → EU aufgegangen.

**gemeinschaftliches Versandverfahren** – Das gemeinschaftliche → Versandverfahren innerhalb der EU erlaubt die Beförderung unverzollter → Nichtgemeinschaftswaren im Zollgebiet. Es ist durch das gemeinsame Versandverfahren zwischen Staaten der EU und der EFTA sowie seit dem

1.7.2012 auch Kroatien und zukünftig die Türkei auf diese Staaten ausgeweitet worden. Damit können auch → Gemeinschaftswaren für die es grundsätzlich keines Versandverfahrens bedarf, aus der EU durch die Schweiz oder Norwegen zu einem anderen Ort im → Zollgebiet der EU befördert werden, ohne dass es beim Verlassen des Zollgebietes eines Ausfuhrverfahrens und beim erneuten Erreichen einer Überführung in den zollrechtlich freien Verkehr bedarf. Die Abwicklung geschieht ebenfalls elektronisch mittels NCTS.

**Gemeinschaftsansässige** – Begriff des § 4 AWV; im Zollgebiet der EU ansässige Personen nach Art. 4 Nr. 2 der Verordnung (EWG) Nr. 2913/92 (→ Zollkodex (ZK)).

**Gemeinschaftsfremde** – Begriff aus dem dt. → Außenwirtschaftsrecht, § 4 I Nr. 8 → Außenwirtschaftsgesetz (AWG); alle anderen Personen als → Gemeinschaftsansässige.

**Gemeinschaftsgebiet** – I. Umsatzsteuerrecht: 1. *Begriff*: Gebietsbezeichnung aus dem Umsatzsteuerrecht; Gebiet, in dem die EG-Richtlinien über die Harmonisierung der Umsatzsteuer gelten. Der Begriff ist z.B. für die Erwerbsteuer und die Einfuhrumsatzsteuer (EUSt) von Bedeutung. – 2. *Umfang des Gemeinschaftsgebiets:* (1) *grundsätzlich* das gesamte Gebiet der EU-Mitgliedstaaten, soweit es zählt zur EU gehört (also z.B. nicht: Niederländische Antillen, Grönland, Färöer, Aland-Inseln); (2) *zusätzlich*, aufgrund der mit Frankreich bzw. Großbritannien geschlossenen Verträge dieser Gebiete, Monaco und die Insel Man; (3) aber *abzüglich* des Gebiets von Helgoland, Büsingen (s. Inland), Ceuta, Melilla und den Kanarischen Inseln (Spanien), Livigno und Campione d'Italia und dem italienischen Teil des Luganer Sees (Italien) sowie des Bergs Athos (Griechenland). Ebenfalls nicht zum Gemeinschaftsgebiet gehört das Gebiet von Gibraltar (so festgelegt in der Beitrittsakte Großbritanniens zur EU, 1973).

**II. Außenwirtschaftsrecht:** Begriff des § 4 AWG; Zollgebiet der EU nach Art. 3 ZK. – *Gegensatz:* → Drittlandsgebiet.

**III.** Zollrecht: → Zollgebiet der EU gemäß Art. 3 ZK.

**Gemeinschaftsrecht** → Europarecht.

**Gemeinschaftsunternehmen** – Joint Venture, → Quotenkonsolidierung.

**Gemeinschaftswaren** – Status einer Ware nach dem Zollkodex der Europäischen Union (VO EWG 2913/92 vom 12.10.1992, ABl. EG Nr. L 302 vom 19.10.1992). Waren, die entweder vollständig im Zollgebiet der EU gewonnen oder hergestellt wurden oder aus dem → Drittland kommend, in den zollrechtlich freien Verkehr überführt worden sind oder aus vorstehenden Waren hergestellt worden sind. Gemeinschaftswaren können regelmäßig ohne zollamtliche Überwachung im → Zollgebiet der EU verwendet werden. Mit Verlassen des Zollgebietes der EU geht der Status Gemeinschaftsware verloren. – *Gegensatz:* → Nichtgemeinschaftswaren.

**Gemeinschaftszollrecht** – 1. *Begriff:* Die Einführung eines gemeinsamen Außenzolltarifs und die Abschaffung der Binnenzölle führen allein noch zu keiner Zollunion, sondern lediglich zu einer Zolltarifunion, denn der Zolltarif sagt nur aus, wie hoch zu verzollen ist, wenn eine Zollerhebung in Betracht kommt. Ob und unter welchen Voraussetzungen dies der Fall ist, ergibt sich aus dem allg. Zollrecht. Deshalb war für die Zollunion der EG die Schaffung eines einheitlichen, gemeinschaftlichen Zollrechts unerlässlich. – 2. *Merkmale:* Der EWG-Vertrag – jetzt → AEUV – setzt primär in allen Mitgliedsstaaten verbindliches Gemeinschaftszollrecht und ermächtigt sekundär den Rat der Europäischen Gemeinschaften und die → Europäische Kommission, in allen Mitgliedsstaaten unmittelbar geltende Verordnungen zu erlassen. In denjenigen Fällen, in denen die Rechtsetzung auf die Organe der Gemeinschaft übergegangen ist, verbleibt den Mitgliedsstaaten die Rechtsetzung und

Rechtsanwendung nur insoweit, als keine Gemeinschaftsregelungen bestehen oder gemeinschaftliche Richtlinien, Entscheidungen oder Empfehlungen in nationales Recht umzusetzen sind oder unmittelbar geltende Verordnungen der Auslegung bedürfen. – Das Gemeinschaftszollrecht war bis zur Vollendung des Einheitlichen Binnenmarktes auf eine Vielzahl von Gemeinschaftsverordnungen und -richtlinien verstreut. Es erschien deshalb im Interesse der Wirtschaftsbeteiligten der Gemeinschaft sowie auch der Zollverwaltungen geboten, die materiellen Rechtsvorschriften in einer Grundverordnung des Rates, dem → Zollkodex (ZK), zusammenzufassen und die formellen Vorschriften in eine Durchführungsverordnung der Kommission aufzunehmen. – 3. *Unterscheidung:* Der ZK vom 12.10.1992 (Ziff. 0.2.1) ersetzt in 253 Artikeln 26 Ratsverordnungen. Seine Durchführungsverordnung vom 2.7.1993 (Ziff. 0.2.2) erhielt zunächst in 925 Artikeln und 116 Anhängen Verfahrensvorschriften aus 75 aufgehobenen Kommissionsverordnungen. Das Inkrafttreten dieser beiden EWG-Verordnungen verschob sich auf den 1.1.1994. Nur die ausfuhrrelevanten ZK-Vorschriften wurden vorzeitig zusammen mit einer Interims-Durchführungsverordnung für das Jahr 1993 ab 1.1.1993 in Kraft gesetzt. Neben dem ZK und seiner Durchführungsverordnung gelten bes. folgende Grundverordnungen fort: (1) Nr. 2658/87 vom 23.7.1987 über die zolltarifliche und statistische Nomenklatur sowie den Gemeinsamen Zolltarif (Ziff. 0.2.3, 0.2.4); (2) Nr. 1186/2009 vom 16.11.2009 über das gemeinschaftliche System der Zollbefreiung (Ziff. 0.2.8); (3) Nr. 1187/71 vom 3.6.1971 zur Festlegung der Regeln für die Fristen, Daten und Termine (Ziff. 0.2.9). Darüber hinaus regeln mehrere EU-Rechtsakte im Bereich Warenursprung und Präferenzen bilaterale Abkommen. – 4. → *Modernisierter Zollkodex* (MZK): Mit der VO (EG) Nr. 450/2008 vom 23.4.2008 zur Festlegung des Zollkodex der Gemeinschaft ist der bisherige Zollkodex der Gemeinschaft durch den Modernisierten Zollkodex ersetzt worden. Wahrscheinlich wird er nicht wie geplant am letztmöglichen Tag, dem 23.6.2013 in vollem Unfang gelten, sondern aufgehoben und durch den → Unionszollkodex ersetzt werden.

**General Agreement on Tariffs and Trade** → GATT.

**General Arrangements to Borrow** → GAB.

**Generalized System of Preferences (GSP)** – *Generalized System of Preferences; Allgemeines Präferenzsystem* (→ APS).

**Generally Accepted Accounting Principles** → US-GAAP.

**Generally Accepted Auditing Standards (GAAS)** – vom US-amerikanischen Wirtschaftsprüferverband → → American Institute of Certified Public Accountants (AICPA) erlassene Grundsätze ordnungsmäßiger Abschlussprüfung. Sie lassen sich untergliedern in ein dreiteiliges Grundgerüst von Mindeststandards für die Arbeit des Wirtschaftsprüfers. Die erste Gruppe formuliert Anforderungen an die Persönlichkeit und Ausbildung der Berufsangehörigen. Die zweite Gruppe regelt Planung und Ablauf des Prüfungsprozesses. In der dritten Gruppe finden sich schließlich Vorschriften zur Publizität und zur Vergabe des Testats.

**Gericht Erster Instanz der Europäischen Union** → Europäisches Gericht Erster Instanz (EuG; zweite Instanz: Europäischer Gerichtshof (→ EuGH).

**German Accounting Standards Committee** → Deutsches Rechnungslegungs Standards Committee (DRSC).

**Gesamtamerikanische Freihandelszone** → FTAA.

**Geschäftsbericht** – in der Praxis üblicher Sammelbegriff für eine Zusammenfassung von Jahresabschluss und Lagebericht bzw. → Konzernabschluss und → Konzernlagebericht sowie weiterer freiwilliger Angaben der Gesellschaft. Die Aufstellung eines Geschäftsberichts ist gesetzlich nicht vorgeschrieben.

Vielmehr bildet er bislang das zentrale Instrument der Kapitalmarktkommunikation (Investor Relations). Bei der Offenlegung bzw. Veröffentlichung des Geschäftsberichts müssen Form und Inhalt gemäß § 328 HGB beachtet werden.

**gespaltener Wechselkurs** – *multipler Wechselkurs*. 1. *Begriff*: Festsetzung verschiedener → Wechselkurse für verschiedene außenwirtschaftliche Transaktionen, Instrument interventionistischer → Außenwirtschaftspolitik mit dem Ziel, entsprechend den von der Regierung gesetzten Prioritäten bestimmte Transaktionen zu erleichtern, andere zu belasten. Die Einführung gespaltener Wechselkurse ist nach dem → IWF *genehmigungsbedürftig*. – 2. *Formen*: Differenzierung i.d.R. nach Handels- und Finanztransaktionen, aber auch nach Gütergruppen sowie Trägern und Richtungen der außenwirtschaftlichen Aktivitäten. Anwendung v.a. in → Entwicklungsländern, gelegentlich auch in Industrieländern. – 3. *Beurteilung*: Gespaltene Wechselkurse erfordern aufwendige Kontrollen; sie verfehlen vielfach die erstrebten Ziele, indem sie z.B. zur Bildung von Devisenschwarzmärkten führen. Da die verschiedenen Kurse die Devisenknappheit nicht widerspiegeln, sind sie Ursache von Fehlallokationen.

**Gestellung** – die in das EU-Zollgebiet verbrachten und zur zuständigen Zollstelle oder dem von ihr zugelassenen Ort beförderten Waren sind dort vom → Verbringer zu gestellen. Unter Gestellung ist die Mitteilung an die Zollstelle zu verstehen, dass die Waren bei der Zollstelle oder an dem von ihr zugelassenen Ort eingetroffen sind. Soweit eine vorzeitige summarische Eingangsanmeldung abgegeben worden ist, ist diese durch eine summarische Anmeldung zur vorübergehenden Verwahrung fortzuschreiben. Auf diese ist alsdann bei der Gestellung Bezug zu nehmen.

**Gestellungsverzeichnis** → summarische Anmeldung.

**Gesundheitsattest** – I. Sozialrecht: Attest.

II. **Außenhandel:** Amtliche Bescheinigung für Import- oder Exportgüter, die besagt, dass die Güter frei von Krankheiten sind bzw. dass sie aus unverseuchten Gebieten kommen. Gesundheitsattest wird von vielen Staaten verlangt bei der → Einfuhr (1) von Pflanzen und Tieren, (2) von bestimmten pflanzlichen und tierischen Nahrungsmitteln und anderen Erzeugnissen, bes. häufig für Fett, Fleisch und Fleischerzeugnisse, um die Einschleppung von Krankheiten und Schädlingen zu verhindern.

**Gewichtszoll** – der nach dem Gewicht der Ware zu bemessende → Zoll. Im → Gemeinsamen Zolltarif der Europäischen Gemeinschaften (GZT) nur noch im Ausnahmefall vorgesehen, etwa bei Bananen und Salz. – Vgl. auch → Wertzoll.

**Gewinnabgrenzungsverordnung** → Verrechnungspreis.

**Gleichgewicht** – I. Gleichgewicht aus methodischer Sicht: Ein methodisches Gleichgewicht kennzeichnet einen Beharrungszustand, in dem Wirtschaftssubjekte keine Veranlassung haben, ihr Verhalten zu ändern, weil sie sich optimal an die relevanten Daten angepasst haben. Eine Revision wird nach dieser Sicht erst dann wieder vorgenommen, wenn sich die „Daten" exogen ändern. – In *evolutorischer Perspektive* kann jedoch jederzeit durch einen schöpferischen Einfall oder durch eine neue Interpretation der Situation oder der Zukunft (Erwartungsänderung) ein Handlungsimpuls ausgelöst werden, ohne dass sich die äußeren Daten geändert haben. Es liegt dann ein temporäres Gleichgewicht vor, das sich z.B. durch Erwartungsanpassungen fortlaufend verändert. Durch diese endogen bestimmten Antriebsmomente wird die Nützlichkeit des Gleichgewichtskonzepts zumindest in prognostischer Hinsicht eingeschränkt. In einem sog. Erwartungsgleichgewicht finden keine Erwartungsanpassungen (als Folge von Erwartungsirrtümern) mehr statt; ein solches Gleichgewicht ist bei Konstanz der Datenvariablen dauerhafter Natur.

II. **Gleichgewicht im theoretischen Sinne:** In der vom Gleichgewicht bestimmten *Wirtschaftstheorie* wird das Gleichgewichtskonzept auf Individuen *(Haushalts- und Unternehmensgleichgewicht),* auf der (Güter-) Marktebene im Sinne der Übereinstimmung von geplantem aggregierten Angebot und geplanter aggregierter Nachfrage *(Marktgleichgewicht)* oder auf das Marktsystem als Ganzes *(allgemeines oder simultanes Gleichgewicht auf allen Märkten;* allgemeines Gleichgewicht) angewendet. Setzt man voraus, dass sich alle Akteure optimal an die weiterhin für gegeben gehaltenen Strategien der jeweils anderen Akteure angepasst haben, liegt ein sog. *Nash-Gleichgewicht* vor. Ein Sonderfall liegt vor, wenn Marktteilnehmer auf einzelnen Märkten mengenmäßig rationiert sind und ihre eigentlichen, aus einem unbeschränkten Optimierungsansatz resultierenden Pläne nicht voll realisieren können. Passen sie sich dann mit ihren Angebots- oder Nachfrageplänen der jeweiligen Rationierungsschranke an, d.h. gehen zu effektiven Plänen über, kommt durch diese Planrevision ein temporäres Gleichgewicht bei Mengenrationierung zustande. Dies ist der Gleichgewichtsbegriff der Neokeynesianischen Theorie. – Vgl. auch → außerwirtschaftliches Gleichgewicht, Bestandsgleichgewicht, → Devisenmarkt, Fließgleichgewicht, → Stromgleichgewicht, Spieltheorie; Wirtschaftssoziologie.

**Gleitzoll** – Form des → Mischzolls, bei der die Zollbelastung mit steigendem (sinkendem) Einfuhrpreis sinkt (steigt). Ziel ist eine flexible Abschirmung des Marktes vor Preisveränderungen am → Weltmarkt zur → Protektion der inländischen Anbieter bzw. zur Preisstabilisierung im Inland. – *Nachteile:* Technische Probleme begünstigen bei der Anpassung des → Zolltarifs an neue Einfuhrpreise die Spekulation an den Warenmärkten; Produktivitätsfortschritte im Ausland können beim Gleitzoll im Gegensatz zum → Wertzoll oder zum → spezifischen Zoll nicht weitergegeben werden, die → internationale Arbeitsteilung wird dadurch behindert.

**Global Compact** – von K. Annan, dem ehemaligen Generalsekretär der → UN, ins Leben gerufene Pakt zwischen der UN und Unternehmen; die operative Phase startete im Juli 2000. Die Teilnahme ist für Unternehmen freiwillig (freiwillige Selbstverpflichtung) und setzt die Abgabe einer entsprechenden Willenserklärung voraus. Hierdurch verpflichten sich Unternehmen zur Einhaltung von zehn Prinzipien aus den Bereichen Menschenrechte, Arbeitsnormen, Umweltschutz und Korruptionsbekämpfung. 2008 zählte die Initiative mehr als 6.200 Beitritte. – *Kritik*: Da die Einhaltung der Prinzipien keine (rechtliche) Verbindlichkeit besitzt, wird bisweilen die Wirksamkeit des Global Compact angezweifelt. In diesem Kontext ist manchmal auch der Begriff des Bluewashing (angelehnt an Greenwashing) zu finden.

**Global Governance** – i.w.S. das gesamte System aller internationalen Institutionen sowie die Regeln, nach denen sie arbeiten und wie sie mit nationalen Institutionen interagieren. In der entwicklungspolitischen Debatte wird der Begriff oft im normativen Sinn verwendet, wobei auf eine grundlegende Reform und Demokratisierung der globalen Entscheidungsfindung abgestellt wird. Vorschläge zur Erneuerung der Global Governance umfassen u.a. die Schaffung einer Weltzentralbank, einer internationalen Schuldenfazilität, die Rohstoffpreisstabilisierung, die internationale Koordinierung der Fiskalpolitik sowie die Schaffung einer internationalen „Zivilgesellschaft". Unter letzterem wird i.Allg. die Einbeziehung der Nichtregierungsorganisationen in die Entscheidungsfindung in den internationalen Organisationen verstanden. Diese gewinnt zunehmend an Bedeutung, z.B. innerhalb der Sicherheitspolitik durch weltweite Vernetzung politischer Institutionen und innerhalb der Umweltpolitik. – Vgl. auch → Good Governance.

**Globalkontingent** – allg. mengen- oder wertmäßige Begrenzung der Einfuhr ohne Festsetzung der Länder, von denen die einzelnen Waren bezogen werden müssen, u.U. sogar ohne Festsetzung der Waren, die bezogen werden dürfen. Globalkontingente sind ein Mittel, die Enge des → Bilateralismus zu vermeiden und den Welthandel freier zu gestalten. – *Gegensatz:* → Länderkontingent. – Vgl. auch Einfuhr- bzw. → Importkontingentierung.

**GMO** – Gemeinsame Marktorganisationen für Agrarerzeugnisse in der EU; dienen der Marktregulierung, indem sie Hemmnisse für den innergemeinschaftlichen Handel mit Agrarerzeugnissen beseitigen und eine Handelsschranke gegenüber Drittländern aufbauen. – Vgl. auch → GAP.

**GoK** – Abk. für → Grundsätze ordnungsmäßiger Konzernrechnungslegung.

**Gold-Devisen-Standard** – abgeschwächte Variante des → Goldstandards. Eine Währung folgt dem → Goldstandard (→ Leitwährung), und für die anderen Währungen werden feste Wechselkurse zur → Leitwährung vereinbart. Entspricht der ursprünglichen Konzeption des → Bretton-Woods-Systems.

**Goldstandard** – dadurch charakterisiert, dass die Geldmenge eines Landes entweder buchstäblich in Gold definiert ist – sei es, indem geprägtes Gold als Geld fungiert, oder sei es, indem Papiergeld auf Goldeinheiten lautet -, oder dass die Notenbank zu einem bestimmten Preis zwischen der Geldeinheit (z.B. Euro) und Gold garantiert und jederzeit in unbeschränkter Menge zu entsprechenden Umtäuschen bereit ist. Wenn dies mehrere Länder zugleich tun, dann sind auch die relativen Preise zwischen den verschiedenen nationalen Währungen, d.h. die nominellen → Wechselkurse fixiert. Bei einem reinen Goldstandard wäre die Geldmenge wertgleich dem monetär genutzten Goldbestand eines Landes.

**Golf-Kooperationsrat** – auch GCC (engl. für *Gulf Cooperation Council*). 1981 in Abu Dhabi gegründete Organisation mit dem Ziel der Kooperation in den Bereichen Sicherheitspolitik, Wirtschaft und

Außenpolitik. 1982 wurde der Warenverkehr liberalisiert und das Ziel einer Währungsunion formuliert. Die Währungsunion soll ab 2010 realisiert werden, jedoch lassen organisatorische Streitigkeiten und Konvergenzprobleme einiger Mitgliedsländer an einer vollen Umsetzung zweifeln. Seit 2003 besteht eine Zollunion. – *Sitz:* Riad (Saudia Arabien). – *Mitglieder:* Bahrain, Katar, Kuweit, Oman, Saudi Arabien, Vereinigte Arabische Emirate. – Mitgliedsantrag von Jemen.

**Good Governance** – im Rahmen der entwicklungspolitischen Debatte der 1990er-Jahre entwickelter Sammelbegriff für Best Practices im Bereich des Regierungshandelns entwickelt. Darunter versteht man u.a. die effiziente Gestaltung der öffentlichen Verwaltung und die Einbeziehung wichtiger gesellschaftlicher Gruppen und Minderheiten in die demokratische Entscheidungsfindung. Zunehmend wird darunter auch die Eindämmung von Korruption und Vetternwirtschaft verstanden, sowie die Errichtung rechtsstaatlicher und transparenter Beziehungen zwischen öffentlichem und privatem Sektor. Der Begriff hat nicht nur Effizienzaspekte, vielmehr erhält er zunehmend auch eine ethische Dimension. – Vgl. auch → Global Governance.

**Governance** – Regierungshandeln im weitesten Sinn. – Vgl. auch → Good Governance, → Global Governance.

**Gravitationsmodell** – Modell zur Beschreibung und Erklärung von räumlichen Interaktionen.

**Grenzarbeitnehmer** – im Zollrecht verwendeter Ausdruck für Grenzgänger. Die Abgabenfreiheit für Reisemitbringsel ist bei Grenzarbeitnehmern auf kleinere Mengen und reduzierte Warenwerte beschränkt, § 3 EF-VO.

**Grenzaufsicht** – Sicherung der Zollgrenze (→ Zollgebiet) und Überwachung des → grenznahen Raums, der Freizonengrenze beim Kontrolltyp I (→ Freizone) und der Zollflugplätze durch den Grenzaufsichtsdienst (vgl. § 14 Zollverwaltungsgesetz).

**grenznaher Raum** – ein Gebietsstreifen bis zu einer Tiefe von 30 km längs der Zollgrenze und 50 km längs der gegenwärtigen Abgrenzung des → Zollgebiets der EU. Im grenznahen Raum bestehen bes. Kontrollrechte (§ 14 ZollVG).

**Grenzstreifen** – zollrechtlich ein Streifen von drei bzw. sechs Metern Breite längs des eine Freizone umgebenden → Zollzauns, in dem einige Beschränkungen und Pflichten gelten (§ 26 ZollVO).

**Grenzübergangschein** – früher, vor der elektronischen Abwicklung mittels NCTS erforderlich. Ausfüllen und Abgabe durch denjenigen, der die Ware im gemeinsamen Versandverfahren befördert (z.B. Spediteur), bei der Durchgangszollstelle zwischen der EU und den EFTA-Staaten.

**Größenklassen** – I. Einzelunternehmen: Kategorisierung der Kapitalgesellschaften (AG, KGaA, GmbH) und Kapitalgesellschaft & Co., bei denen nicht wenigstens ein persönlich haftender Gesellschafter direkt oder indirekt eine natürliche Person ist (GmbH & Co. KG, AG & Co. KG) durch das HGB in kleine, mittelgroße und große Kapitalgesellschaften, wobei die Eingruppierung in die jeweilige Klasse gewisse rechtliche Konsequenzen nach sich zieht (Jahresabschlussprüfung, Gewinn- und Verlustrechnung (GuV)). – 1. *Umschreibung* der Größenklassen nach § 267 HGB: a) *Kleine Kapitalgesellschaften* sind solche, die mind. zwei der drei nachstehenden Merkmale nicht überschreiten: (1) 4.840.000 Euro Bilanzsumme nach Abzug des auf der Aktivseite ausgewiesenen Fehlbetrages einer buchmäßigen Überschuldung (§ 268 III HGB); (2) 9.680.000 Euro Umsatzerlöse in den zwölf Monaten vor dem Abschlussstichtag; (3) im Jahresdurchschnitt 50 Arbeitnehmer. – b) *Mittelgroße Kapitalgesellschaften* sind solche, die mind. zwei der drei oben angeführten Merkmale überschreiten und jeweils zwei der drei nachstehenden Merkmale nicht überschreiten: (1) 19.250.000 Euro Bilanzsumme nach Abzug des auf der Aktivseite ausgewiesenen Fehlbetrages; (2) 38.500.000 Euro Umsatzerlöse in den zwölf Monaten vor dem Abschlussstichtag; (3) im Jahresdurchschnitt 250 Arbeitnehmer. – c) *Große Kapitalgesellschaften* sind solche, die mind. zwei der drei eben genannten Merkmale überschreiten. Eine Kapitalgesellschaft gilt stets als große, wenn sie einen organisierten Markt im Sinn des § 2 V WpHG durch von ihr ausgegebene Wertpapiere im Sinn des § 2 I WpHG in Anspruch nimmt oder die Zulassung zum Handel an einem organisierten Markt beantragt worden ist. – 2. Die *Rechtsfolgen* der Merkmale treten nur ein, wenn sie an den Abschlussstichtagen von zwei aufeinander folgenden Geschäftsjahren über- oder unterschritten werden, im Fall der Umwandlung oder Neugründung am ersten Abschlussstichtag. – 3. Größenklassen gibt es auch für *Unternehmen anderer Rechtsform*, allerdings unterscheiden sie sich von den oben behandelten und sind in dem Gesetz über die Rechnungslegung von bestimmten Unternehmen und Konzernen (Publizitätsgesetz) geregelt (→ Rechnungslegung).

II. Konzernunternehmen: 1. *Größenklassen gemäß § 293 HGB*: Ein inländisches Konzernmutterunternehmen (gemäß § 290 I und II HGB) ist von der Pflicht zur Aufstellung eines → Konzernabschlusses unter folgenden *Bedingungen befreit*: a) Am Abschlussstichtag des Mutterunternehmens und dem Stichtag des Vorjahres müssen mind. zwei der drei folgenden Merkmale zutreffen: (1) Bilanzsummen von Mutter- und Tochterunternehmen (nach Abzug von Fehlbeträgen gemäß § 268 III HGB) sind kleiner oder gleich 23.100.000 Euro; (2) die Umsatzerlöse der Konzernunternehmen im Geschäftsjahr sind kleiner oder gleich 46.200.000 Euro; (3) die durchschnittliche Arbeitnehmerzahl der Konzernunternehmen ist kleiner oder gleich 250; oder b) der Konzernabschluss am Abschlussstichtag und dem Stichtag des Vorjahres erfüllt mind. zwei der drei folgenden Merkmale:

(1) Bilanzsumme nach Abzug des Fehlbetrages ist kleiner oder gleich 19.250.000 Euro; (2) Umsatzerlöse des Geschäftsjahres sind kleiner oder gleich 38.500.000 Euro; (3) durchschnittliche Arbeitnehmerzahl des Konzerns kleiner oder gleich 250. Diese Ausnahmeregelungen gelten nicht, wenn das Mutterunternehmen oder ein in den Konzernabschluss einbezogenes Tochterunternehmen am Abschlussstichtag kapitalmarktorientiert i.S.d. § 264d HGB ist. – 2. *Größenklassen für Konzerne gemäß Publizitätsgesetz*: → Rechnungslegung.

**Größenvorteile** – bes. Eigenschaft der Produktionstechnologie, wonach die Gesamtfaktorproduktivität mit zunehmender Produktionsmenge zunimmt (Economies of Scale). Impliziert, dass die gesamten Stückkosten bei konstanten Faktorpreisen mit zunehmendem Output abnehmen. Bei *internen Größenvorteilen* hängen die Stückkosten bei konstanten Faktorpreisen nur vom Output der betrachteten Firma ab, bei → externen Größenvorteilen vom Output der gesamten Industrie. Ist dabei der Output nur der heimischen Industrie relevant, so spricht man auch von *nationalen Größenvorteilen*, ist die weltweite Produktion der betreffenden Industrie gemeint, dann liegen *internationale Größenvorteile* vor. Größenvorteile stellen eine wichtige Grundlage für internationale → Spezialisierung dar, allerdings ergibt sich dabei nicht von vornherein eine eindeutige → Handelsstruktur.

**großes Land** – Land, das durch sein Angebots- und Nachfrageverhalten auf den Weltmärkten die → Weltmarktpreise beeinflusst und nicht als gegeben hinzunehmen hat. Es handelt sich um ein Land mit großer Marktmacht, tatsächlich muss es sich nicht um ein Land mit geografisch großer Ausdehnung handeln. – *Gegenteil*: → kleines Land.

**Grossing-up-Verfahren** → Zwischengesellschaft.

**Group of Eight** → G 8.

**Group of Five** → G 5.

**Group of Seven** → G 7.

**Group of Ten** → G 10.

**Group of Twenty-Four** → G 24.

**Grundfreiheiten** – Sammelbegriff für die vom EG-Vertrag den Marktbürgern eingeräumten Grundrechte, meist mit → unmittelbarer Wirkung und → Anwendungsvorrang vor jedem entgegenstehenden nationalen Recht ausgestattet. Grundfreiheiten sind nach gegenwärtigem Stand der Entwicklung → Warenverkehrsfreiheit, → Kapitalverkehrsfreiheit, Freizügigkeit der Arbeitnehmer (s. hierzu → Freizügigkeit), Niederlassungsfreiheit der Unternehmer (s. hierzu Niederlassungsfreiheit), → Dienstleistungsfreiheit und → Aufenthaltsrecht.

**Grundsätze ordnungsmäßiger Konzernrechnungslegung (GoK)** – Verfahrensregeln für eine zweckentsprechende Zusammenfassung der Einzelabschlüsse im Konzernabschluss. Strittig, ob Teil der Grundsätze ordnungsmäßiger Buchführung (GoB) oder eigenständige Ergänzungen dieser.

**GSP** – Abk. für *Generalized System of Preferences;* → APS.

**Gtai** – Abk. für Germany Trade and Invest – Gesellschaft für Außenhandel und Standortmarketing mbH.

**Güter mit doppeltem Verwendungszweck** → Dual-Use-Güter.

**güterwirtschaftliche Außenwirtschaftstheorie** → Reale Außenwirtschaftstheorie. Erklärung und Analyse der Ursachen und Wohlfahrtswirkungen des → Freihandels; bedeutende Ökonomen waren *David Ricardo, Torrens, Heckscher, Ohlin.*

**Haager Einheitliches Kaufgesetz** → Einheitliches Gesetz über den internationalen Kauf beweglicher Sachen (EKG).

**Haftung** – I. Bürgerliches Recht: 1. *Allgemeine Haftung:* grundsätzlich nur Haftung für eigenes Verschulden, ausgenommen die Haftung: (1) für Erfüllungsgehilfen; (2) für Verrichtungsgehilfen; (3) des Inhabers einer Fabrik, eines Bergwerks, eines Steinbruchs oder einer Grube für das Verschulden seiner Bevollmächtigten, Repräsentanten und Aufsichtspersonen (gefährliche Betriebe); (4) bei Gefährdungshaftung, z.B. Tierhalter. – 2. *Bes. Haftung:* a) *Haftung der öffentlichen Körperschaften* für Amtspflichtverletzungen ihrer Bediensteten gemäß Art. 34 GG, § 839 BGB.Vgl. auch Amtshaftung. – b) Bes. Haftungsregelungen existieren z.B. für den *Bereich des Postwesens* in § 35 des Postgesetzes für Schäden bei der Durchführung der förmlichen Zustellung für verpflichtete Lizenznehmer. – c) *Haftung bei Verkehrsunfällen:* Grundsätzlich für Fahrer und Halter bei Verschulden; im Übrigen trifft den Halter die Gefährdungshaftung.

II. Steuerrecht: 1. *Grundlagen:* In Übereinstimmung mit dem Privatrecht bedeutet Haftung auch im Steuerrecht, für Schulden einstehen zu müssen, dem Zugriff der Vollstreckungsbehörde zu unterliegen. Haftung im Steuerrecht ist regelmäßig persönliche Haftung für fremde Schuld (Fremdhaftung), in Ausnahmefällen auch Sachhaftung. – 2. *Haftungstatbestände:* Steuerlich relevante Haftungstatbestände finden sich in der Abgabenordnung, den Einzelsteuergesetzen, im Zivil- und Handelsrecht. Es haften: (1) Dritte, die bei der Entrichtung der Steuer für den Schuldner kraft Gesetzes mitzuwirken haben, für die einzubehaltende und zu entrichtende Steuer (z.B. Arbeitgeber, § 42d I EStG; Kapitalgesellschaften, § 44 V EStG;

Versicherungsunternehmen, § 20 VI ErbStG, § 7 I 2 VersStG; Leistungsempfänger beim Steuerabzug bei Bauleistungen, § 48a III EStG; Vergütungsschuldner für den Steuerabzug bei bestimmten Einkünften beschränkt Steuerpflichtiger, § 50a EStG; Aussteller einer unrichtigen Spendenbescheinigung, §§ 10b IV 2 EStG, 9 I 2 KStG; Abtretungsempfänger/Pfandgläubiger/Vollstreckungsgläubiger für die Umsatzsteuer bei Abtretung, Verpfändung oder Pfändung von Forderungen, § 13c UStG); (2) gesetzliche Vertreter, Geschäftsführer, Vermögensverwalter und Verfügungsberechtigte, soweit Ansprüche aus dem Steuerschuldverhältnis wegen vorsätzlicher oder grob fahrlässiger Pflichtverletzung nicht oder nicht rechtzeitig festgesetzt oder erfüllt bzw. Steuervergütungen/-erstattungen ohne rechtlichen Grund gezahlt werden (§ 69 i.V. mit §§ 34, 35 AO); (3) Vertretene unter bestimmten Voraussetzungen für durch Steuerhinterziehung oder leichtfertige Steuerverkürzung verkürzte Steuern oder zu Unrecht gewährte Steuervorteile (§ 70 AO); (4) Steuerhinterzieher und Steuerhehler für die verkürzten Steuern, die zu Unrecht gewährten Steuervorteile und die Hinterziehungszinsen (§ 71 AO); (5) wer vorsätzlich oder grob fahrlässig die Pflicht zur Kontenwahrheit verletzt, soweit dadurch die Verwirklichung von Steueransprüchen beeinträchtigt wird (§ 72 AO); (6) die Organgesellschaft für bestimmte Steuern des Organträgers (§ 73 AO); (7) an einem Unternehmen wesentlich beteiligte Personen für betriebliche Steuern des Unternehmens (§ 74 AO); (8) Betriebsübernehmer für betriebliche Steuern und Steuerabzugsbeträge (§ 75 AO); (9) Sachhaftung, d.h. Waren, die einer Verbrauchsteuer oder einer Ein-/Ausfuhrabgabenpflicht unterliegen (§ 76 AO). Sie entsteht bei ein-/ausfuhrabgaben- oder verbrauchsteuerpflichtigen Waren, wenn nichts anderes vorgeschrieben ist, mit ihrem Verbringen in den Geltungsbereich dieses Gesetzes, bei verbrauchsteuerpflichtigen Waren auch mit Beginn ihrer Gewinnung oder Herstellung. (10) Erben für Nachlassverbindlichkeiten nach den Vorschriften des Bürgerlichen Rechts (§ 45 II AO). Die zivilrechtlichen und handelsrechtlichen Haftungsvorschriften bleiben unberührt, sie sind neben den steuerrechtlichen Vorschriften anwendbar. – Vgl. z.b. zur Haftung bei Geschäftserwerb § 25 HGB: Veräußerung. – 3. *Haftungsfolgen:* a) Der Haftungsanspruch ist ein Anspruch aus dem Steuerschuldverhältnis (§ 37 AO), er entsteht, sobald der Tatbestand verwirklicht ist, an den das Gesetz die Haftung knüpft (§ 38 AO). Der Haftungsschuldner ist Gesamtschuldner (§ 44 I AO). – b) Der Haftungsschuldner haftet grundsätzlich für die gesamte Steuerschuld unbeschränkt. Haftungsbeschränkungen bestehen für wesentlich Beteiligte (Haftung nur mit den eigenen Gegenständen, die dem Unternehmen dienen), Haftung nur für betriebsbedingte Steuern (Gewerbe- und Umsatzsteuer, Verbrauchsteuern; § 74 AO), Betriebsübernehmer (Haftung nur mit dem Bestand des übernommenen Vermögens), Haftung nur für betriebsbedingte Steuern (Gewerbe- und Umsatzsteuer, Verbrauchsteuern, Steuerabzugsbeträge) sowie zeitliche Beschränkungen gemäß § 74, 75 AO. – c) Der Haftungsschuldner kann durch Haftungsbescheid in Anspruch genommen werden (Opportunitätsprinzip; § 191 I 1 AO). Ein Haftungsbescheid kann grundsätzlich nicht mehr ergehen, wenn die Steuerfestsetzung nicht erfolgt ist und wegen Fristablauf nicht mehr erfolgen kann, wenn die festgesetzte Steuer verjährt ist oder erlassen wurde (§ 191 V AO). Gegen den Haftungsbescheid ist – trotz Ermessen der Finanzbehörde – der Einspruch gegeben. – d) Der Haftungsschuldner darf auf Zahlung grundsätzlich nur dann in Anspruch genommen werden, wenn die Vollstreckung in das bewegliche Vermögen des Steuerschuldners erfolglos oder aussichtslos erscheint (§ 219 AO), es sei denn die Haftung beruht auf Steuerhinterziehung oder Steuerhehlerei durch den Haftungsschuldner oder auf Verletzung seiner Verpflichtung zum Einbehalt und zur Abführung bzw. Entrichtung von Steuern zulasten eines anderen.

**III. Arbeitsrecht:** 1. *Haftung des Arbeitgebers:* a) *beschränkte Haftung für Personenschäden beim Arbeitnehmer* (§ 104 SGB VII): Für Personenschäden (alle Schäden aus Tötung und Verletzung) bei Arbeitsunfällen haftet der Arbeitgeber dem Arbeitnehmer, seinen Angehörigen und Hinterbliebenen nur bei Vorsatz und Unfällen im allg. Verkehr (zu dem wird Werkverkehr nicht gerechnet); die Regelung betrifft Personenschäden einschließlich des immateriellen Schadens (Schmerzensgeld nach § 253 BGB). – Grund der Regelung ist, dass der Arbeitgeber allein die Beiträge zur Unfallversicherung trägt und deshalb von jedem zusätzlichen Risiko befreit sein soll (Unternehmerprivileg). – Zivilrechtliche *Rückgriffsansprüche der Sozialversicherungsträger,* die bei Arbeitsunfällen Leistungen gewährt haben, gegen den Arbeitgeber, wenn er den Arbeitsunfall vorsätzlich oder grob fahrlässig herbeigeführt hat (§ 110 SGB VII). – b) *Haftung für Sachschäden beim Arbeitnehmer:* Werden bei einem Arbeitsunfall eingebrachte Sachen des Arbeitnehmers beschädigt (z.B. Kleidung), richtet sich die Ersatzpflicht des Arbeitgebers nach der *allg. Verschuldenshaftung* aus Vertragsverletzung und unerlaubter Handlung. – Auch *ohne Verschulden* hat der Arbeitgeber Schäden an Sachen des Arbeitnehmers zu ersetzen, die bei der Arbeit entstanden sind, es sei denn, die Schäden gehören zum allg. Lebensrisiko des Arbeitnehmers oder sind durch das Arbeitsentgelt abgegolten (§ 670 BGB). Z.B. hat der Arbeitgeber den Schaden am arbeitnehmereigenen Kfz auf Dienstfahrten zu ersetzen, wenn er ohne Einsatz des Kfz des Arbeitnehmers ein eigenes Fahrzeug einsetzen und damit dessen Unfallgefahr tragen müsste. – *Mitverschulden des Arbeitnehmers* entsprechend § 254 BGB zu berücksichtigen. – 2. *Haftung des Arbeitnehmers:* a) *Haftung gegenüber dem Arbeitgeber:* (1) Fügt der Arbeitnehmer bei

Erfüllung des Arbeitsvertrages dem Arbeitgeber *schuldhaft* einen Schaden zu, haftet er nach den Grundsätzen über die positive Vertragsverletzung (jetzt: § 280 BGB) und u.U. (bei Eigentumsverletzung) wegen unerlaubter Handlung nach Maßgabe der §§ 823 ff. BGB. (2) Im Arbeitsverhältnis wird die Verschuldungshaftung des BGB den modernen Verhältnissen nicht gerecht. Durch geringes Verschulden können Arbeitnehmer, die mit immer höheren Vermögenswerten zu tun haben, einen sehr großen Schaden verursachen. Nach der Rechtsprechung ist die Haftung wegen der Fürsorgepflicht des Arbeitgebers bzw. des Betriebsrisikos des Arbeitgebers beschränkt, wenn der Schaden bei einer betrieblichen Tätigkeit verursacht wurde: (a) *Leichteste Fahrlässigkeit*: keine Haftung; (b) *Vorsatz* und *grobe Fahrlässigkeit*: grundsätzlich volle Haftung; (c) *mittlere Fahrlässigkeit*: Schadensteilung unter Abwägung von Verschulden des Arbeitnehmers und Betriebsrisiko des Arbeitgebers. *Beweislast* für Pflichtverletzungen und Verschulden hat der Arbeitgeber (§ 619a BGB). – b) *Haftung unter Arbeitskollegen*: Ist ein Arbeitsunfall durch einen im gleichen Betrieb tätigen Arbeitnehmer bei betrieblicher Tätigkeit verursacht worden, haftet er für einen Personenschaden nur, wenn er den Unfall vorsätzlich herbeigeführt hat (§ 105 SGB VII). – Vgl. auch Unfallversicherung. – c) *Haftung gegenüber Dritten* (nicht Angehörige desselben Betriebs): Der Arbeitnehmer haftet gegenüber diesen nach den allg. Vorschriften über die unerlaubten Handlungen. – Im Innenverhältnis von Arbeitgeber und -nehmer können die Schäden Dritter nicht anders behandelt werden als Schäden des Arbeitgebers. Der Arbeitnehmer hat daher einen Freistellungsanspruch gegen den Arbeitgeber bei betrieblicher Arbeit und leichter Fahrlässigkeit.

IV. Wettbewerbsrecht: 1. *Haftung für Angestellte und Beauftragte*: Betriebsinhaber haften ohne Entlastungsmöglichkeit für Wettbewerbsverstöße, die die Angestellte und Beauftragte in dieser Eigenschaft begehen, auf Unterlassung und Beseitigung (§ 8 UWG), auf Schadensersatz jedoch mit Entlastungsmöglichkeit nach den allg. Vorschriften. Angestellter ist, wer weisungsabhängig entgeltlich oder unentgeltlich aufgrund eines (wirksamen oder unwirksamen) Vertrages Dienste leistet. Beauftragter ist, wer mit Wissen und Wollen unter dem durchsetzbaren Einfluss des Betriebsinhabers für den Geschäftsbetrieb tätig ist, ohne Angestellter zu sein. Betriebsinhaber ist derjenige, in dessen Namen und auf dessen Verantwortung der Betrieb geführt wird (z.B. Gesellschaft, Erben in ihrer Gesamtheit; nicht: Organe juristischer Personen, Gesellschafter). Ergänzend wird für Organisationsmängel, nach § 831 BGB und im Rahmen von Schuldverhältnissen nach § 278 BGB gehaftet. – 2. *Störerhaftung*: traf nach früherer Rechtsprechung jeden, von dem ein wettbewerbswidriges Tun oder Unterlassen ernstlich zu befürchten war (Begehungsgefahr), gleichgültig ob er den Wettbewerbsverstoß selbst willentlich und adäquat kausal beging oder den eines Dritten veranlasste, förderte oder für sich ausnutzte. Um eine uferlose Ausdehnung der Störerhaftung zu vermeiden, nahm die Rechtsprechung zunächst eine Einschränkung vor, indem sie die Verletzung einer „Prüfungspflicht" zur Voraussetzung der Störerhaftung machte. Mit seiner aktuellen Rechtsprechung hat der BGH die Figur der Störerhaftung im Wettbewerbsrecht aufgegeben. Es gibt nur noch eine wettbewerbsrechtliche Täterhaftung, wobei die Haftung als Täter bereits in Betracht kommen kann, wenn Prüfungspflichten verletzt werden. Nach der jüngsten Rechtsprechung des Bundesgerichtshofes haftet der Inhaber eines Mitgliedskontos bei eBay als Täter für den Wettbewerbsverstoß eines Dritten, der ohne sein Wissen unter diesem Mitgliedskonto handelt, wenn er die Zugangsdaten zu diesem Konto nicht hinreichend vor fremdem Zugriff gesichert hat. – 3. *Presse*: Für die Verbreitung wettbewerbswidriger Äußerungen in Medien haften neben dem Urheber auch Verleger, Sendeanstalt, Herausgeber und

Redakteur. Bei der Verbreitung wettbewerbswidriger Anzeigen trifft den Verleger und den Anzeigenredakteur wegen des Zeitdrucks nur eine auf grobe und unschwer zu erkennende Verstöße beschränkte Prüfungspflicht. – 4. Internetdienstleister: Der Betreiber einer Internetplattform ist gemäß § 7 Abs. 2 S. 1 TMG nicht verpflichtet, die von ihm übermittelten oder gespeicherten Informationen zu überwachen oder nach Umständen zu forschen, die auf eine rechtswidrige Tätigkeit hinweisen. Einer Haftung ist er erst dann ausgesetzt, wenn er auf klare und eindeutige Rechtsverletzungen hingewiesen worden ist; dann muss er die ihm möglichen und zumutbaren Maßnahmen treffen, um Sorge dafür zu tragen, dass es möglichst nicht zu weiteren Verletzungen kommt. 5. *Staat:* Soweit staatliche Stellen am Wirtschaftsleben teilnehmen, unterliegen sie dem Wettbewerbsrecht und haften für Wettbewerbsverstöße, wobei zwischen hoheitlichem und fiskalischem Handeln zu unterscheiden ist. Hoheitliches Handeln in Erfüllung gesetzlicher Vorgaben ist kein Handeln im geschäftlichen Verkehr zu Zwecken des Wettbewerbs und begründet keine wettbewerbsrechtliche Haftung. Es kann aber im Einzelfall zum Ziel haben, in den Wettbewerb einzugreifen. Überschreitet ein zielgerichteter hoheitlicher Eingriff nach Art und Umfang das zur Erfüllung der gesetzlichen Aufgabe Notwendige (z.B. Eingriff, der den Leistungswettbewerb in seinem Bestand bedroht), hat das Handeln als Wettbewerbsmaßnahme Doppelnatur mit der Folge, dass vor den Verwaltungsgerichten die Rechtmäßigkeit des Handelns als solches, vor den Zivilgerichten die wettbewerbsrechtliche Zulässigkeit seiner Art und Weise überprüft werden kann. Anders als hoheitliches Handeln ist die erwerbswirtschaftliche Tätigkeit der öffentlichen Hand mit den Mitteln des Privatrechts (fiskalisches Handeln) i.d.R. Handeln im geschäftlichen Verkehr, für das die Vermutung des Handelns zu Wettbewerbszwecken gilt und nach wettbewerbsrechtlichen Grundsätzen gehaftet wird.

**V. Zollrecht:** Die persönliche Haftung kann verschiedene Wirtschaftsbeteiligte treffen, soweit sie nicht bereits Zollschuldner werden. Daneben kommt Sachhaftung nach den Regelungen der AO in Betracht (dingliche Haftung nach § 76 AO). Persönliche Haftung bedeutet die Verpflichtung zur Bezahlung der Zollschuld, dingliche Haftung die Möglichkeit, die Waren zur Befriedigung der Zollforderungen heranzuziehen.

**Halte- und Bordezeichen** – Zeichen, mit denen Zollboote in den Gewässern und Watten zwischen der Hoheitsgrenze bzw. der Zollgrenze an der Küste, den vom → Zollgebiet ausgeschlossenen Küstengewässern, dem → grenznahen Raum und den der → Grenzaufsicht unterworfenen Gebieten verlangen, dass Schiffsführer halten oder das Borden ermöglichen.

**handelbare Güter** – Güter, die international gehandelt werden können und deswegen in verschiedenen Ländern, abgesehen von Transportkosten und *Handelshemmnissen,* denselben Preis aufweisen. Die Preise der handelbaren Güter werden durch Angebot und Nachfrage auf dem → Weltmarkt und nicht durch nationale Gegebenheiten bestimmt. – *Gegensatz:* → nicht handelbare Güter.

**Handelsabkommen** – 1. *Begriff:* Zwischenstaatliche (völkervertragsrechtliche) Vereinbarung zur Regelung des Güterverkehrs in einem bestimmten Zeitraum (meist ein Jahr), meist in Verbindung mit einem den Zahlungsverkehr und die Höhe des Swing regelnden → Zahlungsabkommen *(Handels- und Zahlungsabkommen).* – 2. *Inhalt:* In den Handelsabkommen wird das gesamte Handelsvolumen vereinbart. Handelsabkommen enthalten meist Listen der Waren, die im Lauf des Vertragsjahres zur → Einfuhr zugelassen werden sollen. – 3. *Durchführung:* Vorgesehene Importkontingente stellen keine Verpflichtung zur Abnahme der aufgeführten Waren dar; die Verpflichtung erstreckt sich nur auf die Erteilung von Importlizenzen.

Wenn jedoch (z.B. aufgrund eines verzerrten → Wechselkurses) kein kommerzielles Interesse der Importeure an den ausländischen Produkten besteht, werden die Kontingente nicht ausgeschöpft. Daraus kann sich eine einseitige Verschuldung eines Partners ergeben, der zur Entlastung seiner → Zahlungsbilanz die noch nicht zur Einfuhr ausgeschriebenen → Kontingente so lange zurückhält, bis der andere Vertragspartner durch entsprechende Einkäufe einen Ausgleich der Lieferungen und damit der Zahlungsverpflichtungen hergestellt hat. Ist ein Swing vereinbart, so kann erst nach dessen Überschreitung eine weitere Kreditierung der Exporte verweigert werden. – 4. Eine *wichtige Form* des Handelsabkommens sind *Selbstbeschränkungsabkommen* (→ freiwillige Exportbeschränkung; *Voluntary Export Restraints, VER*).

**Handelsablenkung** – *Handelsumlenkung;* Verlagerung des Imports (→ Einfuhr) eines Produktes von einem kostengünstigeren → Drittland zu dem weniger kostengünstigen, aber durch Zollabbau preisgünstigeren Integrationspartner, wenn z.B. zwei Länder eine → Zollunion bilden. Die Bildung der → Zollunion hat in diesem Fall eine Fehlallokation zur Folge, da die Produktion des betreffenden Gutes beim Integrationspartner zunimmt, obwohl dies sowohl für das betreffende → Drittland als auch für das Importland nachteilig ist. Handelsablenkung bewirkt also eine negative Wohlfahrtswirkung der wirtschaftlichen → Integration zwischen Volkswirtschaften. Zu beachten ist der positive Effekt der → Handelsschaffung, der sich durch die Reallokation der Produktionsfaktoren von der teuren Eigenerstellung hin zur preiswerteren Herstellung im Partnerland ergibt.

**Handelsbilanz** – I. Handelsrecht: 1. *Allgemein:* Die durch § 242 I HGB vorgeschriebene Bilanz, die ein Kaufmann bei Beginn seines Handelsgewerbes (Eröffnungsbilanz) und jeweils für den Schluss eines Geschäftsjahres (Jahresbilanz) aufzustellen hat. – Vgl.

auch Jahresabschluss. – 2. *Konzernabschluss:* → Handelsbilanz II.

II. Außenwirtschaft: → Zahlungsbilanz, Teil der → Leistungsbilanz, in der die Warenausfuhr als Zahlungseingang und die Wareneinfuhr als Zahlungsausgang erfasst wird. Daneben gibt es in der Leistungsbilanz die → Dienstleistungsbilanz, die Einkommensbilanz sowie die → Bilanz der laufenden Übertragungen.

**Handelsbilanz II** – 1. *Begriff:* Die Aufstellung einer Handelsbilanz II ist eine vorbereitende Maßnahme zur Erstellung eines → Konzernabschlusses. Handelsbilanzen II werden aus den jeweiligen, in den Konzernabschluss einbezogenen Einzelabschlüssen (Handelsbilanz I) abgeleitet. – 2. Die Erstellung von Handelsbilanzen II ist *erforderlich:* (1) Um die Gliederungen der zu konsolidierenden Einzelabschlüsse einander anzupassen; (2) um gemäß § 300 HGB die Bilanzansätze (Bilanzierung dem Grunde nach) in den Einzelabschlüssen an dem für das Konzernmutterunternehmen gültigen Recht auszurichten (danach sind Aktiva und Passiva vollständig zu erfassen, Bilanzierungswahlrechte können im Konzernabschluss anders als in den Einzelabschlüssen ausgeübt werden); (3) um gemäß § 308 HGB eine einheitliche Bewertung in den zu konsolidierenden Einzelabschlüssen zu erreichen (Bewertungsmaßstab: die auf den Jahresabschluss des Mutterunternehmens *anwendbaren* Bewertungsmethoden; Bewertungswahlrechte können im Konzernabschluss anders als in den Einzelabschlüssen ausgeübt werden); (4) um Währungsumrechnungen bei ausländischen Einzelabschlüssen vorzunehmen. Die Umgestaltung der Einzelabschlüsse in Handelsbilanzen II ist i.d.R. erfolgswirksam und beeinflusst dann das Konzernergebnis, ggf. mehrerer Jahre. – *Beispiel:* Änderungen der Bewertung im abnutzbaren Sachanlagevermögen bewirken unterschiedliche Abschreibungen im Einzelabschluss und der Handelsbilanz II für die

Restnutzungsdauer. – Es sind also u.U. umfangreiche Nebenrechnungen erforderlich.

**Handelsgewinn** – *Außenhandelsgewinn;* Begriff der realen → Außenwirtschaftstheorie: Gesamtheit der Vorteile, die die Handel treibenden Länder durch → Freihandel realisieren. – 1. *Statischer Handelsgewinn:* zu unterscheiden: a) *Tauschgewinn:* ergibt sich schon durch die internationale Angleichung der Preise gehandelter Güter; daraus folgt die Wohlfahrtssteigerung durch Angleichung der Grenznutzen bei der Verwendung der betreffenden Güter. – b) *Spezialisierungsgewinn:* ergibt sich über den Tauschgewinn hinaus, indem infolge der Preisverschiebungen die Produktionsstruktur in effizientere Verwendungen gelenkt wird, d.h. die Produktionsstruktur sich ändert. Das Ergebnis derartiger Reallokationsprozesse wird auch als „relatives Maximum der Produktion" bezeichnet. Wird über die nationale Mobilität der Produktionsfaktoren hinaus auch noch die internationale Mobilität zugelassen (gemeinsamer Markt), tritt eine weitere Änderung der Produktionsstruktur ein, man spricht dann von „absolutem Maximum der Produktion". – 2. *Dynamischer Handelsgewinn:* Weitere Handelsvorteile, und zwar v.a.: (1) → Technologietransfer; (2) Einfuhr von benötigten, aber im betreffenden Land nicht produzier- bzw. verfügbaren Gütern; (3) Intensivierung des Wettbewerbs durch Öffnung der eigenen Märkte für die ausländische Konkurrenz; (4) bessere Nutzung der Größenvorteile (Economies of Scale) durch Ausweitung der Märkte; (5) Beschleunigung des Wirtschaftswachstums durch steigende Kapitalbildung; (6) Mobilisierung brachliegender Ressourcen bzw. nicht genutzter Produktionskapazitäten durch Ausdehnung der Nachfrage (→ Vent-for-Surplus-Theorie).

**Handelshemmnisse** → tarifäre Handelshemmnisse, → nicht tarifäre Handelshemmnisse.

**Handelshilfe** – Maßnahmen im Rahmen der → Entwicklungshilfe mit dem Ziel der Förderung der Exporte der Entwicklungsländer in die Industrieländer. Zur Handelshilfe zählen Zollpräferenzen, die Finanzierung von Marktausgleichslagern (→ Buffer Stocks) sowie → Rohstoffabkommen.

**Handelsindifferenzkurve** – Begriff der → Außenhandelstheorie; Ort aller Kombinationen von Import- und Exportgütern, die einem Land den gleichen Nutzen stiften.

**Handelsklauseln** – im Handelsverkehr v.a. zwischen Käufer und Verkäufer eingebürgerte kurze Formeln (Klauseln), die dem Vertrag einen bestimmten Inhalt geben. Die Handelsklauseln gelten allg. für alle Kaufleute und haben eine große Bedeutung. Sie werden sowohl im nationalen als auch im internationalen Handel sehr häufig verwandt. Von bes. Bedeutung sind die Incoterms. – Vgl. auch Lieferungsbedingungen, Zahlungsbedingungen.

**Handelsliberalisierung** – Befreiung des internationalen Handels von → tarifären Handelshemmnissen und → nicht tarifären Handelshemmnissen. Für den Fall des Alleingangs eines einzelnen Landes spricht man von *unilateraler* → Liberalisierung, während die Abstimmung mehrerer bzw. vieler Länder als *plurilaterale* bzw. → *multilaterale* Liberalisierung bezeichnet wird. Im Rahmen der → World Trade Organization (WTO) wird der völkervertraglich geregelte Abbau der Handelshemmnisse und damit die → Handelsliberalisierung gefördert.

**Handelspolitik** – 1. *Begriff:* Unter Handelspolitik versteht man einerseits die gezielte wirtschaftspolitische Beeinflussung des internationalen Güterhandels durch → tarifäre Handelshemmnisse bzw. → nicht tarifäre Handelshemmnisse, bzw. auch die Reduktion oder Beseitigung derselben (→ Handelsliberalisierung). Unter Handelspolitik versteht man andererseits auch jenen Teilbereich der → realen Außenwirtschaftstheorie, in dem die Wirkungen der verschiedenen Maßnahmen der Handelspolitik untersucht werden (auch *Theorie der Handelspolitik*). – 2.

*Maßnahmen:* Man unterscheidet allg. zwischen tarifären und nicht tarifären Handelshemmnissen. – a) *Tarifäre Hemmnisse* setzen an den *Preisen* der international gehandelten Güter an, indem sie einen Keil zwischen den → Weltmarktpreis und den im Inland zustandekommenden Preis treiben. Das bekannteste Beispiel dafür ist ein → Zoll, der den heimischen Preis des importierten Gutes über den Weltmarktpreis anhebt. Nun können auch die heimischen Produzenten des Importersatzgutes einen höheren Preis erzielen. Ähnliches gilt für eine → Exportsubvention, wenn der Weltmarktpreis unter dem Binnenmarktpreis liegt. – b) *Nicht tarifäre Handelshemmnisse* können sehr viele verschiedene Formen annehmen. Am bekanntesten sind → Importquoten und → freiwilligen Exportbeschränkungen. Andere Formen nicht tarifärer Handelshemmnisse sind administrative Barrieren, diskriminierende Regulierungen, etc. Mengenbeschränkungen ziehen ähnliche Preiseffekte nach sich, wie sie bei tarifären Hemmnissen direkt eingeführt werden. Eine Importquote kann z.B. ähnlich wie ein Zoll den heimischen Preis über den Weltmarktpreis erhöhen. Bei geringer Anzahl heimischer Anbieter von Importersatzgütern führen Mengenbeschränkungen viel leichter zur Erhöhung der Marktmacht als tarifäre Maßnahmen. – 3. *Handelspolitik bei vollständiger Konkurrenz:* Die Theorie der Handelspolitik untersucht die Wirkungen verschiedener handelspolitischer Maßnahmen. Dabei interessiert v.a., unter welchen Bedingungen ein Land durch solche Maßnahmen eine *Wohlfahrtssteigerung* erreichen kann, und mit welcher Konsequenz dies für die anderen Länder verbunden ist. Das älteste und vielleicht wichtigste Ergebnis ist, dass ein → kleines Land weder durch die Einführung eines → Zolls noch durch die Einführung einer → Exportsubvention eine Wohlfahrtssteigerung erzielen kann, vorausgesetzt, es herrscht vollkommene Konkurrenz, und vorausgesetzt, es gibt keine Verzerrungen. Ein → *großes Land* hingegen kann *ceteris paribus* durch

handelspolitsche Maßnahmen Wohlfahrtssteigerungen erzielen.

**Handelsschaffung** – Verstärkung des Handels zwischen zwei Ländern als Ergebnis der Verringerung oder Beseitigung der zwischen ihnen bestehenden → tarifären Handelshemmnisse (z.B. in einer → Freihandelszone oder einer → Zollunion) bei Aufrechterhaltung von *Handelsbarrieren* gegenüber Drittländern. Dieser Effekt ist für sich genommen mit den positiven Wohlfahrtswirkungen des internationalen Handels verbunden. Dazu kommt jedoch ein negativer Effekt der → Handelsablenkung (Handelsumlenkung). – Vgl. auch → Integration, → Handelspolitik.

**Handelssteuern** – Steuern, die an grenzüberschreitenden Gütertransaktionen anknüpfen. Können positiv (z.B. → Einfuhrzoll) und negativ (z.B. → Exportsubvention) sein. – Vgl. auch → tarifäre Handelshemmnisse.

**Handelsstruktur** – I. Betriebswirtschaft: Organisatorischer Aufbau und Zusammensetzung des (Binnen-)Handels zu einem bestimmten Zeitpunkt. Einblicke in die Handelsstruktur vermitteln die amtliche Statistik (Handelsstatistik) und die Strukturerhebungen mittels der Handels- und Gaststättenzählungen (Handelszensus). Differenziertere Erhebungen nach Regionen, Betriebsformen, Kooperationszugehörigkeit u.a. erstellen Industrie- und Handelskammern und die berufsständischen Organisationen des Handels.

II. Außenwirtschaft: Struktur der internationalen Handelsströme zwischen zwei oder mehreren Ländern. Zentrales Erkenntnisziel der → realen Außenwirtschaftstheorie und der → Handelspolitik.

**Handelstheorie** → Außenhandelstheorie.

**Handels- und Entwicklungskonferenz der Vereinten Nationen** → UNCTAD.

**Handelsverlust** – *Außenhandelsverlust;* in der → realen Außenwirtschaftstheorie aufgezeigte Möglichkeit, dass sich die

Wohlfahrtsposition eines Landes durch Übergang zum → Freihandel nicht erhöht, sondern verringert, z.B. möglicherweise dann, wenn die sozialen und privaten Kosten voneinander abweichen oder durch Aufnahme des → Außenhandels Arbeitskräfte freigesetzt werden, die aufgrund unzulänglicher Mobilität und unzureichender Flexibilität der Löhne unbeschäftigt bleiben.

**Handelsverzerrung** – *statischer Integrationseffekt;* die Errichtung eines regional begrenzten Handelsliberalisierungsprojekts (→ Zollunion, → Freihandelszone, → regionale Integration, → Regionalismus) bewirkt für die nichtbeteiligten Volkswirtschaften (Drittländer) zusätzliche Diskriminierungseffekte. Diese entstehen dann, wenn Güter, die vor der Blockbildung von den Wirtschaftssubjekten des Gemeinsamen Marktes aus der restlichen Welt importiert wurden, fortan jedoch bei Produzenten aus Partnerländern bezogen werden, obwohl diese jene Produkte weniger effizient erzeugen, nun aber infolge des internen Freihandelsvorteils preiswerter anbieten können. Die damit verbundene Verschlechterung der weltweiten Faktorallokation hat wohlfahrtsmindernde Auswirkungen. Der Effekt der → Handelsablenkung kann nur bei denjenigen Gütern eintreten, bei denen die Höhe der Außenprotektion des Präferenzraums größer ist als der Produktionskostenvorteil der Drittländer. – Vgl. auch → Handelsschaffung, → Handelspolitik.

**Handelsvorteile** → endogene Handelsvorteile, → exogene Handelsvorteile.

**Harmonisiertes System zur Bezeichnung und Codierung von Waren (HS)** – Abk. *HS, Harmonized Commodity Description and Coding System;* das harmonisierte System (HS) ist eine aus ca. 5.000 Codenummern bestehende Klassifikation der Vereinten Nationen zur Einteilung von Waren (Dienstleistungen nicht eingeschlossen) für zolltarifliche Zwecke und zur Klassifizierung von Außenhandelsdaten. Die Nomenklatur des HS ist Basis des → Zolltarifs der Europäischen Union (→ EU), der Grundlage für die Erhebung der Ein- und Ausfuhrabgaben ist und die Aufgabe hat, alle Waren systematisch zu erfassen und die jeweilige Position für eine Abgabenerhebung festzulegen. Das HS wurde unter der Leitung der Weltzollorganisation erarbeitet; es wird weltweit in mehr als 200 Verwaltungen angewendet und fungiert zunehmend als Definitions- und Beschreibungsklassifikation für verschiedene Wirtschaftsklassifikationen, z.B. Güterklassifikationen (Klassifikationen, Warenklassifikationen des Außenhandels). Es ist in Europa seit 1988 in Kraft, momentan in der revidierten Fassung von 2012 (HS 2012), die die Version von 2007 ablöste. Eine Revision erfolgt ungefähr im Abstand von fünf Jahren. Nach dem HS-Übereinkommen kann die sechsstellige HS-Nomenklatur nach eigenen Notwendigkeiten weiter gefächert werden. So hat die EU, um zolltariflichen und statistischen Belangen gerecht zu werden, eine zusätzliche Untergliederung vorgenommen, was zur Kombinierten Nomenklatur (KN) geführt hat. Ebenfalls abgeleitet wurde der integrierte Zolltarif der EU, TARIC. Die Mitgliedsstaaten bauen auf diesem Grundwerk ihre Gebrauchs-Zolltarife auf, so auch den dt. → Elektronischen Zolltarif (EZT). – Vgl. → Zolltarif, → Weltzollorganisation (WZO)

**Harris-Todaro-Modell** → Todaro-Modell.

**Havanna-Charta** → Bretton-Woods-System, → ITO, → World Trade Organization (WTO), → GATT.

**Heckscher-Ohlin-Handel** – Handel auf der Grundlage von internationalen Faktorausstattungsunterschieden. Länder spezialisieren sich auf solche Güter, zu deren Produktion in bes. Maße jene Faktoren verwendet werden, mit denen sie auch reichlich ausgestattet sind. Exakte Formulierung des Zusammenhangs im → Heckscher-Ohlin-Theorem. Heckscher-Ohlin-Handel birgt eine Tendenz zum internationalen Ausgleich der Faktorpreise. Dieser Zusammenhang wird im

→ Faktorpreisausgleichstheorem exakt formuliert.

**Heckscher-Ohlin-Theorem** – in der → Außenhandelstheorie logisch stringente Fassung des Zusammenhangs zwischen internationalen Faktorausstattungsunterschieden und der → Handelsstruktur. – *Einfachster Fall:* Gegeben sind zwei Länder mit identischen, linear homogenen Produktionstechnologien und identischen, homothetischen Präferenzen, vollkommene Konkurrenz, perfekte intersektorale Faktormobilität, Vollbeschäftigung und → Freihandel. Land A besitze pro Arbeiter mehr Kapital als Land B (die absoluten Faktorausstattungen sind irrelevant). Gut 1 sei das relativ → kapitalintensive Gut, es gebe keine Faktorintensitätsumkehrungen. Unter diesen Annahmen wird das relativ kapitalreiche Land das relativ kapitalintensive Gut 1 exportieren. Umgekehrtes gilt für das Land B bzw. das Gut 2. – *Beweis:* Freihandel impliziert einheitliches Güterpreisverhältnis in beiden Ländern. Dabei muss das kapitalreiche Land im Vergleich zum Gut 2 mehr vom Gut 1 erzeugen als das arbeitsreiche Land, um seine Produktionsfaktoren voll auszulasten (→ Rybczynski-Theorem). Die Konsumstruktur ist aber in beiden Ländern gleich, sodass die erwähnte → Handelsstruktur folgt. Für den (realistischen) Fall mehrerer Güter gilt das Heckscher-Ohlin-Theorem nicht mehr zwingend für jeden beliebigen paarweisen Vergleich, sondern nur mehr im Durchschnitt. Bei beliebig vielen Gütern, Faktoren und Ländern wird die Betrachtung erleichtert, indem man nicht mehr den Güterhandel selbst, sondern den damit indirekt erfolgenden Faktorhandel betrachtet.

**Heiratsgut** – Im zollrechtlichen Sinn sind Aussteuer und gebrauchter sowie neuer Hausrat einer Person, die ihren gewöhnlichen Wohnsitz aus Anlass der Eheschließung in das Zollgebiet der EU verlegt, Heiratsgut. Nicht erfasst sind Kraftfahrzeuge. Heiratsgut ist zollfrei unter der Bedingung, dass es nicht innerhalb von zwölf Monaten

nach der Einfuhr veräußert wird. Zollfreiheit für Tabak, Tabakwaren und alkoholische Erzeugnisse ausgeschlossen. Dagegen sind die aus Anlass der Eheschließung überreichten Geschenke zollfrei, wenn der Wert jedes eingeführten Geschenks 1.000 Euro nicht übersteigt (Art. 82 ZK; Art. 12-16 ZollbefreiungsVO).

**Herstellungsland** – I. Ein- und Ausfuhrrecht: → Ursprungsland.

II. Einfuhrstatistik: Land, in dem die Waren vollständig gewonnen oder hergestellt worden sind oder ihre letzte wesentliche und wirtschaftlich gerechtfertigte Be- oder Verarbeitung erfahren haben. – Vgl. auch Außenhandelsstatistik.

**Hinzurechnungsbesteuerung** – 1. *Begriff:* Maßnahme des dt. Steuerrechts zur Verhinderung der Einkommensverlagerung auf → ausländische Kapitalgesellschaften. Überträgt ein dt. Steuerpflichtiger eine Einkommensquelle, aus der er (z.B.) → ausländische Einkünfte bezieht, auf eine Kapitalgesellschaft, so waren diese Einkünfte vorher im Inland steuerpflichtig (inländischer Steuerpflichtiger, ausländische Einkünfte: → Welteinkommensprinzip), können nachher aber nach den normalen Grundsätzen eigentlich nicht mehr erfasst werden (sie gehören jetzt nämlich einem ausländischen Steuerpflichtigen und sind ausländische Einkünfte). Wird im Staat der ausländischen Kapitalgesellschaft keine oder nur eine vergleichsweise geringe Körperschaftsteuer erhoben, würden also durch die Verlagerung von Einkommensquellen auf solche Zwischengesellschaften die Einnahmen der dt. Besteuerung entzogen. – 2. *Funktionsweise:* a) *Grundprinzip:* Durch die Hinzurechnungsbesteuerung wird formal das Einkommen der ausländischen Kapitalgesellschaft nicht selbst besteuert; sie bezieht jedoch in das inländische Einkommen des Anteilseigners einen fiktiven Einkommensbetrag (den sog. Hinzurechnungsbetrag) ein, der in seiner Höhe denjenigen Einkommensteilen entspricht, für die die ausländische Gesellschaft aus Sicht des Gesetzgebers als Zwischengesellschaft benutzt worden sein könnte. Der dt. Steuerpflichtige kann somit durch die Einschaltung einer Zwischengesellschaft seine Steuerbelastung nicht senken. – b) *Besteuerung des Hinzurechnungsbetrags:* Der Hinzurechnungsbetrag zählt zu den Einkünften aus Kapitalvermögen (§ 20 EStG) und wird in voller Höhe der Einkommensteuer unterworfen (bzw. der Körperschaftsteuer, wenn der inländische Steuerpflichtige eine Kapitalgesellschaft ist). Da diese Besteuerung dazu dient, Vorteile aus einer Verlagerung von Einkünften auf eine ausländische Kapitalgesellschaft in einem niedrig besteuernden Land zu verhindern, wird auf den Hinzurechnungsbetrag nicht der reduzierte Steuersatz angewandt, der normalerweise für Einkünfte aus Kapitalvermögen gilt (25 Prozent, „Abgeltungsteuer"), sondern der volle individuelle Einkommensteuersatz. Im Gegenzug wird dann aber die Dividende aus der ausländischen Zwischengesellschaft später nicht mehr besteuert (einkommensteuerlich nur, soweit sie nicht über die Beträge, die schon als Hinzurechnungsbetrag besteuert wurden, hinausgeht; vgl. § 3 Nr. 41 EStG; § 8b I KStG). Auf die dt. Steuerschuld bzw. auf den Hinzurechnungsbetrag wird die im Ausland gezahlten Steuern auf die Gewinne der → Zwischengesellschaft und die → Quellensteuern auf die Dividendenausschüttung angerechnet. – c) *Zeitpunkt:* Die Hinzurechnungsbesteuerung greift bereits in dem Jahr, in dem die ausländische Gesellschaft die Einkünfte erzielt. Sie gelten als zugeflossen, sobald das Wirtschaftsjahr der ausländischen Gesellschaft endet (also an deren Bilanzstichtag). – d) *Beurteilung:* Die Einschaltung einer Zwischengesellschaft ist durch die Hinzurechnungsbesteuerung unter jedem Gesichtspunkt ökonomisch nicht sinnvoll, sofern nicht wichtige außersteuerliche Gründe vorliegen. – e) *Europarechtliche Aspekte:* Nach der Rechtsprechung des → EuGH verstößt die Hinzurechnungsbesteuerung gegen die Niederlassungsfreiheit;

sie ist also gegenüber ausländischen Gesellschaften mit Sitz in der EU und im EWR nur zulässig, soweit eine ausländische Tochterkapitalgesellschaft, an der sich ein dt. Anteilseigner beteiligt hat, nicht als „Niederlassung" im europarechtlichen Sinne angesehen werden kann. Eine „Niederlassung" ist aber bereits dann gegeben, wenn eine solche Gesellschaft in ihrem Sitzland eine eigene echte wirtschaftliche Tätigkeit entfaltet. Daher wird europarechtlich die Anwendung der Hinzurechnungsbesteuerung bei Beteiligungen an europäischen Gesellschaften nur geduldet, wenn diese Beteiligung als rein künstliche Gestaltung angesehen werden kann. Was unter einer rein künstlichen Gestaltung zu verstehen ist, ist bislang nicht ausreichend geklärt. Es genügt aber jedenfalls nicht, dass die Muttergesellschaft die Tätigkeit der Tochtergesellschaft auch selbst hätte ausüben können; denn das würde die vom EG-Vertrag garantierte Freiheit, eben auch Tochterkapitalgesellschaften gründen zu dürfen, im Kern negieren. Der dt. Gesetzgeber hat der Problematik dadurch Rechnung getragen, dass er die Hinzurechnungsbesteuerung „insoweit" für unanwendbar erklärt, als der Anteilseigner nachweist, dass er an einer Gesellschaft in der EU oder im EWR beteiligt ist, deren Tätigkeit bestimmten Kriterien genügt (§ 8 II AStG). – f) *Entwicklungsmöglichkeiten:* Der EuGH hat sich bislang nur zur Vereinbarkeit der Hinzurechnungsbesteuerung mit der Niederlassungsfreiheit geäußert. Es ist jedoch denkbar, dass eine solche Besteuerung die in anderen EU-Staaten gegründeten Gesellschaften auch in ihrer → Kapitalverkehrsfreiheit beschränkt, wenn ihr Sitzland nun einmal ein Niedrigsteuerland sein sollte (die Nachfrage von Eigenkapital durch solche Gesellschaften in Staaten wie Deutschland wird dadurch nämlich praktisch fast vollkommen unterbunden); die Hinzurechnungsbesteuerung für solche Fälle zu akzeptieren, würde also implizieren, dass große Teile der Kapitalverkehrsfreiheit für den Großteil der juristischen Personen in diesen Staaten auf nicht absehbare Zeit suspendiert wären. Ob der EuGH dies in einem Streitfall dulden würde, ist jedenfalls fraglich; die dt. Regelung des § 8 II AStG trägt dieser Möglichkeit in keiner Weise Rechnung. Sollten auch in Hinblick auf die Kapitalverkehrsfreiheit die Bedenken gegen die Zulässigkeit der Hinzurechnungsbesteuerung durchgreifen, wäre das gesamte gesetzgeberische Konzept dieser Maßnahme auf lange Sicht kaum noch zu halten. Es besteht daher gegenwärtig unbestreitbar Bedarf nach grundsätzlich anderen Konzepten, wie man mit der zugrunde liegenden Problematik längerfristig erfolgreich umgehen könnte.

**HIPC** – Abk. für *Highly Indebted Poor Country,* → HIPC-Initiative.

**HIPC-Initiative** – Aktionsprogramm zur Reduzierung der Auslandsschulden der ärmsten und am meisten verschuldeten Entwicklungsländer. Das Ziel der Initiative ist es, den in Frage kommenden Entwicklungsländern einen nachhaltigen Schuldenerlass zu gewähren, sofern sie sich einem Anpassungsprogramm unter Aufsicht des → IWF und der Weltbank (→ IBRD) unterziehen und ihre Wirtschaft nachhaltig reformieren (die Kriterien dazu sind im Rahmen des Programms vorgegeben; → PRSP). Grundsätzlich kann jedes Land an diesem Programm teilnehmen, sofern es (1) nachweisbaren Bedarf nach Unterstützung durch den IWF und die Weltbank hat, (2) eine überhöhte, nicht nachhaltig finanzierbare Auslandsverschuldung aufweist, (3) über längere Zeit eine stabilitätsorientierte Wirtschaftspolitik verfolgt hat und nachhaltige Reformanstrengungen unternommen hat.

**Historical Cost** – *historische Anschaffungskosten oder Herstellungskosten,* → Conceptual Framework.

**Hohe Behörde** – Exekutivorgan der seit dem 23.7.2002 wegen Vertragsbeendigung (Art. 97 EGKSV) nicht mehr bestehenden Montanunion (→ EGKS; Art. 7 ff. EGKSV. Zu den Aufgaben der Hohen Behörden gehörte es, über die Einhaltung der vertraglichen

Bestimmungen durch die Mitgliedsstaaten zu wachen.

**Hoher Vertreter für Außen- und Sicherheitspolitik** → GASP.

**homothetische Präferenzen** – Wertschätzung verschiedener Güter seitens eines Konsumenten so geartet, dass er diese Güter bei gleichbleibenden relativen Preisen immer in denselben Mengenrelationen nachfragt, auch wenn sein Einkommen variiert. Homothetische Präferenzen werden in der → realen Außenwirtschaftstheorie häufig unterstellt, um das Augenmerk konsequent auf angebotsseitige Grundlagen des internationalen Handels zu legen.

**Human Development Index** – Index über die menschliche Entwicklung; von dem Entwicklungsprogramm der Vereinten Nationen (→ UNDP) verwendeter Index folgender gleichgewichteter *Basisvariablen:* Lebenserwartung, Alphabetisierungsrate Erwachsener, Durchschnittsdauer des Schulbesuchs, Pro-Kopf-Einkommen (PKE). Human Development Index wird in der Entwicklungspolitik als zusätzlicher Indikator zum PKE für die Bewertung des sozioökonomischen Entwicklungsstandes verwendet. – Vgl. auch → Human Development Report.

**Human Development Report** – Bericht über die menschliche Entwicklung; seit 1990 vom Entwicklungsprogramm der Vereinten Nationen (→ UNDP) herausgegeben, will die → Entwicklungspolitik auf den Menschen und nicht auf das Wirtschaftswachstum ausrichten. Enthält umfangreiches Datenmaterial zur menschlichen Entwicklung.

**Hypothek** – I. Charakterisierung: Belastung eines Grundstücks in der Weise, dass an demjenigen, zu dessen Gunsten die Belastung erfolgt, eine bestimmte Geldsumme wegen einer ihm zustehenden Forderung aus dem Grundstück zu zahlen ist. – *Einzutragen* in Abt. III des Grundbuchs. Im Gegensatz zur Grundschuld und Rentenschuld ist das Bestehen einer persönlichen Forderung *Voraussetzung* für Entstehung der Hypothek, des dinglichen Rechts. Diese Abhängigkeit (Akzessorietät) ist nicht immer streng durchgeführt. – Der *Schuldgrund* (z.B. Darlehen, Kaufvertrag) berührt nur den *persönlichen Schuldner,* der nicht Eigentümer des belasteten Grundstücks zu sein braucht. Der *Eigentümer* des mit der Hypothek belasteten Grundstücks dagegen schuldet persönlich nichts (soweit er nicht – wie meist – gleichzeitig persönlicher Schuldner ist), sondern haftet nur mit dem Grundstück. Zahlt der Schuldner nicht, kann sich der *Gläubiger* aufgrund der Hypothek aus dem Grundstück und den mithaftenden Gegenständen (z.B. Zubehör, Miet- oder Pachtzinsforderungen) durch Verwertung im Wege der Zwangsversteigerung und Zwangsverwaltung (§ 1147 BGB) befriedigen.

II. Arten: 1. Regelform ist die *Verkehrshypothek:* Im Gegensatz zur Sicherungshypothek kann sich bei ihr ein gutgläubiger Erwerber auch hinsichtlich der persönlichen Forderung auf die Richtigkeit des Grundbuchs verlassen und wird durch dieses geschützt (§ 1138 BGB). – Die Verkehrshypothek kann Brief- oder Buchhypothek sein: a) Die *Briefhypothek* (Hypothekenbrief) ist die Regel (§ 1116 I BGB). – b) Bei der *Buchhypothek* ist die Erteilung eines Hypothekenbriefes dagegen ausgeschlossen (§ 1116 II BGB). Der Vorteil der Briefhypothek besteht in der größeren Verkehrsfähigkeit. Zu ihrer Übertragung bedarf es nicht der Eintragung im Grundbuch. Der Ersterwerb erfolgt durch Einigung und Übergabe des Briefes. Zur Ausübung der Rechte aus der Hypothek genügt Besitz des Briefes. – 2. Die *Sicherungshypothek* ist im Gegensatz zur Verkehrshypothek nur Buchhypothek und streng von der persönlichen Forderung abhängig, die der Gläubiger der Sicherungshypothek im Streitfall beweisen muss; er kann sich nicht auf das Grundbuch berufen. Für den Verkehr ist die Sicherungshypothek daher wenig geeignet. Im Grundbuch muss sie im Interesse der Rechtssicherheit ausdrücklich als solche bezeichnet werden (§ 1184 II BGB). – *Sonderformen:*

Höchstbetragshypothek, Inhaberhypothek; ferner: Arresthypothek und Zwangshypothek. – 3. Die *Gesamthypothek (Korrealhypothek)* wird zur Sicherung einer einheitlichen Forderung an mehreren Grundstücken bestellt, wobei jedes Grundstück und jeder Bruchteil für die ganze Forderung haftet. Der Gläubiger kann sich nach Belieben aus allen oder einzelnen Grundstücken oder Bruchteilen befriedigen. – 4. Regelmäßig ist das Kapital der durch Hypothek gesicherten Forderung nach Kündigung in einer Summe fällig *(Kündigungshypothek).* Vielfach wird die Forderung in Raten abgetragen, so v.a. bei Baukredit von Banken und anderen öffentlichen Anstalten; dafür Eintragung einer *Tilgungshypothek* (Amortisationshypothek oder *Annuitätenhypothek).* Der Schuldner hat gleich bleibende Jahresleistungen zu erbringen. Da sich die Zinsbelastung bei zunehmender Rückzahlung der Schuldsumme verringert, wird der auf die Schuldsumme fallende Anteil der Tilgungsraten immer höher. Anders bei der Abzahlungshypothek, bei der langsam sinkende Jahresleistungen zu erbringen sind. Gleich bleibt der Betrag zur Tilgung der Schuldsumme, die Zinsleistung sinkt. – 5. Mehrere im Rang gleichstehende oder unmittelbar aufeinander folgende Hypotheken desselben Gläubigers können im Grundbuch zu einer einheitlichen Hypothek zusammengefasst werden *(Einheitshypothek).* – 6. Steht die Hypothek einem anderen als dem Eigentümer des belasteten Grundstücks zu, spricht man von *Fremdhypothek.* Tilgt ein Eigentümer, der nicht gleichzeitig persönlicher Schuldner ist, die Forderung, so erwirbt er eine *Eigentümerhypothek.* Anders, wenn er auch persönlicher Schuldner ist. Erlischt die Forderung, so wandelt sich die Hypothek in eine Grundschuld, und zwar, da sie dem Eigentümer zusteht, in eine *Eigentümergrundschuld.* – 7. *Vertragshypothek,* Sammelbezeichnung für alle Hypotheken, die aufgrund vertraglicher Vereinbarung zustande kommen, im Gegensatz zur im Wege der Zwangsvollstreckung entstandenen *Zwangshypothek.* – 8. *Wertbeständige*

*Hypothek:* Hypothek bei der sich der Wert an einem Inflationsindex orientiert (→ Wertsicherungsklausel). – 9. *Sonderform:* Schiffshypothek.

**III. Begründung, Übertragung und Aufhebung:** 1. Die Hypothek wird *begründet:* a) vertraglich durch Einigung zwischen Grundstückseigentümer und Gläubiger und Eintragung im Grundbuch. Zu beachten: Die Hypothek steht dem Grundstückseigentümer zu, bis die Forderung entsteht und der Hypothekenbrief übergeben ist. – b) Durch Zwangsvollstreckung als Arresthypothek und Zwangshypothek; – c) kraft Gesetzes. – 2. Die *Übertragung* der Hypothek erfolgt durch Abtretung der Forderung (Schriftform, § 1154 BGB) oder Eintragung im Grundbuch und Übergabe des Briefes bei der Briefhypothek, sonst Eintragung im Grundbuch. Gemäß § 1153 BGB geht mit der Übertragung der Forderung die Hypothek auf den neuen Gläubiger über. Mehrfache Übertragung ist zulässig. – 3. Die *Zwangsvollstreckung* in eine Hypothekenforderung erfolgt i.d.R. durch Pfändungs- und Überweisungsbeschluss mit Briefübergabe bzw. Eintragung im Grundbuch (§§ 830, 837 ZPO). – 4. Die Hypothek *erlischt:* (1) durch vertragliche Aufhebung; (2) durch Befriedigung des Gläubigers im Wege der Zwangsvollstreckung; (3) durch Ausfall in der Zwangsvollstreckung (geringstes Gebot). Sie erlischt *nicht* bei Wegfall der durch sie gesicherten persönlichen Forderung; in diesem Fall entsteht eine Eigentümergrundschuld oder auch Eigentümerhypothek.

**IV. Finanzierung:** Hypotheken dienen der Beschaffung von langfristigem Fremdkapital (Fremdfinanzierung). Durch die Verkehrshypothek wird Anlagevermögen zur Sicherung eines Kredites benutzt, mit dem andere Anlageteile oder Umlaufvermögen beschafft werden. – Zu *unterscheiden:* (1) *Zinshypothek* (jährliche Zinszahlung und Gesamtrückzahlung der Darlehenssumme); (2) *Tilgungshypothek* (jährliche Zinszahlung und Tilgung).

**V. Bilanzierung:** Hypotheken sind als Posten des Fremdkapitals einzustellen. Wird dem Darlehensnehmer nicht das volle Hypothekendarlehen, sondern mit Abzug (Damnum) ausgezahlt, ist die Verbindlichkeit voll zu passivieren, das Disagio zu aktivieren und während der Laufzeit der Hypothekenschuld oder der Dauer der vereinbarten Zinsfestschreibung abzuschreiben. Das Damnum kann auch als Aufwand des Kreditaufnahmejahres angesetzt werden (§ 250 III HGB).

**VI. Bewertungsgesetz:** Aktivhypothek und Passivhypothek sind für die steuerliche Bewertung gemäß BewG grundsätzlich mit dem Nennwert anzusetzen (Kapitalforderung). Hypothekenforderungen gehören bei beschränkter Steuerpflicht (Erbschaftsteuer) zum Inlandsvermögen, wenn sie durch inländischen Grundbesitz oder inländische grundstücksgleiche Rechte gesichert sind (§ 121 Nr. 7 BewG). Hypothekenschulden sind als Betriebsschulden oder als sonstige Schulden vom Rohvermögen abzugsfähig. Hypotheken berühren nicht den Einheitswert oder Bedarfswert des Grundbesitzes. Zinsen auf durch Hypotheken an inländischen Grundstücken gesicherte Forderungen sind auch beim Ausländer (beschränkt) steuerpflichtig; auf diesen Steueranspruch wird allerdings in → Doppelbesteuerungsabkommen regelmäßig verzichtet.

# I – J

**IAA** – Abk. für → Internationales Arbeitsamt.

**IAEA** – Abk. für International Atomic Energy Agency, Internationale Atomenergie-Agentur, Internationale Atomenergieorganisation. 1. *Begriff:* 1957 gegründete Organisation mit Sitz in Wien. Autonome Organisation im Rahmen der UN, bildet zusammen mit den Sonderorganisationen der United Nations (UN) die Gruppe der den UN angeschlossenen Organisationen. Sie ist Kontrollorgan des Atomwaffensperrvertrages. – 2. *Organe:* Konferenz aus Vertretern aller Mitgliedsstaaten (Generalkonferenz); Rat der Gouverneure; Sekretariat mit sechs Abteilungen. – 3. *Ziele:* Weltweite Förderung und Beschleunigung des Beitrages der Kernenergie zu Frieden, Gesundheit und Wohlstand; Sicherung – soweit möglich – gegen militärische Ausnutzung der von der IAEA geleisteten Forschungsarbeit, Förderung von Forschung und technischer Ausbildung. 2005 wurde die IAEA mit ihrem damaligen Generaldirektor Mohammed el-Baradei für den Einsatz für diese Ziele mit dem Friedensnobelpreis ausgezeichnet. – 4. *Schwerpunkte der Arbeit:* (1) Überwachung von Nuklearanlagen auch in Hinblick auf den Atomwaffensperrvertrag, (2) technische Unterstützung, (3) enge Zusammenarbeit mit FAO bei der Erforschung von Anwendungsmöglichkeiten der Radioaktivität in Ernährungs- und Landwirtschaft, (4) im medizinischen Bereich Zusammenarbeit mit WHO, (5) bei Kernenergie: Förderung des Erfahrungsaustausches und der technischen Zusammenarbeit, (6) Entwicklung und Überwachung der Sicherheit von Nuklearanlagen, hierzu wurde das computergestützte Internationale Nukleare Informationssystem (INIS) entwickelt, (7) enge Zusammenarbeit mit der Europäischen Atomgemeinschaft (EAG, EURATOM) und Nuclear Energy Agency (NEA) bei der OECD.

**IAO** – Abk. für *Internationale Arbeitsorganisation,* → ILO.

**IAS** – Abk. für *International Accounting Standards;* → International Financial Reporting Standards (IFRS).

**IASB** – Abk. für → International Accounting Standards Board (IASB).

**IBRD** – Abk. für *International Bank for Reconstruction and Development, Internationale Bank für Wiederaufbau und Entwicklung, Weltbank.* Auf der Weltwährungskonferenz in Bretton Woods im Juli 1944 von 44 Teilnehmerstaaten erarbeitet, nach der Ratifizierung von 28 Nationen am 27.12.1945 gegründet, nahm sie am 25.6.1946 die Geschäftstätigkeit auf. – *Sitz:* Washington, D.C. – Die Bundesrepublik Deutschland ist seit 1952 Mitglied. Voraussetzung für die Mitgliedschaft (derzeit 187) ist die Mitgliedschaft beim → IWF. – *Ziele:* Ursprünglich für den großen Bedarf an langfristigem Kapital für die Nachkriegszeit gegründet, heute: Wirtschaftliche Entwicklung weniger entwickelter Staaten durch finanzielle und andere Hilfen. – *Organisation:* Alle Verfügungsgewalt liegt beim *Board of Governors,* in das jeder Mitgliedsstaat einen Vertreter entsendet und das i.d.R. einmal jährlich tagt. Die meisten Befugnisse sind an das *Direktorium* abgetreten, das aus mehreren Executive Directors besteht Die Geschäftsführung obliegt dem vom Direktorium zum Vorsitzenden gewählten *Präsidenten.* – *Aktivitäten:* Hauptaufgabenfeld ist die Vergabe von Darlehen und Krediten mit Laufzeiten von einigen Jahrzehnten, die überwiegend aus internationalen Kapitalmarktanleihen finanziert werden sowie aus Darlehensrückzahlungen und den Einzahlungen der Mitglieder auf ihr Grundkapital und Reinerträgen.

**ICA** – Abk. für *International Cooperative Alliance, Internationaler Genossenschaftsbund;*

→ Non-Governmental Organization (NGO); am 19.8.1895 in London gegründet. 1902 wurde die Möglichkeit der Einzelmitgliedschaft gestrichen. – *Sitz/Hauptsitz:* Genf. – *Ziel:* Förderung des Genossenschaftsgedankens in aller Welt, Gedankenaustausch mit anderen Genossenschaftsbewegungen, Förderung des wirtschaftlichen und sozialen Fortschritts in einzelnen Staaten. – *Aufbau:* Generalversammlung (im zweijährigen Rhythmus) wählt den ICA Board, das Auditing und Control Committee und den Präsidenten. Regionale Generalversammlungen bestehen für Europa, Amerika, Afrika und Asien/Pazifik. – *Mitglieder* (2008): 225 Genossenschaftsorganisationen in 87 Ländern mit ca. 800 Mio. Genossenschaftsmitgliedern. Konsultativer Status bei ECOSOC (→ UN), → UNESCO, → ILO, → FAO, u.a. – *Aktivitäten:* Zusammenarbeit mit UN-Organisationen, Gedankenaustausch und Hilfsprogramme für die Genossenschaftsbewegungen in der Dritten Welt.

**ICAO** – Abk. für *International Civil Aviation Organization, Internationale Zivilluftfahrtorganisation;* Sitz in Montreal (Kanada). Gegründet am 4.4.1947. – *Mitglieder:* 190 Staaten (2009). – *Organe:* (1) Versammlung aus Vertretern der Mitgliedsstaaten als oberstes Organ, tritt in dreijährigen Abständen zusammen; (2) Rat, von der Versammlung gewählte Vertreter (für jeweils drei Jahre gewählt) von 36 Mitgliedsstaaten als ständiges Exekutivorgan; dem Rat wird assistiert von verschiedenen Ausschüssen u.a. Luftfahrtkommission, Luftverkehr-, Finanz-, Rechtsausschuss; (3) Generalsekretariat. – *Aufgaben:* a) Aufbauend auf dem Luftverkehrsabkommen von Paris (1919) und dem Abkommen über die Handelsluftfahrt von Havanna (1928) ist das 1944 abgeschlossene Abkommen über den Luftverkehr, das gleichzeitig die ICAO begründet, entwickelt worden. Durch Ausarbeitung allg. anerkannter Grundsätze und Richtlinien technischer, wirtschaftlicher und rechtlicher Art soll die ICAO die größtmögliche Sicherheit und Wirtschaftlichkeit

im Luftverkehr herbeiführen. – b) Im Einzelnen umfassen ihre Aufgaben v.a. Sorgen für sicheres und geordnetes Wachsen der internationalen Zivilluftfahrt; Förderung des Flugzeugbaus zu friedlichen Zwecken, der Entwicklung von Luftstraßen, Flughäfen und Luftfahrteinrichtungen, Sicherung eines regelmäßigen, leistungsfähigen und wirtschaftlichen Luftverkehrs, Verhinderung „übermäßigen Wettbewerbs"; Förderung der Flugsicherheit. – *Bisherige Leistungen:* (1) Internationale Vorschriften und Normen für die zivile Luftfahrt, Bestimmungen über die Einrichtung und Sicherung der Flughäfen, Förderung des Gebrauchs neuer technischer Geräte und Methoden, Entwicklung eines vorbildlichen Systems für Wetterdienst, Verkehrskontrollen, Nachrichtenverbindung, Such- und Rettungsdienst, Vereinfachung der Zoll- und Einwanderungsformalitäten; (2) Finanzielle oder technische Hilfe für die Erhaltung der Luftverkehrseinrichtungen in den Mitgliedsstaaten oder in Gebieten, in denen die Erhaltung aus eigener Kraft unmöglich ist; (3) Konvention über die internationale Anerkennung der Eigentums-Rechte an Flugzeugen; (4) technische Hilfe durch Entsendung von Fachleuten für die Ausbildung im Flugwesen, Vergebung von Auslandsstudiendienstipendien; (5) Veröffentlichung technischer Schriften auf dem Gebiet der Luftfahrt; (6) Studien über umweltrelevante Anpassungen der Lärm- und Abgasemissionen der Antriebaggregate und Aufstellung internationaler Standards und Richtlinien für zulässige Geräuschzertifikationen in der Luftfahrt; (7) Ausbau der Sicherheit vor terroristischen Anschlägen (beschlossen auf Sonderkonferenzen nach 11.9.2001).

**ICC** – Abk. für *International Chamber of Commerce, Chambre de Commerce International (CCI), Internationale Handelskammer;* im Juni 1920 in Paris auf Initiative der Internationalen Handelskonferenz 1919 in Atlantic City gegründet; Zusammenschluss von Unternehmern und Verbänden aus Industrie- und Entwicklungsländern in mehr als 130 Ländern;

nationale Komitees in mehr als 60 Staaten mit mehr als 1.500 Wirtschaftsorganisationen und über 5.000 Unternehmen. Deutsche Vertretung in Berlin. – *Aufgaben*: Förderung und Verbesserung des Welthandels sowie Harmonisierung und Liberalisierung von internationalen Handelsverfahren und Geschäftspraktiken mit dem *Ziel* eines freien und fairen internationalen Wettbewerbs für Güter- und Kapitalverkehr. Unter Mitwirkung nationaler Komitees beschäftigt sie sich mit allen wichtigen Fragen der Weltwirtschaft. – *Organe*: Der *ICC-Rat* (Council), der sich zweimal jährlich trifft, ist das höchste leitende Organ, in welchem die nationalen Komitees zwischen einem und drei Mitglieder in Abhängigkeit von ihrem relativen Beitrag zum Gesamtbudget entsenden. Die Geschäfte werden vom *Executive Board* (Verwaltungsrat), der aus mind. 15 Mitgliedern besteht, die vom Rat ernannt werden, geführt (Drei-Jahreszyklus, wobei jährlich ein Drittel der Mitglieder zurücktritt). Alle zwei Jahre tritt der *ICC-Kongress* zusammen, der unter einem Generalthema abgehalten wird. Zwischen dem Kongress findet eine Konferenz statt. *Weitere Organe* sind das Internationale Sekretariat mit Sitz in Paris, nationale Ausschüsse und Beiräte. – ICC besitzt *Konsultativ-Status* beim Wirtschafts- und Sozialrat der Vereinten Nationen (→ EU), der → World Trade Organization (WTO) und der → WIPO. – *Bewertung*: ICC hat sich Verdienste um das Schiedsgerichtswesen erworben (ein ständiger Gerichtshof befasst sich mit Handelsstreitigkeiten) und wichtige Beiträge zu den GATT-Runden geleistet; Einsatz für den Verbraucherschutz und den Schutz des wirtschaftlichen Eigentums und im Kampf gegen kommerzielle Kriminalität.

**ICLS** – Abk. für *International Conference of Labour Statisticians,* → Internationales Arbeitsamt (IAA).

**ICSID** – Abk. für *International Centre for Settlement of Investment Disputes, Internationales Zentrum zur Beilegung von Investitionsstreitigkeiten.* – *Sitz*: Washington, D.C., gegründet am 14.10.1966 als Institution der → Weltbankgruppe. ICSID-Konvention bis Juni 2009 von 155 Staaten unterzeichnet, die Mitglieder der → IBRD sind. – *Hauptziel*: Beilegung von Investitionsstreitigkeiten zwischen Staaten und Staatsbürgern von Ländern, die das ICSID zur Regelung von Streitigkeiten anrufen, für die dout die Vertragsparteien keine Regelungen vereinbart haben. Dazu Schiedsregeln zur Beilegung von Streitigkeiten; Schiedsgerichte, die von den streitenden Parteien angerufen werden können; Informationen für die Abfassung von Schiedsgerichtsklauseln. – *Organe*: Verwaltungsrat (Vorsitz in Personalunion mit IBRD-Präsident), Sekretariat unter Leitung eines Generalsekretärs. – *Tätigkeit*: Schwerpunkt ist die Einsetzung und Unterhaltung von Schiedsgerichten zur Beilegung von Investitionsstreitigkeiten.

**IDA** – Abk. für *International Development Association, Internationale Entwicklungsorganisation.* – *Sitz*: Washington, D.C., 1960 gegründet als Tochtergesellschaft der → IBRD; Sonderorganisation der → UN. – *Zielsetzung*: Identisch mit denen der → IBRD; sie gewährt Kredite jedoch an ärmere Länder zu Vorzugskonditionen. Sie unterstützt derzeit mehr als 900 Projekte. – *Organe*: Identisch mit denen der IBRD (Personalunion). – *Aktivitäten*: Finanzierung von Entwicklungsprojekten unter wesentlich günstigeren Bedingungen: Laufzeit i.d.R. 50 Jahre, Beginn der Tilgung nach zehn Jahren, Rückzahlung auch in eigener Währung möglich. Zinslose Kredite (Bearbeitungsgebühr 0,75 Prozent der Kreditsumme). IDA-Kredite werden an Länder vergeben, die folgenden drei Bedingungen genügen: (1) BNE pro Kopf unter 1095 US-Dollar; (2) kein Zugang zu internationalen Kreditmärkten; (3) Umsetzung angemessener und stabilitäts- und wachstumsorientierter Politikmaßnahmen. – *Finanzierung*: IDA finanziert sich nicht auf den Kapitalmärkten, sondern aus Mitgliedsbeiträgen und Gewinnüberweisungen der IBRD sowie Kreditrückzahlungen. Die letzte Wiederauffüllung von

IDA (Dezember 2007) erbrachte 16,5 Mrd. → Sonderziehungsrechte (SZR). Nach Großbritannien, der USA und Japan ist die Bundesrepublik Deutschland der viertgrößte Beitragszahler. – Vgl. auch → Weltbankgruppe.

**IDB** – Abk. für *Inter-American Development Bank, Interamerikanische Entwicklungsbank;* am 8.4.1959 in Washington von der Organization of American States (OAS) gegründet. – *Mitglieder* (2009): 48, davon 26 lateinamerikanische Staaten. – *Ziele:* Förderung der wirtschaftlichen Entwicklung lateinamerikanischer Länder durch die Finanzierung von Entwicklungsprojekten sowie beratende und finanztechnische Hilfe; Förderung von Privatinvestitionen. IDB finanziert höchstens 50 Prozent der Projektkosten, i.d.R. nur 25 Prozent; wichtige Quelle auswärtiger öffentlicher Finanzierung für Lateinamerika. Bisher kumulierte Investitionen von 375 Mrd. US-Dollar. Zur Förderung der Integration Lateinamerikas wurde 1964 im Rahmen der IDB das *Institut für lateinamerikanische Integration* (INTAL, Instituto para la Integración de América Latina) gegründet.

**Identität** – im zollrechtlichen Sinn: → Nämlichkeit. Das Gegenteil ist Äquivalenz.

**IF** → Integrated Framework.

**IFAD** – Abk. für *International Fund for Agricultural Development, Internationaler Agrar-Entwicklungsfonds, Internationaler Fonds für landwirtschaftliche Entwicklung;* 1977 als Sonderorganisation der → UN mit Sitz in Rom auf Initiative der Welternährungskonferenz 1977 gegründet. – *Mitglieder* (2009): 165 Länder. – *Ziel:* Steigerung der Agrarproduktion und Verbesserung des Ernährungsstandes der ländlichen Armen in Entwicklungsländern. – *Organe: Gouverneursrat* und ihm verantwortlich ein *Verwaltungsrat* mit 18 Mitgliedern und 18 Stellvertretern. – *Aktivitäten:* Seit Gründung wurden 805 Projekte mit einem Investitionsvolumen von mehr als 10 Mrd. US-Dollar durchgeführt.

**IFC** – Abk. für *International Finance Corporation, Internationale Finanz-Korpora-*

*tion. – Sitz:* Washington, D.C.; am 25.7.1956 gegründete Sonderorganisation der → UN. – *Mitglieder* (2013): 181. – *Ziel:* Unterstützung der wirtschaftlichen Entwicklung von Entwicklungsländern über die Förderung des privaten Sektors durch die Mobilisierung von Privatinvestitionen (Kredite und Beteiligungen an Privatunternehmen in Entwicklungsländern). – *Organe:* Identisch mit denen der → IBRD (Personalunion). – *Aktivitäten:* Die IFC bewilligt zum einen Projektfinanzierung durch langfristige Kredite oder Eigenkapitalbeteiligungen. Dabei werden keine staatlichen Kreditgarantien verlangt, aber marktübliche Zinssätze erhoben. Um adäquate Kofinanzierung durch private Investoren zu gewährleisten, bemüht sich die IFC um Mindestbeteiligungen. Die IFC gibt bei privaten Investitionsprojekten außerdem Consulting und technische Hilfe. Außerdem hilft sie bei der Mobilisierung von privatem Kapital. – Seit 1993 hat IFC ein Verbindungsbüro in Frankfurt a.M.

**IFRS** – Abk. für → International Financial Reporting Standards.

**IIP** – Abk. für → International Investment Position.

**ILO** – Abk. für *International Labour Organization, Internationale Arbeitsorganisation (IAO);* durch den Friedensvertrag von Versailles 1919 mit Sitz in Genf ins Leben gerufen, in enger Verbindung zum Völkerbund. 1946 Abkommen zwischen → UN und der ILO, durch das die ILO den Status einer Sonderorganisation der UN erhielt (Mustervertrag für die Schaffung der übrigen UN-Sonderorganisationen). – *Mitglieder* (2013): 185 Mitgliedsstaaten. – *Hauptorgane: Internationale Arbeitskonferenz* (Vollversammlung aller Mitgliedsstaaten), die jährlich einmal zur Annahme von Übereinkommen (Konventionen) zusammenkommt; *Verwaltungsrat,* der aus 56 Mitgliedern (28 von Regierungen, je 14 von Arbeitgebern und Arbeitnehmern) besteht, wobei die wirtschaftlich wichtigsten Mitgliedsstaaten über zehn Sitze verfügen, die restlichen werden gewählt; *Internationales Arbeitsamt (IAA)* in Genf, das die Funktion eines Sekretariats ausübt. – *Ziele:* Generelle Verbesserungen der Arbeitsbedingungen im weltweiten Rahmen. Als wichtigste *Instrumente* dienen die Aufstellung internationaler Konventionen und Empfehlungen, deren Annahme durch die Internationale Arbeitskonferenz, das Weltbeschäftigungsprogramm und ILO-Programm für technische Entwicklungshilfe. Auf der Weltbeschäftigungskonferenz 1976 wurde das sog. Grundbedürfniskonzept vorgestellt, welches die → Entwicklungshilfe beeinflusste. – Die *Finanzierung* erfolgt durch Umlagen auf die einzelnen Mitgliedsstaaten. – *Wichtige Publikationen:* International Labour Review; World of Work; Bulletin of Labour Statistics; Yearbook of Labour Statistics.

**IMF** – Abk. für *International Monetary Fund,* → IWF.

**IMFC** – Abk. für *International Monetary and Finance Committee;* Gremium, bestehend aus den IWF-Gouverneuren derjenigen Länder, die einen Sitz im Exekutivrat des → IWF haben. Entspricht in der Zusammensetzung dem früheren Interims-Ausschuss des IWF (→ IWF-Interimsausschuss), dessen Funktion es seit der ersten Sitzung im April 2000 in Washington, D.C., übernommen hat. IMFC trifft sich zweimal im Jahr. Allerdings soll das IMFC eine hervorgehobenere Rolle spielen, u.a. sollen die wichtigsten Mitgliedsländer des IWF durch das IMFC politische Verantwortung für IWF-Kreditprogramme übernehmen. Dies steht in Zusammenhang mit der laufenden Debatte über eine Reform des IWF und der Schaffung einer → Neuen Weltfinanzarchitektur.

**Immunität** – 1. *Allgemein:* Befreiung der völkerrechtlichen Vertreter eines Staates (z.B. Botschafter) von der Gerichtsbarkeit des Empfangsstaates. – 2. *Parlamentarische Immunität:* Schutz der Abgeordneten des Bundestags oder anderer Parlamente vor Strafverfolgungsmaßnahmen und Verhaftungen bis

zum Beschluss des Parlaments über die Aufhebung der Immunität (Art. 46 II–IV GG).

**imperfekte Kapitalmobilität** – Situation, in der entweder → internationale Kapitalverkehrskontrollen oder Risikoaversion der internationalen Anleger vorliegen. Das Kapital ist nicht vollständig mobil. *Beispiel:* Bankenkrise, Weltwirtschaftskrise. – Vgl. auch → internationale Kapitalmobilität.

**Import** – alle Waren- und Dienstleistungsumsätze mit Wirtschaftseinheiten, die ihren ständigen Sitz (Wohnsitz) außerhalb Deutschlands haben. Aus Sicht des Zollrechts alle Einfuhren in das → Zollgebiet der → EG (→ EU). – Vgl. auch → Einfuhr.

**Importbeschränkung** → Einfuhrbeschränkung, → Verbote und Beschränkungen.

**Importkontingentierung** – Maßnahmen zum Zwecke der → Einfuhrbeschränkung. – 1. *Arten:* Die → Einfuhr bestimmter Waren wird für einen festen Zeitraum auf eine Höchstmenge *(Mengenkontingent)* oder auf einen Höchstwert *(Wertkontingent)* beschränkt. Die Höhe der Kontingente wird entweder in Handelsverträgen mit den einzelnen Partnerländern vereinbart (→ Länderkontingent) oder für alle Länder zusammen festgesetzt (→ Globalkontingent). – 2. *Wirkungen:* Die → Einfuhrbeschränkung bedeutet im Gegensatz zu den → Zöllen einen systemfremden Eingriff in den marktwirtschaftlichen Ablauf, da sie den Wettbewerb zwischen inländischen und ausländischen Produzenten ausschließt. Während eine Zollmauer durch Kostensenkung im Ausland „übersprungen" werden kann, bleibt beim Mengenkontingent die Einfuhrmenge (beim Wertkontingent die auszugebende Devisenmenge) stets gleich, gleichgültig ob die inländische Produktion teurer und die ausländische Produktion billiger geworden ist oder nicht. Die Preisbildung auf dem Inlandsmarkt wird beim Mengenkontingent vollständig, beim Wertkontingent weitgehend unabhängig vom → Weltmarktpreis festgelegt. – 3. Von verschiedenen Organisationen, v.a. → World Trade Organization (WTO)/ → GATT, → OECD und → UNCTAD wird die *Beseitigung* des Systems der Einfuhrbeschränkung durch zunehmende → Liberalisierung der Einfuhr oder durch Umrechnung der Mengenrestriktionen in entsprechende Zollprozente angestrebt. – Vgl. auch → nicht tarifäre Handelshemmnisse.

**Importlizenz** → Einfuhrlizenz.

**Importmultiplikator** – Messzahl, die (in Analogie zum Exportmultiplikator) die Änderung des Volkseinkommens infolge einer Importänderung um eine Geldeinheit angibt. Kommt z.B. eine Importsteigerung aufgrund einer Präferenzverschiebung von inländischen zu im Ausland erstellten Konsumgütern zustande, nimmt das inländische Volkseinkommen entsprechend dem Importmultiplikator um das Mehrfache der ursprünglichen Importsteigerung ab, soweit eine Anpassung durch Veränderung der Güter- und Faktorpreise nicht erfolgt *(negativer Importmultiplikator)*. Das Umgekehrte gilt bei Substitution von Importen durch Inlandsproduktion, wobei nicht ausgelastete Produktionskapazitäten unterstellt werden *(positiver Importmultiplikator)*. Modelltheoretisch lassen sich Import- und Exportmultiplikator mithilfe makroökonomischer Gütermarktmodelle berechnen. – Vgl. auch Multiplikator, Einkommen-Ausgaben-Modell.

**Importpreisprüfung** → Preisprüfung.

**Importquote** – 1. *Außenhandel:* bes. Form eines → nicht tarifären Handelshemmnisses, bei dem das importierende Land die Importmenge auf ein bestimmtes Niveau beschränkt. – Vgl. auch → freiwillige Exportbeschränkung, → Äquivalenz zwischen tarifären und nicht tarifären Handelshemmnissen, → Handelspolitik. – 2. *Volkswirtschaftliche Gesamtrechnung:* Anteil der → Importe am Bruttoinlandsprodukt (BIP).

**Importrestriktion** → Einfuhrbeschränkung, → Verbote und Beschränkungen.

**Importstruktur** – Güterzusammensetzung der Importe (→ Einfuhr) eines Landes. – Vgl. auch → Handelsstruktur.

**Importsubstitution** – 1. *Begriff:* a) *Allgemein:* Ersetzen von Importen durch inländische Produktion. – b) Importsubstitution liegt *(nach Chenery)* vor, wenn der Importanteil am inländischen Gesamtangebot sinkt. Im Fall einer wachsenden Wirtschaft kann Importsubstitution also auch bei absolut zunehmenden Importen als gegeben angesehen werden. – Zu unterscheiden: a) *Natürliche Importsubstitution:* Ergebnis des Strukturwandels unter Freihandelsbedingungen, verursacht durch internationale Verschiebungen der Angebots- und Nachfragebedingungen. – b) *Wirtschaftspolitisch induzierte Importsubstitution* (Importsubstitution-Strategie): I.d.R. (wie auch im Folgenden) mit dem Begriff gemeint; v.a. für Entwicklungsländer diskutiert. – 2. *Charakteristik:* a) *Ziele* v.a.: (1) Förderung von Wirtschaftszweigen, die möglichst nachhaltige Entwicklungseffekte bzw. positive Effekte entfalten, v.a. des industriellen Sektors; (vgl. Entwicklungspolitik; Gegenteil zur Strategie der Exportförderung) (2) Gewährung von Entwicklungschancen für junge Industrien, die zwar kurzfristig der ausländischen Konkurrenz unterlegen sind, jedoch längerfristig international wettbewerbsfähig zu werden versprechen; (3) Entlastung der → Zahlungsbilanz; (4) (gelegentlich erhoffte) Nationaleinkommens- und Wachstumswirkungen durch positive Multiplikator- und Akzeleratorwirkungen. – b) *Maßnahmen:* (1) Einfuhrrestriktionen, wie → Zölle, Kontingente und → Devisenbewirtschaftung; (2) allg. Maßnahmen der Produktions- und Investitionsförderung, wie Subventionen und steuerliche Vergünstigungen. – 3. *Ergebnisse:* a) Entwicklungsländer, die auf Importsubstitutionen mittels einer interventionistischen Politik setzen, verzeichnen in der ersten Phase i.d.R. *Wohlfahrtseinbußen*, da sie auf einen Teil der Handelsgewinne verzichten. Längerfristig sind *positive Wirkungen* möglich, wenn die geförderten Industrien tatsächlich ausgeprägte positive externe Effekte entfalten bzw. die erhoffte Wettbewerbsreife erlangen. – b) Die *bisherigen Erfahrungen* sind in vielen Fällen negativ, da u.a. folgende *Politikfehler* gemacht wurden: (1) Die Verbesserung der Angebotsbedingungen (Sach-, Humankapital- und Infrastrukturausstattung u.a.) als wichtige Ergänzung zu den Maßnahmen der Importsubstitutionen wird oft vernachlässigt. (2) Positive Wirkungen der Schutz- bzw. Förderungsmaßnahmen für die betreffenden Wirtschaftszweige werden oft konterkariert, indem z.B. benötigte Inputs und Investitionsgüter durch Einfuhrrestriktionen verteuert werden oder die internationale Wettbewerbsfähigkeit durch Inflation und Überbewertung der eigenen Währung beeinträchtigt wird. (3) Im Rahmen der Importsubstitution-Politik werden vielfach Investitionen induziert, die nur bei anhaltendem Schutz bzw. dauerhafter Förderung überleben können und daher ständige gesamtwirtschaftliche Verluste bedingen.

**Importsubvention** – staatliche Förderung (Zuschuss, → Zollkontingent etc.) zur Förderung bzw. Erleichterung der → Einfuhr eines Gutes (sog. Wareneinfuhr von Sachgütern). – Vgl. auch → tarifäre Handelshemmnisse.

**Importüberschuss** – *Einfuhrüberschuss;* Überschuss der Ausgaben für den → Import von → Waren und → Dienstleistungen, berechnet durch den aggregierten Saldo der → Handelsbilanz und der → Dienstleistungsbilanz, an das Ausland über die Einnahmen aus Exporten von Waren und Dienstleistungen (negativer → Außenbeitrag). – *Gegensatz:* → Exportüberschuss. – Vgl. auch → Zahlungsbilanz, → Außenbeitrag.

**Importverbot** → Einfuhrverbot, → Verbote und Beschränkungen.

**Importvordepot** – von devisenschwachen Ländern angewandtes Instrument. Die (erwünschten) Importgüter werden in einer „Freiliste" ausgewiesen. Vor Ausfuhr aus dem Stamm- bzw. Exportland muss der Importeur (Zielland) die → Einfuhr anmelden. Er erhält für die Dauer eines bestimmten Zeitraumes ein „registro". Während dieser Frist muss dann auch die Lieferung erfolgen. Bei der Registro-Erteilung muss vom Importeur ein Importvordepot in Landeswährung gestellt werden, dessen Höhe den Gegenwert des Importvolumens darstellen kann. Die zinslos zu hinterlegende Summe kann aber auch – je nach Zielsetzung der Landespolitik – höher oder niedriger sein. Gleichzeitig erhält der Importeur die Genehmigung zum Devisenerwerb in Höhe der registrierten Einfuhr. Durch den gezielten Einsatz von Importvordepots können Warenströme qualitativ und quantitativ – und somit auch Exportmöglichkeiten in diese Länder – beeinflusst werden. Administrativ aufwendig.

**Importzertifikat** → internationale Einfuhrbescheinigung.

**Income Statement** – engl. für *Gewinn- und Verlustrechnung (GuV).* – Vgl. auch → Statement of Income.

**Income Terms of Trade** – 1. *Begriff:* Index der Importkapazität bzw. der Kaufkraft der Exporterlöse; eines der Konzepte der → Terms of Trade, das zu den → Commodity Terms of Trade auch noch die Veränderung der Exportmenge berücksichtigt. Die Income Terms of Trade ermittelt man durch Division der Exporterlöse mit den Importpreisen. – 2. *Beurteilung:* Die Income Terms of Trade sind für Wohlfahrt und Wettbewerbsfähigkeit eines Landes aussagefähiger als die Commodity Terms of Trade, da hiermit Angaben gemacht werden können über das Importvolumen, das mit den erzielten Exporterlösen finanziert werden kann.

**Index der Importkapazität** → Income Terms of Trade.

**indirekte Anrechnung** – *indirect tax credit;* ein spezielles Verfahren zur Vermeidung von → Doppelbesteuerung, relevant nur beim Empfang von Dividenden aus

Tochterkapitalgesellschaften durch eine Mutterkapitalgesellschaft: Angerechnet wird die von der *Tochterkapitalgesellschaft* gezahlte (= von der Mutter also nur *indirekt* getragene) Körperschaftsteuer auf die von der Mutterkapitalgesellschaft geschuldete Körperschaftsteuer auf die Dividendeneinnahmen. In Deutschland praktisch nicht mehr von Bedeutung, seitdem Dividendeneinkünfte einer Kapitalgesellschaft aus einer Tochtergesellschaft ohnehin fast generell nicht mehr mit Steuer belastet werden (→ Schachtelprivileg, § 8b I KStG), in anderen europäischen Staaten aber teilweise durchaus noch bedeutsam. Die Mutter-Tochter-Richtlinie der EG schreibt vor, dass Mutterkapitalgesellschaft für Dividenden aus Tochterkapitalgesellschaften in anderen Ländern der EU entweder das Schachtelprivileg oder die indirekte Anrechnung zustehen müssen.

**indirekte Methode** – im internationalen Steuerrecht eine Methode zur Aufteilung des Gesamtgewinns eines rechtlich einheitlichen Unternehmens auf seine Betriebsstätten in verschiedenen Staaten (Art. 7 OECD-Musterabkommen). Bei der indirekten Methode wird der Gesamtgewinn des Unternehmens durch Anwendung geeigneter Schlüsselgrößen auf die einzelnen Betriebsstätten verteilt. Diese Schlüsselgrößen sind so zu wählen, dass sie die Gewinnentstehung verursachungsgerecht abbilden und materiell zum selben Ergebnis wie bei der → direkten Methode führen. Wegen der mit der indirekten Methode verbundenen Probleme (geeignete Schlüsselgrößen, konsensfähig aus Sicht aller beteiligten Finanzverwaltungen) ist die indirekte Methode nur zulässig, wenn die direkte Methode als nicht praktikabel erscheint. – *Ähnlich:* Die (innerdeutsche) Zerlegung der Gewerbesteuerbemessungsgrundlage auf die einzelnen steuerberechtigten Gemeinden erfolgt auf einer ähnlichen Grundlage wie bei der indirekten Methode, nämlich durch Ermittlung des Gesamtgewinns und Zerlegung auf die hebeberechtigten Gemeinden; hier funktioniert das, weil – anders als im internationalen Kontext – sowohl die Grundsätze zur Ermittlung des Gesamtgewinns für ganz Deutschland einheitlich geregelt sind als auch die Schlüsselgröße einheitlich geregelt ist (Gewerbesteuergesetz!).

**Industrieländer** – Staaten mit folgenden Merkmalen: relativ hoher Anteil der verarbeitenden Industrie am Bruttonationaleinkommen (BNE); relativ lange Tradition der industriellen Produktion; relativ hohes technologisches Niveau und Pro-Kopf-Einkommen; relativ hohe Funktionsfähigkeit bzw. Effizienz des Wirtschaftssystems. Trotz des stetig steigenden Wertschöpfungsanteils des Dienstleistungssektors in vielen der klassischen Industrieländer werden diese auch weiterhin als Industrieländer bezeichnet, auch wenn hierdurch die Bedeutung der industriellen Wertschöpfung stark an Bedeutung verloren hat. – *Gegensatz:* → Entwicklungsländer.

**Industriestaat** – Staat, dessen Arbeitsbevölkerung zum größten Teil im Handwerk, im Gewerbe, v.a. aber in der Industrie beschäftigt ist. – *Gegensatz:* → Agrarstaat.

**Inflationsimport** – Durch den steigenden Preis importierter Güter, die mit in die Berechnung des Warenkorbs zur Bestimmung des Preisniveaus eingehen, steigt der Gesamtwert des Warenkorbs (Inflation). Importpreise können u.a. steigen aufgrund von Preiserhöhungen im Exportland oder durch → Abwertung der Inlandswährung des Importlandes. – Vgl. auch → Kaufkraftparität; importierte Inflation.

**informeller Sektor** – 1. *Begriff:* der informelle Sektor ist die Folge des Beschäftigungsproblems der Entwicklungsländer. Er umfasst die ökonomischen Aktivitäten der Menschen außerhalb formell geregelter Sektoren und ist gekennzeichnet durch arbeitsintensive Produktion, geringe Eintrittsschranken (wie z.B. Ausbildungsnachweis), Verwendung einheimischer Ressourcen, angepasste und einfache Technologien, kleine Betriebsgrößen (meist Einzel- oder Familienunternehmen), schlechte Bezahlung und geringem gewerkschaftlichen Organisationsgrad, niedrige Qualifikationsanforderungen, die außerhalb des formalen Schulsystems erworben werden sowie unregulierte, dem freien Wettbewerb unterworfene Märkte. – 2. *Entwicklungspolitische Bedeutung:* a) Als Folge der Vernachlässigung der Landwirtschaft führte die Landflucht zur Urbanisierung. Da industrielle Arbeitsplätze im urbanen, → formellen Sektor nicht vorhanden waren, mussten die Menschen als „Selbstständige" ihren Lebensunterhalt verdienen. Lange Zeit wurde der informelle Sektor als *Hinterhofökonomie* abgewertet. – b) Die tatsächliche entwicklungspolitische Bedeutung ist nicht eindeutig. Einige Autoren sehen in informellen Sektoren das *Ergebnis des Arbeitskräfteüberschusses:* zugewanderte und schlecht ausgebildete Personen sind von den Beschäftigungsmöglichkeiten des modernen Sektors ausgeschlossen. Der informelle Sektor schafft zwar temporär Beschäftigungsmöglichkeiten. Das gesellschaftspolitische Ziel besteht in seiner Abschaffung, welche durch langfristige Beschäftigungsmöglichkeiten im industriellen Sektor erfolgen kann. – c) Andererseits ist der informelle Sektor das *Ergebnis staatlicher Interventionen* in die Wirtschaft. Entwicklungsmöglichkeiten entstehen häufig erst durch Deregulierung und Privatisierung. Strukturalisten sprechen sich daher für eine Abnahme staatlicher Interventionen aus, woraus eine weit reichende Flexibilisierung folgt; sie betonen gleichzeitig die Notwendigkeit von Schutzbestimmungen von Systemen sozialer Sicherung. Subsistenzaktivitäten müssen in dynamische Betriebe verwandelt werden. – d) *Beschäftigungseffekte:* Der informelle Sektor erreicht bei geringem Kapitaleinsatz einen hohen Beschäftigungseffekt (arbeitsintensive Produktion). Seine Förderung wird nur schwache Migrationsanreize auslösen. Der informelle Sektor hat eine heterogene Struktur, in ihm können sich dynamische Unternehmer schnell entwickeln. Informelle Kleinbetriebe bilden de facto mehr

Lehrlinge und Arbeitskräfte aus als das formale Bildungssystem. Er produziert Güter und Dienstleistungen für die Bedürfnisse von Niedrigeinkommen-Haushalten. Wegen der geringen Absorptionskapazität des formellen Sektors von überschüssigen Arbeitskräften gewinnt er zunehmend an Bedeutung, wobei die Abgrenzung zum formellen Sektor fließend ist (v.a. im Finanzbereich).

**Inland** – 1. *Allgemein:* das völkerrechtlich zum Gebiet eines Staates zugehörige Gebiet. – 2. *Ertragsteuerrecht/Erbschaftsteuerrecht:* wichtiges Kriterium für die Frage, ob eine Person der unbeschränkten Steuerpflicht oder der beschränkten Steuerpflicht unterworfen wird oder auf eine Einkunftsquelle im Rahmen der beschränkten Steuerpflicht zugegriffen wird. Zum Inland gehört aus der Sicht dieser Steuerarten nicht nur das Gebiet der Bundesrepublik, sondern zusätzlich auch der Deutschland zustehende Teil des Festlandssockels, soweit dort bestimmte wirtschaftliche Aktivitäten ausgeübt werden (§ 1 I Satz 2 EStG, § 1 III KStG, ähnlich § 2 II ErbStG). – 3. *Umsatzsteuer:* a) *Begriff:* Zum Inland zählt nach dem Umsatzsteuergesetz das Gebiet der Bundesrepublik Deutschland, aber ohne das Gebiet von Büsingen, das eine dt. Enklave in der Schweiz darstellt, ohne die Insel Helgoland, ferner ohne die Freihäfen des Kontrolltyps I und die Gewässer und Watten zwischen Hoheitsgrenze und Strandlinie und die dt. Schiffe und Luftfahrzeuge in den Gebieten, die zu keinen Zollgebieten gehören. Aus der Sicht anderer EU-Staaten und aus Sicht des Gemeinschaftsrechts gehören lediglich Helgoland und Büsingen nicht zum dt. Inland. – b) *Wirtschaftliche Bedeutung des Begriffs Inland:* Die Ausgrenzung einiger Gebiete aus dem Begriff Inland für umsatzsteuerliche Zwecke bezweckt teilweise eine Förderung von Gebieten mit bes. Problemen, da dort dann keine Umsatzsteuer erhoben werden muss (Büsingen, Helgoland). Teilweise ist aber nur eine Verwaltungsvereinfachung angestrebt, um die Durchfuhr von Waren nicht aufwendig als Einfuhren und Ausfuhrlieferungen behandeln zu müssen (Freihäfen, Gewässer und Watten). In den letztgenannten Gebieten werden daher Umsätze und innergemeinschaftliche Erwerbe dennoch der dt. Umsatzsteuer unterworfen, wenn sie nicht unternehmerischen Zwecken, sondern z.B. konsumtiven Zwecken dienen (vgl. genauen Katalog der betreffenden Tatbestände in § 1 III UStG). – c) *Andere umsatzsteuerliche Gebietsbegriffe:* → Ausland, → Gemeinschaftsgebiet, → Drittlandsgebiet.

**Inländerkonvertibilität** → Konvertibilität. – *Gegenteil:* → Ausländerkonvertibilität.

**Inspektionszertifikat** – Bei Akkreditiven, aber auch aufgrund amtlicher Importvorschriften ist oft ein Waren-Kontroll-Zertifikat (Pre-Shipment Inspection Certificate (PSI)) erforderlich, das durch dazu befugte Stellen/Behörden ausgefertigt wird und die Übereinstimmung der verpackten und verschifften Ware mit der Bestellung bzw. den Importvorschriften des Einfuhrlandes bescheinigt.

**Institute of International Finance (IIF)** – *Institute of International Finance, Inc.*; 1983 von 35 Großbanken aus Europa, den USA, Japan und Südamerika als Reaktion auf die internationale Schuldenkrise gegründet. Das IIF hat heute über 450 Mitglieder aus 70 verschiedenen Ländern (Stand Ende 2012). Zu seinen Mitgliedern zählen die größten Commercial Banks und Investment Banks sowie zunehmend auch Versicherungsunternehmen. – *Sitz:* Washington, D.C. – *Ursprüngliche Ziele:* Verbesserung der Verfügbarkeit und Qualität der finanziellen und wirtschaftlichen Informationen über Schuldnerländer, um in Zusammenarbeit mit dem Internationalen Währungsfonds und der Weltbank Informationen über finanzielle Lage, Entwicklungspläne, wirtschaftspolitische Zielsetzungen und Verschuldungssituation der potenziellen Kreditnehmer zusammentragen und den Mitgliedsbanken zur Verfügung stellen zu können. – *Heutige Aufgaben und Ziele:* fachliche Unterstützung der Mitglieder bspw. durch Länderanalysen zu Schwellenländern,

politische Interessenvertretung, Öffentlichkeitsarbeit, Entwicklung von Maßnahmen zur Sicherung der Finanzmarktstabilität (Industriestandards, Best-Practice-Methoden), Schaffung von Netzwerken zum gegenseitigen Erfahrungsaustausch.

**Intangible Assets** – engl. für *immaterielles Wirtschaftsgut.*

**Integrated Framework (IF)** – 1997 durch WTO, Weltbank (→ IBRD), → IWF, das International Trade Center (→ ITC), → UNCTAD und → UNDP gegründet. Vorrangiges Ziel des IF ist es, das Thema Handel in den nationalen Entwicklungsstrategien zu verankern. Ein Organ des IF ist das Integrated Framework Steering Committee (IFSC) das den Prozess des IF überwacht, lenkt und Richtlinien vorgibt. Mitglieder dieses Organs sind die sechs Kernorganisationen, die beteiligten Entwicklungsländer und die Geberländer. Ein zweites Organ, die IF Working Group, betreibt das kurzfristige Management; es wird von der WTO geleitet. Der IF Trust Fund (IFTF) schließlich ist für das Sammeln und Verwalten von Ressourcen verantwortlich, die für die verschiedenen Projekte benötigt werden.

**Integration** – Herstellung einer Einheit oder Eingliederung in ein größeres Ganzes.

I. Unternehmenstheorie: dynamisch-evolutorische Theorie der Unternehmung, Governance-Structure-Theorie der Unternehmung, Grenzen der Unternehmung, Theorie der Mehrproduktunternehmung, Transaktionskostentheorie der Unternehmung.

II. Organisation: → Koordination.

III. Außenwirtschaft: Zusammenführung zweier oder mehrerer Volkswirtschaften. Dies reicht von der Verringerung bzw. dem Abbau von → tarifären Handelshemmnissen und → nicht tarifären Handelshemmnissen bis zur Vereinheitlichung verschiedener Bereiche der Wirtschaftspolitik. – Als *handelspolitische Maßnahme* bedeutet Integration die Verringerung oder Beseitigung von Handelshemmnissen zwischen den integrierenden Ländern, bei Aufrechterhaltung der Handelshemmnisse gegenüber Drittländern. Behalten die Länder ihre eigenen Handelspolitiken gegenüber Drittländern, spricht man von einer → Freihandelszone, gehen sie zu einer gemeinsamen Handelspolitik nach außen über, spricht man von einer → Zollunion. In einem gemeinsamen Markt (in der EU auch → Binnenmarkt genannt, vgl. → EU und → EG, → EEA) werden die sog. vier Freiheiten realisiert: Freiheit des Waren- und Dienstleistungsverkehrs, Kapitalmarktintegration sowie die Freizügigkeit der Arbeitnehmer und Niederlassungsfreiheit. In einer → Wirtschaftsunion als dann folgende Stufe der Integration ist die Wirtschaftspolitik (Fiskal- und Strukturpolitik, Sozialpolitik) zumindest koordiniert. Findet zudem eine gemeinsame Zentralbank mit einer gemeinsamen Währung Anwendung, dann ist mit der Wirtschafts- und → Währungsunion die höchste Stufe der wirtschaftlichen Integration realisiert (Beispiel EU, → EWWU). – *Wirkungen:* → Handelsschaffung, → Handelsablenkung. – Vgl. auch → regionale Integration, → Regionalismus, → Handelspolitik, → Wirtschaftsunion, → Währungsunion.

IV. Wettbewerbstheorie: wirtschaftlicher oder rechtlicher Zusammenschluss mehrerer Unternehmen (Unternehmenszusammenschluss). Integration und Unternehmenskonzentration werden häufig synonym verwendet. – *Arten:* (1) Horizontale Integration: Zusammenschluss von Unternehmen derselben Produktionsstufe; (2) Vertikale Integration: Zusammenschluss von Unternehmen unterschiedlicher, durch Angebots- und Nachfragebeziehungen verbundener Produktionsstufen. – Zur Bedeutung der Integration für die strategische Planung vgl. Wertschöpfungsstrategie.

**Integrationsformen** → Freihandelszone, → regionale Integration, → Regionalismus, → Zollunion.

**integrierte ländliche Entwicklung** – Konzept zur Förderung des ländlichen Raums in Entwicklungsländern. Die Ausschöpfung des latenten Produktionspotenzials kleinbetrieblicher Landwirtschaft soll Wachstumsimpulse auf der Entstehungsseite des Nationaleinkommens ergeben, wodurch auch eine gleichmäßigere Einkommensverteilung angestrebt und die → absolute Armut überwunden wird. Integrierte ländliche Entwicklung wendet sich an die ländliche Gesellschaft als Ganzes und strebt eine Verbesserung der produktiven Beschäftigung armer Bevölkerungsgruppen an. – *Ziel* ist ein selbsttragender Entwicklungsprozess, welcher mit verstärkter Eigeninitiative der betroffenen Bevölkerung einhergeht. Schwerpunkte liegen in der Förderung von Kleinstunternehmern und in der Verbesserung der Situation der Gruppe der Pächter. – *Maßnahmen* integrierter ländlicher Entwicklung erstrecken sich u.a. auf den technologischen Bereich der landwirtschaftlichen Produktivitätsförderung, den Aufbau der dazu notwendigen leistungsfähigen Dienstleistungsstruktur, eine Änderung der Agrarverfassung (Verteilung des Grundeigentums, Rechtsstellung der Pächter), den Ausbau der ländlichen materiellen Infrastruktur und die Verbesserung der sozialen Infrastruktur. – Vgl. auch → Entwicklungspolitik.

**Inter-American Development Bank** → IDB.

**Interamerikanische Entwicklungsbank** → IDB.

**Interessenzusammenführungsmethode** → Pooling-of-Interest-Methode, → Kapitalkonsolidierung.

**Interimsabkommen** – *Zwischenabkommen*, völkerrechtliches Vertragswerk, das nicht endgültig in Kraft getreten ist. – *Beispiele:* → Europa-Abkommen, → regionale Integration.

**inter-industrieller Handel** → Intra-industrieller Handel, → substitutiver Handel. – *Gegenteil:* → komplementärer Handel

**International Accounting Standards Board (IASB)** – 1. *Kennzeichnung:* früher *International Accounting Standards Committee (IASC),* ist eine 1973 insbesondere von Wirtschaftsprüfungsgesellschaften gegründete privatrechtliche Organisation, deren Aufgabe die Erarbeitung und Veröffentlichung von international harmonisierten Rechnungslegungsverlautbarungen ist. Über die Förderung der weltweiten Akzeptanz dieser Verlautbarungen soll eine internationale Verbesserung und Harmonisierung von Rechnungslegungsgrundsätzen, -methoden und -verfahren erreicht werden. – 2. *Organisation:* Im Zuge einer umfassenden Reorganisation zum Jahreswechsel 2000/2001 hat die Trägerorganisation des International Accounting Standards Board (IASB), die IASC Foundation (mittlerweile IFRS-Foundation), eine neue Satzung erlassen, ihren bisher als IASC Board bezeichneten Standardisierungsrat neu besetzt und in International Accounting Standards Board umbenannt. Die Mitglieder der in London ansässigen IFRS Foundation setzen sich aus den auf dem Gebiet der → Rechnungslegung tätigen Berufsgruppen zusammen. Ein Gremium von 22 Treuhändern vertritt die IFRS Foundation, etwa bei der Ernennung der Mitglieder des International Accounting Standards Board und weiterer Gremien. Das International Accounting Standards Board besteht aus 15 Mitgliedern (Stand 2012), die sowohl unterschiedliche Regionen als auch verschiedene Interessengruppen repräsentieren sollen. Ihm obliegt im Wesentlichen die Erarbeitung und Veröffentlichung von Rechnungslegungsverlautbarungen. Bei seinen Fach- und Führungsaufgaben wird das IASB von einem Mitarbeiterstab unterstützt. Daneben nehmen die nationalen Standardisierungsgremien (etwa das Deutsche Rechnungslegungs Standards Committee [DRSC]) und andere Interessengruppen über eine Mitarbeit im IFRS Advisory Council sowie in diversen Advisory Committees Einfluss auf die Arbeit des IASB. Der bis zur Verabschiedung der Rechnungslegungsverlautbarungen zu durchlaufende Standard-Setting Process ähnelt dem des → Financial Accounting Standards Board (FASB). Sämtliche interessierte Personen oder Verbände weltweit haben die Möglichkeit, über schriftliche Stellungnahmen oder öffentliche Anhörungen ihre Ansichten in diesen Prozess einzubringen. – 3. *Verlautbarungsart:* Zentrale Verlautbarungsart des IASB sind die → International Financial Reporting Standards (IFRS), zu denen bisher auch die (z.T. obsoleten) 41 International Accounting Standards (IAS) gehören. Die IFRS sind fortlaufend nummeriert und regeln jeweils einzelne spezielle Rechnungslegungsbereiche. Der erste vom IASB veröffentlichte IFRS 1 beschreibt die erstmalige Anwendung der IFRS durch Unternehmen, die bisher nach anderen Rechnungslegungssystemen bilanzieren. Derzeit liegen 13 IFRS-Standards vor (Stand 2012). Sämtliche IAS/IFRS basieren auf dem vom IASC im Jahr 1989 veröffentlichten „Framework for the Preparation and Presentation of Financial Statements" (Framework). Es enthält Ausführungen zu Zielsetzung und Grundprinzipien der Rechnungslegung. Daneben werden vom IFRIC in unregelmäßigen Abständen weitergehende Interpretationen zu bestehenden Rechnungslegungsstandards herausgegeben. Bisher existieren 20 Interpretations (Stand 2012). – Vgl. auch → Internationale Rechnungslegung.

**International Association of Mutual Insurance Companies** → AISAM.

**International Bank for Reconstruction and Development** → IBRD.

**International Centre for Settlement of Investment Disputes** → ICSID.

**International Chamber of Commerce** → ICC.

**International Civil Aviation Organization** → ICAO.

**International Co-Operative Alliance** → ICA.

**International Development Association** → IDA.

**Internationale Arbeitskonferenz (IAK)** → ILO.

**Internationale Arbeitsorganisation (IAO)** → ILO.

**internationale Arbeitsteilung** – 1. *Begriff:* Bezeichnung für die weltweite Struktur des Einsatzes der Produktionsfaktoren und die Spezialisierung einzelner Länder auf die Produktion verschiedener Güter. Internationale Arbeitsteilung stellt sich mit der Aufnahme des → Außenhandels bzw. der Beseitigung von → tarifären und → nicht tarifären Handelshemmnissen ein. Eine *Verzerrung* der internationalen Arbeitsteilung durch Handelshemmnisse beeinträchtigt die → Handelsgewinne. – 2. *Wirkungen:* Internationale Arbeitsteilung impliziert eine Verflechtung der Volkswirtschaften untereinander, die u.a. auch eine Übertragung von Konjunktur- und Preisniveauimpulsen positiver wie negativer Art mit sich bringen kann (→ internationaler Konjunkturverbund, Inflation). Ziel internationaler Abkommen im Bereich der Handels- und Währungspolitik (→ GATT bzw. → World Trade Organization (WTO), → IWF) ist es deshalb, solche negativen Wirkungen auszuschalten und eine volle Nutzung der Handelsgewinne zu erreichen. – 3. *Bedeutung:* a) Für → *Industrieländer* gilt der weitgehend unumstrittene Grundsatz, dass eine ungestörte internationale Arbeitsteilung allen Beteiligten Vorteile bringt; gleichwohl wird auch hier verschiedentlich staatlicher Einfluss auf die Entwicklung der internationalen Arbeitsteilung befürwortet (→ Protektionismus). – b) Für → *Entwicklungsländer* wird die Vorteilhaftigkeit stärker in Frage gestellt und oft für diese Länder mit verschiedenen Begründungen eine mehr oder weniger stark interventionistische → Außenwirtschaftspolitik bis hin zur Abkoppelung vom Weltmarkt empfohlen (→ Dependencia-Theorien). – Vgl. auch neue internationale Arbeitsteilung.

**Internationale Bank für Wiederaufbau und Entwicklung** → IBRD.

**internationale Direktinvestition** – 1. *Begriff:* bes. Form der internationalen *Kapitalanlage* von Ersparnissen, die mit der Managementkontrolle über das investierte Kapital verbunden ist. I.d.R. mit der Entstehung von multinationalen Unternehmungen verbunden. – 2. *Faktoren:* Internationale Direktinvestition kann durch das Zusammenwirken dreier Faktoren erklärt werden: (1) Der Investor muss in irgendeiner Weise einen organisatorischen oder *Know-how-Vorteil* (*organizational advantage*) besitzen, an den die Wirksamkeit des investierten Kapitals gebunden ist. (2) Das Gastland muss über einen örtlichen Vorteil (z.B. billige Arbeitskräfte) verfügen (*locational advantage*). (3) Es muss vorteilhaft sein, das erwähnte organisatorische Know-how über firmeninterne Kontrolle anstelle von Markttransaktionen zum Einsatz zu bringen. Diese drei Faktoren werden gelegentlich mit dem Kürzel *OLI* zusammengefasst. – Vgl. auch → Direktinvestition, → internationale Faktorwanderungen, Joint Venture.

**internationale Einfuhrbescheinigung** – *Importzertifikat (IC), Einfuhrzertifikat;* Bescheinigung, auf Anforderung des ausländischen Käufers von den in seinem Land zuständigen Behörden ausgestellt. Die internationale Einfuhrbescheinigung dient bei genehmigungs- und überwachungspflichtigen Waren der → End User Control (EUC).

**Internationale Entwicklungsorganisation** → IDA.

**internationale Faktorbewegungen** → internationale Faktorwanderungen.

**internationale Faktormobilität** – Grad der Reagibilität → internationaler Faktorwanderungen (Arbeit, Kapital) auf internationale *Faktorpreisunterschiede*. Bei perfekter Faktormobilität würden Faktorwanderungen sofort und in solchem Ausmaß erfolgen, dass internationaler *Faktorpreisausgleich* erfolgt. – Vgl. auch → internationale Kapitalmobilität.

**internationale Faktorwanderungen** – internationale Bewegungen von originären

Produktionsfaktoren. – *Unterscheidung:* (1) *bei Arbeit:* → Migration. (2) *Bei Kapital:* Unterscheidung zwischen Finanzkapitalbewegungen und Sachkapitalwanderungen. *Sachkapitalbewegungen* verändern – wie → Migration – die Faktorausstattung eines Landes. *Finanzkapitalbewegungen* können auch ohne Veränderung der Realkapitalausstattung eines Landes stattfinden, und zwar einfach durch Erwerb oder Verkauf von Eigentumsrechten an bestehendem Sachkapital und den damit verbundenen Einkommensansprüchen (→ internationaler Kapitalverkehr, → internationale Kapitalmobilität). – In einem *statischen Kontext* beinhaltet die internationale Bewegung von Sachkapital den Abbau, den Transport, und die Wiederinbetriebnahme von schon einmal installierten Produktionsanlagen. – Im *dynamischen Kontext* bedeutet die internationale Beweglichkeit von Finanzkapital u.a. die Verfügbarkeit von ausländischen Ersparnissen zur Installation neuer Anlagen im → Inland (Nettoinvestitionen). – Auf diese Weise wird die → internationale Kapitalmobilität mitunter von großer Bedeutung für die Entwicklung der Sachkapitalausstattung eines Landes. – Bei internationaler Kapitalmobilität wird die internationale Verteilung des Sachkapitalbestandes der ganzen Welt von der internationalen Verteilung der Eigentumsansprüche auf diesen Kapitalbestand entkoppelt. Werden heimische Ersparnisse nicht im Inland, sondern im Ausland investiert, so spricht man von *internationalen Investitionen* (→ internationale Portfolioinvestition, → internationale Direktinvestition). – Die → internationale Faktormobilität kann durch die subjektive Bindung der Faktoreigner an einzelne Länder oder durch wirtschaftspolitische Maßnahmen (Migrationspolitik, → internationale Kapitalverkehrskontrollen) beschränkt sein. – *Wanderungsanreize:* Ob und in welchem Ausmaß bei Abwesenheit solcher Barrieren internationale Faktorbewegungen auch tatsächlich stattfinden, hängt von den Wanderungsanreizen ab. Die → Außenwirtschaftstheorie sieht einen wesentlichen Bestimmungsgrund für internationale Faktorbewegungen in *internationalen Faktorpreisunterschieden.* – Vgl. auch → Faktorpreisausgleichstheorem, → Handelspolitik.

**Internationale Finanz-Korporation** → IFC.

**internationale Größenvorteile** → Größenvorteile.

**Internationale Handelskammer** → ICC.

**Internationale Handelsorganisation** → ITO.

**internationale Kapitalbewegungen** – 1. *Begriff:* Transaktionen zwischen Volkswirtschaften, die i.d.R. Änderungen von Höhe und/oder Struktur ihrer *Nettoauslandsposition* bewirken. Sie werden in der → Zahlungsbilanz erfasst. – 2. *Systematisierung nach verschiedenen Kriterien:* a) *Autonome vs. induzierte internationale Kapitalbewegungen:* Autonome internationale Kapitalbewegungen beruhen auf unabhängig gefassten Entscheidungen, d.h. werden losgelöst von anderen internationalen Transaktionen bzw. anderen Zahlungsbilanzposten durchgeführt. Induzierte internationale Kapitalbewegungen resultieren aus Saldenänderungen anderer Positionen der Zahlungsbilanz (z.B. Finanzierung eines Leistungsbilanzdefizits, Devisenmarktinterventionen der Zentralbank). – b) *Kurzfristige vs. langfristige internationale Kapitalbewegungen:* Als kurzfristige internationale Kapitalbewegungen zählen solche mit einer Laufzeit bis zu einem Jahr, solche mit längerer Laufzeit gelten als langfristige internationale Kapitalbewegungen. Diese Abgrenzung ist allerdings nicht unproblematisch, weil Positionen der einen Kategorie relativ leicht in die andere umgewandelt werden können. Bei den langfristigen internationalen Kapitalbewegungen wird weiter unterschieden zwischen → Direktinvestitionen und → Portfolio-Investitionen. – c) *Unentgeltliche vs. entgeltliche internationale Kapitalbewegungen:* Im Gegensatz zu unentgeltlichen internationalen Kapitalbewegungen (z.B. verlorene Zuschüsse im Rahmen von Entwicklungshilfe,

Beiträge an internationale Organisationen; einseitige Übertragungen) ziehen entgeltliche (zweiseitige) internationale Kapitalbewegungen kompensierende Leistungszuflüsse bzw. -verpflichtungen nach sich. – d) *Nach der Erfassung in der Zahlungsbilanz:* internationale Kapitalbewegungen von privaten Wirtschaftssubjekten, Wirtschaftsunternehmen und öffentlichen Haushalten werden in der Bundesrepublik Deutschland in der → Kapitalbilanz bzw. → Übertragungsbilanz erfasst, solche der Zentralbank in der Devisenbilanz. – 3. *Motive für autonome internationale Kapitalbewegungen:* a) Bei *entgeltlichen internationalen Kapitalbewegungen:*Internationale Divergenzen der ökonomischen, sozialen und politischen Bedingungen, z.B. hinsichtlich Geld- und Kapitalmarktzinsen, steuerlicher Behandlung, Wechselkurserwartungen, internationale Devisenspekulation, Grenzproduktivität des Kapitals in der Gegenwart und deren erwarteter zukünftiger Entwicklung, Marktzugangsbeschränkungen durch Zölle, Kontingente u.a., sozialer und politischer Stabilität (Sicherheit für Person und Eigentum, Verstaatlichungstendenzen), sonstiger wirtschaftspolitischer Maßnahmen (Gewährleistung monetärer Stabilität, staatliche Lohn- und Preiskontrollen, Devisenbewirtschaftung u.a.). – b) Bei *unentgeltlichen* internationalen Kapitalbewegungen politische, moralische, humanitäre, aber auch wirtschaftliche Motive (→ Entwicklungshilfe).

**internationale Kapitalmobilität** – in der → monetären Außenwirtschaftstheorie verwendeter Begriff für den Grad der internationalen Verflechtung der Kapitalmärkte. Bei Abwesenheit von → internationalen Kapitalverkehrskontrollen und bei Risikoneutralität der Anleger liegt *perfekte Kapitalmobilität* vor, es kommt zur ungedeckten → Zinsparität. Andernfalls entstehen → Risikoprämien. – Vgl. auch → internationale Faktormobilität, → Zahlungsbilanzausgleich.

**internationale   Kapitalverkehrskontrollen** – *administrative Behinderungen* des → internationalen Kapitalverkehrs. Diese können in Gestalt von Steuern auf → Kapitalimporte bzw. → Kapitalexporte vorliegen, oder in Form von *Mengenrestriktionen, Genehmigungspflichten* oder *Meldepflichten* für internationalen Kapitalverkehr. – Vgl. auch → internationale Kapitalmobilität, → Zahlungsbilanzausgleich.

**internationale Organisationen** – 1. *Begriff:* Auf Dauer angelegte funktionale Zweckverbindungen von Staaten mit eigenen Organen, deren Einrichtung auf völkerrechtliche Verträge zwischen Staaten oder privatrechtliche Vereinbarungen zurückgeht, wobei (in weiter Auslegung) auch die Rechtsform von nationalen Vereinen mit internationaler Mitgliedschaft möglich ist. – Eine allg. anerkannte *Definition* der internationalen Organisationen gibt es bisher nicht. Nationale Organisationen, die auch ausländische Mitglieder aufnehmen, zählen nicht als internationale Organisationen. Stimmrechte müssen so verteilt sein, dass keine nationale Gruppe die Organisation kontrolliert, andernfalls zählt sie nicht als internationale Organisation. Ihre Aufgaben, Befugnisse und Organe werden allein durch den Willen der Mitglieder in *Satzungen bzw. Statuten* festgelegt. – Die *Union of International Associations* in Brüssel nimmt nur solche Organisationen als internationale Organisationen auf, wenn sie mind. aus drei Staaten bestehen oder ein internationales Aufgabengebiet und Mitglieder aus drei Staaten haben bzw. in mind. drei Ländern tätig sind. – Oftmals werden auch *supranationale Organisationen* als internationale Organisationen bezeichnet, die unmittelbar Rechtsvorschriften für die Bürger der Mitgliedsstaaten erlassen können, wobei supranationale internationale Organisationen einen höheren Organisationsgrad aufweisen (z.B. EU). – 2. *Arten:* Traditionell werden die internationalen Organisationen nach Trägerschaft in internationale staatliche Organisationen (Intergovernmental Organizations (IGOs)) und internationale privatrechtliche Vereinigungen (→ Non-Governmental International

Organizations (NGOs)) untergliedert. – *Zielsetzungen: IGOs* zielen auf die Zusammenarbeit in unterschiedlichen Bereichen ab. Sie können allg., universell *politische Ziele* verfolgen (z.b. → UN), auf spezielle, *regional begrenzte Ziele* abstellen (z.b. → ASEAN, → OPEC) sowie *wirtschaftspolitische Ziele* verfolgen (z.B. → IWF, → Weltbankgruppe, WTO). *IGOs* sind v.a. in den Bereichen Verteidigung, Wirtschafts- und Währungspolitik, Kultur- und Gesundheitspolitik sowie Technologie konzentriert. *NGOs* dienen vornehmlich der internationalen *Interessenvertretung* (Internationaler Gewerkschaftsbund), *humanitären Zielen* (z.b. Internationales Rotes Kreuz), *ökologischen Zielen* (z.b. World Wide Fund for Nature), *kulturellen Zielen* (z.B. PEN), *weltgesellschaftspolitischen Zielen* (z.B. Club of Rome (COR)) oder religiösen Anliegen. Obgleich NGOs i.d.R. unpolitische Einrichtungen darstellen, haben sich einige auch politisch engagiert (etwa das Internationale Olympische Komitee). – 3. *Organstruktur:* Bei IGOs besteht meist eine Organtrias: Ein Sekretariat und zwei Repräsentativorgane. Das weitere Repräsentativorgan (Generalversammlung o.Ä.) ist für die Beschlussfassung der grundlegenden Fragen zuständig und tritt seltener zusammen als das engere (meist als Rat bezeichnet), das die Ausführungsbeschlüsse fasst und die Arbeit des Sekretariats überwacht, das für die täglichen Geschäfte zuständig ist und von einem Generalsekretär bzw. Generaldirektor geleitet wird.

**Internationale Organisation für Normung** → ISO.

**internationale Portfolioinvestition** – rein renditeorientierte grenzüberschreitende Veranlagung von Ersparnissen (Finanzkapital), die in keiner Weise mit der Managementkontrolle über das investierte Kapital verbunden ist. – Vgl. auch → internationaler Kapitalverkehr, → internationale Direktinvestition.

**internationale Produkthaftung** – Gegenstand der Produkthaftung sind Schäden, die ein fehlerhaftes Produkt, das industriell hergestellt worden ist, an Menschen (Gesundheit) oder Sachen (Eigentum) hervorruft. Es haften in den Ländern der EU alle am Produktionsprozess Beteiligten. Die EU hat eine Richtlinie (1995) zur Angleichung der Rechts- und Verwaltungsvorschriften der Mitgliedstaaten über die Haftung für fehlerhafte Produkte erlassen, die mittlerweile in den meisten EU-Staaten in nationales Recht umgesetzt wurde. Die wesentliche Neuerung dieser EG-Richtlinie ist die verschuldens*un*abhängige Haftung. – Vgl. auch technische Arbeitsmittel.

**Internationaler Agrar-Entwicklungsfonds** → IFAD.

**internationaler Demonstrationseffekt** – Einfluss, den Informationen über soziale und wirtschaftliche Gegebenheiten in Industrieländern auf das soziale und ökonomische Verhalten in Entwicklungsländern haben, bes. auf das Konsumverhalten. Er kann entwicklungshemmende sowie entwicklungsfördernde Wirkungen aufweisen. – 1. *Negative Entwicklungswirkungen* werden u.a. damit begründet, dass bes. die oberen Einkommensgruppen die Konsumgewohnheiten der Industrieländer als Vorbild nehmen und nachahmen, wodurch über erhöhte Nachfrage nach Importgütern die Sparneigung und damit Investitionen sowie die Zahlungsbilanz beeinträchtigt werden. – 2. *Positive Entwicklungswirkungen* werden u.a. darin gesehen, dass die zusätzlich geweckten Bedürfnisse die Leistungsbereitschaft steigern, da nur über sie die Erzielung eines höheren Einkommens realisiert werden kann. Vermehrte Auslandskontakte können die Einstellung zur Arbeit (Arbeitsmoral und -disziplin) positiv beeinflussen und die Adaption technischer Neuerungen und organisatorischer Verbesserungen erleichtern.

**Internationale Rechnungslegung** – Durch eine internationale Rechnungslegung und damit internationale Harmonisierung der Rechnungslegung soll eine Vergleichbarkeit bzw. Interpretierbarkeit der Jahresabschlüsse international agierender Unternehmen, die ansonsten nach länderspezifischen, unterschiedlichen Rechtsnormen erstellt sind, erreicht werden. Diese Harmonisierung ist seit 2001 Aufgabe des IASB, des privatrechtlichen → International Accounting Standards Board. Das IASB hat bis 2012 13 IFRS (International Financial Reporting Standards) entwickelt und veröffentlicht, nach denen Konzernabschlüsse für Zwecke der internationalen Kapitalmärkte zu erstellen sind. Durch die EU-Verordnung Nr.1606/2002 vom 19.7.2002 betreffend die Anwendung internationaler Rechnungslegungsstandards sowie die EU-Verordnung Nr. 1725/2003 zur Übernahme bestimmter internationaler Rechnungslegungsstandards (geändert durch die EU-Verordnung 1004/2008) ist die Bedeutung der IFRS in der EU wesentlich gestiegen. Durch das Bilanzrechtsreformgesetz hat der Gesetzgeber diese EU-Verordnungen für die Bundesrepublik Deutschland teilweise in nationales Recht umgesetzt. Danach sind die IFRS verpflichtend für Wirtschaftsjahre, die nach dem 31.12.2004 beginnen, von kapitalmarktorientierten Unternehmen für den Konzernabschluss anzuwenden. Nicht kapitalmarktorientierten Unternehmen hat der Gesetzgeber ein Wahlrecht hinsichtlich der Anwendung der internationalen Rechnungslegungsstandards auf ihren Konzernabschluss eingeräumt.

**internationaler        Faktorpreisausgleich**
→ Faktorpreisausgleichstheorem.

**Internationaler Fonds für landwirtschaftliche Entwicklung** → IFAD.

**Internationaler Gerichtshof** → UN.

**internationaler Kapitalverkehr** – grenzüberschreitender Tausch von in inländischer oder ausländischer Währung denominierten Finanzaktiva, entweder in Form eines → Kapitalexports oder eines → Kapitalimports. – Vgl. auch → Zahlungsbilanz, → internationale Kapitalmobilität, → Zahlungsbilanzausgleich.

**internationaler Konjunkturverbund** – internationale Übertragung von Konjunkturschwankungen. – Bei → festen Wechselkursen ist der internationale Konjunkturverbund stärker ausgeprägt. Nach der *Lokomotivtheorie* überträgt sich ein Konjunkturaufschwung (über die Zunahme der → Importe) auch auf die Partnerländer. – Bei → flexiblen Wechselkursen ist der internationale Konjunkturverbund schwach. – Vgl. auch → Zahlungsbilanzausgleich.

**internationaler        Preiszusammenhang**
→ Kaufkraftparität.

**Internationaler Seegerichtshof** → Seerechtsübereinkommen 1982/1994.

**internationaler Vertrag** – 1. Für das Kaufvertragsrecht gilt, ebenso wie für andere Rechtsgebiete das Territorialprinzip. Danach erlangt das Recht eines Staates lediglich Geltung in dem staatlichen Hoheitsgebiet für das es ausgesprochen wurde. International sind verschiedene Rechtskreise zu unterscheiden. Dadurch sind die kaufvertragsrechtlichen Bestimmungen im Hinblick auf die Rechtstellung des Käufers und des Verkäufers von Land zu Land unterschiedlich. Ein wichtiger Aspekt beim Abschluss eines internationalen Kaufvertrages betrifft daher die Rechtswahl. – 2. Hinsichtlich der Frage, welches Recht dem internationalen Kaufvertrag zugrunde gelegt werden soll, gilt der Grundsatz der Rechtswahlfreiheit. Vereinbart werden kann das nationale Recht des Exporteurs, das nationale Recht des Importeurs, das nationale Reche eines Drittlandes (z.B. Schweizer Recht) oder das UNCITRAL-Kaufrecht. Das UNCITRAL-Kaufrecht regelt Kaufverträge über Waren zwischen Parteien, die ihre Niederlassungen in verschiedenen Staaten haben. Bestehen im Nachhinein Zweifel über die Frage des auf den Kaufvertrag anzuwendenden Rechtes, so greifen die Regelungen des Internationalen Privatrechtes. Das Internationale Privatrecht ist ein Kollisionsrecht, welches von Land zu Land unterschiedlich geregelt ist und bestimmt, nach welchem nationalen Recht der Kaufvertrag beurteilt werden soll.

**Internationaler Währungsfonds** → IWF.

**Internationales Arbeitsamt (IAA)** – ständiges Sekretariat der Internationalen Arbeitsorganisation (→ ILO). – *Sitz:* Genf. – *Aufgaben:* Funktionen des Sekretariats für alle Dienststellen der ILO. Überwachung der Anwendung und Durchführung der von der ILO verabschiedeten internationalen Konventionen, Empfehlungen und Programme. Bereitstellung der technischen Hilfe der UN innerhalb des Zuständigkeitsbereichs der ILO in den Entwicklungsländern. Wichtige Voraussetzung für die Tätigkeit der ILO sind die von dem IAA auf allen Zuständigkeitsbereichen durchgeführten Untersuchungen und internationalen statistischen Erhebungen. – Als *Ergebnis* seiner Arbeiten auf dem Gebiet der Statistik hat das IAA ein umfassendes Programm von Standardempfehlungen der internationalen Arbeitsstatistiken entwickelt, das laufend aktualisiert wird und die Grundlage für international vergleichbare Erwerbstätigen-, Lohn-, Arbeitszeit- und Sozialstatistiken etc. bildet. – *Organisation:* An der Spitze des IAA steht der Generaldirektor, der gleichzeitig Generalsekretär der ILO ist. Bei seinen Arbeiten wird das Amt von Zweigämtern und Korrespondenten in ca. 40 Mitgliedsstaaten unterstützt. – *Veröffentlichungen:* Veröffentlichungsprogramm der → ILO.

**internationale Schiedsklauseln** – Klauseln in Außenhandelsverträgen, die bei etwaigen Streitigkeiten die Unterwerfung unter einen Schiedsspruch vorsehen, der von einem zuvor vereinbarten Schiedsgericht gefällt wird. Von der Bedeutung ist das Schiedsgericht der Internationalen Handelskammer (→ ICC). – Vgl. auch → Arbitrage-Klausel, Incoterms, → Schiedsklausel.

**Internationales Handelszentrum** → ITC.

**internationales Privatrecht** – Rechtsregeln, die bestimmen, welche Rechtsordnung bei Sachverhalten mit Auslandsberührung von dt. Gerichten anzuwenden ist (z.B. Haager Abkommen, Art. 3–49 EGBGB). Ferner können bestimmte Rechtsordnungen durch Willenserklärung für anwendbar erklärt werden, soweit diese mit dt. Recht nicht absolut unvereinbar sind (Art. 6 EGBGB). Die dt. Rechtsregeln werden zunehmend durch europäisches Recht ersetzt („Rom I – IV").

**internationales Schachtelprivileg** → Schachtelprivileg.

**Internationales Statistisches Institut (ISI)** – *International Statistical Institute;* gegründet 1885. – *Sitz:* Voorburg (Niederlande). – *Mitglieder:* Auf dem Gebiet der Statistik tätige Wissenschaftler aus allen Ländern. Ex-Officio-Mitglieder sind i.d.R. die Leiter der nationalen Statistischen Zentralämter. Als *eigenständige wissenschaftliche Sektionen* gehören dem ISI die Internationale Vereinigung der Erhebungsstatistiker (International Association of Survey Statisticians (IASS)), die Bernoulli-Gesellschaft für mathematische Statistik (Bernoulli Society für Mathematical Statistics and Probability (BSMSP)), die Internationale Vereinigung für Regional- und Städtestatistik (International Association for Regional and Urban Statistics (IARUS)) und die Internationale Vereinigung für automatisierte Datenverarbeitung (International Association for Statistical Computing (IASC)) und die 1985 gegründete Internationale Vereinigung für amtliche Statistik (International Association for Official Statistics (IAOS)) an. – *Ziel:* Gemeinsam mit den UN und ihren Sonderorganisationen die Statistiken auf allen Gebieten zu fördern und zu vereinheitlichen. Breiten Raum nehmen Probleme der Wirtschaftsstatistik ein. Konsultativstatus → ECOSOC, → UNESCO, → UNIDO.

**Internationales Steuerrecht (IStR)** – I. Begriff: Der Sprachgebrauch hat sich hinsichtlich des Fachbegriffs „Internationales Steuerrecht" in den letzten Jahren und Jahrzehnten erheblich verändert: a) *Heute* versteht man unter „Internationalem Steuerrecht" meist die Gesamtheit aller Normen des in Deutschland gültigen Steuerrechts, das Fallkonstellationen mit internationalem Bezug regelt (insoweit paralleler Sprachgebrauch zu Ausdrücken wie „internationales Erbrecht", „internationales Privatrecht") (Begriff *IStR i.w.S*). – b) Es findet sich in der Literatur aber auch noch ein engeres, *älteres* Begriffsverständnis, bei dem unter „internationalem" Steuerrecht nur solche Normen verstanden werden, die entweder aa) in internationalen Normen enthalten sind, die sich mit der Abgrenzung der sich überschneidenden Besteuerungsbefugnisse zwischen den Staaten befassen *(IStR i.e.S.)* oder bb) die zwar die Abgrenzung der Besteuerungsbefugnisse betreffen, aber nicht unbedingt in internationalen Normen (völkerrechtlichen Verträgen) enthalten sein müssen, sondern evtl. auch in nationalen Regelungen. – c) Der *Unterschied* zwischen den Begriffswelten liegt v.a. darin, wie man nationale Normen begrifflich einordnet, mit denen der dt. Staat die Besteuerung von Auslandssachverhalten regelt, z.B. die Hinzurechnungsbesteuerung. – d) *Stellungnahme*: Da es für die rechtliche Wirksamkeit und den rechtlichen Rang der Bestimmungen keinerlei Unterschied macht, ob eine steuerrelevante Regelung im Völkerrecht oder im nationalen Recht enthalten ist, ist das modernere Begriffsverständnis das zweckmäßigere. – e) Die Bestimmungen über Fälle mit Auslandsbezug, die in nationalen Rechtstexten enthalten sind, werden in der älteren Literatur oft auch als → Außensteuerrecht (AStR) bezeichnet. Für eine *Abgrenzung* der Begriffe IStR und Außensteuerrecht aus dieser älteren Perspektive vgl. dort.

II. **Quellen:** 1. das nicht kodifizierte *völkerrechtliche Gewohnheitsrecht*, soweit es für die Besteuerung von Bedeutung ist. – 2. die bilateralen oder multilateralen → Doppelbesteuerungsabkommen (DBA). – 3. andere bilaterale oder multilaterale *Abkommen* steuerlichen Inhalts, wie etwa Amts- und Rechtshilfeabkommen, die steuerlich relevanten Normen des EG-Vertrages oder des GATT etc. Steuerliche Implikationen

solcher internationaler Abkommen werden, sofern es sich um allg. gültig formulierte Normen handelt, oft erst durch höchstrichterliche Entscheidungen allg. bekannt, z.B. durch Entscheidungen des EuGH. – 4. Zum IStR (i.w.S.) gehören sachlich auch die Regelungen verschiedenster nationaler Gesetze, z.B. die Bestimmungen des Außensteuergesetzes, aber auch so grundsätzliche Bestimmungen wie die unbeschränkte Steuerpflicht.

III. Prinzipien zur Abgrenzung der Besteuerungsbefugnisse der einzelnen Staaten im IStR: Hauptanliegen des IStR ist es, einerseits → Doppelbesteuerungen zu vermeiden oder zu mildern und andererseits aus der Sicht der beteiligten Fiski unerwünschte steuersparende Gestaltungsmöglichkeiten abzubauen. Ob Überschneidungen der gegenseitigen Steueransprüche überhaupt entstehen und inwieweit sie vermieden oder gemildert werden können, wird von den Prinzipien bestimmt, die den steuerbegründenden Ansprüchen der Staaten und den von ihnen angewandten Methoden zur Vermeidung der Doppelbesteuerung zugrunde liegen. Die wichtigsten Prinzipien des IStR: – 1. *Souveränitätsprinzip*: Grundprinzip des IStR. Es besagt, dass die souveränen Staaten in der Ausübung ihrer Steuergewalt und in der Festlegung der Steueransprüche in ihrem Hoheitsgebiet autonom sind. Die Begrenzung der Souveränität auf das eigene Hoheitsgebiet schließt nicht aus, dass wirtschaftliche Sachverhalte, die im Ausland begründet sind, der inländischen Besteuerung unterliegen, wenn nur eine genügende Verbindung zum Staatsgebiet besteht (Genuine Link). – 2. *Universalitäts-(bzw. Totalitäts-)prinzip und Territorialitätsprinzip*: regeln den Umfang des Steueranspruches, den ein Staat für ein bestimmtes Steuergut geltend macht. – a) Beschränkt sich der Steueranspruch auf den inländischen Teil eines Steuergutes (z.B. inländisches Einkommen, inländisches Vermögen etc.), so spricht man vom *Territorialitätsprinzip*. Es entspricht der beschränkten Steuerpflicht. – b) Erfasst der Steueranspruch dagegen das weltweite (mondiale, universale) Steuergut (z.B. das Welteinkommen oder Weltvermögen) eines Steuerpflichtigen, so folgt dieser Steueranspruch dem *Universalitäts-* oder *Totalitätsprinzip*. Es entspricht der unbeschränkten Steuerpflicht. – 3. *Nationalitätsprinzip und Wohnsitzstaatprinzip:* bestimmen den Kreis der Steuerpflichtigen, der der unbeschränkten Steuerpflicht und damit der Besteuerung nach dem Universalitätsprinzip unterliegt. – a) Knüpft die unbeschränkte Steuerpflicht an die Merkmale Wohnsitz oder gewöhnlicher Aufenthalt (bei natürlichen Personen) bzw. Sitz oder Ort der Geschäftsleitung (bei juristischen Personen) an, so spricht man von *Wohnsitzstaatprinzip.* – b) Ist die unbeschränkte Steuerpflicht dagegen an die Nationalität gebunden, so handelt es sich um das *Nationalitätsprinzip.* Die meisten Steuerordnungen folgen heute dem Wohnsitzstaatprinzip. – 4. *Wohnsitzprinzip und Ursprungsprinzip:* regeln die Begrenzung der Steueransprüche zwecks Vermeidung oder Milderung der Doppelbesteuerung bei den Steuern vom Einkommen und Vermögen. – a) *Wohnsitzprinzip* bedeutet, dass die Erfassung eines Steuergutes grundsätzlich im Wohnsitzstaat erfolgt, und zwar unabhängig davon, in welchem Staat dieses Steuergut entstanden bzw. belegen ist (z.B. das weltweit erwirtschaftete Einkommen eines Steuerpflichtigen wird in seinem Wohnsitzstaat besteuert). Unterformen des Wohnsitzprinzips sind für Einkünfte und Vermögen aus dem Betrieb von Seeschiffen und Luftfahrzeugen das Schifffahrtsprinzip und für private Pensionen das Pensionenprinzip. – b) Die Begrenzung der Steueransprüche folgt dem *Ursprungsprinzip* (Quellenstaatprinzip), wenn die Erfassung des Steuergutes in dem Staat erfolgt, in dem das Steuergut entstanden ist bzw. belegen ist (z.B. das im Ausland erzielte Einkommen unterliegt in dem jeweiligen ausländischen Staat der Besteuerung, und das im Inland erzielte Einkommen unterliegt der inländischen Besteuerung). Unterformen des Ursprungsprinzips sind für unbewegliches

Vermögen und Einkünfte daraus das Belegenheitsprinzip, für Betriebsstättenvermögen und -einkünfte das Betriebsstättenprinzip, für Einkünfte aus selbständiger und unselbständiger Arbeit das Tätigkeitsprinzip, für Aufsichtsratsvergütungen das Tantiemenprinzip, für Arbeitsvergütungen einschließlich Ruhegehältern aus öffentlichen Kassen das Kassenprinzip und für sonstige Einkünfte (z.B. Zinsen etc.) das Quellenprinzip. – 5. *Bestimmungslandprinzip und Ursprungslandprinzip:* regeln die Begrenzung der Steueransprüche bei den indirekten Steuern, bes. bei der Umsatzsteuer. – a) Wird bei grenzüberschreitendem Warenverkehr das Recht auf Erhebung einer allg. und/oder speziellen Verbrauchsteuer dem Bestimmungsland (Verbrauchsland) des Warenverkehrs zugewiesen, so folgt diese Zuteilung des Besteuerungsrechts dem *Bestimmungslandprinzip.* – b) Hat umgekehrt das Land, von dem der Warenverkehr ausgeht (Ursprungsland), das Besteuerungsrecht, so spricht man von *Ursprungslandprinzip.* Derzeit wird fast in allen Steuerordnungen bereits nach unilateralen Normen das Bestimmungslandprinzip angewandt, sodass Doppelbesteuerungskonflikte bei den indirekten Steuern selten bis gar nicht auftreten. Allerdings soll im Rahmen der Verwirklichung des Europäischen Binnenmarktes bei der Umsatzsteuer für innergemeinschaftliche Lieferungen und Leistungen vom Bestimmungslandprinzip langfristig auf das Ursprungslandprinzip übergegangen werden. Derzeit existiert insoweit ein Mischsystem (Erwerbsteuer, Versandhandelsregelung, Abhollieferung). – 6. *Freistellungsprinzip und Anrechnungsprinzip:* betreffen die Frage, in welcher Weise der Wohnsitzstaat eines Steuerpflichtigen die Doppelbesteuerung bei den Steuern vom Einkommen und Vermögen anstelle oder in Ergänzung zu den unter 4. genannten Prinzipien zur Begrenzung der Steueransprüche vermeiden oder zumindest mildern will. – a) *Freistellungsprinzip* bedeutet, dass der → Wohnsitzstaat die dem → Quellenstaat zugeteilten Steuergüter von der inländischen Besteuerung freistellt. – b) *Anrechnungsprinzip* bedeutet dagegen, dass der Wohnsitzstaat zwar das Besteuerungsrecht des Quellenstaates akzeptiert, jedoch auf sein eigenes Besteuerungsrecht nicht verzichtet. Er rechnet lediglich die bereits entrichteten Steuern nach verschiedenen Verfahren an. – Unterprinzipien des Anrechnungsprinzips sind das Pauschalierungsprinzip und das Abzugsprinzip.

IV. Grundsätze für die nationale Gesetzgebung für Fälle mit internationalem Bezug: Die Doppelbesteuerungsabkommen legen lediglich fest, ob ein Staat bestimmte Einkünfte und/oder Vermögensteile besteuern darf; die Entscheidung, ob er von dieser Befugnis auch Gebrauch machen möchte und in welcher Höhe und nach welchen Regeln er dies tut, muss ein Staat in seiner nationalen Gesetzgebung treffen. Er ist dabei frei in seiner Entscheidung, einzige Vorgabe ist, dass es bei der Festlegung, welche Steuern auf die Dinge, die besteuert werden dürfen, erhoben werden sollen, keine Diskriminierung nach der Staatsangehörigkeit geben darf (Art. 24 OECD-Musterabkommen); schon die Unterscheidung nach dem Wohnsitz (unbeschränkte Steuerpflicht/beschränkte Steuerpflicht) ist aber akzeptabel. Auch die Entscheidung, welchen Steuersatz ein Staat auf die Einkunftsteile, die er nach den DBA besteuern darf, zur Anwendung bringen will, ist der Staat völlig frei; nach heute herrschender Auffassung ist es daher insbesondere immer gestattet, sich bei dem Steuersatz für das steuerpflichtige Einkommen an der Höhe des insgesamt vorhandenen Einkommens zu orientieren (→ Progressionsvorbehalt).

V. Praktische Bedeutung des IStR: Durch die zunehmende internationale Verflechtung haben das IStR und seine Problemstellungen für die Praxis in den letzten Jahren erheblich an Bedeutung gewonnen; heute sind erheblich mehr Unternehmen auf mind. elementare Kenntnis des IStR angewiesen als früher.

**internationales Währungssystem** – Sammelbegriff für alle rechtlichen und organisatorischen Regelungen, welche die monetären Aspekte der internationalen Wirtschaftsbeziehungen betreffen. Betrifft das Ausmaß der Wechselkursflexibilität (Devisenmarktgleichgewicht) im Fall → fixer Wechselkurse: Detailgestaltung der Verpflichtung zu Devisenmarktinterventionen, Ausmaß an → internationaler Kapitalmobilität bzw. Ausmaß und Art der → internationalen Kapitalverkehrskontrollen. – Vgl. auch → Zahlungsbilanzausgleich, → Wechselkurspolitik, → Bretton-Woods-System.

**Internationales Zentrum zur Beilegung von Investitionsstreitigkeiten** → ICSID.

**internationale Transfers** – einseitige, d.h. ohne unmittelbare Gegenleistung erfolgende *Übertragungen* von Gütern, → Dienstleistungen, oder Finanzaktiva. – *Beispiele:* Entwicklungshilfeleistungen in realer Form (z.B. unentgeltliche Lieferung von Gütern), oder in monetärer Form (Übertragung von Finanzaktiva). – Vgl. auch → Zahlungsbilanz.

**internationale Währungspolitik** → Wechselkurspolitik, → internationales Währungssystem.

**Internationale Weiterbildung und Entwicklung gemeinnützige GmbH (InWEnt)** – entstanden 2002 aus der Fusion der Carl-Duisberg-Gesellschaft (CDG) und der → Deutschen Stiftung für internationale Entwicklung (DSE); Sitz in Bonn. – *Aufgaben:* Förderung einer sozialen, wirtschaftlichen und ökologischen Entwicklung mittels Fortbildung von Fach- und Führungskräften aus Entwicklungsländern, Vorbereitung deutscher Fachkräfte auf den Einsatz in Entwicklungsländern und Förderung eines Politikdialoges mit anderen Ländern und internationalen Organisationen.

**internationale Zahlungsabkommen** → Zahlungsabkommen.

**Internationale Zivilluftfahrtorganisation** → ICAO.

**internationale Zollabkommen** → Zollabkommen.

**International Finance Corporation** → IFC.

**International Financial Reporting Standards (IFRS)** – früher *IAS (International Accounting Standards)*, sind internationale Rechnungslegungsregeln, die vom → International Accounting Standards Board (IASB) herausgegeben werden. Sie sind ab 2005 von kapitalmarktorientierten Mutterunternehmen in der EU bei der Erstellung des Konzernabschlusses zu befolgen. Die IFRS schließen die von der Vorgängerorganisation des IASB, dem International Accounting Standards Committee (IASC), veröffentlichten IAS mit ein und werden daher in der Übergangsphase als IAS/IFRS bezeichnet. Sie orientieren sich konzeptionell grundsätzlich an den amerik. Bilanzierungsgrundsätzen (US-GAAP), mit denen sie im Rahmen eines fortlaufenden Prozesses harmonisiert werden. – Vgl. auch → International Accounting Standards Board (IASB), → Internationale Rechnungslegung.

**International Fund for Agricultural Development** → IFAD.

**International Investment Position (IIP)** – Bestandsstatistik, welche die Vermögenslage eines Landes durch Abbildung seiner Auslandsforderungen und Auslandsverbindlichkeiten widerspiegelt. – Vgl. auch → Net International Investment Position (NIIP).

**International Labour Organization** → ILO.

**International Monetary and Finance Committee** → IMFC.

**International Monetary Fund (IMF)** → IWF.

**International Organization of Securities Commissions (IOSCO)** – 1974 als Internationale Organisation der Börsenaufsichtsbehörden (Börsenaufsicht) gegründet. Ihre Ziele bestehen in der Förderung der Kooperation zwischen den mehr als 100 Börsenaufsichtsbehörden der Mitgliedsstaaten, der Entwicklung einheitlicher Standards für Börsenzulassung, Wertpapiertransaktionen und Marktaufsicht sowie der zwischenstaatlichen Amtshilfe bei der Verfolgung von Regelverstößen. – Die IOSCO, wegen dem in ihr vorherrschenden US-amerikanischen Einfluss oftmals als internationale → SEC bezeichnet, ist aufgrund ihrer zahlreichen, richtungsweisenden Verlautbarungen zu einer weltweit treibenden Kraft hinsichtlich der Harmonisierung u.a. der Publizitätspflichten börsennotierter Unternehmen geworden. Die IOSCO-Verlautbarungen entfalten keine rechtlich bindende Wirkung. Die IOSCO-Mitgliedsorganisationen verpflichten sich jedoch, auf die Umsetzung der IOSCO-Vorgaben in nationales Recht hinzuwirken.

**International Standards Organization** → ISO.

**International Statistical Institute** → Internationales Statistisches Institut (ISI).

**International Trade Center** → ITC.

**International Trade Organization** → ITO.

**Interpretation** – Verlautbarungsart des → Financial Accounting Standards Board (FASB).

**intersektorale Faktormobilität** → Ricardo-Viner-Modell.

**intertemporaler Handel** – Ein Land betreibt *intertemporalen Handel*, wenn es ein bestimmtes Gut in der Gegenwart exportiert, um dieses Gut in einer späteren Periode wieder zu importieren, oder umgekehrt. Betrachtet man die Gesamtheit aller Güter, so entsteht intertemporaler Handel wenn ein Land in der gegenwärtigen Periode einen Handelsbilanzüberschuss aufweist, um in der Zukunft Handelsbilanzdefizite haben zu können. – Intertemporaler Handel unterliegt einer *intertemporalen Budgetrestriktion:* Der Gesamtwert der Leistungsbilanzsalden aller Perioden, abdiskontiert zu einem gemeinsamen Zeitpunkt, muss null sein. – Vgl. auch → Zahlungsbilanzausgleich.

**Interventionspflicht** – Verpflichtung der Zentralbank im System → fixer Wechselkurse, durch Devisenkäufe bzw. -verkäufe am → Devisenmarkt einzugreifen (zu intervenieren), wenn der → Wechselkurs am Markt von dem administrativ festgelegten Festkurs abweicht (s. auch → Kaufkraftparität) bzw. die Grenzen der → Bandbreite um die Parität (→ Interventionspunkte) erreicht. Im Falle einer drohenden → Abwertung (→ Aufwertung) der heimischen Währung wird die Notenbank Devisen verkaufen (kaufen), um den festen Wechselkurs zu verteidigen. – Im System frei → flexibler Wechselkurse besteht keine Interventionspflicht der Zentralbank.

**Interventionspunkte** – in einem System → fixer Wechselkurse die fixierten Grenzen der → Bandbreite um den → Leitkurs, bei deren Erreichen die Zentralbank verpflichtet ist, durch Devisenkäufe bzw. -verkäufe den Wechselkurs innerhalb der → Bandbreite zu halten (→ Interventionspflicht).

**intra-industrieller Handel** – Weist ein Land innerhalb ein und derselben Industrie sowohl Exporte als auch Importe auf, so nennt man dies *intra-industrieller Handel*. Empirisch v.a. für Industrieländer, und zwar selbst für sehr eng gefasste Industriedefinitionen beobachtbar. – *Erfassung:* Intra-industrieller Handel wird gemessen als Anteil des Absolutbetrags des Nettohandels (Exporte – Importe) innerhalb eines Sektors am gesamten Bruttohandel (Exporte + Importe) dieses Sektors. Diese sektoralen Anteile können über ein gewichtetes Mittel zu einem Gesamtmaß des intra-industriellen Handels aggregiert werden. Eine auf → komparativen Vorteilen beruhende internationale Spezialisierung generiert im Unterschied dazu *inter-industriellen Handel*. Dabei exportiert ein Land bestimmte Güter und importiert dafür Güter eines anderen Sektors (Industrie). Intra-industrieller Handel wird in der → realen Außenwirtschaftstheorie v.a. über Produktdifferenzierung und → Größenvorteile erklärt.

**inverser Handel** – 1. *Begriff:* In der → realen Außenwirtschaftstheorie diskutierte Konstellation, in der die Struktur des Außenhandels verschiedener Länder nicht ihren → komparativen Vorteilen entspricht, indem z.B. Güter mit einem komparativen Kostenvorteil nicht exportiert, sondern importiert werden. Ursache dieses inversen Handels kann sein, dass ein Gut, das faktisch einen komparativen Vorteil aufweist, zu einem überhöhten Preis angeboten wird, etwa aufgrund von Faktorpreisen, die wesentlich über den gesamtwirtschaftlichen Opportunitätskosten liegen. – 2. Bei manchen Autoren wird von inversem Handel (z.T. auch von Handel ohne komparative Kostenvorteile) auch dann gesprochen, wenn die divergierenden Grenzkosten bzw. marginalen Opportunitätskosten sich aufgrund unterschiedlicher *Nachfragefunktionen* in den Handel treibenden Ländern und nicht in erster Linie aufgrund unterschiedlicher Transformationskurven ergeben.

**Investitionsschutzabkommen** – zwischenstaatliches (völkervertragrechtliches) Abkommen, in welchem das Gastland Kapitalanlegern aus dem Ausland Entschädigungsleistungen garantiert, falls Vermögensteile enteignet werden. Weltweit bestehen mehr als 3000 Investitionsschutzabkommen. Deutschland hat bilaterale Investitionsschutzabkommen mit 131 Staaten (Stand 2012). Privatwirtschaftliche Investitionsschutzabkommen können Investoren abschließen. Die zur Weltbankgruppe gehörende Multilateral Investment Guarantee Agency (→ MIGA) bietet gleichfalls Schutzinstrumente für Direktinvestitionen in Entwicklungsländern an.

**Investment by Owners** – *Einlage, Kapitalerhöhung,* → Conceptual Framework.

**InWEnt** – Abk. für → Internationale Weiterbildung und Entwicklung.

**IOSCO** – Abk. für *International Organisation of Securities Commissions.*

**irische Finanzierungsgesellschaft** → Finanzierungsgesellschaft.

**ISI** – Abk. für → Internationales Statistisches Institut.

**ISO** – Abk. für *International Standards Organization, International Organization for Standardization, Internationale Organisation für Normung.* – *Sitz:* Genf. Gegründet Februar 1947. – *Organe:* Vollversammlung (in dreijährigen Abständen), Rat (fünf persönliche Ex-Officio-Mitglieder und gewählten Mitgliedsorganisationen), Fachausschüsse, Zentralsekretariat mit angeschlossenen technischen Sekretariaten. – *Ziele:* Entwicklung internationaler Standardnormen in weltweitem Rahmen zwecks Erleichterung des Austausches von internationalen Waren- und Dienstleistungen und zur Förderung der gegenseitigen Zusammenarbeit im Bereich der wissenschaftlichen, technologischen und wirtschaftlichen Aktivitäten. – *Aufgaben und Arbeitsergebnisse:* Arbeitsgremien befassen sich mit der Entwicklung internationaler Standardnormen (internationale Normen), vornehmlich im Bereich der Technologie. Der Beitrag der ISO zur technischen Hilfe besteht in der Schaffung eines speziellen Hilfsorgans, das in enger Zusammenarbeit mit UN-IDO, UNCTAD und UNESCO Normungsprogramme in Entwicklungsländern fördert. Die als nichtamtliche Organisation gegründete ISO hat durch die intensive Mitarbeit von Vertretern der Regierungen in zahlreichen Normungsausschüssen den Charakter einer halbamtlichen internationalen Organisation angenommen. Konsultativstatus in vielen UN-Organisationen, z.B. → ECOSOC, → FAO, → ILO, → WHO, → UNESCO, → WIPO. – *Wichtige Veröffentlichungen:* ISO-Bulletin (monatlich); ISO-Memento (jährlich); ISO International Standards; Annual Review; ISO Standards Handbooks.

**isolierende Betrachtungsweise** – Ein *Begriff* im Zusammenhang mit der beschränkten Steuerpflicht: Besteuerungsmerkmale, die nur im Ausland gegeben sind, bleiben bei der Würdigung eines inländischen Sachverhalts im Rahmen der beschränkten Steuerpflicht dann außer Betracht, wenn ihre Berücksichtigung dazu führen würde, dass man keinen inländischen Steueranspruch mehr begründen könnte (§ 49 II EStG). D.h. die Subsidiarität der Einkunftsarten im Bereich der beschränkten Steuerpflicht gilt nicht. – *Beispiel:* Mieten, die ein britisches Unternehmen aus dt. Grundstücken bezieht, werden nicht zu Einkünften aus Gewerbebetrieb umqualifiziert, sondern bleiben steuerrechtlich weiterhin Einkünfte aus Vermietung und Verpachtung. Die Regelung ist vor dem Hintergrund zu sehen, dass Einkünfte aus Gewerbebetrieb eines beschränkt Steuerpflichtigen in Deutschland i.d.R. nur steuerpflichtig sind, wenn sie aus einer hiesigen Betriebsstätte stammen; eine Umqualifizierung von Miet- oder Kapitaleinkünften in Einkünfte aus Gewerbebetrieb nur, weil diese Einkünfte einem außerhalb Deutschlands liegenden Gewerbebetrieb zufließen, würde also dazu führen, dass diese Einkünfte nicht mehr von der beschränkten Steuerpflicht erfasst wären. Da das nicht gewollt ist, schreibt der Gesetzgeber in solchen Fällen die „isolierende Betrachtungsweise" vor: Die Tatsache, dass die Mieten oder Kapitaleinkünfte im Ausland Einkünfte eines dortigen Gewerbebetriebes werden (= außerhalb Deutschlands gegebenes Besteuerungsmerkmal), wird bei der steuerlichen Beurteilung ignoriert, weil sonst eine Besteuerung gemäß § 49 EStG nicht mehr möglich wäre.

**ISPA** → Strukturpolitik der Europäischen Union, → EU-Erweiterung.

**ITC** – Abk. für *International Trade Center, Internationales Handelszentrum;* im März 1964 mit *Sitz* in Genf gemeinsam von → World Trade Organization (WTO) und → UNCTAD betriebene Organisation zur Förderung des Exports in Entwicklungsländern. – *Mitglieder:* Alle Mitglieder von UNCTAD und WTO. Die politischen Initiativen zur Gestaltung der ITC-Arbeit gehen von der Joint Advisory Group (JAG) aus, die sich jährlich treffen und WTO und UNCTAD Empfehlungen zur Arbeit des ITC ausspricht. – *Aufgaben:*

ITC führt Marktstudien durch und hilft beim Aufbau institutioneller Infrastruktur zur Handelsförderung (Gründung von Handelsförderungsorganisationen, Trade Promotion Organisations). Handelsinformationen werden durch technische Kooperation und Training in Seminaren vermittelt. Zur Verbreitung von Marktinformationen dient ein Nachrichtendienst für Entwicklungsländer. Neben Ausbildungsprogrammen widmet sich ITC der Transparenz von Importregelungen der Industriestaaten. Seit 1987 wird auch Unternehmen technische Hilfe zur Exportförderung angeboten. Hilfestellung umfasst Marketing, Produktion und Finanzierung von Exportprodukten. – *Veröffentlichungen:* International Trade Forum (vierteljährlich), Handbooks on Trade Promotion Techniques, Marktstudien.

**ITO** – Abk. für *International Trade Organization, Internationale Handelsorganisation, Organisation Internationale du Commerce;* gemäß Art. I der Havanna-Charta vorgesehene Handelsorganisation der → UN zur Verwirklichung der in der Charta niedergelegten Ziele des Wiederaufbaus und der → Integration der Weltwirtschaft auf handelspolitischem Gebiet. Die Nichtratifizierung der Charta durch die USA führte dazu, dass die ITO nicht institutionalisiert wurde. Die handelspolitischen Abschnitte der Havanna-Charta traten am 1.1.1948 als *General Agreement on Tariffs and Trade* (→ GATT) in Kraft. Durch die Schlussakte der achten Welthandelsrunde (→ Uruguay-Runde) wurde im April 1994 in Marrakesch die → World Trade Organization (WTO) gegründet, die seit 1995 die ursprünglichen Aufgaben der *ITO* und des *GATT* wahrnimmt.

**IWF** – Abk. für *Internationaler Währungsfonds, International Monetary Fund (IMF);* internationale Organisation zur Schaffung geordneter Währungsbeziehungen zwischen den Mitgliedsländern mit Sitz in Washington, D.C. – 1. *Entstehung:* Errichtet am 27.12.1945 zusammen mit der Weltbank (→ IBRD) auf

der Grundlage des am 22.7.1944 vereinbarten Bretton-Woods-Abkommen (→ Bretton-Woods-System); seit 1947 Sonderorganisation der UNO; Änderungen 1969 und 1978, um den geänderten Weltwährungsbedingungen Rechnung zu tragen; 2009: 186 Mitglieder. – 2. *Organe:* (1) *Gouverneursrat* (Board of Governors): oberste Behörde, in die jedes Mitglied einen Vertreter entsendet; tritt i.d.R. einmal jährlich zusammen und ist für grundlegende Fragen zuständig; (2) *Direktorium* (Board of Executive Directors): 24 Exekutivdirektoren, wobei fünf von den Mitgliedern mit den größten Quoten (USA, Bundesrepublik Deutschland, Japan, Frankreich, Großbritannien) ernannt, die anderen aus Mitgliedergruppen gewählt werden, wobei Saudi-Arabien, China und Russland als eigenständige Gruppe auftreten; (3) *Geschäftsführender Direktor:* Präsident des IWF und Vorsitzender des Gouverneursrats; (4) *Beratende Gremien:* International Monetary and Finance Committee (→ IMFC) sowie der gemeinsam von IBRD und IWF eingesetzte Entwicklungsausschuss (→ Development Assistance Committee (DAC)). – 3. *Ziele:* Erleichterung eines ausgeglichenen Wachstums des Welthandels. Zu diesem Zweck: Förderung der Zusammenarbeit auf dem Gebiet der internationalen Währungspolitik, mit der Herstellung der → Konvertibilität der Währung und Errichtung eines multilateralen Zahlungssystems mit Beseitigung von Devisenverkehrsbeschränkungen, Errichtung eines finanziellen Beistandsystems für Länder zur Behebung von Zahlungsbilanzungleichgewichten. – 4. *Kapital:* Jedem IWF-Mitglied wird eine Quote zugewiesen, die sich nach der Höhe des Volkseinkommens, den Währungsreserven und dem Umfang des Außenhandels richtet. Nach ihr bemisst sich das Stimmrecht in den IWF-Organen, die Subskriptionsverpflichtung sowie die Zuteilung neu geschaffener → Sonderziehungsrechte (SZR). Ursprünglich war ein Viertel der Subskription in Gold einzuzahlen, der Rest in Landeswährung. Seit der zweiten Änderung des IWF-Abkommens ist an die Stelle des Goldes das SZR getreten. Bisher wurden die Quoten mehrmals angehoben und betragen 217,4 Mrd. SZR (2009); US-Quote: 17,1 Prozent; Japan: 6,1 Prozent; Deutschland: 6 Prozent. – 5. *Aktivitäten:* a) IWF gewährt *bei Zahlungsbilanzproblemen finanzielle Hilfen,* deren Umfang sich an der Quote des betreffenden Landes orientiert. Ein automatisches Ziehungsrecht hat ein Land im Rahmen der sog. *Reservetranche.* Im Rahmen von sog. Bereitschaftskrediten (Stand-by Arrangement) werden weitere Kreditansprüche unter wirtschaftspolitischen *Auflagen* vergeben (Konditionalität), die mit zunehmender Inanspruchnahme strenger werden. Die Bereitschaftskredite stellen die zentrale Kreditfazilität des IWF dar. Zusätzlich gibt es *Sonderfazilitäten.* Der maximale Kreditrahmen beläuft sich zwischen 400–500 Prozent seiner Quote. Zu den Sonderfazilitäten gehört z.B. seit 1988 die erweiterte Strukturanpassungsfazilität für Entwicklungsländer mit niedrigem Pro-Kopf-Einkommen (PKE). – b) Ursprünglich galten fixe Wechselkurse, die nach *Goldparität oder Dollarparität* festgelegt waren. Nur bei fundamentalem Ungleichgewicht der Zahlungsbilanz konnten Paritäten nach Konsultation mit dem IWF verändert werden. Die Wechselkurse sollten innerhalb einer Bandbreite von 1 Prozent der festgelegten Parität, seit Dezember 1971 von 2,25 Prozent gehalten werden. Seit der zweiten Änderung des IWF-Abkommens vom April 1978 sind die Mitglieder in der Wahl ihres Wechselkurssystems frei. Verboten sind Wechselkursmanipulationen, gefordert ist eine auf Stabilität ausgerichtete binnenwirtschaftliche Finanz- und Wirtschaftspolitik mit dem Ziel der Dämpfung von Wechselkursschwankungen. Der IWF überwacht die Wechselkurspolitik der Mitgliedsländer. Seit 1986 ist der IWF verstärkt auch im Bereich der Förderung der Entwicklungsländer tätig. Dazu wurden Sonderfazilitäten (Strukturanpassungsfazilität (SAF)) und erweiterte Strukturanpassungsfazilitäten (ESAF)

unter bes. Konditionalität eingerichtet. Seit 1999 wird die ESAF unter der neuen Bezeichnung Poverty Reduction and Growth Facility (→ PRGF) weitergeführt. Zu den Zielen gehört nun auch die Beseitigung der Armut, in Abstimmung mit dem veränderten Zielkatalog der Weltbank. 1993 wurde eine System-Transformationsfazilität (STF) für jene Mitgliedsstaaten eingerichtet, die in einem Systemübergang stehen und ernsthafte Zahlungsbilanzprobleme haben. Die Konditionalität lag hierbei unterhalb der normalen IWF-Programmkonditionalität und enthielt Maßnahmen, die den Anpassungsprozess beschleunigen sollten. Diese Fazilität wurde allerdings nicht weitergeführt. – 6. *Bewertung:* Der IWF hat zur Linderung von *Währungskrisen* beigetragen. Mit der → Weltbank hat der IWF zur Überwindung des Problems der → Auslandsverschuldung der Entwicklungsländer beigetragen. Eigentlich konzipiert für kurzfristige Hilfen bei Zahlungsbilanzschwierigkeiten, verschob sich sein Aufgabenbereich in Richtung längerfristiger Finanzierung, bes. durch mittelfristige Kredite zum Zwecke der Strukturanpassung in Entwicklungsländern (→ HIPC-Initiative, → SDRM). Nach den Währungs- und Finanzkrisen in Asien, Russland und Lateinamerika gegen Ende der 1990er-Jahre kam der IWF zunehmend in die Kritik. Im Rahmen der Diskussion um eine → Neue Weltfinanzarchitektur wurde auch die Forderung nach einer grundlegenden Reform des IWF laut. Seit der Finanzkrise 2008 wird eine bedeutende Rolle des IWF in einem neuen internationalen Finanzsystem, bes. als Kontrollorgan, diskutiert. – 7. *Publikationen:* Umfangreiche Publikationstätigkeit, u.a. IWF-Survey (23 Ausgaben im Jahr) in englisch, französisch und spanisch; Finance and Development (vierteljährlich) zusammen mit der Weltbank in englisch, französisch, spanisch, deutsch, portugiesisch, arabisch und chinesisch; IWF-Staff-Papers (vierteljährlich): wissenschaftliche Publikation in englisch; World-Economic-Outlook (halbjährlich) etc.

**IWF-Interimsausschuss** – 1974 vom Gouverneursrat des Internationalen Währungsfonds (→ IWF) eingesetzter Beratungsausschuss zur Überwachung und Weiterentwicklung der internationalen Währungsordnung. Seine zuletzt 24 Mitglieder setzten sich aus den IWF-Gouverneuren derjenigen Mitgliedsländer zusammen, die auch Exekutivdirektoren des IWF stellen. – *Tätigkeiten:* Der IWF-Interimsausschuss löste im Herbst 1974 den Zwanzigerausschuss auf, der beauftragt wurde, grundlegende Reformen des Weltwährungssystems vorzubereiten. Scheitern der Reformvorschläge führten zum IWF-Interimsausschuss, der keine formellen Entscheidungsbefugnisse hat. Trotz Beraterfunktion hat er im Laufe der Zeit ein solches politisches Gewicht erhalten, dass er praktisch die Rolle eines Leitungsgremiums im IWF übernahm. Der IWF-Interimsausschuss kann in einen Rat auf Ministerebene umgewandelt werden, der dann Beschlussvollmachten hätte, wenn der Gouverneursrat mit 85 Prozent aller Stimmen dies beschließt. Der IWF-Interimsausschuss hat verantwortlich an der zweiten Änderung des IWF-Abkommens mitgewirkt, die zur Anpassung nach dem Zusammenbruch des → Bretton-Woods-Systems notwendig wurde. – Seit April 2000 setzt der Interimsausschuss seine Arbeit unter der neuen Bezeichnung International Monetary and Finance Committee (→ IMFC) fort.

**Jaunde-Abkommen** – *Yaoundé-Abkommen;* → Assoziierungsabkommen nach Art. 198 AEUV. Das erste Jaunde-Abkommen (1964–1969) wurde nach Erlangung ihrer staatlichen Souveränität von 18 Staaten des frankophonen Afrikas (→ AASM) mit der → EWG abgeschlossen. – *Laufzeit des zweiten Jaunde-Abkommens:* 1970–1975. Beide Abkommen gewährten den AASM-Staaten neben einem weitgehend zollfreien Zutritt zum EWG-Markt außerdem Mittel für die finanzielle und technische Zusammenarbeit. – Vgl. auch → Lomé-Abkommen.

**J-Kurven-Effekt** – Eine Abwertung der heimischen Währung führt bei gegebenen nominellen Güterpreisen zu einer sofortigen Verteuerung der Importgüter bzw. Verbilligung der Exportgüter. Angenommen wird, dass die Importgüter in ausländischen Währungseinheiten fakturiert und mithilfe des Wechselkurses in inländischen Währungseinheiten umzurechnen sind, während die Exportgüter in inländischer Währung gehandelt werden. Daraus resultiert kurzfristig eine Verschlechterung der → Leistungsbilanz. Reagieren mittel- bis langfristig bzw. nach Ablauf der Kontrakphase jedoch die gehandelten Gütermengen gemäß den Elastizitätsbedingungen, verbessert sich die Leistungsbilanz wieder, sodass sich im Zeitverlauf eine J-Kurven-artige Entwicklung der Leistungsbilanz ergibt.

**KapAEG** – Abk. für → Kapitalaufnahmeerleichterungsgesetz.

**Kapitalaufnahmeerleichterungsgesetz (KapAEG)** – 1998 verabschiedetes Gesetz zur Verbesserung der Wettbewerbsfähigkeit dt. Konzerne an Kapitalmärkten und zur Erleichterung der Aufnahme von Gesellschafterdarlehen. Dt. Konzerne, die zum Zweck der Zulassung an einer ausländischen Börse einen → Konzernabschluss nach international anerkannten Rechnungslegungsvorschriften (IAS/IFRS, → US-GAAP) aufstellen, wurden früher durch zusätzliche Kosten belastet, weil sie zusätzlich einen Konzernabschluss nach HGB aufstellen mussten. Die nach unterschiedlichen Regelsystemen aufgestellten Abschlüsse wiesen unterschiedliche Ergebnisse aus, was die Vergleichbarkeit der Abschlüsse erschwerte. Das Kapitalaufnahmeerleichterungsgesetz (KapAEG) sah vor, dass kapitalmarktorientierte dt. Mutterunternehmen ihren Konzernabschluss nach IAS/IFRS oder US-GAAP aufstellen und offen legen konnten. Dies befreite von der Verpflichtung einen HGB-Konzernabschluss nach dt. Recht aufzustellen. Die Befreiungsregelung trat am 31.12.2004 wieder außer Kraft.

**Kapitalausfuhr** → internationale Kapitalbewegungen, → Kapitalverkehr, → Kapitalflucht, → Kapitalexport.

**Kapitalbewegungen** → internationale Kapitalbewegungen.

**Kapitalbilanz** – Teil der → Zahlungsbilanz (s. → Restposten der Zahlungsbilanz), in dem seit 1995 mit dem Europäischen System Volkswirtschaftlicher Gesamtrechnungen (ESVG), der → Kapitalverkehr, unterteilt in vier Arten, dargestellt wird. Man differenziert zwischen den ausländischen Direktinvestitionen, den → Portfolio-Investitionen, dem Kreditverkehr und den Finanzderivaten.

**Kapitalexport** – Kauf einer auf ausländische Währung lautenden Forderung durch inländische Wirtschaftssubjekte. Dadurch erhöht sich die Gläubigerposition des Inlandes gegenüber dem → Ausland. Kapitalexporte können auch dadurch erfolgen, dass Inländer von Ausländern auf inländische Währung lautende Aktiva kaufen (Abnahme der → Auslandsverschuldung). – Vgl. auch → Zahlungsbilanz.

**Kapitalflucht** – Transfer von liquiden Mitteln ins Ausland, ohne Rücktransfer in absehbarer Zeit. Nicht zur Kapitalflucht zählen normale → internationale Kapitalbewegungen, wie z.B. Direktinvestitionen. Motive für die *Kapitalflucht* sind häufig eine hohe Abgabenlast, Vermeidung und Hinterziehung von Steuern, eine inländische Niedrigzinspolitik, die Verweigerung staatsbürgerlicher Solidarität, oder krimineller Art wie Geldwäsche etc. Die Kapitalflucht wird durch die Globalisierung und immer intensivere Verflechtung der verschiedenen Volkswirtschaften begünstigt.

**Kapitalflussrechnung** – *Cashflow Statement, Finanzflussrechnung;* eine verfeinerte finanzwirtschaftliche Bewegungsbilanz. – 1. *Kennzeichnung:* Eine Kapitalflussrechnung wird im Gegensatz zur Bewegungsbilanz nicht aus der Anfangs- und Schlussbilanz eines Geschäftsjahres (oder einer kürzeren Periode) abgeleitet, vielmehr sollen unter zusätzlicher Verwendung der Aufwands- und Ertragspositionen die Zahlungsströme (Fondsstromrechnung) des Unternehmens dargestellt werden. Bei Erstellung einer internen Kapitalflussrechnung wird auf das Informationsmaterial der Finanzbuchhaltung zurückgegriffen, bei externen Kapitalflussrechnungen auf die Gewinn- und Verlustrechnung (GuV), das Anlagengitter sowie den Anhang. Als Beispiel für den möglichen Aufbau einer Kapitalflussrechnung vgl. Tabelle „Kapitalflussrechnung

**Kapitalflussrechnung – Gliederungsschema (Indirekte Methode)**

| 1. | | Periodenergebnis (einschließlich Ergebnisanteilen von Minderheitsgesellschaftern) vor außerordentlichen Posten |
|---|---|---|
| 2. | +/– | Abschreibungen/Zuschreibungen auf Gegenstände des Anlagevermögens |
| 3. | +/– | Zunahme/Abnahme der Rückstellungen |
| 4. | +/– | Sonstige zahlungsunwirksame Aufwendungen/Erträge (bspw. Abschreibung auf ein aktiviertes Disagio) |
| 5. | –/+ | Gewinn/Verlust aus dem Abgang von Gegenständen des Anlagevermögens |
| 6. | –/+ | Zunahme/Abnahme der Vorräte, der Forderungen aus Lieferungen und Leistungen sowie anderer Aktiva, die nicht der Investitions- oder Finanzierungstätigkeit zuzuordnen sind |
| 7. | +/– | Zunahme/Abnahme der Verbindlichkeiten aus Lieferungen und Leistungen sowie anderer Passiva, die nicht der Investitions- oder Finanzierungstätigkeit zuzuordnen sind |
| 8. | +/– | Ein- und Auszahlungen aus außerordentlichen Posten |
| 9. | = | **Cashflow aus laufender Geschäftstätigkeit** |
| 10. | | Einzahlungen aus Abgängen von Gegenständen des Sachanlagevermögens |
| 11. | + | Einzahlungen aus Abgängen von Gegenständen des immateriellen Anlagevermögens |
| 12. | – | Auszahlungen für Investitionen in das Sachanlagevermögen |
| 13. | – | Auszahlungen für Investitionen in das immaterielle Anlagevermögen |
| 14. | + | Einzahlungen aus Abgängen von Gegenständen des Finanzanlagevermögens |
| 15. | – | Auszahlungen für Investitionen in das Finanzanlagevermögen |
| 16. | + | Einzahlungen aus dem Verkauf von konsolidierten Unternehmen und sonstigen Geschäftseinheiten |
| 17. | – | Auszahlungen aus dem Erwerb von konsolidierten Unternehmen und sonstigen Geschäftseinheiten |
| 18. | + | Einzahlungen aufgrund von Finanzmittelanlagen im Rahmen der kurzfristigen Finanzdisposition |
| 19. | – | Auszahlungen aufgrund von Finanzmittelanlagen im Rahmen der kurzfristigen Finanzdisposition |
| 20. | = | **Cashflow aus der Investitionstätigkeit** |
| 21. | | Einzahlungen aus Eigenkapitalzuführungen (z.B. Kapitalerhöhungen, Verkauf eigener Anteile) |
| 22. | – | Auszahlungen an Unternehmenseigner und Minderheitsgesellschafter (Dividenden, Erwerb eigener Anteile, Eigenkapitalrückzahlungen, andere Ausschüttungen) |
| 23. | + | Einzahlungen aus der Begebung von Anleihen und der Aufnahme von (Finanz-)Krediten |
| 24. | – | Auszahlungen aus der Tilgung von Anleihen und (Finanz-)Krediten |
| 25. | = | **Cashflow aus der Finanzierungstätigkeit** |

– Gliederungsschema (Indirekte Methode)".
Die Kapitalflussrechnung kann als retrospektive (so bei Veröffentlichung als Ergänzung zum Jahresabschluss und im Rahmen der → Bilanzanalyse) oder als prospektive (Planungsinstrument) Rechnung aufgestellt werden. Wesentliche Ziele der Kapitalflussrechnung als retrospektive Fondsrechnung sind: (1) die Ermittlung des Finanzbedarfs, (2) die Darstellung der Deckung des Finanzbedarfs, (3) der Ausweis der Liquiditätsveränderung der Berichtsperiode anhand eines speziellen Finanzmittelfonds sowie (4) die Darstellung der Investitions- und Finanzierungstätigkeit. Dabei gliedert sich die Kapitalflussrechnung regelmäßig in die Teilbereiche: laufende Geschäftstätigkeit, Investitionstätigkeit und Finanzierungstätigkeit. – 2. *Handelsrecht*: Gemäß § 297 I HGB ist die Kapitalflussrechnung Teil des Konzernabschlusses. Mit der Verabschiedung des Deutschen Rechnungslegungsstandards zur Kapitalflussrechnung (DRS 2) durch das DRSC erfolgte die notwendige Konkretisierung. Die Ausgestaltung der Kapitalflussrechnung gemäß DRS 2 orientiert sich weitgehend an den bestehenden Vorschriften internationaler Rechnungslegungssysteme (→ International Financial Reporting Standards (IFRS) bzw. → US-GAAP).

**Kapitalhilfe** – Beitrag zur Finanzierung von Entwicklungsmaßnahmen durch günstige Kredite bzw. nicht rückzahlbare Zuschüsse im Rahmen der → Entwicklungshilfe. Finanziert werden Sachgüter, Anlageinvestitionen sowie die dazu gehörenden Dienstleistungen (Evaluierung, Beratung). Sie kann multilateral (→ IWF, → IBRD, → Lomé-Abkommen) sowie bilateral (→ finanzielle Zusammenarbeit) geleistet werden.

**Kapitalimport** – Kapitalaufnahme im Ausland zur Finanzierung von Importen oder Investitionen im Inland. Bedeutet → Auslandsverschuldung. – Vgl. auch → Zahlungsbilanz.

**kapitalintensives Gut** – Ein Gut, für dessen Erzeugung unabhängig vom Faktorpreisverhältnis stets mehr Kapital pro Arbeit

eingesetzt werden muss als für ein anderes Gut, wird als *relativ* kapitalintensiv bezeichnet. Dieses andere Gut ist dann *relativ* arbeitsintensiv. – Vgl. auch → Heckscher-Ohlin-Handel, → Heckscher-Ohlin-Theorem.

**Kapitalkonsolidierung** – 1. *Allgemein:* Maßnahme zur Erstellung des Konzernabschlusses. Zur Vermeidung von Doppelerfassungen treten bei der → Vollkonsolidierung an die Stelle des Postens „Beteiligungen" aus dem Jahresabschluss des Konzermutterunternehmens die Vermögensgegenstände, Schulden, Rechnungsabgrenzungsposten und Sonderposten der Tochterunternehmens. Damit verbunden ist die Aufrechnung des Buchwertes der Beteiligung mit dem Eigenkapital des jeweiligen Tochterunternehmens. Bei einer Beteiligungsquote von unter 100 Prozent wird nur anteilig verrechnet. Zum Ausgleich werden gemäß § 307 HGB in der Konzernbilanz bzw. in der → Konzern-Gewinn- und Verlustrechnung (Konzern-GuV) Kapital- bzw. Erfolgsanteile fremder Gesellschafter ausgewiesen. I.d.R. wird die Kapitalkonsolidierung nach der sog. Erwerbsmethode gemäß § 301 HGB durchgeführt. Dabei wird unterstellt, dass das Mutterunternehmen nicht eine Beteiligung an dem Tochterunternehmen erworben hat, sondern die einzelnen Vermögensgegenstände, Schulden, Rechnungsabgrenzungsposten und Sonderposten dieses Unternehmens (sog. Erwerbsfiktion). – 2. *Aufstellung*: Die Kapitalkonsolidierung ist gemäß § 301 HGB nach der sog. *Neubewertungsmethode* durchzuführen. Demnach werden die stillen Reserven des Tochterunternehmens in einer Handelsbilanz II im Rahmen einer Neubewertung aufgedeckt und in den Folgejahren fortgeführt. Die Kapitalkonsolidierung wird nach dieser Methode auf der Grundlage des in der Handelsbilanz II nach Neubewertung ausgewiesenen Eigenkapitals durchgeführt. Ein aktiver Unterschiedsbetrag entspricht dem Firmenwert, der gemäß § 309 I HGB bei der Folgekonsolidierung abzuschreiben ist. Ein passiver Unterschiedsbetrag (sog.

„→ Badwill") ist unter dem Posten „Unterschiedsbetrag aus der Kapitalkonsolidierung" nach dem Eigenkapital auszuweisen (§ 301 III HGB) und u.U. GuV-wirksam aufzulösen (§ 309 II HGB). – Nach den IFRS ist neben der Neubewertungsmethode auch die sog. Full Goodwill Methode anwendbar. Im Rahmen der Full Goodwill Methode erfolgt nicht nur eine Neubewertung des den Minderheiten zustehenden Nettovermögens, sondern auch die Erfassung des Minderheiten-Goodwills in der Konzernbilanz (IFRS 3 (2008)).

**Kapitalverkehr** – Gesamtheit der finanziellen Transaktionen, die nicht direkt durch den Waren- und Dienstleistungsverkehr bedingt sind (sonst: Zahlungsverkehr). – Vgl. auch → internationale Kapitalbewegungen, Kapitalmarkt.

**Kapitalverkehrsfreiheit** – seit Gründung der EG im Vertrag vorgesehene, aber erst seit 1990 voll verwirklichte → Grundfreiheit im Rahmen des → Einheitlichen Binnenmarktes (vgl. Art. 63ff. AEUV). Die Kapitalverkehrsfreiheit verbietet jegliche Beschränkung des Kapitalverkehrs zwischen den Mitgliedstaaten und auch zwischen dem Gebiet der EU und Drittstaaten. Verboten ist die unterschiedliche Behandlung von Kapitalanlagen oder Anlegern je nach dem Wohnort des Anlegers oder dem Ort der Kapitalanlage. Ausnahmen sind nur in eng umrissenen Fällen zugelassen, z.B. im Steuerrecht. Die Kapitalverkehrsfreiheit hat nach mittlerweile bereits gefestigter Rechtsprechung → unmittelbare Wirkung, ihre Einhaltung unterliegt der Überwachung durch den Europäischen Gerichtshof. Die Kapitalverkehrsfreiheit besteht seit 1994 auch im gesamten Gebiet des → EWR.

**Kaufkraft der Exporterlöse** → Income Terms of Trade.

**Kaufkraftparität** – Situation, in der die Kaufkraft zweier Währungen, gemessen anhand eines Index von verschiedenen Güterpreisen, gleich ist. – *Arten:* (1) *Absolute Kaufkraftparität:* Schreibt man P* bzw. P für den in ausländischer bzw. heimischer Währung ausgedrückten Preis des im Ausland bzw. Inland erzeugten identischen Gutes, und w für den nominellen → Wechselkurs in Preisnotierung, so impliziert die Kaufkraftparität: P = wP*. Bei → fixem Wechselkurs folgt aus der Kaufkraftparitätenbedingung, dass sich das Inland nicht vor Preisniveauschocks aus dem Ausland abschotten kann *(internationaler Preiszusammenhang)*. Hebt man die Fixierung des Wechselkurses auf, so folgt aus der Kaufkraftparitätenbedingung eine Theorie zur Erklärung von Wechselkursbewegungen bei exogen determinierten Preisniveaus (→ Kaufkraftparitätentheorie). (2) *Relative Kaufkraftparität:* Absolute Kaufkraftparität kommt dann nicht zustande, wenn die Güter in den beiden Ländern nicht zu denselben Preisen, ausgedrückt in identischer Währung, angeboten werden. Hierfür verantwortlich sind Transportkosten, Handelshemmnisse, Marktsegmentierung, → nicht handelbare Güter. In diesen Fällen kann die Kaufkraftparität gleichwohl in relativer Form erfüllt sein, sodass die Veränderungsrate des nominellen Wechselkurses in Preisnotierung gleich ist der Inflationsdifferenz zwischen dem → Inland und dem → Ausland. – Vgl. auch → Wechselkurstheorie, → Wechselkurspolitik.

**Kaufkraftparitätentheorie** – Versuch, den → Wechselkurs bei freien Währungen durch die Kaufkraftverhältnisse in den entsprechenden Ländern zu erklären. – 1. *Naive Kaufkraftparitätentheorie:* Entwicklung der Wechselkurse zwischen zwei Ländern wird durch die Entwicklung des Verhältnisses des Inlandspreisniveaus zum Auslandspreisniveau determiniert. Die Schwäche dieses Ansatzes liegt z.B.: (1) In der Vernachlässigung nationaler Güter (unbebaute Grundstücke, Immobilien, Wohnungsmieten, → Dienstleistungen), die sehr wohl das Preisniveau, aber nicht den → Wechselkurs beeinflussen können; (2) in der Ausblendung anderer Faktoren neben Exporten und Importen, die Devisenangebot und -nachfrage beeinflussen. (3)

Abweichungen vom Modell der vollkommenen Konkurrenz, wie Präferenzen, Monopole, Transaktionskosten und Informationskosten. – 2. *Modifizierte Kaufkraftparitätentheorie*: Veränderung des Wechselkurses pro Zeiteinheit entspricht längerfristig der Veränderung der Preisniveaurelation der betrachteten Länder, ohne dass der Wechselkurs in jedem Zeitpunkt unbedingt mit dem Verhältnis des Preisniveaus übereinstimmen muss. Steigt z.B. das Inlandspreisniveau, so wertet die Inlandwährung ab (d.h., der Preis für eine ausländische Währungseinheit, ausgedrückt in heimischen Währungseinheiten, steigt). Dies wird mit sinkender Nachfrage nach relativ teurer gewordenen Inlandsgütern und damit entsprechend geringer Nachfrage nach der inländischen Währung auf dem Devisenmarkt erklärt. – Vgl. auch → Wechselkurstheorie. – 3. *Kritik*: Der grundlegende Einwand gegen die Kaufkraftparitätentheorie stellt darauf ab, dass Devisenangebot und -nachfrage und der Wechselkurs zwischen zwei Währungen nicht nur von Preisentwicklungen und Güterströmen bestimmt wird, sondern wesentlich auch von Spekulationen, Zinsdifferenzen, Konjunkturentwicklungen im In- und Ausland sowie von politischen Faktoren (Streiks, Skandale, Wahlergebnisse etc.).

**Kettenkonsolidierung** – *Sukzessivkonsolidierung;* Methode der Erstellung des → Konzernabschlusses für einen → mehrstufigen Konzern, bei der anders als bei der → Simultankonsolidierung für jeden Teilkonzern innerhalb des Gesamtkonzerns ein Teilkonzernabschluss erstellt wird, der der Konsolidierung auf der nächsthöheren Stufe zugrunde gelegt wird.

**kleines Land** – Ein Land, das zu den auf dem → Weltmarkt bestimmten → Terms of Trade aus seiner Sicht beliebige Mengen exportieren bzw. importieren kann, ohne die Weltmarktpreise zu beeinflussen, wird als kleines Land bezeichnet. Es handelt sich um ein Land mit geringer Marktmacht, tatsächlich muss es

sich nicht um ein Land mit geografisch geringer Ausdehnung handeln. Verursachen hingegen Veränderungen der Importnachfrage bzw. des Exportangebots eines Landes Weltmarktpreisveränderungen (Veränderungen der Terms of Trade), so handelt es sich um ein → großes Land. – Vgl. auch → Handelspolitik.

**Kodezisionsverfahren** → EU-Gesetzgebung, → Europäisches Parlament.

**Koexistenz** – politischer Begriff für ein friedliches Nebeneinanderleben von Völkern oder Menschen verschiedener politischer Weltanschauungen.

**Kofinanzierung** – Darlehen der Weltbank (→ IBRD), gewährt in Zusammenarbeit mit anderen Institutionen: V.a. Regierungen und Regierungsstellen, Exportkreditorganisationen sowie private Finanzinstitutionen (bes. Geschäftsbanken). Die vertragliche Ausgestaltung ist unterschiedlich. In Zusammenhang mit der Verschuldungskrise hat die Kofinanzierung an Bedeutung gewonnen.

**Kohäsion** – Wirtschaftlicher und sozialer Zusammenhalt (Art. 174 AEUV). Eine der Hauptaufgaben der → EU besteht heute in der Förderung der Kohäsion zwischen den Mitgliedsstaaten. Bereits in der Präambel der zum 1.1.1958 errichteten → EWG wurde bestimmt, dass mit der Gemeinschaftsgründung dazu beigetragen werden soll, die zwischen den einzelnen Teilräumen des Gemeinsamen Marktes bestehenden Divergenzen bez. ihrer wirtschaftlichen und sozialpolitischen Leistungskraft abzubauen und dadurch den Zusammenhalt der Gemeinschaft zu festigen. Mit der Einheitlichen Europäischen Akte (→ EEA) wurde dem Kohäsionsziel in Gestalt der Aufnahme eines eigenen Titels „Wirtschaftlicher und Sozialer Zusammenhalt" (Titel XVIII, Art. 174-178 AEUV) ein deutlich erhöhter Stellenwert zugewiesen. Um einen möglichst effektiven Einsatz der Mittel zu gewährleisten, wurde in Art. 174 AEUV der Grundsatz der vorrangigen Konzentration auf eine Verringerung des

„Rückstands der am stärksten benachteiligten Gebiete" festgeschrieben. Zentrale Bedeutung erlangte die Kohäsionsförderung schließlich dadurch, dass mit dem Vertrag über die EU die „Stärkung des wirtschaftlichen und sozialen Zusammenhalts" in den Katalog der integrationspolitischen Hauptziele (Art. 4 II lit. c AEUV) aufgenommen wurde. Mit dem → Vertrag von Lissabon wird eine dritte Dimension hinzu kommen, und zwar die des territorialen Zusammenhalts, d.h. einer ausgewogenen, nachhaltigen Raumentwicklung. – Im Förderzeitraum 2007-2013 stehen der Kohäsionspolitik 35,7 Prozent des gesamten → EU-Haushalts zur Verfügung, das sind 347,41 Mrd. Euro. Deutschland erhält aus diesen Mitteln 26,34 Mrd. Euro. Mithilfe der drei Strukturfonds werden die folgenden drei Ziele gefördert: a) Konvergenz (→ EFRE, ESF, → Kohäsionsfonds), insgesamt ca. 82 Prozent der Strukturmittel), b) regionale Wettbewerbsfähigkeit und Beschäftigung (→ EFRE, ESF), insgesamt ca. 16 Prozent der Strukturmittel, c) europäische territoriale Zusammenarbeit (EFRE), insgesamt ca. 2,5 Prozent der Strukturmittel. Die Bedeutung des Kohäsionsziels kommt ferner darin zum Ausdruck, dass im Förderzeitraum 2007-2013 die Strukturfonds weitgehend an die Prioritäten der → Lissabon-Strategie für Wachstum und Beschäftigung gebunden sind: 60 Prozent aller Ausgaben unter dem Ziel „Konvergenz" und 75 Prozent unter dem Ziel „Regionale Wettbewerbsfähigkeit und Beschäftigung" sollen diesen Prioritäten zu Gute kommen. – In Ergänzung der bereits bestehenden Strukturfonds im Jahre 2002 sind der Europäische Solidaritätsfonds zur Unterstützung bei Naturkatastrophen und im Jahre 2006 der Europäische Globalisierungsanpassungsfonds zur Unterstützung von Arbeitnehmern, die aufgrund des Globalisierungsdrucks entlassen worden sind, eingerichtet worden. – IPA: Das Kohäsions-Instrument für Heranführungshilfe IPA (Instrument for Pre-Accession Assistance) hat seit Januar 2007 die bestehenden Programme und Instrumente für die

Beitrittskandidaten PHARE, PHARE CBC (Cross-Border-Co-operation), ISPA (Instrument for Structural Policies for Pre-Accession, Strukturpolitisches Instrument zur Vorbereitung auf den Beitritt), SAPARD (Special Accession Programme for Agriculture and Rural Development, Beitrittsprogramm für Landwirtschaft und ländliche Entwicklung), CARDS (Community Assistance for Reconstruction, Development and Stabilisation; Gemeinschaftsunterstützung für Wiederaufbau, Entwicklung und Stabilisierung) und das Finanzierungsinstrument für die Türkei ersetzt. IPA bereitet die Beitrittskandidaten auf die Europäischen Fonds vor, die dieselben Bereiche abdecken. – Der Kohäsionspolitik kommt in der derzeitigen Wirtschaftskrise eine große Bedeutung zu, da sie einerseits eine wichtige Finanzquelle darstellt, mit deren Hilfe die Auswirkungen der Krise abgemildert werden können und Investitionen zur wirtschaftlichen Wiederbelebung und zum Schutz und zur Fortbildung der Arbeitnehmer getätigt werden können. Die Kommission hat zusätzlich beim EFRE und dem ESF eine erleichterte, flexiblere und vorgezogene Mittelverwendung in der Krise ermöglicht.

**Kohäsionsfonds** – 1. *Gegenstand:* Art. 177 AEUV bestimmt, dass in Ergänzung zu den herkömmlichen Strukturfonds der Europäischen Union (→ EU) ein spezieller Kohäsionsfonds zu errichten ist, durch den zu Vorhaben in den Bereichen Umwelt und transeuropäische Netze finanziell beigetragen wird. Der Kohäsionsfonds wurde am 30.3.1993 provisorisch und am 25.5.1994 definitiv errichtet (Verordnung (EG) Nr. 1164/94; inzwischen ersetzt durch die Verordnung (EG) Nr. Nr. 1084/2006). Auch die am Europäischen Wirtschaftsraum (→ EWR) teilnehmenden EFTA-Staaten (→ EFTA) (ohne Schweiz) leisten Beiträge zur Finanzierung des Kohäsionsfonds. – 2. *Der Kern der Zielsetzung* des Kohäsionsfonds besteht darin, dass eine Verbesserung infrastruktureller Gegebenheiten einer effektiveren Erschließung potenzieller Integrationsvorteile (Senkung von Transaktionskosten) zu dienen vermag. Speziell geht es darum, das wirtschaftliche Gefälle zwischen den EU-Mitgliedstaaten sowie die strukturellen Nachteile einzelner Mitgliedstaaten zu reduzieren. Umwelt- bzw. Verkehrsinfrastruktur-Vorhaben, die in den Genuss von Fondsmitteln kommen sollen, müssen zwischen der → Europäischen Kommission und dem betreffenden Mitgliedsstaat vereinbart sein. – 3. *Mittelausstattung:* Für den Siebenjahreszeitraum 2007-2013 beträgt die Mittelausstattung 70 Mrd. Euro. – 4. *Förderfähige Länder:* Der Kohäsionsfonds hilft den Mitgliedstaaten, deren BIP pro Einwohner unter 90 Prozent des EU-Durchschnitts liegt. Zwischen 2007-2013 werden folgende Mitgliedstaaten gefördert: Bulgarien, Rumänien, Zypern, Estland, Griechenland, Ungarn, Lettland, Litauen, Malta, Polen, Portugal, die Tschechische Republik, die Slowakei und Slowenien. Spanien erhält eine Übergangsförderung. Bis Ende 2013 wird die Wirksamkeit der Maßnahmen überprüft. – Vgl. auch → Kohäsion.

**Kollektivembargo** → Embargo.

**Komitologie** – Bezeichnung für ein spezifisches Beteiligungsverfahren in der EU: Der → Rat der Europäischen Union (Ministerrat) überträgt der → Europäischen Kommission generell die Befugnisse zur Durchführung der erlassenen Gesetze/Rechtsakte. Der Ministerrat kann hierbei bestimmte Modalitäten zur Ausübung dieser Befugnisse in der jeweiligen Rechtsgrundlage festlegen. Diese Modalitäten sind gleichbedeutend mit verschiedenen Ausschussverfahren zur Beratung und Kontrolle der Kommission und sind im Komitologie-Beschluss 1999/468/EG vom 28.7.1999 und vom Juli 2006 geregelt. Der Beschluss definiert vier Ausschussverfahren, die die Einflussmöglichkeiten der Kommission und des Rats in abgestufter Weise festlegen: Den Beratenden Ausschuss, den Verwaltungsausschuss, den Regelungsausschuss und den Ausschuss für Regelungsverfahren mit Kontrolle.

**Kommission** – 1. *Organisation:* zeitlich befristetes Kollegium. – 2. *Kommission der Europäischen Union:* → Europäische Kommission.

**Kommission der Vereinten Nationen für internationales Handelsrecht** → UNCITRAL.

**komparative Kosten** – Opportunitätskosten; → komparative Vorteile.

**komparative Vorteile** – 1. *Begriff:* Eine von mehreren Grundlagen der internationalen Spezialisierung und des internationalen Handels. Hypothetische Referenzsituation ist die → Autarkie. Wenn in einem Land bei Autarkie der Preis des Gutes 1 im Vergleich zum Gut 2 geringer ist als in einem anderen Land, dann hat dieses Land einen komparativen Vorteil beim Gut 1. – 2. *Ursachen* komparativer Vorteile sind Produktivitätsunterschiede (→ Ricardianisches Modell) und internationale *Faktorausstattungsunterschiede* (→ Heckscher-Ohlin-Handel). Länder exportieren bei → Freihandel Güter bei denen sie komparative Vorteile aufweisen, und importieren Güter bei denen andere Länder komparative Vorteile aufweisen. Wenn man mehr als zwei Güter und mehr als zwei Länder betrachtet, dann ist allerdings die Verbindung zwischen komparativen Vorteilen und der → Handelsstruktur nicht mehr für jedes beliebige Güter- und Länderpaar eindeutig gegeben. Der eben erwähnte Zusammenhang zwischen komparativen Vorteilen und der Handelsstruktur gilt dann nur im Durchschnitt.

**Kompensationsgeschäft** – I. Wertpapiergeschäft: Verrechnung von entgegengesetzt lautenden Aufträgen durch eine Bank, ohne dass diese über eine Börse abgewickelt werden; Kauf- oder Verkaufsaufträge von Kunden für im Inland zugelassene Wertpapiere mussten gemäß § 22 BörsG a.F. über eine Börse abgewickelt werden, falls keine andere Weisung vorlag. Durch die Umsetzung der MiFID im Jahre 2007 wurde die Regelung gestrichen, vgl. zum Hintergrund auch Börse.

II. Handel/Außenhandel: *Gegengeschäft, Gegenseitigkeitsgeschäft.* 1. *Begriff:* Kompensationsgeschäfte sind dadurch gekennzeichnet, dass Wirtschaftssubjekte bewusst wechselseitig Leistungen aneinander abgeben bzw. voneinander abnehmen, unabhängig davon, ob zusätzliche Zahlungsströme erfolgen oder nicht. Dies ist bes. bedeutsam für Länder mit Devisenknappheit. Internationale Kompensationsgeschäfte werden auch als *Counter-Trade-Geschäfte* bezeichnet. Bei der Vollkompensation (sog. Bartergeschäft) gleichen sich die Warenströme wertmäßig vollständig aus (Kompensationsquote 100 Prozent), während bei der Teilkompensation ein Teil des wertmäßigen Warenstromes durch einen Zahlungsstrom ausgeglichen wird. Eine Überkompensation liegt dann vor, wenn die Gegenkäufe wertmäßig höher als die Verkäufe sind. Es haben sich verschiedene Formen von Kompensationsgeschäften herausgebildet. – 2. Wichtige *Formen:* (1) *einfache Kompensation:* Austausch der Leistungen durch zwei Parteien. (2) *Dreiecksgeschäft:* Einschalten von drei Parteien, wobei jede Partei Abnehmer und Lieferant einer anderen Partei ist. (3) *Parallelgeschäft:* Sachlich zusammenhängende, wechselseitige Belieferung wird mithilfe von zwei einseitigen Geschäften abgewickelt und die jeweiligen Leistungen durch einen entsprechenden Zahlungsstrom abgegolten. (4) *Auflagengeschäft:* Kompensationsgeschäfte, die vertraglich nicht so konkret festgelegt sind und eher den Charakter eines „Gentleman's Agreement" haben. (5) *Junktimgeschäft:* Geschäft, das durch eine umgekehrte Reihenfolge des Parallelgeschäfts gekennzeichnet ist. Ein Importeur, der an einer ausländischen Ware interessiert ist, sucht sich einen Exporteur, der bereit ist unter Bezahlung einer entsprechenden Prämie seine Gegengeschäftsverpflichtung an den Importeur abzutreten. Er führt, indem er seinen Import mit der zukünftigen Gegengeschäftsverpflichtung des Exporteurs junktimiert, das beabsichtigte Importgeschäft durch. (6) *Bartergeschäft:* Kompensationsgeschäft, bei dem nur Warenaustausch ohne zusätzlichen Zahlungsstrom stattfindet. (7) *Buy-Back-Geschäft (Rückkaufgeschäft):* Kompensationsgeschäft, bei dem die mit der gelieferten Anlage erstellten Produkte (z.B. Grundstoffe, Fertigerzeugnisse) vom Anlagenlieferanten gekauft werden, zur eigenen Verwendung, wenn die Produkte den quantitativen, qualitativen und zeitlichen Anforderungen der eigenen Produktion entsprechen, oder zur Vermarktung über entsprechende Kanäle, z.B. durch Gegengeschäftshändler (Kompensateure). – Vgl. auch → Kompensationshandel.

**Kompensationshandel** – *Tauschhandel, Gegengeschäft; Kompensationsgeschäft.* 1. *Begriff:* Unterschiedliche Vereinbarungen zum wechselseitigen Warenaustausch ohne Transfer von Zahlungsmitteln, wobei die damit verbundene zwischenstaatliche Wertübertragung nur in Form von Gütern bzw. Dienstleistungen erfolgt. Entwicklungsländer praktizieren Kompensationshandel von Kapitalgüterimporten zum Schutz ihrer Zahlungsbilanz und als Hilfe zur weltweiten Vermarktung nicht wettbewerbsfähiger heimischer Güter. Kompensationshandel wird auch in Transformationsländern praktiziert. Gründe waren Devisenknappheit und generelle Schwierigkeiten im nationalen Geld- und Kreditverkehr. – 2. *Tauschhandelsformen:* a) → Kompensationsgeschäft (Gegenseitigkeitsgeschäft, Bartergeschäft): Tausch von Ware gegen Ware auf der Basis eines Vertrages ohne Finanztransaktionen, wobei Weltmarktpreise als Anhaltspunkte dienen. Wird häufig bei Rohstoffen durchgeführt. – b) *Parallelgeschäft (Counterpurchase):* Bezeichnet zwei voneinander unabhängige Verträge mit getrennten Zahlungsverpflichtungen, die durch ein Protokoll miteinander verbunden sind, wobei Kontrolle und Abrechnung über sog. Evidenzkonten erfolgen. Der Gegenbezug kann auch auf Dritte (z.B. Banken, Handelshäuser) übertragen werden *(Dreiecksgeschäft).* – c) *Direkte Kompensation (Rückkaufgeschäft, Buy-Back-Geschäft):* Lieferung und Gegenlieferung stehen in technischer Beziehung zueinander. Zur Teilfinanzierung bereitgestellter Produktionsanlagen werden bestimmte Mengen der später hergestellten Waren abgenommen. Mit diesen Kompensationsgeschäften wird oft auch ein Technologietransfer verbunden. – d) *Offset-Geschäft:* Großlieferungen werden mit umfangreicher, industrieller Kooperation und Entwicklung im Importland verbunden. Technologie- und Know-how-Transfer sind vorgesehen. – 3. *Bewertung:* Bei Entwicklungsländern werden Kompensationshandel zu Instrumenten der Etablierung langfristiger Handelsbeziehungen, zu einem Medium für Technologietransfer und zur Arbeitsplatzschaffung verwendet, wobei kurzfristig der Absatz von Überschüssen auf Spotmärkten an Bedeutung verliert. Durch Preiszugeständnisse verlieren Kompensationshandel an Wert. Es existieren Schätzungen, dass mehr als 10 Prozent des Welthandels über Kompensationshandel abgewickelt werden.

**Kompensationszahlungen bei Exporterlösausfällen** – seit 1963 unter genau festgelegten Bedingungen gewährte Sonderkredite des → IWF, um sinkende Ausfuhrerlöse eines Landes zu kompensieren.

**kompensatorische Finanzierung** – Budgethilfen für Entwicklungsländer bei Exporterlösausfällen. – Vgl. auch → STABEX.

**Kompetenzergänzungsklausel** – 1. Klausel in Art. 352 AEUV, die es ermöglichen soll, dass im Rahmen der in den Verträgen festgelegten Politikbereiche Befugnisse geschaffen werden, die in den Verträgen festgelegten Befugnissen nicht vorgesehen sind, aber der Verwirklichung der Ziele der Verträge dienen. Geeignete Vorschriften kann der Rat (Ministerrat) auf Vorschlag der Kommission und nach Zustimmung des Europäischen Parlaments erlassen. – 2. Der deutsche Vertreter im Rat darf einem solchen Vorschlag nur zustimmen oder sich enthalten, nachdem hierzu ein Gesetz gemäß Art. 23 Abs. 1 GG in Kraft getreten ist. Andernfalls muss der deutsche Vertreter ablehnen (sog. Flexibilitätsklausel in § 8

des Integrationsverantwortungsgesetzes vom 22.9.2009 (BGBl. I S. 3022).

**Kompetenzerweiterungsklausel** – Im Bereich der Justiziellen Zusammenarbeit in Strafsachen sehen Art. 83 Abs. 1 und Art. 86 Abs. 4 AEUV die Möglichkeit vor, dass das Europäische Parlament und der Rat (Ministerrat) durch Richtlinien in bestimmten Kriminalitätsbereichen mit grenzüberschreitender Dimension wie Terrorismus, Menschenhandel, Drogenhandel Mindestvorschriften zur Festlegung von Straftaten und Strafen bestimmen. Nach Art. 83 Abs. 1 AEUV kann der Rat je nach Entwicklung der Kriminalität andere Kriminalitätsbereiche einbeziehen. Er beschließt einstimmig nach Zustimmung des Europäischen Parlaments. Der deutsche Vertreter im Rat darf einem solchen Beschlussvorschlag nur zustimmen oder sich enthalten, nachdem hierzu ein Gesetz nach Art. 23 GG in Kraft getreten ist (§ 7 des Integrationsverantwortungsgesetzes (IntVG) vom 22.9.2009 (BGBL. I S. 3022). Gleiches gilt , wenn der Europäische Rat die Ausdehnung der Befugnisse der Europäischen Staatsanwaltschaft nach Art. 86 Abs. 4 AEUV beschließen will.

**komplementärer Handel** – Beim komplementären Handel ergänzen sich die Handelsstrukturen der beteiligten Länder, indem gegenseitig Waren gehandelt werden, die im Empfängerland nicht produziert werden – *Beispiel:* Erdöl – High-Tech-Maschinen. – *Gegensatz:* → substitutiver Handel.

**Konditionalität** – *Conditionality;* Bezeichnung für die Bedingungen und wirtschaftspolitischen Auflagen, zu denen der → IWF Kredite an seine Mitglieder vergibt. Traditionell sind die wirtschaftspolitischen Auflagen auf die makroökonomische Politik gerichtet. Üblich sind Obergrenzen für den staatlichen Finanzierungssaldo und für den Zuwachs der Geldmenge. Seit dem Anlaufen der → Strukturanpassungsprogramme (SAP) in den 1980er-Jahren macht der IWF auch Auflagen über Strukturreformen (Deregulierung und Liberalisierung), dabei stimmt er sich mit der Weltbank (→ IBRD) ab. Konditionalität ist die umstrittenste Seite der Politik des IWF, sie wird v.a. in den Empfängerländern als Hauptproblem der IWF-Politik empfunden. Als rechtliche Basis der Konditionalität kann Art. V, Abschn. 3, der Statuten des IWF angesehen werden, in dem der IWF ermächtigt wird, Mitgliedsländern mit Zahlungsbilanzproblemen bei der Gestaltung ihrer Politik zu unterstützen und für die gewährten Kredite geeignete Schutzmaßnahmen (Safeguards) zu treffen. Seit 1955 ist es üblich, dass ein Land, das IWF-Mitteln über seine Reservetranche hinaus in Anspruch nimmt, seine Wirtschaftspolitik an Auflagen des IWF orientiert. In der Theorie entwirft das Land ein wirtschaftliches Reformprogramm, das der IWF in Form von quantifizierbaren Vorgaben als Bedingung in seine Kreditverträge aufnimmt. Bei Verfehlen der Vorgaben, werden die vierteljährlich fälligen Auszahlungen des Kredites gestoppt. Zahlreiche Kritiker haben jedoch darauf hingewiesen, dass der IWF in der Praxis die wirtschaftlichen Reformen als „Conditiones sine qua non" vorgibt und dass die Mitsprache- und Mitgestaltungsrechte gerade der kleinen Länder eher gering sind. Seit der → Asienkrise unternimmt der IWF deshalb Anstrengungen, um die Partizipation der Empfängerländer bei der Gestaltung der Konditionalität zu verstärken.

**konsolidierter Abschluss** – *konsolidierte Bilanz;* Zusammenfassung der Einzelbilanzen und Gewinn- und Verlustrechnungen von Unternehmungen, die zu einem Konzern gehören. – Vgl. auch → Konzernabschluss (Konzernbilanz).

**Konsolidierung** – *Konsolidation.*

I. Finanzwissenschaft: Begrenzung und Rückführung von öffentlichen Defiziten in den Haushalten der Gebietskörperschaften und Parafisci (Haushaltskonsolidierung).

II. Betriebswirtschaftslehre: 1. Transformation von Schulden in Eigenkapital oder langfristige Verbindlichkeiten.*Anders:*

Sanierung. – 2. Aufrechnung konzerninterner Vorgänge (z.B. Beteiligungen, interne Warenströme).Vgl. auch → Konzernabschluss.

III. Bankwesen: Zusammenziehung unterschiedlicher Anleihen zu einer einheitlichen; auch als *Unifizierung* bezeichnet.

**Konsolidierungskreis** – 1. *Begriff:* Bezeichnung für die in den → Konzernabschluss einzubeziehenden Unternehmen. – 2. *Regelungen nach HGB:*Nach § 294 HGB Mutterunternehmen sowie *alle* Tochterunternehmen; auch Gemeinschaftsunternehmen, die gemäß § 310 HGB nach der Methode der → Quotenkonsolidierung einbezogen werden. – 3. *Regelungen nach IFRS:* Nach den IFRS hat ein Mutterunternehmen ebenfalls in seinen Konzernabschluss gemäß IAS 27.12 sämtliche Tochterunternehmen einzubeziehen. Vor der endgültigen Einbeziehung hat jedoch das Mutterunternehmen zu prüfen, ob das Tochterunternehmen nach IFRS 5 als *zu Veräußerungszwecken gehalten* zu klassifizieren ist und damit nach den Vorschriften dieses Standards zu bilanzieren ist.

**Konsul** – zur Wahrung wirtschaftlicher Interessen eines Staates berufener und durch Exequatur zugelassener amtlicher Vertreter eines Landes. Der Konsul genießt im Gegensatz zum Botschafter nur beschränkte Vorrechte, ist aber meist befugt, für den vertretenen Staat auf dem Gebiet des Urkunds- und Passwesens tätig zu werden. – *Rechtsgrundlage* für die Bundesrepublik Deutschland: Konsulargesetz vom 11.9.1974 (BGBl. I 2317).

**Konsumgewinne aus internationalem Handel** – Internationaler Handel beinhaltet die Möglichkeit, die von einer Volkswirtschaft erzeugten Güter zu bestimmten Tauschverhältnissen (→ Terms of Trade) gegen andere Güter zu tauschen. Dies eröffnet zusätzliche Konsummöglichkeiten, die immer dann zu positiven Wohlfahrtswirkungen führen, wenn die verschiedenen Güter in den Augen der Konsumenten gegeneinander substituierbar sind.

**Kontereffekt** – *Backwash-Effekt*. 1. *Begriff*: Auf Myrdal zurückgehende negative Folgewirkung der → Integration unterentwickelter Gebiete mit fortgeschritteneren Regionen beim Spiel freier Marktkräfte. – 2. *Erklärung* der Kontereffekte: a) Arbeitskräfte aus Entwicklungsländern wandern in entwickelte Länder aufgrund der dort höheren Löhne, besseren Arbeitsbedingungen und günstigeren Sozialleistungen aus. Die Abwanderung junger und qualifizierter Arbeitskräfte senkt das Humankapital in unterentwickelten Regionen (→ Braindrain, → Todaro-Modell). – b) Kapital fließt wegen besserer Renditen in Industrieländer ab. – c) Freier Handel verdrängt entwicklungswirksame Industrieproduktion wegen (temporärer) Unterlegenheit im Wettbewerb zulasten des Aufbaus eigener Industriestrukturen. – 3. *Schlussfolgerungen*: Interventionistische Außenwirtschaftspolitiken sollen die Abwanderung von Produktionsfaktoren behindern. Kurzfristige Förderungen (→ Erziehungszoll) sollen Industrien zur Wettbewerbsreife verhelfen.

**Kontingent** – vom Staat festgesetzte wert- oder mengenmäßige → Quote zur Begrenzung eines Warenangebots, etwa bei der → Ausfuhr oder → Einfuhr oder im Zug planwirtschaftlicher Maßnahmen. – Im internationalen Handel haben v.a. *Einfuhrkontingente* (Einfuhr- bzw. → Importkontingentierung) handelspolitische Bedeutung. Diese werden entweder *autonom* fixiert oder in zwischenstaatlichen Verhandlungen *vertraglich* vereinbart (→ Handelsabkommen). – Vgl. auch → Außenwirtschaftspolitik.

**Kontingentverteilung** → Verteilungsverfahren.

**Kontoscreening** – Verpflichtung nach dem Vierten Finanzmarktförderungsgesetz, seit dem 1.7.2002 sämtliche Geschäfts- und Privatkonten regelmäßig auf verdächtige Transaktionen zu überprüfen (vgl. § 25a I Nr. 4 KWG).

**Kontrollmeldeverfahren** – 1. Ein *Begriff* aus dem Gebiet des Internationalen Steuerrechts, genau aus dem Gebiet der Quellenbesteuerung: Ein Verfahren, nach dem derjenige, der eine Vergütung an einen beschränkt steuerpflichtigen Empfänger auszahlt, diejenigen Minderungen der Quellensteuern, die nach den Doppelbesteuerungsabkommen (DBA) oder anderen Sonderregelungen des Gesetzes einschlägig sind, von sich aus anwenden darf, ohne die Finanzverwaltung vorher in jedem Einzelfall um Zustimmung zu fragen. – 2. *Systematische Hintergründe*: Normalerweise dürfen Personen, die Zahlungen vorzunehmen haben, für die eine Quellensteuer (Steuerabzug an der Quelle) vorgesehen ist, ganz generell keinerlei Ermäßigung der gesetzlich vorgesehenen Regelbesteuerung beachten, ohne dazu im konkreten Einzelfall behördlich ermächtigt zu sein. Wer von sich aus weniger als den regulären Quellensteuersatz einbehält, wird auch dann für den Minderbetrag in Haftung genommen, wenn der Zahlungsempfänger sich das Geld ohnehin hätte erstatten lassen können; wer vorsätzlich so vorgeht, kann sogar wegen Steuerdelikten belangt werden. Von diesem Grundsatz bildet das Kontrollmeldeverfahren eine Ausnahme: Personen, die sich für ausreichend fachkundig halten, dürfen sich vom Bundeszentralamt für Steuern ermächtigen lassen, bei geringfügigen Zahlungen an beschränkt Steuerpflichtige (einzelne Zahlung < 5000 Euro, Jahresbeträge pro Empfänger < 40.000 Euro) selbst zu entscheiden, ob gesetzliche Sonderregelungen eine geringere Belastung ermöglichen. Dadurch soll eine Überbelastung der Behörden durch Erstattungs- oder Freistellungsanträge für Kleinbeträge vermieden werden. – 3. *Voraussetzungen*: Formloser Antrag an das Bundeszentralamt für Steuern, Selbstverpflichtung, alle Zahlungen, für die das Verfahren angewandt wurde, am Jahresende unter Angabe der jeweiligen Empfänger an das Bundeszentralamt zu melden (daher der Name), Haftung für alle Vorgänge, bei denen fehlerhaft zu wenig Steuern einbehalten wurden, Selbstverpflichtung, alle Zahlungsempfänger darauf hinzuweisen, dass das

Bundeszentralamt von der Zahlung erfahren und seinerseits das Heimatstaatfinanzamt des Empfängers davon informieren wird. – 4. *Einzelheiten, Fundstellen:* § 50d V, VI EStG. – *Anders:* Freistellungsbescheinigung durch das Bundeszentralamt für Steuern.

**Kontroll-Zertifikat** → Inspektionszertifikat.

**Konvent der Europäischen Union** → Europäischer Konvent.

**Konvergenzkriterien** – Im Protokoll Nr. 21 zum *Vertrag über die EU* (→ EUV) wurden als Voraussetzung für die Teilnahme an der Dritten Stufe (Endstufe) der *Europäischen Währungsunion* (EWU) folgende rechtsverbindlichen makro-ökonomische Konvergenzkriterien festgelegt: (1) Die *jährliche Neuverschuldung* der öffentlichen Haushalte eines zur Teilnahme qualifizierten Mitgliedslands darf maximal 3 Prozent und (2) die *öffentliche Gesamtverschuldung* maximal 60 Prozent seines Brutto-Inlandsprodukts betragen; (3) die nationale, mithilfe eines speziell zu diesem Zweck geschaffenen Verbraucherpreisindex (Harmonisierter Verbraucherpreisindex (HVPI)) ermittelte *Inflationsrate* darf diejenige der drei preisstabilsten EU-Mitgliedsstaaten um nicht mehr als 1,5 Prozentpunkte überschreiten; (4) die jeweilige *Währung* muss in den zwei Jahren, die der Prüfung vorangehen, die im → EWS vorgesehenen normalen Bandbreiten ohne starke Spannungen eingehalten haben; insbesondere darf der betroffene Staat den bilateralen Leitkurs seiner Währung innerhalb des gleichen Zeitraums nicht gegenüber der Währung eines Mitgliedsstaats von sich aus abgewertet haben; (5) das Niveau der *langfristigen Zinsen* der betreffenden nationalen Währung muss mind. ein Jahr vor der Prüfung nicht mehr als zwei Prozentpunkte über dem entsprechenden Niveau der drei preisstabilsten EU-Mitgliedsstaaten gelegen haben.

**Konvertibilität** – *Konvertierbarkeit.* 1. *Begriff:* Element liberaler → Außenwirtschaftspolitik, bei der das Recht besteht, Währungsguthaben in andere Währungen umzutauschen und zu

transferieren. Realisierung der Konvertibilität ist eines der Ziele des → IWF. – 2. *Arten:* a) *Volle Konvertibilität:* Konvertibilität ohne jede Einschränkung, d.h. für in- und ausländische natürliche und juristische Personen, für laufende Zahlungen und Kapitaltransaktionen sowie sämtliche Währungen. – b) *Beschränkte Konvertibilität:* (1) bezogen auf Person bzw. Institution: Das Recht zum Umtausch inländischer in fremde Währung kann auf Ausländer bzw. ausländische Zentralbanken (bzw. Inländer bzw. inländische Zentralbanken) beschränkt werden (*Ausländerkonvertibilität bzw. Inländerkonvertibilität*). (2) Bezogen auf Verwendungszweck: Die Konvertibilität gilt lediglich für Zahlungen aus laufenden Transaktionen (Waren- und Dienstleistungsverkehr) sowie Schuldendienste; Kapitaltransaktionen unterliegen dagegen Beschränkungen. (3) Bezogen auf Währungen: Nur bestimmte Währungen können gegen einheimische Währung eingetauscht werden. – 3. *Wirtschaftliche Bedeutung:* Förderung der internationalen Arbeitsteilung durch Verzicht auf Beeinträchtigung des Waren- und Dienstleistungsaustausches sowie Ermöglichung → internationaler Kapitalbewegungen.

**Konvertierbarkeit** → Konvertibilität.

**Konzern** – I. Charakterisierung: 1. *Begriff:* Sind ein herrschendes und ein oder mehrere abhängige Unternehmen unter der einheitlichen Leitung des herrschenden Unternehmens zusammengefasst, so bilden sie einen Konzern. Die einzelnen Unternehmen sind Konzernunternehmen. Liegt ein Beherrschungsvertrag oder eine Eingliederung vor, sind die Unternehmen als unter einheitlicher Leistung zusammengefasst anzusehen. Sind rechtlich selbstständige Unternehmen, ohne dass das eine Unternehmen von dem anderen abhängig ist, unter einheitlicher Leitung zusammengefasst, bilden auch sie einen Konzern (§ 18 AktG). – Vgl. auch Konzernunternehmen, verbundene Unternehmen. – 2. *Konzernarten:* a) Aufgrund der im Konzern überwiegenden

*Bindung:* Beteiligungskonzern, Vertragskonzern, Eingliederungskonzern (Eingliederung). – b) Nach den die Konzernierung verursachenden *Interessen:* Finanzkonzern, Sachkonzern. – c) Nach der Art der *produktionstechnischen* Zusammenfassung: Horizontalkonzern, Vertikalkonzern, diagonaler Konzern; Mischkonzern. – d) Nach Art des *Abhängigkeitsverhältnisses:* Koordinationskonzern, Subordinationskonzern. – e) Nach der *internen Struktur:* Einstufiger Konzern, → mehrstufiger Konzern. – 3. *Auswirkungen:* Die Konzentration des Kapitals oder auch der Managerleistung durch Personalunion im Vorstand und in den gegenseitigen Aufsichtsräten bewirkt die Koordinierung der Gesamtfertigung sämtlicher zum Konzern gehöriger Betriebe und Unternehmungen, die ähnlich wie im Trust horizontal oder vertikal miteinander verbunden sein können. – 4. *Ziel:* Rationalisierung des technischen Produktionsablaufs, nicht Marktbeherrschung oder Zentralisierung der Finanzierung. Das gegenseitige Interesse an der Wirtschaftlichkeitssteigerung und Rationalisierung wird durch Gewinnpoolung oder gegenseitige Dividendenzusage gesichert. – 5. *Mitbestimmung:* Mitbestimmung im Konzern, Konzernbetriebsrat.

II. Rechnungslegungs-Sondervorschriften: Gelten bes. für den → Konzernabschluss, den Konzernlagebericht und die Konzernabschlussprüfung (§§ 290–324 HGB), diese wurden insbesondere durch das Bilanzrechtsmodernisierungsgesetz (BilMoG) verändert; weitere Vorschriften im Publizitätsgesetz vom 15.8.1969 (→ Rechnungslegung).

**Konzernabschluss** – 1. *Kennzeichnung:* Konzernabschluss ist der Jahresabschluss der wirtschaftlichen Einheit → Konzern, bestehend aus Konzernbilanz, → Konzern-Gewinn- und Verlustrechnung (Konzern-GuV) (HGB) bzw. Gesamterfolgsrechnung (IAS/IFRS), → Konzernanhang (konsolidierter Abschluss) und Kapitalflussrechnung (Bestandteil des Anhangs). Nach HGB ist die Aufstellung eines Konzernabschlusses (einschließlich → Konzernlagebericht) gesetzlich *vorgeschrieben* (1) für Mutterunternehmen i.S.d. HGB, d.h., für inländische Kapitalgesellschaften und Kapitalgesellschaften & Co., bei denen nicht wenigstens ein persönlich haftender Gesellschafter direkt oder indirekt eine natürliche Person ist (vgl. § 264a HGB) und gemäß § 290 I HGB ein beherrschender Einfluss im Sinne von § 290 II HGB besteht sowie (2) für inländische Mutterunternehmen i.S.d. Publizitätsgesetzes (→ Rechnungslegung). In den Konzernabschlüssen sind grundsätzlich alle *inländischen und ausländischen Konzerntöchter* einzubeziehen (→ Weltabschluss). Die größenabhängigen Befreiungen gemäß § 293 HGB (→ Größenklassen) und die Befreiungen gemäß §§ 291, 292, 296 HGB sind zu beachten. Seit 2005 bzw. 2007 müssen kapitalmarktorientierte Mutterunternehmen in der EU den Konzernabschluss nach den IAS/IFRS aufstellen (vgl. → Internationale Rechnungslegung). Der IFRS-Konzernabschluss umfasst – im Vergleich zum HGB-Konzernabschluss – zusätzlich eine Segmentberichterstattung sowie eine Eigenkapitalveränderungsrechnung. – Konzernabschlüsse sind durch *Konzernabschlussprüfer* (Abschlussprüfer, Wirtschaftsprüfer (WP)) zu prüfen und wie der Jahresabschluss von großen Kapitalgesellschaften (→ Größenklassen) zu veröffentlichen (Publizität). – 2. *Zweck:* Da die wirtschaftliche Einheit Konzern in Bezug auf den Konzernabschluss wie ein rechtlich einheitliches Unternehmen (Einheitsfiktion) anzusehen ist, werden durch den Konzernabschluss grundsätzlich die gleichen Ziele verfolgt wie durch den Jahresabschluss: Der Konzernabschluss soll im Rahmen der Grundsätze ordnungsmäßiger Buchführung (GoB) ein den tatsächlichen Verhältnissen entsprechendes Bild der Vermögens-, Finanz- und Ertragslage vermitteln. Der Konzernabschluss ist de jure *nicht* Basis für die Gewinnausschüttung (Jahresbilanz) und die Besteuerung (Steuerbilanz), ferner hat der Konzernabschluss keinen Einfluss auf die Stellung der Gläubiger (der einzelnen Konzernunternehmen). – 3. *Aufstellung:* Aus der Einheitsfiktion ergibt sich, dass der Konzernabschluss, der aus der Zusammenfassung der Jahresabschlüsse der Konzernunternehmen entsteht, um alle wirtschaftlichen Beziehungen zwischen den Konzernunternehmen zu bereinigen ist (→ Konsolidierung). Zur Vorbereitung der Konsolidierung sind die in den Konzernabschluss einzubeziehenden Einzelabschlüsse hinsichtlich des Bilanzstichtages, der angewandten Bilanzansatz- und Bewertungsregeln sowie der Währung zu vereinheitlichen. – Vgl. auch → Handelsbilanz II. – Folgende Korrektur von Doppelerfassungen *(Konsolidierungsmaßnahmen)* sind in dem angepassten Summenabschluss erforderlich: a) (1) Aufrechnung des Beteiligungsbuchwertes gegen das Eigenkapital der Beteiligungsgesellschaft (→ Kapitalkonsolidierung), (2) Aufrechnung von konzerninternen Forderungen und Schulden (→ Schuldenkonsolidierung), (3) Eliminierung von Gewinnen und Verlusten aus wirtschaftlichen Beziehungen der Konzernunternehmen untereinander, da sie aus der Sicht des Konzerns unrealisierte Ergebnisse (→ Zwischenergebniseliminierung) sind, (4) Aufrechnung von Aufwendungen und Erträgen aus Beziehungen zwischen in den Konzernabschluss einbezogenen Unternehmen (Aufwands- und Ertragskonsolidierung), (5) Anpassung der latenten Steuern, soweit die konsolidierungsbedingten Ansatzveränderungen temporärer Natur sind. – b) Das Konsolidierungsverfahren wird beeinflusst von der Intensität der *Beherrschungsmöglichkeit* zwischen den verbundenen Unternehmen; danach ist zu unterscheiden: (1) *Vollkonsolidierung:* Vermögensgegenstände, Schulden, Aufwendungen und Erträge aus den Jahresabschlüssen der Tochterunternehmen werden bereinigt um Korrekturen nach der Einheitsfiktion in den Konzernabschluss einbezogen. – Vgl. auch → Vollkonsolidierung. (2) *Quotenkonsolidierung:* Führt ein Konzernunternehmen

gemeinsam mit einem Nichtkonzernunternehmen ein anderes Unternehmen, so dürfen dessen Jahresabschlussposten entsprechend der Beteiligungsquote in den Konzernabschluss einbezogen werden. – Vgl. auch → Quotenkonsolidierung. (3) *Equity-Bewertung:* Zur Einbeziehung von Gemeinschafts- und assoziierten Unternehmen; vgl. → Equity-Methode. – *Gesetzliche Regelung* der Konsolidierung: §§ 300–312 HGB bzw. IFRS 3, IAS 28, IAS 31. – 4. *Aussagefähigkeit:* Der Konzernabschluss ist eine wesentliche Ergänzung zu den Jahresabschlüssen der einzelnen Konzernunternehmen, denn er bildet die gesamte wirtschaftliche Einheit ab und beseitigt durch die Konsolidierung der konzerninternen Beziehungen die in den Einzelabschlüssen bestehenden Verfälschungen der Vermögens-, Finanz- und Ertragslage. Der Konzernabschluss kann den Einzelabschluss jedoch nicht ersetzen, da vielfältige Rechtsbeziehungen an die rechtlich selbständigen Konzernunternehmen gebunden sind.

**Konzernanhang** – 1. *Allgemein:* Neben Konzernbilanz und Konzern-Gewinn- und Verlustrechnung zwingender Bestandteil des Konzernabschlusses. Zur Aufstellungspflicht, Prüfung und Publizität des Konzernanhangs vgl. → Konzernabschluss, Konzernabschlussprüfung. Der Konzernanhang und der Anhang des Jahresabschlusses des Mutterunternehmens dürfen gemäß § 298 III HGB zusammengefasst werden. – 2. *Inhalt:* a) *Angabepflichten:* Sie umfassen: (1) *Erläuterungen* zur Konzernbilanz und zur Konzern-Gewinn- und Verlustrechnung (z.B. Angabe der angewandten Bilanzierungs-, Bewertungs- und Konsolidierungsmethoden; Erläuterungen zur Fremdwährungsumrechnung sowie zu Abweichungen von zuvor angewandten Bilanzierungs-, Bewertungs- und Konsolidierungsmethoden; Angaben zur Abgrenzung des Konsolidierungskreises). (2) *Ergänzungen* zu Konzernbilanz und Konzern-Gewinn- und Verlustrechnung (wie z.B. Restlaufzeiten und Besicherungen von Verbindlichkeiten; nicht in der

Konzernbilanz enthaltene Haftungsverhältnisse; Aufgliederung von Umsatzerlösen; Arbeitnehmeranzahl; Bezüge von Mitgliedern der Leitungsorgane). Die Pflichtangaben zum Konzernanhang ergeben sich aus den Vorschriften der §§ 290 ff. HGB, bes. der §§ 313, 314 sowie des § 298 I HGB, der u.a. auf entsprechend anzuwendende Vorschriften zum → Anhang des Einzelabschlusses verweist. – b) *Freiwillige Angaben:* Sie sind zulässig, wenn dadurch nicht Klarheit und Übersichtlichkeit des Konzernanhangs (§ 297 II HGB) verletzt werden. – *Beispiele:* Nebenrechnungen zur Eliminierung von Scheingewinnen, → Kapitalflussrechnungen.

**Konzernbilanz** → Konzernabschluss.

**Konzernbilanzrichtlinie** → Siebte EG-Richtlinie.

**Konzern-Gewinn- und Verlustrechnung (Konzern-GuV)** – 1. *Regelungen nach HGB:* Als Bestandteil des → Konzernabschlusses ist die Konzern-Gewinn- und Verlustrechnung (Konzern-GuV) gemäß § 297 III HGB so aufzustellen, als ob die einbezogenen Unternehmen insgesamt ein einziges Unternehmen wären. In die Konzern-Gewinn- und Verlustrechnung dürfen daher nur Aufwendungen und Erträge aus den Gewinn- und Verlustrechnungen (GuV) der zu konsolidierenden Unternehmen aufgenommen werden, die aus wirtschaftlichen Beziehungen mit nicht zum Konzern gehörenden Unternehmen erwachsen sind. Aufwendungen und Erträge aus Geschäften zwischen den in den Konzernabschluss einbezogenen Unternehmen sind darum gemäß § 305 HGB gegeneinander aufzurechnen oder bei Anwendung des Gesamtkostenverfahrens ggf. in die Posten „Bestandsveränderungen" oder „andere aktivierte Eigenleistung" umzugliedern (Aufwands- und Ertragskonsolidierung). Außerdem müssen Gewinne und Verluste aus konzerninternen Beziehungen bei betroffenen Posten der Konzern-Gewinn- und Verlustrechnung (z.B. Umsatzerlöse oder andere Erträge) eliminiert

werden (→ Zwischenergebniseliminierung). Die Aufwands- und Ertragskonsolidierung wird auf alle in der Form der → Vollkonsolidierung oder der → Quotenkonsolidierung in den Konzernabschluss einbezogenen Unternehmen angewendet (also nicht auf assoziierte Unternehmen). Die Aufwands- und Ertragskonsolidierung kann gemäß § 305 II HGB unterbleiben, wenn die zu konsolidierenden Aufwendungen und Erträge hinsichtlich der Vermögens-, Finanz- und Ertragslage von untergeordneter Bedeutung sind. – Auf die Gliederung der Konzern-Gewinn- und Verlustrechnung werden gemäß § 298 HGB, soweit die Eigenart des Konzernabschlusses keine Abweichungen verlangt, die Vorschriften für die Gewinn- und Verlustrechnung des Jahresabschlusses einer großen Kapitalgesellschaft (→ Größenklassen) entsprechend angewendet; d.h. bes.: Die Konzern-Gewinn- und Verlustrechnung kann nach dem Gesamtkostenverfahren oder dem Umsatzkostenverfahren gegliedert werden, die einmal gewählte Darstellungsform ist grundsätzlich beizubehalten. Die mit der Konsolidierung verbundene Übernahme von Aufwands- und Ertragsposten aus der Einzel-GuV in die Konzern-Gewinn- und Verlustrechnung kann aus Konzernsicht zur Änderung der Postenbeurteilung führen (z.B. Verwaltungskosten einer Konzernvertriebsgesellschaft sind aus Konzernsicht Vertriebskosten). – 2. *Regelungen nach IFRS:* Im Unterschied zu den Regelungen nach HGB wird die Erfolgsrechnung nach IFRS als Gesamterfolgsrechnung bezeichnet. In der Gesamterfolgsrechnung sind gemäß IAS 1 alle in einer Periode erfassten Aufwands- und Ertragspositionen, unabhängig davon, ob sie im Hinblick auf das Periodenergebnis GuV-wirksam oder GuV-neutral gebucht wurden, zu berücksichtigen. Hinsichtlich der Unterteilung sollen entweder alle Aufwendungen und Erträge in einem Rechenwerk zusammengefasst werden, wobei das Periodenergebnis einen Zwischensaldo der GuV-wirksamen Aufwands- und Ertragspositionen bildet oder es erfolgt eine Darstellung in zwei separaten Teilrechenwerken.

**Konzernlagebericht** – Gemäß § 315 I HGB sind im Konzernlagebericht zumindest Geschäftsverlauf und die Lage des Konzerns so darzustellen, dass ein den tatsächlichen Verhältnissen entsprechendes Bild vermittelt wird; dabei ist auch auf die Risiken der künftigen Entwicklung einzugehen. Der Konzernlagebericht soll zudem auf Vorgänge von bes. Bedeutung, die nach dem Schluss des Konzerngeschäftsjahres eingetreten sind, auf die voraussichtliche künftige Entwicklung des Konzerns sowie auf den Bereich Forschung und Entwicklung eingehen. Zudem besteht für kapitalmarktorientierte Unternehmen die Pflicht, das interne Kontroll- und Risikomanagementsystem zu beschreiben (§ 315 II HGB). – Zur Aufstellungspflicht, Prüfung und Publizität des Konzernlageberichts vgl. → Konzernabschluss, Konzernabschlussprüfung. Der Konzernlagebericht und der Lagebericht des Mutterunternehmens dürfen gemäß § 315 III i.V. mit § 298 III HGB zusammengefasst werden. – Das → International Accounting Standards Board (IASB) hat die Regulierung der Konzernlageberichterstattung den nationalen Regulierern überlassen bzw. arbeitet diesbezüglich mit der IOSCO zusammen.

**Kooperation** – *zwischenbetriebliche Kooperation.*

I. **Begriff:** Zusammenarbeit zwischen meist wenigen, rechtlich und wirtschaftlich selbstständigen Unternehmungen zur Steigerung der gemeinsamen Wettbewerbsfähigkeit. – *Intensitätsstufen der Zusammenarbeit:* (1) Informationsaustausch; (2) Erfahrungsaustausch; (3) Absprachen; (4) Gemeinschaftsarbeiten ohne Ausgliederung einer (mehrerer) Unternehmensfunktion(en); (5) Gemeinschaftsarbeiten mit Ausgliederung einer (mehrerer) Unternehmensfunktion(en); (6) Gütergemeinschaft; (7) Bildung eines Kooperationsmanagements; (8) Gemeinschaftsgründung; (9) rechtliche Ausgliederung des Kooperationsmanagements. – Die Intensitätsstufen (7) und (9) beziehen sich auf die gesamte Kooperationsinstitution und deren Organisationsgrad, die restlichen Intensitätsstufen auf die Art und Weise der Kooperationsbeziehungen.

II. **Formen:** 1. Nach den *beteiligten Wirtschaftsstufen:* a) *Horizontale Kooperation:* Zusammenarbeit zwischen Wettbewerbern der gleichen Wirtschaftsstufe, die gleichartige oder eng substituierbare Güter anbieten, z.B. zwischen Herstellern von Haushaltsgeräten oder zwischen Lebensmittel-Einzelhändlern. Die Horizontal-Kooperation kann die gesamte Branche (Branchen-Kooperation) oder nur wenige Unternehmen eines Wirtschaftszweiges umfassen (Gruppen-Kooperation). b) *Vertikale Kooperation:* Zusammenarbeit zwischen Betrieben, die unterschiedlichen Wirtschaftsstufen angehören, z.B. Kooperation zwischen Industrie und Handel bei Vertriebsbindungen, bei der vertikalen Preisbindung oder innerhalb des Handels, etwa zwischen Großhandel und gewissen Einzelhändlern bei den freiwilligen Ketten. – 2. Nach den *gemeinschaftlich durchgeführten Funktionen:* a) Die Kooperation kann sich auf nahezu alle betrieblichen Funktionen erstrecken, z.B. auf Beschaffung, Produktion, Absatz und Finanzierung: *gesamtfunktionelle Kooperation.* b) Meist bleibt die Zusammenarbeit auf einzelne Funktionen beschränkt: *Teilfunktionelle* bzw. *sektorale Kooperation,* z.B. Beschaffungs-, Produktions-, Absatz-, Verwaltungs- oder Finanz-Kooperation. – 3. Nach den *Marktgebieten, auf die sich die kooperative Tätigkeit erstreckt:* a) Zusammenarbeit auf regionalen oder überregionalen *Inlandsmärkten.* b) Zusammenarbeit auf *Auslandsmärkten,* und zwar im Hinblick auf die Beschaffung (Import-Kooperation) und bez. des Absatzes (Export-Kooperation). – 4. Nach der *beabsichtigten Dauer kooperativer Aufgabenerfüllung:* a) Zusammenarbeit beim Erhalt bzw. der Erfüllung eines Einzelauftrags *(Auftrags-Kooperation).* b) Zusammenarbeit in bestimmten Bereichen auf längere Sicht *(kurz-, mittel- oder langfristige Kooperation)*.

III. Kartellrechtliche Beurteilung: Mit der Kooperation von Unternehmungen sind vielfältige volks- und betriebswirtschaftliche sowie steuer-, gesellschafts- und kartellrechtliche Probleme verbunden. Während manche Kooperationen, etwa von kleinen und mittleren Unternehmen, zu einer spürbaren Wettbewerbsbelebung führen, können von anderen Kooperationen Wettbewerbsbeschränkungen ausgehen, die das Marktergebnis negativ beeinflussen. Aufgrund der oben aufgezeigten großen Vielfalt an Formen und Intensitätsstufen von Kooperationen ist daher von den Kooperationsteilnehmern in jedem Einzelfall selbst zu prüfen, ob die Kooperation gegen das Verbot des § 1 GWB und des Art. 101 I AEUV verstößt oder ob eine Legalisierung gemäß der §§ 2f. GWB und Art. 101 III AEUV in Betracht kommt. Sie können dabei auf Merkblätter und Leitlinien des *Bundeskartellamts* und der → Europäischen Kommission zurückgreifen, die Hilfestellung bei der Selbsteinschätzung sowie bei der Auslegung der einschlägigen kartellrechtlichen Bestimmungen geben. Ferner besteht die Möglichkeit, die Kartellbehörde um eine Entscheidung zu bitten, nach der bez. der Kooperation die Voraussetzungen des § 1 GWB und des Art. 101 I AEUV nicht vorliegen, sodass die Kartellbehörde keinen Anlass zum Tätigwerden sieht (§ 32c GWB).

IV. Kooperation im Auslandsgeschäft: Internationale Kooperation, → regionale Integration.

**Kooperationsabkommen** – Völkervertragsrechtliches Abkommen zwischen zwei Staaten oder Staatengemeinschaften, geht über die in → Handelsabkommen üblichen Vereinbarungen über eine Förderung des gegenseitigen Warenaustausches hinaus und umfasst außerdem Absprachen über eine politische, wirtschaftliche, finanzielle und technische Zusammenarbeit in den Bereichen der

industriellen Fertigung, der landwirtschaftlichen Erzeugung und des Handels.

**Kooperationsverfahren** → EU-Gesetzgebung, → Europäisches Parlament.

**Koordination** – I. Organisation: 1. *Begriff:* Anlass zu Koordination besteht, wenn zwischen den arbeitsteiligen (Arbeitsteilung) Handlungen der organisatorischen Einheiten Interdependenzen existieren. – 2. *Aufgaben:* a) Koordination löst Verteilungskonflikte. – b) Koordination trägt dazu bei, dass die Arbeitsabläufe so gestaltet werden, dass Doppelarbeit vermieden wird und sich eine optimale Reihenfolge realisieren lässt. – c) Koordination führt dazu, dass die Unternehmensziele stets bewusst gemacht, in der täglichen Arbeit einheitlich angewandt und ggf. auf Verbesserungs- und Änderungsmöglichkeiten hin überprüft werden. – d) Koordination gleicht Wissens- und Wahrnehmungsunterschiede unter den Organisationsmitgliedern aus. – 3. *Grenzen:* Der Einsatz von Koordinationsinstrumenten verursacht Kosten (Abstimmungskosten) und Demotivationseffekte. Ein Verzicht auf Koordination hingegen verursacht Autonomiekosten. Im Hinblick auf die organisatorische Effizienz stellt sich somit die Frage nach dem optimalen Koordinationsgrad.

II. Volkswirtschaft: 1. *Begriff:* Abstimmung von Wirtschaftsplänen in einer arbeitsteiligen Wirtschaft. Realgüterwirtschaftlich betrachtet besteht ein Koordinationsbedarf hinsichtlich (1) der Konsumpläne der Haushalte und der Produktionspläne der Unternehmen sowie (2) der Produktionspläne der Unternehmen, die untereinander in Zulieferbeziehungen stehen. – 2. *Arten:* a) *Marktmäßige Koordination (Ex-Post-Koordination):* Die bei juristischer (Vertragsfreiheit, *Privatautonomie*, § 311 BGB) und planerischer Selbstständigkeit gefassten Wirtschaftspläne werden schrittweise einander angepasst, wobei divergierende Wirtschaftspläne Preisbewegungen auslösen und auf die Wirtschaftspläne korrigierend zurückwirken. Eine Koordination ergibt sich allmählich nach Ablauf einiger Perioden. Überwiegendes Koordinationsprinzip in der Marktwirtschaft. – b) *Zentralplanmäßige Koordination (Ex-Ante-Koordination)*: Die Abstimmung der Wirtschaftspläne erfolgt vor ihrer späteren Durchführung. Eine Koordinationsinstanz erarbeitet, ausgehend von einer wirtschaftlichen Zielsetzung, die Leistungsbeiträge der beteiligten Wirtschaftseinheiten und weist sie als verbindliche Planvorgaben zu. Die Koordination ist bei der Planausführung ohne spätere Korrekturnotwendigkeiten somit gewährleistet. Überwiegendes Koordinationsprinzip in der Zentralverwaltungswirtschaft und in der Organisation.

**III. Außenwirtschaft:** → regionale Integration.

**Kopenhagen-Kriterien** → EU-Erweiterung.

**körperliche Durchsuchung** – I. Strafprozessrecht

Strafprozessuale Zwangsmaßnahme: Die körperliche Untersuchung des Beschuldigten darf zur Feststellung von Tatsachen angeordnet werden, die für das Verfahren von Bedeutung sind. Entnahmen von Blutproben und andere körperliche Eingriffe, vom Arzt vorgenommen, sind ohne Einwilligung des Beschuldigten zulässig, wenn kein Nachteil für die Gesundheit zu befürchten ist. Anordnung durch den Richter, bei Gefährdung des Untersuchungserfolgs auch durch die Staatsanwaltschaft und ihre Hilfsbeamten. Näheres regelt § 81a StPO. – Personen, die als Zeugen in Betracht kommen, dürfen ohne ihre Einwilligung nur untersucht werden, soweit festgestellt werden muss, ob sich an ihrem Körper eine bestimmte Spur oder Folge einer Straftat befindet. Dazu gehören auch Untersuchungen zur Feststellung der Abstammung und die Entnahme von Blutproben, wenn kein Nachteil für die Gesundheit zu befürchten ist und die Maßnahme zur Erforschung der Wahrheit unerlässlich ist (§ 81c StPO). – Vgl. auch genetischer Fingerabdruck, Leibesvisitation, Werkschutz.

**II. Zollrecht** 1. *Begriff:* Zu den Möglichkeiten der Zollkontrollen gehört die körperliche Durchsuchung nach § 10 III Zollverwaltungsgesetz (ZollVG). Es geht um die Feststellung, ob Waren in oder unterhalb der Kleidung sowie in Körperöffnungen verborgen sind. Die körperliche Durchsuchung ähnelt mithin der Überholung. Sie ist abzugrenzen von der körperlichen Untersuchung nach § 81a StPO, bei der es um Eingriffe in den Körper geht mit dem Ziel, Körperschmuggel zu entdecken. – 2. *Voraussetzungen:* Liegen zureichende tatsächliche Anhaltspunkte dafür vor, dass der zollamtlichen Überwachung unterliegende Waren vorschriftswidrig mitgeführt werden, können Personen körperlich durchsucht werden. – 3. *Durchführung:* Die körperliche Durchsuchung hat an hierfür geeigneten Orten zu erfolgen. Zulässig ist sowohl das Abtasten des bekleideten Körpers als auch das Hineingreifen in und zwischen die am Körper getragenen Bekleidungsstücke. Ferner können Körperhöhlen und Körperöffnungen (Mund, Nase, Ohren, Vagina und After) des unbekleideten Körpers betrachtet werden. Ob die Körperöffnungen im Rahmen der Durchsuchung auch auf Fremdkörper wie etwa Betäubungsmittel hin untersucht werden dürfen oder ob das bereits Gegenstand der körperlichen Untersuchung gem. § 81a StPO ist, ist umstritten. Falls die körperliche Durchsuchung das Schamgefühl verletzen kann, ist sie von Zollbediensteten gleichen Geschlechts vorzunehmen.

**Kostenaufschlagsmethode** – *Begriff aus dem Internationalen Steuerrecht:* Eine der Standardmethoden zur Bestimmung angemessener → Verrechnungspreise zwischen verbundenen Unternehmen innerhalb eines Konzerns. Die Methode beruht auf dem Gedanken, dass ein Unternehmer, um langfristig am Markt bestehen zu können, mind. seine Kosten plus einen für diese Branche als Eigenkapitalverzinsung angemessenen Gewinnzuschlag erwirtschaften muss, da er sonst langfristig entweder insolvent werden oder seine Tätigkeit wegen mangelnder

Rentabilität einstellen müsste. Daher ist die Schlussfolgerung berechtigt, dass auch innerhalb eines Konzerns ein Unternehmen von einem verbundenen Unternehmen Preise verlangen muss, die mind. seine Kosten und einen angemessenen Gewinnaufschlag enthalten; daher erklärt sich der Gedanke, dass man mit dieser Methode Schätzwerte für einen Preis, den auch fremde Dritte untereinander vereinbaren würden, selbst dann finden kann, wenn das konkrete Produkt nicht auf dem freien Markt, sondern nur zwischen den Unternehmen des Konzerns gehandelt wird. – Vgl. auch → Wiederverkaufspreismethode, → Preisvergleichsmethode.

**Kriegswaffenkontrolle** – Kontrolle der → Einfuhr, → Durchfuhr und → Ausfuhr von Kriegswaffen auf Grundlage des Kriegswaffenkontrollgesetzes (KWKG), die zu den gesetzlichen → Verboten und Beschränkungen (VuB) des grenzüberschreitenden Warenverkehrs zählen. Genehmigungen für Einfuhr, Durchfuhr und Ausfuhr erteilt auf Antrag das Bundesamt für Wirtschaft und Ausfuhrkontrolle (BAFA). Die tatsächliche Überwachung der genehmigungsbedürftigen Warenbewegung über die Grenze des → Zollgebiets der Europäischen Union wird von der → Zollverwaltung vorgenommen.

**Kriegswaffenkontrollgesetz (KWKG)** – erlassen worden in Ausführung von Art. 26 II GG. „Zur Kriegsführung bestimmte Waffen dürfen nur mit Genehmigung der Bundesregierung hergestellt, befördert und in Verkehr gebracht werden. Das Nähere regelt ein Bundesgesetz." Aufgrund dieses Verfassungsauftrages beinhaltet das Kriegswaffenkontrollgesetz als Ausführungsgesetz die Regelungselemente der Definition von Kriegswaffen, der Statuierung eines Genehmigungsvorbehaltes – inkl. inhaltlicher Ausgestaltung – und die Festlegung der Genehmigungskompetenz auf Seiten der Bundsregierung. Inhalt des Kriegswaffenkontrollgesetzs sind u.a. Genehmigungspflichten für jeden Umgang mit Kriegswaffen

(z.B. auch für den Erwerb/Überlassung der tatsächlichen Gewalt über Kriegswaffen in der Kriegswaffenliste). Daneben bestehen Kriegswaffenbuchführungs- und Bestandsmeldepflichten für Kriegswaffenhersteller und -besitzer. Die Kontrolle erfolgt unmittelbar durch das Bundesamt für Wirtschaft und Ausfuhrkontrolle (BAFA), u.a. durch Genehmigungserteilung und Betriebsprüfungen sowie mittelbar durch die → Zollverwaltung bei der Prüfung jeder → Verbringung innerhalb der → EU und jeder → Einfuhranmeldung bei der → Einfuhr von Waren aus Drittländern oder → Ausfuhranmeldung bei der → Ausfuhr von Waren in Drittländer außerhalb der EU. Näheres regelt die Verordnung zur Durchführung des Gesetzes über die Kontrolle von Kriegswaffen und die Verordnung über Meldepflichten bei der Einfuhr und Ausfuhr bestimmter Kriegswaffen.

**Kumulation** – I. Wirtschaftstheorie: Ein sich selbst verstärkender Wirtschaftsprozess, z.B. Inflation, Deflation. – Vgl. auch Wachstumstheorie.

II. Zollrecht: Nach den Bestimmungen vieler → Präferenzabkommen ist es zur Erfüllung der Ursprungskriterien (→ Ursprung, → Ursprungsregeln) zulässig, dass auch Produktionsvorgänge außerhalb des Staates bzw. des → Zollgebietes, dessen Ursprung die Ware erhalten soll, „mitgezählt" (kumuliert) werden, sodass die meist erforderliche Mindestwertschöpfung zur Erlangung der Ursprungseigenschaft leichter erreicht wird. Je nach Ausprägung des Präferenzabkommens können bilaterale oder multilaterale Kumulationen zulässig sein.

**kumulative Verursachung** → Kontereffekt.

**Kursparität** → Kaufkraftparität.

**Kurssicherung** – Absicherung gegen mögliche Verluste, welche aus einer Abweichung des erwarteten → Wechselkurses vom tatsächlichen Wechselkurs resultieren. Es kann zwischen operativer Kurssicherung und strategischem Wechselkursmanagement unterschieden werden. Im Rahmen der operativen

Kurssicherung werden Zahlungsströme gegen ein Wechselkursrisiko gesichert. Gängige Instrumente sind Fremdwährungsfinanzierung, Devisentermingeschäfte, Devisenfutures, Währungsswaps und Währungsoptionen. Das strategische Währungsmanagement verfolgt die gezielte Steuerung von Transaktions-, Translations- und ökonomischen Wechselkurspositionen. – *Beispiel:* Ein deutscher Exporteur hat eine in drei Monaten fällige Forderung in US-Dollar. Diese offene Position birgt ein Risiko. Eine bis dahin erfolgende Aufwertung des Euro würde den Wert der Forderung reduzieren. Die Kurssicherung kann dadurch erfolgen, dass der Exporteur auf dem → Devisenterminmarkt in Höhe der Forderung US-Dollar verkauft. Bei einem → Swapsatz von Null würde ein potenzieller Verlust (Gewinn) aus der offenen Position vollständig durch den Gewinn (Verlust) aus dem Termingeschäft kompensiert werden. – Alternativ zu dem Einsatz von Devisentermingeschäften als Instrument der Kurssicherung können vom Exporteur *Devisenoptionen* verwendet werden, die ihm

ein höheres Maß an Flexibilität bei begrenztem Verlustpotenzial verschaffen. – Vgl. auch Hedging und zur Regulierung EMIR.

**Küstengewässer** – Teil des Meeres, der sich an das Territorium um die Eigengewässer eines Staates anschließt und auf den sich die Souveränität des Küstenstaates erstreckt. Die Küstengewässer sind Teil des Staatsgebietes des Küstenstaates, der den Schiffen anderer Staaten allerdings das Recht der freien Durchfahrt einräumen muss. Die Breite der Küstengewässer gehört zu den völkerrechtlich lange umstrittenen Problemen. Art. 3 des Seerechtsübereinkommens vom 10.12.1982 begrenzt die Küstenmeerbreite auf zwölf Seemeilen. – Vgl. auch → Dreimeilenzone.

**Kuznets-U-These** – besagt, dass im zeitlichen Verlauf des Entwicklungsprozesses die Einkommensverteilung zunächst ungleicher und später wieder gleicher wird. Die grafische Darstellung des Verteilungsindikators (z.B. Gini-Koeffizient) gleicht einem umgestülpten „U".

**KWKG** – Abk. für → Kriegswaffenkontrollgesetz.

# L

**LAES** – Abk. für *Latin American Economic System*, → SELA.

**LAFTA** – Abk. für *Latin American Free Trade Association; Associación Latino-Americano de Libre Comercio (ALALC), Lateinamerikanische Freihandelsvereinigung;* 1960 gegründete Freihandelszone. 1980 durch → ALADI (Lateinamerikanische Integrationsvereinigung) ersetzt.

**Lagerbehandlung** – 1. *Begriff:* Das → Zolllager dient hauptsächlich zur Lagerung von Waren (Bewilligungsgrund). Gleichwohl ist nicht ausgeschlossen nach Maßgabe des Art. 109 → Zollkodex (ZK) Behandlungen der Waren durchzuführen, sofern diese Vorgänge nicht im Verhältnis zur Lagerung der Waren überwiegen. – 2. *Merkmale:* Als übliche Behandlung sind Vorgänge an Waren zu verstehen, die ihrer Erhaltung, der Verbesserung ihrer Aufmachung oder Handelsgüte oder der Vorbereitung ihres Vertriebs oder Weiterverkaufs dienen (Art. 522 ZK-DVO i.V. mit Anhang 72). Allg., also ohne Einschaltung der → Zollbehörde, sind u.a. zugelassen: Prüfen, Bestandsaufnahmen, Probeentnahmen, Verpacken, Auspacken, Umpacken, einfache Sortiermaßnahmen und alle Behandlungen, die den Zustand der Waren während der Einlagerung erhalten sollen (z.B. Lüften, Trocknen, Kühlen). – 3. *Abgrenzung:* Im Einzelfall zulassungspflichtig durch die Zollbehörde wären u.a. Reinigungshandlungen, Ausbesserungen, Aussortieren, Anbringen von Merkmalen an Waren (z.B. Etiketten), Filtern, Vermischen von alkoholischen Getränken, Zerkleinern. – Ein Zusammensetzen oder Montieren von Waren ist nur insoweit zulässig, als es sich um den Einbau von für die Herstellung der Ware nicht wesentlichem Zubehör in eine fertige Ware handelt. – *Beispiel:* Einbau eines Autoradios oder von Scheibenwischern in Kraftfahrzeugen. Sofern es die Umstände

rechtfertigen, können die in das → Zolllagerverfahren überführten Waren vorübergehend aus dem Zolllager entfernt werden. Dies bedarf der Bewilligung durch die Zollbehörde wie auch das Verbringen von Waren von einem Zolllager in ein anderes.

**Lagerinhaber** – zollrechtlich die Person, der vom zuständigen Hauptzollamt ein privates oder öffentliches Zolllager bewilligt worden ist (Bewilligungsinhaber).

**Lagging** – bewusstes Hinauszögern einer vertraglich fälligen Zahlung, im Auslandsgeschäft bes. um einen erwarteten oder konkreten Wechselkursvorteil auszunutzen. Im Gegensatz zum → Leading (bewusstes vorzeitiges Zahlen) ist Lagging vertragswidrig.

**LAIA** – Abk. für *Latin American Integration Association*, → ALADI.

**Länderklassifizierung** – I. Internationale Wirtschaftsbeziehungen: 1. *Begriff:* Einteilung von Ländern in verschiedene Gruppen anhand objektivierbarer Kriterien. Dieser Vorgang ist für die Arbeit vieler internationaler Organisationen von großer Bedeutung. – 2. *Länderklassifizierung der Weltbank:* Eine wichtige Rolle bei der Länderklassifizierung spielt die Weltbank (→ IBRD), deren Klassifizierungen von anderen wichtigen Organisationen (z.B. IWF, OECD) und Institutionen (z.B. HIPC) übernommen wird. Die Weltbank kennt drei Ansätze zur Länderklassifizierung: (1) Geografisch, (2) nach Einkommen und (3) nach Verschuldungsgrad. – a) Die *Einteilung nach dem Einkommen* erfolgt auf der Basis des jährlichen Bruttonationaleinkommens (BNE) in US-Dollar, wobei für die Währungskonversion nicht aktuelle Devisenkurse, sondern geschätzte Kaufkraftkurse verwendet werden (sog. Atlas-Methode). Die Länder werden in vier Einkommenskategorien eingeteilt (Basis 2007): (1) geringes Einkommen (Low Income): 935

US-Dollar oder weniger; (2) mittleres Einkommen, unterer Teil (Lower Middle Income): 936 bis 3.705 US-Dollar; (3) mittleres Einkommen, oberer Teil (Upper Middle Income): 3.706 bis 11.455 US-Dollar; (4) hohes Einkommen (High Income): mehr als 11.456 US-Dollar. – Die *Einteilung nach dem Verschuldungsgrad* ergänzt die Einteilung nach dem Einkommen. Sie erfolgt im Regelfall auf der Basis zweier Indikatoren. Länder werden als stark verschuldet (Severely Indebted) klassifiziert, wenn der Barwert ihres Schuldendienstes 80 Prozent des BNE oder 220 Prozent der Exporte überschreitet. Bei mittel verschuldeten Ländern bewegen sich diese Indikatoren unterhalb dieser Schwellen, überschreiten jedoch die Werte von 60 Prozent des BNE bzw. der Exporte. Bei Ländern, bei denen Barwertberechnungen aufgrund mangelhafter statistischer Berichtslage nicht möglich sind, werden statt Barwerten Schuldenstände verwendet. Außerdem werden dann ergänzend die Quoten des laufenden Schuldendienstes bzw. der Zinszahlungen zu den Exporten herangezogen. Alle anderen Länder mit geringem oder mittlerem Einkommen werden als gering verschuldet (Less Indebted) klassifiziert.

II. Exportkreditgarantien des Bundes: Einteilung der Exportmärkte in Risikokategorien, mit denen die spezifischen Länderrisiken erfasst werden, zur Berechnung des Entgelts. Seit 1.1.1999 gilt ein OECD-einheitliches siebenstufiges System: Länder mit sehr geringen Risiken werden der Kategorie 1 (geringstes Entgelt) zugeordnet, Länder mit sehr hohem Risiko der Kategorie 7 (höchstes Entgelt).

**Länderkontingent** – Einfuhrkontingent (→ Einfuhrkontingentierung) für die → Einfuhr allg. oder die Einfuhr bestimmter Waren aus einem bestimmten → Ursprungsland, das sich aus der unterschiedlichen Situation eines Landes gegenüber anderen Produktionsländern ergibt. Für einzelne Länder nach unterschiedlichen Maßstäben aufgestellte

Länderkontingente stellen eine Diskriminierung dar. – *Gegensatz:* → Globalkontingent.

**Länderlisten** – Anlagen zum → Außenwirtschaftsgesetz (AWG) (→ Einfuhrliste) und zur → Außenwirtschaftsverordnung (AWV) (Anlage AL, → Ausfuhrliste). Weitere *Länderlisten* dienen neben Ausfuhrliste und Einfuhrliste zur Regelung des → Außenwirtschaftsverkehrs: *Länderliste K* betrifft Länder (früher zahlreiche Länder, 2012 nur noch Kuba) in die die Ausfuhr von Gütern nach § 7 I AWG wegen ihrer militärischen Endverwendung genehmigungsbedürftig ist. Weitere Länder sind direkt in den Normen der §§ 5c, 5d und 7 IV AWV enthalten.

**Landesholding** – im → Außensteuergesetz (AStG) bis zur Einführung des Halbeinkünfteverfahrens die Bezeichnung für eine Gesellschaft in einem ausländischen Staat, die dort als Holding für mehrere Gesellschaften des Konzerns in diesem Staat fungiert. Eine Landesholding zu sein, war Voraussetzung dafür, dass die Vereinnahmung von Dividenden nicht als – im Rahmen der Hinzurechnungsbesteuerung seinerzeit ungünstige – passive Tätigkeit beurteilt wurden. Die Regelungen über die Landesholding wurden aufgehoben, als die Einstufung von Dividenden als passive Einkünfte im neuen Konzept des Körperschaftsteuersystems überflüssig wurde und damit auch die Sonderregelung für Landesholdings ihren Sinn verlor. – Vgl. auch → Funktionsholding.

**Landflucht** → Binnenwanderung.

**Landlocked Developing Countries** – Abk. *LLDC*; Entwicklungsländer ohne Meereszugang. Von der UN verwendete Bezeichnung für Entwicklungsländer, welche aufgrund ihrer Binnenlage und den damit verbundenen hohen Transportkosten nur marginal am Welthandel partizipieren können. 2008 klassifizierte die UN 31 Länder als LLDCs, darunter Afghanistan, Armenien oder Tschad.

**Lateinamerikanische Freihandelsvereinigung** → LAFTA.

**Lateinamerikanische Integrationsvereinigung** → ALADI.

**Lateinamerikanische Wirtschaftsorganisation** → SELA.

**latente Steuern** – 1. *Begriff*: Posten auf der Aktiv- und Passivseite, die zeitliche Differenzen zwischen der Steuerbilanz und → Handelsbilanz bzw. IFRS-Abschluss ausgleichen. – 2. *Latente Steuern im Einzelabschluss*: Gleichen sich die Differenzen voraussichtlich in den späteren Geschäftsjahren aus, so ist eine sich daraus insgesamt ergebende Steuerbelastung als passive latente Steuern (§ 266 III E. HGB) in der → Bilanz anzusetzen. Für die Aktivierung von aktiven latenten Steuern (§ 266 II D. HGB) besteht ein Wahlrecht gemäß § 274 I HGB. Quasi-permanente Differenzen sind in die Bilanzierung von latenten Steuern mit einzubeziehen. Der Ausweis von aktiven und passiven latenten Steuern kann separat oder saldiert erfolgen. Latente Steuern auf Verlustvorträge und Zinsvorträge sind zu berücksichtigen, soweit eine Verrechnung innerhalb der nächsten fünf Jahre erwartet wird. Die Beträge der sich ergebenden Steuerbe- und -entlastungen sind gemäß § 274 II HGB mit den unternehmensindividuellen Steuersätzen im Zeitpunkt des Abbaus der Differenzen zu bewerten; eine Abzinsung ist nicht vorzunehmen. Die Auflösung der angesetzten latenten Steuern hat gemäß § 274 II HGB zu erfolgen, sobald die Steuerbe- oder -entlastung eintritt oder nicht mehr mit ihr zu rechnen ist. Der Aufwand oder Ertrag aus der Veränderung bilanzierter latenter Steuern ist in der Gewinn- und Verlustrechnung (GuV) gesondert unter dem Posten „Steuern vom Einkommen und vom Ertrag" auszuweisen. Bei einem Ausweis aktiver latenter Steuern dürfen gemäß § 268 VIII HGB Gewinne nur ausgeschüttet werden, wenn die nach der Ausschüttung verbleibenden frei verfügbaren Rücklagen zzgl. eines Gewinnvortrags und abzüglich eines Verlustvortrags mind. dem Betrag entsprechen, um den die aktiven die passiven latenten Steuern übersteigen. Eine Aufgliederung der ausschüttungsgesperrten latenten Steuern hat im Anhang gemäß § 285 Nr. 28 HGB zu erfolgen. Weiterhin ist im Anhang gemäß § 285 Nr. 29 HGB anzugeben, auf welchen Differenzen oder steuerlichen Verlustvorträgen die latenten Steuern beruhen und mit welchen Steuersätzen die Bewertung erfolgt ist. – 3. *Latente Steuern im HGB-Konzernabschluss*: Gemäß § 306 HGB besteht eine Ansatzpflicht für aktive und passive latente Steuern. Ausgenommen von der Steuerabgrenzung sind ein sich im Rahmen der Erstkonsolidierung ergebender Geschäfts- oder Firmenwert, sowie Differenzen, die sich zwischen dem steuerlichen Wertansatz einer Beteiligung an einem Tochterunternehmen, assoziierten Unternehmen oder einem Gemeinschaftsunternehmen im Sinn des § 310 I HGB und dem handelsrechtlichen Wertansatz des im → Konzernabschluss angesetzten Nettovermögens ergeben. Bei der Bewertung sind gemäß § 306 i.V. mit § 274 II HGB unternehmensindividuelle Steuersätze zu verwenden; eine Abzinsung hat nicht zu erfolgen. Die Bewertung der im Rahmen der Erstkonsolidierung berücksichtigten latenten Steuern (§ 301 I HGB) wird ebenso nach den Regelungen des § 274 II HGB durchgeführt. Anhangangaben zu latenten Steuern im Konzernabschluss sind in § 314 I Nr. 21 geregelt. – 4. *Latente Steuern im IFRS-Konzernabschluss*: Die Regelungen der IFRS entsprechen im Wesentlichen denen des HGB und sind im Standard IAS 12 zusammengefasst. ––Vgl. auch Rückstellung für latente Steuern, Abgrenzungsposten für aktive latente Steuern.

**Latin American Economic System (LAES)** → SELA.

**Latin American Free Trade Association (LAFTA)** → LAFTA.

**Latin American Integration Association (LAIA)** → ALADI.

**laufende Übertragungen** – Teil der einseitigen Übertragungen, die regelmäßig stattfinden und die vom laufenden Einkommen z.B.

der Inländer finanziert werden. – Vgl. auch
→ Zahlungsbilanz.

**LDC** – Abk. für *Less Developed Country*
(→ Developing Country) oder → *Least Developed Country*.

**Leading** – bewusste Zahlung einer Verpflichtung vor vertraglicher Fälligkeit, im Auslandsgeschäft, um einen erwarteten oder konkreten Wechselkursvorteil auszunutzen. Im Gegensatz zum → Lagging (Verzögerung der Zahlung über den Fälligkeitstermin hinaus) ist Leading vertragskonform.

**Learning by Doing** → dynamische Größenvorteile; Ergänzung um Erfahrungs- und Lerneffekte, z.B. effizientere Ausnutzung der vorhandenen Produktionsfaktoren, z.B. besserer Einsatz der Maschinen.

**Least Developed Country (LDC)** – Von den Vereinten Nationen 1971 geprägte Bezeichnung für die am wenigsten entwickelten Länder (früher auch als LLDC bezeichnet). – *Bis 1990 erfolgte die Klassifikation nach drei Indikatoren:* (1) Bruttoinlandsprodukt (BIP) pro Kopf der Bevölkerung in US-Dollar; (2) dem *Economic Vulnerability Index* (→ EVI); (3) dem *Human Assets Index* (HAI), welcher die Kalorienzufuhr und Kindersterblichkeit sowie die Einschulungsrate in Sekundarschulen und die Alphabetisierungsrate Erwachsener misst. Des Weiteren darf die Gesamtbevölkerung nicht größer als 75 Mio. sein. – Im Jahr 2009 haben insgesamt 50 Länder den LDC-Status; dies entspricht ca. 10,5 Prozent der Weltbevölkerung. – Vgl. auch → Developing Country (DC).

**Leistungsbilanz** – I. Bilanzierung: Von Anhängern der dynamischen Bilanztheorie geschaffener Begriff für die Erfolgsrechnung. – Vgl. auch Gewinn- und Verlustrechnung (GuV).

II. Außenwirtschaft: Zusammenfassung der → Handelsbilanz, der → Dienstleistungsbilanz, der Einkommensbilanz sowie der → Bilanz der laufenden Übertragungen. – Vgl. auch → Zahlungsbilanz.

**Leitkurs** – meist vertraglich im Rahmen eines Währungssystems vereinbarter fixer Orientierungskurs, von dem die Devisenkassakurse (Marktkurse) nach oben und unten innerhalb einer bestimmten → Bandbreite abweichen dürfen. – Vgl. auch → EWS II (seit Einführung des *Euro*), → Währungsintegration.

**Leitwährung** – jene Währung innerhalb eines → internationalen Währungssystems, die als internationales Zahlungsmittel und Reservemittel sowie als internationale Anlagewährung verwandt wird. Die Leitwährung wird auch als *Ankerwährung* bezeichnet, weil die Wechselkurse der Währungen aller anderen Länder in einer relativ stabilen Beziehung zur Leitwährung gehalten werden. Die Leitwährung dient somit auch als Recheneinheit zur Bestimmung des Wertes aller Währungen.

**Leontief-Paradoxon** – Ergebnis einer 1953 von *Wassiliy Leontief* vorgelegten empirischen Untersuchung, wonach die Kapitalintensität der US-amerikanischen Exporte im Jahr 1947 geringer war als die Kapitalintensität der US-Importe (→ kapitalintensives Gut, → arbeitsintensives Gut). Nachdem die USA nach dem Zweiten Weltkrieg international fraglos ein relativ kapitalreiches Land waren, stand dieses Ergebnis im völligen Widerspruch zum → Heckscher-Ohlin-Handel. – *Erklärungsansätze für das Paradoxon:* a) *Verletzung des* → Heckscher-Ohlin-Theorems, hervorgerufen durch → umschlagende Faktorintensitäten, unterschiedliche Nachfragepräferenzen, unterschiedliche Produktionstechnologien, Marktunvollkommenheiten, Handelsbilanzungleichgewichte.– b) *Mängel im Testverfahren:* Verzerrung der Daten, Nichtberücksichtigung von Humankapital und natürlichen Ressourcen. Das *Leontief-Paradoxon* bildete die Grundlage für zahllose weitere empirische Untersuchungen, die den Widerspruch zwischen Theorie und Empirie wieder etwas abschwächten, aber auch bestätigten. In den 1980-er Jahren wurde gezeigt, dass *Leontiefs* Ergebnisse dem *Heckscher-Ohlin-Vanek-Modell* in gewissem Sinn durchaus entsprachen.

Gleichwohl aber bleibt der Eindruck, dass die *Heckscher-Ohlin-Theorie* des internationalen Handels nur sehr beschränkt empirische Bestätigung erfahren kann.

**Lerner-Samuelson-Theorem** – Das *Lerner-Samuelson-Theorem* (→ Faktorpreisausgleichstheorem). Benannt nach *Abba P. Lerner*, (dem die Ausformulierung 1933 gelang) und *Paul A. Samuelson* (der im Jahr 1948 das → *Lernersche* Symmetrietheorem wieder entdeckt hat).

**Lernersches Symmetrietheorem** – Das Theorem besagt, dass der Effekt einer Exportsteuer (→ Ausfuhrzoll) in jeder Hinsicht derselbe ist wie der Effekt eines → Einfuhrzolls vom selben *Ad-Valorem-*(→ Wertzoll-)Ausmaß. Bei realwirtschaftlicher Betrachtung spielen nur die relativen Preise eine Rolle, und der relative Preis des importierten Gutes kann im Inland nicht nur durch einen Importzoll über die → Terms of Trade angehoben werden, sondern auch durch eine Exportsteuer (*Ausfuhrzoll*). Eine Exportsteuer (ein *Ausfuhrzoll*) bewirkt, dass der für den heimischen Produzenten relevante Preis des exportierten Gutes unter den Weltmarktpreis sinkt. Zu diesem geringeren Preis ist er dann auch bereit im Inland anzubieten, und es entsteht im Inland eine relative Verbilligung des exportierten Gutes. Dies aber ist gleichbedeutend mit einer relativen Verteuerung des importierten Gutes wie sie bei einem *Einfuhrzoll* zustande kommt. – Vgl. auch Lerner, → Handelspolitik, → tarifäre Handelshemmnisse.

**Less Developed Country (LDC)** → Developing Country (DC).

**Liabilities** – *Schulden,* → Conceptual Framework.

**Liberalisierung** – 1. *Begriff:* Befreiung des → Außenhandels von mengenmäßigen Beschränkungen (Kontingente und andere → nicht tarifäre Handelshemmnisse). Der Begriff der Liberalisierung wurde von der → OECD eingeführt, deren Mitglieder sich am 18.8.1950 auf ein Liberalisierungsprogramm, niedergelegt im sog.

Liberalisierungskodex, einigten, das den schrittweisen Abbau aller intraeuropäischen Mengenbeschränkungen vorschrieb. Unter Liberalisierung des Außenhandels i.w.S. wird gelegentlich auch die Befreiung des Handels von allen *Handelshemmnissen* und damit die Wiederherstellung des → Freihandels verstanden. – 2. *Durchführung* der Liberalisierung zwischen den OECD-Ländern wurde ermöglicht und gestützt durch die gleichzeitige Multilateralisierung des Zahlungsverkehrs (→ IWF). Die Liberalisierungsvorschriften erstrecken sich nur auf den Privathandel zwischen den Staaten, jedoch wurde der nichtliberalisierungsfähige Staatshandel wesentlich eingeschränkt. Ferner wurde die Liberalisierung des Warenverkehrs durch eine analoge Befreiung des Dienstleistungsverkehrs (Liberalisierung der „unsichtbaren Einfuhren") ergänzt (1955). Schutzklauseln ermöglichten den Ländern im Fall von Zahlungsbilanzschwierigkeiten den Rückgriff auf neue Beschränkungen (Entliberalisierung unter bestimmten Bedingungen). Sie wurden jedoch immer seltener in Anspruch genommen. Auch die Welthandelsorganisation (engl. *World Trade Organization* (→ WTO)) sorgt sich um die Liberalisierung des Warenverkehrs (→ GATT) und des Dienstleistungsverkehrs (→ GATS). Zudem wird im Rahmen der WTO ein handelsbezogener Schutz geistiger Eigentumsrechte gewährt.

**Lieferbindung** – *gebundene Hilfe, Tied Aid;* Vergabe von → Kapitalhilfe unter der Auflage, sie für Beschaffungsaufträge im Geberland zu verwenden. Als Begründung wird eine Zahlungsbilanzentlastung des Geberlandes und die Sicherung von Arbeitsplätzen angegeben. Oft werden Mischfinanzierungen praktiziert. Eine Lieferbindung ist i.d.R. nur notwendig, wenn andere Länder zu günstigeren Konditionen liefern können. Daher ergibt sich für das Nehmerland ein finanzieller Nachteil, wodurch der reale Wert der Hilfe sinkt. Der mit der Lieferbindung verbundene Eingriff in die Vertragsfreiheit steht im Widerspruch zu der von den westlichen Geberländern geforderten Liberalisierung der Weltwirtschaft. Wegen des verhältnismäßig geringen Volumens der Lieferbindung werden kaum Beschäftigungseffekte im Geberland bewirkt. Sie schadet dem Ruf der Exportwirtschaft, da sie eine mangelnde Wettbewerbsfähigkeit signalisiert.

**Linder-Hypothese** – Hypothese zur → Handelsstruktur. Sie bezieht sich auf den industriellen Bereich, und hier wiederum v.a. auf Sektoren mit einem gewissen Potenzial an Produktdifferenzierung. Zentrales Element dieser Hypothese ist die aus der → Produktzyklus-Theorie entlehnte Vorstellung, dass die Entwicklung differenzierter industrieller Güter zumindest anfangs eine gewisse Nähe zu den Nachfragern erfordert. Die Produktion solcher Güter erfordert mithin die Existenz eines hinreichend großen heimischen Marktes. Erst nach Aufnahme der heimischen Produktion können Exporte in andere Länder entstehen, in denen ebenfalls Nachfrage nach solchen Gütern besteht. Dies sind v.a. Länder mit einem ähnlichen Pro-Kopf-Einkommen, jedenfalls dann, wenn die Nachfragestruktur unter sonst gleichen Bedingungen sehr stark mit der Nachfrage variiert. Erst mit zunehmendem Einkommen entsteht eine verstärkte Nachfrage nach Produkten mit einem hohen Potenzial an Produktdifferenzierung. – Da dieselben Überlegungen für die Entstehung der Produktion und des Exports in anderen Ländern gelten, entsteht → intra-industrieller Handel. – Das Handelsvolumen zwischen zwei Ländern wird umso größer sein, je höher die Pro-Kopf-Einkommen der beiden Länder sind, je ähnlicher die beiden Länder in ihren Einkommensniveaus sind, und je geringer die Distanz zwischen den beiden Ländern ist. – Vgl. auch → Gravitationsmodell, → Linder-These.

**Linder-These** – 1. *Begriff:* Die Linder-These besagt, dass der Export von Industrieprodukten ohne bereits bestehenden → Binnenmarkt für diese Güter kaum möglich ist. Beitrag zur Erklärung der ausgeprägten Intensität des Außenhandels zwischen Ländern mit vergleichbar hohem Pro-Kopf-Einkommen und deshalb ähnlichen Nachfragestrukturen, so v.a. zur Erklärung des intensiven Handels zwischen den Industriestaaten. – 2. *Begründung:* a) Um neue Produktionsbereiche aufzunehmen, muss der Unternehmer von der Existenz einer latenten Nachfrage überzeugt sein. Dies abzuschätzen fällt zunächst auf dem Inlandsmarkt leichter. – b) Internationale Wettbewerbsfähigkeit erfordert kostengünstige Produktion, die oft (wegen hoher fixer Kosten) nur bei großen Stückzahlen realisierbar ist. Ohne Inlandsmarkt für dieses Produkt liegt darin ein erhebliches Risiko für potenzielle Investoren. –c) Exportfähig sind oft nur qualitativ hochwertige Produkte. Diese Standards sind ohne inländische Erprobungs- und Reifephase kaum erreichbar. – d) Argument für wirtschaftliche → Integration zwischen Entwicklungsländern (→ Süd-Süd-Kooperation), da zwischen diesen Ländern die Ähnlichkeit der Nachfragestrukturen und Entwicklungsniveaus eher gegeben ist und deshalb die Märkte der Integrationspartner leichter überschaubar und die Absatzchancen für Güter minderer Qualität größer sind. – Vgl. auch → Linder-Hypothese.

**Liquidität** – I. Betriebswirtschaftslehre: 1. *Begriff:* Fähigkeit und Bereitschaft eines Unternehmens, seinen bestehenden Zahlungsverpflichtungen termingerecht und betragsgenau nachzukommen. Die Sicherung der Liquidität besteht in der Aufgabe, Geld und liquidisierbare Vermögensgegenstände (Fungibilität) zum Zweck der zeitpunktgerechten Kapitalbeschaffung bereitzustellen. – Vgl. auch Liquiditätspolitik, Illiquidität, Überliquidität. – 2. *Determinanten:* a) *Güterwirtschaftliche Liquidität:*Tausch- bzw. Veräußerungsfähigkeit von Wirtschaftsgütern. Güter haben, abhängig von ihren technischen Eigenschaften und Zeit- bzw. Kostenaufwand der Käufersuche, unterschiedliche Liquiditätsgrade.–b) *Verliehene Liquidität:* Möglichen Beleihbarkeit eines Wirtschaftsguts durch ein Kreditinstitut (Stütze). Diese Art der Gewinnung von Liquidität hat den Vorteil, dass das entsprechende Wirtschaftsgut nicht veräußert werden muss und so Verluste durch schnelle erzwungene Veräußerung nicht auftreten.–c) *Zukünftige Liquidität:* Fähigkeit, durch zukünftige Erträge zu einem späteren Zeitpunkt Liquidität zu erlangen. Sie wird anhand des Finanzplans gemessen. – d) *Antizipierte Liquidität:* Ein Unternehmen lässt seine zukünftigen Überschüsse durch ein Kreditinstitut beleihen. Diese Bereitstellung von Kapital ohne Sicherheiten durch das Kreditinstitut erfordert eine strenge Kreditwürdigkeitsprüfung. – 3. *Arten:* a) *Vertikale Liquidität:* Prozess der Geldwerdung von Vermögensgegenständen („Verflüssigung") entsprechend den Zahlungsverpflichtungen.–b) *Horizontale Liquidität:* Grad der Belastung von Kapitalansprüchen (Zins, Tilgung).

II. Wirtschaftstheorie/Geldtheorie: 1. *Allgemein:* Liquidität stellt die durch Geld oder andere Tauschmittel repräsentierte Verfügungsmacht über Bedarfsgüter dar. Mittels Aufrechterhaltung der Liquidität bei einzelnen Wirtschaftssubjekten wird gesamtwirtschaftlich der Kreislauf von Gütern und Nutzleistungen ermöglicht; die Liquidität verschafft die Verfügungsmacht über knappe Güter und bestimmt wirtschaftliche Entscheidungs- und Handlungsfreiheit. – Die volkswirtschaftliche Liquidität ist abhängig von der *optimalen Versorgung der Wirtschaft mit Zahlungsmitteln bzw. Geld.* Aufgabe der Notenbank ist es, die Liquidität der Volkswirtschaft den Erfordernissen der Konjunktur zur Sicherung der Stabilität anzupassen (Geldpolitik). – 2. *Liquidität der Kreditinstitute (Bankenliquidität):* a) Kreditinstitute müssen ihre Mittel so anlegen, dass eine ausreichende Zahlungsbereitschaft jederzeit gewährleistet ist. Für die Beurteilung sind die von der Bundesanstalt für Finanzdienstleistungsaufsicht (BaFin) aufgestellten Grundsätze maßgebend (§ 11 KWG). – b) Falls erforderlich, kann die staatliche Aufsichtsbehörde zur Sicherung der Liquidität Entnahmen durch die Inhaber

oder Gesellschafter, Gewinnausschüttung und Kreditgewährung untersagen oder beschränken (§ 45 KWG). – c) *Messung/Beurteilungskriterien:* Die Liquidität der Kreditinstitute wird gemäß der Verordnung über die Liquidität der Institute (LiqV) gemessen. Die LiqV konkretisiert die Anforderungen des § 11 I KWG, wonach Kreditinstitute jederzeit ausreichend zahlungsfähig sein müssen. – 3. *Internationale Liquidität:* Die i.d.R. nicht vom Inland zu schaffenden Zahlungsmittel, mit denen Zahlungen an das Ausland geleistet werden können. Hierzu gehören in erster Linie die → Währungsreserven des betreffenden Landes (Gold, → Sonderziehungsrechte (SZR), → Reservetranche, Devisen und Sorten), aber auch z.B. der nicht genutzte Teil der Kreditlinien bei internationalen Organisationen (außerhalb des → IWF) oder Banken. Lediglich die sog. „Hartwährungsländer" können internationale Liquidität selbst schaffen, da ihre Währungen als internationales Zahlungsmittel akzeptiert werden.

**Lissabon-Strategie** – für Wachstum und Beschäftigung wurde im März 2000 vom → Europäischen Rat beschlossen. Sie zielte ursprünglich darauf ab, die EU bis zum Jahre 2010 zum weltweit dynamischsten und wettbewerbsfähigsten Wirtschaftsraum zu machen. Da die Erfolge der Strategie ausblieben, wurde im Rahmen der Halbzeitbewertung im Jahre 2005 eine Vereinfachung und Neuausrichtung vorgenommen. Die Lissabon-Strategie hat ihre Ziel gleichwohl nur unzureichend erfüllt. Dies lag v.a. am geringen Produktivitätszuwachs von Teilen der europäischen Wirtschaft. Sie ist im Jahre 2010 abgelöst worden von der Strategie „Europa 2020".

**LLDC** – *früher:* → Least Developed Country, *heute:* → Landlocked Developing Countries.

**Lohnveredelung** – I. Außenwirtschaftsrecht: Form des Dienstleistungsverkehrs (→ Veredelung). Rechtsgeschäfte über Lohnveredelung sind auch im → Außenwirtschaftsverkehr frei; Rechtsgeschäfte über aktive Lohnveredelung können nach § 15 AWG beschränkt werden, um einer Gefährdung der Deckung des lebenswichtigen Bedarfs im → Wirtschaftsgebiet entgegenzuwirken; diese Ermächtigungsgrundlage wird in der → Außenwirtschaftsverordnung (AWV) derzeit nicht genutzt. – Vgl. auch → passive Veredelung, → Veredelungsverkehr.

II. **Umsatzsteuerrecht:** Die Lohnveredelung unterliegt grundsätzlich der Umsatzsteuer. Bemessungsgrundlage ist das Entgelt. – Lohnveredelung an Gegenständen der → Ausfuhr liegt vor, wenn bei einer Be- oder Verarbeitung eines Gegenstandes der Auftraggeber diesen zum Zweck der Be- oder Verarbeitung in das → Gemeinschaftsgebiet eingeführt hat oder zu diesem Zweck in diesem Gebiet erworben hat und der be- oder verarbeitete Gegenstand (wieder) ausgeführt wird (§ 7 UStG). Sie ist steuerfrei, wenn die Voraussetzungen einer steuerfreien → Ausfuhrlieferung vorliegen, wobei an die Stelle des ausländischen Abnehmers der ausländische Auftraggeber tritt. Die Steuerfreiheit schließt den Vorsteuerabzug nicht aus.

III. **Zollrecht:** Im Gegensatz zur Eigenveredelung ist bei der Lohnveredelung der → Veredeler nicht frei in der Auswahl seiner unveredelten Vorprodukte. Er hat sich sowohl bei den → Zollverfahren der → aktiven Veredelung (in der → EU) als auch bei der → passiven Veredelung (außerhalb der EU) an die Vorgaben des Auftraggebers zu halten.

**Lokomotivtheorie** → internationaler Konjunkturverbund.

**Lomé-Abkommen** – 1. *Begriff/Charakterisierung:* Formale Basis der bes. Wirtschaftsbeziehungen zwischen der → EU und den sog. → AKP-Staaten. – 2. *Rechtsgrundlagen:* Seit ihrer Gründung (1958) ist die EU (zuvor → EWG bzw. EG) verpflichtet, solche außereuropäischen Länder zu assoziieren und wirtschaftlich zu fördern, die zu einem der EU-Staaten langandauernde bes. Beziehungen unterhalten (Art. 198-203 AEUV). Dieser Vorschrift liegen in erster Linie politische Absichten zugrunde; die genannte Verpflichtung

kann im Übrigen als eine spezielle Form von Kompensation für die von der Gemeinschaftsgründung zulasten von Nicht-Mitgliedsländern ausgehenden integrationsbedingten Diskriminierungswirkungen (→ Handelsverzerrung) angesehen werden. – *Weitere Rechtsgrundlage:* Art. 207 AEUV, d.h. die Verpflichtung der Mitgliedsstaaten der EU zu einer gemeinsamen Handelspolitik. – 3. *Entwicklung:* a) Den Art. 198 ff. AEUV wurde nach Inkrafttreten der Römischen Verträge zunächst durch die unverzügliche Errichtung des ersten → EEF *(Europäischer Entwicklungsfonds).* Dieser Fonds finanziert v.a. die Entwicklungshilfezusammenarbeit der EU mit den AKP-Staaten sowie mit den überseeischen Ländern und Gebieten (ÜLG). Während die Hilfe für die ÜLG ab 2008 in den Haushaltsplan der EU einbezogen worden ist, werden die Mittel für die AKP-Staaten von 2008 bis 2013 weiterhin aus den EEF finanziert. Die Instrumente des EEF sind nichtrückzahlbare Hilfe, Risikokapital und Darlehen an die Privaten. – b) Nachdem diese Staaten die Unabhängigkeit erlangten, kam es zur Vereinbarung des Ersten → Jaunde-Abkommens (1964–1969) zwischen den sechs EWG-Staaten und 18 AASM-Staaten (→ AASM). Das Erste Jaunde-Abkommen nahm bereits einige Elemente der späteren Lomé-Merkmale vorweg: Handelspräferenzen, finanzielle und technische Hilfe, gemeinsame Institutionen auf Ministerebene. Nach Auslauf des Ersten → Jaunde-Abkommens trat bis zum 31.1.1975 das Zweite Jaunde-Abkommen in Kraft. Parallel dazu (1971–1975): → Arusha-Abkommen zugunsten der Commonwealthländer Kenia, Tansania und Uganda. – c) Durch den EG-Beitritt Großbritanniens (1.1.1973) vergrößerte sich die Zahl potenzieller Anwärter für eine Assoziierung gemäß Art. 131 ff. EWGV (Art. 206 ff. AEUV) ganz beträchtlich. 1975 kam es zum Abschluss des in Lomé (Hauptstadt von Togo) unterzeichneten Ersten Lomé-Abkommens (1975–1980) zwischen neun EG-Ländern und 46 AKP-Staaten. Der durch die

Lomé-I-Konvention begründete bes. Charakter der Wirtschaftsbeziehungen zwischen der EG und den AKP-Staaten ist im Laufe der Zeit fortgeführt und kontinuierlich ausgebaut worden: Lomé-II (1980–1985; zehn EG- und 57 AKP-Staaten); Lomé-III (1985–1990; 12 EG- und 66 AKP-Staaten); Lomé-IV (1990–2000; 12 bzw. 15 EU- und 71 AKP-Staaten); → Cotonou-Abkommen (2000–2007; in 2003: 15 EU- und 79 AKP-Staaten). – 4. *Hauptmerkmale:* a) Der schon im Zuge von Lomé-II und Lomé-III eingeschlagene Weg, vermehrt marktwirtschaftliche Anreize für eine stärkere *Entfaltung der Eigeninitiative* zu etablieren sowie die Effizienz der Gemeinschaftshilfen zu verbessern, wurde mit Lomé-IV durch die Etablierung einer Strukturanpassungsfazilität fortgesetzt. Um einen höheren Selbstversorgungsgrad der AKP-Staaten bei Nahrungsmitteln zu erreichen, wird seit Lomé-II bes. Gewicht auf Maßnahmen zur Erhaltung der natürlichen Lebensgrundlagen sowie zum Ausbau der Landwirtschaft gelegt. Außerdem wird seit Lomé-III die Notwendigkeit betont, dass die lokalen sozialen und kulturellen Gegebenheiten in die entwicklungspolitischen Überlegungen einbezogen werden müssen. – b) *AKP-EU-Handelsbeziehungen:* Seit Anfang an wird das Ziel verfolgt, sowohl den AKP-EU-Handel als auch den Handel zwischen den AKP-Ländern auszuweiten. Fast alle (ca. 99 Prozent) Erzeugnisse mit Ursprung aus den AKP-Staaten haben einen von Zöllen und Kontingenten freien Zutritt zum EU-Raum. Ausgenommen von dieser Vergünstigung sind lediglich solche Erzeugnisse, für die im Rahmen internationaler Warenabkommen spezielle Regelungen bestehen; das Gleiche gilt auch für landwirtschaftliche Produkte, die Gegenstand einer EU-Agrarmarktordnung sind, wobei allerdings die AKP-Staaten eine Präferenzstellung gegenüber sonstigen Drittländern genießen. – Eine *Besonderheit* der handelspolitischen Beziehungen zwischen den beiden Blöcken besteht darin, dass die EU seit Lomé-I auf die *reziproke Gewährung*

*der Handelsvergünstigungen* für ihre eigenen Exporte nach den AKP-Ländern verzichtet. Im Übrigen weist das Abkommen eine bisher nie angewendete *Schutzklausel* auf, nach welcher EU-Importe aus den AKP-Ländern nach beiderseitiger Konsultation partiell und vorübergehend eingeschränkt werden können, falls diese Lieferungen gravierende Störungen einer Branche oder Region innerhalb der EU auslösen sollten. – c) *Verstetigung der Deviseneinlöse der AKP-Staaten:* Bereits mit Lomé-I erfolgte die Etablierung des sog. → STABEX-Systems zur Verstetigung der Deviseneinnahmen, welche die AKP-Staaten aus ihrem Export von tropischen und subtropischen Agrargütern in die EU erzielen. Im Rahmen von Lomé-II kam es zur Einrichtung eines an relativ restriktive Bedingungen gebundenen Sonderfonds für die Förderung der Modernisierung und Ausweitung des Bergbaupotenzials der AKP-Staaten (→ SYSMIN). Sowohl STABEX als auch SYSMIN wurden nach und nach abgebaut und zum 1.1.2008 durch andere Formen der Zusammenarbeit (neue Abkommen) im Rohstoffsektor abgelöst. – d) *Industrielle Kooperation:* Bereits im Zuge der Umsetzung des Lomé-I-Abkommens wurde Mitte der 1970er-Jahre ein *AKP-EG-Zentrum für industrielle Entwicklung* gewerblicher bzw. industrieller Vorhaben (Sitz: Brüssel) geschaffen. – e) Im Zuge der Durchführung des Lomé-III-Abkommens wurde ein beiderseits verwaltetes *Technisches Zentrum für die Zusammenarbeit in der Landwirtschaft und im ländlichen Bereich* errichtet. Außerdem erfolgte seit Lomé-II eine Abkehr von der vorrangigen Förderung von Großprojekten. – f) *Strukturanpassungshilfen:* Weil während der 1980-er Jahre die Auslandsverschuldung vieler AKP-Staaten beträchtlich zugenommen hat, wurde die Gewährung von Strukturanpassungshilfen in das Vierte Lomé-Abkommen aufgenommen. Seit dem Siebten → EEF (1990–1995) werden für diesen Zweck in Form einer Sonderfazilität Mittel ausgewiesen. Deren Einsatz erfolgt in Kooperation mit den Strukturanpassungsprogrammen von → IWF und Weltbank. Die gewährten Finanzhilfen dienen zur wirtschaftlichen und sozialen Abfederung von Wirtschaftsreformen. – g) *Finanzielle Zusammenarbeit:* Für die Gewährung von Finanzhilfen gilt der Grundsatz der vorrangigen Förderung derjenigen AKP-Staaten, deren wirtschaftliches Entwicklungsniveau bes. niedrig ist, die entweder sog. Binnenstaaten oder sog. Inselstaaten sind. Seit dem Dritten Lomé-Abkommen wird verstärkt darauf abgestellt, die Finanzmittel so einzusetzen, dass die Eigeninitiative der einheimischen Bevölkerung angeregt wird. – Das vonseiten der EU für die einzelnen Aufgabenbereiche des Abkommens zur Verfügung gestellte *Mittelvolumen* ist in einem Finanzprotokoll, das Bestandteil des Vertragswerks ist, festgelegt und besteht aus dem jeweiligen EEF und Leistungen der Europäischen Investitionsbank (→ EIB). Schon seit dem Ersten Lomé-Abkommen hat der überwiegende Teil der vom EEF gewährten Mittel den Charakter von *Zuschüssen* getragen. Dieser Anteil ist von Abkommen zu Abkommen erhöht worden. Von den für die Laufzeit der Vierten Lomé-Konvention bereitgestellten Mitteln entfallen rund 90 Prozent auf nicht rückzahlbare *Finanzhilfen*. – 5. *Gemeinsame Organe:* Die schon im Zuge des Ersten Jaunde-Abkommens errichteten gemeinsamen Institutionen zur Förderung der Vertragsziele und des wechselseitigen Meinungsaustauschs sind durch die vier Lomé-Konventionen sowie das nachfolgende Cotonou-Abkommen fortgeführt und kontinuierlich ausgebaut worden. Insgesamt sind im Abkommen drei paritätisch besetzte Kontroll- und Entscheidungsorgane verankert: der gemeinsame AKP-EG-Ministerrat (richtungweisende Funktion), der Ausschuss

der ständigen Vertreter und die sog. paritätische Versammlung (Initiativrecht). Die Beschlussfassung über die Bereitstellung von Finanzmitteln unterliegt allerdings de facto dem üblichen EU-internen Entscheidungsverfahren (d.h. dem Rat der Europäischen Union unter Mitwirkung des Europäischen Parlaments). – 6. *Bedeutung:* Die AKP-EU-Kooperation bildet den Schwerpunkt der Entwicklungspolitik der EU. – 7. *Perspektiven:* Im Abkommen von Cotonou, das im Jahre 2000 abgeschlossen worden ist, wird die Kooperation zwischen der EU und den AKP-Staaten auf die folgenden fünf Elemente gestützt: (1) politischer Dialog (Forderung nach sog. good governance), (2) Armutsbekämpfung durch Integration in den Welthandel, (3) Reform der wirtschaftlichen Kooperation, (4) Einbeziehung nicht staatlicher Akteure (NGO), (5) Reform der finanziellen Zusammenarbeit. Die einseitigen Handelspräferenzen zugunsten der AKP-Staaten sind teilweise bereits abgebaut worden bzw. sollen in absehbarer Zeit eliminiert werden.

**Londoner Abkommen** – Londoner Schuldenabkommen.

**Londoner Club** – Umschuldungsverhandlungen mit überschuldeten Staaten vollziehen sich auf zwei Ebenen: Sofern es sich bei den Gläubigern um staatliche Institutionen handelt, werden Umschuldungen im → Pariser Club in Zusammenarbeit mit dem Internationalen Währungsfonds (→ IWF) verhandelt. Private Gläubiger, vorrangig Banken, arbeiten dagegen im Londoner Club zusammen, bilden aber auch spezielle Konsortien.

**Losses** – *außerbetriebliche Aufwendungen,* → Conceptual Framework.

**Lucky Buy** → Badwill.

**Maastrichter Vertrag** – *Vertrag über die EU* (→ EUV); *Vertrag zur Änderung der* → EWG (→ EWGV) in die EG (→ EGV); von den Staats- und Regierungschefs der EWG-Mitgliedsstaaten am 9. und 10.12.1991 in Maastricht vereinbarter und am 7.2.1992 unterzeichneter Vertrag über die EU(in Kraft seit 1.11.1993) mit dem Ziel, die → EWG mit erweiterten und verbesserten Aktionsmöglichkeiten auszustatten – die EWG wurde gleichzeitig umbenannt in → Europäische Gemeinschaft (EG). Der EUV war seinerzeit (bis 1.12.2009) als Mantelvertrag angelegt, der die einzelnen Elemente der Union (z.B. die zunächst drei Europäischen Gemeinschaften, der GASP und der justiziellen und polizeilichen Zusammenarbeit in der dritten Säule) über gemeinsame Bestimmungen zusammenführte. Strukturell stellte der EUV die Union auf drei Säulen: Die (seit 1958 schrittweise ausgebaute) „ökonomische" Säule der zunächst drei Gemeinschaften (→ EGKS aufgehoben, → EWG, → EAG) sowie die beiden neuen „außenpolitischen" und „strafrechtlichen" Säulen der *Gemeinsamen Außen- und Sicherheitspolitik* (→ GASP) und der Zusammenarbeit in den Bereichen Justiz und Inneres, heute *polizeiliche und justizielle Zusammenarbeit in Strafsachen* genannt. Eine weitere EG-/EU-Reform erfolgte mit dem → Vertrag von Nizza 2002. Mit dem → Vertrag von Lissabon wurde das Drei-Säulen-Modell am 1.12.2009 abgeschafft. An seine Stelle tritt das Gemeinsame-Haus-Modell. – Vgl. auch → EU.

**MAI** – Abk. für *Multilateral Agreement on Investment*; im Rahmen der → OPEC 1995 erstmalig diskutierter Versuch, einheitliche Regeln auf dem Gebiet der ausländischen Direktinvestitionen festzulegen. Kernpunkte sind Investitionsschutz, Liberalisierung und Streitschlichtung. Ziel ist die Abschaffung von Verzerrungen der Kapitalflüsse und Gewährleistung einer effizienten Allokation der Ressourcen durch Schaffung von Rahmenbedingungen für den Marktzutritt sowie Rechtssicherheit.

**Management Approach** → Segmentberichterstattung.

**Management Discussion and Analysis (MD&A)** – Bestandteil der US-amerikanischen finanziellen Jahresberichterstattung. Sie enthält ergänzende Informationen zu bestimmten finanziellen Größen wie → Liquidität, Kapitalausstattung und Betriebsergebnis. Das Management ist verpflichtet, in der Management Discussion and Analysis (MD&A) positive und negative Entwicklungen sowie wesentliche Ereignisse und Risiken darzustellen, die diese Finanzgrößen in der Zukunft beeinflussen werden. Weiterhin sind mögliche Effekte der Inflation zu berücksichtigen.

**marginale Importneigung** – gibt an, in welchem Ausmaß die Importnachfrage eines Landes bei einer Zunahme des Bruttoinlandsprodukts (BIP) um eine marginale Einheit zunimmt. – Vgl. auch → marginale Importquote.

**marginale Importquote** – Änderung der Ausgaben für Importe, die durch eine Änderung des Volkseinkommens um eine Einheit induziert wird (ausgehend von der Annahme, dass die Importe vom Volkseinkommen determiniert sind). Nach empirischen Untersuchungen ist die marginale Importquote großer Länder (z.B. USA) i.d.R. kleiner als diejenige kleinerer Länder (z.B. Niederlande), was nicht zuletzt mit der Größe und Vielfältigkeit des inländischen Angebots großer Länder erklärt wird, die eine wachsende Inlandsnachfrage eher befriedigen können. – Vgl. auch → marginale Importneigung.

**Market Value Added** → Economic Value Added (EVA).

**Marktgleichgewicht** → Gleichgewicht.

**Marktordnung** – gemäß Marktordnungsgesetz (MOG) ein System von Maßnahmen, durch das Angebot und Nachfrage sowie die Preisentwicklung in einer bestimmten Richtung beeinflusst oder gelenkt werden sollen. – Im Einzelnen: 1. *totale Regelung der Angebotsmengen und Bezugsberechtigungen durch zentrale Verwaltungsmaßnahmen* (z.B. Einfuhrkontingentierung, Produktionslenkung mittels Herstell- und Verwendungsverboten): verwirklicht (1) theoretisch in der staatlichen Zentralverwaltungswirtschaft; (2) praktisch im Bereich der sowjetischen Wirtschaftsverfassung (auch in der ehem. DDR) und in der Kriegs- und Rüstungswirtschaft. – 2. *Staatliche oder andere behördliche Beeinflussung des Marktgeschehens* (z.B. Festsetzung von Marktzeiten, Höchst- und Mindestpreisen, Qualitätsnormen): in der Bundesrepublik Deutschland Marktstützungspolitik zugunsten der Landwirtschaft mittels Einfuhrkontingentierung bzw. Unterhaltung von Marktordnungsstellen, Zollpolitik, Preisbindung für Inlandsprodukte etc. – 3. *Landwirtschaftliche Marktordnung für bestimmte Produkte:* Diese dient dazu, die Existenzfähigkeit der Erzeuger, eine gleichmäßige Versorgung der Bevölkerung und einen gewissen Selbstversorgungsgrad zu sichern. Ferner soll die Preisentwicklung auf den Märkten vor übermäßigen Schwankungen bewahrt bleiben. Die Marktordnung der EU wird auch als gemeinsame Marktorganisationen bezeichnet. – *Gegensatz:* Marktregelung. – *Anders:* Wirtschaftsordnung.

**Marktordnungsgesetz (MOG)** – Gesetz zur Durchführung der gemeinsamen Marktorganisationen. Es schafft die innerstaatliche Rechtsgrundlage für die Durchführung der gemeinsamen Marktorganisationen der EU für landwirtschaftliche Erzeugnisse in der Bundesrepublik Deutschland.

**Marktordnungsstelle** – ist gemäß § 3 MOG die → Bundesanstalt für Landwirtschaft und Ernährung (BLE). Einzelne Aufgaben können dem Bundesamt für Wirtschaft und Ausfuhrkontrolle (BAFA) übertragen werden.

**Marktzerrüttung** – dem → Dumping verwandter Begriff für eine Marktsituation mit folgenden Voraussetzungen: (1) bedeutende Zunahme der Einfuhr eines bestimmten Produkts aus einem bestimmten Land; (2) Preisforderung dafür, die stark unter den entsprechenden Preisen im Importland liegen; (3) effektive oder drohende ernsthafte Schädigung einer Produktion des Importlandes; (4) Verursachung der Preisdifferenzen durch Subventionen oder Dumpingpraktiken. Die Gefahr einer Marktzerrüttung stellt die Voraussetzung für die Einführung von nicht tarifären Maßnahmen dar, welche eine Störung des Marktes verhindern soll, z.B. durch die Einführung von Anti-Dumping-Zöllen oder von mengenmäßigen Beschränkungen, Quotierungen und Kontingenten.

**Marshall-Lerner-Bedingung** → Elastizitätsansatz. Bedingung für eine Normalreaktion der → Leistungsbilanz: Summe der Absolutwerte der Importnachfragefunktionen beider Länder ist größer als 1, wenn das Angebot beider Länder vollständig preiselastisch ist.

**Marshall-Plan** → ERP.

**Matching** – I. Außenhandel: → Netting, Covering. Um eine Netto-Exposure (→ Exposure) von Null bei den laufenden Transaktionen zu erreichen, können offene Positionen durch entsprechende spiegelbildliche Positionen geschlossen (kompensiert) werden, z.B. indem einer Dollarforderung eine Dollarverbindlichkeit gegenüber gestellt wird. Dabei sollten Währungsbeträge und Termine möglichst deckungsgleich sein. – Vgl. auch Hedging.

II. Marktforschung: Matched Samples.

**Materiality** – *Principle of Materiality, Grundsatz der Wesentlichkeit*; angloamerikanisches Prinzip der → Rechnungslegung. Besagt, dass bei der Aufstellung eines Jahresabschlusses alle Tatbestände berücksichtigt und offen gelegt werden müssen, die „material" (wesentlich) sind, d.h. wegen ihrer Größenordnung einen Einfluss auf das Jahresergebnis haben und wegen ihres Aussagewertes für die Empfänger von Jahresabschlüssen von Bedeutung sind. Ein Betrag, ein Posten oder ein Tatbestand ist immer „material", wenn seine Berücksichtigung im Jahresabschluss und seine Offenlegung den Einblick in die Vermögens-, Finanz- und Ertragslage einer Gesellschaft verbessern (→ True and Fair View; Fairness of Accounting Presentation). Materiality-Probleme müssen (1) unter Berücksichtigung des gesamten Sachverhaltes und (2) nach dem persönlichen Urteilsvermögen (Professional Judgement) bzw. dem pflichtgemäßen Ermessen des Abschlussprüfers beurteilt und entschieden werden. In das dt. Bilanzrecht (HGB) ist das Wesentlichkeitsprinzip nicht ausdrücklich als allg. Grundsatz aufgenommen. Es ist aber davon auszugehen, dass die Generalnorm des Jahresabschlusses (§ 264 II HGB) – Vermittlung eines den tatsächlichen Verhältnissen entsprechenden Bildes der Vermögens-, Finanz- und Ertragslage im Rahmen der Grundsätze ordnungsmäßiger Buchführung (GoB) – nur unter Beachtung dieses Grundsatzes möglich ist (bes. § 264 II 2 HGB). Der Gesetzgeber hat zudem in mehrere Einzelvorschriften den Gesichtspunkt der Wesentlichkeit (Berücksichtigungsgrenze) explizit aufgenommen (z.B. §§ 240 III, 265 VII Nr. 1, 285 Nr. 3, 286 III HGB). Im Rahmen der IFRS konkretisiert der Grundsatz der Wesentlichkeit gemäß RK.29-30 und IAS 1.29-31 den Primärgrundsatz der Relevanz. Eine Information ist in Abhängigkeit ihrer Art als auch von ihrer Auswirkung auf zentrale Größen wie Eigenkapital und Periodenergebnis wesentlich. Zudem wurde dieser Grundsatz in verschiedene Einzelvorschriften explizit aufgenommen (z.B. IAS 36-15-16).

**maximale Umverteilungsrate** – entwicklungspolitische Interpretation des Gini-Koeffizienten. Sie gibt an, welcher Anteil des Volkseinkommens umverteilt werden muss, damit vollständige Gleichheit erzielt wird. Das Maß leidet gegenüber der Lorenz-Kurve an interpretativer Mehrdeutigkeit. Ob z.B. 50 Prozent des Volkseinkommens an die ärmsten 20 Prozent der Bevölkerung oder an 60 Prozent der Bevölkerung umverteilt werden muss, wird aus der Maßzahl nicht deutlich.

**Max-Weber-These** – Weber erklärt das Leistungsgefälle zwischen protestantischen und katholischen Ländern durch die ökonomischen Folgen religiöser Vorstellungen. Größere Verantwortungsbereitschaft, Risikoübernahme und Sparsamkeit, eine größere Freiheit sowie die Bereitschaft, traditionellen Boden zu verlassen, wurden als entscheidend für die Entwicklung eines leistungsstarken und entwicklungsorientierten Menschenschlags angesehen. Reichtum wurde religiös legitimiert, da er zur Ehre Gottes erwirtschaftet, aber nicht zum Konsum genutzt werden durfte (Gedanke der Haushalterschaft). – Länder, die Protestanten und Juden vertrieben, wie Spanien und Frankreich, fielen in ihrer wirtschaftlichen Entwicklung zurück. Durch Luther bekam der Beruf eine säkulare Bedeutung, was Leistungsanreize ermöglichte. Die unbeabsichtigten ökonomischen Konsequenzen calvinistisch geprägter religiöser Überlegungen führten zur starken Kapitalakkumulation. – Die Max-Weber-These gab Anlass zu einer immer noch währenden Debatte über die religiösen Voraussetzungen der Entwicklung. Empirische Studien haben den Ansatz sowohl widerlegt bzw. differenziert als auch bestätigt.

**McKinnon-Shaw-These** – Analyse zur Bedeutung des Finanzsektors für die wirtschaftliche Entwicklung. Die McKinnon-Shaw-These besagt, dass ohne ausreichende Finanzintermediation größere Geldmengen zur Durchführung von Investitionen notwendig sind: Der Investor muss zuvor die Finanzmittel selbst ansparen (Eigeninvestor), sodass wegen fehlender Finanzintermediation nicht unbedingt die volkswirtschaftlich produktivste Investition realisiert wird. Der Aufbau einer Finanzintermediation ermöglicht eine höhere Sparfähigkeit und eine effiziente Verwendung der Ersparnisse.

**MD&A** – Abk. für *Management Discussion and Analysis*.

**Mehrfachbelastung** → Doppelbesteuerung.

**mehrstufiger Konzern** → Konzern, in dem mind. ein Tochterunternehmen seinerseits mind. ein Tochterunternehmen hat und damit selbst Mutterunternehmen eines Teilkonzerns ist.

**Meistbegünstigung** – 1. *Begriff:* Meistbegünstigung verpflichtet einen Staat, alle handelspolitischen Vergünstigungen, v.a. Zollvorteile, die einem anderen Staat eingeräumt wurden, allen anderen Staaten einzuräumen, mit denen Meistbegünstigung vereinbart ist. – 2. *Arten:* a) *unbedingte und unbeschränkte Meistbegünstigung:* Das Verbot der Diskriminierung erstreckt sich auf alle Einfuhrwaren, alle Länder und alle Arten der Handelserschwerung. – b) *Beschränkte Meistbegünstigung:* Nur vertraglich vereinbarte Waren sind betroffen oder ausdrücklich ausgenommen. – c) *Bedingte Meistbegünstigung:* Gewährung eines Vorteils verlangt eine entsprechende Gegenleistung (Reziprozität). – 3. *Rechtliche Grundlagen:* Meistbegünstigung wurde erstmals 1860 zwischen England und Frankreich vertraglich fixiert. Meistbegünstigung-Verpflichtung kann aus bilateralen Abkommen mit dem Prinzip der Reziprozität beruhen oder auf multilateralen Verträgen. Meistbegünstigung gehört zu den Grundpfeilern der → World Trade Organization (WTO) und gilt auch in den Teilabkommen → GATT, → GATS und TRIPS (s. → TRIPS Abkommen). Bilaterale Liberalisierungsfortschritte gelten automatisch multilateral. – Ausdrücklich ausgenommen von der Verpflichtung zur Meistbegünstigung sind in der WTO → Zollunionen → Freihandelszonen und Commonwealth-Präferenz, letztere als Altpräferenz. Auf der → UNCTAD-Konferenz in Neu-Delhi (1968) wurden ab 1971 sog. Allgemeine Zollpräferenzen der Industrieländer zugunsten der Entwicklungsländer vereinbart. – 4. *Bedeutung:* Meistbegünstigung verhindert wirtschaftliche Diskriminierung im internationalen Handel und trägt somit zur Verbesserung der internationalen Arbeitsteilung bei. Allerdings unterliegen immer noch große Teile des Welthandels nicht dem Prinzip der Meistbegünstigung (Ausnahmebereiche). Meistbegünstigung wird durch → nicht tarifäre Handelshemmnisse unterlaufen wie z.B. durch Kontingentierungen der Wareneinfuhr, Differenzierung von Frachttarifen und bürokratischen Maßnahmen der Zollbehörden.

**Mengennotierung** – Bei der Mengennotierung gibt der → Wechselkurs die Menge an ausländischen Währungseinheiten an, die erforderlich sind um eine Einheit inländischer Währung zu erwerben. – *Beispiel:* 1 Euro = 1, 45 US-Dollar. – Vgl. auch → Wechselkurs, → Devisenkurs.

**Mengenwechselkurs** → Wechselkurs, welcher ausdrückt, welche Menge an ausländischer Währung einer Einheit der inländischen Währung entspricht (z.B. 1 Euro = 1,4582 US-Dollar). Der spiegelbildliche Preiswechselkurs drückt rechnerisch das exakt gleiche Wertverhältnis aus.

**Mengenzoll** – Zoll, der auf Mengenbasis berechnet wird (→ spezifischer Zoll oder → Wertzoll), z.B. Euro pro Stück oder Gewicht – *Beispiel:* 102,4 Euro/100 kg). Die wertmäßige Belastung eines Gutes durch einen Mengenzoll sinkt mit zunehmendem Preis. – Vgl. auch → Zoll, → Spezifischer Zoll, → Einfuhrzoll, → Wertzoll, → tarifäre Handelshemmnisse, → Zollzwecke.

**MERCOSUR** – Abk. für *Mercado Común del Cono Sur;* → gemeinsamer Markt im südlichen Lateinamerika. – 1. *Errichtung und Ziele:* Grundlage ist das am 26.3.1991 von Argentinien, Brasilien, Paraguay und Uruguay unterzeichnete → Asunción-Abkommen (29.11.1991). Seit 4.7.2006 ist Venezuela fünftes Vollmitglied des MERCOSUR. Durch dieses Vertragswerk, das für den Beitritt weiterer Länder aus der Region offen steht (assoziiert sind Bolivien, Chile, Ecuador, Kolumbien und Peru, über eine Assoziierung mit Mexiko wird seit 2004 verhandelt), verpflichten sich die Mitgliedsstaaten zur schrittweisen Schaffung eines Gemeinsamen Marktes (bis 2011 nicht geschehen), zum Ausbau der wirtschaftspolitischen Koordination, zur Angleichung von Rechtsvorschriften mit Auswirkung auf den innergemeinschaftlichen Handel sowie zum Schutz der Umwelt. Das Abkommen fügt sich in den Rahmen von → ALADI ein und vertieft die dort vereinbarten Abmachungen (die lediglich auf die Integration einzelner Sektoren abzielen). Kernelement des MERCOSUR ist eine weit reichende → Handelsliberalisierung; es existieren einige Schutzklauseln sowie spezifische Ausnahmebereiche, die einer verzögerten Liberalisierung unterworfen sind. Die Mitgliedsländer haben bis Ende 1994 (Paraguay bis Ende 1995; Venezuela noch nicht) untereinander alle → Zölle und → nicht tarifären Handelshemmnisse nach einem vertraglichen Stufenplan abgebaut. Gleichzeitig wurde die Handelspolitik gegenüber Drittländern weitgehend angeglichen und die interne Freizügigkeit von Personen und Kapital hergestellt, sowie ein einheitlicher Außenzolltarif wurde aufgebaut. Damit entspricht das MERCOSUR-Konzept dem einer → Zollunion. Obwohl die Ziele ergeizig waren, sind zwanzig Jahre nach Gründung des MERCOSUR viele Ziele nicht erreicht worden, da zwischen den Mitgliedstaaten Streitigkeiten bestehen. So hat Brasilien erst 2009 dem Beitritt Venezuelas zugestimmt, Paraguay hat bis 2011 dem Beitritt nicht zugestimmt. Der „Entwicklungsprozess" des MERCOSUR ist noch nicht abgeschlossen. – 2. *Organe:* Die institutionelle Struktur besteht bisher nur aus zwei Organen, dem sog. Rat (Entscheidungsorgan; Einstimmigkeitsprinzip) und der sog. Gemeinsamer-Markt-Gruppe (Initiativrecht, Überwachungsfunktionen, exekutive Aufgaben, kein supranationaler Charakter). Sitz des Sekretariats der „Gruppe" ist Montevideo. Anstelle eines gemeinsamen Gerichtshofs fungiert lediglich ein Schiedsgericht. Außerhalb des Abkommens von Asunción hat sich eine sog. Gemeinsame Parlamentarische Kommission etabliert; außerdem finden regelmäßig informelle Treffen der Wirtschaftsminister mit den Zentralbank-Präsidenten statt. – 3. *Entwicklung:* Der Handel mit den jeweils übrigen Mitgliedsländern spielte in der Vergangenheit nur für die beiden kleinen Teilnehmerstaaten eine größere Rolle. Seit Beginn des schrittweisen Abbaus der Handelsschranken (30.6.1991) hat der Intra-Block-Handel aller vier Integrationspartner jedoch signifikant zugenommen. Seit Anfang 1996 ist Bolivien, seit Mitte 1998 Chile, seit Mitte 2003 Peru und seit Oktober 2004 Kolumbien und Ecuador dem MERCOSUR assoziiert. – 4. *Beziehungen zur EU:* Seit dem 1.7.1999 ist zwischen den EU- und den vier MERCOSUR-Staaten ein Rahmenabkommen zur wirtschaftlichen, politischen und kulturellen Kooperation in Kraft. Kernelement des Vertragswerks bildet die Verpflichtung zu einer zügigen beiderseitigen Verringerung der Handelshemmnisse; bei Vertragsunterzeichnung wurde außerdem die Absicht bekräftigt, im Laufe des ersten Jahrzehnts des 21. Jh. das Ziel einer umfassenden gemeinsamen → Freihandelszone anzustreben. Das EU-MERCOSUR-Abkommen beinhaltet neben den handelspolitischen Vereinbarungen auch Bestimmungen zur Förderung von Investitionen sowie zur Zusammenarbeit in der Forschungs- und Technologiepolitik, sowie zur Kooperation in den Bereichen Wissenschaft und Umweltpolitik.

**Merger Accounting** → Pooling-of-Interests-Methode, → Purchase-Methode.

**Merkpostenmethode** – 1. *Begriff:* Eine Methode zur buchhalterischen Behandlung von stillen Reserven, die vor allem in solchen Wirtschaftsgütern, die über die Grenze in einen ausländischen Staat verbracht werden (→ Verbringung), im Zeitpunkt des

Ausscheidens aus der dt. Steuerhoheit vorhanden sind. – 2. *Systematische Hintergründe*: Nach den Grundregeln des Internationalen Steuerrechts können Veräußerungsgewinne (und damit auch stille Reserven) aus Wirtschaftsgütern dann nicht in Deutschland besteuert werden, wenn die Wirtschaftsgüter zu einer ausländischen Betriebsstätte gehören und Deutschland – was der Regelfall ist – mit diesem anderen Land ein → Doppelbesteuerungsabkommen (DBA) geschlossen hat (→ Betriebsstättenprinzip, → Freistellungsmethode). Somit können stille Reserven in einem Wirtschaftsgut, die sich in Deutschland gebildet haben, nur so lange besteuert werden, wie sich dieses Wirtschaftsgut hier befindet; aus diesem Grund ordnet das Gesetz an, dass vorhandene stille Reserven unmittelbar vor dem Ausscheiden aus der dt. Steuerhoheit festzustellen und zu versteuern sind (§ 4 I Satz 3 EStG; fiktive Entnahme). Jedoch führt das dazu, dass das betroffenen Unternehmen Gewinne (die stillen Reserven) versteuern müsste, obwohl noch gar keine entsprechende Liquidität zugeflossen ist. Es besteht daher wirtschaftlich ein Bedarf, die Versteuerung der stillen Reserven zeitlich in die Zukunft zu verschieben. Die Merkpostenmethode ist das Instrument hierzu. – 3. *Funktionsweise*: a) *Grundprinzip*: Nach der grundsätzlichen Idee der Merkpostenmethode werden stillen Reserven in dem Wirtschaftsgut bei der Verbringung ins Ausland zwar aufgedeckt (steuerliche Zuschreibung des Buchwertes auf den aktuellen gemeinen Wert), der daraus resultierende Gewinn aber neutralisiert durch Bildung eines Passivpostens in gleicher Höhe („Ausgleichsposten", „Merkposten", quasi eine steuerfreie Rücklage; der durch die Einbuchung des Passivpostens entstehende Aufwand kompensiert den Ertrag aus der Aufdeckung der stillen Reserven). Dieser Passivposten wird dann allmählich so aufgelöst, wie sich die stillen Reserven tatsächlich realisieren – sei es durch tatsächlichen Verkauf, sei es durch Mehrabschreibungen im Ausland (wo man das Wirtschaftsgut bei Einlage

in die dortige Betriebsstätte üblicherweise mit dem aktuellen Wert ansetzen kann und daher mehr abschreiben kann, als man es bei einem Verbleib hier in Deutschland getan haben könnte). Auf diese Art und Weise werden die stillen Reserven zwar für Deutschland gesichert, zugleich aber eine unverhältnismäßige Mehrbelastung des Unternehmens durch Liquiditätsnachteile vermieden. – b) *Regelung in Deutschland*: Seit 2007 ist die Merkpostenmethode gesetzlich geregelt in § 4g EStG, der zahlreiche vereinfachende Vorgaben für ihre Durchführung enthält. So darf bei der Auflösung des Merkpostens nur von einer maximalen Restnutzungsdauer von 5 Jahren ausgegangen werden (zu jedem Bilanzstichtag müssen mind. 20 Prozent des Postens aufgelöst werden), der Merkposten darf überhaupt nur bei Verbringung von Wirtschaftsgütern innerhalb der EU gebildet werden, und es bedarf zu seiner Bildung eines unverzüglichen Antrags an die Finanzbehörden. – 4. *Würdigung*: Da mit jeder anteiligen Auflösung des Passivpostens (Merkpostens) buchhalterisch Ertrag entsteht, ist die Merkpostenmethode nichts anderes als eine steuerfreie Rücklage, die es ermöglicht, die steuerliche Realisation aufgedeckter stiller Reserven technisch über mehrere Jahre zu verteilen und dadurch Steuerstundungseffekte zu nutzen. – 5. Im *Handelsrecht* stellt sich die Frage nach der Zulässigkeit der Merkpostenmethode nicht, weil es handelsrechtlich bei einer Verbringung eines Gegenstands oder eines Rechts von einer inländischen Betriebsstätte in eine ausländische Betriebsstätte desselben Rechtsträgers gar keine Aufdeckung der stillen Reserven geben darf (kein Umsatzakt, kein sonstiger Realisationstatbestand). Die Merkpostenmethode ist also ein rein steuerliches Phänomen.

**Messegut** → Ausstellungsgut.

**Metzler-Paradoxon** – Wenn ein Land als Importeur oder Exporteur auf dem → Weltmarkt von großer Bedeutung ist, dann wird die Einführung eines → Einfuhrzolles oder einer → Exportsubvention den

→ Weltmarktpreis des importierten Gutes verringern (→ Optimalzoll). Dieser Terms-of-Trade-Effekt (→ Terms of Trade) kann so stark und unerwünscht sein, dass sogar der zollinklusive Inlandspreis dieses Gutes sinkt. Man spricht vom *Metzler-Paradoxon*, benannt nach *Lloyd Metzler*, der 1949 diese theoretische Möglichkeit im Rahmen der Analyse mithilfe des → *Heckscher-Ohlin-Theorems* postuliet hat. Diese Situation wird in der realen Wirtschaft für wenig wahrscheinlich angesehen. – Vgl. auch → Stolper-Samuelson-Theorem, → Handelspolitik, → Heckscher-Ohlin-Theorem.

**MFN-Zollsatz** → Drittlandszollsatz;engl. *Most Favoured Nations.* Nach dem Meistbegünstigungsprinzip der WTO (→ GATT) der anzuwendende → Vertragszollsatz.

**MIGA** – Abk. für *Multilateral Investment Guarantee Agency, Multilaterale Investitions-Garantie-Agentur;* Weltbanktochter, die am 12.4.1988 gegründet wurde mit Sitz in Washington, D.C. – *Mitgliedsländer:* 173 (2009). – *Grundkapital:* Ca. 1 Mrd. US-Dollar, woran Deutschland mit 5 Prozent beteiligt ist. – *Ziel:* Förderung der privatwirtschaftlichen Investitionstätigkeit in Entwicklungsländern durch Übernahme von Garantien gegen politische Risiken sowie Beratung der Entwicklungsländer bei ihrer Politik gegenüber → Direktinvestitionen. – *Organe:* Direktorium mit 18 Mitgliedern, von denen 14 zugleich Direktoren der → IBRD und → IDA sind.

**Migration** – Wanderungsbewegungen von Menschen (Arbeitskräften) zwischen Staaten oder administrativen Untereinheiten eines Staates (→ Binnenwanderung), die zu einem längerfristigen oder dauernden Wechsel des ständigen Aufenthaltsortes der daran beteiligten Personen führen. Häufig durch politische, soziale oder wirtschaftliche Not der sog. *Migranten* hervorgerufen. – Vgl. auch → internationale Faktorwanderungen, Wanderung.

**Minderheitenanteile** → Vollkonsolidierung.

**Mindeststeuersatz** – I. EU-Recht: 1. *Begriff:* EU-rechtlich festgelegter Steuersatz, der bei bestimmten Steuern mind. erhoben werden muss. Die Wahl eines höheren Steuersatzes steht, sofern nicht weitere Schranken (Steuersatzspanne, Zielsteuersätze) gesetzt sind, jedem Mitgliedsstaat frei. Ziel der Mindeststeuersätze ist es, beim allmählichen Übergang der Verbrauchs- und Umsatzbesteuerung im Binnenmarkt auf das Ursprungslandprinzip einem ruinösen Steuersenkungswettbewerb vorzubeugen. – 2. *Umsatzsteuer:* Mindeststeuersatz für normale Umsätze ist ein Satz von 15 Prozent; allerdings wird dieser Satz regelmäßig nur für einige Jahre befristet vorgeschrieben werden, eine Verlängerung muss jeweils einstimmig im EG-Ministerrat beschlossen werden. Für den ermäßigten Steuersatz ist unbefristet ein Mindeststeuersatz von 5 Prozent vorgeschrieben, hier existieren jedoch Ausnahmen infolge von Übergangsregelungen für einzelne Länder. – 3. *Verbrauchsteuern:* Mindeststeuersätze für Tabak-, Mineralöl- und Biersteuer sind durch EG-Richtlinien vorgegeben und sollen regelmäßig angepasst werden. Bei den übrigen Verbrauchsteuern sind keine Mindeststeuersätze vorgesehen, hier wird eine allmähliche Senkung der Sätze bis hin zur Abschaffung der betreffenden Steuern infolge des Wettbewerbs der Steuersysteme bewusst in Kauf genommen.

II. Einkommensteuerrecht: Bei beschränkter Steuerpflicht wurde für Steuerausländer, die in Deutschland zur Einkommensteuer veranlagt wurden, lange Zeit ein Mindeststeuersatz von 25 Prozent vorgeschrieben (§ 50 III EStG bis Ende 2008), diese Regelung wurde jedoch ab 2009 abgeschafft, da sie als Verstoß gegen das Gemeinschaftsrecht (EG-Recht) angesehen wurde.

**Ministerrat der Europäischen Union** – wurde umbenannt in → Rat der Europäischen Union, einem Organ der → EU.

**Misalignment** – Fehlanpassung des → Wechselkurses, die dadurch zustande kommt, dass der reale → Wechselkurs durch die Veränderung des nominellen Wechselkurses von seinem Gleichgewichtswert abweicht. – Der Gleichgewichtswert des realen Wechselkurses ist allerdings nicht einfach zu ermitteln. Bei empirischen Betrachtungen wird als Vergleichsmaßstab meist die → Kaufkraftparität verwendet. Der gleichgewichtige reale Wechselkurs verändert sich im Laufe der Zeit, und zwar einerseits aufgrund von realwirtschaftlichen Veränderungen im Bereich der Produktion und der Nachfrage, andererseits aber auch aufgrund von Bestandsanpassungsprozessen zur Erreichung des → außenwirtschaftlichen Gleichgewichts. – Vgl. auch → Wechselkurstheorie, → Zahlungsbilanzausgleich.

**Mischzoll** – Kombination aus → Wertzoll und → spezifischem Zoll, wobei einer dieser Zollsätze die Höchst- oder Mindestgrenze des anzuwendenden Zollsatzes angibt. Mischzölle sollen bei Preisschwankungen eine Mindest- oder Höchstzollbelastung gewährleisten. Sie werden bei → Einfuhr in das → Zollgebiet der Gemeinschaft (künftig der → EU) vorwiegend auf landwirtschaftliche Waren angewendet. – *Form:* → Gleitzoll.

**moderner Sektor** → formeller Sektor.

**modernisierter Zollkodex** – Abk. *MZK*; 1. *Begriff:* wurde am 4.6.2008 mittels VO (EG) Nr. 450/2008 vom 23.4.2008, ABl. 2008 Nr. 145/1 veröffentlicht. Er sollte spätestens am 24.6.2013 mit der bis dahin noch zu schaffenden Durchführungsverordnung (DVO) in vollem Umfang gelten. In Kraft getreten ist er zwar am 24.6.2008, anwendbar sind zunächst aber nur die Ermächtigungsgrundlagen für die DVO. Spätestens am 23.6.2013 sollte er in vollem Umfang angewendet werden. Anfang 2012 legte die Kommisson einen Entwurf für einen → Unionszollkodex vor. Dieser sieht eine Neufassung des MZK vor, die wohl 2015 in vollem Umfang gelten soll – 2. *Inhalt:* Zielsetzung des MZK ist eine stärkere Vereinheitlichung der → Zollverfahren und Zollverwaltungsabläufe. Dabei geht es v.a.

darum, die e-government-Initiative auch für den Bereich des Zolls zu implementieren, die bisherigen Regeln einfacher und übersichtlicher zu strukturieren, das Betrugsrisiko zu verringern, Sicherheit und Schutz an den Außengrenzen zu verstärken, die Wettbewerbsfähigkeit der in der Gemeinschaft tätigen Unternehmen sowie der mit solchen Unternehmen Geschäftsverbindungen pflegenden Nichtgemeinschaftsunternehmen zu stärken und damit das wirtschaftliche Wachstum zu fördern, die Kohärenz mit der Gemeinschaftspolitik in anderen Bereichen wie den indirekten Steuern, Landwirtschaft, Handel etc. zu verbessern.

**MOEL** – Abk. der → EU für *mittel- und osteuropäische Länder (MOE-Staaten);* Bezeichnung für folgende Staaten: Albanien, Bulgarien, Estland, Litauen, Lettland, Polen, Rumänien, Slowakische Republik, Kroatien, Serbien, Slowenien, Tschechische Republik, Ungarn (u.a.). Mit diesen *MOE-Staaten* wurden → Europa-Abkommen zur Assoziierung an die EU geschlossen (sog. → Assoziierungsabkommen). Die meisten MOE-Staaten sind am 1.5.2004 und 1.1.2007 der EU beigetreten. Kroatien wird voraussichtlich am 1.7.2013 als 28. Mitgliedstaat der EU beitreten; Albanien und Serbien steht der Beitritt zur EU nach dem Thessaloniki-Gipfel von 2003 – wie allen Nachfolgestaaten des Westbalkan (des ehemaligen Jugoslawien) – offen. Montenegro stellte im Dezember 2008, Mazedonien bereits im März 2004, Albanien im April 2009, Serbien im Dezember 2009 den Antrag auf EU-Mitgliedschaft. Bosnien und Herzegowina hat im Februar 2010 einen Beitrittsantrag zur EU angekündigt, aber bislang noch nicht gestellt. Problematisch bleibt das Gebiet Kosovo nach der UN-Resolution 1244, dass seine Unabhängigkeit erklärt hat und von zahlreichen Staaten anerkannt worden ist.

**monetäre Außenwirtschaftstheorie** – 1. *Begriff:* Teilbereich der → Außenwirtschaftstheorie, in dem die Rolle des Geldes im Zentrum des Interesses steht. Die monetäre Außenwirtschaftstheorie widmet sich im Sinn einer wissenschaftlichen Arbeitsteilung genau jenen Problemen, die in der → realen Außenwirtschaftstheorie durch geschickte Wahl der Annahmen aus der Betrachtung ferngehalten werden. Die explizite Berücksichtigung des Geldes rückt nun die Existenz *unterschiedlicher Währungen* ins Zentrum der Analyse. Damit zusammenhängend wird die Betrachtung über den internationalen Handel von Gütern und Dienstleistungen auch auf den → internationalen Kapitalverkehr ausgedehnt. – 2. *Problembereiche:* Die wichtigsten Probleme, denen sich die monetäre Theorie widmet, sind: (1) Erklärung von unausgeglichenen Handelsbilanzen über makroökonomische Zusammenhänge sowie deren Beziehung zum internationalen Kapitalverkehr und dem Geschehen auf dem → Devisenmarkt. (2) Detaillierte Analyse der Bestimmungsgründe des internationalen → Kapitalverkehrs. (3) Definition des → außenwirtschaftlichen Gleichgewichts in einer Welt mit internationalem Kapitalverkehr sowie Analyse der entsprechenden Anpassungsmechanismen bei unterschiedlichen Wechselkurssystemen. (4) Wirksamkeit der Stabilitätspolitik in Ökonomien mit internationaler Verflechtung auf den Güter- und Kapitalmärkten bei unterschiedlichen Wechselkurssystemen. (5) Die Wechselkurstheorie als Teilbereich der monetären Außenwirtschaftstheorie untersucht die Bestimmungsgründe des Wechselkursverhaltens für flexible Wechselkurssysteme. (6) Schließlich will die monetäre Außenwirtschaftstheorie die Vor- und Nachteile der Wechselkursflexibilität aufzeigen, um so Hinweise für die Gestaltung des → internationalen Währungssystems zu gewinnen. (7) Erklärung der Währungskrisen. In Modellen verschiedener Generationen wird der Zusammenbruch von Festkursmodellen analysiert. Im Mittelpunkt der spekulativen Attacken stehen die Erwartungen der Anleger, die auch mit den Fundamentaldaten vereinbare Festkurssysteme zum Einsturz

bringen können. Es können sog. multiple Gleichgewichte entstehen. – 3. *Methoden:* Bei der Analyse dieser Fragen verwendet die monetäre Theorie weitgehend einen *makroökonomischen Ansatz.* Damit verschwinden zwangsläufig die von der der realen Außenwirtschaftstheorie untersuchten Fragen der Allokation und Verteilung aus dem Blickfeld. Aufgrund der Konzentration auf Probleme der Unterbeschäftigung spielen *Preisstarrheiten* verschiedenster Art in der monetären Theorie eine viel bedeutendere Rolle als in der realen Theorie. – Vgl. auch Stabilisierungspolitik in einer großen offenen Volkswirtschaft, Stabilisierungspolitik in einer kleinen offenen Volkswirtschaft, → Wechselkurstheorie, → Zahlungsbilanzausgleich.

**monetärer Ansatz zur Zahlungsbilanztheorie** – Ansatz zur Erklärung eines Anpassungsprozesses, der im Fall eines → fixen Wechselkurses zu Leistungsbilanzausgleich führt. Ursprünglich entwickelt für Situationen ohne → internationale Kapitalmobilität. Die Bezeichnung *monetär* soll andeuten, dass unausgeglichene Leistungsbilanzen zu Veränderungen der heimischen *Geldmenge* führen, die ihrerseits auf die → Leistungsbilanz zurückwirken, und zwar mit der langfristigen Konsequenz des Leistungsbilanzausgleichs. Der Leistungsbilanzausgleich ist hier ein monetärer Prozess. Die Geldmengenveränderung als Resultat einer unausgeglichenen Leistungsbilanz ergibt sich aus der bei → fixem Wechselkurs erforderlichen Devisenmarktintervention. Die Rückwirkung dieser Geldmengenveränderung auf die Leistungsbilanz ergibt sich aufgrund der Abhängigkeit der Absorption von der Geldmenge. Gemäß dem monetären Ansatz zur Zahlungsbilanztheorie ist die Geldmenge also endogen. – Vgl. → monetaristisches Wechselkursmodell.

**monetaristisches Wechselkursmodell** – spezielles Modell zur Erklärung des nominellen → Wechselkurses zwischen zwei Währungen. – *Annahmen:* Es unterstellt perfekte Preisflexibilität, perfekte Kapitalmobilität, sowie → Kaufkraftparität, und es betont die Relation zwischen Geldangebot und Geldnachfrage zweier Länder als entscheidenden Bestimmungsgrund für den Wechselkurs zwischen den Währungen dieser Länder. – *Erläuterung:* Schreibt man w für den nominellen Wechselkurs aus der Sicht des Inlandes, M bzw. M* für die Geldmenge des In- bzw. Auslandes, und I(.) bzw. I*(.) für die reale Geldnachfrage des In- bzw. Auslandes, so ergibt sich gemäß dem monetaristischen Wechselkursmodell:

$$w = \frac{[M/I(.)]}{[M^*/I^*(.)]}.$$

Wächst die Geldmenge des Inlandes unter sonst gleich bleibenden Bedingungen stärker als jene des Auslandes, so muss die heimische Währung abwerten, es sei denn, es wächst auch die reale Geldnachfrage im → Inland stärker als im → Ausland. – *Determinanten:* Die reale Geldnachfrage hängt aus der Sicht des monetaristischen Wechselkursmodells vom Realeinkommen und vom Zinssatz ab. Daraus ergibt sich letztlich, dass der Wechselkurs von dem Verhältnis der beiden Geldmengen (M/M*) dem Verhältnis der beiden Realeinkommen und von der Zinsdifferenz zwischen dem Inland und dem Ausland abhängt. Die Zinsdifferenz ist jedoch über die *ungedeckte* → Zinsparität (perfekte → Kapitalmobilität) mit der Abwertungserwartung für die heimische Währung verknüpft. Die Abwertungserwartung kann über die relative → Kaufkraftparität auch in die Differenz zwischen den Inflationserwartungen im In- und Ausland überführt werden. Während üblicherweise in makroökonomischen Modellen der offenen Volkswirtschaft Geldmengenerhöhungen mit einer Zinssenkung einhergehen (Mundell-Fleming-Modell, → Dornbusch-Modell, → Portfolio-Ansatz), kann es im monetaristischen Wechselkursmodell im Anschluss an eine Geldmengenexpansion zu einem sofortigen Nominalzinsanstieg

kommen, der durch höhere Inflationserwartungen zustande kommt. – Vgl. auch → Wechselkurstheorie.

**Monokultur** – 1. Bezeichnung für die regionale Konzentration der Markterzeugung in der Landwirtschaft auf ein Produkt, etwa Baumwollproduktion, Kaffeeanbau oder Rinderzucht. – 2. Im übertragenen Sinn auch für Teilgebiete oder Städte mit einseitig entwickelter, dabei jedoch krisenanfälliger Industrie, etwa Schiffbau, Schmuckindustrie.

**Montanunion** → EGKS.

**Multifaserabkommen (MFA)** – *Multi Fibre Arrangement, Multifibre Agreement, Welttextilabkommen, (1974-1994).* Das Multifaserabkommen regelte den internationalen Handel mit Textilien zwischen Industrieländern und Entwicklungsländern. Es ersetzte 1974 das Baumwolltextilabkommen aus dem Jahre 1962, das mehrfach verlängert wurde und durch die → Uruguay-Runde (→ GATT) in die → World Trade Organization (WTO) integriert wurde. – *Ziele:* Fortschreitende Liberalisierung und Expansion des Welthandels, Vermeidung von Störungen in Export- und Importländern, Sicherung eines zunehmenden Anteils der Entwicklungsländer am Welttextilhandel durch stetige Zunahmen von Textilexporterlösen. – *Bewertung:* De facto stellte das Multifaserabkommen eine protektionistische Beschränkung des → Freihandels zulasten der Entwicklungsländer dar. Der verschärfte Wettbewerb aus lieferstarken Schwellenländern führte zu erheblichen strukturellen Anpassungsproblemen der Textilbranche der Industrieländer, die mit einem Beschäftigungsrückgang von über 40 Prozent innerhalb eines Jahrzehnts mündete. Daher wurde das MFA zum Schutz für nicht (mehr) wettbewerbsfähige Unternehmen des Textilsektors in Industrieländern genutzt.

**Multifibre Agreement** → Multifaserabkommen (MFA).

**Multilateral Agreement on Investment** → MAI.

**Multilaterale Investitions-Garantie-Agentur** → MIGA.

**multilaterale Liberalisierung** – Alle Vertragspartner der Welthandelsorganisation (→ World Trade Organization (WTO)) nehmen an den völkerrechtlichen Verträgen zur Beseitigung der (tarifären und nicht tarifären) Handelshemmnisse teil (→ GATT, → GATS, etc.); es gibt aber völkervertragsrechtliche Abkommen z.b. für Agrarprodukte oder Textilien, an denen nicht alle WTO-Mitglieder teilnehmen, man spricht dann von plurilateralen Abkommen. – Vgl. → Handelsliberalisierung, → tarifäre Handelshemmnisse, → nicht tarifäre Handelshemmnisse.

**multilateraler Handel** → Multilateralismus.

**multilaterale Zusammenarbeit** → Entwicklungshilfe, die von internationalen Organisationen oder mehreren Staaten an ein oder mehrere Entwicklungsländer geleistet wird.

**Multilateral Investment Guarantee Agency** → MIGA.

**Multilateralismus** – System mehrseitiger (multilateraler) → Handelsabkommen und → Zahlungsabkommen im internationalen Handel (multilateraler Handel); Grundsatz des → GATT. – Vgl. auch → Bilateralismus, → Regionalismus, → World Trade Organization (WTO).

**multipler Wechselkurs** → gespaltener Wechselkurs.

**Mundell-Theorem** – Aussage der → Außenhandelstheorie über die Wirkung eines → Zolls bei → Heckscher-Ohlin-Handel mit → internationaler Kapitalmobilität, benannt nach *Robert A. Mundell*.

**Muster und Proben von geringem Wert** – Sendungen, die aufgrund zollamtlicher Entscheidung als Warenmuster und -proben ohne Handels- bzw. Weiterveräußerungswert angesehen werden. Sie dienen dazu, Aufträge für Waren entsprechender Art zu beschaffen. Die Waren bleiben zollfrei. Wirtschaftlich geht ihr Wert in den später importierten Waren auf, die bei Überführung in den zollrechtlich freien Verkehr zu verzollen sind. Die Zollbehörden können die Befreiung davon abhängig machen, dass die Waren auf Dauer unbrauchbar gemacht werden. Das kann durch bes. Entwertung (Zerreißen, Lochen, Winkelschnitt in Feder, Stanzlöcher in Schuhsohle, aufgeschnittenes Gehäuse etc.) geschehen. – Vgl. auch → Warenmuster.

**Mutual Purchase** → Fresh-Start-Methode.

**MVA** – Abk. für *Market Value Added*, → Economic Value Added (EVA).

**NAB** – Abk. für *New Arrangements to Borrow;* Verträge zwischen dem → IWF und mehreren Mitgliedsländern bzw. deren Zentralbanken, unter denen diese dem IWF Kreditlinien zum Einsatz im Rahmen seiner Kreditprogramme mit Mitgliedsländern zur Verfügung stellen. Die NAB wurden im Januar 1997 durch den Exekutivrat des IWF beschlossen und selten aktiviert. Die NAB ergänzen die → GAB (General Arrangements to Borrow).

**Nacherhebungs-VO** – im → Zollkodex (ZK) aufgegangene Verodnung.

**nachhaltige Entwicklung** – *Sustainable Development. Begriff* aus der Umwelt- und Ressourcenökonomik der Wachstumstheorie.

I. Wirtschaftstheorie: 1. *Bedeutung:* Seit dem 1987 erstatteten Bericht der „Brundtland-Kommission" der Vereinten Nationen einer der populärsten Begriffe in der öffentlichen Umweltdiskussion. Bezeichnet eine Verbesserung der gesellschaftlichen Wohlfahrt („Entwicklung"), die nicht nur für die Gegenwart, sondern auch für alle kommenden Generationen eintreten soll („Nachhaltigkeit"). – 2. *Inhalt:* Enquete-Kommission „Schutz des Menschen und der Umwelt" (1994) nennt vier Grundregeln: (1) Die Abbaurate erneuerbarer Ressourcen soll deren Regenerationsrate nicht überschreiten (Aufrechterhaltung der ökologischen Leistungsfähigkeit). (2) Stoffeinträge in die Umwelt müssen sich an der Belastbarkeit der als Senken dienenden Umweltmedien in allen ihren Funktionen orientieren. (3) Nicht erneuerbare Ressourcen sollen nur in dem Umfang genutzt werden, in dem ein physisch und funktionell gleichwertiger Ersatz in Form erneuerbarer Ressourcen oder höherer Produktivität der nicht erneuerbaren Ressourcen geschaffen wird. (4) Das Zeitmaß anthropogener Einträge bzw. Eingriffe in die Umwelt muss in einem ausgewogenen Verhältnis zu der Zeit stehen, die die Umwelt zur Reaktion benötigt. – 3. *Kritik:* Der Begriff der nachhaltigen Entwicklung wird in außerordentlich unterschiedlicher Weise gedeutet. Bes. besteht Uneinigkeit darüber, welche Indikatoren zur Messung der gesellschaftlichen Wohlfahrt verwendet werden sollen. Die traditionelle wirtschaftstheoretische Literatur betrachtet lediglich das Ziel eines dauerhaft aufrechtzuerhaltenden Pro-Kopf-Konsums. In jüngerer Zeit wird dagegen stärkeres Gewicht auf die Integration ökologischer Gesichtspunkte sowie der intra- und intergenerativen Gerechtigkeit gelegt. Die in der Diskussion verwendeten Begriffe von n.E. unterscheiden sich bes. hinsichtlich der Annahmen über die Substituierbarkeit von natürlichen Ressourcen und reproduzierbarem Kapital. – 4. Die *Eingliederung der nachhaltige Entwicklung in die Politik der Europäischen Union* als dritte Säule der Strategie von Lissabon („wettbewerbsfähigster Wirtschaftsraum" bis zum Jahr 2010) wurde von den EU-Staats- und Regierungschefs im Juni 2001 in Göteborg beschlossen. Um Nachhaltigkeit zu erzielen, muss laut Beschluss von Göteborg die Wettbewerbsfähigkeit die drei Dimensionen der nachhaltigen Entwicklung berücksichtigen: Die wirtschaftliche, die soziale und die ökologische.

II. Entwicklungspolitik: Entwicklungspolitisches Paradigma der 1990er-Jahre, das als Konsensformel für den Interessenausgleich zwischen Nord und Süd galt. Im politischen Raum hat dieser Begriff weite Akzeptanz gefunden, wobei die Operationalisierung Schwierigkeiten bereitet. Der → Brundtland-Bericht stellt dabei die vordringlich zu befriedigenden Bedürfnisse der Armen in den Vordergrund, wobei ökologische Grenzen berücksichtigt werden. Wachstum soll so erfolgen, dass auch zukünftige Generationen ihre Bedürfnisse noch befriedigen können. – *Ansatzpunkte für wirtschaftspolitische*

*Maßnahmen* werden in der Eindämmung des Bevölkerungswachstums und in der Verbesserung von Ausbildung, Gesundheit und Ernährung (Bildung von Humankapital) gesehen. – Vgl. auch → Entwicklungspolitik.

**NAFTA** – Abk. für *North American Free Trade Agreement, Nordamerikanische Freihandelszone;* am 17.12.1992 unterzeichnete, zum 1.1.1994 in Kraft getretene Freihandelszone zwischen Kanada, Mexiko und den USA. Die NAFTA verfügt über einen Streitschlichtungsmechanismus, der etwa dem der WTO entspricht, aber nur bei internen Handelsstreitigkeiten in Aktion tritt.

**Nahrungsmittelhilfe** – Nahrungsmittellieferungen zu Vorzugsbedingungen an Entwicklungsländer. Sie wird oft als Sofort- oder Katastrophenhilfe geleistet. Gelegentlich wird versucht, sie entwicklungswirksam einzusetzen, z.B. als Teil des Arbeitsentgeltes für Beschäftigte in Entwicklungsprojekten (Food for Work). Oft dient sie als Budgethilfe, wenn durch ihren Verkauf Staatseinnahmen (meist auf sog. Gegenkonten) geschaffen werden. – Mit Ausnahme der Katastrophenhilfe ist sie jedoch umstritten, da damit strukturelle Agrarüberschüsse der Industrieländer an den Weltmarkt abgegeben werden und somit die Entwicklungsanstrengungen im Agrarbereich der Entwicklungsländer behindert werden. Soweit es sich um Lieferungen aus Industriestaaten handelt, ist Nahrungsmittelhilfe als doppelt gebundene Hilfe (→ Lieferbindung) ökonomisch inferior.

**Nämlichkeit** – Identität bes. von Waren, die in einem → Zollverfahren vorübergehend ein- oder ausgeführt oder die im Zollgebiet der Gemeinschaft unter Zollkontrolle befördert werden. Sicherung der Nämlichkeit durch Nämlichkeitsmittel (→ Nämlichkeitssicherung). Die Zollbehörden treffen die geeigneten Maßnahmen um die Nämlichkeit der Waren zu sichern, wenn eine solche Sicherung erforderlich ist.

**Nämlichkeitsmittel** – Mittel der → Nämlichkeitssicherung. Nämlichkeitsmittel sind der Zollverschluss (Raum- oder Packstückverschluss) und Nämlichkeitszeichen wie Plomben, Raumverschluss, Siegel und Stempel, ferner zollamtliche Bewachung oder Begleitung, aber auch Muster, Abbildungen, Beschreibungen der Waren, Festhalten bes. Kennzeichen, Fabrik- oder Lagernummern, Fahrgestell- und Motornummern etc. – Nämlichkeitszeichen dürfen ohne zollamtliche Mitwirkung nur von Personen entfernt werden, wenn diese bes. zugelassen sind oder es zur Abwendung eines Schadens etwa an Waren oder Beförderungsmitteln erforderlich ist.

**Nämlichkeitssicherung** – im → Zollverfahren alle Vorkehrungen, um die → Nämlichkeit (v.a. Menge, Gattung, Beschaffenheit) der Waren durch Nämlichkeitsmittel festzuhalten, die es ermöglichen, sie wiederzuerkennen und die Einhaltung der Voraussetzungen des Zollverfahrens, zu dem die Ware angemeldet wurde, zu gewährleisten (Art. 72 ZK).

**Nationales Zollrecht** – 1. *Begriff:* Der → Zollkodex (ZK) und seine Durchführungsverordnung sehen außer der weiteren Anwendung bisheriger Gemeinschaftsregelungen für bestimmte Bereiche die Fortgeltung des nationalen Rechts der Mitgliedsstaaten auf ihrem Gebiet vor. Es handelt sich hierbei u.a. um spezielle Vorschriften bes. hinsichtlich der Zuständigkeiten, einzelner Zollbefreiungen, über die Erfassung des Warenverkehrs, die Befugnisse der Zollverwaltung, den grenznahen Raum an der EU-Außengrenze (früher Zollgrenzbezirk), Beistandspflichten anderer Behörden, die Pauschalverzollung, die Ermächtigung für Verfahrensregelungen sowie Zollordnungswidrigkeiten und Zollstraftaten. Diese materiellen und formellen Rechtsvorschriften sind v.a. aus dem Zollgesetz (ZG) von 1961 und der Allgemeinen Zollordnung (AZO) entnommen und im Zollverwaltungsgesetz vom 21.12.1993 und in der Zollverordnung vom 31.12.1993 m.spät.Änd. zusammengefasst worden; ZG und AZO wurden aufgehoben. – 2. *Dienstvorschriften:* Hinzu kommen die Dienstvorschriften des

Bundesministerium der Finanzen (BMF). Sie sind zwar an die Organe der Zollverwaltung gerichtet und für diese verbindlich, enthalten jedoch eine Reihe von Bestimmungen, die eine unmittelbare Bedeutung auch für die Personen haben, die zollrechtliche Pflichten erfüllen müssen. Über Art. 3 GG und den Grundsatz der Selbstbindung der Verwaltung entfalten sie bei Ermessensausübung der Zollstellen gegenüber dem Wirtschaftsbeteiligten unmittelbare Geltung. – 3. *Marktordnungsrecht:* Auf → Agrarzölle (früher Abschöpfungen), die in den EU-Mitgliedsstaaten aufgrund der gemeinsamen Marktorganisationen für landwirtschaftliche Erzeugnisse erhoben werden, finden die für Zölle geltenden Vorschriften Anwendung. Ergänzend treten die Vorschriften im → Marktordnungsgesetz (MOG) hinzu. – 4. *Außenwirtschaft:* Inhaltlich stimmt das Zollrecht stark mit dem Außenwirtschaftsrecht überein, das national im Außenwirtschaftsgesetz (AWG), der Außenwirtschaftsverordnung (AWV) und den diesbezüglichen Dienstvorschriften seinen Niederschlag gefunden hat. Die materiellen außenwirtschaftsrechtlichen Vorschriften wurden in der EU sukzessiv harmonisiert oder auch unmittelbar durch Ratsverordnungen geregelt, während das Verfahrensrecht in der nationalen Kompetenz verblieb. Die Vorschriften über die Überwachung der Ausfuhr wurden sodann in den ZK und in die ZK-Durchführungsverordnung aufgenommen. Für die Einfuhr verweist der ZK jedoch lediglich auf die Anwendung der „handelspolitischen Maßnahmen", im Übrigen enthalten er und seine Durchführungsverordnung keine speziellen Regelungen. – 5. *Umsatzsteuer:* Die Vorschriften der Mehrwertsteuer für Ein- und Ausfuhren beruhen auf EG-Richtlinien und wurden ab 1.1.1993 an den Einheitlichen Binnenmarkt angepasst.

**Nationalitätsprinzip** → Internationales Steuerrecht (IStR).

**negativer Geschäfts- oder Firmenwert** → Badwill.

**Neo-Faktorproportionen-Theorie** – Weiterentwicklung des Faktorproportionentheorems im Anschluss an das → Leontief-Paradoxon. *Wassily Leontief* hatte 1947 für die USA nachgewiesen, dass kapitalintensive Güter importiert und arbeitsintensive Güter exportiert werden. Das erschien widersprüchlich, da die USA als hochentwickeltes Industrieland über relativ viel Sachkapital verfügten. Eine Erklärung für diesen Widerspruch ist die mangelnde Berücksichtigung des Humankapitals. Die Neo-Faktorproportionen-Theorie spezifiziert die Produktionsfunktion so, dass neben den Produktionsfaktoren Sachkapital und Arbeit auch Humankapital erfasst werden. – Vgl. → Heckscher-Ohlin-Handel.

**Neokolonialismus** – direkte Beherrschung der Länder der Dritten Welt über Spielregeln des kapitalistischen Weltmarktes. Die vom Kolonialismus befreiten Entwicklungsländer konnten allenfalls eine De-Jure-Unabhängigkeit erreichen; die direkte Beherrschung wurde durch eine indirekte abgelöst. Militärische, politische, kulturelle, technologische, finanzielle und wirtschaftliche Abhängigkeiten stellen Mechanismen des Neokolonialismus dar. Der Begriff wurde von K. Nkrumah thematisiert und als „letztes Stadium des Imperialismus" bezeichnet.

**NEPAD** – Abk. für *Neue Partnerschaft für Afrikas Entwicklung;* initiiert im Juli 2001, umfasst es ein Konzept der afrikanischen Staats- und Regierungschefs mit starker Eigenverantwortung der afrikanischen Länder bei der Armutsbekämpfung. Weitere Grundsätze sind Achtung von Menschenrechten und Rechtsstaatlichkeit sowie gute Regierungsführung. Diese Schlüsselelemente sollen u.a. dem Ziel dienen, das Vertrauen im In- und Ausland gegenüber den afrikanischen Regierungen zu erhöhen, um zukünftig mehr Direktinvestitionen anzuziehen und somit die eigene Entwicklung nachhaltig forcieren zu können. – *Mitgliedsstaaten:* Neben Südafrika, Nigeria, Senegal, Algerien und Ägypten

(Steuerungskomitee) auch Botsuana, Kamerun, Äthiopien, Gabun, Kenia, Mauritius, Libyen, Angola, Ruanda, Kongo, Tunesien, Ghana, Mosambik und Mali. – Ein wichtiges neues Element ist der → Peer Review.

**Net Assets** – *Eigenkapital,* → Conceptual Framework.

**Net Barter Terms of Trade** – Kehrwert der → Commodity Terms of Trade.

**Net International Investment Position (NIIP)** – Bestandsstatistik, welche durch Saldierung der Auslandsforderungen und Auslandsverbindlichkeiten die Vermögenssituation eines Landes wiederspiegelt (auch Nettoauslandsverschuldung). Die jährliche Veränderungen dieser Statistik resultiert v.a. aus der Leistungsbilanz, jedoch führen auch Wertberichtigungen aufgrund veränderter Wechselkurse, Abschreibungen oder Vermögensübertragungen zu einer nicht unwesentlichen Veränderung. – Vgl. auch → International Investment Position (IIP).

**Net Operating Profit After Taxes (NOPAT)** → Economic Value Added (EVA).

**Net Realizable Value** – *zu erwartender realisierbarer Verkaufserlös,* → Conceptual Framework.

**Netting** – 1. *Allgemein:* Verrechnung gegenläufiger Zahlungsbewegungen, um Anzahl und Volumen von Zahlungsbewegungen innerhalb von nationalen oder multinationalen → Konzernen zu verringern (Cash-Management-Systeme). – 2. *Verrechnung von Zinszahlungen:* Interest Netting. – 3. *Verrechnung von sich aufhebenden Positionen* bei Swapgeschäften, Futures-Kontrakten und Optionen an Terminbörsen. Aufrechnungsvereinbarungen bewirken unter bestimmten Voraussetzungen eine ermäßigte Anrechnung in der Solvabilitätsverordnung. – 4. *Netting von Währungspositionen:* Wird eingesetzt, um gegensätzliche Währungsrisiken gleicher Fälligkeit miteinander aufzurechnen und nur die verbleibende Nettoposition kurszusichern. Hierdurch lässt sich das

risikobehaftete Fremdwährungsvolumen und damit vermeintlich das Währungsrisiko reduzieren. – 5. *Netting durch Novation:* Das Ersetzen zweier bestehender Kontrakte zwischen zwei Parteien über die Lieferung von Beträgen in einer bestimmten Währung zu einem bestimmten Tag durch einen einzigen Kontrakt, durch den die ursprünglichen Kontrakte erfüllt werden und damit erlöschen. Das Netting kann in verschiedenen Formen ausgestaltet sein: a) bilaterales Netting durch Novation: Netting zwischen nur zwei Parteien (z.B. FXNET), b) multilaterales Netting durch Novation und c) Substitution: Netting zwischen mehr als zwei Parteien (eine dritte Partei tritt als Gläubiger bzw. Schuldner in die Kontrakte zwischen zwei Parteien ein). Eine rechtlich weniger klar ausgestaltete Form des Netting stellt die Positionenaufrechnung dar.

**Nettoauslandsaktiva** – Nettobestand an Forderungen des Inlandes gegenüber dem Ausland. Erhöht durch → Kapitalexporte und Zunahme der → Devisenreserven der Zentralbank, verringert durch → Kapitalimporte sowie durch Abnahme der Devisenposition der Notenbank. – Vgl. auch → Auslandsverschuldung, → Zahlungsbilanz.

**Neubewertungsmethode** → Purchase-Methode.

**Neue Partnerschaft für Afrikas Entwicklung** → NEPAD.

**Neue Weltfinanzarchitektur** – Bezeichnung für die Neugestaltung des internationalen Finanzsystems, also der internationalen Finanzmärkte und der internationalen Finanzinstitutionen. Die Debatte über die neue Weltfinanzarchitektur wurde durch die Wirtschafts- und Währungskrise in Asien (1997) angestoßen und erlebt durch die Finanzkrise seit 2008 weitere Anregungen. Gefordert wurde u.a. eine Neudefinition der „Spielregeln" an den internationalen Finanzmärkten und eine grundlegende Reform des → IWF und der Weltbank (→ IBRD). Die Vorschläge reichen von einer völligen Neugestaltung des internationalen Finanzsystems (z.B. Schaffung einer Weltzentralbank), über eine Rückkehr zum Goldstandard bis hin zu detaillierten Vorschlägen der Umgestaltung einer Vielzahl einzelner Bausteine des internationalen Finanzsystems. Seit Anfang 2000 hat sich die Debatte in diesem letzteren Sinn konkretisiert. Sie konzentriert sich auf fünf Bereiche: Erhöhung der Transparenz nationaler Wirtschaftspolitik durch systematische Informationspolitik, Einführung international akzeptierter Standards für Regierungsarbeit (→ Good Governance), Stärkung der nationalen Finanzsektoren (z.B. durch Bankenregulierung), Einbeziehung privater Kreditgeber in die Bereinigung von Finanzkrisen und schließlich die Umgestaltung der Arbeit des IWF und der Weltbank. – Als Teil dieser letzten Teilaufgabe hat der IWF die neue Fazilität der *Contingent Credit Lines (CCL)* eingeführt, womit Ländern geholfen werden soll, die trotz angemessener Wirtschaftspolitik von Währungskrisen bedroht sind. Des Weiteren wird gefordert, das die Finanzmärkte internationalen Spielregeln unterworfen werden sollen. Dem IWF soll hierbei eine wichtige Rolle als Forum der Finanzstabilität und als Kontrollorgan erwachsen. – Radikale Vorschläge wie z.B. die Abschaffung des IWF oder der Weltbank stellen aktuell Minderheitspositionen dar.

**Neue Weltwirtschaftsordnung** – seit Anfang der 1970er-Jahre von Entwicklungsländern auf internationaler Ebene (→ UN, → UNCTAD) geforderte Änderung der Weltwirtschaftsordnung mit dem Ziel einer Reduzierung der Benachteiligung der Entwicklungsländer bei der → Integration in die Weltwirtschaft. – In jüngster Zeit wurde die Forderung nach einer Neue Weltwirtschaftsordnung von den Globalisierungskritikern (z.B. ATTAC) aufgegriffen. Die Forderungen richten sich im Wesentlichen auf folgende Bereiche: (1) *Internationaler Handel:* Stabilisierung der Rohstofferlöse durch ein integriertes Rohstoffprogramm (→ Buffer Stock), Ankopplung der Rohstoffpreis- an Industriegüterpreisveränderungen, Beseitigung von Importbeschränkungen in Industrieländern; (2) *Entwicklungsfinanzierung und Ressourcentransfer:* Erhöhung der → Entwicklungshilfe, Koppelung von → Sonderziehungsrechten (SZR) und Entwicklungshilfe sowie Erweiterung und Liberalisierung der Kreditfazilitäten des → IWF, Verstärkung des privaten Kapitalzuflusses in Form von Direktinvestitionen, Schuldenerlass für die ärmsten Länder und Festlegung günstigerer, allg. verbindlicher Umschuldungsrichtlinien; (3) *Technologietransfer und Reduzierung von technologischer Abhängigkeit:* Revision des internationalen Patentrechts im Sinn einer Begünstigung der Entwicklungsländer, Einführung eines Verhaltenskodexes für den → Technologietransfer, Förderung der Entwicklung angepasster Technologien und Ausbau der Forschungs- und Entwicklungskapazitäten in Entwicklungsländern; (4) *Industrialisierung:* Förderung der Weiterverarbeitung von Rohstoffen in Entwicklungsländern; (5) *stärkere Mitbestimmung der Entwicklungsländer* in den internationalen Organisationen, die von Industrieländern wegen befürchteten Funktionsverlusts abgelehnt wird.

**Neunte EG-Richtlinie** – *Konzernrichtlinie;* unveröffentlichter Vorentwurf der Europäischen Kommission für eine Konzerne betreffende EG-Richtlinie. – Vgl. auch Konzernrecht, → europäisches Gesellschaftsrecht, Unternehmensverfassung.

**Neutralisierung** → Sterilisierung.

**Neutrality** – *Neutralität;* qualitative Anforderung an Rechnungslegungsinformationen nach den → US-GAAP sowie nach den → International Financial Reporting Standards (IFRS). – Vgl. auch → Conceptual Framework und → Framework.

**New Basis Accounting** → Fresh-Start-Methode.

**Newly Industrializing Countries (NIC)** → Schwellenländer, Tigerstaaten.

**NGO** – Abk. für → Non-Governmental Organisation (Nichtregierungsorganisation

– NRO); vgl. auch Nonprofit-Organisation (NPO).

**NIC** – Abk. für *Newly Industrializing Countries,* → Schwellenländer.

**Nichterhebungsverfahren** – Zollverfahren, in die → Nichtgemeinschaftswaren bei der Einfuhr übergeführt werden können, ohne dass Einfuhrabgaben erhoben werden. Für Nichterhebungsverfahren sieht der Zollkodex (ZK) bei ordnungsgemäßen Verhalten keinen Zollschuldentstehungstatbestand vor. – *Einzelverfahren:* (1) → Aktive Veredelung: Das Nichterhebungsverfahren bezeichnet zum einen einen aktiven Veredelungsverkehr gemäß Art 114 IIa ZK, bei dem bei Überführung von Nichtgemeinschaftswaren in dieses Verfahren keine Einfuhrabgaben erhoben oder handelspolitische Maßnahmen angewendet werden. (2) *Weitere Zollverfahren:* Ferner werden als Nichterhebungsverfahren gemäß Art. 84 ZK das → Versandverfahren, das → Zolllagerverfahren, das → Umwandlungsverfahren und die → vorübergehende Verwendung bezeichnet. Bei der vorübergehenden Verwendung kann es auch zur Teilverzollung kommen. – Die *Zusammenfassung* der genannten Zollverfahren unter einem Begriff ist v.a. aus gesetzestechnischen Gründen erfolgt. So gelten für Nichterhebungsverfahren gemeinsame Regelungen, z.B. die Möglichkeit, Sicherheitsleistungen gemäß Art. 88 ZK zu erheben.

**Nichtgemeinschaftswaren** – nach Art. 4 Nr. 8 ZK andere als → Gemeinschaftswaren. In aller Regel handelt es sich hierbei zunächst bei der Einfuhr um unverzollte Drittlandswaren, die einem Zollverfahren zugeführt werden müssen. Mit Überführung in den zollrechtlich freien Verkehr werden sie Gemeinschaftswaren. Ansonsten bleibt der Status Nichtgemeinschaftsware erhalten. Gemeinschaftswaren verlieren mit dem Verlassen des Zollgebietes ihren Status und müssen bei Rückkehr erneut, dann aber als Rückwaren regelmäßig zollfrei, in den freien Verkehr übergeführt werden. Die im früheren dt. Zollrecht verwendeten Begriffe wie Zollgut und Freigut sind dem EU-Recht fremd.

**nicht handelbare Güter** – Güter, die nicht international gehandelt werden können und deswegen in verschiedenen Ländern auch unterschiedliche Preise aufweisen können (z.B. Grundstücke). Diese Preise werden allein durch die *nationalen* Angebots- und Nachfragebedingungen bestimmt. – *Gegensatz:* → handelbare Güter.

**Nichtregierungsorganisation** **(NRO)** → Non-Governmental Organization (NGO).

**nicht tarifäre Handelshemmnisse** – alle Arten von Handelshemmnissen, die nicht die Form von → tarifären Handelshemmnissen haben wie z.b. technische Vorschriften, industrielles Sicherheitsrecht, Lebensmittelrecht, Arnzeimittelrecht, Zulassungsbedingungen für KfZ u.a. staatliche Maßnahmen. Sie verzerren den Handel bestimmter Güter oder Dienstleistungen auf internationaler Ebene hinsichtlich seiner Zusammensetzung, seiner regionalen Ausrichtung und nicht zuletzt in seinem Umfang. Nicht tarifäre Handelshemmnisse spielen in der realen Wirtschaft eine große Rolle. Weitere Beispiele nicht tarifärer Handelshemmnisse: Maßnahmen, die direkt Warenströme beeinflussen (wie Anmeldeformalitäten für Importe, technische Qualitätsanforderungen an Produkte, Import- und Exportverbote, mengenmäßige Beschränkungen, Importquoten, freiwillige Exportbeschränkungen, Ausfuhrsubventionen, Exportabgaben, staatliche Exportabsicherungen – in Deutschland HERMES-Kredite, Förderungen von Direktinvestitionen), Maßnahmen, die nicht mit handelspolitischen Motiven verknüpft sind, sich aber dennoch auf die Warenströme auswirken (Normen und Standards, z.B. umweltpolitische Produktnormen, Abgasvorgaben, Verpackungsvorschriften, Sicherheitsvorschriften, aber auch Verwaltungsvorschriften und Öffnungszeiten von Behörden) und → Antidumpingzoll, Retorsionszoll, → Ausgleichszoll (auch Strafzoll) und Bevorzugungen in der staatlichen Auftragsvergabe. Nicht tarifäre Handelshemmnisse stellen all jene Behinderungen im → Außenhandel dar, die sich aus Vorschriften und internen Anweisungen für die Verwaltung – insbesondere der → Zollverwaltung – ergeben und so ggf. zu Verzögerungen der Zollabwicklung führen können; verwaltungsbedingte Handelshemmnisse werden „administrative Handelshemmnisse" oder „administrativer Protektionismus" genannt. Nicht tarifäre Handelshemmnisse führen ebenso wie tarifäre Hemmnisse zu Verzerrungen zwischen den Weltmarktpreisen (→ Terms of Trade) und den heimischen Güterpreisen. Bei tarifären Handelshemmnissen führt diese Verzerrung zu Steuereinnahmen, bei mengenmäßigen Restriktionen fallen Quotenrenten an. – Vgl. auch → Handelspolitik, → Importquote, → Äquivalenz zwischen tarifären und nicht tarifären Handelshemmnissen.

**Niederlassung im Ausland** → Auslandsniederlassungen.

**niedrige Besteuerung** – Begriff aus dem → Außensteuergesetz (AstG): Eine niedrige Besteuerung liegt vor, wenn die Einkünfte einer ausländischen Kapitalgesellschaft einer Belastung mit Ertragsteuern von weniger als 25 Prozent unterliegen (§ 8 III AStG). Liegt eine niedrige Besteuerung vor, so kommt, wenn passive Einkünfte vorliegen, für dt. Anteilseigner, die an einer solchen Gesellschaft mittelbar oder unmittelbar in einem bestimmten Ausmaß beteiligt sind, eine Anwendung der → Hinzurechnungsbesteuerung in Frage. – *Anders:* → Niedrigsteuerland.

**Niedrigsteuerland** – Begriff des dt. Außensteuergesetzes: Land, in dem das Steuerniveau für einen Steuerpflichtigen mit einem bestimmten Referenzeinkommen um mehr als 25 Prozent unter der in Deutschland zu zahlenden Steuerbelastung liegt. Ein Deutscher, der in ein Niedrigsteuerland umzieht und nicht nur völlig unerhebliche wirtschaftliche Verbindungen mit Deutschland aufrecht erhält, unterliegt mit seinen dt. Einkünften einer verschärften Form der Besteuerung (sog. erweiterte beschränkte Steuerpflicht). – *Analog:* Umzug in einen ausländischen Staat, der kein Niedrigsteuerland ist, ihm persönlich aber eine steuerliche Vorzugsbehandlung einräumt (§ 2 II Nr. 2 AStG).

**NIIP** – Abk. für → Net International Investment Position.

**Nominalzoll** → Zollsatz (→ Einfuhrzoll), so wie er dem → Zolltarif zu entnehmen ist. Weichen die Nominalzölle für die verschiedenen Fertigungsstufen eines Gutes voneinander ab, ergibt sich faktisch ein anderer (meist höherer) Zollschutz (→ effektive Protektion) bei der → Einfuhr.

**Non-Governmental Organization (NGO)** – 1. *Begriff:* a) im alltäglichen Sprachgebrauch gebräuchliche Bedeutung für jene Nonprofit-Organisationen (NPO) in privater Trägerschaft, die bspw. im (Leistungs-)Auftrag des Staates bestimmte Aufgaben wahrnehmen (z.B. Hilfswerke) oder dominant eigenständig Lobbying und Öffentlichkeitsarbeit im Bereich gesellschaftlicher Politik betreiben (z.B. Umweltschützverbände). – b) Organisationen, die auf der Basis privater Initiative transnationale politische und gesellschaftliche, aber auch soziale oder ökonomische Ziele vertreten, indem sie Funktionen im politischen Willensbildungsprozess übernehmen (Artikulation, Aggregation sowie Implementierung von Interessen). – 2. *Merkmale:* NGOs engagieren sich v.a. auf den Politikfeldern Entwicklungspolitik, Menschenrechte, Humanitäre Hilfe sowie Ökologie. – 3. *Abgrenzung:* Die Wissenschaft bevorzugt den Terminus NPO, da NGO ein noch unschärferer Begriff ist.

**NOPAT** – Abk. für *Net Operating Profit After Taxes,* → Economic Value Added (EVA).

**Nordamerikanische Freihandelsvereinbarung** → NAFTA.

**Nord-Nord-Handel** → Außenhandel zwischen → Industrieländern, in Abgrenzung zum → Süd-Süd-Handel (→ Süd-Süd-Kooperation) zwischen → Entwicklungsländern.

**Nord-Süd-Konflikt** – wirtschaftlicher und politischer Interessengegensatz zwischen den durchweg auf der nördlichen Hälfte der Erdkugel angesiedelten Industrienationen und den in ihrer überwiegenden Mehrzahl südlich davon existierenden → Entwicklungsländern. Die Entwicklungsländer sehen sich in der herrschenden Weltwirtschaftsordnung in vielfältiger Hinsicht benachteiligt und fordern dementsprechend eine → Neue Weltwirtschaftsordnung. Die → Industrieländer stehen diesen Forderungen überwiegend ablehnend gegenüber.

**Normalpreis** – I. Kostenrechnung: der bei der Bewertung innerbetrieblicher Leistungen zugrunde gelegte feste Verrechnungspreis.

II. Zollrecht: der nach dem Brüsseler Normalpreissystem früher der Verzollung zugrunde gelegte Preis frei Grenze bei einem Verkauf unter den Bedingungen des freien Wettbewerbs im Zollgebiet zum Zeitpunkt der Zollabfertigung. Er ist seit langem abgelöst durch den Transaktionswert einer Ware. Dieser basiert nicht auf einem theoretischen Normalpreis, sondern auf dem tatsächlich gezahlten oder zu zahlenden Kaupfpreis zur Ausfuhr in das Zollgebiet der Gemeinschaft (Art. 29 ZK), vgl. → Zollwert.

**Normalwert** – I. Rechnungswesen: Normalmenge, bewertet zu einem Festpreis. – Vgl. auch Normalkosten.

II. Außenhandel: Wert einer Ware, anhand dessen festgestellt wird, ob die Ware bei Einfuhr in die Europäische Union (EU) zu gedumpten Preisen verkauft wird. Der Normalwert wird normalerweise anhand der Preise festgestellt, die im Ausfuhrland der Ware normalerweise von unabhängigen Abnehmern gezahlt werden. Sind brauchbare Preise dieser Art nicht vorhanden, kann der Normalwert subsidiär anhand der Kosten oder des Preises in einem vergleichbaren dritten Land bestimmt werden (Art. 2 EG-VO 384/96, sog. Anti-Dumping-VO). – 1. *Zollrecht:* → Zollwert. – 2. *Umsatzsteuer:* in der Mehrwertsteuersystemrichtlinie (und damit auch in der Rechtsprechung des EuGH zur Umsatzsteuer) Bezeichnung für einige Unterarten der Mindestbemessungsgrundlage, vgl. Art. 77, 80 MWStSystRL.

**North American Free Trade Agreement** → NAFTA.

**Notbremse-Klausel** – 1. Die sog. Notbremse-Klausel wurde für das ordentlichen EU-Gesetzgebungsverfahren eingeführt, um zu erreichen, dass in drei Politikbereichen statt des Rats (Ministerrat) der Europäische Rat entscheidet. Erklärt ein Mitglied des Rats, dass der Entwurf eines Gesetzgebungsakts wichtige Aspekte des Systems der sozialen Sicherheit oder der Strafrechtsordnung seines Landes bedrohe, kann er beantragen, den Europäischen Rat damit zu befassen. Das Verfahren wird dann ausgesetzt. Der Europäische Rat kann a) den Entwurf an den Rat zurück verweisen oder b) von einem Tätigwerden absehen; oder aber die Kommission um einen neuen Vorschlag ersuchen. In diesem Fall gilt der ursprüngliche Vorschlag als nicht erlassen (vgl. Art. 48, 82 und 83 AEUV). – 2. Der deutsche Vertreter im Rat muss in diesen Fällen die Befassung des Europäischen Rats beantragen, wenn der Deutsche Bundestag ihn hierzu angewiesen hat bzw. wenn ein entsprechender Beschluss des Bundesrates vorliegt (§ 9 des Integrationsverantwortungsgesetzes (IntVG) vom 22.9.2009 (BGBl I S. 3022).

**Notes** – 1. *Wertpapiergeschäft:* kurz- bis mittelfristige Anleihen, die oft in einem Betrag zurückgezahlt werden. Im Unterschied zu vielen langfristigen Anleihen werden sie oft nicht öffentlich, sondern privat platziert. – *Beispiel:* Euro-Note. Vgl. aber Medium Term Notes (MTN), die meist börsennotiert sind. – 2. Im Bereich der *internationalen Rechnungslegung (US-GAAP; IFRS)* erfüllen

Notes oder Notes to Financial Statements im Wesentlichen die Aufgaben, die innerhalb der handelsrechtlichen Bilanzierungs- und Publizitätsvorschriften dem → Anhang zukommen. Sie beinhalten ergänzende und erläuternde Informationen zu den im übrigen Teil des Jahresabschlusses oder → Konzernabschlusses enthaltenen Angaben.

**NRO** – Abk. für Nichtregierungsorganisation, → Non-Governmental Organization (NGO). – Vgl. auch Nonprofit-Organisation (NPO).

**OAPEC** – Abk. für *Organization of Arab Petroleum Exporting Countries, Organisation der arabischen Erdöl exportierenden Staaten;* gegründet 1968 mit Sitz in Kuweit-Stadt. Zusammenschluss von 11 afrikanischen und arabischen Erdölausfuhrländern. – *Ziele:* Wie im größeren Rahmen die → OPEC, durch gemeinsame Politik den Erdölmarkt zu kontrollieren und Einfluss auf die Preisbildung zu nehmen. Ferner Zusammenarbeit in der Erdölindustrie. Die OAPEC verfügt über eine Reihe gemeinsamer Unternehmen auf dem Erdölsektor. *Bewertung:* Spielte mit seinem Lieferboykott gegen den Westen als Reaktion auf den Jom-Kippur-Krieg eine bedeutende Rolle während der 1. Ölkrise von 1973, Mitgliedsländer kontrollieren 50 Prozent der bekannten Weltölreserven.

**OAS** – Abk. für *Organisation Amerikanischer Staaten, Organization of American States, Organización de los Estados Americanos.* – *Sitz:* Washington, D.C.; am 30.4.1948 (Konferenz von Bogotà) gegründet, löste die am 14.4.1890 gegründete International Union of American Republics ab. – *Ziele:* interamerikanische Solidarität, Gleichberechtigung und Nichteinmischung; Förderung von Frieden, Sicherheit und Demokratie; kulturelle, soziale und wirtschaftliche Zusammenarbeit; internationaler Gerichtshof für Menschenrechte.

**Oasenländer** → Steueroasen.

**OAU** – Abk. für *Organization of African Unity, Organisation für Afrikanische Einheit;* größte Regionalorganisation der Welt mit Sitz in Addis Abeba, gegründet im Mai 1963 als Nachfolgeorganisation der *Union of African States.* – *Ziele* laut Charta: Förderung der Einheit und Solidarität zwischen den afrikanischen Staaten; Verbesserung des Lebensstandards in Afrika; gemeinsame Verteidigung der Souveränität (kein Verteidigungsbündnis); territoriale Integrität und Unabhängigkeit;

Beseitigung aller Formen des Kolonialismus (einschließlich des Neo-Kolonialismus); Förderung der internationalen Zusammenarbeit auf der Grundlage der UN-Charta. – *Organe:* jährliche *Gipfelkonferenz* der Staats- und Regierungschefs; zweimal jährlich Treffen des *(Fach-)Ministerrats;* Generalsekretariat mit Sitz in Addis Abeba; Schiedskommission; sieben Spezialkommissionen für Wirtschaft und Soziales, Erziehung und Kultur, Gesundheit, Hygiene und Ernährung, Verteidigung, Verkehrs- und Fernmeldewesen, Wissenschaft und Technologie sowie Rechtswesen.

**ODA** – Abk. für *Official Development Assistance* (öffentliche Entwicklungshilfe); Mittelzuflüsse staatlicher Stellen an Entwicklungsländer und multilaterale Institutionen zur wirtschaftlichen Entwicklung und Verbesserung der Lebensbedingungen in der Dritten Welt, die nach der → Development Assistance Committee (DAC)-Definition ein Zuschusselement von mind. 25 Prozent enthalten müssen.

**OECD** – Abk. für *Organization for Economic Co-Operation and Development, Organisation für wirtschaftliche Zusammenarbeit und Entwicklung;* seit 30.9.1961 Nachfolgeorganisation der → OEEC mit Sitz in Paris. – *Mitglieder:* 30 Länder. – *Ziele:* Schwerpunkt bei der Koordinierung der Wirtschaftspolitik, v.a. der Konjunktur- und Währungspolitik der freien Welt; Koordinierung und Intensivierung der Entwicklungshilfe der Mitgliedsstaaten mit dem Ziel, ein angemessenes Wirtschaftswachstum in den Entwicklungsländern zu verwirklichen; Förderung und Ausweitung des Welthandels, ein stetiges Wachstum und steigende wirtschaftliche Produktivität. Auf der Grundlage eigener Studien und Forschungsaktivitäten entwickelt sie Leitlinien und Modelle für die Lösung zukunftsweisender Problemstellungen. Schwerpunkte der

Analyse liegen bei der Wirtschafts- und Konjunkturpolitik durch die Erarbeitung jährlicher Länderberichte über die Wirtschaftslage der einzelnen Mitgliedsstaaten. – *Aufbau:* Fortsetzung der Rechtspersönlichkeit der OEEC. Oberstes Organ ist der *Rat,* in dem alle Mitgliedsländer durch die Leiter von ständigen Delegationen (Botschafter) vertreten sind. Unterstützt wird der Rat durch einen *Exekutivausschuss. Generalsekretär* führt den Vorsitz im Ständigen Rat. Mehr als Hundert *Fachausschüsse und Arbeitsgruppen* auf wirtschafts-, umwelt-, wissenschafts- und sozialpolitischen Gebieten. Als oberstes Beschlussorgan erfolgen Beschlüsse einstimmig. Bei Enthaltungen gelten Vereinbarungen nur für die zustimmenden Mitglieder. → EU und → EFTA nehmen an der Arbeit der OECD teil. Von bes. Bedeutung sind der wirtschaftspolitische Ausschuss, der mehrmals jährlich die Wirtschaftslage der Mitglieder erörtert, der Ausschuss für Kapitalverkehr und unsichtbare Transaktionen, der die Liberalisierungsverpflichtungen der Mitglieder im internationalen Kapital- und Dienstleistungsverkehr überwacht, der Ausschuss für Finanzmärkte, der die Wirkungsweise der Kreditmärkte und internationalen Finanzmärkte verbessern will, und der Ausschuss für Entwicklungshilfe (→ Development Assistance Committee (DAC)). Für den Energiebereich hat die OECD eine internationale Energieagentur (IEA) gegründet sowie die MEA. – *Bedeutung:* Die OECD stellt das Forum für eine permanente internationale Regierungskonferenz dar, auf der ein intensiver Informations- und Meinungsaustausch über aktuelle gemeinsame wirtschafts- und währungspolitische Probleme erfolgt und zu einer besseren Abstimmung nationaler wirtschaftspolitischer Maßnahmen beiträgt. Wirtschaftspolitische Dokumentationen und Analysen ermöglichen es Mitgliedsstaaten, flexibel und schnell auf neue wirtschaftspolitische Fragen zu reagieren. Wertvolle Pilotarbeiten zur Entwicklung von Statistiken und Indikatoren waren richtungsweisend für weltweite internationale Konzepte und Datensammlungen.

**OECD-Kommentar** – Eine offizielle Stellungnahme der → OECD dazu, welche Schlussfolgerungen aus den von ihr vorgeschlagenen Formulierungen für die Doppelbesteuerungsabkommen ihrer Ansicht nach für bestimmte, komplizierte Einzelproblematiken zu ziehen sind. Dient also als Auslegungshilfe zum OECD-Musterabkommen und trägt dadurch zu einer internationalen Standardisierung der Ansichten der Staaten über die Abgrenzung der Steuerhoheiten und die Maßnahmen zur Beseitigung der Doppelbesteuerung bei.

**OECD-MA** – verbreitete Abk. für → OECD-Musterabkommen zur Vermeidung der Doppelbesteuerung.

**OECD-Musterabkommen zur Vermeidung der Doppelbesteuerung** – 1. *Begriff:* vom Steuerausschuss der OECD erarbeitetes Muster für → Doppelbesteuerungsabkommen (DBA), die die Mitgliedsstaaten untereinander oder mit Drittstaaten abschließen, um trotz der vielfältigen Sonderprobleme in den Steuerrechtsordnungen der einzelnen Staaten größtmögliche Vereinheitlichung der bilateralen Doppelbesteuerungsabkommen zu erzielen. Zwar nur als Empfehlung ausgesprochen, aber weitgehend als Verhandlungsgrundlage bei konkreten Verhandlungen angewandt, auch von der Bundesrepublik Deutschland. – 2. *Musterabkommen existieren:* a) für die *Steuern vom Einkommen und Vermögen:* erste Fassung: Bericht des Steuerausschusses der OECD von 1963, in deutscher Übersetzung veröffentlicht vom Bundesministerium der Finanzen (BMF), Bonn 1965; überarbeitete Fassung: Bericht des Steuerausschusses der OECD vom 11.4.1977, in deutscher Übersetzung veröffentlicht vom Bundesministerium der Finanzen 1979; seit 1992: laufende Überarbeitung der einzelnen Artikel des Musterabkommens und Veröffentlichung in Loseblattform. – b) Für die *Besteuerung der Nachlässe und Erbschaften:* Bericht des Steuerausschusses der OECD von

1966, in deutscher Übersetzung veröffentlicht vom Bundesministerium der Finanzen, Bonn 1970, m.spät.Änd. – 3. Die *Bedeutung des Musterabkommens für die Praxis* liegt darin, dass es zwar zahllose verschiedene völkerrechtliche Verträge über die Doppelbesteuerung gibt (allein Deutschland hat für die Ertragsteuern ca. 80 Abkommen geschlossen), es aber normalerweise ausreicht, sich in das OECD-Musterabkommen einzuarbeiten, um anschließend mit nahezu allen Abkommenstexten zurecht zu kommen. Es gilt nämlich die Vermutung, dass Staaten, die einen Formulierungsvorschlag der OECD in ihr Abkommen übernehmen, damit auch genau das ausdrücken wollen, was die OECD vorschlägt; das bedeutet, dass man immer dann, wenn eine Standardformulierung der OECD in einem konkreten DBA wiederkehrt, die Rechtslage unkompliziert erkennen kann. Die (wenigen) Abweichungen von den Empfehlungen der OECD pflegen außerdem dann so deutlich formuliert zu werden, dass deren Bedeutung ebenfalls leicht verständlich wird. Übernommen wird aus dem Text der OECD bspw. auch schon der Aufbau oder die Begriffswelt der Abkommenstexte, was die Einarbeitung ebenfalls sehr erleichtert. – 4. *Rolle des OECD-Musterkommentars als Auslegungshilfe:* Seit einiger Zeit veröffentlicht die OECD zusätzlich zu ihren Textvorschlägen auch eine offizielle Kommentierung, wo sie angibt, welche Schlussfolgerungen aus den von ihr gewählten Formulierungen ihrer Ansicht nach für Spezialfälle zu ziehen sind. Dieser offizielle Kommentar gilt ebenfalls als Auslegungshilfe, um die Doppelbesteuerungsabkommen richtig zu verstehen, denn von juristischer Seite wird unterstellt, dass ein Staat, der einen Textvorschlag der OECD übernimmt, sich damit auch zu den von der OECD publizierten Erläuterungen bekennt (sofern diese bei Abschluss des Vertrages schon bekannt sind), da er sich sonst vernünftigerweise von dieser Auslegungsmöglichkeit distanziert hätte.

**OEEC** – Abk. für *Organization for European Economic Co-Operation, Organisation für*

*europäische wirtschaftliche Zusammenarbeit, Europäischer Wirtschaftsrat;* am 16.4.1948 als Nachfolgerin des CEEC (Committee for European Economic Cooperation) von den am Marshall-Plan (→ ERP) teilnehmenden 16 europäischen Staaten und den Oberbefehlshabern der amerikanischen, britischen und französischen Besatzungszone Deutschlands mit Sitz in Paris gegründet; seit 1.10.1961 in die → OECD überführt. – *Aufgaben und Ziele:* Aufstellung von koordinierten europäischen Wiederaufbauplänen, die von den USA bei der Gewährung der Marshall-Plan-Hilfe gefordert wurden; Aufbau einer gesunden europäischen Wirtschaft durch wirtschaftliche Zusammenarbeit: Förderung von Produktion, Rationalisierung, Vollbeschäftigung, Ausweitung und Erleichterung des europäischen Handels- und Zahlungsverkehrs, Abbau von Handelshemmnissen, Förderung von → Zollunionen und → Freihandelszonen, Aufrechterhaltung der Währungsstabilität, Verminderung von Zöllen. Am 18.8.1950 wurde ein Liberalisierungskodex beschlossen und am 19.9.1950 die Europäische Zahlungsunion (EZU) gegründet. – Die OEEC hatte keine supranationalen Befugnisse, die Beschlüsse mussten i.d.R. einstimmig gefasst werden, wobei die Durchführung den Mitgliedsstaaten oblag. – *Würdigung:* Die Konvention der OEEC erlaubte ihren Mitgliedern einen großen Freiraum. Als Koordinierungsorganisation war sie erfolgreich, da aus ihr wichtige Impulse einer → Wirtschaftsunion hervorgingen, die zu einem engeren Zusammenschluss in → EGKS und → EWG sowie → EFTA führten. Ihre wesentlichen Ziele, den Wiederaufbau zu fördern, eine stärkere Liberalisierung anzustreben und eine Multinationalisierung des innereuropäischen Zahlungsverkehrs zu fördern, wurde erreicht. Nach Erfüllung ihrer Aufgaben wurde durch Vertrag vom 14.12.1960 die OECD als Atlantische Organisation zur Förderung wirtschaftspolitischer Zusammenarbeit gegründet.

**offene Methode der Koordinierung** → Europäische Methode der offenen Koordinierung.

**offene Volkswirtschaft** – Volkswirtschaft, die außenwirtschaftliche Beziehungen auf den Güter- und Faktormärkten unterhält. – Vgl. auch → Außenwirtschaftstheorie. – *Gegenteil*: geschlossene Volkswirtschaft.

**Offenheit** → offene Volkswirtschaft, → Außenhandelstheorie, → Freihandel.

**öffentliche Zolllager** – stehen jedermann für die Lagerung von Waren zur Verfügung. Sie können als Typ A oder B mit unterschiedlicher Verantwortung von Privatpersonen nach vorheriger Bewilligung durch das zuständige Hauptzollamt betrieben werden (vgl. Art. 525 ZK-DVO). – Typische öffentliche Zolllager sind die Kühlhäuser, die Lagerungsmöglichkeiten für jedermann anbieten. Öffentliche Zolllager des Typs F unterstehen der Inhaberschaft der Zollbehörde und kommen in der Bundesrepublik Deutschland praktisch nicht mehr vor.

**Official Development Assistance** → ODA.

**Öffnungszeiten** – Ladenöffnungszeiten, → Zollstunden.

**Öffnungszeitenzwang** → Zollstundenzwang.

**Offset Account** → Verrechnungskonto, das im → Verrechnungsverkehr zwischen zwei Ländern in einer Drittwährung (meist in US-Dollar) geführt wird.

**Offset-Geschäft** → Kompensationshandel.

**Ökonomik der Entwicklungsländer** → Entwicklungstheorie.

**Ombudsmann** – I. Bankwesen: Bezeichnung für die von den Mitgliedern des Bundesverbandes Deutscher Banken berufenen Schlichter, die bei strittigen Geschäftsvorfällen zwischen Kunde und Bank bei Bedarf eine außergerichtliche Schlichtung herbeiführen sollen. II. Ombudsmann der EU: → Europäischer Bürgerbeauftragter.

III. Versicherungswesen: 1. *Begriff*: Der Versicherungsombudsmann ist eine unabhängige Einrichtung mit Sitz in Berlin, die Beschwerden von privaten Versicherungsnehmern schlichtet. Getragen und finanziert wird der Versicherungsombudsmann vom Gesamtverband der Deutschen Versicherungswirtschaft e.V. (GDV) und seinen Mitgliedsunternehmen. Gegründet 2001. – 2. *Ombudsmann*: Die Mitglieder des Vereins wählen den Ombudsmann für fünf Jahre. Eine Wiederwahl ist nicht möglich. Der Ombudsmann muss bestimmte persönliche Voraussetzungen, z.B. die Befähigung zum Richteramt, erfüllen. – 3. *Verfahren*: Die Beschwerdeführung ist für den Verbraucher kostenfrei. Der Ombudsmann nimmt Beschwerden erst entgegen, wenn der Beschwerdeführer sich zuvor bereits erfolglos an den Versicherer gewendet hat (und diesem sechs Wochen Zeit gegeben hat, den Anspruch abschließend zu bescheiden). Die Verfahrensordnung des Versicherungsombudsmanns nennt in § 1 III VVG unzulässige Beschwerden. Die Verjährungsfrist zur Klageerhebung nach § 12 III VVG ist während der Dauer des Verfahrens beim Ombudsmann gehemmt (Ablehnung). Der Ombudsmann ist in seiner Beweiswürdigung frei. Bis zu einem Beschwerdewert von 5.000 Euro sind Entscheidungen für den Beschwerdegegner bindend. Dem Beschwerdeführer steht dagegen der Weg zu einem ordentlichen Gericht weiterhin offen. Ab einem Beschwerdewert von 5.000 Euro werden für beide Seiten nicht bindende Empfehlungen gegeben. – 4. *Private Krankenversicherer*: Die privaten Krankenversicherer haben einen eigenen PKV-Ombudsmann eingerichtet. Dieser hat allerdings nicht die Möglichkeit, bindende Entscheidungen zu fällen, sondern spricht lediglich Empfehlungen aus. – Vgl. auch Versicherungsombudsmann e.V.

**OPEC** – Abk. für *Organization of the Petroleum Exporting Countries, Organisation der Erdöl exportierenden Länder;* im September 1960 in Bagdad gegründeter Zusammenschluss Erdöl exportierender Länder

(Irak, Iran, Kuweit, Saudi-Arabien, Venezuela) mit Sitz in Wien. – *Mitglieder:* Neben den fünf Gründungsländern noch Algerien (1969), Katar (1961), Libyen (1962), Nigeria (1971), die Vereinigten Arabischen Emirate (1967), Ecuador (war von 1973-1992 und seit 2007 wieder Mitglied) und Angola (2007) – Gabun und Indonesien sind ehemalige Mitgliedsstaaten; OPEC steht für Netto-Ölexportländer mit ähnlichen politischen Interessen offen. – *Organisation:* Oberstes Organ ist die *Konferenz der Ölminister.* Die Leitung obliegt einem *Gouverneursrat,* in dem alle Mitglieder vertreten sind, unterstützt von einem *Sekretariat.* Als Sonderorgan fungiert mit eigenem Staat die *Wirtschaftskommission,* deren Aktivititäten auf einer Förderung der Aktivität der internationalen Erdölpreise abzielen. – *Ziel:* Gemeinsame Preis- und Mengenpolitik gegenüber den multinationalen Erdölgesellschaften zur Steigerung der Exporterlöse. – *Bedeutung:* Die Bedingungen für den Erfolg der OPEC als Rohstoffkartell waren anfänglich günstig. Es gelang, den Ölpreis von knapp 2 US-Dollar pro Barrel (159 l) zu Beginn der 1970er-Jahre innerhalb von zehn Jahren auf über 30 US-Dollar zu steigern. Die arabischen OPEC-Länder legten einen großen Teil ihrer Erlöse in den Industriestaaten an *(Recycling der Petro-Dollars).* Seit Anfang der 1980er-Jahre hat der Einfluss der OPEC auf den Ölpreis stark abgenommen, da die Industriestaaten ihre Ölabhängigkeit erheblich vermindern konnten und das Angebot aus Nicht-OPEC-Staaten beträchtlich zunahm. Interessenheterogenität führte zum Überschreiten vereinbarter Förderquoten. Eine drastische Produktionsausweitung Saudi Arabiens Anfang 1986 führte zu einem Sturz der Weltmarktpreise auf zeitweilig unter 10 US-Dollar. Zu Beginn 2003 war der Ölpreis stark vom Irak-Krieg geprägt. So schwankte er zwischen 34 und 24 US-Dollar pro Barrel. Bis 2008 stieg in verschiedenen Schüben der Ölpreis bis zu seinem bisherigen Höchstpreis von rund 147 US-Dollar. Im Zuge der durch die Finanzkrise ausgelösten Weltwirtschaftskrise sank der Ölpreis 2009 zeitweise deutlich unter 50 US-Dollar je Barrel.

**optimaler Währungsraum** – *Begriff:* Die Theorie des optimalen Währungsraums betont, dass die Abwägung der Vor- und Nachteile der Wechselkursflexibilität nur unter Bezugnahme auf konkrete Besonderheiten der jeweils in Frage stehenden Länder erfolgen kann, und sie kommt auf diese Weise zum Schluss, dass es Regionen mit gemeinsamer Währung bzw. intern fixierten Kursen geben soll, während zwischen diesen Regionen die Wechselkurse flexibel sein sollen. Dies scheint genau jener Weg zu sein, der auch in der Praxis beschritten wird, zweifelhaft aber scheint, ob die Praxis dabei die von der Theorie betonten Kriterien für einen optimalen Währungsraum beachtet. (1) *Das Mundellsche Kriterium* betont die Faktormobilität. Wenn zwei (oder auch mehrere) Länder auf asymmetrische Weise durch Nachfrage- oder Angebotsschocks getroffen werden, so kann die Anpassung entweder auf der Mengen- oder auf der Preisseite erfolgen. Das Mundellsche Kriterium besagt, dass eine Wechselkursfixierung bei fixen nominellen Güterpreisen die Preisanpassung unmöglich macht, und dass die dann erforderliche Mengenanpassung entweder Faktorwanderungen zwischen diesen Ländern erfordert, oder aber zu Unterbeschäftigung in einzelnen Regionen führen wird. Optimale Währungsräume sind danach durch ein hohes Maß an interner Faktormobilität gekennzeichnet. (2) *Das McKinnonsche Kriterium* betont, dass die Verwendung des nominellen Wechselkurses als Instrument der Preisanpassung mit einem Inflationseffekt für das abwertende Land verbunden ist, und dass dieser Inflationseffekt umso größer ist, je größer die *Offenheit* dieser Ökonomik auf den Gütermärkten ist. Dabei ist Offenheit zu interpretieren als Anteil der mit dem anderen Land gehandelten Güter im Warenkorb der Verbraucher. – Das Mundellsche Kriterium ist also nach *R. McKinnon* dergestalt zu ergänzen, dass Länder dann keine flexiblen

Wechselkurse haben sollten, wenn sie über die *Gütermärkte* sehr stark verflochten sind. (3) *Das Kriterium von Kenen* betont die Wahrscheinlichkeit, mit der zwei (oder mehrere) Länder durch asymmetrische Schocks getroffen werden. Länder mit sehr stark diversifizierten Produktionsstrukturen werden durch Nachfrageveränderungen bei einzelnen Gütern i.Allg. weniger hart getroffen, als Länder mit stark konzentrierten Produktionsstrukturen. Demnach stellt die Wechselkursfixierung eine umso geringere Gefahr dar, je *stärker diversifiziert die Produktionsstruktur* eines Landes ist. (4) *Ingarm* stellt ab auf die Integration von Finanzmärkten. Länder mit hoher Finanzintegration sind eher für feste Wechselkurse prädestiniert. – Vgl. auch → Wechselkurspolitik, → internationales Währungssystem, → Währungsintegration.

**Optimalzoll** – jener Zollsatz, der den positiven Terms of Trade-Effekt des → Zolls für ein → großes Land auf optimale Weise ausnutzt. Im *Fall eines großen Landes* entsteht als Wirkung eines Zolls neben den angebots- und nachfrageseitigen Verzerrungen auch ein positiver Terms-of-Trade-Effekt. Für sehr kleine Zollsätze überwiegt dieser positive Effekt, für sehr große Zollsätze (z.B. → Prohibitivzoll) überwiegt der negative Verzerrungseffekt. Dazwischen liegt der Optimalzoll bei dem die beiden Effekte einander die Waage halten. Im Optimum ist der Zollsatz gleich dem Kehrwert der Preiselastizität des Importangebots. – Die Terms-of-Trade-Verbesserung für das importierende Land ist natürlich eine Terms-of-Trade-Verschlechterung für das Ausland. Die Optimalzollpolitik geht also zulasten des Auslandes. – Aus der Sicht eines → kleines Landes ist die Preiselastizität

des Importangebots unendlich, sein optimaler Zollsatz ist also null. – Vgl. auch → Handelspolitik.

**Organisation der arabischen Erdöl exportierenden Staaten** → OAPEC.

**Organisation der Erdöl exportierenden Länder** → OPEC.

**Organisation der Vereinten Nationen für Erziehung, Wissenschaft und Kultur** → UNESCO.

**Organisation der Vereinten Nationen für industrielle Entwicklung** → UNIDO.

**Organisation für afrikanische Einheit** → OAU.

**Organisation für europäische wirtschaftliche Zusammenarbeit** → OEEC.

**Organisation für wirtschaftliche Zusammenarbeit und Entwicklung** → OECD.

**Organisation Internationale du Commerce (OIC)** → ITO.

**Organization for Economic Co-Operation and Development** → OECD.

**Organization for European Economic Co-Operation** → OEEC.

**Organization of African Unity** → OAU.

**Organization of Arabian Petroleum Exporting Countries** → OAPEC.

**Organization of the Petroleum Exporting Countries** → OPEC.

**Osteuropabank** → EBRD.

**Overshooting** → Überschießen des nominellen Wechselkurses über seinen langfristigen, durch die → Kaufkraftparitätentheorie vorgegebenen Gleichgewichtswert. – Vgl. auch → Dornbusch-Modell.

# P

**Parallelgeschäft** → Kompensationshandel, → Kompensationsgeschäft.

**Pariser Club** – informeller Zusammenschluss der Regierungen westlicher Länder zur Abstimmung der Vorgehensweise bei Insolvenzkrisen verschuldeter Staaten der Dritten Welt (→ Auslandsverschuldung der Entwicklungsländer). Vereinbart werden oft Umschuldungen: neue Darlehen zu günstigeren Konditionen und Verlängerung der Rückzahlungsfristen oder Umwandlungen (Darlehen werden in rückzahlungsfreie Zuschüsse (Geschenke) umgewandelt). – Vgl. auch → Londoner Club.

**Parität** – Gleichheit des Wertes zweier Währungen oder auch Tauschverhältnis zwischen zwei Währungen; i.d.R. (vertraglich) festgelegtes Verhältnis (→ Wechselkurs) zwischen zwei Währungen. – Vgl. auch → Kaufkraftparität, → Kaufkraftparitätentheorie.

**Paritätentabelle** → Paritätstabelle.

**Paritätstabelle** – *Paritätentabelle*; Zusammenstellungen aller Kursparitäten (→ Kaufkraftparität) der einzelnen Währungen. Wichtig bei Arbitrage.

**Partialembargo** – *Teilembargo*, → Embargo.

**passive Leistungsbilanz** → Zahlungsbilanz.

**passive Tätigkeit** – 1. *Begriff*: im Außensteuerrecht übliche Bezeichnung für diejenigen Tätigkeiten → ausländischer Tochtergesellschaften und → ausländischer Betriebsstätten, die nicht unter die → aktiven Tätigkeiten fallen. Hinter dem Leitbild der passiven Tätigkeit steht die Vorstellung, dass es sich um Tätigkeiten handelt, für die ein Tätigwerden im Ausland an sich unter wirtschaftlichen Gesichtspunkten nicht nötig wäre. Es gilt die Regel, dass alle Tätigkeiten als passiv gelten, die nicht ausdrücklich vom Gesetzgeber als aktiv anerkannt sind (§ 8 III AStG); im Detail abweichende Begriffsabgrenzungen in Doppelbesteuerungsabkommen sind möglich. – 2. *Ertragsteuerliche Behandlung*: Liegen passive Tätigkeiten vor, besteht eine gewisse Gefahr, dass die Wahl des Auslands als Standort für diese Tätigkeiten hauptsächlich aus steuerlichen Gründen erfolgt sein könnte. Sofern an dem ausländischen Standort nur eine → niedrige Besteuerung herrscht, bringt der Gesetzgeber daher Sonderregelungen zur Anwendung, um die Steuervorteile des ausländischen Standortes für den inländischen Investor vorsorglich zu beseitigen: a) Bei Anteilseignern, die an Tochtergesellschaften beteiligt sind, die passive Tätigkeiten ausführen, werden die Gewinne dieser Gesellschaft (schon vor der Ausschüttung) im Wege der → Hinzurechnungsbesteuerung erfasst und dadurch die Belastung auf das im Inland für den Anteilseigner übliche Einkommensteuerniveau angehoben (§ 7 ff. AStG), – b) bei Personen, die über eine ausländische Betriebsstätte passive Tätigkeiten ausführen, wird die geringe ausländische Belastung durch Anwendung auch der inländischen unbeschränkten Steuerpflicht auf das im Inland übliche Steuerniveau angehoben. In diesen Fällen wird dann eine drohende Doppelbesteuerung auch dann nur durch die → Anrechnungsmethode vermieden, über evtl. entgegenstehende günstigere Regeln in einem Doppelbesteuerungsabkommen setzt sich das Gesetz bewusst hinweg (§ 20 AStG).

**passive Veredelung** – Zollverfahren zur Bearbeitung, Verarbeitung oder Ausbesserung von Waren, die aus dem zollrechtlich freien Verkehr des Zollgebiets der Gemeinschaft in ein → Drittland verbracht worden sind. Bei (Wieder-)Einfuhr der → Veredelungserzeugnisse und ihrer Überführung in den zollrechtlich freien Verkehr wird die vorübergehende Ausfuhr der Vorprodukte Zoll mindernd berücksichtigt. Das geschieht nach der Methode der Mehrwertverzollung oder

der Differenzverzollung. Die Wiedereinfuhr nach passiver Veredelung bedarf in einzelnen Fällen, insbesondere nach passiver Lohnveredelung im Textilbereich einer → Einfuhrgenehmigung.

**pauschalierter Abgabensatz** – durch Rechtsverordnung (ZollV) festgesetzter Pauschsatz zur Abgeltung sämtlicher → Einfuhrabgaben für weder zum Handel noch zur gewerblichen Verwendung bestimmter Waren, deren abgabenpflichtiger Wert je Sendung oder je Reisender insgesamt nicht mehr als 700 Euro beträgt. Anwendung nur, wenn der Zollanmelder nicht Verzollung nach dem Zolltarif und Versteuerung nach den in Betracht kommenden Steuergesetzen beantragt (§ 29 ZollV). Durch pauschalierten Abgabensatz Vereinfachung und Beschleunigung der Zollabfertigung.

**Pauschalierungsmethode** – Ermäßigung der inländischen Steuer auf bestimmte ausländische Einkünfte in pauschaler Form; Methode zur Vermeidung der → Doppelbesteuerung. Da durch die Pauschalierungsmethode eine Doppelbesteuerung nicht vollständig abgebaut wird oder Milderungen die Steuerbelastung stärker als notwendig senken, wird die Pauschalierungsmethode in → Doppelbesteuerungsabkommen (DBA) grundsätzlich nicht verwendet; lediglich gegenüber Ländern, mit denen kein Doppelbesteuerungsabkommen besteht, wird sie vom dt. Einkommensteuergesetz (§§ 34c, 34d EStG) jedoch unter Einhaltung bestimmter Voraussetzungen zugelassen. Bundes- und Länderfinanzminister müssen sich gemeinsam in einem Erlass darauf verständigen, unter welchen Bedingungen welche Steuerpflichtige in welchem Umfang von einer pauschalen Ermäßigung der Steuern Gebrauch machen können. – *Beispiel:* Auslandstätigkeiterlass mit Regelungen für ausländische Einkünfte unbeschränkt steuerpflichtiger Arbeitnehmer in bestimmten begünstigten Branchen; Pauschalierungserlass für bestimmte ausländische Einkünfte von Unternehmern.

**Pearson-Bericht** – im Jahr 1969 von einer Expertenkommission der Weltbank unter Leitung des ehemaligen kanadischen Premierministers Pearson vorgelegte Bestandsaufnahme zur → Entwicklungshilfe.

**Peer Review** – I. Wirtschaftsprüfung: Verfahren zur Überwachung der Wirtschaftsprüfer (WP) in Gestalt einer Prüfung der Prüfer durch andere (unabhängige) Wirtschaftsprüfer mit dem Ziel der Qualitätssicherung in der Wirtschaftsprüfung. Im Gegensatz dazu wird beim Monitoring eine Überprüfung durch Berufsorganisationen oder Behörden durchgeführt. Der Peer Review wird in Deutschland im Rahmen der externen Qualitätskontrolle der Wirtschaftsprüfer angewendet. – Bis zur Verabschiedung des Sarbanes-Oxley-Acts of 2002 (SOA) nutzten auch die Wirtschaftsprüfer in den USA (Certified Public Accountants) den Peer Review als Qualitätskontrollverfahren; dies war Vorbild für dessen Etablierung in Deutschland. Durch den SOA wurde in den USA nunmehr jedoch ein Monitoring-System eingerichtet.

II. Internationale Wirtschaftsbeziehungen: Element der NEPAD-Initiative (→ NEPAD) zur gegenseitigen Bewertung der afrikanischen Staaten; wird in diesem Fall von der UN-Wirtschaftskommission für Afrika in Addis Abeba durchgeführt. Peer Reviews werden auch in anderen Bereichen als Evaluierungsprinzip verwendet. Im Grundsatz geht es dabei stets um die Bewertung eines Projekts, einer Unternehmung oder einer Organisation durch Gleichrangige bzw. Gleichgestellte.

**Percentage of Completion Method** – Bilanzierungsmethode, die bei periodenübergreifender Produktion einen anteiligen Gewinnausweis nach dem Grad der Fertigstellung erlaubt. Im Gegensatz zum dt. Handelsrecht, das i.d.R. keine vorzeitige Gewinnrealisation bei langfristiger Fertigung gestattet, ist nach den International Financial Reporting Standards (IAS/IFRS) sowie nach den United States Generally Accepted

Accounting Principles (→ US-GAAP) eine Teilgewinnrealisation während der Fertigstellungsphase möglich. Nach IAS 11 „Construction Contracts" können Gewinne anteilmäßig nach dem jeweiligen Grad der Fertigstellung vereinnahmt werden. Drohende Verluste werden hingegen in ihrer Gesamtheit sofort GuV-wirksam verbucht. – Vgl. auch → Completed Contract Method, Erlösrealisation.

**perfekte Kapitalmobilität** → internationale Kapitalmobilität.

**Perroux** – François, 1903–1987, franz. Ökonom, Kritiker des Gleichgewichtsdenkens der Neoklassik, der den Machtfaktor in die ökonomische Analyse einbezieht und damit eine dynamische Ungleichgewichtstheorie entwickelt. Während die Neoklassik die Tauschpartner als gleich stark ansieht, nimmt er in die Analyse Begriffe wie Macht, Herrschaft und Zwang auf.

**personelle Hilfe** → personelle Zusammenarbeit.

**personelle Zusammenarbeit** – *personelle Hilfe;* Entsendung von Fachkräften (Entwicklungsexperten) in Entwicklungsländer und Aus- und Fortbildung von Fachkräften aus Entwicklungsländern. Ziel ist die Vermittlung von Know-how in den verschiedensten Bereichen (Landwirtschaft, Bildung etc.).

**Personenverkehrsfreiheiten** – Oberbegriff für die drei personenbezogenen EU-rechtlichen → Grundfreiheiten: → Freizügigkeit der Arbeitnehmer bzw. Niederlassungsfreiheit der Unternehmer, → Dienstleistungsfreiheit und → Aufenthaltsrecht. Diese Freiheiten gelten mit Ausnahme des Aufenthaltsrechts auch auf dem Gebiet des → EWR. Sie setzen als Grundrecht der Gestaltung der staatlichen Wirtschaftsgesetzgebung Grenzen. Ihre Beachtung kann im Gebiet der EU vor dem Europäischen Gerichtshof erzwungen werden.

**Petrodollar** – 1. *Begriff:* Dollareinnahmen aus dem Verkauf von Erdöl (Rohöl). Wesentliche Einnahmequelle in resourcenabhängigen Volkswirtschaften, z.B. Iran, Irak, Nigeria,

Russland, Venezuela. – 2. *Funktion:* Seit dem Zweiten Weltkrieg wird der Handel mit Rohöl vorwiegend in US-Dollar abgerechnet. – 3. *Bedeutung:* Die große und konstante Abhängigkeit der Weltwirtschaft vom Rohöl hat zur Folge, dass der Wechselkurs jedes Landes gegenüber dem US-Dollar eine entscheidende ökonomische Größe ist – schließlich beeinflusst er in großem Maß die Rohstoffpreise eines Landes. Andererseits verursacht die fast ausschließliche Dollarfakturierung Verbindlichkeiten der US-Zentralbank gegenüber den erdölexportierenden Ländern in enormem Umfang, da diesen Ländern durch den Ölexport große Dollarbestände zufließen. Politisch ist die USA daran interessiert, Dollarbeträge in Länder zu transferieren, deren politisches System den USA gewogen ist. Einige Staaten versuchen inzwischen der Fixierung auf den US-Dollar durch Fakturierung der Rohöllieferungen in Euro entgegenzuwirken (v.a. China, Iran, Syrien, Venezuela), sog. → Petroeuro. – 4. *Notierung an Rohstoffmärkten:* Rohöl wird an den Rohstoffmärkten in US-Dollar notiert (pro Barrel Rohöl, das sind 159 Liter).

**Petroeuro** – Dollareinnahmen aus dem Verkauf von Erdöl (Rohöl) in Euro. Einige Staaten versuchen den → Petrodollar (die Fixierung auf den US-Dollar für Rohöl) durch Fakturierungen in Euro entgegenzuwirken (v.a. China, Iran, Syrien, Venezuela).

**Physical Quality of Life Index (PQLI)** – Gesamtindikator zur Abbildung der physischen Lebensqualität in Entwicklungsländern. Gleichgewichteter, normativer Index aus Säuglingssterblichkeitsziffer, Lebenserwartung und Erwachsenenalphabetisierungsquote. – *Augmented PQLI:* Der ursprünglich von D.M. Morris entwickelte und vom Overseas Development Council der USA eingeführte Indikator wird häufig um zwei weitere Maßgrößen ergänzt: die Kalorienversorgung pro Kopf sowie die Einschulungsrate. Durch diesen Index sollte die Validität der Messung verbessert werden. – Die typischen

Gesamtindikatorenprobleme (Auswahl und Gewichtung der Teilindikatoren) blieben jedoch ungelöst.

**Policendarlehen** – 1. *Begriff:* Ein vom Lebensversicherungsunternehmen gewährtes Darlehen an einen Versicherungsnehmer maximal in Höhe des Rückkaufwerts der Lebensversicherung. – 2. *Hintergründe:* Grundsätzlich dürfen Lebensversicherungsunternehmen keine versicherungsfremden Geschäfte tätigen und damit auch keine Kreditgeschäfte betreiben (§ 7 VAG). Policendarlehen sind hiervon allerdings ausgenommen, da der Versicherungsnehmer ohnedies bis zur Höhe des Rückkaufwerts einen Anspruch auf Leistung aus dem Lebensversicherungsvertrag hat.

**Politische Ökonomie der Protektion** – Ein bes. Forschungsprogramm der → realen Außenwirtschaftstheorie, das die real existierenden Formen der Protektion bzw. → Handelspolitik durch eigennütziges Verhalten politischer Akteure im Rahmen bestimmter politischer Systeme zu erklären versucht. Die konkrete Gestaltung der → Handelspolitik – wie im Prinzip auch beliebiger anderer Bereiche der Wirtschaftspolitik – wird nicht über deren Gesamtwohlfahrtswirkung erklärt, sondern über deren Einkommensverteilungswirkung, in Verbindung mit Besonderheiten des politischen Prozesses, welche der einen oder anderen Gruppe von Nutznießern einer bestimmten Politik zum Durchbruch verhilft.

**politische Union** → regionale Integration, → EU, → EWWU.

**Pooling-of-Interests-Methode** – 1. *Begriff: Interessenzusammenführungsmethode, Merger Accounting;* Methode der → Kapitalkonsolidierung von Unternehmenszusammenschlüssen im Konzernabschluss. – 2. *Ausgestaltung:* Nach der Pooling-of-Interests-Methode wird der Beteiligungsbuchwert mit dem anteiligen bilanziellen Eigenkapital des Tochterunternehmens verrechnet. Ein verbleibender aktivischer (passivischer) Unterschiedsbetrag ist mit den Konzernrücklagen zu verrechnen. Stille Reserven (stille Lasten) und ggf. ein Goodwill werden nicht aufgedeckt, sodass hier eine Buchwertfortführung stattfindet. In den Folgejahren ergeben sich keinerlei Ergebnisbelastungen aufgrund von Goodwill-Abschreibungen oder Abschreibungen auf stille Reserven, sodass sie international in die Kritik geraten ist. – 3. *Anwendung:* Als Folge hat das US-amerikanische → Financial Accounting Standards Board (FASB) die Methode im Jahr 2001 gegen den Widerstand aus der Unternehmenspraxis abgeschafft. Auch das → International Accounting Standards Board (IASB) hat sich mit IFRS 3 zu einer Abschaffung dieses Verfahrens entschlossen. In Deutschland wurde sie mit dem Bilanzrechtsmodernisierungsgesetz (BilMoG) 2009 ebenfalls verboten.

**Population Trap** → Bevölkerungsfalle.

**Portfolio-Ansatz** – 1. *Begriff:* theoretischer Ansatz zur Wechselkursbestimmung (z.B. das *Branson-Modell*) für Situationen mit hoher, aber nicht perfekter → internationaler Kapitalmobilität. Resultiert aus der *bestandsgrößenorientierten* Betrachtung des → Devisenmarktes. – 2. *Darstellung:* Der gleichgewichtige nominelle → Wechselkurs ist nach dem Portfolio-Ansatz jener Kurs, bei dem renditeorientierte Anleger die gegebenen Bestände der in verschiedenen Währungen notierten Finanzaktiva, die annahmegemäß als imperfekte Substitute betrachtet werden, zu halten bereit sind *(Portfoliogleichgewicht).* Dies erfordert – in Abhängigkeit vom Grad der internationalen Kapitalmobilität – ganz bestimmte → Risikoprämien. Diese wiederum hängen bei gegebenen Zinssätzen und gegebenen Wechselkurserwartungen vom Wechselkurs ab, sodass ein Portfoliogleichgewicht nur bei einem ganz bestimmten Wechselkurs erreicht wird. – Bedingt durch die für den Portfolio-Ansatz charakteristische Annahme der imperfekten Substitutionalität in- und ausländischer zinstragender Assets besteht für die Zentralbank diskretionärer

Spielraum zur Beeinflussung des heimischen Zinssatzes und des Wechselkurses. Verbindung von Strom- und Bestandsgleichgewichten dadurch, dass Ungleichgewicht der Leistungsbilanz mit entsprechenden, aber entgegen gesetzten Veränderungen der Bestände an ausländischen Wertpapieren einhergehen. Hierdurch werden Rückwirkungen auf die Assetmärkte ausgelöst. – Vgl. auch → Zahlungsbilanzausgleich, → außenwirtschaftliches Gleichgewicht, → Vermögenspreisansatz zur Wechselkursbestimmung, → monetaristisches Wechselkursmodell, → Wechselkurstheorie.

**Portfolio-Investition** – Form der → Auslandsinvestition. Portfolio-Investitionen sind Übertragungen inländischen Kapitals ins Ausland zum Zweck des Erwerbs von Forderungen, die keine direkten Eigentumsrechte begründen, z.B. von Anteilen an Immobilienfonds, von Obligationen sowie von Anteilen an Unternehmen, sofern damit nicht ein wesentlicher Einfluss auf die Unternehmenspolitik verbunden ist. – Für *Entscheidungen über* Portfolio-Investitionen wird i.d.R. ein Rendite- und Risikokalkül unterstellt, in das sowohl die feste oder variable Verzinsung des Wertpapiers als auch Gewinnmöglichkeiten aus erwarteten Kursbewegungen am Wertpapiermarkt als auch Überlegungen zur Risikodiversifikation eingehen. – *Gegensatz:* → Direktinvestition.

**Positionswechsel** – Ursprungserwerb einer Ware nach den sog. *Listenkriterien* in den Anhängen der → Ursprungsregeln.

**Poverty Reduction and Growth Facility** → PRGF.

**Poverty Reduction Strategy Paper** → PRSP.

**PQLI** – Abk. für → Physical Quality of Life Index.

**Präferenzabkommen** – *Preferential Trade Agreement* (→ *PTA);* vertraglich geregelte Vorzugsbehandlung. In der Außenwirtschaft Einräumung eines → Präferenzzolls/ → Vorzugszolls (Zollpräferenzen, → Einfuhrzoll

Reduzierung bis auf Null in Abweichung vom → Drittlandszollsatz/MFN-Zollsatz), entweder einseitig (z.B. EU gegenüber Waren aus → Entwicklungsländern) oder gegenseitig. Präferenzabkommen verstoßen grundsätzlich gegen den WTO/GATT-Grundsatz der → Meistbegünstigung (MFN), allerdings sind für die regionale Handelsintegration Ausnahmen aufgrund von Art. XXIV GATT möglich. Meist werden in den Präferenzabkommen auch Regelungen getroffen bez. der zulässigen → Kumulation, d.h. ob und welche Wertschöpfungsvorgänge in verschiedenen Ländern (Präferenzzonen) für die Ursprungsbestimmung in einem anderen Präferenzabkommen anerkannt werden. – Vgl. auch → Präferenzzoll, → regionale Integration, → APS.

**Präferenzspanne** – Unterschied zwischen der Höhe des → Präferenzzolls und dem höheren Zollsatz nach dem Meistbegünstigungsprinzip des → GATT (→ Drittlandszollsatz), der auf Waren aus anderen Länder, die nicht in das Präferenzsystem einbezogen sind, angewandt wird.

**Präferenzzoll** – *Vorzugszoll;* → Zoll auf Einfuhrwaren aus bestimmten Länder, der niedriger ist als der Zoll auf die betreffende Ware bei Importen aus anderen Ländern; *Gegenteil:* → Drittlandszollsatz. Präferenzzölle verstoßen eigentlich gegen das Prinzip der → Meistbegünstigung, werden vom → GATT bzw. → World Trade Organization (WTO) aber trotzdem in großem Umfang zugelassen. Präferenzzölle ergeben sich zum einen aus bi- oder multilateralen Abkommen. So hat z.B. die Europäische Union (→ EU) gleich oder ähnlich lautende Abkommen u.a. mit den EFTA-Staaten (→ EFTA), Mittelmeeranrainern, Mexiko, Chile, Südafrika und Südkorea geschlossen. Zum anderen gewährt die EU einseitig Entwicklungsländern (den → AKP-Staaten) Präferenzen für die Einfuhr deren Waren in die EU. – Vgl. auch → Präferenzabkommen.

**Prebisch-Singer-These** – 1. *Aussage:* Die → Commodity Terms of Trade entwickeln sich zuungunsten der Entwicklungsländer, wodurch sich ein Realtransfer in die Industrieländer ergibt. – 2. *Analytische Begründung und Annahmen:* a) Die Einkommenselastizität der Nachfrage nach Primärgütern (Exporte der Entwicklungsländer) ist vergleichsweise niedrig. – b) Die Einkommenselastizität der Nachfrage nach Industrieprodukten (Exporte der Industrieländer) ist vergleichsweise hoch, d.h. bei wachsendem Einkommen nimmt der Anteil des Einkommens zu, der für Importe aus Industrieländern aufgewendet wird. – c) Auf den Märkten für Güter der Entwicklungsländer herrscht ein intensiverer Wettbewerb als für Produkte der Industrieländer (wegen des hohen Homogenitätsgrades der Rohstoffe). – d) Der Wettbewerbsgrad auf den Arbeitsmärkten der Entwicklungsländer ist höher als bei denen der Industrieländer (wegen des geringen gewerkschaftlichen Organisationsgrades und wegen der geringeren Qualifikations-Differenzierung). Die Wohlfahrtsgewinne der Produktivitätssteigerung der Arbeit werden durch niedrigere Preise an die Industrieländer weitergegeben, während der Produktivitätsfortschritt in den Industrieländern dort zu höheren Löhnen führt, der das Lohndifferenzial zwischen Industrieländern und Entwicklungsländern erhöht. Prebisch untermauerte seine These empirisch durch die stetige Verringerung der Net-Barter-Terms of Trade Englands (Commodity Terms of Trade) für den Zeitraum 1876 bis 1947. – 3. *Beurteilung:* Die unterschiedlichen Entwicklungen der Terms of Trade hängen v.a. vom Homogenitätsgrad der Güter und der Wirksamkeit des technischen Fortschritts ab. Der technische Fortschritt bewirkt bei Rohstoffen eine Quantitätserhöhung, bei Industrieprodukten eine qualitative Verbesserung. Folglich verschlechtern sich die relativen Preisverhältnisse zuungunsten von Entwicklungsländern, deren Hauptprodukte (Primärgüter) hohe quantitative Produktivitätsfortschritte aufweisen. Maßgeblich für die Bewertung der Entwicklungsmöglichkeiten sollten die → Income Terms of Trade sein, die die Importkapazität festlegt. Eine Reduzierung von Güterpreisen aufgrund von Produktivitätsfortschritten kann nicht als Einkommenstransfer bezeichnet werden, da es sich um einen normalen Marktvorgang handelt. Auch der empirische Teil ist kritisiert worden, da Qualitätsverbesserungen bei Preisindices unberücksichtigt blieben und die britische Außenhandelsstruktur nicht als repräsentativ für die Außenhandelsstruktur der Entwicklungsländer angesehen wurde. – Die Prebisch-Singer-These sollte als Erklärungsansatz für die Unterentwicklung der Entwicklungsländer dienen. Wirtschaftspolitisch ist mit einer Differenzierung der Angebotspalette in Richtung Industrieprodukte zu antworten, um den Problemen sinkender Commodity Terms of Trade zu entgehen.

**Predictive Value** – *Voraussagetauglichkeit*; qualitative Anforderung an Rechnungslegungsinformationen nach den → US-GAAP sowie nach den → International Financial Reporting Standards (IFRS). – Vgl. auch → Conceptual Framework, → Framework.

**Preferential Trade Area for Eastern and Southern Africa** → PTA.

**Preisdumping** – liegt vor, wenn auf Exportmärkten für dieselben Güter niedrigere Preise verlangt werden als auf dem Inlandsmarkt (regionale Preisdifferenzierung). – Vgl. auch → Dumping.

**Preisnotierung** → Wechselkurs, bei dem der Preis für eine (bzw. 100) ausländische Währungseinheiten in einheimischer Währung ausgedrückt wird (z.B. 1 US-Dollar = 0,9546 Euro). Der spiegelbildliche → Mengenwechselkurs drückt rechnerisch das exakt gleiche Wertverhältnis aus.

**Preisprüfung** – Prüfung der Importpreise seitens der EU-Kommission, um Dumpingpreise (→ Dumping) zu verhindern. Die EU-Kommission prüft von Amts wegen oder auf Antrag gebietsansässiger Unternehmen, die über ein zu niedriges Preisniveau importierter Ware Klage führen, ob durch diese Einfuhren aufgrund überhöhter Mengen zu solchen Preisen ein erheblicher Schaden für die Erzeugung gleichartiger oder zum gleichen Zweck verwendbarer Waren in der EU eintritt oder einzutreten droht und ob dieser Schaden im Interesse der Allgemeinheit abgewendet werden muss. Folge kann die Erhebung von → Antidumpingzöllen sein.

**Preisvergleichsmethode** – Eine Methode der Standardmethoden zur Bestimmung angemessener → Verrechnungspreise für Geschäfte zwischen verbundenen Unternehmen. Die Methode basiert darauf, nach dem Preis zu fragen, der für dasselbe Produkt zwischen fremden Dritten verlangt wird; dieser Preis soll dann auch zwischen den Konzernunternehmen verlangt werden, da diese sich steuerlich wie einander fremd gegenüber stehende Dritte verhalten sollen. Sofern es zwischen den Verhältnissen, unter denen sich am Markt ein Preis zwischen fremden Dritten bildet, und den konkreten Verhältnissen bei der Geschäftsbeziehung im Konzern wichtige Unterschiede gibt (Qualität der gehandelten Produkte, Mengenrabatte, Fristigkeit der Lieferverträge etc.), wird man diesen Unterschieden durch Zu- oder Abschläge zu dem am freien Markt beobachtbaren Marktpreis Rechnung tragen müssen; daher erschöpft sich die Preisvergleichsmethode keinesfalls nur in einem einfachen Beobachten des Marktes. – Man unterscheidet mehrere Spielarten der Preisvergleichsmethode, je nachdem, mit welchen Preisen man vergleicht: (1) Vergleich mit dem Verhalten desselben Unternehmens, wenn es Geschäfte nicht mit dem eigenen Konzern, sondern mit Außenstehenden macht (interner Preisvergleich), (2) Vergleich mit dem Verhalten, das ein fremder Anbieter gegenüber einem fremden Nachfrager zeigt (externer Preisvergleich), (3) Vergleich mit dem Verhalten, das ein theoretischer Anbieter nach betriebswirtschaftlichen Grundsätzen gegenüber einem fremden Nachfrager zeigen müsste (hypothetischer Fremdvergleich). – Vgl. auch

→ Wiederverkaufspreismethode, → Kostenaufschlagsmethode.

**Present Value of Future Cashflows** – *diskontierte Nettozahlungsüberschüsse*, → Conceptual Framework.

**Pre-Shipment Inspection Certificate (PSI)** → Inspektionszertifikat.

**PRGF** – Abk. für *Poverty Reduction and Growth Facility*; eine erst 1999 geschaffene Kreditfazilität des → IWF für seine ärmsten Mitgliedsländer; Nachfolger der ESAF (Enhanced Structural Adjustment Facility). Im August 2008 hatten 78 IWF-Mitgliedsländer die Möglichkeit, Kredite unter der PRGF in Anspruch zu nehmen (Bedingung: BNE pro Kopf unter 1095 US-Dollar). Um tatsächlich PRGF-Gelder zu erhalten, müssen Länder eine wirtschafts- und allgemeinpolitische Strategie zur Reduktion der Armut vorlegen (zusammengefasst in einem Poverty Reduction Strategy Paper (→ PRSP)). Zu den weiteren Bedingungen gehört, dass die Länder nach den Prinzipien der → Good Governance ihre Regierungs- und Verwaltungsarbeit verbessern und ggf. Schritte zur Eindämmung der Korruption unternehmen. PRGF wird inhaltlich mit der → HIPC-Initiative abgestimmt und auch gemeinsam mit dieser finanziert. Die Kosten des Spreads zwischen Soll- und Habenzins werden durch bilaterale Spenden und IWF-eigenen Mitteln getragen. PRGF-Kredite haben eine Laufzeit von zehn Jahren bei einem Jahreszins von 0,5 Prozent. Länder können bis zu 185 Prozent ihrer IWF-Quote beleihen.

**Principle of Materiality** → Materiality.

**Principles of European Contract Law (PECL)** → Europäisches Privatrecht.

**private Zolllager** → Zolllager, die zur Einlagerung von unverzollten → Nichtgemeinschaftswaren durch den Lagerhalter selbst bestimmt sind. Im Gegensatz zu → öffentlichen Zolllagern kann also nicht jeder einlagern, sondern nur der Bewilligungsinhaber. Er kann jedoch fremde Waren auf seine Verantwortung in das Zolllagerverfahren überführen und einlagern. Das private Zolllager gibt es als Typ C, Typ D und Typ E (vgl. Art. 525 ZK-DVO). Sie unterscheiden sich in der Abwicklung, nicht jedoch in den Zollvorteilen. Das in der Bundesrepublik Deutschland früher übliche offene Zolllager entspricht dem Typ D. – Vgl. auch → Lagerbehandlung.

**Product Buy Back** → Kompensationshandel.

**Produktdifferenzierung** – I. Marketing: 1. *Begriff*: Hinzufügen einer weiteren Produktvariante zum Absatzprogramm unter Beibehaltung der bisherigen Ausführung. Es erfolgt somit entweder eine Variation im Sinne der Programmbreite oder Programmtiefe. Eine Produktdifferenzierung erfolgt im Produktlebenszyklus typischerweise zur Ausdehnung der Wachstumsphase und somit bevor Stagnation erreicht ist. – 2. *Arten*: a) Es kann sich einerseits um eine eher sachlich-rationale oder um eine eher affektiv-anmutungshafte Differenzierung handeln. – b) Andererseits kann auch nach der Differenzierung von Produktkern oder -hülle unterschieden werden. Hüllendifferenzierungen sind z.B. Verpackungsmodifikationen, Karrosserievarianten, Kerndifferenzierungen sind z.B. Motorvarianten, Konstruktionsänderungen etc. – 3. *Zweck*: Ansprüche einer Teilzielgruppe genauer als bisher zu befriedigen oder zusätzliche Kundengruppen ansprechen.

II. Außenwirtschaft: → Außenhandelstheorie.

**Produktionsgewinn aus internationalem Handel** – Wenn das Tauschverhältnis im internationalen Handel (→ Terms of Trade) von der bei → Autarkie relevanten Grenzrate der Transformation abweicht, dann kann eine Volkswirtschaft durch Reallokation immer eine Erhöhung ihres gesamten Outputwertes erzielen. Dies bezeichnet man als *Produktionsgewinn durch internationalen Handel*.

**Produktzyklushypothese** → Produktzyklustheorie.

**Produktzyklustheorie** – I. Außenwirtschaft: Die Produktzyklustheorie betont die Veränderung → komparativer Vorteile für einzelne Güter im Zeitverlauf. In der *Einführungsphase* ist das technische Know-how für den komparativen Vorteil entscheidend. Die Produkteinführung solcher Güter erfordert gute Kommunikationsmöglichkeiten zwischen Produzenten und Nachfragern, und diese sind im Inland eher gegeben als international (→ Linder-Hypothese). Nach der erfolgreichen Einführung solcher Produkte entsteht in der *Reifephase* die Möglichkeit des Exports in Länder mit ähnlicher Nachfragestruktur. Elemente der → Produktdifferenzierung und → Größenvorteile können diesen Effekt noch verstärken. Nach einer gewissen Zeit wird das Produkt standardisiert, und die erwähnten Kommunikationserfordernisse verlieren ihre Bedeutung. An deren Stelle bestimmen Kostenüberlegungen die komparativen Vorteile. Je nach Faktorausstattung der einzelnen Länder kann dann die Produktion solcher Güter in der *Stagnationsphase* in das Ausland wandern, und das Gut wird in weiterer Folge zu einem Importgut (→ Heckscher-Ohlin-Handel). Schließlich kann das Gut durch die Einführung neuer Güter im Inland vollständig ersetzt werden *(Degeneration)*.

II. Theorie der standörtlichen Verlagerung von Produktionsstätten: (im Zusammenhang mit dem angenommenen „Lebenspfad" eines Produktes): 1. *Begriff*: Die Produktzyklustheorie besagt, dass der Wachstumspfad der Produktion eines Gutes nachfrageabhängig feste Phasen der Produktcharakteristik und der Produktionstechnik durchläuft und entsprechend dem Lebenszyklusstadium das Gewicht der einzelnen Standortfaktoren unterschiedlich ist. Dadurch kommt es zu regelhaften Sequenzen räumlicher Verlagerung der Produktionsstandorte (Standort). – 2. *Entstehung*: Entwickelt wurde diese Theorie von *Vernon* (1966) und *Hirsch* (1965, 1967) zur Erklärung des relativ stärkeren Wachstums von US-amerikanischen → Direktinvestitionen im Ausland gegenüber den

Warenexporten in den 1960er-Jahren. Wirtschaftsgeografie und Stadtökonomik haben diesen Ansatz übernommen und auf die räumliche Spezialisierung und Dynamik von Industrieregionen, v.a. die Verlagerung von den entwickelten zu den unterentwickelten Staaten im Zusammenhang mit der neuen internationalen Arbeitsteilung, angewandt. Inzwischen genießt die Produktzyklustheorie einen zentralen Stellenwert in der Analyse der Lokalisierung von Unternehmen aus hochtechnologischen Branchen sowie der Rolle der Technologie in der Herstellung räumlich ungleicher Entwicklung. – 3. *Theorie:* Das Produktzyklusmodell unterscheidet i.d.R. drei (manchmal vier) Phasen: a) In der *Innovationsphase* (Innovation), in der das neue Produkt eingeführt wird, sind die wissenschaftlich-technischen Ressourcen, hoch qualifizierte Arbeitskräfte und gute, flexible Kommunikationsmöglichkeiten mit Nachfragern, Zulieferern und auch Konkurrenten in der Region von großer Bedeutung. Die Produktionstechnologie befindet sich noch im experimentellen Stadium, das Marktvolumen ist gering und unsicher. Geringe Preiselastizität und temporäres Monopol ermöglichen zwar beachtliche Gewinne, diesen stehen jedoch hohe Pionierinvestitionen und ein geringes Produktionsvolumen (Einzel-, Kleinserienfertigung) gegenüber. Metropolitane Regionen in hochentwickelten → Industrieländern mit Forschungszentren, aufnahmefähigen Märkten, differenziertem Dienstleistungsangebot und ungebundenem Kapital scheinen die günstigsten Standortvoraussetzungen zu bieten. – b) In der *Wachstums- und Reifephase* expandiert die Nachfrage sowohl in der Region als auch außerhalb. Die Produktstandardisierung setzt ein, Massenproduktion wird aufgenommen. Die Nutzung von Skalenvorteilen und kostengünstigen Inputs (Rohstoffe, Arbeitskraft) zur Stückkostensenkung gewinnt angesichts wachsenden Preiswettbewerbs zunehmend an Bedeutung. Dem Management kommt eine Schlüsselfunktion für die Organisation der

Massenproduktion, die Sicherung der Märkte und die Bereitstellung des Investitionskapitals zu. Der wachsende Kostendruck und die zunehmende Bedeutung auswärtiger Märkte löst Standortverlagerungen hin zu peripheren Regionen (Peripherie) der hoch entwickelten Industrieländer und hin zu den auswärtigen Märkten aus. – c) In der *Standardisierungsphase* ist die Massenproduktion die Norm, die Produktionstechnologie ausgereift, Ersatz- und Erweiterungsinvestitionen überwiegen. Es herrscht intensiver Preiswettbewerb. Die Produktdifferenzierung dominiert gegenüber Innovationen. Die wachsende Kapitalintensität bewirkt Standortverlagerungen in weniger entwickelte Regionen bzw. Länder wegen der dort reichlich vorhandenen billigen, gering qualifizierten Arbeitskräfte sowie der staatlichen Investitionsanreize und Subventionen. In den hochentwickelten Gebieten überwiegen die Importe aus den neuen Standortregionen. – d) Diesen drei ursprünglichen Phasen des Produktzyklus wird z.T. eine vierte, die *Stagnations- und Kontraktionsphase*, hinzugefügt. Sie zeichnet sich durch schwach wachsende oder schrumpfende Märkte aus. Massenproduktion und der Einsatz billiger, ungelernter Arbeitskräfte bleiben bestimmend. Es setzen verstärkt Prozesse der Unternehmenskonzentration und der vertikalen Integration ein. Die Exportstrategien werden zunehmend durch Importsubstitution und staatliche Protektion (→ Protektionismus) in den peripheren Standortregionen ersetzt. – 4. *Kritik:* Die Simplizität des Modells hat maßgeblich zu seiner Verbreitung beigetragen, ist aber auch eine Schwachstelle, da es wesentliche Aspekte der Nachfrage, des Angebotes, des unternehmerischen Handelns und der politischen Steuerung vernachlässigt und im technologischen Wandel den Hauptgrund von Investitionsentscheidungen sieht (technologischer Determinismus). Bez. der Kontrolle der Produktionstechnologie und des Technologietransfers berücksichtigt das Modell nicht die vielfältigen Unternehmensstrategien, wie z.B. Internationalisierung, Joint

Ventures, Subcontracting u.Ä., sondern unterscheidet in der räumlichen Verlagerung des Know-hows nur zwischen einheimischen und auswärtigen Unternehmen. Die Invention neuer Produkte ist i.d.R. nicht identisch mit ihrer endgültigen Form, wie es das Modell annimmt, vielmehr erfolgen im Verlauf der Markteinführung stufenweise Verbesserungen und Änderungen. Im Modell wird das Produkt als homogen betrachtet; die in der ökonomischen Realität wirkenden Unterschiede der technischen Ausstattung und der Verwendungsmöglichkeit sowie die Markenpolitik der Unternehmen bleiben ausgeklammert. Standortwirksame Faktoren (v.a. in der zweiten und dritten Phase) werden ebenso verkürzt behandelt. Fraglich ist auch die Gültigkeit des postulierten Zusammenhangs von Standardisierung und Massenproduktion einerseits und Nutzung billiger Arbeitskraft in der Peripherie andererseits; technologische Entwicklungen wie CNC-Anlagen, CIM etc. ermöglichen Stückkostensenkung und Massenproduktion ohne Standardisierung. Weiterhin können Prozessinnovationen bei einer scheinbaren Produktstabilität die Standortverlagerung nachhaltig verändern. Fraglich ist auch, ob die im Verlauf des Produktzyklus angenommene Auflösung der Monopol-Marktform eintritt. Schließlich berücksichtigt das Modell die Diskordanzen von Nachfrage- und Produktzyklen nicht, sondern unterstellt, dass der Markt alle Produkte absorbiert. Ungeachtet dieser Probleme ist die Produktzyklustheorie vielfach zur Grundlage wirtschaftsgeographischer Analysen der regionalökonomischen Dynamik gemacht worden. Sie dient auch zur Erklärung der Rolle von F&E-Aktivitäten (*Silicon-Valley-Phänomen*), der Gründung von Unternehmen, des technologischen Wandels und der Planung von Technologieparks. Die Überwindung der aufgezeigten konzeptionellen Schwächen wird in einer Verknüpfung mit Theorie des Unternehmens gesehen.

**Programmhilfe** – Ausrichtung der → Entwicklungshilfe auf die Durchführung umfassender Entwicklungsprogramme anstelle einzelner, selbstständiger Projekte (→ Projekthilfe). Oft wird darunter auch eine ungebundene Zahlungsbilanz- bzw. Budgethilfe verstanden.

**Progressionsvorbehalt** – I. Begriff: eine Regelung, wonach steuerfreie Einkünfte zwar nicht besteuert werden, ihre Existenz aber berücksichtigt wird, wenn es darum geht, die Höhe des angemessenen Steuersatzes für diejenigen übrigen Einkünfte des Betreffenden zu bestimmen, die weiterhin steuerpflichtig bleiben. Ziel ist es, dass Personen mit einem hohen Einkommen, von dem allerdings einige Teile steuerfrei sind, die steuerpflichtigen Reste ihres Einkommens nicht nur mit einem Steuersatz versteuern, der eigentlich für Geringverdiener gedacht ist. Angewendet wird der Progressionsvorbehalt sowohl bei Einkünften, die aufgrund des nationalen Steuerrechts steuerfrei belassen werden (z.B. Arbeitslosengeld, Kurzarbeitergeld, Wintergeld, Winterausfallgeld, Schlechtwettergeld, Erziehungsgeld u.Ä.), als auch bei Einkünften aus dem Ausland, die aufgrund eines Doppelbesteuerungsabkommens oder eines ähnlichen völkerrechtlichen Vertrages steuerfrei gestellt sind. Erforderlich ist jedoch in allen Fällen, dass gesetzlich ausdrücklich angeordnet wird, dass der Progressionsvorbehalt auf die fraglichen steuerbefreiten Einkünfte angewandt werden soll (Fundstelle: § 32 b EStG).

II. Technik: 1. Die ausländischen Einkünfte und Vermögensteile bzw. die bezogenen Lohnersatzleistungen *scheiden aus* der inländischen Steuerbemessungsgrundlage vollständig und endgültig aus. – 2. Sie werden jedoch für die *Berechnung* des auf die übrigen inländischen Einkünfte bzw. Vermögensteile des Steuerpflichtigen anzuwendenden *progressiven Steuersatzes* in der Weise berücksichtigt, dass zunächst berechnet wird, wie hoch die Steuerschuld ausgefallen *wäre*, wenn die fraglichen Einkünfte steuerpflichtig gewesen *wären*. Daraus berechnet man dann, wie hoch der durchschnittliche Steuersatz ausgefallen wäre, wenn das gesamte Einkommen steuerpflichtig gewesen wäre. Dieser so bestimmte Steuersatz wird dann angewandt auf das Einkommen, das noch steuerpflichtig geblieben ist. – *Beispiel:* Ein Steuerpflichtiger habe insgesamt Einkünfte von 100.000 Euro, von denen aber 95.000 Euro aufgrund eines Doppelbesteuerungsabkommens steuerfrei bleiben sollen. Dann beliefe sich sein zu versteuerndes Einkommen auf 5.000 Euro (von Sonderausgaben, außergewöhnlichen Belastungen etc. wird hier zur Vereinfachung abgesehen). Die Steuer für 5.000 Euro beträgt nach Grundtabelle normalerweise Null Euro; dem liegt aber die Annahme zugrunde, dass jemand mit einem Jahreseinkommen von 5.000 Euro ein Geringstverdiener ist – diese Annahme ist hier offensichtlich unangemessen. Daher ordnet das Gesetz hier den Progressionsvorbehalt an: Es ist zunächst auszurechnen, dass die Steuer bei 100.000 Euro sich auf 34.086 Euro belaufen würde (Wert 2008). Das entspräche einem Steuersatz von 34,086 Prozent. Also ist daraus die Schlussfolgerung zu ziehen, dass jemand mit einem „Wohlstand" wie der Steuerpflichtige im Beispielsfall nach den Wertungen des Gesetzgebers eine Belastung von 34 Prozent tragen sollte – folglich wird von dem Betrag, der noch in Deutschland steuerpflichtig bleibt (5.000 Euro) eine Steuer von 34 Prozent verlangt, nicht 0 Prozent (also 1.700 Euro).

III. Wirkungen: Der Progressionsvorbehalt wird i.d.R. zu einer Erhöhung des Steuersatzes führen, weil sich der Wohlstand und damit der Steuersatz des Betreffenden i.d.R. aufgrund der Berücksichtigung der steuerfreien Einkünfte höher darstellt, als wenn man nur die steuerpflichtigen Einkommensteile zur Kenntnis nähme. In Ausnahmefällen kann er aber auch zu einer Senkung des Steuersatzes führen, nämlich dann, wenn die als „steuerfrei" außer acht gelassenen Beträge ausnahmsweise negativ sein sollten (*negativer Progressionsvorbehalt*). – *Beispiel:* Ein Steuerpflichtiger hat steuerpflichtige Einkünfte von 200.000, aber zugleich ausländische Verluste

aus Frankreich von 190.000 Euro, die lediglich aufgrund eines Doppelbesteuerungsabkommens hier nicht steuerlich relevant sind. Die Betrachtung des Gesamteinkommens ergibt, dass hier nicht der Steuersatz für 200.000, sondern der durchschnittliche Steuersatz für 10.000 Euro angemessen ist (400 Euro = 4 Prozent). Somit würde hier die Steuer auf die dt. Einkünfte mit einem Steuersatz von nur 4 Prozent festgesetzt werden (8.000 Euro). „Negativ" heißt der Progressionsvorbehalt in diesem Zusammenhang lediglich deshalb, weil er sich hier für die Finanzverwaltung ausnahmsweise negativ auswirkt.

IV. Anwendungsbereich: 1. *Auslandseinkünfte*: Der Progressionsvorbehalt ist von den → Doppelbesteuerungsabkommen (DBA) gestattet, wenn diese ihn nicht ausdrücklich verbieten; das ist jedoch niemals der Fall. Voraussetzung ist allerdings die Anwendbarkeit der → Freistellungsmethode. Nicht in Frage kommt der Progressionsvorbehalt nämlich, wenn für ausländische Einkünfte im dem DBA nur die → Anrechnungsmethode angewandt wird, denn dann sind die betreffenden Auslandseinkünften in Deutschland gar nicht steuerfrei, somit bei der Berechnung des Steuersatzes ohnehin schon berücksichtigt. Die Anwendbarkeit des Progressionsvorbehalts erstreckt sich zwar formal auf alle Steuerarten, die im Doppelbesteuerungsabkommen erfasst sind. – 2. Praktische *Auswirkungen* treten aber i.d.R. nur bei den Steuern ein, die einen progressiven Tarif aufweisen, in der Bundesrepublik Deutschland im Wesentlichen nur die Einkommensteuer und die Erbschaft- und Schenkungsteuer. Auch dann bedarf es jedoch einer ausdrücklichen gesetzlichen Anordnung, dass der Progressionsvorbehalt gelten soll, im betreffenden Gesetz. – 3. Im *nationalen Bereich* wird der Progressionsvorbehalt v.a. bei Bezug von Lohnersatzleistungen (Arbeitslosengeld, Kurzarbeitergeld, Wintergeld, Winterausfallgeld, Arbeitslosenhilfe u.Ä.) oder → ausländischen Einkünften angeordnet. – 4. Im Zuge der *Unternehmensteuerreform 2008* wurde eine Meldepflicht für Lohnersatzleistungen mit Progressionsvorbehalt eingeführt (§ 32 b III EStG, § 52 XLIII a S. 2 EStG). – 5. *Beschränkte Steuerpflicht*: Gegenüber Steuerausländern ist eine Anwendung des Progressionsvorbehalts nicht üblich. Wird von dem ausländischen Steuerpflichtigen die freiwillige Veranlagung seiner aus Deutschland bezogenen Einkünfte gewählt, kann es jedoch in bestimmten Fällen auch zum Progressionsvorbehalt kommen (vgl. § 32b EStG).

**Prohibitivzoll** – jener Zollsatz, bei dem die Importe des betreffenden Gutes wegen der extremen Zollbelastung zum Erliegen kommen. Wirkt faktisch wie ein → Einfuhrverbot. – Vgl. auch → Protektionismus, → Zoll.

**Projekthilfe** – Bindung der Vergabe von → Entwicklungshilfe an ein bestimmtes, zumeist vom Geberland in einem Prüfungsverfahren gebilligtes, Entwicklungsprojekt.

**Protektion** – 1. *Allgemeiner Begriff* für verschiedene handelspolitische Maßnahmen (→ tarifäre Handelshemmnisse oder → nicht tarifäre Handelshemmnisse), deren Zweck es ist, einzelne Sektoren einer Volkswirtschaft vor Importkonkurrenz zu schützen oder der eigenen Exportwirtschaft Vorteile auf dem internationalen Markt zu verschaffen. – Vgl. auch → Zoll, → Handelspolitik, → Protektionismus. – 2. *Das klassische Instrument* ist der → Einfuhrzoll, mit dem die Preise für Importprodukte so weit angehoben werden können, dass sie keine Konkurrenz für heimische Produkte mehr darstellen. Im Rahmen mehrerer allg. Zölle jedoch weltweit derart gesenkt worden, dass sie als Handelshemmnis unter → Industrieländern kaum noch eine Rolle spielen. Zunehmendes Gewicht haben allerdings → Antidumpingzölle, die gezielt als Abwehrmaßnahme auf bestimmte Warenimporte aus einzelnen Ländern erhoben werden. Diese Ausnahmeregel wird verstärkt zur Umgehung allg. Zollregeln missbraucht. – 3. Beim → *Agrarzoll* (der ehemaligen → Abschöpfung), wie sie in der EU-Agrarpolitik (GAP) verwendet wird, ist der Inlandspreis

fest vorgegeben, und die Einfuhrabgabe wird als Differenz zum Weltmarktpreis berechnet. Dieser variable Zoll kann auch von bes. kostengünstigen Auslandsproduzenten nicht unterlaufen werden, da von ihnen eine entsprechend höhere Abschöpfungsabgabe erhoben wird. – 4. *Außerhalb des Agrarbereichs* ist mittlerweile das *Einfuhrkontingent* (→ Importkontingentierung) zum wichtigsten Instrument aufgerückt. Dabei wird ausländischen Produzenten entweder eine feste Einfuhrmenge oder ein fester Anteil am gesamten Inlandsabsatz vorgegeben. Im Unterschied zum Zoll fließt hier die Differenz zwischen dem Inlandspreis und dem Weltmarktpreis nicht dem Staat des Importlandes zu, sondern entweder den Importeuren oder den ausländischen Produzenten. – 5. *Einfuhrkontingente* sind nur eines unter vielen Instrumenten aus dem Bereich der → nicht tarifären Handelshemmnisse. Daneben sind v.a. die *„freiwilligen"* Exportselbstbeschränkungen (Voluntary Eyport Restraints) zu nennen, bei denen sich das Exportland in Absprache mit dem Importland verpflichtet, seine Lieferungen auf bestimmte Höchstmengen zu beschränken. Analog dazu werden mit *„freiwilligen"* Importausweitungsabkommen Mindestmengen für die Importe eines Landes aus einem anderen Land festgelegt. Schließlich können auch technische Normen und Standards dazu missbraucht werden, heimischen Produzenten einen künstlichen Wettbewerbsvorteil zu verschaffen.

**Protektionismus** – handelspolitische Konzeption, die durch eine ausgeprägte Neigung zu → Protektion geprägt ist. – Vgl. auch → Handelspolitik, → Prohibitivzoll.

**PRSP** – Abk. für *Poverty Reduction Strategy Paper*; Strategiepapiere zur wirtschaftlichen Entwicklung, die Entwicklungsländer mithilfe des → IWF und der Weltbank (→ IBRD) verfassen. PRSP werden im Rahmen der → PRGF des IWF bzw. der Weltbank eingesetzt. Außerdem sind sie für Teilnehmer der → HIPC-Initiative Pflicht. Sie gelten für drei Jahre mit jährlichen Zwischenberichten.

**Prudential Filter** – 1. *Begriff:* von der European Banking Authority (ehemals Committee of European Banking Supervisors [CEBS]) empfohlene Korrekturfaktoren zur Anpassung des nach den → International Financial Reporting Standards (IFRS) bilanziell ausgewiesenen Eigenkapitals von Kreditinstituten. Sie sind erforderlich, da die Zielsetzung der IAS/IFRS-Abschlüsse (Vermittlung von entscheidungsnützlichen Informationen für Investoren) nicht zwingend im Einklang mit den vornehmlichen Aufgaben der Bankenaufsicht (Sicherung der Funktionsfähigkeit des Finanzsystems, Gläubigerschutz) stehen. In Deutschland werden die Empfehlungen des CEBS nahezu vollständig durch die Konzernabschlussüberleitungsverordnung (KonÜV) umgesetzt. – 2. *Merkmale:* Prudential Filters berücksichtigen Bewertungseffekte der Fair-Value-Bilanzierung (→ Fair Value) bei der Überleitungsrechnung des Eigenkapitals nach IFRS hin zum aufsichtsrechtlichen Eigenkapital unterschiedlich stark. – 3. *Ziele:* Prudential Filters dienen der Berechnung der bankaufsichtlichen Eigenmittel. Sie sollen noch nicht realisierte Bewertungsgewinne bzw. -verluste aus der Fair-Value-Bilanzierung von Finanzinstrumenten und Immobilien aus dem Kernkapital herausfiltern, sodass der Verlauf der Eigenmittelhöhe relativ konstant bleibt. Ziel ist die Verfolgung eines konsequenten Gläubigerschutzgedankens (Gläubigerschutz) durch die Gewährleistung der Nachhaltigkeit und Dauerhaftigkeit der einzelnen Eigenmittelbestandteile und somit der Wahrung der Risikopufferfunktion der Eigenmittel. Weiterhin soll eine international verbesserte Vergleichbarkeit der Bestimmung der aufsichtsrechtlichen Eigenmittel erreicht werden. – 4. *Entwicklung:* Der Begriff der Prudential Filter stammt aus der Veröffentlichung „Guidelines on Prudential Filters for Regulatory Capital" des CEBS aus dem Jahr 2004 und war das Ergebnis des Dialoges von Bankaufsichtsbehörden, insbes.

des Baseler Ausschusses für Bankenaufsicht und des CEBS, die die Konsequenzen der Bilanzierung nach IAS/IFRS auf die Eigenmittelausstattung von Kreditinstituten betrachten. Mittlerweile hat sich dieser Begriff etabliert und steht für die Bemühungen, die Informationsanforderungen von Investoren mit denen der Bankaufsichtsbehörden zu vereinbaren. – 5. *Beurteilung:* Auch mit Einsatz der Prudential Filter können nicht alle Bewertungseffekte der IFRS-Bilanzierung egalisiert werden. Auf eine vollständige Neutralisierung ist das Konzept aber auch nicht ausgelegt. Trotz lediglich eingeschränkter Anrechenbarkeit unrealisierter Gewinne sind diese, wenn auch abgedämpft, dennoch partiell im haftenden Eigenkapital enthalten. Eine erhöhte Volatilität der Eigenmittel ist die hieraus resultierende Folge.

**PTA** – Abk. für *Preferential Trade Area for Eastern and Southern Africa, Präferenzhandelszone für das östliche und südliche Afrika;* durch ein im Dezember 1981 in Lusaka (auch Sitz) unterzeichnetes, September 1982 in Kraft getretenes Abkommen geschaffene Präferenzzone, 23 Mitglieder. – *Ziele/Aufgaben:* Abbau von Zöllen und sonstiger Handelshemmnisse für in der PTA produzierte Waren; Erleichterung der Finanzierungsmodalitäten zur Förderung des Handels innerhalb der PTA. 1994 ging die PTA in der → COMESA (Common Market for Eastern and Southern Africa) auf.

**Public Utilities** – *Utilities, Public Utility Companies;* Bezeichnung für Versorgungsbetriebe, die die Öffentlichkeit mit Gas, Strom und Wasser versorgen, sowie die Müllentsorgung organisieren. – *Beispiele* für Public Utilities in Deutschland: EON, RWE, Vattenfall, EnBW (Energie Baden-Württemberg AG).

**Purchase-Methode** – 1. *Begriff: Erwerbsmethode, Acquisition Accounting;* einzige international noch erlaubte Vollkonsolidierungsmethode zur bilanziellen Abbildung von Unternehmenszusammenschlüssen. – 2. *Anwendung:* Auch in § 301 HGB ist die

Purchase-Methode für die Bilanzierung von Beteiligungen an Tochterunternehmen im Konzernabschluss vorgeschrieben. Nach der zwingend anzuwendenden *Neubewertungsmethode* ist der Beteiligungsbuchwert mit dem zum Zeitwert neubewerteten anteiligen Eigenkapital des Tochterunternehmens zu verrechnen. Ein Unterschiedsbetrag ist in diesem Fall als Goodwill (Firmenwert) zu interpretieren. Die aufgedeckten stillen Reserven (Lasten) sind in den Folgeperioden entsprechend den ihnen zugrunde liegenden Bilanzpositionen fortzuführen. Für die Fortführung des Goodwills ist § 309 I HGB, für die eines negativen Unterschiedsbetrags § 309 II HGB anzuwenden. Ein Goodwill ist planmäßig über die voraussichtliche Nutzungsdauer unter Berücksichtigung ggf. erforderlicher außerplanmäßiger Wertminderungen abzuschreiben. Ein konsequenter Trend bei der Purchase-Methode geht in Richtung einer vollen Aufdeckung von Marktwerten unabhängig von der Beteiligungsquote. Nach den derzeitigen Regelungen des → International Accounting Standards Board (IASB) kann nach IFRS 3 auch ein Goodwill der Minderheitenanteile ausgewiesen werden (Full Goodwill Methode).

**Qualifikationskonflikt** – 1. *Begriff* des Außensteuerrechts für eine → Doppelbesteuerung oder doppelte Nichtbesteuerung in zwei Staaten wegen abweichender Qualifikation desselben Rechtsgebildes bzw. desselben rechtlichen Sachverhalts nach den Steuerrechten der beteiligten Staaten. – 2. *Arten* nach Auswirkung für den Steuerpflichtigen: (1) *positiver Qualifikationskonflikt,* wenn sich die unterschiedliche Auslegung zulasten des Steuerpflichtigen im Sinn einer Doppelbesteuerung auswirkt; (2) *negativer* wenn sich die unterschiedliche Auslegung dahingehend auswirkt, dass eine Besteuerung in beiden beteiligten Staaten unterbleibt. – 3. *Reaktionen im dt. Einkommensteuerrecht:* a) Im Falle eines negativen Qualifikationskonfliktes darf Deutschland schon nach dem Text des DBA trotzdem weiterhin besteuern, wenn dort eine Freistellung der ausländischen Einkünfte unter dem Vorbehalt steht, dass im Ausland tatsächlich Steuern erhoben werden (→ Rückfallklausel). Seit einigen Jahren sieht § 50d IX EStG außerdem ganz generell vor, dass in all denjenigen Fällen Steuern in Deutschland gezahlt werden müssen, wenn nach deutscher Ansicht die Einkünfte nach dem Abkommen eigentlich zwar in Deutschland nicht besteuert werden dürfen, der andere Staat aber davon ausgeht, dass sie nicht bei ihm (und also wohl nur in Deutschland) besteuert werden dürfen. Der Gesetzgeber reagiert auf die Möglichkeit eines negativen Qualifikationskonflikts also dadurch, dass er in einem solchen Fall einseitig eine Besteuerung auch entgegen dem Text des Abkommens befiehlt. – b) Im Falle eines positiven Qualifikationskonflikts (beide Staaten beanspruchen das Recht auf Besteuerung) bleibt dem Steuerpflichtigen nur die Beantragung eines → Verständigungsverfahrens, um das Problem lösen zu lassen.

**Quartalsberichterstattung** – 1. *Allgemein: Zwischenberichterstattung.* Unternehmen, die im Prime Standard der Deutschen Börse AG gelistet sind, verpflichten sich vierteljährlich zur Veröffentlichung von Bilanz-, Gewinn- und Verlustrechnungs- und Kapitalflussrechnungsdaten sowie weiterer Angaben zur Geschäftstätigkeit. – 2. *Aufstellung:* Die Quartalsberichte sind jeweils innerhalb von 45 Tagen nach Ende des ersten, zweiten und dritten Quartals zu veröffentlichen. Die für die Quartalsberichterstattung gültigen Rechnungslegungsvorschriften liefert IAS 34.

**Quarterly Report** → Quartalsberichterstattung.

**Quellenstaat** – *Ursprungsstaat;* Begriff des Außensteuerrechts für den Staat, aus dem der Steuerpflichtige Einkommen bezieht oder in dem er Vermögen besitzt, obwohl er dort nicht seinen Wohnsitz oder Hauptwohnsitz unterhält. Der Quellenstaat unterwirft den Steuerpflichtigen i.d.R. mit den Einkünften und mit dem Vermögen in diesem Staat der beschränkten Steuerpflicht. – Besteht zwischen dem Wohnsitzstaat des Steuerpflichtigen und dem Quellenstaat seiner Einkünfte ein Doppelbesteuerungsabkommen, so regelt dies gewöhnlich für die einzelnen denkbaren Formen von Einkünften, wann der Quellenstaat ein Besteuerungsrecht hat und wann nicht. – *Gegensatz:* → Wohnsitzstaat.

**Quellensteuern** – I. *Außensteuerrecht:* 1. *Begriff:* a) Quellensteuern i.w.S. sind alle Steuern, die vom → Quellenstaat von Steuerausländern im Rahmen der beschränkten Steuerpflicht direkt vom Ertrag erhoben werden. – b) Quellensteuern i.e.S. sind alle Steuern, die vom Quellenstaat im Rahmen der beschränkten Steuerpflicht von den Einnahmen ohne Veranlagung durch Steuerabzug einbehalten werden. – 2. *Quellensteuern i.e.S.* werden in den meisten Staaten erhoben auf Dividenden, Zinsen und Lizenzgebühren. – 3. Im Rahmen von → Doppelbesteuerungsabkommen (DBA) werden die *Quellensteuersätze für Dividenden* i.d.R. gesenkt, die *Quellensteuersätze für Zinsen* und *Lizenzgebühren* dagegen häufig aufgehoben.

**II. Allgemeines Steuerrecht:** Synonym für *Abzugsteuern.* Vgl. auch Quellenbesteuerung.

**III. Wirtschaftliche Bedeutung, Anwendungsfälle:** 1. *Haftungsrisiko:* Quellensteuern sind für die Wirtschaftspraxis insofern von bes. Bedeutung, als derjenige, der eine Vergütung ohne Abzug auszahlt, wenn ein Steuerabzug (Quellensteuer) angeordnet ist, regelmäßig für den Betrag der Quellensteuer dem Finanzamt gegenüber haftet. Wer den Einbehalt von Quellensteuer bewusst unterlässt, begeht sogar Steuerhinterziehung. Von daher ist es für die Wirtschaftspraxis wichtig, alle mit der Vornahme von Zahlungen befassten Personen regelmäßig in der Gesetzeslage hinsichtlich der Quellensteuern schulen zu lassen. – 2. *Anwendungsfälle:* In Deutschland relevant sind a) unabhängig vom Aufenthaltsort des Zahlungsempfängers: Lohnsteuer, Kapitalertragsteuer, Bauabzugsteuer (§§ 38ff., 43ff., 48ff. EStG) – b) nur bei Zahlungen an beschränkt steuerpflichtige Zahlungsempfänger zu beachten: → Aufsichtsratsteuer (§ 50a I Nr. 4 EStG 2009), Zahlungen an ausländische Künstler, Sportler etc. für Auftritte in Deutschland (§ 50 I Nr. 1, 2 EStG 2009), Zahlungen für Lizenzrechte und bestimmte andere Rechte (§ 50 I Nr. 3 EStG 2009). – 3. *Verhältnis zu Doppelbesteuerungsabkommen und anderen Sonderregelungen:* Beim Einbehalt von Quellensteuern dürfen Ermäßigungsansprüche, die sich aus bes. Vorschriften ergeben (z.B. aus Doppelbesteuerungsabkommen), üblicherweise vom Zahlenden nur dann beachtet werden, wenn die Finanzbehörden amtlich bestätigt haben, dass der verminderte Steuerabzug im Einzelfall genehmigt ist (§ 48d EStG, § 50d EStG); die eigenständige Beachtung

von Quellensteuerermäßigungsvorschriften durch die Betroffenen ist i.d.R. also strikt untersagt.

**Quote** – Anteil bzw. Verhältnisteil, der jeweils festgesetzt wird oder sich nach einer Verhältnisrechnung ergibt.

**I. Wettbewerbsrecht/-politik:** Die Festlegung der Quote ist bei hochorganisierten Kartellen und *Syndikaten* wichtig. Sie umfasst die Produktmenge, die von den einzelnen Kartell- und Syndikatsmitgliedern in einem bestimmten Zeitabschnitt produziert werden darf.

**II. Außenhandel:** Zuteilungsmenge hinsichtlich → Einfuhrlizenzen, Devisen sowie → Waren der → Einfuhr im Fall von mengenmäßigen Beschränkungen (→ Importkontingentierung, → Verteilungsverfahren).

**Quotenkonsolidierung** – Methode der anteiligen Konsolidierung für die Einbeziehung von sog. Gemeinschaftsunternehmen in den Konzernabschluss. Gemeinschaftsunternehmen oder Joint Ventures sind Unternehmen, die von einem Konzernunternehmen *gemeinsam* mit einem oder mehreren andern Unternehmen *geführt* werden. – Quotenkonsolidierung unterscheidet sich von der → Vollkonsolidierung oder der Equity-Methode und bedeutet: Aktiva und Passiva sowie Aufwendungen und Erträge des Gemeinschaftsunternehmens werden lediglich dem Beteiligungsprozentsatz des beteiligten Konzernunternehmens entsprechend in den Konzernabschluss einbezogen. Ein Ausgleichsposten für Anteile anderer Gesellschafter (§ 307 HGB) entfällt. Auf die Quotenkonsolidierung sind grundsätzlich die gleichen Konsolidierungsregeln wie auf die Vollkonsolidierung anzuwenden. Nach den IAS/IFRS ist die Quotenkonsolidierung bisher noch wahlweise neben der Equity-Methode für die Bilanzierung von Beteiligungen an Gemeinschaftsunternehmen vorgesehen (IAS 31). Allerdings plant das IASB durch den 2007 veröffentlichten Entwurf ED 9 „Joint Arrangements" die Abschaffung der Quotenkonsolidierung.

**Quotenreferenzverfahren** → Referenzverfahren. Methode der Verteilung z.B. von Importlizenzen im Falle einer mengenmäßigen Beschränkung der → Einfuhr bestimmter Waren.

# R

**Rat der Europäischen Union** – 1. *Begriff:* Gesetzgebendes Organ der → EU mit Sitz in Brüssel, das in den meisten Fällen gemeinsam mit dem → Europäischen Parlament EU-Rechtsakte beschließt. Nicht zu verwechseln mit dem → Europäischen Rat und dem → Europarat (einer eigenständigen supranationalen Organisation). – 2. *Merkmale:* Der Rat der EU tritt in verschiedenen Fachformationen zusammen (Allgemeine Angelegenheiten, Wirtschaft- und Finanzen (→ ECOFIN), Wettbewerbsfähigkeit, Umwelt, Justiz und Inneres etc.). Er setzt sich aus einem Vertreter auf Ministerebene pro Mitgliedsstaat zusammen. Bundesstaatlich organisierte Staaten können sich auch durch regionale Regierungsmitglieder vertreten lassen. – 3. *Aufgaben/Arbeitsweise:* Im Rat der EU bringen die Mitgliedstaaten ihr nationales Interesse mit europäischem Interesse in Einklang und beschließen Rechtsakte (→ EU-Gesetzgebung). Internationale Abkommen und Verträge mit Drittstaaten oder internationalen Organisationen werden ebenfalls vom Rat der EU geschlossen. Ebenfalls in den Außenbeziehungen kann der Rat der EU Wirtschaftssanktionen (z.B. ein → Embargo) beschließen und über die Aufnahme neuer Mitgliedsstaaten entscheiden. Der Rat der EU kann die Zahl der Mitglieder der → Europäischen Kommission ändern und damit *primäres Gemeinschaftsrecht* ändern. Er kann außerdem Durchführungsvorschriften und Empfehlungen erlassen. Er sorgt für die Abstimmung der Wirtschaftspolitiken der Mitgliedstaaten. In Bereichen, in denen die EU die Politik der Mitgliedstaaten ergänzt (z.B. Sozialpolitik, allg. und berufliche Bildung, Jugend) kommt die → Europäische Methode der Offenen Koordinierung zur Anwendung. Der Rat der EU kontrolliert die Kommission mittels der → Komitologie. Der Rat der EU ist gemeinsam mit dem → Europäischen Parlament *Haushaltsbehörde der EU*. Eine mehrstufige Vorbereitung der Beschlüsse erfolgt im Rahmen der über 200 Ratsarbeitsgruppen (Experten aus den nationalen Verwaltungen) und danach im Ausschuss der Ständigen Vertreter (Ständige Vertreter/Botschafter der Mitgliedstaaten bei der EU). Das Ratssekretariat wird vom Generalsekretär geleitet, der gleichzeitig *Hoher Vertreter* für die → GASP ist. Jeweils ein Mitgliedsstaat hat für ein halbes Jahr die Ratspräsidentschaft inne (den Vorsitz des Rates) und bestimmt auf allen Ebenen das Arbeitsprogramm, bereitet die Beschlüsse vor und vertritt die EU nach außen. – 4. *Abstimmungsverfahren:* Beschlüsse werden einstimmig oder mit qualifizierter Mehrheit gefasst. Für Verfahrensfragen reicht die einfache Mehrheit. Abstimmungen mit qualifizierter Mehrheit finden heute in einem Großteil aller Politikbereiche statt und ermöglichen effizientes, supranationales Handeln. Einstimmigkeit herrscht z.B. noch im Bereich Steuern, Sozialschutz für Wanderarbeitnehmer, Anerkennung von Diplomen und Anreizmaßnahmen im Kulturbereich). Einstimmigkeit bedeutet, dass hier jedes Land eine Veto-Möglichkeit hat. Enthaltungen stehen der Annahme eines Beschlusses mit Einstimmigkeit jedoch nicht im Wege. Bei qualifizierten Mehrheitsentscheidungen sind die Stimmen der Mitgliedstaaten unterschiedlich gewichtet. Ein Ratsmitglied kann sein Stimmrecht auf ein anderes übertragen. – 5. *Zusammensetzung:* Der Rat der EU besteht seit dem EU-Beitritt Bulgariens und Rumäniens im Jahre 2007 aus 27 Mitgliedern mit insgesamt 345 Stimmen. Zuvor betrug die Gesamtzahl der gewogenen Stimmen in der EU-25 321 Stimmen). Die vier großen Mitgliedsstaaten Deutschland, Frankreich, Großbritannien und Italien verfügen über jeweils 29 Stimmen, gefolgt von Polen und Spanien mit jeweils 27

Stimmen. Eine qualifizierte Mehrheit kommt zu Stande, wenn mind. 255 von 345 Stimmen (73,91 Prozent). Zusätzlich muss die Mehrheit der Mitgliedstaaten (d.h. mind. 14) zugestimmt haben. Ein Mitgliedsstaat kann auf Antrag überprüfen lassen, ob die qualifizierte Mehrheit mind. 62 Prozent der Gesamtbevölkerung der EU umfasst. Wenn dies nicht der Fall ist, kommt der Beschluss nicht zu Stande. – Die Tabelle zeigt das Stimmenverhältnis der Mitgliedstaaten im Rat der EU im Jahr 2000 (EU-15), 2005 (EU-25) und 2007 (EU-27). Ab dem 1.11.2014 ändern sich die Quoren. Als qualifizierte Mehrheit gilt eine Mehrheit von mindestens 55 Prozent der Mitglieder des Rats, gebildet aus 15 Mitgliedern, so Unionsbevölkerung bilden. Als Sperrminorität sind mindestens 4 Mitglieder

erforderlich. Weiteres in Art. 16 Abs. 4 und 5 EUV.

**Rat für die Zusammenarbeit auf dem Gebiete des Zollwesens (RZZ)** – *Customs Co-Operation Council (CCC);* gegründet aufgrund einer 1950 unterzeichneten Konvention, die 1952 in Kraft trat; 104 Mitgliedsstaaten. – *Ziele und Arbeitsergebnisse:* Die Arbeiten haben weltweite Bedeutung, daher wurde auch die frühere Bezeichnung *Brüsseler Zollrat* fallen gelassen. Hauptziel ist die Vereinfachung und Vereinheitlichung der Zollformalitäten. Arbeitsergebnisse sind bes. die auf Konventionen beruhende Nomenklatur des Rates für die Zusammenarbeit auf dem Gebiet des Zollwesens (NRZZ), früher: Brüsseler Zolltarifschema (BZT); und die Konvention über den → Zollwert (seit

| Mitgliedsstaat | Stimmen im Rat 2000 | Stimmenverhältnis 2000 | Stimmen im Rat 2007 | Stimmverhältnis 2007 |
|---|---|---|---|---|
| Deutschland | 10 | 11,5 | 29 | 8,4 |
| Frankreich | 10 | 11,5 | 29 | 8,4 |
| Großbritannien | 10 | 11,5 | 29 | 8,4 |
| Italien | 10 | 11,5 | 29 | 8,4 |
| Spanien | 8 | 9,2 | 27 | 7,8 |
| Niederlande | 5 | 5,7 | 13 | 3,8 |
| Belgien | 5 | 5,7 | 12 | 3,6 |
| Griechenland | 5 | 5,7 | 12 | 3,6 |
| Portugal | 5 | 5,7 | 12 | 3,6 |
| Österreich | 4 | 4,6 | 10 | 2,9 |
| Schweden | 5 | 5,7 | 10 | 2,9 |
| Dänemark | 3 | 3,4 | 7 | 2 |
| Finnland | 3 | 3,4 | 7 | 2 |
| Irland | 3 | 3,4 | 7 | 2 |
| Luxemburg | 2 | 2,3 | 4 | 1,2 |
| **EG-15 (gesamt)** | **87** | **100** | **237** | **-** |
| Polen | - | - | 27 | 7,8 |
| Tschechien | - | - | 12 | 3,6 |
| Ungarn | - | - | 12 | 3,6 |
| Litauen | - | - | 7 | 2 |
| Slowakei | - | - | 7 | 2 |
| Estland | - | - | 4 | 1,2 |
| Lettland | - | - | 4 | 1,2 |
| Slowenien | - | - | 4 | 1,2 |
| Zypern | - | - | 4 | 1,2 |
| Malta | - | - | 3 | 0,9 |
| Rumänien | - | - | 14 | 4 |
| Bulgarien | - | - | 10 | 2,9 |
| **EU-27 (gesamt)** | **-** | **-** | **345** | **100** |

1.7.1980 ersetzt durch GATT-Zollwert-Kodex) und über → Carnets ATA. Entwicklung eines Harmonisierten Systems zur Beschreibung und Codierung der Waren (HS),
das inzwischen fertig gestellt ist und auf der
Basis einer internationalen Konvention am
1.1.1988 in die internationalen Zoll- und Au-
ßenhandelsnomenklaturen eingeführt wurde.
Die EU haben das HS vollständig in das Wa-
renverzeichnis für die Statistik des Außenhandels zur Gemeinschaft und des Handels
zwischen ihren Mitgliedsstaaten (NIMEXE)
übernommen. – Seit 1995 *Weltzollorganisation (WZO).*

**Rat für gegenseitige Wirtschaftshilfe
(RGW)** → COMECON.

**Rat für industrielle Entwicklung** – ausführendes Organ der → UNIDO. – *Aufgaben:*
Festlegung von Grundsätzen und Richtlinien für die Tätigkeit der UNIDO, Billigung
des Arbeitsprogramms. Überwachung und
Förderung der Koordinierung auf dem Gebiet der Industrialisierung innerhalb der UN.
Erstattung eines jährlichen Berichts an den
Wirtschafts- und Sozialrat der UN.

**Ratifikation** – *Ratifizierung;* → Staatsvertrag.

**REACH** – 1. *Begriff:* Der Name REACH bezeichnet eine in den Mitgliedsstaaten der
→ EU unmittelbar geltende EG-Verordnung
mit der Bezeichnung „Verordnung (EG) Nr.
1907/2006 des Europäischen Parlaments
und des Rates vom 18.12.2006 zur Registrierung, Bewertung, Zulassung und Beschränkung chemischer Stoffe (REACH) und zur
Schaffung einer Europäischen Chemikalien-
agentur". Die Verordnung trat am 1.7.2007 in
Kraft. – 2. *Zielsetzung:* Neuregelung der Registrierung, Bewertung, Zulassung und Beschränkung chemischer Stoffe mit dem Ziel,
das mangelhafte Wissen über die meisten
Chemikalien zu erweitern.Leitgedanke ist,
den gesamten Herstellungweg einer chemi-
schen Substanz zu erfassen und sicher zu gestalten. REACH erfasst auch die Verwendung
der Stoffe als Bestandteil von Produkten.
Die Verordnung verbietet und beschränkt

bestimmte gefährliche Stoffe und führt für
bes. gefährliche Stoffe ein Zulassungsverfah-
ren ein. Gewerbliche Verwender werden zu
einer eigenen Sicherheitsanalyse verpflichtet, wenn der Verwender von den Empfehlungen des Herstellers oder Importeurs abweicht. – 3. *Durchführung:* Anmeldepflichtig
und damit vom REACH-System grundsätzlich erfasst sind Chemikalien, die ab einer
Tonne pro Jahr durch einen Hersteller produziert werden. Es handelt sich um ca. 30.000
Stoffe. REACH verlangt von Herstellern und
Importeuren, dass sie für die Sicherheit ihrer Chemikalien selber verantwortlich sind.
Deshalb müssen sie die zur Bewertung notwendigen Daten beschaffen. Diese Beweis-
lastumkehr wird gekennzeichnet mit den
Worten „keine Daten- kein Markt". Von erheblicher Bedeutung ist die Verordnung für
Altstoffe, die vor 1981 in den Handel gebracht
wurden. In einem gestuften Verfahren müssen sie genauso wie die Neustoffe auf gefährliche Eigenschaften untersucht werden. Über
die Einhaltung wachen die Europäische Che-
mikalienagentur (ECHA) in Helsinki und die
zuständigen Behörden in Deutschland, nämlich die Bundesstelle für Chemikalien, die bei
der Bundesanstalt für Arbeitsschutz und Arbeitsmedizin (BAuA) angesiedelt ist, und
die Bewertungstellen im Umweltbundesamt
(UBA), im Bundesinstitut für Risikobewer-
tung (BfR) und in der Bundesanstalt für Arbeitsschutz und Arbeitsmedizin (BAuA). Am
1.12.2008 ging die Phase der Vorregistrierung
zu Ende, die jene Stoffe betrifft, die gegenwärtig auf dem EU-Markt sind und die die Definition von Phase-in-Stoffen erfüllen.

**reale Außenwirtschaftstheorie** – *reine
Außenwirtschaftstheorie, güterwirtschaftliche Außenwirtschaftstheorie;* 1. *Begriff:* Teilbereich der → Außenwirtschaftstheorie, in
dem von der Existenz des Geldes abstrahiert
wird. – *Gegensatz:* → monetäre Außenwirtschaftstheorie. – Die reale Außenwirtschaftstheorie behandelt folgende *Problembereiche:*
(1) Erklärung der → Handelsstruktur. (2)
Untersuchung der Wohlfahrtswirkungen des

internationalen Handels (→ Gains-from-Tra-de-Theorem), wie auch der internationalen Faktorbewegungen. (3) Erklärung der internationalen Tauschverhältnisse (→ Terms of Trade) und deren Bedeutung für die Wohlfahrtswirkungen des internationalen Handels. (4) Klärung der Frage, ob und unter welchen Bedingungen der internationale Güterhandel zu internationalem Faktorpreisausgleich führt. (5) Analyse der Wirkung von wirtschaftspolitisch motivierten Beeinflussungen des internationalen Handels durch künstliche – → tarifäre und → nicht tarifäre Handelshemmnisse – (→ Handelspolitik). (6) Untersuchung der Konsequenzen des internationalen Güterhandels bzw. → internationalen Faktorwanderungen, sowie deren wirtschaftspolitischen Beeinflussung, für die Einkommensverteilung innerhalb eines Landes. (7) Erklärung der empirisch beobachtbaren Formen der Protektion durch eine ökonomische Analyse des politischen Prozesses. – *Methoden:* Bei der Beschäftigung mit diesen Problemen setzt die reale Außenwirtschaftstheorie *mikroökonomische Methoden* ein, und dabei wiederum vorwiegend die *Theorie des allgemeinen Gleichgewichts* (auch Totalanalyse). Diese unterscheidet sich von der Partialanalyse durch die Berücksichtigung der für die gesamte Volkswirtschaft gegebenen Knappheit der Produktionsfaktoren. Dadurch entsteht typischerweise ein komplexes System der Interdependenz aller Güter- und Faktormärkte, die in der Partialanalyse jeweils isoliert betrachtet werden. Nachdem die reale Außenwirtschaftstheorie sich vorwiegend den Fragen der effizienten *Allokation* von knappen Faktoren widmet, abstrahiert sie ferner weitgehend von Problemen der *Preisstarrheit,* die ihrerseits oft Ursache von Unterbeschäftigung sind. Aus der Abstraktion von der Existenz des Geldes ergibt sich zwangsläufig, dass die reale Außenwirtschaftstheorie den internationalen Tausch von Finanzaktiva (→ internationaler Kapitalverkehr) nicht betrachtet.

**realer Wechselkurs** → Wechselkurs.

**Realignment** – Anpassung des im Rahmen eines → internationalen Währungssystems angestrebten → fixen Wechselkurses an veränderte → Fundamentaldaten durch → Aufwertung oder → Abwertung. – Vgl. → Bretton-Woods-System, → Wechselkurspolitik.

**Rechnungshof** – oberste und unabhängige Behörde, der die Ordnungs- und Wirtschaftlichkeitsprüfung des Staatshaushalts nach dessen Vollzug und damit die Erfüllung der administrativen Kontrollfunktion obliegt. In der Bundesrepublik Deutschland besteht für den Bund der *Bundesrechnungshof*(Art. 114 II GG), für jedes Bundesland ein *Landesrechnungshof,* deren formale Grundlagen weitgehend analog ausgestaltet sind. Bei den Gemeindeverbänden führt das *Rechnungsprüfungsamt* die örtlichen Prüfungen durch; hinzu kommt eine landesrechtlich unterschiedlich gestaltete *überörtliche Prüfung.* Der 1977 errichtete Europäische Rechnungshof (→ EuRH) wurde durch die Einheitliche Europäische Akte (→ EEA) als selbstständiges Gemeinschaftsorgan primärrechtlich verankert (vgl. Art. 13 EUV und 285 ff. AEUV).

**Rechnungslegung** – I. Begriff: 1. *I.w.S.:* geordnete Zusammenstellung der Einnahmen und Ausgaben unter Beifügung der Belege. Pflicht zur Rechnungslegung besteht für denjenigen, der über eine mit Einnahmen und Ausgaben verbundene Verwaltung Rechenschaft abzulegen hat (§ 259 BGB; vgl. Rechenschaftslegung). Dabei kann unter Rechnungslegung Rechenschaft zur Bemessung von Ansprüchen und Verpflichtungen mithilfe eines Rechnungswesens verstanden werden. – 2. *I.e.S.:* Aufstellung und Bekanntmachung des Jahresabschlusses (→ Bilanz, Gewinn- und Verlustrechnung (GuV) und ggf. → Anhang)) sowie ggf. des Lageberichts (§§ 242 ff. HGB). – 3. Die Rechnungslegung von Unternehmen und Konzernen, die bestimmte *Größenmerkmale* erfüllen, regelt das Gesetz über die Rechnungslegung bestimmter Unternehmen und Konzerne (Publizitätsgesetz (PublG) vom 15.8.1969; BGBl. I 1189).

II. Rechnungslegung nach Publizitätsgesetz: 1. *Einzelunternehmen:* a) Betroffen sind Unternehmen in der Rechtsform (1) einer Personenhandelsgesellschaft, für die kein Abschluss nach § 264a oder b HGB aufgestellt wird, (2) des Einzelkaufmanns, (3) des wirtschaftlichen Vereins, (4) der rechtsfähigen Stiftung, wenn sie ein Gewerbe betreibt, (5) einer Körperschaft, Stiftung oder Anstalt des öffentlichen Rechts, wenn sie Kaufmann nach § 1 HGB sind oder als Kaufmann in das Handelsregister eingetragen sind. – b) *Verpflichtung* zur Rechnungslegung, wenn für den Abschlussstichtag und für die zwei darauf folgenden Abschlussstichtage zwei der folgenden drei Merkmale zutreffen: (1) Die Bilanzsumme der Jahresbilanz übersteigt 65 Mio. Euro; (2) die Umsatzerlöse in den zwölf Monaten vor dem Abschlussstichtag übersteigen 130 Mio. Euro; (3) das Unternehmen hatte in den zwölf Monaten vor dem Abschlussstichtag durchschnittlich mehr als 5.000 Arbeitnehmer beschäftigt (§ 1 I PublG). – c) *Inhalt:* Die Rechnungslegung nach PublG lehnt sich an die handelsrechtlichen Vorschriften für Kapitalgesellschaften an. Bei der Erstellung des Jahresabschlusses nach PublG sind die §§ 265, 266, 268 bis 275, 277, 278 des HGB sinngemäß anzuwenden. Im Vergleich zu den handelsrechtlichen Rechnungslegungsvorschriften der Kapitalgesellschaften ergibt sich bei der Rechnungslegung folgende Besonderheit: (1) Personenhandelsgesellschaften und Einzelkaufleute sind von der Pflicht zur Aufstellung eines Anhangs sowie eines Lageberichts befreit und können die GuV nach den für ihr Unternehmen geltenden Bestimmungen aufstellen. – d) *Offenlegung und Prüfung:* Die Offenlegungs- und Prüfungsvorschriften des PublG orientieren sich ebenfalls an den handelsrechtlichen Regelungen. Soweit für einzelne Gesellschaftsformen nichts anderes bestimmt ist, gelten § 316 III, § 317 I, II, § 318 I, III–VII, § 319 I–III, § 320 I, II, §§ 321–324 des HGB über die Prüfung des Jahresabschlusses sinngemäß (Jahresabschlussprüfung). Sinngemäß sind ebenfalls die Offenlegungsvorschriften der §§ 325 I, II, IV und V, 328 HGB anzuwenden (Offenlegungspflicht). Besonderheiten bezgl. der Prüfungs- und Offenlegungspflicht bestehen bes. bei Personenhandelsgesellschaften und Einzelkaufleuten (§ 6 II, § 9 II, III PublG). – 2. *Konzerne:* a) Betroffen sind Konzerne, wenn ein Unternehmen mit Sitz im Inland unmittelbar oder mittelbar einen beherrschenden Einfluss auf ein anderes Unternehmen ausübt. Bei Konzernen mit ausländischer Konzernmutter geht die Verpflichtung zur Aufstellung eines Teil-Konzernabschlusses auf die inländische Konzerntochter über, die der Konzernleitung am nächsten steht. – b) *Verpflichtung* zur Rechnungslegung: gleiche Größenmerkmale wie bei Einzelunternehmen, bezogen auf Konzernbilanzsumme, Konzernjahresumsatzerlöse und Konzernbeschäftigtenzahl (§ 11 PublG). – c) *Inhalt:* Für die Erstellung des Konzernabschlusses und Konzernlageberichtes gelten sinngemäß die §§ 294–315 HGB. Besonderheiten u.a.: (1) Deutsche kapitalmarktorientierte Unternehmen sind gemäß § 315a HGB zur Aufstellung eines IFRS-Konzernabschlusses verpflichtet. (2) Konzerne mit einer Personenhandelsgesellschaft oder einem Einzelkaufmann als Mutterunternehmen können eine vereinfachte Konzern-Gewinn- und Verlustrechnung aufstellen. – d) *Prüfung und Offenlegung:* Konzernabschluss und Konzernlagebericht sind unter sinngemäßer Anwendung der handelsrechtlichen Vorschriften (§§ 316 III, 317–324 HGB) zu prüfen. Konzernabschluss und Konzernlagebericht sind in der für große Kapitalgesellschaften vorgeschriebenen Form zu veröffentlichen (Offenlegungspflicht).

**Rechnungslegung im internationalen Vergleich** – Die Schwierigkeiten in der Vergleichbarkeit bzw. Interpretierbarkeit z.B. der Bilanzen aus unterschiedlichen Ländern beruhen auf länderspezifisch unterschiedlichen Rechtssystemen und den jeweiligen Usancen in der Handhabung, also in den Rechnungslegungspraktiken und kaufmännischen Gepflogenheiten. Dies hat zu verstärkten

Anstrengungen hinsichtlich einer *internationalen Harmonisierung der Rechnungslegung* geführt (Vierte und Siebte EG-Richtlinie der Europäischen Kommission; Leitsätze der OECD für multinationale Unternehmen, Rechnungslegungsgrundsätze des → International Accounting Standards Board (IASB), welches die International Financial Reporting Standards erlässt.) – Der Prozess der Vereinheitlichung gestaltete sich anfänglich als schwierig, da der Rechnungslegung *unterschiedliche Philosophien* zugrunde liegen: Während im angelsächsischen Wirtschaftsraum für den bilanziellen Abschluss das Prinzip des „True and Fair View" den Leitgrundsatz abgibt, sind kontinentaleuropäische Rechnungslegungsgrundsätze ursprünglich eher dem Gläubigerschutz verbunden.

**Rechtsakt** – Bezeichnung für die rechtlichen Handlungsformen in der → EU (→ EG, → EAG): Verordnung, Richtlinien (EG-Richtlinien), Beschluss (früher: → Entscheidung), → Empfehlung, → Stellungnahme (Art. 288 AEUV).

**Rechtsauskunft** – Lohnsteuerauskunft, → verbindliche Ursprungsauskunft, → verbindliche Zolltarifauskunft, → Auskunft.

**Redistribution with Growth** – These, dass im Wachstums- und Entwicklungsprozess die Verteilung zunehmend gleichmäßiger auf die Bevölkerung erfolgt. – Vgl. auch → Kuznets-U-These, → Entwicklungspolitik.

**Re-Export** → Wiederausfuhr.

**Re-Export-Kontrolle** → End User Control (EUC).

**Referenzverfahren** – Verfahren zur Festlegung von Einfuhrquoten bei kontingentierter Einfuhr (→ Verteilungsverfahren). Bei Referenzverfahren bilden früher getätigte Einfuhren (Referenzen) die Basis, auf der die Zuteilungsmenge berechnet wird. – *Formen:* (1) *Reines Referenzverfahren:* anteilsmäßige Verteilung des Gesamtkontingents gemäß der nachgewiesenen Referenzen; neuen Importeuren wird häufig dadurch der Zugang zu bestimmten Waren erschwert. – (2) *Quotenreferenzverfahren:* Ein Teil des Gesamtkontingents (*Grundkontingent*) wird nach Köpfen (Zahl der Antragsteller) verteilt (Grund- bzw. Kopfquote), der Rest (*Zusatzkontingent*) gemäß der erbrachten Referenzen (*Referenzquote*). Endquote ist die Summe von Kopf- und Referenzquote.

**regionale Integration** – 1. *Begriff:* Zwischen den Extremen des völligen → Freihandels und (theoretisch) der völligen Abkopplung von internationalen Handelsbeziehungen (→ Autarkie) werden in der Realität Zwischenformen praktiziert, welche die Vorteile von Freihandel mit den Vorteilen der Protektion verbinden sollen. – Es gibt verschiedene *Intensitätsstufen:* (1) Die *Koordinierung* (gegenseitige Abstimmung) von Politikbereichen ist die schwächste Form. Sie beinhaltet keinerlei Souveränitätsaufgabe der beteiligten Staaten, lediglich eine gewisse Einschränkung. Die Vertragspartner verpflichten sich, sich in vereinbarten Teilbereichen der Politik zu unterrichten und abzustimmen. (2) *Kooperation* bedeutet z.B. den völkervertragsrechtlichen Abschluss von → Handelsabkommen, in denen die rechtlichen und sonstigen Rahmenbedingungen für den Handel zwischen zwei Staaten geregelt werden (z.B. Lieferung und Abnahme von Rohstoffen, Formalitäten für Ein- und Ausfuhren, Investitionsbedingungen, patentrechtliche Regelungen). In Abgrenzung zur Koordinierung werden bereits bestimmte legislative Aspekte gemeinsam wahrgenommen (die Abgrenzung ist fließend); die exekutiven Souveränitätsrechte verbleiben bei den Vertragspartnern. Regionale Handelsabkommen werden auch als *Regional Trade Agreements* (RTA) bezeichnet. (3) Erst bei Abtretung sowohl legislativer als auch exekutiver Rechte auf gemeinsame Organe, um eine gemeinsame (ggf. sachlich begrenzte) Politik zu betreiben, spricht man von → Integration. Handels- und Kooperationsabkommen sind keine Assoziierungs- oder Integrationsabkommen, d.h. mit ihnen sind keine weitergehenden Integrationsabsichten verbunden, die über handels- oder industriepolitische Aspekte hinausgehen. (4) *Präferenzabkommen* sind Ausnahmen von den WTO/ GATT-Prinzipien (→ GATT) der Gegenseitigkeit bzw. der → Meistbegünstigung: Unter Verzicht auf Gegenseitigkeit werden Zollvergünstigungen gewährt, die anderen Staaten vorenthalten bleiben. Auf diese werden die regulären Zollsätze für nicht-präferenzbegünstigten Einfuhren angewendet (→ Drittlandszollsatz). (5) → *Assoziierungsabkommen* sind als Vorstufe der Integration anzusehen. Sie sind üblich zwischen Staatenverbänden (z.B. der EU) und einzelnen Staaten. Assoziierung bedeutet ein bes. Verhältnis, das über handelspolitische Vereinbarungen hinausgeht. Die Assoziierung wird i.d.R. als eine Vorstufe zu einer Vollmitgliedschaft gedacht. Daneben wird der Begriff aber auch (missverständlich) verwendet z.B. im Zusammenhang mit Einbindung in Kooperations- und Präferenzabkommen. Die EU bezeichnet solche Verträge heute auch nicht mehr als Assoziierungsabkommen, sondern als → *Interimsabkommen*. In formeller Hinsicht besteht aus Sicht der EU dabei der Unterschied, dass Assoziationsabkommen nach Art. 217 AEUV einstimmig vom → Rat der Europäischen Union beschlossen werden müssen, nachdem das → Europäische Parlament gehört worden ist und institutionelle Vereinbarungen vorgesehen sind, während bei Handelsabkommen nur die qualifizierte Mehrheit im Rat hinreichend ist (Art. 207 AEUV); allerdings wird das Parlament in der Praxis auch vor Abschluss von Handelsverträgen eingeschaltet. (6) Von *Integration* i.e.S. sollte nur gesprochen werden, wenn die Partnerstaaten einen gemeinsamen Wirtschaftsraum entwickeln wollen. Dabei sind die folgenden Integrationsformen zu unterscheiden: (a) Die schwächste Integrationsstufe ist eine → Freihandelszone (vgl. die Abgrenzung zu → Sonderwirtschaftszonen). In einer Freihandelszone werden untereinander handelsbehindernde Maßnahmen abgebaut, während die Mitglieder nach

außen eine autonome Außenhandelspolitik betreiben. (b) In einer → *Zollunion* vereinbaren die Mitgliedsländer außer dem internen Freihandel eine gemeinsame Zollpolitik gegenüber Drittländern. (c) In einem *gemeinsamen Markt* kommt zur internen Gütermobilität (→ Freihandel) auch die Faktormobilität hinzu (Produktionsfaktoren Arbeit, Boden, Kapital sind frei beweglich). In der EU wird zur Kennzeichnung des gemeinsamen Marktes der Begriff → *Binnenmarkt* verwendet. (d) Eine *Wirtschaftsgemeinschaft* (auch: → Wirtschaftsunion) geht über einen Binnenmarkt hinaus, indem auch die nationale Wirtschaftspolitik zwischen den Partnerstaaten abgestimmt wird (Ziele, Einsatz wirtschaftspolitischer Mittel). Zur Verwirklichung der Wirtschaftsgemeinschaft im strengen Sinn besteht z.B. in der → EU noch erheblicher Harmonisierungsbedarf. Der Begriff Wirtschaftsgemeinschaft wird jedoch auch allg. verwendet im Sinn einer wirtschaftlichen Gemeinschaft. Die meisten Integrationsräume erfüllen nicht die Kriterien für die Verwirklichung der jeweiligen Integrationsformen, sodass ihre Bezeichnungen eher Zielbeschreibungen sind. (7) Eine *politische Union* ist die intensivste Integrationsstufe mit völliger, auch politischer Verschmelzung der Mitgliedsstaaten (Bundesländer der Bundesrepublik Deutschland, Vereinigte Staaten von Amerika, Indischer Bundesstaat etc.) und dem Übergang von einem Staatenbund zu einem Bundesstaat. – Zur monetären Integration vgl. → Währungsintegration, Europäische Währungsunion (EWU).

**Regionalismus** – 1. *Begriff*: gegenseitige außenhandelspolitische Vorzugsbehandlung von Ländern einer Region bzw. abgestimmtes Verhalten von Staaten einer Region auf Grundlage einer völkervertraglichen Vereinbarung. Von Regionalismus spricht man *nicht*, wenn ein kleines Land sich währungs- und außenhandelspolitisch an ein großes anschließt (Liechtenstein – Schweiz, San Marino – Italien, Monaco – Frankreich). – *Formen*: Z.B. → Präferenzabkommen (zur

Gewährung von → Präferenzzoll), Bildung von → Zollunionen, → Freihandelszonen und anderen Formen der → regionalen Integration, sonstige handelspolitische Vorzugsbehandlung, devisenpolitische Sonderbehandlung, Bildung gemeinsamer Systeme des Zahlungsverkehrs mit den anderen Ländern u.a. – Grundsätzlich sind alle im Rahmen der Welthandelsorganisation vorgenommen → Handelsliberalisierungen multilaterale Ansätze nach dem Prinzip der Meistbegünstiung (gegenüber allen Vertragsparteien). Die Welthandelsrunde von Doha ist jedoch seit 1999 ins Stocken geraten. Dem Regionalismus kommt daher seitdem eine starke Bedeutung zu – mit regionaler Integration wird ein Schritt zum (regional begrenzten) → Freihandel ermöglicht, auch wenn die weltweite Situation sich nicht weiter entwickelt. Versuche der neueren Zeit, *wirtschaftlich integrierte Räume* zu bilden, sind Ausprägungen des Regionalismus (→ EU, → MERCOSUR, → CARICOM, → CEMAC, UEMOA, EAC und → Southern African Customs Union (SACU) sind Zollunionen; → EFTA, → NAFTA, → ASEAN, → CACM, → COMESA, → SADC sind Freihandelszonen). Die regionale Integration ist ein Schritt auf dem Weg zu einer → Wirtschaftsunion und dem Freihandel. – Vgl. auch → Integration, → Multilateralismus, Globalisierung, → World Trade Organization (WTO), → GATT, → GATS.

**Re-Import** – 1. *Begriff:* Wiedereinfuhr von Waren, die zuvor in ein fremdes Wirtschaftsgebiet ausgeführt wurden. Reimporte werden z.T. zur Umgehung von Preisbindungs- oder Preisempfehlungssystemen (Preisbindung der zweiten Hand, Preisempfehlung) vorgenommen. Problematisch für Hersteller sind Reimporte, wenn damit eine regionale Preisdifferenzierung unterwandert wird. – 2. *Zollrecht:* Werden ehemalige → Gemeinschaftswaren wiedereingeführt, ist regelmäßig → Zollfreiheit gegeben, → Rückwaren gem. Art. 185 ff. Zollkodex (ZK).

**reine Außenwirtschaftstheorie** → reale Außenwirtschaftstheorie.

**Reise** – 1. *Steuerrecht:* Reisekosten. – 2. *Zollrecht:* → Reisender.

**Reisender** – 1. *Handelsrecht:* Häufig verwendete Bezeichnung für reisende Angestellte, Handlungsgehilfen. – 2. *Zollrecht:* gemäß Art. 236 ZK-DVO ist Reisender (1) eine Person, die vorübergehend in das Zollgebiet der EU gelangt und es nach der vorübergehenden Aufenthalt wieder verlässt, (2) eine Person, die vorübergehend das Zollgebiet der EU verlässt, wo sie ihren gewöhnlichen Wohnsitz hat und die nach einem vorübergehenden Aufenthalt im Drittland in das Zollgebiet der EU zurückkehrt.

**Reiseverkehr** – I. Allgemein: 1. *Begriff:* a) Häufig synonyme Bezeichnung für *Tourismus*. – b) Unter Reiseverkehr werden alle Formen und Arten des Reisens – so auch die nichttouristischen Reiseverkehr-Aspekte – wie die schwerpunktmäßige Beschäftigung mit allg. Transport- und Verkehrsaspekten und deren -problemen verstanden. – 2. *Abgrenzung:* Dabei bleibt offen, inwieweit sich Reiseverkehr auf Personenverkehr beschränkt oder auch Güterverkehr umfasst.

II. Internationale Wirtschaftsbeziehungen: Internationaler Reiseverkehr ist für einige Länder ein wichtiger Aktivposten der → Zahlungsbilanz; er wird für das leistende Land als Dienstleistungsexport angesehen und verbessert die → Leistungsbilanz.

III. Umsatzsteuerrecht: Für → Ausfuhrlieferungen im Reiseverkehr ins Drittlandsgebiet gilt § 17 UStDV: Ausfuhren im sog. nicht kommerziellen außergemeinschaftlichen Reiseverkehr (ein ausländischer Abnehmer mit Wohnort im Drittlandsgebiet erwirbt einen Gegenstand im Inland für private Zwecke und führt ihn im persönlichen Reisegepäck in das Drittlandsgebiet aus): Steuerfrei, wenn der Ausfuhrnachweis zusätzliche Angaben zu Name und Anschrift des ausländischen Abnehmers und den Identitätsnachweis durch eine Grenzzollstelle enthält.

IV. Zollrecht: Zahlreiche Besonderheiten und Vereinfachungen gelten für die Zollabwicklung des Reiseverkehrs, z.b. Zollanmeldungen beim Durchschreiten des roten oder grünen Kanals auf einem Flughafen oder die sog. *Reisefreimenge*, die zollfrei bleibt. Eine rechtliche Definition des Reisenden wird in der Verordnung (EG) Nr. 2454/93 (sog. Zollkodex-Durchführungsverordnung, ZK-DVO) getroffen.

**relative Armut** – 1. *Begriff:* Als relative Armut versteht man die Armut relativ zum jeweiligen Umfeld eines Menschen. Bestimmt wird die relative Armut gemessen am Durchschnitt oder Median des (nach Haushaltsgrößen gewichteten) Nettoäquivalenzeinkommens. – 2. *Kritik:* widersprüchliche Aussagen und Vermischung der Armutsdiskussion mit der Verteilungsfrage. – Vgl. auch Armut, → absolute Armut, Armutsgrenze.

**Relevance** – *Relevanz;* qualitative Anforderung an Rechnungslegungsinformationen nach den → US-GAAP sowie nach den → International Financial Reporting Standards (IFRS). – Vgl. auch → Conceptual Framework, → Framework.

**Reliability** – *Verlässlichkeit;* qualitative Anforderung an Rechnungslegungsinformationen nach den → US-GAAP sowie nach den → International Financial Reporting Standards (IFRS). – Vgl. auch → Conceptual Framework, → Framework.

**Rent Shifting** → Handelspolitik.

**Reparationen** – 1. *Begriff:* Leistungen, die die Siegermacht nach einer bewaffneten Auseinandersetzung von dem Besiegten im Wesentlichen zum Schadensausgleich fordern. Der Begriff Reparationen wird erstmals im Versailler Vertrag von 1919 gebraucht. – 2. Der Begriff umfasst verschiedene *Kategorien von Begründungen* für die Forderung derartiger Leistungen: (1) Kontributionen zur Entschädigung für Kriegs- und Kriegsfolgekosten; (2) Restitutionen durch Rückerstattung beschlagnahmter und gestohlener Objekte; (3) Indemnitäten als Entschädigung für Schäden, die nicht exakt zugerechnet werden können; (4) Tribute zur Bereicherung des Siegers und zur Verminderung des Wirtschaftspotenzials des Besiegten. – 3. *Wirkungen:* Grundsätzlich können Reparationen als Sach- oder Geldleistungen erfolgen. In beiden Fällen ergeben sich mit der Überlassung von Vermögenswerten ohne Gegenleistung Ungleichgewichte in den betroffenen Volkswirtschaften und potenziell soziale Konflikte. Werden die Reparationen als Geldleistungen erbracht, kommt zum Aufbringungsproblem das Transferproblem (Beschaffung von Devisen, Auswirkung auf Wechselkurse) hinzu.

**Repatriierung** – I. Auslandseinsatz: Endphase des Auslandseinsatzes, die sich auf die Rückkehr und Wiedereingliederung des Entsandten in die vormals entsendende Einheit des internationalen Unternehmens bezieht. In dieser Phase treten in Abhängigkeit von Dauer der Entsendung, Anzahl der Auslandseinsätze, Intensität des Stammhauskontaktes während des Auslandsaufenthaltes und der Größe der Heimatlandorganisation vielfach sowohl berufliche als auch private Probleme auf. Im beruflichen Bereich können ausgebliebene Karrieresprünge, die Einschränkung des Entscheidungsspielraumes oder etwa Lücken im Fachwissen als Probleme erweisen. Im privaten Bereich können Kulturschocks (interkulturelles Management) oder Prestigeverluste zu Problemen führen. Ferner gestaltet sich die Auswertung des durch den Entsandten gesammelten Wissens oftmals als schwierig.

II. Außenwirtschaft: Rückführung des Einkommens von im Ausland tätigen Produktionsfaktoren (Arbeitnehmer, Kapital) in das Land der Faktoreigner. – *Arten:* Grenzgängereinkommen sind Bestandteil des Bruttoinlandsprodukts (BIP) des Landes, in dem die Produktion stattfindet. Es ist aber Bestandteil des Bruttonationaleinkommens (BNE) des Wohnsitzlandes der Grenzgänger. Repatriierung findet auch statt, wenn die im Land A befindliche Produktionsstätte an ihre

Muttergesellschaft (internationale Unternehmung) mit Sitz im Land B *Gewinne* abführt. Auch die *Zinseinkommen* von → internationalen Portfolioinvestitionen stellen repatriierte Einkommen dar. Diese Repatriierungen finden im Rahmen der → Zahlungsbilanz ihren Niederschlag in der Dienstleistungsbilanz. Das Einkommen von Gastarbeitern mit Wohnsitz im Inland zählt zum Bruttoinlandsprodukt und zum Bruttonationaleinkommen. Überweisungen von Gastarbeitern in ihr Heimatland werden im Rahmen der → Zahlungsbilanz in der Bilanz der *laufenden Übertragungen* verbucht.

**Representational Faithfulness** - *Maßbarkeit*; qualitative Anforderung an Rechnungslegungsinformationen nach den → US-GAAP sowie nach den → International Financial Reporting Standards (IFRS). - Vgl. auch → Conceptual Framework, → Framework.

**Reserveposition im IWF** - Betrag, der von einem Mitglied des Internationalen Währungsfonds (→ IWF) von diesem jederzeit als Kredit zur Finanzierung von Defiziten in der → Zahlungsbilanz abgerufen werden kann, ohne dass der IWF berechtigt ist, eine Rechtfertigung des Kreditwunsches zu verlangen oder die Kreditvergabe an Auflagen (→ Konditionalität) zu binden. Die Reserveposition im IWF umfasst die → Reservetranche und eventuelle Forderungen aus der Gewährung von Krediten an den IWF. Ein in Anspruch genommener Kredit ist zu verzinsen und in konvertierbarer Währung zurückzuzahlen. Die Reserveposition im IWF zählt zu den Währungsreserven eines Landes. Die Währungsreserven setzen sich zusammen aus den → Devisenreserven (Finanzaktiva in ausländischer Währung) und Gold- und Ziehungsrechten beim IWF. - Vgl. auch → Ziehungsrechte.

**Reservetranche** - Teil der → Reserveposition im IWF. Die Höhe der Reservetranche bemisst sich nach der Subskriptionsverpflichtung des betreffenden IWF-Mitglieds; diese entspricht der IWF-Mitgliedsquote, die zu 25 Prozent in → Sonderziehungsrechten (SZR) (früher in Gold) und zu 75 Prozent in nationaler Währung einzuzahlen ist. Zur Reservetranche zählen alle Subskriptionsleistungen abzüglich des vom IWF nicht für seine Ausleihung eingesetzten, vom Mitglied in eigener Währung erbrachten Teils der Subskription. Bei Ländern mit einer nicht konvertierbaren, d.h. vom IWF nicht für Ausleihungen verwendbaren Währung (v.a. → Entwicklungsländer) entspricht die Reservetranche demnach dem in *Sonderziehungsrechten (SZR)* eingezahlten Betrag.

**Reservewährung** - Währung, die als → Devisenreserve verwendet wird. Der Status als Reservewährung kann einer Währung über bes. Bestimmungen eines → internationalen Währungssystems betreffend die Devisenmarktinterventionen erwachsen, oder er kann sich im Laufe der Zeit durch bestimmte Entwicklungen rein faktisch ergeben.

**Restposten der Zahlungsbilanz** - Saldo der statistisch nicht aufgliederbaren Transaktionen. Korrekturposten, mit dessen Hilfe der statistische Ausgleich der → Zahlungsbilanz formal hergestellt wird. Der Restposten der Zahlungsbilanz wird dadurch erforderlich, dass aufgrund von Unzulänglichkeiten der Zahlungsbilanzstatistik nicht für alle außenwirtschaftlich relevanten Transaktionen die entsprechenden Gegenbuchungen nach dem Prinzip der doppelten Buchführung in der → Zahlungsbilanz vorgenommen werden können, z.B. die Gewährung von Handelskrediten bei Exporten oder Importen.

**Retorsionszoll** → Vergeltungszoll.

**Retouren** - 1. *Allgemein:* beanstandete oder unverkäufliche, an den Verkäufer zurückgesandte Waren. - 2. *Außenhandel:* Waren, die dem Exporteur von seinen Niederlassungen oder Geschäftspartnern im Ausland zur Verrechnung von Exportsendungen zugesandt werden; zu registrieren in einem Retourenbuch. - 3. *Zollrecht:* → Rückwaren. - 4. *Bankverkehr:* nicht eingelöste Wechsel

*(Retourwechsel)*, Schecks *(Retourscheck)* und Lastschriften.

**Revenues** – *betriebliche Erträge*, → Conceptual Framework.

**Reziprozitätsprinzip** – Grundsatz im internationalen Handelsverkehr, nach dem eine vereinbarte → Meistbegünstigung nur bei entsprechender Gegenleistung des betreffenden Landes gilt. Bei Marktzugangsverhandlungen zwischen Industrie- und Entwicklungsländern soll er nicht zum Tragen kommen.

**RGW** – Abk. für *Rat für gegenseitige Wirtschaftshilfe*, → COMECON.

**Ricardianisches Modell** – David *Ricardo* war der Erste, der auf → komparative Vorteile als Grundlage für internationalen Handel hinwies (1817). Im *Ricardianischen Modell* liegt die Ursache komparativer Vorteile in *relativen Produktivitätsunterschieden* der Produktion im In- und Ausland, die sich bei → Autarkie in Relativpreisunterschieden niederschlagen. Bei Aufnahme von Handelsbeziehungen erlangen beide Länder Handelsgewinne (Wohlfahrtseffekte des Handels) durch Spezialisierung auf das Gut mit ihrem relativen Produktivitätsvorteil bzw. mit den geringsten Opportunitätskosten. In solchen Fällen existiert eine Tendenz zur → vollständigen Spezialisierung.

**Ricardo-Theorem** – *Theorem der komparativen Kosten*; → komparative Vorteile. Jedes Land spezialisiert sich tendenziell auf die Produktion der Güter, bei denen die jeweiligen Opportunitätskosten geringer als in anderen Ländern sind.

**Ricardo-Viner-Modell** – Modell des internationalen Handels, in dem unterstellt wird, dass installiertes Sachkapital ein → sektorspezifischer Faktor ist, während die Arbeit zwischen verschiedenen Sektoren frei beweglich ist. Kapital kann dann von Sektor zu Sektor unterschiedliche Renditen erwirtschaften, während der Lohnsatz im Gleichgewicht in allen Sektoren derselbe ist. Es ergibt sich

dabei ein vom → Stolper-Samuelson-Theorem abweichendes Ergebnis bez. der Beziehung zwischen Güterpreisveränderungen und Faktoreinkommen (→ Handelspolitik). Entwickelt von *Jacob Viner* auf der Grundlage der handelstheoretischen Überlegungen von *David Ricardo*.

**Richtlinie (R)** – I. Steuerrecht: 1. *Begriff:* Richtlinien (R) sind Verwaltungsanordnungen, die von übergeordneten Behörden kraft deren Organisations- und Geschäftsleitungsgewalt erlassen werden. Sie binden die nachgeordneten Finanzbehörden, sind aber keine für alle Bürger verbindlichen Rechtsnormen. Richtlinie sind zu den umfangreichen Steuergesetzen erlassen worden, z.B. EStR, KStR, GewStR, ErbStR und UStR. – 2. *Ziel:* Einheitliche Anwendung des Steuerrechts durch die Finanzverwaltung, um den Grundsatz der Gleichmäßigkeit der Besteuerung seitens der Verwaltung zu gewährleisten. – 3. *Auswirkungen auf die Steuerpflichtigen:* Keine Bindung für den Steuerpflichtigen. Er kann sich gegen Richtlinien wenden, soweit gegen ihn ein darauf gestützter Verwaltungsakt erlassen worden ist; kommt es zu einer gerichtlichen Überprüfung zählt allein das Gesetz. – Vgl. auch Steuergesetze, Steuerrechtsverordnungen.

II. Europäisches Gemeinschaftsrecht: Im europäischen Recht steht der Begriff „Richtlinie" für eine verbindliche Anweisung der EU an die Mitgliedsstaaten, wonach diese ihre eigenen Rechtsvorschriften und Verwaltungsvorschriften entsprechend den Vorgaben der Richtlinie zu gestalten haben. Europäische Richtlinien sind, anders als die Richtlinien des Bundesfinanzministeriums, für alle staatlichen Stellen, also auch Gerichte und Verwaltung, verbindlich (vgl. Art. 288 AEUV). – Vgl. → EU-Gesetzgebung.

**Risikoaversion** – Risikoabneigung; Risikopräferenz.

**Risikobericht** – Teil des Lageberichts.

**Risikoneutralität** – Risikopräferenz.

**Risikoprämie** – I. Kostenrechnung: Das im Unternehmergewinn enthaltene Äquivalent für das allgemeine Unternehmerwagnis (Wagnisse).

II. Außenhandel: Die Risikoprämie kann als Erklärung für auftretende Abweichungen von der → Zinsparität verwendet werden. Ist der Inlandszinssatz r und der entsprechende Auslandszins r*, dann ist die Risikoprämie p aus der Sicht des inländischen Anlegers

$$r - r^* = w_e - p,$$

wobei $w_e$ die für den entsprechenden Zeitraum erwartete Änderungsrate des nominellen → Wechselkurses (Abwertungsrate der heimischen Währung) ist. Risikoscheue Anleger verlangen Risikoprämien für das Halten von Finanzaktiva, die mit einem länderspezifischen und mit politischen Risiken verbunden sind. Je größer die *Risikoaversion* (Risikoscheu) ist, umso größer ist die erforderliche Risikoprämie p für das Portfoliogleichgewicht (→ Portfolio-Ansatz). Bei *Risikoneutralität* ignorieren die Anleger Risikounterschiede zwischen verschiedenen Anlagen, und das Gleichgewicht erfordert dann eine Übereinstimmung der erwarteten Renditen verschiedener Anlagen; die Risikoprämie r muss gleich null sein. – Vgl. auch → Wechselkurstheorie, → Zinsparität.

III. Versicherungswirtschaft: 1. *Allgemein:* (1) *Begriff:* Kalkulatorische Kompensation für den durch Abschluss eines einzelnen Versicherungsvertrags oder eines Kollektivs von Versicherungsverträgen zustande kommenden Risikotransfer. Abgestellt wird hierbei allein auf die Versicherungsleistungen (reine Risikoübernahme), ohne Berücksichtigung von Kosten oder einer Gewinnmarge des Versicherungsunternehmens. Bezieht sich die Prämie auf ein Kollektiv von Versicherungsverträgen, so wird von kollektiver Risikoprämie gesprochen, im Fall eines einzelnen Versicherungsvertrags von individueller Risikoprämie. Die Bestimmung der Risikoprämie ist Gegenstand der Prämienkalkulation bzw. der Tarifkalkulation (Tarifierung). – (2) *Merkmale:* Nach dem versicherungstechnischen

Äquivalenzprinzip muss eine Gleichheit zwischen den erwarteten Prämieneinzahlungen und den erwarteten Versicherungsleistungen bestehen. Hieraus resultiert die Nettoprämie (auch: Nettorisikoprämie), die mit der erwarteten Versicherungsleistung identisch ist. Aus risikopolitischer Sicht kann die Nettoprämie jedoch nur eine Preisuntergrenze darstellen. Um ein hinreichendes Sicherheitsniveau des Versicherungsunternehmens zu gewährleisten, muss hierzu ein Risikozuschlag treten, der eine Kompensation für die Zufallsschwankungen (Zufallsrisiko) in den Entschädigungsleistungen (Schwankungszuschlag) sowie allgemeiner auch für Irrtumsrisiken bei der Ermittlung der Zufallsgesetzmäßigkeit der Versicherungsleistungen beinhaltet. Die Summe aus der Nettoprämie und dem Risikozuschlag ergibt die Risikoprämie (auch: Bruttorisikoprämie). – (3) *Formal:* Nettoprämie zuzüglich Risikozuschlag = Risikoprämie. Für ein zufälliges Risiko X wird jede Prämie, die die Nettoprämie um einen Risikozuschlag übersteigt, als Risikoprämie bezeichnet. – 2. *Besonderheiten in der Lebensversicherung:* (1) *Vorbemerkungen:* Die spezielle Definition für die Lebensversicherung passt nicht zur o.a. allgemeinen Definition. In der Lebensversicherung ist einerseits der (biometrische) Risikozuschlag bereits in der Nettoprämie enthalten, andererseits enthält die Nettoprämie auch einen Sparanteil (Sparprämie), der nicht zur Risikoprämie gehört. – (2) *Begriff:* Die Risikoprämie für einen Lebensversicherungsvertrag ist der für einen einzelnen Versicherten für eine bestimmte Periode (i.d.R. ein Jahr) vorschüssig zu entrichtende Prämienanteil, der bei rechnungsmäßiger Verzinsung mit dem Zinssatz i und unter Zugrundelegung der Ausscheidewahrscheinlichkeiten 1. Ordnung am Ende der Periode den kalkulatorisch erwarteten, über die Deckungsrückstellung hinausgehenden Versicherungsleistungen entspricht. – (3) *Modell:* Ist L(t) die in der Versicherungsperiode t zu erbringende Leistung, V(t) die Deckungsrückstellung am Ende der Periode t und a(t) die Ausscheidewahrscheinlichkeit 1. Ordnung in t, so bestimmt sich die Risikoprämie R(t) nach der Formel

$$R(t) = a(t) * (L(t) - V(t))/(1 + i).$$

(4) *Merkmale:* Da die Ausscheidewahrscheinlichkeit ebenso wie die Deckungsrückstellung im Verlauf eines Versicherungsvertrags im Regelfall nicht konstant ist, ist die Risikoprämie ebenfalls eine im Zeitablauf variable Größe. Sind mehrere Risiken versichert, so wird für jedes Risiko eine Risikoprämie nach der o.g. Formel bestimmt. Risikoprämien können auch negativ sein. Dies ist z.B. bei Rentenversicherungen dann der Fall, wenn bereits eine Deckungsrückstellung gebildet wurde, aber im Todesfall der versicherten Person keine Rentenzahlung ausgelöst wird, also L(t) = 0 ist. In einem größeren Kollektiv entspricht die Summe der Risikoprämien für ein bestimmtes Risiko den kalkulatorisch über die gebildete Deckungsrückstellung hinaus zu erbringenden Versicherungsleistungen. Ein Vergleich mit den tatsächlichen Versicherungsleistungen zeigt daher direkt, ob die Kalkulation ausreichend ist (siehe auch Überschusszerlegung). – (5) *Probleme:* Bei kleineren Kollektiven und geringen Ausscheidewahrscheinlichkeiten (z.B. bei Todesfallrisiken) können rein zufallsbedingt größere Abweichungen der tatsächlichen Versicherungsleistungen von den kalkulatorisch erwarteten auftreten, ohne dass in statistisch signifikanter Weise auf unzureichende Rechnungsgrundlagen geschlossen werden kann. Daher werden bei der Überprüfung von Rechnungsgrundlagen oft die Daten mehrerer Gesellschaften über mehrjährige Zeiträume zusammengefasst.

**Rohstoffabkommen** – internationale Abkommen zur Regulierung des Weltrohstoffhandels. – 1. *Ziele:* Sicherung der Versorgung mit Rohstoffen und Stabilisierung der Rohstoffmärkte bzw. -preise und damit der Exporterlöse der Entwicklungsländer. – 2. *Instrumente:* Marktausgleichslager (→ Buffer Stock), Abnahmegarantien sowie

Quotenregelungen. Bisherige Abkommen scheiterten an der ablehnenden Haltung der Industrieländer, ausreichende Finanzmittel bereitzustellen.

**Rohstoffe** – I. Volkswirtschaftslehre: Unbearbeitete Grundstoffe, die durch Primärproduktion (Urproduktion) gewonnen werden. In der Havanna-Charta (→ Bretton-Woods-System, → ITO) etwas weiter gefasste volkswirtschaftliche Definition über „Grundstoffe": „Jedes Erzeugnis der Landwirtschaft, der Forstwirtschaft oder der Fischerei und jedes Mineral, einerlei, ob dieses Erzeugnis sich in seiner natürlichen Form befindet oder ob es eine Veränderung erfahren hat, die i.Allg. für den Verkauf in bedeutenden Mengen auf dem internationalen Markt notwendig ist."

II. Betriebswirtschaftslehre: Grundstoffe, die im Produktionsprozess in das Erzeugnis eingehen. Rohstoffe bilden den stofflichen Hauptbestandteil der Erzeugnisse. – Vgl. auch Rohstoffwirtschaft.

**Rohstoffkartell** – 1. *Begriff:* Internationales Kartell, in dem sich Rohstoffanbieter zusammenschließen, um durch koordinierte Angebotspolitik Preissenkungen zu verhindern bzw. Preissteigerungen zu bewirken. Rohstoffkartelle wurden v.a. nach dem anfänglichen Erfolg der OPEC im Hinblick auf eine Exporterlössteigerung der → Entwicklungsländer diskutiert. Die Erfolgsaussichten von Rohstoffkartellen sind wegen der erforderlichen Voraussetzungen gering. – 2. Die *Voraussetzungen* für eine erfolgreiche Funktion erstrecken sich auf verschiedenen Ebenen. – *Beispiele:* (1) Der betreffende Rohstoff muss bestimmte Eigenschaften erfüllen, wie Homogenität und Lagerfähigkeit. (2) Es müssen kartellbegünstigende Angebotsbedingungen vorliegen, wie hoher Anteil der betreffenden Rohstoffländer am Weltexport und -vorkommen (hoher Monopolisierungsgrad), niedrige Preiselastizität des Angebots von Nichtkartellmitgliedern, relativ geringe Zahl der sich zum Kartell zusammenschließenden Länder (Informations- und Marktregulierungskosten müssen niedriger sein als die Erlössteigerung) und relativ hohe Konvergenz der wirtschafts- bzw. allgemeinpolitischen Ziele der Mitglieder. (3) Ferner muss die Preiselastizität der Nachfrage nach dem betreffenden Rohstoff niedrig, bzw. die Möglichkeit, diesen zu substituieren oder durch technischen Fortschritt seinen Einsatz zu rationalisieren, relativ gering sein.

**Römische Verträge** – 1957 in Rom unterzeichnete Verträge zur Gründung der drei Europäischen Gemeinschaften – → EG, → EWG, → EAG; vgl. Europäische Union (→ EU), und die 1952 gegründete erste Europäische Gemeinschaft für Kohle und Stahl, EGKS.

**Rostowsche Stadientheorie** – bekannteste Wirtschaftsstufentheorie, die mit historisch deskriptivem Ansatz eine regelhafte Aufeinanderfolge von Wirtschaftsstufen mit evolutionärer Höherentwicklung beschreibt. Der Stufenübergang erfolgt, ohne ökonomische Entwicklungsgesetze zu beachten. – Rostow unterscheidet fünf *Stadien*, die eine Gesellschaft auf dem Pfad von der traditionellen zur modernen Gesellschaft durchläuft: (1) *Traditionelle Gesellschaft*, die vornehmlich agrarisch-hierarchisch geprägt ist mit geringer vertikaler Mobilität; (2) *Übergangsgesellschaft*, in der die Voraussetzungen für das Wirtschaftswachstum durch Verhaltensänderungen, bes. durch ansteigende Investitionstätigkeit gelegt wird; (3) *Take-off*: Bei einer Mindestinvestitionsquote von 10 Prozent, einer Entwicklung einiger führender Wirtschaftsbranchen mit hohem Wachstum und hinreichend entwickeltem politischem, sozialem und institutionellem Rahmen, als Voraussetzungen für dynamisches Unternehmertum, kommt es zu schnellem wirtschaftlichen Wachstum; (4) *Reifestadium*: Mithilfe moderner Technologien werden Ressourcen effizient genutzt; (5) Nach dem Reifestadium entwickelte sich die Gesellschaft entweder zum *Wohlfahrtsstaat*

mit hohem Massenkonsumniveau dauerhafter Konsumgüter, zu einer *Freizeit*- und *Bildungsgesellschaft*, oder zum militärische Macht entwickelnden Staat *(Diktatur)*. Wirtschaftspolitisch ist die Rostowsche Stadientheorie unbrauchbar, außerdem folgt sie der Wirtschaftsentwicklung Nordamerikas, die nicht Vorbild für alle Gesellschaften zu sein braucht.

**RTA** – Abk. für *Regional Trade Agreement*; regionales Handelsabkommen, → Regionalismus, → regionale Integration, → Handelsabkommen.

**Rückfallklausel** – *Subject-to-Tax-Klausel*. 1. *Begriff*: Klausel in Doppelbesteuerungsabkommen, wonach eine dort vereinbarte Freistellung ausländischer Einkünfte nur dann vorgenommen werden muss, wenn diese Einkünfte im Ausland tatsächlich einer Besteuerung unterliegen. Motiv für die Vereinbarung von Rückfallklauseln ist die Verhinderung von Steuersparmodellen (doppelte Nichtbesteuerung; „weiße Einkünfte"). Es ist jedoch keine Höhe (Mindesthöhe) des Steuersatzes angegeben, mit dem eine ausländische Besteuerung stattfinden müsste; daher sind solche Klauseln leicht umgehbar. Daher werden Rückfallklauseln in neueren Abkommen durch die sog. → Switch-over-Klausel ersetzt oder ergänzt. – 2. Für die nach einem Doppelbesteuerungsabkommen steuerfrei zu belassenden Einkünfte eines in Deutschland unbeschränkt steuerpflichtigen Arbeitnehmers wird eine der Rückfallklausel vergleichbare Regelung im *nationalen Steuerrecht* (§ 50d EStG) mit allgemeiner Wirkung vorgesehen: Demnach sind solche Einkünfte aus nichtselbständiger Arbeit in Deutschland erst dann freizustellen, wenn der Arbeitnehmer nachweist, dass sie im ausländischen Staat besteuert worden sind. Ist der Nachweis der Besteuerung erst möglich, wenn die Einkommensteuerveranlagung in Deutschland schon stattgefunden hat, ist der Steuerbescheid nachträglich zu ändern (§ 50d VIII EStG). Mit § 50d IX EStG wurde außerdem eine Regelung in das EStG aufgenommen, die in bestimmten Fällen die Freistellung aufgrund eines DBA ausschließt, wenn die Einkünfte in einem anderen Staat nicht besteuert werden. Die Steuerbefreiung der Dividenden soll allerdings grundsätzlich erhalten bleiben, es sei denn, die Dividenden sind bei der Ermittlung des Gewinn der ausschüttenden Gesellschaft abgezogen worden.

**Rückwaren** – zollrechtlicher Begriff für Waren, die aus dem freien Verkehr des → Zollgebietes der EU ausgeführt und wiedereingeführt werden. Rückwaren sind zollfrei, wenn sie unverändert sind und zwischen → Ausfuhr und Wiedereinfuhr bei Marktordnungswaren nicht mehr als sechs Monate, bei anderen Waren nicht mehr als drei Jahre liegen.

Zum Nachweis der Rückwareneigenschaft bei der erneuten Überführung in den freien Verkehr sind Belege, z.B. Ausfuhrpapiere, Schriftwechsel, Kassenbelege, vorzulegen.

**Rückwärtsverknüpfung** → Verkettungseffekte.

**Rybczynski-Theorem** – Aussage der → Außenhandelstheorie über die Auswirkung von Faktorausstattungsveränderungen auf die produzierten und gehandelten Gütermengen eines Landes unter der Annahme konstanter Güter- und Faktorpreise. Benannt nach dem polnischen Ökonomen *Taduesz Rybczynski* (1923 – 1988), der dieses Theorem 1955 veröffentlicht hat. – Vgl. auch → Heckscher-Ohlin-Theorem.

# S

**SAA** – Stabilisierungs- und Assoziierungsabkommen der → EU.

**SAARC** – Abk. für *South Asian Association for Regional Cooperation;* im Dezember 1985 in Dacca im Rahmen der Süd-Süd-Beziehungen entstandener Regionalzusammenschluss asiatischer Staaten. – *Mitglieder:* Afghanistan, Bangladesh, Bhutan, Indien, Malediven, Nepal, Pakistan, Sri Lanka. – *Zielsetzung:* Beschleunigung der kulturellen, sozialen und wirtschaftlichen Beziehungen durch Förderung des → Collective Self-Reliance. Die Dominanz Indiens, die Rivalität zu Pakistan sowie die politische und wirtschaftliche Heterogenität der Mitglieder erbrachten bisher geringe Fortschritte in der Zusammenarbeit.

**SACU** – Abk. für → Southern African Customs Union.

**SADC** – Abk. für *Southern African Development Community.* – *Sitz:* Gaborone (Botswana); am 17.8.1992 in Windhuk gegründete regionale Organisation zur Förderung der politischen und wirtschaftlichen Zusammenarbeit im südlichen Afrika; löste die SADCC (Southern African Development Coordination Conference) ab. – *Mitglieder:* Angola, Botswana, Demokratische Republik Kongo, Lesotho, Madagaskar, Malawi, Mauritius, Mosambik, Namibia, Seychellen, Südafrika, Swasiland, Tansania, Sambia, Simbabwe. → Collective Self-Reliance und verstärkte Süd-Süd-Beziehungen standen im Vordergrund der gemeinsamen Bemühungen um wirtschaftlichen Fortschritt und Zusammenarbeit. Angestrebt wird eine Wirtschaftsunion nach dem Vorbild der EU. Ein Aktionsprogramm weist den einzelnen Ländern bes. Aufgabenbereiche zu, z.B. Tansania: Industrie und Handel; Swasiland: Human Resources; Angola: Energie.

**Sammelzollanmeldung** – jetzt: → ergänzende Zollanmeldung.

**Sammelzollverfahren** – veralteter, dem dt. Zollgesetz (ZG) entnommener Begriff für → vereinfachtes Verfahren bei der Zollanmeldung, wenn die fehlenden Angaben oder Unterlangen monatlich gesammelt vorzulegen sind.

**Sanktion** – Politische Maßnahmen der Bestrafung eines bestimmten Verhaltens bzw. einer Vorgehensweise (negative Verstärkung). Häufig in der Form der vom → UN-Sicherheitsrat oder von der → EU im Rahmen der *Gemeinsamen Außen- oder Sicherheitspolitik* (→ GASP) gefassten Beschlüsse oder Entscheidungen. Eine Sanktion ist Grundlage für ein → Embargo.

**SAP** – 1. Abk. für *Streuplan-Analyse-Programm.* – Vgl. auch Mediaselektionsmodelle. – 2. Abk. für → Strukturanpassungsprogramm.

**SAPARD** → Strukturpolitik der Europäischen Union, → EU-Erweiterung.

**Schachtelprivileg** – I. Begriff: Instrument zur Vermeidung ertrag- oder substanzsteuerlicher Mehrfach- oder Doppelbelastungen, die sich bei der Verschachtelung von Kapitalgesellschaften ergeben. Im Fall von Schachtelgesellschaften werden die Gewinne bzw. die Beteiligungswerte aus der Bemessungsgrundlage der jeweiligen Steuerart ausgenommen. Es handelt sich nicht um ein für die begünstigten Gesellschaften geschaffenes Privileg, sondern um eine notwendige Korrektur zur Vermeidung von Mehrfachbesteuerungen.

II. Inländisches Schachtelprivileg: 1. *Körperschaftsteuerliches Schachtelprivileg* besteht darin, dass Dividendeneinkünfte bei der Körperschaftsteuer steuerfrei sind (§ 8b I KStG), weil die der Dividendenausschüttung zugrunde liegenden Gewinne bei der Gesellschaft, die diese erwirtschaftet hat, der Körperschaftsteuer unterliegen. Das sog.

erweiterte körperschaftsteuerliche Schachtelprivileg stellt auch Gewinne aus der Veräußerung von Anteilen an einer Kapitalgesellschaft von der Körperschaftsteuer frei, weil im Halbeinkünfteverfahren Veräußerungsgewinne aus Anteilen und Dividenden aus den entsprechenden Anteilen gleich behandelt werden (§ 8b II KStG). Voraussetzung der Regelungen ist, dass eine körperschaftsteuerpflichtige Institution (meist eine Mutterkapitalgesellschaft) an einer anderen Gesellschaft (meist eine Tochterkapitalgesellschaft) beteiligt ist, nicht jedoch, dass der Dividendenempfänger oder Veräußerer eine natürliche Person ist. Eine bestimmte Mindestbeteiligungsquote zwischen Mutter- und Tochtergesellschaft ist seit der Einführung des Halbeinkünfteverfahrens nicht mehr notwendig. – 2. *Gewerbesteuerliches Schachtelprivileg* steht jedem Gewerbebetrieb zu, der Dividenden aus einer anderen Kapitalgesellschaft bezieht. Allerdings nur, wenn die Beteiligungsquote am Anfang des Jahres mind. 15 Prozent (vor Erhebungszeitraum 2008: 10 Prozent) beträgt (§ 9 Nr. 2a GewStG) und – bei ausländischen Tochtergesellschaften – die Tochtergesellschaft entweder fast ausschließlich aktiven Tätigkeiten nachgeht oder sie unter die Mutter-Tochter-Richtlinie fällt (§ 9 Nr. 7 GewStG; im letzteren Fall auch heute noch eine Beteiligungsquote von 10 Prozent ausreichend). Falls laut Doppelbesteuerungsabkommen eine niedrigere Grenze als 15 Prozent geregelt ist, so kommt diese zum Tragen. Wird das gewerbesteuerliche Schachtelprivileg nicht gewährt, so sind Dividenden bei der Gewerbesteuer voll zu erfassen (§ 8 Nr. 5 GewStG).

III. Grenzüberschreitende Schachtelprivileg: Das Schachtelprivileg wird in Deutschland innerstaatlich wie grenzüberschreitend nach den oben genannten Regeln gewährt.

IV. Andere Steuern: 1. *Vermögensteuerliches Schachtelprivileg* bestand darin, den Wert der Anteile an der Untergesellschaft bei der Vermögensteuer der Obergesellschaft steuerfrei zu stellen. Da die Vermögensteuer nicht mehr

erhoben wird, ist das Schachtelprivileg ohne Bedeutung. – 2. *Erbschaftsteuerliches Schachtelprivileg:* nicht möglich, weil eine gleichzeitige Erbschaftsteuerbelastung desselben Vermögens auf der Ebene einer Mutter- und einer Tochterkapitalgesellschaft nicht vorliegen kann.

V. Vergleichbare ausländische Regelungen: Wie in Deutschland, so sind mittlerweile bei den Ertragsteuern auch in vielen anderen EU-Staaten neben den Dividenden auch die Veräußerungsgewinne vom Schachtelprivileg erfasst (z.B. Luxemburg, Niederlande, Dänemark).

VI. Regelung auf EU-Ebene: Mutter-Tochter-Richtlinie.

VII. Steuerpolitik: Bei den zahlreichen Voraussetzungen der Schachtelprivilege zielen steuerpolitische Maßnahmen vorwiegend auf die Verwirklichung eines begünstigten Sachverhalts ab. Sachverhaltsgestaltungen sind sowohl darauf gerichtet, die Bedingungen für die Gewährung der Schachtelprivilege zu schaffen, als auch die mit der Steuerfreiheit der Dividenden und Gewinne verbundene Nichtabzugsfähigkeit der damit zusammenhängenden Kosten (z.B. Zinskosten für den Erwerb der Beteiligung, aus der die steuerfreien Dividenden stammen) zu vermeiden. Diesen Gestaltungsüberlegungen wurde jedoch die ab 2004 für das körperschaftsteuerliche Schachtelprivileg geltende Regelung, dass die nichtabziehbaren Kosten der steuerfreien Einkünfte stets pauschal mit 5 Prozent der bezogenen Dividende bzw. des erzielten Veräußerungsgewinns angesetzt und im Gegenzug die tatsächlichen Kosten unbeanstandet verbucht werden dürfen (§ 8b V KStG), entgegengesetzt.

**Schalteraushang** – Ursprünglich galt die gesetzliche Regelung des § 22 IV KWG, wonach der jeweils geltende Zinssatz für Spareinlagen durch Aushang im Kassenraum ersichtlich zu machen war. An ihre Stelle trat § 21 IV der Rechnungslegungsverordnung (RechkredV) vom 10.2.1992, der eine vergleichbare

Vorschrift zur Zinsbekanntgabe nicht mehr beinhaltet. – Allerdings ist der Informationsmodus durch Preisaushang sowohl in Gestalt der AGB-Banken (Nr. 12 I Satz 1) und der AGB-Sparkassen (Nr. 15 Satz 2) als auch der Sonderbedingungen für den Sparverkehr (Nr. 3 I) beibehalten worden. Er steht im Einklang mit der für die Einbeziehung von Allgemeinen Geschäftsbedingungen zugelassenen Möglichkeit der Bekanntgabe durch Aushang gemäß § 2 I Nr. 1 AGBG bzw. § 305 II Nr. 1 BGB n.F. – Die zitierten AGB-rechtlichen Bestimmungen beruhen auf der Preisangabeverordnung (PAnGV) vom 14.03.1985 – zuletzt geändert am 22.7.1997. Nach § 3 I Satz 1 PAnGV sind die Kreditinstitute verpflichtet, die Preise für ihre wesentlichen Leistungen in Preisverzeichnisse aufzunehmen und durch Aushang bekannt zu geben. Der Preisaushang ist gemäß § 3 I Satz 2 PAnGV im Geschäftslokal oder am Ort des Leistungsangebots anzubringen.

**Schengener Abkommen** – Übereinkommen von Schengen vom 14.6.1985 zwischen den Regierungen der Staaten BeNeLux-Wirtschaftsunion, der Republik Frankreich und der Bundesrepublik Deutschland betreffend den schrittweisen Abbau von Kontrollen an den gemeinsamen Grenzen, auch „Schengen II" genannt, sowie das Durchführungsabkommen von 1990 („Schengen II"; vgl. Zustimmungsgesetz vom 15.7.1993 (BGBl. II 1010)). Ziel der völkerrechtlichen Vereinbarungen sind der Abbau von Grenzkontrollen an den Binnengrenzen und Ausgleichsmaßnahmen zur Aufrechterhaltung des Sicherheitsniveaus durch Verstärkung und Abstimmung der Kontrollvorkehrungen. Kernstück ist das Schengener Informationssystem (SIS), mit einer zentralen Datenerfassungsstelle in Straßburg und nationalen Stellen, die den grenzüberschreitenden Verkehr erfassen sollen. Seit Februar 2009 sind 25 europäische Staaten (inkl. der Schweiz) Mitglieder des Schengen-Raums. EU-Staaten, die nicht Mitglieder von Schengen sind: Großbritannien, Irland, Zypern, Bulgarien und Rumänien.

**Schiedsabkommen** – 1. *Begriff:* ein völkerrechtlicher Vertrag zwischen allen EG-Mitgliedsstaaten zur Regelung eines speziellen Problems bei der Beseitigung der Doppelbesteuerung infolge von unterschiedlichen Ansichten über die angemessene Höhe von unternehmens- bzw. konzerninternen Verrechnungspreisen. – 2. *Inhalt:* a) *die zu lösende Problematik:* Die → Doppelbesteuerungsabkommen (DBA) sehen zwar vor, dass jeder Staat nur diejenigen Teile des Einkommens eines Unternehmens/Konzerns besteuern darf, die in Betriebsstätten auf seinem Gebiet erwirtschaftet worden sind (→ Betriebsstättenprinzip); sofern aber mehrere Betriebsstätten/Tochtergesellschaften an der Erstellung einer Leistung gemeinsam beteiligt waren, hängt die Frage, wie viel Gewinne jeweils die einzelnen Betriebsstätten/Tochtergesellschaften erwirtschaftet haben (d.h. wie viel vom gesamt erzielten Gewinn jeder Staat steuerlich für sich beanspruchen darf), entscheidend davon ab, wie die firmeninternen Leistungen verrechnet werden (→ Verrechnungspreise). Dafür gibt es zwar rechtlich die klare Vorgabe, dass diese Verrechnungspreise den Preisen entsprechen müssen, die einander fremd gegenüber stehende Marktteilnehmer gewählt hätten (→ Fremdvergleichsgrundsatz), aber wie hoch unter diesen Bedingungen der Preis anzusetzen gewesen wäre, lässt sich in den meisten Fällen keinesfalls eindeutig bestimmen. Es ist daher nicht nur denkbar, sondern sogar wahrscheinlich, dass die Behörden verschiedener Staaten bei der Beurteilung dieser Frage zu unterschiedlichen Ansichten kommen; in der Folge könnten also trotz klarer Regeln in der Praxis durchaus Teile des Konzerngewinns von verschiedenen Ländern gleichzeitig beansprucht (und deshalb doppelt besteuert) werden. – b) *Lösungsansatz des Schiedsabkommens:* Diese Problematik lässt sich nur lösen, wenn eine Instanz geschaffen wird, die die Befugnis erhält, verbindlich für alle im Einzelfall betroffenen Staaten eine Entscheidung zu treffen. Das Schiedsabkommen vermeidet jedoch die Einrichtung eines ständigen Gerichts für solche Fragen, sondern sieht stattdessen vor, dass in jedem Einzelfall eine Schiedskommission gebildet wird, deren Entscheidung letztendlich für alle betroffenen Behörden verbindlich ausfällt. – c) *Ablauf des Schiedsverfahrens*: Das Schiedsverfahren wird nur gestartet, wenn ein betroffener Steuerpflichtiger dies bei einer der betroffenen Behörden beantragt; der Antrag ist nur möglich, wenn es um Streitigkeiten hinsichtlich der Verrechnungspreise geht (andere Fälle, in denen die Regeln eines DBA im Einzelfall in zwei Staaten widersprüchlich angewandt werden, lassen sich hiermit also nicht lösen). Die betroffenen Finanzbehörden erhalten nach dem Antrag jedoch zunächst bis zu 2 Jahre lang Zeit, ihre Meinungsverschiedenheit gütlich zu lösen und sich auf eine gemeinsame Sichtweise des Geschehens zu einigen oder anderweitig ein Vorgehen zu entwickeln, dass eine Doppelbesteuerung vermeidet. Erst wenn diese Einigungsbemühungen scheitern, tritt die Schiedskommission zusammen, die innerhalb von 6 Monaten einen Vorschlag erarbeitet. Liegt dieser vor, haben die Behörden noch weitere 6 Monate Zeit, sich auf eine einheitliche Sichtweise zu einigen, erst dann tritt der Vorschlag der Schiedskommission in Kraft. Das Schiedsverfahren kann also bis zu 3 Jahre lang dauern, bevor Rechtsklarheit geschaffen ist. – d) *Rechtsschutz*: Gegen die Entscheidung der Schiedskommission sind Rechtsmittel nicht möglich. – e) *Voraussetzungen für den Antrag*: Die Behörden können die Durchführung des Schiedsverfahrens verweigern, wenn der Steuerpflichtige im Zusammenhang mit den fraglichen Verrechnungspreisen ein Steuerdelikt begangen oder auf andere, näher geregelte Weise sich nicht korrekt verhalten hat. Dadurch soll verhindert werden, dass Steuerpflichtige ein Schiedsverfahren provozieren, in der Hoffnung, durch die Entscheidung der Schiedskommission möglicherweise profitieren zu können. – f) *Kosten*: Die Kosten des Verfahrens hat die Finanzverwaltung zu tragen. – 3.

*Geltung, Geltungsdauer*: Das Schiedsabkommen bedarf als völkerrechtlicher Vertrag der Ratifikation durch jeden Mitgliedsstaat. Da dies ein langwieriger Prozess ist, trat das Abkommen erstmals zum 1.1.1995 in Kraft. Mit der Erweiterung der EG um neue Mitgliedsstaaten konnte das Abkommen im Verhältnis zu diesen erst in Kraft treten, sobald alle betroffenen Staaten die Änderung des Abkommens (Beitritt eines neuen Staates) ebenfalls ratifiziert hatten; dies ist bis heute nicht in allen EU-Staaten vollständig erfolgt. Das Abkommen gilt in diesen Fällen jedoch wenigstens im wechselseitigen Verhältnis zwischen allen denjenigen Staaten, die es bereits ratifiziert haben. – 4. *Zu unterscheiden* ist das Schiedsabkommen vom klassischen Verständigungsverfahren der Doppelbesteuerungsabkommen (wo kein Einigungszwang für die Behörden besteht) und von einzelnen Schiedsklauseln in ausgewählte DBA, die sich mit derselben Problematik beschäftigen, im Einzelfall aber andere Regeln enthalten.

**Schiedsgerichtsklausel** → Arbitrage-Klausel, → internationale Schiedsklauseln, → Schiedsklausel.

**Schiedsgerichtsordnung** – Verfahrensvorschriften, die bestimmen, wie ein Schiedsgericht zu besetzen ist, nach welchen Grundsätzen entschieden wird und wer die Kosten des Verfahrens (Schiedsgerichtsverfahren) zu tragen hat. Eine der bekanntesten und gebräuchlichsten Schiedsgerichtsordnungen für internationale wirtschaftsrechtliche Streitigkeiten findet sich bei der internationalen Industrie- und Handelskammer (International Chamber of Commerce (→ ICC)) in Paris. – Vgl. auch → Schiedsklausel, → UN-Schiedsabkommen.

**Schiedsklausel** – eine im internationalen Handel übliche Klausel zur außergerichtlichen Beilegung von etwaigen Streitigkeiten (z.B. „Alle aus oder in Zusammenhang mit dem gegenwärtigen Vertrag sich ergebenden Streitigkeiten werden nach der Schiedsgerichtsordnung der Internationalen

Handelskammer von einem oder mehreren gemäß dieser Ordnung ernannten Schiedsrichtern endgültig entschieden."). Durch Aufnahme dieser Klausel unterwerfen sich die Vertragspartner freiwillig dem privaten Schiedsgerichtsverfahren.

**Schiedsverfahren** – I. *Internationales Steuerrecht:* im Internationalen Steuerrecht jedes Verfahren, durch das Streitigkeiten über die korrekte Anwendung eines → Doppelbesteuerungsabkommens (DBA) auf einen Einzelfall von einer neutralen Stelle, die mit dem Fall befasst wird, verbindlich beigelegt werden können. Die Möglichkeit, ein Schiedsverfahren durchzuführen, sehen bislang nur wenige DBA tatsächlich vor, da es bes. Vertrauen vonseiten der beteiligten Staaten erfordert, sich dem Urteil einer fremden Schiedsinstanz im Vorhinein bedingungslos zu unterwerfen; daher ist die Einleitung eines Schiedsverfahrens, wenn überhaupt vorgesehen, in den DBA meist an die vorige Zustimmung der Behörden im konkreten Fall gebunden. Zwischen den EU-Staaten ist ein Schiedsverfahren allerdings für einen wichtigen Spezialfall durch das → Schiedsabkommen verbindlich vorgeschrieben.

II. *Arbeitsrecht:* Schlichtung.

**schmutziges Floaten** – Dirty → Floating; zielgerichtete Interventionen auf dem → Devisenmarkt in einem System mit flexiblem Wechselkurs.

**Schuldendienstquote** – Relation zwischen der Höhe des Schuldendienstes und den Einnahmen des Staates. Kennziffer für das Maß der Belastung eines Staatshaushalts, das durch die Bedienung eines Schuldenstandes (Zinsen, Tilgung) entsteht. Die Schuldendienstquote drückt die Schuldendienstfähigkeit aus; deren logische Grenze ist erreicht, wenn der Schuldendienst schneller wächst als die laufenden Einnahmen. – *Entwicklungspolitischer Zusammenhang:* Anteil des Schuldendienstes der öffentlichen Verschuldung (Zinsen, Tilgung) in Prozent der Exporteinnahmen.

**Schuldenerlass** – Forderung der Entwicklungsländer nach einem Verzicht auf die Rückzahlung ihrer (öffentlichen) Auslandsschulden durch die Gläubiger. Ein genereller Schuldenerlass dürfte zu einer Reduzierung der zukünftigen Kapitalhilfe führen, sodass Entwicklungsländer weniger als erwartet davon profitieren. – Vgl. auch → Auslandsverschuldung der Entwicklungsländer, → HIPC-Initiative.

**Schuldenkonsolidierung** – 1. *Grundsatz:* Der → Konzernabschluss ist gemäß § 297 III HGB so aufzustellen, als ob die einbezogenen Unternehmen insgesamt ein einziges Unternehmen wären (→ Vollkonsolidierung). Deshalb sind Ausleihungen und andere Forderungen, Rückstellungen und Verbindlichkeiten zwischen den einbezogenen Konzernunternehmen sowie entsprechend Rechnungsabgrenzungsposten und Eventualverbindlichkeiten gegeneinander aufzurechnen (§ 303 I HGB). Die Schuldenkonsolidierung kann erfolgswirksam sein, wenn z.B. die aufzurechnenden Forderungen und Verbindlichkeiten in den zu konsolidierenden Einzelabschlüssen nicht in gleicher Höhe angesetzt wurden. – 2. *Ausnahme:* Die Schuldenkonsolidierung kann unterbleiben, wenn die aufzurechnenden Beträge von untergeordneter Bedeutung sind (§ 303 II HGB).

**Schuldenkrise** → Auslandsverschuldung der Entwicklungsländer.

**Schutzklausel** – *Ausweichklausel, Befreiungsklausel, Escapeklausel.* 1. Vertragsbestimmung des GATT (Art. XIX): Ein Mitglied wird ermächtigt, seine vertraglichen Verpflichtungen (z.B. die Bindung eines Zollsatzes) auszusetzen oder zu ändern, falls durch erhöhte Einfuhr einer Ware die Gefahr einer ernstlichen Störung der einheimischen Erzeugung besteht. Schutzklausel hat auch in zweiseitigen Handelsabkommen Einfluss gefunden. – 2. Schutzklausel nach Art. 134 EGV ist eine der vielfältigen handelspolitischen EU-Schutzmaßnahmen; dazu gehören etwa zum Schutz gegen die Einfuhr gedumpter oder subventionierter Waren aus Drittstaaten die VO (EG) Nr. 384/96 und die VO (EG) Nr. 2026/97 über die gemeinsame Einfuhrregelung.

**Schutzzoll** – Einfuhrzoll (→ Zoll) auf Auslandsgüter (in der EU für Einfuhren aus Staaten außerhalb des → Zollgebietes der EU, die eine → Zollunion ist) zum Schutz der inländischen Produktion vor ausländischer Konkurrenz. – Vgl. auch → Finanzzoll, → Erziehungszoll.

**Schwellenländer** – *Newly Industrializing Countries (NIC)*; nicht exakt definierte Bezeichnung von Ländern auf dem Wege zum → Industrieland. Durch hohes Wirtschaftswachstum werden große Industrialisierungsfortschritte beobachtet, jedoch halten viele soziale Indikatoren wie z.B. Alphabetisierungsrate, Lebenserwartung, Säuglingssterblichkeit mit der wirtschaftlichen Entwicklung nicht Schritt. – *Länder:* U.a. Brasilien, China, Indien, Malaysia, Mexiko, Russland, Thailand und Südafrika. – Vgl. auch → Emerging Markets.

**SDRM** – Abk. für *Sovereign Debt Restructuring Mechanism, Umschuldungsmechanismus*; im April 2002 durch den IWF vorgeschlagenes Instrument zur langfristig nachhaltigen und wachstumsorientierten Umstrukturierung bestehender Schulden. Der IWF verfolgte dabei einen sog. Statutory Approach (ordnungspolitischen Ansatz), der die Entwicklung verbindlicher Spielregeln für die Teilnehmer an den internationalen Finanzmärkten vorsah, mit direkten Verhandlungen von Schuldnern und Gläubigern. Nach Widerstand v.a. seitens der Vereinigten Staaten wurde der Ansatz 2003 fallen gelassen. Stattdessen befürwortet der IWF nun die generelle Anwendung von Mehrheitsklauseln bei internationalen Kreditgeschäften.

**SEC** – Abk. für *Securities and Exchange Commission;* Aufsichtsbehörde für das Wertpapiergeschäft in den USA; Sitz in Washington; unabhängig und überparteilich; gegründet gemäß Securities Act von 1933. – *Zuständigkeit:* (1) Für die *Neuzulassung* von Wertpapieren zum Börsenhandel. Dabei gelten sehr strenge Offenlegungsvorschriften. Unternehmen, die Wertpapiere an einer Börse im Umlauf haben, müssen zudem in vierteljährlichen und jährlichen Abständen bei der SEC Angaben zur Geschäftslage einreichen, die dann auch der Öffentlichkeit zugänglich sind. (2) *Überwachung* des Börsenhandels im Hinblick auf Insidergeschäfte und Preismanipulationen. – *Organisation:* Der Präsident der Vereinigten Staaten ernennt unter Beratung des Senats und mit dessen Einverständnis die fünf Kommissare der SEC. Deren Amtszeit beträgt fünf Jahre. Die SEC besteht aus den fünf Divisionen: *Corporation Finance, Trading and Markets, Investment Management, Enforcement* und *Risk, Strategy and Financial Innovation.*

**Second Best** → Theorie des Zweitbesten.

**Seegerichtshof** → Seerechtsübereinkommen 1982/1994.

**Seegerichtsvollstreckungsgesetz** → Seerechtsübereinkommen 1982/1994.

**Seerechtsübereinkommen 1982/1994** – Durch das Gesetz zur Ausführung des Seerechtsübereinkommens der Vereinten Nationen vom 10.12.1982 sowie das Übereinkommen vom 28.7.1994 zur Durchführung des Teils XI des Seerechtsübereinkommens vom 6.6.1995 (BGBl. I 778) werden die völkerrechtlichen Verpflichtungen, die die Bundesrepublik Deutschland als Unterzeichnerstaat des Seerechtsübereinkommens der Vereinten Nationen (BGBl. 1994 II 1798) übernommen hat, in innerstaatliches Recht umgesetzt und ausgeführt. Dieses Artikelgesetz bestimmt in Art. 6 die Einrichtung einer dt. *ausschließlichen Wirtschaftszone* und enthält in Art. 9 das *Gesetz zur Regelung des Meeresbodenbergbaus (Meeresbodenbergbaugesetz (MBergG)).*

**seewärtige Begrenzung des Zollgebiets der Gemeinschaft** – Seeseitige Begrenzungen sind die Küstenmeere. Sie und die innerhalb der Küstenlinie gelegenen Meeresgewässer sowie der Luftraum der

Mitgliedsstaaten gehören zum Zollgebiet der Gemeinschaft. Grundlage für die Einteilung des Meeresraums ist das Internationale Seerechtsübereinkommen von 1982 (SRK), dem Deutschland erst 1994 beigetreten ist (Vertragsgesetz zur Seerechtskonvention vom 2.9.1994, BGBl. II 1994, 1798, nebst Durchführungsverordnung, BGBl. II 1994, 2565, und Ausführungsverordnung, BGBl. I 1994, 3744). – Die Künstenmeereliegen seeseits der Küstenlinie und dürfen sich bis zu 12 Seemeilen, gemessen von der Basislinie, ausdehnen. Die Küstenlinie (Basislinie) wird durch die Niedrigwasserlinie (normale Basislinie) und/ oder eine gedachte Linie bei Einschnitten, Einbuchtungen, Inselketten usw. (gerade Basislinie) bestimmt. Zum → Zollgebiet gehören auch der Meeresboden und Meeresuntergrund. Der genaue Grenzverlauf des dt. Küstenmeeres ist in den Seekarten 2920 (Nordsee) und 2921 (Ostsee) eingetragen.

**Seezollgrenze** → seewärtige Begrenzung des Zollgebiets der Gemeinschaft.

**Segmentberichterstattung** – *Segment Reporting.* 1. *Begriff:* Veröffentlichung von finanziellen Informationen zu einzelnen Teilbereichen des Unternehmens. Sie soll es dem externen Rechnungslegungsadressaten ermöglichen, diversifizierte Unternehmen, deren heterogene Geschäftsbereiche erheblichen Risiko- und Erfolgsunterschieden ausgesetzt sind, differenziert beurteilen zu können. Ein Mutterunternehmen, das einen organisierten Markt im Sinn des § 2 V WpHG durch von ihm oder einem seiner Tochterunternehmen ausgegebenen Wertpapiere im Sinn des § 2 II 1 WpHG in Anspruch nimmt oder die Zulassung beantragt hat, hat den Konzernabschluss um eine Kapitalflussrechnung und einen Eigenkapitalspiegel zu erweitern. Ferner kann er um eine Segmentberichterstattung erweitert werden (§ 297 I HGB). Kapitalmarkorientierte Unternehmen, die nicht zur Aufstellung eines Konzernabschlusses verpflichtet sind, können den Jahresabschluss um eine Segmentberichterstattung

gemäß § 264 I Satz 2 HGB erweitern. Der Gesetzgeber hat es somit dem → Deutschen Rechnungslegungs Standards Committee (DRSC) überlassen, Empfehlungen über die konkrete Ausgestaltung der Segmentberichterstattung zu erarbeiten, die in DRS 3 niedergelegt sind. – 2. *Zweck:* Die Segmentberichterstattung liefert Informationen über Gewinnmargen, Wachstumsraten und Höhe der Risiken jeder bedeutenden abgrenzbaren Aktivität des Unternehmens. Damit soll bes. eine Erhöhung der Transparenz des unternehmensspezifischen Chancen- und Risikoprofils erreicht werden, um den (potenziellen) Investoren eine bessere Beurteilung der Unternehmensentwicklung zu ermöglichen. Die Segmentierung hat anhand der operativen Segmente des Unternehmens zu erfolgen. Für die Segmentierung sind grundsätzlich die Kriterien zugrunde zu legen, nach denen die Unternehmensleitung Teileinheiten des Unternehmens bestimmt, für die sie operative Entscheidungen trifft und wirtschaftliche Analysen und Beurteilungen vornimmt (DRS 3). – 3. Nach den *internationalen Rechnungslegungsvorschriften* → US-GAAP und → International Financial Reporting Standards (IFRS) ist die Segmentberichterstattung bereits seit längerem regelmäßiger Bestandteil der Rechnungslegung. Die entsprechenden Vorschriften finden sich in SFAS 131 „Disclosures about Segments of an Enterprise and Related Information" und in IFRS 8 „Operating Segments". – Die Segmentberichterstattung nach den US-GAAP folgt weitgehend dem sog. Management Approach, basiert also auf der unternehmensinternen Finanzberichterstattung. Sowohl bei der Abgrenzung der sog. Operating Segments als auch bei den zu publizierenden Segmentangaben wird folglich auf die zur internen Performancemessung und Ressourcenallokation verwendeten Daten zurückgegriffen. Die IAS/IFRS-Vorschriften zur Segmentberichterstattung sind denen der US-GAAP ähnlich. Hierbei definiert IFRS 8.5 ein Geschäftssegment als Unternehmensbestandteil, der

a) Geschäftstätigkeiten betreibt, mit denen Umsatzerlöse erwirtschaftet werden und bei denen Aufwendungen entfallen, b) dessen Betriebsergebnisse regelmäßig von der verantwortlichen Unternehmensinstanz in Hinblick auf Entscheidungen über die Allokation von Ressourcen zu diesem Segment und die Bewertung seiner Ertragskraft überprüft werden, und c) für den separate Finanzinformationen vorliegen. – In Bezug auf die anzugebenden Segmentdaten wird der Management Approach allerdings insofern relativiert, als diese auf der Basis der Bilanzierungs- und Bewertungsmethoden des Einzel- bzw. Konzernabschlusses zu ermitteln sind. – Vgl. auch Segmentbilanzen.

**sektorspezifische Faktoren** – Produktionsfaktoren, die nur für die Erzeugung einer bestimmten Kategorie von Gütern geeignet sind und die nicht in andere Verwendungsrichtungen umgelenkt werden können. Dies gilt bes. in kurzer Frist für installiertes Sachkapital. – Vgl. auch → Ricardo-Viner-Modell.

**SELA** – Abk. für *Sistema Económico Latinoamericano, Latin American Economic System (LAES), Lateinamerikanische Wirtschaftsorganisation.* – *Sitz:* Caracas; 1975 von 25 Ländern aus dem lateinamerikanischen und karibischen Raum gebildet. – *Mitglieder* (2013): 26. – *Ziele:* Förderung der regionalen Zusammenarbeit; Koordinierung verschiedener Integrationsmaßnahmen in der Region; Interessenvertretung gegenüber anderen Gruppen, z.B. den USA, Schwerpunkt bei der Überwindung des Verschuldungsproblems und Förderung des Dienstleistungssektors; SELA dient allen lateinamerikanischen Ländern als Forum.

**Selbstbeschränkungsabkommen** – Branchenabkommen, → freiwillige Exportbeschränkung.

**Self Sustained Growth** – Wirtschaftswachstum (Wachstum), das ohne Hilfe von außen entsteht. Der Nutzen von Entwicklungsstrategien in weniger entwickelten Ländern (→ Entwicklungsländer) wird u.a. am Zustandekommen von Self Sustained Growth gemessen.

**SFAC** – Abk. für → Statement of Financial Accounting Concepts.

**SFAS** – Abk. für → Statement of Financial Accounting Standards.

**Sicherheitsleistung** – I. Bürgerliches Recht: Vielfach durch Gesetz oder Abrede der Parteien vorgesehenes Mittel, v.a. zur Abwendung bestimmter Rechtsnachteile, z.B. bei vorläufiger Vollstreckbarkeit eines Urteils; verschiedene Arten der Sicherheitsleistung in §§ 232–240 BGB; zur Abwendung des Vermieterpfandrechts § 562c BGB; in der Praxis kommt die Sicherheitsleistung hauptsächlich in Form der Bankbürgschaft vor.

II. Steuerrecht: Entsprechendes gilt im Steuerrecht (§§ 241–248 AO), wenn Sicherheitsleistung gefordert werden kann, z.B. bei Aussetzung der Steuerfestsetzung oder Vollziehung (§ 361 AO), Stundung (§ 222 AO).

III. Zollrecht: (Art. 189 ff. ZK): Forderung der Leistung einer vollen oder teilweisen Sicherheit für auf den betreffenden Waren ruhende → Einfuhrabgaben, z.B. bei der Gewährung von → Zahlungsaufschub, im gemeinschaftlichen oder gemeinsamen Versandverfahren, bei Erteilung von → Carnets TIR, bei → Zolllagern, in der → vorübergehenden Verwendung und anderen → Nichterhebungsverfahren.

**Siebener-Gruppe** → G 7, Group of Seven.

**Siebte EG-Richtlinie** – *Konzernbilanzrichtlinie, gesellschaftliche Richtlinie;* verabschiedet im Juni 1983. Die Umsetzung der Siebten Richtlinie in deutsches Recht erfolgte am 19.12.1985 im Rahmen des → Bilanzrichtlinien-Gesetzes (BiRiLiG). Die neuen Regelungen mussten erstmals für die Geschäftsjahre, die nach dem 31.12.1989 beginnen, konnten jedoch freiwillig schon vorher angewandt werden. – *Zweck:* Harmonisierung der Vorschriften zur Rechnungslegung im Konzern (→ Konzernabschluss) in den Mitgliedstaaten der EU. Die Siebte Richtlinie ergänzt die

Vierte EG-Richtlinie, die sich auf den Einzelabschluss beschränkt.

**Simultankonsolidierung** – Methode der Erstellung des → Konzernabschlusses für einen → mehrstufigen Konzern, bei der anders als bei der → Kettenkonsolidierung keine Teilkonzernabschlüsse erstellt werden. Der Gesamtkonzernabschluss wird in einem Schritt erstellt.

**Sistema Económico Latinoamericano** → SELA.

**SLIM** – Eine Initiative der EG/EU, im Zuge derer zahlreiche grundlegende Rechtstexte des Gemeinschaftsrechts, die durch zahlreiche Änderungen unübersichtlich geworden waren, übersichtlicher gefasst und modernisiert worden sind bzw. werden. So wurde bspw. die alte Sechste EG-Richtlinie über die Umsatzsteuern (1977) durch einen neuen, ca. 400 Artikel umfassenden Text, die Mehrwertsteuersystemrichtlinie, ersetzt.

**Solidaritätsfonds** – durch Abkommen des → Pariser Clubs geschaffener Fonds mit einer Kapitalausstattung von 20 Mrd. → Sonderziehungsrechten (SZR); Nachfolger des → Europäischen Währungsabkommens (EWA). Nach Schaffung des → EWS und der Einführung der erweiterten Beistandskredite im Rahmen des → IWF verlor der Solidaritätsfonds seine Bedeutung. – Vgl. auch → Strukturpolitik der Europäischen Union.

**Solidaritätsfonds der EU** – Der Europäische Solidaritätsfonds wurde 2002 eingerichtet nach den Erfahrungen schwerer Überschwemmungen, Waldbrände und anderer Katastrophen. Er ist ein Ausdruck konkreter europäischer Solidarität und ist von den Strukturfonds getrenntes Finanzierungsinstrument für Nothilfe im Falle schwerer Katastrophen. Förderfähig sind Situationen, in denen die geschätzten Direktkosten der Schäden mehr als 3 Mrd. Euro oder 0,6 Prozent des BIP des betroffenen Staats betragen. In Ausnahmefällen kann der EUSF auch bei außergewöhnlichen regionalen Katastrophen

intervenieren. Pro Jahr stehen 1 Mrd. Euro zur Verfügung.

**Sonderorganisationen der UN** – *Specialized Agencies;* Organisationen mit einem ausgedehnten internationalen Zuständigkeitsbereich auf wirtschaftlichen, sozialen, kulturellen und weiteren Gebieten, den → UN angeschlossen. Gemäß Art. 57 UN-Charta wurden mit den nachstehenden, teils schon viele Jahre bestehenden teils neu errichteten autonomen internationalen Organisationen Abkommen abgeschlossen, die die Kompetenzen der zu dem System der UN gehörigen Organisationen festlegen. – *Im Einzelnen:* Internationale Arbeitsorganisationen (→ ILO); Ernährungs- und Landwirtschaftsorganisationen der Vereinigten Nationen (→ FAO); Organisation der Vereinten Nationen für Erziehung, Wissenschaft und Kultur (→ UNESCO); Weltgesundheitsorganisation (→ WHO); Internationale Bank für Wiederaufbau und Entwicklung, Weltbank (→ IBRD); Internationale Finanz-Corporation (→ IFC); Internationale Entwicklungsorganisation (→ IDA); Internationaler Währungsfonds (→ IWF); Internationale Zivilluftfahrt-Organisation (→ ICAO); Weltpostverein (→ UPU); Internationaler Fernmeldeverein (ITU); Weltorganisation für Meteorologie (WMO); Internationale Organisation für Seeschifffahrtsfragen (IMO); Welthandelsorganisation (→ World Trade Organization (WTO)); Internationaler Fonds für landwirtschaftliche Entwicklung (→ IFAD); Weltorganisation für geistiges Eigentum (→ WIPO); Organisation der Vereinigten Nationen für industrielle Entwicklung (→ UNIDO). – Mit der Internationalen Atomenergie-Organisation (→ IAEA) bilden die vorstehend genannten Sonderorganisationen der UN die den Vereinten Nationen angeschlossenen zwischenstaatlichen Organisationen *(UN-Familie).*

**Sonderwirtschaftszone** – *Free Production Zone, Investment Promotion Zone;* abgegrenztes, meist physisch gesichertes Gebiet innerhalb des Wirtschaftsraumes eines Staates, für das zoll-, steuer- und andere rechtliche Sonderbestimmungen und administrative Vergünstigungen gelten für Güter, die nicht in den inländischen Warenverkehr gebracht werden. Im Bankensektor gibt es analoge freie Bankenzonen (Off-Shore-Zentren). – *Anders:* → Freihandelszone, zollrechtliche → Freizone.

**Sonderziehungsrechte (SZR)** – *Special Drawing Rights (SDR);* von den Mitgliedsländern des → IWF 1969 durch Vereinbarung geschaffene und erstmals 1970 zugeteilte internationale → Währungsreserven. SZR stellen einen Buchkredit dar, den der IWF den Mitgliedern im SZR-System entsprechend ihrer IWF-Quoten einräumt. – 1. *Handhabung:* Bei Finanzbedarf wendet sich ein Mitglied an den IWF, der ein anderes Mitglied mit starker → Zahlungsbilanz auffordert, seine SZR in konvertierbare Währung umzutauschen. Anfänglich durften nur 70 Prozent, später 85 Prozent der Quote im Fünf-Jahres-Durchschnitt langfristig verwendet werden. SZR-annehmende Länder haben nur die Pflicht, bis 200 Prozent der eigenen Zuteilung anzunehmen. – SZR stellen *internationale Liquidität* dar, die nicht durch Exporte verdient werden müssen. Sie ermöglichen einen Kredit ohne Auflagen. Seit 1970 wurden in sechs jährlichen Raten insgesamt 21,4 Mrd. SZR ausgegeben, was ca. 2 Prozent aller Währungsreserven der Fonds-Mitglieder entspricht. Die letzte Zuteilung fand 1981 statt. – 2. *Bewertung:* Anfänglich entsprach das SZR 1 US-Dollar. Ab 1.7.1974 wurde nach einer Korbbewertung verfahren (16 wichtigste Währungen). Seit Januar 2001 enthält der Korb nur noch die vier Währungen US-Dollar, Euro, Pfund-Sterling, Yen. Der Wert des SZR wird täglich ermittelt. Ermittlung (Stand: 15.06.2009): 1 SZR = 0,6320 US-Dollar + 0,0903 Pfund Sterling + 18,4 Yen + 0,41 Euro. – 3. *Probleme und Bedeutung:* Um Inflation zu vermeiden, blieb die Schaffung von SZR begrenzt, sodass sie als internationale Zahlungsmittel keine große

Bedeutung haben. Entwicklungsländern verschaffen SZR Kreditmöglichkeiten, daher setzen sie sich für eine Erhöhung der SZR-Zuteilungen ein, wobei sie den Entwicklungsländern als Entwicklungshilfe zur Verfügung gestellt werden sollen. Eine Zuteilung von SZR bedarf der Zustimmung von 85 Prozent der Quoten des IWF. Im Oktober 1994 scheiterte der Versuch einer Neuzuteilung um 36 Mrd. SZR am Widerstand der Industrieländer, bes. Deutschlands. Im Gespräch ist allerdings eine einmalige Sonderzuteilung, die auch jenen 1/5 der IWF-Mitglieder zugute kommen würde, die noch nie an einer Zuteilung teilgenommen haben. Die Durchsetzung scheitert derzeit am Veto der USA.

**Southern African Customs Union (SACU)** – *Südafrikanische Zollunion;* gegründet Dezember 1969 durch Unterzeichnung eines Abkommens, das 1970 in Kraft getreten ist (anstelle des Abkommens von 1910), zur Begründung einer Zollunion. Heutige Mitglieder sind Botswana, Lesotho, Namibia, Südafrika und Swasiland. Sitz des Sekretariats: Windhuk. Einziges Organ ist die Kommission für Zollunion. – *Zielsetzung* ist die Sicherstellung des freien Warenverkehrs zwischen den Mitgliedsländern und die Anwendung einheitlicher Zolltarife und Handelsbestimmungen auf Importe aus Drittländern.

**Souveränitätsprinzip** → Internationales Steuerrecht (IStR).

**Sozial-Dumping** – billiges Exportangebot eines Landes aufgrund eines niedrigen Lohnniveaus bzw. niedriger Lohnnebenkosten (v.a. Sozialaufwendungen). – Sozial-Dumping stellt jedoch (wie auch das Umweltdumping oder das → Valutadumping) kein → Dumping im Sinn des GATT-/GATS-/WTO-Vertrags dar, da beim Sozial-Dumping der Exportvorteil an einem allg. Kostenvorteil, nicht aber auf einer räumlichen Preisdifferenzierung beruht. – Sozial-Dumping liefert inländischen Anbietern häufig einen Vorwand, vom Staat protektionistische Eingriffe zu fordern. – Vgl. auch → GATT, → GATS, → World Trade Organization (WTO).

**soziale Dimension der EU** → Sozialpolitik der Europäischen Union.

**Sozialpolitik der Europäischen Union** – 1. *Rechtsgrundlagen:* Sozialpolitische Zielsetzungen enthielt bereits der 1952 in Kraft getretene Vertrag über die Gründung der Europäischen Gemeinschaft für Kohle und Stahl (→ EGKS). Der Vertrag über die Gründung der → EWG (Europäische Wirtschaftsgemeinschaft) – → EWGV – bezeichnete sowohl in seiner Präambel als auch in den Art. 2 und 3 die Verbesserung der Arbeits- und Lebensbedingungen der Arbeitnehmer in der Gemeinschaft als eines der Integrationsziele. Heute bilden v.a. die Art. 151-166 AEUV die Rechtsgrundlage für sozialpolitische Aktionen der EU. Mit dem → Amsterdamer Vertrag wurde ein eigenes Beschäftigungskapitel Art. 145-150 AEUV eingeführt. Durch eine koordinierte Beschäftigungsstrategie sollen demnach ein hohes Beschäftigungsniveau, Wettbewerbsfähigkeit und sozialer Zusammenhalt gefördert werden. – 2. Grundsätzlich liegt die *Zuständigkeit für die Sozialpolitik* jedoch vorläufig auch weiterhin bei den einzelnen Mitgliedsstaaten; die Rolle der Union im Bereich der Sozialpolitik besteht gegenwärtig primär darin, auf eine möglichst enge Zusammenarbeit der Mitgliedsstaaten in sozialen Fragen hinzuwirken sowie unter bestimmten Voraussetzungen ergänzende finanzielle Hilfestellungen zu gewähren. Zentrales sozialpolitisches *Finanzinstrument der Gemeinschaft* ist der Europäische Sozialfonds (ESF). – 3. *Entwicklung:* Den faktischen Beginn einer EU-Sozialpolitik stellt das vom Ministerrat (heute: → Rat der Europäischen Union) 1974 verabschiedete *erste Soziale Aktionsprogramm* dar. Durch das Inkrafttreten der → EEA *(Einheitliche Europäische Akte)* sind die sozialpolitischen Zuständigkeiten der Gemeinschaft nur sehr begrenzt ausgeweitet worden. Seitdem kann der Ministerrat auf Vorschlag der → Europäischen Kommission im

ordentlichen Gesetzgebungsverfahren (→ EU-Gesetzgebung) zusammen mit dem → Europäischen Parlament Rechtsakte *zum Schutz der Sicherheit und der Gesundheit der Arbeitnehmer* erlassen (Art. 153 Abs. Buchst.a AEUV). Im Dezember 1989 wurde vom Europäischen Rat die sog. → EU-Sozialcharta beschlossen. Weil sich Großbritannien auch im Zuge der Aushandlung des Vertrags über die EU weigerte, die Etablierung einer echten gemeinsamen Sozialpolitik zu akzeptieren, beschloss der Europäische Rat vom Dezember 1991 (Maastricht), die bereits im Gemeinschaftsrecht existierenden sozialpolitischen Bestimmungen fortbestehen zu lassen und dem EU-Vertrag ein *Protokoll über die Sozialpolitik* hinzuzufügen, das es den übrigen Mitgliedsstaaten erlaubt, die Institutionen und Verfahren der Union für eine gemeinschaftliche Sozialpolitik zunächst unter Ausklammerung Großbritanniens (seit 1998 akzeptiert auch Großbritannien die einschlägigen Sozialbestimmungen des EGV) zu nutzen. Fragen des Arbeitsentgelts, des Streik- und Aussperrungsrechts sowie weitere Bereiche des Arbeitsrechts sind weiterhin in der Kompetenz der Mitgliedsländer. – 4. *Bedeutung:* Beschlüsse nach Maßgabe der Bestimmungen des Sozialprotokolls bedürfen der Einstimmigkeit jener Mitgliedsstaaten, die diesem Protokoll zugestimmt haben. Insgesamt gesehen begründen das primäre Gemeinschaftsrecht sowie die Existenz der Sozialcharta und des Sozialprotokolls zum EU-Vertrag allenfalls ansatzweise das Bestehen einer echten gemeinschaftlichen Sozialpolitik. Denn auch die in Amsterdam im Hinblick auf die EWU vereinbarte Reform des Beschäftigungstitels (Art. 145-150 AEUV) ändert grundsätzlich nichts an den vorrangig nationalen Zuständigkeiten in der Sozial- und Beschäftigungspolitik; es verpflichtet die Mitgliedsstaaten lediglich „auf die Förderung der Qualifizierung, Ausbildung und Anpassung der Arbeitnehmer" (Art. 145 AEUV). – 5. *Instrumente:* Seit dem Beginn der europäischen Integration hatte die EU auch das Ziel durch Kooperation und ergänzende Maßnahmen auf europäischer Ebene, den sozio-ökonomischen Wandel zu begleiten und den sozialen und wirtschaftlichen Zusammenhalt zu stärken. Eine Reihe von Instrumenten und Mechanismen unterstützen diese Ziele: Wichtige europäische Gesetze wurden z.b. für die Bereiche Gesundheit und Schutz am Arbeitsplatz, Gleichberichtigung sowie Anti-Diskriminierung angenommen. Der Europäische Sozialfonds (ESF) und der Europäische Globalisierungsanpassungsfonds (EGF) helfen dabei, dass Menschen in Arbeit bleiben oder neue Arbeit finden können. Der ESF unterstützt im Jahr ca. 9 Mio. Arbeitnehmer. Alleine im Jahr 2009 stehen 10,8 Mrd. Euro aus dem ESF zur Verfügung. Der ESF kann auf krisenbedingte Bedürfnisse reagieren. Weitere Vereinfachungen sowie vorgezogene Zahlungen in Höhe von 1,8 Mrd. Euro wurden beschlossen. Der EGF ist so angepasst worden, dass nun auch krisenbedingte Entlassungen abgefedert werden können und die Kofinanzierung durch die Gemeinschaft erhöht worden ist. Außerdem sind die auf EU-Ebene angenommenen Flexicurity-Prinzipien ein wichtiger Rahmen, der es u.a. erlaubt, interne Flexibilität und Sicherheit etwa durch Kurzarbeit bei gleichzeitiger Fortbildung zu erhalten, sodass die Arbeitgeber die Kosten von Entlassungen und Neueinstellungen sparen können. Das Europäische Beschäftigungsportal EURES hilft Arbeitsuchenden einen Job in einem anderen europäischen Land zu finden. Auch hilft die EU, die nationalen Anstrengungen für aktive Arbeitsmarktintegration, lebenslanges Lernen und die Bekämpfung von Armut sowie bei der Modernisierung der Sozialschutzsysteme zu koordinieren. Die sog. „New Skills for New Jobs"-Initiative zielt darauf ab, zukünftige Qualifikationserfordernisse rechtzeitig zu erkennen, die Bildungs- und Ausbildungssysteme darauf auszurichten und Angebot und Nachfrage auf dem europäischen Arbeitsmarkt besser zusammenzuführen. Dank des Binnenmarkts können Arbeitnehmer und Dienstleistungen – bei gleichzeitigem Schutz

der Arbeitnehmerrechte – frei zirkulieren und qualitativ hochwertige, zugängliche und nachhaltige soziale Dienste angeboten werden. Mit der erneuerten Sozialagenda hat die Kommission im Juli 2008 die Bedeutung des sozialen Europa bestätigt und ihren Anspruch ausgedrückt, die EU Politiken an veränderte soziale Wirklichkeiten und Trends im Rahmen einer europäischen sozialen Marktwirtschaft anzupassen. → Vertrag von Lissabon, der explizit von der europäischen sozialen Marktwirtschaft spricht, sieht eine rechtsverbindliche Grundrechte-Charta vor, die eine Reihe von sozialen Rechten beinhaltet, z.B. das Recht der Arbeitnehmer auf Information und Konsultation, Schutz vor unbegründeter Entlassung, ein Recht auf faire und gerechte Arbeitsbedingungen und das Recht auf Sozialschutz.

**Special Drawing Rights (SDR)** → Sonderziehungsrechte (SZR).

**Specialized Agencies** → Sonderorganisationen der UN.

**spekulative Blase** – *Bubble;* Abweichungen eines Assetpreises (→ Asset) von seinem Fundamentalwert, in Modellen mit rationalen Erwartungen verursacht durch Verletzung der Transversalitätsbedingung. Die Bezeichnung solcher Abweichungen als Blasen soll andeuten, dass sie eine Tendenz zur Selbstverstärkung beinhalten. – *Erläuterung:* Wenn die Wirtschaftssubjekte die momentan beobachteten Fundamentaldaten auch für die Zukunft erwarten, kann eine Abweichung des Assetpreises von den momentanen Fundamentaldaten nur dann entstehen, wenn die Wirtschaftssubjekte eine durch Fundamentaldaten nicht gestützte Preisänderung *erwarten.* Diese Erwartungen haben dann auch einen *tatsächlichen* Einfluss auf die Assetpreisbildung. Ist die kumulative Abweichung des Assetpreises von seinem Fundamentalwert dabei von ganz bestimmter stochastischer Natur, so kann die Abweichung auch plötzlich wieder verschwinden. Man spricht in diesem Zusammenhang von *platzenden Blasen.* Die Existenz von Blasen ist empirisch schwer nachweisbar. Dies liegt nicht zuletzt daran, dass eine Blase in Relation zu einem Fundamentalwert definiert ist, dessen Ermittlung jedoch stets vom zugrunde liegenden theoretischen Modell abhängig ist. – Vgl. auch → Wechselkurstheorie.

**Spezialisierung** – I. Industriebetriebslehre: Arbeitsteilung.

II. Organisation: 1. *Begriff:* die im Rahmen der Arbeitsteilung erfolgende inhaltliche Ausrichtung der Kompetenzen organisatorischer Einheiten auf jeweils spezielle Handlungen. – 2. *Gestaltungsalternativen:* Die Zentralisation kann dabei nach dem Verrichtungsprinzip (Funktionalprinzip) oder nach dem Objektprinzip erfolgen. – 3. *Beurteilung:* Die organisatorische Effizienz hängt u.a. von der Art und der hierarchischen Positionierung der spezialisierten Einheit ab. Bei der Spezialisierung einer Stelle auf Verrichtungen z.B. können sich v.a. auf tiefer gelegenen Hierarchieebenen Vorteile besserer Auslastung maschineller Anlagen und höherer Geschicklichkeit der Handlungsträger bei gleichartigen Tätigkeiten einstellen; als Nachteil kann u.a. Monotonie mit ihren Ermüdungs- und Frustrationsfolgen auftreten.

III. Wettbewerbsrecht: Spezialisierungskartell.

IV. Außenwirtschaft: Spezialisierung im → Außenhandel impliziert, dass sich die Länder auf die Rohstofförderung oder Produktion von Waren und auf den Export in Länder konzentrieren, bei denen sie über *komparative Kostenvorteile,* das sind geringere Opportunitätskosten im internationalen Vergleich, verfügen.

V. Informatik: Konzept der Modellierung, bei dem ein allgemeiner Typ von Objekten zur besseren Unterscheidung in verschiedene, andere Subtypen unterteilt wird. – *Gegensatz:* Generalisierung.

**Spezialisierungsgewinn** – Ressourcenersparnis, die sich als Ergebnis der

→ Spezialisierung ergibt. Z.B. wird die Produktivität der Faktoren gesteigert und es werden Erfahrungs- und Lerneffekte evident. – Vgl. → Handelsgewinn.

**spezifischer Zoll** → Zoll, (→ Einfuhrzoll) der nach dem Gewicht, dem Volumen, der Länge, der Stückzahl oder einer *Kombination* solcher Bemessungsfaktoren (z.B. Volumen und Alkoholgehalt) der betreffenden Ware berechnet wird. *Beispiel:* Zollsatz = 102,4 Euro / 100 kg. – Weniger als zehn Prozent der in der → EU bestehenden Zollsätze sind spezifische Zollsätze, etwa 90 Prozent sind *Wertzollsätze* (*ad valorem*). – Vgl. auch → Wertzoll, → Mischzoll, → Mengenzoll.

**Staatenbund** – völkerrechtliche Verbindung von Staaten, i.d.R. zu einem einheitlichen Völkerrechtssubjekt mit einer einheitlichen Verfassung. Anders als der Bundesstaat eine verhältnismäßig lose Form des Zusammenschlusses, mit viel Selbstständigkeit der Gliedstaaten (z.B. eigene Militärhoheit und Recht zur Errichtung eigener diplomatischer Vertretungen) und nur schwachen Ansätzen zur Bildung einer Zentralgewalt. – *Beispiele:* Deutscher Bund (1815–1867), Britisches Commonwealth.

**Staatenverbund** – vom dt. Bundesverfassungsgericht entwickelte Bezeichnung für einen Zusammenschluss von Staaten, der nicht als loser Staatenbund angesehen werden kann, aber (jedenfalls noch) nicht die Qualität eines Bundesstaates erreicht. Die Bezeichnung Staatenverbund wird in Anlehnung an das Bundesverfassungsgericht v.a. zur rechtlichen Qualifikation der Europäischen Gemeinschaften verwendet (→ EU). Er erfasst mit den Worten des Bundesverfassungsgerichts „eine enge, auf Dauer angelegte Verbindung souverän bleibender Staaten, die auf vertraglicher Grundlage öffentliche Gewalt ausübt, deren Grundordnung jedoch allein der Verfügung der Mitgliedstaaten unterliegt und in der die Völker der Mitgliedstaaten die Subjekte demokratischer Legitimation bleiben" (Leitsatz 1 des Urteils vom 30.6.2009 – 2 BvE 2/08 – zum → Vertrag von Lissabon).

**Staatsvertrag** – völkerrechtlicher Vertrag, dessen Gegenstand die Begründung oder Änderung völkerrechtlicher Rechte oder Pflichten ist und bei dem die vertragschließenden Staaten, nicht aber die Regierung oder ein Ressort als Vertragspartner erscheint. Staatsverträge werden formal durch den Bundespräsidenten abgeschlossen, inhaltlich werden sie von der Bundesregierung ausgehandelt (Art. 59 I 2 GG). Vor ihrer Ratifikation, d.h. der Bestätigung des ausgehandelten und parafierten Vertrages durch den Bundespräsidenten ist bei bedeutenden Verträgen die Beteiligung von Bundestag und Bundesrat in Form eines Vertragsgesetzes vorgesehen. Wirksam wird der Staatsvertrag mit der Hinterlegung der Ratifikationsurkunde oder dem im Vertrag vereinbarten Zeitpunkt. Das Vertragsgesetz bewirkt die Transformation des Vertragsinhalts in innerstaatliches Recht.

**STABEX** – Abk. für *Stabilisierung der Exporterlöse für Agrarerzeugnisse (franz.: Système de Stabilisation des Recettes d'Exportation).* 1. *Gegenstand:* Ehemaliges System zur Stabilisierung der Exporterlöse. Bereits im Ersten → Lomé-Abkommen war für die der → EU assoziierten → AKP-Staaten ein Mechanismus zur Verstetigung der Deviseneinnahmen, welche diese Länder aus dem Export von bestimmten tropischen und subtropischen Agrargütern sowie vom Fischen erzielen, verankert worden. – 2. *Voraussetzungen:* Das STABEX-System fand, von wenigen Ausnahmen abgesehen, allein auf die AKP-Exporte in die EU und nur dann Anwendung, wenn die Ausfuhr des jeweiligen Produkts einen festgelegten Anteil (sog. Auslöseschwelle) der gesamten Devisenerlöse des betreffenden AKP-Landes überschreitet. Zudem darf der Erlösrückgang nicht selbstverschuldet sein bzw. auf eine gezielte Politik zurückzuführen sein. – 3. Das STABEX, wie auch → SYSMIN für mineralische Stoffe, wurden auf Druck der *Welthandelsorganisation*

(→ World Trade Organization (WTO)) aufgehoben im Abkommen von *Cotonou* im Jahre 2000. – 4. *Leistungen:* a) Die STABEX-Bestimmungen gewährten den AKP-Staaten einen *automatischen Anspruch* auf die von der EU aufgebrachten Ausgleichsmittel, sobald die vertraglich fixierten Voraussetzungen gegeben sind. b) Das von der EU im Rahmen einer *Sonderfazilität des* → EEF (Europäischer Entwicklungsfonds) zur Verfügung gestellte Mittelvolumen des STABEX-Fonds ist schrittweise ausgeweitet worden. Die STABEX-Fazilität ist in Jahrestranchen aufgeteilt. c) Die *Höhe einer Ausgleichszahlung* errechnete sich aus dem Durchschnitt der Devisenerlöse, die ein AKP-Land in den zurückliegenden Jahren durch den Export des betreffenden Erzeugnisses in die EU erzielt hat. In bes. gelagerten Fällen kann es gestattet sein, auch die Exporte in andere AKP-Staaten oder auch sogar in sonstige Länder bei der Berechnung des Transferanspruchs mit zu berücksichtigen. d) Die sog. „am wenigsten entwickelten AKP-Staaten" (und das ist die Mehrheit dieser Länder) erhielten die ihnen übertragenen STABEX-Mittel von Anfang an in vollem Umfang *ohne jede spätere Rückerstattungspflicht* zur Verfügung gestellt. Mittlerweile braucht keines der AKP-Länder empfangene Zahlungen in Jahren mit überdurchschnittlich hohen Erlösen zurückzugewähren. – 5. Die *Verwendung* der vom STABEX-Fonds ausgezahlten Mittel oblag beim Ersten Lomé-Abkommen ausschließlich dem Empfängerstaat. In der Folgezeit sind schrittweise *Verwendungsmodalitäten* eingeführt worden. Seit Inkrafttreten des Vierten Lomé-Abkommens erfolgen die STABEX-Zahlungen nur noch auf der Grundlage eines zwischen dem Empfängerland und der → Europäischen Kommission für jeden einzelnen Transferfall vereinbarten *Rahmenkonzepts für gegenseitige Verpflichtungen.* – Vgl. auch → SYSMIN.

**Stabilisierung der Exporterlöse für Agrarerzeugnisse** → STABEX.

**Stabilisierung der mineralischen Exporterlöse** → SYSMIN.

**Stackelberg-Führerschaft** – bes. Modell nicht kooperativen oligopolistischen Verhaltens, entwickelt vom dt. Ökonomen *Heinrich von Stackelberg*. Eine Firma (Führer) wählt zuerst ihre Strategie, danach passen sich die anderen auf gewinnmaximierende Weise an. Die führende Firma kann diese Reaktion der anderen vorauskalkulieren, und auf diese Weise einen höheren Gewinn erzielen, als in einem symmetrischen Oligopol (→ Cournot-Oligopol, → Bertrand-Oligopol). Mathematisch ergibt sich die optimale Produktionsmenge des *Stackelberg Leaders* so, dass die *Nash*-Reaktionsfunktion (Nash) des Folgenden in die Gewinnfunktion des Führers eingesetzt wird und dann die notwendigen und hinreichenden Optimierungsbedingungen ermittelt werden. Von bes. Bedeutung für die strategische → Handelspolitik, und zwar insofern, als jeder Anreiz für eine solche Politik verschwindet, wenn die heimischen Firmen eine Stackelberg-Führerschaft besitzen.

**Stadientheorie** → Rostowsche Stadientheorie.

**Stand-by-Arrangement** → Bereitschaftskreditabkommen.

**Statement of Earned Surplus** – *Statement of Retained Earnings;* zweiter Teil der angloamerikanischen Gewinn- und Verlustrechnung, in dem die Veränderung des Gewinnvortrags dargestellt wird im Gegensatz zum → Statement of Income. – *Gliederung:* Gewinnvortrag des letzten Jahres + Reingewinn der Berichtsperiode – Dividende = Gewinn-(Verlust-)Vortrag der Berichtsperiode.

**Statement of Financial Accounting Concepts (SFAC)** – Verlautbarungsart des → Financial Accounting Standards Board (FASB). Die Gesamtheit der bisher sieben veröffentlichten SFAC bildet das → Conceptual Framework des FASB und damit das konzeptionelle Grundgerüst der → US-GAAP.

**Statement of Financial Accounting Standards (SFAS)** – Ehemals zentrale Verlautbarungsart des → Financial Accounting Standards Board (FASB). Die Gesamtheit der ca. 150 veröffentlichten SFAS bildete den Hauptbestandteil der → US-GAAP. Seit dem Jahr 2009 veröffentlicht das FASB seine Verlautbarungen als Accounting Standards Codification (ASC).

**Statement of Income** – derjenige Teil der angloamerikanischen Gewinn- und Verlustrechnung, der ausschließlich zur Ermittlung des Periodengewinns dient; die Gewinnvortragsrechnung ist nicht darin enthalten, sondern wird im → Statement of Earned Surplus erfasst. – *Gliederung* des Statement of Income: Umsatz – Einstandswert der verkauften Waren bzw. Herstellkosten der umgesetzten Fabrikate – Verwaltungs- und Vertriebsaufwand + neutrale Erträge – Rückstellungsaufwand für Körperschaftsteuer = Reingewinn. – Vgl. auch Umsatzkostenverfahren.

**Statement of Profit and Loss** – angloamerikanische Bezeichnung für Gewinn- und Verlustrechnung (GuV). – Zu *unterteilen* in: (1) → Statement of Income, das der Ermittlung des Periodengewinns dient, und (2) → Statement of Earned Surplus, das die Veränderung des Gewinnvortrags darstellt.

**Statement of Retained Earnings** → Statement of Earned Surplus.

**Statement of Stockholders' Equity** – Bestandteil der US-amerikanischen finanziellen Jahresberichterstattung. Es zeigt die Entwicklung des bilanziellen Eigenkapitals eines Unternehmens im Laufe des Geschäftsjahres. Ausgehend von einem Anfangsbestand werden Ab- und Zugänge der einzelnen Eigenkapitalbestandteile berücksichtigt, um zum Endbestand zu gelangen.

**Statistisches Amt der Europäischen Union** → EUROSTAT.

**Stellungnahme** – Die Möglichkeiten zur Abgabe von Stellungnahmen sind in zahlreichen Bestimmungen des EU-Rechts enthalten.

Stellungnahmen sind generell keine verbindlichen Rechtsakte (Art. 288 AEUV). Sie werden zumeist im Zuge der Vorbereitung von Rechtsakten eingeholt, um die Auffassung anderer Gemeinschaftsorgane oder der Mitgliedsstaaten festzustellen.

**Sterilisierung** – *Neutralisierung;* seitens der Zentralbank unternommener Versuch, die Geldmengenwirkung einer im Zuge von Devisenmarktinterventionen entstehenden Zu- oder Abnahme der → Devisenreserven durch eine Offenmarktpolitik ganz oder teilweise zu kompensieren. Tritt oft bei der Aufrechterhaltung eines Systems mit → fixen Wechselkursen auf, wenn die Zentralbank → Devisenreserven verkaufen muss, zugleich aber eine monetäre Kontraktion vermeiden will. Dadurch wird der vom → monetären Ansatz zur Zahlungsbilanztheorie betonte Prozess der Erreichung einer ausgeglichenen → Leistungsbilanz verzögert. Der Sterilisierung sind allerdings Grenzen gesetzt. Noch am leichtesten möglich ohne → internationale Kapitalmobilität, sogar kurzfristig völlig unmöglich bei perfekter → Kapitalmobilität. – Vgl. auch → Zahlungsbilanzausgleich, → Portfolio-Ansatz.

**Steuerflucht** – Verlegung eines Wohn- oder Unternehmenssitzes ins Ausland mit dem Zweck der Steuerersparnis, eine steuerlich motivierte Kapitalflucht. Maßnahmen gegen die Steuerflucht wurden in Deutschland bereits im Ersten Weltkrieg, später mit der Notverordnung vom 8.12.1931 (Reichsfluchtsteuer) und deren Änderungen von 1934, 1937 und 1942 getroffen. – 1. Die *Reichsfluchtsteuer* bedeutete die grundsätzliche Abkehr vom Prinzip der Freizügigkeit und erfasste alle diejenigen, die zu einem bestimmten Zeitpunkt (31.3.1931) im Reichsgebiet ansässig waren und danach ihren Wohnsitz oder gewöhnlichen Aufenthalt ins Ausland verlegten. – Durch den hohen Steuersatz von 25 Prozent des gesamten steuerpflichtigen Vermögens sollte die Auswanderung steuerkräftiger Personen gestoppt bzw.

ein Ausgleich für die künftigen Steuerverluste geschaffen werden. – 2. Heute kommt es zu einer Verlagerung von Einkünften und Vermögen in → Steueroasen, wodurch sich i.d.R. wegen Wegfalls der unbeschränkten Steuerpflicht in der Bundesrepublik Deutschland und wegen möglicher und erstrebter Ausnutzung des niedrigeren Steuerniveaus in dem ausländischen Staat Vorteile hinsichtlich der Besteuerung ergeben. Diese Vorteile sind allerdings seit 1972 durch das → Außensteuergesetz (AStG) erheblich eingeschränkt und z.T. sogar in ihr Gegenteil verkehrt worden. Durch die Internationalisierung haben sich für die Bekämpfung der Steuerflucht aber auch weitere Probleme ergeben: (1) Die grenzüberschreitende Mobilität von Personen und Kapital ist normaler geworden, das macht es schwerer, eine Abgrenzung zwischen „normalen" Sachverhalten und missbräuchlichem Verhalten, das (nur) der Steuerminimierung dient, zu finden, (2) aufgrund europäischen Rechts, das die Freiheit des Personenverkehrs und auch des Kapitalverkehrs in der EU schützt, können Maßnahmen zur Abwehr der Steuerflucht nicht mehr völlig nach dem Belieben des nationalen Gesetzgebers gestaltet werden, sondern müssen sich vom EuGH auf ihre sachliche Berechtigung überprüfen lassen. – Vgl. auch Basisgesellschaften, → erweiterte beschränkte Steuerpflicht.

**Steuerharmonisierung in der EU** – 1. *Grundlagen:* a) *Harmonisierungsbedarf:* Der EG-Binnenmarkt ist unterschiedlichen Steuergesetzen unterworfen, was den Wettbewerb zwischen den Marktteilnehmern (v.a. zwischen Unternehmen der betreffenden Staaten) verzerrt. – b) *Harmonisierungsermächtigung:* Bei der Gründung der E(W)G wurde in Art. 93 (ex-Art. 99) EGV für die indirekten Steuern den Organen der EG eine ausdrückliche Ermächtigung dazu erteilt, die Steuergesetze der Mitgliedsstaaten durch EG-Richtlinien aneinander anzugleichen und auf diesem Wege die Wettbewerbsverzerrungen zu verhindern. Diese Ermächtigung wurde später auf das Funktionieren des

Binnenmarktes eingeschränkt. Für die direkten Steuern ergibt sich aus der allg. Regelung des Art. 94 EGV (Harmonisierung aller Rechts- und Verwaltungsvorschriften der Mitgliedsstaaten, soweit sie das Funktionieren des Gemeinsamen Marktes behindern) ebenfalls eine Ermächtigung, Richtlinien zu erlassen. D.h. die Steuerhoheit bei indirekten und direkten Steuern liegt grundsätzlich bei den Mitgliedsstaaten. Der Spielraum, wie diese ihre Möglichkeiten als Gesetzgeber nutzen dürfen, kann von der EG so weit eingeengt werden, wie dies notwendig ist, um den Binnenmarkt von Behinderungen und Wettbewerbsverzerrungen zu befreien. – c) *Voraussetzungen der Harmonisierung:* Sowohl im Bereich der direkten als auch der indirekten Steuern setzt eine Harmonisierung durch Richtlinien voraus, dass ein Richtlinienvorschlag der Europäischen Kommission vom Rat der Wirtschafts- und Finanzminister (ECOFIN-Rat) einstimmig gebilligt wird. Wegen der nationalen Bedeutung ist für die Fälle, die einen weiteren Souveränitätsverzicht bedeuten würden, eine Zustimmung schwierig. Die Steuerharmonisierung in der EU ist daher v.a. von Vorschlägen, die sich auf enge Detailfragen beschränken, i.d.R. von sehr langen Verhandlungszeiten über Gesetzesinitiativen sowie teilweise auch vom Scheitern von Vorlagen im Gesetzgebungsprozess geprägt. – d) *Abgrenzung zur Abschaffung von Binnenmarkthindernissen durch Rechtsprechung:* In der Praxis spielt neben der Steuerharmonisierung in der EU v.a. die Rechtsfortbildung durch den Europäischen Gerichtshof und die nationalen Gerichte eine große Rolle. In diesem Prozess werden nicht neue Normen geschaffen, sondern schon bestehende Normen, z.B. die europäischen Grundfreiheiten, konsequent angewandt und daraus Vorgaben abgeleitet, die bei der Gestaltung der Steuergesetze im Binnenmarkt einzuhalten sind (z.B. das Diskriminierungsverbot). – Unterschiede zu einer Steuerharmonisierung in der EU: (1) Die Gerichtsentscheidungen lassen den Mitgliedsstaaten grundsätzlich volle Ermessensfreiheit bei der Wahl ihrer nationalen Gesetzgebung; sie zeigen die aufgrund höherrangigen Rechts nicht erlaubten Alternativen auf. Eine Steuerharmonisierung in der EU würde dagegen eine Vereinheitlichung erzwingen. (2) Durch Gerichtsentscheidungen können nationale Regeln nur verworfen werden, wenn sich nachweisen lässt, dass sie als solche schon mit den Grundgedanken des Binnenmarktes unvereinbar sind. In verschiedenen Staaten zwar unterschiedlich ausgestaltete, jede für sich aber bei isolierter Betrachtung rechtlich zulässige nationale Regelung kann nur mittels Steuerharmonisierung in der EU durch Richtlinien beseitigt werden. – e) *Entwicklung:* In den letzten Jahren wird offiziell nicht mehr versucht, eine weitgehende Angleichung zu erreichen; vielmehr beschränkt sich die Europäische Kommission – auch bei ihren Vorschlägen zu einer weiteren Steuerharmonisierung in der EU – nach dem Subsidiaritätsprinzip auf Punkte, die die Mitgliedsstaaten selbst nicht lösen können. – 2. *Bereich der indirekten Steuern:* Im Bereich der indirekten Steuern hat eine Harmonisierung frühzeitig begonnen (Ende der 1960er-Jahre). Praktisch vollständig harmonisiert werden konnten jedoch nur die Kapitalverkehrsteuern (durch die Kapitalverkehrsteuer-Richtlinie von 1969). Als bes. wichtig für den grenzüberschreitenden Handel erwies sich die Umsatzsteuer. Hier konnten Einigungen erzielt werden über die Einführung des Mehrwertsteuer-Systems in der gesamten Gemeinschaft (Erste Umsatzsteuer-Richtlinie) und schließlich auch darüber, dass die Bemessungsgrundlage in allen Mitgliedsstaaten – mit einigen wenigen verbleibenden Ausnahmen – nach gleichen Regeln zu berechnen sei (Sechste Umsatzsteuer-Richtlinie von 1977). Wegen des hohen Aufkommens der Umsatzsteuer und ihrer Relevanz für das Preisniveau war eine Einigung über die Angleichung der Steuersätze jedoch nicht möglich. Mit der Abschaffung der Steuergrenzen im EG-Binnenmarkt war es jedoch in Einzelfällen möglich, dass Waren aus anderen Mitgliedsstaaten auf den Markt eines Landes gelangen konnten, ohne dass die Steuerbelastung an das Niveau dieses Landes angepasst werden musste. Um die daraus resultierenden Wettbewerbsverzerrungen in Grenzen zu halten, wurden daher erstmals auch Vorschriften über einen Mindeststeuersatz auf 15 Prozent in die betreffende Richtlinie aufgenommen. Wofür ein ermäßigter Steuersatz verlangt werden darf, ist ebenfalls strikt durch EG-Vorgaben geregelt; allerdings sind diese infolge zahlreicher Übergangsvorschriften und Wahlrechte in diesem Bereich teilweise von Land zu Land unterschiedlich angewandt und sehr kompliziert. – Ab 2006 wurde außerdem für fast alle bisherigen Schritte im Bereich der Umsatzsteuerharmonisierung eine Zusammenfassung in einem einheitlichen, leichter lesbaren Text verwirklicht: Mehrwertsteuersystemrichtlinie. Für die Praxis folgt aus der Steuerharmonisierung in der EU im Bereich der Umsatzsteuer, dass fast alle Fragen, die sich bei der Auslegung von Umsatzsteuergesetzen ergeben, in die Zuständigkeit des Europäischen Gerichtshofs fallen. – Im Bereich der speziellen Verbrauchsteuern hat die Gemeinschaft kleinere Fortschritte bei der Steuerharmonisierung erreicht. Diese beschränken sich auf die Angleichung der drei wichtigsten Steuern – Tabaksteuer, Alkoholsteuern und Mineralölsteuer – sowie auf die Vorgabe allg. Grundsätze zur Gestaltung solcher Steuern (Verbrauchsteuer-Systemrichtlinie), die Festlegung der zu besteuernden Gegenstände und nähere technische Regelungen (Mineralölsteuerstruktur-Richtlinie, Alkoholsteuerstruktur-Richtlinie, Tabaksteuerstruktur-Richtlinie) und auf die Vorgabe von Mindeststeuersätzen (zur Verhinderung eines ruinösen Steuersenkungswettbewerb zwischen den Mitgliedsstaaten). Für die übrigen Verbrauchsteuern gilt der Grundsatz, dass die Mitgliedsstaaten bei der Gestaltung ihrer Gesetze frei sind, solange sie nicht zur Einführung von Grenzkontrollen oder ähnlichen Formalitäten beim Grenzübertritt innerhalb

der EU führen. – 3. *Direkte Steuern:* Weitgehende Pläne zu einer vollständigen Harmonisierung der direkten Steuern sind bereits sehr frühzeitig gescheitert. Die bisherigen Fortschritte beschränken sich auf Detailfragen; im Einzelnen sind zu nennen: (1) Amtshilferichtlinie über die Auskunftserteilung zwischen den Finanzbehörden (1977); (2) Fusionsrichtlinie über die Behandlung grenzüberschreitender Verschmelzungen, Spaltungen, Einbringungen und Anteilstauschvorgänge (1990); (3) Mutter-Tochter-Richtlinie über die Behandlung von grenzüberschreitenden Dividendenzahlungen im europäischen Konzern (1990); (4) Schiedsabkommen zwischen den Mitgliedsstaaten (1990); (5) Zinsrichtlinie über die Besteuerung privater Zinserträge in der EU (2003); (6) Zinsen-und-Lizenzgebühren-Richtlinie (2003 m.spät.Änd.). Von bes. Interesse unter theoretischen Gesichtspunkten ist die Vereinbarung der EU mit der Schweiz (das sog. Zinsabkommen, 2005), da es sich hierbei bei inhaltlicher Betrachtung um ein – wenn auch auf enge Details begrenztes – erstes Doppelbesteuerungsabkommen der EU mit einem anderen Land handelt. – 4. *Die Entwicklungsperspektiven* der Steuerharmonisierung in der EU sind weiterhin im Bereich der konsequenten Anwendung der EG-Vertragsvorschriften und der bisher zur Steuerharmonisierung in der EU erlassenen Regelungen durch die Gerichte zu erwarten.

**Steuerinländer** – eine nicht amtliche Bezeichnung für einen unbeschränkt Steuerpflichtigen. Gemeint sind solche Personen, die aus Sicht der Steuergesetze als Inländer behandelt werden. Das sind v.a. alle diejenigen, die in Deutschland ihren Wohnsitz oder gewöhnlichen Aufenthalt haben (§ 1 I EStG). Auf die Staatsangehörigkeit kommt es nach dem dt. Steuerrecht nicht an; deshalb sind auch Ausländer mit dt. Wohnsitz aus der Sicht der Fachsprache als Steuerinländer zu bezeichnen.

**Steueroasen** – Bezeichnung für Länder, die ein niedriges Steuerniveau haben, weil keine oder nur sehr niedrige Steuern oder sonstige Abgaben erhoben werden, z.b. die Bermuda-Inseln, die Bahamas, sowie – mit gewissen Einschränkungen – Liechtenstein, Monaco, Schweiz. Das niedrige Steuerniveau kann entweder auf einer im allg. niedrigen maximalen Steuerbelastung oder aber auf bes. Steuer- und Abgabenprivilegien für bestimmte Steuersubjekte beruhen. Ein Teil dieser Länder versucht, die fehlenden Steuer- und Abgabeneinnahmen durch andere Einnahmen (Sonderbriefmarken, Konzessionen etc.) auszugleichen. – Das im Verhältnis zu anderen Staaten niedrige Steuerniveau bietet den Anreiz zur *Verlagerung von Einkünften und Vermögen* in diese Länder zum Zwecke der Steuerersparnis. – Die aus der Sicht der Steuerpflichtigen vorhandene Attraktivität der Steueroasen ist durch das → Außensteuergesetz (AStG) erheblich eingeschränkt und z.T. in ihr Gegenteil verkehrt worden. Ähnliche Maßnahmen haben auch zahlreiche andere Länder ergriffen. Darüber hinaus sind seit Mitte der 1990er-Jahre die Steueroasen auch durch koordinierte Abwehrmaßnahmen der OECD-Länder stark unter Druck gesetzt worden, von einem als unfair empfundenen Steuerwettbewerb Abstand zu nehmen. Da infolge all dieser Maßnahmen legale Formen der Steuerverringerung durch Geschäfte mit Steueroasen nur noch geringe Vorteile versprechen, hat sich die Attraktivität von Steueroasen seitdem hauptsächlich auf Aktivitäten verengt, bei denen Steuerpflichtige eines hoch (oder normal hoch) besteuernden Landes Kapital in Steueroasen anlegen und dessen Existenz dem heimatlichen Fiskus verschweigen. In den letzten Jahren (nach 2000) konzentrieren sich die Bemühungen der Finanzverwaltungen daher zunehmend darauf, die Steueroasenländer zu veranlassen, den Heimatstaaten der bei ihnen engagierten Kapitalanleger Auskünfte über die Existenz und die Höhe von Kapitalanlagen und Erträgen in ihrem Land zu geben. Insbesondere die OECD hat Standards für einen grenzüberschreitenden Auskunftsaustausch aufgestellt, deren Einhaltung die Hoch- und Normalsteuerländer auch von den Steueroasen fordern. Insbesondere der Plan, dass gegenüber Staaten, die als Steueroase gelten und die diesen Standards trotzdem auch nicht entsprechen wollen, massive und v.a. koordinierte wirtschaftliche und steuerliche Sanktionen der übrigen Länder verhängt werden sollten, hat in den letzten Jahren zu einem unerwartet weitgehenden Einlenken der Steueroasenländer gegenüber den Industriestaaten geführt, indem zahlreiche Steueroasenländer ihre Bereitschaft bekundet haben, grenzüberschreitend Auskünfte über Kapitalanlagen und Einkünfte zu erteilen, um diesen Sanktionen zu entgehen. Es ist daher durchaus denkbar geworden, dass Steueroasen als Anlageort für dem Fiskus verschwiegene Gelder auf Dauer nicht mehr behaupten können werden; allerdings bleibt abzuwarten, ob die Steueroasenländer ihren gegenüber den übrigen Ländern eingegangenen Verpflichtungen zur fiskalischen Zusammenarbeit im Auskunftsverkehr in der Praxis auch tatsächlich hinreichend Folge leisten werden. – Vgl. auch → Auskunftsaustausch, Basisgesellschaften, Steuerabwehr, → Steuerflucht, → Verhaltenskodex.

**Steuerwettbewerb** – 1. *Begriff*: Wettbewerb der Staaten um Investoren und Steuerquellen mithilfe des Steuerrechts. Ein Steuerwettbewerb ergibt sich daraus, dass Steuern in – je nach Staat – unterschiedlicher Höhe anfallen. Besteuerung und Steuersatz sind ein bei der Standortwahl zu berücksichtigender Faktor (Standortfaktoren). – 2. *Abwehrmaßnahmen gegen Steuerwettbewerbe*: Investitionen, bei denen die Entscheidung für den ausländischen Standort aufgrund der Steuerbelastung getroffen wird, gelten seitens der Staaten für gewöhnlich als „missbräuchlich", die es durch steuerliche Gegenmaßnahmen zu verhindern gilt. Durch „legitime" Erwägungen begründete Entscheidungen für wirtschaftliche Tätigkeiten im Ausland sollen dagegen nicht Ziel von Zusatzbelastungen sein. – *Konzepte*: a) Heraufsetzung der Steuerbelastung für das Auslandsengagement auf das inländische Steuerniveau. – *Beispiele:* → Hinzurechnungsbesteuerung im dt. Außensteuergesetz; Plan, zur Vermeidung der Doppelbesteuerung bei Auslandseinkommen von der → Freistellungsmethode auf die → Anrechnungsmethode überzugehen, sodass eine Steuerbelastung mind. in Höhe des dt. Steuerniveaus anfällt. – b) Restriktive Maßnahmen gegen ausländische Länder, deren Steuerniveau als zu niedrig angesehen wird. – *Beispiel:* Praktiken von Staaten, die ausländischen Investoren günstigere Steuerbedingungen anbieten als ihren eigenen Steuerpflichtigen, um auf diese Weise Investitionen an sich zu ziehen (Gewährung einer Vorzugsbehandlung). Unfairer Steuerwettbewerb kann auch darin bestehen, dass ein Staat ausländischen Investoren die Sicherheit gibt, dass sein heimischer Fiskus von seinem dortigen Vermögen und seinen dortigen Einkünften nichts erfahren wird (mangelnde Transparenz). Sowohl OECD als auch EU haben Grundsätze erarbeitet, wann von einem unfairen Steuerwettbewerb auszugehen ist (z.B. → Verhaltenskodex); auf nicht-kooperative Länder, die diese Grundsätze fortdauernd verletzen, soll zunehmender politischer und wirtschaftlicher Druck ausgeübt werden, um sie zur Beendigung des unfairen Steuerwettbewerbs zu bewegen. Gegenüber den EU-Staaten wendet zudem die Europäische Kommission das EG-vertragliche Beihilfeverbot an, um eine steuerliche Bevorzugung im Sinn eines unfairen Steuerwettbewerbs auch gerichtlich untersagen zu lassen.

**Stiftung** – I. Begriff: 1. *Zuwendung von Vermögenswerten* für bestimmte, oft gemeinnützige oder wohltätige Zwecke (Stiftungsgeschäft). Eine Stiftung hat keine mitgliedschaftliche Struktur. Der Stifter setzt ein Kuratorium, einen Stiftungsrat ein, der sich i.d.R. durch Kooptation (Berufung) selbst ergänzt. – 2. Bezeichnung für die *Vermögenswerte* selbst.

II. Arten: 1. *Private Stiftung (Stiftung des Privatrechts):* a) Sonderregelung für die *rechtsfähige Stiftung* in §§ 80–88 BGB: Errichtung durch Rechtsgeschäft, das unter Lebenden der Schriftform bedarf, oder durch letztwillige Verfügung. Rechtsfähigkeit erlangt die Stiftung durch behördliche Anerkennung, auf die ein Anspruch besteht. Voraussetzung ist, dass die dauernde und nachhaltige Erfüllung des Stiftungszwecks gesichert erscheint und der Stiftungszweck das Gemeinwohl nicht gefährdet. Die Verfassung der Stiftung wird durch das Stiftungsgeschäft festgelegt. Durch das Stiftungsgeschäft muss die Stiftung eine Satzung erhalten und Regelungen über Namen, Sitz, Zurede, Vermögen und Bildung des Vorstands der Stiftung. Als Organ der juristischen Person ist ein Vorstand zu bilden, dem die Vertretung der Stiftung obliegt. – Einzelheiten regelt das Landesrecht. – b) Auf *nicht rechtsfähige Stiftungen* sind die vorgenannten Sonderregeln nicht entsprechend anwendbar. Sie entstehen durch die ggf. an die entsprechenden Formen des Schuld- oder Erbrechts gebundenen Zuwendungen und unterliegen den allg. Vorschriften. – 2. *Öffentliche Stiftung (Stiftung des öffentlichen Rechts):* Diese sind meist zugleich Anstalten des öffentlichen Rechts und haben oft Selbstverwaltung, vielfach als sog. *unselbstständige Stiftung* aber keine Rechtsfähigkeit.

III. Steuerliche Behandlung: 1. *Körperschaftsteuer:* Rechtsfähige Stiftungen unterliegen als juristische Personen, nicht rechtsfähige als Zweckvermögen grundsätzlich der Körperschaftsteuer, ausgenommen Stiftungen, die ausschließlich und unmittelbar kirchlichen, gemeinnützigen oder mildtätigen Zwecken dienen. – 2. *Gewerbesteuer:* Entsprechende Regelung. – 3. *Erbschaftsteuer:* Das Vermögen von Familien-Stiftungen, d.h. Stiftungen, die im Wesentlichen im Interesse einer Familie errichtet worden sind, unterliegt in Zeitabständen von 30 Jahren der Erbschaftsteuer (sog. *Erbersatzsteuer*). Der Übergang von Vermögen vom Stifter auf die Stiftung aufgrund eines Stiftungsgeschäftes unterliegt bei allen Stiftungen der Erbschaft-steuer, da es sich um eine freigiebige Zuwendung handelt, durch die die Stiftung bereichert werden soll; steuerfrei ist der Vorgang nur dann, wenn die Stiftung dient unmittelbar und ausschließlich den oben bezeichneten begünstigten Zwecken dient. – 4. *Besteuerung ausländischer Familien-Stiftungen:* → Außensteuergesetz (AStG). – 5. *Behandlung von Zuwendungen von Spenden in den Vermögensstock einer Stiftung:* Einkommen- und körperschaftsteuerlich sind Spenden in den Vermögensstock einer Stiftung in bestimmten Höchstgrenzen steuerlich abzugsfähig (§ 10b EStG, § 9 KStG), wenn die Stiftung als gemeinnützige Institution nach § 5 I Nr. 9 KStG steuerbefreit ist. Die Höchstgrenzen für steuerlich abzugsfähige Spenden liegen gegenwärtig insgesamt bei 20 Prozent des Gesamtbetrags der Einkünfte bzw. alternativ 4 Promille aus der Summe von Umsätzen und der im Kalenderjahr aufgewendeten Löhne und Gehälter; Spenden zur Finanzierung der laufenden Arbeit einer Stiftung sind also maximal bis zu diesen Höchstgrenzen abzugsfähig. Seit dem 1.1.2007 ist darüber hinaus ein Abzug von Spenden in den Vermögensstock einer steuerbegünstigten Stiftung auf Antrag im Veranlagungszeitaum der Zuwendung und in den folgenden neun Veranlagungszeiträumen bis zu einem Gesamtbetrag von einer Million Euro zusätzlich zu den Höchstbeträgen für laufende Spenden zulässig. Der Abzugsbetrag bezieht sich auf den gesamten Zehnjahrezeitraum und kann der Höhe nach innerhalb des Zeitraums nur einmal in Anspruch genommen werden. Die Spende muss nicht im Jahr der Gründung erfolgen. Auch Spenden an länger bestehende Stiftungen sind begünstigt. Ein früherer jährlicher Höchstbetrag von 20.450 Euro für Spenden an Stiftungen ist seit dem 1.1.2007 entfallen. – Vgl. auch Spenden. – 6. *Besteuerung anderer ausländischer Stiftungen:* ausländische Stiftungen aus der EU oder dem EWR, die nach den Maßstäben des dt. Rechts gemeinnützig sind, werden vom dt. Staat nach denselben Bedingungen wie inländische Stiftungen behandelt, wenn sie nachweisen können, dass sie die Anforderungen des dt. Steuerrechts ebenso erfüllen wie inländische Stiftungen. In der Praxis dürfte der Nachweis, dass eine ausländische Stiftung nach dt. Maßstäben gemeinnützig ist, jedoch unverhältnismäßig aufwendig sein.

**Stockholmer Konvention** – *Übereinkommen zur Errichtung der* → EFTA (*European Free Trade Association, Europäische Freihandelszone*); am 4.1.1960 in Stockholm unterzeichnet und am 3.5.1960 in Kraft getreten.

**Stolper-Samuelson-Theorem** – Aussage über den Zusammenhang zwischen Güterpreisen und realen Faktoreinkommen in der Welt des → Heckscher-Ohlin-Theorems: Steigt der relative Preis des → kapitalintensiven Gutes, so sinkt das Realeinkommen des Faktors Arbeit, und es steigt das Realeinkommen des Faktors Kapital (*Magnification Effect*). – *Der Grund für die Güterpreisveränderung* kann beliebig sein, in der ursprünglichen Formulierung des Theorems wurde dahinter jedoch eine handelspolitische Maßnahme (z.B. → Zoll) gesehen. – Das Stolper-Samuelson-Theorem ist nicht nur im Zusammenhang mit → Protektion und Handelspolitik relevant. Es ist eine *allg.* Aussage über den Zusammenhang zwischen Güterpreisen und realen Faktoreinkommen. Die Ursache für die Güterpreisveränderung ist dabei völlig irrelevant. Das Überraschende an diesem Theorem liegt darin, dass die Realeinkommen sich im Zuge von Güterpreisveränderungen unabhängig von den Präferenzen der Faktoreinkommensbezieher eindeutig verändern. Dies ist dann nicht mehr für alle Faktoren der Fall, wenn einzelne davon *sektorspezifisch* sind, und nicht in andere Verwendungsrichtungen wandern können. Dies ist zumindest kurzfristig für installiertes Sachkapital zu erwarten. – Vgl. auch → Ricardo-Viner-Modell, → Handelspolitik.

**strategische Handelspolitik** → Handelspolitik.

**Stromgleichgewicht** – im Rahmen makroökonomischer Modelle verwendeter Gleichgewichtsbegriff, der sich auf die Stromgrößen der Güter- und Faktormärkte bezieht. Stromgleichgewicht liegt vor, wenn das Güter- bzw. Faktorangebot der Güter- bzw. Faktornachfrage innerhalb einer Zeitspanne entspricht. Zu unterscheiden von dem ebenfalls in makroökonomischen Modellen verwendeten Begriff des Portfoliogleichgewichts, welches sich auf die Bestandsgrößen auf den Assetmärkten bezieht. Bestandsgrößen erfassen Vermögens- und Schuldenwerte zu einem bestimmten Stichtag. – Vgl. auch → Portfolio-Ansatz.

**Structural Adjustment Programme** → Strukturanpassungsprogramm (SAP).

**Strukturalismus** – Die Ergebnisse der klassischen → Außenwirtschaftstheorie unterstellen durch die internationale Arbeitsteilung eine Wohlfahrtsverbesserung aller. Nach dem Ansatz des Strukturalismus wird die Welt dagegen in Zentrum und Peripherie aufgeteilt, deren Produktionsstrukturen erheblich voneinander abweichen. Die Verteilung der Handelsgewinne begünstigt nur das Zentrum. – Gefordert wird eine strukturelle Transformation (Industrialisierung), die einkommenselastische Industriegüterimporte durch heimische Produktion ersetzt (Importsubstitution) und schließlich zu internationaler Wettbewerbsfähigkeit führt. In der Übergangsphase werden protektionistische Maßnahmen, Devisenkontrollen, Subventionierung heimischer Investitionen und Attrahierung ausländischen Kapitals für die noch jungen Industriesektoren vorgeschlagen.

**Strukturanpassungsprogramm (SAP)** – *Structural Adjustment Program*; durch den Internationalen Währungsfonds (→ IWF) und die → Weltbank gewährte Großkredite zu Sonderkonditionen für Entwicklungsländer. Voraussetzung war, dass das Empfängerland ein gemeinsam ausgearbeitetes Entwicklungsprogramm umsetzte, das bes. auf die Beseitigung struktureller Schwächen (Staatshaushalt, Außenhandel, Infrastruktur

etc.) abstellte. Während die makroökonomische Rationalität der Strukturanpassungsprogramme weitgehend unumstritten war, richtete sich Kritik gegen die mikroökonomischen und bes. sozialen Auswirkungen dieser Sanierungsprogramme in den betroffenen Ländern. In verschiedenen Ländern kam es im Zusammenhang mit der Umsetzung von Strukturanpassungsprogrammen zu Unruhen („Brotaufstände"). 1999 wurden die Strukturanpassungsprogramme eingestellt und durch die → PRGF (Armutsfazilität) in veränderter Form weitergeführt.

**strukturelle Heterogenität** → Dependencia-Theorien.

**struktureller Wandel** – *Strukturwandel*. Die Veränderung der Wirtschaftsstruktur, d.h. der relativen Gewichte einzelner Sektoren während des Entwicklungsprozesses. Im Entwicklungsprozess nimmt die Bedeutung des primären Sektors im Laufe der Zeit ab, der sekundäre Sektor und tertiäre Sektor (Dienstleistungssektor) nehmen an Bedeutung zu, wobei schließlich der tertiäre Sektor den Industriebereich überflügelt (Drei-Sektoren-Hypothese). – Vgl. auch sektoraler Strukturwandel, regionaler Strukturwandel, Wachstumstheorie.

**strukturelle Zahlungsbilanzungleichgewichte** – Erscheinungsform der → Zahlungsbilanz, wenn die Politikträger ein annäherndes Zahlungsbilanzgleichgewicht in einer angemessenen Zeit mithilfe binnenwirtschaftlicher Mittel (d.h. ohne Wechselkurskorrektur) nicht herbeiführen können.

**Strukturfonds der Europäischen Union** → Strukturpolitik der Europäischen Union.

**Strukturhilfe** – im Rahmen der → finanziellen Zusammenarbeit seit 1987 zur Verfügung stehendes Instrument der dt. Bundesregierung, mit dessen Hilfe Strukturanpassungsmaßnahmen der Entwicklungsländer unterstützt werden können. Devisen für den Import von Waren und Dienstleistungen sollen im Zusammenhang mit Strukturanpassungsprogrammen der Weltbank zur Verfügung gestellt werden (→ Warenhilfe).

**Strukturpolitik der Europäischen Union** → Kohäsion.

**Strukturwandel** → struktureller Wandel.

**Stückzoll** → Mengenzoll.

**Study Group on a European Civil Code (SGECC)** → Europäisches Privatrecht.

**Stufenflexibilität** – Auch in Währungssystemen mit grundsätzlich → festen Wechselkursen kann die Notwendigkeit auftreten, die vereinbarten festen Kurse den Realitäten anzupassen (→ Realignment), sodass sich die Kurse in „Stufen" verändern können. – Vgl. auch → Wechselkurspolitik.

**Stützungskauf** – Intervention einer Notenbank auf dem → Devisenmarkt. – Vgl. auch → Wechselkurspolitik.

**Subject-to-Tax-Klausel** → Rückfallklausel.

**Subsidiarität** – 1. *Begriff:* Der katholischen Soziallehre entstammendes *gesellschaftsethisches Prinzip* (Ethik), das auf die Entfaltung der individuellen Fähigkeiten, die Selbstbestimmung und Selbstverantwortung abstellt. Nur dort, wo die Möglichkeiten des Einzelnen bzw. einer kleinen Gruppe (Familie, Gemeinde) nicht ausreichen, die Aufgaben der Daseinsgestaltung zu lösen, sollen staatliche Institutionen subsidiär eingreifen. Dabei ist der Hilfe zur Selbsthilfe der Vorrang vor einer unmittelbaren Aufgabenübernahme durch den Staat zu geben. Der individuelle Aspekt der Subsidiarität (Selbstverantwortung) und der gesellschaftliche Aspekt (Schaffung der materiellen Voraussetzungen hierfür durch den Staat) lassen sich nicht scharf voneinander abgrenzen: Je nach Akzentuierung entsprechen sowohl marktwirtschaftliche als auch wohlfahrtsstaatliche Konzepte (Wohlfahrtsstaat) dem Subsidiaritätsprinzip. Das Subsidiaritätsprinzip ist ein zentrales Element des ordnungspolitischen Konzepts der Sozialen Marktwirtschaft. – 2. *Finanzwissenschaft:* Subsidiarität wird als Grundsatz für

die Aufgabenverteilung zwischen Privaten und Staat sowie innerhalb des privaten und öffentlichen Sektors angewandt. Die Verantwortung für eine Aufgabe ist der jeweils kleinsten dafür geeigneten Einheit zu übertragen; die Abstufung der Einheiten reicht vom Individuum über den privaten Haushalt und andere private Gemeinschaften bis hin zu den öffentlichen Kollektiven unterschiedlicher Größe (Verbände, Gemeinden, Länder, Zentralstaat, supranationale Organisationen). Aus der Subsidiarität ergeben sich Empfehlungen für die Zuständigkeit des Staates (z.B. für die Empfangsberechtigung von Sozialhilfeleistungen) und für die Aufgabenverteilung zwischen den verschiedenen Ebenen. – *Zuständigkeiten der einzelnen Verwaltungsebenen:* Die übergeordnete Ebene greift erst dann ein, wenn die untergeordnete überfordert ist. – *Umfang der Wirtschaftstätigkeit öffentlicher Verwaltungen:* Eine negative Interpretation von Subsidiarität besagt, dass sich die öffentliche Hand nur dann wirtschaftlich betätigen darf, wenn die privaten Unternehmen nicht im Stande sind, die notwendigen Aufgaben zu erfüllen *(Lückenbüßerfunktion);* bei einer positiven Formulierung von Subsidiarität übernehmen die öffentlichen Unternehmen eine *Vorreiterfunktion,* durch die die Betätigung privater Unternehmen erst möglich wird. – 3. *Sozialpolitik:* Im Rahmen der *Sozialpolitik* bedeutet der Grundsatz der Subsidiarität, dass eine Wahrnehmung von (sozialen) Aufgaben durch den Staat nur dann erfolgen soll, wenn diese von nichtstaatlichen Einrichtungen (z.B. freie Wohlfahrtspflege, SozialKirchen) nicht erfüllt werden können. – 4. *Europarecht:* Mit dem am 1.11.1993 erfolgten Inkrafttreten des *Vertrags zur Gründung der Europäischen Union* (→ EUV) ist ein spezifisch gemeinschaftsrechtliches Subsidiaritätsprinzip formal etabliert worden. a) *Rechtsgrundlage:* Art. 5 EUV-Lissabon besagt, dass bei Angelegenheiten, die nicht in die ausschließliche Zuständigkeit der Gemeinschaft fallen, die Gemeinschaft nur tätig wird, „sofern und soweit die Ziele der in Betracht gezogenen Maßnahmen von den Mitgliedstaaten weder auf zentraler noch auf regionaler Ebene ausreichend verwirklicht werden können, sondern vielmehr wegen ihres Umfangs oder ihrer Wirkungen auf Unionsebene besser zu verwirklichen sind" ( Art. 5 Abs. 3 EUV). Der Subsidiaritätsgrundsatz des Unionsrechts entspricht also dem *föderalen Prinzip* und dient dem *Zweck,* dass in der Union staatliche Entscheidungen möglichst bürgernah getroffen werden und die nationale Identität der Mitgliedstaaten gewahrt bleibt. – b) Das europarechtliche Subsidiaritätsprinzip bedeutet keine Zuweisung von Zuständigkeiten, sondern eine Anweisung für deren *praktische Ausübung.* Der → Europäische Rat von Edinburgh hat 1992 ein Gesamtkonzept zur Anwendung des Subsidiaritätsprinzips verabschiedet. Seither werden sämtliche Rechtsetzungsakte der EU einer Subsidiaritätsprüfung unterzogen. Mit dem Protokoll Nr. 30 präzisierte der → Amsterdamer Vertrag weiter die Anwendung des Subsidiaritätsprinzips. – 5. *Genossenschaftswesen:* im Gegensatz zum Zentralitätsprinzip im Konzern (genossenschaftlicher Finanzverbund). Übergeordnete Verbundunternehmen sind nur dienende Institutionen der vorgelagerten Stufen; sie besitzen keinen von der genossenschaftlichen Primärstufe zu isolierenden Selbstzweck, sondern erfüllen Aufgaben, die von vorgelagerten kleineren Einheiten nicht oder nur in unzureichendem Maße erbracht werden könnten. – 6. *Versicherungswesen:* Subsidiarität im Versicherungswesen bedeutet, dass ein Rangverhältnis zwischen zwei oder mehreren Versicherungen besteht. Die subsidiäre Versicherung kommt erst dann zum Tragen, wenn eine andere Versicherung nicht leisten muss.

**Subsidiaritätsklage** – 1. Nach Art. 8 des Protokolls über die Anwendung der Grundsätze der → Subsidiarität und der Verhältnismäßigkeit vom 13.12.2007 (ABl. Nr. C 306 S. 150) ist der Gerichtshof der Europäischen Union für Klagen wegen Verstoßes eines Gesetzgebungsakts gegen das Subsidiaritätsprinzip zuständig, die von einem Mitgliedstaat

erhoben oder von einem Mitgliedstaat im Namen seines nationalen Parlaments oder einer Kammer dieses Parlaments übermittelt werden. – 2. Auf Antrag eines Viertels seiner Mitglieder ist der Bundestag verpflichtet, die Subsidiaritätsklage nach Art. 8 des Protokolls zu erheben. Wenn ein Viertel der Mitglieder des Bundestags die Erhebung der Klage nicht stützen, ist deren Auffassung in der Klageschrift deutlich zu machen (§ 12 des Integrationsverantwortungsgesetzes (IntVG) vom 22.9.2009 (BGBl. I S. 3022). – Vgl. auch → Subsidiaritätsrüge.

**Subsidiaritätsprinzip** → Subsidiarität.

**Subsidiaritätsrüge** – 1. Nach Art. 6 des Protokolls über die Anwendung der Grundsätze der → Subsidiarität und der Verhältnismäßigkeit vom 13.12.2007 (ABl. Nr. C 306 S. 150) können die nationalen Parlamente oder die Kammern eines dieser Parlamente zu einem Gesetzgebungsakt in einer begründeten Stellungnahme gegenüber dem Präsidenten des Europäischen Parlaments und der Kommission darlegen, weshalb der Entwurf nicht mit dem Subsidiaritätsprinzip vereinbar sei. – 2. Der Bundestag und der Bundesrat können in ihren Geschäftsordnungen regeln, wie eine Entscheidung über die Abgabe einer Stellungnahme nach Art. 6 des Protokolls herbeizuführen ist (§ 11 Abs. 1 des Integrationsverantwortungsgesetzes (IntVG) vom 22.9.2009 (BGBl. I S. 3022)). – Vgl. auch → Subsidiaritätsklage.

**Subsistenzlandwirtschaft** – landwirtschaftliche Produktion, die primär der Eigenversorgung dient und damit außerhalb des monetären Kreislaufs einer Volkswirtschaft bleibt.

**substitutiver Handel** – liegt vor, wenn sich die Handelsstrukturen der beteiligten Länder potenziell partiell „ersetzen" können, weil sie miteinander im Wettbewerb stehen. – *Beispiel:* Autoindustrie Frankreich/Deutschland. – *Gegensatz:* → komplementärer Handel.

**Subventionsverordnung** – Verordnung (EG) Nr. 2026/97 des Rates vom 6.10.1997

(ABl. L 288 vom 21.10.1997) m.spät.Änd. Instrument der EU zum Schutz gegen subventionierte Einfuhren aus nicht zur EU gehörenden Ländern. – 1. *Begriffsbestimmung:* Eine Subvention liegt vor, wenn eine Regierung in dem Ursprungs- oder Ausfuhrland eine finanzielle Beihilfe leistet, oder wenn irgendeine Form der Einkommens- und Preisstützung i.S.d. Art. XVI des GATT 1994 besteht und dadurch ein Vorteil entsteht. Subventionen sind jedoch nur dann Gegenstand von Ausgleichsmaßnahmen durch die EU, wenn es sich um spezifische Subventionen handelt. Von spezifischen Subventionen spricht man dann, wenn die gewährende Stelle die Subvention auf ein Unternehmen oder einen Wirtschaftszweig beschränkt. – 2. Nicht anfechtbare Subventionen sind *Subventionen für Forschungstätigkeit,* die von Unternehmen oder Hochschul- sowie Forschungseinrichtungen durchgeführt werden, sofern die Subvention nicht mehr als 75 Prozent der Kosten für industrielle Forschung oder 50 Prozent der Kosten der vorwettbewerblichen Entwicklung decken und sich die Beihilfen ausschließlich auf die Personalkosten, Kosten für Instrumente, Ausrüstung, Grundstücke, Beratungskosten oder andere Betriebskosten beschränken. Ebenfalls nicht angefochten werden Subventionen für benachteiligte Regionen innerhalb des Gebietes des Ursprungsund/oder Ausfuhrlandes, die gemäß einem allg. Rahmen für die regionale Entwicklung gewährt werden sowie Subventionen zur Förderung der Anpassung von Einrichtungen an neue Umweltvorschriften. – 3. Ein → Antidumpingzoll kann erhoben werden, um eine Subvention auszugleichen, die mittelbar oder unmittelbar für die Herstellung, die Produktion, die Ausfuhr oder die Beförderung einer Ware gewährt wird, deren Überführung in den zollrechtlich freien Verkehr in der Gemeinschaft eine Schädigung verursacht. – 4. *Bedeutung:* Spielt im Hinblick auf die Zahl der Verfahren, die in der EU eingeleitet werden, kaum eine Rolle.

**Süd-Süd-Handel** – Handel zwischen → Entwicklungsländern (→ Süd-Süd-Kooperation), in Abgrenzung zum → Nord-Nord-Handel zwischen Industrieländern.

**Süd-Süd-Kooperation** – Intensivierung der außenwirtschaftlichen Beziehungen bzw. der wirtschaftlichen Zusammenarbeit zwischen → Entwicklungsländern. Begründung der Forderung nach verstärkter Süd-Süd-Kooperation u.a. mit Nachteilen für Entwicklungsländer durch außenwirtschaftliche Verflechtung mit den Industriestaaten (→ Dependencia-Theorien, → Kontereffekt). – *Beurteilung:* Die *Vorteile* für die beteiligten Länder würden aus verschiedenen Gründen abgeschwächt werden, z.B. durch: Beschränkung der Integrationsgewinne, weil die betreffenden Länder oft eine ausgeprägte Ähnlichkeit der Faktor- und Ressourcenausstattung bzw. relativ geringe Kostenunterschiede sowie eine unzureichende Funktionsfähigkeit der Güter- und Faktormärkte aufweisen; geringe Entfaltungsmöglichkeit dynamischer Integrationsgewinne (→ Handelsgewinn), nicht zuletzt aufgrund der relativen Enge der Märkte dieser Länder und ihres relativ niedrigen technologischen Niveaus. – In jedem Fall wäre die Süd-Süd-Kooperation nicht als Ersatz, sondern bestenfalls als *Ergänzung* bzw. *Erweiterung* der weltwirtschaftlichen Integration der Entwicklungsländer anzustreben. – *Beispiele:* West African Economic and Monetary Union (WEAMU), West African Monetary Zone (WAMZ), Economic Community of West African States (→ ECOWAS), → African Union (AU).

**Sukzessivkonsolidierung** → Kettenkonsolidierung.

**summarische Anmeldung** – bis zum 1.1.2011 Verzeichnis der gestellungspflichtigen Waren, das bei der → Zollstelle bei Importen nach vorgeschriebenem Muster oder elektronisch abzugeben ist, wenn sich die weitere → Zollbehandlung nicht unmittelbar an die → Gestellung anschließt, um der Zollstelle eine Prüfung der Vollständigkeit der

Ladung zu ermöglichen. Die summarisch angemeldeten Waren werden dann an den Orten verwahrt, die die Zollstelle festgelegt hat. Während bislang die summarische Anmeldung im Anschluss an die Gestellung abzugeben war, wird im Rahmen der Sicherheitsstrategien eine Verlagerung vor die Einfuhr vorgeschrieben, um bereits vor dem Eintreffen der Waren eine Risikoanalyse durchführen zu können. – Mit der *Zollkodex-Änderung von 2005* ist die summarische Anmeldung ab dem 1.7.2009 freiwillig, ab dem 1.1.2011 zwingend elektronisch abzugeben und zwar bei Im- und Exporten, soweit keine Ausfuhr- oder Wiederausfuhranmeldungen abzugeben sind. Dabei sind bestimmte Fristen für die Vorabanmeldungen zu beachten. Bei Importen ist zusätzlich zur summarischen Eingangsanmeldung vor dem Verbringen eine weitere summarische Anmeldung zur vorübergehenden Verwahrung abzugeben und zwar nach Ankunft der Waren am → Amtsplatz, auf die sich der Gestellende bei der Gestellung beziehen muss.

**Super-Währung** – *Supranational/Super-Sovereign currency*; Eine 2009 vom chinesischen Zentralbankchef vorgeschlagene, von einzelnen Ländern unabhängige und langfristig stabile Leitwährung, welche die inhärenten Schwächen von kreditbasierten nationalen Währungen beheben kann. Hintergrund war die Finanzkrise (Subprime-Krise) und die damit offenbarten Schwächen des US-Dollars.

**Surplus Net Profit** – Reingewinn.

**Swapsatz** – Differenz zwischen dem Devisenterminkurs und dem Devisenkassakurs bezogen auf den Devisenkassakurs. Auf- bzw. Abschlag (*Report* bzw. *Deport*) zum bzw. vom Devisenterminkurs zur Errechnung des Devisenterminkurses. Die überwiegende Mehrheit der Devisentermingeschäfte wird im Wege des Swapgeschäfts kontrahiert. – Vgl. auch → Devisenterminmarkt, → Wechselkurs, Swapgeschäft.

**Switch-over-Klausel** – eine in neueren dt. Doppelbesteuerungsabkommen häufig vereinbarte Klausel, wonach Deutschland für bestimmte von Deutschen im Ausland erzielte ausländische Einkünfte zwar die Anwendung der → Freistellungsmethode zusagt (Befreiung von deutscher Steuer), sich aber vorbehält, diese Zusage für einzelne Fallkonstruktionen durch einseitige Erklärung gegenüber dem anderen Staat auch ohne Vertragsänderung wieder zurückzunehmen und hierfür dann in Zukunft zur Vermeidung einer Doppelbesteuerung nur noch auf die → Anrechnungsmethode zurückzugreifen. Damit entspricht nach der Nutzung der Switch-over-Klausel das Steuerniveau für die entsprechende Tätigkeit/Investition des dt. Steuerpflichtigen im Ausland in der Summe mind. dem dt. Steuerniveau; Steuerersparniseffekte durch Verlagerung einer Tätigkeit von Deutschland ins Ausland sind daher ausgeschlossen, sobald Deutschland von der Switch-over-Klausel Gebrauch macht. – Ein ähnlicher Mechanismus wie eine Switch-over-Klausel ist die im innerstaatlichen Recht der Bundesrepublik enthaltene Vorgabe, dass bei passiven Einkünften aus einem Niedrigsteuergebiet dann, wenn in einem Doppelbesteuerungsabkommen die Freistellungsmethode vorgesehen ist, auch entgegen dem Abkommen stattdessen nur die Anrechnungsmethode angewandt werden soll (§ 20 II AStG). Diese Regelung wird jedoch auch dann angewandt, wenn das maßgebliche DBA eine Switch- over-Klausel nicht enthält, ist also ein stärkerer Eingriff (→ Treaty Override). – Vgl. auch → Rückfallklausel, → Steuerwettbewerb.

**SYSMIN** – Abk. für *Stabilisierung der mineralischen Exporterlöse*. 1. *Gegenstand:* SYSMIN ist eine im Rahmen der → Lomé-Abkommen vereinbarte Regelung gewesen, die in Ergänzung zu → STABEX zu einer langfristigen Verbesserung und Stabilisierung der Devisenerlöse der mit der EU assoziierten (→ Assoziierungsabkommen) → AKP-Staaten aus dem Export bestimmter Bergbauprodukte beitragen soll. – 2. *Zielsetzung:* Die im Rahmen des (mit dem Zweiten

Lomé-Abkommen geschaffenen) SYSMIN gewährten Mittel sollen vorzugsweise einen Beitrag zum Auf- und Ausbau der Förderkapazität der AKP-Staaten bei solchen mineralischen Rohstoffen leisten, an deren langfristiger Versorgungssicherheit die EU-Staaten ein bes. Interesse haben (Bauxit, Aluminium, Eisenerz, Kobalt, Kupfer, Mangan, Phosphate, Zinn, Gold). Die während des Zweiten und Dritten Lomé-Abkommens im Rahmen von Sysmin zur Verfügung gestellten Mittel wurden als Darlehen zu Sonderkonditionen vergeben; seit Inkrafttreten des Vierten Lomé-Abkommens erfolgt die Mittelgewährung in Form nicht-rückzahlbarer Zuschüsse an die jeweiligen Regierungen, die diese als Kredite an die betreffenden Minengesellschaften weitergeben können. Daneben besteht im Rahmen des Lomé-Abkommens bei der → EIB (Europäische Investitionsbank) ein spezieller, zinsgünstiger Kreditrahmen für den Ausbau des Bergbau- und Energiepotenzials der AKP-Staaten. Das → Cotonou-Abkommen, mit dem die Entwicklungszusammenarbeit der EU mit den AKP-Staaten bis 2020 fortgesetzt wird, setzt die Kooperation im Bereich mineralischer Rohstoffe seit 2008 in veränderter Form fort.

**SZR** – Abk. für → Sonderziehungsrechte.

# T

**Take-off** → Rostowsche Stadientheorie.

**Tarif** – listenmäßig, nach einem bestimmten Prinzip (degressiv, progressiv u.a.) aufgestellte Preise, Abgaben etc. je Einheit. – 1. *Bahnverkehr:* Eisenbahn-Tarif. – 2. *Luftverkehr:* Luftverkehr. – 3. *Zollrecht:* → Zolltarif. – 4. *Arbeitsrecht:* die ausgerechneten Ecklöhne laut Tarifvertrag. – 5. die ausgerechneten *Steuertabellen:* Einkommensteuertarif.

**tarifäre Handelshemmnisse** – Sammelbegriff für handelspolitische Maßnahmen durch vertraglich vereinbarte Zölle (→ Vertragszollsatz). Ein → Zoll ist das klassische Instrument des → Protektionismus, mit dem sich ein Land einen Vorteil zulasten eines anderen Landes verschafft; die Erhebung von Zöllen wird auch als „tarifäre Protektion" bezeichnet. Tarifäre Handelshemmnisse haben regulierende Wirkung beim Marktzugang. Diese Steuern werden auf Grundlage des Wertes oder der Menge des eingeführten Gutes berechnet und an den Staat oder die → Zollunion abgeführt. Die grenzüberschreitenden Gütertransaktionen werden einer indirekten Steuer unterworfen (Importsteuer, Exportsteuer). Eine Importsteuer nennt man → Einfuhrzoll. Sind die Steuern negativ, dann entstehen Subventionen, d.h. Importsubventionen oder Exportsubventionen. Die Steuern können auf Mengenbasis eingeführt werden (→ Mengenzoll, → spezifischer Zoll), oder auf Wertbasis (→ Wertzoll, *ad-valorem-Zoll*). Tarifäre Handelshemmnisse führen zu einer Verzerrung zwischen den Weltmarktpreisen (→ Terms of Trade) und den im Inland relevanten Güterpreisen. – Vgl. auch → Handelspolitik. – *Gegenteil:* → nicht tarifäre Handelshemmnisse.

**Tarifeskalation** – liegt vor, wenn die → Nominalzölle (der jeweilige → Einfuhrzoll) auf vorgelagerten Fertigungsstufen (Rohstoffe, Vorprodukte, Halberzeugnisse etc.)

niedriger sind als die auf nachgelagerten Fertigungsstufen, sodass mit zunehmendem Verarbeitungsgrad der nominale *Zollsatz* ansteigt: – *Beispiel:* Rohstoff = zollfrei, Halbfertigprodukt 5 Prozent, Fertigprodukt 10 Prozent. Daraus ergibt sich faktisch für die höheren Fertigungsstufen ein stärkerer Zollschutz, als sich aus dem Nominalzoll für diese Produktionsstufe ablesen lässt. – Vgl. auch → Zolltarif, → effektive Protektion.

**Tauschgewinn** → Handelsgewinn.

**Tauschhandel** → Kompensationshandel.

**Tauschkurve** – *Offer Curve;* geometrische Darstellung der Tauschwünsche (Exporte, Importe) eines Landes bei unterschiedlichen → Terms of Trade. Diese Tauschwünsche unterliegen der gesamtwirtschaftlichen Budgetbeschränkung (Bilanzgerade), Importe und Exporte sind also bei den jeweils betrachteten Terms of Trade immer wertgleich (→ ausgeglichener Handel). – Vgl. auch Kontraktkurve.

**Technical Bulletin** – Verlautbarungsart des Research and Technical Activities Staff des US-amerikanischen → Financial Accounting Standards Board (FASB) zu Rechnungslegungsproblemen einzelner Unternehmen oder spezieller Branchen.

**technische Hilfe** → technische Zusammenarbeit.

**technische Zusammenarbeit** – *technische Hilfe;* Know-how-Transfer im Rahmen der → Entwicklungshilfe, der i.d.R. im Wege der unentgeltlichen Entsendung von Fachkräften und der für bestimmte Projekte und Programme benötigten Materialien erfolgt.

**Technologietransfer** – 1. *Charakterisierung:* Weitergabe von technischem Wissen von der Entstehung hin zur Verwendung im Produktionsprozess. Technologietransfer bedeutet institutionell den planvollen, zeitlich limitierten, privatwirtschaftlichen oder staatlich unterstützten Prozess der Diffusion oder Verbreitung von Technologie zur wirtschaftlichen Nutzbarmachung für Dritte. Die Übertragung erfolgt i.Allg. durch Rechtsakt (z.B. Lizenzvertrag). Der Technologietransfer kann zwischen Hochschulen, Forschungseinrichtungen, Erfindern und Unternehmen, innerhalb eines internationalen Unternehmens, zwischen verschiedenen Unternehmen oder zwischen Industrie- und Entwicklungsländern stattfinden. – 2. *Mögliche Bestandteile/Inhalte:* (1) freie Technologien (Patente, Lizenzen, Know-how); (2) gütergebundene Technologien (in Form von Spezialmaschinen, Ausrüstungen und sonstigen Gütern bis zur „schlüsselfertigen Fabrik"); – 3. *Bedeutung:* Technologietransfer reduziert die Diskrepanz von potenziellem und aktuellem Nutzungsgrad einer Technologie. Entwicklungsländer sind aufgrund technologischer Rückständigkeit in starkem Maße auf Technologietransfer angewiesen. – Vgl. auch Forschung und Entwicklung (F&E), Innovation, technologieorientierte Unternehmensgründung, Technologietransferförderung.

**Teilkonzernabschluss** – In einem mehrstufigen Konzern hat grundsätzlich jedes inländische Tochterunternehmen (→ Konzernabschluss), das gegenüber nachgeordneten Tochterunternehmen Mutterunternehmen im Sinn von § 290 HGB ist, in seiner Funktion als Mutterunternehmen einen Teilkonzernabschluss (einschließlich Teilkonzernbericht; vgl. → Konzernlagebericht) aufzustellen („Tannenbaumprinzip"). Dies ist unbestritten, wenn für den Konzernabschluss das sog. Control-Konzept gilt (Möglichkeit zur Ausübung von beherrschendem Einfluss durch das Mutterunternehmen gemäß § 290 HGB). Ein Mutterunternehmen, welches auch Tochterunternehmen eines Mutterunternehmens mit Sitz in der Europäischen Union oder in einem anderen Vertragsstaat des Abkommens über den Europäischen Wirtschaftsraum ist, muss dagegen keinen Konzernabschluss aufstellen, wenn spezielle

Kriterien gemäß § 291 HGB erfüllt sind. Bei → Rechnungslegung nach dem Publizitätsgesetz für Konzerne mit ausländischer Konzernmutter geht allerdings die Verpflichtung zur Aufstellung eines Teilkonzernabschlusses auf die inländische Konzerntochter über, die der Konzernleitung am nächsten steht (§ 11 III PublG). Nach IFRS besteht nach IAS 27.10 unter bestimmten Voraussetzungen für ein Mutterunternehmen, das seinerseits Tochterunternehmen ist, eine Ausnahme von der grundsätzlichen Aufstellungspflicht für Konzernabschlüsse.

**Terminabschlag** – Deport, negativer → Swapsatz, wenn der Terminkurs geringer als der Kassakurs ist.

**Terminaufschlag** – Report, positiver → Swapsatz, wenn der Terminkurs höher als der Kassakurs ist.

**Terminkurs** – Kurs, → Wechselkurs, → Devisenterminmarkt.

**Terms of Trade** – Tauschbedingungen im internationalen Handel, gegeben durch die relativen Preise der → handelbaren Güter. Die Terms of Trade werden *im zweidimensionalen Fall* meist als das Verhältnis zwischen dem Preis des exportierten und dem Preis des importierten Gutes angegeben. Diese Größe gibt an, wie viele Mengeneinheiten des Importgutes die heimische Ökonomik für eine Einheit des Exportgutes tauschen kann *(reales Austauschverhältnis)*. Eine Verbesserung der Terms of Trade bedeutet, dass das Inland mehr Importgüter pro Einheit des Exportgutes erhält als vorher. Es führt zu einer Verbesserung des → Außenbeitrags bzw. des Saldos der → Leistungsbilanz. – Im *mehrdimensionalen Fall* werden Export- und Importpreisindizes einander gegenübergestellt. Die Terms of Trade werden durch Angebot und Nachfrage auf den Weltmärkten bestimmt. Maßnahmen, die die Importnachfrage oder das Exportangebot eines Landes verringern, führen zu einer Verbesserung der Terms of Trade, wenn Angebot und Nachfrage dieses Landes gemessen am Volumen des

Weltmarktes von Bedeutung sind. – Vgl. auch → Handelspolitik, → großes Land, → kleines Land, → Optimalzoll.

**Territorialitätsprinzip** – I. Staatsrecht: Begrenzung der hoheitlichen Wirkungsmöglichkeit auf das Staatsgebiet.

II. Sozialversicherungsrecht: Grundsatz, wonach die Vorschriften über die Versicherungspflicht und die Versicherungsberechtigung nur für Personen gelten, die im Bundesgebiet beschäftigt oder selbstständig tätig sind oder, soweit eine Beschäftigung oder selbstständige Tätigkeit nicht vorausgesetzt wird, ihren Wohnsitz oder gewöhnlichen Aufenthalt im Bundesgebiet haben.

III. Internationales Steuerrecht: Prinzip, nach dem nur auf die im eigenen Land erwirtschafteten Einkünfte (bzw. auf das im eigenen Land liegende Vermögen) Steuern zu erheben sind. Das Territorialitätsprinzip wird bei den Ertragsteuern im Wesentlichen nur im Rahmen der beschränkten Steuerpflicht, also gegenüber Steuerausländern, verfolgt; gegenüber ihren eigenen Bürgern folgen die meisten Staaten statt dessen dem Welteinkommensprinzip. – *Gegensatz*: Welteinkommensprinzip. – Vgl. auch → Außensteuerrecht (AStR), → Internationales Steuerrecht (IStR).

**Teufelskreise der Armut** → Entwicklungshilfe.

**Theorie der komparativen Vorteile** – Von *David Ricardo* entwickelte Theorie des → Freihandels, nach der sich jedes Land auf die Güter konzentrieren sollte, bei denen es über → komparative Vorteile verfügt. – Vgl. → Ricardianisches Modell.

**Theorie des Zweitbesten** – I. Begriff: Die Theorie des Zweitbesten wird im Rahmen der Wohlfahrtsökonomik relevant, wenn das „Erstbeste" in Form des Pareto-Optimums nicht erreichbar ist. Das Optimierungsproblem des Zweitbesten bezieht sich auf eine gesellschaftliche Situation, in der n Bedingungen für das gesamtwirtschaftliche

Wohlfahrtsoptimum mind. eine nicht erfüllt ist. Tritt diese Situation ein, ist es möglich, dass es bei Erfüllung von n-1 Optimalbedingungen nicht zu einer Annäherung an die optimale Situation, sondern zu einer weiteren Verschlechterung der Marktergebnisse kommt. Um dies zu verhindern wird die Theorie des Zweitbesten angewendet.

II. Wettbewerb: In Chamberlins Modell der monopolistischen Konkurrenz führt die Heterogenität der Güter bei gleichzeitiger Offenheit der Märkte zu → Wohlfahrtsverlusten in Form von zunehmenden Überkapazitäten und einer Produktion zu höheren Stückkosten als beim homogenen Polypol. Entsprechend der Theorie des Zweitbesten müssen in diesem Fall Marktschranken errichtet werden, damit wenigstens eine „zweitbeste" Situation erreicht wird. Einschränkend ist hierbei allerdings zu beachten, dass durch Marktschranken neue Probleme in dynamischer Hinsicht entstehen können. – Im Fall des natürlichen Monopols wird anstelle des Pareto-Optimums der vollkommenen Konkurrenz auf das Optimalitätskriterium des Ramsey-Preises abgestellt.

III. Außenhandel: im Zusammenhang mit der → Handelspolitik insofern relevant, als → tarifäre Handelshemmnisse im Prinzip durchaus zur Korrektur von verschiedenen Verzerrungen geeignet sind. Sie sind aber immer nur zweitbeste Maßnahmen, es sei denn, die Verzerrung selbst hat mit dem Handel zu tun. – *Beispiel*: Wenn die Verzerrung darin besteht, dass die gesamtwirtschaftlichen, sozialen Grenzkosten unter dem Preis liegen (etwa wegen positiver externer Effekte), dann kann zwar ein → Zoll zu der gewünschten Ausdehnung der heimischen Produktion führen, er führt aber zugleich auf der Nachfrageseite in Form einer Preiserhöhung über den → Weltmarktpreis eine neue Verzerrung ein. Eine weitere wichtige Erkenntnis der Theorie des Zweitbesten ist, dass eine partielle Beseitigung von Verzerrungen nicht notwendigerweise eine Wohlfahrtsverbesserung bringt. Das im Bereich der Handelspolitik wichtigste Beispiel dafür ist die Errichtung einer → Zollunion oder → Freihandelszone. Dort werden die Handelshemmnisse nur partiell, nämlich zwischen den Partnerländern, abgebaut, während sie gegenüber Drittländern aufrecht bleiben. Es entsteht neben dem Handelsschaffungseffekt (→ Handelsschaffung) auch ein Handelsumlenkungseffekt (→ Handelsablenkung), deren Gesamtwirkung durchaus negativ sein kann.

**Thin Capitalization Rules** – 1. *Bezeichnung* für Regeln zur Bekämpfung der „unzureichenden" Kapitalausstattung von Kapitalgesellschaften, d.h. v.a. zur Abwehr der Gesellschafterfremdfinanzierung. – 2. Die *Problematik* ergibt sich daraus, dass die Erträge von Eigenkapital und Fremdkapital nach den Gepflogenheiten im internationalen Steuerrecht üblicherweise anders behandelt werden: (1) Die Erträge aus Eigenkapital, das man einer Tochterkapitalgesellschaft in einem Land zur Verfügung stellt, sind „Gewinn" und dürfen daher in dem betreffenden Land der Steuer unterworfen werden, (2) die Erträge aus Fremdkapital, das jemand einer Gesellschaft zur Verfügung stellt, stehen steuerlich nach den Doppelbesteuerungsabkommen (DBA) jedoch üblicherweise dem Land des Kapitalgebers zu (Art. 11 OECD-Musterabkommen). Das führt zu der Konsequenz, dass insbesondere Gesellschafter durch die Wahl der Kapitalart, die sie einer Gesellschaft zur Verfügung stellen, indirekt auch wählen dürfen, in welchem Staat der Großteil der erwirtschafteten Gewinne der Steuer unterworfen sein wird. Entscheidet der Investor sich für Eigenkapital, fällt die Steuer im Land der Gesellschaft an, entscheidet er sich für Fremdkapital, fällt sie in seinem eigenen Land an; kombiniert er beides geschickt – z.B. durch Eigenkapitalvergabe an eine Gesellschaft in einem weiteren Land, die das Geld dann als Kredit weiterleitet –, kann er die Steuer sogar in einem dritten, am Geschehen wirtschaftlich völlig unbeteiligten Land anfallen lassen. – 3. Diese Zusammenhänge haben die *Konsequenz*, dass die Konzerne oft versuchen, ihre Tochtergesellschaften vor Ort nur minimal mit Eigenkapital auszustatten und den Rest des Ertragspotenzials über Fremdfinanzierung und Abschöpfung im Wege von Zinszahlungen in Länder umzuleiten, in denen die Steuerbelastung geringer ist. Diese „dünne" Ausstattung mit Kapital wird als *thin capitalization* bezeichnet. – 4. *Abwehrmaßnahmen* gegen diese Gestaltungsmöglichkeit entwickeln, da fast alle Staaten von diesem Modell betroffen sind, nahezu alle Staaten der Erde, jedoch mit unterschiedlichen Ansätzen. Gemeinsam ist diesen Maßnahmen jedoch der grundsätzliche gedankliche Ansatz, dass die Zahlung von Zinsen statt der Erzielung von Gewinnen steuerlich unattraktiv gemacht werden soll; dies geschieht i.d.R. dadurch, dass der Betriebsausgabenabzug für zumindest diejenigen Zinsen verneint wird, die auf Fremdkapital entfallen, das aus der Sicht des betreffenden Staates nicht hätte aufgenommen werden sollen. – 5. *Deutschland* hat das Phänomen zunächst mit den Regelungen gegen die Gesellschafter-Fremdfinanzierung (§ 8a KStG a.F., bis 2007) bekämpft, anschließend durch die Einführung einer allg. prozentualen Obergrenze für den Abzug von Zinszahlungen vom steuerpflichtigen Ertrag (Regelungen zur Zinsschranke, § 4h EStG und §8a KStG n.F.). – 6. Eine *internationale Vereinheitlichung* der Regelungen zur Bekämpfung der thin capitalization fehlt bisher; die nationalen Abwehrmaßnahmen unterscheiden sich daher insbesondere hinsichtlich der angewandten Technik, des Umfangs der unbeanstandet geduldeten Kredite und der Frage, ob nur Kredite von Gesellschaftern oder aber sämtliche Kredite von den Abwehrmaßnahmen erfasst werden sollen.

**Tied Aid** → Lieferbindung.

**Tietmeyer Report** – Bericht des ehemaligen Präsidenten der Deutschen Bundesbank, H. Tietmeyer, zur Stabilität der internationalen Finanzmärkte. Der Bericht erschien im Februar 1999 und enthielt als zentrale

Empfehlung die Schaffung des → Forums für Finanzmarktstabilität (FSF).

**Timeliness** – *Aktualität;* qualitative Anforderung an Rechnungslegungsinformationen nach den → US-GAAP sowie nach den → International Financial Reporting Standards (IFRS). – Vgl. auch → Conceptual Framework und → Framework.

**Todaro-Modell** – *Harris-Todaro-Modell.* 1. *Modell:* H. Todaro will die andauernde Landflucht (→ Migration) trotz fortwährend hoher urbaner Arbeitslosigkeit erklären. Potenzielle Migranten vergleichen die Erträge, die sie im urbanen Bereich, unter Beachtung der Migrationskosten, und im ruralen Bereich zu erwarten haben. – Das Lohndifferenzial zwischen Stadt und Land gibt den *Anreiz zur Migration* (→ struktureller Wandel). Daneben muss die Arbeitslosenquote als entscheidender migrationshemmender Faktor angesehen werden, welcher Auskunft über die subjektive Wahrscheinlichkeit gibt, im modernen Sektor keinen Arbeitsplatz zu finden. Dynamische Migranten mit hoher Leistungsbereitschaft und hohem Humankapital erhoffen sich, mittelfristig im urbanen Sektor einen Arbeitsplatz erobern zu können. Daher ist die Landflucht weitestgehend auf junge Menschen konzentriert, die noch ein längeres Erwerbsleben vor sich haben und eine überdurchschnittliche Bildung aufweisen. – 2. *Wirtschaftspolitische Schlussfolgerungen:* a) Die *Diskrepanz* urbaner-ruraler Beschäftigungsmöglichkeiten muss reduziert werden. Angleichung der Lohnsätze entschärft das Migrationsproblem. – b) *Schaffung* urbaner Arbeitsplätze im Rahmen keynesianischer Beschäftigungspolitik verschärft das urbane Arbeitslosenproblem. Es ergibt sich die paradoxe Situation, dass eine Verbesserung der urbanen Beschäftigungslage höhere Löhne ermöglicht, die kurzfristig positive Beschäftigungswirkungen durch Attrahierung von Migranten aus ruralen Bereichen mit höherer Arbeitslosigkeit konterkarieren. Jeder neue urbane Arbeitsplatz zieht zwei bis

drei Migranten an. – c) *Verbesserung der Bildungsmöglichkeiten* erhöht die Arbeitslosigkeit Unausgebildeter, da der Bildungsstand als Auslesekriterium für die Einstellung von Arbeitskräften herangezogen wird, wodurch Personen mit höherer Schulausbildung eine höhere Beschäftigungschance erhalten. – d) *Lohnsubventionen* im städtischen formellen Sektor wirken kontraproduktiv, da die Attraktivität der Stadt erhöht wird. – e) *Programme* einer → integrierten ländlichen Entwicklung können das Problem der Landflucht lösen, wenn die ökonomische Basis des ländlichen Raumes nachhaltig verbessert wird. Dazu gehört auch eine Verbesserung der ländlichen Infrastruktur (Gesundheitsversorgung, Bildungschancen, Ausbau des Wegenetzes und der Elektrizitäts- und Wasserversorgung sowie kultureller Einrichtungen). – f) *Arbeitsintensive Kleinindustrien* sollen in ruralen Gebieten gefördert werden. – g) Wenn *Mindestlöhne* den Gleichgewichtslohn überschreiten, führt die Faktorpreisverzerrung zu einer unteroptimalen Nutzung knapper Ressourcen. – h) *Arbeitsintensive Technologien* im ländlichen Raum können der Landflucht ebenfalls ursachenadäquat begegnen, sofern auch das Lohndifferenzial zwischen Stadt und Land reduziert wird.

**Tonnagesteuer** – eine seit 1999 eingeführte bes. Form der einkommensteuerlichen Gewinnermittlung für Handelsschiffe im internationalen Verkehr (§ 5a EStG). – 1. *Ermittlung des Gewinns:* Pro Tag, an dem das begünstigte Schiff betrieben worden ist, wird der erzielte Gewinn pauschal festgelegt mit: (1) 0,92 Euro pro je 100 Nettotonnen für die ersten 1.000 Nettotonnen der Tonnage; (2) 0,69 Euro pro je 100 Nettotonnen für den Tonnageanteil zwischen 1.000 und 10.000 Nettotonnen; (3) 0,46 Euro für je 100 Nettotonnen für den Tonnageanteil zwischen 10.000 und 25.000 Nettotonnen; (4) 0,23 Euro/100 Nettotonnen für den über 25.000 Nettotonnen hinausgehenden Anteil der Tonnage. Mit diesen Beträgen sind im Wesentlichen alle Gewinne, auch die aus einer

Veräußerung des Schiffes, abgegolten. – 2. *Begünstigte Schiffe:* Die Schiffe müssen in der überwiegenden Zeit des Wirtschaftsjahrs in einem inländischen Seeschifffahrtsregister eingetragen gewesen sein. Bei Handelsschiffen müssen diese überwiegend zur Beförderung von Personen oder Gütern im Verkehr mit ausländischen Häfen oder zwischen solchen Häfen eingesetzt worden sein; unter bestimmten Voraussetzungen ist auch die Vercharterung begünstigt. Andere Arten von Seeschiffen außer Handelsschiffen müssen im Wirtschaftsjahr überwiegend außerhalb der dt. Hoheitsgewässer zum Schleppen, Bergen oder Aufsuchen von Bodenschätzen oder der Vermessung von Energielagerstätten unter dem Meeresboden eingesetzt worden sein. – 3. *Begünstigte Steuerpflichtige:* Die Tonnagesteuer ist nur für Steuerpflichtige möglich, die den Gewinn durch Bilanzierung ermitteln, und tritt nur auf Antrag an die Stelle der normalen Besteuerungsregelungen. Es ist jeweils für einen Zeitraum von zehn Jahren einheitlich und unwiderruflich zu entscheiden, ob die normale Gewinnermittlung oder die Anwendung der Tonnagesteuer gewünscht werden; der erste Zehnjahreszeitraum beginnt in dem Jahr, in dem das Schiff in Dienst gestellt wird (Anschaffungsjahr). – 4. *Wechsel von der normalen Gewinnermittlung hin zur Tonnagesteuer oder umgekehrt:* Beim Eintritt in die Tonnagesteuer sind die stillen Reserven in den betroffenen Schiffen festzustellen und über die nächsten fünf Jahre mit mind. einem Fünftel zu versteuern. Scheidet das Schiff vorher aus dem Betriebsvermögen aus oder erfüllt es nicht mehr die Voraussetzungen für die Tonnagesteuer, so sind die stillen Reserven ggf. früher aufzudecken, sofern kein Ersatzwirtschaftsgut beschafft wird. Beim Wechsel zurück zu den normalen Gewinnermittlungsregeln sind die betroffenen Schiffe mit ihrem Teilwert anzusetzen, sodass die in der Zeit der Tonnagesteuer gebildeten stillen Reserven unversteuert (bzw. durch die Pauschalsätze abgegolten) bleiben. – 5. *Beurteilung:* Die Einführung

der Tonnagesteuer diente dem Ziel, die entsprechenden dt. Unternehmen international wettbewerbsfähiger zu machen. Die Regelung wird in der Literatur unter verfassungsmäßigen Gesichtspunkten und als versteckte Subvention kritisiert. Europarechtlich soll die Tonnagesteuer trotz ihres Subventionscharakters wegen der Genehmigung durch die EU-Kommission unproblematisch sein. – 6. *Andere Länder* kennen teilweise ebenfalls eine Tonnagesteuer.

**Totalitätsprinzip** → Außensteuerrecht (AStR), → Internationales Steuerrecht (IStR).

**Transaction Exposure** → Exposure.

**Transaktionswert (einer Ware) –** 1. *Begriff:* gem. Art. 29 Zollkodex (ZK) der vom Käufer bei Ausfuhr ins → Zollgebiet der EU gezahlte oder zu zahlende Kaufpreis, ggfs. nach Berichtigungen gem. Art. 32 und 33 ZK. – 2. *Merkmale:* Der Zollkodex kennt in Übernahme des GATT-Zollwertrechts sechs Methoden zur Bestimmung des → Zollwerts einer Ware. Die häufigste ist die Transaktionswertmethode. Ausgangspunkt für die Zollwertbestimmung ist der Kaufpreis. Dieser ist zu berichtigen, wenn wichtige Elemente fehlen. – 3. *Andere Methoden:* Fehlt bei einer Ware ein Transaktionswert kommen gem. Art. 30, 31 ZK 5 andere Methoden in strenger Reihenfolge zur Anwendung. Praktisch bedeutsam ist davon allein die Schlussmethode bei der vereinfacht gesagt in flexibler Anwendung der Vormethoden der Wert geschätzt wird. Orientierungsmaßstab kann dabei eine Pro-Forma-Rechnung sein. – 4. *Ziele:* Bei der Bestimmung des Zollwertes geht es nicht um letzte Gerechtigkeit, sondern um Handhabbarkeit. Wie im Umsatzsteuerrecht orientiert man sich deshalb an der Preisabsprache der Parteien. Skonti werden im Rahmen des Handelsüblichen anerkannt. Bezugspunkt für die Bestimmung des Transaktionswertes ist der Ort des Verbringens der Ware ins → Zollgebiet der EU gem. Art. 163 ZK-DVO. Deshalb sind u.a. entsprechend der Incoterms Beförderungskosten hinzu- oder herauszurechnen.

**Transfer** → internationale Transfers, Lerntransfer.

**Transferabkommen** – zwischenstaatliche Vereinbarung über die Abwicklung des internationalen Zahlungsverkehrs, und zwar über den Umfang von Zahlungen an das Ausland außerhalb des Warenverkehrs. → Transferabkommen können getroffen werden: (1) zwischen zwei Ländern; (2) zwischen einer Mehrzahl von Ländern, die sich zu einer → Zahlungsunion zusammenschließen.

**Transferklausel** – in internationalen Schuldenabkommen die Vereinbarung, dass das Schuldnerland Zinsen- und Tilgungsdienst unterbrechen kann, wenn der Transfer der fälligen Beträge seine → Zahlungsbilanz ungewöhnlich belastet oder aus anderen Gründen nicht möglich ist.

**Transfermechanismus** – I. Begriff: Der Transfermechanismus beschreibt, wie und in welchem Umfang ein Kapitaltransfer (→ internationale Kapitalbewegungen) bei → festen Wechselkursenzu einem realen Transfer (Realtransfer) führt, d.h. entsprechende Waren- und Dienstleistungsbewegungen nach sich zieht. Gewährt z.B. das Inland einem anderen Land einen Kredit, lautet also die Frage, inwieweit es daraufhin zu einem entsprechenden Leistungstransfer aus dem Inland ins Ausland kommt. Diese Frage wird einerseits unter klassischen und andererseits unter keynesianischen Annahmen diskutiert.

II. Klassischer Transfermechanismus: Ihm liegen v.a. folgende wichtige *Prämissen* zugrunde: Vollbeschäftigung aller Produktionsfaktoren, keine realen Multiplikatorwirkungen, Übereinstimmung von geplantem Sparen und geplanter Investition, Änderungen der Geldmenge durch geldpolitische Maßnahmen finden nicht statt. In diesem Fall bedingt die Bereitstellung von Mitteln für den monetären Transfer eine Einschränkung der Gesamtausgaben im Inland; da diese sowohl für Inlands- als auch – nach Maßgabe der → marginalen Importquotefür Auslandsgüter getätigt werden, sinken die Importe des Inlands. Analog steigen die Gesamtausgaben im Ausland; da diese ebenfalls z.T. für Importgüter getätigt werden, steigen die Importe des Auslands, die Exporte des Inlands darstellen. Im Inland ist also eine Importminderung und eine Exportzunahme eingetreten, beides zusammen ergibt den *Realtransfer*. Dessen Höhe hängt von den marginalen Importquoten des In- und Auslands ab; beträgt deren Summe 1, entsprechen Exportzuwachs und Importminderung im Inland genau dem Kapitalexport, d.h. der reale Transfer ist *vollkommen*.Ist die Summe kleiner oder größer als 1, entspricht der Realtransfer zunächst nicht dem Kapitalexport, es verschieben sich jedoch die Preisrelationen zwischen In- und Ausland, sodass es letztlich doch zu einem Ausgleich kommen kann: Ist die genannte Summe z.B. kleiner als 1, d.h. der Realtransfer kleiner als Kapitalexport, werden im Inland Gesamtausgaben und Geldmenge kleiner sein (im kreditnehmenden Ausland größer) als im Ausgangszustand, d.h. im Inland ergibt sich eine Preisniveausenkung, im Ausland eine -zunahme. Dies wirkt im Inland exportfördernd und importhemmend, sodass sich der Leistungsbilanzsaldo des Inlands solange verbessern dürfte, bis der reale dem monetären Transfer entspricht. Ist die genannte Summe größer als 1, tritt analog die umgekehrte Wirkungskette ein.

III. Keynesianischer Transfermechanismus: Er unterscheidet sich im Wesentlichen durch die *Annahmen,*dass Multiplikatorprozesse im In- und Ausland wirksam sind sowie dass der Kapitalexport im Inland (z.T. oder sogar vollständig) aus Enthortung oder Geldschöpfung finanziert und im kreditnehmenden Ausland (z.T. sogar vollständig) zur Hortung verwendet werden kann. Je nach unterstellter Konstellation ergeben sich dementsprechend vom klassischen Transfermechanismus mehr oder weniger stark *abweichende Ergebnisse*. Dass sich Kapitalexport und Realtransfer genau entsprechen, ist hier nur unter sehr restriktiven Prämissen zu erwarten. *Kritisch* wird zum keynesianischen Transfermechanismus u.a. angeführt, dass in der Realität die Möglichkeit besteht, den Kreditbetrag im Inland auch durch Reduzierung der Importe aufzubringen sowie ihn im Ausland unmittelbar zur Erhöhung der dortigen Importe zu verwenden; in derartigen Fällen dürfte die Wahrscheinlichkeit, dass der *Realtransfer dem Kapitalexport exakt entspricht*, steigen.

**Transfermoratorium** – einseitige Einstellung des Transfers durch das Schuldnerland. Die Verpflichtungen gegenüber ausländischen Gläubigern werden durch Transfermoratorien nicht annulliert, sondern bestimmten Regelungen über den Zeitpunkt des Wiedereinsetzens der (voll oder zeitweise) zu entrichtenden Transferleistungen unterworfen.

**Transferpreis** – 1. *Begriff:* Preis, der der Bewertung von grenzüberschreitenden Lieferungen und Leistungen zwischen Konzerngesellschaften dient. Ihrem Wesen nach sind Transferpreise *Verrechnungspreise*, da Konzerngesellschaften im Verhältnis zueinander keine selbstständigen Marktparteien sind; sie werden i.d.R. jedoch in Höhe der *Marktpreise* angesetzt, entsprechend wichtigen unternehmensinternen Zielen im Hinblick auf die als Profitcenter agierenden Konzerngesellschaften (Ressourcenlenkung, Erfolgsermittlung) sowie unternehmensexternen, bes. fiskalischen Interessen. – 2. *Steuerliche Reglementierung:* Gemäß § 1 AStG sind Entgelte für grenzüberschreitende Leistungen zwischen verbundenen Gesellschaften so zu bemessen wie zwischen unabhängigen Marktparteien (Fremdvergleichsgrundsatz). – *Zur Überprüfung der Angemessenheit von Transferpreisen angewandte Verfahren* seitens der Finanzverwaltung: a) *Preisvergleichsmethode* (Comparable Uncontrolled Price Method): (1) Äußerer Preisvergleich (allg. Marktpreise). (2) Innerer Preisvergleich (betriebsindividuelle Preisstellung gegenüber Dritten). – b) *Wiederverkaufspreismethode* (Resale Price Method): Vom Wiederverkaufspreis an einen unabhängigen Dritten wird auf den Preis vorhergehender konzerninterner Lieferungen zurückgerechnet. – c) *Kostenaufschlagsmethode* (Cost Plus Method): Kosten der liefernden Einheit werden betriebs- oder branchenübliche Gewinnzuschläge hinzugerechnet. Entspricht der Transferpreis nicht dem so ermittelten Preis, berichtigt die Finanzverwaltung die Einkünfte des Steuerpflichtigen. Dabei wird zunächst eine Korrektur nach den Grundsätzen über verdeckte Gewinnausschüttungen und verdeckte Einlagen vorgenommen; bleibt der Gewinn auch danach unangemessen niedrig, greift die Korrektur nach § 1 AStG ein. – 3. *Bedeutung:* Trotz steuerlicher Reglementierung verbleibt ein gewisser Spielraum, um finanziell Not leidende Tochtergesellschaften zu subventionieren oder Gewinntransferbeschränkungen zu umgehen; dies gilt bes. für die Bewertung immaterieller Güter wie Lizenzen, Managementleistungen u.Ä. – 4. *In den letzten Jahren* wurden insbesondere auch die Vorschriften zum Berichtigungsbetrag bei unangemessenen Preisen im grenzüberschreitenden Geschäftsverkehr mit nahe stehenden Personen verschärft. Insbesondere § 1 III AStG (Bewertungstechniken) wurde vollständig überarbeitet. – Vgl. auch → Verrechnungspreis.

**Transferpreisforum** – *Verrechnungspreisforum;* Ein Gremium von Steuerrechtsexperten, das die Kommission der Europäischen Union berät in Fragen der Steuerpolitik bei den Verrechnungspreisen. Das Forum wurde 2002 von der Kommission offiziell eingerichtet, sein Mandat wurde 2006/07 um weitere fünf Jahre verlängert; es arbeitet konsensorientiert Empfehlungen aus zu einzelnen Fragen im Zusammenhang mit der Festlegung von Transferpreisen bei Geschäftsbeziehungen zwischen verbundenen Unternehmen. Das Gremium setzt sich aus je einem Sachverständigen aus der Steuerverwaltung eines jeden Mitgliedsstaats sowie 15 Sachverständigen aus der Privatwirtschaft zusammen, Vertreter der Bewerberländer und des OECD-Sekretariats können als Beobachter teilnehmen. Die Beschlüsse des Forums sind für die

Mitgliedsstaaten nicht rechtsverbindlich, sondern haben Empfehlungscharakter. Bisher hat das Forum Leitlinien erarbeitet für die Anwendung des europäischen Schiedsverfahrens, die Dokumentation von Transferpreisen und die Vorabauskunft zur Angemessenheit beabsichtigter Transferpreisen.

**Transferproblem** – behandelt die Frage, ob die Zahlung monetärer → internationaler Transfers (z.B. Reparationszahlungen nach einem Friedensvertrag) auch im selben Maße einen *realen* Transfer involvieren. – *Erläuterung*: Im Ausmaß einer Transferzahlung von Land A nach Land B verringern sich auf die eine oder andere Weise das Einkommen oder die Vermögenswerte (allgemeiner: die Kaufkraft) der Wirtschaftssubjekte in Land A zugunsten jener des Landes B. Dies ist dann in vollem Umfang mit einem realen Transfer verbunden, wenn sich die Handelsbilanz des zahlenden Landes (empfangenden Landes) genau im Ausmaß der Transferzahlung verbessert (verschlechtert). – *Determinanten*: Bei gegebenem Einkommen hängt die Auswirkung des Transfers auf die Handelsbilanz davon ab, wie sich die Veränderung der *Kaufkraft* in den beiden Ländern in der Absorption von Gütern niederschlägt. Wenn der Realtransfer geringer als die Transferzahlung ist, so bedeutet dies natürlich lediglich eine *Verschiebung der realen Last des Transfers in die Zukunft*, denn dem gebenden Land erwächst im Ausmaß der Differenz zwischen Transferzahlung und Realtransfer eine Verpflichtung gegenüber dem Ausland (→ Kapitalimport).

**Transithandelsgeschäfte** – 1. *Begriff* des → Außenwirtschaftsrechts: Geschäfte, bei denen außerhalb des → Wirtschaftsgebietes befindliche Waren oder in das Wirtschaftsgebiet abgefertigte Waren durch → Gebietsansässige von → Gebietsfremden erworben und an Gebietsfremde veräußert werden (Legaldefinition in § 4c Nr. 8 → Außenwirtschaftsverordnung (AWV)); ihnen stehen Rechtsgeschäfte gleich, bei denen diese Waren vor der Veräußerung an Gebietsfremde an andere

Gebietsansässige veräußert werden. – 2. *Beschränkungen*: Die Veräußerung der in Teil I der → Ausfuhrliste genannten Waren im Rahmen eines Transithandelsgeschäft bedarf der Genehmigung, gemäß § 40 I AWV. – 3. Für *Zahlungen* im Zusammenhang mit Transithandelsgeschäften gelten i.Allg. die Vorschriften des internationalen Zahlungsverkehrs (§ 66 AWV).

**Transithändler** – *Transiteur*; Transithandel betreibende Person; Transithandelsgeschäfte sind legal definiert in § 4c Nr. 8 → Außenwirtschaftsverordnung (AWV). Zahlungen im Transithandel sind meldepflichtig nach § 66 AWV.

**Transitlager** → Zolllager oder Lager in einer → Freizone (z.B. Freihafen), in dem Waren lagern, die später in ein drittes Land wiederausgeführt werden sollen (Transithandel).

**Translation Exposure** → Exposure.

**Treaty Override** – 1. *Begriff*: Im internationalen Steuerrecht die gängige Bezeichnung für eine Regelung, mit der ein Steuergesetzgeber sich über die bestehenden völkerrechtlichen Verpflichtungen aus einem → Doppelbesteuerungsabkommen (DBA) oder einem anderweitigen internationalen Vertrag völkerrechtswidrig hinwegsetzt. – 2. *Funktionsweise*: Nach deutscher Rechtslehre ist ein Treaty Override rechtstechnisch möglich, weil völkerrechtliche Verträge der Bundesrepublik innerstaatlich nur dadurch zu verbindlichem Recht werden, weil der Bundestag durch ein Zustimmungsgesetz befiehlt, dem jeweiligen Vertrag zu folgen. Da dieses Zustimmungsgesetz verfassungsrechtlich ein ganz normales Gesetz ist, können die in ihm enthaltenen Regelungen ebenso wie bei die Regelungen eines jeden anderen Gesetzes durch spätere entgegenstehende Anweisungen des Bundesgesetzgebers wieder ganz oder teilweise aufgehoben werden (späteres Gesetz bricht früheres Gesetz, Sonderregelung verdrängt Grunderegelung). Da Behörden und Gerichte innerstaatlich an die gültigen dt. Gesetze gebunden sind, ist der Treaty Override also zwar ein

Bruch der völkerrechtlichen Verpflichtungen, innerstaatlich aber zwingendes Recht. – 3. *Häufigkeit*: ein Treaty Override stellt auch in der Praxis eine Seltenheit dar. § 2 AO stellt klar, dass völkerrechtliche Verträge, die der Bundestag durch Zustimmungsgesetz für innerstaatlich gültig erklärt hat, im Regelfall als Spezialregelung den Vorrang vor den Steuergesetzen haben sollen. An dieser Anweisung des Gesetzgebers kommt man nur dort vorbei, wo der Gesetzgeber selbst beim Erlass einer Regelung eindeutig kenntlich gemacht hat, dass er sich über die Bestimmungen der Doppelbesteuerungsabkommen hinwegsetzen möchte. – 4. *Beispiele*: die Regelung im → Außensteuergesetz (AStG), wonach gegenüber Betriebsstätten deutscher Steuerpflichtiger in → Niedrigsteuerländern statt der → Freistellungsmethode vertragswidrig die → Anrechnungsmethode angewandt werden soll, soweit die Betriebsstätte passive Einkünfte erzielt (§ 20 II AStG); die Bestimmung, dass die Freistellung für im Ausland erzielte Lohneinkünfte eines Arbeitnehmers verweigert werden soll, wenn dieser nicht die ordnungsgemäße Versteuerung im anderen Vertragsstaat nachweisen kann (§ 50d VIII EStG) und einige andere spezielle Fallkonstellationen, in den Vorteile aus einem Doppelbesteuerungsabkommen vertragswidrig verweigert werden sollen (§ 50d III EStG, § 50d IX EStG). – 5. *Verhältnis zum EG-Recht*: Gegenüber den Verpflichtungen, die sich aus dem EG-Vertrag und allen abgeleiteten Rechtsakten ergeben (EG-Richtlinien, EG-Verordnungen), ist ein rechtlich wirksamer Treaty Override unmöglich, da sich alle Mitgliedsstaaten der EU verpflichtet haben, den Anwendungsvorrang des EG-Rechts vor jeder nationalen Vorschrift, selbst vor nationalem Verfassungsrecht, anzuerkennen.

**Trickle-down-Effekte** – *Durchsickereffekte*; über Kapitaltransfers ausgelöste Wachstumsprozesse sickern auch auf die Lebensverhältnisse der Masse der armen Bevölkerung durch. Ihr Ausbleiben hat zur Entwicklung von Strategien zur Armutsbekämpfung beigetragen.

**TRIPS-Abkommen** – *Agreement on Trade-Related Aspects of Intellectual Property Rights*; Abk. für das im Rahmen der → Uruguay-Runde des GATT am 15.4.1994 geschlossene Übereinkommen über handelsbezogene Aspekte der Rechte des geistigen Eigentums (BGBl. II 1730), dem nicht nur die Mitgliedsstaaten der EU, sondern auch die EU selbst angehört. Seit 1.1.1995 in Kraft. Es ist Bestandteil des WTO-Abkommens und für alle WTO-Mitglieder verbindlich. Seine Bedeutung liegt v.a. darin, dass es das materielle Recht der Pariser Verbandsübereinkunft zum Schutz des gewerblichen Eigentums (PVÜ) auf WTO-Mitglieder erstreckt, die (noch) nicht Mitglieder der PVÜ sind (Art. 2 TRIPS). Für das GATT-Abkommen ist durch den Europäischen Gerichtshof entschieden, dass es im Rahmen der EU keine subjektiven Rechte der Gemeinschaftsbürger begründet, die Gemeinschaftsorgane aber beim Erlass sekundären Gemeinschaftsrechts bindet. Demgegenüber erkennt TRIPS die Immaterialgüterrechte ausdrücklich als private Rechte an und begründet für die Mitgliedsstaaten die Pflicht, im Bereich der gewerblichen Schutzrechte und Urheberrechte Mindeststandards in ihr Recht aufzunehmen und die in dem Abkommen festgelegte Behandlung den Angehörigen der anderen Mitgliedsstaaten zu gewähren (Art. 1); bestehende internationale Abkommen wie die PVÜ und die im Rahmen der → WIPO geschlossenen Abkommen werden nicht außer Kraft gesetzt und von den Verpflichtungen aus dem TRIPS-Abkommen nicht berührt. Das Abkommen schafft damit kein einheitliches internationales materielles Recht, sondern folgt dem → Territorialitätsprinzip und dem Prinzip der Harmonisierung der nationalen Rechtsordnungen nach festgelegten Standards. Es enthält dazu Vorschriften über Urheberrechte und verwandte Schutzrechte (Art. 9 f.), Marken und geografische Angaben (Art. 15 f., 22 f.), gewerbliche Muster und Modelle (Art.

25 f.), Patente (Art. 27 f.), Topografien von integrierten Schaltkreisen (Art. 35 f.), über den Schutz des Know-how (Art. 39) und zur Kontrolle wettbewerbswidriger Praktiken in Lizenzverträgen (Art. 40). Daneben befinden sich Vorschriften zum Rechtsschutz (Art. 41 f.).

**True and Fair View** – Anforderung an Rechnungslegungsdaten, ein den tatsächlichen Verhältnissen entsprechendes Bild von der Vermögens-, Finanz- und Ertragslage des Unternehmens zu vermitteln. – Vgl. auch → Framework.

**Two-Gap-Modell** – auf kreislauftheoretischen Überlegungen aufbauendes Kapitalbedarfsmodell, das aufzeigt, in welchem Umfang einzelne Entwicklungsländer auf Auslandshilfe angewiesen sind, um bestimmte entwicklungspolitische Ziele zu realisieren. Zur → Ersparnislücke kommt eine handelsbilanzinduzierte Devisenlücke, die nur mithilfe von → Kapitalhilfe geschlossen werden kann.

# U

**Übereinkommen der Vereinten Nationen über Verträge über den internationalen Warenkauf** – *United Nations Convention on Contracts for the International Sale of Goods (CISG), UN-Kaufrecht, Wiener Kaufrechtsübereinkommen;* eines der wichtigsten internationalen Abkommen auf dem Gebiet des internationalen Warenverkehrs. Es gehört zu den von den Vereinten Nationen (UN) ins Leben gerufenen Vereinbarungen. Bisher sind weltweit 74 Staaten diesem Übereinkommen beigetreten; seit 1991 gilt es unmittelbar in der Bundesrepublik Deutschland (Bekanntmachung vom 23.10.1990 (BGBl. II 1477)). Bei Kaufverträgen zwischen Angehörigen dieser Staaten gilt grundsätzlich das UN-Kaufrecht. Das Übereinkommen lässt aber den beigetretenen Staaten die Möglichkeit, einzelne seiner Vorschriften zu modifizieren. Auch ist es den Vertragsparteien gestattet, seine Anwendung auszuschließen. Es deckt nicht alle relevanten Gebiete des internationalen Kaufs ab; nicht geregelt sind z.B. die wichtigen Rechtsfragen der Gültigkeit des Vertrages und einzelner Vertragsklauseln, des Eigentumsübergangs und Eigentumsvorbehalts sowie der Produkthaftung des Verkäufers.

**Überlassung** – der Ware durch die Zollstelle ist ein Begriff des EU-Zollrechts (Art. 73 ff. ZK). Mit der Überlassung endet die vorübergehende Verwahrung, das → Zollverfahren beginnt. Damit steht die Ware noch nicht automatisch zur freien Verfügung des Anmelders. Das setzt die Überlassung in den freien Verkehr voraus. Die Zollstelle überlässt Waren, wenn sie festgestellt hat, dass ein Zoll oder andere Abgaben nicht zu erheben sind, oder wenn Abgaben zu erheben sind, der geschuldete Abgabenbetrag gezahlt, aufgeschoben oder gestundet ist. Zusätzlich dürfen → Verbote und Beschränkungen nicht entgegenstehen.

**Überschießen des nominellen Wechselkurses** – Der → Wechselkurs reagiert kurzfristig auf einen *exogenen Schock* (z.B. Geldpolitik) stärker als langfristig. Dies kommt typischerweise dann zustande, wenn die Wirtschaft auf einzelnen Märkten durch *Trägheiten* gekennzeichnet ist, und wenn ein hohes Ausmaß an → internationaler Kapitalmobilität vorliegt. Typisches Beispiel ist eine kurzfristige *Preisstarrheit* auf den Gütermärkten, bei perfekt flexiblen Zinssätzen und Wechselkursen (→ Dornbusch-Modell). Überschießen des nominellen Wechselkurses kann aber auch auftreten, wenn die Produktion bei konstanten Güterpreisen nur träge auf Nachfrageveränderungen reagiert. Überschießende Wechselkurse sind allerdings auch bei solchen Asymmetrien in den Anpassungsgeschwindigkeiten nicht für jede exogene Veränderung zwingend. Sie sind typisch für *monetäre Veränderungen*, weit weniger charakteristisch für realwirtschaftliche Schocks (Technologie-, Nachfrage-Änderung). Überschießen des nominellen Wechselkurses ist auch ohne Preis- oder Mengenträgheiten möglich, und zwar im Zuge von *Bestandsanpassungsprozessen*. – Vgl. auch → Wechselkurstheorie, → Zahlungsbilanzausgleich, → Overshooting.

**überseeische Länder und Gebiete** – Abk. *ÜLG; 1. Beschreibung:* außerhalb des europäischen Kontinents gelegene europäische Länder oder Hoheitsgebiete, die zum Staatsgebiet eines der Mitgliedsstaaten der → EU gehören oder einen ähnlichen Status haben und damit zur EU „besondere Beziehungen" unterhalten (d.h. ehemalige Kolonien, Treuhandgebiete oder Übersee-Departements). Die Überseeischen Länder und Gebiete sind gemäß Art. 198 AEUV und Anhang II AEUV der EU assoziiert (→ Assoziierungsabkommen); deren strukturbedingte soziale und wirtschaftliche Entwicklung ist durch die Herstellung enger Wirtschaftsbeziehungen untereinander sowie mit der gesamten EU zu fördern. Wirtschaftliche Nachteile ergeben sich insbesondere aus deren Abgelegenheit, Insellage, geringe Größe, schwierige Klimabedingungen und wirtschaftliche Abhängigkeit von einigen wenigen Erzeugnissen. Es handelt sich um ÜLG der EU-Mitgliedsstaaten *Dänemark, Frankreich, Niederlande und Großbritannien*. Darüber hinaus gilt der AEUV direkt für bestimmte ÜLG nach Art. 349 AEUV. – 2. *Assoziierte ÜLG* (Art. 198 AEUV, Anhang II): Grönland (Dänemark, Art. 204 AEUV); Neukaledonien und Nebengebiete, Französisch-Polynesien, Französische Süd- und Antarktis-Gebiete, Wallis und Futuna (Überseeische Gebiete der Republik Frankreich); Mayotte, Saint-Pierre-et-Miquelon (Collictivtiés terreroriales der Republik Frankreich), Saint-Barthélemy; Aruba, Niederländische Antillen – Bonaire, Curaçao, Saba, Sint Eustatius, Sint Maarten (Niederlande); Anguilla, Kaimaninseln, Falklandinseln, Südgeorgien und südliche Sandwich-Inseln, Montserrat; Pitcairn, St. Helena und Nebengebiete, Britisches-Antarktis-Territorium, Birtische Territorien im Indischen Ozean, Turks- und Caicos-Inseln (Britische Jungferninseln, Bermuda (Großbritannien). – 3. *ÜLG, in denen der AEUV direkt gilt (Art. 349 AEUV):* Åland Inseln (Finnland), Azoren (Portugal), Madeira (Portugal), Kanarische Inseln (Spanien), Französische überseeische Departements: Guadeloupe, Französisch-Guayana, Martinique, Réunion und Saint-Martin (Frankreich). – 4. *Keine ÜLG sind nach Art. 355 V AEUV:* Färöer (ehem. Dänemark), Kanalinseln Alderney, Guernsey, Insel Man (Großbritannien). – 5. *Zollabfertigung:* Für die ÜLG gelten bes. Bedingungen. I.d.R. gilt die 6. MWSt-RL nicht für die ÜLG, in denen der EUV und AEUV nach Art. 52 EUV direkt gilt. Alle anderen ÜLG, die nach Art. 198 AEUV assoziiert sind, gelten als *Drittländer*. Im letzteren Fall ist eine → Ausfuhranmeldung abzugen, → Einfuhrzoll bei der → Einfuhr in die EU ist zu zahlen.

**Übertragung** → internationale Transfers.

**Übertragungsbilanz** – I. Internationale Wirtschaftsbeziehungen: → Zahlungsbilanz, → Bilanz der laufenden Übertragungen, → Vermögensübertragungen.

II. Handels-/Steuerrecht: Sonderbilanz, die bei der Umwandlung zweier oder mehrerer Rechtsträger aufzustellen ist. – Vgl. auch Umwandlungsbilanz.

**UCPTE** – *Union for the Coordination of the Production and Transport of Electric Power, Union für die Koordinierung der Erzeugung und des Transports elektrischer Energie;* gegründet am 23.5.1951 in Paris auf Empfehlung des Ministerrats der → OEEC. Seit 1.7.1999 abgelöst durch die Nachfolgeorganisation → UCTE.

**UCTE** – *Union for the Coordination of the Transmission of Electricity, Union für die Koordinierung des Transportes elektrischer Energie;* Nachfolgeorganisation der → UCPTE (seit 1.7.1999). Koordiniert die Interessen der Übertragungsnetzbetreiber in verschiedenen europäischen Ländern. Gemeinsames Ziel ist die Gewährleistung des sicheren Betriebes des europäischen Verbundnetzes. Im Unterschied zu ihrer Vorgängerorganisation konzentriert sich die UCTE auf die Interessen der Übertragungsnetzbetreiber. Sie trägt außerdem den Erfordernissen der Binnenmarktrichtlinie zu den Elektrizitätsmärkten in der EU Rechnung. Die UCTE ist eines der Gründungsmitglieder von → ETSO.

**UDEAC** – Abk. für *Union Douanière et Economique de l'Afrique Central, Zentralafrikanische Zoll- und Wirtschaftsunion;* → CACEU.

**UEAPME** – *Union Européenne de l'Artisanat et des Petites et des Moyennes Entreprises, European Association of Craft, Small and Medium-sized Enterprises, Europäische Union des Handwerks und der Klein- und Mittelbetriebe;* wichtigster europäischer Verband zur Interessenvertretung des Handwerks sowie der kleinen und mittleren Unternehmen. Entstand 1979 als Zusammenschluss verschiedener europäischer Interessenverbände vornehmlich aus Mitgliedsländern der EU. Ziele sind Information der Mitglieder über europäische Politik, Koordinierung nationaler Aktivitäten, Lobbyarbeit bei der EU für die Interessen der Mitgliedsverbände. Aus Deutschland ist u.a. der Zentralverband des deutschen Handwerks (ZDH) Mitglied in der UEAPME.

**UFI** – Abk. für → Union des Foires Internationales.

**ÜLG-Staaten** → Überseeische Länder und Gebiete.

**umschlagende Faktorintensitäten** – Veränderung der Faktorkombination bzw. Rangfolge der Faktorintensitäten bei der Produktion eines Gutes. Umschlagende Faktorintensitäten liegen z.b. vor, wenn bei steigendem Preis des Faktors Arbeit (relativ zum Faktor Kapital) ein Gut A, das zunächst mit relativ mehr Arbeit als ein Gut B erzeugt wurde, nach Überschreitung eines bestimmten Preisverhältnisses mit relativ mehr Kapital als Gut B produziert wird. Umschlagende Faktorintensitäten können die Richtung des Handels beeinflussen. – Vgl. auch → Leontief-Paradoxon.

**Umschuldung** – Durch Umschuldung werden bei Zahlungsunfähigkeit des Schuldners eigentlich fällige Verbindlichkeiten umstrukturiert, indem zwischen Gläubiger und Schuldner z.B. längere Fälligkeiten, niedrigere Zinsen oder tilgungsfreie Zeiten vereinbart werden. Umschuldungen können auf privatwirtschaftlicher Ebene ebenso stattfinden wie zwischenstaatlich. Bei privaten Kreditnehmern wird die Umschuldung häufig genutzt, um mehrere Kreditverpflichtungen zusammenzufassen und so die gesamte Finanzierung neu zu ordnen. Abgesehen von der unmittelbaren finanzwirtschaftlichen Entlastung machen Umschuldungen nur Sinn, wenn eine Lageverbesserung für den Schuldner abzusehen ist. Andernfalls ist die Notwendigkeit einer weiteren Umschuldung absehbar. Bei Umschuldungen mit Staaten als Schuldnern (meist → Entwicklungsländer) verhandeln die staatlichen Gläubiger meist im → Pariser Club, private Gläubiger (meist Banken) im → Londoner Club. – Vgl. auch → Auslandsverschuldung, → Schuldenerlass.

**Umwandlung** – I. Handelsrecht: 1. *Begriff:* Umwandlung ist die Veränderung der Rechtsform eines Unternehmens ohne Liquidation mit Herbeiführung einer Gesamtrechtsnachfolge. – *Mögliche Gründe:* Änderungen der Steuergesetze, Einführung von Publizitäts- und Prüfungspflichten, Mitbestimmungsregelungen, Erbfälle, Kapitalbeschaffungsprobleme, Interesse an einer Änderung der bestehenden Geschäftsführungs- und Haftungsregelungen. – 2. Die Umwandlung ist im Umwandlungsgesetz vom 28.10.1994 (BGBl. I 3210), m.spät.Änd., geregelt. – 3. *Arten:* a) *Verschmelzende Umwandlung (Verschmelzung):* Übertragung der Vermögensgegenstände und Schulden eines oder mehrerer bestehender Rechtsträger ohne Liquidation im Wege der Gesamtrechtsnachfolge auf einen bereits bestehenden bzw. auf einen zu diesem Zweck neu gegründeten Rechtsträger gegen Gewährung von Anteilen oder Mitgliedschaftsrechten des übernehmenden oder neuen Rechtsträgers an die Anteilsinhaber der übertragenden Rechtsträger als Gegenleistung, vgl. § 2 UmwG (Verschmelzung). – b) *Spaltung:* Ein übertragender Rechtsträger kann unter eigener Auflösung bzw. unter Weiterbestehen sein Vermögen aufspalten durch die drei näher in § 123 UmwG geregelten und beschriebenen Unterarten der Spaltung, der Aufspaltung, der Abspaltung und der Ausgliederung. Als Gegenleistung erfolgt auch hier die Gewährung von Anteilen oder Mitgliedschaftsrechten des übernehmenden oder neuen Rechtsträgers an die Anteilsinhaber des übertragenden Rechtsträgers. – c) → Vermögensübertragung: Ein übertragender Rechtsträger kann unter eigener Auflösung bzw. – in Abhängigkeit von der gewählten Unterform – unter Weiterbestehen sein Vermögen ganz (sog. *Vollübertragung*) oder teilweise (sog. *Teilübertragung*) auf einen anderen Rechtsträger

**Umwandlung**

| form-wechselnder Rechtsträger | Träger neuer Rechtsform | | | | | | |
|---|---|---|---|---|---|---|---|
| | GbR | Personen-handels-gesellschaft | Partner-schafts-gesellschaft | GmbH | AG | KGaA | e. G. |
| Personen-handels-gesellschaft | § 190 II | § 190 II | – | §§ 214–225 | §§ 214–225 | §§ 214–225 | §§ 214–225 |
| Partner-schafts-gesellschaft | – | – | §§ 226, 228–237 | §§ 225a–225c | §§ 225a–225c | §§ 225a–225c | §§ 225a–225c |
| GmbH | §§ 226, 228–237 | §§ 226, 228–237 | §§ 226, 228–237 | – | §§ 226, 238–250 | §§ 226, 238–250 | §§ 228, 251–257 |
| AG | §§ 226, 228–237 | §§ 226, 228–237 | §§ 226, 228–237 | §§ 226, 238–250 | – | §§ 226, 238–250 | §§ 226, 251–257 |
| KGaA | §§ 226–237 | §§ 226–237 | §§ 226, 228–237 | §§ 226, 227 238–250 | §§ 226, 227 238–250 | – | §§ 226, 227 251–257 |
| e. G. | – | – | – | §§ 258–271 | §§ 258–271 | §§ 258–271 | – |
| e. V./ wirtschafts. Verein | – | – | – | §§ 272–282 | §§ 272–282 | §§ 272–282 | §§ 272, §§ 283–290 |
| VVaG | – | – | – | – | (nur größere VVaG) §§ 291–300 | – | – |
| Körpersch./ Anstalten des öff. Rechts | – | – | – | §§ 301–304 | §§ 301–304 | §§ 301–304 | – |

§§ sind solche des Umwandlungsgesetzes

übertragen, wobei die Gegenleistung an die Anteilsinhaber des übertragenden Rechtsträgers nicht – wie bei der Verschmelzung oder Spaltung – in Anteilen oder Mitgliedschaftsrechten besteht, sondern in sonstigen Vermögenswerten, i.d.R. Geld (vgl. näher §§ 174 ff. UmwG). – d) *Formwechselnde Umwandlung (Formwechsel):* Hier wird lediglich ein bestehender Rechtsträger einer Gesellschaft in einen anderen umgewandelt, d.h. die Gesellschaft dieses Rechtsträgers erhält dadurch eine andere Rechtsform. Als formwechselnde Rechtsträger sind vom Gesetz nur bestimmte Arten zugelassen (§§ 190 ff. UmwG). – 4. *Gesetzliche Vorgaben:* Nicht zuletzt aus Gründen des Gläubigerschutzes sieht das UmwG für die Durchführung aller Umwandlungsarten bestimmte Gebote vor. Dazu gehört u.a. die Miteinbeziehung von Prüfern (vgl. z.B. § 9 I UmwG, Verschmelzungsprüfer) und

die Mitwirkung von Betriebsräten (vgl. näher § 5 III UmwG). Dem Gläubigerschutz dienen darüber hinaus weitere materiell-rechtlich wirkende Mechanismen, wie insbes. Sicherungsrechte (z.B. § 22 UmwG) oder Schadensersatzansprüche (§ 25 UmwG).

II. Steuerrecht: 1. *Allgemein:* Bes. steuerliche Bestimmungen bez. der Umwandlung existieren v.a. im Bereich der Ertragsteuern. Ziel dieser Sonderregelungen ist es i.d.R., die Umwandlung durchführen zu können, ohne dass stille Reserven in den Wirtschaftsgütern der betroffenen Gesellschaft(-en) oder in den Anteilsrechten der beteiligten Anteilseigner realisiert und versteuert werden müssen; zugleich soll aber der Fiskus keine latenten Steueransprüche verlieren können (Ideal der Steuerneutralität der Umwandlung). Bei der Umsatzsteuer existieren vergleichbare

Probleme nicht, daher sind hier außer der Sondervorschrift zur Geschäftsveräußerung keine weiteren Besonderheiten zu beachten (§ 1 Ia UStG). Für die übrigen Verkehrsteuern sind keine Sonderregelungen vorhanden, d.h. kommt es zivilrechtlich durch die Umwandlung zum Übergang von Vermögen auf eine andere Person, so liegt im Sinn der Verkehrsteuern eine Vermögensübertragung vor, auf die i.d.R. die Steuer im üblichen Umfang zu zahlen ist. – 2. *Buchwertfortführung:* tragendes Grundprinzip zur Herstellung der Steuerneutralität von Umwandlungen im Umwandlungssteuergesetz (UmwStG). Ein Wirtschaftsgut, das vor der Umwandlung zum Unternehmen gehört hat, wird im Zuge der Umwandlung sowohl in der Schlussbilanz des bisherigen Unternehmens(-teils) als auch in der Eröffnungsbilanz des neu organisierten Unternehmens(-teils) nur mit seinem bisherigen steuerlichen Buchwert angesetzt. Hierdurch kommt es in der Schlussbilanz des alten Unternehmens nicht zu einer Gewinnrealisierung. Zugleich aber wird gesichert, dass dieses Wirtschaftsgut auch in dem neu organisierten Unternehmen stille Reserven in genau demselben Umfang wie vorher enthält. – Analoge Vorgehensweise bei Anteilseignern, bei denen aufgrund einer Umwandlung Anteile an einer Kapitalgesellschaft X durch Anteile an einer neuen Kapitalgesellschaft Y ersetzt werden: Der Buchwert (steuerliche Anschaffungskosten) der neu erhaltenen Anteile entspricht den bisherigen Buchwerten (steuerlichen Anschaffungskosten) der Anteile an der alten Gesellschaft (Steuerneutralität), da nach den gesellschaftsrechtlichen Regelungen über die Umwandlung i.d.R. gesichert ist, dass der gemeine Wert der neuen Anteile des Anteilseigners genau so hoch ist wie derjenige der Anteile an der alten Gesellschaft. – 3. *Wegfall oder Einfügen einer zusätzlichen Ebene und ihre ertragsteuerlichen Konsequenzen (Beispiele):* a) Die Ausgliederung eines Teilbetriebs führt dazu, dass dessen Vermögenswerte sich in Zukunft auf der Ebene der neuen Untergesellschaft

(Wirtschaftsgüter selbst) und auf der Ebene des neuen Gesellschafters (Anteile an der neuen Kapitalgesellschaft) widerspiegeln bzw. die stillen Reserven auf beiden Ebenen existieren. – b) Im umgekehrten Fall (Auflösung einer Kapitalgesellschaft und Übertragung ihrer Vermögenswerte nach oben auf deren Gesellschafter bzw. auf eine von diesen gebildete Personengesellschaft) sind die stillen Reserven zweimal erfasst (in Anteilen und Wirtschaftsgütern), nach der Auflösung nur noch einmal (nur noch in den Wirtschaftsgütern selbst). – 4. *Einzelfallregelungen des Umwandlungssteuergesetzes* zur Vermeidung der genannten ertragsteuerlichen Konsequenzen einer Buchwertfortführung: a) *Umwandlung einer Kapitalgesellschaft in eine andere Kapitalgesellschaft (Fallgruppe 1):* (1) Bei bloßem Formwechsel (z.B. Änderung einer GmbH in eine AG oder einer dt. AG in eine Europäische Aktiengesellschaft) kommt es zu keinen steuerlichen Konsequenzen; da zivilrechtlich die alte und die neue Gesellschaft identisch sind, hat in diesem Sinn kein Eigentumstransfer stattgefunden. (2) Wird durch Fusion (Verschmelzung) das Vermögen der Kapitalgesellschaft auf eine andere Kapitalgesellschaft übertragen, findet zivilrechtlich ein Eigentumstransfer der Wirtschaftsgüter auf die neue Gesellschaft statt; der Anteilseigner erhält für seine bisherigen Anteile im Tausch die Anteile an der aufnehmenden Kapitalgesellschaft als Entgelt. Die übertragende Kapitalgesellschaft kann durch eine adäquate Wahl der Werte in ihrer Schlussbilanz die Aufdeckung der stillen Reserven unter bestimmten Voraussetzungen vermeiden (Buchwertfortführung; § 11 UmwStG); die Anteilseigner müssen ihre Buchwerte fortführen (§ 13 II UmwStG). Da sich durch eine Fusion die Beteiligungsquoten der Anteilseigner ändern (vor allem reduzieren) können, ist vorgeschrieben, dass Beteiligungen, die vor der Fusion wesentlich (→ wesentliche Beteiligung) waren, dies auch nach dem Vorgang bleiben (§ 13 UmwStG). Die übernehmende Gesellschaft hat Abschreibungen etc. weiterhin nach dem Abschreibungsplan der übertragenden Gesellschaft zu berechnen (§ 12 III UmwStG). Ein bestehender Verlustvortrag geht jedoch, anders als früher, nicht auf die übernehmende Gesellschaft über, sondern verfällt. (3) Wird eine Kapitalgesellschaft nicht fusioniert, sondern in zwei (oder mehrere) Kapitalgesellschaften aufgespalten (Spaltung von Kapitalgesellschaften), können unter bestimmten Voraussetzungen die bisherigen Wirtschaftsgüter bei den beiden (bzw. ggf. mehreren) Nachfolgegesellschaften mit den bisherigen Buchwerten angesetzt werden und auf der Ebene der Gesellschafter die bisherigen steuerlichen Buchwerte von deren bisherigen Anteilen auf die jeweils erhaltenen Anteile an den Nachfolgegesellschaften übertragen werden (Buchwertfortführung; § 15 UmwStG). Ein evtl. vorhandener Verlustvortrag der Altgesellschaft geht unter, soweit er denjenigen Einheiten zuzuordnen ist, die ihren Rechtsträger gewechselt haben; bei einer Abspaltung bleibt der Verlustvortrag also nur insoweit erhalten, wie er der weiterbestehenden ursprünglichen Gesellschaft zuzurechnen ist. Zur Verhinderung von Missbräuchen der gesetzlichen Regelungen existieren bes. Klauseln, wonach eine Steuerneutralität der Umwandlung nicht möglich bzw. annulliert ist, wenn z.B. die neuen Einheiten nicht selbstständige Teilbetriebe oder Mitunternehmeranteile sind. Weitere Einschränkungen sind in § 15 II UmwStG n.F. geregelt. Die Aufteilung des vorhandenen Eigenkapitals auf die Nachfolgegesellschaften regelt § 29 III KStG. – b) *Umwandlung einer Personengesellschaft in eine andere Personengesellschaft (Fallgruppe 2):* Bei Vereinigung zweier Personenunternehmen zu einer neuen Personengesellschaft lassen sich die stillen Reserven im Prinzip fortführen; die subjektive Zuordnung der einzelnen stillen Reserven zu den einzelnen Gesellschaftern kann sich jedoch verschieben. Diese Fälle regeln Sonderbestimmungen (gemäß § 24 UmwStG: Einbringung eines Betriebs, Teilbetriebs oder Mitunternehmeranteils in eine

Personengesellschaft) und Rechtsprechung. – c) *Einbringung in eine Kapitalgesellschaft (Fallgruppe 3):* Bei diesem Vorgang gehen die bisherigen Wirtschaftsgüter auf die neue Kapitalgesellschaft über; der bisherige Eigentümer erhält statt dessen Anteilsrechte an der neuen Kapitalgesellschaft. Entscheidungsalternativen für die Kapitalgesellschaft: (1) Sie setzt für die Wirtschaftsgüter die bisherigen Buchwerte des Alteigentümers an (Steuerneutralität unter bestimmten Voraussetzungen). (2) Sie setzt höhere Werte (bis hin zum Teilwert) an. Der von ihr angesetzte Wert gilt beim Einbringenden als Veräußerungspreis der Wirtschaftsgüter (bei Buchwertfortführung ergibt sich daraus ein Veräußerungsgewinn von Null, bei höheren Werten erzielt der Einbringende einen Gewinn) und zugleich als Anschaffungskosten der ihm zugeteilten Anteile an der Kapitalgesellschaft (§ 20 UmwStG). Die Frage der Steuerverhaftung der erlangten Anteile an der Übernehmerin im Inland führt beim Bewertungswahlrecht zu keiner Einschränkung. Werden die durch Einbringung erlangten Anteile innerhalb von sieben Jahren veräußert, kommt es zu einem nachträglichen Einbringungsgewinn; dieser muss dann nachträglich versteuert werden, allerdings wird für jedes volle Jahr, das seit der Einbringung vergangen ist, auf die Besteuerung von 1/7 des Gewinns verzichtet (§ 22 I UmwStG). (3) Es sind jedoch bei Einbringung eines Betriebs, Teilbetriebs oder Mitunternehmeranteils in eine Kapitalgesellschaft zu Buchwerten oder zu Zwischenwerten gesonderte Nachweispflichten zu erbringen. Der Einbringende muss seinem Wohnsitzfinanzamt sieben Jahre lang jeweils bis zum 31. Mai in schriftlicher Form nachweisen, dass er noch Inhaber der Anteile an der Kapitalgesellschaft ist (§ 22 III UmwStG n.F). Wird der Nachweis nicht erbracht, gelten die Anteile als veräußert. Der fiktive Veräußerungsgewinn unterliegt dem Teileinkünfteverfahren. – d) *Übertragung von Vermögen von einer Kapitalgesellschaft auf deren Anteilseigner durch Umwandlung*

*(Fallgruppe 4):* z.B. durch Umwandlung einer Kapitalgesellschaft in eine Personengesellschaft: Im rechtlichen Sinn gilt beim Anteilseigner der Untergang der Anteile gegen Übernahme der Wirtschaftsgüter als gewinnrealisierender Tausch, bei dem der Wert der übernommenen Wirtschaftsgüter als Einnahme, die Buchwerte der untergehenden Anteile als zugehörige Betriebsausgabe angesehen werden. Bez. des Gewinns aus der Übernahme der Wirtschaftsgüter der Gesellschaft durch den Gesellschafter (Übernahmegewinn) gilt grundsätzlich, dass dieser ähnlich wie eine Dividende zu besteuern ist, d.h. ein Übernahmegewinn bleibt zu 95 Prozent außer Ansatz, wenn der Übernehmer eine Kapitalgesellschaft, dagegen nur zu 40 Prozent, wenn das Vermögen auf eine natürliche Person übergeht (analog zum Teileinkünfteverfahren) (§ 4 VII UmwStG); ein Übernahmeverlust bleibt außer Ansatz, und für bestimmte Konstellationen existieren Sonderregelungen.Um den Übernahmegewinn jedoch möglichst klein zu halten, ist es zulässig, für die Wirtschaftsgüter die Buchwerte fortzuführen, die bei der Gesellschaft angesetzt waren. Zusätzlich zu diesem Übertragungsgewinn muss auch evtl. die noch aus der Zeit des körperschaftsteuerlichen Anrechnungsverfahrens resultierende Körperschaftsteuererhöhung für EK02-Rücklagen der Gesellschaft, die nunmehr auf den Anteilseigner übergehen, berücksichtigt werden (§ 10 UmwStG n.F.). – Gewerbesteuerlich folgt man den selben Regeln, ein Übernahmegewinn bleibt jedoch gewerbesteuerlich unbelastet (§ 18 II UmwStG), wenn kein Missbrauchsfall vorliegt (§ 18 III UmwStG n.F.).

**III. Zollrecht:** Das Umwandlungsverfahren ist ein Zollverfahren zur Be- oder Verarbeitung von drittländischen → Nichtgemeinschaftswaren, bestimmt zum Verbleib im Zollgebiet der EU, zur Erlangung einer günstigeren Zollbehandlung oder um Einfuhrverbote und -beschränkungen zu beseitigen (Art. 145–153 ZK). – *Beispiel:* Umwandlung von Gewebe als Meterware in zollfreie Musterabschnitte. – *Verfahren:* analog → aktiver Veredelung. Mit Geltung des → Unionszollkodex (wohl ab 2015) wird die Umwandlung in der aktiven Veredelung aufgehen und ein Unterfall des bes. Verfahrens Veredelung.

**Umwandlungsverfahren** – Be- oder Verarbeitung von drittländischen Einfuhrwaren, bestimmt zum Verbleib im Inland, zur Erlangung einer günstigeren Zollbehandlung (Art. 130 ff. ZK, Art. 4 ZK). – *Beispiel:* Umwandlungsverfahren von Gewebe als Meterware in zollfreie Musterabschnitte. – *Verfahren:* analog → aktiver Veredelung.

**Umweltdumping** – Tatsache, dass Güter deshalb billig auf dem → Weltmarkt angeboten werden, weil im Produktionsland niedrigere *Umweltstandards* gelten als anderswo, was zu entsprechenden Kostenvorteilen (aber auch Umweltzerstörung) führt. – Vgl. auch → Dumping.

**Umweltprogramm der Vereinten Nationen** → UNEP.

**Umwelt- und Entwicklungskonferenz der Vereinten Nationen** → UNCED.

**UN** – *United Nations, Vereinte Nationen.* 1. *Entstehung:* Die UN trat die Nachfolge des 1919 mit Sitz in Genf gegründeten Völkerbundes an, der 1946 formell aufgelöst wurde. – *Hauptsitz:* New York. Die Charta der UN wurde auf der Gründungskonferenz in San Francisco (25.4.– 26.6.1945) ausgearbeitet, am letzten Tag von 50 teilnehmenden Staaten unterzeichnet und trat mit der Ratifizierung durch die Mehrheit der Unterzeichnerstaaten am 24.10.1945 in Kraft. – 2. *Ziele:* Gemäß Art. 1 der Charta verfolgen die UN folgende Hauptziele: Wahrung des Weltfriedens und der internationalen Sicherheit, Entwicklung freundschaftlicher Beziehungen zwischen den Staaten, Zusammenarbeit bei der Lösung internationaler wirtschaftlicher, sozialer, kultureller und humanitärer Aufgaben und Probleme sowie Durchsetzung der Menschenrechte. Seit den 1970er-Jahren bemüht sie sich um einen Interessenausgleich zwischen Nord und Süd (Forderung auf Verwirklichung einer → Neuen Weltwirtschaftsordnung). – 3. *Struktur:* Die UN besteht aus sechs Hauptorganen sowie mehreren organisatorisch unabhängigen Sonderorganen. – a) *Vollversammlung, General Assembly of the United Nations (UNGA):* In ihr sind alle Mitglieder gleichberechtigt vertreten. UNGA tritt regelmäßig im September zu ordentlichen Jahrestagungen zusammen. Auf Antrag des Sicherheitsrates oder der Mehrheit der Mitglieder können Sondertagungen einberufen werden. – Während der UNGA wird die Arbeit in sieben *Hauptausschüssen* geleistet, in denen jeder Mitgliedsstaat Vertretungs- und Stimmrecht hat. (1) Hauptausschuss für politische und Sicherheitsfragen; (2) Politischer Sonderausschuss; (3) Hauptausschuss für Wirtschafts- und Finanzfragen; (4) Hauptausschuss für soziale, humanitäre und kulturelle Fragen; (5) Hauptausschuss für Verwaltungs- und Haushaltsfragen; (6) Hauptausschuss für Rechtsfragen. Dazu kommen noch zahlreiche *Sonderausschüsse.* – b) *Sicherheitsrat, Security Council of the United Nations (UNSC):* Dieser besteht aus den fünf ständigen Mitgliedern (Volksrepublik China, Frankreich, Großbritannien, Russland, USA) und weiteren zehn Mitgliedern, wovon jährlich jeweils fünf für zwei Jahre von der Vollversammlung mit Zwei-Drittel-Mehrheit gewählt werden. Zur Annahme eines Antrags sind neun Ja-Stimmen notwendig, wobei die ständigen Mitglieder ein Vetorecht haben. Zu seinen *Hauptaufgaben* gehören die Bemühungen zur Aufrechterhaltung des Weltfriedens und der internationalen Sicherheit, Untersuchungen von Konflikten und Empfehlungen über Beilegung von Streitfällen sowie Beschlüsse von Sanktionen und die Empfehlungen für die Aufnahme neuer Mitglieder. Er hat das Vorschlagsrecht für die Wahl des Generalsekretärs. – c) *Wirtschafts- und Sozialrat, Economic and Social Council (ECOSOC):* ECOSOC ist für die wirtschaftlichen und sozialen Tätigkeiten der UN verantwortlich. Die Mitglieder werden von der Generalversammlung jährlich zu je einem Drittel für drei Jahre gewählt. ECOSOC befasst sich mit internationalen Fragen auf dem Gebiet der Wirtschaft, der Sozialpolitik, der Kultur, des Erziehungs- und Gesundheitswesens, der Achtung und Wahrung der Menschenrechte. Er ist Koordinator und Verbindungsstelle zu den Sonderorganisationen der UN sowie internationalen nicht-staatlichen Organisationen. Seit 1998 werden auch humanitäre Fragen in die Diskussion einbezogen. Seine Tätigkeit übt er durch *Fachkommissionen* aus, z.B. Kommission für Menschenrechte, für soziale Entwicklung, für Bevölkerungsfragen, für die Rechtstellung der Frau, u.a. ECOSOC ist das Führungsorgan der fünf regionalen halbautonomen Wirtschaftskommissionen bzw. Wirtschafts- und Sozialkommissionen: für Europa (ECE), für Westasien (ESCWA), für Lateinamerika und die Karibik (ECLAC), für Afrika (ECA) und für Asien und den Pazifik (ESCAP). Weitere Hilfsorgane sind die *ständigen Ausschüsse* (z.B. Kommission für transnationale Unternehmen) und *Sachverständigengruppen.* Ebenfalls unterhält er enge Verbindungen zu den Organen mit speziellen Aufgaben und den Sonderorganisationen. – ECOSOC tagt jährlich, abwechselnd in New York und Genf, wobei Abstimmungen mit einfacher Mehrheit der anwesenden Mitglieder erfolgen. – d) *Treuhandrat, Trusteeship Council of the United Nations (UNIC):* Ihm obliegt gemeinsam mit der Vollversammlung die Aufsicht über die der UN unterstellten Treuhandgebiete (zz. nur noch pazifische Inseln). Mit der Unabhängigkeit von Palau am 1.10.1994 kann diese Aufgabe als erledigt betrachtet werden. – e) *Internationaler Gerichtshof, International Court of Justice (ICJ):* Hauptorgan der Rechtsprechung der UN mit Sitz in Den Haag. Ihm gehören 15 von der Vollversammlung und dem Sicherheitsrat auf neun Jahre gewählte Richter an. Ca. ein Drittel der UN-Mitglieder haben sich seinem Urteil unterworfen, was seine Möglichkeiten einschränkt. Er erstellt ebenso Rechtsgutachten. – f)

*Generalsekretariat, Sekretariat:* Verwaltungsorgan der UN. An seiner Spitze steht der auf Vorschlag des Sicherheitsrats von der Generalversammlung ernannte Generalsekretär als oberster Verwaltungsbeamter der UN. – *Bisherige Generalsekretäre waren:* Lie (Norwegen) 1946–52, Hammarskjöld (Schweden) 1953–61, Thant (Birma) 1961–71, Waldheim (Österreich) 1972–81, Pérez de Cuéllar (Peru) 1982–91, Boutros-Ghali (Ägypten) 1992–96, 1997–2006 Annan (Ghana), seit 2007 Ban Ki-moon (Südkorea). Neben Verwaltungs- und Vermittlungsaufgaben übt der Generalsekretär auch zahlreiche politische Funktionen aus. Im Jahr 2000 bspw. hat Annan die Initiative → Global Compact gegründet. Diese soll als Plattform für den Dialog von supranationalen Unternehmen und der internationalen Civil Society – Nichtregierungsorganisationen, → Non-Governmental Organization (NGO) etc. – verstanden werden. – g) *Spezielle Organe und Sonderkörperschaften:* Als autonome Organisationen der UN gelten die Internationale Atomenergieagentur → IAEA und die → World Trade Organization (WTO). Zusätzlich gehören rechtlich selbstständige Organisationen zu den *Sonderorganisationen* der UN, z.B. Internationale Arbeitsorganisation (→ ILO), Ernährungs- und Landwirtschaftsorganisation (→ FAO), Organisation für Erziehung, Wissenschaft und Kultur (UNESCO), Weltgesundheitsorganisation (→ WHO), Internationale Bank für Wiederaufbau und Entwicklung (→ IBRD), Internationale Finanzkooperation (→ IFC), Internationale Entwicklungsorganisation (→ IDA), Internationaler Währungsfonds (→ IWF), Weltorganisation für geistiges Eigentum (→ WIPO), Internationaler Fonds für landwirtschaftliche Entwicklung (→ IFAD), Organisation der Vereinten Nationen für industrielle Entwicklung (→ UNIDO), sowie der Weltpostverein (→ UPU), die Internationale Fernmeldeorganisation (ITU), die Weltorganisation für Meteorologie (→ WMO), die Internationale Schifffahrtsorganisation (IMCO) und

Internationale Zivil- und Luftfahrtorganisation (→ ICAO). – Neben diesen Sonderorganisationen unterhält die UN halbautonome *Spezialorgane.* Die bekanntesten und bedeutendsten sind: Welthandelskonferenz (→ UNCTAD), Entwicklungsprogramm (→ UNDP), Weltkinderhilfswerk (→ UNICEF), Hoher Kommissar der Vereinten Nationen für Flüchtlinge (→ UNHCR) und das Umweltprogramm (→ UNEP). – 4. *Arbeitsergebnisse:* Die Tätigkeiten der UN erstrecken sich praktisch auf alle Gebiete des politischen, wirtschaftlichen, sozialen, kulturellen, wissenschaftlichen Lebens und sonstige Bereiche politischer Relevanz. – Die Ergebnisse dieser Aktivitäten sind in einem umfassenden System internationaler *Publikationen und Dokumente der UN* niedergelegt. Ein geschlossener Überblick über die Aktivitäten und Arbeitsergebnisse wird im Yearbook of the United Nations gegeben. Hilfreich sind statistische Daten wie Monthly Bulletin of Statistics oder das UN Statistical Yearbook.

**Unabhängige Kommission für Internationale Entwicklungsfragen** → Brandt-Kommission.

**unausgewogenes Wachstum** – *Unbalanced Growth;* Entwicklungsstrategie zur Förderung der wirtschaftlichen Entwicklung der Dritten Welt. Unternehmerische Sachzwänge sind vom Staat durch die Schaffung von Ungleichgewichtssituationen (z.B. heftige Preisausschläge) künstlich herbeizuführen. Durch den Abbau dieser Ungleichgewichte kann es zu Investitionssequenzen kommen, sodass schließlich alle Sektoren des Entwicklungslandes erreicht werden. Zur Wirksamkeit dürfen jedoch keine inversen Angebotsreaktionen vorliegen, ebenfalls sind hohe Vorwärts- bzw. Rückwärtsverknüpfungen entscheidend (→ Verkettungseffekte). → Perroux hat dieses Konzept zur *Theorie der Entwicklungspole* erweitert. Dualistische Wirtschaftsstrukturen sind gefährliche Folgewirkungen. – Vgl. auch → Entwicklungspolitik.

**Unbalanced Growth** → unausgewogenes Wachstum.

**UN-Bevölkerungsfonds** → UNFPA.

**UNCED** – *United Nations Conference on Environment and Development, Umwelt- und Entwicklungskonferenz der Vereinten Nationen;* 1972 in Stockholm abgehaltene Konferenz über das Verhältnis von Umwelt und Entwicklung, wobei bereits die Definition von Umwelt umstritten war; Entwicklungsländer bestanden auf einer Einbeziehung des Hungers und Elends in den Entwicklungsländern. Verabschiedet wurde eine Deklaration zur menschlichen Umwelt, gegründet wurde zur kontinuierlichen Befassung mit Umweltfragen das → UNEP. Nach einigen Vorkonferenzen fand 1992, 20 Jahre nach Stockholm, in Rio de Janeiro die *Zweite Umweltkonferenz* statt (auch als *Erdgipfel* bezeichnet), die bes. durch den → Brundtland-Bericht angeregt wurde. Betont wurde auf diesen Gipfel, der neue Maßstäbe im Hinblick auf die Beteiligung zivil-gesellschaftlicher Organisationen – → Non-Governmental Organization (NGO) – setzte, die Notwendigkeit einer → nachhaltigen Entwicklung. Verabschiedet wurden die Rio-Deklaration, mehrere Konventionen (Klimakonvention, Artenschutzvielfaltkonvention) sowie ein internationaler Aktionsplan für das nächste Jahrtausend (→ Agenda 21), der jedoch nur eine Absichtserklärung beinhaltet. Als Nachfolgekonferenzen fanden 1997 Rio+5 in New York und 2002 der Weltgipfel für nachhaltige Entwicklung in Johannesburg statt.

**UNCITRAL** – *United Nations Commission on International Trade Law, Kommission der Vereinten Nationen für internationales Handelsrecht;* am 17.12.1966 mit Sitz in Wien gegründete Unterorganisation der → UN. Ziel ist die Vereinheitlichung des internationalen Handelsrechts.

**UNCTAD** – *United Nations Conference on Trade and Development, Welthandels- und Entwicklungskonferenz der Vereinten Nationen;* durch Beschluss der UN-Vollversammlung vom 30.12.1964 als ständiges Organ der → UN institutionalisierte Weltwirtschaftskonferenz. – *Sitz:* Genf. – *Mitglieder* (2013): 193. – *Ziele:* Förderung der Umstrukturierung des Welthandels zugunsten der Entwicklungsländer und des Handels zwischen den Entwicklungsländern (→ Collective Self-Reliance). Wegen Überschneidung mit Aufgaben des GATT erfolgt Zusammenarbeit, bes. durch das → ITC. UNCTAD hat sich auf den Handel mit Rohstoffen spezialisiert. – *Organe:* Alle vier Jahre findet eine Konferenz aller Mitgliedsländer statt. Ständiges Organ zwischen den Konferenzen ist der *Rat für Handel und Entwicklung.* Dazu kommen *Hauptausschüsse* für verschiedene Fragestellungen (z.B. Rohstoffe, Schifffahrt, Technologietransfer u.a.). Das für die Verhandlungen bisher übliche Gruppensystem (A: Entwicklungsländer, B: Westliche Industrieländer, C: Volksrepublik China; D: Sozialistische Länder Osteuropas) existiert seit UNCTAD VIII nur noch fragmentarisch. UNCTAD-Resolutionen haben nur empfehlenden Charakter; Entwicklungsländer verfügen über die Stimmenmehrheit. – *Bisherige Aktivitäten: UNCTAD I* (Genf 1964) forderte Sonderbehandlung der Entwicklungsländer im → GATT. *UNCTAD II* (Neu-Delhi 1968) schlug ein allg. System der Abschaffung von Zollpräferenzen vor. *UNCTAD III* (Santiago de Chile 1972) forderte Sonderbehandlungen für Entwicklungsländer mit Strukturproblemen und eine bessere Vertretung im → IWF. *UNCTAD IV* (Nairobi 1976) verabschiedete das integrierte Rohstoffprogramm. *UNCTAD V* (Manila 1979) forderte einen Abbau nicht-tariflicher Handelshemmnisse. *UNCTAD VI* (Belgrad 1983) behandelte die Probleme der Entwicklungsländer während der weltwirtschaftlichen Rezession. *UNCTAD VII* (Genf 1987) betonte die Eigenanstrengungen der Entwicklungsländer und forderte die Unterstützung der Industrieländer und der multilateralen Organisationen. *UNCTAD VIII* (Cartagena/Kolumbien 1992) brachte wegen des Endes des Ost-West-Konfliktes eine offenere Diskussion mit zunehmender Konvergenz in Grundauffassungen zwischen Industrieländern und Entwicklungsländern im Hinblick auf eine stärkere marktwirtschaftliche Orientierung. *UNCTAD IX* fand 1996 in Midrand/Südafrika statt. Dort wurde eine Umstrukturierung beschlossen: Fünf der neun Abteilungen in Genf wurden aufgelöst; die Zahl der Ausschüsse von sieben auf drei verkleinert. Pragmatische Ansätze standen im Vordergrund. *UNCTAD X* wurde im Februar 2000 in Bangkok abgehalten; zentrales Thema waren Entwicklungsstrategien in einer interdependenten Welt. *UNCTAD XI* fand im Juni 2004 in Sao Paulo/Brasilien zum Thema Steigerung des Wirtschaftswachstums und wirtschaftlicher Entwicklung durch Zusammenwirken von nationaler Entwicklungsstrategie und Globalisierung statt. Während *UNCTAD XII* im April 2008 in Ghana wurden die Möglichkeiten und Herausforderungen der Globalisierung im Hinblick auf Enwicklungsfragen diskutiert.

**UNDP** – *United Nations Development Programme, Entwicklungsprogramm der Vereinten Nationen;* Zentralorgan für technische Hilfeleistung, hervorgegangen 1965 aus einer Fusion des erweiterten Programms der UN für technische Hilfeleistung und des UN-Sonderfonds für technische Hilfe. Sonderorgan der UN mit Sitz in New York. – *Länderbüros* in 166 Staaten. – *Ziele:* Seit 1970 generelle Zuständigkeit für die → technische Zusammenarbeit des UN-Systems, wobei es in erster Linie als Finanzierungs- und Koordinierungsstelle fungiert. Projekte werden durch andere Organisationen durchgeführt, z.B. → FAO, → ILO, → UNIDO, → UNESCO. – *Organe:* Der Verwaltungsrat wurde 1994 von 48 auf 36 Mitglieder reduziert. Jährlich wird ein Drittel von ECOSOC (→ UN) nach einem regionalen Schlüssel für drei Jahre neu gewählt. Geschäftsführung obliegt einem *Administrator,* der vom UN-Generalsekretär ernannt und von der UN-Vollversammlung bestätigt wird. Dem UNDP unterstehen verschiedene *Sonderfonds,* z.B.

UN-Entwicklungsfonds für Frauen. – *Aktivitäten:* UNDP wird nur auf Ersuchen von Regierungen tätig und ist vornehmlich Finanzierungs- und Koordinierungsstelle. Seit 1970 werden vom Exekutivrat 5-Jahres-Länderprogramme genehmigt. Entsendung von Fachleuten, Ausbildung einheimischer Arbeitskräfte, Durchführung von Fallstudien sowie wissenschaftlichen Untersuchungen; Beratung von Entwicklungsländern bei Entwicklungsprojekten und Strukturanpassungsprogrammen.

**UNECE** – 1. *Begriff und Merkmale:* Abk. für *United Nations Economic Commission for Europe;* Wirtschaftskommission der → UN für Europa, im März 1947 vom ECOSOC (→ UN) als erste regionale Wirtschaftskommission gegründet. – 2. *Ziele:* zunächst Erleichterung des wirtschaftlichen Wiederaufbaus Europas, später Festigung der wirtschaftlichen Beziehungen der europäischen Länder untereinander und mit der übrigen Welt. – 3. *Struktur:* ECE-Kommission, Hauptorgane (Principal Subsidiary Bodies (PSB)): Fachausschüsse für Landwirtschaft, Holz, Kohle, elektrische Energie, Gas, Wohnungswesen, Bauwirtschaft und Stadtplanung, Wasserprobleme und Chemische Industrie; ferner Konferenz Europäischer Statistiker sowie ECE-Beratergruppen für Wirtschaftsfragen, Umweltfragen und Fragen der Wissenschaft, technischen Forschung und Energieprobleme; Hilfsorgane (Arbeitsgruppen); Sekretariat unter Leitung eines Executive Sekretärs.

**unentgeltliche Übertragung** → einseitige Übertragung, → Bilanz der laufenden Übertragungen.

**UN-Entwicklungsprogramm** → UNDP.

**UNEP** – *United Nations Environment Programme, Umweltprogramm der Vereinten Nationen;* am 15.12.1972 gegründet. – *Sitz:* Nairobi, mit Regionalbüros in Bangkok, Mexiko, Manama, Genf, Athen, New York und Washington; veranlasst durch die Welt- und Entwicklungskonferenz von Stockholm

1972. – *Aufgaben:* Koordinierung umweltrelevanter Tätigkeiten verschiedener UN-Organisationen (z.b. → FAO, → WHO, → ILO, → UNESCO, → UNDP). Bestimmt wird ihre Arbeit durch die Umsetzung der Forderungen des → Brundtland-Berichts.

### UN-Erziehungs-, Wissenschafts- und Kulturorganisation → UNESCO.

**UNESCO** – *United Nations Educational, Scientific and Cultural Organization, Erziehungs-, Wissenschafts- und Kulturorganisation der Vereinten Nationen;* 16.11.1945 gegründet. – *Sitz:* Paris. – *Mitglieder* (2007): 193, sechs assoziierte. Im Dezember 1984 sind die USA u.a. aus Protest gegen das im Oktober 1980 von der Generalkonferenz angenommene Programm einer neuen Weltinformations- und Kommunikationsordnung ausgetreten; im Dezember 1985 folgten Großbritannien und Singapur im Protest gegen die Politisierung der UNESCO. Großbritannien ist seit 1997 wieder Mitglied. – *Organe: Generalkonferenz:* tagt alle zwei Jahre; *Exekutivrat:* 58 Mitglieder; Sekretariat mit dem von der Generalkonferenz gewählten *Generaldirektor, nationale Kommissionen* zur Durchführung des Programms in den einzelnen Mitgliedsstaaten (z.B. dt. UNESCO-Kommission, Bonn). – *Ziele:* Als universale Stätte der Kultur soll sie einen wesentlichen Beitrag zur Erhaltung des Friedens leisten, indem sie den freien Gedankenaustausch und ein besseres gegenseitiges Verständnis der Völker anregt, den Sinn für Gerechtigkeit und Respektierung der Menschenrechte und der Grundrechte im weltweiten Rahmen ungeachtet von Rasse, Geschlecht, Sprache oder Religion weckt und fördert, die soziologischen und naturwissenschaftlichen Forschungen durch Zusammenarbeit auf allen Gebieten der Kultur anregt, die Voraussetzungen für eine Verbreitung allgemeiner und wissenschaftlicher Informationen verbessert und Fragen der Erziehung sowie die Ausweitung und Verbesserung der Schul- und Erwachsenenbildung ihre bes. Aufmerksamkeit schenkt.

**UNESCO-Coupons** – Gutscheine, die auf US-Dollar ausgestellt sind und in allen Mitgliedsstaaten der → UNESCO beim Kauf von Publikationen, Filmen u.a. Materialien mit erzieherischem, wissenschaftlichem oder kulturellem Charakter als Zahlungsmittel verwendet werden können. Bevorzugt in Ländern verwendet, in denen der Transfer von Devisen schwer oder gar nicht möglich ist. Coupons in Werten von 1.000, 100, 30, 10, 3 und 1 US-Dollar, daneben Blanko-Coupons, die von der Verteilerstelle (für die Bundesrepublik Deutschland: UNESCO in Paris), zum Wert von 1 bis 99 US-Cents ausgestellt werden. Lieferfirmen und Institutionen, die UNESCO-C. als Zahlungsmittel akzeptieren, senden sie zum Rückkauf an die UNESCO, Coupon Office, Paris.

**UN-Familie** → Sonderorganisationen der UN.

### UN-Fonds für bevölkerungspolitische Aktivitäten → UNFPA.

**UNFPA** – *Bevölkerungsfonds der Vereinten Nationen, United Nations Population Fund;* 1967 gegründet, 1969 dem → UNDP unterstellt, 1972 umgewandelt in einen Fonds der UN-Vollversammlung, der für alle bevölkerungspolitischen Bemühungen der UN zuständig ist. Seit Dezember 1979 Hilfsorgan der UN-Vollversammlung. – *Sitz:* New York. Gemeinsamer Exekutivrat von UNDP und UNFPA. – *Ziele:* Unterstützung der Entwicklungsländer bei der Formulierung ihrer Bevölkerungspolitiken und Förderung von bevölkerungspolitischen Programmen; weltweite Bewusstseinsbildung für Bevölkerungsprobleme und Familienplanung; Analyse bevölkerungspolitischer Probleme. – *Bedeutung:* UNFPA ist in der → multilateralen Zusammenarbeit im Bereich der Bevölkerungspolitik und Familienplanung führend. Sie ist maßgeblich an der Erarbeitung des Aktionsprogrammes der Weltbevölkerungskonferenzen beteiligt, deren letzte 1994 in Kairo stattfand. – *Wichtige Veröffentlichung:* jährlicher Weltbevölkerungsbericht.

**UNGA** – Abk. für *United Nations General Assembly;* → UN.

**UN-Generalsekretariat** → UN.

**UN-Handels- und Entwicklungskonferenz** → UNCTAD.

**UNHCR** – *United Nations High Commissioner for Refugees, Hoher Flüchtlingskommissar der Vereinten Nationen, Hochkommissar der Vereinten Nationen für Flüchtlinge;* Büro 1951 als Nachfolger der UNRRA (UN Relief and Rehabilitation Administration 1944–47) und der IRO (International Refugee Organisation, 1947–51) gegründet. – *Sitz:* Genf. – *Aufgabe:* Betreuung und sinnvolle Ansiedlung politischer Flüchtlinge (Displaced Persons) und Ausgewiesener.

**UN-Hochkommissar für Flüchtlinge** → UNHCR.

**UNICEF** – *United Nations Children's Fund, Kinderhilfswerk der Vereinten Nationen, UN-Kinderhilfswerk, Weltkinderhilfswerk;* → Sonderorganisation der UN. – *Sitz:* New York und Genf. Gegründet 1946 durch die Vollversammlung der UN. – *Organe:* Exekutivrat aus 36 vom ECOSOC für drei Jahr gewählten Mitgliedern mit der Aufgabe der Aufstellung von Hilfsprogrammen und der Verwaltung der Hilfsfonds. Ausführendes Sekretariat in New York; unterhält ca. 190 Hilfsbüros (Field Offices) in den Ländern der Welt. – *Ziele:* ursprünglich Betreuung Not leidender Kinder im Nachkriegseuropa und in China; heute Verbesserung der Situation der Kinder in der Welt, v.a. in den Entwicklungsländern. – *Aktivitäten:* UNICEF fördert Hilfsprogramme in ca. 160 Entwicklungsländern durch Lieferung von technischen Einrichtungen für den Aufbau von Kinderhilfsdiensten und von Finanzierungsmitteln für die Ausbildung von Fachpersonal; Grundprinzip ist der sog. Basic Services Approach, Sicherstellung der Befriedigung der Grundbedürfnisse der Kinder in enger Zusammenarbeit mit öffentlich geförderten Hilfsdiensten in den betroffenen Ländern. Bereitstellung von Nothilfeprogrammen. Verbesserung der sanitären Verhältnisse. Das UNICEF-Budget wird aus freiwilligen Beiträgen von Regierungen, Organisationen und Personen finanziert.

**UNIDO** – *United Nations Industrial Development Organization, Organisation der Vereinten Nationen für industrielle Entwicklung;* rechtlich selbstständige Sonderorganisation der → UN; Sitz in Wien. Durch UN-Resolutionen vom 20.12.1965 und 17.11.1966 als unselbstständiges Sonderorgan der Vollversammlung der UN gegründet; am 31.12.1985 wurde die Tätigkeit eingestellt; durch Vertrag vom 17.12.1985 zwischen der (neuen) UNIDO (gegründet 21.6.1985) und den UN eine selbstständige UN-Sonderorganisation. – *Mitglieder* (2013):174. – *Organe:* alle zwei Jahre tagende *Generalkonferenz* als oberstes Organ, legt die Leitlinien der Politik fest. *Rat für industrielle Entwicklung* (53 Mitgliedsländer, davon 33 aus Entwicklungsländern) fungiert als Leitungsgremium. *Programm- und Haushaltskomitee* mit 27 Mitgliedsländern, davon 15 Entwicklungsländer. Beide Organe tagen jährlich. Sekretariat unter Leitung eines Generaldirektors, der vom Rat vorgeschlagen und von der Generalkonferenz auf die Dauer von vier Jahren ernannt wird. – *Aufgaben:* Förderung und Beschleunigung des industriellen Wachstums in Entwicklungsländern und Koordinierung der UN-Organisationen auf diesem Gebiet. UNIDO dient als internationales Forum für den industriepolitischen Dialog zwischen Entwicklungsländern und Industrieländern. – *Aktivitäten:* Beratung der Entwicklungsländer in industriepolitischen Fragen, Durchführung von Projekten der technischen Hilfe, → Technologietransfer, Veranstaltung von Expertentagungen. Die Siebte UNIDO-Konferenz (1997) nahm einen neuen Geschäftsplan für die künftige Rolle und Funkion der UNIDO an. Schwerpunkte sind u.a. Politikberatungsdienste, Förderung der Entwicklung kleiner und mittlerer Unternehmen, Einbeziehung von Transformationsländern.

**unilaterale Liberalisierung** – *Bedeutung*:
→ einseitige Handelsliberalisierung; vgl.
→ Handelsliberalisierung, → Liberalisierung, → Bilateralismus, → Multilaterale Liberalisierung.

**Union des Foires Internationales
(UFI)** – *Union of International Fairs, Internationale Messe-Union;* Sitz in Paris. – *Aufgaben*:
gegenseitige Terminabstimmung, Information der internationalen Messen bzw. Messe-
städte untereinander. – *In der Bundesrepublik
Deutschland*: Komitee für nationale Beteiligung an internationalen Messen, München.

**Union Douanière et Economique de l'Af-
rique Centrale** → CACEU.

**Union Européenne de l'Artisanat et des
Petites et des Moyennes Entreprises**
→ UEAPME.

**Union for the Coordination of the Trans-
mission of Electricity** → UCTE.

**Union für die Koordinierung des Transpor-
tes elektrischer Energie** → UCTE.

**Unionsbürgerschaft** – Nach Art. 20 Abs.
1 AEUV ist Unionsbürger, wer Staatsangehörigkeit eines Mitgliedsstaates der EU besitzt. Jeder Unionsbürger kann sich im gesamten Gebiet der Union frei bewegen und
sich am Ort seiner Wahl niederlassen. Er
hat das Recht, bei den Kommunalwahlen in
dem Mitgliedsstaat, in dem er seinen Wohnsitz hat, das aktive und passive Wahlrecht auszuüben. Er hat das Petitionsrecht gegenüber
dem Europäischen Parlament und er genießt
im Hoheitsgebiet eines Drittstaates diploma-
tischen und konsularischen Schutz durch alle
dort vertretenen Mitgliedstaaten. Die Unionsbürgerschaft ergänzt die nationale Staats-
bürgerschaft, ersetzt sie aber nicht.

**Unionszollkodex** – *1. Begriff*: Der Unionszollkodex (UZK, genauer Zollkodex der Europäischen Union, ist inhaltlich eine Neufassung des → Modernisierten Zollkodex.
Noch vor dessen vollständiger Anwendung
hat die EU-Kommison am 20.2.2012 einen
Vorschlag zur Neufassung vorgelegt, COM

(2012) 64. *2. Hintergrund*: 3 Gründe waren
dafür entscheidend. a) Einmal hat sich gezeigt, dass bis zum Juni 2013, dem letzmög-
lichen Datum der Umsetzung des MZK nur
wenige oder teilweise gar keine neuen IT-Sys-
teme eingeführt werden können. b) Zum
Zweiten ist die → Europäische Kommission
mit Inkrafttreten des → Vertrages von Lissabon die Verpflichtung eingegangen, noch vor
Ende der Legislaturperiode des → Europäischen Parlaments Änderungen vorzuschla-
gen, um Basisrechtsakte in Bezug auf die Be-
fugnisübertragung und die Übertragung von
Durchführungsbefugnissen in Einklang damit zu bringen. Gemäß Art. 290 und 291
→ AEUV werden die Durchführungsvorschriften des MZK in delegierte Rechtsakte
und Durchführungsrechtsakte unterteilt. Zudem wird der Zollkodex der Gemeinschaft
in Zollkodex der EU umbenannt. c) Schließlich wurden geringfügige Rechtsanpassun-
gen vorgenommen. *3.Zeitplan*: Der UZK soll
Mitte 2013 in Kraft treten und den MZK vollständig ersetzten. Bis 2015 sollen dann die
Durchführungsregelungen fertig sein. Alsdann wird der aktuelle Zollkodex ersetzt
werden. Für die IT-Umsetzung sind längere
Übergangszeiten bis 2020 vorgesehen.

**United Nations** → UN.

**United Nations Children's Fund**
→ UNICEF.

**United Nations Commission on Internatio-
nal Trade Law** → UNCITRAL.

**United Nations Conference on Environ-
ment and Development** → UNCED.

**United Nations Conference on Trade and
Development** → UNCTAD.

**United Nations Convention on Contracts
for the International Sale of Goods (CISG)**
→ Übereinkommen der Vereinten Nationen
über Verträge über den internationalen Warenkauf.

**United Nations Development Programme**
→ UNDP.

United Nations Educational, Scientific and Cultural Organization → UNESCO.

United Nations Environment Programme → UNEP.

United Nations Fund for Population Activities → UNFPA.

United Nations General Assembly (UNGA) → UN.

United Nations High Commissioner for Refugees → UNHCR.

United Nations Industrial Development Organization → UNIDO.

United Nations Population Fund → UNFPA.

United Nations Security Council (UNSC) → UN.

United Nations Trusteeship Council (UNTC) → UN.

Universalitätsprinzip → Außensteuerrecht (AStR), → Internationales Steuerrecht (IStR), → Welteinkommensprinzip.

UN-Kaufrecht → Übereinkommen der Vereinten Nationen über Verträge über den internationalen Warenkauf.

UN-Kinderhilfswerk → UNICEF.

UN-Kommission für Internationales Handelsrecht → UNCITRAL.

unmittelbare Wirkung – Eigenschaft einer gemeinschaftsrechtlichen Rechtsnorm, ohne weitere gesetzgeberische Maßnahmen der Mitgliedstaaten in diesen Rechtskraft zu besitzen und entsprechende nationale Vorschriften unanwendbar zu machen. Die unmittelbare Wirkung eines Rechtsakts ist gegeben, wenn sie vom EU-Gesetzgeber von keiner noch nicht erfüllten Bedingung abhängig gemacht ist und es zu ihrer Anwendung keiner weiteren gesetzgeberischen Maßnahmen mehr bedarf. Nach Ablauf der Umsetzungsfrist einer Richtlinie oder bei nicht korrekter Umsetzung kann sich der Einzelne gegenüber innerstaatlicher Stellen unmittelbar auf Richtlinienbestimmungen berufen, die bez. seiner Rechte unbedingt und hinreichend genau sind. Dies kann zu einem Schadensersatzanspruch gegenüber dem säumigen Staat führen. Die unmittelbare Wirkung einer Vorschrift wird ggf. vom Europäischen Gerichtshof festgestellt und ist von allen staatlichen Organen, v.a. Gerichten und Verwaltung, bei der Rechtsanwendung zu beachten.

UN-Organisation für industrielle Entwicklung → UNIDO.

UNSC – Abk. für *United Nations Security Council;* → UN.

UN-Schiedsabkommen – wichtiges internationales Abkommen von 1958, das sich mit dem Recht der Schiedsgerichtsbarkeit (Schiedsgericht, Schiedsgerichtsverfahren) und der Rechtsdurchsetzung beschäftigt. Bisher sind dem UN-Schiedsabkommen 144 Staaten weltweit beigetreten. Unter ihnen sind so wichtige Industrie- und Handelsnationen wie Japan, die USA sowie fast alle europäischen Staaten zu finden. Die Mitgliedsstaaten verpflichten sich, ordnungsgemäße Entscheidungen von Schiedsgerichten in internationalen Rechtsstreitigkeiten anzuerkennen und in ihrem Hoheitsgebiet zu vollstrecken. Nicht zuletzt wegen dieses Schiedsabkommens werden → Schiedsklauseln in internationalen Verträgen häufig genutzt. Die Vollstreckung schiedsrichterlicher Entscheidungen ist damit oft besser gewährleistet als bei Entscheidungen nationaler Gerichte.

unselbstständige Arbeit – 1. *Begriff:* der im Rahmen der → Doppelbesteuerungsabkommen (DBA) üblicherweise verwendete Ausdruck für nichtselbständige Arbeit. Die unterschiedliche Bezeichnung spiegelt wider, dass die Abgrenzung des Begriffs in einem Doppelbesteuerungsabkommen nicht notwendigerweise in allen Punkten dieselbe ist wie im nationalen Einkommensteuergesetz; denn im völkerrechtlichen Vertrag richtet sich die Auslegung des Begriffes danach, was beide Vertragspartner gemeinsam ausdrücken wollten, während das EStG allein vom dt. Gesetzgeber stammt und daher für das richtige Verständnis des Begriffes nichtselbstständige Arbeit im EStG allein entscheidend ist, was der Bundesgesetzgeber ausdrücken wollte. – 2. *Grundregeln*: a) *Tätigkeitsortprinzip*: Üblicherweise wird für unselbstständige Arbeit als Grundregel vereinbart, dass die dafür bezogenen Einkünfte jeweils dort versteuert werden müssen, wo der Arbeitnehmer tätig geworden ist (Beispiel: Ein deutscher Arbeitnehmer arbeitet 8 Monate im Ausland und 4 Monate im Inland; der Lohn für die 8 Monate ist im Ausland zu versteuern, der für die 4 Monate im Inland). – b) *Bagatellregelung für geringfügige Auslandsaufenthalte*: Nach dem Tätigkeitsortprinzip würden prinzipiell auch schon geringfügige Zeiten der Auslandstätigkeiten, z.B. der Aufenthalt eines Piloten im ausländischen Luftraum für 2 Stunden, zu einer Steuerpflicht im betreffenden Ausland führen. Eine solche Steuerpflicht im fremden Land ist für Arbeitnehmer jedoch mit hohen administrativen Belastungen verbunden; dies wäre bei nur kurzfristigen Aufenthalten nicht zumutbar. Daher enthalten die meisten Doppelbesteuerungsabkommen für unselbstständige Arbeit eine Bagatellklausel, wonach Auslandsaufenthalte dann nicht zur Steuerpflicht im anderen Land führen, wenn sie in einem festgelegten Zeitraum von meist 12 Monaten 183 Tage insgesamt nicht überschreiten (sog. 183-Tage-Klausel). Die Klausel gilt jedoch dann nicht, wenn jemand für einen Arbeitgeber oder eine Betriebsstätte des anderen Landes arbeitet; dem liegt, auch wenn die Regelung ihrem Wortlaut nach auch andere Fälle treffen kann, die Einschätzung zugrunde, dass man jemandem, der eine Arbeitsstelle im fremden Land angetreten hat, auch zumuten kann, das dortige Steuerrecht einzuhalten. – c) *Fundstelle*: Art. 15 OECD-Musterabkommen und die ihm nachgebildeten Klauseln der jeweiligen Doppelbesteuerungsabkommen. – 3. *Besonderheiten*: a) Die Regelung über unselbstständige Arbeit in den Doppelbesteuerungsabkommen regelt nur, ob ein fremder Staat Steuern erheben darf oder nicht; wie hoch diese Steuern jeweils

sind, entscheidet dann das nationale Steuerrecht des jeweiligen Landes. – b) Sieht ein Doppelbesteuerungsabkommen vor, dass ein in Deutschland unbeschränkt steuerpflichtiger Arbeitnehmer aufgrund des Tätigkeitsortprinzips Teile seiner Arbeitseinkünfte nur im Ausland versteuern muss, behandelt Deutschland diese Lohnbestandteile dennoch nur dann als steuerfrei, wenn der Arbeitnehmer nachweist, dass er die betreffenden Arbeitseinkünfte im anderen Land ordnungsgemäß der Versteuerung zugeführt hat (vgl. § 50d VIII EStG). – c) Bleiben Arbeitseinkünfte nach einem Doppelbesteuerungsabkommen in Deutschland steuerfrei, wird ihre Existenz bei der Entscheidung über die Frage, wie hoch der Steuersatz für die übrigen, hier noch steuerpflichtigen Einkünfte ausfallen soll, dennoch berücksichtigt (→ Progressionsvorbehalt).

**UN-Sicherheitsrat** → UN.

**unsichtbarer Handel** – Teil des grenzüberschreitenden Leistungsverkehrs, der weder Warenhandel noch → einseitige Übertragungen umfasst, sondern → Dienstleistungen (z.B. Zahlungen für Schiffsfracht, Hafen- und Kanalabgaben in ausländischen Häfen, Zahlungen im Reiseverkehr). Unsichtbarer Handel wird in der → Dienstleistungsbilanz (→ Zahlungsbilanz) erfasst.

**UNTC** – Abk. für *United Nations Trusteeship Council*; → UN.

**unterentwickelte Länder** → Entwicklungsländer.

**Unterschiedsbetrag** – 1. *Begriff*: Wenn der Rückzahlungsbetrag einer Verbindlichkeit höher ist als ihr Ausgabebetrag, besteht ein Unterschiedsbetrag, der sich aus einem Zahlungsagio (Agio) und/oder einem Auszahlungsdisagio (Disagio) zusammensetzen kann. Der Unterschiedsbetrag darf (steuerlich Pflicht) gemäß § 250 III HGB als aktiver Rechnungsabgrenzungsposten (Rechnungsabgrenzung) aktiviert werden. Er ist durch planmäßige jährliche Abschreibungen aufzulösen, die auf die Laufzeit der Verbindlichkeit verteilt werden können. Der Unterschiedsbetrag muss gemäß § 268 VI HGB gesondert ausgewiesen oder im → Anhang angegeben werden. Wirtschaftlich betrachtet ist der Unterschiedsbetrag ein neben dem Zins zusätzlich geleistetes Entgelt für die Kapitalüberlassung. – 2. Gemäß § 284 II Nr. 4 HGB sind im Anhang Bewertungsreserven, die durch die Anwendung von Bewertungsvereinfachungsverfahren gemäß §§ 240 IV, 256 Satz 1 HGB (Gruppenbewertung, Lifo, Fifo) entstehen können, anzugeben. Die Angabepflicht besteht nur, wenn sich ein erheblicher Unterschiedsbetrag im Vergleich zu dem letzten vor dem Abschlussstichtag bekannten Börsen- oder Marktpreis ergibt. Der Unterschiedsbetrag ist jeweils gesondert für die zu einer Gruppe zusammengefassten Vermögensgegenstände aufzuführen. – 3. Unterschiedsbeträge können auch bei der → Konsolidierung von Einzeljahresabschlüssen zu einem → Konzernabschluss entstehen. – Vgl. auch → Kapitalkonsolidierung, → Equity-Methode.

**Unterschiedsbetrag aus der Kapitalkonsolidierung** – positiver oder negativer Firmenwert.

**UN-Treuhandrat** → UN.

**UN-Umweltprogramm** → UNEP.

**unvollständige Zollanmeldung (UZA)** – 1. *Begriff:* Nach Art. 76 ZK lassen Zollbehörden unter den in Art. 253 ff. ZK-DVO festgelegten Voraussetzungen zu, dass die Zollanmeldung nach Art. 62 ZK einige der Angaben nach Absatz 1 des genannten Artikels nicht enthält oder einige der Unterlagen nach Absatz 2 des genannten Artikels nicht beigefügt sind, um das Verfahren weitgehend zu vereinfachen, ohne dass die Ordnungsmäßigkeit der Vorgänge dadurch beeinträchtigt wird. – 2. *Merkmale:* Es gibt unvollständige Zollanmeldungen im Einzelfall (UZA), vereinfachte Anmeldeverfahren (VAV) und Anschreibeverfahren (ASV) bei denen zu Beginn des Folgemonats ergänzende Anmeldungen in zusammenfassender Form (früher

Sammelzollanmeldungen) nachzureichen sind. Unvollständige Zollanmeldungen sind bei fast allen Zollverfahren möglich, also sowohl als unvollständige „Einfuhranmeldung" als auch als unvollständige Ausfuhranmeldung.

**UN-Vollversammlung** → UN.

**UN-Wirtschafts- und Sozialrat** → UN.

**UPU** – *Universal Postal Union, Weltpostverein;* gegründet 1874 in Bern aufgrund eines allg. internationalen Abkommens „Allgemeiner Postvereinsvertrag", später *Weltpostvertrag* genannt. Seit 1948 → Sonderorganisation der UN mit Sitz in Bern. – *Mitglieder* (2008): 191 (Bundesrepublik Deutschland seit 1952). – *Gesetzliche Grundlage* ist der Weltpostvertrag, der die Verfassung und die Aufgaben der UPU sowie die Verpflichtungen der Mitglieder verbindlich festlegt und periodisch revidiert wird. Die Verträge der UPU sind Rechtsgrundlage des weltweiten Postverkehrs. – *Grundsätze:* Schaffung eines einheitlichen internationalen Postgebiets, Regelung der Freiheit des Durchgangs von Postsendungen und der Gebührenfrage, bes. des Briefverkehrs. Förderung der Zusammenarbeit auf kulturellem, sozialem und wirtschaftlichem Gebiet. – *Aufgaben und Arbeitsergebnisse:* Durchführung und Vervollkommnung der internationalen Postdienste. Bei Unstimmigkeiten zwischen den Mitgliedsländern Schiedsgericht. Spezieller Ausschuss für die Vereinfachung der Zollformalitäten. Beitrag zur internationalen Entwicklungshilfe im Rahmen des → UNDP, bes. durch Entsendung von Expertenteams in Entwicklungsländer. – *Organe:* Weltpostkongress, tritt alle fünf Jahre zusammen, als oberste, legislative Behörde. Hauptaufgabe: Revision des Weltpostvertrages und seiner Einzelbestimmungen (Detailed Regulations); Exekutivrat, bestehend aus 40 Mitgliedern, tagt jährlich; Konsultativrat für Poststudien (CCPS) erarbeitet Empfehlungen zu technischen, organisatorischen und wirtschaftlichen Fragen im Zusammenhang mit dem Postdienst;

Internationales Büro. – *Sitz*: Bern, erledigt die laufenden Verwaltungsarbeiten und dient als zentrale Auskunfts- und Beratungsstelle der nationalen Postverwaltungen.

**Ursprung** – I. Zollrecht: 1. *Begriff*: Die Ursprungsregeln des Zollkodex legen fest, wo im- und exportierte Waren ihren Ursprung haben. Es geht stets darum, das Herkunftsland zu bestimmen. – 2. *Merkmale*: Schwerpunkt dabei ist die Regelung des allgemeinen Ursprungs in den Art. 22-26 → Zollkodex (ZK). Daneben gibt es über Art. 27 ZK den sog. Präferenzursprung, der für zolltarifliche Vorzugsbehandlung von Bedeutung ist. – 3. *Unterscheidung von anderen Begriffen*: Der allgemeine Ursprung wird in Abgrenzung zum Präferenzursprung im Zollrecht vereinfacht oft auch nicht präferenzieller Ursprung genannt. Wegen der Bedeutung für andere Rechtsgebiete spricht man auch von *handelspolitischem Ursprung*, wegen des Austellers der Ursprungszeugnisse auch von *IHK-Ursprung oder Kammer-Ursprung*. – 4. *Inhalte*: Die Ursprungsregelungen bestimmen, welches Land als → Ursprungsland einer Ware in Betracht kommt. Oft ist diese Feststellung schwierig, weil mehrere Unternehmen in verschiedenen Ländern an der Herstellung oder Bearbeitung einer solchen Ware beteiligt sind. Für solche Fälle bestimmen Art. 22 ff. ZK Folgendes: „Eine Ware, an deren Herstellung zwei oder mehrere Länder beteiligt waren, ist Ursprungsware des Landes, in dem sie der letzten wesentlichen und wirtschaftlich gerechtfertigten Be- und Verarbeitung unterzogen worden ist, die in einem dazu eingerichteten Unternehmen vorgekommen worden ist und zur Herstellung eines neuen Erzeugnisses geführt hat oder eine bedeutende Herstellungsstufe darstellt. – a) *Nicht präferenzieller Ursprung*: Ob eine Be- oder Verarbeitung einer Ware als wesentlich und wirtschaftlich gerechtfertigt anzusehen ist, ergibt sich i.d.R. aus den Umständen des Einzelfalles. In Zweifelsfällen entscheidet nach Anhören des Ursprungsausschusses die → Europäische Kommission. Nach Art. 22-26 ZK besitzen Waren,

die vollständig in einem Land gewonnen oder hergestellt worden sind, die Ursprungseigenschaft dieses Landes. Welche Waren oder Warengruppen im Einzelnen hierunter fallen, ergibt sich aus der Auflistung in Art. 23 ZK.Ungeachtet der Vorlage eines Dokuments zum Nachweis des Ursprungs können die Zollbehörden im Fall ernsthafter Zweifel weitere Beweismittel verlangen, um die Angaben über den Ursprung der Waren zu klären. – b) *Präferenzieller Ursprung*: Er ist nach völlig anderen Regeln und mit anderen Dokumenten nachzuweisen, um beim Import von Waren Zollvergünstigungen (Zollpräferenzen) in Anspruch nehmen zu können. Die präferenziellen Ursprungskriterien ergeben sich bei einseitiger Gewährung aus den Regeln der ZK-DVO, im Übrigen aus den vielfältigen Präferenzabkommen. Der Präferenzursprung beurteilt sich nach dem Positionswechsel der Waren, bestimmten Produktionsstufen oder Wertklauseln. – 5. *Welthandelsrecht*: nach dem WTO-Agreement on Rules of Origin sollen die nichtpräferenziellen Ursprungsregeln weltweit harmonisiert werden, sie sind es derzeit jedoch nicht. Es gibt daher Unterscheidungen zwischen EU-Ursprungsregeln und US-Ursprungsregeln (nicht-präferenzieller Ursprung).

II. Außenwirtschaftsrecht: Der Ursprung der Ware ist im Rahmen der außenwirtschaftsrechtlichen Einfuhrabwicklung nach den §§ 27 ff. → Außenwirtschaftsverordnung (AWV) in der → Zollanmeldung nach Art. 61 ZK anzugeben und ggf. mit bes. Dokumenten (Ursprungserklärung, → Ursprungszeugnis) nachzuweisen. Der Ursprung einer Ware ist für die Anwendung des → Zolltarifs und die Bestimmung des Zollsatzes sowie der ggf. erforderlichen Einfuhrmaßnahmen nach der → Einfuhrliste – Anlage zum → Außenwirtschaftsgesetz (AWG), die ebenfalls im → Elektronischen Zolltarif (EZT) abgebildet ist – erforderlich. Für bestimmte Ursprungsländer kann das Erfordernis für eine → Einfuhrgenehmigung oder eine → Einfuhrlizenz bestehen. Der → Drittlandszollsatz

(→ MFN-Zollsatz, auch → Vertragszollsatz der WTO/ des → GATT) wird nur für wenige westliche Industriestaaten (USA, Kanada, Japan, etc.) angewendet, für viele andere Staaten (u.a. → Entwicklungsländer) gelten aufgrund von → Präferenzabkommen der EU ermäßigte Zollsätze bei Vorlage der Präferenznachweise (bilaterale Präferenzabkommen, Präferenznachweis EUR.1 oder Allgemeines Präferenzsystem [ → APS] mit dem Präferenzachweis Form A).

**Ursprungskumulierung** → Kumulation.

**Ursprungsland** – Land, in dem eine Ware gewonnen oder hergestellt worden ist. – 1. Nach dem in der Europäischen Gemeinschaft und damit auch in der Bundesrepublik Deutschland geltenden → *Zollkodex (ZK)*; vgl. VO EWG 2913/92 vom 12.10.1992, und der Durchführungsverordnung zum ZK (VO EWG 2454/93 vom 2.7.1993) ist der Ursprungsbegriff auf das Land abgestellt, dessen Boden- oder Gewerbeerzeugnis eine Ware ist. Waren, an deren Herstellung mehrere Länder beteiligt sind, haben ihren Ursprung in demjenigen Land, in dem die letzte wesentliche und wirtschaftlich gerechtfertigte Be- oder Verarbeitung stattgefunden hat, die in einem dazu eingerichteten Unternehmen vorgenommen worden ist und zur Herstellung eines neuen Erzeugnisses geführt hat oder eine bedeutende Herstellungsstufe darstellt. – 2. Für den *Warenverkehr* zwischen der → EU und denjenigen Ländern, mit denen sie durch Assoziierungs-, Freihandels- oder Präferenzabkommen verbunden ist, sowie für Erzeugnisse bestimmter Entwicklungsländer, für die eine Präferenzbehandlung vorgesehen ist, gilt ein von Punkt 1 abweichender Ursprungsbegriff. Dieser ist von der EU mit den betroffenen Ländern bzw. im Rahmen der Entwicklungsländerpräferenz einseitig gesondert festgelegt und aufgeteilt nach Zolltarif-Nummern in Listen zusammengefasst. Danach haben die Waren regelmäßig dann Präferenzursprung und damit Präferenzberechtigung, wenn die Be- oder Verarbeitung von

aus Drittländern eingeführten Waren einen sog. „Positionswechsel", d.h. einen Wechsel der ersten vier Ziffern des Zolltarifs erfahren haben. Von dieser Grundregel gibt es allerdings zahlreiche Ausnahmen. – 3. *Zollrechtliche, außenwirtschaftsrechtliche und statistische Bedeutung:* Bei der → Einfuhr kann das Ursprungsland Einfluss auf die Zollhöhe (z.B. bei → Zollkontingenten) haben, es kann von ihm die Befreiung von der Einfuhrgenehmigungspflicht abhängen. Bei der → Ausfuhr ist das Ursprungsland u.U. für die Zulassung zur Einfuhr oder die Möglichkeit zur Inanspruchnahme von Zollvorteilen im Bestimmungsland sowie bei Marktordnungswaren für die Inanspruchnahme von Erstattungen im Ausfuhrland entscheidend. → Ursprungsnachweis durch → Ursprungszeugnis oder Warenverkehrsbescheinigung.

**Ursprungslandprinzip** – eines der beiden Prinzipien für die Besteuerung grenzüberschreitender Geschäfte bei der Umsatzsteuer (→ Internationales Steuerrecht (IStR)). Das Ursprungslandprinzip sieht vor, dass die erbrachten grenzüberschreitenden Umsätze mit der Steuer des Landes belastet werden bzw. bleiben, in dem der leistende Unternehmer seinen Sitz hat bzw. die leistende Niederlassung sich befindet. Das Ursprungslandprinzip ist für die Unternehmen verwaltungstechnisch einfach zu handhaben, aber allg. wenig verbreitet, da es bei Unterschieden in den Umsatzsteuergesetzen der betroffenen Länder international zu Wettbewerbsverzerrungen führt. In der EU wird nach der Harmonisierung der Umsatzsteuer und der Schaffung des Europäischen Binnenmarktes das Ursprungslandprinzip trotz nicht angeglichener Steuersätze im Bereich einiger Umsätze an Privatpersonen praktiziert (v.a. bei Abhollieferungen, nicht aber bei: Erwerbsteuer, Versandhandelsregelung). Auf sehr lange Sicht ist in der EU die Verwirklichung des Ursprungslandprinzips denkbar und als Fernziel bereits beschlossen, die zuvor notwendige nahezu vollständige Angleichung der Steuersätze erscheint jedoch zumindest mittelfristig nicht erreichbar. – *Gegensatz:* → Bestimmungslandprinzip; vgl. auch Gemeinsamer-Markt-Prinzip.

**Ursprungslandregeln** – Zur Erlangung der präferenziellen Ursprungseigenschaft einer Ware nach Art. 27 ZK setzen viele → Präferenzabkommen einen bestimmten Anteil an inländischer Wertschöpfung voraus, um das Produkt als im → Ursprungsland gefertigt ansehen zu können. Damit soll verhindert werden, dass Warenbestandteile in ein Land geliefert und dort in „Schraubenzieherfabriken" lediglich zusammengesetzt werden, nur um dort die Ursprungseigenschaft zu erlangen. Die Ursprungslandregeln sind je nach Präferenzabkommen in verschiedenen Listen zusammengefasst, welche für jede Ware die *Listenbedingungen* oder *Listenregeln* festlegen. – Vgl. auch → Ursprung, → Ursprungsland, → Freihandelszone, → Zollunion.

**Ursprungsnachweis** – 1. Bei der → *Einfuhr* in das Zollgebiet der → EU: a) für verschiedene Waren aufgrund zolltarifrechtlicher oder außenwirtschaftlicher Vorschriften durch ein → Ursprungszeugnis; b) für Waren aus Ländern, die mit der EU durch Assoziierungs-, Freihandels- oder Präferenzabkommen verbunden sind, sowie aus bestimmten Entwicklungsländern – sofern in einem EU-Mitgliedsstaat Zollpräferenzen in Anspruch genommen werden – durch Warenverkehrsbescheinigungen EUR. 1, EUR. MED oder Formblatt A, für Kleinsendungen durch Ursprungserklärungen. – 2. Bei der → *Ausfuhr* von Waren in Drittländer werden als Ursprungsnachweis Ursprungserzeugnisse i.Allg. durch die Industrie- und Handelskammer ausgestellt. Soll die Ausfuhrware in bestimmten Drittländern vereinbarungsgemäß einer Zollpräferenz unterliegen, so dienen Warenverkehrsbescheinigungen bzw. Formblätter als Ursprungsnachweis. – 3. Um eine einheitliche Rechtsanwendung innerhalb der Europäischen Gemeinschaft sicherzustellen, hat die Europäische Kommission hierzu

Leitlinien über die Geltungsdauer von Ursprungsnachweisen herausgegeben.

**Ursprungsprinzip** – I. Finanzwissenschaften: finanzwissenschaftliches Prinzip, um eine regionale → Doppelbesteuerung zu vermeiden, wobei die Steuererträge demjenigen Land zufließen, in dem das Steuerobjekt seinen Ursprung (Betriebsstätten, Arbeitgeber) hat (Quellenstaatprinzip). – *Gegensatz:* → Wohnsitzprinzip. – *Anders:* → Ursprungslandprinzip, Herkunftsprinzip. – Vgl. auch → Internationales Steuerrecht (IStR).

II. Umwelt- und Ressourcenökonomik: Grundsatz der Ressourcen- und Umweltökonomik, nach der Umweltbeeinträchtigungen an der Stelle zu bekämpfen sind, an der sie auftreten. Das Ursprungsprinzip ist eines der Grundprinzipien der europäischen Umweltpolitik. – Vgl. auch Umweltpolitik; Verursacherprinzip; Vorsorgeprinzip; Gemeinlastprinzip.

**Ursprungsregeln** – klären die Frage, ob und unter welchen Voraussetzungen einer Ware der → Ursprung in einem bestimmten Land zuzuerkennen ist. Ursprungsregeln (→ Ursprungslandregeln) bestehen aus *Listenkriterien* und *Listenbedingen* – sie sind entscheidend für die zollrechtliche Behandlung (Inanspruchnahme des → Präferenzzoll-Satzes bis hin zur → Zollfreiheit bei Vorlage des *Präferenznachweises*, z.B. in der EU einer EUR.1 oder eines Form A; *präferenzielle Ursprungsregeln*, sog. *Präferenzursprung*) und die zoll- und außenwirtschaftsrechtliche Behandlung zur Feststellung des tatsächlichen Ursprungslandes nach Art. 22 bis 26 → Zollkodex (ZK) (z.B. im Hinblick auf eine Genehmigungsbedürftigkeit; *sog. nicht präferenzielle Ursprungsregeln*).

**Ursprungsstaat** → Quellenstaat.

**Ursprungszeugnis** – 1. bei der → *Ausfuhr* eine von einer berechtigten Stelle des Ausstellungslandes (in der Bundesrepublik Deutschland Industrie- und Handelskammer bzw. Handwerkskammer, in Ausnahmefällen Zollamt bzw. Zollstelle) schriftlich abgegebene

Bescheinigung über den Ursprung einer Ware mit allen zur Feststellung der Identität der betreffenden Ware erforderlichen Angaben (Bezeichnung der Packstücke, Art und Gewicht) sowie Namen des Absenders und eindeutige Angabe des → Ursprungslandes. Ursprungszeugnisse dienen als → Ursprungsnachweis. – 2. Die bei der → *Einfuhr* aufgrund zolltariflicher oder außenwirtschaftsrechtlicher Vorschriften geforderten Ursprungszeugnisse müssen von einer zuständigen Stelle des Ursprungslandes ausgestellt sein. – 3. Eine Liste der ausländischen Stellen, die zur Ausstellung von nicht präferenziellen Ursprungszeugnissen für die Wareneinfuhr in das Wirtschaftsgebiet berechtigt sind, ist auf der Homepage der deutschen Zollverwaltung veröffentlicht. Ist das Versendungsland nicht das Ursprungsland, so genügt i.d.R. die Vorlage eines Ursprungszeugnisses einer berechtigten Stelle des Versendungslandes; Ausnahmen hiervon bestehen z.T. bei der genehmigungspflichtigen Einfuhr von Textil- und Bekleidungserzeugnissen. Die zur Ausstellung berechtigten Stellen der Ursprungs- oder Versendungsländer sind meist halbstaatliche Stellen, vergleichbar mit den Industrie- und Handelskammern in Deutschland. – 4. *Die Form* des Ursprungszeugnisses ist dabei grundsätzlich international nicht vorgeschrieben. Das Ursprungszeugnis muss aber im Original der Zollstelle vorgelegt werden. Für Textil- und Bekleidungserzeugnisse des Abschnitts XI der Kombinierten Nomenklatur gelten bes. Ursprungsbestimmungen. Bei diesen Waren ist die Form des Ursprungszeugnisses auch vorgeschrieben und streng reglementiert.

**Uruguay-Runde** – 1. *Begriff:* Achte Verhandlungsrunde im Rahmen des → GATT. Die weit verbreitete Unzufriedenheit mit den Ergebnissen der 1979 abgeschlossenen Tokyo-Runde, die keine Lösungen für aufkommende neuartige nicht tarifäre und diskriminierende Formen des → Protektionismus brachte, führten zu den Forderungen einer neuen GATT-Verhandlungsrunde. Im September 1986 wurde sie durch die

Erklärung von Punta del Este (Uruguay) eröffnet und nach langjährigen Verhandlungen am 15.4.1994 in Marrakesch (Marokko) zum Abschluss gebracht. 117 Staaten verständigten sich auf eine 550-seitige Schlussakte (zusätzlich ca. 10.000 Seiten Anhänge), die gemeinsam mit dem GATT-Vertrag des Jahres 1947 die Grundlage einer neuen Welthandelsordnung bildet. – 2. *Inhalt:* a) *Globale Verhandlungsziele:* (1) Verbesserung des Marktzutritts; (2) Verbesserung der Spielregeln des Welthandels (Stärkung der Funktionsfähigkeit des GATT). – b) *Zentrale Elemente der Uruguay-Runde:* (1) Abkommen über die Errichtung einer Welthandelsorganisation [ → World Trade Organization (WTO)]; (2) Abkommen über den internationalen Dienstleistungshandel (→ GATS); (3) Abkommen über handelsrelevante Aspekte geistigen Eigentums (→ TRIPS-Abkommen); (4) Abkommen zur weiteren Liberalisierung und Regelbindung des internationalen Güterhandels. Im Rahmen der Uruguay-Runde wurde ein entscheidender Durchbruch in Richtung Liberalisierung des Welthandels erreicht: So wurden erstmals die Sektoren Landwirtschaft und Textilien in das Güterabkommen des GATT einbezogen; die Nichtdiskriminierung (Meistbegünstigung und Inländerprinzip) wurde bestätigt; das WTO erhält wirksame Durchsetzungsmechanismen bei Regelverletzungen gegen GATT-Abkommen; es gilt eine einheitliche Mitgliedschaft in der WTO *(Single-Package-Ansatz).* – c) *Einzelheiten:* Neben Zollsenkungen wurde u.a. ein Antidumping-Abkommen, ein Subventionsabkommen, ein Abkommen über technische Handelshemmnisse und über Schutzmaßnahmen sowie eines über Investitionsmaßnahmen getroffen. Auch ein Abkommen über das öffentliche Beschaffungswesen wurde vereinbart. Das Abkommen über Textilien und Bekleidung sah z.B. einen Stufenplan zur Abschaffung der Restriktionen des → Multifaserabkommens (MFA) vor. Das Agrarabkommen sieht Verbesserungen des Marktzugangs der Mitgliedsländer vor sowie einen

Abbau von produktgebundenen Stützungsmaßnahmen und von Exportsubventionen. Entwicklungsländer erfahren eine Sonderbehandlung. So brauchen sie z.b. produktgebundene interne Beihilfen nicht abzubauen, sofern sie 10 Prozent des Produktwertes der betreffenden landwirtschaftlichen Erzeugnisse nicht übersteigen (für Industriestaaten gelten 5 Prozent).

**US-GAAP** – Abk. für *United States Generally Accepted Accounting Principles*. 1. *Kennzeichnung:* US-GAAP sind US-amerikanischen Bilanzierungsvorschriften; sie werden für börsennotierte Gesellschaften durch weitere Anforderungen (v.a. zusätzliche Offenlegungspflichten) der Wertpapier- und Börsenaufsichtsbehörde → SEC (Securities and Exchange Commission) ergänzt. Die US-GAAP bestehen aus einer Vielzahl nicht kodifizierter Einzelfallregelungen (Case Law) und werden überwiegend vom FASB – → Financial Accounting Standards Board (FASB) – verfasst. Maßgebenden Einfluss auf die inhaltliche Entwicklung der US-GAAP haben die amerik. Berufsorganisationen der wirtschaftsprüfenden Berufe. – 2. *Rechnungslegung nach den US-GAAP:* Bestandteile sind: Bilanz (Balance Sheet), Gewinn- und Verlustrechnung (Statement of Income), Kapitalflussrechnung (Statement of Cashflows), Eigenkapitalverwendungsrechnung (Statement of Changes in Stockholders Equity), Angabepflichten zur Bilanzierungspolitik (Notes to Financial Statements). Inhaltlich ähneln die US-GAAP den IAS/IFRS. Die für die IAS/IFRS anzuführenden Unterschiede zur handelsrechtlichen Rechnungslegung gelten daher grundsätzlich auch für die US-GAAP (vgl. IAS/IFRS).

# V

**Valutadumping** – Erlangung von Absatzvorteilen auf Exportmärkten durch gezielte → Abwertung der eigenen Währung (→ Beggar-my-Neighbour-Politik). Valutadumping stellt kein → Dumping im Sinn des → GATT dar, da der Tatbestand der Preisdiskriminierung nicht erfüllt ist. – Vgl. auch → Sozial-Dumping, → Umweltdumping.

**Valutazoll** → Abwehrzoll, → Antidumpingzoll, → Ausgleichszoll, → Vergeltungszoll.

**VENRO** – Abk. für *Verband Entwicklungspolitik deutscher Nichtregierungsorganisationen e.V.*; im Dezember 1995 gegründete Verband. VENRO ist ein freiwilliger Zusammenschluss von über 100 dt. Nichtregierungsorganisationen, → Non-Governmental Organization (NGO). Die Mitglieder sind private und kirchliche Träger der Entwicklungszusammenarbeit, der Nothilfe sowie der entwicklungspolitischen Bildungs-, Öffentlichkeits- und Lobbyarbeit.

**Vent-for-Surplus-Theorie** – Erklärung für das Zustandekommen von → Außenhandel, wonach im Inland nicht benötigte bzw. absetzbare Waren *(Überproduktion/Überfluss,* engl. *Surplus)* sich ein „Ventil" (engl. *Vent)* im → Außenhandel suchen. – Vgl. auch → Außenhandelstheorie.

**Verband Entwicklungspolitik deutscher Nichtregierungsorganisationen e.V.** → VENRO.

**verbindliche Ursprungsauskunft** – Zu den aufgrund der Uruguay-Runde eingetretenen Neuerungen im Zollkodex (ZK) gehört die verbindliche Ursprungsauskunft gemäß Art. 12 ZK. Ähnlich der → verbindlichen Zolltarifauskunft erteilen die Zollbehörden verbindliche Auskünfte zum präferenziellen und zum nicht-präferenziellen Ursprung.

**verbindliche Zolltarifauskunft** – 1. *Begriff:* Die verbindliche Zolltarifauskunft (Art. 12 ZK) wird von bestimmten Zollbehörden der einzelnen Mitgliedsstaaten mit dem Ziel erteilt, dem Antragsteller verbindlich die Einreihung einer Ware in den Zolltarif zuzusichern. – 2. *Merkmale:* Anspruch auf Erteilung einer verbindlichen Zolltarifauskunft hat jede natürliche und juristische Person. Dem Antrag, der sich nur auf die Ware beziehen darf, sind in aller Regel Muster- oder Warenproben beizufügen. Wenn dies nach den Umständen nicht möglich ist (z.B. wegen Größe oder Verderblichkeit einer Ware), so müssen dem Antrag drei Abbildungen oder genaue Beschreibungen beigefügt werden, die die Erteilung einer verbindlichen Zolltarifauskunft ermöglichen. Der nach der verbindlichen Zolltarifauskunft Berechtigte kann bei der Erledigung der Zollformalitäten von der → Zollbehörde verlangen, dass sie die Ware der Auskunft entsprechend behandelt. – 3. *Abgrenzung:* Eine Auskunft tritt außer Kraft, wenn die in ihr angewandten Rechtsvorschriften geändert oder aufgehoben werden, spätestens jedoch sechs Jahre nach ihrer Ausstellung (Art. 12 IV ZK). Ungültig wird eine Auskunft, wenn: (1) die Nomenklatur geändert wird, (2) eine Einreihungs-Verordnung erlassen wird, (3) Erläuterungen oder sonstige nicht rechtsverbindliche Entscheidungen im internationalen oder im Gemeinschaftsbereich erlassen werden, (4) eine Entscheidung des Europäischen Gerichtshofes ergeht oder die Zollbehörde eine Auskunft aus anderen als den stehenden aufgeführten Gründen ändert (Art. 12 IV ZK). Eine Auskunft ist nichtig, wenn sie aufgrund unrichtiger oder unvollständiger Angaben des Berechtigten erteilt wird (Art. 12 III ZK). Bei Widerruf oder Änderung der Auskunft kann sich der Berechtigte noch sechs Monate auf diese berufen, wenn er hierüber feste und endgültige Verträge über die in der Auskunft behandelten Waren abgeschlossen hat (Art. 12 VI ZK).

**Verbindlichkeiten Gebietsansässiger bei Gebietsfremden** → Forderungen Gebietsansässiger an Gebietsfremde.

**Verbote und Beschränkungen** – Der Erhalt jeder zollrechtlichen Bestimmung steht gemäß Art. 58 II ZK unter dem Vorbehalt entgegenstehender absoluter oder relativer Verbote und Beschränkungen für den grenzüberschreitenden Warenverkehr.

**Verbringer** – 1. *Begriff:* Zollrechtlich ist Verbringer derjenige, der Waren ins → Zollgebiet der EU verbringt. Entscheidend ist das tatsächliche Tun, der Realakt. – 2. *Pflichten:* Der Verbringer hat regelmäßig auch die vorherige summarische Eingangsanmeldung und die summarische Anmeldung zur vorübergehenden Verwahrung abzugeben sowie die Ware gemäß Art. 40 → Zollkodex (ZK) am Amtsplatz zu gestellen. – Vgl. auch → Einführer. – 3. *Verbringerwechsel:* An Flug- und Seehäfen kommt es oftmals zu einem Verbringerwechsel gem. Art. 38 II ZK, wenn Waren aus Flugzeugen und Schiffen entladen werden und die Entladegesellschaft die weitere Beförderung zur Zollstelle oder statt derer zugelassenen Orten übernimmt.

**Verbringung** – I. Außenwirtschaftsrecht: Die Verbringung von Waren und Elektrizität aus dem → Wirtschaftsgebiet in fremden Wirtschaftsgebieten wird von § 4 II Nr. 3 → Außenwirtschaftsgesetz (AWG) als → Ausfuhr bezeichnet. Die Verbringung in umgekehrte Richtung als → Einfuhr (§ 4 II Nr. 6 AWG). Während es sich bei der Ausfuhr um Exporte aus Deutschland in Drittländer außerhalb der EU handelt (Extra-EU-Handel), ist die Verbringung die Export in andere Mitgliedsstaaten der EU (Intra-EU-Handel). Die Verbringung ist legal definiert in § 4 II Nr. 5 AWG.

II. Umsatzsteuerrecht: 1. *Begriff:* Sonderfall im Rahmen der Erwerbsteuer; bezeichnet das Überführen eines Gegenstandes, der zu einem Unternehmensvermögen gehört, aus dem Gebiet eines Mitgliedsstaates der EU in einen anderen, wenn der Gegenstand dort auf Dauer oder jedenfalls nicht nur kurzfristig bleiben soll (genauere Erläuterungen auf aktuellem Rechtsstand jeweils in den Umsatzsteuerrichtlinien). Verbringung kann also durch sämtliche Unternehmer bewirkt werden, auch wenn sie nur sog. Halbunternehmer sind, nicht aber durch nicht-unternehmerische juristische Personen. – 2. *Regelung:* Die Verbringung wird behandelt, als ob der Unternehmer den Gegenstand von dem einen Staat aus an sich selbst in den anderen Staat entgeltlich geliefert hätte (Fiktion); mit dieser Maßgabe Anwendung der normalen Regelungen über die Erwerbsteuer. Als Ersatz für das Entgelt dient die Mindest-Besteuerungsgrundlage. In dem Staat, in dem sich der Gegenstand vor der Verbringung befand, muss der Vorgang als innergemeinschaftliche Lieferung gemeldet werden; er ist dort steuerfrei, wenn die korrekte Versteuerung durch Erwerbsteuer im Zielland nachgewiesen werden kann.

III. Ertragsteuern: 1. *Begriff:* der Transport eines Wirtschaftsgutes in ein ausländisches Land. Steuerlich wird der Begriff meist nur mit Bezug auf solche Fälle angewandt, bei denen mit dem ausländischen Staat ein → Doppelbesteuerungsabkommen (DBA) besteht, sodass die in ihm enthaltenen stillen Reserven ganz oder teilweise aus der dt. Steuerhoheit ausscheiden. – 2. *Konsequenzen:* Verbringung eines Wirtschaftsgutes in einen Bereich, in dem es der dt. Steuerhoheit nicht oder jedenfalls nicht mehr uneingeschränkt unterliegt, wird fiktiv als Entnahme eingeordnet; die vorhandenen stillen Reserven werden aus diesem Grunde aufgedeckt (§ 4 I Satz 3 EStG, § 6 I Nr. 4 EStG). Eine Sofortversteuerung der betreffenden Beträge kann (nur) unterbleiben, wenn das Wirtschaftsgut in eine Betriebsstätte in einem anderen Mitgliedstaat der EU verbracht worden ist und der Steuerpflichtige die Bildung eines Ausgleichspostens beantragt, durch den sich die Versteuerung der aufgedeckten stillen Reserven über maximal 5 Jahre verteilen lässt (§ 4g EStG, sog. „→ Merkpostenmethode“).

**Veredeler** – Veredeler sind die Personen, die die → Veredelungsvorgänge im Rahmen der → aktiven Veredelung oder der → passiven Veredelung ganz oder teilweise durchführen. Sie sind zu unterscheiden vom Bewilligungsinhaber, Art. 4 Nr. 22 ZK, also der Person, der die Bewilligung der aktiven bzw. passiven Veredelung erteilt worden ist, und dem Inhaber des → Zollverfahrens, für dessen Rechnung die Anmeldung zur aktiven bzw. passiven Veredelung abgegeben worden ist, Art. 4 Nr. 21 ZK.

**Veredelung** – I. *Begriff:* Produktveredelung, bewirkt durch eine substanziell meist unerhebliche technische Veränderung, Form- und (oder) Qualitätsverbesserungen, die nicht zu einer eigentlichen Stoffumwandlung führen, die aber für eine zweckmäßigere Weiterverarbeitung oder, bei Fertigerzeugnissen, für einen individuell verfeinerten Geschmack wirtschaftlich bedeutungsvoll sind.

II. *Umsatzsteuerrecht:* Jede Bearbeitung oder Verarbeitung, die die Wesensart des Gegenstandes ändert.

III. *Außenwirtschaftsrecht:* → Lohnveredelung.

IV. *Zollrecht:* aktive und passive Veredelung. – Vgl. auch → Veredelungsverkehr.

**Veredelungserzeugnisse** – 1. *Begriff:* Gemäß Art. 114 IIId und Art. 145 IIIc → Zollkodex (ZK) sind Veredelungserzeugnisse alle Waren, die aus bewilligten → Veredelungsvorgängen entstanden sind. Dabei ist zu unterscheiden zwischen den Hauptveredelungserzeugnissen, derentwegen die Veredelung bewilligt worden ist, Art. 496k ZK-DVO, und den Nebenveredelungserzeugnissen, die zwangsläufig bei einem → Veredelungsvorgang anfallen, Art. 496i ZK-DVO.

**Veredelungsverkehr** – 1. *Begriff:* i.S.d. Zollrechts die zollbegünstigte Be- oder Verarbeitung von Waren. Ausbesserung von Waren. – 2. *Arten:* a) *Aktive Veredelung:* dient der Veredelung von aus einem → Drittland in das → Zollgebiet der EU eingeführten Waren, die

in veredeltem Zustand in ein Drittland wiederausgeführt werden sollen. Sie wird bewilligt, wenn der Veredelungsvorgang dazu beiträgt, die günstigsten Voraussetzungen für die Ausfuhr der veredelten Waren zu schaffen, ohne dass wesentliche Interessen der durch den Zoll geschützten Hersteller beeinträchtigt werden. Das ist bei Waren des gewerblichen Sektors regelmäßig der Fall. Die aktive Veredelung in Form des → Nichterhebungsverfahrens ist in der Bundesrepublik Deutschland vorherrschend. In die aktive Veredelung übergeführte Nichtgemeinschaftswaren werden dem Veredeler zollfrei überlassen. Wird der Veredelungsverkehr ordnungsgemäß innerhalb der gesetzten Frist abgewickelt, d.h. werden die gesamten Einfuhrwaren als solche oder in Form von Veredelungserzeugnissen wieder ausgeführt, so entsteht keine → Zollschuld. Verbleiben → Veredelungserzeugnisse, bes. Nebenerzeugnisse und Abfälle, die bei der Veredelung entstehen im Zollgebiet, so entsteht für den in der EU verbliebenen Teil eine Zollschuld, die sich grundsätzlich nach Beschaffenheit und Wert der unveredelten Ware bemisst. Nach der Art des Veredelungsgeschäftes unterscheidet man zwischen Lohnveredelung (Veredelungsarbeiten werden für eine außerhalb des Zollgebiets ansässige Person auf deren Rechnung oder unentgeltlich ausgeführt) oder Eigenveredelung (Durchführung der Arbeiten auf eigene Rechnung). Bei aktivem Veredelungsverkehr werden die Zollvorschriften sinngemäß auf die Einfuhrumsatzsteuer (EUSt) angewendet. Beim Verfahren der → Zollrückvergütung werden die Einfuhrwaren zunächst verzollt. Bei späterem Export dieser Waren oder der Veredelungserzeugnisse erfolgt eine Rückvergütung der gezahlten Zölle. – Vgl. auch → aktive Veredelung. – b) *Passive Veredelung:* dient der Veredelung von Waren, die ohne Erlass, Erstattung oder Vergütung von Zoll aus dem freien Verkehr des Zollgebiets der EU in das Drittland ausgeführt und veredelt wieder eingeführt werden. Es bedarf der Bewilligung des Verfahrens. Die unveredelten Waren sind beim Export nicht zum Ausfuhrverfahren, sondern zur passiven Veredelung anzumelden. Dabei wird die → Nämlichkeit der Waren festgehalten. Den Waren dürfen im Drittland bei der Veredelung Zutaten zugefügt werden. Für die Einfuhr der Veredelungserzeugnisse werden den Bedürfnissen entsprechende Fristen gesetzt. Bei der Einfuhr und Überführung in den zollrechtlich freien Verkehr wird der für die veredelten Waren normalerweise zu entrichtende Zollbetrag um den Betrag gemindert, der als Zollbetrag für die unveredelten Waren zu erheben wäre, wenn sie unter den gleichen Umständen zum zollrechtlich freien Verkehr abgefertigt würden (Differenzveredelung). Der Bewilligungsinhaber kann auch die Mehrwertmethode wählen. Dann wird der Zollbetrag basierend auf der Wertsteigerung der unveredelten Waren ermittelt. Die Wiedereinfuhr kann auch in ein anderes Mitgliedsland der EU erfolgen. Vorsteuerabzugsberechtigte Veredeler müssen für die wieder eingeführten Waren die volle Einfuhrumsatzsteuer entrichten, sodass sich passiver Veredelungsverkehr für diesen Personenkreis erübrigt, sofern es sich um Waren handelt, die nur der Einfuhrumsatzsteuer unterliegen. – Vgl. auch → passive Veredelung; → Ausbesserungsverkehr.

**Veredelungsvorgang** – Im Rahmen der → aktiven Veredelung und → passiven Veredelung, Art. 114-129 ZK und Art. 536-550 ZK-DVO, sind verschiedene Veredelungsvorgänge zu unterscheiden: *Bearbeitung, Ausbesserung und Verarbeitung.* Bei der Bearbeitung bleibt die Einfuhrware gegenständlich individuell mit ihren wesentlichen Merkmalen erhalten, z.B. beim Färben von Geweben. Bei der Verarbeitung findet eine weitgehende Umgestaltung der Einfuhrware statt. Sie bleibt nur der Substanz nach erhalten, z.B. beim Herstellen von Bier aus Hopfen und Malz. Ausbesserung einschließlich Instandsetzung und Regulierung als dritter Veredelungsvorgang ist etwa die Reparatur einer Uhr, der Wartungsdienst bei

Fahrzeugen, die Reinigung von Geweben. Zusätzlich gibt es als vierten Veredelungsvorgang bei der aktiven Veredelung die *Verwendung von Produktionshilfsmitteln.* Das sind → Nichtgemeinschaftswaren, die nicht in die → Veredelungserzeugnisse eingehen, sondern lediglich deren Herstellung ermöglichen oder erleichtern, selbst wenn sie dabei vollständig verbraucht werden wie etwa Gussformen oder Abdeckfolien.

**vereinfachtes Anmeldeverfahren (VAV)** – Zu den Möglichkeiten einer vereinfachten Zollanmeldung gehört das vereinfachte Anmeldeverfahren gemäß Art. 253 II ZK-DVO. Dabei werden nach entsprechender vorheriger Bewilligung bei der Zollstelle nur die notwendigsten Angaben in der Zollanmeldung gemacht und Unterlagen vorgelegt. Am Monatsende werden die notwendigen Ergänzungen in einer früher sog. Sammelzollmeldung dem Hauptzollamt vorgelegt. – Vgl. auch → vereinfachte Verfahren.

**vereinfachte Verfahren** – 1. *Definition:* Der Zollkodex (ZK) kennt neben dem normalen Verfahren der → Zollanmeldung vereinfachte Verfahren nach Art. 76 ZK. Für den Importeur bedeutet sie eine spürbare Entlastung bei den Zollformalitäten und eine schnellere Verfügbarkeit über die eingeführten oder auszuführenden Waren. Nicht nur die Wirtschaft, sondern auch die Zollverwaltung profitieren wegen des geringen Arbeits- und Kräfteaufwands von den Verwaltungsvereinfachungen. – 2. *Merkmale:* Die drei einheitlich in der gesamten EU möglichen vereinfachten Verfahren sind: (1) → unvollständige Zollanmeldung (UZA) gemäß Art. 253 I ZK-DVO; (2) → vereinfachtes Anmeldeverfahren (VAV) gemäß Art. 253 II ZK-DVO; (3) Anschreibeverfahren (ASV) gemäß Art. 253 III, ZK-DVO. Bei den genannten Verfahren besteht die Vereinfachung darin, dass die eingeführten Waren in einem bestimmten Zeitraum entweder nur vereinfacht zur Zollabfertigung angemeldet oder nur buchmäßig aufgezeichnet bzw. angeschrieben werden. In gleicher Weise können auch Unterlagen zunächst noch fehlen. Anschließend wird bei der UZA eine einzelne ergänzende Zollanmeldung nachgereicht bzw. die fehlenden Unterlagen. Beim VAV und ASV werden die Waren monatsweise in einer zusammengefassten vollständigen ergänzenden Zollanmeldung erfasst und von der zuständigen Zollstelle abgerechnet. – Die UZA bedarf keiner bes. Zulassung. Das Zollamt entscheidet im Einzelfall, ob die unvollständigen Angaben für die Abfertigung ausreichend sind. Demgegenüber bedürfen das VAV und das ASV der vorherigen Zulassung durch das örtliche zuständige Hauptzollamt, in dessen Bezirk der Antragsteller seine kaufmännischen Bücher oder Aufzeichnungen führt. Wichtige Voraussetzungen hierfür sind, dass: (1) die Waren nicht nur gelegentlich angemeldet werden; (2) der Antragsteller zuverlässig ist, also keine schweren oder wiederholten Zuwiderhandlungen gegen die Zollvorschriften begangen hat; (3) Zollbelange nicht beeinträchtigt werden; (4) gewährleistet ist, dass Ein- und Ausfuhrverbote und -beschränkungen sowie sonstige Vorschriften beachtet werden. Die vereinfachten Verfahren in Form des VAV und ASV können auch solchen Personen bewilligt werden, die regelmäßig als indirekte Vertreter Dritter Zollanmeldungen abgeben (z.B. Spediteure). Als Abrechnungszeitraum wird in der Zulassung i.d.R. der Kalendermonat bestimmt. Bis zum dritten Werktag des Folgemonats (bei Selbstberechnung der Abgaben bis zum zehnten Werktag) ist die ergänzende Anmeldung der Abrechnungszollstelle vorzulegen. – 3. *Unterscheidung:* Das VAV kommt für Zollanmeldungen beim Zollamt in Betracht. Die ASV finden im Unternehmen statt. – *Wichtigster Fall:* Im Anschluss an ein Versandverfahren kann von einem → zugelassenen Empfänger die Zollanmeldung durch Anschreibung abgegeben werden.

**Vereinte Nationen** → UN.

**Verelendungswachstum** → Außenhandelstheorie, → Entwicklungstheorie.

**Verfassung für Europa** – *Europäische Verfassung, Europäischer Verfassungsvertrag.* 1. *Begriff/Bedeutung:* Vom → Europäischen Konvent war der Entwurf eines Vertrages über eine Verfassung für Europa ausgearbeitet worden, der am 24.10.2004 vom Europäischen Rat unterzeichnet worden war. Dieser Verfassungsentwurf war seit Oktober 2003 von einer Regierungskonferenz der Mitgliedsstaaten diskutiert und sollte die Grundlage für die erste europäische Verfassung und eine demokratischere, transparentere und effizientere EU bilden. Die Ratifikation scheiterte jedoch, weil Frankreich und die Niederlande in Volksabstimmungen gegen die Annahme der Verfassung stimmten. Nach dem Scheitern wurde vom Europäischen Rat im Juni 2005 eine „Reflexionsphase" eingeleitet, die im Juni 2007 zu dem Beschluss des Rates über den EU-Reformvertrag (→ Vertrag von Lissabon) führte, der am 1.12.2009 in Kraft getreten ist (BGBl. II 2009 S. 1223). – 2. *Merkmale der Verfassung für Europa:* Bei dem Verfassungsentwurf handelt es sich um einen einzigen Text, der in vier Teile gegliedert ist: Grundlegende Verfassungsbestimmungen (Ziele, Zuständigkeiten, Entscheidungsverfahren und Organe), Grundrechte-Charta, Politikbereiche sowie Schlussbestimmungen. Durch die Verfassung würden die bisherigen drei Säulen der Union integriert und die Union erhielte eine eigene Rechtspersönlichkeit. Die Zahl der Rechtsakte würde von heute ca. 15 auf sechs drastisch verringert werden (Gesetz und Rahmengesetz als rechtsverbindliche Gesetzgebungsakte, Verordnung und Beschluss als rechtsverbindliche Akte ohne Gesetzescharakter sowie unverbindliche Empfehlungen und Stellungnahmen). Der Verfassungsentwurf schlägt auch eine bessere Abgrenzung der Zuständigkeiten vor: Es wird unterschieden zwischen drei Arten von Zuständigkeiten, denen dann jeweils bestimmte Politikbereiche zugeordnet werden: Ausschließliche Zuständigkeiten, in denen nur die EU gesetzgeberisch tätig wird (Wettbewerb, Zollunion, Gemeinsame Handelspolitik, Währungspolitik in Währungsunion, Erhaltung der biologischen Meeresschätze); geteilte Zuständigkeiten, in denen EU oder Mitgliedsstaaten gesetzgeberisch tätig werden (Binnenmarkt, Asyl- und Einwanderungspolitik, justizielle und polizeiliche Zusammenarbeit, Landwirtschaft/Fischerei, Transport und transeuropäische Netze, Energie, Sozialpolitik, wirtschaftlicher, sozialer und territorialer Zusammenhalt, Umwelt, Verbraucherschutz, Gesundheitswesen, Forschung, technologische Entwicklung und Raumfahrt, Entwicklungszusammenarbeit und humanitäre Hilfe); Unterstützungs-, Koordinierungs- oder Ergänzungsmaßnahmen, in denen die EU keinerlei Harmonisierungsbefugnisse hat (Industrie, Schutz und Verbesserung der menschlichen Gesundheit, allg. und berufliche Bildung, Jugend, Sport, Kultur, Zivilschutz). Hinzu kommen die Koordinierung der Wirtschafts- und Beschäftigungspolitik sowie die → GASP. Einige der genannten Bereiche erhielten mit der Verfassung erstmals eine Rechtsgrundlage: Öffentliche Gesundheit, Energie, Zivilschutz und Sport. Die → Charta der Grundrechte sollte in die Verfassung integriert werden und damit Rechtsverbindlichkeit erlangen. Die Rolle der nationalen Parlamente bei der EU-Gesetzgebung sollte insofern verstärkt werden, dass alle Vorschläge der Kommission an die nationalen Parlamente geleitet werden und diese innerhalb von sechs Wochen Stellung nehmen können. Sollte ein Drittel der Parlamente der Meinung sein, dass das Subsidiaritätsprinzip (→ Subsidiarität) nicht gewahrt ist, hätte die Kommission den Gesetzesvorschlag überarbeiten müssen. Die Rolle der Sozialpartner und der Kirchen wurde betont und die Möglichkeit eröffnet, dass die Bürger mit einer Million Unterschriften die Kommission zur Vorlage eines Gesetzesvorschlags auffordern. Bei der Beschlussfassung sollte das Initiativmonopol der Europäischen Kommission systematisch auf die meisten

Bereiche im Rahmen des Raums der Freiheit, der Sicherheit und des Rechts ausgedehnt werden. Auch sollte die qualifizierte Mehrheit auf weitere Bereiche ausgedehnt und das Veto-Recht einzelner Mitgliedsstaaten eingeschränkt werden. Der Europäische Rat könnte auf der Basis einer sog. „Anpassungsklausel" einstimmig beschließen, die qualifizierte Mehrheit auf solche Bereiche auszudehnen, die bisher noch der Einstimmigkeit unterworfen waren. Die sog. „doppelte Mehrheit" (Mehrheit der Mitgliedsstaaten und 60 Prozent der EU-Bevölkerung) sollte ab dem Jahre 2009 Voraussetzung für das Zustandekommen einer qualifizierten Mehrheit sein. → Wirtschafts- und Sozialausschuss der EU (WSA) und → Ausschuss der Regionen (AdR) waren zur Stellungnahme vorgesehen. Für die Mitgliedsstaaten war eine Klageerhebung beim → EuGH vorgesehen. Mit der Schaffung eines EU-Außenministers sowie über die Möglichkeit der verstärkten Zusammenarbeit einiger Mitgliedsstaaten sollte die EU ihre Rolle auf der internationalen Bühne stärken. Der EU-Außenminister sollte nach dem „Zwei-Hüte-Prinzip" gleichzeitig Vize-Präsident der Europäischen Kommission und Beauftragter des Rates für die GASP sein und sollte vom Europäischen Rat mit qualifizierter Mehrheit nach Zustimmung des Kommissionspräsidenten ernannt werden. Die verstärkte Zusammenarbeit sollte auch auf den Bereich Verteidigung ausgedehnt werden. Hier wurde auch die Schaffung eines Rüstungsamtes vorgeschlagen. Dem Europäischen Rat sollte ein Präsident der EU für zweieinhalb Jahre vorsitzen (einmalige Verlängerung möglich). Das Rotationsprinzip der Ratspräsidentschaft sollte dahingehend reformiert werden, dass die Präsidentschaft ein Jahr lang (anstelle der heutigen sechs Monate) dauert. Die Kommission sollte ab ihrem Mandat im Jahre 2009 aus einem Präsidenten, einem Vize-Präsidenten und 13 Europäischen Kommissaren bestehen. Daneben sollte der Kommissionspräsident weitere Kommissare aus den übrigen Mitgliedsstaaten ernennen können, die jedoch kein Stimmrecht hätten.

**Vergeltungszoll** – *Kampfzoll, Retorsionszoll;* → Zoll, der in Erwiderung auf die → Handelspolitik eines anderen Landes eingeführt wird. Dieser Zoll wirkt für sich genommen (d.h. bei gegebenem Zollsatz des anderen Landes) *wohlfahrtsverbessernd* zulasten des anderen Landes, welches darauf seinerseits mitunter wieder mit einer Vergeltung in Form einer weiteren Zollerhöhung reagieren wird *(Zollkrieg)*. Das Endergebnis einer solchen Entwicklung ist im Vergleich zum → Freihandel zumindest für ein Land, möglicherweise aber auch für beide Länder, eine *Wohlfahrtsverschlechterung.* Deshalb wurde nach dem Zweiten Weltkrieg in Form des → GATT ein rechtlicher Rahmen für → multilaterale Liberalisierung geschaffen. – Vgl. auch → Handelspolitik, → World Trade Organization (WTO).

**Verhaltenskodex** – Begriff aus dem internationalen Steuerrecht: Zur Bekämpfung des unfairen Steuerwettbewerbs haben sich die EU-Staaten im Dezember 1997 auf einen Verhaltenskodex verständigt, nach dem in Zukunft beurteilt werden soll, ob eine steuerliche Maßnahme eines EU-Staates im internationalen Steuerwettbewerb als unfaire Maßnahme angesehen werden kann oder nicht. Ferner wurde im Sinne eines unverbindlichen Gentlemen's Agreement die Selbstverpflichtung übernommen, für die weitere Zukunft von nach dem Verhaltenskodex als unfair eingestuften Steuermaßnahmen abzusehen und bestehende gegen den Verhaltenskodex verstoßende Regelungen allmählich abzubauen. Infolge des Verhaltenskodex sind zahlreiche steuerliche Vergünstigungen in den Mitgliedsstaaten eingeschränkt oder befristet worden (oft bis 2005 oder 2010). – Neben dem Verhaltenskodex hat die EU-Kommission zunehmend auch das Beihilfeverbot des EG-Vertrages zurückgegriffen, um die Einführung neuer steuerlicher Vergünstigungen für Unternehmen zu unterbinden.

**Verhältnisverfahren** – 1. *Verteilung nach Köpfen:* Das zur Verteilung anstehende → Kontingent wird durch die Zahl der Antragsteller geteilt. Jeder Antragsteller erhält somit einen gleichen Anteil. – 2. *Verteilung im Verhältnis zur beantragten Menge:* Berechnung der individuellen → Quote nach

$$GK \cdot \frac{E_b}{E_g},$$

wobei: GK = Gesamtkontingent, $E_b$ = beantragte Einzelmenge, $E_g$ = beantragte Gesamtmenge. Dies Verfahren wird häufig bei Handelsgeschäften mit Staatshandelsländern angewandt. – Vgl. auch → Verteilungsverfahren.

**Verifiability** – *Nachprüfbarkeit;* qualitative Anforderung an Rechnungslegungsinformationen nach den → US-GAAP sowie nach den → International Financial Reporting Standards (IFRS). – Vgl. auch → Conceptual Framework und → Framework.

**Verkettungseffekte** – geben an, inwieweit sich wirtschaftliche Aktivitäten eines Sektors auf andere Sektoren auswirken. Generell wird unterschieden zwischen *Vorwärtsverknüpfungen* (Forward Linkages), die die Effekte der Output-Verwendung aufzeigen und *Rückwärtsverknüpfungen* (Backward Linkages), die die Effekte der Input-Beschaffung bezeichnen.

**Verkettungseffekte in Richtung vorwärts** → Verkettungseffekte.

**Vermögenspreisansatz zur Wechselkursbestimmung** – allgemeiner Ausdruck für alle jene Wechselkursmodelle, in denen der momentane Kassakurs durch zwei Größen bestimmt wird: Die *Fundamentaldaten,* und die *Erwartungen* über den künftigen Kassakurs. – *Eine bes. Form des Vermögenspreisansatz zur Wechselkursbestimmung* ist das → monetaristische Wechselkursmodell, in dem die Fundamentaldaten v.a. die

Geldmengen und die Realeinkommen enthalten. Die Realeinkommen können ihrerseits durch eine ganze Reihe von angebots- oder nachfrageorientierten Fundamentaldaten bestimmt sein, wie etwa technologische Entwicklungen, Arbeitsmarktentwicklungen, Konsumverhalten etc., denen je nach Modelltyp für die Bestimmung des Realeinkommen eine wichtige Rolle zukommt. – Postuliert man *rationale Erwartungen*, so ergibt sich der erwartete künftige Kassakurs aus den Erwartungen bez. der künftigen Fundamentaldaten und dem für die weitere Zukunft erwarteten Kassakurs. Wiederholt man diese Überlegung immer wieder aufs Neue, dann ergibt sich der momentane Kassakurs als Funktion der momentanen Fundamentaldaten und aller für die Zukunft erwarteter Fundamentaldaten. – Erhalten die Wirtschaftssubjekte neue Informationen *(News)*, die sie zu veränderten Erwartungen für künftige Fundamentaldaten veranlassen, dann führt dies zu sofortigen Wechselkursveränderungen. Nur solche Neuigkeiten können überhaupt zu unerwarteten Wechselkursveränderungen führen. Interpretieren die Wirtschaftssubjekte eine Geldmengenerhöhung als Indiz für weitere Erhöhungen in der Zukunft, dann steigt der Wechselkurs stärker, als es die momentanen Fundamentaldaten eigentlich rechtfertigen würden. – Vgl. auch → Wechselkurstheorie, → Devisenmarkteffizienz.

**Vermögensübertragung** – I. Gesellschaftsrecht: Es handelt sich um eine Form der → Umwandlung (§ 1 I Nr. 3 UmwG). 1. *Vollübertragung*: Übergang des gesamten Vermögens eines Rechtsträgers im Wege der Gesamtrechtsnachfolge unter Auflösung ohne Abwicklung auf einen anderen Rechtsträger (§ 174 I UmwG). Den Anteilsinhabern des übertragenden Rechtsträgers wird keine Beteiligung an dem übernehmenden Rechtsträger, sondern eine Gegenleistung in anderer Form gewährt (z.B. Entschädigung). – 2. *Teilübertragung*: Übertragung eines Teils des Vermögens oder mehrerer bzw. sämtlicher Vermögensteile als Gesamtheit auf einen

bestehenden Rechtsträger (§ 174 II UmwG) unter vorheriger Spaltung des Vermögens. Die Spaltungsvorschriften sind entsprechend anzuwenden (Rechtsträger, Spaltung von). – 3. *Gesetzlich geregelte Arten nach dem Umwandlungsgesetz*: Vgl. Tabelle „Vermögensübertragung".

II. **Ertragsteuern**: Wiederkehrende Leistungen im Zusammenhang mit einer Vermögensübertragung können sein: a) *Versorgungsleistungen*: Unter den Voraussetzungen von § 10 I Nr. 1a EStG können die Versorgungsleistungen beim Verpflichteten als Sonderausgaben geltend gemacht werden. Beim Leistungsempfänger sind diese als „Sonstige Einkünfte" nach § 22 Nr. 1b EStG steuerpflichtig. – b) *Unterhaltsleistungen*: Diese gelten als Zuwendungen und sind nach § 12 Nr. 2 EStG steuerlich nicht abzugsfähig. – c) *entgeltliche Vermögensübertragung im Austausch mit einer Gegenleistung*: Diese Leistungen beinhalten eine nicht steuerbare oder steuerbare Vermögensumschichtung sowie einen Zinsanteil. – *Versorgungsleistungen*: Voraussetzung hierfür ist die Übertragung von Vermögen kraft einzelvertraglicher Regelung unter Lebenden i.d.R. im Rahmen der vorweggenommenen Erbfolge. Der Rechtsgrund kann auch in einer Verfügung von Todes wegen sein, wenn die Vermögensübertragung im Wege der vorweggenommenen Erbfolge zu Lebzeiten des Erblassers ebenfalls begünstigt wäre (BFH vom 11.10.2007, BStBl. 2008 II Seite 123). Der Übergeber behält sich die Erträge des Vermögens typischerweise durch Versorgungsleistungen vor. Die Übertragung ist grundsätzlich unter Angehörigen, aber auch unter Fremden möglich. Als Empfänger gelten grundsätzlich Abkömmlinge und auch gesetzlich erbberechtigte entfernte Verwandte des Übergebers. Im Rahmen der Vermögensübertragung soll der Übernehmer (wenigstens teilweise) eine unentgeltliche Zuwendung erhalten. Bei einer Übertragung auf Angehörige gilt die Vermutung, dass die wiederkehrende Leistung unabhängig vom Wert des übertragenden Vermögens nach dem

**Vermögensübertragung**

| Rechtsträger | | übernehmender | | | |
|---|---|---|---|---|---|
| übertragender | | Öffentliche Hand | VVaG | öffentl.-rechtl. Versicherungs-unternehmen | Versiche-rungs-AG |
| GmbH | Voll-übertr. | §§ 175 Nr. 1, 176 | – | – | – |
| | Teil-übertr. | §§ 175 Nr. 1, 177 | – | – | – |
| AG/KGaA | Voll-übertr. | §§ 175 Nr. 1, 176 | – | – | – |
| | Teil-übertr. | §§ 175 Nr. 1, 177 | – | – | – |
| Versiche-rungs-AG | Voll-übertr. | – | §§ 175 Nr. 2 Buchst. a, 178 | §§ 175 Nr. 2 Buchst. a, 178 | – |
| | Teil-übertr. | – | §§ 175 Nr. 2, Buchst. a, 179 | §§ 175 Nr. 2, Buchst. a, 179 | – |
| VVaG | Voll-übertr. | – | – | §§ 175 Nr. 2 Buchst. b, 180–183, 185–187 | §§ 175 Nr. 2 Buchst. b, 180–183 185–187 |
| | Teil-übertr. | – | – | §§ 175 Nr. 2 Buchst. b, 184–187 | §§ 175 Nr. 2 Buchst. b, 184–187 |
| öff.-rechtl. Versicherungs-unternehmen | Voll-übertr. | – | §§ 175 Nr. 2 Buchst. c, 188 | – | §§ 175 Nr. 2 Buchst. c, 188 |
| | Teil-übertr. | – | §§ 175 Nr. 2 Buchst. c, 189 | – | §§ 175 Nr. 2 Buchst. c, 189 |

§§ sind solche des Umwandlungsgesetzes

Versorgungsbedürfnis des Berechtigten und nach der wirtschaftlichen Leistungsfähigkeit des Verpflichteten bemessen wird. Diese Vermutung kann widerlegt werden, wenn die Beteiligten Leistung und Gegenleistung nach kaufmännischen Gesichtspunkten gegeneinander abgewogen haben und subjektiv von der Gleichwertigkeit der Leistung ausgehen dürfen, selbst wenn Leistung und Gegenleistung nach objektiven Gesichtspunkten nicht gleichwertig sind. Gegenstand der Vermögensübertragung sind nur Mitunternehmeranteile an einer Personengesellschaft, die eine Tätigkeit i.S.d. § 13, 15 I S. 1 Nr. 1 oder nach § 18 I EStG ausüben, eines Betriebs oder Teilbetriebs und eines Anteils an einer GmbH von mindestens 50 Prozent, wenn der Übergeber als Geschäftsführer tätig war und der Übernehmer diese Tätigkeit nach der Übertragung übernimmt. Wird begünstigtes Vermögen unter Vorbehalt eines Nießbrauchs übertragen, gelten die vorgenannten Ausführungen, wenn der Nießbrauch lediglich Sicherungszwecken dient und der Vermögensübergeber gleichzeitig mit der Bestellung des Nießbrauchs dessen Ausübung nach § 1059 BGB dem Vermögensübernehmer überlässt. Weiterhin ist Voraussetzung für die Versorgung, dass das Vermögen ausreichend Ertrag bringt, um die Versorgung des Übergebers aus dem übernommenen Vermögens zumindest zu einem Teil sichert. Dies wird grundsätzlich angenommen, wenn nach überschlägiger Berechnung die wiederkehrenden Leistungen nicht höher sind als der langfristig erzielbare Ertrag des übertragenden Vermögens. Keine Begünstigung liegt vor, wenn sich der Übernehmer im Übertragungsvertrag der Verpflichtung nachkommt, das übertragene Vermögen umzuschichten. Darüber hinaus gelten Besonderheiten bei Betriebsaufgabe, Übertragung, Umwandlung und nachträgliche Umschichtungen. – *Entgeltliche Vermögensübertragungen*: Bis zur Grenze der Angemessenheit enthalten wiederkehrende Leistungen im Austausch mit einer Gegenleistung eine nicht steuerbare oder steuerbare Vermögensumschichtung in Höhe des Barwerts und einen Zinsanteil. Ist der Barwert (= Tilgungsanteil) der wiederkehrenden Leistungen jedoch höher als der Wert des übertragenden Vermögens, wird grundsätzlich eine Entgeltlichkeit in Höhe des angemessenen Kaufpreise angenommen. Der darüber hinausgehende Betrag gilt steuerlich als Zuwendung i.S.d. § 12 Nr. 2 EStG. Ist die Höhe des Barwerts doppelt so hoch wie der Wert des übertragenen Vermögens, liegt somit insgesamt eine Zuwendung des § 12 Nr. 2 EStG vor. Eine Teilentgeltlichkeit wird angenommen, wenn der Wert des übertragenen Vermögens höher ist als der Barwert der wiederkehrenden Leistungen. – a) *Übertragung von Betriebsvermögen*: Betreffend der ertragsteuerlichen Behandlung bei Veräußerung von Wirtschaftsgütern des Betriebsvermögens gegen Leibrenten, Veräußerungsrenten oder Kaufpreisraten verweisen wir auf die dort gemachten Ausführungen. – b) *Übertragung von Privatvermögen* gegen wiederkehrende Leistungen auf Lebenszeit: Beim Verpflichteten bemessen sich die Anschaffungskosten nach dem Barwert der wiederkehrenden Leistungen. Dieser wird bei lebenslänglichen Leistungen nach § 14 I BewG

oder nach versicherungsmathematischen Grundsätzen ermittelt. Bei einer dauernden Leistung (ungleichmäßig wiederkehrende Leistungen) berechnet sich der Barwert nach dem Jahreswert, der in künftig im Durchschnitt der Jahre voraussichtlich erzielt wird. Bei einem Erwerb eines Wirtschaftsguts, welches zur Einkünfteerzielung dient, ist der errechnete Barwert Grundlage für die Absetzung für Abnutzung, für Sonderabschreibungen oder für höhere Absetzung. Zu beachten ist, dass der in den wiederkehrenden Leistungen enthaltene Tilgungsanteil im Zeitpunkt der Zahlung nicht gesondert im Rahmen von Werbungkosten berücksichtigt werden kann. Der Zinsanteil von Renten und dauernden Lasten ist grundsätzlich nicht abzugsfähig. Wenn hingegen das erworbene Wirtschaftsgut der Einkünfteerzielungsabsicht dient, ist der in den Zahlungen enthaltene Zinsanteil grundsätzlich als Werbungskosten abzugsfähig. Beim Berechtigten ermittelt sich der Veräußerungspreis in Höhe des Barwerts für die wiederkehrenden Leistungen. Bei privaten Veräußerungsgeschäften ist der Veräußerungspreis bis zur Höhe des Barwerts die Differenz zwischen der Summe der jährlichen Zahlungen und der ermittelte Zinsanteil. In dem Jahr, in dem der in der Summe der jährlichen Zahlungen enthaltene Veräußerungspreis die um die Abschreibung gekürzten Anschaffungskosten und weitere Werbungskosten übersteigt, entsteht erstmals ein Gewinn. Bei Veräußerungsgewinnen von wesentlichen Anteilen i.S.d. § 17 EStG entsteht der Gewinn grundsätzlich im Zeitpunkt der Veräußerung. Bei Veräußerungen gegen Leibrente und gegen Ratenzahlungen, gelten wiederum Besonderheiten. Bei Veräußerungen von Kapitalvermögen, kann der Gewinn ggf. auch nach § 20 EStG besteuert werden: Hier greift die Abgeltungsteuer. Der Zinsanteil, der in den wiederkehrenden Leistungen enthalten ist, ist Entgelt für die Stundung des Veräußerungspreises. Dieses ist auf die Laufzeit der wiederkehrenden Leistungen zu verteilen. Bei dauernden Leistungen gilt der

Zinsanteil als Einkünfte aus Kapitalvermögen i.S.d. § 20 EStG. Der Ertragsanteil, welcher in Veräußerungsleibrenten enthalten ist, ist nach § 22 EStG zu versteuern. – c) *Übertragung von Privatvermögen* gegen wiederkehrende Leistungen auf bestimmte Zeit: Die Anschaffungskosten und der Veräußerungspreis ermittelt sich nach § 13 I BewG mit dem Barwert. Dies gilt auch bei wiederkehrenden Leistungen für eine Mindestlaufzeit. Der Barwert kann auch auf Basis eines versicherungsmathematischen Gutachtens ermittelt werden. Bei der Ermittlung des Zinsanteils der Rente bei Mindestlaufzeit kommt es darauf an, ob die laufenden Zahlungen eher einer Leibrente oder der Kaufpreisrate zuzuordnen ist. Werden Kaufpreisraten angenommen, ermittelt sich der Zinsanteil grundsätzlich aus der Differenz zwischen der Summe der jährlichen Zahlungen und der jährlichen Minderung des Barwerts der wiederkehrenden Leistungen. Ansonsten ist der Ertragsanteil mittel Ertragswerttabelle des § 22 Nr. 1 S. 3 Buchst. a Doppelbuchst. bb S. 4 EStG zu ermitteln. Betreffen die Besteuerung verweisen wir auf die obigen Ausführungen unter b).

III. Außenhandel: → Zahlungsbilanz.

**Vernichtung** – 1. *Begriff:* Nach Art. 182 ZK können → Nichtgemeinschaftswaren unter zollamtlicher Überwachung vernichtet oder zerstört werden. Bei der Vernichtung richtet sich die Handlung auf eine substanzielle Beseitigung des Stoffes, dagegen wird bei der Zerstörung einer Ware nur ihre Beschaffenheit verändert. – 2. *Folgen:* Die bei der Zerstörung angefallenen Abfälle und Überreste müssen einem für Nichtgemeinschaftswaren vorgesehenen zollrechtlichen Verfahren zugeführt werden (i.d.R. in den zollrechtlichen freien Verkehr). Die Durchführung der genannten Verfahren darf der Staatskasse keine Kosten verursachen. – 3. → *Unionszollkodex:* Der UZK kennt nur noch die → Zerstörung als Unterfall der → aktiven Veredelung.

**Verordnung der EU über die gerichtliche Zuständigkeit und die Anerkennung und**

**Vollstreckung von Entscheidungen in Zivil- und Handelssachen** → EU-GVV.

**Verrechnungsdollar** – bei → Handelsabkommen und → Zahlungsabkommen zwischen zwei Ländern häufig gewählte → Verrechnungseinheit (VE), wenn die Vertragspartner ihrer zwischenstaatlichen Verrechnung eine dritte Währung zugrunde legen wollen.

**Verrechnungseinheit (VE)** – I. *Internationale Wirtschaftsbeziehungen:* In → Zahlungsabkommen vereinbarte *Währungseinheit,* zu der unabhängig von ihren Kursschwankungen zwischen den an dem Zahlungsabkommen beteiligten Ländern abgerechnet wird (→ Verrechnungsverkehr). – *Beispiel:* → Verrechnungsdollar.

II. *Amtliche Statistik:* Recheneinheit als Generalnenner für den statistischen Vergleich qualitativ unterschiedlicher, wenn auch gattungsgleicher Güter, z.B. Großvieh-Einheit und Arbeitskräfte-Einheit.

**Verrechnungskonten** – I. *Finanzbuchhaltung:* Konten, die keine eigentliche Abrechnungsstelle eines Bilanzpostens sind, die aber auch nicht als Unterkonten des Kapitalkontos zu den Erfolgskonten gerechnet werden können. Verrechnungskonten sind Hilfskonten aus buchungstechnischen Gründen, die sich immer wieder ausgleichen.

II. *Kostenrechnung:* Die Konten der Klasse 5 des Gemeinschafts-Kontenrahmens industrieller Verbände (GKR), die mit tatsächlich angefallenen Gemeinkosten belastet und mit verrechneten Gemeinkosten erkannt werden. Verrechnungsunterschiede sollen sich über größere Zeitabstände (Jahr) möglichst ausgleichen, andernfalls ist Korrektur der Normalzuschläge erforderlich. Differenzen werden über ein Abgrenzungssammelkonto gebucht.

III. *Internationale Wirtschaftsbeziehungen:* Konten bei Zentralbanken und/oder Geschäftsbanken, die aufgrund eines zwischen zwei oder mehreren Ländern abgeschlossenen → Zahlungsabkommens geführt werden und auf denen der → Verrechnungsverkehr abgewickelt wird. Verrechnungskonten können mit einem Swing versehen sein, es kann Abwicklung der Salden in harter Währung vereinbart sein etc. – Zu unterscheiden: (1) *Ein-Konten-System*, bei dem alle Verrechnungen über ein Konto des einen Vertragspartners bei der Zentralbank des anderen Vertragspartners laufen; (2) *Zwei-Konten-System*, bei dem jeder der Vertragspartner ein Verrechnungskonto bei der Zentralbank des anderen Vertragspartners unterhält.

**Verrechnungsländer** – Länder, mit denen ein Land ein → Zahlungsabkommen abgeschlossen hat und mit denen der Zahlungsverkehr über → Verrechnungskonten vorgenommen wird. – *Gegensatz*: Länder, mit denen freier Zahlungsverkehr besteht.

**Verrechnungspreis** – I. Wirtschaftstheorie: Preis, der nicht durch Gütertausch auf Märkten entsteht, sondern in einem Optimierungsansatz berechnet wird. Auch als *Schattenpreis* bezeichnet. – Im Marktgleichgewicht (→ Gleichgewicht) stimmen die Verrechnungspreise mit den Marktpreisen überein.

II. Plankostenrechnung: Synonym für *Planpreise*.

III. Internationales Management: → Transferpreis.

IV. Steuerrecht: 1. *Begriff*: Der zwischen rechtlich selbständigen, aber miteinander durch Beteiligungsbeziehungen direkt oder indirekt verbundenen Unternehmen vereinbarte Preis für Lieferungen und Leistungen jeder Art. Keine Verrechnungspreise sind folglich innerhalb einer rechtlichen Einheit, d.h. zwischen einem Stammhaus und seiner Betriebsstätte, möglich. – 2. *Grundsatz*: Die verbundenen Unternehmen müssen ihre Leistungen untereinander so abrechnen, wie dies auch einander fremde Dritte täten (Drittvergleichsgrundsatz; → Fremdvergleichsgrundsatz). Dieser Grundsatz gilt sowohl im nationalen Recht (wo eine

Verletzung durch Vereinbarung unangemessener Verrechnungspreise entweder zu einer verdeckten Gewinnausschüttung oder einer verdeckten Einlage führen kann) als auch im grenzüberschreitenden Rahmen (Art. 9 des OECD-Musterabkommens für Doppelbesteuerungsabkommen erlaubt es den Vertragsstaaten, unangemessene Verrechnungspreise auf Konditionen, die dem Fremdvergleichsgrundsatz entsprechen, zu berichtigen). – 3. *Steuerrechtliche Folgen*: Die Finanzverwaltung korrigiert die Gewinnermittlung des betroffenen Unternehmens und berechnet den Gewinn so, als ob die Verrechnungspreise in angemessener Höhe vereinbart worden wären. Die über die angemessene Höhe hinaus gehende Teile der Zahlungen an einen Gesellschafter gelten i.d.R. als verdeckte Gewinnausschüttungen und solche Zahlungen von einem Gesellschafter, wenn auch die übrigen Voraussetzungen dafür gegeben sind, als Einlagen (verdeckte Einlagen). Hilfsweise erlaubt aber § 1 AStG, die Verrechnungspreise auch in allen anderen Fällen zu korrigieren, um den Gewinn so auszuweisen, wie es bei Beziehungen unter fremden Dritten der Fall gewesen wäre. – 4. *Rechtsgrundlagen*: §§ 90, 162 AO; Gewinnaufzeichnungs-Dokumentationsverordnung; Funktionsverlagerungsverordnung, Art. 9 OECD-Musterabkommen; BMF-Schreiben über Verwaltungsgrundsätze zur Kontrolle der Verrechnungspreise („Verwaltungsgrundsätze"). – 5. *Dokumentationspflicht*: In Deutschland werden die Dokumentationspflichten der Unternehmen in § 90 III Abgabenordnung (Mitwirkungspflichten bei Auslandssachverhalten) festgelegt, deren Umfang und Ausgestaltung im Interesse einer einheitlichen Rechtsanwendung durch die „Verordnung zu Art, Inhalt und Umfang von Aufzeichnungen i.S.d. § 90 III der Abgabenordnung (Gewinnabgrenzungsaufzeichnungsverordnung) näher ausgeführt werden. Darüber hinaus hat das Bundesfinanzministerium einige Verwaltungsgrundsätze veröffentlicht, die die Arbeit der Finanzverwaltung binden. Hierbei sind insbesondere die sog.

Verfahrensgrundsätze-Verfahren zu nennen (12.4.2005): die Verwaltungsgrundsätze-Kostenumlagen (30.12.1999) und die Verwaltungsgrundsätze-Arbeitnehmerentsendung (9.11.2001). Darüber hinaus hat das Bundesfinanzministerium Merkblätter zu Verständigungs- und Schiedsverfahren (13.7.2006) sowie zu Vorabverständigungsverfahren (Advanced Pricing Agreements) (5.10.2006) veröffentlicht.

**Verrechnungspreisforum** → Transferpreisforum.

**Verrechnungsverkehr** – zwischenstaatlicher Ausgleich von Forderungen und Verpflichtungen auf dem Verrechnungsweg. Zahlungen erfolgen nicht in Devisen, sondern über → Verrechnungskonten durch Einzahlung seitens der Importeure in der Landeswährung bei der als Verrechnungsstelle fungierenden Zentralbank bzw. einer dazu geschaffenen bes. Stelle *(Verrechnungskasse)*. Häufig ist ein *Swing* vereinbart. Aus den Einzahlungen der Importeure werden die Exporteure befriedigt. – Auch die sonstigen *außerhalb des Außenhandels* entstehenden Zahlungsverbindlichkeiten werden im Verrechnungsverkehr reguliert. Überschüsse werden bisweilen zum Ausgleich von Zinsverpflichtungen oder zur Tilgung früherer Schulden verwendet. – *Bedeutung* im → Außenhandel im Rahmen der internationalen Verrechnungsabkommen (→ Zahlungsabkommen).

**Versandanmeldung** → Zollanmeldung, mittels derer der Zollbeteiligte (Hauptverpflichtete) bei der Abgangs(zoll)stelle die Überführung von Waren in ein → Versandverfahren anmeldet. Das daraufhin erstellte Versandbegleitdokument begleitet die Ware und ist bei der erneuten Gestellung der Bestimmungs(zoll)stelle am Empfangsort vorzulegen. Seit dem 1.7.2005 sind in der → EU die gemeinsamen/ → gemeinschaftlichen Versandverfahren ausschließlich mit dem NCTS („New Computerized Transit System") als Regelverfahren durchzuführen. Damit ersetzt die elektronische Abwicklung über

NCTS das vorher hauptsächlich papiergebundene System der Abwicklung der Versandverfahren.

**Versandschein** → Versandanmeldung.

**Versandverfahren** – 1. *Begriff:* regelt unter Berücksichtigung der wirtschaftlichen Interessen der am → Außenhandel beteiligten Personen die Beförderung von Waren zwischen zwei innerhalb des Zollgebiets der Gemeinschaft gelegenen Orten. – 2. *Arten:* Das im gesamten → Zollgebiet geltende gemeinschaftliche Versandverfahren (gVV) unterscheidet zwischen dem externen T1-Verfahren für unverzollte → Nichtgemeinschaftswaren und bes. zu überwachende Waren und dem internen T2-Verfahren für verzollte → Gemeinschaftswaren. Letzteres findet grundsätzlich nur Anwendung, wenn zwischenzeitlich das Zollgebiet der Gemeinschaft verlassen wird, etwa beim Warenverkehr nach Italien über die Schweiz. Nach Art. 91 ZK können im externen Versandverfahren Nichtgemeinschaftswaren befördert werden, ohne dass diese Waren Einfuhrabgaben oder handelspolitischen Maßnahmen unterliegen; ferner Gemeinschaftswaren, die bei der Ausfuhr in ein Drittland bestimmten Gemeinschaftsmaßnahmen (z.B. Marktordnung) unterzogen werden und ggf. Ausfuhrförmlichkeiten (nach Außenwirtschaftsrecht) zu erfüllen haben. Daneben treten weitere Versandverfahren. Weitere Versandverfahren sind das nach den gleichen Verfahrensregeln abzuwickelnde gemeinsame Versandverfahren (gemVV) mit den EFTA-Staaten. Ferner ist das → Carnet TIR möglich, sofern nachstehende Voraussetzungen erfüllt sind: (1) eine solche Beförderung außerhalb der Gemeinschaft beginnen oder enden soll oder (2) eine solche Beförderung sowohl Warensendungen betrifft, die im Zollgebiet der Gemeinschaft abgeladen werden sollen, als auch Warensendungen, die in einem Drittland abgeladen werden sollen, oder (3) eine solche Beförderung zwischen zwei innerhalb der Gemeinschaft liegenden Orten über das Gebiet des

Drittlandes vorgenommen wird. Schließlich ist eine Beförderung mit → Carnet ATA als Versandschein zugelassen, ebenso aufgrund des Rheinmanifestes, nach dem NATO-Abkommen mit Vordruck 302 und durch die Post. – 3. *Pflichtige:* Die Person, die selbst oder durch einen Vertreter die Anmeldung zum gVV abgibt, ist der Hauptverpflichtete, der für die ordnungsgemäße Durchführung des Verfahrens haftet. Er hat: (1) die Waren innerhalb der vorgeschriebenen Frist unter Beachtung der von den Zollbehörden zur Nämlichkeitssicherung getroffenen Maßnahmen unverändert der Bestimmungszollstelle zu gestellen und die Versandbegleitdokumente vorzulegen; (2) die Vorschriften über das gVV einzuhalten. Warenführer und Warenempfänger haben in Kenntnis der Versandsorteigenschaft und unter Wahrung der Nämlichkeitssicherung für eine fristgerechte Gestellung der Waren bei der Bestimmungszollstelle zu sorgen. Im gVV wird i.d.R. die → Nämlichkeit der Ware durch amtlichen Verschluss gesichert. – Der Hauptverpflichtete hat im gVV eine Sicherheit zu leisten, damit die Erfüllung der → Zollschuld und die Zahlung der übrigen Eingangsabgaben gewährleistet ist (Art. 94 ZK).

**Verschachtelung** – alter Sprachgebrauch für die Verflechtung mehrerer Unternehmen (meist: Kapitalgesellschaften) miteinander durch Beteiligungen, die einen unternehmerischen Einfluss ermöglichen. – *Beispiel:* Mutterunternehmen mit 25-prozentiger oder 50-prozentiger Beteiligung an verschiedenen Tochterunternehmen. – Vgl. auch Schachtelgesellschaft, → Schachtelprivileg.

**Verschuldung im Ausland** → Auslandsverschuldung, → Auslandsverschuldung der Entwicklungsländer.

**Versender** – I. Handelsrecht: Der Versender ist der Auftraggeber des Spediteurs: Für dessen Rechnung besorgt der Spediteur die Versendung (§ 453 HGB). Der Spediteur ist im Verhältnis zum Frachtführer Absender, im Verhältnis zum Verfrachter Befrachter.

II. Außenwirtschaftsrecht: Versender ist, wer auf Veranlassung eines → Ausführers (vgl. Definition in § 4c AWV), dem er zur Lieferung verpflichtet ist, die Ware zur Erfüllung eines Liefervertrages des Ausführers an dessen gebietsfremden Abnehmer liefert.

**Versenderland** → Versendungsland.

**Versendungsland** – Begriff des Außenwirtschaftsrechts: fremdes Wirtschaftsgebiet, aus dem die Ware in das deutsche → Wirtschaftsgebiet versendet wird, ohne dass diese in Durchfuhrländern Rechtsgeschäften oder Aufenthalten unterworfen ist, die über die normale Beförderung hinausgehen. Eine Legaldefinition fehlt in der → Außenwirtschaftsverordnung (AWV), der Begriff ist dort mehrfach in Gebrauch (z.B. in § 21b II AWV, § 23 II AWV, § 27 I AWV, § 29 II AWV); zu unterscheiden sind → Einkaufsland (§ 21b II AWV), → Ursprungsland (Anlage → Einfuhrliste zum AWG, Nr. 8).

**Verständigungsverfahren** – 1. *Begriff:* ein Verfahren, mit dem Streitigkeiten hinsichtlich der korrekten Anwendung von → Doppelbesteuerungsabkommen (DBA) auf einen oder mehrere Einzelfälle beigelegt werden können. – 2. *Problematik:* Die Doppelbesteuerungsabkommen (DBA) sehen zwar Regeln darüber vor, welchem Staat welche Einkünfte zur Besteuerung zustehen, sie schließen aber nicht aus, dass sie diese Regeln im Einzelfall unterschiedlich verstehen oder – viel wichtiger – beide betroffenen Staaten bei der Besteuerung des Geschehens möglicherweise von unterschiedlichen Annahmen über den Sachverhalt ausgehen. Da jeder der beiden Staaten souverän ist, also nicht gezwungen ist, fremden Vorgaben zu folgen, kann eine einheitliche Sichtweise in diesen Fällen nicht zwangsweise durchgesetzt werden – auch auf dem Rechtsweg kann eine einheitliche Sicht der Dinge nicht durchgesetzt werden, da es kein Gericht gibt, an dessen Entscheidung die Behörden beider Staaten gleichzeitig gebunden wären. – 3. *Verständigungsverfahren als Lösungsansatz für diese Problematik:* Um es möglich zu machen, dass die Würdigung des steuerlichen Falles dennoch nicht widersprüchlich (und/oder: nicht im Widerspruch zu dem, was das DBA anstrebt) erfolgt, erlauben die Doppelbesteuerungsabkommen normalerweise den betroffenen Behörden, miteinander direkte Gespräche zu führen mit dem Ziel, zu einer einheitlichen Sichtweise des Geschehens zu finden bzw. unterschiedliche Auffassungen so aufeinander abzustimmen, dass die Behandlung der Einzelfälle schlussendlich den Zielen, die das Abkommen anstrebt (v.a.: Beseitigung einer doppelten Besteuerung) auch tatsächlich entspricht. – 4. *Antrag, Vorgehensweise, Einigungsnotwendigkeit, Fristen:* Die Steuerpflichtigen, die glauben, dass das DBA im konkreten Einzelfall insgesamt nicht korrekt angewandt worden ist, können ein Verständigungsverfahren anregen, haben aber kein unbedingtes Recht darauf, dass es auch durchgeführt wird. Es gibt außerdem für das Verständigungsverfahren weder einen Einigungszwang noch eine Einigungsfrist, d.h. in der Praxis ist das Verständigungsverfahren ein Verfahren, mit dem die Finanzbehörden einem Steuerpflichtigen helfen können, aber nicht helfen müssen; sie werden von diesem Instrument vor allen Dingen dann Gebrauch machen wollen, wenn sie der Überzeugung sind, dass der Steuerpflichtige guten Glaubens vorgegangen ist, seine steuerlichen Verpflichtungen in beiden Staaten nach bestem Wissen erfüllt hat und nun quasi ohne Verschulden Opfer der nicht abgestimmten Ansichten beider Staaten zu werden droht. – 5. *Schiedsklauseln:* Das Manko des Verständigungsverfahrens, dass eine Einigung nicht erzwungen werden kann, wird neuerdings in einigen wenigen Doppelbesteuerungsabkommen durch zusätzliche Vereinbarungen abgemildert, die es ermöglichen, einen Schiedsrichter anzurufen, wenn die Finanzbehörden sich nicht auf eine abgestimmte Behandlung des Geschehens einigen können. Solche Klauseln sind jedoch selten und gehören bislang nicht einmal zu dem Standard an Regelungen, den die OECD für

ein Doppelbesteuerungsabkommen vorschlägt (→ OECD-Musterabkommen zur Vermeidung der Doppelbesteuerung). Im Rahmen der EU findet sich eine zwingende Regelung für eine Detailfrage in Gestalt des → Schiedsabkommens. – 6. *Fundstelle:* Im OECD-Musterabkommen finden sich die Bestimmungen über das Verständigungsverfahren in Art. 25; in den meisten Abkommenstexten Deutschlands mit anderen Ländern stehen die Bestimmungen über ein Verständigungsverfahren daher ebenfalls in Art. 25.

**Verteilungsverfahren – I. Zwangsversteigerungsgesetz:** Teil des Zwangsversteigerungsverfahrens, der sich an Versteigerungstermin mit → Zuschlag anschließt und die Aufgabe hat, den erzielten Versteigerungserlös nach Abzug der Verfahrenskosten gemäß dem Teilungsplan zu verteilen (§§ 105 ff. ZVG).

II. **Außenwirtschaftsrecht:** Verfahren zur Festlegung der Einfuhrquoten im Fall kontingentierter → Einfuhr seitens der zuständigen Genehmigungsbehörden nach § 12 → Außenwirtschaftsgesetz (AWG): a) → Referenzverfahren (reines Referenzverfahren und Quotenreferenzverfahren); b) → Verhältnisverfahren; c) → Windhund-Verfahren (nur in Ausnahmefällen angewandt); d) Quotenversteigerungsverfahren (nicht üblich).

**Vertragsänderung EU** – Der Vertrag über die Europäische Union (→ EUV) und der Vertrag über die Arbeitsweise der Europäischen Union (→ AEUV) können nach Art. 48 EUV im ordentlichen und im vereinfachten Änderungsverfahren geändert werden. Auch von der vertraglich vorgesehenen Einstimmigkeit bei Rechtsakten für bestimmte Bereiche oder Fälle kann über sog. Brückenklauseln abgewichen werden. – 1. *Ordentliches Änderungsverfahren:* Vertragsänderungsvorschläge können dem Rat (früher: Ministerrat) von der Regierung jedes Mitgliedstaates, dem → Europäischen Parlament oder der → Kommission vorgelegt werden. Sie werden dem → Europäischen Rat und den nationalen Parlamenten übermittelt. Beschließt der Europäische Rat mit einfacher Mehrheit die Änderungen, beruft der Präsident des Europäischen Rates einen Konvent ein. Der Europäische Rat kann mit einfacher Mehrheit nach Zustimmung des Europäischen Parlaments auch beschließen, dass ein Konvent nicht einberufen wird, wenn die Einberufung wegen des Änderungsumfangs nicht gerechtfertigt ist. In einem solchen Fall legt der Europäische Rat das Mandat für eine Regierungskonferenz der Mitgliedstaaten fest. Vereinbart die Regierungskonferenz die Vertragsänderungen, treten sie in Kraft, wenn sie von allen Mitgliedstaaten ratifiziert werden. Ist der Änderungsvertrag nach zwei Jahren erst von 4/5 der Mitgliedstaaten ratifiziert und gibt es bei den übrigen Staaten Schwierigkeiten, befasst sich der Europäische Rat mit der Frage (Vgl. Art. 48 Abs. 2 bis 5 EUV. – 2. Im *vereinfachten* Änderungsverfahren kann jede Regierung eines Mitgliedstaates Änderungsvorschläge zum Dritten Teil des AEUV über die internen Politikbereiche der Union Art. 26 bis 197 AEUV, z.B. → Binnenmarkt, Warenverkehr, Landwirtschaft, Dienstleistungs- und Kapitalverkehr, Wettbewerb etc.) vorlegen. Der Europäische Rat fasst einstimmig einen Änderungsbeschluss nach Anhörung des Europäischen Parlaments und der Kommission, der von den Mitgliedstaaten ratifiziert werden muss, damit er Vertragsänderungswirkung entfalten kann. – 3. Auch für Gesetzgebungsakte unterhalb der Änderung der Verträge, also im Rahmen der → Rechtsakte, sind Regelungen im EUV vorgesehen, die eine vereinfachte Beschlussfassung erlauben, indem eine vertraglich vorgesehene Einstimmigkeit in eine qualifizierte Mehrheit oder das vertraglich vorgesehene besondere Gesetzgebungsverfahren in das ordentliche Gesetzgebungsverfahren überführt wird. In Fällen, in denen der Rat (früher: Ministerrat) nach Maßgabe des AEUV oder dem Fünften Titel des EUV ( Auswärtiges Handeln der Union, → GASP und GSVP; Art. 21 bis 46 EUV) in einem Bereich oder in einem bestimmten Fall einstimmig beschließt, kann der Europäische Rat einen Beschluss erlassen, wonach der Rat (früher: Ministerrat) in diesem Bereich oder in diesem bestimmten Fall nunmehr mit qualifizierter Mehrheit beschließen kann (sog. Brückenklausel oder Passerelle-Regelung, vgl. Art. 48 Abs. 7 EUV). Voraussetzung für die Anwendbarkeit dieser Brückenklausel ist die Zustimmung aller nationalen Parlamente. Wird der Vorschlag innerhalb von sechs Monaten nach der Übermittlung von einem nationalen Parlament abgelehnt, wird der „Brücken"-Beschluss nicht erlassen. Diese Regelung ermöglicht eine vereinfachte Beschlussfassung, indem die einstimmige Beschlussfassung in eine Beschlussfassung mit qualifizierter Mehrheit überführt wird, wenn es um die Verabschiedung eines Rechtsakts in einem bestimmten Bereich oder Fall geht. – 4. Eine weitere Brückenklausel ermöglicht es, dass in Fällen, in denen nach dem AEUV Gesetzgebungsakte im besonderen Gesetzgebungsverfahren erlassen werden müssen, der Europäische Rat einen Beschluss erlassen kann, dass die Gesetzgebungsakte im ordentlichen Gesetzgebungsverfahren erlassen werden können (Art. 48 Abs. 7 Unterabsatz 2 EUV). Auch hier gilt das oben unter 3. zur Beteiligung der nationalen Parlamente Ausgeführte (vgl. Art. 48 Abs. 7 Unterabsatz 3 EUV). – 5. Die oben in 3. und 4. skizzierten Brückenklauseln bedürfen der Zustimmung der Mehrheit der Mitglieder des Europäischen Parlaments. Sodann erlässt der Europäische Rat die Beschlüsse einstimmig (Art. 48 Abs. 7 Unterabsatz 4 EUV).

**Vertragsverletzungsverfahren** – nach Art. 258 und 259 AEUV; jeder EU-Mitgliedsstaat kann den → EuGH anrufen, wenn er der Auffassung ist, dass ein anderer Mitgliedsstaat gegen eine Verpflichtung aus dem EUV und EAUV verstoßen hat. Ebenso kann die → Europäische Kommission den EuGH anrufen, wenn sie der Auffassung ist, dass ein Mitgliedsstaat gegen eine Verpflichtung aus dem Unionsrecht verstoßen hat.

**Vertragszollsatz** – *Vertragstarif,* → Drittlandszollsatz; aufgrund zwischenstaatlicher Vereinbarungen im Rahmen des → GATT für bestimmte Waren zu erhebender Zollsatz. Vertragszollsätze werden gegenüber Ländern (sog. Drittländer) angewendet, denen die → Meistbegünstigung zusteht. Vertragszollsätze beruhen auf Art. 207 AEUV. – *Gegensätze dazu:* → Präferenzzoll und *autonomer Zollsatz* (Art. 31 AEUV).

**Vertrag von Lissabon** – 1. *Begriff:* auch „EU-Reformvertrag" genannt; genaue Bezeichnung: Vertrag von Lissabon zur Änderung des Vertrags über die Europäische Union und des Vertrags zur Gründung der → Europäischen Gemeinschaft, unterzeichnet in Lissabon am 13.12.2007 (Amtsblatt N. C vom 17.12.2007). Beinhaltet eine grundlegende Reform der Vertragsgrundlagen der → EU nach den Verträgen von Maastricht (1992), Amsterdam (1997) und Nizza (2001). Der Ratifizierungsprozess durch die Mitgliedsstaaten ist im September 2009 noch nicht abgeschlossen. Deutsches Zustimmungsgesetz vom 8.10.2008 (BGBl. II S. 1038). Die Vereinbarkeit des Zustimmungsgesetzes mit dem Grundgesetz und damit die Vereinbarkeit des Vertrages von Lissabon mit den Vorgaben des Grundgesetzes hat das Bundesverfassungsgericht durch Urt. v. 30.6.2009 (2 BvE 2/08; 2 BvE 5/08; 2 BvR 1010/08) festgestellt. Der Vertrag von Lissabon übernimmt in wesentlichen Teilen Elemente des 2005 an Referenden in Frankreich und den Niederlanden gescheiterten Vertrags über eine → Verfassung für Europa, ohne jedoch der EU staatlichen Charakter zu verleihen. – 2. *Wesentlicher Inhalt:* (1) Wichtige Neuerungen wie die erstmalige Auflistung der EU-Kompetenzen, die Ausdehnung der Befugnisse des Europäischen Parlaments und von Mehrheitsentscheidungen, die verstärkte Kontrolle des Subsidiaritätsprinzips durch die nationalen Parlamente sowie die erstmalige Möglichkeit von Bürgerinitiativen, die Schaffung eines permanenten Präsidenten des Europäischen Rates und eines Hohen Vertreters

für die Außen- und Sicherheitspolitik stärken die Handlungsfähigkeit und demokratische Legitimität der EU sowie ihre Rolle in der Welt. (2) Der Vertrag löst die Säulenstruktur der Europäischen Union auf. Europäische Union und Europäische Gemeinschaft werden zu einer einzigen Rechtspersönlichkeit verschmolzen, die Europäische Union heißt. Der Vertrag zur Gründung der Europäischen Union wird in Vertrag über die Arbeitsweise der Europäischen Union (AEUV) umbenannt. (3) Die Charta der Grundrechte wird nicht als Text in den Vertrag übernommen, wohl aber wird sie durch den Vertrag anerkennt und damit auch verbindlich. (4) Das Europäische Parlament wird gleichberechtigter Mitgesetzgeber neben dem Rat. Das Mitentscheidungsverfahren wird zum ordentlichen Gesetzgebungsverfahren, d.h. Regelverfahren bei der Rechtsetzung. Der Haushaltsplan wird zusammen mit dem Rat festgelegt. Das Parlament wählt den Präsidenten der Europäischen Kommission. Je Mitgliedstaat gibt es sechs bis 96 Abgeordnete je nach Bevölkerungszahl. (5) Der Europäische Rat besteht aus den Staats- und Regierungschefs der Mitgliedsstaaten, dem Präsidenten des Europäischen Rats und dem Präsidenten der Kommission. Der Präsident des Europäischen Rats wird für zweieinhalb Jahre mit qualifizierter Mehrheit vom Europäischen Rat gewählt. Er darf kein anderes politisches Amt in einem Mitgliedsstaat oder der EU haben. (6) Der → Rat der Europäischen Union besteht aus je einem Vertreter des Mitgliedsstaates auf Ministerebene. Er entscheidet in nunmehr 23 Politikbereichen mit qualifizierter Mehrheit. Es gilt das Prinzip der „doppelten Mehrheit" ab dem 1.11.2014: es müssen zustimmen 55 Prozent der Mitglieder des Rates, gebildet aus mind. 15 Mitgliedern, die zumindest 65 Prozent der Bevölkerung der Union repräsentieren. Eine Sperrminorität muss mind. vier Mitglieder im Rat umfassen. Bestimmte Übergangsregelungen können bis 2017 zur Anwendung kommen. (7) Der Präsident der Europäischen Kommission wird unmittelbar durch das Europäische Parlament gewählt. Ab dem 1.11.2014 soll die Zahl der Mitglieder der Kommission nur noch aus der Zahl von zwei Dritteln der Zahl der Mitgliedsstaaten einschließlich des Kommissionspräsidenten und des Hohen Vertreters der Union für Außen- und Sicherheitspolitik bestehen. Diese Regel wurde jedoch, auf Basis des geltenden Vertragsrechts, von den Staats- und Regierungschefs beim Europäischen Rat im Dezember 2008 b.a.w. aufgehoben und durch die bisherige Regel „ein Kommissar pro Mitgliedsstaat" ersetzt, um Irland den Ratifizierungsprozess nach einem negativen Referendum zu erleichtern. (8) Der Hohe Vertreter leitet die → GASP und hat den Vorsitz im Rat für „Auswärtige Angelegenheiten".

**Vertrag von Nizza** – 1. *Begriff*: Mit dem Vertrag von Nizza, den eine Regierungskonferenz der Mitgliedsstaaten ausarbeitete und am 11.12.2000 beschloss, wurde versucht, die → EU auf die Erweiterung (→ EU-Erweiterung) vorzubereiten. Er war der letzte Reformvertrag vor der Erweiterung im Jahre 2004 (nach → EEA, → Maastrichter Vertrag und → Amsterdamer Vertrag und → Vertrag von Lissabon ) und trat am 1.2.2003 in Kraft. – 2. *Merkmale*: Der Vertrag von Nizza enthält v.a. Regelungen zur Reform der Institutionen, Beschlussfassung und verstärkten Zusammenarbeit der EU. – 3. *Reform der Institutionen*: Um die Funktionsfähigkeit einer EU mit 27 Mitgliedsstaaten zu sichern, wurden die Sitzverteilung im → Europäischen Parlament und die Stimmgewichtung im → Rat der Europäischen Union (Ministerrat) modifiziert und die Anzahl der Mandate und Stimmen der Beitrittsländer festgelegt. Die Zahl der Mandate im Europäischen Parlament wurde auf maximal 732 begrenzt, wobei Deutschland mit unverändert 99 Sitzen das größte Gewicht erhielt. Die Stimmverteilung im Ministerrat sah eine größere Spreizung der Stimmen und eine relativ stärkeres Stimmgewicht für die bevölkerungsreichsten Mitgliedsstaaten vor: Währen die größten Mitgliedsstaaten vorher jeweils zehn

Stimmen bei der qualifizierten Mehrheit hatten, erhielten sie nun jeweils 29 Stimmen. Dies betrifft Deutschland, Frankreich, Italien und das Vereinigte Königreich. Für Spanien und Polen wurden jeweils 27 Stimmen vorgesehen. Luxemburg erhielt vier, Malta drei Stimmen. Der neuen → Europäischen Kommission seit 1.11.2004 gehört ein Kommissionsmitglied pro Mitgliedsstaat an (vorher je zwei für die fünf großen Mitgliedsstaaten). Dem → Europäischen Gericht Erster Instanz (EuG) und dem → EuGH gehört jeweils ein Richter pro Mitgliedsstaat. Gleiches gilt für die Mitglieder des → EuRH. Die Zusammensetzung der → Europäischen Zentralbank (EZB), des → Wirtschafts- und Sozialausschusses der EU (WSA) und des → Ausschusses der Regionen (AdR) bleibt unverändert. Es wurde auch beschlossen, dass ab 2004 alle Tagungen des → Europäischen Rates in Brüssel stattfinden. Weiterhin wurde mit Eurojust eine Einrichtung geschaffen, die die Zusammenarbeit im Bereich Justiz und Inneres verbessern soll. – 4. *Reform der Beschlussfassung*: Die Beschlussfassung mit qualifizierter Mehrheit wurde auf ca. 30 neue Bereiche ausgedehnt, z.B. die Freizügigkeit, die Zusammenarbeit in Zivilsachen, Abschluss internationaler Übereinkommen, wirtschaftliche Zusammenarbeit mit Drittländern etc. Die Schwelle für die Erreichung der qualifizierten Mehrheit wurde gemäß Erklärung Nr. 21 des Vertrags von Nizza auf 232 der 321 Stimmen, d.h. auf 72,3 Prozent, angehoben. Folglich gilt ein Beschluss des Rats als angenommen, wenn mind. 232 von 321 Stimmen darauf entfallen. Sie galt seit dem 1.11.2004 für eine Union mit 25 Mitgliedsstaaten nach einer Übergangsperiode von Mai bis Oktober 2004. Für die in 2004 noch nicht beigetretenen Staaten Rumänien und Bulgarien wurden 14 bzw. zehn Stimmen festgelegt. Die Gesamtzahl der Stimmen stieg somit auf 345, die Schwelle für eine qualifizierte Mehrheit auf 255 von 345 Stimmen (73,91 Prozent) in einer Union mit 27 Mitgliedern inkl. Rumänien und Bulgarien. – 5. *Verstärkte*

*Zusammenarbeit:* Die mit dem → Amsterdamer Vertrag institutionalisierte Möglichkeit der verstärkten Zusammenarbeit in Gebieten, in denen der Vertrag keine gemeinschaftliche Politik vorsieht, wurde ebenfalls reformiert: Die Mindestzahl von Mitgliedstaaten wurde auf acht festgelegt und die Veto-Möglichkeit der anderen wurde gestrichen. Die Möglichkeit der verstärkten Zusammenarbeit wurde auf den Bereich der → GASP ausgedehnt. Zur jüngsten Reform der EU vgl. → Vertrag von Lissabon.

**Vertriebsgesellschaft** – 1. *Begriff:* Gesellschaft, deren Gegenstand nur der Vertrieb von Waren oder Dienstleistungen ist, nicht aber deren Produktion. – 2. Eine Vertriebsgesellschaft wird häufig von Konzernen *gegründet,* um (1) die Haftung, soweit sie aus Verträgen mit der Kundschaft herrührt, auf das Vermögen der Vertriebsgesellschaft zu begrenzen, (2) den Vertrieb aller Produkte des Konzerns zentral zu koordinieren oder (3) durch eine Vertriebsgesellschaft in einem anderen Land (Auslands-Vertriebsgesellschaft) den Kunden im dortigen Markt eine Anlaufstelle im eigenen Land anbieten zu können. – 3. *Steuerliche Behandlung:* Die Vertriebsgesellschaft muss ihre Geschäfte mit den übrigen Gesellschaften des eigenen Konzerns zu Konditionen wie mit fremden Dritten abwickeln; ansonsten besteht innerstaatlich die Gefahr verdeckter Gewinnausschüttungen, grenzüberschreitend die Gefahr von Verrechnungspreiskorrekturen (Verrechnungspreis). – 4. *Spezialfall:* Für Unternehmensstrukturen, bei denen innerstaatlich eine Vertriebsgesellschaft und eine Produktionsgesellschaft voneinander getrennt sind. – Vgl. auch Betriebsaufspaltung.

**Verwaltungsprotektionismus** – *administrativer Protektionismus;* Schutz inländischer Produzenten durch Behinderung der → Einfuhr von Waren im Weg verwaltungsmäßiger Vorschriften, die auf eine Komplizierung des Verfahrens und Erhöhung der Kosten des Grenzübertritts der betreffenden Güter abstellen. *Beispiele* hierfür sind Öffnungszeiten von Zollstellen, zwingend zu benutzende Vordrucke oder IT-Verfahren, Abläufe bei der Zollabwicklung und sonstige Einfuhrabwicklung (z.B. Verfahren beim Grenzveterinär, Pflanzenschutzamt), Kosten und Gebühren, etc. Dieser Verwaltungsprotektionismus ist z.T. nicht gesteuert und geplant. Innerhalb der EU bestehen in mittlerweile 27 Mitgliedsstaaten nach 40 Jahren → Zollunion noch große Unterschiede in der täglichen Praxis der Zollabwicklung bei der Einfuhr aus Drittländern. – Vgl. auch → nicht tarifäre Handelshemmnisse.

**Verzollung** – Erhebung des Zollbetrages durch elektronischen oder schriftlichen bzw. mündlichen Zollbescheid. Die Zollzahlung kann auf Antrag des Zollschuldners bei Sicherheitsleistung bis zum 16. des auf die Entstehung der → Zollschuld folgenden Monats aufgeschoben werden (→ Zahlungsaufschub). Verzollung kommt in Betracht bei der Abfertigung von Nichtgemeinschaftswaren zum zoll- und steuerrechtlich freien Verkehr, bei der Abfertigung zur vorübergehenden Verwendung mit ermäßigtem Zollbetrag oder bei der Zollerhebung nach Unregelmäßigkeiten, etwa wegen Schmuggels von Waren oder sonstiger Nichtbeachtung von Zollvorschriften.

**Verzollungsmaßstäbe** – *Bemessungsgrundlagen;* die verschiedenen Größen, auf die sich ein Zollsatz (→ Zoll) bezieht. Bei → Wertzöllen ist der Verzollungsmaßstab der Zollwert (*ad valorem*), bei → spezifischen Zöllen bestimmte Warenmengen z.B. 1.000 kg Eigengewicht (Salz), 1 hl (Wein), 100 m (Filme), ein Stück (Flasche mit Quecksilber). – Grundsätzlich wird der Abgabensatz (t = tariff) berechnet mithilfe der drei Variablen Zollwert (v = value), Zollsatz (d = duty), Menge (q = quantity):

$$t = v * d * q$$

Bei spezifischen Zollsätzen wird v=1, bei Wertzöllen q=1 gesetzt. Der Zollsatz d wird bestimmt durch die zolltarifliche → Einreihung in den Zolltarif (c = customs classification) und ist abhängig vom → Ursprungsland (o = origin) und vom Zeitpunkt der Zollanmeldung (ti = time).

$$d = co, ti$$

**Vierte Welt** – Bezeichnung für Rohstoff-, Kapital- und exportschwache Entwicklungsländer; meist mit → Least Developed Countries (LDC) identisch.

**Volatilität** – 1. *Allgemein:* Ausmaß der kurzfristigen Fluktuation einer Zeitreihe um ihren Mittelwert oder Trend, gemessen durch die Standardabweichung bzw. den Variationskoeffizienten. – 2. *Wertpapiere:* Gradmesser für die Preisschwankung des Bezugswertes (z.B. Aktie) während einer bestimmten Zeitperiode. Sie wird formal als Standardabweichung der annualisierten Renditen berechnet (historische Volatilität). Je höher die Volatilität eines Bezugswertes, d.h. das Ausmaß und die Häufigkeit der Kursschwankungen, desto höher ist i.Allg. die Optionsprämie. Aus der Black-Scholes-Formel lässt sich dagegen die implizite Volatilität ableiten, wenn man die gehandelten Prämien als gegebene Werte für eine bestimmte Option einsetzt. – 3. *Außenwirtschaft:* Verwendet im Zusammenhang mit Schwankungen des → Wechselkurses.

**Völkerrecht** – die zwischen den souveränen Staaten kraft Gewohnheits- oder Vertragsrecht bestehenden Rechtssätze, durch die ihre gegenseitigen Rechte und Pflichten in Friedens- und Kriegszeiten geregelt werden. Nach Art. 25 GG sind die allg. Regeln des Völkerrechts Bestandteil des Bundesrechts. Sie gehen den Gesetzen vor und erzeugen Rechte und Pflichten unmittelbar für die Bewohner des Bundesgebietes; bestehen hierüber in einem Rechtsstreit Zweifel, so hat das Gericht die Entscheidung des BVerfG einzuholen (Art. 100 II GG).

**Vollkonsolidierung** – Verfahren, das bei der Erstellung eines Konzernabschlusses zur Anwendung kommt. Das HGB schreibt als Konsolidierungsverfahren bei der Einbeziehung von Tochterunternehmen grundsätzlich die Vollkonsolidierung vor. Anders dagegen → Quotenkonsolidierung und → Equity-Methode. Bei der Vollkonsolidierung werden die Vermögensgegenstände, Schulden, Rechnungsabgrenzungsposten, Bilanzierungshilfen und Sonderposten aus der → Handelsbilanz II der einbezogenen Unternehmen sowie die Aufwendungen und Erträge aus den Einzelabschlüssen unabhängig von der Beteiligungsquote des Konzernunternehmens in voller Höhe in den Konzernabschluss aufgenommen. Für nicht dem Mutterunternehmen oder einem einbezogenen Tochterunternehmen gehörende Anteile ist in Höhe ihres Anteils am Eigenkapital ein Ausgleichsposten für Anteile anderer Gesellschafter (Fremdanteile, Minderheitenanteile) zu bilden und unter entsprechender Bezeichnung innerhalb des Eigenkapitals in der Konzernbilanz auszuweisen (§ 307 I HGB). Entsprechend ist in der Konzern-Gewinn- und Verlustrechnung der im Jahresergebnis enthaltene, anderen Gesellschaftern zustehende Ergebnisanteil nach dem Posten „Jahresüberschuss/Jahresfehlbetrag" unter entsprechender Bezeichnung gesondert auszuweisen. Vollkonsolidierung erfordert → Zwischenergebniseliminierung, → Kapitalkonsolidierung, → Schuldenkonsolidierung, Aufwands- und Ertragskonsolidierung. Die Konsolidierungsregeln nach IFRS entsprechen im Wesentlichen denen des HGB und sind im Standard IAS 27 i.V.m. IFRS 3 zusammengefasst. – Vgl. auch → Konzernabschluss.

**vollständige Spezialisierung** – Situation, in der ein Land einzelne handelbare Güter nicht mehr im → Inland erzeugt, sondern aus dem → Ausland importiert. Solche Situationen kommen v.a. bei *Ricardianischem Handel* zustande. – Vgl. auch → Ricardianisches Modell.

**Voluntary Export Restriction (VER)** → freiwillige Exportbeschränkung.

**Vorabentscheidungsverfahren** – nach Art. 267 EAUV. Jedes Gericht eines EU-Mitgliedsstaates kann den Europäischen Gerichtshof (→ EuGH) ersuchen, eine Norm der Verträge, also des sog. primären Gemeinschaftsrecht, oder des abgeleiteten (sekundären) Gemeinschaftsrechts auszulegen, wenn es dies zur Entscheidung eines bei ihm anhängenden Rechtsstreits für erforderlich hält. Gerichte, die letztinstanzliche Entscheidungen treffen, sind verpflichtet, dem EuGH solche Auslegungsfragen vorzulegen, es sei denn, es liegt bereits eine einschlägige Rechtsprechung vor oder die richtige Anwendung des Gemeinschaftsrechts ist offenkundig. – Der EuGH entscheidet über die Gültigkeit der Handlungen der Gemeinschaftsorgane. Jedes innerstaatliche Gericht muss den EuGH deshalb auch in Fällen anrufen, in denen es die Gültigkeit einer Gemeinschaftshandlung in Frage stellen will. – Für die Anwendung der Gemeinschaftsnorm in dem EuGH unterbreiteten konkreten Fall ist das vorlegende Gericht nach Maßgabe der Entscheidung des EuGH zuständig.

**Vorbesichtigung** – Mit Zustimmung der Zollbehörden können → Nichtgemeinschaftswaren vom Zeitpunkt ihrer Gestellung an zum Zwecke der Vorbereitung der → Zollanmeldung geprüft werden. Die Vorprüfung kann jedermann gestattet werden. Muster und Proben dürfen dabei in dem erforderlichen Umfang entnommen werden.

**vorgeschobene Zollstellen** – Abfertigungsplätze außerhalb des → Zollgebiets der EU (im Drittland auf fremdem Staatsgebiet), auf denen dazu befugte dt. oder ausländische Zollorgane Amtshandlungen nach EU-Zollrecht vornehmen. Die Abfertigungsplätze und ihre Verbindungswege mit dem Zollgebiet, soweit auf ihnen einzuführende oder auszuführende Waren befördert werden, gelten insoweit als Zollgebiet der EU. Bekanntes Beispiel ist das Zollamt Basel/badischer Bahnhof.

**Vorgriff** – überholter Begriff für die → vorzeitige Ausfuhr der ersatzweise hergestellten → Veredelungserzeugnisse in einem aktiven → Veredelungsverkehr. Von zollamtlicher Seite zugelassen, um einem Bewilligungsinhaber die Erfüllung termingebundener Ausfuhrgeschäfte zu ermöglichen. Die erst nachträglich eingeführten drittländischen Vorerzeugnisse bleiben in dem Ausmaß zollfrei, in dem für sie bei einer normalen Durchführung des Veredelungsverkehrs kein Zoll erhoben würde. Sie werden mit Überführung in die aktive Veredelung zugleich Waren des freien Verkehrs.

**Vorlagen** – Pläne, Techniken, Entwicklungen, Entwürfe, Zeichnungen, Skizzen, Modelle, Manuskripte u.Ä., die als Produktionsunterlage dienen. – *Zollrechtliche Behandlung:* Der in Vorlagen, nach denen im Drittland Waren angefertigt werden, verkörperte Wert geistiger Leistungen wird bei der → Verzollung der eingeführten Waren nur berücksichtigt, wenn sie außerhalb der Gemeinschaft erarbeitet worden sind (Art. 32 ZK).

**vorübergehende Verwahrung** – 1. *Begriff:* Ins → Zollgebiet der EU verbrachte und alsdann gestellte → Nichtgemeinschaftswaren bleiben bis zur → Überlassung durch die Zollstellen in der sog. vorübergehenden Verwahrung, Art. 50 ZK. Dabei handelt es sich nicht um ein → Zollverfahren oder eine sonstige zollrechtliche Bestimmung, sondern um den vorgeschalteten Zeitraum. – 2. *Folgen:* Während der vorübergehenden Verwahrung unterliegen die Waren erheblichen Beschränkungen. Vereinfacht gesagt, dürfen nur notwendige Erhaltungsmaßnahmen durchgeführt werden, Art. 52 ZK. Die Verwahrung kann beim Zollamt, einem Dritten oder dem Empfänger durchgeführt werden. Dazu kann auch die Einlagerung in ein Verwahrungslager vorgeschrieben werden. – 3. → Unionszollkodex: Künftig wird die vorübergehende Verwahrung ein Unterfall der Lagerung.

**vorübergehende Verwendung** → Zollverfahren in dem die zollfreie Verwendung von eingeführten Waren im Zollgebiet der EU möglich ist, wenn sie wieder ausgeführt werden sollen. Sie erfolgt unter zollamtlicher Überwachung. Sie kommt in Betracht, soweit sie wesentliche Vorteile für den Verwender erwarten lässt und Nachteile für andere durch den Zoll geschützte Wirtschaftskreise, auch nach Dauer der Verwendung, nicht zu befürchten sind, oder soweit die Vorteile gegenüber den Nachteilen erheblich überwiegen. Die speziellen Rechtsgrundlagen zur vorübergehenden Verwendung findet man in den Artikeln 137-144 ZK sowie in den Artikeln 553-584 ZK-DVO. – *Beispiele:* Beförderungsmittel, Ausstellungsgut, Berufsausrüstung, persönliche Habe. In einigen Fällen wird ein ermäßigter Zoll entsprechend der Verwendungsdauer von 3 Prozent pro Monat des normalen Zollbetrages erhoben.

**Vorwärtsverknüpfung** → Verkettungseffekte, Forward Linkage.

**vorzeitige Ausfuhr** – Art. 115 Ib ZK trägt dem Erfordernis moderner Produktions- und Dispositionsmethoden Rechnung und erlaubt bei der → aktiven Veredelung im → Nichterhebungsverfahren, die aus Ersatzwaren hergestellten → Veredelungserzeugnisse schon vor Einfuhr der Nichtgemeinschaftswaren und Überführung in die aktive Veredelung aus dem Zollgebiet der Gemeinschaft auszuführen. Dieses im früheren dt. Recht „Vorgriff" genannte Recht ermöglicht die abgabenfreie Wiederbeschaffung (Duty Free Replacement) der beim → Veredelungsvorgang eingesetzten Vorprodukte.

**Vorzugsbehandlung** – Gemäß Art. 184 ZK gehören dazu die Befreiungen von Ein- und Ausfuhrabgaben nach der ZollbefreiungsVO sowie die Einfuhrabgabenfreiheit für → Rückwaren gemäß Art. 185 ff. ZK und Erzeugnisse der Seefischerei gemäß Art. 188 ZK.

**Vorzugszoll** → Präferenzzoll. – *Gegenteil hierzu:* → Drittlandszollsatz (nach dem Meistbegünstigungsprinzip des → GATT).

# W – Y

**WACC** – Abk. für *Weighted Average Cost of Capital*; der WACC ist ein gewichteter Gesamtkapitalkostensatz, der in der Unternehmensbewertung und im Zusammenhang mit wertorientierten Steuerungskennzahlen zur Anwendung kommt. Er setzt sich zusammen als gewichtetes arithmetisches Mittel der Eigen- und Fremdkapitalkostensätze eines Unternehmens, wobei die Gewichte in den jeweiligen Anteilen des Eigen- bzw. Fremdkapitals am Gesamtkapital bestehen.

**Währungs-, Wirtschafts- und Sozialunion** – Vertrag über die Schaffung einer Währungs-, Wirtschafts- und Sozialunion zwischen der Bundesrepublik Deutschland und der Deutschen Demokratischen Republik vom 18.5.1990 (BGBl. II 537), dem mit Vertragsgesetz vom 25.6.1990 (BGBl. II 518) zugestimmt worden ist und der am 30.6.1990 in Kraft trat (BGBl. II 700). Grundlegendes Vertragswerk, mit dem der Prozess der Herstellung der Einheit Deutschlands eingeleitet wurde. Ist durch den Einigungsvertrag weitgehend hinfällig geworden.

**Währungsdumping** – Unterbietung des Inlandspreises durch ausländische Konkurrenten, die durch einen niedrigen → Devisenkurs der ausländischen Währung ermöglicht wird. – Vgl. auch → Dumping.

**Währungsintegration** – 1. *Begriff:* Maßnahmen zur Vereinheitlichung des Währungssystems zwischen zwei und mehreren Partnerländern. – 2. *Formen:* a) Bei einem *Wechselkursverbund* wie im damaligen → EWS und dem heutigen EWS II werden für die beteiligten Länder untereinander feste Wechselkurse vereinbart (im EWS II: → Leitkurse der Währungen der Länder mit Ausnahmegenehmigung, d.h. ohne Euro, gegenüber dem Euro), von denen die aktuellen Marktkurse innerhalb einer bestimmten → Bandbreite von bis zu 15 Prozent nach oben wie unten abweichen dürfen. Die beteiligten Notenbanken müssen durch gezielte Interventionen am → Devisenmarkt (Stützungskäufe, -verkäufe) sicherstellen, dass die Marktkurse innerhalb der Bandbreiten bleiben. – b) Bei einer *Wechselkursunion* gibt es keine Bandbreiten mehr; die beteiligten Währungen sind durch fixe Wechselkurse miteinander verbunden. Neben formalen (z.B. CFA-Franc-Zone in Zentral- und Westafrika) gibt es faktische Wechselkursunionen, bei denen die Konstanz des Wechselkurses ohne formale Absprachen sichergestellt wird. – c) In einer *Währungsunion* gilt für alle beteiligten Länder eine gemeinsame Währung, z.B. Europäische Währungsunion (EWU). – Vgl. auch → optimaler Währungsraum.

**Währungsparität** – der durch Entscheidung fixierte Wechselkurs (→ fester Wechselkurs), in Abgrenzung zum Wechselkurs, der sich am Markt bildet.

**Währungsreserven** – Die Währungsreserven bestehen aus den → Devisenreserven plus den Goldbeständen der Zentralbank und Reservepositionen aus der Mitgliedschaft in internationalen Institutionen (z.B. IWF-Sonderziehungsrechte (→ IWF)). Die Verwaltung der Währungsreserven erfolgt in der Europäischen Währungsunion (EWU) durch das *Europäische System der Zentralbanken (ESZB)*.

**Währungsunion** – unwiderrufliche Fixierung des Wechselkurses zwischen zwei oder mehreren Währungen (z.B. durch die Übernahme einer (neuen) gemeinsamen Währung). In einer Wechselkursunion besitzen die Teilnehmerländer noch eigene Währungen und unabhängige Zentralbanken, in einer Währungsunion als Grenzfall einer Wechselkursunion gibt es innerhalb der Union nur noch eine gemeinsame Zentralbank und eine Einheitswährung. Analyse in der Theorie des → optimalen Währungsraumes oder in der makroökonomischen Theorie einer Zwei-Länder-Währungsunion. *Beispiel:* Europäische Währungsunion, Gemeinschaftswährung Euro. – Vgl. auch Europäische Währungsunion (EWU), → EU, → internationales Währungssystem, → Wechselkurspolitik, → Währungsintegration, IS-LM-Z-Modell einer Währungsunion.

**Ware** – I. Handelsrecht: bewegliche Sache, die Gegenstand des Handelsverkehrs ist oder die nach der Anschauung des Verkehrs als Gegenstand des Warenumsatzes in Betracht kommen könnte (weite Auslegung; auch z.B. Elektrizität, nicht aber Grundstücke). – *Irreführende Angaben* über Beschaffenheit, Ursprung, Herstellungsart oder Preisbemessung, Art des Bezugs oder der Bezugsquelle von Waren können als unlauterer Wettbewerb (irreführende Werbung) Unterlassungs- und Schadensersatzansprüche auslösen (§ 5 UWG).

II. Zollrecht: alle beweglichen Sachen sowie elektrische Energie. Keine Ware sind Menschen und mit dem Körper fest verbundene Sachen wie Herzschrittmacher oder Implantate. Das Zollrecht unterscheidet zwischen → Gemeinschaftsware und → Nichtgemeinschaftsware.

III. Außenwirtschaftsrecht: alle beweglichen Sachen, die Gegenstand des Handelsverkehrs sein können und Elektrizität; ausgenommen sind Wertpapiere und Zahlungsmittel (§ 4 AWG).

IV. Wirtschaftstheorie: 1. *Allgemein:* Gut, das auf dem Markt angeboten und nachgefragt wird. – 2. *Wirtschaftstheorie des Marxismus:* Güter, die für den Verkauf über Märkte zur Fremdbedarfsdeckung erzeugt werden. Ihr Preis entspreche dem Tauschwert.

**Warenausfuhr** → Ausfuhr, → Wiederausfuhr, → passive Veredelung, → Exportkontrolle, → Ware.

**Warendurchfuhr** – Transitverkehr durch das Zollgebiet der EU im → Versandverfahren.

**Wareneinfuhr** → Einfuhr, → Ware.

**Wareneingangsbestätigung** Bundesamt für Wirtschaft und Ausfuhrkontrolle (BAFA).

**Warenexport** → Ausfuhr, → Exportkontrolle, → passive Veredelung, → Ware, → Wiederausfuhr.

**Warenführer** – im Sinn des Zollrechts derjenige, dem der Hauptverpflichtete zum → Versandverfahren abgefertigte Ware zur Beförderung übergeben hat, und jeder weitere, der diese Ware zur Beförderung übernimmt. Der Warenführer ist wie der Hauptverpflichtete verpflichtet, die Waren zur Bestimmungs(zoll)stelle zu befördern.

**Warenhilfe** – nicht projekt- oder programmgebundene Hilfe im Rahmen der → finanziellen Zusammenarbeit, die zur laufenden Finanzierung von Importen ziviler Güter und Dienstleistungen für die Instandhaltung bestehender Produktionsanlagen verwendet wird.

**Waren-Kontroll-Zertifikat** → Inspektionszertifikat.

**Warenmuster** – 1. *Begriff:* in Form, Art, Aussehen (also im Gesamtcharakter), selten aber in der Größe der angebotenen Ware entsprechende Gegenstände, die mögliche Käufer von der Beschaffenheit etc. der Ware überzeugen sollen. – Vgl. auch Warenprobe. – 2. Warenmuster sind gewöhnlich so teuer, dass man sie als *Werbemittel* nur in sorgfältiger Streuung, also dort verwenden kann, wo starkes Kaufinteresse vermutet wird. Warenmuster von Stoffen, Papier, Leder und ähnlich folienartigen Stoffen lassen sich auch in Werbedrucke und Fachzeitschriften mit bestimmtem Leserkreis einkleben oder einheften. – 3. Der *grenzüberschreitende Verkehr* von Warenmustern und Warenproben wird in allen Ländern begünstigt: a) In der Bundesrepublik Deutschland entfallen bei der *Ausfuhr* von Warenmustern → Ausfuhrgenehmigung und → Ausfuhrabfertigung, wenn die Warenmuster auf ein → Carnet ATA abgefertigt worden sind (§ 19 I, 28 AWV). – b) Bei der *Einfuhr* sind Warenmuster von Waren der gewerblichen Wirtschaft im Wert bis zu 250 Euro und von Agrarerzeugnissen (ausgenommen Saatgut) bis zu 50 Euro genehmigungsfrei (§ 32 I 4 AWV). Zollfrei sind Warenmuster, die so beschaffen sind oder unter Zollaufsicht so hergerichtet werden, dass sie erkennbar nur zum Gebrauch als Muster oder Probe geeignet sind, und wenn sie nur in Mengen eingeführt werden, die für die Kennzeichnung oder Prüfung erforderlich sind. Die Zollfreiheit für Warenmuster von Rohkaffee, Tee und alkoholischen Getränken ist auf bestimmte Mengen begrenzt. Für gerösteten Kaffee, Auszüge oder Essenzen aus Kaffee oder Tee, Spirituosen, Tabakwaren und Zigarettenpapier ist Zollfreiheit ausgeschlossen. – 4. Wird ein *Kaufvertrag* nach dem Warenmuster abgeschlossen (Kauf nach Probe), so gelten die Eigenschaften des Warenmusters als zugesichert (§ 494 BGB). Die Beweislast für Probewidrigkeit trifft den Käufer, wenn er die Ware als Erfüllung angenommen hat (Sachmängelhaftung). Zur Aufbewahrung des Warenmusters sind die Vertragsschließenden nicht verpflichtet, ggf. aber der Handelsmakler (§ 96 HGB).

**Warenursprung** → Präferenzabkommen, → Ursprung, → Ursprungsland.

**Warenverkehrsfreiheit** – Der freie Warenverkehr ist eine wesentliche Grundlage der → EU (Art. 28ff AEUV) und zwingende Voraussetzung für eine Verschmelzung der mitgliedsstaatlichen Volkswirtschaften zu einem vollständigen Gemeinsamen Markt (Europäische Wirtschafts- und Währungsunion). Nationale Regelungen, die die Warenverkehrsfreiheit behindern, sind nur rechtmäßig, wenn sie für zwingende Belange des Allgemeinwohls und aus wenigen anderen anerkannten Rechtfertigungsgründen (z.B. Schutz der Gesundheit und des Lebens von Menschen, Schutz des nationalen Kulturguts oder des gewerblichen oder kommerziellen Eigentums) unverzichtbar sind (Art. 36 AEUV). Die Einhaltung dieser Vorgaben

unterliegt der Überwachung durch die → Europäische Kommission und den Europäischen Gerichtshof (→ EuGH). Festgestellte Verstöße gegen die Warenverkehrsfreiheit lösen im Einzelfall die Unanwendbarkeit der nationalen Regelungen aus (→ unmittelbare Wirkung) und berechtigen unter bestimmten Voraussetzungen außerdem zum Schadenersatz der geschädigten Händler gegen den betreffenden Mitgliedsstaat (Staatshaftung). Der Abbau bestehender Hindernisse für die volle Verwirklichung der Warenverkehrsfreiheit wird darüber hinaus durch den Erlass von Richtlinien zur Angleichung der nationalen Rechtsvorschriften (z.B. technischer Normen) gefördert. Die Warenverkehrsfreiheit gilt seit 1994 auch gegenüber den Staaten des → EWR.

**Warenwert** – Begriff aus dem → Außenwirtschaftsrecht: das dem Empfänger in Rechnung gestellte Entgelt, in Ermangelung eines Empfängers oder eines feststellbaren Entgelts der statische Wert im Sinn der Vorschriften über die Station des grenzüberschreitenden Warenverkehrs (§ 4 I AWV).

**Washingtoner Währungsabkommen** – Abkommen vom 18.12.1971 zwischen den wichtigsten → Industrieländern. Es beinhaltet eine Neufestsetzung der Paritäten (→ Kaufkraftparität, → Abwertung des US-Dollar, → Aufwertung von D-Mark, Schweizer Franken und japanischem Yen) sowie allg. Erweiterung der → Bandbreiten (→ Zielzonen-System) von ± 1 auf ± 2,25 Prozent. Mit diesem sog. → Realignment sollten die Spannungen im internationalen Wechselkursgefüge eliminiert und die Grundprinzipien des → Bretton-Woods-Systems (→ Bretton-Woods-Abkommen) aufrechterhalten werden. Die Turbulenzen an den Devisenmärkten hielten jedoch an; 1973 gingen die wichtigsten Industrieländer zu → flexiblen Wechselkursen gegenüber dem US-Dollar über. So besteht auch zwischen dem Euro als Währung der Europäischen Wirtschafts- und Währungsunion

(→ EWWU) und dem US-Dollar ein Währungssystem mit flexiblem Wechselkurs.

**Wassenaar Arrangement** – genauer: *Wassenaar Arrangement on Export Controls für Conventional Arms and Dual-Use Goods and Technologies;* multilaterales Abkommen zur Exportkontrolle bei Rüstungsgütern und Gütern mit ziviler und militärischer Verwendung. Nachfolger des 1994 aufgelösten → COCOM. Der Name ergibt sich aus der Vorstadt von Den Haag, wo das Abkommen ausgehandelt wurde. Seit September 1996 aktiv; mit 33 Ländern als Gründungsmitgliedern – darunter USA, Japan, Kanada, die EU-Mitgliedsländer, die Mehrzahl der Länder Osteuropas sowie Russland und Ukraine. China ist nicht Mitglied. – Sitz der Verwaltung: Wien.

**Wechselkurs** – 1. *Nomineller Wechselkurs:* Wertverhältnis zweier Währungen. Üblicherweise angegeben als in heimischen Währungseinheiten ausgedrückter Preis einer bestimmten Menge ausländischer Währungseinheiten = Preisnotiz (z.B. US-Dollar, Japanischer Yen). Der Kehrwert ergibt die Mengennotiz (z.B. Euro, US-Dollar). – Eine Erhöhung des nominellen Wechselkurses in der Preisnotierung entspricht einer → Abwertung der heimischen Währung (→ Aufwertung). – Fallen Geschäftsabschluss und Durchführung eines Devisengeschäftes (Währungstausches) zusammen, so spricht man vom *Kassakurs,* wird hingegen momentan ein Währungstausch für die Zukunft vereinbart, kommt der *Terminkurs* zur Anwendung. – Erklärung des Wechselkursverhaltens in der → Wechselkurstheorie (→ Zahlungsbilanzausgleich, → Wechselkurspolitik). – 2. *Realer Wechselkurs:* Preisverhältnis zweier Güter in unterschiedlichen Währungsräumen. Schreibt man w für den nominellen Wechselkurs, dann ist der reale Wechselkurs definiert als wP*/P. Dabei können P* und P z.B. die in ausländischer bzw. heimischer Währung angegebenen Preise eines homogenen Gutes sein. Ohne Berücksichtigung von

Transportkosten würde dieser reale Wechselkurs bei Freihandel gleich eins sein *(Law of One Price).* Sind jedoch P* und P die Preise zweier verschiedener Güter, etwa eines im Ausland erzeugten bzw. eines anderen im Inland erzeugten Gutes, dann entspricht der reale Wechselkurs den von der → realen Außenwirtschaftstheorie analysierten → Terms of Trade. Schließlich können P und P* auch als *Preisindizes* definiert werden. So werden z.B. Lohnstückkosten, Konsumenten- sowie Produzentenpreisindizes zur Ermittlung realer Wechselkurse herangezogen (→ Kaufkraftparität). – 3. *Effektiver Wechselkurs:* Im Gegensatz zum bilateralen Wechselkurs ist der effektive Wechselkurs *ein multilateraler Wechselkurs,* welcher aus dem gewichtetem Mittel verschiedener bilateraler Wechselkurse ermittelt wird. Als Gewichte dienen meist die Anteile des mit den betreffenden ausländischen Währungen abgewickelten Handels am Gesamthandel eines Landes. Man unterscheidet nominale oder reale effektive Wechselkurse. Mithilfe des effektiven Wechselkurses können Veränderungen des gesamten *Außenwertes einer Währung* ermittelt werden. – Vgl. auch → Devisenkurs.

**Wechselkursbildung** – Ein → flexibler Wechselkurs drückt den Preis für eine ausländische Währung (Devisen) aus. Der Wechselkurs bildet sich am → Devisenmarkt aus Angebot von und Nachfrage nach der betreffenden Währung. Wichtige Einflussfaktoren sind die Spekulation, Zinsunterschiede zwischen In- und Ausland (z.B. steigt bei höherem Zinsniveau im Ausland die Nachfrage nach Devisen, um sie im Ausland anzulegen), die Handelsströme (z.B. werden im Export verdiente Devisen seitens der Exporteure im Inland verkauft, Importeure fragen Devisen nach), die Direktinvestitionen (bei Investitionen ist i.d.R. die Währung des Ziellandes erforderlich), unterschiedliche Inflationsniveaus (Kapitalflucht aus Inflationsländern bedeutet Nachfrage nach Devisen), psychologische Faktoren (politische Krisen, Kriege verändern Angebot und Nachfrage von

Devisen, ebenso die Jahrtausendwende; Veröffentlichung von Wirtschaftsdaten oder Ankündigung von Maßnahmen z.B. der amerik. Notenbank wirken sich umgehend im Devisenmarkt aus). Die Vielzahl der Einflussfaktoren auf die Wechselkursbildung erschwert eine einigermaßen zuverlässige Wechselkursprognose jenseits der sehr kurzen Frist.

**Wechselkursdeterminanten** → Wechselkurstheorie.

**Wechselkursdumping** → Wechselkurs, → Dumping.

**Wechselkurshysterese** – Allg. versteht man unter *Hysterese* jede Art von *bleibender Wirkung* eines an sich vorübergehenden Phänomens. Wechselkurshysterese entsteht bei → flexiblem Wechselkurs dann, wenn die Firmen auf den Exportmärkten (Drittmärkten) hohe *Markteintritts- und Marktaustrittskosten* haben und deswegen bei Wechselkursveränderungen jeweils relativ lange warten, bis sie in einen Exportmarkt eintreten bzw. diesen Markt wieder verlassen. – Die Firmen sehen stets die Möglichkeit, dass der Wechselkurs sich im nächsten Augenblick genau so verändern wird, dass die Eintritts- oder Austrittsentscheidung sich als falsch erweist. Eine (häufige) Revision solcher Entscheidungen ist aber wegen der damit verbundenen Austritts- bzw. Eintrittskosten nicht wirtschaftlich. Wenn z.B. eine starke Aufwertung der heimischen Währung ausländische Firmen zum Markteintritt verleitet und wenn diese Firmen bei einer später vielleicht wieder stattfindenden Abwertung auf das Ausgangsniveau aus den eben skizzierten Gründen aber noch nicht wieder zum Marktaustritt veranlasst werden, dann entsteht Wechselkurshysterese. Die Aufwertung der Währung ist verschwunden, geblieben ist aber der Effekt höherer Importe.

**Wechselkursmechanismus** – Ansatz im Rahmen der Zahlungsbilanzausgleichsmechanismen, nach dem autonome Ungleichgewichte der → Zahlungsbilanz Wechselkursvariationen induzieren, die deren Abbau,

d.h. die Wiedererlangung des Zahlungsbilanzausgleichs, gewährleisten. – *Ablauf*: Liegt z.B. ein *Zahlungsbilanzdefizit* vor, dann übersteigt die Devisennachfrage das -angebot, die Inlandswährung wertet ab. Durch diese Wechselkursveränderung werden die Auslandsgüter, ausgedrückt in Inlandswährung, teurer und die Inlandsgüter, ausgedrückt in Auslandswährung, billiger. Wenn die Voraussetzungen für eine *normale Reaktion* der → Leistungsbilanz erfüllt sind, bewirkt die → Abwertung der Inlandswährung eine Aktivierung der → Leistungsbilanz, sodass der Ausgleich der Zahlungsbilanz wieder erreicht wird. Nach der Entschließung des *Europäischen Rats* über die Errichtung eines Wechselkursmechanismus während der dritten Stufe der *Wirtschafts- und Währungsunion* (→ EWWU)hat der neue Wechselkursmechanismus (WKM II) das Europäische Währungssystem (→ EWS) ab 1.1.1999 ersetzt.

**Wechselkurspolitik** – 1. *Begriff*: Unter Wechselkurspolitik versteht man die Festlegung eines anzustrebenden *Grades an Wechselkursflexibilität* für die Währung eines Landes und die zur Erreichung dieses Grades ergriffenen Maßnahmen. Wichtigste Frage im Zusammenhang mit der *Ausgestaltung des* → internationalen Währungssystems. – Die → *monetäre* Außenwirtschaftstheorie kommt nicht zu einer bedingungslosen Aussage zur Überlegenheit von → fixen oder → flexiblen Wechselkursen. Sie kann nur auf einzelne Vor- und Nachteile der Wechselkursflexibilität hinweisen, deren relative Gewichtung letztlich von den bes. Umständen des Einzelfalls abhängt, was in der Idee des → optimalen Währungsraumes zum Ausdruck kommt. – 2. *Feste vs. flexible Wechselkurse:* a) *Wechselkursrisiko:* Wechselkursflexibilität begründet ein Wechselkursrisiko der am Außenhandel beteiligten Akteure. Wechselkursrisiko entsteht, wenn die Kontraktierung und Effektuierung eines Geschäftes zeitlich auseinander fallen, oder wenn einer Transaktion intertemporale Überlegungen zugrunde liegen, wie z.B. im Fall von

Investitionsvorhaben. Das Wechselkursrisiko ist mit einem *Ressourcenaufwand* verbunden, welcher sich in den Kosten einer *Risikoversicherung* oder im Fall einer Absicherung über Devisenoptions- oder Devisenterminngeschäfte (→ Devisenterminmarkt) in den *Hedgingkosten* manifestiert. Unter dem Aspekt des Wechselkursrisikos und des damit verbundenen Ressourcenverzehrs ist demnach ein System fixer Wechselkurse einem flexiblem Wechselkurs überlegen, wenngleich es auch in Fixkurssystemen zu einer Anpassung der Paritäten kommen kann (→ Realignment). – b) *Reale und monetäre Schocks:* Ein weiterer Aspekt zur Beurteilung der Vorteilhaftigkeit von Wechselkursflexibilität betrifft die Implikationen alternativer Schocks im In- und Ausland bei festen und flexiblen Wechselkursen. In diesem Zusammenhang werden Schocks definiert als all jene realen oder monetären *Angebots- und Nachfragestörungen*, die eine relative Mengen- oder Preisanpassung zwischen dem In- und Ausland erfordern.*Beispiele* für diese Schocks sind technologische Erfindungen (realer Angebotsschock), Verlagerungen der Präferenzen der Wirtschaftssubjekte (realer Nachfrageschock), unerwartete Erhöhung der Geldmengenwachstumsrate (Geldangebotsschock), Finanzinnovationen (Geldnachfrageschock). In weiterer Folge sei der Fall der *perfekten Kapitalmobilität* unterstellt. Bei perfekter Mengen- oder Preisflexibilität auf Güter- und Faktormärkten im In- und Ausland kann die Last der Anpassung an diese Schocks durch Veränderungen der flexiblen Mengen oder Preise übernommen werden, sodass der Art des nominellen Wechselkurssystems für diese Anpassung keine Bedeutung zukommt (*Mundellsche Kriterium* in der Theorie → optimaler Währungsräume). Sind hingegen sowohl Mengen als auch Preise in der Anpassung *träge*, so wird die Neutralität des nominellen Wechselkurssystems bez. der Anpassungsfähigkeit der Ökonomik auf diese Schocks aufgehoben. *Reale Schocks* können trotz Vorliegen

von Preis- und Mengenträgheiten durch den perfekt flexiblen nominellen Wechselkurs sofort absorbiert werden. Bei fixem Wechselkurs hingegen verursachen reale Schocks temporäre *Ungleichgewichte an Güter- und Faktormärkten*, die erst im Zeitablauf über allmähliche Anpassungen der trägen Mengen und Preise abgebaut werden. In einem System flexibler Wechselkurse mit Mengen- und Preisträgheiten induzieren *monetäre Schocks* überschießende Wechselkurse (→ Überschießen des nominellen Wechselkurses) zur permanenten Aufrechthaltung des Geldmarktgleichgewichts, die ihrerseits temporäre → Misalignments nomineller sowie realer Wechselkurse und damit einhergehende temporäre Ungleichgewichte an Güter- und Faktormärkten nach sich ziehen. Bei festen Wechselkursen hingegen ergibt sich als Folge eines monetären Schocks eine sofortige endogene *Anpassung des Geldangebots* seitens der Zentralbank, die den realen Wechselkurs und auch die Gleichgewichte auf Güter- und Faktormärkten unbeeinflusst lässt. Werden mit temporären realen Ungleichgewichten *volkswirtschaftliche Kosten* assoziiert, so legt die obige Analyse die Schlussfolgerung nahe, dass jene Ökonomien, die schwerpunktmäßig durch das Auftreten realer Schocks berührt werden, flexible Wechselkurse präferieren sollten, während sich solche Ökonomien zu einem Fixkurssystem zusammenschließen sollten, für die die realen Schocks relativ zu den monetären Schocks eine untergeordnete Rolle spielen. – c) *Geldpolitische Souveränität, Disziplin und Glaubwürdigkeit:* Die Fixierung des Wechselkurses zwischen zwei Ländern mit intensiven außenwirtschaftlichen Beziehungen bedeutet für eines dieser beiden Länder die *Beschränkung der geldpolitischen Souveränität*. Dies ergibt sich einerseits über den *internationalen Preiszusammenhang* (→ Kaufkraftparität), andererseits über die → internationale Kapitalmobilität (→ Zinsparität), → Zahlungsbilanzausgleich, → Sterilisierung. Der Verlust an geldpolitischer Souveränität muss jedoch nicht als

Nachteil der Wechselkursfixierung betrachtet werden. Länder, die zugunsten des (erhofften) „Imports" von Preisniveaustabilität auf ihre geldpolitische Souveränität verzichten wollen, werden eine Fixierung des Wechselkurses anstreben wollen. Das Gegenteil gilt für Länder, die einen Inflationsimport befürchten. – Stabilitätsimport bedingt allerdings ein mitunter beträchtliches Ausmaß an monetärer *Disziplinierung*durch die Geldpolitik des Partnerlandes. Geht man davon aus, dass Vollbeschäftigung Flexibilität der relativen Güterpreise erfordert, so kann eine kompromisslos verfolgte Preisniveaustabilität des Wechselkurspartnerlandes je nach Lage der Dinge durchaus erfordern, dass die nominellen Preise im Inland sinken. Bei Vorliegen von *Nominallohnrigiditäten* kann es dann zu *unfreiwilliger Arbeitslosigkeit* kommen. Wenn man nun aus dem vorigen Absatz den Schluss ziehen wollte, dass alle Länder in der Tat dieselbe, möglichst geringe Inflationsrate anstreben *sollten*, dann erhebt sich die Frage, warum sie dazu offenbar nicht in gleichem Maße *in der Lage sind*. Hier ist das Problem mangelnder *Glaubwürdigkeit* zu erwähnen. Wird der Wirtschaftspolitik zur Verfolgung eines ambitionierten Preisniveaustabilitätsziels seitens der Wirtschaftssubjekte keine Glaubwürdigkeit beigemessen, dann kann sich die kompromisslose Durchsetzung dieser Ambitionen als sehr kostspielig (im Sinn von Unterbeschäftigung) herausstellen. Die Fixierung von Wechselkursen gegenüber jenen Währungen, hinter denen in dieser Hinsicht sehr glaubhafte wirtschaftspolitische Akteure stehen, wird auch manchmal als Möglichkeit des *Imports von Glaubwürdigkeit* gesehen. – 3. *Hybride Systeme:* Während die bisherigen Ausführungen sich auf den Fall perfekt fixer sowie perfekt flexibler Wechselkurse bezogen, sind real existierende Währungssysteme oftmals in dem Sinn hybrid, als sie sowohl Elemente eines Fixkurssystems als auch eines Systems flexibler Wechselkurse miteinander verbinden. Hybride Systeme existieren in den Formen des *Managed* → Floating oder auch

eines → Zielzonen-Systemsund versuchen, die Vorzüge fixer sowie flexibler Wechselkurse miteinander zu verbinden. Hierzu zählen eine Reduktion des Wechselkursrisikos im Vergleich zu einem System perfekt flexibler Wechselkurse, Abfederung realer Schocks durch begrenzte nominelle Wechselkursvariabilität bei gleichzeitiger Reduktion von Geldmarktungleichgewichten und eine Erhöhung des Grades der monetären Unabhängigkeit relativ zu einem Fixkurssystem. Zudem entstehen in *glaubwürdigen*hybriden Systemen stabilisierende Effekte auf den Wechselkurs durch die Erwartung betreffend zukünftiger Zentralbankinterventionen. – Vgl. auch → optimaler Währungsraum, → Zielzonen-System, → internationales Währungssystem, → Bretton-Woods-System.

**Wechselkurstheorie** – 1. *Begriff:* Teilbereich der → monetären Außenwirtschaftstheorie. Sie versucht, das Verhalten von → Wechselkursen zu erklären. Aus verschiedenen Modellen der *monetären Außenwirtschaftstheorie* lassen sich durch Konzentration auf die Bestimmungsgründe des Wechselkurses verschiedene Ansätze zur Wechselkurstheorie ableiten. – 2. *Der monetäre Ansatz zur Wechselkursbestimmung:* a) *Perfekte Preisflexibilität:* Unterstellt wird die Gültigkeit der → Kaufkraftparität zu jedem Zeitpunkt, sodass der Wechselkurs durch das Verhältnis von In- und Auslandspreisniveau bestimmt wird. In logarithmierter Schreibweise erfordert Kaufkraftparität

$$(1) \qquad e_t = p_t - p_t^*,$$

wobei $e_t$ den nominellen Wechselkurs und $p_t$ sowie $p_t^*$ das in- und ausländische Preisniveau zum Zeitpunkt t angeben. Gleichung (1) basiert auf der Annahme *identischer Präferenzen* für beide Länder, der Annahme, dass ein handelbares Gut letztlich überall denselben Preis haben wird (keine Handelshemmnisse oder Transportkosten), und dass es nur *handelbare Güter* gibt. Zur Darstellung des Modells in einer Zwei-Länder-Version wird sowohl das inländische als auch das ausländische *Geldmarktgleichgewicht* betrachtet:

$$(2) \qquad m_t - p_t = \kappa y_t - \lambda i_t,$$

$$(3) \qquad m_t^* - p_t^* = \kappa y_t^* - \lambda i_t^*.$$

In den Gleichungen (2) und (3) bezeichnet $m_t$ das Geldangebot, $y_t$ den Vollbeschäftigungsoutput, $i_t$ den (unlogarithmierten) Nominalzinssatz und ein * kennzeichnet ausländische Variablen. Die Einkommens- und (Semi-)Zinselastizitäten k und l sind positiv definiert und der Einfachheit halber für das In- und Ausland identisch parametrisiert. Durch Substitution von (2) und (3) für das in- und ausländische Preisniveau in (1) folgt die *charakteristische Gleichung* des monetären Ansatzes zur Wechselkursbestimmung: (4)

$$e_t = m_t - m_t^* - \kappa(y_t - y_t^*) + \lambda(i_t - i_t^*).$$

Der Wechselkurs wird demnach bestimmt durch die Relation zwischen den Geldangeboten im In- und Ausland, durch die relativen realen Outputs, und durch die *Nominalzinsdifferenz*. Eine Erhöhung des nominellen Geldangebots im Inland bei gegebenem ausländischen Geldangebot impliziert einen Preisanstieg zur Räumung des heimischen Geldmarktes, der über die Kaufkraftparität eine Abwertung der heimischen Währung impliziert. Erhöht sich unter sonst gleichen Bedingungen das inländische Outputniveau, so erfordert dies eine Preissenkung zur Räumung des inländischen Geldmarktes, die über die Kaufkraftparität eine nominelle Aufwertung der heimischen Währung erzwingt. Betrachtet man schließlich eine Zinserhöhung im Inland, so wird eine Abwertung zur Räumung des Geldmarktes benötigt. – In einem letzten Schritt wird die Annahme der → internationalen Kapitalmobilität zur Interpretation der Zinsdifferenz berücksichtigt. Bei perfekter Kapitalmobilität wird die Zinsdifferenz durch Wechselkursänderungserwartungen kompensiert, es gilt die ungedeckte → Zinsparität, sodass sich die

Wechselkursbestimmungsgleichung (4) wie folgt schreiben lässt:

$$(5) \qquad e_t = m_t - m_t^* + \kappa(y_t - y_t^*) + \lambda \Delta e_{t+1}^{ex}.$$

Aus der Gleichung (5) folgt, dass Änderungserwartungen des Wechselkurses

$$(\Delta e_{t+1}^{ex} \neq 0)$$

sofort in seiner aktuellen Realisation eskomptiert werden. Berücksichtigt man ferner die Kaufkraftparität für die Erwartungsbildung, dann gilt näherungsweise

$$\Delta e_{t+1}^{ex} = \Delta p_{t+1}^{ex} - \Delta p_{t+1}^{*ex}$$

, sodass sich folgende Wechselkursbestimmungsgleichung ergibt:

$$(6) \qquad e_t = m_t - m_t^* + \kappa(y_t - y_t^*) \\ + \lambda(\Delta p_{t+1}^{ex} - \Delta p_{t+1}^{*ex}).$$

Nominalzinsvorsprünge des Inlandes reflektieren Abwertungserwartungen für die heimische Währung, deren Ursache in einer relativ zum Ausland höheren inländischen Inflationserwartung liegt. Bildet z.B. eine aktuelle Geldmengenerhöhung die Ursache für eine Korrektur der inländischen Inflationserwartungen nach oben, so wird anhand der Gleichung (6) ersichtlich, dass die Wechselkursänderung im Vergleich zur Veränderung des nominellen Geldangebots überproportional ausfällt (Magnification Effect). – Werden die fundamentalen Einflussfaktoren in der Wechselkursbestimmungsgleichung (5) definiert als

$$F_t \equiv m_t - m_t^* + \kappa(y_t - y_t^*)$$

, so zeigt sich, dass der Wechselkurs durch die gegenwärtigen *Fundamentaldaten* (Fundamentals) und die Wechselkursänderungserwartungen bestimmt wird. Um eine geschlossene Lösung für Gleichung (5) herleiten zu können, wird eine Annahme bez. der Erwartungsbildung der Wirtschaftssubjekte benötigt. Werden *rationale Erwartungen* unterstellt, d.h. verarbeiten die Wirtschaftssubjekte

zum Zwecke der Erwartungsbildung die ihnen verfügbaren Informationen unter Zuhil-
fenahme der Differenzengleichung (5), so resultiert nach Vorwärtsintegration die
folgende Lösung:

$$(7) \qquad e_t = \frac{1}{1+\lambda} \sum_{i=0}^{\infty} \left(\frac{\lambda}{1+\lambda}\right)^i E_t(F_{t+i}),$$

vorausgesetzt der Ausdruck

$$[\lambda/(1+\lambda)]^{T+1} E_t(e_{t+T+1})$$

konvergiert mit zunehmendem T gegen null.
Letztere Bedingung nennt man *Transversalitätsbedingung*. Sie ersetzt die „Anfangsbedin-
gung", die üblicherweise für die Lösung von
Differenzen- oder Differenzialgleichungen
benötigt wird. Rationale Erwartungen implizieren, dass die Wirtschaftssubjekte die künftig erwarteten Fundamentaldaten als bestimmend für künftige Wechselkurse betrachten,
und auf diese Weise wird der momentane
Kassakurs letztlich bestimmt durch die momentanen Fundamentaldaten und die zum
jetzigen Zeitpunkt für alle künftigen Zeit-
punkte erwarteten Fundamentaldaten. – Da

$$\lambda/(1+\lambda)$$

wertmäßig zwischen null und eins liegt, wird
der Wechselkurs zum Barwert künftiger fundamentaler Faktoren. Für die Zukunft erwartete Veränderungen in den Fundamentaldaten haben sofortige Auswirkungen auf den
Kassakurs, noch bevor die erwarteten Veränderungen Realität werden *(Antizipati-
onseffekte)*. Der Wechselkurs wird bis zum
Zeitpunkt einer *korrekt antizipierten* Veränderung der Fundamentaldaten die *gesamte* Anpassung schon vorgenommen haben. Antizipierte Veränderungen haben also
zum Zeitpunkt ihres Geschehens keinen Effekt mehr auf den Wechselkurs. Der Kassakurs inkorporiert zu jedem Zeitpunkt bereits
alle verfügbaren Informationen betreffend
der Fundamentaldaten (→ Devisenmarkteffizienz). Devisenmarkteffizienz bedeutet aber nicht, dass der Wechselkurs sich gar

nicht verändert, solange die Wirtschaftssubjekte keine neue Information erhalten. Sie
bedeutet lediglich, dass die stattfindenden
Wechselkursveränderungen für die Wirtschaftssubjekte nicht überraschend kommen.
Überraschende Wechselkursveränderungen
können nur dann eintreten, wenn die Wirtschaftssubjekte neue Informationen erhalten.
Dies ergibt sich aus der folgenden, trivialen
Umformung für die Wechselkursänderung:

$$(8) \qquad e_{t+1} - e_t = [E_t(e_{t+1}) - e_t]$$
$$+[e_{t+1} - E_t(e_{t+1})].$$

Die Wechselkursveränderung setzt sich aus
einem erwarteten Teil und einem überra-
schenden Teil zusammen. Wird die obige
Wechselkursgleichung (7) berücksichtigt, so
zeigt sich, dass die erwartete Veränderung des
Wechselkurses gleich der erwarteten künftigen Veränderungen der Fundamentaldaten
ist, während sich die unerwartete Veränderung aus der zwischen t und t+1 erfolgten Revision der Erwartungen bez. künftiger Fundamentaldaten ergibt. Letzteres wird auch als
neue Information *(News)* bezeichnet. Solange
keine Neuigkeiten an den Devisenmärkten
eintreffen, werden die Wirtschaftssubjekte –
vorausgesetzt, sie bilden ihre Erwartungen
auf rationale Weise – durch Wechselkursveränderungen nicht überrascht. Die in Gleichung (7) gegebene Wechselkursbestimmungsgleichung wird auch als
*Vermögenspreisansatz (Asset Pricing Model)*
bezeichnet. Abweichungen des Wechselkurses von seinem fundamental bestimmten
Wert ergeben sich bei Verletzung der Transversalitätsbedingung. Solche Abweichungen
werden als rationale → spekulative Blasen
(Speculative Bubbles) bezeichnet. Spekulative
Blasen können aber auch bei Gültigkeit der
Transversalitätsbedingung entstehen, wenn
man *heterogene Erwartungen* der Wirtschaftssubjekte zulässt. Modelltheoretisch geschieht
dies durch die separate Betrachtung von zwei
Gruppen von Akteuren, Chartisten, die ihre
Erwartungen aufgrund technischer Analysen
(statistische Verfahren, Chartanalyse) bilden,

und den restlichen Marktteilnehmern, die ihre Erwartungen auf der Basis der Fundamentalfaktoren bilden. – b) *Träge Preisanpassung:* Die bisherigen Ausführungen konzentrierten sich auf die Erklärung von Wechselkursbewegungen in einer Ökonomik ohne Rigiditäten, wobei die permanente Existenz der Kaufkraftparität zu jedem Zeitpunkt die Markträumung am Gütermarkt sicherte. Die in real existierenden Wechselkurssystemen, speziell bei flexiblen nominellen Wechselkursen, zu beobachtende hohe Variabilität realer Wechselkurse legt es jedoch nahe, Rigiditäten, z.B. in Form einer trägen Preis- oder Mengenanpassung am Gütermarkt, in die Modellanalyse zu integrieren. Dornbusch hat Mitte der 1970er-Jahre in einem Modell mit träger Preisanpassung aufgezeigt, dass Wechselkurse unter bestimmten Bedingungen zu *überschießenden* Reaktionen *(Overshooting)* auf exogene Störungen neigen. Damit ist gemeint, dass die kurzfristige Reaktion der Richtung nach der langfristigen Veränderung entspricht, aber ein höheres Ausmaß annimmt. Der entscheidende Punkt ist hier eine *Asymmetrie in den Anpassungsgeschwindigkeiten.* Diese kann z.B. so geartet sein, dass der Wechselkurs und der Zinssatz perfekt flexibel sind und ein sofortiges Portfoliogleichgewicht herstellen können, während die Anpassung auf dem Gütermarkt (→ Stromgleichgewicht) nur träge erfolgen kann. – *Annahmen:* Perfekte Zins -und Wechselkursflexibilität gewährleistet die Aufrechthaltung eines permanenten (nationalen sowie internationalen) Portfoliogleichgewichts, während Ungleichgewichte am Gütermarkt durch die träge Preisanpassung zugelassen werden. *Die Nachfrage nach heimischen Gütern* hängt von der gesamten Absorption des Inlandes, aber auch von dem Preisverhältnis zwischen den inländischen und den ausländischen Gütern (dem realen Wechselkurs) ab. Dies impliziert eine preisabhängige Exportnachfrage und damit ein großes Land. Ein weiterer wichtiger Punkt betrifft die *Erwartungsbildung.* Zwar ist für das Ergebnis des overshooting nicht zwingend eine strikt rationale Erwartungsbildung erforderlich, aber es müssen die Erwartungen auf irgendeine Weise mit künftigen Gleichgewichten verbunden sein. In weiterer Folge werden rationale Erwartungen unterstellt. Der *Auslandszins* wird als exogen gegeben und konstant betrachtet. – Als *exogene Störung* wird eine Erhöhung der Geldmenge analysiert. Bei rationalen Erwartungen muss im *langfristigen Gleichgewicht* gelten, dass die Wirtschaftssubjekte den dann realisierten Kurs auch für die weitere Zukunft erwarten. Mithin wird dann auch der Inlandszinssatz dem Auslandszinssatz entsprechen. Ferner muss langfristig die Leistungsbilanz ausgeglichen sein, vgl. → Zahlungsbilanzausgleich. – Lässt die monetäre Expansion die Güterproduktion unverändert, so muss das für die Exporte und Importe entscheidende Preisverhältnis zwischen den importierten und den heimischen Gütern (der reale → Wechselkurs) langfristig wieder dasselbe sein, wie vor der Datenänderung. Zugleich müssen langfristig die Güterpreise steigen, damit die erhöhte Geldmenge bei unverändertem Realeinkommen (Output) und unverändertem Zinssatz auch nachgefragt wird. Demnach bewegen sich sämtliche nominellen Größen proportional zueinander, die realen Größen werden jedoch nicht durch die monetäre Expansion beeinflusst *(klassische Dichotomie).* – Kurzfristig erfordert das Portfoliogleichgewicht bei höherer Geldmenge eine Senkung des Inlandszinssatzes, und dies wiederum ist nur in dem Maße möglich, wie die Anleger bez. der heimischen Währung eine Aufwertungserwartung haben. Aufwertungserwartungen können aber rational nur dann entstehen, wenn der nominelle Wechselkurs momentan über seinen langfristigen Gleichgewichtswert hinausschießt (Overshooting). Der nach dem Überschießen zustandekommende *Anpassungsprozess* ist nicht nur durch Aufwertungsschritte, sondern auch durch eine schrittweise Erhöhung des Inlandszinses und der heimischen Güterpreise charakterisiert. Letzteres kommt zustande, weil die anfangs stattfindende Abwertung die inländischen relativ zu den ausländischen Gütern verbilligt, und so eine Überschussnachfrage nach Gütern bewirkt. – *Modifikationen:* Werden Gütermarktungleichgewichte nicht über eine träge Preis-, sondern über eine träge Mengenanpassung abgebaut, so zeigt sich ein ähnliches Wechselkursverhalten. Ferner kommt das Overshooting nicht bei beliebigen Schocks zustande. Es tritt typischerweise bei monetären Veränderungen auf, ist der Schock jedoch auf der realen Seite der Ökonomik angesiedelt (z.B. Produktivitätsverbesserung), dann muss nicht zwingend ein Überschießen folgen. – 3. *Der portfoliotheoretische Ansatz zur Wechselkursbestimmung:* Im Unterschied zu den monetären Ansätzen der Wechselkursbestimmung löst sich der portfoliotheoretische Ansatz von der Annahme der perfekten Substitutionalität in- und ausländischer zinstragender Titel. Wird von der Existenz von Realkapitalanteilen und ausländischem Geld (Währungssubstitution) abstrahiert, so halten risikoaverse Wirtschaftssubjekte ein diversifiziertes Portfolio, bestehend aus inländischem Geld und in- sowie ausländischen zinstragenden Titeln (Bonds). Die Anleger werden nur bereit sein, eine Substitution in ihrem Portfolio zugunsten ausländischer Bonds vorzunehmen, wenn diese im Vergleich zu den inländischen Bonds eine höhere Rendite erwarten lassen. Bei exogen gegebenem ausländischen Zins sichert die perfekte Flexibilität von Wechselkursen und inländischem Zinsniveau die Aufrechthaltung des Portfoliogleichgewichts im Anschluss an alternative Schocks. – *Annahmen:* Die drei Bestandsgleichgewichte für den Inlandsgeldmarkt sowie für die Inlands- und Auslandsbondmärkte sind von der Angebotsseite charakterisiert durch momentan gegebene Bestände, und von der Nachfrageseite her determiniert durch Nachfragefunktionen, welche ihrerseits abhängig sind vom Vermögen (nichtricardianische Wirtschaftssubjekte) sowie den Renditen der zinstragenden Assets.

Während sich die Nachfrage nach allen drei Titeln mit steigendem Vermögen erhöht, induziert eine Erhöhung des heimischen (ausländischen) Zinssatzes unter sonst gleichen Bedingungen eine Reduktion der Nachfrage nach inländischem Geld *und* ausländischen (inländischen) zinstragenden Assets. Walrasianische Interdependenz ergibt sich aus der Definition des Vermögens als dem bewerteten Bestand der drei Vermögenstitel. – Als *exogener Schock* sei eine Geldschöpfung im Inland betrachtet, die im Zuge einer Offenmarktoperation zustande kommt. Die dadurch induzierten Störungen auf inländischem Geld- und Bondmarkt erfordern eine sofortige Zinssenkung und Abwertung der heimischen Währung zur Aufrechterhaltung des Bestandsgleichgewichts. Ein qualitativ gleiches Ergebnis ergibt sich, wenn die Geldschöpfung durch eine nichtsterilisierte Devisenmarktintervention erfolgt. Zur Aufrechthaltung der Bestandsgleichgewichte ist es allerdings erforderlich, dass im Zuge der Offenmarktoperation der heimische Zins, im Zuge der Devisenmarktintervention hingegen der Wechselkurs stärker reagieren muss. Die Heterogenität der in- und ausländischen zinstragenden Titel verschafft der inländischen Zentralbank damit diskretionären Spielraum zur Beeinflussung von Zinssätzen und Wechselkursen, welcher selbst bei einer sterilisierten Devisenmarktoperation (Swapgeschäfte in den Beständen der zinstragenden Titel bei Konstanz des Geldangebots) erhalten bleibt. – Die zur Räumung der Bestandsmärkte entstandenen Veränderungen im inländischen Zinssatz und im Wechselkurs wirken nun ihrerseits auf das Stromgleichgewicht des Gütermarktes und führen über induzierte Leistungsbilanzungleichgewichte zu Veränderungen des Bestands an Auslandsbonds. Stellt sich z.B. ein Stromgleichgewicht mit einem Leistungsbilanzüberschuss ein, so akkumuliert das Inland Nettoauslandsforderungen. Diese wiederum stören das Portfoliogleichgewicht und erfordern zur Neutralisierung des Vermögenseffekts ihrerseits eine kontinuierliche Aufwertung der heimischen Währung, die erst dann zum Stillstand kommt, wenn das Leistungsbilanzungleichgewicht abgebaut ist (→ außenwirtschaftliches Gleichgewicht, → Zahlungsbilanzausgleich). – Vgl. auch Mundell-Fleming-Modell, Stabilisierungspolitik, → Zielzonen-System, → internationales Währungssystem.

**Wechselkurszielzonen** → Zielzonen-System.

**Wegzugsbesteuerung** – Verpflichtung eines Steuerpflichtigen, bei einem Wegzug aus der Bundesrepublik Deutschland die stillen Reserven einer von ihm gehaltenen wesentlichen Beteiligung an einer inländischen Kapitalgesellschaft aufzudecken und einer Schlussbesteuerung zu unterwerfen. Die Wegzugsbesteuerung greift nur dann, wenn der Steuerpflichtige zuvor mind. zehn Jahre lang in Deutschland steuerlich ansässig war und deutscher Staatsangehöriger ist. Die Wegzugsbesteuerung wirkt in vielen Fällen prohibitiv. Neuerdings als rechtlich fragwürdig angesehen wegen Beeinträchtigung des → Aufenthaltsrechts, der Diskriminierungsverbote, der Niederlassungsfreiheit und der → Kapitalverkehrsfreiheit.

**Weltabschluss** – *Weltbilanz;* → Konzernabschluss, in den nicht nur die inländischen Konzernunternehmen, sondern auch die Konzernunternehmen mit Sitz im Ausland einbezogen sind. Mit Umsetzung der Siebten EG-Richtlinie in deutsches Recht wurde die Einbeziehung der ausländischen Konzerntochterunternehmen grundsätzlich zur Pflicht (§ 294 I HGB). Dies trägt zu einer wesentlichen Verbesserung des Einblicks in die Vermögens-, Finanz- und Ertragslage des Konzerns (§ 297 II HGB) bei.

**Weltbank** → IBRD.

**Weltbankgruppe** – Begriff für die Internationale Bank für Wiederaufbau und Entwicklung (→ IBRD) und ihre Schwesterorganisationen, der Internationalen Entwicklungsorganisation (→ IDA), der internationalen Finanz-Korporation (→ IFC), der multilateralen Investitions-Garantie-Agentur (→ MIGA) und des internationalen Zentrums für die Beilegung von Investitionsstreitigkeiten (→ ICSID). – Das gemeinsame *Ziel* dieser Organisationen mit knapp 11.000 Mitarbeitern ist die wirtschaftliche und soziale Entwicklung weniger entwickelter Mitgliedsländer durch die Vergabe von langfristigen Darlehen, Firmenbeteiligungen und Übernahme von Garantien privatwirtschaftlicher → Direktinvestitionen.

**Weltbilanz** → Weltabschluss.

**Welteinkommensprinzip** – *Universalitätsprinzip.* 1. *Begriff:* Prinzip, dass im Rahmen der unbeschränkten Steuerpflicht alle Einkünfte, unabhängig davon, ob sie aus dem Inland oder Ausland stammen, steuerlich erfasst werden. Das Welteinkommensprinzip ist notwendig, weil die Erfassung nur der inländischen Einkünfte (Territorialitätsprinzip) einen Anreiz darstellen würde, Kapital und wirtschaftliche Aktivitäten ins steuerlich günstigere Ausland zu verlagern. – 2. *Bedeutung:* Das Welteinkommensprinzip wird nicht uneingeschränkt verfolgt; im Rahmen der Maßnahmen zur Vermeidung der Doppelbesteuerung werden große Teile der aus dem Ausland stammenden Einkünfte im Inland steuerfrei gestellt (→ Freistellungsmethode). Der Gesetzgeber möchte diese Ausnahmen vom Welteinkommensprinzip jedoch auf die Fälle beschränken, in denen Kapitalflucht oder Standortverlagerung aus rein steuerlichen Gründen zu vermeiden sind. – Relevant bleibt das Welteinkommensprinzip jedoch, wenn für einen Steuerinländer der angemessene Einkommensteuersatz festgelegt werden soll. Selbst dann, wenn Teile des Welteinkommensprinzips nach einem Doppelbesteuerungsabkommen oder aus anderen Gründen steuerfrei sind, behält sich das EStG vor, den steuerpflichtigen Rest des Welteinkommens mit dem Steuersatz zu belegen, der für das gesamte Welteinkommen des Steuerpflichtigen in diesem Jahr der angemessene Steuersatz wäre (→ Progressionsvorbehalt). – *Gegensatz:* → Territorialitätsprinzip.

**Weltentwicklungsbericht** – seit 1978 von der → Weltbankgruppe jährlich herausgegebener Bericht, der sich mit wesentlichen wirtschaftlichen Problemen der Entwicklungsländer beschäftigt, wobei jeweils wechselnde, aktuelle inhaltliche Schwerpunkte behandelt werden. Ein umfangreicher Tabellenanhang mit sozialen und ökonomischen Indikatoren ergänzt die wirtschaftspolitischen Ausführungen.

**Welternährungsorganisation** → FAO.

**Welternährungsprogramm der Vereinten Nationen** → WFP.

**Weltgesundheitsorganisation** → WHO.

**Welthandelsordnung** → GATT.

**Welthandelsorganisation** → World Trade Organization (WTO).

**Welthandels- und Entwicklungskonferenz der Vereinten Nationen** → UNCTAD.

**Weltkinderhilfswerk** → UNICEF.

**Weltkonferenzen** – seit 1946 jährliche Zusammenkünfte (in Caux/Schweiz) der Bewegung für Moralische Aufrüstung (Moral Rearmament (MRA)), einer Bewegung zur sozialen und politischen Erneuerung der Welt im Geiste des Christentums, hervorgegangen aus der von Frank Buchmann gegründeten Oxford-Gruppen-Bewegung.

**Weltmarkt** – gedachter, nicht zu lokalisierender Markt für Welthandelsgüter, auf dem sich in gegenseitiger Abhängigkeit (Interdependenz) der volkswirtschaftlichen Binnenmärkte deren Verflechtung zu einer → Weltwirtschaft ergibt.

**Weltmarktpreis** – Preis für Welthandelsgüter, der sich am → Weltmarkt bildet. Der Weltmarktpreis kann nach Ländern, Waren und Handelsstufen verschieden sein. – *Ermittlung* (1) durch Einsichtnahme in ausländische Konkurrenzofferten; (2) durch Marktanalyse; (3) durch Schaffung von

Preisspiegeln der Auslandsmärkte bzw. internationalen Warenbörsen.

**Weltorganisation für geistiges Eigentum** → WIPO.

**Weltorganisation für Meteorologie** → UN.

**Welttextilabkommen** → Multifaserabkommen (MFA).

**Weltwährungsfonds** → IWF.

**Weltwirtschaft** – Bezeichnung für die durch den internationalen Handel sowie Bewegungen von Kapital und Arbeit zwischen den Volkswirtschaften entstehenden internationalen Wirtschaftsbeziehungen und Verflechtungen. – Vgl. auch → Weltwirtschaftsordnung, → Weltmarkt.

**Weltwirtschaftsgipfel** – 1. *Begriff:* Ökonomische und politische Schocks in den 1970er-Jahren führten zur Einsicht der Notwendigkeit einer stärkeren wirtschaftspolitischen Kooperation und zum Informationsaustausch auf höchster Ebene. Der dt. Regierungschef und der franz. Präsident setzten sich für ein Gipfeltreffen der wichtigsten Industrieländer ein (→ G 7, Group of Seven). Der erste Weltwirtschaftsgipfel fand in Rambouillet 1975 statt. Seitdem treffen sich jährlich die Staats- und Regierungschefs Deutschlands, Frankreichs, Großbritanniens, Italiens, Japans, Kanadas und der USA sowie seit 1977 der Präsident der Kommission der Europäischen Gemeinschaft. Seit 1994 nahm Russland faktisch an den G 7-Treffen teil, 1998 ist diese Teilnahme formalisiert (→ G 8, Group of Eight). – 2. *Aktivitäten:* Die ersten Gipfel (1975 in Rambouillet, 1976 in Puerto Rico, London 1977) galten der Vertrauensbildung. Der Bonner Gipfel (1978) befasste sich mit ökonomischen Koordinierungsbemühungen, er war die umstrittenste Veranstaltung. Die Gipfel Tokio (1979), Venedig (1980), Ottawa (1981), Versailles (1982), Williamsburg (1983), London (1984), Bonn (1985) dienten der Konsolidierung. Die Gipfel von Tokio (1986), Venedig (1987), Toronto (1988), Paris (1989) und Houston (1990) dienten der währungspolitischen Zusammenarbeit. Der Weltwirtschaftsgipfel 1991 (London) behandelte die Hilfe für die UdSSR, um ihren Reformkurs zu unterstützen; der Weltwirtschaftsgipfel 1992 (München) hatte Zusammenarbeit für Wachstum und eine sichere Welt zum Thema; in Tokio (1993) ging es um Handelsprobleme, Bekämpfung der Arbeitslosigkeit und die Russlandhilfe; der Weltwirtschaftsgipfel 1994 (Neapel) diskutierte Verbesserungen des internationalen Wettbewerbs. 1995 standen in Halifax währungs- und handelspolitische Fragen im Vordergrund. Weitere Gipfel waren Moskau (1996) mit dem thematischen Schwerpunkt nukleare Sicherheit, Lyon (1996) mit dem Schwerpunkt Kampf gegen den Terrorismus, Denver (1997), Birmingham (1998) mit voller russischer Beteiligung, Köln (1999), Okinawa (2000), Genua (2001), Kananskis/Kanada (2002), Evian (2003) und Sea Island/ Georgia (2004) mit den Schwerpunkten Armutsbekämpfung, Weltwirtschaftslage und Klimaschutz, Gleneagles (2005) mit den Themen Afrika und Klimaschutz. 2006 wurde der Weltwirtschaftsgipfel (St. Petersburg) das erste Mal von Russland ausgerichtet, Schwerpunkte waren die Energiesicherheit und die Gesundheits- und Bildungspolitik, Heiligendamm (2007) mit den Themen Globalisierung und Klimaschutz. – 3. *Bewertung*: Oft werden die Weltwirtschaftsgipfel als ineffiziente Diskutierzirkel abqualifiziert, da aus ihnen kaum direkt umsetzbare Handlungsanweisungen hervorgehen. Sie dienen jedoch als Forum privaten Meinungsaustausches der Staats- und Regierungschefs der sieben führenden Industrienationen und helfen dem Verständnis wirtschaftspolitischer Zusammenarbeit. Gefahren drohen durch eine Politisierung der Weltwirtschaft, wenn unrealisierbare Vorhaben gegen marktwirtschaftliche Kräfte durchgesetzt werden sollen. Vermittelt wird der Öffentlichkeit eine „Machbarkeit" in währungs- und wirtschaftspolitischen Fragen. Gegen diskretionäre makropolitische Koordinationsabsprachen sind ordnungspolitische Bedenken zu erheben.

**Weltwirtschaftskonferenzen** → UNCTAD.

**Weltwirtschaftsordnung** – System *völkervertraglicher Regelungen* der internationalen Wirtschaftsbeziehungen. – *Hauptelemente* der Weltwirtschaftsordnung sind die Welthandelsordnung (→ GATT bzw. WTO (→ World Trade Organization)) und das Weltwährungssystem, die allerdings nicht uneingeschränkt weltweit gelten, da einige Länder nicht Mitglieder der Institutionen sind bzw. sich den Vereinbarungen nicht angeschlossen haben. – Von Entwicklungsländern und kritischen *Nicht-Regierungs-Organisationen* (engl. *Non-Governmental-Organization*, NGOs) sowie einigen Wissenschaftlern wird eine → Neue Weltwirtschaftsordnung gefordert.

**Weltzentralbank** → Neue Weltfinanzarchitektur.

**Weltzollorganisation (WZO)** – *World Customs Organization (WCO)*; intergouvernementale Organisation mit Sitz in Brüssel, wurde 1994 durch Umbenennung des Rates zur Zusammenarbeit auf dem Gebiet des Zollwesens (RZZ) gegründet. Ziele sind die Vereinheitlichung und Vereinfachung des internationalen Zollrechts sowie die Erhöhung der Sicherheit der Lieferkette. Wichtigste völkervertragliche Instrumente der WZO sind die Kyoto-Konvention zur Vereinfachung und Vereinheitlichung des Zollrechts sowie das Harmonisierte System (Convention on the Harmonized Commodity Description and Coding System), mit welchem seit 1988 die Zolltarife weltweit harmonisiert und vereinheitlicht werden.

**Wertsicherungsklausel** – *Geldwertsicherungsklausel*. 1. *Begriff*: Klausel in Verträgen, die Sicherung gegen etwaigen Währungsverfall bezweckt (Währungsklausel). Genehmigung durch das Bundesamt für Wirtschaft und Ausfuhrkontrolle (BAFA) grundsätzlich erforderlich. – 2. *Arten*: Goldklausel,

Warenpreisklausel, Indexklausel, Festgehalts- klausel. – 3. Eine Art der Wertsicherung ist auch der sog. *Leistungsvorbehalt,* eine Klau- sel, nach der eine Änderung der Bezugsgröße sich nur *mittelbar* auf die Geldschuld aus- wirkt, nämlich Anlass oder Voraussetzung für die Änderung der Leistung aufgrund von Verhandlungen neu festgesetzt werden.

**Wertzoll** – *Ad-Valorem-Zoll.* 1. *Begriff:* → Ta- rifäres Handelshemmnis, das auf Wertbasis, d.h. *ad valorem,* berechnet wird, d.h. in Pro- zent des Warenwertes. *Beispiel:* Der → Dritt- landszollsatz 10 Prozent bedeutet, dass zehn Prozent des → Zollwertes als Zoll von den Zollbehörden der EU vereinnahmt wer- den. – 2. *Beurteilung:* a) *Vorteile:* Automa- tische Anpassung an die Preise und – im Gegensatz zu den → spezifischen Zöllen – gerechtere Belastung teurer und billiger Wa- ren. – b) *Nachteile:* Wertzoll bietet einen schlechten Marktschutz, weil seine Wirkung in Zeiten von Absatzschwierigkeiten bei fal- lenden Preisen nachlässt, während sich bei Hochkonjunkturen der Zollschutz erhöht. Auch ist die Wertermittlung komplizierter als die Feststellung des Zollgewichts. – 3. *Gel- tung:* Der → Gemeinsame Zolltarif der Euro- päischen Gemeinschaften (GZT) enthält, wie die Tarife der meisten Staaten, überwiegend Wertzoll. Etwa 90 Prozent der in der EU be- stehenden Zollsätze sind *Wertzollsätze (ad valorem).* – Vgl. auch → Mengenzoll, → spe- zifischer Zoll.

**wesentliche Beteiligung** – 1. *Begriff:* Be- zeichnung für eine Beteiligung an einer Ka- pitalgesellschaft, die die Voraussetzungen des § 17 EStG erfüllt. – 2. *Voraussetzungen:* ist ge- geben, wenn der Steuerpflichtige an einer Ka- pitalgesellschaft zu irgendeinem Zeitpunkt innerhalb der letzten fünf Jahre zu mind. ei- nem Prozent unmittelbar oder mittelbar be- teiligt war (§ 17 EStG). Der Veräußerungs- gewinn einer wesentlichen Beteiligung i.S.d. § 17 EStG unterlag bisher mit 50 Prozent der Besteuerung in Form des Halbeinkünftever- fahrens. Seit 2009 erfolgt die Besteuerung

durch das Teileinkünfteverfahren. Damit sind nunmehr 60 Prozent des Gewinns steu- erpflichtig. In analoger Anwendung sind mit der Veräußerung verbundene Aufwendungen ebenso nur mit 60 Prozent abzugsfähig. – 3. *Besteuerung beim Wegzug ins Ausland:* Bei Umzug des Steuerpflichtigen, der eine we- sentliche Beteiligung i.S.d. § 17 EStG inne hat, ins Ausland, führt dies zur Auslösung der → Wegzugsbesteuerung. Hierdurch unterlie- gen die stillen Reserven in den Anteilen der Besteuerung, und zwar ungeachtet dessen, dass die Anteile gar nicht verkauft worden sind. Allerdings besteht unter bestimmten Umständen die Möglichkeit der Steuerstun- dung, bis später der tatsächliche Verkauf er- folgt; beim Umzug in einen anderen Staat der EU oder des EWR ist dies der Regelfall (vgl. § 6 AStG). Für einen Umzug mit Anteilen, de- ren Veräußerung lediglich unter § 20 II EStG fallen, ist eine solche Steuerpflicht beim Weg- zug – selbst wenn es sich um z.B. 0,5 Prozent eines Weltkonzerns, also erhebliche Vermö- genswerte, handeln würde – bislang dagegen nicht vorgesehen.

**Westafrikanische Wirtschaftsgemein- schaft** → CEAO.

**Western European Union** → WEU.

**Westeuropäische Union** → WEU.

**wettbewerbsrechtlicher Ursprung** → Ur- sprung.

**WEU** – Abk. für *Western European Union, Westeuropäische Union;* am 5.5.1955 errich- tet, Ende Juni 2011 aufgelöst; sie umfasste 2010 insgesamt 28 Mitglieder mit unter- schiedlichem Status: Mitgliedsstaaten, asso- ziierte Mitgliedsstaaten, Beobachter und as- soziierte Partner. Mitgliedsstaaten sind Belgien, Deutschland, Frankreich, Griechen- land, Italien, Luxemburg, die Niederlande, Portugal, Spanien und Großbritannien. As- soziierte Mitglieder sind Island, Norwegen, Polen, die Tschechische Republik, die Tür- kei und Ungarn. Bloßen Beobachterstatus ha- ben Dänemark, Finnland, Irland, Österreich und Schweden. Assoziierte Mitglieder sind

Bulgarien, Estland, Lettland, Litauen, Rumänien, die Slowakei und Slowenien. Die WEU ist auf eine kollektive Selbstverteidigung ihrer Mitgliedsstaaten sowie deren wirtschaftliche, politische und kulturelle Integration gerichtet. Im → Amsterdamer Vertrag wurde bestimmt, dass die WEU Bestandteil der Entwicklung der EU ist. Diese Bestimmung wurde im → Vertrag von Nizza gestrichen, da die EU die Aufgaben der WEU teilweise an sich gezogen hat. Die WEU hatte wegen der Bemühungen der EU um eine *Europäische Sicherheits- und Verteidigungspolitik (ESVP)* immer mehr an Bedeutung verloren. Mit dem → Vertrag von Lissabon, der am 1.12.2009 in Kraft getreten ist, übernahm die EU endgültig alle Aufgaben der WEU. Am 31.3.2010 teilte der Vorstand der WEU mit, dass die WEU aufgelöst wird. Die vollständige Auflösung wurde Ende Juni 2011 vollzogen.

**WFP** – *World Food Programme, Welternährungsprogramm der Vereinten Nationen;* durch Resolutionen der → UN und der → FAO aus dem Jahre 1961 gegründet; Tätigkeitsbeginn: Januar 1963. – *Sitz:* Rom. – *Mitglieder:* Über 60 Länder. – *Ziele:* Förderung der wirtschaftlichen und sozialen Entwicklung durch → Nahrungsmittelhilfe, Ernährungssicherungsprogramme und Bekämpfung des Hungers in Notstandsgebieten über Katastrophenhilfen. – *Struktur: Committee on Food Aid Policies and Programmes* aus 42 Mitgliedern (seit 1992), 21 Mitglieder vom FAO-Rat, 21 Mitglieder vom Wirtschafts- und Sozialausschuss der UN (jeweils für drei Jahre), 27 Mitglieder von Entwicklungsländern. *Sekretariat* mit Exekutivdirektor, der gemeinsam vom UN-Generalsekretär und dem Generalsekretär der FAO ernannt wird. – *Aktivitäten:* Internationale Koordination der Nahrungsmittelhilfe für Notfälle. Über Food-for-Work-Projekte soll eine nachhaltige Entwicklung mit Verbesserung der Einkommenssituation von Kleinproduzenten erreicht werden (→ Projekthilfe). Das Budget betrug 2007 2,97 Mrd. US-Dollar.

**WHO** – Abk. für *World Health Organization, Weltgesundheitsorganisation;* gegründet 1948.*Sitz:* Genf.*Mitglieder* (2008): 193 (Bundesrepublik Deutschland seit 1961); Sonderorganisation der → UN. – 1. *Entstehung:* Vorläufer war die *internationale Sanitätskonferenz* in Paris 1851 und die sich daraus ergebenden *internationalen Sanitätsabkommen* 1926, 1933 und 1944. Die Satzung der WHO wurde am 22.7.1946 von 61 Staaten unterzeichnet und die *WHO Interim Commission* errichtet. Am 7.4.1948 trat sie durch Ratifizierung von 26 Mitgliedern in Kraft (7. April daher Weltgesundheitstag). – 2. *Organe: Weltgesundheitskonferenz,* die jährlich zusammentritt aus Vertretern aller Mitgliedsstaaten; *Exekutivrat:* Fachleute aus 31 Mitgliedsstaaten; *Sekretariat* mit sechs regionalen Zweigorganisationen und einem Verbindungsbüro bei der UN; beratender *Ausschuss* für medizinische Forschung und mehrere *Sachverständigengremien.* Als autonomes Organ im Rahmen der WHO wurde 1965 die *internationale Krebsforschungsstelle* in Lyon eingerichtet. – 3. *Ziele:* Bekämpfung von Krankheiten und Gebrechen, Herbeiführung des völligen, körperlichen, geistigen und sozialen Wohlbefindens der Völker (laut Satzung); Zusammenarbeit aller auf diesem Gebiet tätigen Personen und Dienststellen; Förderung der wissenschaftlichen Forschung, der Berufsausbildung; Hilfestellung für Mitgliedsländer bei dem Ausbau des Gesundheitsdienstes. – 4. *Aufgaben und Arbeitsergebnisse:* Koordinierungszentrale für die internationale Gesundheitsarbeit; Unterstützung der Regierungen bei der Entwicklung eines nationalen Gesundheitsdienstes; Bereitstellung technischer Hilfe, auch in Krisenfällen; Überwachung und Bekämpfung epidemischer, endemischer u.a. Krankheiten; Fürsorge für Mutter und Kind; Förderung und Durchführung von Forschungsarbeiten auf allen Gebieten des Gesundheitswesens; Erarbeitung verbesserter Standards für Lehre und Ausbildung in Gesundheitsberufen; Entwicklung internationaler Programme, z.B. Einführung internationaler Standards für

Arzneimittelbezeichnungen, Entwicklung lokaler Voraussetzungen für den Aufbau eines Gesundheitsdienstes. Einzelaktivitäten der WHO sind z.b. das weltweite Meldesystem gegen Grippeepidemien und die Entwicklung und Bereitstellung von Impfstoffen gegen neue Erreger im Rahmen des erweiterten Impfprogramms. – *Arbeitsbereiche*: Seuchenwarndienst, Rauschmittelbekämpfung, Standardisierung von Heilmitteln, internationale medizinische Forschung, Ausrottung von Massenkrankheiten (Malaria), Ausbildungshilfe für medizinisches Personal, Tagungen medizinischer Experten. – *Einzelprojekte*: Unterstützung nationaler Maßnahmen in Planung und Durchführung des Aufbaus von Gesundheitsfürsorge. – 5. *Bewertung*: Bes. Erfolge verzeichnete die WHO in der Bekämpfung von Seuchen. Beim Abbau des Stadt-Land-Gefälles der gesundheitlichen Versorgung und des Gesundheitsdienstunterschiedes zwischen den Ländern war sie kaum erfolgreich. Während anfänglich die Gesundheitsdienstleistungen kostenlos zur Verfügung gestellt wurden, werden neuerdings geringe Eigenbeiträge der Armen in der Dritten Welt erwartet.

**Wiederausfuhr** – 1. *Begriff*: Export von zuvor in das Zollgebiet der EU verbrachten Waren, die noch nicht durch Überführung in den zollrechtlich freien Verkehr zu Gemeinschaftswarengeworden sind. – 2. *Abgrenzung*: Gemeinschaftswaren sind zum Export ins regelmäßig zweistufige elektronisch abzuwickelnde Ausfuhrverfahren zu überführen. – 3. *Inhalt und Abwicklung*: Bei der Wiederausfuhr von Nichtgemeinschaften aus dem Zollgebiet werden Verbote und Beschränkungen sowie handelspolitische Maßnahmen angewendet. Verfahrensmäßig bedarf es dazu im Normalfall der vorherigen, elektronisch abzugebenden summarischen Ausgangsanmeldung (Art. 841a ZK-DVO). Geht dem Export ein Zollverfahren mit wirtschaftlicher Bedeutung voraus, so ist eine Wiederausfuhrzollanmeldung nach den

Regeln des Ausfuhrverfahrens elektronisch abzugeben (Art. 182 ZK).

**Wiederausfuhrkontrolle** → End User Control (EUC); → Exportkontrolle beschränkt sich auf → Gemeinschaftswaren. → Nichtgemeinschaftswaren (z.b. aus → Zolllagern, aus der vorübergehenden Verwahrung, nach der vorübergehenden Verwendung oder aus → Freizonen) unterliegen der Wiederausfuhrkontrolle (§ 16b AWV), die etwas weniger streng als die Exportkontrolle ist. Grundsätzlich sind auch hier → Verbote und Beschränkungen sowie → Embargos zu beachten.

**Wiedereinfuhr** → Rückwaren, → passive Veredelung.

**Wiederverkaufspreismethode** – Eine der Standardmethoden zur Bestimmung angemessener → Verrechnungspreise zwischen verbundenen Unternehmen: Die Methode basiert auf dem Gedanken, dass ein Händler seine Vorstellung von dem Endverkaufspreis, den er verlangen möchte, üblicherweise dadurch entwickelt, dass er einen bestimmten Gewinnaufschlag auf seinen Einkaufspreis aufschlägt; daraus ergibt sich im Umkehrschluss, dass man glaubt, aus einem gegebenen Endverkaufspreis und der Kenntnis der in einer bestimmten Branche üblichen Handelsspanne darauf rückschließen zu können, wie viel in dieser Branche ein Händler einem Produzenten als Einkaufspreis zugestanden hätte. Auf diesem Gedanken beruhend, schließt man bei der Wiederverkaufspreismethode ausgehend von dem Preis, den eine Vertriebsgesellschaft des Konzerns vom Endverbraucher erhält, auf den Preis, den diese Gesellschaft der Produktionsgesellschaft gezahlt hätte, wenn die beiden Gesellschaften nicht zum selben Konzern gehören würden, sondern einander als fremde Dritte gegenüber gestanden hätten.

**Wiener Kaufrechtsübereinkommen** → Übereinkommen der Vereinten Nationen über Verträge über den internationalen Warenkauf.

**Windhund-Verfahren** → Verteilungsverfahren, nach dem die Einfuhr- bzw. Ausfuhrmengen für → Kontingente und Lizenzen nach dem Zeitpunkt der Antragstellung vergeben werden. Es erfolgt keine Quotierung.

**WIPO** – *World Intellectual Property Organization, Weltorganisation für geistiges Eigentum, Organisation Mondiale pour la Propriété Intellectuelle (OMPI)*; gegründet 26.4.1970; auf der Grundlage des Übereinkommens zur Errichtung der Weltorganisation für geistiges Eigentum (WIPO-Konvention vom 14.7.1967, BGBl. 1970 II 295) errichtet. Seit Dezember 1974 hat sie den Rang einer UN-Sonderorganisation (→ UN). – *Sitz:* Genf. – *Mitglieder* (2013): 185 Länder. – *Ziele:* Förderung des weltweiten Schutzes des geistigen Eigentums durch Zusammenfassung der auf diesem Gebiet tätigen und auf multilateralen Verträgen beruhenden Organisationen. – *Zwei Hauptrichtungen:* gewerbliche Schutzrechte (Erfindungen, Handelsmarken, Patente, gewerbliche Muster) und Urheberrechte (Berner Übereinkunft). – *Aufgaben und Tätigkeit:* Hilfeleistungen für Entwicklungsländer. Bes. Aktivitäten im Rahmen folgender *Programme:* ständige WIPO-Programme für Entwicklungsarbeit im Zusammenhang mit gewerblichen Schutzrechten und Urhebersowie Nachbarschaftsrechten; ständiger WIPO-Ausschuss für Patentinformationen des internationalen Dokumentationszentrums für Patente in Wien sowie WIPO-Dienste für internationale Registrierung von Handelsmarken; internationale Depositenstelle für gewerbliche Muster, internationale Registrierung von Namens- und Urheberrechten, internationale Beantragung von Patentrechten. – *Veröffentlichungen:* u.a. Copyright (monatlich), Industrial Property (monatlich), Intellectual Property in Asia and the Pacific (vierteljährlich).

**Wirtschaftsgebiet** – Begriff des → Außenwirtschaftsrechts. Der Geltungsbereich des → Außenwirtschaftsgesetzes (AWG), also die Bundesrepublik Deutschland und Zollfreigebiete (Helgoland, → Freizonen), definiert in § 4 I Nr. 1 AWG. Die österreichischen Gebiete Jungholz und Mittelberg gelten als Teil des Wirtschaftsgebiets. Die → Zollanschlüsse gelten als Teil des Wirtschaftsgebiets. – *Gegensatz:* fremde Wirtschaftsgebiete. – Der → Zollausschluss an der deutsch-schweizerischen Grenze (Enklave Büsingen) gelten gemäß § 4 I Nr. 2 AWG für das Verbringen von Sachen und Elektrizität als Teil fremder Wirtschaftsgebiete. – Vgl. auch Wirtschaftsraum.

**Wirtschaftsgemeinschaft** → regionale Integration, → Regionalismus.

**Wirtschaftsgemeinschaft südostasiatischer Länder** → ASEAN.

**Wirtschaftsgemeinschaft westafrikanischer Staaten** → ECOWAS.

**Wirtschaftsgut** – I. Wirtschaftswissenschaften: knappes Gut.

II. Steuerrecht: Nicht im Gesetz definierter *Begriff* des Einkommensteuer- und Bewertungsrechts (vgl. §§ 5 II, 6 I EStG; §§ 2, 98a BewG), das steuerliche Synonym für Vermögensgegenstand. Nach der Rechtsprechung sind Wirtschaftsgüter sowohl Sachen (§ 90 BGB), Tiere (§ 90a BGB) und nicht körperliche Gegenstände i.S.d. BGB, sofern sie am Bilanzstichtag bereits als realisierbarer Vermögenswert angesehen werden können, als auch bloße vermögenswerte Vorteile einschließlich tatsächlicher Zustände und konkreter Möglichkeiten, soweit diese derart sind, dass sich der Kaufmann ihre Erlangung etwas kosten lässt, sie nach der Verkehrsauffassung einer selbstständigen Bewertung zugänglich sind und i.d.R. einen Nutzen für mehrere Wirtschaftsjahre erbringen. – 1. *Einkommensteuerlich* zählen auch Schulden zu den (dann negativen) Wirtschaftsgütern. Nur (positive und negative) Wirtschaftsgüter (und Rechnungsabgrenzungsposten) können in die Steuerbilanz aufgenommen werden; die Erfüllung der Wirtschaftsgüter-Eigenschaften ist folglich im Regelfall Grundvoraussetzung für die Bilanzierung eines Objekts oder Vorgangs. – 2. *Bewertungsrechtlich* gibt es nur positive

Wirtschaftsgüter; sie stellen die kleinste Bewertungseinheit dar (§ 2 III BewG).

III. Handelsbetriebslehre: Handelsgut.

**Wirtschafts- und Sozialausschuss der EU (WSA)** – Abk. für *Wirtschafts- und Sozialausschuss der EU (WSA)*. – 1. *Gegenstand:* Der WSA (Art. 13 IV EUV-Lissabon, Art. 300 II, IV und Art. 301-304 AEUV) ist ein sog. *Hilfsorgan* der → EU. Er dient durch die Abgabe sog. Stellungnahmen der Beratung des → Rats der Europäischen Union und der → Europäischen Kommission. – 2. *Zusammensetzung:* Der WSA setzt sich aus Vertretern der wichtigsten Interessengruppen (Unternehmen, Gewerkschaften, Verbraucher, Branchenverbände, Berufsverbände, Landwirte etc.) des wirtschaftlichen und sozialen Lebens innerhalb der Gemeinschaft zusammen; diese sind drei verschiedenen Obergruppen zugeordnet (Arbeitgeber, Arbeitnehmer, übrige Bereiche des wirtschaftlichen und sozialen Lebens). In Gestalt des WSA sind die maßgeblichen mitgliedsstaatlichen und transeuropäischen Verbände in den politischen Willensbildungsprozess und in das Rechtssetzungsverfahren der EU eingebunden. – 3. *Mitglieder:* Der WSA besitzt seit dem 1.1.2007 344 Mitglieder. Deren nationale Verteilung ergibt sich derzeit aus dem in Art. 7 des Protokolls Nr. 36 zum EUV (ex-Art. 258 EGV) festgelegten Schlüssel (der in ziemlich losem Zusammenhang zur unterschiedlichen Größe der Mitgliedsstaaten steht). Mit dem → Vertrag von Lissabon wird die Höchstzahl der Mitglieder durch Art. 301 AEUV auf 350 beschränkt (der Schlüssel ergibt sich dann aus einem neu zu fassenden Beschluss des Rates). Die meisten Vertreter haben Deutschland, Frankreich, Italien und Großbritannien mit jeweils 24 Mitgliedern. Die Mitglieder des WSA werden von den jeweiligen nationalen Interessenverbänden nominiert und auf Vorschlag der nationalen Regierungen für die Dauer von vier Jahren vom Rat persönlich (*ad personam*) ernannt (nach Inkrafttreten des AEUV auf die Dauer von fünf Jahren). Die

Wiederernennung ist zulässig. Die Mitglieder des WSA sind an Weisungen nicht gebunden und üben ihre Tätigkeit in voller Unabhängigkeit zum allg. Wohl der EU aus. – 4. *Bedeutung:* Vor einer Entscheidung über einen (Gesetzgebungs-)Vorschlag der Europäischen Kommission ist das jeweilige Projekt und der dazugehörige Entwurf zunächst dem → Europäischen Parlament und – in der Mehrzahl der Fälle – auch dem WSA zur → Stellungnahme zu unterbreiten. Die Stellungnahmen des WSA spiegeln die Auffassungen der beteiligten Gruppen zu einem Gesetzgebungsvorhaben wider; die Stellungnahmen binden aber weder den Rat noch die Europäische Kommission und sie besitzen auch keine aufschiebende Wirkung. Nachhaltige Akzente konnte der WSA in der Vergangenheit in Gestalt des Entwurfs für die sog. → EU-Sozialcharta setzen. Im Laufe der Zeit hat sich eine wachsende Zahl von Interessenverbänden außerhalb des WSA „europäisch" organisiert, um die eigenen Anliegen unmittelbar an die Europäische Kommission und den Rat der Europäischen Union heranzutragen.

**Wirtschafts- und Währungsunion** → EWWU, → EU, → Wirtschaftsunion, → Währungsunion.

**Wirtschaftsunion** – Zusammenschluss von selbstständigen Staaten zu einem gemeinsamen Wirtschaftsgebiet mit binnenmarktgleichen Verhältnissen (multinationale, gemeinschaftliche Volkswirtschaft; in der EU: → Einheitlicher Binnenmarkt). Die Verwirklichung einer Wirtschaftsunion erfolgt im Wege einer stufenweisen Harmonisierung der Außen- und Binnenwirtschaftspolitik der Mitgliedsstaaten sowie ihrer Sozialpolitik. Ein Großteil der nationalen Rechtsordnung wird durch supranationales Recht ersetzt oder diesem angepasst. – *Beispiel:* → EWWU.

**WMO** → UN.

**Wohlfahrtsverlust** – I. Wohlfahrtsökonomik: 1. *Begriff: Marshall* definiert den Wohlfahrtsverlust als Verringerung der Konsumentenrente, die sich ergibt, wenn die

Optimalitätsbedingungen der vollkommenen Konkurrenz verletzt sind. Wohlfahrtsverluste bilden im Rahmen der Wohlfahrtsökonomik die argumentative Grundlage für die → Theorie des Zweitbesten. – 2. *Formen:* Wohlfahrtsverluste entstehen aufgrund von starren Faktor- und Güterpreisen, externen Effekten, Monopolen und monopolistischer Konkurrenz.

**II. Außenwirtschaft:** *toter Wohlfahrtsverlust;* Begriff im Zusammenhang mit der Analyse von Wohlfahrtswirkungen von handelspolitischen Maßnahmen mithilfe von Produzenten- und Konsumentenrenten. Ist die Summe aus der Veränderung der Produzentenrente, der Veränderung der Konsumentenrente plus Budgeteinnahmen einer handelspolitischen Maßnahme negativ, dann spricht man von einem Wohlfahrtsverlust. Grafisch darstellbar mithilfe sog. *Harberger Dreiecke.* – Vgl. auch → Handelspolitik.

**Wohlfahrtswirkungen des internationalen Handels** → Gains-from-Trade-Theorem.

**Wohnsitzprinzip** – finanzwissenschaftliches Prinzip, eine regionale → Doppelbesteuerung zu vermeiden, wobei die Steuererträge demjenigen Land oder derjenigen Region zufließen, in dem der Steuerpflichtige seinen Wohnsitz hat. – *Gegensatz:* → Ursprungsprinzip, Herkunftsprinzip. – Vgl. auch → Internationales Steuerrecht (IStR).

**Wohnsitzstaat** – 1. Begriff des Außensteuerrechts für den Staat, in dem der Steuerpflichtige seinen Wohnsitz oder gewöhnlichen Aufenthalt hat. Im Wohnsitzstaat unterliegt der Steuerpflichtige i.d.R. der unbeschränkten Steuerpflicht. – *Gegensatz:* → Quellenstaat. – 2. Im internationalen Steuerrecht manchmal, v.a. im Sprachgebrauch der älteren Literatur, unkorrekt (vereinfachend) verwendet für: Ansässigkeitsstaat.

**Wohnsitzstaatprinzip** – 1. *Begriff* des Internationalen Steuerrechts: das Prinzip, dass das Recht zur Besteuerung von Einkünften dem Wohnsitzstaat (korrekt: Ansässigkeitsstaat) des Steuerpflichtigen zugesprochen

werden sollte. Das gegenteilige Prinzip ist das Quellenstaatprinzip. – 2. Die geltenden Regelungen der Doppelbesteuerungsabkommen folgen keinem der beiden Prinzipien durchgängig, sondern stellen einen Kompromiss dar. Zahllose Regelungen folgen dem Quellenstaatprinzip, jedoch ist das Wohnsitzstaatprinzip als Auffangregelung für alle diejenigen Einkünfte üblich, für die keine anderweitige Regelung getroffen wurde (Art. 21 des OECD-Musterabkommens). – Vgl. auch → Internationales Steuerrecht (IStR).

**Working Capital** – *Net Working Capital, Nettoumlaufvermögen;* im amerik. Rechnungswesen zur Beobachtung von Veränderungen der → Liquidität gebräuchliche Messzahl: Differenz zwischen Umlaufvermögen und kurzfristigen Verbindlichkeiten (z.B. Umlaufvermögen 30.000 – kurzfristige Verbindlichkeiten 15.000 = 15.000 Working Capital). Das Verhältnis von Umlaufvermögen zu den kurzfristigen Verbindlichkeiten ist die *Work Capital Ratio* (zu dt.: *Liquiditätskoeffizient*). – Die *Veränderung* des Working Capital wird häufig in einer Bewegungsbilanz aufgezeigt: Links stehen die Zunahmen der Einzelposten des Umlaufvermögens und die Abnahmen der Posten der kurzfristigen Verbindlichkeiten, rechts die Zunahmen der kurzfristigen Verbindlichkeiten und die Abnahmen der Posten des Umlaufvermögens; der Saldo ergibt Zunahme (Verbesserung der Liquidität) oder Abnahme (Verschlechterung der Liquidität) des Working Capital. – Vgl. auch → Kapitalflussrechnung.

**World Bank** → IBRD.

**World Food Programme** → WFP.

**World Health Organization** → WHO.

**World Intellectual Property Organization** → WIPO.

**World Meteorological Organization** → UN.

**World Trade Organization (WTO)** – *Welthandelsorganisation;* am 1.1.1995 in Genf gegründete Sonderorganisation der Vereinten

Nationen (→ UN) zur Gestaltung zwischenstaatlicher Handelsbeziehungen. Sie übernimmt u.a. Aufgaben der in der Havanna-Charta geplanten → ITO, zusätzlich die Regelung grenzüberschreitender Dienstleistungen und geistigen Eigentums; 159 *Mitglieder* (2013). – *Organe:* Im Zweijahresrhythmus tagende *Ministerkonferenz* aller Vertragsparteien. Ein *Allgemeiner Rat* (General Council) führt die Tagesgeschäfte. – Die WTO besteht aus drei *Vertragspfeilern:* → GATT (1994) für den Warenhandel, → GATS (General Agreement on Services) für Dienstleistungen und TRIPS (Agreement on Trade-Related Aspects of Intellectual Property Rights, → TRIPS-Abkommen) für Fragen des geistigen Eigentums. GATT-Rat, GATS-Rat und TRIPS-Rat sind drei bes. Organe für sachspezifische Tagesgeschäfte, die dem Allgemeinen Rat untergeordnet sind. Laufende Geschäfte werden auch von folgenden *Komitees* übernommen: Komitee für Handel und Entwicklung, Komitee für Handel und Umwelt, Komitee für Zahlungsbilanzrestriktionen, Komitee für Haushalt, Finanzierung und Verwaltung. – *Aufgaben:* Handelspolitisch führt WTO die vom GATT-Provisorium verfolgte Politik fort, Wachstum und Wohlstand über eine Förderung der internationalen Arbeitsteilung zu unterstützen. Zu lösen sind Probleme des Verhältnisses von Handel und Umwelt sowie die Formulierung einer internationalen Wettbewerbspolitik. Der WTO sind erstmals der Agrarhandel sowie der Textilhandel zugeordnet. So müssen alle Agrarschutzmaßnahmen in (äquivalente) Tarife überführt und zunehmend liberalisiert werden. Mit der WTO wurde erstmals eine gültige Welthandelsordnung

(mit dem Status einer → internationalen Organisation) geschaffen (GATT 1947 war nur ein Abkommen und stellte somit nur ein Provisorium dar). WTO dient als Forum multilateraler Handelsrunden; geschaffen wurde ein Schiedsgericht zur Beilegung von Handelskonflikten (Dispute Settlement Body). – Nationale Handelspolitiken werden von WTO überwacht. Generell gelten die im GATT verankerten *Prinzipien* der Liberalisierung, Reziprozität, Nicht-Diskriminierung (→ Meistbegünstigung), Transparenz und eine Informationspflicht. Einige Abkommen gelten nur plurilateral, z.B. solche der Tokio-Runde (Fair Trade in Civil Aircraft, öffentliche Beschaffungen oder die Vereinbarung über Molkereiprodukte (International Dairy Agreement) und Rindfleisch (International Bovine Meat Agreement), die alle seit dem 1.1.1980 in Kraft sind. – *Bewertung: Gefahren* der WTO liegen in der wachsenden Regeldichte und den vielen Ausnahmen und Sonderbestimmungen. Als *Erfolg* kann die weit gehende Überwindung des „GATT à la carte" angesehen werden. Wichtige Abkommen (z.B. über Dumping, Subventionen, technische Handelshemmnisse) gelten nun ausnahmslos für alle Mitglieder. Insofern brachte die WTO eindeutig eine Stärkung und erhöhte Transparenz der Welthandelsordnung.

**WSA** – Abk. für → Wirtschafts- und Sozialausschuss der EU.

**WTO** – 1. Abk. für → World Trade Organization. – 2. Ursprüngliche (bis 10/2005) Abk. für *World Tourism Organization (UNWTO).*

**Yaoundé-Abkommen** → Jaunde-Abkommen.

# Z

**Zahlungsabkommen** – *internationales Zahlungsabkommen, Clearingabkommen, Verrechnungsabkommen;* Teil des → Handelsabkommens zur Regelung des zwischenstaatlichen Zahlungsverkehrs (internationaler Zahlungsverkehr, → Auslandszahlungsverkehr), der über die bei den beiderseitigen Zentralbanken oder anderen vereinbarten Stellen geführten Konten abgerechnet wird. Für den Fall, dass ein Land mit seinen Zahlungen zurückbleibt, ist z.T. ein Swing vereinbart.

**Zahlungsaufschub** – Möglichkeit, die Zahlung geschuldeter Abgabenbeträge gegen Sicherheitsleistung auf einen späteren Zeitpunkt hinauszuschieben. Bei Einfuhr- und Ausfuhrabgaben und Verbrauchsteuern kann die Zahlung fälliger Beträge auf Antrag des Steuerschuldners gegen Sicherheitsleistung hinausgeschoben werden, soweit die Steuergesetze dies bestimmen (§ 223 AO). Im Zollrecht ist diese Möglichkeit in Art. 224 -228 Zollkodex (ZK) vorgesehen. Die Aufschubfrist endet im Regelfall am 16. Tag des auf die Zollschuldenstehung folgenden Monats. Ein Unternehmer kann einem Verbraucher einen entgeltlichen Zahlungsaufschub von mehr als drei Monaten oder eine sonstige entgeltliche Finanzierungshilfe gewähren (§ 499 BGB).

**Zahlungsbilanz** – 1. *Begriff:* Systematische Erfassung und Darstellung aller wirtschaftlichen Transaktionen zwischen Inländern und Ausländern für eine abgelaufene Periode. Diese Definition ist etwas problematisch, da auch Transaktionen zwischen Inländern erfasst werden und da es sich um eine Stromgrößenrechnung handelt. Die Deutsche Bundesbank veröffentlicht sie monatlich, wobei die ersten vorläufigen Ergebnisse etwa mit einem Zeitabstand von rund 30 Tagen veröffentlicht werden. Als Inländer gilt, wer seinen festen Wohnsitz im → Inland hat, also auch ausländische Einwohner. Im Gegensatz zum kaufmännischen Bilanzbegriff, der i.d.R. von Beständen an einem bestimmten Stichtag ausgeht, ist die Zahlungsbilanz eine Saldenbilanz, die (ebenfalls nach dem Prinzip der doppelten Buchführung) Veränderungen in einer Periode ausweist. Die „Konten" der Zahlungsbilanz werden als Teil-Bilanzen angesprochen. – 2. *Aufbau:* a) Die → Handelsbilanz, auch Warenbilanz genannt, erfasst den → Außenhandel, d.h. Export und Import von Sachgütern. Dabei werden die Ergänzungen zum Warenverkehr gesondert ausgewiesen. Dies schließt sog. (Zoll-)Lagerverkehr ein sowie → Rückwaren, die zunächst importiert wurden, aber z.B. aufgrund von Mängelrügen zurückgeschickt werden; Analoges gilt für den Export. Der Export wird ab Grenze → Ausland erfasst (FOB, Free on Board), während der Import mit dem Wert an der Grenze zum Inland berücksichtigt wird (CIF, Costs, Insurance, Freight). – b) In die → Dienstleistungsbilanz gehen Ein- und Ausfuhren von Dienstleistungen ein. Dies kann Verständnisschwierigkeiten hervorrufen, weil man immaterielle Güter nicht immer transportieren kann. → Import bedeutet, dass Inländer Güter in Anspruch nehmen, die Teil eines ausländischen Nationaleinkommens sind, oder anders ausgedrückt, die nicht im Inland produziert worden sind. Wenn also ein Deutscher Dienstleistungen ausländischer Anbieter in Anspruch nimmt, dann importiert er diese Dienstleistungen. Daher zählen Urlaubsreisen ins Ausland aus dt. Sicht zum Dienstleistungsimport, die Reisetätigkeit von Ausländern in Deutschland umgekehrt zum Dienstleistungsexport. – *Weitere Beispiele:* Lizenzen, Patente, Werbe- und Messekosten, Montagen, Nachrichtenverkehr, Versicherungen, Transportleistungen und Beratung. – Der Saldo von Handels- und

Dienstleistungsbilanz wird als → Außenbeitrag zum Bruttoinlandsprodukt (BIP) bezeichnet. Die grenzüberschreitenden Faktoreinkommen (Kapitalerträge, Einkommen aus unselbstständiger Arbeit) werden nicht in der Dienstleistungsbilanz, sondern als Erwerbs- und Vermögenseinkommen erfasst. Zählt man sie zum → Außenbeitrag zum Bruttoinlandsprodukt hinzu, erhält man den → Außenbeitrag zum Bruttonationaleinkommen. – Die frühere → Übertragungsbilanz (Transferbilanz), die alle unentgeltlichen Zahlungen enthielt, wurde aufgeteilt: → Laufende Übertragungen (z.B. an den → EU-Haushalt, an den → IWF oder die → UN, Überweisungen ausländischer Gastarbeiter in ihre Heimat, Renten und Pensionen aus dem oder ins Ausland, öffentliche Entwicklungshilfe (sofern nicht als Kredit) werden als – c) *laufende Übertragungen* erfasst, in Abgrenzung zu – d) *Vermögensübertragungen* (Erbschaften, Schuldenerlasse, Steuererstattungen etc.). Nur die laufenden Übertragungen werden (zusammen mit dem Außenbeitrag zum Bruttoinlandsprodukt) zur → *Leistungsbilanz* gezählt, da nur sie Einfluss auf Einkommen und Verbrauch haben. Andere, einmalige Transfers wie z.B. Finanzierungsleistungen wie 1999 für den Kosovokrieg oder 2003 für den Irakkrieg werden getrennt erfasst. – Leistungsbilanz plus Saldo der Vermögensübertragungen ergeben – e) den *Finanzierungssaldo* der Zahlungsbilanz. Ist dieser positiv, liegt eine Zunahme der Forderungen gegenüber dem Ausland vor, andernfalls eine Zunahme der Verbindlichkeiten gegenüber dem Ausland. Dies schlägt sich spiegelbildlich in der Kapitalbilanz bzw. der Bilanz der Deutschen Bundesbank nieder. – Es ist nicht unüblich, die Leistungsbilanz in die Positionen Außenhandel und Saldo der „unsichtbaren" Leistungen aufzuteilen. Diese umfassen die Dienstleistungen, die Erwerbs- und Vermögenseinkommen und die laufenden Übertragungen. – Die → *Kapitalbilanz* oder Kapitalverkehrsbilanz erfasst alle Forderungen und Verbind-

lichkeiten der privaten Wirtschaft und des Staates (außer der Notenbank) gegenüber dem Ausland. Sie unterteilt sich in mehrere Unterbilanzen. Von bes. Bedeutung sind dabei die Direktinvestitionen, also Beteiligungen dt. Unternehmen an ausländischen Firmen und umgekehrt, Portfolioinvestitionen, also Erwerb von ausländischen Wertpapieren als Kapitalanlage, sowie Kredite und Darlehen. Bewertungsbedingte Veränderungen des Netto-Auslandsvermögens, die naturgemäß in Zeiten starker Börsenkursbewegungen (Aktien, Devisen) nicht zu vernachlässigen sind, werden im Rahmen der Zahlungsbilanz nicht erfasst. – Beim Kreditverkehr unterscheidet man bei den Forderungen und Verbindlichkeiten der Unternehmen, der Banken und des Staates kurz- und langfristige Positionen. Auf der Forderungsseite der Kapitalbilanz werden u.a. auch die Devisenbestände erfasst, die in der Wirtschaft verbleiben und nicht der Bundesbank zufließen, da Dollarbestände, die dt. Unternehmen oder Banken gehören, in aller Regel auf Dollarkonten im Ausland gehalten werden. – Kapitalimporte bedeuten eine Zunahme von Verbindlichkeiten, → Kapitalexporte eine Zunahme von Forderungen. Sofern es sich dabei um Transaktionen in fremden Währungen handelt, werden diese mit ihren Euro-Gegenwerten in der Zahlungsbilanz erfasst. – Die in der Zahlungsbilanz zu berücksichtigenden Transaktionen sind nicht lückenlos erfassbar. Der Warenhandel ist statistisch aufgrund von Zollunterlagen bzw. den gemäß Außenwirtschaftsgesetz und dem Außenhandelsstatistikgesetz zu vollziehenden Meldungen zur Außenhandelsstatistik weit gehend nachzuvollziehen; auch im Zahlungsverkehr liefern die Banken aufgrund entsprechender Vorschriften sehr dichtes Datenmaterial. Problematischer hingegen ist es beim Tourismus (Dienstleistungsbilanz), wo oft nur Schätzungen auf der Basis der Bestandsveränderungen an ausländischen Zahlungsmitteln bei den Banken bzw. aufgrund von Rücksendungen von

Euro-Bargeldbeständen sowie eingelösten Reiseschecks aus dem Ausland möglich sind. – f) Der *Saldo der statistisch nicht aufgliederbaren Transaktionen* ergibt sich daher aus fiktiven Gegenbuchungen zu Transaktionen, die sich wegen unzureichender Erfassungsmöglichkeiten nicht auf zwei, sondern nur auf einer Teilbilanz niederschlagen würden. Z.B. sind Handelskredite kurzfristig nur schwer zu registrieren, sodass zwar Warenimporte erfasst werden mögen, nicht aber der dazugehörige Kreditvorgang. Beim vorläufigen Jahresabschluss ist der Restposten naturgemäß relativ groß, weil darin noch die statistisch nicht erfassten Handelskredite enthalten sind. – g) Der → Ausgleichsposten zur Auslandsposition der Bundesbank umfasst u.a. die Währungsreserven und sonstige Forderungen der Bundesbank gegenüber dem Ausland, z.B. gegenüber der Weltbank oder innerhalb des Europäischen Währungssystems (→ EWS). Diese Währungsbestände werden (da die Zahlungsbilanz in Euro geführt wird) durch die entsprechenden Wechselkurse umgerechnet in Euro-Werte. Veränderungen der Devisenbestände aber werden zu den jeweiligen Kursen gebucht, sodass eine Korrekturbuchung im Ausgleichsposten den Unterschied zwischen Tageskurs und Wertansatz ausgleicht. – 3. *Zahlungsbilanzstatistik:* a) *Quellen:* Die Daten der Zahlungsbilanz entstammen einer Vielzahl von Quellen. Zunächst ist die Außenhandelsstatistik des Statistischen Bundesamtes zu nennen. Diese wiederum stützt sich auf die Angaben, die bei Einfuhr und Ausfuhr in den Unterlagen zur außenwirtschafts- und zollrechtlichen Abfertigung gemacht werden, bes. auf Exemplare des sog. → Einheitspapiers, das EU-einheitlich bei der Zollabfertigung verwendet wird (obwohl der Datenträger Papier inzwischen von elektronischen Verfahren abgelöst werden, z.B. dem deutschen Verfahren → ATLAS und dem UK-Verfahren CHIEF), sowie auf ergänzende Unterlagen z.B. der Zollbehörden in Freihäfen. Da innerhalb des → Binnenmarktes der → EU keine

güterbezogenen Grenzabfertigungen mehr erfolgen, wird der innergemeinschaftliche Warenverkehr (sog. *Intrahandel*) durch ein spezielles Meldewesen (IntraStat) erfasst. Dies bedeutet für die Unternehmen entsprechenden Bearbeitungsaufwand. In der Statistik wird dabei zwischen Generalhandel und Spezialhandel unterschieden. Der Spezialhandel umfasst Ein- und Ausfuhr in den bzw. aus dem zollrechtlich freien Verkehr (das bedeutsamste → Zollverfahren) sowie Ein- und Ausfuhren im Rahmen aktiver und passiver → Veredelungsverkehre (zwei weitere → Zollverfahren). Der Generalhandel erfasst zudem noch Im- und Exporte in bzw. aus → Zolllagern (ein weiteres Zollverfahren). – Eine weiter bedeutsame Statistik ist die des → Auslandszahlungsverkehrs, die sich auf Meldevorschriften der §§ 59 bis 59 → Außenwirtschaftsverordnung (AWV) stützt. U.a. muss jeder Inländer Zahlungen an bzw. von Ausländern ab einem bestimmten Betrag auf bestimmten Formularen (Anlagen K 3 und K 4 sowie Z 1 bis Z 15 AWV) melden; in der Praxis geschieht dies meist durch das ausführende Kreditinstitut oder inzwischen auch mit elektronischen Meldesystemen gegenüber der Deutschen Bundesbank. Diese Informationen werden ergänzt durch den sog. Auslandsstatus der Kreditinstitute, mit dem diese monatlich den Stand der Auslandsaktiva und -passiva melden, gegliedert nach Bilanzpositionen, Währungen und Ländern. Analoge Meldungen müssen Nichtbanken (Unternehmen, Privatpersonen) machen, wenn ihre Forderungen und Verbindlichkeiten aus Finanzbeziehungen und dem Waren- und Dienstleistungsverkehr den Betrag von 5 Mio. Euro überschreiten, allerdings außer Unternehmensbeteiligungen und verbrieften Schuldverschreibungen. Die Angaben zur Netto-Auslandsposition der Bundesbank ergeben sich aus der internen Rechnungslegung der Bundesbank. Auf Fremdwährungen lautende Positionen werden (soweit möglich) mit den Kassakursen zum Zeitpunkt der Transaktion, sonst mit Durchschnittskursen in Euro umgerechnet. – Diese Angaben werden durch Schätzungen ergänzt, z.B. Güterbewertungen im kleinen Grenzverkehr und im Reiseverkehr, Klein-Ein- und Klein-Ausfuhren unterhalb der Meldegrenzen oder Güter, die ursprünglich im Rahmen von Veredlungsverkehren erfasst wurden, aber im Land der Veredlung verbleiben (sog. Ergänzungen zum Warenverkehr), oder Frachten und Versicherungen, die sich nicht aus den Zollunterlagen ergeben.–b) *Erfassung und Bewertung:* Theoretisch müssten beim Vergleich internationaler Statistiken die Exporte Alands nach Benesien mit den entsprechenden Importen von Benesien aus Aland übereinstimmen. Tatsächlich ist dies jedoch nicht der Fall. Dies liegt u.a. an der unterschiedlichen Bewertung der Warenströme, da Exporte auf FOB-Basis (FOB), Importe auf CIF-Basis (CIF) erfasst werden (vgl. die sog. INCO-Terms der Internationalen Handelskammer → ICC), sodass der CIF-Importwert dem Güterwert bei Erreichen der Grenze des Importlandes entspricht. Dadurch werden in der Handelsbilanz Positionen erfasst, die eigentlich in die Dienstleistungsbilanz gehören. Manche Statistiken, z.B. die des Statistischen Bundesamtes, weisen internationaler Praxis entsprechend daher Importe wie Exporte in FOB-Werten aus. Dann entspricht der Importwert des einführenden Landes dem Exportwert des ausführenden Landes. – Neben der CIF-FOB-Diskrepanz gibt es noch einige weitere Gründe, weshalb korrespondierende Importe und Exporte in den beteiligten Ländern mit unterschiedlichen Werten ausgewiesen werden. (1) Aufgrund der transportbedingten Zeitdifferenz sind die Exporte im Exportland bereits erfasst, die Importe im Importland aber nicht; (2) es kann hinzukommen, dass sich der Wechselkurs zwischen Erfassung des Exports und Erfassung des Imports verändert hat; (3) Exporte können zwar offiziell registriert sein, jedoch durch Schmuggel und illegalen Handel nicht in den Importstatistiken auftauchen (Analoges gilt auch umgekehrt); (4) bspw. können

Zinszahlungen in der Dienstleistungsbilanz als Zahlungsausgang erfasst werden, jedoch aus Steuergründen in dunklen Kanälen verschwinden; (5) bestimmte Positionen können nur annäherungsweise geschätzt und regional zugeordnet werden, wie z.B. der nicht organisierte private Reiseverkehr. Insgesamt können auf diese Weise riesige Summen im „Bermuda-Dreieck der Statistik" untergehen. Die zusammengefassten Salden aller Länder müssten eigentlich einen Saldo der Welt-Leistungsbilanz von Null ergeben, tatsächlich aber weist die Welt-Leistungsbilanz ein (erhebliches) Defizit auf. Dies macht aber weniger als 1 Prozent des Welthandelsvolumens aus.

**Zahlungsbilanzausgleich** – 1. *Begriff:* Kernbereich der → monetären Außenwirtschaftstheorie, in dem die Zusammenhänge zwischen dem Güterhandel, dem → internationalen Kapitalverkehr und dem → Devisenmarkt untersucht werden. Das *Ziel* ist die Erfassung jener Mechanismen, die unter verschiedenen Voraussetzungen (→ fixer Wechselkurs, → flexibler Wechselkurs, verschiedene Grade der → internationalen Kapitalmobilität) die Erreichung des → außenwirtschaftlichen Gleichgewichts gewährleisten können. – 2. Im *Unterschied zur* → realen Außenwirtschaftstheorie untersucht die → monetäre Außenwirtschaftstheorie die internationalen Wirtschaftsbeziehungen unter expliziter Berücksichtigung der Existenz unterschiedlicher Währungen. Damit rückt ein bes. Markt in das Zentrum des Blickfelds, der in der realen Theorie gar nicht betrachtet wird und der für das außenwirtschaftliche Gleichgewicht von zentraler Bedeutung ist: Der → Devisenmarkt, auf dem verschiedene Währungen bzw. in unterschiedlichen Währungen denominierte Finanzaktiva getauscht werden. Devisenangebot und -nachfrage resultieren nicht nur aus dem internationalen Güterhandel, sondern auch aus → internationalem Kapitalverkehr, welchem die monetäre Theorie bes. Aufmerksamkeit widmet. Sie analysiert zunächst unabhängig voneinander die Bestimmungsgründe für die Leistungsbilanz und den internationalen Kapitalverkehr (Kapitalverkehrsbilanz), führt dann diese beiden Bereiche in der Betrachtung des Devisenmarktes zusammen und identifiziert das außenwirtschaftliche Gleichgewicht als *Devisenmarktgleichgewicht*. Die Betrachtung kann stromgrößenorientiert oder bestandsgrößenorientiert erfolgen. – 3. *Stromgrößenorientierte Betrachtung des Devisenmarktes*: Die traditionelle, *stromgrößenorientierte* Betrachtung identifiziert das Devisenmarktgleichgewicht als

$$B + K - DD = 0.$$

Dabei ist B der Leistungsbilanzüberschuss, während K die Nettokapitalimporte im Sinn der Kapitalverkehrsbilanz i.e.S. darstellt und DD > 0 die Veränderung der → Devisenreserven der Zentralbank angibt. Alle Größen sind dabei in einheitlicher Währung (z.B. Euro) angegeben. Wenn B + K > 0, dann herrscht eine Überschussnachfrage nach heimischer Währung (Überschussangebot an ausländischer Währung). Bei → flexiblem Wechselkurs würde eine Verteuerung (Aufwertung) der heimischen Währung erfolgen, und zwar – Stabilität des Devisenmarktes vorausgesetzt – solange, bis B + K = 0. Bei → fixem Wechselkurs erfolgt das Devisenmarktgleichgewicht bei B + K $^1$ 0 durch sog. *Devisenmarktinterventionen,* das sind Devisenverkäufe seitens der Zentralbank im Ausmaß von – (B + K). Diese Devisenmarktinterventionen setzen ihrerseits bestimmte Anpassungsmechanismen in Gang, die das ursprüngliche Zahlungsbilanzungleichgewicht – Stabilität vorausgesetzt – wieder abbauen. Unterschieden wird in diesem Zusammenhang zwischen dem Geldmengen-Preis-Mechanismus, dem Einkommensmechanismus und dem Zinsmechanismus. – a) Beim *Geldmengen-Preis-Mechanismus* werden Zahlungsbilanzungleichgewichte über einen Relativpreiseffekt zwischen der heimischen und der ausländischen Ökonomik abgebaut. Unterstellt werden ein Vollbeschäftigungsoutput und perfekte Preisflexibilität.

Zahlungsbilanzüberschüsse des Inlandes führen zu einem Devisenzufluss und einer Geldmengenexpansion im Inland, die bei Gültigkeit der Quantitätstheorie einen Preisanstieg im Inland induzieren. Die resultierende reale Aufwertung verschlechtert die Wettbewerbsfähigkeit der heimischen Ökonomik und baut den ursprünglichen Zahlungsbilanzüberschuss wieder ab. Allg. lässt sich sagen, dass die Geldmengenexpansion und der damit einhergehende Preisanstieg um so stärker ausfallen, je unelastischer die Leistungsbilanz auf Veränderungen des realen Wechselkurses reagiert (→ Elastizitätsansatz). – b) In der Tradition keynesianischer Modelle stehend bildet der *Einkommensmechanismus* einen Zusammenhang zwischen Geldmengenveränderungen und Einkommensniveau bei perfekt preiselastischem Güterangebot ab. Zahlungsbilanzüberschüsse generieren bei einer postulierten Zins- oder Vermögensabhängigkeit der Güternachfrage eine Outputexpansion, die über die Einkommensabhängigkeit der Importe den ursprünglichen Zahlungsbilanzüberschuss wieder abbaut. – c) Die bereits für den Einkommensmechanismus konstatierten Zinsänderungen können auch internationale Kapitalbewegungen induzieren *(Zinsmechanismus)*. Die mit einem Zahlungsbilanzüberschuss einhergehende Zinssenkung führt zu einer Abnahme der Nettokapitalimporte und eliminiert somit den ursprünglichen Zahlungsbilanzüberschuss. – d) Der bei fixem Wechselkurs entstehende Anpassungsprozess entspricht im Grunde jenem des → Goldstandards. Er kann durch Versuche der → Sterilisierung mitunter erheblich beeinflusst werden. Damit ist gemeint, dass die Zentralbank die Geldmengenwirkung einer im Zuge von Devisenmarktinterventionen entstehenden Zu- oder Abnahme der → Devisenreserven durch eine kompensierende Offenmarktpolitik ganz oder teilweise kompensiert. *Bei Kapitalimmobilität* kann dies kurzfristig sehr wohl geschehen, es würde dann der oben skizzierte Anpassungsprozess gewissermaßen

„angehalten", und das Leistungsbilanzungleichgewicht würde zunächst perpetuiert. Einer solchen Politik der Sterilisierung sind jedoch Grenzen gesetzt, die spätestens dann erreicht werden, wenn die Zentralbank entweder am Ende ihrer *Devisenreserven* angelangt ist, bzw. (sollte der Prozess in die gegenteilige Richtung laufen) wenn sie über keine heimischen Zinstitel mehr verfügt. Im ersteren Fall wäre eine diskretionäre Veränderung des nominellen → Wechselkurses oder gar eine Freigabe des Wechselkurses notwendig. Die Grenzen der Sterilisierung sind bei → internationaler Kapitalmobilität enger gesteckt. Jeder Versuch der Notenbank, eine andere als die gleichgewichtige Geldmenge zu erreichen, würde zu Kapitalexporten bzw. -importen führen, die sofort jeden Versuch der Sterilisierung konterkarieren. Dies gilt sowohl bei perfekter, wie auch bei → imperfekter Kapitalmobilität. Gleichwohl ergibt sich ein im Hinblick auf Sterilisierung wichtiger *Unterschied* zwischen diesen beiden Situationen. Während bei perfekter Kapitalmobilität die Geldmenge endogen bestimmt wird, hat die Zentralbank bei → imperfekter Kapitalmobilität die Möglichkeit, den Inlandszins durch eine Offenmarktpolitik zu beeinflussen. Neutralisierung ist also bei perfekter Kapitalmobilität nicht einmal kurzfristig möglich, während bei → imperfekter Kapitalmobilität eine gewisse Möglichkeit der kurzfristigen Beeinflussung des Anpassungsprozesses durch die Zentralbank gegeben ist. – 4. *Bestandsgrößenorientierte Betrachtung des Devisenmarktes:* Hierbei wird versucht, jene Relationen zwischen Zinssätzen und Wechselkursen zu identifizieren, bei denen renditeorientierte Anleger gegebene Bestände an verschiedenen Finanzaktiva zu halten bereit sind. Man spricht dann von einem *Bestandsgleichgewicht* oder *Portfoliogleichgewicht*. Der Devisenmarkt übernimmt bei dieser Sichtweise die Rolle eines von mehreren Finanzmärkten, auf dem dem Wechselkurs im Rahmen eines allg. Gleichgewichtsmodells neben dem Zins eine Markträumungsfunktion

zukommt (→ Wechselkurstheorie). – 5. *Außenwirtschaftliches Gleichgewicht:* Die beiden eben skizzierten Sichtweisen des Devisenmarktes sind Kernbestandteile der Theorie des Zahlungsbilanzausgleichs, bzw. des außenwirtschaftlichen Gleichgewichts. *Kurzfristig* gesehen ist mit außenwirtschaftlichem Gleichgewicht das Devisenmarktgleichgewicht gemeint, und zwar sowohl im Sinn der bestandsgrößenorientierten, als auch im Sinn der stromgrößenorientierten Betrachtung. Man spricht auch vom temporären oder momentanen Gleichgewicht. *Langfristig* herrscht ein außenwirtschaftliches Gleichgewicht dann vor, wenn das momentane Gleichgewicht zu keiner Veränderung im Nettobestand an Auslandsverbindlichkeiten bzw. -forderungen mehr führt (→ außenwirtschaftliches Gleichgewicht, → Wechselkurstheorie). – 6. *Neuere Ansätze* zur Erklärung von Zahlungsbilanzungleichgewichten rücken ab von dem Ziel eines momentanen außenwirtschaftlichen Gleichgewichts hin zu der Forderung einer *intertemporal ausgeglichenen Leistungsbilanz*, wobei die Leistungsbilanz auf Periodenbasis unausgeglichen sein kann. In diesen Ansätzen unterliegt das Verhalten der Wirtschaftssubjekte einer rigorosen intertemporalen Optimierung und damit auch einer intertemporalen Budgetrestriktion. Leistungsbilanzungleichgewichte sind hier das Resultat des Zusammenwirkens zweier Dinge: Der Produktivität der Investitionen und der Gegenwartspräferenz der Konsumenten. Eine hohe Produktivität der Investitionen birgt eine Tendenz zu momentanem Leistungsbilanzdefizit, während eine geringe Gegenwartspräferenz eine Tendenz zu momentanem Leistungsbilanzüberschuss beinhaltet. – Vgl. auch → Wechselkurstheorie, → außenwirtschaftliches Gleichgewicht, → Wechselkurspolitik.

## Zahlungsbilanzausgleichsmechanismen

→ Zahlungsbilanzausgleich, → Einkommensmechanismus, → Zinsmechanismus.

**Zahlungsbilanzpolitik** – Maßnahmen mit dem Ziel, den Ausgleich der → Zahlungsbilanz zu bewirken.

**Zahlungsunion** – vertragliche Vereinbarung mehrerer Länder zum Zweck der Verrechnung aller Zahlungen im Außenhandel über eine zentrale Verrechnungsstelle. Die einzelnen Teilnehmerländer verrechnen ihre Forderungen und Verbindlichkeiten nicht mit jedem Land bilateral, sondern multilateral mit der Gesamtheit der Teilnehmerländer.

**Zehner-Gruppe** → G 10, Group of Ten.

**Zentralafrikanische Wirtschaftsgemeinschaft** → ECCAS.

**Zentralafrikanische Zoll- und Wirtschaftsunion** → CACEU.

**Zentralamerikanischer Gemeinsamer Markt** → CACM.

**Zerstörung** – gehört zu den zollrechtlichen Bestimmungen gemäß Art. 4 Nr. 15d ZK. Zerstört ist eine Ware, deren Beschaffenheit verändert worden ist. Selbst bei intensivster Einwirkung bleiben jedoch verwertbare Reste oder Abfälle. – *Beispiele:* Verschrottung von Maschinen, Zerschlagen von Glas zu Scherben.

**Ziehungsrechte** – *Drawing Rights;* Rechte eines Landes zur Beschaffung (Ziehung) von ausländischen Zahlungsmitteln (Devisen) beim *Internationalen Währungsfonds* (→ IWF) gegen Hingabe eigener Währung für eine begrenzten Zeitraum im Rahmen bestimmter Kontingente (→ Reserveposition im IWF). – Bes. Bedeutung der Ziehungsrechte haben heute beim IWF die → Sonderziehungsrechte (SZR).

**Zielzonen-System** – Zielzonen-Systeme versuchen die Variabilität makroökonomischer Variablen durch explizite oder auch implizite Grenzen zu beschränken und sind meistens im Zusammenhang mit Währungssystemen anzutreffen. Real existierende Währungssysteme sind oftmals in dem Sinn hybrid, als sie sowohl Elemente eines Fixkurssystems als auch eines Systems → flexibler Wechselkurse

vereinen. *Hybride Systeme* existieren in den Formen des Zielzonen-Systems oder auch des *Managed Floating* und versuchen die Vorzüge fixer sowie flexibler Wechselkurse miteinander zu verbinden. In einem Zielzonen-System sind die nominellen oder realen → Wechselkurse innerhalb eines bestimmten Bandes (Zielzone) frei beweglich, sollen jedoch durch Zentralbankinterventionen daran gehindert werden, dieses Band zu verlassen. Mitunter können auch Anpassungen (→ Realignments) der Zielzone an veränderte Rahmenbedingungen vorgesehen werden. – *Bekanntestes Beispiel* eines Zielzonen-Systems für nominelle Wechselkurse: Das damalige Europäische Währungssystem (→ EWS) sowie das heutige EWS II, an dem die Länder der Europäischen Union (→ EU) teilnehmen müssen, die noch nicht den Euro eingeführt haben, diesen aber in absehbarer Zeit einführen wollen.

**Zinsabkommen EU-Schweiz** – Ein Abkommen zwischen der Europäischen Union (→ EU) einerseits und der Schweizerischen Eidgenossenschaft andererseits, in Kraft seit 1.7.2005. Das Abkommen regelt einerseits die Verpflichtung der Schweiz, für Zinseinkünfte von Bürgern der EU entweder eine Kontrollmitteilung an den Heimatstaat zu ermöglichen oder aber für eine Belastung der Zinseinkünfte mit einer → Quellensteuer zu sorgen, deren Höhe allmählich ansteigt und ab 2011 mind. 35 Prozent betragen muss; von den Einnahmen aus dieser Quellensteuer muss die Schweiz einen Großteil den jeweiligen Heimatstaaten der Anleger weiterleiten, auch wenn sie nicht verpflichtet ist, die Identität dieser Personen preiszugeben. Im Gegenzug verpflichtete sich die EU, Schweizerischen Kapitalgesellschaften für Geschäfte mit deren europäischen Mutter- oder Tochterkapitalgesellschaften Vergünstigungen analog zu den Regelungen der Mutter-Tochter-Richtlinie (keine Quellensteuer auf Dividendenzahlungen ab einer Mindestbeteiligung von 25 Prozent) und der Zins-und-Lizenzgebühren-Richtlinie (keine Quellensteuer auf Zinszahlungen im Quellenstaat bei Zahlung an direkte Mutter- oder direkte Schwesterkapitalgesellschaften) zu gewähren. Das Abkommen ist insoweit von weiterreichender Bedeutung, als es sich um den ersten Fall handelt, in dem eine Art → Doppelbesteuerungsabkommen (DBA) von der EU anstatt von den Mitgliedsstaaten abgeschlossen wurde.

**Zinsen-und-Lizenzgebühren-Richtlinie** – Richtlinie 2003/49/EG des Rates vom 3.6.2003 über eine gemeinsame Steuerregelung für Zahlungen von Zinsen und Lizenzgebühren zwischen verbundenen Unternehmen verschiedener Mitgliedsstaaten. 1. *Begriff*: EG-Richtlinie zur (partiellen) Steuerharmonisierung der Unternehmensbesteuerung. – 2. *Inhalt*: Die Richtlinie schreibt vor, dass seit dem 1.1.2004 für Zinszahlungen und Lizenzgebühren, die innerhalb eines europäischen Konzerns grenzüberschreitend geleistet werden, im Herkunftsland der Zahlung keinerlei Steuern, bes. keine Quellensteuern, mehr erhoben werden dürfen. Dadurch wird im Grundsatz das in den Doppelbesteuerungsabkommen übliche Prinzip, dass Zinsen und Lizenzgebühren nur im Ansässigkeitsstaat des Empfängers besteuert werden dürfen, zu einem Grundsatz des europäischen Gemeinschaftsrechts erhoben. – Problematische Aspekte: (1) Regelung gilt nur für Zahlungen zwischen verbundenen Unternehmen, nicht aber zwischen einander fremden Unternehmen. (2) Zum Konzern (bzw. zum Bereich der verbundenen Unternehmen) werden nur die unmittelbar verbundenen Mutter-, Tochter- und Schwestergesellschaften, nicht jedoch Enkelgesellschaften derselben Obergesellschaft gezählt. – 3. Eine *Umsetzung in deutsches Recht* ist nur in wenigen Punkten erforderlich, da die Nichtbesteuerung von Zinsen und Lizenzgebühren in den genannten Fällen in Deutschland i.d.R. schon durch entsprechende Bestimmungen in Doppelbesteuerungsabkommen gesichert ist. Die Umsetzung in deutsches Recht erfolgte durch § 50g EStG, der gemäß dem Art.

1 Nr. 3 EG-Amtshilfe-Anpassungsgesetz vom 2.12.2004 (BGBl. I 3112) eingefügt wurde.

**Zinsmechanismus** → Zahlungsbilanzausgleich.

**Zinsparität** – Die Zinsparität besagt, dass in inländischer und in ausländischer Währung notierte Anlagen unter Berücksichtigung von Wechselkursveränderungen dieselbe Rendite aufweisen. – 1. *Gedeckte Zinsparität* ist gegeben, wenn: $r = r^* + (w^t - w) / w$, wobei r bzw. $r^*$ den inländischen bzw. ausländischen Zinssatz andeuten. w bzw. $w_t$ stehen für den Kassakurs bzw. den entsprechenden Terminkurs. Diese Parität muss bei Abwesenheit von → internationalen Kapitalverkehrskontrollen immer gelten. Gälte sie nicht, dann hätten die Wirtschaftssubjekte Gelegenheit zur *Währungsarbitrage*: Sie könnten internationale Zinsdifferenzen risikolos zur Gewinnerzielung ausnutzen. Indem sie dies tun, verändern sie die Zinssätze und Wechselkurse so, dass es zur gedeckten Zinsparität kommt. – 2. Die *ungedeckte* Zinsparität (*offene* Zinsparität) besagt, dass: $r = r^* + (w_e - w) / w$, wobei $w_e$ der momentan für den relevanten künftigen Zeitpunkt erwartete Kassakurs ist. Diese Parität gilt für Situationen mit perfekter Kapitalmobilität. – Vgl. auch → Wechselkurstheorie.

**Zinsparitätentheorie** → Wechselkurstheorie.

**Zinsrichtlinie** – Richtlinie 2003/48/EG des Rates vom 3.6.2003 im Bereich der Besteuerung von Zinserträgen m.spät.Änd. – 1. *Inhalt*: Die Zinsrichtlinie sieht vor, dass die Banken in der EU über private Sparzinsen eines Ausländers Kontrollmitteilungen an die Finanzbehörden liefern müssen oder – für einige Staaten (Belgien, Luxemburg, Österreich; übergangsweise vorgesehen) – stattdessen eine Quellensteuer auf die Zinszahlung erheben müssen, die in den nächsten Jahren allmählich auf bis zu 35 Prozent der Erträge erhöht werden. – 2. *Inkrafttreten*: Die Zinsrichtlinie ist formal seit 1.1.2004 in Kraft. Ihre Regelungen wurden jedoch erst rechtsverbindlich, als der Rat der Europäischen

Union – einstimmig – formal feststellte, dass auch die wichtigsten Nicht-EU-Staaten, die als Kapitalanlageorte für EU-Bürger in Frage kommen, durch vergleichbare Mechanismen sicherstellen, dass EU-Bürger durch Kapitalanlage in diesen Staaten die private Einkommensteuer auf ihre Zinserträge nicht mehr hinterziehen können; dies geschah mit Wirkung zum 1.7.2005. Dem liegt die Erwägung zugrunde, dass private unversteuerte Kapitalanlagen in Drittstaaten „abwandern" könnten, wenn Anlagemöglichkeiten in Drittstaaten vor dem Fiskus verschleiert werden können. Zu diesem Zweck war durch die Zinsrichtlinie die EU beauftragt worden, entsprechende Abkommen mit Drittstaaten über die Besteuerung zu schließen; zum 1.7.2007 war durch Abkommen mit der Schweiz, Monaco, Liechtenstein und Andorra eine hinreichende Regelungsdichte im Verhältnis zu den für Europäer wichtigsten Steueroasen geschaffen, um die Richtlinie in Kraft setzen zu können. – 3. *Zielsetzung:* Die Richtlinie sollte erreichen, dass Zinseinnahmen von EU-Bürgern unabhängig davon, wo das Kapital angelegt war, nicht mehr der korrekten Besteuerung im Wohnsitzstaat entzogen werden können sollte. Diesem Ziel diente auch die Ausnahmeregelung für die Staaten, die keine Kontrollmitteilungen vorsehen wollten, sondern stattdessen eine Zinsquellensteuer erheben; deren Höhe von ab 2011 schließlich 35 Prozent soll nämlich ein Hinterziehen der Zinserträge bei der heimatlichen Besteuerung unattraktiv machen. – 4. *Funktionsweise, verbleibende Lücken:* Die Regelung ist nicht auf Vermögensverwaltung oder Einkünften von Kapitalgesellschaften oder Unternehmen anzuwenden, auch bezieht sie sich nur auf „Zinsen". Es wird angestrebt, die dadurch noch bestehenden Lücken in der Erfassung von Zinseinkünften langfristig ebenfalls zu schließen. – *Ähnlich:* Zinsabkommen EU-Schweiz. – *Anders:* → Zinsen-und Lizenzengebühren-Richtlinie.

**zirkuläre Verursachung** → Entwicklungshilfe.

**ZKA** – Abk. für → Zollkriminalamt sowie für *Zentraler Kreditausschuss.*

**ZKR** – Abk. für *Zentralkommission für die Rheinschifffahrt, Central Commission for the Navigation of the Rhine;* eine der ältesten der bestehenden internationalen Organisationen, 1815 vom Wiener Kongress ins Leben gerufen. – *Sitz:* Straßburg. – *Mitglieder:* Belgien, Bundesrepublik Deutschland, Frankreich, Niederlande, Schweiz. – *Aufgaben:* Die ZKR überwacht die Freiheit der Schifffahrt und die gleichmäßige Behandlung der auf dem Rhein verkehrenden Schiffe und hat sich gemäß ihrer zuletzt 1963 revidierten Konvention für die Rheinschifffahrt zum Ziele gesetzt, diesen Prinzipien entgegenstehende Hindernisse wirtschaftlicher, technischer, steuerlicher, zollrechtlicher und juristischer Art zu beseitigen. Jahresberichte geben Überblick über Arbeitsergebnisse und enthalten umfassende Statistiken über die Rheinschifffahrt. Enge Zusammenarbeit mit → UNECE, → ILO und → EU.

**Zoll** – 1. *Begriff:* Zölle sind Abgaben die beim unmittelbaren Eingang von Waren in den Wirtschaftskreislauf (→ Einfuhrzoll) oder beim Verlassen des Wirtschaftskreislaufs (→ Ausfuhrzoll) erhoben werden. Vereinzelt werden auch Durchfuhrzölle erhoben, die allein an das Passieren einer Zollstelle oder eines Wirtschaftsgebietes anknüpfen. Ganz überwiegend werden heute Einfuhrzölle erhoben. Sie entstehen nicht bereits mit dem körperlichen Verbringen von Waren ins Zollgebiet, sondern erst dann, wenn die Waren ordnungsgemäß etwa durch Überführung in den zollrechtlich freien Verkehr, unmittelbar am Wirtschaftsleben teilnehmen oder vorschriftswidrig in den Wirtschaftskreislauf gelangen, etwa durch Einfuhrschmuggel oder Entziehen aus der zollamtlichen Überwachung. Zölle sind → tarifäre Handelshemmnis (engl. *tariff*), da sie den freien Warenverkehr behindern. Zölle sind nach der Abgabenordnung Steuern, aber nicht zu verwechseln mit der bei Entstehung von

Einfuhrzöllen fast immer zugleich entstehenden Einfuhrumsatzsteuer. Sie entspricht der Umsatzsteuer im Inland. – 2. *Arten*: Es gibt entsprechend der Zielrichtung und des Zweckes von Zöllen verschiedene Arten: *Fiskaloder* → *Finanzzölle* dienen der Einnahmeerzielung. → *Schutzzölle* sollen den heimischen Markt vor ausländischer Konkurrenz oder bei Ausfuhrzöllen vor Warenabfluss schützen. → *Antidumpingzölle* reagieren auf Subventionierung von Waren aus → Drittländern. – 3. *Berechnung*: → spezifische Zölle, → Gleitzölle und → Wertzölle. Ein Wertzollbemisst sich in einem bestimmten Prozentsatz des Zollwertes (*Ad-valorem*-Zoll, auch: proportionaler Zoll), ein spezifischer Zoll(auch *Stückzoll* oder → Gewichtszoll) bemisst sich pro quantifizierbarer Einheit (z.B. Gewicht, Volumen, Länge, Alkoholanteil). Als Variante gibt es gemischte Zölle (den Gleitzoll), die Wertzölle und spezifische Zölle kombiniert. – 4. *Aufkommen* (Deutschland): 4,6 Mrd. Euro (2011), 4,4 Mrd. Euro (2010), 3,67 Mrd. Euro (2009), 4.002 Mio. Euro (2008), 3.983 Mio. Euro (2007), 3.880 Mio. Euro (2006), 3.378 Mio. Euro (2005), 3.059 Mio. Euro (2004), 2.877 Mio. Euro (2003), 2.896,2 Mio. Euro (2002), 3.191,2 Mio. Euro (2001), 3.394 Mio. Euro (2000), 3.639,1 Mio. Euro (1995), 3.670,3 Mio. Euro (1990), 2.767 Mio. Euro (1985), 2.353 Mio. Euro (1980), 1.663 Mio. Euro (1975), 1.468 Mio. Euro (1970), 1.294 Mio. Euro (1965), 1.345 Mio. Euro (1960), 916 Mio. Euro (1955), 315 Mio. Euro (1950). – 5. *Europäische Union*: Innerhalb der EU werden keine Zölle mehr erhoben. Die Mitgliedsstaaten bilden eine Zollunion. Seit 1968 werden Zölle gegenüber Drittländern nach dem → Gemeinsamen Zolltarif der Europäischen Gemeinschaften (GZT) erhoben. Die Zölle stehen als traditionelle Eigenmittel der EU zu (→ EU-Haushalt), dem erhebenden Mitgliedsstaat stehen allerdings 25 Prozent des Erhebungsbetrags als sog. Verwaltungskostenpauschale zu.

**Zollabfertigung** – alle Amtshandlungen, die aufgrund der → Zollanmeldung des Zollbeteiligten zur Überführung in das beantragte → Zollverfahren vorgenommen werden. Dazu zählen etwa die Annnahme der Zollanmeldung, die Beschau der Ware, alle Prüfungen der Unterlagen, das Erstellen des Abgabenbescheides und die Überlassung.

**Zollabkommen** – 1. *Bi- oder multilaterale Zollabkommen*: zwei- oder mehrseitige zwischenstaatliche Abkommen regelmäßig zum Zwecke der Senkung der Zölle. – 2. *Internationale Zollabkommen*: Abkommen zur Vereinfachung und Vereinheitlichung der Zollförmlichkeiten auf weltweiter Ebene. Hierzu gehören: (1) das im Rahmen des Völkerbundes zustande gekommene Internationale Abkommen zur Vereinfachung der Zollförmlichkeiten vom 3.11.1923, dessen Bestimmungen über die Zollbehandlung von Warenmustern, Ursprungszeugnissen und Gewerbelegitimationskarten für Handelsreisende noch immer eine praktische Bedeutung haben; (2) das Allgemeine Zoll- und Handels-Abkommen (→ GATT) vom 30.10.1947 und das im GATT ausgearbeitete „Internationale Abkommen zur Erleichterung der Einfuhr von Warenmustern und Werbematerial" vom 7.11.1952 sowie die von der → UN bzw. → UNESCO ausgearbeiteten Abkommen über Zollerleichterungen im Touristenverkehr, über die vorübergehende Einfuhr von Gegenständen erzieherischen, wissenschaftlichen oder kulturellen Charakters, über den internationalen Warentransport mit → Carnets TIR, über Behälter und die Zollbehandlung von Paletten u.a.; (3) Weitere Abkommen beziehen sich auf die Einreihung von Waren, die vorübergehende zollfreie Einfuhr von Berufsausrüstung, Ausstellungsgut und Messegut, Umschließungen, wissenschaftliches Gerät, Lehrmaterial und auf die Vereinfachung und Harmonisierung der Zollverfahren.

**Zollamt** – als Sachgebiet geführte Dienststelle des Hauptzollamtes, die grundsätzlich in die Bereiche Einfuhr- und Ausfuhrabfertigung eingeteilt ist.

**Zollanmeldung** – 1. *Begriff:* Eine Handlung, mit der eine Person (Zollmelder) in der vorgeschriebenen Form und nach den anzuwendenden Bestimmungen die Absicht bekundet, eine Ware in ein bestimmtes → Zollverfahren überführen zu lassen (Art. 4 Nr. 17 ZK). Nach Art. 61 ZK können Zollanmeldungen abgegeben werden: (1) schriftlich, (2) mit Mitteln der Datenverarbeitung oder (3) mündlich oder (4) durch eine Handlung, mit der der Wareninhaber den Willen bekundet, die Waren in ein Zollverfahren überführen zu lassen (u.a. die Benutzung des grünen Ausgangs an Flughäfen). – 2. Die *schriftliche Zollanmeldung* ist grundsätzlich auf dem vorgeschriebenen amtlichen Muster abzugeben, das ist das Einheitspapier. Sie muss unter Beifügung der erforderlichen Unterlagen alle Angaben enthalten, die für das betreffende Verfahren vorgeschrieben sind. – 3. Die elektronische Zollanmeldung erfolgt in Deutschland mittels → ATLAS. Sie ist momentan verpflichtend für das → Ausfuhrverfahren, die → passive Veredelung und die → Wiederausfuhr, falls sie nach den Regeln des Ausfuhrverfahrens abgefertigt wird sowie das gemeinschaftliche und gemeinsame Versandverfahren und das → Carnet TIR in der EU. Im Rahmen der Modernisierung des ZK soll insbesondere der Einführung des elektronischen Datenaustauschs Rechnung getragen werden. Demnach wird die elektronische Vorlage der Zollanmeldung und der Begleitpapiere zur Regel werden und das → Einheitspapier in den Hintergrund gestellt. – 4. *Merkmale:* Die Zollanmeldung ist innerhalb der Öffnungszeiten bei der zuständigen Zollstelle abzugeben; diese entscheidet über die Annahme oder Nichtannahme. Gründe für eine Nichtannahme sind u.a. Unzuständigkeit der Zollstelle, unvollständige Angaben, Fehlen der Voraussetzungen für das beantragte Zollverfahren, bestehende Verbote und Beschränkungen für den Warenverkehr über die Grenze. Die für die Anmeldung geforderten Angaben sind gemäß Art. 216 ZK-DVO in dem gemeinschaftlichen Merkblatt zu den

Vordrucken des Einheitspapiers erörtert (Anhang 37, 38 ZK-DVO). Das daraus unter Beachtung weiterer Rechtsnormen entwickelte dt. Merkblatt zu Zollanmeldungen, summarischen Anmeldungen und Wiederausfuhrmitteilungen (früher Merkblatt zum Einheitspapier) ist im Internet abrufbar. Die Unterlagen, die der Anmeldung beizufügen sind (etwa Rechnungen, die Zollwertanmeldung, Präferenznachweise und Genehmigungen) sind in den Art. 216 bis 221 ZK-DVO zusammenfassend und bei den einzelnen Verfahren bes. aufgeführt. Der Anmelder darf die Anmeldung nur mit Einwilligung der Zollstelle berichtigen. Die Berichtigung ist nicht mehr zugelassen, wenn die Zollstelle eine Zollbeschau angekündigt oder festgestellt hat, dass die Anmeldung fehlerhaft ist, das Gleiche gilt nach Überlassung der Ware.

**Zollanschlüsse** – ausländische Hoheitsgebiete, die (meist aus geografischen oder verkehrstechnischen Gründen) einem anderen → Zollgebiet angeschlossen sind und der dortigen Zollhoheit im Rahmen der mit dem ausländischen Staat getroffenen Vereinbarungen unterliegen.

**Zollantrag** → Zollanmeldung.

**Zollauskunft** → verbindliche Zolltarifauskunft, → Auskunft, → verbindliche Ursprungsauskunft.

**Zollausland** → Drittland, → Zollgebiet.

**Zollausschlüsse** – 1. *Begriff:* nach dem früheren, bis 1993 geltenden dt. Zollgesetz (ZG) ging es um dt. Hoheitsgebiete, die einem ausländischen Zollgebiet angeschlossen sind. In Zollausschlüssen ist das dt. Zollrecht nicht wirksam (§ 2 ZG). – Vgl. auch fremde Wirtschaftsgebiete.

**Zollbefreiung** → Vorzugsbehandlung.

**Zollbefund** – amtliche Beurkundung der → Zollbehandlung. Dazu gehört v.a. die Dokumentation der Beschauergebnisse.

**Zollbehandlung** – zusammenfassende Bezeichnung für diejenigen Maßnahmen der

→ Zollbehörde, die der → Gestellung der eingeführten → Ware folgen.

**Zollbehörde** – Nach Art. 4 ZK gehören zu den Zollbehörden die für die Anwendung des Zollrechts zuständigen Behörden. Dabei genügt es, dass neben anderen Aufgaben auch das Zollrecht angewendet wird. So sind die Industrie- und Handelskammer (IHK) Zollbehörden, weil sie → Ursprungszeugnisse ausstellen. In der Bundesrepublik Deutschland wendet v.a. die Bundeszollverwaltung (Art. 108 GG) Zollrecht an. Die Bundesfinanzdirektionen und das Zollkriminalamt überwachen als Mittelbehörden die Gleichmäßigkeit der Gesetzanwendung und beaufsichtigen die Geschäftsführung der nachgeordneten Dienststellen. Zu den örtlichen Behörden zählen die Hauptzollämter einschließlich ihrer Dienststellen (wie Grenz- und Binnenzollstellen) und die Zollfahndungsämter.

**Zollbeschau** – Ermittlung von Menge und Beschaffenheit der angemeldeten Waren durch die Zollstelle in dem für die beantragte → Zollabfertigung erforderlichen Umfang. Die Zollbeschau muss nicht in jedem Fall, sondern kann von der Zollstelle nach Ermessen durchgeführt werden (Art. 68–70 ZK und Art. 239, 240 ZK-DVO), es kann eine vollständige Gesamtbeschau angeordnet werden, aber auch eine stichprobenweise oder Teilbeschau.

**Zollbescheid** – die – entweder per Datenverarbeitung, schriftlich oder mündlich – mitgeteilte → Überlassung einer Ware zu einem Zollverfahren. Häufig ist im Zollbescheid zugleich die Aufforderung der Zollstelle an den Zollschuldner zur Zahlung der Einfuhrabgaben in der ermittelten Höhe enthalten. Der Zollbescheid ist ein Steuerbescheid im Sinn des § 155 AO.

**Zolldisparitäten** – 1. Unterschiede zwischen den *Zolltarifstrukturen* verschiedener Länder, mit anderen Worten unterschiedliche Streuung der Zollbelastungen (→ Zollsätze für) einzelner Güter um die Durchschnittsbelastung. Ökonomisch von Bedeutung, weil u.U. hohe einheitliche Zölle auf alle Güter (Fertigwaren und Vorprodukte) weniger protektiv wirken als stark divergierende Zollsätze bei niedriger Durchschnittsbelastung. – 2. Unterschiede zwischen den *Zollsätzen* verschiedener Länder in Bezug auf *dasselbe* Gut (kann auch vorliegen, wenn nach 1. keine Zolldisparitäten existieren). *Argumentation*: Bei allgemeiner Senkung der Zölle um einen bestimmten Prozentsatz wird der Zollschutz eines Landes mit niedrigen Zöllen mehr geschwächt als derjenige eines Landes mit hohen Sätzen. Vorwiegend politisches und taktisches Argument, spielte eine wesentliche Rolle bei den GATT-Verhandlungen (→ GATT) in der Kennedy-Runde (1964-1967).

**Zollerlass** – Entscheidung auf die Erhebung der Gesamtheit oder eines Teils einer Ein- oder Ausfuhrzollschuld zu verzichten. Die Fallgruppen ergeben sich aus den Art. 236-239 ZK. Bereits entrichtete Abgaben können erstattet werden.

**Zollfahndungsamt** – Behörde zur Mitwirkung bei der Erforschung und bei der Verfolgung von Zoll- und Steuervergehen. Ihre Beamten haben die Befugnisse des Polizeivollzugsdienstes; sie sind Ermittlungspersonen (früher Hilfsbeamte genannt) der Staatsanwaltschaft im Sinn von § 152 GVG und § 404 AO.

**Zollfaktura** – Eine Zollfaktura ist eine Rechnung, die mit einem Ursprungsvermerk versehen ist. Es wird also ersichtlich, aus welchem Land die Ware kommt. Sie dient als Grundlage für die Verzollung einer Ware im Empfängerland, also den ausländischen Zollbehörden. Die zollrechtlichen Vorschriften bestimmter Länder erfordern die Ausstellung derartiger Rechnungen. – *Customs Invoice*; für eine ausländische Zollbehörde auf einem Lieferanten auf meist vorgeschriebenem Formblatt ausgefertigte Handelsrechnung mit Ursprungsvermerk, die der Verzollung im Käuferland zugrunde gelegt wird.

Zollfakturen dienen der korrekten Verzollung und enthalten im Wesentlichen die Bestandteile der Handelsrechnung. Zollfakturen werden v.a. für Exporte in die USA benötigt.

**Zollfreiheit** – 1. *Tarifliche Zollfreiheit* für Waren, für die im → Zolltarif eine solche vorgesehen ist. – 2. *Außertarifliche Zollfreiheit* aufgrund zollrechtlicher Bestimmungen wegen außerhalb der mit dem Zolltarif verfolgten Zwecke (z.B. für Gegenstände wissenschaftlichen, erzieherischen oder kulturellen Charakters, Geschenksendungen, Rückwaren, Muster, Vorlagen, Waren zu Erprobungs- oder Untersuchungszwecken etc.).

**Zollfreistellung** – überholte Bezeichnung für die Überführung von → Nichtgemeinschaftswaren in den zollrechtlich freien Verkehr oder die vorübergehende Verwendung ohne Erhebung von Zöllen. Zollfreistellung ist dabei die Mitteilung an den Zollanmelder, dass ein Zoll nicht zu erheben ist, weil die Ware nach dem Zolltarif oder aus anderen Gründen zollfrei ist. Das kann ausdrücklich geschehen, sich aber auch mittelbar aus dem Zollbescheid ergeben. Die Zollfreistellung schließt jedoch nicht aus, dass bei unberechtigter Überlassung der Zollbetrag nachgefordert wird, weil die Zollschuld stets in der gesetzlichen Höhe entsteht.

**Zollgebiet** – 1. *Begriff*: Das Zollgebiet der EU ist im Art. 3 ZK festgelegt und hat eine entscheidende Bedeutung für den Geltungsbereich der Zollvorschriften: über die Überwachung des Warenverkehrs, die zollamtliche Behandlung der Waren und die Zollbemessung. Wie sich aus Art. 28 AEUV ergibt, erfordert eine → Zollunion ein einheitliches Zollgebiet, auf das auch in verschiedenen Rechtsakten der Union ausdrücklich Bezug genommen wird. – 2. *Einzelheiten*: Das EU-Zollgebiet ist nicht identisch mit dem Staatsgebiet. Es ist entsprechend dem Beitritt neuer Staaten zur → EU mehrfach erweitert worden und umfasst nachstehende Gebiete: das Gebiet des Königreichs Belgien; das Gebiet der Republik Bulgarien; das Gebiet des Königreichs

Dänemark, mit Ausnahme der Färöer und Grönlands; das Gebiet der Bundesrepublik Deutschland, mit Ausnahme der Insel Helgoland sowie des Gebiets von Büsingen (Vertrag vom 23.11.1964 zwischen der Bundesrepublik Deutschland und der Schweizerischen Eidgenossenschaft); das Gebiet des Königreichs Spanien, mit Ausnahme von Ceuta und Melilla; das Gebiet der Französischen Republik, mit Ausnahme der überseeischen Gebiete sowie von Saint-Pierre und Miquelon und von Mayotte; das Gebiet der Griechischen Republik; das Gebiet Irland; das Gebiet der Italienischen Republik, mit Ausnahme der Gemeinden Livigno und Campione d'Italia sowie des zum italienischen Gebiet gehörenden Teils des Luganersees zwischen dem Ufer und der politischen Grenze der zwischen Lavena Ponte Tresa und Porto Ceresio gelegenen Zone; das Gebiet des Großherzogtums Luxemburg; das Gebiet des Königreichs der Niederlande in Europa; das Gebiet der Republik Österreich; das Gebiet der Portugiesischen Republik; das Gebiet der Republik Finnland; das Gebiet des Königreichs Schweden; das Gebiet des Vereinten Königreichs Großbritannien und Nordirland sowie die Kanalinseln und die Insel Man; das Gebiet der Tschechischen Republik; das Gebiet der Republik Estland; das Gebiet der Republik Zypern; das Gebiet der Republik Lettland; das Gebiet der Republik Litauen; das Gebiet der Republik Ungarn; das Gebiet der Republik Malta; das Gebiet der Republik Polen; das Gebiet Rumäniens; das Gebiet der Republik Slowenien; das Gebiet der Slowakischen Republik. – Zum 1.7.2013 soll *Kroatien* hinzukommen. Trotz seiner Lage außerhalb des Gebiets der Französischen Republik gilt auch das Gebiet des Fürstentums *Monaco* zum Zollgebiet der EU gehörend. Zusätzlich gehören zum Zollgebiet der EU die Küstenmeere, die innerhalb der Küstenlinie gelegenen Meeresgewässer und der Luftraum der Mitgliedsstaaten und Gebiete, mit Ausnahme der Küstenmeere, der innerhalb der Küstenlinie gelegenen Meeresgewässer und des

Luftraums, die zu Gebieten gehören, die nicht Teil des Zollgebiets der EU sind.

**Zollgrenzbezirk** – jetzt: → grenznaher Raum.

**Zollgrenze** → Zollgebiet.

**Zollgut** → Nichtgemeinschaftswaren.

**Zollgutversand** → Versandverfahren.

**Zollgutverwendung** → vorübergehende Verwendung.

**Zollhehlerei**Steuerhehlerei.

**Zollhinterziehung**Steuerhinterziehung.

**Zollhoheit** – Recht des Bundes bzw. der EU zu Zollgesetzgebung, Zollverwaltung und Zollrechtsprechung. Die Zollhoheit erstreckt sich auf das Hoheitsgebiet des Bundes, nach zwischenstaatlichen Vereinbarungen auch auf fremdes Staatsgebiet insbesondere für vorgeschobene dt. Zollstellen einschließlich ihrer Verbindungswege zum Zollgebiet.

**Zollinland** → Zollgebiet.

**Zollkodex (ZK)** – 1. *Begriff:* Verordnung (2913/92/EWG) des Rates zur Festlegung des Zollkodexes der Gemeinschaften vom 12.10.1992 (ABl. EG Nr. L 302, S. 1 ff.), Grundlage des Zollrechts der → EU, in Kraft seit 1.1.1994. Mit dem Zollkodex und der zugehörigen Zollkodex-Durchführungsverordnung und der Zollbefreiungsverordnung ist das Zollrecht der EU nahezu vollständig auf eine einheitliche Basis gestellt worden. – 2. *Inhalt:* Der Zollkodex beinhaltet neben allg. Regelungen das Verfahrensrecht (formelles Zollrecht), das Abgabenrecht (materielles Zollrecht) und einem allg. Teil. Zu den bes. Errungenschaften des Zollkodexes gehört die Schaffung eines Rechtsbehelfsverfahrens in Zollsachen in der gesamten EU (Titel VIII des Zollkodexes). Der Zollkodex geht eventuellen nationalen Vorschriften als höherrangiges Recht vor (→ Anwendungsvorrang), sofern er nicht ausdrücklich abweichende Regelungen der einzelnen Mitgliedstaaten gestattet. – *Zollkodex-Änderungen 2005:* Mit den 2005 vorgenommenen Änderungen sind die

Anforderungen hinsichtlich der Sicherheit des internationalen Warenverkehrs erhöht worden. Zu diesem Zweck sollen die Wirtschaftsbeteiligten den Zollbehörden ab dem 1.7.2009, spätestens aber ab dem 1.1.2011, Informationen über die Waren vorlegen, bevor sie in die EU eingeführt oder aus ihr ausgeführt werden. Die Einführung des Status des „zugelassenen Wirtschaftsbeteiligten" erleichtert den Handelsverkehr. Die Mitgliedsstaaten können diesen Status jedem Wirtschaftsbeteiligten gewähren, der gemeinsamen Kriterien entspricht. Diese Kriterien betreffen die Kontrollsysteme, die Zahlungsfähigkeit sowie die Einhaltung der Vorschriften durch den Wirtschaftsbeteiligten. Die Mitgliedsstaaten sind verpflichtet, Risikoanalysetechniken anzuwenden. Im Hinblick auf die Kontrollen wurde ein Mechanismus zur Festlegung einheitlicher Gemeinschaftskriterien für die Auswahl der Risiken eingeführt, der sich auf computergesteuerte Systeme stützt. – 3. → Modernisierter Zollkodex: VO (EG) Nr. 450/2008 des Europäischen Parlaments und des Rates vom 23.4.2008 zur Festlegung des Zollkodexes der Gemeinschaft (Modernisierter Zollkodex), (ABl. EU Nr. L 145/1 v. 4.6.2008). Die Neufassung beinhaltet im Wesentlichen die folgenden Änderungen: (1) Die elektronische Vorlage der Zollanmeldungen und Begleitpapiere wird zur Regel; (2) künftig können die nationalen Zollbehörden mit den anderen zuständigen Behörden elektronisch Daten austauschen; (3) die „zentrale Zollabwicklung" wird gefördert, d.h. zugelassene Wirtschaftsbeteiligte können ihre Waren elektronisch anmelden und Zölle am Ort ihrer Niederlassung entrichten, unabhängig von dem Mitgliedsstaat, in dem die Waren vom Zollgebiet der EU ausgeführt, in das Gebiet eingeführt oder in dem sie verbraucht werden; (4) es werden Voraussetzungen für die Entwicklung eines „einzigen Schalters" ("single window") und einer „einzigen Anlaufstelle" ("one-stop shop") geschaffen, bei denen die Marktteilnehmer die Auskünfte über die Waren nur noch einer

Kontaktstelle erteilen, auch wenn die Daten für unterschiedliche Verwaltungen oder Behörden bestimmt sind, sodass die Prüfungen für verschiedene Zwecke (Zoll-, Hygienevorschriften usw.) zur selben Zeit und am selben Ort vorgenommen werden können (Konzept der „einzigen Anlaufstelle"). – *Inkrafttreten der Neuerungen*: Die Neufassung soll den Veränderungen im Umfeld von Zollbehörden und Wirtschaft insbesondere mit der Einführung des elektronischen Datenaustauschs Rechnung tragen. Der Modernisierte Zollkodex ist am 24.6.2008 in Kraft getreten, in vollem Umfang anwendbar wird er jedoch erst, wenn auch die Durchführungsvorschriften in Kraft treten. Spätester Zeitpunkt soll der 24.6.2013 sein. Inzwischen liegt aber eine Vorschlag der Europäischen Kommissin über einen → Unionszollkodex vor, der den MZK völlig neufasst und aufhebt.

**Zollkontingent** – bestimmte Warenmengen, die entweder nach dem Gewicht oder einer anderen spezifischen Einheit oder nach dem Wert begrenzt sind und innerhalb eines festgesetzten Zeitraums (meist eines Jahres) zollbegünstigt (i.d.R. zollfrei) eingeführt werden dürfen. Zollkontingente können *vertraglich* oder *autonom* festgesetzt werden. Als handelspolitische Mittel setzen Zollkontingente den sie gewährenden Staat in die Lage, den Lieferwünschen seines Vertragspartners nachzugeben, ohne auf einen Schutz der einheimischen Wirtschaft völlig zu verzichten. – In der EU ist die Befugnis zur Festsetzung von Zollkontingenten auf die Organe der Europäischen Union übergegangen (den → Rat der Europäischen Union und die → Europäische Kommission). Diese setzen EU-Zollkontingente fest, die entweder den Charakter von Versorgungskontingenten haben oder der mengenmäßigen Begrenzung von Zollbegünstigungen aus Assoziations- oder → Präferenzabkommen oder gegenüber Entwicklungsländern dienen. Zollkontingente sind nur für bestimmte Zeiträume geöffnet (und anwendbar). – *Berechnung der Einfuhrkontingentenquoten:* → Verteilungsverfahren,

→ Windhund-Verfahren. Eine *Zollaussetzung* unterscheidet sich vom Zollkontingent durch die nicht vorhandene mengenmäßige oder wertmäßige Beschränkung.

**Zollkontrollen** – Vielfältige Möglichkeiten der Zollbehörden zur Überprüfung des grenzüberschreitenden Warenverkehrs.

**Zollkrieg** → Vergeltungszoll.

**Zollkriminalamt (ZKA)** – 1. *Begriff:* Mittelbehörde der Bundeszollverwaltung im Bereich des Bundesministeriums für Finanzen (BMF) mit Sitz in Köln. Zentralstelle des Zollfahndungsdienstes und eine der Zentralstellen für das Auskunfts- und Nachrichtenwesen der Zollverwaltung. – 2.*Aufgaben:* u.a. Unterstützung und Beaufsichtigung der untergeordneten Zollfahndungsämter bei der Verfolgung und Verhütung von Straftaten und Ordnungswidrigkeiten und der AO; Sammlung von Informationen für den Zollfahndungsdienst; Mitwirkung bei der Überwachung des Wirtschaftsverkehrs und der Bekämpfung illegalen Technologietransfers; fachliche Fortbildung der Zollfahndungsbeamten.

**Zolllager** – 1. *Begriff:* Zolllager sind Orte an denen Waren, die zuvor in ein → Zolllagerverfahren übergeführt worden sind, zollfrei gelagert werden können. Das Zolllager und das Zolllagerverfahren erfüllen im modernen Wirtschaftszollrecht eine bedeutende Aufgabe, denn sie ermöglichen, dass eingeführte Waren unter bestimmten Voraussetzungen ohne Zollbelastung gelagert werden können. Dieser Suspensiveffekt verschafft dem einzelnen Unternehmen erhebliche Wettbewerbsvorteile und Kosteneinsparungen bei einer unbegrenzten Lagerdauer. So wird für Nichtgemeinschaftswaren, die zum Inlandsabsatz bestimmt sind, die Abgabenschuld erst im Zeitpunkt ihrer Auslagerung fällig. Für Transitgut ergibt sich eine abgabenneutrale Situation. – 2. *Merkmale:* Die Bewilligung eines Zolllagers setzt einen formlosen, inhaltlich jedoch genau in Anhang 67 ZK-DVO festgelegten Antrag an das zuständige Hauptzollamt voraus. Die Zuständigkeit ergibt sich aus der Firmenbuchhaltung. Die Bewilligung kann nur in der Gemeinschaft ansässigen Personen erteilt werden, die ein wirtschaftliches Bedürfnis nachgewiesen haben (Art. 100 ZK). – Als Einstieg in die Systematik des Zolllagers kennt Art. 99 ZK i.V. mit Art. 525 ZK-DVO die → öffentlichen Zolllager und → privaten Zolllager (Anhang 15). Die öffentlichen Zolllager stehen jedermann für die Lagerung von Waren zur Verfügung und sind entweder unter der Regie der Zollbehörde (Lagertyp F) oder unter privater Regie des Lagerhalters, mit unterschiedlichen Verantwortungen je nach Lagertyp A, B. Sie werden praktisch immer als offene Lager bewilligt. – Bei den privaten Zolllagern, die auf die Einlagerung durch den Lagerhalter beschränkt sind, gibt es die Lagertypen C, D und E. Lagertyp C ist der Grundfall. Die Bemessung der → Zollschuld erfolgt bei Auslagerung. Bei Lagertyp D (entspricht dem bisherigen offenen Zolllager) ist die Feststellung der Bemessungsgrundlage (Menge, Beschaffenheit und Zollwert) bei der Einlagerung der Ware erforderlich, da sie vereinfacht in den zollrechtlich freien Verkehr übergeführt werden können. Für die bei allen genannten Lagertypen anzuwendenden Zollsätze gilt grundsätzlich der Zeitpunkt der Auslagerung der Waren. Beim Lagertyp E, der mit D kombinierbar ist, gibt es keine festen, genau bezeichneten Lagerorte. – Nach Art. 98 ZK können folgende Waren in der Gemeinschaft gelagert werden: (1) → Nichtgemeinschaftswaren, die in diesem Fall keinen Einfuhrangaben und sofern nicht etwas Gegenteiliges bestimmt ist, keinen handelspolitischen Maßnahmen unterliegen; (2) → Gemeinschaftswaren, für die in einer bes. Gemeinschaftsregelung vorgesehen ist, dass bei ihrer Überführung in das Verfahren Maßnahmen anwendbar sind, die grundsätzlich an die Ausfuhr anknüpfen. – Die von der Zollbehörde bezeichnete Person hat über alle in das Zolllager aufgenommenen Waren, zugelassene Bestandsaufzeichnungen zu führen. Einfuhrwaren können üblichen Behandlungen unterzogen werden, wenn sie der Erhaltung, der Verbesserung ihrer Aufmachung und Handelsgüte oder der Vorbereitung ihres Vertriebs oder Weiterverkaufs dienen. – Für Marktordnungswaren gelten bes. Bestimmungen (Art. 109 ZK).

**Zolllagergut** – überholte Bezeichnung für Waren, die zu einem → Zolllagerverfahren abgefertigt wurden.

**Zolllagerverfahren** – Beim Zolllagerverfahren wird die Ware zollrechtlich noch nicht in den zollrechtlich freien Verkehr übergeführt, sondern abgabenfrei zunächst bis zum Erhalt einer weiteren zollrechtlichen Bestimmung in einem → Zolllager zwischengelagert. Durch diesen Vorgang bildet sich eine abgabenfreie Vorratshaltung von → Nichtgemeinschaftswaren.

**Zolllandungsplätze** – im Bundesanzeiger bekannt gegebene Plätze, an denen einfahrende Schiffe anlegen und von denen ausfahrende Schiffe ablegen dürfen. Die Schiffe dürfen auf → Zollstraßen, also auf dem Wege zu oder von Zolllandungsplätzen, mit anderen Fahrzeugen oder dem Land nicht in Verbindung treten. Ausnahmen hiervon sind nur zugelassen in Fällen höherer Gewalt oder dringender Gefahr oder soweit es nötig ist, Verpflichtungen gegenüber Behörden zu erfüllen, Lotsen an Bord zu nehmen oder abzusetzen, anderen Personen oder Fahrzeugen Hilfe zu leisten, die Ladung in unvorhergesehenen Fällen zu leichtern oder zu löschen bzw. andere dringende Angelegenheiten des Schiffsbetriebs wahrzunehmen (Art. 38 ZK, §§ 2, 3 ZollVG).

**Zollmitverschluss** – Mittel der zollamtlichen Überwachung von Orten und Lagern. Sie können von dem Berechtigten und den beauftragten Zollbediensteten nur gemeinsam betreten werden. Findet heute praktisch keine Anwendung mehr.

**Zollniederlage** → öffentliches Zolllager, → Zolllagerverfahren.

**Zollnomenklatur** – zollrechtliches Instrument der EU; systematisch aufgebaute

Warenliste, die auf einem internationalen Schema zur Klassifizierung der Waren, dem Harmonisierten System zur Bezeichnung und Codierung der Waren (HS), basiert. Die Zollnomenklatur wird von den meisten Handelsnationen für eine Vielzahl von Zwecken verwendet. Sie dient als Grundlage für internationale Handelsverhandlungen und eine Beilegung von Zollstreitigkeiten sowie für die Erstellung von Handelsstatistiken. – Waren müssen bei Einfuhr oder Ausfuhr vielfach zu Zollverfahren angemeldet werden. Dabei ist regelmäßig anzugeben, unter welche Codenummer der Nomenklatur sie fallen, um den geltenden Zollsatz ermitteln und die Waren statistisch erfassen zu können. Häufig knüpfen auch weitere Maßnahmen an der Zollnomenklatur an. In vielen Verbrauchsteuergesetzen ist der Steuergegenstand unter Bezugnahme auf die Zollnomenklatur definiert. Nicht tarifäre Maßnahmen beim grenzüberschreitenden Warenverkehr, Kontingente oder Überwachungsmaßnahmen nehmen auf die Zollnomenklatur Bezug. Die präferenziellen → Ursprungsregeln gehen weitgehend davon aus, dass die Fertigerzeugnisse einer anderen Codenummer zugewiesen werden als die eingeführten Vormaterialien, aus denen sie hergestellt wurden.

**Zollordnungswidrigkeit** – Steuerordnungswidrigkeit gemäß § 31 ZollVG; vorsätzlicher oder fahrlässiger Verstoß gegen Bestimmungen des Zollrechts (§ 382 I AO). Mit Geldbuße sind z.B. bedroht: Einführen von Waren ohne Benutzung einer Zollstraße, Zuwiderhandeln gegen die Gestellungspflicht, Nichtbeachtung der Anordnungen der Zollbehörde, Verletzung der Anzeige- und Meldepflichten. – Z.B. ist die Verletzung der Anmeldepflicht eine Ordnungswidrigkeit mit Geldbußen bis zu 1 Mio. Euro. Bei Verdacht auf Geldwäsche ist Beschlagnahme möglich (§§ 31b, 12b ZollVG, § 94 StPO), vgl. auch Steuerhinterziehung.

**Zollpassierscheine** → Carnet ATA, → Carnet TIR, Triptik.

**Zollpolitik** – alle Maßnahmen, um mit dem Gestaltungsmittel → Zoll die außenwirtschaftlichen Beziehungen zu beeinflussen; Teil der → Außenwirtschaftspolitik. Zollpolitik muss wirtschaftspolitischer Zielsetzung entsprechen, z.b. liberal orientierte Wirtschaftspolitik mit liberaler Außenhandels- und Zollpolitik. Kriterien für eine zollpolitische Entscheidung sind die strukturellen Gegebenheiten einer Volkswirtschaft sowie die davon beeinflussten unmittelbaren und mittelbaren Wirkungen eines Zolls, nicht die mit einem Notstand begründeten Interessentenwünsche. – *Weitere Aufgaben der Zollpolitik:* Beeinflussung der Handelsbilanz (z.B. durch autonome Zollerhöhungen) als preispolitische Maßnahme (durch Zollsenkungen Bekämpfung von Preissteigerungen), zur Absatzsicherung (durch einen → Gleitzoll), zur Förderung der Industrialisierung (durch *Zollaussetzungen* für bestimmte Waren oder zur Unterstützung bestimmter Länder (z.B. durch Zollpräferenzen für → Entwicklungsländer im Rahmen des → APS oder anderer → Präferenzabkommen). Die Zollpolitik ist in der Europäischen Union von den Mitgliedsstaaten auf die EU übertragen worden, eine nationale Zollpolitik nicht möglich. – Vgl. auch → Zolltheorie.

**Zollpräferenzen** → Präferenzzoll.

**Zollprogression** → Tarifeskalation, → Zollzwecke.

**Zollrecht** → Gemeinschaftszollrecht, → nationales Zollrecht.

**Zollrückvergütung** – System der Rückzahlung der → Einfuhrabgaben auf eingeführte für die → aktive Veredelung (ein → Zollverfahren) bestimmte → Nichtgemeinschaftswaren (Einfuhrwaren), wenn die Waren in Form von Veredelungserzeugnissen aus dem → Zollgebiet der → EU ausgeführt werden.

**Zollsätze** – ergeben sich aus dem → Zolltarif. – Vgl. → Zoll

**Zollschuld** – gemäß Art. 4 Nr. 9 ZK ist die Zollschuld die persönliche Zahlungspflicht von Ein- oder Ausfuhrabgaben der als → Zollschuldner (Art. 4 Nr. 12 ZK) zur Erfüllung verpflichteten Person. Sie wird als → Einfuhrzollschuld definiert, wenn Einfuhrabgaben im Sinn des Art. 4 Nr. 10 ZK geschuldet werden, als Ausfuhrzollschuld, wenn es um Ausfuhrabgaben gemäß Art. 4 Nr. 11 ZK geht. Die Zollschuld ist zu unterscheiden von der dinglichen Haftung der Waren nach den in den einzelnen Mitgliedsstaaten geltenden Regelungen. Die Haftung gemäß § 76 AO steht neben der Zollschuld. Daraus ergibt sich jedoch nur die Möglichkeit, eine Ware mit Beschlag zu belegen und zu verwerten, wenn die Zollschuld nicht beglichen wird. Die Zollschuld ist zu unterscheiden von → Ausgleichszinsen gemäß Art. 214 III ZK, die auf Zollschuld erhoben werden können, und vom nationalen → Zuschlag gemäß § 32 III ZollVG.

**Zollschuldner** – gemäß Art. 4 Nr. 12 ZK die zur Erfüllung der → Zollschuld verpflichtete Person. Wer Zollschuldner wird, regelt der Zollkodex (ZK) bei den einzelnen Zollschuldentstehungstatbeständen.

**Zollschutz** – Importschutz mithilfe von → Zöllen.

**Zollstelle** – Jede Dienststelle, bei der im Zollrecht vorgesehene Förmlichkeiten erledigt werden können, ist gemäß Art. 4 Nr. 4 ZK Zollstelle. Dazu gehören in Deutschland die Hauptzollämter mit ihren Dienststellen, den Zollstellen, so ausdrücklich § 17 III 2 ZollVG. Es kommt jedoch nicht darauf an, ob eine Einbindung in die → Zollverwaltung vorliegt oder die Anwendung des Zollrechts Hauptaufgabe der Zollstelle ist. Nicht zu den Zollstellen gehören private Personen, etwa der zugelassene Empfänger im → Versandverfahren. Zollstellen sind immer auch zugleich → Zollbehörde.

**Zollstelle für die Beendigung des Verfahrens** – Art. 496 g ZK-DVO definiert die Zollstelle für die Beendigung des Verfahrens. Bei → Zollverfahren mit wirtschaftlicher Bedeutung wird regelmäßig in der Bewilligung festgelegt, welche Zollstelle zuständig ist, um das Zollverfahren entsprechend Art. 89 ZK durch den Erhalt einer neuen zollrechtlichen Bestimmung zu beenden. Ausdrücklich wird in Art. 496 g ZK-DVO nur von der Ermächtigung zur Annahme von Zollanmeldungen gesprochen, mit denen Waren nach ihrer Überführung in ein Zollverfahren mit wirtschaftlicher Bedeutung eine neue zulässige zollrechtliche Bestimmung erhalten oder bei → passiver Veredelung in den zollrechtlich freien Verkehr übergeführt werden. Die Beschränkung auf → Zollanmeldungen ist jedoch wenig plausibel. Auch wenn eine Mitteilung zum Erhalt der neuen zollrechtlichen Bestimmung ausreicht, wie bei der Vernichtung und/oder Zerstörung, ist die Zollstelle für die Beendigung des Verfahrens zuständig.

**Zollstelle für die Überführung in das Verfahren** – Art. 496 f ZK-DVO definiert für alle → Zollverfahren mit wirtschaftlicher Bedeutung die Zollstelle für die Überführung in das Verfahren als diejenige, bei der die → Zollanmeldungen angenommen werden können. Zumeist wird in der Bewilligung der → Zollverfahren vorab festgelegt, welche Zollstelle oder Zollstellen zur Annahme der Zollanmeldungen und Überführung in das Verfahren ermächtigt sind.

**Zollstraßen** – diejenigen Landstraßen, Wasserstraßen, Rohrleitungen (v.a. für Rohöl) und anderen Beförderungswege, die als Zollstraßen im Bundesanzeiger bekannt gegeben sind. Zollstraßen beginnen an der Zollgrenze (→ Zollgebiet) und enden jeweils bei einer Zollstelle (Art. 38 ZK, §§ 2, 3 ZollVG). – Vgl. auch → Zollstraßenzwang.

**Zollstraßenzwang** – Verpflichtung, Waren bei der Einfuhr nur auf → Zollstraßen zu befördern. Die Beförderung darf nicht willkürlich verzögert, und die Waren dürfen nicht willkürlich verändert werden. Von der Zollstraße darf nur wegen höherer Gewalt oder dringender Gefahr in dem gebotenen Umfang abgewichen werden. Der Zollstraßenzwang ist ein wichtiges Mittel der zollamtlichen Überwachung. Obwohl nur Einfuhrzölle erhoben werden und daher zollrechtlich nur die Einfuhr von Interesse ist, ist der Zollstraßenzwang auch auf die Warenausfuhr ausgedehnt, weil er für das Außenhandelsrecht, die Embargobestimmungen und die Statistik unentbehrlich ist. – Vom Zollstraßenzwang *befreit* ist die Ein- und Ausfuhr im öffentlichen Eisenbahn- und Luftverkehr sowie die Einfuhr von Waren, die nicht Zollgut werden (Art. 38 ZK, §§ 2, 3 ZollVG).

**Zollstunden** – nach den örtlichen Verhältnissen, den Verkehrsbedürfnissen, der Personallage der Zollverwaltung und i.d.R. im Benehmen mit der Nachbarzollverwaltung festgelegte Zeiten, in denen Waren, die auf → Zollstraßen zu befördern sind, eingeführt oder ausgeführt werden dürfen. Die Zollstunden werden durch Aushang bei den betreffenden Zollstellen bekannt gegeben. Sie umfassen i.Allg. die helle Tageszeit. – Vgl. auch → Zollstundenzwang.

**Zollstundenzwang** – nach dem Zollrecht die Verpflichtung, Waren, die auf → Zollstraßen zu befördern sind, nur zu den jeweils festgelegten Zeiten (→ Zollstunden) einzuführen oder auszuführen. – Vom Zollstundenzwang *befreit* sind der See-, Post- und Reiseverkehr, der fahrplanmäßige Personenschiffsverkehr auf Binnengewässern und der öffentliche fahrplanmäßige Kraftfahrzeugverkehr. Die zuständige Zollstelle kann außerdem in einzelnen Fällen Befreiungen zulassen.

**Zolltarif** – I. Allgemein: Wichtigstes Instrument der → Zollpolitik. Dem Zolltarif liegt jeweils ein *Tarifschema* zugrunde. Erst wenn die Nummern des Schemas mit Zollsätzen versehen sind, handelt es sich um einen Zolltarif. – *Unterteilung:* In einem Zolltarif sind die Waren abschnittsweise entweder nach den Produktionszweigen, zu denen sie gehören, geordnet (Produktionsprinzip) oder nach dem Prinzip des Verwendungszwecks (z.B. Zusammenfassung aller Maschinen oder Spielwaren ohne Rücksicht auf den Stoff, aus dem sie bestehen, jeweils in einem Kapitel).

Länder mit einer großen Breitenstreuung der Produktion haben i.d.R. Zolltarife, die nach Warenarten und -unterarten weitgehend unterteilt sind. – *Arten:* (1) *Einheits-Zolltarife,* die nur *eine* Zollsatzspalte aufweisen; (2) *Doppel-Zolltarife,* die zwei Spalten enthalten, z.B. einen General-Zolltarif mit einem höheren Niveau und einen Minimal-Zolltarif mit Zollsätzen, die die untere Grenze von Zollzugeständnissen an andere Länder bilden. Zolltarife mit zwei Spalten besitzen auch Länder, die bestimmten Ländern niedrigere (z.B. → Präferenzzoll) als die normalen vertragsmäßigen Zölle (Drittlandszoll nach dem Prinzip der → Meistbegünstigung) einräumen. Der → Gemeinsame Zolltarif der Europäischen Gemeinschaft (GZT) weist je eine Spalte für autonome und für vertragsmäßige Zollsätze auf.

II. Abfrage im Internet: Seit Januar 2006 ist dieses Auskunftssystem auch für Wirtschaftsbeteiligte kostenlos im Internet verfügbar: a) *Abfrage des Integrierten Zolltarifs der EG (TARIC),* dessen 10-stellige Codierungen EGweite Gültigkeit besitzen, b) *Abfrage des Elektronischen Zolltarifs der dt. Zollverwaltung (EZT-online)* dessen 11-stellige Codenummern nur in Deutschland gelten. – Vgl. auch → elektronischer Zolltarif (EZ).

III. Geschichte: Zolltarife gibt es, seit Steuern auf Warenbewegungen (der sog. → Zoll) erhoben werden. Mit Gründung des *Deutschen Zollvereins* 1834 wurden die Zolltarife der dt. Staaten im sog. *Vereinszolltarif* vereinigt, der aus 43 alphabetisch geordneten Warenkategorien bestand und auf dem preußischen Zolltarif basierte. 1902 wurde der sog. *Bülow-Zolltarif* geschaffen, der bereits 946 Warennummern enthielt. Der Bülow-Zolltarif trat 1906 in Kraft und galt mit jährlichen Änderungen bis 1950. Die internationale Einigung nach dem zweiten Weltkrieg, die auch zur Gründung des Rates für die Zusammenarbeit auf dem Gebiet des Zollwesens (RZZ) führte, resultierte in der Harmonisierung der weltweiten Zolltarifschemata mit der Nomenklatur der RZZ (NRZZ), welche aus etwa 8.000 Tariflinien in 21 römisch bezifferten Abschnitten und 99 arabisch bezifferten Kapiteln bestand. Der Deutsche Zolltarif 1951 bestand bereits aus einem ersten Entwurf der NRZZ. Die NRZZ wurde 1955 in vielen Staaten eingeführt. Mit Gründung der EWG durch sechs Westeuropäische Staaten (BENELUX, Frankreich, Italien und Deutschland) am 1.1.1958 wurde das Ziel der Schaffung einer → Zollunion im → EWGV vereinbart. Innerhalb von zehn Jahren wurden die innerhalb der → EWG geltenden Zollsätze abgebaut und die nach außen geltenden Zollsätze angeglichen – die Zollsätze der vier Zolltarife (für die BENELUX-Staaten galt ein einziger Zolltarif), wurden bis zum 30.6.1968 angeglichen (die Zollsätze für landwirtschaftliche Waren wurden zum 1.1.1970 angeglichen). Mit Wirkung vom 1.7.1968 wurde der Gemeinsame Zolltarif der Europäischen Gemeinschaft (GZT) geschaffen. Die NRZZ wurde am 1.1.1988 durch das → Harmonisierte System zur Bezeichnung und Codierung von Waren (HS) (sog. Harmonisiertes System, engl. *Convention on the Harmonized Commodity Description and Coding System)* ersetzt (abgekürzt HS 1988). Das weltweit angewandte Zolltarifschema besteht seitdem aus 21 römisch bezifferten Abschnitten und 96 arabisch bezifferten Kapiteln mit mehr als 10.000 Tariflinien. Die Nomenklatur des HS wird alle vier bis sechs Jahre an technische und wirtschaftliche Entwicklungen angepasst. Überarbeitungen (sog. Revisionen) gab es bislang mit dem HS 1992, HS 1996, HS 2002, HS 2007 sowie dem derzeit geltenden HS 2012. Die Nomenklatur des HS wird in mehr als 200 Ländern, Wirtschaftsgebieten und Freihandelszonen angewendet und damit werden mehr als 98 Prozent des grenzüberschreitenden Warenhandels erfasst. Daher lassen sich die erfassten Handelsdaten aus verschiedenen Ländern und Regionen vergleichen.

**Zolltarifauskunft** → verbindliche Zolltarifauskunft.

**Zolltheorie – I. Begriff:** Zolltheorie wird als theoretische Grundlage der → Zollpolitik verstanden. – *Hauptfragen:* (1) Welche Formen tarifärer Belastungen (→ tarifäre Handelshemmnisse) von Außenhandelsströmen gibt es (→ Zoll, → Einfuhrzoll)? (2) Wie wirkt eine Zollerhebung auf Mengen und Werte der international gehandelten Güter, auf die Güterversorgung, auf die inländische Produktion, auf die Wohlfahrtspositionen von Konsumenten und Produzenten, auf die Verteilung der Handelsvorteile auf → Inland und → Ausland, auf die Realaustauschverhältnisse (→ Terms of Trade; → Optimalzoll), auf die → Zahlungsbilanz und auf die Einnahmenseite des Staatshaushaltes? (3) Inwieweit unterscheiden sich die Auswirkungen einer Zollerhebung von denen eines Einsatzes anderer handelspolitischer Instrumente (→ Importkontingentierung, → nicht tarifäre Handelshemmnisse)? (4) Mit welchen grundsätzlichen Argumenten kann ein Abweichen von den Prinzipien des → Freihandels durch die Anwendung von Zöllen überhaupt gerechtfertigt werden (→ Protektionismus)?

**II. Zollwirkungen: 1.** *Die (allg.) Auswirkungen* einer Zollerhebung seien anhand der Grafik „Zolltheorie – Wirkung einer Zollerhebung" veranschaulicht, die sich der Einfachheit halber auf die *Analyse der Inlandseffekte,* ausgehend von unendlicher Preiselastizität des Importangebots beschränkt. – Interpretation der Grafik: Dabei beschreiben $P_i$ und $Q_i$ Gleichgewichtspreis und -menge im Inland bei → Autarkie; bei Übergang zum Freihandel würde sich ein einheitlicher Weltmarktpreis von $P_w$ ergeben, sofern von Transaktionskosten etc. abgesehen wird, sowie ein Import des Inlands in Höhe von BL erfolgen. Wird nun ein Zoll auf die → Einfuhr des betrachteten Gutes erhoben, wird der Inlandspreis dementsprechend steigen. Es ergibt sich als neuer Gleichgewichtspreis $P_{iz}$, bei dem es nur noch zu einem Import in Höhe von DG kommt. – **2.** Die Gesamtauswirkung der Zollerhebung auf das Inland lässt sich in folgende *Teileffekte* (Zollwirkungen) aufspalten:

**Zolltheorie – Wirkung einer Zollerhebung**

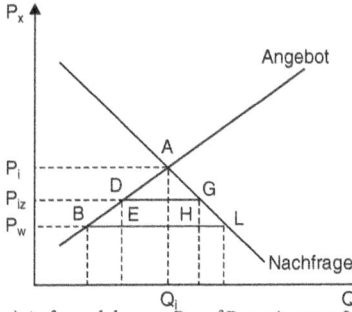

a) Aufgrund des von $P_w$ auf $P_{iz}$ gestiegenen Inlandspreises ist die inländische Wirtschaft zu einer um BE erhöhten Produktion in der Lage *(Protektionseffekt)*. – b) Aus dem gleichen Grund kommt es zu einem Rückgang der inländischen Nachfrage um HL *(negativer Absorptionseffekt)*. – c) Die Konsumentenrente verringert sich folglich um $GP_{iz}$-$P_wL$, die Produzentenrente steigt um $DP_{iz}P_wB$ *(Umverteilungseffekt)*; dabei sinkt die Konsumentenrente um BLGD stärker als die Produzentenrente steigt, wovon GHL auf einen Rückgang an Konsumentenrente aufgrund des um HL reduzierten Gesamtkonsums und BED auf eine Kostensteigerung für die erhöhte Inlandsproduktion entfallen, womit diese Flächen die gesamtwirtschaftlichen Wohlfahrtsverluste ausdrücken. – d) Die → Leistungsbilanz weist um BE + HL verminderte Warenimporte auf *(Zahlungsbilanzeffekt)*. – e) Im Umfang von DEHG erzielt der Staat Zolleinnahmen *(fiskalischer Einnahmeeffekt)*, es sei denn, der Zollsatz wird so hoch angesetzt, dass überhaupt kein Import mehr zustande kommt *(Autarkiepunkt A; Prohibitivzoll)*. – 3. Diese Effekte können in ähnlicher Weise eintreten, wenn nicht ein Zoll erhoben, sondern stattdessen die Einfuhr mengenmäßig beschränkt wird *(Kontingentierung)*. Grundsätzlich sind allerdings die einfuhrbeschränkenden Wirkungen sicherer. Ihre Einführung liegt deshalb nahe, wenn bei unelastischem Importangebot ein gewünschter Protektionseffekt durch Zollerhebung kaum, wohl aber durch Kontingentierung zu erreichen ist. Zu einem fiskalischen Einnahmeeffekt kommt es bei Kontingenten nur dann, wenn der Staat sich die Importlizenzen entgelten lässt. Mehreinnahmen infolge der induzierten Steigerung der inländischen Absatzpreise müssen nicht unbedingt den inländischen Importeuren zugute kommen, sondern können (zumindest z.T.) von den ausländischen Exporteuren beansprucht werden und zwar nicht zuletzt je nach der jeweiligen Konstellation der Marktmacht. – 4. Eine Exportsteuer führt *sowohl für ein großes wie für ein kleines Land* zu genau denselben Ergebnissen wie ein Importzollsatz von derselben Größenordnung, vorausgesetzt die Steuereinnahmen werden in beiden Fällen derselben Verwendung zugeführt (→ Lernersches Symmetrietheorem). – 5. Eine bes. Form der Handelspolitik ist die → Integration durch Errichtung von → Zollunionen bzw. → Freihandelszonen. Die Errichtung solcher Freihandelsblöcke kann nicht eindeutig als Schritt in Richtung Liberalisierung des Welthandels interpretiert werden. Der selektive Abbau von Handelsbarrieren beseitigt einerseits zwar eine Verzerrung, und zwar die Diskriminierung der Anbieter aus den Partnerländern gegenüber heimischen Anbietern (Handelsschaffungseffekt). Zugleich aber wird eine neue Verzerrung eingeführt, und zwar in Form der Diskriminierung zwischen den Anbietern aus den Block-Partnerländern und den Anbietern aus Drittländern (Handelsumlenkungseffekt). Es ist nicht von vornherein klar, ob der Nettoeffekt für alle beteiligten Partnerländer oder auch für die Drittländer positiv ist.

**Zollunion** – spezifisches Konzept zur regionalen Handelsliberalisierung. Im Zuge der Verwirklichung einer Zollunion werden zwischen den beteiligten Volkswirtschaften (schrittweise) alle → Zölle und → Kontingente beseitigt; parallel hierzu werden gleichzeitig die von den Mitgliedsländern gegenüber Drittländern angewendeten Zölle und Kontingente aneinander angeglichen, sodass nach außen hin ein einheitliches Zollrecht gilt (Entstehen *eines* gemeinsamen Zolltarifs, s. → Einreihung in den Zolltarif). – *Bedeutung:* Eine Zollunion (so auch im Fall der Europäischen Union) dient i.d.R. als *Vorstufe* zur Errichtung eines gemeinsamen → Binnenmarktes oder einer → Wirtschaftsunion (→ regionale Integration). Der zur Gründung einer Zollunion erforderliche politische Konsens zwischen den beteiligten Ländern ist wegen des Verlustes der nationalen handelspolitischen Autonomie erheblich schwieriger zu erreichen als bei einer → Freihandelszone. – Eine Zollunion verstößt prinzipiell gegen den Grundsatz der → Meistbegünstigung des → GATT bzw. der → World Trade Organization (WTO). Art. XXIV des → GATT-Abkommens definiert die Bedingungen, unter denen eine Zollunion zwischen Staaten, die Vertragspartner im Rahmen des GATT sind, zulässig ist. – *Beispiel:* Die → EU ist die bekannteste und wirtschaftlich bedeutendste Zollunion mit 27 Mitgliedsstaaten (vgl. Art. 28 AEUV). Weitere Zollunionen: → MERCOSUR, → CARICOM, → CEMAC, UEMOA, EAC, → Southern African Customs Union (SACU). – Vgl. auch → Integration, → Regionalismus.

**Zollveredelungsverkehr** → aktive Veredelung, → passive Veredelung, → Veredelungsverkehr.

**Zollverein** – 1. *Zusammenschluss* von Staaten zur Vereinheitlichung des Zollwesens und zum Abbau der Zollschranken, u.U. als Vorstufe einer → Zollunion. – 2. In Deutschland entstanden 1828 der *süddeutsche, mitteldeutsche* und *norddeutsche Zollbund*, 1833 wurde der „Deutsche Zollverein" gegründet als Zusammenschluss des bayerisch-württembergischen und des preußisch-hessischen Zollvereins mit Sachsen und Thüringen. Mit dem am 1.1.1834 in Kraft getretenen Zollverein wurden die → Binnenzölle aufgehoben und der wirtschaftliche Zusammenschluss der dt. Länder auch auf anderen Gebieten vorbereitet, so z.B. die Allgemeine Deutsche

Wechselordnung von 1847, die in den Folgejahren von den Zollvereinsstaaten in Kraft gesetzt wurde. Der Vereinszolltarif wurde 1838 auf Grundlage des preussischen Zolltarifes geschaffen, der lediglich 43 alphabetisch sortierte Warengruppen enthielt. Schon 1842 gehörten dem Deutschen Zollverein 28 der 39 Bundesstaaten an. 1854 gehörten dem Zollverein alle Staaten des späteren Deutschen Reiches mit Ausnahme von Mecklenburg, Hamburg, Bremen und den später hinzugekommenen Gebieten Schleswig-Holstein und Elsass-Lothringen an. Bremen trat erst 1884, Hamburg 1888 bei, nachdem die Freihäfen ein Zollausschlussgebiet ermöglichten. Bis 1888 traten insgesamt 39 dt. Staaten bei, so auch Luxemburg, allerdings ist Österreich nie beigetreten. Ein bedeutender Verfechter des Zollvereingedankens war Friedrich List. Der Deutsche Zollverein führte zur wirtschaftlichen Integration und Gründung einer → Währungsunion, da der Vereinstaler als Zahlungsmittel durch die Münzkonventionen von 1838 und 1857 eingeführt wurde. Darüber hinaus wurden Maße und Gewichte vereinheitlicht, was zur Erleichterung des Handelslebens führte. Der Deutsche Zollverein ist ein frühes Beispiel der wirtschaftlichen Integration und gilt mit Einschränkungen als Vorbild für die europäische Einigung im Rahmen der Europäischen Union.

**Zollverfahren** – 1. *Begriff:* Der → Zollkodex (ZK) kennt acht Zollverfahren: (1) Überführung in den zollrechtlichen freien Verkehr; (2) → Versandverfahren; (3) → Zolllagerverfahren; (4) → aktive Veredelung; (5) → Umwandlungsverfahren; (6) → vorübergehende Verwendung; –(7) → passive Veredelung; (8) → Ausfuhrverfahren. – Vgl. auch → Zollbehandlung. – 2. *Künftige Begriffe:* Mit dem → Unionszollkodex wird die Anzahl auf drei reduziert: (1) Überlassung zum zollrechtlich freien Verkehr; (2) bes. Verfahren; (3) Ausfuhr; (vgl. Art. 4 Nr. 12 MZK). Allerdings werden unter bes. Verfahren gem. Art. 135 MZK vier Arten mit jeweils mehreren Unterarten zusammengefasst: (a) Versand

– umfasst externen und internen Versand; (b) Lagerung – umfasst die vorübergehende Verwahrung, das Zolllager und die Freizone; (c) Verwendung – umfasst die vorübergehende Verwendung und die Endverwendung; (d) Veredelung – umfasst die aktive und die passive Veredelung.

**Zollverfahren mit wirtschaftlicher Bedeutung** – Im → Zollkodex (ZK) gibt es immer wieder gemeinsame Vorschriften mit zentralen Begriffen für mehrere Verfahren. Bes. Bedeutung haben dabei die Regelungen für Zollverfahren mit wirtschaftlicher Bedeutung. Das sind gemäß Art. 84 Ib ZK: das → Zolllagerverfahren, die → aktive Veredelung, das → Umwandlungsverfahren (→ Umwandlung), die → vorübergehende Verwendung und die → passive Veredelung. Die Inanspruchnahme dieser Verfahren bedarf der Bewilligung, Art. 85 ZK. Sie enden gemäß Art. 89 ZK, sobald die darin übergeführten Waren bzw. die gewonnenen Veredelungs- oder Umwandlungserzeugnisse eine neue zulässige zollrechtliche Bestimmung erhalten haben. Endpunkt ist nicht, wie ausdrücklich in Art. 92 ZK für das externe Versandverfahren vorgesehen, die Gestellung bei einer Zollstelle. Vielmehr kommt es ohne ein Zwischenstadium auf den Beginn eines neuen Zollverfahrens oder einer sonstigen zollrechtlichen Bestimmung an. Im → Unionszollkodex entfällt dieser Begriff.

**Zollverkehr** → Zollverfahren.

**Zollverschluss** – Mittel der zollamtlichen Überwachung zur Sicherung der Zollbelange. Der Wirtschaftsbeteiligte hat Räume, Beförderungsmittel und Behältnisse, die zollamtlich verschlossen werden sollen, auf seine Kosten so herzurichten, dass Zollverschlüsse auf einfache und wirksame Weise angebracht, Waren weder entnommen noch hineingebracht werden können, ohne sichtbare Spuren des Aufbrechens zu hinterlassen oder den Zollverschluss zu verletzen. Für den Zollverschluss werden meist Zollplomben und auch Zollschlösser verwendet. In einzelnen Fällen

kann etwa bei → Versandverfahren ein Wirtschaftsbeteiligter berechtigt sein, Zollverschlüsse selbst anzulegen. – Vgl. auch → Zollmitverschluss.

**Zollvertrag** – zwischenstaatliche Vereinbarung zur Regelung von Zollfragen, die die beteiligten Länder angehen. – Vgl. auch → Zollverein, → Zollunion, → Zollabkommen.

**Zollverwaltung** – 1. *Begriff:* Die Zollverwaltung ist ein Teil der Finanzverwaltung. – 2. *Aufbau:* Ihr Aufbau hat sich ab dem 1.1.2008 aufgrund einer umfassenden Strukturreform geändert. Oberste Bundesbehörde ist das Bundesministerium der Finanzen (BMF), dessen Abteilung III in Bonn für die Zollbelange zuständig ist. Obere Bundesbehörde ist die Bundesmonopolverwaltung für Branntwein mit dem Sitz in Offenbach. Neu ist die Einteilung der Mittelbehörden und die damit verbundene Aufgabenzuweisung. Fünf Bundesfinanzdirektionen und zwar Nord (Hamburg), Mitte (Potsdam), West (Köln), Südwest (Neustadt an der Weinstraße) und Südost (Nürnberg) mit fünf zentralen Facheinheiten sind zentral zuständig für die operative Umsetzung des Zollrecht, des Verbrauchsteuerrechts und der anderen der Zollverwaltung zugeordneten Aufgaben. Zugleich obliegt ihnen die Rechts- und Fachaufsicht über die in ihrem jeweiligen Bezirk liegenden insgesamt mehr als 40 Hauptzollämter. Diese wiederum sind die örtlichen Ansprechpartner für die Wirtschaftsbeteiligten. Bestandteile der Hauptzollämter sind die für die Zollabfertigung zuständigen → Zollämter. Die genauen Zuständigkeiten sind der Homepage der dt. Zollverwaltung zu entnehmen. Als Mittelbehörden fungieren weiterhin das Zollkriminalamt in Köln mit den nachgeordneten Zollfahndungsämtern und das Bildungs- und Wissenschaftszentrum der Bundesfinanzverwaltung in Münster mit über 20 Dienstsitzen und Zuständigkeiten für Aus- und Fortbildung und Wissenschaft und Technik.

**Zollverwaltungsgesetz (ZollVG)** – Der → Zollkodex (ZK) und die

Durchführungsverordnungen regeln das Zollverfahrensrecht in der Europäischen Gemeinschaft materiell und formell, aber die einzelnen Zollverwaltungen der Mitgliedsstaaten müssen sich bez. der Organisation und des Einsatzes wegen des Fehlens einer einheitliche EU-Zollverwaltung national selbst bestimmen. Deswegen wurde zum 21.12.1992 das Zollverwaltungsgesetz (m.spät.Änd.) geschaffen. Es passt die Aufgaben der → Zollverwaltung den Erfordernissen der Gemeinschaft an, legt die dafür erforderlichen Befugnisse fest und enthält die Bestimmungen, die nach Gemeinschaftsrecht weiterhin der nationalen Regelungskompetenz unterliegen. Weitere Einzelheiten ergeben sich aus der ergänzenden Zollverordnung (ZollV).

**Zollwert** – wichtigster Verzollungsmaßstab, der sich weltweit durchgesetzt hat. Nur noch wenige Staaten verzollen nach spezifischen Maßstäben, etwa Gewicht oder Menge. Im Gemeinsamen Zolltarif sind nur noch einzelne wenige Waren aufgeführt, die nach spezifischen Zollsätzen zu verzollen sind (u.a. Tabak, Schaumwein). – Der heutige Zollwert beruht auf den Zielvorstellungen des → GATT. Weltweit soll eine gleichmäßige Zollwertbemessung eingeführt werden. Die Einzelheiten ergeben sich aus dem → GATT-Zollwert-Kodex, der vom Rat der Gemeinschaft angenommen und in unmittelbar geltendes EU-Recht zum 1.7.1980 umgesetzt wurde. – Seitdem steht der Transaktionswert als Zollwert im Mittelpunkt des Zollwertrechts, wie auch in den entsprechenden Bestimmungen des Zollkodexes (Art. 29 ff. ZK). Er ist in Art. 29 I ZK definiert und geht vom Kaufpreis der Waren aus, nicht von einem irgendwie ermittelten richtigen Wert. Die Art. 32 und 33 ZK legen Hinzurechnungen und mögliche Abzüge fest. Der Transaktionswert wird in ca. 90 Prozent aller Einfuhrfälle in die Gemeinschaft der Zollwertbemessung zugrunde gelegt.

**Zollwirkungen** → Zolltheorie.

**Zollzaun** – zollsichere Umfriedung des Freihafens (→ Freizone des Kontrolltyps I) zur Sicherung der Freihafengrenze gegenüber dem Lande. Der Zollzaun ist von der Freihafenverwaltung zu errichten und zu unterhalten. Er soll aus einem mind. drei Meter hohen eisernen Zaun aus starkem Drahtnetz mit Maschen von höchstens vier Zentimeter Länge und Breite bestehen.

**Zollzuschlag** – 1. *Begriff*: nunmehr nur noch Zuschlag genannte, bes. Abgabe zu den nach den Zollvorschriften zu erhebenden → Einfuhrabgaben, wenn → Nichtgemeinschaftswaren im Reiseverkehr im Zusammenhang mit der Zollbehandlung der zollamtlichen Überwachung vorenthalten oder entzogen werden (z.B. durch Verbergen oder durch falsche Beantwortung entsprechender Fragen der Zollabfertigungsbeamten). – 2. *Rechtliche Charakterisierung*: Er ist rechtlich weder Strafe noch Bußgeld noch Säumniszuschlag, sondern ein Zoll eigener Art, der als „abgabenrechtliche Sanktion" erhoben werden kann (§ 32 ZollVG). Das Zuschlag genannte Institut erlaubt Steuerstraftaten und Steuerordnungswidrigkeiten, die im Reiseverkehr über die Grenze im Zusammenhang mit der Zollbehandlung begangen worden sind, bei Abgabenverkürzung bis 130 Euro durch einen Zuschlag bis zur Höhe der Einfuhrabgaben, höchstens jedoch 130 Euro zu ahnden.

**Zollzwecke** – Grundsätzlich sind zwei (sich gegenseitig ausschließende) Zwecke bei der Zollerhebung zu unterscheiden: (1) *Fiskalzölle* (auch: der → Finanzzoll) sollen Einnahmen für den Staatshaushalt erbringen. Da sie das zu verzollende Gut entsprechend verteuern, setzt die Verwirklichung des Einnahmeziels voraus, dass die Preiselastizität der Nachfrage nach diesen Gütern möglichst klein ist, d.h. dass sich die Nachfrager möglichst wenig durch die Zollerhebung abschrecken lassen. (2) Das zweite Zollmotiv ist der *Wirtschaftszoll* (→ Erziehungszoll). Sein Ziel ist nicht die Einnahmeerzielung, sondern der Schutz der inländischen Wirtschaft vor billiger ausländischer Importkonkurrenz (→ Schutzzoll). Das Schutzmotiv wird auch daran deutlich, dass Zölle in aller Regel mit zunehmendem Verarbeitungsgrad der importierten Güter zunehmen *(Zollprogression)*, d.h. verarbeitende inländische Industrie schützen, während im → Zollgebiet nicht vorkommende bzw. nicht geförderte, aber produktionsnotwendige Rohstoffe gar nicht oder nur gering mit Zöllen belastet werden. Dies bezeichnet man als → effektive Protektion, im Unterschied zur nominalen Protektion, die sich aus den → Zolltarifen für die jeweiligen Güter ablesen lässt. Je ausgeprägter die Zolltarife eine Progression mit zunehmendem Verarbeitungsgrad aufweisen, desto größer ist die effektive Protektion im Vergleich zur nominalen. Die → EU erhebt z.b. auch in Abhängigkeit von der Jahreszeit saisonale Zölle für Obst und Gemüse, um ihre eigene Produktion zu schützen. Unter dem Gesichtspunkt der Protektion ist somit nur der → Schutzzoll als protektionistische Maßnahme zu werten. Natürlich wirken auch Fiskalzölle handelshemmend, doch werden sie eben aus anderen wirtschaftspolitischen Gründen als Schutzzölle eingesetzt. Nach → IWF-Angaben liegt in sehr vielen Staaten der Anteil der Zolleinnahmen zwischen 25 und 35 Prozent der Staatseinnahmen. Daher ist es verständlich, wenn bestimmte Länder aus fiskalischen Gründen kein ausgeprägtes Interesse an einer → Handelsliberalisierung haben. Sie befinden sich daher in einem Dilemma, wenn der IWF im Rahmen von Strukturanpassungsprogrammen zur Sanierung der Wirtschaft eine Importliberalisierung empfiehlt. Zuerst müsste bei Fiskalzöllen direkt auf Zolleinnahmen verzichtet werden, die nicht simultan durch andere Einnahmen (Steuern) kompensiert werden können. Hinzu kommt beim Wegfall von Schutzzöllen, dass durch Importe inländische Produktion verdrängt werden kann, was zum einen zu Beschäftigungseinbußen führt, zum andern aber auch Einbußen bei den Steuern bedeuten kann, die sich bislang aus der inländischen Produktion

ergaben (Umsatz- und Verbrauchsteuern, Einkommen- und Gewinnsteuern). Auch im Exportbereich gibt es in vielen Ländern Zölle, und zwar sowohl als Fiskalzölle (v.a. in Entwicklungsländern) als auch als Schutzzölle, um den Export bestimmter Güter zu erschweren und die Güterversorgung im Inland nicht zu gefährden. Das Schutzzollargument ist historisch als → Erziehungszoll entstanden, d.h. als zeitlich begrenzter Zoll, in dessen Schutz sich die begünstigten Industrien auf den späteren Wettbewerb auf dem Weltmarkt vorbereiten sollten. Sobald die Wettbewerbsfähigkeit gegenüber den Konkurrenten im Ausland ausreichend gestärkt ist, soll ein solcher Schutzzoll abgebaut werden. Vielfach denaturieren Erziehungszölle jedoch zu Dauereinrichtungen, welche die Erstarrung und Verkrustung ineffizienter Wirtschaftsstrukturen begünstigen; die Abschottung des EU-Agrarmarktes vom Weltmarkt ist ein einschlägiges schlechtes Beispiel. Sofern durch Zölle der Import völlig zum Erliegen kommt und faktisch ein Importverbot vorliegt, spricht man von → *Prohibitivzoll*, während Zölle, die als Reaktion auf die Zollerhebung eines anderen Landes eingeführt werden, als *Retorsionszoll*, → *Abwehrzoll* oder → *Vergeltungszoll* bezeichnet werden. In diesem Zusammenhang ist auch der → Antidumpingzoll als tarifäre Protektion gegen „Schleuderpreise" und der → Ausgleichszoll für staatlich subventionierte Ausfuhren anzuführen, welche ungerechtfertigt billige Importe auf ein „richtiges" Preisniveau anheben sollen. Während Zölle grundsätzlich → tarifäre Handelshemmnisse sind, zählen die drei zuletzt genannten Maßnahmen zu den → nicht tarifären Handelshemmnissen gezählt.

**Zollzweckgemeinschaft** – 1. *Begriff:* Zweckgemeinschaft zur Abwicklung von Zollangelegenheiten auch Inanspruchnahme von → Zollverfahren. Mehrere Firmen schließen sich zusammen, um gegenüber den Zollbehörden als gemeinschaftlicher Partner aufzutreten. Das Interesse einer Zollzweckgemeinschaft ist darauf gerichtet, die Abwicklung des grenzüberschreitenden Warenverkehrs in Zusammenarbeit mit Zollbehörden möglichst unkompliziert sicherzustellen, wenn es darum geht, Zollverfahren abzuwickeln, Zollvergünstigungen oder Zollbefreiungen oder auch normale Veredelungsverfahren durchzuführen.Bewilligungsinhaber von → Zollverfahren mit wirtschaftlicher Bedeutung können Zollzweckgemeinschaften nur eingeschränkt sein, etwa beim → Zolllager. Da es bei der aktiven Veredelung, der passiven Veredelung und dem → Umwandlungsverfahren auf die wirtschaftliche Sachherrschaft ankommt, muss Inhaber der Bewilligung die konkrete betroffene Firma sein. – Zollzweckgemeinschaften sind bei Großprogrammen üblich; sie spielen im Schiffbau, Flugzeugbau, in der Raumfahrtindustrie sowie im Baugewerbe und in sonstigen internationalen Projekten eine zunehmende Rolle. – 2. *Vertragsgrundlage:* Für die Bildung einer Zollzweckgemeinschaft besteht kein Formzwang. Eine vertragliche Vereinbarung zur BGB-Gesellschaft ist erforderlich; soweit kein Vertrag vorliegt, ist eine einfache, von allen Gesellschaftern unterschriebene Erklärung, die Teilnehmer, Art des Zollverfahrens, Ziel, Vertretung nach außen sowie Haftung enthält, gegenüber der bewilligenden Zollstelle abzugeben. – 3. *Haftung:* Alle Mitglieder sind zur Schaffung der erforderlichen Voraussetzungen zur Wahrung der zoll- und steuerrechtlichen Belange verpflichtet. Die Zollzweckgemeinschaft ist Abgabenschuldner, soweit Ansprüche aus rechtmäßiger oder unrechtmäßiger Zollbehandlung entstehen: Die Gesellschafter haften für alle in Frage kommenden Eingangsabgaben gesamtschuldnerisch, können aber interne Haftungsabgrenzung sicherstellen. – 4. *Genehmigungsverfahren nach Außenwirtschaftsrecht:* Einer Zollzweckgemeinschaft kann zollrechtlich eine Bewilligung für Zollverfahren erteilt werden, soweit sie die dabei erforderlichen Voraussetzungen erfüllt. Ansonsten ist einem der beteiligten Partner das Verfahren zu bewilligen. Nach Außenwirtschaftsrecht besteht jedoch für jeden der beteiligten Partner weiterhin die Verpflichtung, den Forderungen des Außenwirtschaftsrechtes hinsichtlich Einfuhr- und Ausfuhrgenehmigungs- sowie -kontrollverfahren nachzukommen. Unter Hinweis auf die Zollzweckgemeinschaft, ggf. auf bes. begünstigte Programme, können Genehmigungs- und Kontrollverfahren vereinfacht geregelt werden. – 5. *Warenverkehr:* Der Warenverkehr innerhalb der Zollzweckgemeinschaft (d.h. zwischen den einzelnen Partnern, Werken, Lagerstätten, Produktionsbetrieben etc.) kann nach entsprechender Bewilligung ohne bes. Einschaltung der Zollbehörden mit werksinternen Lieferscheinen abgewickelt werden. Für die Sicherstellung der Überwachung des Warenverkehrs ist jede einzelne zur Zollzweckgemeinschaft gehörende Firma (Partner) selbst verantwortlich. Sie kann sich hierbei nach vorheriger Abstimmung mit den Zollbehörden der betrieblichen Aufzeichnungen oder Materialbewirtschaftungssysteme bedienen.

**zugelassener Empfänger** – Zur Beendigung eines → Versandverfahrens bedarf es regelmäßig der → Gestellung bei der → Bestimmungsstelle. Als Vereinfachung kann gemäß Art. 406 ZK-DVO bewilligt werden, die Waren direkt zum Betrieb des Empfängers zu befördern und von dort aus die Bestimmungsstelle einzuschalten. Der zugelassene Empfänger muss an das NCTS (*New Computerized Transit System*) angeschlossen sein und im Versandverfahren mit Mitteln der Datenverarbeitung mit den Zollbehörden kommunizieren.

**zugelassener Versender** – Die Überführung von Waren in ein → Versandverfahren bei der → Abgangsstelle kann derart vereinfacht werden, dass die Ware nicht dorthin verbracht werden muss, Art. 398 ZK-DVO. Die Zollanmeldung ist zum NCTS (*New Computerized Transit System*) mittels Datenverarbeitung abzugeben. Das Versandverfahren kann nach elektronischer Überlassung im Betrieb des Wirtschaftsbeteiligten gestartet werden.

**Zugriffsbesteuerung** → Zwischengesellschaft.

**zunehmende Skalenerträge** – Eigenschaft
der Technologie einer Ein-Produkt-Unter-
nehmung, wenn bei einer Vervielfachung aller Faktoreinsatzmengen um den Faktor n die
Produktionsmenge um mehr als das n-fache
ansteigt. Handelt es sich um eine homogene
Produktionsfunktion und steigt die Produktionsmenge um das n-hoch-r-fache, so gibt r
den Homogenitätsgrad der Produktionsfunktion an. – Formal: Ist r ein Inputvektor und f
eine Produktionsfunktion, so gilt: f(nr)>n·f(r)
für alle n>1.

**Zuschlag** – I. Zuschlag bei einer Versteigerung: (§§ 79 ff. ZVG): Bei der Zwangsversteigerung wird das Grundstück oder Schiff
vom Vollstreckungsgericht dem Meistbie-
tenden durch sog. Zuschlagsbeschluss zugeschlagen mit der Wirkung, dass der *Ersteher* Eigentümer wird. Zugleich erlöschen alle
Rechte an dem Grundstück oder Schiff, ausgenommen die aufgrund ihres Vorranges vor
dem Recht des betreibenden Gläubigers bestehen bleibenden Rechte. An die Stelle der
erlöschenden Rechte tritt der Anspruch auf
Befriedigung aus dem Versteigerungserlös im
→ Verteilungsverfahren. – Der Zuschlagsbeschluss ist rechtsbegründender Staatsakt, der
Eigentum nimmt und überträgt und zugleich
Vollstreckungstitel, mit dem der Ersteher
vom Voreigentümer und anderen Besitzern
Räumung und Herausgabe verlangen kann.

II. Zuschlag bei einer privaten Versteigerung: Der Zuschlag stellt die Annahme des
durch das Gebot abgegebenen Angebots
dar (§ 156 BGB). – Vgl. auch Versteigerung,
Vertrag.

III. Zuschlag zum Arbeitsentgelt: *Begriff/Ar-
ten:* zusätzlich zum tariflichen Satz für Arbeiten außerhalb der gewöhnlichen Arbeits-
zeit gezahltes Arbeitsentgelt: Überstunden-,
Sonn- und Feiertags- (Feiertagszuschlag,
Mehrarbeitszuschlag),         Nachtarbeitszu-
schläge. – *Lohnsteuerliche Behandlung:* Mehrarbeitszuschlag.

IV. Bewertungsgesetz: Zuschläge sind auf
den Vergleichswert (wie auch Abschläge) wegen werterhöhender Umstände möglich, z.B.
bei Bewertung von Mietwohngrundstücken,
von Häusern mit maximal zwei Wohnungen
(§ 146 BewG), in der Land- und Forstwirtschaft bei Abweichung der tatsächlichen von
den regelmäßigen Verhältnissen, Paketzu-
schlag bei der Bewertung von Aktienpaketen.

V. Zollwesen: → Zollzuschlag.

VI. Baufinanzierung: Aussetzung des Zu-
schlages bei einer Zwangsversteigerung.

**Zweikontensystem** – Form der Zahlungs-
abwicklung im → Außenhandel. – Vgl. auch
→ Verrechnungskonten.

**Zwei-plus-Vier-Vertrag** – Vertrag über
die abschließende Regelung in Bezug auf
Deutschland vom 12.9.1990 (BGBl. II 1318),
dem mit Vertragsgesetz vom 11.10.1990
(BGBl. II 1317) zugestimmt wurde, abgeschlossen zwischen der Bundesrepublik
Deutschland, der DDR, Frankreich, der damaligen Sowjetunion, Großbritannien und
den USA. Der Zwei-plus-Vier-Vertrag bildete
die außenpolitische Grundlage der Herstellung der Einheit Deutschlands. Nach seinem
Inkrafttreten am 15.1.1991, hat das vereinte
Deutschland die volle Souveränität über seine
inneren und äußeren Angelegenheiten (Art.
7 II).

**zweitbeste Maßnahme** → Theorie des
Zweitbesten.

**Zwischenberichterstattung** – Zwischenbe-
richt, → Quartalsberichterstattung.

**Zwischenergebniseliminierung** – 1. *Grundsatz:* Der → Konzernabschluss ist gemäß
§ 297 III HGB so aufzustellen, als ob die
einbezogenen       Unternehmen      insgesamt
ein einziges Unternehmen wären (→ Vollkonsolidierung). Deshalb ist das Konzernjah-
resergebnis um die Gewinne und Verluste aus
dem Lieferungs- und Leistungsverkehr zwischen den einbezogenen Konzernunternehmen (sog. Zwischenergebnisse) zu bereinigen. Diese Zwischenergebnisse sind, bezogen

auf die wirtschaftliche Einheit *Konzern*, im Sinn des Realisationsprinzips nicht realisiert. Die Bereinigung (Konsolidierung) der Zwischenergebnisse ist gemäß § 304 I HGB wie folgt vorzunehmen: In den Konzernabschluss zu übernehmende Vermögensgegenstände, die ganz oder teilweise aus dem konzerninternen Lieferungs- und Leistungsverkehr stammen, sind mit den Konzernanschaffungskosten bzw. den Konzernherstellungskosten anzusetzen. Die vorzunehmenden Umbewertungen ergeben sich aus der Gegenüberstellung von Konzernanschaffungskosten bzw. -herstellungskosten und den entsprechenden Werten der → Handelsbilanz II. Konzernanschaffungskosten bzw. -herstellungskosten sind dabei die Anschaffungskosten bzw. Herstellungskosten, die angesetzt werden können, wenn die in den Konzernabschluss einbezogenen Unternehmen auch rechtlich ein einziges Unternehmen bilden würden. Die Zwischenergebnisse sind auch bei Beteiligungen unter 100 Prozent in voller Höhe zu bereinigen. Die Zwischenergebniseliminierung sollte anteilig bei der Ermittlung der gemäß § 307 HGB auszuweisenden Kapital- und Erfolgsanteile fremder Gesellschafter berücksichtigt werden (→ Vollkonsolidierung). – 2. *Ausnahmen:* Die Zwischenergebniseliminierung kann unterbleiben, wenn die zu eliminierenden Zwischenergebnisse von untergeordneter Bedeutung sind (§ 304 II HGB). – 3. *Regelungen nach IFRS:* Die Regelungen nach IFRS entsprechen im Wesentlichen denen des HGB und sind im Standard IAS 27 zusammengefasst.

**Zwischengesellschaft** – 1. *Begriff:* eine Gesellschaft in einem → Niedrigsteuerland, deren Gründung der dt. Gesetzgeber als möglicherweise durch Steuerumgehungsmotive motiviert ansieht und die daher für ihre in Deutschland unbeschränkt steuerpflichtigen Anteilseigner bestimmte steuerliche Folgen (→ Hinzurechnungsbesteuerung) auslösen kann. Der Begriff kommt daher, dass das Gesetz davon ausgeht, dass der Anteilseigner die Gesellschaft pro forma „zwischen"

sich und seine Einkunftsquellen geschoben hat, um zu erreichen, dass es sich zivilrechtlich nicht mehr um „sein" Vermögen und „seine" Einkünfte handelt. – 2. *Voraussetzungen:* Das → Außensteuergesetz (AStG) geht von der Einschaltung (Benutzung) einer Zwischengesellschaft (ausländischen Gesellschaft) aus, wenn mehrere Voraussetzungen gegeben sind: – a) ausreichende Beteiligungsquote: Die Gesellschaft muss sich direkt oder indirekt im Mehrheitsbesitz von Steuerinländern befinden; allerdings reicht beim einzelnen Anteilseigner dann bereits schon der Besitz eines einzelnen Anteils aus, um die Hinzurechnungsbesteuerung auszulösen (§ 7 I EStG), wenn nur insgesamt die Mehrheit im Besitz unbeschränkt steuerpflichtiger Personen liegt. Tätigt die ausländische Gesellschaft dagegen Kapitalanlagen, so werden insoweit sogar auch bei Engagements ohne dt. Mehrheitsbeteiligung erfasst, wenn die eigene Beteiligung des Steuerpflichtigen 1 Prozent beträgt; in Extremfällen auch hier bereits ab einem einzigen Anteil (§ 7 VI AStG; Ausnahme nur bei bestimmten börsennotierten Gesellschaften). – b) Die Gesellschaft wird nur insoweit als Zwischengesellschaft angesehen, wie sie nicht aktive Tätigkeiten ausführt. Somit unterliegen nur Einkünfte der Zwischengesellschaft aus passiven Quellen der Hinzurechnungsbesteuerung; auch diese können in Bagatellfällen (§ 9 AStG) von dieser Besteuerung ausgenommen werden. – c) Als Zwischengesellschaft kann eine Gesellschaft außerdem nur in Bezug auf diejenigen Einkünfte angesehen werden, die einer niedrigen Besteuerung unterliegen. Denn nur dann macht die Annahme Sinn, die Gesellschaft sei zwischen Eigentümer und Einkommensquelle eingeschoben worden, um dt. Steuern zu sparen. Von einer niedrigen Besteuerung geht man in diesem Zusammenhang dann aus, wenn die Steuerbelastung im Ausland weniger als 25 Prozent beträgt (§ 8 III AStG). Eine niedrige Besteuerung liegt für nach dem 31.12.2007 beginnende Wirtschaftsjahre auch dann vor, wenn Ertragsteuern von mind. 25

Prozent zwar rechtlich geschuldet, jedoch nicht tatsächlich erhoben werden. – 3. *Charakterisierung:* Überträgt ein in Deutschland unbeschränkt Steuerpflichtiger eine Einkommensquelle auf eine ausländische Gesellschaft, hat nicht mehr er, sondern nur noch die Gesellschaft steuerpflichtige Einkünfte (solange keine Ausschüttungen vorgenommen werden). Das kann, v.a. wenn es sich um Einkommen aus dem Ausland handelt, dazu führen, dass diese Einkommensquelle dann vom dt. Steueranspruch nicht mehr erfasst wird. Der Steuerpflichtige fügt also die Kapitalgesellschaft zwischen sich und die Einkommensquelle ein, um nicht der dt. Besteuerung zu unterliegen (daher die Bezeichnung Zwischengesellschaft). – 4. *Fiskalische Gegenmaßnahmen:* Liegt eine Zwischengesellschaft vor, so führen die Einkünfte, für die die ausländische Gesellschaft als Zwischengesellschaft fungiert, beim inländischen Anteilseigner zu einer Zusatzbesteuerung, die den erzielten Vorteil aus der Steuergestaltung wieder ausgleicht (sog. Hinzurechnungsbesteuerung; §§ 7 ff. AStG). Mit dem Jahressteuergesetz 2008 wurde § 9 AStG geändert. Es ist keine Hinzurechnungsbesteuerung vorzunehmen, wenn die passiven Einkünfte nicht mehr als 10 Prozent der Bruttoerträge betragen und 80.000 Euro (bisher 62.000 Euro) nicht übersteigen. Außerdem wurde auf die übergeordneten Vorgaben des EG-Rechts (v.a. auf die Niederlassungsfreiheit) insoweit Rücksicht genommen, als die Hinzurechnungsbesteuerung bei Anteilen an einer Gesellschaft in einem anderen EU-Staat dann unterbleibt, wenn der Steuerpflichtige nachweisen kann, dass die Gesellschaft einer echten wirtschaftlichen Tätigkeit nachgeht (genaue Voraussetzungen dieses Nachweises sind kompliziert, vgl. § 8 II AStG).

The manufacturer's authorised representative in the EU is Springer
Nature Customer Service Centre GmbH, Europaplatz 3, 69115 Heidelberg,
Germany. If you have any concerns regarding our products, please
contact ProductSafety@springernature.com

Printed and bound by CPI Group (UK) Ltd, Croydon, CR0 4YY
27/04/2026
02097650-0001